BECK'SCHE SONDERAUSGABEN

OSWALD SPENGLER

DER UNTERGANG DES ABENDLANDES

UMRISSE

EINER MORPHOLOGIE DER

WELTGESCHICHTE

VERLAG C.H. BECK MÜNCHEN

Ungekürzte Sonderausgabe in einem Band
224.–229. Tausend des ersten bzw. 203.–208. Tausend des zweiten Bandes
der Gesamtauflage. 1990

ISBN 3 406 02531 5

© C. H. Beck'sche Verlagsbuchhandlung (Oscar Beck), München 1923
Druck der C. H. Beck'schen Buchdruckerei, Nördlingen
Printed in Germany

Wenn im Unendlichen dasselbe
Sich wiederholend ewig fließt,
Das tausendfältige Gewölbe
Sich kräftig ineinander schließt;
Strömt Lebenslust aus allen Dingen,
Dem kleinsten wie dem größten Stern,
Und alles Drängen, alles Ringen
Ist ewige Ruh in Gott dem Herrn.

GOETHE

Am Schlusse einer Arbeit, die vom ersten kurzen Entwurf bis zur endgültigen Fassung eines Gesamtwerks von ganz unvorhergesehenem Umfang zehn Lebensjahre umfaßt, ziemt sich wohl ein Rückblick auf das, was ich gewollt und erreicht, wie ich es aufgefunden habe und wie ich heute dazu stehe.

In der Einleitung zur Ausgabe von 1918 – einem Fragment nach außen *und* innen – hatte ich gesagt, daß hier nach meiner Überzeugung die unwiderlegliche Formulierung eines Gedankens vorliege, den man nicht mehr bestreiten werde, sobald er einmal ausgesprochen sei. Ich hätte sagen sollen: sobald er verstanden sei. Denn dazu bedarf es, wie ich mehr und mehr einsehe, nicht nur in diesem Falle, sondern in der Geschichte des Denkens überhaupt einer neuen Generation, die mit der Anlage dazu *geboren* ist.

Ich hatte hinzugefügt, daß es sich um einen ersten Versuch handle, mit allen Fehlern eines solchen behaftet, unvollständig und sicherlich nicht ohne inneren Widerspruch. Diese Bemerkung ist bei weitem nicht so ernst genommen worden, wie sie gemeint war. Wer je einen tiefen Blick in die Voraussetzungen lebendigen Denkens getan hat, der wird wissen, daß eine widerspruchslose Einsicht in die letzten Gründe des Daseins uns nicht gegeben ist. Ein Denker ist ein Mensch, dem es bestimmt war, durch das eigene Schauen und Verstehen die Zeit symbolisch darzustellen. Er hat keine Wahl. Er denkt, wie er denken muß, und wahr ist zuletzt für ihn, was als Bild seiner Welt mit ihm geboren wurde. Es ist das, was er nicht erfindet, sondern in sich entdeckt. Es ist er selbst noch einmal, sein Wesen in Worte gefaßt, der Sinn seiner Persönlichkeit als Lehre geformt, unveränderlich für sein Leben, weil es mit seinem Leben *identisch* ist. Nur dieses

Symbolische ist *notwendig*, Gefäß und Ausdruck menschlicher Geschichte. Was als philosophische Gelehrtenarbeit entsteht, ist überflüssig und vermehrt lediglich den Bestand einer Fachliteratur.

So vermag ich denn den Kern dessen, was ich gefunden habe, nur als „wahr" zu bezeichnen, *wahr für mich*, und, wie ich glaube, auch für die führenden Geister der kommenden Zeit, nicht wahr „an sich", abgelöst nämlich von den Bedingungen von Blut und Geschichte, denn dergleichen gibt es nicht. Aber was ich im Sturm und Drang jener Jahre *schrieb*, war allerdings eine sehr unvollkommene Mitteilung dessen, was deutlich vor mir stand, und es blieb die Aufgabe der folgenden Jahre, durch die Anordnung von Tatsachen und den sprachlichen Ausdruck meinen Gedanken die mir erreichbare eindringliche Gestalt zu geben.

Vollenden läßt sie sich nie – das Leben selbst vollendet erst der Tod. Aber ich habe noch einmal versucht, auch die ältesten Teile auf die Höhe anschaulicher Darstellung zu heben, die mir heute zu Gebote steht, und damit nehme ich Abschied von dieser Arbeit mit ihren Hoffnungen und Enttäuschungen, ihren Vorzügen und Fehlern.

Das Ergebnis hat inzwischen seine Probe *für mich* bestanden, auch für andre, wenn ich nach der Wirkung urteilen darf, die es auf weite Wissensgebiete langsam auszuüben beginnt. Um so schärfer habe ich die Grenze zu betonen, die ich mir selbst in diesem Buch gesetzt habe. Man suche nicht alles darin. Es enthält *nur eine Seite* von dem, was ich vor mir sehe, einen neuen Blick *allein auf die Geschichte*, eine *Philosophie des Schicksals*, und zwar die erste ihrer Art. Es ist anschaulich durch und durch, geschrieben in einer Sprache, welche die Gegenstände und die Beziehungen sinnlich nachzubilden sucht, statt sie durch Begriffsreihen zu ersetzen, und es wendet sich allein an Leser, welche die Wortklänge und Bilder ebenso nachzuerleben verstehen. Dergleichen ist schwer, besonders wenn die Ehrfurcht vor dem Geheimnis – die Ehrfurcht Goethes – uns hindert, begriffliche Zergliederungen für Tiefblicke zu halten.

Da erhebt sich denn das Geschrei über Pessimismus, mit dem die Ewiggestrigen jeden Gedanken verfolgen, der nur für die Pfadfinder des Morgen bestimmt ist. Indessen habe ich nicht für solche geschrieben, welche das Grübeln über das Wesen der Tat für eine Tat halten. Wer definiert, der kennt das Schicksal nicht.

Die Welt verstehen nenne ich der Welt *gewachsen sein*. Die *Härte* des Lebens ist wesentlich, nicht der Begriff des Lebens, wie es die Vogel-Strauß-Philosophie des Idealismus lehrt. Wer sich nichts von Begriffen vormachen läßt, empfindet das nicht als Pessimismus, und auf die andern kommt es nicht an. Für ernste Leser, welche einen *Blick* auf das Leben suchen statt einer Definition, habe ich angesichts der allzu gedrängten Form des Textes in den Anmerkungen eine Anzahl von Werken genannt, die diesen Blick über fernliegende Gebiete unseres Wissens hinleiten können.

Zum Schlusse drängt es mich, noch einmal die Namen zu nennen, denen ich so gut wie alles verdanke: Goethe und Nietzsche. Von Goethe habe ich die Methode, von Nietzsche die Fragestellungen, und wenn ich mein Verhältnis zu diesem in eine Formel bringen soll, so darf ich sagen: ich habe aus seinem Ausblick einen Überblick gemacht. Goethe aber war in seiner gesamten Denkweise, ohne es zu wissen, ein Schüler von Leibniz gewesen. So empfinde ich das, was mir zu meiner eigenen Überraschung zuletzt unter den Händen entstanden ist, als etwas, das ich trotz des Elends und Ekels dieser Jahre mit Stolz nennen will: *als eine deutsche Philosophie*.

Blankenburg a. H., Dezember 1922

Oswald Spengler

VORWORT

zur ersten Ausgabe des 1. Bandes

Dies Buch, das Ergebnis dreier Jahre, war in der ersten Niederschrift vollendet, als der große Krieg ausbrach. Es ist bis zum Frühling 1917 noch einmal durchgearbeitet und in Einzelheiten ergänzt und verdeutlicht worden. Die außerordentlichen Verhältnisse haben sein Erscheinen weiterhin verzögert.

Obwohl mit einer allgemeinen Philosophie der Geschichte beschäftigt, bildet es doch in tieferem Sinne einen Kommentar zu der
großen Epoche, unter deren Vorzeichen die leitenden Ideen sich gestaltet haben.

Der Titel, seit 1912 feststehend, bezeichnet in strengster Wortbedeutung und im Hinblick auf den Untergang der Antike eine welthistorische Phase vom Umfang mehrerer Jahrhunderte, in deren Anfang wir gegenwärtig stehen.

Die Ereignisse haben vieles bestätigt und nichts widerlegt. Es zeigte
sich, daß diese Gedanken eben jetzt und zwar in Deutschland hervortreten mußten, daß der Krieg selbst aber noch zu den Voraussetzungen gehörte, unter welchen die letzten Züge des neuen Weltbildes
bestimmt werden konnten.

Denn es handelt sich nach meiner Überzeugung nicht um eine
neben andern mögliche und nur logisch gerechtfertigte, sondern um
die, gewissermaßen natürliche, von allen dunkel vorgefühlte Philosophie der Zeit. Das darf ohne Anmaßung gesagt werden. Ein Gedanke von historischer Notwendigkeit, ein Gedanke also, der nicht
in eine Epoche fällt, sondern der Epoche macht, ist nur in beschränktem Sinne das Eigentum dessen, dem seine Urheberschaft zuteil wird.
Er gehört der ganzen Zeit; er ist im Denken aller unbewußt wirksam und allein die zufällige private Fassung, ohne die es keine Philosophie gibt, ist mit ihren Schwächen und Vorzügen das Schicksal –
und das Glück – eines Einzelnen.

Ich habe nur den Wunsch beizufügen, daß dies Buch neben den
militärischen Leistungen Deutschlands nicht ganz unwürdig dastehen
möge.

München, im Dezember 1917

Oswald Spengler

---

*Anmerkungen und Änderungen, die mit H. K. gezeichnet sind, stammen von der Heraus-
geberin früherer Auflagen, Hilde Kornhardt.*

INHALTSVERZEICHNIS

ERSTER BAND

GESTALT UND WIRKLICHKEIT

EINLEITUNG

Die Aufgaben 3   Morphologie der Weltgeschichte – eine neue Philosophie 6
Für wen gibt es Geschichte? 10   Die Antike und Indien unhistorisch 12   Ägypten:
Mumie und Totenverbrennung 17   Die Form der Weltgeschichte. Altertum –
Mittelalter – Neuzeit 21   Entstehung dieses Schemas 24   Seine Zersetzung 29
Westeuropa kein Schwerpunkt 31   Goethes Methode die einzig historische 35
Wir und die Römer 36   Nietzsche und Mommsen 39   Probleme der Zivilisa-
tion 43   Imperialismus als Ausgang 51   Notwendigkeit und Tragweite des
Grundgedankens 54   Verhältnis zur heutigen Philosophie 57   Deren letzte Auf-
gabe 62   Entstehung des Buches 64

TAFELN ZUR VERGLEICHENDEN MORPHOLOGIE DER WELTGESCHICHTE ... 70

ERSTES KAPITEL: VOM SINN DER ZAHLEN

Grundbegriffe 71   Die Zahl als Zeichen der Grenzsetzung 76   Jede Kultur hat
eine eigene Mathematik 79   Die antike Zahl als Größe 84   Weltbild des Arist-
arch 92   Diophant und die arabische Zahl 96   Die abendländische Zahl als
Funktion 100   Weltangst und Weltsehnsucht 107   Geometrie und Arithmetik 110
Die klassischen Grenzprobleme 117   Überschreiten der Grenze des Sehsinnes.
Symbolische Raumwelten 119   Letzte Möglichkeiten 122

ZWEITES KAPITEL: DAS PROBLEM DER WELTGESCHICHTE

I. Physiognomik und Systematik

Kopernikanische Methode 125   Geschichte und Natur 127   Gestalt und Gesetz
130   Physiognomik und Systematik 135   Kultur als Organismen 140   Innere
Form, Tempo, Dauer 147   Gleichartiger Bau 149   „Gleichzeitigkeit" 151

II. Schicksalsidee und Kausalitätsprinzip

Organische und anorganische Logik 152   Zeit und Schicksal, Raum und Kau-
salität 155   Das Zeitproblem 158   Die Zeit Gegenbegriff zum Raum 165   Die
Zeitsymbole (Tragik, Zeitmessung, Bestattung) 169   Die Sorge (Erotik, Staat,
Technik) 177   Schicksal und Zufall 181   Zufall und Ursache 185   Zufall und
Stil des Daseins 188   Anonyme und persönliche Epochen 194   Zukunftsrichtung

und Bild der Vergangenheit 199   Gibt es eine Geschichtswissenschaft? 200   Die neue Fragestellung 207

DRITTES KAPITEL: MAKROKOSMOS

I. Die Symbolik des Weltbildes und das Raumproblem

Der Makrokosmos als Inbegriff der Symbole in bezug auf eine Seele 210   Raum und Tod 214   „Alles Vergängliche ist nur ein Gleichnis" 217   Das Raumproblem: Nur die Tiefe ist raumbildend 218   Die Raumtiefe als Zeit 223   Geburt der Weltanschauung aus dem Ursymbol einer Kultur 225   Das antike Ursymbol der Körper, das arabische die Höhle, das abendländische der unendliche Raum 226

II. Apollinische, faustische, magische Seele

Ursymbol, Architektur und Götterwelt 234   Das ägyptische Ursymbol der Weg 241   Ausdruckssprache der Kunst: Ornamentik oder Imitation 245   Ornament und Früharchitektur 252   Architektur des Fensters 257   Der große Stil 258   Stilgeschichte als Organismus 265   Zur Geschichte des arabischen Stils 268   Psychologie der Kunsttechnik 277

VIERTES KAPITEL: MUSIK UND PLASTIK

I. Die bildenden Künste

Musik eine bildende Kunst 282   Einteilung nach andern als historischen Gesichtspunkten unmöglich 284   Die Auswahl der Künste als Ausdrucksmittel höherer Ordnung 286   Apollinische und faustische Kunstgruppe 288   Die Stufen der abendländischen Musik 294   Die Renaissance als antigotische (antimusikalische) Bewegung 300   Charakter des Barock 307   Der Park 310   Symbolik der Farben. Farben der Nähe und Ferne 317   Goldgrund und Atelierbraun 320   Patina 327

II. Akt und Portrait

Arten der Menschendarstellung 330   Portrait, Bußsakrament, Satzbau 335   Die Köpfe antiker Statuen 338   Kinder- und Frauenbildnisse 341   Hellenistische Bildnisse 343   Das Barockbildnis 345   Lionardo, Raffael und Michelangelo als Überwinder der Renaissance 351   Sieg der Instrumentalmusik über die Ölmalerei um 1670 (entsprechend dem Sieg der Rundplastik über das Fresko um 460 v. Chr.) 361   Impressionismus 366   Pergamon und Bayreuth: Ausgang der Kunst 374

FÜNFTES KAPITEL: SEELENBILD UND LEBENSGEFÜHL

I. Zur Form der Seele

Das Seelenbild eine Funktion des Weltbildes 381   Psychologie eine Gegenphysik 384   Apollinisches, magisches, faustisches Seelenbild 386   Der „Wille" im gotischen „Seelenraum" 393   Die „innere Mythologie" 398   Wille und Charakter 401   Antike Haltungs- und faustische Charaktertragödie 406   Symbolik des Bühnenbildes 413   Tages- und Nachtkunst 416   Popularität und Esoterik 419   Das astronomische Bild 424   Der geographische Horizont 427

II. Buddhismus, Stoizismus, Sozialismus

Die faustische Moral rein dynamisch 434   Jede Kultur besitzt eine eigne Form von Moral 439   Haltungs- und Willensmoral 441   Buddha, Sokrates, Rousseau als Wortführer anbrechender Zivilisationen 448   Tragische und Plebejermoral 452 Rückkehr zur Natur, Irreligion, Nihilismus 455   Der ethische Sozialismus 462 Gleicher Bau der Philosophiegeschichte in jeder Kultur 467   Die zivilisierte Philosophie des Abendlandes 471

SECHSTES KAPITEL: FAUSTISCHE UND APOLLINISCHE NATURERKENNTNIS

Die Theorie als Mythos 482   Jede Naturwissenschaft von einer voraufgegangenen Revolution abhängig 487   Statik, Alchymie, Dynamik als Theorien dreier Kulturen 489   Atomlehren 492   Unlösbarkeit des Bewegungsproblems 497   Stil des „kausalen Geschehens", der „Erfahrung" 502   Gottgefühl und Naturerkenntnis 506   Der große Mythos 512   Antike, magische, faustische *numina* 517   Der Atheismus 525   Die faustische Physik als das Dogma von der Kraft 530   Grenzen ihrer theoretischen – nicht technischen – Fortentwicklung 538   Selbstzerstörung der Dynamik; Eindringen geschichtlicher Vorstellungen 543   Ausgang der Theorie: Auflösung in ein System morphologischer Verwandtschaften 547

ZWEITER BAND

WELTHISTORISCHE PERSPEKTIVEN

ERSTES KAPITEL: URSPRUNG UND LANDSCHAFT

I. Das Kosmische und der Mikrokosmos

Pflanze und Tier 557   Dasein und Wachsein 561   Empfinden, Verstehen, Denken 564   Bewegungsproblem 573   Massenseele 577

II. Die Gruppe der hohen Kulturen

Geschichtsbild, Naturbild 579   Menschen- und Weltgeschichte 586   Zwei Zeitalter: Primitive und hohe Kulturen 593   Überblick der hohen Kulturen 599   Der geschichtslose Mensch 613

III. Die Beziehungen zwischen den Kulturen

„Einwirkung" 617   Das römische Recht 624   Magisches Recht 634   Recht des Abendlandes 644

ZWEITES KAPITEL: STÄDTE UND VÖLKER

I. Die Seele der Stadt

Mykene und Kreta 656   Der Bauer 660   Weltgeschichte ist Stadtgeschichte 661 Stadtbild 664   Stadt und Geist 669   Geist der Weltstadt 673   Unfruchtbarkeit und Zerfall 678

II. Völker, Rassen, Sprachen

Daseinsströme und Wachseinsverbindungen 690 Ausdruckssprache und Mitteilungssprache 691 Totem und Tabu 693 Sprache und Sprechen 694 Das Haus als Rasseausdruck 698 Burg und Dom 701 Die Rasse 703 Blut und Boden 708 Die Sprache 712 Mittel und Bedeutung 717 Wort, Grammatik 721 Sprachgeschichte 731 Schrift 737 Morphologie der Kultursprachen 741

III. Urvölker, Kulturvölker, Fellachenvölker

Völkernamen, Sprachen, Rassen 746 Wanderungen 750 Volk und Seele 754 Die Perser 756 Morphologie der Völker 759 Volk und Nation 761 Antike, arabische, abendländische Nationen 765

DRITTES KAPITEL: PROBLEME DER ARABISCHEN KULTUR

I. Historische Pseudomorphosen

Der Begriff 784 Actium 788 Das Russentum 788 Arabische Ritterzeit 794 Der Synkretismus 799 Juden, Chaldäer, Perser der Vorkultur 804 Mission 811 Jesus 814 Paulus 827 Johannes, Marcion 833 Heidnische und christliche Kultkirche 837

II. Die magische Seele

Dualismus der Welthöhle 840 Zeitgefühl (Ära, Weltgeschichte, Gnade) 847 Consensus 854 Das „Wort" als Substanz, der Koran 855 Geheime Tora, Kommentar 858 Die Gruppe der magischen Religionen 862 Der christologische Streit 872 Dasein als Ausdehnung (Mission) 877

III. Pythagoras, Mohammed, Cromwell

Wesen der Religion 880 Mythos und Kultus 884 Moral als Opfer 889 Morphologie der Religionsgeschichte 894 Die Vorkultur: Franken, Russen 897 Ägyptische Frühzeit 900 Antike 903 China 908 Gotik (Marien- und Teufelsglaube, Taufe und Buße) 912 Reformation 922 Die Wissenschaft 927 Puritanismus 930 Rationalismus 935 „Zweite Religiosität" 941 Römischer und chinesischer Kaiserkult 946 Das Judentum 948

VIERTES KAPITEL: DER STAAT

I. Das Problem der Stände: Adel und Priestertum

Mann und Weib 961 Stamm und Stand 964 Bauerntum und Gesellschaft 966 Stand, Kaste, Beruf 967 Adel und Priestertum als Symbole von Zeit und Raum 970 Zucht und Bildung, Sitte und Moral 979 Eigentum, Macht und Beute 983 Priester und Gelehrte 986 Wirtschaft und Wissenschaft: Geld und Geist 989 Geschichte der Stände: Frühzeit 990 Der dritte Stand: Stadt – Freiheit – Bürgertum 998

II. Staat und Geschichte

Bewegtes und Bewegung, „In-Form-sein" 1004   Recht und Macht 1008   Stand und Staat 1011   Der Lehnsstaat 1018   Vom Lehnsverband zum Ständestaat 1024   Polis und Dynastie 1027   Der absolute Staat, Fronde und Tyrannis 1038   Wallenstein 1043   Kabinettspolitik 1046   Von der ersten zur zweiten Tyrannis 1050   Die bürgerliche Revolution 1056   Geist und Geld 1059   Formlose Gewalten (Napoleonismus) 1065   Emanzipation des Geldes 1072   „Verfassung" 1076   Vom Napoleonismus zum Cäsarismus (Zeitalter der „kämpfenden Staaten") 1081   Die großen Kriege 1085   Römerzeit 1088   Vom Kalifat zum Sultanat 1090   Ägypten 1095   Die Gegenwart 1097   Der Cäsarismus 1101

III. Philosophie der Politik

Das Leben ist Politik 1107   Politische Begabung 1111   Der Staatsmann 1112   Tradition schaffen 1115   Physiognomischer (diplomatischer) Takt 1117   Stand und Partei 1121   Das Bürgertum als Urpartei (Liberalismus) 1122   Vom Stand über die Partei zum Gefolge von Einzelnen 1125   Die Theorie: Von Rousseau bis Marx 1127   Geist und Geld (Demokratie) 1130   Die Presse 1137   Selbstvernichtung der Demokratie durch das Geld 1143

FÜNFTES KAPITEL: DIE FORMENWELT DES WIRTSCHAFTSLEBENS

I. Das Geld

Die Nationalökonomie 1145   Die politische und die wirtschaftliche Seite des Lebens 1147   Erzeugende und erobernde Wirtschaft (Landbau und Handel) 1151   Politik und Handel (Macht und Beute) 1153   Urwirtschaft und Wirtschaftsstil der hohen Kulturen 1156   Stand und Wirtschaftsklasse 1157   Das stadtlose Land: Denken in Gütern 1160   Die Stadt: Denken in Geld 1162   Weltwirtschaft: Mobilisierung der Güter durch das Geld 1166   Das antike Geld: Die Münze 1169   Der Sklave als Geld 1171   Das faustische Denken in Geld: Der Buchwert 1173   Die doppelte Buchführung 1174   Die Münze im Abendland 1175   Geld und Arbeit 1177   Der Kapitalismus 1179   Wirtschaftliche Organisation 1180   Erlöschen des Denkens in Geld: Diokletian. Das Wirtschaftsdenken der Russen 1181

II. Die Maschine

Geist der Technik 1183   Primitive Technik und Stil der hohen Kulturen 1185   Antike „Technik" 1186   Die faustische Technik: Der Wille zur Macht über die Natur. Der Erfinder 1186   Rausch der modernen Erfindungen 1187   Der Mensch als Sklave der Maschine 1190   Unternehmer, Arbeiter, Ingenieur 1190   Ringen zwischen Geld und Industrie 1192   Endkampf zwischen Geld und Politik; Sieg des Blutes 1193

REGISTER

Register I: Personen und Sachen 1197

Register II: Benutzte oder empfohlene Autoren 1246

ERSTER BAND

GESTALT UND WIRKLICHKEIT

EINLEITUNG

1

In diesem Buche wird zum erstenmal der Versuch gewagt, Geschichte vorauszubestimmen. Es handelt sich darum, das Schicksal einer Kultur, und zwar der einzigen, die heute auf diesem Planeten in Vollendung begriffen ist, der westeuropäisch-amerikanischen, in den noch nicht abgelaufenen Stadien zu verfolgen.

Die Möglichkeit, eine Aufgabe von so ungeheurer Tragweite zu lösen, ist bis heute offenbar nicht ins Auge gefaßt, und wenn dies der Fall war, sind die Mittel, sie zu behandeln, nicht erkannt oder in unzulänglicher Weise gehandhabt worden.

Gibt es eine Logik der Geschichte? Gibt es jenseits von allem Zufälligen und Unberechenbaren der Einzelereignisse eine sozusagen metaphysische Struktur der historischen Menschheit, die von den weithin sichtbaren, populären, geistig-politischen Gebilden der Oberfläche wesentlich unabhängig ist? Die diese Wirklichkeit geringeren Ranges vielmehr erst hervorruft? Erscheinen die großen Züge der Weltgeschichte dem verstehenden Auge vielleicht immer wieder in einer Gestalt, die Schlüsse zuläßt? Und wenn — wo liegen die Grenzen derartiger Folgerungen? Ist es möglich, im Leben selbst — denn menschliche Geschichte ist der Inbegriff von ungeheuren Lebensläufen, als deren Ich und Person schon der Sprachgebrauch unwillkürlich Individuen höherer Ordnung wie „die Antike", „die chinesische Kultur" oder „die moderne Zivilisation" denkend und handelnd einführt — die Stufen aufzufinden, die durchschritten werden müssen, und zwar in einer Ordnung, die keine Ausnahme zuläßt? Haben die für alles Organische grundlegenden Begriffe, Geburt, Tod, Jugend, Alter, Lebensdauer, in diesem Kreise vielleicht einen strengen Sinn, den noch niemand erschlossen hat? Liegen, kurz gesagt, allem Historischen allgemeine biographische Urformen zugrunde?

Der Untergang des Abendlandes, zunächst ein örtlich und zeitlich beschränktes Phänomen wie das ihm entsprechende des Untergangs der Antike, ist, wie man sieht, ein philosophisches Thema, das in seiner ganzen Schwere begriffen alle großen Fragen des Seins in sich schließt.

Will man erfahren, in welcher Gestalt sich das Schicksal der abendländischen Kultur erfüllen wird, so muß man zuvor erkannt haben, was Kultur *ist*, in welchem Verhältnis sie zur sichtbaren Geschichte, zum Leben, zur Seele, zur Natur, zum Geiste steht, unter welchen Formen sie in Erscheinung tritt und inwiefern diese Formen – Völker, Sprachen und Epochen, Schlachten und Ideen, Staaten und Götter, Künste und Kunstwerke, Wissenschaften, Rechte, Wirtschaftsformen und Weltanschauungen, große Menschen und große Ereignisse – Symbole und als solche zu deuten sind.

2

Das Mittel, tote Formen zu erkennen, ist das mathematische Gesetz. Das Mittel, lebendige Formen zu verstehen, ist die Analogie. Auf diese Weise unterscheiden sich Polarität und Periodizität der Welt.

Das Bewußtsein davon, daß die Zahl der weltgeschichtlichen Erscheinungsformen eine begrenzte ist, daß Zeitalter, Epochen, Lagen, Personen sich dem Typus nach wiederholen, war immer vorhanden. Man hat das Auftreten Napoleons kaum je ohne einen Seitenblick auf Cäsar und Alexander behandelt, von denen der erste, wie man sehen wird, morphologisch unzulässig, der zweite richtig war. Napoleon selbst fand die Verwandtschaft seiner Lage mit derjenigen Karls des Großen heraus. Der Konvent sprach von Karthago, wenn er England meinte, und die Jakobiner nannten sich Römer. Man hat, mit sehr verschiedenem Recht, Florenz mit Athen, Buddha mit Christus, das Urchristentum mit dem modernen Sozialismus, die römischen Finanzgrößen der Zeit Cäsars mit den Yankees verglichen. Petrarca, der erste leidenschaftliche Archäologe – die Archäologie ist ja selbst ein Ausdruck des Gefühls, daß Geschichte sich wiederholt –, dachte in bezug auf sich an Cicero, und erst vor kurzem noch Cecil Rhodes, der Organisator des englischen Südafrika, der die antiken Cäsarenbiographien in eigens für ihn angefertigten Übersetzungen in seiner Bibliothek besaß, an Kaiser Hadrian. Es war das Verhängnis Karls XII. von Schweden, daß er von Jugend auf das Leben Alexanders von Curtius Rufus in der Tasche trug und diesen Eroberer kopieren wollte.

Friedrich der Große bewegt sich in seinen politischen Denkschriften – wie den „Considérations" von 1738 – mit vollkommener Sicherheit in Analogien, um seine Auffassung der weltpolitischen Lage zu kennzeichnen, so, wenn er die Franzosen mit den Makedoniern unter Philipp und die Deutschen mit den Griechen vergleicht. „Schon sind die Thermopylen Deutschlands, Elsaß und Lothringen, in Philipps Hand." Damit war die Politik des Kardinals Fleury vorzüglich getroffen. Hier findet sich weiterhin ein Vergleich zwischen der Politik der Häuser Habsburg und Bourbon und den Proskriptionen des Antonius und Oktavian.

Aber das alles blieb fragmentarisch und willkürlich und entsprach in der Regel mehr einem augenblicklichen Hange, sich dichterisch und geistreich auszudrücken, als einem tieferen historischen Formgefühl.

So sind die Vergleiche Rankes, eines Meisters der kunstvollen Analogie, zwischen Kyaxares und Heinrich I., den Einfällen der Kimmerier und der Magyaren morphologisch bedeutungslos, nicht viel weniger der oft wiederholte zwischen den hellenischen Stadtstaaten und den Renaissancerepubliken, von tiefer, aber zufälliger Richtigkeit dagegen der zwischen Alkibiades und Napoleon. Sie sind bei ihm wie bei andern aus einem plutarchischen, d. h. volkstümlich romantischen Geschmack gezogen worden, der lediglich die Ähnlichkeit der Szene auf der Weltbühne ins Auge faßt, nicht mit der Strenge des Mathematikers, der die innere Verwandtschaft zweier Gruppen von Differentialgleichungen erkennt, an denen der Laie nichts sieht als die Verschiedenheit der äußeren Form.

Man bemerkt leicht, daß im Grunde die Laune, nicht eine Idee, nicht das Gefühl einer Notwendigkeit die Wahl der Bilder bestimmt.

Von einer *Technik* der Vergleiche blieben wir weit entfernt. Sie treten, gerade heute, massenhaft auf, aber planlos und ohne Zusammenhang; und wenn sie einmal in einem tiefen, noch festzustellenden Sinne treffend sind, so verdankt man es dem Glück, seltener dem Instinkt, nie einem Prinzip. Noch hat niemand daran gedacht, hier eine *Methode* auszubilden. Man hat nicht im entferntesten geahnt, daß hier eine Wurzel, und zwar die einzige, liegt, aus der eine große Lösung des Problems der Geschichte hervorgehen kann.

Die Vergleiche könnten das Glück des geschichtlichen Denkens sein, insofern sie die organische Struktur der Geschichte bloßlegen. Ihre Technik müßte unter der Einwirkung einer umfassenden Idee und also bis zur wahllosen Notwendigkeit, bis zur logischen Meisterschaft ausgebildet werden. Sie waren bisher ein Unglück, weil sie als eine bloße Angelegenheit des Geschmacks den Historiker der Einsicht und der Mühe überhoben, *die Formensprache der Geschichte und ihre Analyse* als seine schwerste und nächste, heute noch nicht einmal begriffene, geschweige denn gelöste Aufgabe zu betrachten. Sie waren teils oberflächlich, wenn man z. B. Cäsar den Begründer einer römischen Staatszeitung nannte, oder, noch schlimmer, äußerst verwickelte und uns innerlich sehr fremde Erscheinungen des antiken Daseins mit heutigen Modeworten wie Sozialismus, Impressionismus, Kapitalismus, Klerikalismus belegte, teils von einer bizarren Verkehrtheit wie der Brutuskult, den man im Jakobinerklub trieb – den jenes Millionärs und Wucherers Brutus, der als Ideologe der oligarchischen Verfassung unter dem Beifall des patrizischen Senats den Mann der Demokratie erstach.[1]

3

Und so erweitert sich die Aufgabe, die ursprünglich ein begrenztes Problem der heutigen Zivilisation umfaßte, zu einer neuen Philosophie, *der* Philosophie der Zukunft, soweit aus dem metaphysisch erschöpften Boden des Abendlandes noch eine solche hervorgehen kann, der einzigen, die wenigstens zu den *Möglichkeiten* des west-

[1] Vgl. Bd. II, S. 1105, Anm. 1.

europäischen Geistes in seinen nächsten Stadien gehört: zur Idee einer *Morphologie der Weltgeschichte, der Welt als Geschichte*, die im Gegensatz zur Morphologie der Natur, bisher fast dem einzigen Thema der Philosophie, alle Gestalten und Bewegungen der Welt in ihrer tiefsten und letzten Bedeutung noch einmal, aber in einer ganz andern Ordnung, nicht zum Gesamtbilde alles Erkannten, sondern zu einem Bilde des Lebens, nicht des Gewordenen, sondern des Werdens zusammenfaßt.

Die *Welt als Geschichte*, aus ihrem Gegensatz, der *Welt als Natur* begriffen, geschaut, gestaltet – das ist ein neuer Aspekt des menschlichen Daseins auf dieser Erde, dessen Herausarbeitung in ihrer ungeheuren praktischen und theoretischen Bedeutung als Aufgabe bis heute nicht erkannt, vielleicht dunkel gefühlt, oft in der Ferne erblickt, nie mit allen ihren Konsequenzen gewagt worden ist. Hier liegen zwei mögliche Arten vor, wie der Mensch seine Umwelt innerlich besitzen und erleben kann. Ich trenne der Form, nicht der Substanz nach mit vollster Schärfe den organischen vom mechanischen Welteindruck, den Inbegriff der Gestalten von dem der Gesetze, das Bild und Symbol von der Formel und dem System, das Einmalig-Wirkliche vom Beständig-Möglichen, das Ziel der planvoll ordnenden Einbildungskraft von dem der zweckmäßig zergliedernden Erfahrung oder, um einen noch nie bemerkten, sehr bedeutungsvollen Gegensatz schon hier zu nennen, den Geltungsbereich der *chronologischen* von dem der *mathematischen* Zahl.[1]

Es kann sich demnach in einer Untersuchung wie der vorliegenden nicht darum handeln, die an der Oberfläche des Tages sichtbar werdenden Ereignisse geistig-politischer Art als solche hinzunehmen, nach „Ursache" und „Wirkung" zu ordnen und in ihrer

---

[1] Es war ein noch heute nicht überwundener Mißgriff Kants von ungeheurer Tragweite, daß er den äußern und innern Menschen zunächst mit den vieldeutigen und vor allem *nicht unveränderlichen* Begriffen Raum und Zeit ganz schematisch in Verbindung brachte und weiterhin damit in vollkommen falscher Weise Geometrie und Arithmetik verband, an deren Stelle hier der viel tiefere Gegensatz der mathematischen und chronologischen Zahl wenigstens genannt sein soll. Arithmetik und Geometrie sind *beides* Raumrechnungen und in ihren höheren Gebieten überhaupt nicht mehr unterscheidbar. Eine *Zeitrechnung*, über deren Begriff der naive Mensch sich gefühlsmäßig durchaus klar ist, beantwortet die Frage nach dem *Wann*, nicht dem *Was* oder *Wieviel*.

scheinbaren, verstandesmäßig faßlichen Tendenz zu verfolgen. Eine derartige – „pragmatische" – Behandlung der Geschichte würde nichts als ein Stück verkappter Naturwissenschaft sein, woraus die Anhänger der materialistischen Geschichtsauffassung kein Hehl machen, während ihre Gegner sich nur der Gleichheit des beiderseitigen Verfahrens nicht hinreichend bewußt sind. Es handelt sich nicht um das, was die greifbaren Tatsachen der Geschichte an und für sich, als Erscheinungen zu irgendeiner Zeit *sind*, sondern um das, was sie *durch ihre Erscheinung bedeuten, andeuten*. Die Historiker der Gegenwart glauben ein übriges zu tun, wenn sie religiöse, soziale und allenfalls kunsthistorische Einzelheiten heranziehen, um den politischen Sinn einer Epoche zu „illustrieren". Aber sie vergessen das Entscheidende – entscheidend nämlich, insofern sichtbare Geschichte Ausdruck, Zeichen, formgewordenes Seelentum ist. Ich habe noch keinen gefunden, der mit dem Studium der *morphologischen Verwandtschaft*, welche die Formensprache *aller* Kulturgebiete innerlich verbindet, Ernst gemacht hätte, der über den Bereich politischer Tatsachen hinaus die letzten und tiefsten Gedanken der Mathematik der Hellenen, Araber, Inder, Westeuropäer, den Sinn ihrer frühen Ornamentik, ihrer architektonischen, metaphysischen, dramatischen, lyrischen Grundformen, die Auswahl und Richtung ihrer großen Künste, die Einzelheiten ihrer künstlerischen Technik und Stoffwahl eingehend gekannt, geschweige denn in ihrer entscheidenden Bedeutung für die Formprobleme des Historischen erkannt hätte. Wer weiß es, daß zwischen der Differentialrechnung und dem dynastischen Staatsprinzip der Zeit Ludwigs XIV., zwischen der antiken Staatsform der Polis und der euklidischen Geometrie, zwischen der Raumperspektive der abendländischen Ölmalerei und der Überwindung des Raumes durch Bahnen, Fernsprecher und Fernwaffen, zwischen der kontrapunktischen Instrumentalmusik und dem wirtschaftlichen Kreditsystem ein tiefer Zusammenhang der Form besteht? Selbst die nüchternsten Tatsachen der Politik nehmen, aus dieser Perspektive betrachtet, einen symbolischen und geradezu metaphysischen Charakter an, und es geschieht hier vielleicht zum ersten Male, daß Dinge wie das ägyptische Verwaltungssystem, das antike Münzwesen, die analytische Geometrie, der Scheck, der Suez-kanal, der chinesische Buchdruck, das preußische Heer und die römi-sche Straßenbautechnik *gleichmäßig* als Symbole aufgefaßt und als solche gedeutet werden.

An diesem Punkte stellt es sich heraus, daß es eine theoretisch durchleuchtete *Kunst* der historischen Betrachtung noch gar nicht gibt. Was man so nennt, zieht seine Methoden fast ausschließlich aus dem Gebiete des Wissens, auf welchem allein Methoden der Er-kenntnis zur strengen Ausbildung gelangt sind, aus der Physik. Man glaubt Geschichtsforschung zu treiben, wenn man den gegenständ-lichen Zusammenhang von Ursache und Wirkung verfolgt. Es ist eine merkwürdige Tatsache, daß die Philosophie alten Stils an eine andere Möglichkeit der Beziehung zwischen dem verstehenden menschlichen Wachsein und der umgebenden Welt nie gedacht hat. Kant, der in seinem Hauptwerk die formalen Regeln der Erkenntnis feststellte, zog, ohne daß er oder irgendein anderer es je bemerkt hätte, allein die *Natur* als Objekt der Verstandestätigkeit in Betracht. Wissen ist für ihn mathematisches Wissen. Wenn er von angebore-nen Formen der Anschauung und Kategorien des Verstandes spricht, so denkt er nie an das ganz anders geartete Begreifen historischer Eindrücke, und Schopenhauer, der von Kants Kategorien bezeich-nenderweise allein die der Kausalität gelten läßt, redet nur mit Ver-achtung von der Geschichte.[1] Daß außer der Notwendigkeit von Ursache und Wirkung – ich möchte sie die *Logik des Raumes* nennen – im Leben auch noch die organische Notwendigkeit *des Schicksals* – *die Logik der Zeit* – eine Tatsache von tiefster innerer Gewißheit ist, eine Tatsache, welche das gesamte mythologische, religiöse und künstlerische Denken ausfüllt, die das Wesen und den Kern aller Geschichte im Gegensatz zur Natur ausmacht, die aber den Erkennt-nisformen, welche die „Kritik der reinen Vernunft" untersucht, un-

---

[1] Man muß es fühlen können, wie sehr die Tiefe der formalen Kombination und die Energie des Abstrahierens auf dem Gebiete etwa der Renaissanceforschung oder der Geschichte der Völkerwanderung hinter dem zurückbleibt, was für die Funktionentheorie und theoretische Optik selbstverständlich ist. Neben dem Phy-siker und Mathematiker wirkt der Historiker *nachlässig*, sobald er von der Samm-lung und Ordnung seines Materials zur Deutung übergeht.

zugänglich ist, das ist noch nicht in den Bereich theoretischer Formulierung gedrungen. Die Philosophie ist, wie Galilei an einer berühmten Stelle seines „Saggiatore" sagt, im großen Buche der Natur
„*scritta in lingua matematica*". Aber wir warten heute noch auf die
Antwort eines Philosophen, in welcher Sprache die Geschichte geschrieben und wie diese zu lesen ist.

Die Mathematik und das Kausalitätsprinzip führen zu einer naturhaften, die Chronologie und die Schicksalsidee zu einer historischen
Ordnung der Erscheinung. Beide Ordnungen umfassen, jede für
sich, die *ganze* Welt. Nur das Auge, in dem und durch das sich diese
Welt verwirklicht, ist ein anderes.

4

Natur ist die Gestalt, unter welcher der Mensch hoher Kulturen
den unmittelbaren Eindrücken seiner Sinne Einheit und Bedeutung
gibt. Geschichte ist diejenige, aus welcher seine Einbildungskraft das
lebendige Dasein der Welt in bezug auf das eigene Leben zu begreifen und diesem damit eine vertiefte Wirklichkeit zu verleihen sucht.
Ob er dieser Gestaltungen fähig ist und welche von ihnen sein waches
Bewußtsein beherrscht, das ist eine Urfrage aller menschlichen Existenz.

Hier liegen zwei *Möglichkeiten* der Weltbildung durch den Menschen vor. Damit ist schon gesagt, daß es nicht notwendig *Wirklichkeiten* sind. Fragen wir also im folgenden nach dem Sinn aller Geschichte, so ist zuerst eine Frage zu lösen, die bisher nie gestellt worden ist. *Für wen* gibt es Geschichte? Eine paradoxe Frage, wie es
scheint. Ohne Zweifel für jeden, insofern jeder Mensch mit seinem
gesamten Dasein und Wachsein Glied der Geschichte ist. Aber es ist
ein großer Unterschied, ob jemand unter dem beständigen Eindruck
lebt, daß sein Leben ein Element in einem weit größeren Lebenslauf
ist, der sich über Jahrhunderte oder Jahrtausende erstreckt, oder ob er
es als etwas in sich selbst Gerundetes und Abgeschlossenes empfindet.
Sicherlich gibt es für die letztere Art des Wachseins keine Weltgeschichte, *keine Welt als Geschichte*. Aber wie, wenn das Selbstbe-

wußtsein einer ganzen Nation, wenn eine *ganze Kultur* auf diesem ahistorischen Geiste beruht? Wie muß ihr die Wirklichkeit erscheinen? Die Welt? Das Leben? Bedenken wir, daß sich im Weltbewußtsein der Hellenen alles Erlebte, nicht nur die eigne persönliche, sondern die allgemeine Vergangenheit alsbald in einen zeitlos unbeweglichen, mythisch gestalteten Hintergrund der jeweils augenblicklichen Gegenwart verwandelte, dergestalt, daß die Geschichte Alexanders des Großen noch vor seinem Tode für das antike Gefühl mit der Dionysoslegende zu verschwimmen begann, und Cäsar seine Abstammung von Venus mindestens nicht als widersinnig empfand, so müssen wir zugestehen, daß uns Menschen des Abendlandes mit dem starken Gefühl für zeitliche Distanzen, aus dem heraus das tägliche Rechnen mit Jahreszahlen nach und vor Christi Geburt etwas Selbstverständliches geworden ist, ein Nacherleben solcher Seelenzustände beinahe unmöglich wird, daß wir aber nicht das Recht haben, dem Problem der Geschichte gegenüber von dieser Tatsache einfach abzusehen.

Was Tagebücher und Selbstbiographien für den einzelnen, das bedeutet Geschichtsforschung im weitesten Umfange, wo sie auch alle Arten psychologisch vergleichender Analyse fremder Völker, Zeiten, Sitten einschließt, für die Seele ganzer Kulturen. Aber die antike Kultur besaß kein *Gedächtnis*, kein historisches Organ in diesem besonderen Sinne. Das „Gedächtnis" des antiken Menschen – wobei wir allerdings einen aus dem eignen Seelenbilde abgeleiteten Begriff ohne weiteres einer fremden Seele unterlegen – ist etwas ganz anderes, weil hier Vergangenheit und Zukunft als ordnende Perspektiven im Wachsein fehlen und die „reine Gegenwart", die Goethe an allen Äußerungen antiken Lebens, vor allem an der Plastik so oft bewundert hat, es mit einer uns ganz unbekannten Mächtigkeit ausfüllt. Diese reine Gegenwart, deren größtes Symbol die dorische Säule ist, stellt in der Tat eine *Verneinung der Zeit* (der Richtung) dar. Für Herodot und Sophokles wie für Themistokles und für einen römischen Konsul verflüchtigt sich die Vergangenheit alsbald in einen zeitlos ruhenden Eindruck von *polarer, nicht periodischer* Struktur – denn das ist der letzte Sinn durchgeistigter Mythenbildung –, während sie für unser Weltgefühl und inneres Auge ein periodisch klar gegliederter, zielvoll gerichteter Organismus von Jahrhunderten oder Jahrtausenden ist. Dieser Hintergrund aber gibt dem Leben, dem antiken wie dem abendländischen, erst seine besondere Farbe. Was der Grieche Kosmos nannte, war das Bild einer Welt, die nicht *wird*, sondern *ist*. *Folglich* war der Grieche selbst ein Mensch, der niemals *wurde*, sondern immer *war*.

Deshalb hat der antike Mensch, obwohl er die strenge Chronologie, die Kalenderrechnung und damit das starke, in großartiger Beobachtung der Gestirne und in der exakten Messung gewaltiger Zeiträume sich offenbarende Gefühl für Ewigkeit und für die Nichtigkeit des gegenwärtigen Augenblicks in der babylonischen und vor allem der ägyptischen Kultur sehr wohl kannte, sich *innerlich* nichts davon zu eigen gemacht. Was seine Philosophen gelegentlich erwähnen, haben sie nur gehört, nicht geprüft. Und was vereinzelte glänzende Köpfe namentlich asiatischer Griechenstädte wie Hipparch und Aristarch entdeckten, ist von der stoischen wie der aristotelischen Geistesrichtung abgelehnt und außerhalb der engsten Fachwissenschaft überhaupt nicht beachtet worden. Weder Plato noch Aristoteles besaßen eine Sternwarte. In den letzten Jahren des Perikles wurde in Athen ein Volksbeschluß gefaßt, der jeden mit der schweren Klageform der Eisangelie bedrohte, der astronomische Theorien verbreitete. Es war ein Akt von tiefster Symbolik, in dem sich der Wille der antiken Seele aussprach, die Ferne in jedem Sinn aus ihrem Weltbewußtsein zu verbannen.

Was die antike Geschichtsschreibung betrifft, so richte man seinen Blick auf Thukydides. Die Meisterschaft dieses Mannes besteht in der echt antiken Kraft, Ereignisse der *Gegenwart* aus sich selbst heraus verstehend zu erleben, und dazu kommt jener prachtvolle Tatsachenblick des geborenen Staatsmannes, der selbst Feldherr und Beamter gewesen war. Diese *praktische Erfahrung*, die man leider mit historischem Sinn verwechselt, läßt ihn geschichtsschreibenden bloßen Gelehrten mit Recht als unerreichtes Muster erscheinen. Was ihm aber vollkommen verschlossen bleibt, ist jener perspektivische Blick über die Geschichte von Jahrhunderten hin, der für uns mit

Selbstverständlichkeit zum Begriff des Historikers gehört. Alle guten Stücke antiker Geschichtsdarstellung beschränken sich auf die politische Gegenwart des Autors, im schärfsten Gegensatz zu uns, deren historische Meisterwerke ohne Ausnahme die ferne Vergangenheit behandeln. Thukydides würde schon an dem Thema der Perserkriege gescheitert sein, von einer allgemein griechischen oder gar ägyptischen Geschichte ganz zu schweigen. Bei ihm wie bei Polybios und Tacitus, ebenfalls praktischen Politikern, geht die Sicherheit des Blickes sofort verloren, wenn sie in der Vergangenheit, oft im Abstand weniger Jahrzehnte, auf treibende Kräfte stoßen, die ihnen in dieser Gestalt aus ihrer eigenen Praxis unbekannt sind. Für Polybios ist der erste Punische Krieg, für Tacitus schon Augustus nicht mehr verständlich, und der – an unsrer perspektivischen Forschung gemessen – gänzlich unhistorische Sinn des Thukydides erschließt sich durch die unerhörte Behauptung gleich auf der ersten Seite seines Buches, daß vor seiner Zeit (um 400!) in der Welt Ereignisse von Bedeutung nicht vorgefallen seien (οὐ μεγάλα γενέσθαι)[1].

[1] Die ohnehin sehr spät einsetzenden Versuche der Griechen, nach dem Muster Ägyptens etwas wie einen Kalender oder eine Chronologie zustande zu bringen, sind von höchster Naivität. Die Olympiadenrechnung ist keine Ära wie etwa die christliche Zeitrechnung, und außerdem ein später, rein literarischer Notbehelf, nichts dem Volke Geläufiges. Das Volk besaß überhaupt kein Bedürfnis nach einer Zählung, mit welcher man Erlebnisse der Eltern und Großeltern festlegen konnte, mochten einige Gelehrte immerhin sich für das Kalenderproblem interessieren. Es kommt hier nicht darauf an, ob ein Kalender gut ist oder schlecht, sondern ob er im Gebrauch ist, ob das Leben der Gesamtheit danach läuft. Aber auch die Olympionikenliste vor 500 ist eine Erfindung so gut wie die ältere attische Archonten- und die römische Konsulnliste. Von den Kolonisationen gibt es kein einziges echtes Datum (Ed. Meyer, Gesch. d. Alt. II, 442; Beloch, Griech. Gesch. I, 2, 219). „An eine Aufzeichnung von Berichten über historische Begebenheiten hat überhaupt niemand in Griechenland vor dem 5. Jahrhundert gedacht" (Beloch, I, 1, 125). Wir besitzen die Inschrift eines Vertrages zwischen Elis und Heräa, der „hundert Jahre von diesem Jahre an" gelten sollte. Welches Jahr das war, ließ sich aber nicht angeben. Nach einiger Zeit wird man also nicht mehr gewußt haben, wie lange der Vertrag bestand, und offenbar hatte das niemand vorausgesehen. Wahrscheinlich werden diese Gegenwartsmenschen ihn überhaupt bald vergessen haben. Es kennzeichnet den legendenhaft-kindlichen Charakter des antiken Geschichtsbildes, daß man eine geordnete Datierung der Tatsachen etwa des „Trojanischen Krieges", der der Stufe nach doch unsern Kreuzzügen entspricht, geradezu als stilwidrig empfinden würde. – Ebenso steht das geographische Wissen der Antike weit hinter dem ägyptischen und babylonischen zurück. Ed. Meyer (Gesch. d. Alt. III, 102) zeigt, wie die Kenntnis der Gestalt Afrikas von Herodot (nach persischen Quellen) bis auf Aristoteles gesunken ist. Dasselbe gilt von den

Infolgedessen ist die antike Geschichte bis auf die Perserkriege herab, aber auch noch der überlieferte Aufbau sehr viel späterer Perioden das Produkt wesentlich mythischen Denkens. Die Verfassungsgeschichte Spartas – Lykurg, dessen Biographie mit allen Einzelheiten erzählt wird, war vermutlich eine unbedeutende Waldgottheit des Taygetos – ist eine Dichtung der hellenistischen Zeit, und die Erfindung der römischen Geschichte vor Hannibal war noch zur Zeit Cäsars nicht zum Stillstand gekommen. Die Vertreibung der Tarquinier durch Brutus ist eine Erzählung, zu der ein Zeitgenosse des Zensors Appius Claudius (310) Modell gestanden hat. Die Namen römischer Könige sind damals nach den Namen reichgewordener plebejischer Familien geformt worden (K. J. Neumann). Von der „servianischen Verfassung“ ganz abgesehen, ist das berühmte licinische Ackergesetz von 367 zur Zeit Hannibals noch nicht vorhanden gewesen (B. Niese). Als Epaminondas die Messenier und Arkader befreit und zu einem Staat gemacht hatte, erfanden sie sich sofort eine Urgeschichte. Das Ungeheuerliche ist nicht, daß dergleichen vorkam, sondern daß es eine andere Art von Geschichte kaum gab. Man kann den Gegensatz des abendländischen und des antiken Sinnes für alles Historische nicht besser zeigen, als wenn man sagt, daß die Römergeschichte vor 250, wie man sie zur Zeit Cäsars kannte, im wesentlichen eine Fälschung, und daß das wenige, was wir festgestellt haben, den späteren Römern ganz unbekannt war. Es kennzeichnet den antiken Sinn des Wortes Geschichte, daß die alexandrinische Romanliteratur stofflich den stärksten Einfluß auf die ernsthafte politische und religiöse Historik ausgeübt hat. Man dachte gar nicht daran, ihren Inhalt von aktenmäßigen Daten grundsätzlich zu unterscheiden. Als Varro gegen Ende der Republik daran ging, die aus dem Bewußtsein des Volkes rasch schwindende römische Religion zu fixieren, teilte er die Gottheiten, deren Dienst vom *Staate aufs peinlichste ausgeübt wurde*, in *di certi* und *di incerti* ein – solche, von denen man noch etwas wußte, und solche, von denen trotz des fortdauernden öffentlichen Kultes nur der Name geblieben

Römern als den Erben der Karthager. Sie haben die fremden Kenntnisse erst nacherzählt und dann langsam vergessen.

war. In der Tat war die Religion der römischen Gesellschaft seiner Zeit – wie sie nicht nur Goethe, sondern selbst Nietzsche ohne Argwohn aus den römischen Dichtern hinnahmen – größtenteils ein Erzeugnis der hellenisierenden Literatur und fast ohne Zusammenhang mit dem alten Kultus, den niemand mehr verstand.

Mommsen hat den westeuropäischen Standpunkt klar formuliert, als er die römischen Historiker – Tacitus ist vor allem gemeint – Leute nannte, „die das sagen, was verschwiegen zu werden verdiente, und das verschweigen, was notwendig war, zu sagen".

Die indische Kultur, deren Idee vom (brahmanischen) Nirwana der entschiedenste Ausdruck einer vollkommen ahistorischen Seele ist, den es geben kann, hat nie das geringste Gefühl für das „Wann" in irgendeinem Sinne besessen. Es gibt keine echte indische Astronomie, keine indischen Kalender, keine indische Historie also, insofern man darunter den geistigen Niederschlag einer bewußten Entwicklung versteht. Wir wissen vom sichtbaren Verlaufe dieser Kultur, deren organischer Teil mit der Entstehung des Buddhismus abgeschlossen war, noch viel weniger als von der antiken, sicherlich an großen Ereignissen reichen Geschichte zwischen dem 12. und 8. Jahrhundert. Beide sind lediglich in traumhaft-mythischer Gestalt festgehalten worden. Erst ein volles Jahrtausend nach Buddha, um 500 n. Chr., entstand auf Ceylon im „Mahavansa" etwas, das entfernt an Geschichtsschreibung erinnert.

Das Weltbewußtsein des indischen Menschen war so geschichtslos angelegt, daß er nicht einmal die Erscheinung des von einem Autor verfaßten Buches als zeitlich feststehendes Ereignis kannte. Statt einer organischen Reihe persönlich abgegrenzter Schriften entstand allmählich eine vage Textmasse, in die jeder hineinschrieb, was er wollte, ohne daß die Begriffe des individuellen geistigen Eigentums, der Entwicklung eines Gedankens, der geistigen Epoche eine Rolle gespielt hätten. In dieser *anonymen* Gestalt – es ist die der gesamten indischen Geschichte – liegt uns die indische Philosophie vor. Mit ihr vergleiche man die durch Bücher und Personen physiognomisch aufs schärfste herausgearbeitete Philosophiegeschichte des Abendlandes.

Der indische Mensch vergaß alles, der ägyptische konnte *nichts* vergessen. Eine indische Kunst des Porträts – der Biographie *in nuce* – hat es nie gegeben; die ägyptische Plastik kannte kaum ein anderes Thema.

Die ägyptische Seele, eminent historisch veranlagt und mit urweltlicher Leidenschaft nach dem Unendlichen drängend, empfand die Vergangenheit und Zukunft als ihre *ganze* Welt, und die Gegenwart, die mit dem wachen Bewußtsein identisch ist, erschien ihr lediglich als die schmale Grenze zwischen zwei unermeßlichen Fernen. Die ägyptische Kultur ist eine *Inkarnation der Sorge* – dem seelischen Gegenwert der Ferne –, der Sorge um das Künftige, wie sie sich in der Wahl von Granit und Basalt als künstlerischem Material,[1] in den gemeißelten Urkunden, in der Ausbildung eines peinlichen Verwaltungssystems und dem Netz von Bewässerungsanlagen ausspricht,[2] *und der notwendig damit verknüpften* Sorge um das Vergangene. Die ägyptische Mumie ist ein Symbol vom höchsten Range. Man *verewigte* den Leib des Toten, wie man seiner Persönlichkeit, dem „Ka", durch die oft in vielen Exemplaren ausgeführten Bildnisstatuen, an deren in einem sehr hohen Sinne aufgefaßte Ähnlichkeit sie gebunden war, ewige Dauer verlieh.

---

[1] Demgegenüber ist es ein Symbol ersten Ranges und ohne Beispiel in der Kunstgeschichte, daß die Hellenen ihrer mykenischen Vorzeit gegenüber, und zwar in einem an Steinmaterial überreichen Lande, vom Steinbau zur Verwendung des Holzes *zurückkehrten*, woraus sich das Fehlen architektonischer Reste zwischen 1200 und 600 erklärt. Die ägyptische Pflanzensäule war von Anfang an Steinsäule, die dorische Säule war eine Holzsäule. Darin spricht sich die tiefe Feindseligkeit der antiken Seele gegen die Dauer aus.

[2] Hat je eine hellenische Stadt auch nur *ein* umfassendes Werk ausgeführt, das die Sorge um kommende Generationen verrät? Die Straßen- und Bewässerungssysteme, die man in mykenischer, d. h. *vorantiker* Zeit nachgewiesen hat, sind seit der Geburt antiker Völker – mit dem Anbruch der homerischen Zeit also – verfallen und vergessen worden. Um das Bizarre der Tatsache zu begreifen, daß die Buchstabenschrift von der Antike erst nach 900 angenommen wurde, und zwar in bescheidenstem Umfang und sicherlich nur zu den dringendsten wirtschaftlichen Zwecken, was der Mangel an Inschriftfunden mit Sicherheit beweist, bedenke man, daß in der ägyptischen, babylonischen, mexikanischen und chinesischen Kultur die Ausbildung einer Schrift in grauer Vorzeit beginnt, daß die Germanen sich ein Runenalphabet schufen und später ihre Ehrfurcht vor der Schrift durch die immer wiederholte ornamentale Ausbildung von Zierschriften bezeugten, während die Frühantike die vielen im Süden und Osten gebräuchlichen Schriften durchaus ignorierte. Wir besitzen zahlreiche Schriftdenkmäler aus dem hethitischen Kleinasien und aus Kreta, aus homerischer Zeit nicht ein einziges, vgl. Bd. II, S. 737 ff.

Es besteht eine tiefe Beziehung zwischen dem Verhalten gegen die historische Vergangenheit und der Auffassung des Todes, wie sie sich in der *Form der Bestattung* ausspricht. Der Ägypter *verneint* die Vergänglichkeit, der antike Mensch *bejaht* sie durch die gesamte Formensprache seiner Kultur. Die Ägypter konservierten auch die Mumie ihrer Geschichte: die chronologischen Daten und Zahlen. Während von der vorsolonischen Geschichte der Griechen nichts überliefert ist, keine Jahreszahl, kein echter Name, kein greifbares Ereignis – was dem uns allein bekannten Rest ein übertriebenes Gewicht gibt –, kennen wir aus dem 3. Jahrtausend und noch weiter zurück die Namen und selbst die genauen Regierungszahlen zahlreicher ägyptischer Könige, und im Neuen Reich muß man ein lückenloses Wissen von ihnen gehabt haben. Als ein grauenvolles Symbol dieses Willens zur Dauer liegen heute noch die Körper der großen Pharaonen mit kenntlichen Gesichtszügen in unseren Museen. Auf der leuchtend polierten Granitspitze der Pyramide Amenemhets III. liest man noch jetzt die Worte: „Amenemhet schaut die Schönheit der Sonne" und auf der andern Seite: „Höher ist die Seele Amenemhets als die Höhe des Orion und sie verbindet sich mit der Unterwelt". Das ist Überwindung der Vergänglichkeit, der bloßen Gegenwart, und unantik im höchsten Maße.

5

Gegenüber dieser mächtigen Gruppe ägyptischer Lebenssymbole erscheint an der Schwelle der antiken Kultur, der Vergessenheit entsprechend, die sie über jedes Stück ihrer äußern und innern Vergangenheit breitet, die *Verbrennung der Toten*. Der mykenischen Zeit war die sakrale Heraushebung dieser Bestattungsform aus den übrigen, die von primitiven Völkern der Steinzeit nebeneinander ausgeübt wurden, durchaus fremd. Die Königsgräber sprechen sogar für den Vorrang der Erdbestattung. Aber in homerischer Zeit so gut wie in vedischer erfolgt der plötzliche, nur seelisch zu begründende Schritt vom Begräbnis zur Verbrennung, die, wie die Ilias zeigt, mit dem vollen Pathos eines sinnbildlichen Aktes – der feierlichen Vernichtung, der Verneinung aller historischen Dauer – vollzogen wurde.

Von diesem Augenblick an ist auch die Plastizität der seelischen Entwicklung des Einzelnen zu Ende. Sowenig das antike Drama echt historische Motive gestattet, so wenig läßt es das Thema der innern Entwicklung zu, und man weiß, wie entschieden sich der hellenische Instinkt gegen das Porträt in der bildenden Kunst aufgelehnt hat. Bis in die Kaiserzeit kennt die antike Kunst nur einen ihr gewissermaßen natürlichen Stoff: den Mythos.[1] Auch die idealen Bildnisse der hellenistischen Plastik sind mythisch, so gut es die typischen Biographien von der Art Plutarchs sind. Kein großer Grieche hat je Erinnerungen niedergeschrieben, die eine überwundene Epoche vor seinem geistigen Auge fixiert hätten. Nicht einmal Sokrates hat über sein Innenleben etwas in unserem Sinne Bedeutendes gesagt. Es fragt sich, ob in einer antiken Seele dergleichen überhaupt möglich war, wie es die Entstehung des Parzival, Hamlet, Werther doch als natürlichen Trieb voraussetzt. Wir vermissen bei Plato jedes Bewußtsein einer Entwicklung seiner Lehre. Seine einzelnen Schriften sind lediglich Fassungen sehr verschiedener Standpunkte, die er zu verschiedenen Zeiten einnahm. Ihr genetischer Zusammenhang war kein Gegenstand seines Nachdenkens. Aber schon am Anfang der abendländischen Geistesgeschichte steht ein Stück tiefster Selbsterforschung, Dantes „Vita Nuova". Allein daraus folgt, wie wenig Antikes, d. h. rein Gegenwärtiges Goethe in sich hatte, der nichts vergaß, dessen Werke seinen eigenen Worten nach nur Bruchstücke *einer* großen Konfession waren.

Nach der Zerstörung Athens durch die Perser warf man alle Werke der älteren Kunst in den Schutt – aus dem wir sie heute wieder hervorziehen – und man hat nie gehört, daß jemand in Hellas

[1] Von Homer bis zu den Tragödien Senecas, ein volles Jahrtausend hindurch, erscheinen die mythischen Gestalten wie Thyest, Klytämnestra, Herakles trotz ihrer begrenzten Zahl unverändert immer wieder, während in der Dichtung des Abendlandes der faustische Mensch zuerst als Parzival und Tristan, dann im Sinne der Epoche verwandelt als Hamlet, als Don Quijote, als Don Juan, in einer letzten zeitgemäßen Verwandlung als Faust und Werther und dann als Held des modernen weltstädtischen Romans, immer aber in der Atmosphäre und Bedingtheit eines bestimmten Jahrhunderts auftritt.

sich um die Ruinen von Mykene oder Phaistos zum Zwecke der Ermittlung geschichtlicher Tatsachen gekümmert hätte. Man las seinen
Homer, aber man dachte nicht daran, wie Schliemann den Hügel
von Troja aufzugraben. Man wollte den Mythos, nicht die Geschichte. Von den Werken des Aischylos und der vorsokratischen
Philosophen war schon in hellenistischer Zeit ein Teil verloren gegangen. Dagegen sammelte bereits Petrarca Altertümer, Münzen,
Manuskripte mit einer nur dieser Kultur eigenen Pietät und Innerlichkeit der Betrachtung als historisch fühlender, auf entlegene Welten zurückschauender, nach dem Fernen sich sehnender Mensch –
er war auch der erste, der die Besteigung eines Alpengipfels unter-
nahm –, der im Grunde ein Fremder in seiner Zeit blieb. Die Seele
des Sammlers versteht man nur aus seinem Verhältnis zur Zeit. Noch
leidenschaftlicher vielleicht, aber von einer andern Färbung ist der
chinesische Hang zum Sammeln. Wer in China reist, will „alten
Spuren", *ku-tsi*, folgen, und nur aus einem tiefen historischen Gefühl ist der unübersetzbare Grundbegriff chinesischen Wesens, *tao*,
zu deuten.[1] Was dagegen in hellenistischer Zeit allenthalben gesammelt und gezeigt wurde, waren Merkwürdigkeiten von mytholo-
gischem Reiz, wie sie Pausanias beschreibt, bei denen das streng
historische Wann und Warum überhaupt nicht in Betracht kam,
während die ägyptische Landschaft sich schon zur Zeit des großen
Thutmosis in ein einziges ungeheures Museum von strenger Tradition verwandelt hatte.

Unter den Völkern des Abendlandes waren es die Deutschen,
welche die mechanischen *Uhren* erfanden, schauerliche Symbole der
rinnenden Zeit, deren Tag und Nacht von zahllosen Türmen über
Westeuropa hin hallende Schläge vielleicht der ungeheuerste Ausdruck sind, dessen ein historisches Weltgefühl überhaupt fähig ist.[2]
Nichts davon begegnet uns in den *zeitlosen* antiken Landschaften

---

[1] Vgl. Bd. II, S. 910f.

[2] Abt Gerbert (als Papst Sylvester II.), der Freund Kaiser Ottos III., hat um
1000, also mit dem Beginn des romanischen Stils und der Kreuzzugsbewegung,
den ersten Symptomen einer neuen Seele, die Konstruktion der Schlag- und Räderuhren erfunden. In Deutschland entstanden auch um 1200 die ersten Turm-
uhren und etwas später die Taschenuhren. Man bemerke die bedeutsame Verbindung der Zeitmessung mit dem Gebäude des religiösen Kultus.

und Städten. Bis auf Perikles herab hat man die Tageszeit nur an der Schattenlänge abgeschätzt und erst seit Aristoteles erhält ὥρα die – babylonische – Bedeutung „Stunde". Vorher gab es überhaupt keine exakte Einteilung des Tages. In Babylon und Ägypten waren die Wasser- und Sonnenuhren in frühester Zeit erfunden worden, aber erst Plato führte eine als Uhr wirklich verwendbare Form der Klepsydra in Athen ein, und noch später übernahm man die Sonnenuhren, lediglich als unwesentliches Gerät des Alltags, ohne daß sie das antike *Lebensgefühl* im geringsten verändert hätten.

Hier ist noch der entsprechende, sehr tiefe und nie hinreichend gewürdigte Unterschied zwischen antiker und abendländischer Mathematik zu erwähnen. Das antike Zahlendenken faßt die Dinge auf, *wie sie sind*, als *Größen*, zeitlos, rein gegenwärtig. Das führte zur euklidischen Geometrie, zur mathematischen Statik und zum Abschluß des geistigen Systems durch die Lehre von den Kegelschnitten. Wir fassen die Dinge auf, wie sie *werden* und *sich verhalten*, als *Funktionen*. Das führte zur Dynamik, zur analytischen Geometrie und von ihr zur Differentialrechnung.[1] Die moderne Funktionentheorie ist die riesenhafte Ordnung dieser ganzen Gedankenmasse. Es ist eine bizarre, aber seelisch streng begründete Tatsache, daß die griechische Physik – als Statik im Gegensatz zur Dynamik – den Gebrauch der Uhr nicht kennt und nicht vermissen läßt und, während wir mit Tausendsteln von Sekunden rechnen, von Zeitmessungen vollständig absieht. Die Entelechie des Aristoteles ist der einzige zeitlose – ahistorische – Entwicklungsbegriff, den es gibt.

Damit ist unsere Aufgabe festgelegt. Wir Menschen der westeuropäischen Kultur sind mit unserem historischen Sinn eine Ausnahme und nicht die Regel, „Weltgeschichte" ist *unser* Weltbild, nicht das „der Menschheit". Für den indischen und den antiken Menschen gab es kein Bild der werdenden Welt und vielleicht wird es, wenn die Zivilisation des Abendlandes einmal erloschen ist, nie wieder eine

---

[1] Bei Newton heißt sie bezeichnenderweise Fluxionsrechnung – mit Rücksicht auf gewisse metaphysische Vorstellungen vom Wesen der Zeit. In der griechischen Mathematik kommt die Zeit gar nicht vor.

Kultur und also einen menschlichen Typus geben, für den „Welt-geschichte" eine so mächtige Form des Wachseins ist.

6

Ja – was ist Weltgeschichte? Eine geordnete Vorstellung des Ver-gangenen, ein inneres Postulat, der Ausdruck eines Formgefühls, ge-wiß. Aber ein noch so bestimmtes Gefühl ist keine wirkliche Form, und so sicher wir alle die Weltgeschichte fühlen, erleben, sie mit vollster Gewißheit ihrer Gestalt nach zu übersehen glauben, so sicher ist es, daß wir noch heute Formen von ihr, aber nicht *die* Form, das Gegenbild *unseres* Innenlebens kennen.

Sicherlich wird jeder, den man fragt, überzeugt sein, daß er die innere Form der Geschichte klar und deutlich durchschaut. Diese Illusion beruht darauf, daß niemand ernsthaft über sie nachgedacht hat und daß man noch viel weniger an seinem Wissen zweifelt, weil niemand ahnt, an was allem hier gezweifelt werden könne. In der Tat ist die *Gestalt* der Weltgeschichte ein *ungeprüfter geistiger Besitz*, der sich, auch unter Historikern von Beruf, von Generation zu Gene-ration vererbt und dem ein kleiner Teil der Skepsis, welche seit Gali-lei das uns angeborne Naturbild zergliedert und vertieft hat, sehr not täte.

Altertum – Mittelalter – Neuzeit: das ist das unglaubwürdig dürf-tige und *sinnlose* Schema, dessen unbedingte Herrschaft über unser geschichtliches Denken uns immer wieder gehindert hat, die eigent-liche Stellung der kleinen Teilwelt, wie sie sich seit der deutschen Kaiserzeit auf dem Boden des westlichen Europa entfaltet, in ihrem Verhältnis zur Gesamtgeschichte des höheren Menschentums nach ihrem Range, ihrer Gestalt, ihrer Lebensdauer vor allem richtig auf-zufassen. Es wird künftigen Kulturen kaum glaublich erscheinen, daß dieser Grundriß mit seinem einfältigen geradlinigen Ablauf, sei-nen unsinnigen Proportionen, der von Jahrhundert zu Jahrhundert unmöglicher wird und eine natürliche Eingliederung der neu in das Licht unseres historischen Bewußtseins tretenden Gebiete gar nicht zuläßt, gleichwohl in seiner Gültigkeit niemals ernstlich erschüttert

wurde. Denn es bedeutet gar nichts, wenn es unter Geschichtsforschern längst zur Gewohnheit geworden ist, gegen das Schema Einspruch zu erheben. Sie haben damit den einzig vorhandenen Grundriß nur verwischt, *ohne ihn zu ersetzen*. Man mag noch so viel von
griechischem Mittelalter und germanischem Altertum reden, ein
klares und innerlich notwendiges Bild, in dem China und Mexiko,
das Reich von Axum und das der Sassaniden einen organischen Platz
finden, ist damit nicht gewonnen. Auch die Verlagerung des An-
fangspunktes der „Neuzeit" von den Kreuzzügen zur Renaissance
und von da zum Beginn des 19. Jahrhunderts beweist nur, daß man
das Schema selbst für unerschütterlich hielt.

Es beschränkt den Umfang der Geschichte, aber schlimmer ist,
daß es auch ihren Schauplatz begrenzt. Hier bildet die Landschaft
des westlichen Europa[1] den ruhenden Pol (mathematisch gesprochen,
einen singulären Punkt auf einer Kugeloberfläche) – man weiß nicht
warum, wenn nicht dies der Grund ist, daß wir, die Urheber dieses
Geschichtsbildes, gerade hier zu Hause sind –, um den sich Jahrtausende gewaltigster Geschichte und fernab gelagerte ungeheure Kulturen in aller Bescheidenheit drehen. Das ist ein Planetensystem von

[1] Hier steht der Historiker auch unter dem verhängnisvollen Vorurteil der Geo-
graphie (um nicht zu sagen unter der Suggestion eines Landkartenbildes), die einen
Erdteil Europa annimmt, worauf er sich verpflichtet fühlt, auch eine entsprechende
ideelle Abgrenzung gegen „Asien" vorzunehmen. Das Wort Europa sollte aus der
Geschichte gestrichen werden. Es gibt keinen „Europäer" als historischen Typus.
Es ist töricht, im Falle des Hellenen von „europäischem Altertum" (Homer, Heraklit, Pythagoras waren also „Asiaten"?) und von ihrer „Mission" zu reden, Asien
und Europa kulturell anzunähern. Das sind Worte, die aus einer oberflächlichen
Interpretation der Landkarte stammen und denen nichts Wirkliches entspricht.
Es war allein das Wort Europa mit dem unter seinem Einfluß entstandenen Ge-
dankenkomplex, das Rußland mit dem Abendlande in unserm historischen Bewußtsein zu einer durch nichts gerechtfertigten Einheit verband. Hier hat, in einer
durch Bücher erzogenen Kultur von Lesern, eine bloße Abstraktion zu ungeheuren tatsächlichen Folgen geführt. Sie haben, in der Person Peters des Großen, die
historische Tendenz einer primitiven Völkermasse auf Jahrhunderte gefälscht, obwohl der russische *Instinkt* „Europa" sehr richtig und tief mit einer in Tolstoi,
Aksakow und Dostojewski verkörperten Feindseligkeit gegen das „Mütterchen
Rußland" abgrenzt. Orient und Okzident sind Begriffe von echtem historischem
Gehalt. „Europa" ist leerer Schall. Alles, was die Antike an großen Schöpfungen
hervorbrachte, entstand unter Negation jeder kontinentalen Grenze zwischen Rom
und Cypern, Byzanz und Alexandria. Alles, was europäische Kultur heißt, entstand zwischen Weichsel, Adria und Guadalquivir. Und gesetzt, daß Griechenland zur Zeit des Perikles „in Europa lag", so liegt es heute nicht mehr dort.

höchst eigenartiger Erfindung. Man wählt eine einzelne Landschaft zum natürlichen Mittelpunkt eines historischen Systems. Hier ist die Zentralsonne. Von hier aus erhalten alle Ereignisse der Geschichte ihr wahres Licht. Von hier aus wird ihre Bedeutung *perspektivisch* abgemessen. Aber hier redet in Wirklichkeit die durch keine Skepsis gezügelte Eitelkeit des westeuropäischen Menschen, in dessen Geiste sich dies Phantom „Weltgeschichte" entrollt. Ihr verdankt man die uns längst zur Gewohnheit gewordene ungeheure optische Täuschung, wonach in der Ferne die Geschichte von Jahrtausenden wie die Chinas und Ägyptens episodenhaft zusammenschrumpft, während in der Nähe des eignen Standortes, seit Luther und besonders seit Napoleon, die Jahrzehnte gespensterhaft anschwellen. Wir wissen, daß nur scheinbar eine Wolke um so langsamer wandert, je höher sie steht, und ein Zug durch eine ferne Landschaft nur scheinbar schleicht, aber wir glauben, daß das Tempo der frühen indischen, babylonischen, ägyptischen Geschichte wirklich langsamer war als das unsrer jüngsten Vergangenheit. Und wir finden ihre Substanz dünner, ihre Formen gedämpfter und gestreckter, weil wir nicht gelernt haben, die – innere und äußere – Entfernung in Rechnung zu stellen.

Daß für die Kultur des Abendlandes das Dasein von Athen, Florenz, Paris wichtiger ist als das von Lo-yang und Pataliputra, versteht sich von selbst. Aber darf man solche Wertschätzungen zur Grundlage eines Schemas der Weltgeschichte machen? Dann hätte der chinesische Historiker das Recht, eine Weltgeschichte zu entwerfen, in der die Kreuzzüge und die Renaissance, Cäsar und Friedrich der Große als belanglos mit Stillschweigen übergangen werden. Warum soll, *morphologisch betrachtet,* das 18. Jahrhundert wichtiger sein als eins der sechzig voraufgehenden? Ist es nicht lächerlich, eine „Neuzeit" vom Umfang einiger Jahrhunderte, noch dazu wesentlich in Westeuropa lokalisiert, einem „Altertum" gegenüberzustellen, das ebensoviel Jahrtausende umfaßt und dem die Masse aller vorgriechischen Kulturen ohne den Versuch einer tieferen Gliederung einfach als Anhang zugerechnet wird? Hat man nicht, um das verjährte Schema zu retten, Ägypten und Babylon, deren in sich

geschlossene Historien, jede für sich, allein die angebliche „Weltgeschichte" von Karl dem Großen bis zum Weltkriege und weit
darüber hinaus aufwiegen, als Vorspiel zur Antike abgetan, die
mächtigen Komplexe der indischen und chinesischen Kultur mit
einer Miene der Verlegenheit in eine Anmerkung verwiesen und die
großen amerikanischen Kulturen, weil ihnen der „Zusammenhang"
(womit?) fehlt, überhaupt ignoriert?

Ich nenne dies dem heutigen Westeuropäer geläufige Schema, in
dem die hohen Kulturen ihre Bahnen *um uns* als den vermeintlichen
Mittelpunkt alles Weltgeschehens ziehen, das *ptolemäische System* der
Geschichte und ich betrachte es als die *kopernikanische Entdeckung* im
Bereich der Historie, daß in diesem Buche ein System an seine Stelle
tritt, in dem Antike und Abendland neben Indien, Babylon, China,
Ägypten, der arabischen und mexikanischen Kultur – Einzelwelten
des Werdens, die im Gesamtbilde der Geschichte ebenso schwer wie-
gen, die an Großartigkeit der seelischen Konzeption, an Gewalt des
Aufstiegs die Antike vielfach übertreffen – eine in keiner Weise bevorzugte Stellung einnehmen.

7

Das Schema Altertum–Mittelalter–Neuzeit ist in seiner ersten Anlage eine Schöpfung des magischen Weltgefühls, welche zuerst in
der persischen und jüdischen Religion seit Kyros[1] hervortrat, in der
Lehre des Buches Daniel von den vier Weltaltern eine apokalyptische Fassung erhielt und in den nachchristlichen Religionen des
Ostens, vor allem den gnostischen Systemen,[2] zu einer Weltgeschichte ausgestaltet wurde.

Innerhalb der sehr engen Grenzen, welche die geistige Voraussetzung dieser bedeutenden Konzeption bilden, bestand sie durchaus
zu Recht. Hier fällt weder die indische noch selbst die ägyptische
Geschichte in den Kreis der Betrachtung. Das Wort Weltgeschichte
bezeichnet im Munde dieser Denker einen einmaligen, höchst dra-

---

[1] Vgl. Bd. II, S. 31 f., 848.
[2] Windelband, Gesch. d. Phil. (1900), S. 275 ff.

matischen Akt, dessen Schauplatz die Landschaft zwischen Hellas und Persien war. In ihm gelangt das streng dualistische Weltgefühl des Morgenländers zum Ausdruck, nicht polar wie in der gleichzeitigen Metaphysik durch den Gegensatz von Seele und Geist, Gut und Böse, sondern periodisch,[1] als Katastrophe angeschaut, als Wende zweier Zeitalter zwischen Weltschöpfung und Weltuntergang, unter Absehen von allen Elementen, die nicht einerseits durch die antike Literatur, andrerseits durch die Bibel oder das heilige Buch, das in dem betreffenden System deren Stelle einnahm, fixiert waren. In diesem Weltbilde erscheint als „Altertum" und „Neuzeit" der damals handgreifliche Gegensatz von heidnisch und jüdisch oder christlich, antik und orientalisch, Statue und Dogma, Natur und Geist in *zeitlicher* Fassung, als Schauspiel der Überwindung des einen durch das andere. Der historische Übergang trägt die religiösen Merkmale einer Erlösung. Ohne Zweifel ein auf engen, durchaus provinzialen Ansichten beruhender, aber logischer und in sich vollkommener Aspekt, der indessen an dieser Landschaft und diesem Menschentum haftete und keiner *natürlichen* Erweiterung fähig war.

Erst durch die Hinzufügung eines dritten Zeitalters – *unserer* „Neuzeit" – auf abendländischem Boden ist in das Bild eine Bewegungstendenz gekommen. Das orientalische Bild war *ruhend*, eine geschlossene, im Gleichgewicht verharrende Antithese, mit einer einmaligen göttlichen Aktion als Mitte. Von einer ganz neuen Art Mensch aufgenommen und getragen, wurde es nun plötzlich, ohne daß man sich des Bizarren einer solchen Änderung bewußt geworden wäre, in Gestalt einer *Linie* fortgesponnen, die von Homer oder Adam – die Möglichkeiten sind heute durch die Indogermanen, die Steinzeit und den Affenmenschen bereichert – über Jerusalem, Rom, Florenz und Paris hinauf oder hinab führte, je nach dem persönlichen Geschmack des Historikers, Denkers oder Künstlers, der das dreiteilige Bild mit schrankenloser Freiheit interpretierte.

Man fügte also den *komplementären* Begriffen Heidentum und Christentum den *abschließenden* einer „Neuzeit" hinzu, die ihrem

---

[1] Im neuen Testament ist die polare Fassung mehr durch die Dialektik des Apostels Paulus, die periodische durch die Apokalypse vertreten.

Sinne nach eine Fortsetzung des Verfahrens nicht gestattet, und, nachdem sie seit den Kreuzzügen wiederholt „gestreckt" worden ist, einer weiteren Dehnung nicht fähig erscheint.[1] Man war, ohne es auszusprechen, der Meinung, daß hier jenseits von Altertum und Mittelalter etwas Endgültiges beginne, ein drittes Reich, in dem irgendwie eine Erfüllung lag, ein Höhepunkt, ein Ziel, das erkannt zu haben von den Scholastikern an bis zu den Sozialisten unserer Tage jeder sich allein zuschrieb. Es war das eine ebenso bequeme als für ihren Urheber schmeichelhafte Einsicht in den Lauf der Dinge. Man hatte ganz einfach den Geist des Abendlandes, wie er sich im Kopfe eines einzelnen spiegelte, mit dem Sinn der Welt gleichgesetzt. Aus einer geistigen Not haben dann große Denker eine metaphysische Tugend gemacht, indem sie das durch den *consensus omnium* geheiligte Schema, ohne es einer ernsthaften Kritik zu unterziehen, zur Basis einer Philosophie erhoben und als Urheber ihres jeweiligen „Weltplanes" Gott bemühten. Die mystische Dreizahl der Weltalter hatte für den metaphysischen Geschmack ohnehin etwas Verführerisches. Herder nannte die Geschichte eine Erziehung des Menschengeschlechts, Kant eine Entwicklung des Begriffs der Freiheit, Hegel eine Selbstentfaltung des Weltgeistes, andere anders. Wer aber in die schlechthin gegebene Dreizahl der Abschnitte einen abstrakten Sinn gelegt hatte, glaubte über die Grundformen der Geschichte genügend nachgedacht zu haben.

Gleich an der Schwelle abendländischer Kultur erscheint der große Joachim von Floris († 1202),[2] der erste Denker vom Schlage Hegels, der das dualistische Weltbild Augustins zertrümmert und mit dem Vollgefühl des echten Gotikers das neue Christentum seiner Zeit als etwas Drittes der Religion des Alten und Neuen Testaments entgegenstellt: die Zeitalter des Vaters, des Sohnes und des Heiligen Geistes. Er hat die besten Franziskaner und Dominikaner, Dante, Thomas bis ins Innerste erschüttert und einen Weltblick geweckt, der langsam von dem ganzen Geschichtsdenken unserer Kultur Besitz ergriff. Lessing, der seine Zeit im Hinblick auf die Antike manch-

---

[1] Der verzweifelte und lächerliche Ausdruck „Neueste Zeit" läßt das erkennen.
[2] K. Burdach, Reformation, Renaissance, Humanismus (1918), S. 48 ff.

mal geradezu als Nachwelt[1] bezeichnet, hat den Gedanken für seine „Erziehung des Menschengeschlechts" (mit den Stufen des Kindes, Jünglings und Mannes) aus den Lehren der Mystiker des 14. Jahrhunderts übernommen, und Ibsen, der ihn in seinem Drama „Kaiser und Galiläer" (wo das gnostische Weltdenken in der Gestalt des Zauberers Maximos unmittelbar hineinragt) gründlich behandelte, ist in seiner bekannten Stockholmer Rede von 1887 keinen Schritt darüber hinausgekommen. Augenscheinlich ist es eine Forderung des westeuropäischen Selbstgefühls, mit der eignen Erscheinung eine Art Abschluß zu statuieren.

Aber die Schöpfung des Abtes von Floris war ein mystischer Blick in die Geheimnisse der göttlichen Weltordnung. Sie mußte jeden Sinn verlieren, sobald sie verstandesmäßig gefaßt und zur Voraussetzung *wissenschaftlichen* Denkens gemacht wurde. Und das ist in immer steigendem Maße seit dem 17. Jahrhundert geschehen. Aber es ist eine völlig unhaltbare Methode, Weltgeschichte zu deuten, wenn man seiner politischen, religiösen oder sozialen Überzeugung die Zügel schießen und den drei Phasen, an denen man nicht zu rütteln wagt, eine Richtung angedeihen läßt, die genau dem eignen Standort zuführt und, je nachdem, die Herrschaft des Verstandes, die Humanität, das Glück der Meisten, die wirtschaftliche Evolution, die Aufklärung, die Freiheit der Völker, die Unterwerfung der Natur, den Weltfrieden und dergleichen als absoluten Maßstab an Jahrtausende anlegt, von denen man beweist, daß sie das Richtige nicht begriffen oder nicht erreicht haben, während sie in Wirklichkeit nur etwas anderes wollten als wir. „Es kommt offenbar im Leben aufs Leben und nicht auf ein Resultat desselben an" – das ist ein Wort Goethes, das man allen törichten Versuchen, das Geheimnis der historischen Form durch ein *Programm* zu enträtseln, entgegenstellen sollte.

Das gleiche Bild wird von den Historikern jeder einzelnen Kunst und Wissenschaft, Nationalökonomie und Philosophie nicht zu vergessen, gezeichnet. Da sehen wir „die" Malerei von den Ägyptern

---

[1] Der Ausdruck „Die Alten" kommt schon, dualistisch gemeint, in der Isagoge des Porphyrius (um 300 n. Chr.) vor.

(oder den Höhlenmenschen) bis zu den Impressionisten, „die" Musik vom blinden Sänger Homers bis nach Bayreuth, „die" Gesellschaftsordnung von den Pfahlbaubewohnern bis zum Sozialismus in linienhaftem Aufstieg begriffen, dem irgend eine gleichbleibende Tendenz zugrunde gelegt wird, ohne daß man die Möglichkeit ins Auge faßt, daß Künste eine gemessene Lebensdauer besitzen, daß sie an eine Landschaft und eine bestimmte Art Mensch als deren Ausdruck gebunden sind, daß also diese Gesamtgeschichten lediglich die äußerliche Summierung einer Anzahl von Einzelentwicklungen, von Sonderkünsten sind, die nichts als den Namen und einiges von der handwerklichen Technik gemein haben.

Von jedem Organismus wissen wir, daß Tempo, Gestalt und Dauer seines Lebens und jeder einzelnen Lebensäußerung *durch die Eigenschaften* der Art, zu welcher er gehört, bestimmt sind. Niemand wird von einer tausendjährigen Eiche vermuten, daß sie eben jetzt im Begriff ist, mit dem eigentlichen Lauf ihrer Entwicklung zu beginnen. Niemand erwartet von einer Raupe, die er täglich wachsen sieht, daß sie möglicherweise ein paar Jahre damit fortfährt. Hier hat jeder mit unbedingter Gewißheit das Gefühl einer *Grenze*, das mit einem Gefühl für die innere Form identisch ist. Der Geschichte des höhern Menschentums gegenüber aber herrscht ein zügelloser, alle historische und also organische *Erfahrung* verachtender Optimismus in bezug auf den Gang der Zukunft, so daß jedermann im zufällig Gegenwärtigen die „Ansätze" zu einer ganz besonders hervorragenden linienhaften „Weiterentwicklung" feststellt, nicht weil sie wissenschaftlich bewiesen ist, sondern weil er sie wünscht. Hier wird mit schrankenlosen Möglichkeiten – nie mit einem natürlichen Ende – gerechnet und aus der Lage jedes Augenblicks heraus eine völlig naive Konstruktion der Fortsetzung entworfen.

Aber „die Menschheit" hat kein Ziel, keine Idee, keinen Plan, so wenig wie die Gattung der Schmetterlinge oder der Orchideen ein Ziel hat. „Die Menschheit" ist ein zoologischer Begriff oder ein leeres Wort.[1] Man lasse dies Phantom aus dem Umkreis der histori-

---

[1] „Die Menschheit? Das ist ein Abstraktum. Es hat von jeher nur Menschen gegeben und wird nur Menschen geben" (Goethe zu Luden).

schen Formprobleme schwinden und man wird einen überraschenden Reichtum *wirklicher* Formen auftauchen sehen. Hier ist eine unermeßliche Fülle, Tiefe und Bewegtheit des Lebendigen, die bis jetzt durch ein Schlagwort, durch ein dürres Schema, durch persönliche „Ideale" verdeckt wurde. Ich sehe statt jenes öden Bildes einer linienförmigen Weltgeschichte, das man nur aufrecht erhält, wenn man vor der überwiegenden Menge der Tatsachen das Auge schließt, das Schauspiel einer Vielzahl mächtiger Kulturen, die mit urweltlicher Kraft aus dem Schoße einer mütterlichen Landschaft, an die jede von ihnen im ganzen Verlauf ihres Daseins streng gebunden ist, aufblühen, von denen jede ihrem Stoff, dem Menschentum, ihre *eigne* Form aufprägt, von denen jede ihre *eigne* Idee, ihre *eignen* Leidenschaften, ihr *eignes* Leben, Wollen, Fühlen, ihren *eignen* Tod hat. Hier gibt es Farben, Lichter, Bewegungen, die noch kein geistiges Auge entdeckt hat. Es gibt aufblühende und alternde Kulturen, Völker, Sprachen, Wahrheiten, Götter, Landschaften, wie es junge und alte Eichen und Pinien, Blüten, Zweige und Blätter gibt, aber es gibt keine alternde „Menschheit". Jede Kultur hat ihre neuen Möglichkeiten des Ausdrucks, die erscheinen, reifen, verwelken und nie wiederkehren. Es gibt viele, im tiefsten Wesen völlig voneinander verschiedene Plastiken, Malereien, Mathematiken, Physiken, jede von begrenzter Lebensdauer, jede in sich selbst geschlossen, wie jede Pflanzenart ihre eigenen Blüten und Früchte, ihren eignen Typus von Wachstum und Niedergang hat. Diese Kulturen, Lebewesen höchsten Ranges, wachsen in einer erhabenen Zwecklosigkeit auf wie die Blumen auf dem Felde. Sie gehören, wie Pflanzen und Tiere, der lebendigen Natur Goethes, nicht der toten Natur Newtons an. Ich sehe in der Weltgeschichte das Bild einer ewigen Gestaltung und Umgestaltung, eines wunderbaren Werdens und Vergehens organischer Formen. Der zünftige Historiker aber sieht sie in der Gestalt eines Bandwurms, der unermündlich Epochen „ansetzt".

Indessen hat die Reihe „Altertum – Mittelalter – Neuzeit" endlich ihre Wirkung erschöpft. So winkelhaft eng und flach sie als wissenschaftliche Unterlage war, so stellte sie doch die einzige nicht ganz unphilosophische Fassung dar, die wir für die Einordnung unserer

Ergebnisse besaßen, und was als Weltgeschichte bisher geordnet wurde, hat ihr einen Rest von Gehalt zu verdanken; aber die Zahl von Jahrhunderten, die durch dies Schema *höchstens* zusammengehalten werden konnte, ist längst erreicht. Das Bild beginnt sich bei rascher Zunahme des historischen Stoffes, namentlich des gänzlich außerhalb dieser Ordnung liegenden, in ein unübersehbares Chaos aufzulösen. Jeder nicht ganz blinde Historiker weiß und fühlt das, und nur um nicht ganz zu versinken, hält er um jeden Preis das einzige ihm bekannte Schema fest. Das Wort Mittelalter,[1] 1667 von Professor Horn in Leyden geprägt, muß heute eine formlose, sich beständig ausdehnende Masse decken, die rein negativ durch das begrenzt wird, was sich unter keinem Vorwand den beiden andern, leidlich geordneten Gruppen zurechnen läßt. Die unsichere Behandlung und Wertung der neupersischen, arabischen und russischen Geschichte sind Beispiele dafür. Vor allem läßt sich der Umstand nicht länger verhehlen, daß diese angebliche Geschichte der Welt sich anfangs tatsächlich auf die Region des östlichen Mittelmeeres und später, seit der Völkerwanderung, einem nur für uns wichtigen und deshalb stark überschätzten Ereignis, das eine rein abendländische Bedeutung besitzt und schon die arabische Kultur nichts angeht, mit einem plötzlichen Wechsel des Schauplatzes auf das mittlere Westeuropa beschränkt. Hegel hatte in aller Naivität erklärt, daß er die Völker, die in sein System der Geschichte nicht paßten, ignorieren werde. Aber das war nur ein ehrliches Eingeständnis von methodischen Voraussetzungen, ohne die kein Historiker zum Ziele kam. Man kann die Disposition sämtlicher Geschichtswerke daraufhin prüfen. Es ist heute in der Tat eine Frage des wissenschaftlichen Taktes, welche der historischen Entwicklungen man *ernsthaft* mitzählt und welche nicht. Ranke ist ein gutes Beispiel dafür.

---

[1] „Mittelalter" ist die Geschichte *des Gebietes, in welchem die lateinische Kirchen- und Gelehrtensprache herrschte.* Die gewaltigen Schicksale des östlichen Christentums, das lange vor Bonifatius über Turkestan bis nach China und über Saba nach Abessinien vordrang, kamen für diese „Weltgeschichte" nicht in Betracht.

8

Wir denken heute in Erdteilen. Nur unsere Philosophen und Historiker haben das noch nicht gelernt. Was können uns da Begriffe und Perspektiven bedeuten, die mit dem Anspruch auf universale Gültigkeit hervortreten und deren Horizont doch über die geistige Atmosphäre des westeuropäischen Menschen nicht hinausreicht?

Man sehe sich daraufhin unsre besten Bücher an. Wenn Plato von der Menschheit redet, so meint er den Hellenen im Gegensatz zum Barbaren. Das entspricht durchaus dem ahistorischen Stil des antiken Lebens und Denkens und führt unter dieser Voraussetzung zu Ergebnissen, welche *für Griechen* richtig und bedeutsam sind. Wenn aber Kant philosophiert, über ethische Ideale zum Beispiel, so behauptet er die Gültigkeit seiner Sätze für die Menschen aller Arten und Zeiten. Er spricht das nur nicht aus, weil es für ihn und seine Leser selbstverständlich ist. Er formuliert in seiner Ästhetik nicht das Prinzip der Kunst des Phidias oder der Kunst Rembrandts, sondern gleich das der Kunst überhaupt. Aber was er an notwendigen Formen des Denkens feststellt, sind doch nur die notwendigen Formen des abendländischen Denkens. Ein Blick auf Aristoteles und dessen wesentlich andere Resultate hätte lehren sollen, daß hier nicht ein weniger klarer, sondern ein anders angelegter Geist über sich reflektiert. Dem russischen Denken sind die Kategorien des abendländischen ebenso fremd wie diesem die des chinesischen oder griechischen. Ein wirkliches und restloses Begreifen der antiken Urworte ist uns ebenso unmöglich wie das der russischen[1] und indischen, und für den modernen Chinesen und Araber mit ihren ganz anders gearteten Intellekten hat die Philosophie von Bacon bis Kant lediglich den Wert einer Kuriosität.

Das ist es, was dem abendländischen Denker fehlt und *gerade ihm* nicht fehlen sollte: die Einsicht in den *historisch-relativen* Charakter seiner Ergebnisse, die selbst Ausdruck *eines einzelnen und nur dieses*

---

[1] Vgl. Bd. II, S. 921 Anm. Die Grundvorstellung des Darwinismus empfindet der echte Russe als ebenso sinnlos wie der echte Araber die des kopernikanischen Systems.

einen Daseins sind, das Wissen um die notwendigen Grenzen ihrer Gültigkeit, die Überzeugung, daß seine „unumstößlichen Wahrheiten" und „ewigen Einsichten" eben nur für ihn wahr und in seinem Weltaspekt ewig·sind und daß es Pflicht ist, darüber hinaus nach denen zu suchen, die der Mensch anderer Kulturen mit derselben Gewißheit aus sich heraus entwickelt hat. Das gehört zur *Vollständigkeit* einer Philosophie der Zukunft. Das erst heißt die Formensprache der Geschichte, der *lebendigen* Welt verstehen. Es gibt hier nichts Bleibendes und Allgemeines. Man rede nicht mehr von den Formen des Denkens, dem Prinzip des Tragischen, der Aufgabe des Staates. Allgemeingültigkeit ist immer der Fehlschluß von sich auf andere.

Sehr viel bedenklicher wird das Bild, wenn wir uns den Denkern der westeuropäischen Modernität von Schopenhauer an zuwenden, dort, wo der Schwerpunkt des Philosophierens aus dem Abstrakt-Systematischen ins Praktisch-Ethische rückt und an Stelle des Problems der Erkenntnis das Problem des Lebens (des Willens zum Leben, zur Macht, zur Tat) tritt. Hier wird nicht mehr das ideale Abstraktum „Mensch" wie bei Kant, sondern der wirkliche Mensch, wie er in historischer Zeit, als primitiver oder als Kulturmensch völkerhaft gruppiert die Erdoberfläche bewohnt, der Betrachtung unterworfen, und es ist sinnlos, wenn auch da noch die Struktur der höchsten Begriffe durch das Schema Altertum – Mittelalter – Neuzeit und die damit verbundene örtliche Beschränkung bestimmt wird. Aber das ist der Fall.

Betrachten wir den geschichtlichen Horizont Nietzsches. Seine Begriffe der Dekadenz, des Nihilismus, der Umwertung aller Werte, des Willens zur Macht, die tief im Wesen der abendländischen Zivilisation begründet liegen und für ihre Analyse schlechthin entscheidend sind – welches war die Grundlage ihrer Schöpfung? Römer und Griechen, Renaissance und europäische Gegenwart, einen flüchtigen Seitenblick auf die (mißverstandene) indische Philosophie eingerechnet, kurz: Altertum – Mittelalter – Neuzeit. Darüber ist er, streng genommen, nie hinausgegangen und die andern Denker seiner Zeit so wenig wie er.

Aber in welcher Beziehung steht denn sein Begriff des Dionysischen zum Innenleben der hochzivilisierten Chinesen aus der Zeit
des Konfuzius oder eines modernen Amerikaners? Was bedeutet der
Typus des Übermenschen für die Welt des Islam? Oder was sollen
die Begriffe Natur und Geist, heidnisch und christlich, antik und
modern als gestaltende Antithese im Seelentum des Inders und Russen bedeuten? Was hat Tolstoi, der aus seiner tiefsten Menschlichkeit
heraus die ganze Ideenwelt des Westens als etwas Fremdes und Fernes ablehnte, mit dem „Mittelalter", mit Dante, mit Luther, was hat
ein Japaner mit dem Parsifal und dem Zarathustra, was ein Inder mit
Sophokles zu schaffen? Und ist die Gedankenwelt Schopenhauers,
Comtes, Feuerbachs, Hebbels, Strindbergs etwa weiträumiger? Ist
ihre gesamte Psychologie trotz aller Absichten auf Weltgeltung nicht
von rein abendländischer Bedeutung? Wie komisch wirken Ibsens
Frauenprobleme, die ebenfalls mit dem Anspruch auf die Aufmerksamkeit der ganzen „Menschheit" auftreten, wenn man an Stelle der
berühmten Nora, einer nordwesteuropäischen Großstadtdame, deren Gesichtskreis etwa einer Mietwohnung von 2000 bis 6000 Mark
und einer protestantischen Erziehung entspricht, Cäsars Frau, Madame
de Sévigné, eine Japanerin oder eine Tiroler Bäuerin setzt? Aber Ibsen
selbst besitzt den Gesichtskreis der großstädtischen Mittelklasse von
gestern und heute. Seine Konflikte, deren seelische Voraussetzungen
etwa seit 1850 vorhanden sind und 1950 kaum überdauern werden.
sind weder die der großen Welt noch die der unteren Masse, geschweige denn die von Städten mit nichteuropäischer Bevölkerung.
Alles das sind episodische und örtliche, meist sogar auf die augenblickliche Intelligenz der Großstädte von westeuropäischem Typus
beschränkte, nichts weniger als welthistorische und „ewige" Werte,
und wenn sie der Generation Ibsens und Nietzsches noch so wesentlich sind, so heißt es eben doch den Sinn des Wortes Weltgeschichte
– die keine Auswahl, sondern eine Totalität darstellt – mißverstehen, wenn man die außerhalb des modernen Interesses liegenden
Faktoren ihnen unterordnet, sie unterschätzt oder übersieht. Und
das ist in einem ungewöhnlich hohen Grade der Fall. Was im Abendlande bisher über die Probleme des Raumes, der Zeit, der Bewe-

gung, der Zahl, des Willens, der Ehe, des Eigentums, des Tragischen, der Wissenschaft gesagt und gedacht worden ist, blieb eng und zweifelhaft, weil man immer darauf aus war, *die* Lösung der Frage zu finden, statt einzusehen, daß zu vielen Fragenden viele Antworten gehören, daß jede philosophische Frage nur der verhüllte Wunsch ist, eine bestimmte Antwort zu erhalten, die in der Frage schon beschlossen liegt, daß man die großen Fragen einer Zeit gar nicht vergänglich genug fassen kann und daß demnach eine *Gruppe historisch bedingter Lösungen* angenommen werden muß, deren *Übersicht* erst – unter Ausschaltung aller eigenen Wertmaßstäbe – die letzten Geheimnisse aufschließt. Für den echten Menschenkenner gibt es keine absolut richtigen oder falschen Standpunkte. Es genügt nicht, angesichts so schwerer Probleme wie dem der Zeit oder der Ehe die persönliche Erfahrung, die innere Stimme, die Vernunft, die Meinung der Vorgänger oder Zeitgenossen zu befragen. So erfährt man, was für den Frager selbst und seine Zeit wahr ist, aber das ist nicht alles. Die Erscheinung andrer Kulturen redet eine andre Sprache. Für andere Menschen gibt es andere Wahrheiten. Für den Denker sind sie alle gültig oder keine.

Man begreift, welcher Erweiterung und Vertiefung die abendländische Weltkritik fähig ist und was alles über den harmlosen Relativismus Nietzsches und seiner Generation hinaus in den Kreis der Betrachtung gezogen, welche Feinheit des Formgefühls, welcher Grad von Psychologie, welche Entsagung und Unabhängigkeit von praktischen Interessen, welche Unumschränktheit des Horizonts erreicht werden muß, bevor man sagen darf, man habe die Weltgeschichte, die *Welt als Geschichte*, verstanden.

9

Diesem allem, den willkürlichen, engen, von außen gekommenen, von eigenen Wünschen diktierten, der Historie aufgezwungenen Formen, stelle ich die natürliche, die „kopernikanische" Gestalt des Weltgeschehens entgegen, die ihm in der Tiefe innewohnt und sich nur dem nicht voreingenommenen Blick offenbart.

Ich erinnere an Goethe. Was er die *lebendige Natur* genannt hat, ist genau das, was hier Weltgeschichte im weitesten Umfange, *die Welt als Geschichte* genannt wird. Goethe, der als Künstler wieder und immer wieder das Leben, die Entwicklung seiner Gestalten, das Werden, nicht das Gewordene, herausbildete, wie es der „Wilhelm Meister" und „Wahrheit und Dichtung" zeigen, haßte die Mathematik. Hier stand die Welt als Mechanismus der Welt als Organismus, die tote der lebendigen Natur, das Gesetz der Gestalt gegenüber. Jede Zeile, die er als Naturforscher schrieb, sollte die Gestalt des Werdenden, „geprägte Form, die lebend sich entwickelt", vor Augen stellen. Nachfühlen, Anschauen, Vergleichen, die unmittelbare innere Gewißheit, die exakte sinnliche Phantasie – das waren seine Mittel, dem Geheimnis der bewegten Erscheinung nahe zu kommen. *Und das sind die Mittel der Geschichtsforschung überhaupt.* Es gibt keine andern. Dieser *göttliche* Blick ließ ihn am Abend der Schlacht von Valmy am Lagerfeuer jenes Wort aussprechen: „Von hier und heute geht eine neue Epoche der Weltgeschichte aus, und ihr könnt sagen, ihr seid dabei gewesen." Kein Heerführer, kein Diplomat, von Philosophen zu schweigen, hat Geschichte so unmittelbar werden gefühlt. Es ist das tiefste Urteil, das je über einen großen Akt der Geschichte in dem Augenblick ausgesprochen wurde, wo er sich vollzog.

Und so wie er die Entwicklung der Pflanzenform aus dem Blatt, die Entstehung des Wirbeltiertypus, das Werden der geologischen Schichten verfolgte – *das Schicksal der Natur, nicht ihre Kausalität* – soll hier die Formensprache der menschlichen Geschichte, ihre periodische Struktur, ihre *organische Logik* aus der Fülle aller sinnfälligen Einzelheiten entwickelt werden.

Man hat sonst den Menschen den Organismen der Erdoberfläche zugerechnet und mit Grund. Sein Körperbau, seine natürlichen Funktionen, seine ganze sinnliche Erscheinung: alles gehört einer umfassenden Einheit an. Nur hier macht man eine Ausnahme, trotz der tiefgefühlten Verwandtschaft des Pflanzenschicksals mit dem Menschenschicksal – einem ewigen Thema aller Lyrik, trotz der Ähnlichkeit aller menschlichen Geschichte mit der jeder andern

Gruppe höherer Lebewesen – einem Thema unzähliger Tiermärchen, Sagen und Fabeln. *Hier* vergleiche man, indem man die Welt menschlicher Kulturen rein und tief auf die Einbildungskraft wirken läßt, nicht indem man sie in ein vorgefaßtes Schema zwängt; man sehe in den Worten Jugend, Aufstieg, Blütezeit, Verfall, die bis jetzt regelmäßig und heute mehr denn je der Ausdruck subjektiver Wertschätzungen und allerpersönlichster Interessen sozialer, moralischer oder ästhetischer Art waren, endlich objektive Bezeichnungen organischer Zustände; man stelle die antike Kultur als in sich abgeschlossene Erscheinung, als Körper und Ausdruck der antiken Seele neben die ägyptische, indische, babylonische, chinesische, abendländische und suche das Typische in den wechselnden Geschicken dieser großen Individuen, das Notwendige in der unbändigen Fülle des Zufälligen, und man wird endlich das Bild der Weltgeschichte sich entfalten sehen, das uns, den Menschen des Abendlandes, und uns allein natürlich ist.

10

Kehren wir zur engeren Aufgabe zurück, so ist aus diesem Weitblick die westeuropäisch-amerikanische Lage zunächst zwischen 1800 und 2000 morphologisch zu bestimmen. Das Wann dieser Zeit innerhalb der abendländischen Gesamtkultur, ihr Sinn als biographischer Abschnitt, der in irgend einer Gestalt mit Notwendigkeit in jeder Kultur anzutreffen ist, die organische und symbolische Bedeutung ihrer politischen, künstlerischen, geistigen, sozialen Formensprache soll festgestellt werden.

Eine vergleichende Betrachtung ergibt die „Gleichzeitigkeit" dieser Periode mit dem Hellenismus, und zwar im besonderen die ihres augenblicklichen Höhepunktes – bezeichnet durch den Weltkrieg – mit dem Übergang der hellenistischen in die Römerzeit. Das *Römertum*, von strengstem Tatsachensinn, ungenial, barbarisch, diszipliniert, praktisch, protestantisch, *preußisch*, wird uns, die wir auf Vergleiche angewiesen sind, immer den Schlüssel zum Verständnis der eigenen Zukunft bieten. *Griechen und Römer – damit scheidet sich auch das Schicksal, das sich für uns schon vollzogen hat, von dem, welches uns bevorsteht.* Denn man hätte längst im „Altertum" eine Entwicklung finden können und sollen, die ein vollkommenes Gegenstück zur eignen, westeuropäischen, bildet, in jeder Einzelheit der Oberfläche verschieden, aber völlig gleich in dem inneren Drang, der den großen Organismus seiner Vollendung entgegentreibt. Wir hätten Zug um Zug vom „Trojanischen Krieg" und den Kreuzzügen, Homer und dem Nibelungenlied an über Dorik und Gotik, dionysischer Bewegung und Renaissance, Polyklet und Sebastian Bach, Athen und Paris, Aristoteles und Kant, Alexander und Napoleon bis zum Weltstadtstadium und Imperialismus beider Kulturen hier ein beständiges *alter ego* der eignen Wirklichkeit gefunden.

Aber die Interpretation des antiken Geschichtsbildes, die hier Vorbedingung war – wie einseitig ist sie immer angegriffen worden! wie äußerlich! wie parteiisch! wie wenig umfassend! Weil wir uns „den Alten" allzu verwandt fühlten, haben wir uns die Aufgabe allzu leicht gemacht. In der *flachen* Ähnlichkeit liegt die Gefahr, der die gesamte Altertumsforschung erlegen ist, sobald sie von dem bis zur Meisterschaft entwickelten Ordnen und Bestimmen der Funde zu seelenhaften Deutungen überging. Es ist ein ehrwürdiges Vorurteil, das wir endlich überwinden sollten, daß die Antike uns innerlich nahesteht, weil wir vermeintlich ihre Schüler und Nachkommen, weil wir tatsächlich ihre Anbeter gewesen sind. Die ganze religionsphilosophische, kunsthistorische, sozialkritische Arbeit des 19. Jahrhunderts war nötig, nicht um uns endlich die Dramen des Aischylos, die Lehre Platos, Apollo und Dionysos, den athenischen Staat, den Cäsarismus verstehen zu lehren – davon sind wir weit entfernt –, sondern um uns endlich fühlen zu lassen, wie unermeßlich fremd und fern uns das alles innerlich ist, fremder vielleicht als die mexikanischen Götter und die indische Architektur.

Unsere Meinungen von der griechisch-römischen Kultur haben sich immer zwischen zwei Extremen bewegt, wobei ohne Ausnahme das Schema Altertum – Mittelalter – Neuzeit die Perspektive aller „Standpunkte" von vornherein bestimmte. Die einen, Männer des öffentlichen Lebens vor allem, Nationalökonomen, Politiker, Juristen, finden die „heutige Menschheit" im besten Fortschreiten,

schätzen sie sehr hoch ein und messen an ihr alles Frühere. Es gibt
keine moderne Partei, nach deren Grundsätzen Kleon, Marius, Themistokles, Catilina und die Gracchen nicht schon „gewürdigt" worden sind. Die andern, Künstler, Dichter, Philologen und Philosophen, fühlen sich in besagter Gegenwart nicht zu Hause, nehmen
darum in irgend einer Vergangenheit einen ebenso absoluten Standpunkt ein und verurteilen von ihm aus ebenso dogmatisch das Heute.
Die einen sehen im Griechentum ein „Noch nicht", die andern in
der Modernität ein „Nicht mehr", immer unter dem Eindruck eines
Geschichtsbildes, das beide Zeitalter linienförmig aneinander knüpft.

Es sind die zwei Seelen Fausts, die sich in diesem Gegensatz verwirklicht haben. Die Gefahr der einen ist die intelligente Oberflächlichkeit. Es bleibt von allem, was antike Kultur, was Abglanz der
antiken Seele gewesen war, zuletzt nichts in ihren Händen als ein
Bündel sozialer, wirtschaftlicher, politischer, physiologischer Tatsachen. Der Rest nimmt den Charakter von „sekundären Folgen",
„Reflexen", „Begleiterscheinungen" an. Von der mythischen Wucht
der Chöre des Aischylos, von der ungeheuren Erdkraft der ältesten
Plastik, der dorischen Säule, von der Glut der apollinischen Kulte,
von der Tiefe selbst noch des römischen Kaiserkultes ist in ihren
Büchern nichts zu spüren. Die andern, verspätete Romantiker vor
allem, wie noch zuletzt die drei Basler Professoren Bachofen, Burckhardt und Nietzsche, erliegen der Gefahr aller Ideologie. Sie verlieren sich in den Wolkenregionen eines Altertums, das lediglich
ein Spiegelbild ihrer philologisch geregelten Empfindsamkeit ist. Sie
verlassen sich auf die Reste der alten Literatur, das einzige Zeugnis,
das ihnen edel genug ist – aber noch nie ist eine Kultur durch ihre
großen Schriftsteller unvollkommener repräsentiert worden.[1] Die

---

[1] Entscheidend ist die Auswahl des Übriggebliebenen, die nicht allein vom Zufall, sondern ganz wesentlich von einer Tendenz bestimmt ist. Der Attizismus der
Augustuszeit, müde, unfruchtbar, pedantisch, zurückschauend, hat den Begriff des
Klassischen geprägt und eine ganz kleine Gruppe griechischer Werke bis auf Plato
herab als klassisch anerkannt. Das übrige, darunter die gesamte reiche hellenische
Literatur, wurde verworfen und ging fast vollständig verloren. Jene von einem
schulmeisterlichen Geschmack ausgewählte Gruppe, die größtenteils erhalten
blieb, hat dann das imaginäre Bild des „klassischen Altertums" in Florenz sowohl
wie für Winckelmann, Hölderlin, Goethe und sogar Nietzsche bestimmt.

andern stützen sich vorwiegend auf das nüchterne Quellenmaterial
der Rechtsurkunden, Inschriften und Münzen, das insbesondere
Burckhardt und Nietzsche sehr zu ihrem Schaden verachtet hatten,
und ordnen ihm die erhaltene Literatur mit ihrem oft minimalen
Wahrheits- und Tatsachensinn unter. So nahm man sich gegenseitig
schon der kritischen Grundlagen wegen nicht ernst. Ich wüßte nicht,
daß Nietzsche und Mommsen einander die geringste Beachtung ge-
schenkt hätten.

Aber keiner von beiden hat die Höhe der Betrachtung erreicht,
aus welcher dieser Gegensatz in nichts zerfällt und die trotzdem möglich gewesen wäre. Hier rächte sich die Herübernahme des Kausalprinzips aus der Naturwissenschaft in die Geschichtsforschung. Man
kam unbewußt zu einem das Weltbild der Physik oberflächlich
nachmalenden Pragmatismus, der die ganz andersartige Formensprache der Historie verdeckt und verwirrt, nicht erschließt. Man
wußte, um die Masse des historischen Materials einer vertieften und
ordnenden Auffassung zu unterwerfen, nichts Besseres, als einen
Komplex von Erscheinungen als primär, als Ursache anzusetzen und
die übrigen demgemäß als sekundär, als Folgen oder Wirkungen zu
behandeln. Nicht nur die Praktiker, auch die Romantiker haben dazu gegriffen, weil die Historie ihre *eigene* Logik auch ihrem träumerischen Blick nicht offenbart hat und das Bedürfnis nach Feststellung
einer immanenten Notwendigkeit, deren Vorhandensein man *fühlte*,
viel zu stark war, wenn man nicht wie Schopenhauer der Geschichte
überhaupt mißmutig den Rücken kehren wollte.

11

Reden wir ohne weiteres von einer materialistischen und einer
ideologischen Art, die Antike zu sehen. Dort erklärt man, daß das
Sinken der einen Waagschale seine Ursache im Steigen der andern
hat. Man beweist, daß dies ohne Ausnahme der Fall ist – zweifellos
ein schlagender Beweis. Hier haben wir also Ursache und Wirkung,
und zwar stellen – selbstverständlich – die sozialen und sexuellen,
allenfalls die rein politischen Tatsachen die Ursachen, die religiösen,

geistigen, künstlerischen die Wirkungen dar (soweit der Materialist
für die letzteren die Bezeichnung Tatsachen duldet). Die Ideologen
beweisen umgekehrt, daß das Steigen der einen Schale aus dem Sinken der anderen folgt, und sie beweisen es mit derselben Exaktheit.
Sie versenken sich in Kulte, Mysterien, Bräuche, in die Geheimnisse
des Verses und der Linie und würdigen das banausische Alltagsleben,
eine peinliche Folge irdischer Unvollkommenheit, kaum eines Sei-
tenblicks. Beide beweisen, die Kausalreihe deutlich vor Augen, daß
die andern den wahren Zusammenhang der Dinge offenbar nicht
sehen oder sehen wollen, und enden damit, daß sie einander blind,
flach, dumm, absurd oder frivol, kuriose Käuze oder platte Philister
schelten. Der Ideologe ist entsetzt, wenn jemand Finanzprobleme
unter Hellenen ernst nimmt und z. B. statt von den tiefsinnigen
Sprüchen des delphischen Orakels von den weitreichenden Geld-
operationen redet, welche die Orakelpriester mit den dort niedergelegten Schätzen vornahmen. Der Politikus aber lächelt weise über
den, der seine Begeisterung an sakrale Formeln und die Tracht attischer Epheben verschwendet, statt über antike Klassenkämpfe ein
mit vielen modernen Schlagworten gespicktes Buch zu schreiben.

Der eine Typus ist schon in Petrarca vorgebildet. Er hat Florenz
und Weimar, den Begriff der Renaissance und den abendländischen
Klassizismus geschaffen. Den andern findet man seit der Mitte des
18. Jahrhunderts, mit dem Beginn einer zivilisierten, wirtschaftlich-
großstädtischen Politik, also zuerst in England (Grote). Im Grunde
stehen sich hier die Auffassungen des kultivierten und des zivilisierten Menschen gegenüber, ein Gegensatz, der zu tief, zu menschlich ist, um die Schwäche *beider* Standpunkte empfinden zu lassen
oder gar zu überwinden.

Auch der Materialismus verfährt in diesem Punkte idealistisch.
Auch er hat, ohne es zu wissen und zu wollen, seine Einsichten von
seinen Wünschen abhängig gemacht. In der Tat haben sich unsere
besten Geister ohne Ausnahme vor dem Bilde der Antike in Ehrfurcht gebeugt und in diesem einzigen Falle der schrankenlosen Kritik entsagt. Die Untersuchung des Altertums ist immer durch eine
gewisse, fast religiöse Scheu in ihrer Freiheit und Stärke gehemmt

und in ihren Ergebnissen verdunkelt worden. Es gibt in der gesamten Geschichte kein zweites Beispiel für einen so leidenschaftlichen Kultus, den eine Kultur mit dem Gedächtnis einer andern treibt. Daß wir Altertum und Neuzeit durch ein „Mittelalter" idealisch verknüpften, über ein Jahrtausend gering gewerteter, fast verachteter Historie hinweg, ist seit der Renaissance auch ein Ausdruck dieser Devotion. Wir Westeuropäer haben „den Alten" die Reinheit und Selbständigkeit unserer Kunst zum Opfer gebracht, indem wir nur mit einem Seitenblick auf das „hehre Vorbild" zu schaffen wagten; wir haben in unser Bild von den Griechen und Römern jedesmal das hineingelegt, *hineingefühlt*, was wir in der Tiefe der eigenen Seele entbehrten oder erhofften. Eines Tages wird uns ein geistreicher Psychologe die Geschichte dieser verhängnisvollsten Illusion, die Geschichte dessen erzählen, was wir seit den Tagen der Gotik jedesmal als antik verehrt haben. Es gibt wenige Aufgaben, die für das innerliche Verstehen der abendländischen Seele von Kaiser Otto III., dem ersten, bis zu Nietzsche, dem letzten Opfer des Südens, lehrreicher wären.

Goethe redet auf seiner italienischen Reise mit Begeisterung von den Bauten Palladios, deren frostiger Akademik wir heute sehr skeptisch gegenüberstehen. Er sieht dann Pompeji und spricht mit unverhohlenem Mißvergnügen von dem „wunderlichen, halb unangenehmen Eindruck". Was er von den Tempeln von Pästum und Segesta, Meisterstücken hellenischer Kunst, sagt, ist verlegen und unbedeutend. Offenbar hat er das Altertum, als es ihm einmal leibhaft in seiner vollen Kraft entgegentrat, nicht wiedererkannt. Aber so erging es allen andern. Sie hüteten sich, manches Antike zu sehen, und so haben sie ihr inneres Bild gerettet. Ihr „Altertum" war jederzeit der Hintergrund für ein Lebensideal, das sie selbst geschaffen und mit ihrem besten Blute genährt hatten, ein Gefäß für das eigne Weltgefühl, ein Phantom, ein Idol. Man begeistert sich in Denkerstuben und poetischen Zirkeln an den verwegenen Schilderungen antiken Großstadttreibens bei Aristophanes, Juvenal und Petronius, an südlichem Schmutz und Pöbel, Lärm und Gewalttat, Lustknaben und Phrynen, am Phalluskult und cäsarischen Orgien – aber dem-

selben Stück Wirklichkeit in heutigen Weltstädten geht man kla-
gend und naserümpfend aus dem Wege. „In den Städten ist schlecht
zu leben: da gibt es zu viele der Brünstigen." Also sprach Zarathustra. Sie rühmen die Staatsgesinnung der Römer und verachten
den, der heute nicht jede Berührung mit öffentlichen Angelegen-
heiten meidet. Es gibt eine Klasse von Kennern, für welche der
Unterschied von Toga und Gehrock, von byzantinischem Zirkus
und englischem Sportplatz, von antiken Alpenstraßen und transkon-
tinentalen Eisenbahnen, Trieren und Schnelldampfern, römischen
Lanzen und preußischen Bajonetten, zuletzt sogar vom Suezkanal,
je nachdem ihn ein Pharao oder ein moderner Ingenieur gebaut hat,
eine magische Gewalt besitzt, die den freien Blick mit Sicherheit ein-
schläfert. Sie würden eine Dampfmaschine als Symbol menschlicher
Leidenschaft und Ausdruck geistiger Energie erst dann gelten lassen,
wenn Heron von Alexandria sie erfunden hätte. Es gilt ihnen als
Blasphemie, wenn man statt vom Kult der Großen Mutter vom Berge Pessinus von römischer Zentralheizung und Buchführung spricht.

Aber die andern sehen *nichts* als dies. Sie glauben das Wesen dieser uns so fremden Kultur zu erschöpfen, indem sie die Griechen
ohne weiteres als ihresgleichen behandeln, und sie bewegen sich,
wenn sie Schlüsse ziehen, in einem System von Gleichsetzungen, das
die antike *Seele* überhaupt nicht berührt. Sie ahnen gar nicht, daß
Worte wie Republik, Freiheit, Eigentum dort und hier Dinge bezeichnen, die innerlich auch nicht die leiseste Verwandtschaft besitzen. Sie spötteln über Historiker der Goethezeit, die ihre politischen
Ideale treuherzig ausdrücken, indem sie eine Geschichte des Altertums verfassen und mit den Namen Lykurg, Brutus, Cato, Cicero,
Augustus, durch deren Rettungen oder Verurteilungen eine persönliche Schwärmerei enthüllen, aber sie selbst können kein Kapitel
schreiben, ohne zu verraten, welcher Parteirichtung ihre Morgen-
zeitung angehört. Aber es ist gleichviel, ob man die Vergangenheit
mit den Augen Don Quijotes oder Sancho Pansas betrachtet. Beide
Wege führen nicht zum Ziel. Schließlich hat sich jeder von ihnen erlaubt, das Stück der Antike in den Vordergrund zu stellen, das den
eigenen Absichten zufällig am besten entsprach, Nietzsche das vor-

sokratische Athen, Nationalökonomen die hellenistische Periode, Politiker das republikanische Rom und Dichter die Kaiserzeit.

Nicht als *ob* religiöse oder künstlerische Erscheinungen ursprünglicher wären als soziale und wirtschaftliche. Es ist weder so noch umgekehrt. Es gibt für den, der hier die unbedingte Freiheit des Blickes erworben hat, jenseits *aller* persönlichen Interessen welcher Art auch immer, überhaupt keine Abhängigkeit, keine Priorität, kein Verhältnis von Ursache und Wirkung, keinen Unterschied des Wertes und der Wichtigkeit. Was den einzelnen Tatsachen ihren Rang gibt, ist lediglich die größere oder geringere Reinheit und Kraft ihrer Formensprache, die Stärke ihrer Symbolik – jenseits von gut und böse, hoch und niedrig, Nutzen und Ideal.

12

Der Untergang des Abendlandes, so betrachtet, bedeutet nichts Geringeres als das *Problem der Zivilisation.* Eine der Grundfragen aller höheren Geschichte liegt hier vor. Was ist Zivilisation, als organisch-logische Folge, als Vollendung und Ausgang einer Kultur begriffen?

Denn jede Kultur hat ihre *eigne* Zivilisation. Zum ersten Male werden hier die beiden Worte, die bis jetzt einen unbestimmten Unterschied ethischer Art zu bezeichnen hatten, in periodischem Sinne, als Ausdrücke für ein strenges und notwendiges *organisches Nacheinander* gefaßt. Die Zivilisation ist das unausweichliche *Schicksal* einer Kultur. Hier ist der Gipfel erreicht, von dem aus die letzten und schwersten Fragen der historischen Morphologie lösbar werden. Zivilisationen sind die *äußersten* und *künstlichsten* Zustände, deren eine höhere Art von Menschen fähig ist. Sie sind ein Abschluß; sie folgen dem Werden als das Gewordene, dem Leben als der Tod, der Entwicklung als die Starrheit, dem Lande und der seelischen Kindheit, wie sie Dorik und Gotik zeigen, als das geistige Greisentum und die steinerne, versteinernde Weltstadt. Sie sind ein *Ende,* unwiderruflich, aber sie sind mit innerster Notwendigkeit immer wieder erreicht worden.

Damit erst wird man den Römer als den *Nachfolger* des Hellenen verstehen. Erst so rückt die späte Antike in das Licht, das ihre tiefsten Geheimnisse preisgibt. Denn was hat es zu bedeuten – was man nur mit leeren Worten bestreiten kann –, daß die Römer Barbaren gewesen sind, Barbaren, die einem großen Aufschwung nicht vorangehen, sondern ihn beschließen? Seelenlos, unphilosophisch, ohne Kunst, rassehaft bis zum Brutalen, rücksichtslos auf reale Erfolge haltend, stehen sie zwischen der hellenischen Kultur und dem Nichts. Ihre nur auf das Praktische gerichtete Einbildungskraft – sie besaßen ein sakrales Recht, das die Beziehungen zwischen Göttern und Menschen wie zwischen Privatpersonen regelte, aber keine einzige echt römische Göttersage – ist ein Zug, den man in Athen überhaupt nicht antrifft. Griechische Seele und römischer Intellekt – das ist es. So unterscheiden sich Kultur und Zivilisation. Und das gilt nicht nur von der Antike. Immer wieder taucht dieser Typus starkgeistiger, vollkommen unmetaphysischer Menschen auf. In ihren Händen liegt das geistige und materielle Geschick einer jeden Spätzeit. Sie haben den babylonischen, ägyptischen, indischen, chinesischen, römischen Imperialismus durchgeführt. In solchen Zeiten sind der Buddhismus, Stoizismus und Sozialismus zu endgültigen Weltstimmungen herangereift, die ein erlöschendes Menschentum in seiner ganzen Substanz noch einmal zu ergreifen und umzugestalten vermögen. Die *reine* Zivilisation als historischer Vorgang besteht in einem stufenweisen *Abbau* anorganisch gewordener, erstorbener Formen.

Der Übergang von der Kultur zur Zivilisation vollzieht sich in der Antike im 4., im Abendland im 19. Jahrhundert. Von da an fallen die großen geistigen Entscheidungen nicht mehr wie zur Zeit der orphischen Bewegung und der Reformation in der „ganzen Welt", in der schließlich kein Dorf ganz unwichtig ist, sondern in drei oder vier Weltstädten, die allen Gehalt der Geschichte in sich aufgesogen haben und denen gegenüber die gesamte Landschaft einer Kultur zum Range der Provinz herabsinkt, die ihrerseits nur noch die Weltstädte mit den Resten ihres höheren Menschentums zu nähren hat. *Weltstadt und Provinz*[1] – mit diesen Grundbegriffen jeder Zivi-

[1] Vgl. Bd. II ,S. 673 ff.

lisation tritt ein ganz neues Formproblem der Geschichte hervor, das
wir Heutigen gerade durchleben, ohne es in seiner ganzen Tragweite auch nur entfernt begriffen zu haben. Statt einer Welt eine
Stadt, ein *Punkt*, in dem sich das ganze Leben weiter Länder sammelt,
während der Rest verdorrt; statt eines formvollen, mit der Erde
verwachsenen Volkes ein neuer Nomade, ein Parasit, der Großstadt-
bewohner, der reine, traditionslose, in formlos fluktuierender Masse
auftretende Tatsachenmensch, irreligiös, intelligent, unfruchtbar, mit
einer tiefen Abneigung gegen das Bauerntum (und dessen höchste
Form, den Landadel), also ein ungeheurer Schritt zum Anorganischen,
zum Ende – was bedeutet das? Frankreich und England haben diesen
Schritt vollzogen und Deutschland ist im Begriff, ihn zu tun. Auf
Syrakus, Athen, Alexandria folgt Rom. Auf Madrid, Paris, London
folgen Berlin und New York. Provinz zu werden ist das Schicksal ganzer Länder, die nicht im Strahlenkreis einer dieser Städte liegen wie
damals Kreta und Makedonien, heute der skandinavische Norden.[1]

Ehemals spielte sich der Kampf um die Fassung der Idee einer
Epoche auf dem Boden metaphysischer, kultisch oder dogmatisch
geprägter Weltprobleme zwischen dem erdhaften Geiste des Bauerntums (Adel und Priestertum) und dem „weltlichen" patrizischen
Geiste der alten, kleinen, berühmten Städte der dorischen und gotischen Frühzeit ab. Dergestalt waren die Kämpfe um die Dionysos-
religion – z. B. unter dem Tyrannen Kleisthenes von Sikyon[2] – und
um die Reformation in den deutschen Reichsstädten und den Huge-
nottenkriegen. Aber wie diese Städte zuletzt das Land überwanden –
ein rein städtisches Weltbewußtsein begegnet schon bei Parmenides
und Descartes –, so überwindet die Weltstadt sie. Das ist der geistige
Prozeß aller Spätzeiten, der Ionik wie des Barock. Heute wie zur

---

[1] Was man in der Entwicklung Strindbergs und vor allem Ibsens, der in der
zivilisierten Atmosphäre seiner Probleme immer nur Gast gewesen ist, nicht
übersehen wird. Die Motive von „Brand" und „Rosmersholm" sind eine merkwürdige Mischung von angeborenem Provinzialismus und theoretisch erworbe-
nem Weltstadthorizont. Nora ist das Urbild einer durch Lektüre aus der Bahn
geratenen Provinzlerin.

[2] Der den Kult des Stadtheros Adrastos und den Vortrag der homerischen Gesänge verbot, um dem dorischen Adel die Wurzeln seines Seelentums zu nehmen (um 560).

Zeit des Hellenismus, an dessen Schwelle die Gründung einer künstlichen, also landfremden Großstadt, Alexandrias, steht, sind diese
Kulturstädte – Florenz, Nürnberg, Salamanca, Brügge, Prag – Provinzstädte geworden, die gegen den Geist der Weltstädte einen
hoffnungslosen inneren Widerstand leisten. Die Weltstadt bedeutet
den Kosmopolitismus an Stelle der „Heimat",[1] den kühlen Tatsachensinn an Stelle der Ehrfurcht vor dem Überlieferten und Gewachsenen, die wissenschaftliche Irreligion als Petrefakt der voraus-
gegangenen Religion des Herzens, die „Gesellschaft" an Stelle des
Staates, die natürlichen statt der erworbenen Rechte. Das *Geld* als
anorganische, abstrakte Größe, von allen Beziehungen zum Sinn des
fruchtbaren Bodens, zu den Werten einer ursprünglichen Lebenshaltung gelöst – das haben die Römer vor den Griechen voraus. Von
hier an ist eine vornehme Weltanschauung *auch eine Geldfrage*. Nicht
der griechische Stoizismus des Chrysipp, aber der spätrömische des
Cato und Seneca setzt als Grundlage ein Vermögen voraus,[2] und
nicht die sozialethische Gesinnung des 18. Jahrhunderts, aber die des
20. ist, wenn sie über eine berufsmäßige – einträgliche – Agitation
hinaus Tat werden will, eine Sache für Millionäre. Zur Weltstadt
gehört nicht ein Volk, sondern eine Masse. Ihr Unverständnis für
alles Überlieferte, in dem man die *Kultur* bekämpft (den Adel, die
Kirche, die Privilegien, die Dynastie, in der Kunst die Konventionen,
in der Wissenschaft die Grenzen der Erkenntnismöglichkeit), ihre
der bäuerlichen Klugheit überlegene scharfe und kühle Intelligenz,
ihr Naturalismus in einem ganz neuen Sinne, der über Sokrates und
Rousseau weit zurück in bezug auf alles Sexuelle und Soziale an urmenschliche Instinkte und Zustände anknüpft, das *panem et circenses*, das heute wieder in der Verkleidung von Lohnkampf und
Sportplatz erscheint – alles das bezeichnet der endgültig abgeschlossenen Kultur, der Provinz gegenüber eine ganz neue, späte und zu-
kunftslose, aber unvermeidliche Form menschlicher Existenz.

---

[1] Ein tiefes Wort, das seinen Sinn erhält, sobald der Barbar zum Kulturmenschen wird, und ihn wieder verliert, sobald der zivilisierte Mensch das „*ubi bene,
ibi patria*" zum Wahlspruch erhebt.

[2] Deshalb verfielen dem Christentum zuerst die Römer, die *es sich nicht leisten
konnten*, Stoiker zu sein. Vgl. Bd. II, S. 1165f.

Das ist es, was *gesehen* sein will, nicht mit den Augen des Partei-
mannes, des Ideologen, des zeitgemäßen Moralisten, aus dem Winkel irgendeines „Standpunktes" heraus, sondern aus zeitloser Höhe,
den Blick auf die historische Formenwelt von Jahrtausenden gerichtet – wenn man wirklich die große Krisis der Gegenwart begreifen
will.

Ich sehe Symbole ersten Ranges darin, daß in Rom, wo der
Triumvir Crassus der allmächtige Bauplatzspekulant war, das auf
allen Inschriften prangende römische Volk, vor dem Gallier, Griechen, Parther, Syrer in der Ferne zitterten, in ungeheurem Elend in
den vielstöckigen Mietskasernen lichtloser Vorstädte[1] hauste und die
Erfolge der militärischen Expansion mit Gleichgültigkeit oder einer
Art von sportlichem Interesse aufnahm; daß manche der großen
Familien des Uradels, Nachkommen der Sieger über die Kelten,
Samniten und Hannibal, weil sie sich an der wüsten Spekulation
nicht beteiligten, ihre Stammhäuser aufgeben und armselige Miet-
wohnungen beziehen mußten; daß, während sich längs der Via
Appia die noch heute bewunderten Grabmäler der Finanzgrößen
Roms erhoben, die Leichen des Volkes zusammen mit Tierkadavern
und Großstadtkehricht in ein grauenhaftes Massengrab geworfen
wurden, bis man unter Augustus, um Seuchen zu verhüten, die
Stelle zuschüttete, auf der Mäcenas dann seinen berühmten Park anlegte; daß in dem entvölkerten Athen, das von Fremdenbesuch und
den Stiftungen reicher Ausländer (wie des Judenkönigs Herodes)
lebte, der Reisepöbel allzu rasch reich gewordener Römer die Werke
der perikleischen Zeit begaffte, von denen er so wenig verstand wie
die amerikanischen Besucher der Sixtinischen Kapelle von Michelangelo, nachdem man alle beweglichen Kunstwerke fortgeschleppt
oder zu phantastischen Modepreisen angekauft und dafür kolossale
und anmaßende Römerbauten neben die tiefen und bescheidenen

---

[1] In Rom und Byzanz wurden sechs- bis zehnstöckige Miethäuser – bei höchstens drei Metern Straßenbreite – errichtet, die bei dem Fehlen aller baupolizeilichen
Vorschriften oft genug mit ihren Bewohnern zusammenbrachen. Ein großer Teil
der *cives Romani*, für die „*panem et circenses*" den ganzen Lebensinhalt bildeten,
besaß nur einen teuer bezahlten Schlafplatz in den ameisenhaft wimmelnden
„*insulae*" (Pöhlmann, Aus Altertum u. Gegenwart (1911), S. 199 ff.).

Werke der alten Zeit gesetzt hatte. In diesen Dingen, die der Historiker nicht zu loben oder tadeln, sondern morphologisch abzuwägen
hat, liegt für den, welcher zu sehen gelernt hat, eine *Idee* unmittelbar
zutage.

Denn es wird sich zeigen, daß von diesem Augenblick an alle
großen Konflikte der Weltanschauung, der Politik, der Kunst, des
Wissens, des Gefühls im Zeichen dieses einen Gegensatzes stehen.
Was ist zivilisierte Politik von morgen im Gegensatz zur kultivierten von gestern? In der Antike Rhetorik, im Abendlande Journalismus, und zwar im Dienste jenes Abstraktums, das die Macht der
Zivilisation repräsentiert, des *Geldes*.[1] Sein Geist ist es, der unvermerkt die geschichtlichen Formen des Völkerdaseins durchdringt,
oft ohne sie im geringsten zu ändern oder zu zerstören. Der römische
Staat ist der Form nach vom älteren Scipio Africanus bis auf Augustus in viel höherem Grade stationär geblieben, als dies in der Regel
angenommen wird. Aber die großen Parteien sind nur noch scheinbar Mittelpunkte der entscheidenden Aktionen. Es ist eine kleine
Anzahl überlegener Köpfe, deren Namen in diesem Augenblick vielleicht nicht die bekanntesten sind, die alles entscheidet, während die
große Masse der Politiker zweiten Ranges, Rhetoren und Tribunen,
Abgeordnete und Journalisten, eine Auswahl nach Provinzhorizon-
ten, nach unten die Illusion einer Selbstbestimmung des Volkes aufrecht erhält. Und die Kunst? Die Philosophie? Die Ideale der platonischen und der kantischen Zeit galten einem höhern Menschentum
überhaupt; die des Hellenismus und der Gegenwart, vor allem der
Sozialismus, der ihm innerlich ganz nahe verwandte Darwinismus
mit seinen so ganz ungoetheschen Formeln vom Kampf ums Dasein
und der Zuchtwahl, die damit wiederum verwandten Frauen- und
Eheprobleme bei Ibsen, Strindberg und Shaw, die impressionistischen Neigungen einer anarchischen Sinnlichkeit, das ganze Bündel
moderner Sehnsüchte, Reize und Schmerzen, deren Ausdruck die
Lyrik Baudelaires und die Musik Wagners ist, sind nicht für das
Weltgefühl des dörflichen und überhaupt des natürlichen Menschen,
sondern ausschließlich für den weltstädtischen Gehirnmenschen da.

[1] Vgl. Bd. II, S. 1134 ff.

Je kleiner die Stadt, desto sinnloser die Beschäftigung mit dieser Malerei und Musik. Zur Kultur gehört die Gymnastik, das Turnier, der Agon, zur Zivilisation der *Sport*. Auch das unterscheidet die hellenische Palästra vom römischen Zirkus.[1] Die Kunst selbst wird Sport – das bedeutet *l'art pour l'art* – vor einem hochintelligenten Publikum von Kennern und Käufern, mag es sich um die Bewältigung absurder instrumentaler Tonmassen oder harmonischer Hindernisse, mag es sich um das „Nehmen" eines Farbenproblems handeln. Eine neue Tatsachenphilosophie erscheint, die für metaphysische Spekulationen nur ein Lächeln übrig hat, eine neue Literatur, dem Intellekt, dem Geschmack und den Nerven des Großstädters ein Bedürfnis, dem Provinzialen unverständlich und verhaßt. Weder die alexandrinische Poesie, noch die Freilichtmalerei gehen das „Volk" etwas an. Der Übergang wird damals wie heute durch eine Reihe nur in dieser Epoche anzutreffender Skandale bezeichnet. Die Entrüstung der Athener über Euripides und die revolutionären Malweisen z. B. des Apollodor wiederholt sich in der Auflehnung gegen Wagner, Manet, Ibsen und Nietzsche.

Man kann die Griechen verstehen, ohne von ihren wirtschaftlichen Verhältnissen zu reden. Die Römer versteht man *nur* durch sie. Bei Chäronea und bei Leipzig wurde zum letzten Male um eine Idee gekämpft. Im ersten punischen Kriege und bei Sedan sind die wirtschaftlichen Momente nicht mehr zu übersehen. Erst die Römer mit ihrer praktischen Energie haben der Sklavenhaltung jenen riesenhaften Stil gegeben, der für viele den Typus der antiken Wirtschaftsführung, Rechtsbildung und Lebensweise beherrscht und jedenfalls den Wert und die innere Würde der daneben stehenden freien Lohnarbeit gewaltig herabgesetzt hat. Erst die germanischen, nicht die romanischen Völker Westeuropas und Amerikas haben dementsprechend aus der Dampfmaschine eine das Bild der Länder verändernde Großindustrie entwickelt. Man wird die Beziehung beider zum Stoizismus und zum Sozialismus nicht übersehen. Erst der römische,

---

[1] Die deutsche Gymnastik ist seit 1813 und den sehr provinzialen, urwüchsigen Formen, die ihr Jahn damals gab, in rascher Entwicklung zum Sportmäßigen begriffen. Der Unterschied eines Berliner Sportplatzes an einem großen Tage von einem römischen Zirkus war schon 1914 sehr gering.

durch C. Flaminius angekündigte, in Marius zum erstenmal Gestalt
gewordene Cäsarismus hat innerhalb der antiken Welt die *Erhabenheit des Geldes* – in der Hand starkgeistiger, groß angelegter Tatsachenmenschen – kennen gelehrt. Ohne *das* ist weder Cäsar noch
das Römertum überhaupt verständlich. Jeder Grieche hat einen Zug
von Don Quijote, jeder Römer einen von Sancho Pansa – was sie
sonst noch waren, tritt dahinter zurück.

13

Was die römische Weltherrschaft betrifft, so ist sie ein *negatives*
Phänomen, nicht das Ergebnis eines Überschusses von Kraft auf der
einen – den hatten die Römer nach Zama nicht mehr –, sondern das
eines Mangels an Widerstand auf der andern Seite. Die Römer haben
die Welt gar nicht erobert.[1] Sie haben nur in Besitz genommen, was
als Beute für jedermann dalag. Das Imperium Romanum ist nicht
durch die äußerste Anspannung aller militärischen und finanziellen
Hilfsmittel, wie es einst Karthago gegenüber der Fall gewesen war,
sondern durch den Verzicht des alten Ostens auf äußere Selbstbestimmung entstanden. Man lasse sich nicht durch den Schein glänzender soldatischer Erfolge täuschen. Mit ein paar schlecht geübten,
schlecht geführten, übel gelaunten Legionen haben Lucullus und
Pompejus ganze Reiche unterworfen, woran zur Zeit der Schlacht
bei Ipsus nicht zu denken gewesen wäre. Die mithridatische Gefahr,
eine wirkliche Gefahr für dieses nie ernstlich geprüfte System materieller Kräfte, hätte als solche für die Besieger Hannibals niemals bestanden. Die Römer haben nach Zama keinen Krieg gegen eine
große Militärmacht mehr geführt und hätten keinen führen können.[2] Ihre *klassischen* Kriege waren die gegen die Samniten, gegen
Pyrrhus und Karthago. Ihre große Stunde war Cannä. Es gibt kein

---

[1] Vgl. Bd. II, S. 1089.
[2] Die Eroberung Galliens durch Cäsar war ein ausgesprochener Kolonialkrieg,
d. h. von einseitiger Aktivität. Daß er trotzdem den Höhepunkt der späteren
römischen Kriegsgeschichte bildet, bestätigt nur deren rasch abnehmenden Gehalt
an wirklichen Leistungen.

Volk, das Jahrhunderte hindurch auf dem Kothurn steht. Das preu-
ßisch-deutsche, das die mächtigen Augenblicke von 1813, 1870 und
1914 hatte, besitzt deren mehr als die übrigen.

Ich lehre hier den *Imperialismus*, als dessen Petrefakt Reiche wie
das ägyptische, chinesische, römische, die indische Welt, die Welt
des Islam noch Jahrhunderte und Jahrtausende stehen bleiben und
aus einer Erobererfaust in die andere gehen können – tote Körper,
amorphe, entseelte Menschenmassen, verbrauchter Stoff einer großen Geschichte –, als das typische Symbol des Ausgangs begreifen.
Imperialismus ist reine Zivilisation. In dieser Erscheinungsform liegt
unwiderruflich das Schicksal des Abendlandes. Der kultivierte
Mensch hat seine Energie nach innen, der zivilisierte nach außen.
Deshalb sehe ich in Cecil Rhodes den ersten Mann einer neuen Zeit.
Er repräsentiert den politischen Stil einer ferneren, abendländischen,
germanischen, insbesondere deutschen Zukunft. Sein Wort „Ausdehnung ist alles" enthält in dieser napoleonischen Fassung die
eigentlichste Tendenz einer *jeden* ausgereiften Zivilisation. Das gilt
von den Römern, den Arabern, den Chinesen. Hier gibt es keine
Wahl. Hier entscheidet nicht einmal der bewußte Wille des einzelnen oder ganzer Klassen und Völker. Die expansive Tendenz ist ein
Verhängnis, etwas Dämonisches und Ungeheures, das den späten
Menschen des Weltstadiums packt, in seinen Dienst zwingt und verbraucht, ob er will oder nicht, ob er es weiß oder nicht.[1] Leben ist die
Verwirklichung von Möglichem, und für den Gehirnmenschen *gibt
es nur extensive Möglichkeiten*.[2] So sehr der heutige, noch wenig entwickelte Sozialismus sich gegen die Expansion auflehnt, er wird
eines Tages mit der Vehemenz eines Schicksals ihr vornehmster Träger sein. Hier rührt die Formensprache der Politik – als unmittelbarer
intellektueller Ausdruck einer Art von Menschentum – an ein tiefes
metaphysisches Problem: an die durch die unbedingte Gültigkeit des

[1] Die modernen Deutschen sind das glänzende Beispiel eines Volkes, das ohne
sein Wissen und Wollen expansiv geworden ist. Sie waren es schon, als sie noch
das Volk Goethes zu sein glaubten. Bismarck hat diesen tiefern Sinn der durch
ihn begründeten Epoche nicht einmal geahnt. Er glaubte den *Abschluß* einer politischen Entwicklung erreicht zu heben, vgl. Bd. II, S. 1089.

[2] So war vielleicht das bedeutende Wort Napoleons an Goethe gemeint: „Was
will man heute mit dem Schicksal? Die Politik ist das Schicksal."

Kausalitätsprinzips bestätigte Tatsache, daß *der Geist das Komplement der Ausdehnung ist.*

Es war völlig aussichtslos, wenn in der dem Imperialismus zutreibenden chinesischen Staatenwelt zwischen 480 und 230 (antik etwa 300–50) das vor allem von dem „Römerstaate" Tsin[1] praktisch und von dem Philosophen Dschang-yi theoretisch vertretene Prinzip des Imperialismus *(lienheng)* durch den Gedanken eines Völkerbundes *(hohtsung)* bekämpft wurde, der sich auf manche Gedanken des Wang-hü stützte, eines tiefen Skeptikers und Kenners der Menschen und der politischen Möglichkeiten dieser Spätzeit. Sie sind beide Gegner der Ideologie des Laotse und seiner Abschaffung der Politik, aber der *lienheng* hatte den natürlichen Gang der expansiven Zivilisation für sich.[2]

Rhodes erscheint als der erste Vorläufer eines abendländischen Cäsarentypus, für den die Zeit noch lange nicht gekommen ist. Er steht in der Mitte zwischen Napoleon und den Gewaltmenschen der nächsten Jahrhunderte, wie jener Flaminius, der seit 232 die Römer zur Unterwerfung der cisalpinen Gallier und damit zum Beginn ihrer kolonialen Ausdehnungspolitik drängte, zwischen Alexander und Cäsar. Flaminius war streng genommen[3] ein Privatmann von staatsbeherrschendem Einfluß in einer Zeit, wo der Staatsgedanke der Gewalt wirtschaftlicher Faktoren erliegt, in Rom sicherlich der erste vom cäsarischen Oppositionstypus. Mit ihm endet die *Idee des Staatsdienstes* und es beginnt der nur mit Kräften, nicht mit Traditionen rechnende Wille zur Macht. Alexander und Napoleon waren Romantiker, an der Schwelle der Zivilisation und schon von ihrer kalten und klaren Luft angeweht; aber der eine gefiel sich in der Rolle des Achilles und der andere las den Werther. Cäsar war lediglich ein Tatsachenmensch von ungeheurem Verstande.

Aber schon Rhodes verstand unter erfolgreicher Politik einzig den territorialen und finanziellen Erfolg. Das ist das Römische an ihm, dessen er sich sehr bewußt war. In dieser Energie und Reinheit hatte

---

[1] Der denn auch dem Imperium endlich seinen Namen gab: Tsin = China.

[2] Vgl. Bd. II, S. 1081f., 1099.

[3] Denn seine wirkliche Macht entsprach nicht mehr dem Sinn irgendeines Amtes.

sich die westeuropäische Zivilisation noch nicht verkörpert. Nur vor seinen Landkarten konnte er in eine Art dichterische Ekstase geraten, er, der als Sohn eines puritanischen Pfarrhauses mittellos nach Südafrika gekommen war und ein Riesenvermögen als Machtmittel für seine politischen Ziele erworben hatte. Sein Gedanke einer transafrikanischen Bahn vom Kap nach Kairo, sein Entwurf eines südafrikanischen Reiches, seine geistige Gewalt über die Minenmagnaten, eiserne Geldmenschen, die er zwang, ihr Vermögen in den Dienst seiner Ideen zu stellen, seine Hauptstadt Buluwayo, die er, der allmächtige Staatsmann ohne ein definierbares Verhältnis zum Staate, als künftige Residenz in königlichem Maßstab anlegte, seine Kriege, diplomatischen Aktionen, Straßensysteme, Syndikate, Heere, sein Begriff von der „großen Pflicht des Gehirnmenschen gegenüber der Zivilisation" – alles das ist, groß und vornehm, das Vorspiel einer uns noch vorbehaltenen Zukunft, mit der die Geschichte des westeuropäischen Menschen endgültig *schließen* wird.

Wer nicht begreift, daß sich an diesem Ausgang nichts ändern läßt, daß man *dies* wollen muß oder gar nichts, daß man dies Schicksal lieben oder an der Zukunft, am Leben verzweifeln muß, wer das Großartige nicht empfindet, das auch in dieser Wirksamkeit gewaltiger Intelligenzen, dieser Energie und Disziplin metallharter Naturen, diesem Kampf mit den kältesten, abstraktesten Mitteln liegt, wer mit dem Idealismus eines Provinzialen herumgeht und den Lebensstil verflossener Zeiten sucht, der muß es aufgeben, Geschichte verstehen, Geschichte durchleben, Geschichte schaffen zu wollen.

So erscheint das Imperium Romanum nicht mehr als ein einmaliges Phänomen, sondern als normales Produkt einer strengen und energischen, weltstädtischen, eminent praktischen Geistigkeit und als typischer Endzustand, der schon einige Male dagewesen, aber bisher nicht identifiziert worden ist. Begreifen wir endlich, daß das Geheimnis der historischen Form nicht an der Oberfläche liegt und nicht durch Ähnlichkeiten des Kostüms oder der Szene zu fassen ist, daß es in der menschlichen so gut wie in der Tier- und Pflanzengeschichte Erscheinungen von täuschender Ähnlichkeit gibt, die innerlich nichts Verwandtes besitzen – Karl der Große und Harun al

Raschid, Alexander und Cäsar, die Germanenkriege gegen Rom und die Mongolenstürme gegen Westeuropa – und andere, die bei größter äußerer Verschiedenheit Identisches zum Ausdruck bringen wie Trajan und Ramses II., die Bourbonen und der attische Demos, Mohammed und Pythagoras. Kommen wir zur Einsicht, daß das 19. und 20. Jahrhundert, vermeintlich der Gipfel einer geradlinig ansteigenden Weltgeschichte, als Altersstufe tatsächlich in jeder bis zum Ende gereiften Kultur nachzuweisen ist, nicht mit Sozialisten, Impressionisten, elektrischen Bahnen, Torpedos und Differentialgleichungen, die nur zum Körper der Zeit gehören, sondern mit seiner zivilisierten Geistigkeit, die auch ganz andere Möglichkeiten äußerer Gestaltung besitzt, daß die Gegenwart also ein Durchgangsstadium darstellt, das unter gewissen Bedingungen mit Sicherheit eintritt, daß es mithin auch ganz bestimmte *spätere* Zustände als die heutigen westeuropäischen gibt, daß sie in der abgelaufenen Geschichte schon mehr als einmal dagewesen sind und daß damit die Zukunft des Abendlandes nicht ein uferloses Hinauf und Vorwärts in der Richtung unserer augenblicklichen Ideale und mit phantastischen Zeiträumen ist, sondern *ein in Hinsicht auf Form und Dauer streng begrenztes und unausweichlich bestimmtes Einzelereignis der Historie vom Umfange weniger Jahrhunderte, das aus den vorliegenden Beispielen übersehen und in wesentlichen Zügen berechnet werden kann.*

14

Wer diese Höhe der Betrachtung erreicht hat, dem fallen alle Früchte von selbst zu. An den *einen* Gedanken schließen sich, mit ihm lösen sich zwanglos alle Einzelprobleme, welche auf den Gebieten der Religionsforschung, der Kunstgeschichte, der Erkenntniskritik, der Ethik, der Politik, der Nationalökonomie den modernen Geist seit Jahrzehnten und leidenschaftlich, aber ohne den letzten Erfolg beschäftigt haben.

Dieser Gedanke gehört zu den Wahrheiten, die nicht mehr bestritten werden, sobald sie einmal in voller Deutlichkeit ausgesprochen sind. Er gehört zu den innern Notwendigkeiten der Kultur

Westeuropas und ihres Weltgefühls. Er ist geeignet, die Lebensanschauung derjenigen von Grund aus zu ändern, die ihn völlig begriffen, das heißt ihn sich innerlich zu eigen gemacht haben. Es bedeutet eine gewaltige Vertiefung des uns natürlichen und notwendigen Weltbildes, daß wir die welthistorische Entwicklung, in der wir stehen und die wir bis jetzt rückwärts als ein organisch Ganzes zu betrachten gelernt haben, nun auch vorwärts in großen Umrissen verfolgen können. Dergleichen hat sich bisher nur der Physiker bei seinen Berechnungen träumen lassen. Es bedeutet, ich wiederhole es noch einmal, auch im Historischen den Ersatz des ptolemäischen durch einen kopernikanischen Aspekt, das heißt eine unermeßliche Erweiterung des Lebenshorizontes.

Es stand bis jetzt frei, von der Zukunft zu hoffen, was man wollte. Wo es keine Tatsachen gibt, regiert das Gefühl. Künftig wird es jedem Pflicht sein, vom Kommenden zu erfahren, was geschehen *kann* und also geschehen *wird*, mit der unabänderlichen Notwendigkeit eines Schicksals, und was also von persönlichen Idealen, Hoffnungen und Wünschen ganz unabhängig ist. Gebrauchen wir das bedenkliche Wort Freiheit, so steht es uns nicht mehr frei, dieses oder jenes zu verwirklichen, sondern *das Notwendige oder nichts*. Dies als „gut" zu empfinden kennzeichnet den Tatsachenmenschen. Es bedauern und tadeln, heißt aber nicht, es ändern können. Zur Geburt gehört der Tod, zur Jugend das Alter, zum Leben überhaupt seine Gestalt und die vorbestimmten Grenzen seiner Dauer. Die Gegenwart ist eine zivilisierte, keine kultivierte Zeit. Damit scheidet eine ganze Reihe von Lebensinhalten als unmöglich aus. Man kann das bedauern und dies Bedauern in eine pessimistische Philosophie und Lyrik kleiden – und man wird das künftig tun –, aber man kann es nicht ändern. Es wird nicht mehr erlaubt sein, im Heute und Morgen mit aller Selbstsicherheit die Geburt oder Blüte von dem anzunehmen, was man gerade wünscht, wenn auch die historische Erfahrung laut genug dagegen redet.

Ich bin auf den Einwand gefaßt, daß ein solcher Weltaspekt, der über die Umrisse und die Richtung der Zukunft Gewißheit gibt und weitgehende Hoffnungen abschneidet, lebensfeindlich und für viele ein Verhängnis sei, falls er einmal mehr als bloße Theorie, falls er die praktische Weltanschauung der für die Gestaltung der Zukunft wirklich in Betracht kommenden Gruppe von Persönlichkeiten würde.

Ich bin nicht der Meinung. Wir sind zivilisierte Menschen, nicht Menschen der Gotik und des Rokoko; wir haben mit den harten und kalten Tatsachen eines *späten* Lebens zu rechnen, dessen Parallele nicht im perikleischen Athen, sondern im cäsarischen Rom liegt. Von einer großen Malerei und Musik wird für den westeuropäischen Menschen nicht mehr die Rede sein. Seine architektonischen Möglichkeiten sind seit hundert Jahren erschöpft. Ihm sind nur extensive Möglichkeiten geblieben. Aber ich sehe den Nachteil nicht, der entstehen könnte, wenn eine tüchtige und von unbegrenzten Hoffnungen geschwellte Generation beizeiten erfährt, daß ein Teil dieser Hoffnungen zu Fehlschlägen führen muß. Mögen es die teuersten sein; wer etwas wert ist, wird das überwinden. Es ist wahr, daß es für einzelne tragisch ausgehen kann, wenn sich ihrer in den entscheidenden Jahren die Gewißheit bemächtigt, daß im Bereiche der Architektur, des Dramas, der Malerei, *für sie* nichts mehr zu erobern ist. Mögen sie zugrunde gehen. Man war sich bisher einig darüber, hier keinerlei Schranken anzuerkennen; man glaubte, daß jede Zeit auf jedem Gebiete auch ihre Aufgabe habe; man fand sie, wenn es sein mußte, mit Gewalt und schlechtem Gewissen, und jedenfalls stellte es sich erst nach dem Tode heraus, ob der Glaube einen Grund hatte und ob die Arbeit eines Lebens *notwendig oder überflüssig* gewesen war. Aber jeder, der nicht bloßer Romantiker ist, wird diese Ausflucht ablehnen. Das ist nicht der Stolz, der die Römer auszeichnete. Was liegt an denen, die es vorziehen, wenn man vor einer erschöpften Erzgrube ihnen sagt: Hier wird morgen eine neue Ader angeschlagen werden – wie es die augenblickliche Kunst mit ihren durch und durch unwahren Stilbildungen tut –, statt sie auf das reiche Tonlager zu verweisen, das unerschlossen daneben liegt? – Ich betrachte diese Lehre als eine Wohltat für die kommenden Generationen, weil sie ihnen zeigt, was möglich und also notwendig ist und was nicht zu den innern Möglichkeiten der Zeit gehört. Es ist bisher eine Unsumme von Geist und Kraft auf falschen Wegen verschwendet worden.

Der westeuropäische Mensch, so historisch er denkt und fühlt, ist in einem gewissen Lebensalter sich nie seiner eigentlichen Richtung bewußt. Er tastet und sucht und verirrt sich, wenn die äußeren Anlässe ihm nicht günstig sind. Hier endlich hat die Arbeit von Jahrhunderten ihm die Möglichkeit gegeben, die Lage seines Lebens im Zusammenhang mit der Gesamtkultur zu übersehen und zu prüfen, was er kann und soll. Wenn unter dem Eindruck dieses Buches sich Menschen der neuen Generation der Technik statt der Lyrik, der Marine statt der Malerei, der Politik statt der Erkenntniskritik zuwenden, so tun sie, was ich wünsche, und man kann ihnen nichts Besseres wünschen.

15

Es bleibt noch das Verhältnis einer Morphologie der Weltgeschichte zur Philosophie festzustellen. Jede echte Geschichtsbetrachtung ist echte Philosophie – oder bloße Ameisenarbeit. Aber der systematische Philosoph bewegt sich, was die Dauer seiner Ergebnisse betrifft, in einem schweren Irrtum. Er übersieht die Tatsache, daß jeder Gedanke in einer geschichtlichen Welt lebt und damit das allgemeine Schicksal der Vergänglichkeit teilt. Er meint, daß das höhere Denken einen ewigen und unveränderlichen Gegenstand besitze, daß die großen Fragen zu allen Zeiten dieselben seien und daß sie endlich einmal beantwortet werden könnten.

Aber Frage und Antwort sind hier eins, und jede große Frage, der das leidenschaftliche Verlangen nach einer ganz bestimmten Antwort schon zugrunde liegt, hat lediglich die Bedeutung eines Lebenssymbols. Es gibt keine ewigen Wahrheiten. Jede Philosophie ist ein Ausdruck ihrer und *nur* ihrer Zeit, und es gibt nicht zwei Zeitalter, welche die gleichen philosophischen Intentionen besäßen, sobald von wirklicher Philosophie und nicht von irgendwelchen akademischen Belanglosigkeiten über Urteilsformen oder Gefühlskategorien die Rede sein soll. Der Unterschied liegt nicht zwischen unsterblichen und vergänglichen Lehren, sondern zwischen Lehren, welche eine Zeitlang oder niemals lebendig sind. Unvergänglichkeit gewordner Gedanken ist eine Illusion. Das Wesentliche ist, was für ein Mensch in ihnen Gestalt gewinnt. Je größer der Mensch, um so wahrer die Philosophie – im Sinne der inneren Wahrheit eines großen Kunstwerkes nämlich, was von der Beweisbarkeit und selbst Widerspruchslosigkeit der einzelnen Sätze unabhängig ist. Im höchsten Falle kann sie den ganzen Gehalt einer Zeit erschöpfen, in sich verwirklichen und ihn so, in einer großen Form, in einer großen Persönlichkeit verkörpert, der ferneren Entwicklung übergeben. Das wissenschaftliche Kostüm, die gelehrte Maske einer Philosophie entscheidet hier nichts. Nichts ist einfacher, als an Stelle von Gedanken, die man nicht hat, ein System zu begründen. Aber selbst ein guter Gedanke ist wenig wert, wenn er von einem Flachkopf ausgesprochen wird. Allein die Notwendigkeit für das Leben entscheidet über den Rang einer Lehre.

Deshalb sehe ich den Prüfstein für den Wert eines Denkers in seinem Blick für die großen Tatsachen seiner Zeit. Erst hier entscheidet es sich, ob jemand nur ein geschickter Schmied von Systemen und Prinzipien ist, ob er sich nur mit Gewandtheit und Belesenheit in Definition und Analysen bewegt – oder ob es die Seele der Zeit selbst ist, die aus seinen Werken und Intuitionen redet. Ein Philosoph, der nicht auch die Wirklichkeit ergreift und beherrscht, wird niemals ersten Ranges sein. Die Vorsokratiker waren Kaufleute und Politiker großen Stils. Plato kostete es fast das Leben, daß er in Syrakus seine politischen Gedanken hatte verwirklichen wollen. Derselbe Plato hat jene Reihe geometrischer Sätze gefunden, die es Euklid erst möglich machten, das System der antiken Mathematik aufzubauen. Pascal, den Nietzsche nur als den „gebrochenen Christen" kennt, Descartes, Leibniz waren die ersten Mathematiker und Techniker ihrer Zeit.

Die großen „Vorsokratiker" Chinas von Kuan-tse (um 670) bis auf Konfuzius (550–478) waren Staatsmänner, Regenten, Gesetzgeber wie Pythagoras und Parmenides, Hobbes und Leibniz. Erst mit Laotse, dem Gegner aller Staatsgewalt und großen Politik, dem Schwärmer für kleine friedliche Gemeinschaften, erscheint die Weltfremdheit und Tatenscheu einer beginnenden Katheder- und Winkelphilosophie. Aber er war zu seiner Zeit, dem *ancien régime* Chinas, eine Ausnahme gegenüber jenem starken Philosophentypus, für den Erkenntnistheorie Kenntnis der großen Verhältnisse des wirklichen Lebens bedeutete.

Und hier finde ich einen starken Einwand gegen alle Philosophen der jüngsten Vergangenheit. Was ihnen fehlt, ist der entscheidende Rang im wirklichen Leben. Keiner von ihnen hat in die hohe Politik, in die Entwicklung der modernen Technik, des Verkehrs, der Volkswirtschaft, in irgendeine Art von großer Wirklichkeit auch nur mit *einer* Tat, einem mächtigen Gedanken entscheidend eingegriffen. Keiner zählt in der Mathematik, der Physik, der Staatswissenschaft im geringsten mit, wie es noch bei Kant der Fall war. Was das bedeutet, lehrt ein Blick auf andere Zeiten. Konfuzius war mehrmals Minister; Pythagoras hat eine bedeutsame,[1] an den Staat Cromwells erinnernde und von der Altertumsforschung noch immer weit unterschätzte politische Bewegung organisiert. Goethe, dessen ministerielle Amtsführung mustergültig war und dem leider ein großer Staat als Wirkungskreis gefehlt hat, wandte sein Interesse dem Bau des Suez- und Panamakanals, den er innerhalb einer genau eingetroffenen Frist voraussah, und dessen weltwirtschaftlichen Folgen zu. Das amerikanische Wirtschaftsleben, seine Rückwirkung auf das alte Europa und die eben im Aufstieg begriffene Maschinenindustrie haben ihn immer wieder beschäftigt. Hobbes war einer der Väter des großen Planes, Südamerika für England zu erwerben, und wenn es auch damals bei der Besetzung von Jamaika blieb, so hat er doch den Ruhm, ein Mitbegründer des englischen Kolonialreiches zu sein. Leibniz, sicherlich der mächtigste Geist in der westeuropäischen Philosophie, der Begründer der Differentialrechnung und der *analysis situs*, hat neben einer ganzen Reihe von hochpolitischen Plänen, an denen er mitwirkte, in einer zum Zweck der politischen Entlastung Deutschlands entworfenen Denkschrift an Ludwig XIV. die Bedeutung Ägyptens für die französische Weltpolitik dargelegt. Seine Gedanken waren der Zeit (1672) so weit vorausgeschritten, daß man später überzeugt war, Napoleon habe sie bei seiner Expedition nach dem Orient benützt. Leibniz stellte schon damals fest,

---

[1] Vgl. Bd. II, S. 932.

was Napoleon seit Wagram immer deutlicher begriff, daß Erwerbungen am Rhein und in Belgien die Stellung Frankreichs nicht
dauernd verbessern könnten und daß die Landenge von Suez eines
Tages der Schlüssel zur Weltherrschaft sein werde. Ohne Zweifel
war der König den tiefen politischen und strategischen Ausführun-
gen des Philosophen nicht gewachsen.

Ein Blick von Menschen solchen Formats auf heutige Philosophen
ist beschämend. Welche Geringfügigkeit der Person! Welche Alltäglichkeit des politischen und praktischen Horizontes! Wie kommt
es, daß die bloße Vorstellung, einer von ihnen solle seinen geistigen
Rang als Staatsmann, als Diplomat, als Organisator großen Stils,
als Leiter irgendeines mächtigen kolonialen, kaufmännischen oder
Verkehrsunternehmens beweisen, geradezu Mitleid erregt? Aber das
ist kein Zeichen von Innerlichkeit, sondern von Mangel an Gewicht.
Ich sehe mich vergebens um, wo einer von ihnen auch nur durch
ein tiefes und vorauseilendes Urteil in einer entscheidenden Zeitfrage
sich einen Namen gemacht hätte. Ich finde nichts als Provinzmei-
nungen, wie sie jeder hat. Ich frage mich, wenn ich das Buch eines
modernen Denkers zur Hand nehme, was er vom Tatsächlichen der
Weltpolitik, von den großen Problemen der Weltstädte, des Kapitalismus, der Zukunft des Staates, des Verhältnisses der Technik zum
Ausgang der Zivilisation, des Russentums, der Wissenschaft überhaupt ahnt. Goethe hätte das alles verstanden und geliebt. Von lebenden Philosophen übersieht es nicht einer. Das ist, ich wiederhole es,
nicht Inhalt der Philosophie, aber ein unzweifelhaftes Symptom
ihrer inneren Notwendigkeit, ihrer Fruchtbarkeit und ihres symbolischen Ranges.

Über die Tragweite dieses negativen Resultates sollte man sich
keiner Täuschung hingeben. Offenbar hat man den letzten *Sinn* philosophischer Wirksamkeit aus den Augen verloren. Man verwechselt sie mit Predigt, Agitation, Feuilleton oder Fachwissenschaft. Man
ist von der Vogelperspektive zur Froschperspektive herabgekom-
men. Es handelt sich um nichts Geringeres als um die Frage, ob eine
echte Philosophie heute oder morgen überhaupt *möglich* ist. Im andern Fall wäre es besser, Pflanzer oder Ingenieur zu werden, irgend

etwas Wahres und Wirkliches, statt verbrauchte Themen unter dem Vorwande eines „neuerlichen Aufschwungs des philosophischen Denkens" wiederzukäuen, und lieber einen Flugmotor zu konstruieren als eine neue und ebenso überflüssige Theorie der Apperzeption. Es ist wahrhaftig ein armseliger Lebensinhalt, die Ansichten über den Begriff des Willens und den psychophysischen Parallelismus noch einmal und etwas anders zu formulieren, als es hundert Vorgänger getan haben. Das mag ein „Beruf" sein, Philosophie ist es nicht. Was nicht das ganze Leben einer Zeit bis in die tiefsten Tiefen ergreift und verändert, sollte verschwiegen bleiben. Und was schon gestern möglich war, ist heute zum mindesten nicht mehr notwendig.

Ich liebe die Tiefe und Feinheit mathematischer und physikalischer Theorien, denen gegenüber der Ästhetiker und Physiolog ein Stümper ist. Für die prachtvoll klaren, hochintellektuellen Formen eines Schnelldampfers, eines Stahlwerkes, einer Präzisionsmaschine, die Subtilität und Eleganz gewisser chemischer und optischer Verfahren gebe ich den ganzen Stilplunder des heutigen Kunstgewerbes samt Malerei und Architektur hin. Ich ziehe einen römischen Aquädukt allen römischen Tempeln und Statuen vor. Ich liebe das Kolosseum und die Riesengewölbe des Palatin, weil sie heute mit der braunen Masse ihrer Ziegelkonstruktion das *echte* Römertum, den großartigen Tatsachensinn ihrer Ingenieure vor Augen stellen. Sie würden mir gleichgültig sein, wenn der leere und anmaßende Marmorprunk der Cäsaren mit seinen Statuenreihen, Friesen und überladenen Architraven noch erhalten wäre. Man werfe einen Blick auf eine Rekonstruktion der Kaiserfora: man wird das getreue Seitenstück moderner Weltausstellungen finden, aufdringlich, massenhaft, leer, ein dem perikleischen Griechen wie dem Menschen des Rokoko ganz fremdes Prahlen mit Material und Dimensionen, wie es aber ganz ebenso die Ruinen von Luxor und Karnak aus der Zeit Ramses' II., der ägyptischen Modernität von 1300 v. Chr. zeigen. Nicht umsonst verachtete der echte Römer den *Graeculus histrio*, den „Künstler", den „Philosophen" auf dem Boden römischer Zivilisation. Künste und Philosophie gehörten nicht mehr in diese Zeit; sie waren erschöpft, verbraucht, überflüssig. Das sagte ihm sein In-

stinkt für die Realitäten des Lebens. Ein römisches Gesetz wog schwerer als alle damalige Lyrik und Metaphysik der Schulen. Und ich
behaupte, daß heute ein besserer Philosoph in manchem Erfinder,
Diplomaten und Finanzmann steckt als in allen denen, welche das
platte Handwerk der experimentellen Psychologie treiben. Das ist
eine Lage, wie sie auf einer gewissen historischen Stufe immer wieder eintritt. Es wäre sinnlos gewesen, wenn ein Römer von geistigem Range, statt als Konsul oder Prätor ein Heer zu führen, eine
Provinz zu organisieren, Städte und Straßen zu bauen oder in Rom
„der erste zu sein", in Athen oder Rhodos irgendeine neue Abart
der nachplatonischen Kathederphilosophie hätte aushecken wollen.
Natürlich hat es auch keiner getan. Das lag nicht in der Richtung
der Zeit und konnte also nur Menschen dritten Ranges reizen, die
immer gerade bis zu dem Zeitgeist von vorgestern vordringen. Es
ist eine sehr ernste Frage, ob dies Stadium für uns bereits eingetreten
ist oder noch nicht.

Ein Jahrhundert rein extensiver Wirksamkeit unter Ausschluß
hoher künstlerischer und metaphysischer Produktion – sagen wir
kurz ein irreligiöses Zeitalter, was sich mit dem Begriff des Weltstädtischen durchaus deckt – ist eine Zeit des Niedergangs. Gewiß.
Aber wir haben diese Zeit nicht *gewählt*. Wir können es nicht ändern, daß wir als Menschen des beginnenden Winters der vollen
Zivilisation und nicht auf der Sonnenhöhe einer reifen Kultur zur
Zeit des Phidias oder Mozart geboren sind. Es hängt alles davon ab,
daß man sich diese Lage, dies *Schicksal* klar macht und begreift, daß
man sich darüber belügen, aber nicht hinwegsetzen kann. Wer sich
dies nicht eingesteht, zählt unter den Menschen seiner Generation
nicht mit. Er bleibt ein Narr, ein Charlatan oder ein Pedant.

Bevor man heute an ein Problem herantritt, hat man sich also zu
fragen – eine Frage, die schon vom Instinkt der wirklich Berufenen
beantwortet wird –, was einem Menschen dieser Tage möglich ist
und was er sich verbieten muß. Es ist immer nur eine ganz kleine
Anzahl metaphysischer Aufgaben, deren Lösung einer Epoche des
Denkens vorbehalten ist. Und es liegt bereits wieder eine ganze
Welt zwischen der Zeit Nietzsches, in der noch ein letzter Zug von

Romantik wirksam war, und der Gegenwart, die von aller Romantik endgültig geschieden ist.

Die systematische Philosophie war mit dem Ausgang des 18. Jahrhunderts vollendet. Kant hatte ihre äußersten Möglichkeiten in eine große und – für den westeuropäischen Geist – vielfach endgültige Form gebracht. Ihr folgt wie auf Plato und Aristoteles eine spezifisch großstädtische, nicht spekulative, sondern praktische, irreligiöse, ethisch-gesellschaftliche Philosophie. Sie beginnt, den Schulen des „Epikuräers" Yang-dschu, des „Sozialisten" Moh-ti, des „Pessimisten" Dschwang-dsi, des „Positivisten" Meng-tse in der chinesischen Zivilisation und denen der Cyniker, Cyrenaiker, Stoiker und Epikuräer in der antiken entsprechend, im Abendlande mit Schopenhauer, der zuerst den *Willen zum Leben* („schöpferische Lebenskraft") in den Mittelpunkt seines Denkens stellte, aber, was die tiefere Tendenz seiner Lehre verschleiert hat, die veralteten Unterscheidungen von der Erscheinung und dem Ding an sich, von Form und Inhalt der Anschauung, von Verstand und Vernunft unter dem Eindruck einer großen Tradition noch beibehielt. Es ist derselbe schöpferische Lebenswille, der im Tristan schopenhauerisch verneint, im Siegfried darwinistisch bejaht wurde, den Nietzsche im Zarathustra glänzend und theatralisch formulierte, der durch den Hegelianer Marx der Anlaß einer nationalökonomischen, durch den Malthusianer Darwin der einer zoologischen Hypothese wurde, die beide gemeinsam und unvermerkt das Weltgefühl des westeuropäischen Großstädters verwandelt haben, und der von Hebbels „Judith" bis zu Ibsens Epilog eine Reihe tragischer Konzeptionen von gleichem Typus hervorrief, damit aber ebenfalls den Umkreis echter philosophischer Möglichkeiten erschöpft hat.

Die systematische Philosophie liegt uns heute unendlich fern; die ethische ist abgeschlossen. Es bleibt noch *eine dritte, dem antiken Skeptizismus entsprechende Möglichkeit innerhalb der abendländischen Geisteswelt*, die, welche durch die bisher unbekannte Methode der vergleichenden historischen Morphologie bezeichnet wird. Eine Möglichkeit, das heißt eine Notwendigkeit. Der antike Skeptizismus ist ahistorisch: er zweifelt, indem er einfach nein sagt. Der des Abendlandes muß, wenn er innere Notwendigkeit besitzen, wenn er ein Symbol unseres dem Ende sich zuneigenden Seelentums sein soll, durch und durch historisch sein. Er hebt auf, indem er alles als relativ, als geschichtliche Erscheinung versteht. Er verfährt physiognomisch. Die skeptische Philosophie tritt im Hellenismus als Negation der Philosophie auf – man erklärt sie für zwecklos. *Wir* nehmen demgegenüber die *Geschichte der Philosophie* als letztes ernsthaftes Thema der Philosophie an. Das *ist* Skepsis. Man verzichtet auf absolute Standpunkte, der Grieche, indem er über die Vergangenheit seines Denkens lächelt, wir, indem wir sie als Organismus begreifen.

In diesem Buche liegt der Versuch vor, diese „unphilosophische Philosophie" der Zukunft – es würde die letzte Westeuropas sein – zu skizzieren. Der Skeptizismus ist Ausdruck einer reinen Zivilisation; er zersetzt das Weltbild der voraufgegangenen Kultur. Hier erfolgt die Auflösung aller älteren Probleme ins Genetische. Die Überzeugung, daß alles was *ist*, auch *geworden ist*, daß allem Naturhaften und Erkennbaren ein Historisches zugrunde liegt, der Welt als dem Wirklichen ein Ich als das Mögliche, das sich in ihr verwirklicht hat, die Einsicht, daß nicht nur im Was, sondern auch im Wann und Wie lange ein tiefes Geheimnis ruht, führt auf die Tatsache, daß alles, was immer es sonst sei, auch *Ausdruck eines Lebendigen* sein muß. Auch Erkenntnisse und Wertungen sind Akte lebender Menschen. Dem vergangenen Denken war die äußere Wirklichkeit Erkenntnisprodukt und Anlaß ethischer Schätzungen; dem künftigen ist sie vor allem *Ausdruck und Symbol. Die Morphologie der Weltgeschichte wird notwendig zu einer universellen Symbolik.*

Damit fällt auch der Anspruch des höheren Denkens, allgemeine und ewige Wahrheiten zu besitzen. Wahrheiten gibt es nur in bezug auf ein bestimmtes Menschentum. Meine Philosophie selbst würde demnach Ausdruck und Spiegelung *nur* der abendländischen Seele, im Unterschiede etwa von der antiken und indischen, und zwar *nur* in deren heutigem zivilisierten Stadium sein, womit ihr Gehalt als Weltanschauung, ihre praktische Tragweite und ihr Geltungsbereich bestimmt sind.

16

Endlich sei eine persönliche Bemerkung gestattet. Im Jahre 1911
hatte ich die Absicht, über einige politische Erscheinungen der Gegenwart und die aus ihnen möglichen Schlüsse für die Zukunft etwas
aus einem weiteren Horizont zusammenzustellen. Der Weltkrieg
– als die bereits unvermeidlich gewordene äußere Form der historischen Krisis – stand damals unmittelbar bevor, und es handelte sich
darum, ihn aus dem Geiste der voraufgehenden Jahrhunderte –
nicht Jahre – zu begreifen. Im Verlauf der ursprünglich kleinen
Arbeit[1] drängte sich die Überzeugung auf, daß zu einem wirklichen
Verständnis der Epoche der Umfang der Grundlagen viel breiter
gewählt werden müsse, daß es völlig unmöglich sei, eine Untersuchung dieser Art auf eine einzelne Zeit und deren politischen Tat-
sachenkreis zu beschränken, sie im Rahmen pragmatischer Erwägungen zu halten und selbst auf rein metaphysische, höchst transzendente Betrachtungen zu verzichten, wenn man nicht auch auf jede
tiefere Notwendigkeit der Resultate Verzicht leisten wollte. Es
wurde deutlich, daß ein politisches Problem nicht von der Politik
selbst aus begriffen werden kann und daß wesentliche Züge, die in
der Tiefe mitwirken, oft nur auf dem Gebiete der Kunst, oft sogar
nur in Gestalt weit entlegener wissenschaftlicher und rein philosophischer Gedanken greifbar in Erscheinung treten. Selbst eine politisch-soziale Analyse der letzten Jahrzehnte des 19. Jahrhunderts,
eines Stadiums gespannter Ruhe zwischen zwei mächtigen, weithin
sichtbaren Ereignissen, dem einen, das durch die Revolution und
Napoleon das Bild der westeuropäischen Wirklichkeit für hundert
Jahre bestimmt hat, und einem andern von mindestens der gleichen
Tragweite, das sich mit wachsender Geschwindigkeit näherte, erwies sich als unausführbar, ohne daß zuletzt *alle* großen Probleme
des Seins in ihrem vollen Umfang einbezogen wurden. Denn es
tritt im historischen wie im naturhaften Weltbilde nicht das geringste hervor, ohne daß in ihm die ganze Summe aller tiefsten Ten-

---

[1] Sie ist jetzt in Bd. II, S. 1081 f., 1122 f., 1190 f. aufgegangen.

denzen verkörpert wäre. So erfuhr das ursprüngliche Thema eine ungeheure Erweiterung. Eine Unzahl überraschender, großenteils ganz neuer Fragen und Zusammenhänge drängte sich auf. Endlich war es vollkommen klar, daß kein Fragment der Geschichte wirklich durchleuchtet werden könne, bevor nicht das Geheimnis der Weltgeschichte überhaupt, genauer das der Geschichte des höheren Menschentums als einer organischen Einheit von regelmäßiger Struktur klargestellt war. Und eben das war bisher nicht entfernt geleistet worden.

Von diesem Augenblick an traten in wachsender Fülle die oft geahnten, zuweilen berührten, nie begriffenen Beziehungen hervor, welche die Formen der bildenden Künste mit denen des Krieges und der Staatsverwaltung verbinden, die tiefe Verwandtschaft zwischen politischen und mathematischen Gebilden derselben Kultur, zwischen religiösen und technischen Anschauungen, zwischen Mathematik, Musik und Plastik, zwischen wirtschaftlichen und Erkenntnis-Formen. Die tiefinnerliche Abhängigkeit der modernsten physikalischen und chemischen Theorien von den mythologischen Vorstellungen unsrer germanischen Ahnen, die vollkommene Kongruenz im Stil der Tragödie, der dynamischen Technik und des heutigen Geldverkehrs, die zuerst bizarre, dann selbstverständliche Tatsache, daß die Perspektive der Ölmalerei, der Buchdruck, das Kreditsystem, die Fernwaffe, die kontrapunktische Musik einerseits, die nackte Statue, die Polis, die von den Griechen erfundene Geldmünze andrerseits identische Ausdrücke eines und desselben seelischen Prinzips sind, wurde unzweifelhaft deutlich, und weit darüber hinaus rückte die Tatsache ins hellste Licht, daß diese mächtigen *Gruppen morphologischer Verwandtschaften*, von denen jede einzelne eine besondere Art Mensch im Gesamtbilde der Weltgeschichte symbolisch darstellt, von streng symmetrischem Aufbau sind. Erst diese Perspektive legt den wahren Stil der Geschichte bloß. Sie läßt sich, da sie selbst wiederum Symptom und Ausdruck einer Zeit, und erst heute und nur für den westeuropäischen Menschen innerlich möglich und damit notwendig ist, nur mit gewissen Anschauungen der modernsten Mathematik auf dem Gebiete der Transformationsgruppen ent-

fernt vergleichen. Es waren dies Gedanken, die mich seit langen
Jahren beschäftigt hatten, aber dunkel und unbestimmt, bis sie aus
diesem Anlaß in greifbarer Gestalt hervortraten.

Ich sah die Gegenwart – den sich nähernden Weltkrieg – in einem
ganz andern Licht. Das war nicht mehr eine einmalige Konstellation
zufälliger, von nationalen Stimmungen, persönlichen Einwirkungen
und wirtschaftlichen Tendenzen abhängiger Tatsachen, denen der
Historiker durch irgendein kausales Schema politischer oder sozialer
Natur den Anschein der Einheit und sachlichen Notwendigkeit aufprägt: das war der *Typus einer historischen Zeitwende*, die innerhalb
eines großen historischen Organismus von genau abgrenzbarem
Umfange einen biographisch *seit Jahrhunderten vorbestimmten Platz*
hatte. Eine Unsumme leidenschaftlichster Fragen und Einsichten, die
heute in tausend Büchern und Meinungen, aber zerstreut, vereinzelt,
aus dem beschränkten Horizont eines Spezialgebietes zutage traten
und deshalb reizen, bedrücken und verwirren, aber nicht befreien
konnten, bezeichnet die große Krisis. Man kennt sie, aber man übersieht ihre Identität. Ich nenne die in ihrer letzten Bedeutung gar
nicht begriffenen Kunstprobleme, die dem Streit um Form und Inhalt, um Linie oder Raum, um das Zeichnerische oder Malerische,
dem Begriff des Stils, dem Sinn des Impressionismus und der Musik
Wagners zugrunde liegen; den Niedergang der Kunst, den wachsenden Zweifel am Werte der Wissenschaft; die schweren Fragen,
welche aus dem Sieg der Weltstadt über das Bauerntum hervorgehen: die Kinderlosigkeit, die Landflucht; den sozialen Rang des
fluktuierenden vierten Standes; die Krisis im Materialismus, im
Sozialismus, im Parlamentarismus; die Stellung des einzelnen zum
Staate; das Eigentumsproblem, das davon abhängende Eheproblem;
auf scheinbar ganz anderm Gebiete die massenhaften völkerpsycho-
logischen Arbeiten über Mythen und Kulte, über die Anfänge der
Kunst, der Religion, des Denkens, die mit einem Male nicht mehr
ideologisch, sondern streng morphologisch behandelt wurden – Fragen, die alle das *eine*, nie mit hinreichender Deutlichkeit ins Bewußtsein tretende Rätsel der Historie überhaupt zum Ziel hatten. Hier
lagen nicht unzählige, sondern stets *ein und dieselbe* Aufgabe vor.

Hier hatte jeder etwas geahnt, aber keiner von seinem engen Standpunkte aus die einzige und umfassende Lösung gefunden, die seit den Tagen Nietzsches in der Luft lag, der alle entscheidenden Probleme bereits in Händen hielt, ohne daß er als Romantiker gewagt hätte, der strengen Wirklichkeit ins Gesicht zu sehen.

Darin liegt aber auch die tiefe Notwendigkeit der abschließenden Lehre, die kommen mußte und nur zu dieser Zeit kommen konnte. Sie ist kein Angriff auf das Vorhandene an Ideen und Werken. Sie *bestätigt* vielmehr alles, was seit Generationen gesucht und geleistet wurde. Dieser Skeptizismus stellt den Inbegriff dessen dar, was auf allen Einzelgebieten, gleichviel in welcher Absicht, an wirklich lebendigen Tendenzen vorliegt.

Vor allem aber fand sich endlich der Gegensatz, aus dem allein das Wesen der Geschichte erfaßt werden kann: der von *Geschichte und Natur*. Ich wiederhole: der Mensch ist als Element und Träger der Welt nicht nur Glied der Natur, sondern auch Glied der Geschichte, eines *zweiten Kosmos* von andrer Ordnung und andrem Gehalte, der von der gesamten Metaphysik zugunsten des ersten vernachlässigt worden ist. Was mich zum ersten Nachdenken über diese *Grundfrage* unsres Weltbewußtseins brachte, war die Beobachtung, daß der heutige Historiker, an den sinnlich greifbaren Ereignissen, dem Gewordenen herumtastend, die Geschichte, das Geschehen, das *Werden* selbst bereits ergriffen zu haben glaubt, ein Vorurteil aller nur verstandesmäßig Erkennenden, nicht auch Schauenden,[1] das

---

[1] Die Philosophie dieses Buches verdanke ich der Philosophie Goethes, der heute noch so gut wie unbekannten, und erst in viel geringerem Grade der Philosophie Nietzsches. Die Stellung Goethes in der westeuropäischen Metaphysik ist noch gar nicht verstanden worden. Man nennt ihn nicht einmal, wenn von Philosophie die Rede ist. Unglücklicherweise hat er seine Lehre nicht in einem starren System niedergelegt; deshalb übersehen ihn die Systematiker. Aber er war Philosoph. Er nimmt Kant gegenüber dieselbe Stellung ein wie Plato gegenüber Aristoteles, und es ist ebenfalls eine mißliche Sache, Plato in ein System bringen zu wollen. Plato und Goethe repräsentieren die Philosophie des Werdens, Aristoteles und Kant die des Gewordnen. Hier steht Intuition gegen Analyse. Was verstandesmäßig kaum mitzuteilen ist, findet sich in einzelnen Vermerken und Gedichten Goethes wie den Orphischen Urworten, Strophen wie „Wenn im Unendlichen" und „Sagt es niemand", die man als Ausdruck einer *ganz bestimmten* Metaphysik zu betrachten hat. An folgendem Ausspruch möchte ich nicht ein Wort geändert wissen: „*Die Gottheit ist wirksam im Lebendigen, aber nicht im Toten; sie ist im Werdenden und sich Verwandelnden, aber nicht im Gewordnen und Erstarrten.*

schon die großen Eleaten stutzig gemacht hatte, als sie behaupteten, daß es, für den Erkennenden nämlich, kein Werden, nur ein Sein (Gewordensein) gebe. Mit anderen Worten: man sah die Geschichte als Natur, im Objektsinne des Physikers, und behandelte sie danach. Von hierher schreibt sich der folgenschwere Mißgriff, die Prinzipien der Kausalität, des Gesetzes, des Systems, also die Struktur des starren Seins in den Aspekt des Geschehens zu legen. Man verhielt sich, als gebe es eine menschliche Kultur, etwa wie es Elektrizität oder Gravitation gibt, mit den im wesentlichen gleichen Möglichkeiten der Analyse; man hatte den Ehrgeiz, die Gewohnheiten des Naturforschers zu kopieren, so daß man wohl gelegentlich fragte, was denn die Gotik, der Islam, die antike Polis *sei*, nicht aber, warum diese Symbole eines Lebendigen gerade *damals* und *dort* auftauchen *mußten, in dieser Form* und *für diese Dauer*. Man begnügte sich, sobald eine der zahllosen Ähnlichkeiten räumlich und zeitlich weit getrennter Geschichtsphänomene zutage trat, sie einfach zu registrieren, mit einigen geistvollen Bemerkungen über das Wunderbare des Zusammentreffens, über Rhodos als das „Venedig des Altertums" oder Napoleon als den neuen Alexander, statt gerade hier, wo das *Schicksalsproblem* als das eigentliche Problem der Historie (das *Problem der Zeit* nämlich) hervortritt, den höchsten Ernst wissenschaftlich geregelter *Physiognomik* einzusetzen und die Antwort auf die Frage zu finden, welche ganz anders geartete Notwendigkeit, der kausalen ganz und gar fremd, hier am Werke ist. Daß jede Erscheinung auch dadurch ein metaphysisches Rätsel aufgibt, daß sie zu einer *niemals gleichgültigen* Zeit auftritt, daß man sich auch noch fragen muß, was für ein *lebendiger* Zusammenhang neben dem anorganisch-naturgesetzlichen im Weltbilde besteht – das ja die Ausstrahlung des *ganzen* Menschen und nicht, wie Kant meinte, nur die des erkennenden ist –, daß eine Erscheinung nicht nur Tatsache für den Verstand, sondern auch Ausdruck des Seelischen ist, nicht nur Objekt, sondern auch Symbol, und zwar von den höchsten religiösen und

Deshalb hat auch die Vernunft in ihrer Tendenz zum Göttlichen es nur mit dem Werdenden, Lebendigen zu tun, der Verstand mit dem Gewordenen, Erstarrten, daß er es nutze" (zu Eckermann). Dieser Satz enthält meine ganze Philosophie.

künstlerischen Schöpfungen an bis zu den Geringfügigkeiten des Alltagslebens, das war philosophisch etwas Neues.

Endlich sah ich die Lösung deutlich vor mir, in ungeheuren Umrissen, mit voller innerer Notwendigkeit, eine Lösung, die auf ein einziges Prinzip zurückführt, das zu finden war und bisher nicht gefunden wurde, etwas, das mich seit meiner Jugend verfolgt und angezogen hatte und das mich quälte, weil ich es als vorhanden, als Aufgabe empfand, aber nicht fassen konnte. So ist aus dem etwas zufälligen Anlaß das vorliegende Buch entstanden, als der vorläufige Ausdruck eines neuen Weltbildes, mit allen Fehlern eines ersten Versuchs behaftet, ich weiß es wohl, unvollständig und sicher nicht ohne Widersprüche. Dennoch enthält es meiner Überzeugung nach die unwiderlegliche Formulierung eines Gedankens, der, ich sage es noch einmal, nicht bestritten werden wird, sobald er einmal ausgesprochen ist.

Das engere Thema ist also eine Analyse des Unterganges der westeuropäischen, heute über den ganzen Erdball verbreiteten Kultur. Das Ziel aber ist die Entwicklung einer Philosophie und der ihr eigentümlichen, hier zu prüfenden Methode der vergleichenden Morphologie der Weltgeschichte. Die Arbeit zerfällt naturgemäß in zwei Teile. Der erste, „Gestalt und Wirklichkeit", geht von der *Formensprache* der großen Kulturen aus, sucht bis zu den letzten Wurzeln ihres Ursprungs vorzudringen und gewinnt so die Grundlagen einer Symbolik. Der zweite, „Welthistorische Perspektiven", geht von den *Tatsachen des wirklichen Lebens* aus und versucht aus der historischen Praxis der höheren Menschheit die Quintessenz der geschichtlichen Erfahrung zu erhalten, auf Grund deren wir die Gestaltung unserer Zukunft in die Hand nehmen können.

Die folgenden Tafeln geben einen Überblick über das, was das Ergebnis der Untersuchung war. Sie mögen zugleich einen Begriff von der Fruchtbarkeit und Tragweite der neuen Methode geben.

VORBEMERKUNG

In den folgenden Tabellen und den einschlägigen Textstellen ist die *ägyptische Chronologie* dem jetzigen Stand der Forschung angeglichen worden, weil Spengler seinerzeit aus morphologischen Gründen wesentlich tiefere Ansätze, insbesondere für den Beginn der ägyptischen Geschichte, für wahrscheinlich gehalten hatte als die zu damaliger Zeit üblichen.

Da durch Arbeiten von fachägyptologischer Seite (insbesondere von A. Scharff, H. Stock und J. v. Beckerath) inzwischen die ägyptischen Daten der Frühzeit weitgehend gesichert sind, und da angesichts des exemplarischen Charakters gerade dieser Hochkultur die Bereinigung und Ordnung der ägyptischen Chronologie Spengler stets am Herzen lag, hielt ich die genannten Änderungen für angebracht.

Weiterhin hat Spengler seine Ansicht über die *Hyksoszeit* nach Abschluß des „Untergang des Abendlandes" wesentlich geändert: damals sah er in ihr gegen die herrschende Auffassung eine Zeit innerer Revolution an der Wende von der „Kultur" zur Zivilisation und war deshalb geneigt, den Hypothesen Weills Glauben zu schenken. Später erkannte er in den Hyksos, die *nach* der Revolutionsperiode des 18. Jahrhunderts einbrachen, Ausläufer der Streitwagenbewegung, die er im „Untergang des Abendlandes" noch nicht von den sehr viel späteren Reitervölkern geschieden hatte.

Ansichten Spenglers über Frühgeschichte, Chronologie usw. sind außer in den nachgelassenen, unveröffentlichten „Urfragen" enthalten in folgenden Aufsätzen:

Das Alter der amerikanischen Kulturen. 1933

Der Streitwagen und seine Bedeutung für den Gang der Weltgeschichte. 1934

Zur Weltgeschichte des 2. vorchristlichen Jahrtausends. 1935 (sämtlich wiederabgedruckt in: Reden und Aufsätze. 1937, Verlag C. H. Beck)

H. K.

I. TAFEL „GLEICHZEITIGER" GEISTESEPOCHEN

INDISCHE KULTUR SEIT 1500	ANTIKE KULTUR SEIT 1100	ARABISCHE KULTUR SEIT CHR.	ABENDLÄNDISCHE KULTUR SEIT 900

FRÜHLING

Landschaftlich-intuitiv. Mächtige Schöpfungen einer erwachenden traumschweren Seele.
Überpersönliche Einheit und Fülle

1. Geburt eines Mythos großen Stils als Ausdruck eines neuen Gottgefühls. Weltangst und Weltsehnsucht

INDISCHE KULTUR	ANTIKE KULTUR	ARABISCHE KULTUR	ABENDLÄNDISCHE KULTUR
1500–1200 Religion des Veda	1100–800 Hellenisch-italische „demetrische" Volksreligion Olympischer Mythos	0–300 Urchristentum Mandäer, Marcion, Gnosis Synkretismus [Mithras, Baale]	900–1200 Germanischer Katholizismus Edda [Baldr] Bernhard v. Clairvaux, Joachim v. Floris, Franz v. Assisi
Arische Heldensagen	Homer Herakles, Theseussage	Evangelien Apokalyptik Christl., mazd., heidn. Legende	Volksepos [Siegfried], Ritterepos [Gral] Abendländ. Heiligenlegende

2. Früheste mystisch-metaphysische Gestaltung des neuen Weltblickes. Hochscholastik

INDISCHE KULTUR	ANTIKE KULTUR	ARABISCHE KULTUR	ABENDLÄNDISCHE KULTUR
In den ältesten Teilen der Veden enthalten	Älteste, nicht schriftl. Orphik, Etrusk. Disziplin Nachwirkung: Hesiod Kosmogonien	Origenes [† 254], Plotin [† 269] Mani [† 276], Jamblich [† 330] Awesta, Talmud, Patristik	Thomas v. Aquino [† 1274] Duns Scotus [† 1308] Dante [† 1321], Eckart [† 1329] Mystik und Scholastik

Reifende Bewußtheit. Früheste städtisch-bürgerliche und kritische Regungen

3. Reformation: Innerhalb der Religion volksmäßige Auflehnung gegen die großen Formen der Frühzeit

Brahmanas, älteste Elemente der Upanishaden [10./9. Jahrh.]	Orphische Bewegung Dionysosreligion „Religion des Numa" [7. Jahrh.]	Augustinus [† 430] Nestorianer [um 430] Monophysiten [um 450] Mazdak [um 500]	Nicolaus Cusanus [† 1464] Hus [† 1415], Savonarola, Karlstadt, Luther, Calvin [† 1564]

4. Beginn einer rein philosophischen Fassung des Weltgefühls. Gegensatz idealistischer und realistischer Systeme

In den Upanishaden enthalten	Die großen Vorsokratiker [6./5. Jahrh.]	Byzantinische, jüdische, syrische, koptische, persische Literatur des 6./7. Jahrh.	Galilei, Bacon, Descartes, Bruno, Boehme, Leibniz 16./17. Jahrh.

5. Bildung einer neuen Mathematik. Konzeption der Zahl als Abbild und Inbegriff der Weltform

Verschollen	Die Zahl als Größe [Maß] [Geometrie, Arithmetik] Pythagorer seit 540	Die unbestimmte Zahl [Algebra] Entwicklung unerforscht	Die Zahl als Funktion [Analysis] Descartes, Pascal, Fermat um 1630 Newton, Leibniz um 1670

6. Puritanismus: Rationalistisch-mystische Verarmung des Religiösen

Spuren in den Upanishaden	Pythagoreischer Bund seit 540	Mohammed 622 Paulikianer, Bilderstürmer seit 650	Englische Puritaner seit 1620 Französische Jansenisten seit 1640 [Port Royal]

INDISCHE KULTUR SEIT 1500	ANTIKE KULTUR SEIT 1100	ARABISCHE KULTUR SEIT CHR.	ABENDLÄNDISCHE KULTUR SEIT 900

HERBST

Großstädtische Intelligenz. Höhepunkt strenggeistiger Gestaltungskraft

7. „Aufklärung": Glaube an die Allmacht des Verstandes. Kultus der „Natur". „Vernünftige Religion"

INDISCHE KULTUR SEIT 1500	ANTIKE KULTUR SEIT 1100	ARABISCHE KULTUR SEIT CHR.	ABENDLÄNDISCHE KULTUR SEIT 900
Sutras; Sankhya; Buddha; Jüngere Upanishaden	Sophisten des 5. Jahrh. Sokrates [† 399] Demokrit [† um 360]	Mutaziliten Sufismus Nazzâm, Alkindi [um 830]	Englische Sensualisten [Locke] Französische Enzyklopädisten [Voltaire]; Rousseau

8. Höhepunkt des mathematischen Denkens. Abklärung der Formenwelt der Zahlen

INDISCHE KULTUR SEIT 1500	ANTIKE KULTUR SEIT 1100	ARABISCHE KULTUR SEIT CHR.	ABENDLÄNDISCHE KULTUR SEIT 900
Verschollen [Stellenwert. Null als Zahl]	Archytas [† 365], Plato [† 346] Eudoxos [† 355] [Kegelschnitte]	Unerforscht [Zahlentheorie, sphärische Trigonometrie]	Euler [† 1783], Lagrange [† 1813] Laplace [† 1827] [Infinitesimalproblem]

9. Die großen abschließenden Systeme

INDISCHE KULTUR SEIT 1500	ANTIKE KULTUR SEIT 1100	ARABISCHE KULTUR SEIT CHR.	ABENDLÄNDISCHE KULTUR SEIT 900
des Idealismus: Yoga. Vedanta *der Erkenntnistheorie:* Vaiçeshika *der Logik:* Nyaya	Plato [† 346] Aristoteles [† 322]	Alfarabi [† 950] Avicenna [† um 1000]	Goethe — Schelling, Hegel, Fichte Kant

WINTER

Anbruch der weltstädtischen Zivilisation. Erlöschen der seelischen Gestaltungskraft. Das Leben selbst wird problematisch. Ethisch-praktische Tendenzen eines irreligiösen und unmetaphysischen Weltstädtertums

10. Materialistische Weltanschauung: Kultus der Wissenschaft, des Nutzens, des Glückes

Sankhya, Tscharvaka [Lokoyata]	Kyniker, Cyrenaiker, letzte Sophisten [Pyrrhon]	Kommunistische, atheistische, epikureische Sekten der Abbassidenzeit Die „lauteren Brüder"	Bentham, Comte, Darwin, Spencer, Stirner, Marx, Feuerbach

11. Ethisch-gesellschaftliche Lebensideale: Epoche der „Philosophie ohne Mathematik". Skepsis

Strömungen der Buddhazeit	Hellenismus Epikur [† 270], Zenon [† 265]	Strömungen im Islam	Schopenhauer, Nietzsche Sozialismus, Anarchismus Hebbel, Wagner, Ibsen

12. Innere Vollendung der mathematischen Formenwelt. Die abschließenden Gedanken

Verschollen	Euklid, Apollonius um 300 Archimedes um 250	Alchwarizmi 800, Ibn Kurra 850 Alkarchi, Albiruni 10. Jahrh.	Gauß [† 1855], Cauchy [† 1857] Riemann [† 1866]

13. Sinken des abstrakten Denkertums zu einer fachwissenschaftlichen Katheder-Philosophie. Kompendienliteratur

Die „sechs klassischen Systeme"	Akademie, Peripatos, Stoiker, Epikurer	Schulen von Bagdad und Basra	Kantianer „Logiker" und „Psychologen"

14. Ausbreitung einer letzten Weltstimmung

Der indische Buddhismus seit 500	Der hellenistisch-römische Stoizismus seit 200	Der praktische Fatalismus des Islam seit 1000	Der ethische Sozialismus seit 1900 sich verbreitend

II. TAFEL „GLEICHZEITIGER" KUNSTEPOCHEN

ÄGYPTISCHE KULTUR	ANTIKE KULTUR	ARABISCHE KULTUR	ABENDLÄNDISCHE KULTUR
		VORZEIT	
Chaos urmenschlicher Ausdrucksformen. Mystische Symbolik und naive Imitation			
Thinitenzeit 2830–2600 Anregung: sumerisch [vorderasiatisch]	Mykenische Zeit 1600–1100 spätägyptisch [minoisch], spätbabylonisch [kleinasiatisch]	Persisch-seleukidische Zeit 500–0 spätantik [hellenistisch], spätindisch [indo-iranisch?]	Merowingisch-karolingische Zeit 500–900 „spätarabisch" [maurisch-byzantinisch?]
		KULTUR	
Lebensgeschichte eines das gesamte äußere Sein formenden Stils. Formensprache von tiefster symbolischer Notwendigkeit			
I. Frühzeit: Ornament und Architektur als elementarer Ausdruck des jungen Weltgefühls: „Die Primitiven"			
DAS ALTE REICH 2600–2200	DORIK 1100–650	FRÜHARAB. FORMENWELT [sassanidisch, byzantinisch, armenisch, syrisch, sabäisch, „spätantik", „altchristlich"] 0–500	GOTIK 900–1500
1. Geburt und Aufschwung. Aus dem Geiste der Landschaft erwachsende, nicht bewußt geschaffene Formen			
4./5. Dynastie 2550–2320 Geometrischer Tempelstil Pyramidentempel	11./9. Jahrh. Holzarchitektur Die dorische Säule	1./3. Jahrh. Kultische Innenräume Basilika, Kuppelbau [das Pantheon als Moschee], Säulenbögen	11./13. Jahrh. Romanik und Frühgotik Gewölbte Dome
Reihen von Pflanzensäulen Reihen von Flachreliefs Grabstatuen	Architrav Geometrischer [Dipylon-] Stil Grabvasen	Flächenfüllende Rankenmuster Sarkophage	Strebesystem Glasmalerei, Kathedralplastik

2. Vollendung der frühen Formensprache. Erschöpfung der Möglichkeiten und Widerspruch

6./7. Jahrh. [6. Dynastie 2320–2200] Erlöschen des Pyramiden- und episch-idyllischen Reliefstils Blüte der archaischen Bildnisplastik	**8./7. Jahrh.** Ausgang des hocharchaischen dorisch-etruskischen Stils Protokorinthische-altattische [mythologische] Tonmalerei	**4./5. Jahrh.** Ausgang der bildhaften persisch-syrisch-koptischen Künste Aufstieg der Mosaikmalerei und Arabeske	**14./15. Jahrh.** Spätgotik und Renaissance. Blüte und Ende von Fresko und Statue: von Giotto [Gotik] bis Michelangelo [Barock]. Siena, Nürnberg. Das gotische Tafelbild von van Eyck bis Holbein. Kontrapunkt und Ölmalerei.

II. Spätzeit: Bildung einer Gruppe städtisch-bewußter, gewählter, von Einzelnen getragener Künste: „Die großen Meister":

DAS MITTLERE REICH 2040–1790	**IONIK** 650–350	**SPÄTARAB. FORMENWELT** [persisch-nestorianisch, byzantinisch-armenisch, islamisch-maurisch] 500–800	**BAROCK** 1500–1800

3. Ausbildung eines reifen Künstlertums

11. Dynastie: 2130–1990 Zarte und bedeutende, fast spurlos verschwundene Kunst	Vollendung des Tempelkörpers [Peripteros, Steinbau] Die ionische Säule Herrschaft der Freskomalerei bis Polygnot [460] Aufstieg der freien Rundplastik [„Apoll von Tenea" bis Hageladas]	Vollendung des Moscheeraumes [Zentralkuppelbau, Hagia Sophia] Blüte der Mosaikmalerei Vollendung des teppichhaften Arabeskenstils [Mschatta]	Der malerische Baustil von Michelangelo bis Bernini [† 1680] Herrschaft der Ölmalerei von Tizian bis Rembrandt [† 1669] Aufstieg der Musik von Orlando di Lasso bis Heinr. Schütz [† 1672]

4. Äußerste Vollendung einer durchgeistigten Formensprache

12. Dynastie: 1990–1790 Pylonentempel, Labyrinth Charakterstatuen Historische Reliefs	Blüte von Athen 480–350 Die Akropolis Herrschaft der klass. Plastik von Myron bis Phidias Ausgang der strengen Fresko- und Tonmalerei [Zeuxis]	Ommaijadenzeit 7./8. Jahrh. Vollkommener Sieg der bildlosen Arabeskenkunst auch über die Architektur	Rokoko Der musikal. Baustil [„Rokoko"] Herrschaft der klassischen Musik von Bach bis Mozart Ausgang der klassischen Ölmalerei von Watteau bis Goya

ÄGYPTISCHE KULTUR	ANTIKE KULTUR	ARABISCHE KULTUR	ABENDLÄNDISCHE KULTUR

5. Ermatten der strengen Gestaltungskraft. Auflösung der großen Form. Ende des Stils „Klassizismus und Romantik"

ÄGYPTISCHE KULTUR	ANTIKE KULTUR	ARABISCHE KULTUR	ABENDLÄNDISCHE KULTUR
Die Wirren um 1700	Alexanderzeit Die korinthische Säule Lysipp und Apelles	Harun al Raschid [um 800] „Maurische Kunst"	Empire und Biedermeier Klassizistischer Baugeschmack Beethoven, Delacroix
Nichts erhalten			

ZIVILISATION

Das Dasein ohne innere Form. Weltstadtkunst als Gewohnheit, Luxus, Sport, Nervenreiz. Schnellwechselnde Stilmoden [Wiederbelebungen, willkürliche Erfindungen, Entlehnungen] ohne symbolischen Gehalt

1. „Moderne Kunst". Kunst–„Probleme". Versuche, das Weltstadtbewußtsein zu gestalten und zu reizen. Verwandlung von Musik, Baukunst und Malerei in bloße Kunstgewerbe

ÄGYPTISCHE KULTUR	ANTIKE KULTUR	ARABISCHE KULTUR	ABENDLÄNDISCHE KULTUR
Hyksoszeit: 1675–1550 [s. Tabelle I oben] Nur auf Kreta erhalten: minoische Kunst	Hellenismus Pergamen. Kunst [Theatralik] Hellenistische Malweisen [veristisch, bizarr, subjektiv] Prunkarchitektur der Diadochenstädte	Sultansdynastien 9./10. Jahrh. Spanisch-sizilische Kunstblüte Samarra	19./20. Jahrh. Liszt, Berlioz, Wagner Impressionismus von Constable bis Leibl und Manet Amerikanische Architektur

2. Ende der Formentwicklung überhaupt. Sinnlose, leere, erkünstelte, gehäufte Architektur und Ornamentik. Nachahmung archaischer und exotischer Motive

ÄGYPTISCHE KULTUR	ANTIKE KULTUR	ARABISCHE KULTUR	ABENDLÄNDISCHE KULTUR
18. Dynastie: 1550–1328,	Römerzeit 100 v.–100 n.Chr. Häufung der 3 Säulenordnungen Fora, Theater [Colosseum], Triumphbögen	Seldschukenzeit seit 1050 „Kunst des Orients" während der Kreuzzüge	Seit 2000
Felsentempel von Dehr el Bahri. Memnonskolosse. Kunst von Knossos und Amarna			

3. Ausgang. Ausbildung eines starren Formenschatzes. Prunken der Cäsaren mit Material und Massenwirkung. Provinziales Kunstgewerbe

19. Dynastie 1328–1195 Riesenbauten von Luxor, Karnak und Abydos Kleinkunst [Tierplastik, Gewebe, Waffen]	Von Trajan bis Aurelian Riesenfora, Thermen, Säulenstraßen, Triumphsäulen Römische Provinzkunst [Keramik, Statuen, Waffen]	Mongolenzeit seit 1250 Riesenbauten z. B. in Indien Orientalisches Kunstgewerbe [Teppiche, Waffen, Geräte]

III. TAFEL „GLEICHZEITIGER" POLITISCHER EPOCHEN

ÄGYPTISCHE KULTUR	ANTIKE KULTUR	CHINESISCHE KULTUR	ABENDLÄNDISCHE KULTUR

VORZEIT

Primitiver Völkertypus. Stämme und Häuptlinge. Noch keine „Politik". Kein „Staat"

ÄGYPTISCHE KULTUR	ANTIKE KULTUR	CHINESISCHE KULTUR	ABENDLÄNDISCHE KULTUR
Thinitenzeit [MENES] 2830–2600	Mykenische Zeit [„AGAMEMNON"] 1600–1100	Schangzeit 1700–1300	Frankenzeit KARL DER GROSSE 500–900

KULTUR

Völkergruppe von ausgeprägtem Stil und einheitlichem Weltgefühl: „Nationen". Wirkung einer immanenten Staatsidee

I. Frühzeit: Organische Gliederung des politischen Daseins. Die beiden frühen Stände: Adel und Priestertum. Feudalwirtschaft der reinen Bodenwerte

ÄGYPTISCHE KULTUR	ANTIKE KULTUR	CHINESISCHE KULTUR	ABENDLÄNDISCHE KULTUR
DAS ALTE REICH 2600–2200	DORISCHE ZEIT 1100–650	FRÜHE DSCHOUZEIT 1300–800	GOTISCHE ZEIT 900–1500

1. Lehnswesen. Geist des bäuerlichen Landes. Die „Stadt" nur Markt oder Burg. Wechselnde Pfalzen der Herrscher. Ritterlich-religiöse Ideale. Kämpfe der Vasallen untereinander und gegen den Fürsten

ÄGYPTISCHE KULTUR	ANTIKE KULTUR	CHINESISCHE KULTUR	ABENDLÄNDISCHE KULTUR
Lehnsstaat der 4./5. Dynastie 2550–2320 Wachsende Macht der Lehnsträger und Priesterschaften. Der Pharao als Inkarnation des Rê	Das homerische Königtum Aufstieg des Adels [Ithaka, Etrurien, Sparta]	Der Zentralherrscher [Wang] vom Lehnsadel bedrängt	Deutsche Kaiserzeit Kreuzzugsadel Kaisertum und Papsttum

2. Krisis und Auflösung der patriarchalischen Formen: vom Lehnsverband zum Ständestaat

6. Dynastie: 2320–2200 Zerfall des Reiches in erbliche Fürstentümer 7./8. Dynastie: Interregnum	Synoikismos des Adels Auflösung des Königtums in Jahresämter Oligarchie	934–909 Vertreibung des I-Wang durch die Vasallen 842 Interregnum	Territorialfürsten; Renaissance-staaten, Lancaster und York 1254 Interregnum

II. *Spätzeit:* Verwirklichung der gereiften Staatsidee. Die Stadt gegen das Land: Entstehung des Dritten Standes [Bürgertum]. Sieg des Geldes über die Güter

DAS MITTLERE REICH 2040–1790	IONISCHE ZEIT 650–300	SPÄTE DSCHOUZEIT 800–500	BAROCKZEIT 1500–1800

3. Bildung einer Staatenwelt von strenger Form. Fronde

11. Dynastie: Sturz der Barone durch die Herrscher von Theben Der zentralisierte Beamtenstaat	6. Jahrh. Erste Tyrannis [Kleisthenes, Periander, Polykrates, die Tarquinier]. Der Stadtstaat	„Zeit der Protektoren" [Ming-dschu, 685–591] und der Fürstenkongresse [–460]	Dynastische Hausmacht und Fronde [Richelieu, Wallenstein, Cromwell] um 1630

4. Höchste Vollendung der Staatsform [„Absolutismus"]. Einheit von Stadt und Land [„Staat und Gesellschaft", die „drei Stände"]

12. Dynastie [1990–1790]: strengste Zentralgewalt Hof- und Geldadel Amenemhet, Sesostris	Die reine Polis [Absolutismus des Demos]. Politik der Agora Entstehung des Tribunats Themistokles, Perikles	Periode Tschun-tsiu [„Frühling und Herbst"] 590–480. 7 Großmächte. Vollendete vornehme Form [li]	Ancien régime, Rokoko. Hofadel [Versailles] und Kabinettspolitik. Habsburg und Bourbon. Ludwig XIV., Friedrich d. Große

ÄGYPTISCHE KULTUR	ANTIKE KULTUR	CHINESISCHE KULTUR	ABENDLÄNDISCHE KULTUR

5. Sprengung der Staatsform [Revolution und Napoleonismus]. Sieg der Stadt über das Land [des „Volkes" über die Privilegierten, der Intelligenz über die Tradition, des Geldes über die Politik]

ÄGYPTISCHE KULTUR	ANTIKE KULTUR	CHINESISCHE KULTUR	ABENDLÄNDISCHE KULTUR
1790–1675. Revolutionen und Militärregiment. Zerfall des Reiches. Kleine Gewalthaber, zum Teil aus dem Volk stammend	4. Jahrh. soziale Revolutionen und zweite Tyrannis (Dionys I., Jason v. Pherä, der Zensor Appius Claudius, *Alexander*]	480 Beginn der Periode Tschan-kuo. 441 Untergang der Dschou-dynastie. Revolutionen und Vernichtungskriege	Ende des 18. Jahrh. Revolutionen in Amerika und Frankreich [Washington, Fox, Mirabeau, Robespierre, *Napoleon*]

ZIVILISATION

Auflösung der jetzt wesentlich großstädtisch veranlagten Volkskörper zu formlosen Massen. Weltstadt und Provinz: Der Vierte Stand [Masse], anorganisch, kosmopolitisch

1. Herrschaft des Geldes [der „Demokratie"]. Wirtschaftsmächte die politischen Formen und Gewalten durchdringend

ÄGYPTISCHE KULTUR	ANTIKE KULTUR	CHINESISCHE KULTUR	ABENDLÄNDISCHE KULTUR
1675–1550 Hyksoszeit [siehe Tabelle I oben] Tiefster Verfall. Diktaturen fremder Generale [Chian]. Seit 1600 Endsieg der Herrscher v. Theben	300–100 der polit. Hellenismus. Von Alexander bis Hannibal u. Scipio [200] die königliche Allgewalt; von Kleomenes III. u. C. Flaminius [220] bis Marius die radikalen Volksführer	480–230 „Zeit der kämpfenden Staaten". 288 der Kaisertitel. Die imperialistischen Staatsmänner von Tsin. Seit 249 Einverleibung der letzten Staaten	1800–2000. 19. Jahrh.: Von Napoleon bis zum Weltkrieg, „System der Großmächte", stehende Heere, Verfassungen. 20. Jahrh.: Übergang der verfassungsmäßigen in formlose Einzelgewalten, Vernichtungskriege, Imperialismus

2. Ausbildung des Cäsarismus. Sieg der Gewaltpolitik über das Geld. Zunehmend primitiver Charakter der politischen Formen. Innerer Zerfall der Nationen in eine formlose Bevölkerung. Deren Zusammenfassung in ein Imperium von allmählich wieder primitiv-despotischem Charakter

1550–1328: 18. Dynastie	100 v.–100 n. Chr.: Von Sulla bis Domitian	250 v.–26 n. Chr. Haus des Wang Dscheng und westliche Handynastie
Thutmosis III.	Cäsar, Tiberius	221 Augustustitel [Schi] des Cäsar Hoang-ti. 140–86 Wu-ti
		2000–2200

3. Heranreifen der endgültigen Form: *Privat- und Familienpolitik von Einzelherrschern.* Die Welt als Beute. Ägyptizismus, Mandarinentum, Byzantinismus. Geschichtsloses Erstarren und Ohnmacht auch des imperialen Mechanismus gegenüber der Beutelust junger Völker oder fremder Eroberer. Langsames Heraufdringen urmenschlicher Zustände in eine hochzivilisierte Lebenshaltung

1328–1195: 19. Dynastie	100–200: Von Trajan bis Aurelian	25–220 östliche Handynastie
Sethos I., Ramses II.	Trajan, Septimius Severus	58–76 Ming-ti
		Nach 2200

ERSTES KAPITEL

VOM SINN DER ZAHLEN

1

Es ist zunächst notwendig, einige im Verlauf der Betrachtung in einem strengen und teilweise neuen Sinn gebrauchte Grundbegriffe[1] zu kennzeichnen, deren metaphysischer Gehalt sich im Laufe der Darstellung von selbst ergeben wird, die aber schon am Anfang unzweideutig bestimmt sein müssen.

Der volkstümliche, auch der Philosophie geläufige Unterschied von Sein und Werden erscheint ungeeignet, das Wesentliche des mit ihm bezweckten Gegensatzes wirklich zu treffen. Ein unendliches Werden – Wirken, „Wirklichkeit" – wird man immer, wofür etwa die physikalischen Begriffe der gleichförmigen Geschwindigkeit und des Bewegungszustandes oder die Grundvorstellung der kinetischen Gas-Theorie als Beispiele dienen können, auch als Zustand auffassen und also dem Sein zuordnen dürfen. Dagegen lassen sich – mit Goethe – als letzte Elemente des in und mit dem Wachsein („Bewußtsein") schlechthin Gegebenen das *Werden* und das *Gewordene* unterscheiden. Jedenfalls ist, wenn man an der Möglichkeit zweifelt, durch abstrakte Begriffsbildungen den letzten Gründen des Menschlichen nahe zu kommen, das sehr klare und bestimmte *Gefühl*, aus welchem dieser fundamentale, die äußersten Grenzen des Wachseins berührende Gegensatz hervorgeht, das ursprünglichste Etwas, bis zu dem man überhaupt gelangen kann.

Es folgt daraus mit Notwendigkeit, daß immer ein Werden dem Gewordenen zugrunde liegt, nicht umgekehrt.

Ich unterscheide ferner mit den Bezeichnungen „*das Eigne*" und „*das Fremde*" zwei Urtatsachen des Wachseins, deren Sinn für jeden wachen Menschen – also nicht für den träumenden – mit unmittel-

[1] Vgl. hierzu Bd. II, Kap. I Anfang.

barer innerer Gewißheit feststeht, ohne durch eine Definition näher
bestimmt werden zu können. Zu der durch das Wort *Empfinden*
(„Sinnenwelt") bezeichneten ursprünglichen Tatsache steht das Element des Fremden immer auf irgend eine Weise in Beziehung. Die
philosophische Gestaltungskraft großer Denker hat durch halb-
anschauliche schematische Teilungen wie Erscheinung und Ding an
sich, Welt als Wille und Vorstellung, Ich und Nicht-Ich diese Beziehung immer wieder schärfer zu fassen versucht, obwohl diese
Absicht sicherlich die Möglichkeiten exakter menschlicher Erkenntnis überschreitet. Ebenso birgt sich in der als *Fühlen* („Innenwelt")
bezeichneten ursprünglichen Tatsache das Element des Eignen in
einer Weise, deren strenge Fassung den Methoden des abstrakten
Denkens ebenfalls entzogen bleibt.

Ich bezeichne weiterhin mit den Worten *Seele* und *Welt* denjeni-
gen Gegensatz, *dessen Vorhandensein mit der Tatsache des rein menschlichen Wachseins selbst identisch ist.* Es gibt Grade der Klarheit und
Schärfe dieses Gegensatzes, Grade der *Geistigkeit* des Wachseins also,
von dem dumpfen und doch zuweilen bis in die Tiefe erleuchteten
verstehenden Empfinden des primitiven Menschen und des Kindes –
hierher gehören die in Spätzeiten immer seltneren Augenblicke der
religiösen und künstlerischen Inspiration – bis zur äußersten Schärfe
des *rein verstehenden* Wachseins etwa in den Zuständen des kantischen
und des napoleonischen Denkens. Hier ist aus dem Gegensatz von
Seele und Welt der von Subjekt und Objekt geworden. Diese *elementare Struktur* des Wachseins ist als eine Tatsache von unmittelbarer innerer Gewißheit der begrifflichen Zergliederung nicht weiter zugänglich, und ebenso gewiß ist es, daß jene beiden nur sprachlich und gewissermaßen künstlich abteilbaren Elemente stets miteinander und durcheinander da sind und durchaus als Einheit, als
Totalität hervortreten, ohne daß das erkenntniskritische Vorurteil
des geborenen Idealisten und Realisten, wonach entweder die Seele
der Welt oder die Welt der Seele als das Primäre – sie sagen „als
Ursache" – zugrunde liegt, in der Tatsache des Wachseins an sich
irgendwie begründet wäre. Ob in einem philosophischen System
der Akzent auf dem einen oder andern liegt, ist lediglich ein Kenn-

zeichen der Persönlichkeit und von rein biographischer Bedeutung.

Gibt man den Begriffen des Werdens und des Gewordnen eine Anwendung auf diese Struktur des Wachseins als der Spannung von Gegensätzen, so erhält das Wort *Leben* einen ganz bestimmten, dem des Werdens nahe verwandten Sinn. Man darf Werden und Gewordnes als die Gestalt bezeichnen, in welcher die Tatsache und das Ergebnis des Lebens für das Wachsein vorhanden sind. Das eigne, fortschreitende, ständig sich erfüllende Leben wird, solange der Mensch wach ist, durch das Element des Werdens in seinem Wachsein dargestellt – *diese Tatsache heißt Gegenwart* – und es besitzt wie alles Werden das geheimnisvolle *Merkmal der Richtung*, das der Mensch in allen höheren Sprachen durch das Wort *Zeit* und die daran sich knüpfenden Probleme geistig zu bannen und – vergeblich – zu deuten versucht hat. Es folgt daraus eine tiefe Beziehung des *Gewordenen (Starren) zum Tode.*

Nennt man die Seele – und zwar ihre erfühlte Art, nicht ihr gedachtes und vorgestelltes Bild – das *Mögliche*, die Welt dagegen das *Wirkliche*, Ausdrücke, über deren Bedeutung ein inneres Gefühl keinen Zweifel läßt, so erscheint das Leben als *die Gestalt, in welcher sich die Verwirklichung des Möglichen vollzieht.* Im Hinblick auf das Merkmal der Richtung heißt das Mögliche *Zukunft*, das Verwirklichte *Vergangenheit*. Die Verwirklichung selbst, die Mitte und den Sinn des Lebens, nennen wir *Gegenwart*. „Seele" ist das zu Vollendende, „Welt" das Vollendete, „Leben" die Vollendung. Die Ausdrücke Augenblick, Dauer, Entwicklung, Lebensinhalt, Bestimmung, Umfang, Ziel, Fülle und Leere des Lebens erhalten damit eine bestimmte, für alles Folgende, namentlich für das Verständnis historischer Phänomene wesentliche Bedeutung.

Endlich sollen die Worte *Geschichte* und *Natur*, wie schon erwähnt, in einem ganz bestimmten, bisher nicht üblichen Sinne angewandt werden. Es sind darunter *mögliche* Arten zu verstehen, die Gesamtheit des Bewußten, Werden *und* Gewordenes, Leben *und* Erlebtes, in einem einheitlichen, durchgeistigten, wohlgeordneten *Weltbilde* aufzufassen, je nachdem das Werden oder das Gewordne, die Richtung oder die Ausdehnung („Zeit" und „Raum") den unteilbaren Eindruck gestaltend beherrschen. Es handelt sich hier *nicht um eine Alternative*, sondern um eine Reihe von unendlich vielen und sehr verschiedenartigen Möglichkeiten, eine „Außenwelt" als Abglanz und Zeugnis des eignen Daseins zu besitzen, eine Reihe, deren äußerste Glieder eine rein *organische* und eine rein *mechanische Weltanschauung* (im wörtlichen Sinne: *Anschauung der Welt*) sind. Der Urmensch (so wie wir sein Wachsein uns vorstellen) und das Kind (wie wir uns erinnern) besitzen noch keine dieser Möglichkeiten mit hinreichender Klarheit der Durchbildung. Als Bedingung dieses höheren Weltbewußtseins hat man den Besitz der *Sprache* anzusehen, und zwar nicht den einer menschlichen Sprache überhaupt, sondern den einer *Kultursprache*, die für den ersten noch nicht vorhanden und für das andere, obwohl vorhanden, noch nicht zugänglich ist. Beide besitzen, um dasselbe mit anderen Worten zu sagen, noch kein klares und deutliches Weltdenken, zwar eine Ahnung, aber noch kein wirkliches Wissen von Geschichte und Natur, in deren Zusammenhang ihr eigenes Dasein eingegliedert erscheint: *Sie haben keine Kultur.*

Damit erhält dieses wichtige Wort einen bestimmten, sehr bedeutsamen Sinn, der in allem Folgenden vorausgesetzt wird. Ich unterscheide im Hinblick auf die oben gewählten Bezeichnungen der Seele als des Möglichen und der Welt als des Wirklichen *mögliche* und *wirkliche* Kultur, das heißt Kultur als *Idee des* – allgemeinen *oder* einzelnen – *Daseins* und Kultur als *Körper* dieser Idee, als die Summe ihres versinnlichten, räumlich und faßlich gewordenen Ausdrucks: Taten und Gesinnungen, Religion und Staat, Künste und Wissenschaften, Völker und Städte, wirtschaftliche und gesellschaftliche Formen, Sprachen, Rechte, Sitten, Charaktere, Gesichtszüge und Trachten. *Höhere Geschichte* ist, mit dem Leben, dem Werden eng verwandt, *die Verwirklichung möglicher Kultur.*[1]

Es muß hinzugefügt werden, daß diese grundlegenden Bestimmungen zum großen Teil nicht mehr im Bereich der Mitteilbarkeit durch Begriff, Definition und Beweis liegen, daß sie vielmehr ihrer

---

[1] Über den Begriff des geschichtslosen Menschen vgl. Bd. II, S. 613f.

tiefsten Bedeutung nach gefühlt, erlebt, erschaut werden müssen. Es besteht ein selten recht gewürdigter Unterschied zwischen *Erleben* und *Erkennen*, zwischen der unmittelbaren Gewißheit, wie sie die Arten der Intuition (Erleuchtung, Eingebung, künstlerisches Schauen, Lebenserfahrung, der Blick des Menschenkenners, Goethes „exakte sinnliche Phantasie") gewähren, und den Ergebnissen verstandesmäßiger Erfahrung und experimenteller Technik. Der Mitteilung dienen dort der Vergleich, das Bild, das Symbol, hier die Formel, das Gesetz, das Schema. Gewordenes wird erkannt, oder vielmehr, wie sich zeigen wird, das Gewordensein für den menschlichen Geist ist mit dem vollzogenen Erkenntnisakt identisch. Ein Werden kann nur erlebt, mit tiefem wortlosen Verstehen gefühlt werden. Hierauf beruht das, was man Menschenkenntnis nennt. Geschichte verstehen heißt Menschenkenner im höchsten Sinne sein. Je reiner ein Geschichtsbild, desto ausschließlicher ist es diesem bis in das Innere fremder Seelen dringenden Blick zugänglich, der mit den Erkenntnismitteln, welche die „Kritik der reinen Vernunft" untersucht, nichts zu schaffen hat. Der Mechanismus eines reinen Naturbildes, etwa der Welt Newtons und Kants, wird erkannt, begriffen, zergliedert, in Gesetze und Gleichungen, zuletzt in ein System gebracht. Der Organismus eines reinen Geschichtsbildes, **wie** es die Person Plotins, Dantes und Brunos war, wird angeschaut, innerlich erlebt, als Gestalt und Sinnbild aufgefaßt, zuletzt in dichterischen und künstlerischen Konzeptionen wiedergegeben. Goethes „lebendige Natur" ist ein *historisches* Weltbild.[1]

2

Ich wähle als Beispiel für die Art, wie eine Seele sich im Bilde ihrer Umwelt zu verwirklichen sucht, inwiefern also gewordene Kultur Ausdruck und Abbild einer Idee menschlichen Daseins ist, die *Zahl*, die aller Mathematik als schlechthin gegebenes Element zugrunde liegt. Und zwar deshalb, weil die Mathematik, in ihrer ganzen Tiefe den wenigsten erreichbar, einen einzigartigen Rang unter

---

[1] Und zwar mit „*biologischem* Horizont", vgl. Bd. II, S. 588f.

allen Schöpfungen des Geistes behauptet. Sie ist eine Wissenschaft strengsten Stils wie die Logik, aber umfassender und bei weitem gehaltvoller; sie ist eine echte Kunst neben der Plastik und Musik, was die Notwendigkeit einer leitenden Inspiration und die großen Konventionen der Form in ihrer Entwicklung angeht; sie ist endlich eine Metaphysik von höchstem Range, wie Plato und vor allem Leibniz beweisen. Jede Philosophie ist bisher in der Verbundenheit mit einer *zugehörigen* Mathematik erwachsen. Die Zahl ist das Symbol der *kausalen* Notwendigkeit. Sie enthält wie der Gottesbegriff den letzten Sinn der Welt als Natur. Deshalb darf man das Dasein von Zahlen ein Mysterium nennen und das religiöse Denken aller Kulturen hat sich diesem Eindruck nie entzogen.[1]

Wie alles Werden das ursprüngliche Merkmal der *Richtung* (Nicht-umkehrbarkeit), so trägt alles Gewordene das Merkmal der *Ausdehnung*, und zwar so, daß nur eine künstliche Trennung der Bedeutung dieser Worte möglich erscheint. Das eigentliche Geheimnis alles Gewordenen und also (räumlich-stofflich) Ausgedehnten aber verkörpert sich im Typus der *mathematischen* im Gegensatz zur *chronologischen* Zahl. Und zwar liegt in ihrem Wesen die Absicht einer *mechanischen Grenzsetzung*. Die Zahl ist darin dem *Worte* verwandt, das – als Begriff, „begreifend", „bezeichnend" – ebenfalls Welteindrücke abgrenzt. Das Tiefste ist hier allerdings unfaßlich und unaussprechlich. Die *wirkliche* Zahl, mit welcher der Mathematiker arbeitet, das *exakt vorgestellte, gesprochene, geschriebene Zahlzeichen* – Ziffer, Formel, Zeichen, Figur – ist wie das gedachte, gesprochene, geschriebene Wort bereits ein Symbol dafür, versinnlicht und mitteilbar, ein greifbares Etwas für das innere und äußere Auge, in welchem die Grenzsetzung abgebildet erscheint. Der Ursprung der Zahlen gleicht dem Ursprung des Mythos. Der primitive Mensch erhebt unbestimmbare Natureindrücke („das Fremde") zu Gottheiten, *numina*, indem er sie durch einen *Namen*, sie begrenzend, bannt. Ebenso sind Zahlen etwas, das Natureindrücke abgrenzt und damit bannt. Mit Namen und Zahlen gewinnt das menschliche Verstehen Macht über die Welt. Die Zeichensprache einer Mathematik und

[1] Vgl. Bd. II, S. 885 f.

die Grammatik einer Wortsprache sind letzten Endes von gleichem Bau. Die Logik ist immer eine Art Mathematik und umgekehrt. Mithin liegt auch in allen Akten menschlichen Verstehens, welche zur mathematischen Zahl in Beziehung stehen – messen, zählen, zeichnen, wägen, ordnen, teilen[1] –, die sprachliche, durch die Formen des Beweises, Schlusses, Satzes, Systems dargestellte Tendenz auf Abgrenzung von Ausgedehntem, und erst durch kaum noch bewußte Akte dieser Art gibt es für den wachen Menschen durch Ordnungszahlen eindeutig bestimmte Gegenstände, Eigenschaften, Beziehungen, Einzelnes, Einheit und Mehrheit, kurz die als notwendig und unerschütterlich empfundene Struktur desjenigen Weltbildes, das er „Natur" nennt und als solche „erkennt". *Natur ist das Zählbare.* Geschichte ist der Inbegriff dessen, was zur Mathematik kein Verhältnis hat. Daher die mathematische Gewißheit der Naturgesetze, die staunende Einsicht Galileis, daß die Natur „*scritta in lingua matematica*" sei und die von Kant hervorgehobene Tatsache, daß die exakte Naturwissenschaft genau so weit reicht wie die Möglichkeit der Anwendung mathematischer Methoden.

In der Zahl als dem *Zeichen der vollendeten Begrenzung* liegt demnach, wie Pythagoras oder wer es sonst war, infolge einer großartigen, durchaus religiösen Intuition mit innerster Gewißheit begriff, das Wesen alles Wirklichen, das geworden, erkannt, begrenzt zugleich ist. Indes darf man Mathematik, wenn man darunter die Fähigkeit, in Zahlen praktisch zu denken, versteht, nicht mit der viel engeren wissenschaftlichen Mathematik, der mündlich oder schriftlich entwickelten *Lehre* von den Zahlen verwechseln. Die geschriebene Mathematik repräsentiert so wenig wie die in theoretischen Werken niedergelegte Philosophie den ganzen Besitz dessen, was im Schoße einer Kultur an mathematischem und philosophischem Blick und Denken vorhanden war. Es gibt noch ganz andere Wege, das den Zahlen zugrunde liegende Urgefühl zu versinnlichen. Am Anfang jeder Kultur steht ein archaischer Stil, den man nicht nur in der frühhellenischen Kunst hätte geometrisch nennen können. Es liegt etwas Gemeinsames, ausdrücklich Mathematisches in diesem antiken

[1] Dazu gehört auch das „Denken in Geld", vgl. Bd. II, S. 1162 ff.

Stil des 10. Jahrhunderts, im Tempelstil der 4. Dynastie Ägyptens mit seiner unbedingten Herrschaft der geraden Linie und des rechten Winkels, im altchristlichen Sarkophagrelief und im romanischen Bau und Ornament. Jede Linie, jede menschliche oder Tierfigur mit ihrer gar nicht imitativen Absicht offenbart hier ein mystisches Zahlendenken in unmittelbarer Beziehung auf das Geheimnis des Todes (des Starren).

Gotische Dome und dorische Tempel sind *steingewordne Mathematik*. Gewiß hat erst Pythagoras die antike Zahl als das Prinzip einer Weltordnung *greifbarer* Dinge, als *Maß oder Größe*, wissenschaftlich erfaßt. Aber sie wurde eben damals auch als schöne Ordnung von sinnlich-körperhaften Einheiten durch den strengen Kanon der Statue und die dorische Säulenordnung zum Ausdruck gebracht. Alle großen Künste sind ebensoviel Arten zahlenmäßiger bedeutungsvoller Grenzgebung. Man denke an das Raumproblem in der Malerei. Eine hohe mathematische Begabung kann auch ohne jede Wissenschaft *technisch* produktiv sein und in dieser Form zum vollen Bewußtsein ihrer selbst gelangen. Man wird doch angesichts des gewaltigen Zahlensinnes, den die Raumgliederung der Pyramidentempel, die Bau-, Bewässerungs- und Verwaltungstechnik, vom ägyptischen Kalender ganz zu schweigen, schon im Alten Reiche voraussetzt, nicht behaupten wollen, daß das wertlose „Rechenbuch des Ahmes" aus dem Neuen Reich das Niveau der ägyptischen Mathematik bezeichne. Die Eingebornen Australiens, deren Geist durchaus der Stufe des Urmenschen angehört, besitzen einen mathematischen Instinkt oder, was dasselbe ist, ein noch nicht durch Worte und Zeichen mitteilbar gewordenes Denken in Zahlen, das in bezug auf die Interpretation reiner Räumlichkeit das griechische bei weitem übertrifft. Sie haben als Waffe den Bumerang erfunden, dessen Wirkung auf eine gefühlsmäßige Vertrautheit mit Zahlenarten schließen läßt, die wir der höheren geometrischen Analysis zuweisen würden. Sie besitzen *dementsprechend* – aus einem später zu erläuternden Zusammenhange – ein äußerst kompliziertes Zeremoniell und eine so feine sprachliche Abstufung der Verwandtschaftsgrade, wie sie nirgends, selbst in hohen Kulturen nicht wieder beobachtet worden ist.

Dem entspricht es, daß die Griechen in ihrer reifsten Zeit unter Perikles in Analogie zur euklidischen Mathematik weder einen Sinn für das Zeremoniell des öffentlichen Lebens noch für die Einsamkeit besaßen, sehr im Gegensatz zum Barock, das neben der Analysis des Raumes den Hof des Sonnenkönigs und ein auf dynastischen Verwandtschaften beruhendes Staatssystem entstehen sah.

Es ist der Stil einer Seele, der in einer Zahlenwelt, aber nicht in ihrer wissenschaftlichen Fassung allein zum Ausdruck kommt.

3

Daraus folgt eine entscheidende Tatsache, die den Mathematikern selbst bisher verborgen geblieben ist.

Eine Zahl an sich gibt es nicht und kann es nicht geben. Es gibt mehrere Zahlenwelten, weil es mehrere Kulturen gibt. Wir finden einen indischen, arabischen, antiken, abendländischen Typus des mathematischen Denkens und damit Typus einer Zahl, jeder von Grund aus etwas Eignes und Einziges, jeder Ausdruck eines andern Weltgefühls, jeder Symbol von einer auch wissenschaftlich genau begrenzten Gültigkeit, Prinzip einer Ordnung des Gewordenen, in der sich das tiefste Wesen einer einzigen und keiner andern Seele spiegelt, derjenigen, welche Mittelpunkt gerade dieser und keiner andern Kultur ist. Es gibt demnach mehr als eine Mathematik. Denn ohne Zweifel ist der innere Bau der euklidischen Geometrie ein ganz anderer als der der kartesischen, die Analysis von Archimedes eine andere als die von Gauß, nicht nur der Formensprache, der Absicht und den Mitteln nach, sondern vor allem in der Tiefe, im ursprünglichen und wahllosen Sinn der Zahl, deren wissenschaftliche Entwicklung sie darstellt. Diese Zahl, das Grenzerlebnis, das in ihr mit Selbstverständlichkeit versinnlicht worden ist, mithin auch die gesamte Natur, die ausgedehnte Welt, deren Bild durch diese Grenzgebung entstanden und die immer nur der Behandlung durch eine einzige Art von Mathematik zugänglich ist, das alles spricht nicht vom allgemeinen, sondern jedesmal von einem ganz bestimmten Menschentum.

Es hängt also für den Stil einer entstehenden Mathematik alles davon ab, in welcher Kultur sie wurzelt, was für Menschen über sie nachdenken. Der Geist kann die in ihr angelegten Möglichkeiten zur wissenschaftlichen Entfaltung bringen, sie handhaben, an ihrer Behandlung zur höchsten Reife gelangen; sie abzuändern ist er völlig außerstande. In den frühesten Formen des antiken Ornaments und der gotischen Architektur ist die Idee der euklidischen Geometrie und der Infinitesimalrechnung verwirklicht, Jahrhunderte bevor der erste gelehrte Mathematiker dieser Kulturen geboren wurde.

Ein tiefes inneres Erlebnis, das eigentliche *Erwachen des Ich*, welches das Kind zum höhern Menschen, zum Gliede der ihm angehörigen Kultur macht, bezeichnet den Beginn des Zahlen- wie des Sprachverständnisses. Erst von hier an gibt es für das Wachsein Gegenstände als etwas nach Zahl und Art Begrenztes und Wohlunterschiedenes, erst von hier an genau bestimmbare Eigenschaften, Begriffe, eine kausale Notwendigkeit, ein *System* der Umwelt, eine *Weltform, Weltgesetze* – das „Gesetzte" ist seiner Natur nach immer das Begrenzte, Starre, den Zahlen Unterworfene – und ein plötzliches fast metaphysisches Gefühl von Angst und Ehrfurcht dafür, was Messen, Zählen, Zeichnen, Formen in der Tiefe bedeuten.

Nun hat Kant den Besitz menschlichen Wissens nach Synthesen a priori (notwendig und allgemeingültig) und a posteriori (aus der Erfahrung von Fall zu Fall stammend) eingeteilt und die mathematische Erkenntnis den ersteren zugerechnet. Zweifellos hat er damit ein starkes inneres Gefühl in eine abstrakte Fassung gebracht. Aber ganz abgesehen davon, daß eine scharfe Grenze zwischen beiden, wie sie nach der ganzen Herkunft des Prinzips unbedingt gefordert werden müßte, nicht vorhanden ist (wofür die moderne höhere Mathematik und Mechanik mehr als hinreichend Beispiele geben), erscheint auch das a priori, sicherlich eine der genialsten Konzeptionen aller Erkenntniskritik, als ein sehr schwieriger Begriff. Kant setzt mit ihm, ohne sich die Mühe eines Beweises zu geben – der sich auch gar nicht erbringen läßt –, sowohl die *Unveränderlichkeit der*

Form aller Geistestätigkeit als ihre *Identität für alle Menschen* voraus. Infolgedessen ist ein Umstand von gar nicht zu überschätzender Tragweite völlig übersehen worden, vor allem deshalb, weil Kant bei der Prüfung seiner Gedanken nur den geistigen Habitus seiner Zeit, um nicht zu sagen nur seinen eigenen, zu Rate zog. Er betrifft den *schwankenden Grad* dieser „Allgemeingültigkeit". Neben gewissen Zügen von zweifellos weitreichender Geltung, die wenigstens scheinbar unabhängig davon sind, zu welcher Kultur, in welches Jahrhundert der Erkennende gehört, liegt allem Denken auch noch eine ganz andere Notwendigkeit der Form zugrunde, welcher der Mensch eben als Glied *einer bestimmten und keiner anderen Kultur mit Selbstverständlichkeit* unterworfen ist. Das sind zwei sehr verschiedene Arten des apriorischen Gehaltes und es ist eine nie zu beantwortende, weil jenseits aller Erkenntnismöglichkeiten liegende Frage, welches die Grenze zwischen ihnen ist und ob es eine solche überhaupt gibt. Daß die bisher als selbstverständlich geltende Konstanz der Geistesverfassung eine Illusion ist, daß es innerhalb der uns vorliegenden Geschichte mehr als einen *Stil des Erkennens* gibt, hat man bisher nicht anzunehmen gewagt. Aber es sei daran erinnert, daß Einstimmigkeit in Dingen, die noch gar nicht Problem geworden sind, nicht nur eine allgemeine Wahrheit, sondern auch eine allgemeine Selbsttäuschung beweisen kann. Ein dunkler Zweifel war allenfalls immer da und man hätte das Richtige schon aus der Nichtübereinstimmung sämtlicher Denker erschließen sollen, welche jeder Blick auf die Geschichte des Denkens offenbart. Aber daß diese nicht auf eine Unvollkommenheit des menschlichen Geistes, auf ein „Noch nicht" einer endgültigen Erkenntnis zurückgeht, kein Mangel, sondern eine schicksalhafte historische Notwendigkeit ist — das ist eine *Entdeckung*. Das Tiefste und Letzte kann nicht aus der Konstanz, sondern allein aus der *Verschiedenheit*, und zwar aus der *organischen Logik* dieser Verschiedenheit, erschlossen werden. Die *vergleichende Morphologie der Erkenntnisformen* ist eine Aufgabe, die dem abendländischen Denken noch vorbehalten ist.

4

Wäre Mathematik eine bloße Wissenschaft wie die Astronomie
oder Mineralogie, so würde man ihren Gegenstand definieren können. Man kann es nicht und hat es nie gekonnt. Mögen wir Westeuropäer auch den eigenen wissenschaftlichen Zahlbegriff gewaltsam
auf das anwenden, was die Mathematiker in Athen und Bagdad beschäftigte, soviel ist sicher, daß Thema, Absicht und Methode der
gleichnamigen Wissenschaft dort ganz andere waren. *Es gibt keine
Mathematik, es gibt nur Mathematiken.* Was wir Geschichte „der"
Mathematik nennen, vermeintlich die fortschreitende Verwirklichung eines einzigen und unveränderlichen Ideals, ist in der Tat,
sobald man das täuschende Bild der historischen Oberfläche beseitigt,
eine *Mehrzahl* in sich geschlossener, unabhängiger Entwicklungen,
eine wiederholte Geburt neuer, ein Aneignen, Umbilden und Ab-
streifen fremder Formenwelten, ein rein organisches, an eine bestimmte *Dauer* gebundenes Aufblühen, Reifen, Welken und Sterben.
Man lasse sich nicht täuschen. Der antike Geist schuf seine Mathematik fast aus dem Nichts; der historisch angelegte Geist des Abendlandes, der die *angelernte* antike Wissenschaft schon besaß – äußerlich,
nicht innerlich –, mußte die eigne durch ein scheinbares Ändern und
Verbessern, durch ein tatsächliches Vernichten der ihm wesensfremden euklidischen gewinnen. Das eine geschah durch Pythagoras, das
andere durch Descartes. Beide Akte sind in der Tiefe *identisch.*

Die Verwandtschaft der Formensprache einer Mathematik mit
derjenigen der benachbarten großen Künste[1] wird demnach keinem
Zweifel unterliegen. Das Lebensgefühl von Denkern und Künstlern
ist sehr verschieden, aber die Ausdrucksmittel ihres Wachseins sind
innerlich von gleicher Form. Das Formempfinden des Bildhauers,
Malers, Tondichters ist ein wesentlich mathematisches. In der geometrischen Analysis und der projektiven Geometrie des 17. Jahrhunderts offenbart sich dieselbe durchgeistigte Ordnung einer unendlichen Welt, welche die gleichzeitige Musik durch die aus der

---

[1] Und ebenso des Rechtes und des Geldes, vgl. Bd. II, S. 624 ff., 1175 f.

Kunst des Generalbasses entwickelte Harmonik – diese Geometrie des Tonraumes –, welche die ihr verschwisterte Ölmalerei durch das Prinzip einer *nur dem Abendland* bekannten Perspektive – dieser gefühlten Geometrie des Bildraumes – ins Leben rufen, ergreifen, durchdringen möchte. Sie ist das, was Goethe *die Idee* nannte, *deren Gestalt im Sinnlichen unmittelbar angeschaut werde*, während die bloße Wissenschaft nicht anschaue, sondern nur beobachte und zergliedere. Aber die Mathematik geht über Beobachten und Zergliedern hinaus. Sie verfährt in ihren höchsten Augenblicken visionär, nicht abstrahierend. Von Goethe stammt auch das tiefe Wort, daß der Mathematiker nur insofern vollkommen sei, als er das *Schöne des Wahren* in sich empfinde. Hier wird man fühlen, wie nahe das Geheimnis im Wesen der Zahl dem Geheimnis der künstlerischen Schöpfung liegt. Damit tritt der geborene Mathematiker neben die großen Meister der Fuge, des Meißels und des Pinsels, die ebenfalls jene große Ordnung aller Dinge, die der bloße Mitmensch ihrer Kultur in sich trägt, ohne sie wirklich zu besitzen, in Symbole kleiden, verwirklichen, mitteilen wollen und müssen. Damit wird das Reich der Zahlen zum Abbild der Weltform neben dem Reich der Töne, Linien und Farben. Deshalb bedeutet das Wort „schöpferisch" im Mathematischen mehr als in den bloßen Wissenschaften. Newton, Gauß, Riemann waren künstlerische Naturen. Man lese nach, wie ihre großen Konzeptionen sie plötzlich überfielen. „Ein Mathematiker", meinte der alte Weierstraß, „der nicht zugleich ein Stück von einem Poeten ist, wird niemals ein vollkommener Mathematiker sein."

Mathematik ist also *auch eine Kunst*. Sie hat ihre Stile und Stilperioden. Sie ist nicht, wie der Laie meint – auch der Philosoph, insofern er hier als Laie urteilt –, der Substanz nach unveränderlich, sondern wie jede Kunst von Epoche zu Epoche unvermerkten Wandlungen unterworfen. Man sollte die Entwicklung der großen Künste nie behandeln, ohne auf die gleichzeitige Mathematik einen gewiß nicht unfruchtbaren Seitenblick zu werfen. Einzelheiten in den sehr tiefen Beziehungen zwischen den Wandlungen der Musiktheorie und der Analysis des Unendlichen sind nie untersucht worden, obwohl die Ästhetik mehr daraus hätte lernen können als aus aller

„Psychologie". Noch aufschlußreicher würde eine Geschichte der Musikinstrumente sein, wenn sie nicht, wie es immer geschieht, von den technischen Gesichtspunkten der Tonerzeugung, sondern von den letzten seelischen Gründen der angestrebten Tonfarbe und -wirkung aus behandelt würde. Denn der bis zur Sehnsucht gesteigerte Wunsch, eine raumhafte Unendlichkeit von Klängen herauszubilden, hat im Gegensatz zur antiken Leier und Schalmei (Lyra, Kithara; Aulos, Syrinx) und zur arabischen Laute schon in gotischer Zeit die beiden herrschenden Familien der Orgel (Klavier) und Streichinstrumente hervorgebracht. Beide sind, welches auch ihre technische Herkunft gewesen sein mag, ihrer Tonseele nach im keltisch-germanischen Norden zwischen Irland, Weser und Seine ausgebildet worden, Orgel und Klavichord sicherlich in England. Die Streichinstrumente haben 1480–1530 in Oberitalien ihre endgültige Gestalt erhalten; die Orgel hat sich hauptsächlich in Deutschland zu dem *raumbeherrschenden* Einzelinstrument von riesenhafter Größe entwickelt, das in der gesamten Musikgeschichte nicht seinesgleichen hat. Das freie Orgelspiel Bachs und seiner Zeit ist durchaus Analysis einer ungeheuren und weiträumigen Tonwelt. Und ebenso entspricht es der inneren Form des abendländischen und nicht des antiken mathematischen Denkens, wenn die Streich- und Blasinstrumente nicht einzeln, sondern nach den menschlichen Stimmlagen in ganzen Gruppen von gleicher Klangfarbe entwickelt werden (Streichquartett, Holzbläser, Posaunenchor), so daß die Geschichte des modernen Orchesters mit allen Erfindungen neuer und Verwandlungen alter Instrumente in Wirklichkeit *die Einheitsgeschichte einer Klangwelt* ist, die sich sehr wohl mit Ausdrücken der höheren Analysis beschreiben ließe.

5

Als man im Kreise der Pythagoräer um 540 zu der Einsicht kam, *daß das Wesen aller Dinge die Zahl* sei, da wurde nicht „in der Entwicklung der Mathematik ein Schritt vorwärts getan", sondern es wurde eine ganz neue Mathematik aus der Tiefe des antiken Seelentums geboren, als selbstbewußte Theorie, nachdem sie in metaphysischen Fragestellungen und künstlerischen Formtendenzen sich längst angekündigt hatte. Eine neue Mathematik, wie die stets ungeschrieben gebliebene der ägyptischen und wie die algebraisch-astronomisch gestaltete der babylonischen Kultur mit ihren ekliptischen Koordinatensystemen, die beide in einer großen Stunde der Geschichte einmal geboren wurden und damals längst erloschen waren. Die im 2. Jahrhundert v. Chr. vollendete antike Mathematik verschwand aus der Welt trotz ihres in unsrer Bezeichnungsweise noch heute währenden Scheindaseins, um der arabischen in der Ferne Platz zu machen. Was wir von der alexandrinischen Mathematik wissen, setzt eine große Bewegung auf diesem Gebiete voraus, deren Schwerpunkt durchaus in den persisch-babylonischen Hochschulen wie Edessa, Dschondisabur und Ktesiphon gelegen haben muß, und die nur mit Einzelheiten in das antike Sprachgebiet hinübergriff. Die Mathematiker in Alexandria sind trotz ihrer griechischen Namen – Zenodoros, der die isoperimetrischen Figuren behandelte, Serenos, der mit den Eigenschaften eines harmonischen Strahlenbüschels im Raum arbeitete, Hypsikles, der die chaldäische Kreisteilung eingeführt hat, und vor allem Diophant – zweifellos sämtlich Aramäer und ihre Schriften nur ein kleiner Teil einer vorwiegend syrisch geschriebenen Literatur.[1] Diese Mathematik fand in der arabisch-islamischen Forschung ihren Abschluß, und es folgte nach langer Zwischenzeit, wieder als eine ganz neue Schöpfung eines neuen Bodens, die abendländische, *unsere* Mathematik, die wir in seltsamer Verblendung als *die* Mathematik, den Gipfel und das Ziel einer zweitausendjährigen Entwicklung, ansehen und deren heute fast abgelaufene Jahrhunderte ebenso streng bemessen sind.

Jener Ausspruch, daß die Zahl das Wesen aller *sinnlich greifbaren* Dinge darstelle, ist der wertvollste der antiken Mathematik geblieben. Mit ihm ist die Zahl als Maß definiert worden. Darin liegt das ganze Weltgefühl einer dem *Jetzt und Hier* leidenschaftlich zugewendeten Seele. Messen in diesem Sinne heißt etwas Nahes und Körperhaftes messen. Denken wir an den Inbegriff des antiken Kunstwerkes, die freistehende Bildsäule eines nackten Menschen: hier ist alles

[1] Vgl. Bd. II, S. 770, 798.

Wesentliche und Bedeutsame des Daseins, dessen ganzer Rhythmus, erschöpfend durch Flächen, Maße und die sinnlichen Verhältnisse der Teile gegeben. Der pythagoräische Begriff der Harmonie der Zahlen, obwohl vielleicht aus einer Musik abgeleitet, welche die Polyphonie und Harmonie nicht kannte und durch die Ausbildung ihrer Instrumente einen pastosen, fast körperhaften Einzelton anstrebte, scheint durchaus für das Ideal dieser Plastik geprägt zu sein. Der behandelte Stein ist nur insofern ein Etwas, als er abgewogene Grenzen und gemessene Form besitzt, als das, was er unter dem Meißel des Künstlers *geworden* ist. Abgesehen davon ist er *Chaos*, etwas noch nicht Verwirklichtes, vorläufig also ein Nichts. Dies Gefühl, ins Große übertragen, schafft als Gegensatz zum Zustand des Chaos den des *Kosmos*, die abgeklärte Lage in der Außenwelt der antiken Seele, die harmonische Ordnung aller wohlbegrenzten und greifbar gegenwärtigen Einzeldinge. Die Summe dieser Dinge ist bereits die *ganze* Welt. Der Abstand zwischen ihnen, *unser* mit dem ganzen Pathos eines großen Symbols erfüllter Weltraum, ist nichts, τὸ μὴ ὄν. Ausdehnung heißt für den antiken Menschen Körperlichkeit, für uns Raum, als dessen Funktion die Dinge „erscheinen". Von hier aus rückwärts blickend enträtseln wir vielleicht den tiefsten Begriff der antiken Metaphysik, das ἄπειρον Anaximanders, das sich in keine Sprache des Abendlandes übersetzen läßt: es ist das, was keine „Zahl" im pythagoräischen Sinne besitzt, keine gemessene Größe und Grenze, kein Wesen also; *das Maßlose, die Unform*, eine Statue, die noch nicht aus dem Blocke herausgemeißelt ist. Dies ist die ἀρχή, das optisch Grenzen- und Formlose, das erst durch Grenzen, durch sinnliche Vereinzelung ein Etwas, die Welt nämlich, wird. Es ist das, was der antiken Erkenntnis als Form a priori zugrunde liegt, Körperlichkeit an sich, und an dessen Stelle im kantischen Weltbilde genau entsprechend der Raum erscheint, aus dem Kant sich angeblich „alle Dinge fortdenken konnte".

Man wird jetzt begreifen, was eine Mathematik von der andern, was insbesondere die antike von der abendländischen scheidet. Das reife antike Denken konnte seinem ganzen Weltgefühl nach in der Mathematik nur die Lehre von den Größen-, Maß- und Gestaltver-

hältnissen leibhafter Körper sehen. Wenn Pythagoras aus diesem
Gefühl heraus die entscheidende Formel aussprach, so war eben für
ihn die Zahl ein *optisches* Symbol, nicht Form überhaupt oder abstrakte Beziehung, sondern das Grenzzeichen des Gewordenen, insofern dieses in sinnlich übersehbaren Einzelheiten auftritt. Zahlen werden von der gesamten Antike ohne Ausnahme als Maßeinheiten, als
Größen, Strecken, Flächen aufgefaßt. Eine andere Art Ausdehnung
ist ihr nicht vorstellbar. Alle antike Mathematik ist im letzten
Grunde *Stereometrie*. Euklid, der im 3. Jahrhundert ihr System
abschloß, meint, wenn er von einem Dreieck spricht, mit innerster
Notwendigkeit die Grenzfläche eines Körpers, niemals ein System
dreier sich schneidender Geraden oder eine Gruppe dreier Punkte
im Raum von drei Dimensionen. Er bezeichnet die Linie als „Länge
ohne Breite" (μῆκος ἀπλατές). In unserm Munde würde diese Definition kläglich sein. Innerhalb der antiken Mathematik ist sie ausgezeichnet.

Auch die abendländische Zahl ist nicht, wie Kant und selbst
Helmholtz dachten, aus der Zeit als einer Form a priori der Anschauung hervorgegangen, sondern als Ordnung gleichartiger Einheiten
etwas spezifisch Räumliches. Die wirkliche Zahl hat, wie sich immer
deutlicher zeigen wird, mit mathematischen Dingen nicht das Geringste zu tun. Zahlen gehören ausschließlich in die Sphäre des Ausgedehnten. Aber es gibt so viele Möglichkeiten und also Notwendigkeiten, Ausgedehntes geordnet vorzustellen, als es Kulturen gibt.
Die antike Zahl ist nicht ein Denken räumlicher Beziehungen, sondern *für das leibliche Auge* abgegrenzter, greifbarer Einheiten. Die
Antike kennt deshalb – das folgt mit Notwendigkeit – nur die „*natürlichen*" (*positiven, ganzen*) Zahlen, die unter den vielen, äußerst
abstrakten Zahlarten der abendländischen Mathematik, den komplexen, hyperkomplexen, nichtarchimedischen u. a. Systemen eine
durch nichts ausgezeichnete Rolle spielen.

Deshalb ist die Vorstellung irrationaler Zahlen, in unserer Schreibweise also unendlicher Dezimalbrüche, dem griechischen Geist unvollziehbar geblieben. Euklid sagt – und man hätte ihn besser verstehen sollen –, daß inkommensurable Strecken sich „*nicht wie Zah-*

len" verhalten. In der Tat liegt im vollzogenen Begriff der irrationalen Zahl die völlige Trennung des *Zahlbegriffs* vom Begriff der *Größe* und zwar deshalb, weil eine solche Zahl, π z. B., niemals abgegrenzt oder exakt durch eine Strecke dargestellt werden kann. Daraus folgt aber, daß in der Vorstellung etwa des Verhältnisses der Quadratseite zur Diagonale die antike Zahl, die durchaus *sinnliche* Grenze, *abgeschlossene Größe* ist, plötzlich an eine ganz andere Art der Zahl rührt, die dem antiken Weltgefühl im tiefsten Innern fremd und darum unheimlich bleibt, als sei man nahe daran, ein gefährliches Geheimnis des eignen Daseins aufzudecken. Dies verrät ein seltsamer spätgriechischer Mythos, wonach derjenige, welcher zuerst die Betrachtung des Irrationalen aus dem Verborgnen an die Öffentlichkeit brachte, durch einen Schiffbruch umgekommen sei, „weil das Unaussprechliche und Bildlose immer verborgen bleiben solle". Wer die Angst fühlt, welche diesem Mythos zugrunde liegt – es ist dieselbe, welche den Griechen der reifsten Zeit vor der Ausdehnung seiner winzigen Stadtstaaten zu politisch organisierten Landschaften, vor der Anlage weiter Straßenfluchten und Alleen mit Fernblicken und berechneten Abschlüssen, vor der babylonischen Astronomie mit ihrer Durchdringung endloser Sternenräume und vor dem Verlassen des Mittelmeeres auf Bahnen, welche die Schiffe der Ägypter und Phöniker längst erschlossen hatten, immer wieder zurückschrecken ließ; es ist die tiefe metaphysische Angst vor der Auflösung des Greifbar-Sinnlichen und Gegenwärtigen, mit dem sich das antike Dasein wie mit einer Schutzmauer umgeben hatte, hinter der etwas Unheimliches, ein Abgrund und Urgrund dieses gewissermaßen künstlich geschaffenen und behaupteten Kosmos schlief –, wer dies Gefühl begreift, der hat auch den letzten Sinn der antiken Zahl, *des Maßes im Gegensatz zum Unermeßlichen*, und das hohe religiöse Ethos in ihrer Beschränkung begriffen. Goethe als Naturforscher hat es sehr wohl gekannt – daher seine fast ängstliche Auflehnung gegen die Mathematik, die sich in Wirklichkeit, was noch niemand recht verstanden hat, unwillkürlich durchaus gegen die *nichtantike* Mathematik, die der Naturlehre seiner Zeit zugrunde liegende Infinitesimalrechnung richtete.

Die antike Religiosität sammelt sich mit steigendem Nachdruck in sinnlich gegenwärtigen – *ortsgebundenen* – Kulten, die allein einem „euklidischen" Göttertum entsprechen. Abstrakte, in den heimatlosen Räumen des Denkens schwebende *Dogmen* sind ihm immer fern geblieben. Ein solcher Kult und ein päpstliches Dogma verhalten sich wie die Statue zur Orgel im Dom. Es haftet der euklidischen Mathematik zweifellos etwas Kultisches an. Man denke an die Geheimlehre der Pythagoräer und an die Lehre von den regelmäßigen Polyedern mit ihrer Bedeutung für die Esoterik des platonischen Kreises. Dem entspricht andrerseits eine tiefe Verwandtschaft der Analysis des Unendlichen von Descartes an mit der gleichzeitigen Dogmatik in ihrem Fortschreiten von den letzten Entscheidungen der Reformation und Gegenreformation bis zu einem reinen, von allen sinnlichen Bezügen gelösten Deismus. Descartes und Pascal waren Mathematiker *und* Jansenisten. Leibniz war Mathematiker *und* Pietist. Voltaire, Lagrange und d'Alembert sind Zeitgenossen. Man empfand aus dem antiken Seelentum heraus das Prinzip des Irrationalen, also die Zerstörung der statuarischen Reihe der ganzen Zahlen, der Repräsentanten einer in sich vollkommenen Weltordnung, als einen Frevel gegen das Göttliche selbst. Bei Plato, im „Timäus", ist dies Gefühl unverkennbar. Mit der Verwandlung der diskontinuierlichen Zahlenreihe in ein Kontinuum wird in der Tat nicht nur der antike Zahlbegriff, sondern der Begriff der antiken Welt selbst in Frage gestellt. Man versteht nun, daß nicht einmal die uns ohne Schwierigkeit vorstellbaren *negativen* Zahlen, geschweige denn die *Null als Zahl* – eine grüblerische Schöpfung von bewunderungswürdiger Energie der Entsinnlichung, welche für die indische Seele, die sie als Grundlage des Positionssystems der Ziffern konzipiert hat, geradezu den Schlüssel zum Sinn des Seins bildet – in der antiken Mathematik möglich ist. Negative *Größen* gibt es nicht. Der Ausdruck $-2 \cdot -3 = +6$ ist weder anschaulich noch eine Größenvorstellung. Mit $+1$ ist die Größenreihe zu Ende. In der graphischen Darstellung negativer Zahlen ($\overset{+3}{\cdot}\ \overset{+2}{\cdot}\ \overset{+1}{\cdot}\ \overset{0}{\cdot}\ \overset{-1}{\cdot}\ \overset{-2}{\cdot}\ \overset{-3}{\cdot}$) werden von Null an die Strecken plötzlich *positive Symbole* von etwas Negativem. Sie *bedeuten* etwas, sie *sind* nichts mehr. Die Vollziehung dieses Aktes lag aber nicht in der Richtung des antiken Zahlendenkens.

Alles aus antikem Wachsein Geborene ist also allein durch plastische Begrenztheit zum Range eines Wirklichen erhoben worden. Was sich nicht zeichnen läßt, ist nicht „Zahl". Plato, Archytas und Eudoxos reden von Flächen- und Körperzahlen, wenn sie unsere zweiten und dritten Potenzen meinen, und es versteht sich von selbst, daß der Begriff höherer ganzzahliger Potenzen für sie nicht vorhanden ist. Eine Potenz vierten Grades würde aus dem plastischen Grundgefühl, das diesem Ausdruck sofort eine vierdimensionale, und zwar stoffliche Ausgedehntheit unterlegt, Unsinn sein. Ein Ausdruck gar wie e^{-ix}, der in unsern Formeln ständig erscheint, oder auch nur die schon im 14. Jahrhundert von Nicolas Oresme verwandte Bezeichnung $5\frac{1}{2}$ wären ihnen völlig absurd erschienen. Euklid nennt die Faktoren eines Produkts Seiten (πλευραί). Man rechnet mit Brüchen – endlichen, wie sich versteht –, indem man das ganzzahlige Verhältnis zweier Strecken untersucht. Eben deshalb kann die Vorstellung von einer Zahl Null gar nicht entstehen, denn sie hat zeichnerisch keinen Sinn. Man wende nicht von der Gewöhnung unseres anders angelegten Denkens her ein, daß dies eben die „Urstufe" in der Entwicklung „der" Mathematik sei. Die antike Mathematik ist innerhalb der Welt, welche der antike Mensch um sich herum schuf, etwas Vollkommenes. Sie ist es nur nicht *für uns*. Die babylonische und die indische Mathematik hatten das für das antike Zahlengefühl Unsinnige längst zu wesentlichen Bestandteilen ihrer Zahlenwelten gemacht, und mancher griechische Denker wußte darum. „Die" Mathematik, es sei noch einmal gesagt, ist eine Illusion. Richtig, überzeugend, „denknotwendig" ist eine mathematische und überhaupt eine wissenschaftliche Denkweise, wenn sie vollkommen dem eigenen Lebensgefühl entspricht. Andernfalls ist sie unmöglich, verfehlt, unsinnig, oder, wie wir mit dem Hochmut historischer Geister zu sagen vorziehen, „primitiv". Die moderne Mathematik, ein Meisterstück des abendländischen Geistes – „wahr" allerdings nur für ihn –, wäre Plato als lächerliche und mühselige Verirrung auf dem Wege erschienen, der *wahren* Mathematik, der antiken nämlich, beizukommen; wir machen uns sicherlich kaum eine Vorstellung davon, was alles an großen Gedanken fremder Kulturen wir haben untergehen lassen, weil wir es aus *unserem* Denken und dessen Schranken heraus nicht assimilieren konnten oder, was dasselbe ist, weil wir es als falsch, überflüssig und sinnlos empfanden.

6

Die antike Mathematik als Lehre von anschaulichen Größen will ausschließlich die Tatsachen des Greifbar-Gegenwärtigen deuten, und sie beschränkt also ihre Forschung wie ihren Geltungsbereich auf Beispiele der Nähe und des Kleinen. Dieser Folgerichtigkeit gegenüber ergibt sich etwas Unlogisches im praktischen Verhalten der abendländischen Mathematik, was eigentlich erst seit Entdeckung der nichteuklidischen Geometrien recht erkannt worden ist. Zahlen sind Gebilde des vom Sinnesempfinden abgelösten Verstehens, des reinen Denkens.[1] Sie tragen ihre abstrakte Gültigkeit in sich selbst. Ihre genaue Anwendbarkeit auf das Wirkliche des verstehenden Empfindens ist dagegen ein Problem für sich, und zwar eines, das immer wieder gestellt und nie befriedigend gelöst worden ist. Die Kongruenz mathematischer Systeme mit den Tatsachen der täglichen Erfahrung ist zunächst nichts weniger als selbstverständlich. Trotz des Laienvorurteils von der unmittelbaren mathematischen Evidenz der Anschauung, wie es sich bei Schopenhauer findet, stimmt die euklidische Geometrie, welche mit der populären Geometrie aller Zeiten eine oberflächliche Identität besitzt, nur in sehr engen Grenzen („auf dem Papier") mit der Anschauung annähernd überein. Wie es bei großen Entfernungen steht, lehrt die einfache Tatsache, daß für unser Auge Parallelen sich am Horizont berühren. Die gesamte malerische Perspektive beruht auf ihr. Trotzdem berief sich Kant, der für einen abendländischen Denker in unverzeihlicher Weise vor der „Mathematik der Ferne" auswich, auf Beispiele von Figuren, an denen gerade ihrer Kleinheit wegen das spezifisch abendländische, das infinitesimale Raumproblem gar nicht in Erscheinung

[1] Vgl. Bd. II, S. 565 f.

treten konnte. Euklid hatte es zwar ebenfalls vermieden, sich für die anschauliche Gewißheit seiner Axiome etwa auf ein Dreieck zu berufen, dessen Punkte durch den Standort des Beobachters und zwei Fixsterne gebildet werden, das also weder gezeichnet noch „angeschaut" werden konnte, aber für einen antiken Denker mit Recht. Es war hier dasselbe Gefühl wirksam, das vor dem Irrationalen zurückschreckte und das Nichts nicht als Null, als Zahl, zu begreifen wagte, das also auch im Anschauen kosmischer Verhältnisse dem Unermeßlichen aus dem Wege ging, um das Symbol des Maßes zu bewahren.

Aristarch von Samos, der 288–277 zu Alexandria in einem Kreise von Astronomen weilte, die ohne Zweifel mit chaldäisch-persischen Schulen in Verbindung standen, und dort jenes heliozentrische[1] Weltsystem entwarf, welches bei seiner Wiederentdeckung durch Kopernikus die metaphysische Leidenschaft des Abendlandes im tiefsten erregte – man denke an Giordano Bruno –, das eine Erfüllung gewaltiger Ahnungen und eine Bestätigung jenes faustischen, gotischen Weltgefühls war, das schon in der Architektur seiner Kathedralen der Idee des unendlichen Raumes ein Opfer dargebracht hatte, wurde mit seinem Gedanken von der Antike völlig gleichgültig aufgenommen und bald – man möchte sagen absichtlich – wieder vergessen. Seine Anhängerschaft bestand aus einigen Gelehrten, die fast ausnahmslos aus Vorderasien stammten. Sein bekanntester Verteidiger Seleukos (um 150) war aus dem persischen Seleucia am Tigris. In der Tat ist das aristarchische Weltsystem für *diese* Kultur seelisch belanglos. Es wäre ihrem Weltgefühl sogar gefährlich geworden. Und doch war es im Unterschiede von dem des Kopernikus – diese entscheidende Tatsache ist immer unbeachtet geblieben – durch eine besondere Fassung dem antiken Weltgefühl genau angepaßt. Aristarch nahm als *Abschluß* des Kosmos eine körperlich durchaus begrenzte, optisch zu beherrschende *Hohlkugel* an, in deren Mitte das kopernikanisch gedachte Planetensystem sich be-

---

[1] In der einzigen von ihm erhaltenen Schrift vertritt er übrigens die geozentrische Ansicht, so daß man vermuten könnte, er habe sich nur zeitweise von einer chaldäischen Gelehrtenhypothese fesseln lassen.

fand. Die antike Astronomie hat Erde und Himmelskörper stets für
zweierlei gehalten, wie man auch die Bewegungen im einzelnen
auffassen mochte. Der schon von Nicolaus Cusanus und Lionardo
vorbereitete Gedanke, *daß die Erde nur ein Stern unter Sternen sei*,[1]
verträgt sich mit dem ptolemäischen System so gut wie mit dem
kopernikanischen. Aber mit der Annahme einer Himmelskugel war
das Prinzip des Unendlichen, das den sinnlich-antiken Grenzbegriff
gefährdet hätte, umgangen. Kein Gedanke an einen grenzenlosen
Weltraum taucht auf, der hier schon unvermeidlich erscheint und
dessen Vorstellung dem babylonischen Denken längst gelungen war.
Im Gegenteil. Archimedes beweist in seiner berühmten Schrift von
der „Sandzahl" – wie schon das Wort verrät, der Widerlegung aller
infinitesimalen Tendenzen, obwohl sie immer wieder als erster
Schritt auf dem Wege zur modernen Integrationsmethode betrachtet wird –, daß dieser stereometrische Körper, denn etwas anderes
ist der aristarchische Kosmos nicht, mit Atomen (Sand) erfüllt, zu
sehr großen, aber *nicht zu unendlichen* Resultaten führe. Das heißt aber
gerade alles, was *uns* die Analysis bedeutet, verneinen. Das Weltall
unsrer Physik ist, wie die immer wieder scheiternden und sich
dem Geiste von neuem aufdrängenden Hypothesen über den stofflich, d. h. mittelbar anschaulich gedachten Weltäther beweisen, die
strengste Verleugnung aller materiellen Begrenztheit. Eudoxos,
Apollonios und Archimedes, sicherlich die feinsten und kühnsten
Mathematiker der Antike, haben eine *rein optische* Analysis des Gewordnen auf der Grundlage des plastisch-antiken Grenzwertes unter
hauptsächlicher Verwendung von Zirkel und Lineal vollkommen
durchgeführt. Sie gebrauchen tiefdurchdachte und uns schwer zugängliche Methoden einer Integralrechnung, die selbst mit der Methode des bestimmten Integrals von Leibniz nur scheinbare Ähnlichkeit besitzt, und sie wenden geometrische Örter und Koordinaten
an, die durchaus benannte Maßzahlen und Strecken sind und nicht
wie bei Fermat und vor allem Descartes unbenannte räumliche
Beziehungen, Werte von Punkten in bezug auf ihre Lage im
Raum. Hierher gehört vor allem die Exhaustionsmethode des

[1] F. Strunz, Gesch. d. Naturwiss. im Mittelalter (1910), S. 90.

Archimedes[1] in seiner kürzlich entdeckten Schrift an Eratosthenes, wo er z. B. die Quadratur des Parabelsegments auf die Berechnung eingeschriebener Rechtecke (nicht mehr ähnlicher Polygone) begründet. Aber gerade die geistreiche, unendlich verwickelte Art, wie er in Anlehnung an gewisse geometrische Ideen Platos zum Resultat kommt, macht den ungeheuren Gegensatz zwischen dieser Intuition und der oberflächlich ähnlichen Pascals etwa fühlbar. Es gibt keinen schärferen Gegensatz hierzu – wenn man vom Riemannschen Integralbegriff ganz absieht – als die leider heute noch sogenannten Quadraturen, bei denen die „Fläche" als durch eine Funktion begrenzt bezeichnet wird und von einer zeichnerischen Handhabe keine Rede mehr ist. Nirgends kommen beide Mathematiken einander so nahe und nirgends läßt sich die unüberschreitbare Kluft zweier Seelen, deren Ausdruck sie sind, deutlicher fühlen.

Die reinen Zahlen, deren Wesen die Ägypter im kubischen Stil ihrer frühen Architektur mit einer tiefen Scheu vor dem Geheimnis gleichsam verbargen, waren auch für die Hellenen der Schlüssel zum Sinn des Gewordenen, *Starren* und *also Vergänglichen*. Das Steingebilde und das wissenschaftliche System verneinen das Leben. Die mathematische Zahl als formales Grundprinzip der ausgedehnten Welt, die nur *aus* dem menschlichen Wachsein und *für* dieses da ist, steht durch das Merkmal der kausalen Notwendigkeit zum *Tode* in Beziehung, wie die chronologische Zahl zum Werden, zum Leben, zur Notwendigkeit des Schicksals. Dieser Zusammenhang der strengmathematischen Form mit dem *Ende* des organischen Seins, mit der Erscheinung seines anorganischen Restes, des Leichnams, wird sich immer deutlicher als der Ursprung aller großen Kunst enthüllen. Wir bemerkten schon die Entwicklung der frühen Ornamentik an den Geräten und Behältern des Bestattungskultes. *Zahlen sind Symbole des Vergänglichen.* Starre Formen verneinen das Leben. Formeln und Gesetze breiten Starrheit über das Bild der Natur. Zahlen töten.

---

[1] Die Exhaustionsmethode des Archimedes ist von Eudoxos vorbereitet und zur Berechnung des Inhalts von Pyramide und Kegel benützt worden – „das Mittel der Griechen, den verpönten Begriff des Unendlichen zu *umgehen*" (Heiberg, Naturwiss. u. Math. im klass. Alt. (1912), S. 27).

Es sind die Mütter Fausts, die hehr in Einsamkeit thronen: „in der Gebilde losgebundnen Reichen ...

> ...... Gestaltung, Umgestaltung,
> Des ewigen Sinnes ewige Unterhaltung,
> Umschwebt von Bildern aller Kreatur.“

Hier berühren sich Goethe und Plato im Ahnen eines letzten Geheimnisses. Die Mütter, das Unzugängliche – Platos Ideen – bezeichnen die *Möglichkeiten* eines Seelentums, seine ungeborenen Formen, welche in der sichtbaren, aus der Idee dieses Seelentums heraus mit innerster Notwendigkeit geordneten Welt sich als tätige und geschaffene Kultur, als Kunst, Gedanke, Staat, Religion verwirklicht haben. Hierauf beruht die Verwandtschaft des Zahlendenkens einer Kultur mit deren Weltidee, eine Beziehung, die jenes über das bloße Wissen und Erkennen hinaus zur Bedeutung einer Weltanschauung erhebt und die bewirkt, daß es so viele Mathematiken – Zahlenwelten – wie hohe Kulturen gibt. So wird es begreiflich, ja *notwendig*, daß die größten mathematischen Denker, bildende Künstler im Reiche der Zahlen, aus tief religiöser Intuition zur Auffassung der entscheidenden mathematischen Probleme ihrer Kultur gelangt sind. So hat man sich die Schöpfung der antiken, apollinischen Zahl durch Pythagoras, den *Stifter einer Religion*, zu denken. Dies Urgefühl hat Nicolaus Cusanus geleitet, als er um 1450 von der Betrachtung der Unendlichkeit Gottes in der Natur ausgehend die Grundzüge der Infinitesimalrechnung fand. Leibniz, der ihre Methoden und Bezeichnungen zwei Jahrhunderte später endgültig feststellte, hat selbst aus rein metaphysischen Betrachtungen über das göttliche Prinzip und seine Beziehungen zum unendlichen Ausgedehnten den Gedanken einer *analysis situs* entwickelt, vielleicht der genialsten Interpretation des reinen, von allem Sinnlichen befreiten Raumes, deren reiche Möglichkeiten erst im 19. Jahrhundert durch Graßmann in seiner Ausdehnungslehre und vor allem durch Riemann, ihren eigentlichen Schöpfer, in seiner Symbolik der zweiseitigen Flächen, welche die Natur von Gleichungen repräsentieren, entfaltet worden sind. Und Kepler wie Newton, beide streng religiöse Naturen, blieben sich wie Plato durchaus bewußt, gerade durch das

Medium der Zahlen das Wesen der göttlichen Weltordnung intuitiv
erfaßt zu haben.

7

Erst Diophant hat, wie man immer hört, die antike Arithmetik
aus ihrer sinnlichen Gebundenheit befreit, sie erweitert und fortgeführt und die Algebra als die Lehre von den unbestimmten Größen
zwar nicht geschaffen, aber innerhalb der uns bekannten antiken
Mathematik ganz plötzlich, zweifellos als Verarbeitung schon vor-
liegender Gedanken, zur Darstellung gebracht. Das ist allerdings
nicht eine Bereicherung, sondern eine vollkommene Überwindung
des antiken Weltgefühls, und allein dies hätte beweisen sollen, daß
Diophant der antiken Kultur innerlich nicht mehr angehörte. Ein
neues Zahlengefühl oder sagen wir Grenzgefühl dem Wirklichen,
Gewordnen gegenüber ist in ihm tätig, nicht mehr jenes hellenische,
aus dessen sinnlich-gegenwärtigen Grenzwerten sich neben der
euklidischen Geometrie der greifbaren Körper auch die Plastik der
nackten Statue und das Geld als Münze entwickelt hatten. Einzelheiten der Ausbildung dieser *neuen* Mathematik kennen wir nicht.
Diophant steht so völlig einsam in der „spätantiken" Mathematik da,
daß man an einen Einfluß von Indien her gedacht hat. Aber es wird
wieder die Einwirkung jener früharabischen Hochschulen gewesen
sein, deren Studien, abgesehen von den dogmatischen, noch so wenig erforscht sind. Bei ihm taucht unter der *Absicht* euklidischer
Gedankengänge jenes neue Grenzgefühl auf – ich nenne es das
magische –, das sich seiner Gegensätzlichkeit zu der angestrebten
antiken Fassung gar nicht bewußt ist. Die Idee der *Zahl als Größe*
wird nicht erweitert, sondern unvermerkt aufgelöst. Was eine *unbestimmte* Zahl a und was eine *unbenannte* Zahl 3 ist – beides weder
Größe, noch Maß, noch Strecke – hätte ein Grieche gar nicht angeben können. Das neue, in diesen Zahlenarten versinnlichte Grenzgefühl liegt den diophantischen Betrachtungen wenigstens zugrunde; die uns geläufige Buchstabenrechnung selbst, in deren Gewande sich die inzwischen nochmals ganz umgedeutete Algebra
heute darstellt, ist erst in fühlbarer, aber unbewußter Opposition

gegen die antikisierende Renaissancerechnung 1591 durch Vieta eingeführt worden.

Diophant lebte um 250 n. Chr., *also im dritten Jahrhundert der arabischen Kultur*, deren geschichtlicher Organismus bisher unter den Oberflächenformen der römischen Kaiserzeit und des „Mittelalters" verschüttet lag[1] und der alles angehört, was seit Beginn unserer Zeitrechnung in der Landschaft des kommenden Islam entstanden ist. Gerade damals erblich vor dem neuen Raumgefühl der Kuppelbauten, Mosaiken und Sarkophagreliefs altchristlich-syrischen Stils der letzte Schatten der attischen Statuenplastik. Damals gab es wieder eine *archaische Kunst* und ein streng geometrisches Ornament. Damals gerade vollendete Diokletian den *Kalifat* des nur noch scheinbar römischen Reiches. 500 Jahre liegen zwischen Euklid und Diophant, zwischen Plato und Plotin, zwischen dem letzten abschließenden Denker – dem *Kant* – einer vollendeten und dem ersten Scholastiker – dem *Duns Scotus* – einer eben erwachten Kultur.

Hier berühren wir zum ersten Male das bisher unbekannte Dasein jener großen Individuen, deren Werden, Wachsen und Welken unter einer tausendfarbigen, verwirrenden Oberfläche die *eigentliche Substanz der Weltgeschichte* bildet. Das in römischer Intelligenz sich vollendende antike Seelentum, dessen „Leib" die antike Kultur mit ihren Werken, Gedanken, Taten und Trümmern ist, war um 1100 v. Chr. aus der Landschaft des ägäischen Meeres geboren worden. Die seit Augustus im Osten unter der Decke antiker Zivilisation keimende arabische Kultur entstammt durchaus dem Schoße der Landschaft zwischen Armenien und Südarabien, Alexandria und Ktesiphon. Als Ausdruck dieser neuen Seele hat man fast die gesamte „spätantike" Kunst der Kaiserzeit, die sämtlichen, von einer jungen Glut erfüllten Kulte des Ostens, die mandäische und manichäische Religion, das Christentum und den Neuplatonismus, die kaiserlichen Fora in Rom und das dort erbaute Pantheon, *die früheste aller Moscheen*, zu betrachten.

Daß man in Alexandria und Antiochia noch griechisch schrieb und griechisch zu denken glaubte, wiegt nicht schwerer als die Tatsache,

[1] Vgl. Bd. II, Kap. III.

daß die Wissenschaft des Abendlandes bis zu Kant hinauf die lateinische Sprache vorzog und daß Karl der Große das römische Reich „erneuerte".

Bei Diophant ist die Zahl nicht mehr das Maß und Wesen von *plastischen Dingen*. Auf den ravennatischen Mosaiken ist der Mensch nicht mehr *Körper*. Unvermerkt haben die griechischen Bezeichnungen ihren ursprünglichen Gehalt verloren. Wir verlassen den Bereich der attischen καλοκάγαθία, der stoischen ἀταραξία und γαλήνη. Zwar kennt Diophant die Null und die negativen Zahlen noch nicht, aber die plastischen Einheiten pythagoräischer Zahlen kennt er *nicht mehr*. Andrerseits ist die Unbestimmtheit der unbenannten arabischen Zahlen doch auch etwas ganz andres als die gesetzmäßige Variabilität der späteren abendländischen Zahl, der *Funktion*.

Die *magische* Mathematik hat sich, ohne daß uns Einzelheiten bekannt wären, über Diophant hinaus – der schon eine gewisse Entwicklung voraussetzt – logisch und in großer Linie bis zur Vollendung in der Abbassidenzeit des 9. Jahrhunderts entwickelt, wie der Stand der Kenntnisse bei Alchwarizmi und Alsidschzi beweist. Was neben der euklidischen Geometrie die attische Plastik – die gleiche Formensprache in andrem Gewande –, was neben der Analysis des Raumes der polyphone Stil der Instrumentalmusik, das bedeutet neben dieser Algebra die magische Kunst der Mosaiken, der vom Sassanidenreich und später von Byzanz aus immer reicher entwickelten Arabesken mit ihrem sinnlich-unsinnlichen Verschweben organischer Formmotive und der Hochreliefs konstantinischen Stils mit dem ungewissen Tiefendunkel des zwischen frei herausgearbeiteten Figuren ausgesparten Hintergrundes. Wie die Algebra zur antiken Arithmetik und zur abendländischen Analysis, so verhält sich die Kuppelkirche zum dorischen Tempel und zum gotischen Dom.

Nicht als ob Diophant ein großer Mathematiker gewesen wäre. Das meiste, woran man bei seinem Namen erinnert wird, steht nicht in seinen Schriften, und was darin steht, ist sicherlich nicht ganz sein Eigentum. Seine zufällige Bedeutung liegt darin, daß – nach dem Stande unseres Wissens – bei ihm als dem ersten das neue Zahlengefühl unverkennbar vorhanden ist. Man wird Meistern gegenüber, die eine Mathematik *abschließen*, wie Apollonios und Archimedes die antike, und ihnen entsprechend Gauß, Cauchy, Riemann die abendländische, bei Diophant, vor allem in seiner Formelsprache, etwas Primitives finden, das bisher gern als spätantiker Verfall angesprochen wurde. Man wird es künftig – nach dem Vorbild jener Umwertung der bisher geradezu verachteten vermeintlich spätantiken Kunst zur tastenden Äußerung des eben erwachenden früharabischen Weltgefühls – begreifen und schätzen lernen. Ebenso archaisch, primitiv und suchend wirkt die Mathematik des Nicolas von Oresme, Bischofs von Lisieux (1323–1382), der zum erstenmal im Abendland eine freie Art von Koordinaten und sogar Potenzen mit gebrochenen Exponenten verwandte, die ein Zahlengefühl voraussetzen, unklar noch, aber doch unverkennbar, das gänzlich unantik, aber auch nicht arabisch ist. Man erinnere sich neben Diophant an frühchristliche Sarkophage der römischen Sammlungen und neben Oresme an gotische Gewandstatuen deutscher Dome, und man wird auch in den mathematischen Gedankengängen, die bei beiden die *gleiche* frühe Stufe des abstrakten Verstehens darstellen, etwas Verwandtes bemerken. Das stereometrische Grenzgefühl in der letzten Verfeinerung und Eleganz eines Archimedes, das eine weltstädtische Intelligenz voraussetzt, war längst verschwunden. Man war überall in der früharabischen Welt dumpf, sehnsüchtig, mystisch, nicht mehr attisch hell und frei gestimmt. Man war der erdgeborne Mensch einer frühen Landschaft, nicht Großstädter, wie Euklid und d'Alembert.[1] Man verstand die tiefen und komplizierten Gebilde des antiken Denkens nicht mehr und besaß verworrene, neue, deren klare städtisch-geistige Fassung noch lange nicht gefunden werden konnte. Dies ist der *gotische* Zustand aller jungen Kulturen, den die Antike selbst in ihrer frühdorischen Zeit durchschritten hatte, von welcher außer der Keramik des Dipylonstils nichts geblieben ist. Erst in Bagdad, im 9. und 10. Jahrhundert, sind die Konzeptionen

---

[1] Alexandria hört im 2. Jahrhundert n. Chr. auf, Weltstadt zu sein, und wird eine aus der Zeit antiker Zivilisation stehengebliebene Häusermasse, in der eine primitiv fühlende, seelisch anders geartete Bevölkerung haust. Vgl. Bd. II, S. 678.

der Frühzeit Diophants von reifen Meistern, die Plato und Gauß nicht nachstehen, durchgeführt und abgeschlossen worden.

8

Die entscheidende Tat des Descartes, dessen Geometrie 1637 erschien, bestand *nicht* in der Einführung einer neuen Methode oder Anschauung auf dem Gebiete der überlieferten Geometrie, wie dies immer wieder ausgesprochen wird, sondern in der endgültigen Konzeption einer *neuen Zahlenidee,* die sich in einer Ablösung der Geometrie von der optischen Handhabe der Konstruktion, von der gemessenen und meßbaren Strecke überhaupt aussprach. Damit war die Analysis des Unendlichen zur Tatsache geworden. Das starre, sogenannte kartesische Koordinatensystem, der ideale Repräsentant von meßbaren Größen in halbeuklidischem Sinne, das in der vorhergehenden Periode, bei Oresme z. B., die größte Bedeutung hat, wurde durch Descartes, wenn man in die Tiefe seiner Erwägungen dringt, nicht vollendet, sondern überwunden. Sein Zeitgenosse Fermat war dessen letzter klassischer Vertreter.

An Stelle des sinnlichen Elements der konkreten Strecke und Fläche – dem spezifischen Ausdruck *antiken* Grenzgefühls – tritt das abstrakt-räumliche, mithin unantike Element des *Punktes,* der von nun an als Gruppe zugeordneter reiner Zahlen charakterisiert wird. Descartes hat den durch antike Texte und arabische Tradition überlieferten Begriff der Größe, der sinnlichen Dimension, zerstört und durch den veränderlichen Beziehungswert der Lagen im Raume ersetzt. Daß dies aber eine *Beseitigung der Geometrie überhaupt* war, die von nun an innerhalb der Zahlenwelt der Analysis nur noch ein durch antike Reminiszenzen verschleiertes Scheindasein führt, hat man übersehen. Das Wort Geometrie hat einen nicht fortzudeutenden apollinischen Sinn. Von Descartes an ist die vermeintlich „neuere Geometrie" entweder eine synthetische Tätigkeit, welche die *Lage von Punkten* in einem nicht mehr notwendig dreidimensionalen Raume (einer „Punktmannigfaltigkeit") durch Zahlen, oder eine analytische, welche Zahlen durch die Lage von Punkten bestimmt.

Strecken durch Lagen ersetzen, heißt aber, den Begriff der Ausdehnung rein räumlich, nicht mehr körperhaft fassen.

Das klassische Beispiel für diese Zerstörung der als Erbschaft überkommenen optisch-endlichen Geometrie scheint mir die Umkehrung der Winkelfunktionen – welche in einem uns kaum erreichbaren Sinne „Zahlen" der indischen Mathematik gewesen waren – in zyklometrische Funktionen, und weiterhin deren Auflösung in Reihen zu sein, die im unendlichen Zahlenbereich der algebraischen Analysis auch die leiseste Erinnerung an geometrische Gebilde im Stile Euklids verloren haben. Die Kreiszahl π erzeugt, wie die Basis der natürlichen Logarithmen e in diesem ganzen Zahlenbereich überall auftauchend, Beziehungen, die alle Grenzen der ehemaligen Geometrie, Trigonometrie, Algebra auslöschen, die weder arithmetischer noch geometrischer Natur sind und bei denen niemand mehr an wirklich gezeichnete Kreise oder zu berechnende Potenzen denkt.

9

Während die antike Seele durch Pythagoras um 540 zur Entdeckung *ihrer*, der apollinischen Zahl als einer meßbaren Größe gelangt war, fand die Seele des Abendlandes durch Descartes und seine Generation (Pascal, Fermat, Desargues) im genau entsprechenden Zeitpunkte die Idee einer Zahl, die aus dem leidenschaftlichen *faustischen* Hang zum Unendlichen geboren wurde. Die Zahl als *reine Größe*, die sich an die körperliche Gegenwart des Einzeldinges heftet, findet ihr Gegenstück in der Zahl als *reine Beziehung*.[1] Darf die antike Welt, der Kosmos, aus jenem tiefen Bedürfnis nach sichtbarer Begrenztheit als abzählbare Summe von stofflichen Dingen definiert werden, so hat sich *unser* Weltgefühl im Bild eines unendlichen Raumes verwirklicht, in dem alles Sichtbare, als etwas Bedingtes dem Unbedingten gegenüber, beinahe als eine Wirklichkeit zweiten Ranges empfunden wird. *Sein* Symbol ist der entscheidende, in keiner andern Kultur angedeutete Begriff der *Funktion*. Die Funk-

---

[1] Das entspricht genau dem Verhältnis von Geldmünze und doppelter Buchführung im Gelddenken der beiden Kulturen, vgl. Bd. II, S. 1168 ff.

tion ist nichts weniger als die Erweiterung irgend eines vorhandenen Zahlbegriffs; sie ist dessen völlige Überwindung. Nicht nur die euklidische und damit auch die „allgemein menschliche", auf alltäglicher Erfahrung beruhende Geometrie der Kinder und Ungelehrten, sondern auch die archimedische Sphäre des elementaren Rechnens, die Arithmetik, hört damit auf, für die wirklich *bedeutende* Mathematik Westeuropas Wert zu haben. Es gibt nur noch eine abstrakte Analysis. Für den antiken Menschen waren Geometrie und Arithmetik in sich geschlossene und vollständige Wissenschaften von höchstem Range, beide anschaulich, beide mit Größen zeichnerisch oder rechnerisch verfahrend; für uns sind sie nur noch praktische Hilfsmittel des alltäglichen Lebens. Addition und Multiplikation, die beiden antiken Methoden der Größenrechnung und Schwestern der zeichnerischen Konstruktion, verschwinden völlig in der Unendlichkeit funktionaler Prozesse. Gerade die Potenz, die zunächst nur ein Zahlzeichen für eine bestimmte Gruppe von Multiplikationen (für Produkte gleicher Größen) ist, wird durch das neue Symbol des Exponenten (Logarithmus) und seine Anwendung in komplexen, negativen, gebrochenen Formen vom Größenbegriff gänzlich abgelöst und in eine transzendente Beziehungswelt übergeführt, die den Griechen, welche nur zwei positive, ganzzahlige Potenzen als Repräsentanten von Fläche und Körper kannten, unzugänglich bleiben mußte, man denke an Ausdrücke wie

$$e^{-x}, \sqrt[\pi]{x}, a\frac{1}{i}.$$

Jede der tiefsinnigen Schöpfungen, welche von der Renaissance an rasch aufeinander folgen, die der imaginären und komplexen Zahlen, welche Cardanus schon 1550 einführt, die der unendlichen Reihen, welche durch Newtons große Entdeckung des Binominalsatzes 1666 theoretisch sicher begründet werden, die der Logarithmen um 1610, der Differentialgeometrie, des bestimmten Integrals durch Leibniz, der Menge als neuer Zahleneinheit, von Descartes schon angedeutet, die neuen Prozesse wie die unbestimmte Integration, die Entwicklung der Funktionen in Reihen, sogar in unendliche Reihen andrer Funktionen, sind ebensoviel Siege über das populär-sinnliche Zahlengefühl in uns, das aus dem Geiste der neuen Mathematik heraus, die ein neues Weltgefühl zu verwirklichen hatte, überwunden werden mußte. Es gab bisher keine zweite Kultur, welche den Leistungen einer andern, längst erloschenen, so viel Verehrung entgegentrug und wissenschaftlich so viel Einfluß gestattete, wie die abendländische gerade der antiken. Es dauerte lange, bevor wir den Mut fanden, unser eignes Denken zu denken. Auf dem Grunde lag der beständige Wunsch, es der Antike gleichzutun. Trotzdem war jeder Schritt in diesem Sinne eine tatsächliche Entfernung von dem erstrebten Ideal. Deshalb ist die Geschichte des abendländischen Wissens die einer *fortschreitenden Emanzipation* vom antiken Denken, einer Befreiung, die nicht einmal gewollt, die in den Tiefen des Unbewußten erzwungen wurde. *So gestaltete sich die Entwicklung der neuen Mathematik zu einem heimlichen, langen, endlich siegreichen Kampf gegen den Größenbegriff.*[1]

10

Antikisierende Vorurteile haben uns gehindert, die eigentlich abendländische Zahl als solche in neuer Weise zu bezeichnen. Die gegenwärtige Zeichensprache der Mathematik fälscht den Tatbestand, und *ihr* ist es vor allem zuzuschreiben, daß noch heute auch unter Mathematikern der Glaube herrscht, Zahlen seien Größen – denn auf dieser Voraussetzung ruht allerdings unsre schriftliche Bezeichnungsweise.

Aber nicht die zum Ausdruck der Funktion dienenden einzelnen Zeichen (x, π, 5), *die Funktion selbst als Einheit*, als Element, die variable, in optische Grenzen nicht mehr einzuschließende Beziehung ist die neue Zahl. Für sie wäre eine neue, in ihrer Struktur nicht von antiken Anschauungen beeinflußte Formelsprache nötig gewesen.

Man vergegenwärtige sich den Unterschied zweier Gleichungen – selbst dies Wort sollte nicht so verschiedenartige Dinge zusammenfassen – wie $3^x + 4^x = 5^x$ und $x^n + y^n = z^n$ (die Gleichung des Fer-

---

[1] Dasselbe gilt vom römischen Recht, vgl. Bd. II, S. 652 ff., und der Geldmünze, vgl. Bd. II, S. 1175 f.

mat'schen Satzes). Die erste besteht aus mehreren „antiken Zahlen" (Größen), die zweite *ist eine Zahl* von einer andern Art, was durch die identische Schreibweise, die sich unter dem Eindruck euklidisch-archimedischer Vorstellungen entwickelt hat, verdeckt wird. Im ersten Fall ist das Gleichheitszeichen die Feststellung einer starren Verknüpfung bestimmter, greifbarer Größen; im zweiten stellt es eine Beziehung dar, die innerhalb einer Gruppe variabler Gebilde besteht, derart, daß gewisse Veränderungen gewisse andere notwendig zur Folge haben. Die erste Gleichung bezweckt die Bestimmung (Messung) einer konkreten Größe, des „Resultates"; die zweite hat überhaupt kein Resultat, sondern ist nur Abbild und Zeichen einer Beziehung, die für n $>$ 2 – das ist das berühmte Fermatproblem – *wahrscheinlich nachweisbar* ganzzahlige Werte ausschließt. Ein griechischer Mathematiker würde nicht verstanden haben, was man mit Operationen dieser Art, deren Endzweck kein „Ausrechnen" ist, eigentlich wollte.

Der Begriff der Unbekannten führt vollständig irre, wenn man ihn auf die Buchstaben der Fermatschen Gleichung anwendet. In der ersten, der „antiken", ist x eine Größe, eine bestimmte und meßbare, die man zu ermitteln hat. In der zweiten hat für x, y, z, n das Wort „bestimmen" gar keinen Sinn, folglich will man den „Wert" dieser Symbole nicht ermitteln, folglich sind sie überhaupt keine Zahlen im plastischen Sinne, sondern Zeichen für einen Zusammenhang, dem die Merkmale der Größe, Gestalt und Eindeutigkeit fehlen, für eine Unendlichkeit möglicher Lagen von gleichem Charakter, die als Einheit begriffen erst *die* Zahl sind. Die *ganze* Gleichung ist, in einer Zeichenschrift, die leider viele und irreführende Zeichen verwendet, tatsächlich *eine* einzige Zahl, und x, y, z sind es so wenig, als $+$ und $=$ Zahlen sind.

Denn schon mit dem Begriff der irrationalen, der ganz eigentlich antihellenischen Zahlen ist im tiefsten Grunde der Begriff der konkreten, bestimmten Zahl aufgelöst worden. Von nun an bilden diese Zahlen nicht mehr eine übersehbare Reihe ansteigender, diskreter, plastischer Größen, sondern ein zunächst eindimensionales *Kontinuum*, in welchem jeder Schnitt (im Sinne Dedekinds) eine „Zahl" repräsentiert, die kaum die alte Bezeichnung führen sollte. Für den antiken Geist gibt es zwischen 1 und 3 nur *eine* Zahl, für den abendländischen eine unendliche Menge. Mit der Einführung der imaginären ($\sqrt{-1}$ = i) und komplexen Zahlen (von der allgemeinen Form a + bi) endlich, welche das lineare Kontinuum zu dem höchst transzendenten Gebilde eines Zahlkörpers (des Inbegriffs einer Menge gleichartiger Elemente) erweitern, in dem nun jeder Schnitt eine Zahlebene – eine unendliche Menge von geringerer „Mächtigkeit", etwa den Inbegriff aller reellen Zahlen – repräsentiert, ist jeder Rest antik-populärer Greifbarkeit zerstört worden. Diese Zahlenebenen, die in der Funktionentheorie seit Cauchy und Gauß eine wichtige Rolle spielen, sind *reine Gedankengebilde*. Selbst die positive irrationale Zahl wie $\sqrt{2}$ konnte aus dem antiken Zahlendenken gewissermaßen wenigstens negativ konzipiert werden, indem man sie als Zahl *ausschloß* – als ἄῤῥητος und ἄλογος; Ausdrücke von der Form x + yi liegen aber jenseits aller Möglichkeiten des antiken Denkens. Auf der Ausdehnung der arithmetischen Gesetze über das ganze Gebiet des Komplexen, innerhalb dessen sie ständig anwendbar bleiben, beruht die Funktionentheorie, welche nun endlich die abendländische Mathematik in ihrer Reinheit darstellt, indem sie alle Einzelgebiete in sich begreift und auflöst. Erst damit wird diese Mathematik auf das Bild der gleichzeitig sich entwickelnden *dynamischen* Physik des Abendlandes vollkommen anwendbar, während die antike Mathematik das genaue Seitenstück jener Welt plastischer Einzeldinge darstellt, welche die *statische* Physik von Leukippos bis auf Archimedes theoretisch und mechanisch behandelt.

Das klassische Jahrhundert dieser *Barockmathematik* – im Gegensatz zu der *ionischen Stils* – ist das 18., das von den entscheidenden Entdeckungen Newtons und Leibnizens über Euler, Lagrange, Laplace, d'Alembert zu Gauß führt. Der Aufstieg dieser mächtigen geistigen Schöpfung geschah wie ein Wunder. Man wagte kaum zu glauben, was man sah. Man fand Wahrheiten über Wahrheiten, die den feinen Köpfen eines skeptisch gestimmten Zeitalters unmöglich erschienen. Das Wort d'Alemberts gehört hierher: *Allez en avant et la foi vous viendra.* Es bezog sich auf die Theorie des Differentialquotienten. Die Logik selbst schien Einspruch zu erheben, alle Annahmen auf Fehlern zu beruhen, und man kam doch zum Ziel.

Dies Jahrhundert eines sublimen Rausches in völlig abstrakten, dem leiblichen Auge entrückten Formen – denn neben jenen Meistern der Analysis stehen Bach, Gluck, Haydn, Mozart –, in dem ein kleiner Kreis gewählter und tiefer Geister in den köstlichsten Entdeckungen und Wagnissen schwelgte, von denen Goethe und Kant ausgeschlossen blieben, entspricht seinem Gehalte nach genau dem reifsten Jahrhundert der Ionik, dem des Eudoxos und Archytas (440–350) – man muß wieder hinzufügen des Phidias, Polyklet, Alkamenes und der Akropolisbauten –, in welchem die Formenwelt der antiken Mathematik und Plastik in der ganzen Fülle ihrer Möglichkeiten aufblühte und zu Ende kam.

Jetzt erst läßt sich der elementare Gegensatz des antiken und abendländischen Seelentums ganz übersehen. Es gibt innerhalb des Gesamtbildes der Geschichte höheren Menschentums bei einer solchen Menge und Stärke historischer Beziehungen nichts innerlich Fremderes. Und eben deshalb, weil Gegensätze sich berühren, weil sie auf ein vielleicht Gemeinsames in der letzten Tiefe des Daseins verweisen, finden wir in der abendländischen, faustischen Seele jenes sehnsüchtige Suchen nach dem Ideal der apollinischen, die sie allein von allen andern geliebt und um die Kraft ihrer Hingabe an die sinnlich-reine Gegenwart beneidet hat.

11

Es war bemerkt worden, daß in der Urmenschheit wie im Kinde ein inneres Erlebnis, die Geburt des Ich eintritt, mit welcher beide den Sinn der Zahl begreifen, mithin plötzlich eine auf das Ich bezogene Umwelt besitzen.

Sobald vor dem erstaunten Blick des frühen Menschen diese ertagende Welt des *geordneten* Ausgedehnten, des *sinnvoll* Gewordenen sich in großen Umrissen aus einem Chaos von Eindrücken abhebt und der tief empfundene unwiderrufliche Gegensatz dieser Außenwelt zur eignen Innenwelt dem wachen Leben Richtung und

Gestalt gibt, erwacht zugleich das *Urgefühl der Sehnsucht* in dieser sich plötzlich ihrer Einsamkeit bewußten Seele. Es ist die Sehnsucht nach dem Ziel des Werdens, nach Vollendung und Verwirklichung alles innerlich Möglichen, nach Entfaltung der Idee des eigenen Daseins. Es ist die Sehnsucht des Kindes, die als das Gefühl einer unaufhaltsamen *Richtung* mit steigender Deutlichkeit ins Bewußtsein tritt und später als das *Rätsel der Zeit* unheimlich, verlockend, unlösbar vor dem gereiften Geiste steht. Die Worte Vergangenheit und Zukunft haben plötzlich eine schicksalsschwere Bedeutung erhalten.

Aber diese Sehnsucht aus der Überfülle und Seligkeit des innern Werdens ist in der tiefsten Tiefe einer jeden Seele zugleich *Angst*. Wie alles Werden sich auf ein Gewordensein richtet, mit dem es *endet*, so rührt das Urgefühl des Werdens, die Sehnsucht, schon an das andere des Gewordenseins, die Angst. In der Gegenwart fühlt man das Verrinnen; in der Vergangenheit liegt die Vergänglichkeit. Hier ist die Wurzel der ewigen Angst vor dem Unwiderruflichen, Erreichten, Endgültigen, vor der Vergänglichkeit, vor der Welt selbst als dem Verwirklichten, in dem mit der Grenze der Geburt zugleich die des Todes gesetzt ist, der Angst vor dem Augenblick, wo das Mögliche verwirklicht, das Leben innerlich erfüllt und vollendet ist, wo das Bewußtsein am *Ziele* steht. Es ist jene tiefe Weltangst der Kinderseele, welche den höheren Menschen, den Gläubigen, den Dichter, den Künstler in seiner grenzenlosen Vereinsamung niemals verläßt, die Angst vor den fremden Mächten, die groß und drohend, in sinnliche Erscheinungen verkleidet, in die ertagende Welt hineinragen. Auch die Richtung in allem Werden wird in ihrer Unerbittlichkeit – *Nichtumkehrbarkeit* – vom menschlichen Verstehenwollen wie etwas Fremdes und Feindliches mit Namen belegt, um das ewig Unverständliche zu bannen. Es ist etwas ganz Unfaßbares, das Zukunft in Vergangenheit verwandelt, und dies gibt der Zeit im Gegensatz zum Raume jenes widerspruchsvoll Unheimliche und drückend Zweideutige, dessen sich kein bedeutender Mensch ganz erwehren kann.

Die Weltangst ist sicherlich das *schöpferischste* aller Urgefühle. Ihr verdankt ein Mensch die reifsten und tiefsten aller Formen und Ge-

stalten nicht nur seines bewußten Innenlebens, sondern auch von
dessen Spiegelung in den zahllosen Bildungen äußerer Kultur. Wie
eine geheime Melodie, nicht jedem vernehmbar, geht die Angst
durch die Formensprache eines jeden wahren Kunstwerkes, jeder
innerlichen Philosophie, jeder bedeutenden Tat und *sie* liegt, nur
den wenigsten noch fühlbar, auch den großen Problemen jeder Mathematik zugrunde. Nur der innerlich erstorbene Mensch der späten
Städte, des Babylon Hammurabis, des ptolemäischen Alexandria,
des islamischen Bagdad oder des heutigen Paris und Berlin, nur der
rein intellektuelle Sophist, Sensualist und Darwinist verliert oder
verleugnet sie, indem er eine geheimnislose „wissenschaftliche Weltanschauung" zwischen sich und das Fremde stellt.

Knüpft sich die Sehnsucht an jenes unfaßliche Etwas, dessen tau-
sendgestaltige ungreifbare Daseinszeichen durch das Wort Zeit mehr
verdeckt als bezeichnet werden, so findet das Urgefühl der Angst
seinen Ausdruck in den geistigen, faßlichen, der Gestaltung fähigen
Symbolen der *Ausdehnung.* So finden sich im Wachsein jeder Kultur,
in jeder anders geartet, die Gegenformen der Zeit und des Raumes,
der Richtung und der Ausdehnung, jene dieser zugrunde liegend,
wie das Werden dem Gewordnen – denn auch die Sehnsucht liegt
der Angst zugrunde; *sie wird* zur Angst, nicht umgekehrt –, jene der
geistigen Macht entzogen, diese ihr dienend, jene nur zu *erleben,*
diese nur zu *erkennen.* „Gott fürchten und lieben" ist der christliche
Ausdruck für den Gegensinn beider Weltgefühle.

Aus der Seele des gesamten Urmenschentums und also auch der
frühesten Kindheit erhebt sich der Drang, das Element der fremden
Mächte, die in allem Ausgedehnten, *im* Raume und *durch* den Raum
unerbittlich gegenwärtig sind, zu bannen, zu zwingen, zu versöh-
nen – zu „erkennen". Im letzten Grunde ist alles dies dasselbe. *Gott
erkennen* heißt in der Mystik aller frühen Zeiten ihn beschwören,
ihn sich geneigt machen, ihn sich innerlich *aneignen.* Das geschieht
vor allem durch ein Wort, den „Namen", mit dem man das *numen*
benennt, *anruft,* oder durch die Ausübung der Bräuche eines Kultes,
denen eine geheime Kraft innewohnt. Kausale, systematische Erkenntnis, Grenzsetzung durch Begriffe und Zahlen, ist die feinste,

aber auch die mächtigste Form dieser Abwehr. Insofern wird der Mensch erst durch die *Wortsprache* ganz zum Menschen. Die an Worten gereifte Erkenntnis verwandelt mit Notwendigkeit das Chaos der ursprünglichen *Eindrücke* in die „Natur", für die es Gesetze gibt, denen sie *gehorchen* muß, die „Welt an sich" in die „Welt für uns".[1] Sie stillt die Weltangst, indem sie das Geheimnisvolle bändigt, es zur *faßlichen* Wirklichkeit gestaltet, es durch die ehernen Regeln einer ihm aufgeprägten intellektuellen Formensprache fesselt.

Dies ist die *Idee des „tabu"*,[2] das im Seelenleben aller primitiven Menschen eine entscheidende Rolle spielt, dessen ursprünglicher Gehalt aber uns so fern liegt, daß das Wort in keine reife Kultursprache mehr übertragbar ist. Ratlose Angst, heilige Scheu, tiefe Verlassenheit, Schwermut, Haß, dunkle Wünsche nach Annäherung, Vereinigung, Entfernung, all diese formvollen Gefühle *gereifter* Seelen verschweben in kindlichen Zuständen zu einer dumpfen Unentschiedenheit. Der Doppelsinn des Wortes Beschwören, das bezwingen und anflehen zugleich bedeutet, kann den Sinn jenes mystischen Vorganges verdeutlichen, durch den für den frühen Menschen das Fremde und Gefürchtete „tabu" wird. Die ehrfürchtige Scheu vor allem von ihm Unabhängigen, Gesetzten, Gesetzlichen, den fremden Mächten in der Welt, *ist der Ursprung aller und jeder elementaren Formgebung.* In Urzeiten verwirklicht sie sich im Ornament, in peinlichen Zeremonien und Riten und den strengen Satzungen eines primitiven Verkehrs. Auf der Höhe großer Kulturen sind diese Gestaltungen, ohne innerlich die Merkmale ihrer Herkunft, den Charakter einer Bannung und Beschwörung verloren zu haben, zu den vollendeten Formenwelten der einzelnen Künste, des religiösen, naturwissenschaftlichen und *vor allem mathematischen* Denkens geworden. Ihr gemeinsames Mittel, das einzige, welches die sich verwirklichende Seele kennt, ist *die Symbolisierung des Ausgedehnten*, des Raumes oder der Dinge – sei es in den Konzeptionen des absoluten Weltraumes der Physik Newtons, der Innenräume gotischer Dome

[1] Vom „Namenzauber" der Wilden bis zur modernsten Wissenschaft, welche die Dinge unterwirft, indem ,sie Namen, nämlich Fachausdrücke für sie prägt, hat sich der Form nach nichts geändert. Vgl. Bd. II, S. 723 f., 881 ff.
[2] Vgl. Bd. II, S. 693 ff.

und maurischer Moscheen, der atmosphärischen Unendlichkeit der
Gemälde Rembrandts und ihrer Wiederkehr in den dunklen Tonwelten Beethovenscher Quartette, seien es die regelmäßigen Poly-
eder Euklids, die Parthenonskulpturen oder die Pyramiden Altägyp-
tens, das Nirwana Buddhas, die Distanz höfischer Sitte unter Sesostris, Justinian I. und Ludwig XIV., sei es endlich die Gottesidee
eines Aischylos, Plotin, Dante oder die den Erdball umspannende
Raumenergie der heutigen Technik.

12

Kehren wir zur Mathematik zurück. Der Ausgangspunkt aller antiken Formgebung war, wie wir sahen, die Ordnung des Gewordnen, insofern es gegenwärtig, übersehbar, meßbar, zählbar ist. Das
abendländische, gotische Formgefühl, das einer maßlosen, willens-
starken, in alle Fernen schweifenden Seele, hat das Zeichen des reinen, unanschaulichen, grenzenlosen Raumes gewählt. Man täusche
sich ja nicht über die *enge Bedingtheit* solcher Symbole, die uns leicht
als wesensgleich, als allgemeingültig erscheinen. Unser unendlicher
Weltraum, über dessen Vorhandensein, wie es scheint, kein Wort zu
verlieren ist, ist für den antiken Menschen *nicht* vorhanden. Er ist
ihm nicht einmal vorstellbar. Der hellenische Kosmos andrerseits,
dessen tiefe Fremdheit für unsre Auffassungsweise nicht so lange
hätte unbemerkt bleiben sollen, ist dem Hellenen *das* Selbstverständliche. In der Tat ist der absolute Raum unserer Physik eine Form mit
sehr vielen, äußerst verwickelten stillschweigenden Voraussetzungen,
die allein aus *unserem* Seelentum als dessen Abbild und Ausdruck
entstanden und allein für *unsere* Art des wachen Daseins wirklich,
notwendig und natürlich ist. Die einfachen Begriffe sind immer die
schwierigsten. Ihre Einfachheit besteht darin, daß unendlich vieles,
was sich nicht aussprechen ließe, auch gar nicht gesagt zu werden
braucht, weil es für Menschen *dieses Kreises* gefühlsmäßig gesichert,
für fremde allerdings eben deshalb auch vollkommen unzugänglich
ist. Das gilt von dem spezifisch abendländischen Inhalt des Wortes
Raum. Die gesamte Mathematik von Descartes an dient der theore-

tischen Interpretation dieses großen, ganz von religiösem Gehalt erfüllten Symbols. Die Physik will seit Galilei nichts anderes. Die antike Mathematik und Physik *kennen* den Gehalt dieses Wortes überhaupt nicht.

Auch hier haben antike Namen, die wir aus der literarischen Erbschaft der Griechen beibehalten haben, den Tatbestand verschleiert. Geometrie heißt die Kunst des Messens, Arithmetik die des Zählens. Die Mathematik des Abendlandes hat mit diesen *beiden* Arten des Begrenzens nichts mehr zu tun, aber sie hat keinen neuen Namen für sie gefunden. Das Wort Analysis sagt bei weitem nicht alles.

Der antike Mensch beginnt und schließt seine Erwägungen mit dem einzelnen Körper und seinen Grenzflächen, zu denen indirekt die Kegelschnitte und höheren Kurven gehören. *Wir* kennen im Grunde nur das abstrakte Raumelement des Punktes, das ohne Anschaulichkeit, ohne die Möglichkeit einer Messung und Benennung, lediglich ein Beziehungszentrum darstellt. Die Gerade ist für den Griechen eine meßbare Kante, für uns ein unbegrenztes Punktkontinuum. Leibniz führt als Beispiel für sein Infinitesimalprinzip die Gerade an, die den Grenzfall eines Kreises mit unendlich großem Radius darstellt, während der Punkt den andern Grenzfall bildet. Für den Griechen ist der Kreis aber eine *Fläche*, und das Problem besteht darin, sie in eine kommensurable Gestalt zu bringen. *So wurde die Quadratur des Kreises das klassische Grenzproblem für den Geist antiker Menschen.* Das schien ihnen das tiefste aller Probleme der Weltform: krummlinig begrenzte Flächen bei unveränderter Größe in Rechtecke zu verwandeln und dadurch *meßbar* zu machen. Für uns ist daraus das wenig bedeutende Verfahren geworden, die Zahl π durch algebraische Mittel darzustellen, ohne daß dabei von geometrischen Gebilden überhaupt noch die Rede wäre.

Der antike Mathematiker kennt nur das, was er sieht und greift. Wo die begrenzte, begrenzende Sichtbarkeit, das Thema seiner Gedankengänge, aufhört, findet seine Wissenschaft ein Ende. Der abendländische Mathematiker begibt sich, sobald er von antiken Vorurteilen frei sich selbst gehört, in die gänzlich abstrakte Region einer unendlichen Zahlenmannigfaltigkeit von n – nicht mehr von

3 – Dimensionen, innerhalb deren *seine* sogenannte Geometrie jeder anschaulichen Hilfe entbehren kann und meistern muß. Greift der antike Mensch zu künstlerischem Ausdruck seines Formgefühls, so sucht er dem menschlichen Körper in Tanz und Ringkampf, in Marmor und Bronze diejenige Haltung zu geben, in der Flächen und Konturen ein Maximum von Maß und Sinn haben. Der echte Künstler des Abendlandes aber schließt die Augen und verliert sich in den Bereich einer körperlosen Musik, in dem Harmonie und Polyphonie zu Bildungen von höchster „Jenseitigkeit" führen, die weitab von allen Möglichkeiten optischer Bestimmung liegen. Man denke daran, was ein athenischer Bildhauer und was ein nordischer Kontrapunktist unter einer *Figur* versteht, und man hat den Gegensatz beider Welten, beider Mathematiken unmittelbar vor sich. Die griechischen Mathematiker gebrauchen sogar das Wort σῶμα für ihre Körper. Andrerseits verwendet es die Rechtssprache für die Person im Gegensatz zur Sache (σώματα καὶ πράγματα: *personae et res*).

Deshalb sucht die antike, ganze, körperhafte Zahl unwillkürlich eine Beziehung zur Entstehung des leiblichen Menschen, des σῶμα. Die Zahl 1 wird noch kaum als wirkliche Zahl empfunden. Sie ist die ἀρχή, der Urstoff der Zahlenreihe, der Ursprung aller eigentlichen Zahlen und damit aller Größe, allen Maßes, aller Dinglichkeit. Ihr Zahlzeichen war im Kreise der Pythagoräer, gleichviel zu welcher Zeit, zugleich das Symbol des Mutterschoßes, des Ursprungs allen Lebens. Die 2, die erste *eigentliche* Zahl, welche die 1 verdoppelt, erhielt deshalb eine Beziehung zum männlichen Prinzip, und ihr Zeichen war eine Nachbildung des Phallus. Die *heilige Drei* der Pythagoräer endlich bezeichnete den Akt der Vereinigung von Mann und Weib, die Zeugung – die erotische Deutung der beiden *einzigen* der Antike wertvollen Prozesse der Größenvermehrung, der *Größenzeugung*, Addition und Multiplikation, ist leicht verständlich –, und ihr Zeichen war die Vereinigung der beiden ersten. Von hier aus fällt ein neues Licht auf den erwähnten Mythos vom Frevel der Aufdeckung des Irrationalen. Das Irrationale, in unsrer Ausdrucksweise die Verwendung unendlicher Dezimalbrüche, bedeutete eine Zerstörung der organisch-leiblichen, zeugenden Ordnung, wel-

che durch die Götter gesetzt war. Es ist kein Zweifel, daß die pythagoräische Reform der antiken Religion den uralten Demeterkult
wieder zugrunde legte. Demeter ist der Gaia, der mütterlichen Erde
verwandt. Es besteht eine tiefe Beziehung zwischen ihrer Verehrung
und dieser erhabenen Auffassung der Zahlen.

So ist die Antike mit innerer Notwendigkeit allmählich die Kultur
des *Kleinen* geworden. Die apollinische Seele hatte den Sinn des Gewordnen durch das Prinzip der *übersehbaren* Grenze zu bannen gesucht; ihr „tabu" richtete sich auf die unmittelbare Gegenwart und
Nähe des Fremden. Was weit fort, was nicht sichtbar war, war auch
nicht da. Der Grieche wie der Römer opferte den Göttern der Gegend, in welcher er sich aufhielt; alle andern entschwanden seinem
Gesichtskreis. Wie die griechische Sprache *kein Wort für den Raum
besaß* – wir werden die gewaltige Symbolik solcher Sprachphäno-
mene immer wieder verfolgen –, so fehlt dem Griechen auch unser
Landschaftsgefühl, das Gefühl für Horizonte, Ausblicke, Fernen,
Wolken, auch der Begriff des Vaterlandes, das sich weithin erstreckt
und eine große Nation umfaßt. *Heimat* ist dem antiken Menschen,
was er von der Burg seiner Vaterstadt aus übersehen kann, nicht
mehr. Was jenseits dieser optischen Grenze eines politischen Atoms
lag, war fremd, war sogar feindlich. Hier schon beginnt die Angst
des antiken Daseins, und dies erklärt die furchtbare Erbitterung, mit
der diese winzigen Städte einander vernichteten. Die Polis ist die
kleinste aller denkbaren Staatsformen und ihre Politik die ausgesprochene Politik der Nähe, sehr im Gegensatz zu unserer Kabinettsdiplomatie, der Politik des Grenzenlosen. Der antike Tempel, mit
einem Blick zu umfassen, ist der kleinste aller klassischen Bautypen.
Die Geometrie von Archytas bis auf Euklid beschäftigt sich – wie es
die unter ihrem Eindruck stehende Schulgeometrie noch heute tut –
mit kleinen, handlichen Figuren und Körpern, und so blieben ihr
die Schwierigkeiten verborgen, welche bei der Zugrundelegung von
Figuren mit astronomischen Dimensionen auftauchen und die Anwendung der euklidischen Geometrie nicht mehr überall gestatten.[1]

---

[1] In der modernen Astronomie beginnt heute die Verwendung nichteuklidi-
scher Geometrien. Die Annahme eines unbegrenzten, aber endlichen, gekrümm-

Andernfalls hätte der feine attische Geist vielleicht schon damals etwas von dem Problem der nichteuklidischen Geometrien geahnt, denn die Einwände gegen das bekannte Parallelenaxiom[1], dessen zweifelhafte und doch nicht zu verbessernde Fassung schon früh Anstoß erregte, rührten nahe an die entscheidende Entdeckung. So selbstverständlich dem antiken Sinn die ausschließliche Betrachtung des Nahen und Kleinen, so selbstverständlich ist dem unsern die des Unendlichen, die Grenzen des Sehsinnes Überschreitenden. Alle mathematischen Ansichten, welche das Abendland entdeckte oder entlehnte, wurden mit Selbstverständlichkeit der Formensprache des Infinitesimalen unterworfen und das, lange bevor die eigentliche Differentialrechnung entdeckt worden war. Arabische Algebra, indische Trigonometrie, antike Mechanik werden ohne weiteres der Analysis einverleibt. Gerade die „evidentesten" Sätze des elementaren Rechnens – daß etwa $2 \times 2 = 4$ ist – werden, aus analytischen Gesichtspunkten betrachtet, zu Problemen, deren Lösung erst durch Ableitungen aus der Mengenlehre und in vielen Einzelheiten überhaupt noch nicht gelungen ist – was Plato und seiner Zeit sicherlich als Wahnsinn und Beweis eines völligen Mangels an mathematischer Begabung erschienen wäre.

Man kann gewissermaßen die Geometrie algebraisch oder die Algebra geometrisch behandeln, das heißt, das Auge ausschalten oder herrschen lassen. Das erste haben wir, das andere die Griechen getan. Archimedes, der in seiner schönen Berechnung der Spirale gewisse allgemeine Tatsachen berührt, die auch der Methode des bestimmten Integrals bei Leibniz zugrunde liegen, ordnet sein bei oberflächlicher Betrachtung höchst modern wirkendes Verfahren sofort stereometrischen Prinzipien unter; ein Inder hätte im gleichen Falle mit Selbstverständlichkeit etwa eine trigonometrische Formulierung gefunden.[2]

ten Raumes, den das Fixsternsystem mit einem Durchmesser von etwa 470 Millionen Erdabständen füllt, würde zur Annahme eines Gegenbildes der Sonne führen, das uns als Stern mittlerer Helligkeit erscheint.

[1] Daß durch einen Punkt zu einer Geraden nur eine Parallele möglich sei, ein Satz, der sich nicht beweisen läßt.

[2] Was von der uns bekannten indischen Mathematik altindisch, das heißt vor Buddha entstanden ist, läßt sich heute nicht mehr feststellen.

13

Aus dem fundamentalen Gegensatz antiker und abendländischer Zahlen entspringt ein ebenso tiefgehender des Verhältnisses, in dem die Elemente jeder dieser Zahlenwelten untereinander stehen. Das Verhältnis von *Größen* heißt *Proportion*, das von *Beziehungen* ist im Begriff der *Funktion* enthalten. Beide Worte haben, über den Bereich der Mathematik hinausgehend, größte Bedeutung für die Technik der beiden zugehörigen Künste, der Plastik und der Musik. Sieht man ganz von dem Sinn ab, den das Wort Proportion für die Gliederung der *einzelnen* Statue besitzt, so sind es die typisch antiken Kunstformen der Statue, des Reliefs und des Fresko, welche eine *Vergrößerung* und *Verkleinerung* des Maßstabes gestatten – Worte, die für die Musik überhaupt keinen Sinn haben. Man denke an die Kunst der Gemmen, deren Gegenstände im wesentlichen Verkleinerungen lebensgroßer Motive waren. Innerhalb der Funktionentheorie dagegen ist der Begriff der *Transformation von Gruppen* von entscheidender Bedeutung und der Musiker wird bestätigen, daß analoge Bildungen einen wesentlichen Teil der neueren Kompositionslehre ausmachen. Ich erinnere nur an eine der feinsten instrumentalen Formen des 18 Jahrhunderts, das „tema con variazioni".

Jede Proportion setzt die Konstanz, jede Transformation die Variabilität der Elemente voraus: man vergleiche hier die Kongruenzsätze in der Fassung Euklids, dessen Beweis tatsächlich auf dem vorliegenden Verhältnis 1 : 1 beruht, mit deren moderner Ableitung mit Hilfe von Winkelfunktionen.

14

Die *Konstruktion* – die im weiteren Sinne alle Methoden der elementaren Arithmetik einschließt – ist das A und O der antiken Mathematik: die Herstellung einer einzelnen und sichtbar vorliegenden Figur. Der Zirkel ist der Meißel dieser zweiten bildenden Kunst. Die Arbeitsweise bei funktionentheoretischen Untersuchungen, deren Zweck kein Resultat vom Charakter einer Größe, sondern die

Diskussion allgemeiner formaler Möglichkeiten ist, läßt sich als eine Art Kompositionslehre von naher Verwandtschaft zur musikalischen bezeichnen. Eine ganze Reihe von Begriffen der Musiktheorie ließe sich ohne weiteres auf analytische Operationen auch der Physik anwenden – Tonart, Phrasierung, Chromatik und andere – und es ist die Frage, ob nicht manche Beziehungen dadurch an Klarheit gewinnen würden.

Jede *Konstruktion* bejaht, jede *Operation* verneint den Augenschein, indem jene das optisch Gegebene herausarbeitet, diese es auflöst. So erscheint ein weiterer Gegensatz in den beiden Arten des mathematischen Verfahrens: die antike Mathematik des Kleinen betrachtet den konkreten *Einzelfall*, berechnet die *bestimmte* Aufgabe, führt die *einmalige* Konstruktion aus. Die Mathematik des Unendlichen behandelt *ganze Klassen* formaler Möglichkeiten, *Gruppen* von Funktionen, Operationen, Gleichungen, Kurven, und zwar überhaupt nicht hinsichtlich irgendeines Resultates, sondern hinsichtlich ihres Verlaufes. Es ist so seit zwei Jahrhunderten – was den Mathematikern der Gegenwart kaum zum Bewußtsein kommt – die *Idee einer allgemeinen Morphologie mathematischer Operationen* entstanden, welche man als den eigentlichen Sinn der gesamten neueren Mathematik bezeichnen darf. Es offenbart sich hier eine umfassende Tendenz abendländischer Geistigkeit überhaupt, die im folgenden immer deutlicher werden wird, eine Tendenz, die ausschließlich Eigentum des faustischen Geistes und seiner Kultur ist und in keiner andern verwandte Absichten findet. Die große Mehrzahl der Fragen, welche unsere Mathematik als deren eigenste Probleme beschäftigen – der Quadratur des Kreises bei den Griechen entsprechend –, wie die Untersuchung der Konvergenzkriterien unendlicher Reihen (Cauchy) oder die Umkehrung elliptischer und allgemein algebraischer Integrale zu mehrfach periodischen Funktionen (Abel, Gauß) wäre den „Alten", die einfache bestimmte Größen als Resultate suchten, vermutlich als eine geistreiche, etwas abstruse Spielerei erschienen – was dem populären Urteil weiter Kreise auch heute durchaus entsprechen würde. Es gibt nichts Unpopuläreres als die moderne Mathematik, und auch darin liegt ein Stück Symbolik der unendlichen Ferne, der *Distanz. Alle* großen Werke des Abendlandes von Dante bis zum Parsifal sind unpopulär, alle antiken von Homer bis zum pergamenischen Altar sind populär im höchsten Grade.

15

Und so sammelt sich endlich der ganze Gehalt des abendländischen Zahlendenkens *in dem klassischen Grenzproblem der faustischen Mathematik*, das den Schlüssel zu jenem schwer zugänglichen Begriff des Unendlichen – des *faustisch Unendlichen* – bildet, welches von der Unendlichkeit des arabischen und indischen Weltgefühls weit entfernt bleibt. Es handelt sich um die *Theorie des Grenzwertes*, möge die Zahl im einzelnen als unendliche Reihe, Kurve oder Funktion aufgefaßt werden. Dieser Grenzwert ist das strengste Gegenteil des antiken, bisher nicht so genannten, der in dem klassischen Grenzproblem der Quadratur des Kreises zur Diskussion stand. Bis ins 18. Jahrhundert haben euklidisch-populäre Vorurteile den Sinn des Differentialprinzips verdunkelt. Man mag den zunächst naheliegenden Begriff des unendlich Kleinen noch so vorsichtig anwenden, es haftet ihm ein leichtes Moment antiker Konstanz an, der *Anschein* einer Größe, wenn auch Euklid sie als solche nicht erkannt, anerkannt haben würde. Die Null ist eine Konstante, eine ganze Zahl im linearen Kontinuum zwischen + 1 und — 1; es hat Eulers analytischen Untersuchungen geschadet, daß er – wie viele nach ihm – die Differentiale für Nullen hielt. Erst der von Cauchy endgültig aufgeklärte Begriff des *Grenzwertes* beseitigt diesen Rest antiken Zahlengefühls und macht die Infinitesimalrechnung zu einem widerspruchslosen System. Erst der Schritt von der „unendlich kleinen Größe" zu dem „unteren Grenzwert *jeder möglichen* endlichen Größe" führt zur Konzeption einer veränderlichen Zahl, die unterhalb jeder von Null verschiedenen endlichen Größe sich bewegt, selbst also nicht den geringsten Zug einer Größe mehr trägt. Der Grenzwert in dieser endgültigen Fassung ist überhaupt nicht mehr das, was angenähert *wird. Er stellt die Annäherung – den Prozeß, die Operation – selbst dar. Er ist kein Zustand, sondern ein Verhalten.* Hier, im entschei-

denden Problem der abendländischen Mathematik, verrät sich plötzlich, daß unser Seelentum ein *historisch* angelegtes ist.[1]

16

Die Geometrie von der Anschauung, die Algebra vom Begriff der
Größe zu befreien und beide jenseits der elementaren Schranken von
Konstruktion und Rechnung zu dem mächtigen Gebäude der Funktionentheorie zu vereinigen, das war der große Weg des abendländischen Zahlendenkens. So wurde die antike, konstante Zahl zur
veränderlichen aufgelöst. Die analytisch *gewordene* Geometrie löste
alle konkreten Formen auf. Sie ersetzt den mathematischen Körper,
an dessen starrem Bilde geometrische Werte gefunden werden,
durch abstrakt-räumliche Beziehungen, die zuletzt auf Tatsachen der
sinnlich-gegenwärtigen Anschauung überhaupt nicht mehr anwendbar sind. Sie ersetzt zunächst die optischen Gebilde Euklids durch
geometrische Örter in bezug auf ein Koordinatensystem, dessen
Anfangspunkt willkürlich gewählt werden kann, und reduziert das
gegenständliche Dasein des geometrischen Objekts auf die Forderung, daß während der Operation, die sich nicht mehr auf Messungen, sondern auf Gleichungen richtet, das gewählte System nicht
verändert werden darf. Alsbald werden aber die Koordinaten nur
noch als reine Werte aufgefaßt, welche die Lage der Punkte als abstrakter Raumelemente nicht sowohl bestimmen, als repräsentieren
und ersetzen. Die Zahl, die Grenze des Gewordnen, wird nicht mehr
durch das Bild einer Figur, sondern durch das Bild einer Gleichung
symbolisch dargestellt. Die „Geometrie" kehrt ihren Sinn um: das
Koordinatensystem als Bild verschwindet, und der Punkt ist nunmehr eine vollkommen abstrakte Zahlengruppe. Wie die Architektur der Renaissance durch die Neuerungen Michelangelos und Vignolas in die des Barock übergeht – das ist das genaue Abbild dieser
innern Wandlung der Analysis. An den Palast- und Kirchenfassaden
werden die sinnlich reinen Linien gleichsam unwirklich. An Stelle

---

[1] „Funktion, recht begriffen, ist das Dasein in Tätigkeit gedacht" (Goethe).
Vgl. die Erzeugung des faustischen funktionalen Geldes, Bd. II, S. 1169, 1177.

der klaren Koordinaten florentinisch-römischer Säulenstellungen und
Geschoßgliederungen tauchen die „infinitesimalen" Elemente ge-
schwungener, flutender Bauteile, Voluten, Kartuschen auf. Die
Konstruktion verschwindet in der Fülle des Dekorativen – mathematisch gesprochen des Funktionalen; Säulen und Pilaster, in Gruppen und Bündel zusammengefaßt, durchziehen ohne Ruhepunkte
für das Auge die Fronten, sammeln und zerstreuen sich; die Flächen
der Wände, Decken, Geschosse lösen sich in der Flut von Stukka-
turen und Ornamenten auf, verschwinden und zerfallen unter farbigen Lichtwirkungen. Das Licht aber, das nun über dieser Formwelt
des reifen Barock spielt – von Bernini um 1650 an bis zum Rokoko
in Dresden, Wien, Paris –, ist ein rein musikalisches Element geworden. Der Dresdner Zwinger ist eine *Sinfonie*. Mit der Mathematik hat sich im 18. Jahrhundert auch die Architektur zu einer Formenwelt von *musikalischem* Charakter entwickelt.

17

Auf dem Wege dieser Mathematik mußte endlich der Augenblick
eintreten, wo nicht nur die Grenzen künstlicher geometrischer Gebilde, sondern die Grenzen des Sehsinnes überhaupt seitens der
Theorie wie der Seele selbst in ihrem Drange nach rückhaltlosem
Ausdruck ihrer innern Möglichkeiten *als* Grenzen, als Hindernis
empfunden wurden, wo also das Ideal transzendenter Ausgedehntheit zu den beschränkten Möglichkeiten des unmittelbaren Augenscheins in grundsätzlichen Widerspruch trat. Die antike Seele,
welche mit voller Hingabe der platonischen und stoischen ἀταραξία
das Sinnliche gelten und walten ließ und ihre großen Symbole, wie
es der erotische Hintersinn der pythagoräischen Zahlen beweist,
eher empfing als gab, konnte auch das körperliche *Jetzt* und *Hier* niemals überschreiten wollen. Hatte sich aber die pythagoräische Zahl
im Wesen *gegebener* Einzeldinge in der *Natur* offenbart, so war die
Zahl des Descartes und der Mathematiker nach ihm etwas, das
erobert und *erzwungen* werden mußte, eine herrische abstrakte Beziehung, unabhängig von aller sinnlichen Gegebenheit und jeder-

zeit bereit, diese Unabhängigkeit der Natur gegenüber geltend zu machen. Der Wille zur Macht – um Nietzsches große Formel zu gebrauchen –, der von der frühesten Gotik der Edda, der Kathedralen und Kreuzzüge, ja von den erobernden Wikingern und Goten an das Verhalten der nordischen Seele ihrer Welt gegenüber bezeichnet, liegt auch in dieser Energie der abendländischen Zahl gegenüber der Anschauung. *Das* ist „Dynamik". In der apollinischen Mathematik dient der Geist dem Auge, in der faustischen überwindet er es.

Der mathematische, „absolute", so gänzlich unantike Raum selbst war von Anfang an, was die Mathematik in ihrer Ehrfurcht vor hellenischen Traditionen nicht zu bemerken wagte, nicht die unbestimmte Räumlichkeit der täglichen Eindrücke, der landläufigen Malerei, der vermeintlich so eindeutigen und gewissen apriorischen Anschauung Kants, sondern ein reines Abstraktum, ein ideales und unerfüllbares Postulat einer Seele, der die Sinnlichkeit als Mittel des Ausdruckes immer weniger genügte und die sich endlich leidenschaftlich von ihr abwandte. Das *innere* Auge erwachte.

Jetzt erst mußte es tiefen Denkern fühlbar werden, daß die euklidische Geometrie, die *einzige* und *richtige* für den naiven Blick aller Zeiten, von diesem hohen Standpunkt aus betrachtet nichts ist als eine *Hypothese*, deren Alleingültigkeit gegenüber anderen, auch ganz unanschaulichen Arten von Geometrien, wie wir seit Gauß bestimmt wissen, sich niemals beweisen läßt. Der Kernsatz dieser Geometrie, das Parallelenaxiom Euklids, ist eine *Behauptung*, die sich durch andere ersetzen läßt, daß es nämlich durch einen Punkt zu einer Geraden keine, zwei oder viele Parallelen gibt, Behauptungen, die sämtlich zu vollkommen widerspruchslosen dreidimensionalen geometrischen Systemen führen, die in der Physik und auch in der Astronomie angewendet werden können und zuweilen der euklidischen vorzuziehen sind.

Schon die einfache Forderung der Unbegrenztheit des Ausgedehnten – die man seit Riemann und dessen Theorie unbegrenzter, aber infolge ihrer Krümmung nicht unendlicher Räume eben von der Unendlichkeit zu scheiden hat – widerspricht dem eigentlichen

Charakter aller unmittelbaren Anschauung, welche von dem Vorhandensein von Lichtwiderständen, also materiellen Grenzen abhängt. Es sind aber abstrakte Prinzipien der Grenzsetzung denkbar,
die in einem ganz neuen Sinne die Möglichkeit optischer Begrenzung überschreiten. Für den Tieferblickenden liegt schon in der
kartesischen Geometrie die Tendenz, über die drei Dimensionen des
erlebten Raumes als einer für die Symbolik der Zahlen nicht notwendigen Schranke hinauszugehen. Und wenn auch erst seit 1800
etwa die Vorstellung *mehrdimensionaler* Räume – man hätte das Wort
besser durch ein neues ersetzt – zur erweiterten Grundlage des analytischen Denkens wurde, so war doch der erste Schritt dazu in dem
Augenblick getan, wo die Potenzen, eigentlicher die Logarithmen,
von ihrer ursprünglichen Beziehung auf sinnlich realisierbare Flächen und Körper abgelöst und – unter Verwendung irrationaler und
komplexer Exponenten – als Beziehungswerte von ganz allgemeiner
Art in das Gebiet des Funktionalen eingeführt wurden. Wer hier überhaupt folgen kann, wird auch begreifen, daß schon mit dem Schritt
von der Vorstellung a^3 als einem natürlichen Maximum zu a^n die Un-
bedingtheit eines Raumes von drei Dimensionen aufgehoben ist.

Nachdem einmal das Raumelement des Punktes den immerhin
noch optischen Charakter eines Koordinatenschnittes in einem anschaulich vorstellbaren System verloren hatte und als Gruppe dreier
unabhängiger Zahlen definiert worden war, lag kein inneres Hindernis mehr vor, die Zahl 3 durch die allgemeine n zu ersetzen. Es tritt
eine Umkehrung des Dimensionsbegriffes ein: es bezeichnen nicht
mehr Maßzahlen optische Eigenschaften eines Punktes hinsichtlich
seiner Lage in einem System, sondern Dimensionen von unbe-
schränkter Anzahl stellen vollkommen abstrakte Eigenschaften einer
Zahlengruppe dar. Diese Zahlengruppe – von n unabhängigen geordneten Elementen – ist das *Bild* des Punktes; sie *heißt* ein Punkt.
Eine daraus logisch entwickelte Gleichung *heißt* Ebene, ist das *Bild*
einer Ebene. Der Inbegriff aller Punkte von n Dimensionen *heißt* ein
n-dimensionaler *Raum*.[1] In diesen transzendenten Raumwelten, die

---

[1] Vom Standpunkt der Mengenlehre aus heißt eine wohlgeordnete Punktmenge,
ohne Rücksicht auf die Dimensionenzahl, ein Körper, eine Menge von n–1 Di-

zu keiner Art von Sinnlichkeit mehr in irgendeinem Verhältnis stehen, herrschen die von der Analysis aufzufindenden Beziehungen, welche sich mit den Ergebnissen der experimentellen Physik in ständiger Übereinstimmung befinden. Diese Räumlichkeit höheren Ranges ist ein Symbol, das durchaus Eigentum des abendländischen Geistes bleibt. Nur dieser Geist hat das Gewordene und Ausgedehnte *in diese* Formen zu bannen, das Fremde durch *diese* Art der Aneignung – man erinnere sich des Begriffes „tabu" – zu beschwören, zu zwingen, mithin zu „erkennen" versucht und verstanden. Erst in dieser Sphäre des Zahlendenkens, die nur einem sehr kleinen Kreis von Menschen noch zugänglich ist, erhalten selbst Bildungen wie die Systeme der hyperkomplexen Zahlen (etwa die Quaternionen der Vektorenrechnung) und zunächst ganz unverständliche Zeichen wie ∞^n den Charakter von etwas Wirklichem. Man hat eben zu begreifen, daß Wirklichkeit nicht nur sinnliche Wirklichkeit ist, daß vielmehr das Seelische seine Idee in noch ganz anderen als anschaulichen Bildungen verwirklichen kann.

18

Aus dieser großartigen Intuition symbolischer Raumwelten folgt die letzte und abschließende Fassung der gesamten abendländischen Mathematik, die Erweiterung und Vergeistigung der Funktionentheorie zur *Gruppentheorie*. Gruppen sind Mengen oder Inbegriffe gleichartiger mathematischer Gebilde, also z. B. die Gesamtheit aller Differentialgleichungen von einem gewissen Typus, Mengen, die dem Dedekindschen Zahlenkörper analog gebaut und geordnet sind. Es handelt sich, wie man fühlt, um Welten ganz neuer Zahlen, die für das *innere Auge* des Eingeweihten doch nicht ganz ohne eine gewisse Sinnlichkeit sind. Es werden nun Untersuchungen gewisser Elemente dieser ungeheuer abstrakten Formsysteme notwendig, welche in bezug auf eine einzelne Gruppe von Operationen – *von Transformationen des Systems* – von deren Wirkungen unabhängig

mensionen also *im Verhältnis dazu* eine Fläche. Die „Begrenzung" (Wand, Kante) einer Punktmenge stellt eine Punktmenge von geringerer Mächtigkeit dar.

bleiben, Invarianz besitzen. Die allgemeine Aufgabe dieser Mathematik erhält also (nach Klein) die Form: „Es ist eine n-dimensionale Mannigfaltigkeit („Raum") und eine Gruppe von Transformationen gegeben. Die der Mannigfaltigkeit angehörigen Gebilde sollen hinsichtlich solcher Eigenschaften untersucht werden, die durch Transformationen der Gruppe nicht geändert werden."

Auf diesem höchsten Gipfel schließt nunmehr – nach Erschöpfung ihrer sämtlichen inneren Möglichkeiten und nachdem sie ihre Bestimmung, *Abbild und reinster Ausdruck der Idee des faustischen Seelentums* zu sein, erfüllt hat – die Mathematik des Abendlandes ihre Entwicklung ab, in demselben Sinne, wie es die Mathematik der antiken Kultur im 3. Jahrhundert tat. Beide Wissenschaften – es sind die einzigen, deren organische Struktur sich heute schon geschichtlich durchschauen läßt – sind aus der Konzeption einer völlig neuen Zahl durch Pythagoras und Descartes entstanden; beide haben in prachtvollem Aufstieg ein Jahrhundert später ihre Reife erlangt, und beide vollendeten nach einer Blüte von drei Jahrhunderten das Gebäude ihrer Ideen, in derselben Zeit, als die Kultur, der sie angehören, in eine weltstädtische Zivilisation überging. Dieser tiefbedeutsame Zusammenhang wird später aufgeklärt werden. Sicher ist, daß für uns die Zeit der *großen* Mathematiker vorüber ist. Es ist heute dieselbe Arbeit des Erhaltens, Abrundens, Verfeinerns, Auswählens, die talentvolle Kleinarbeit an Stelle der großen Schöpfungen im Gange, wie sie auch die alexandrinische Mathematik des späteren Hellenismus kennzeichnet.

Das historische Schema auf der folgenden Seite wird dies deutlicher machen.

Antike   *Abendland*

1. *Konzeption einer neuen Zahl*

Um 540	Um 1630
Die Zahl als Größe	Die Zahl als Beziehung
Die Pythagoräer	Descartes, Fermat, Pascal;
	Newton, Leibniz (1670)
(Um 470 Sieg der Plastik	(Um 1670 Sieg der Musik
über die Freskomalerei)	über die Ölmalerei)

2. *Höhepunkt der systematischen Entwicklung*

450–350	1750–1800
Plato, Archytas, Eudoxos	Euler, Lagrange, Laplace
(Phidias, Praxiteles)	(Gluck, Haydn, Mozart)

3. *Innerer Abschluß der Zahlenwelt*

300–250	Nach 1800
Euklid, Apollonios, Archimedes	Gauß, Cauchy, Riemann
(Lysippos, Leochares)	(Beethoven)

ZWEITES KAPITEL

DAS PROBLEM DER WELTGESCHICHTE

I. Physiognomik und Systematik

1

Es ist jetzt endlich möglich, den entscheidenden Schritt zu tun und ein Bild der Geschichte zu entwerfen, das nicht mehr vom zufälligen Standort des Betrachters in irgendeiner – seiner – „Gegenwart" und von seiner Eigenschaft als interessiertem Gliede einer einzelnen Kultur abhängig ist, deren religiöse, geistige, politische, soziale Tendenzen ihn verführen, den historischen Stoff aus einer zeitlich und räumlich beschränkten Perspektive anzuordnen und dem Geschehen damit eine willkürliche und an der Oberfläche haftende Form aufzudrängen, die ihm innerlich fremd ist.

Was bisher fehlte, war die *Distanz* vom Gegenstande. Der Natur gegenüber war sie längst erreicht. Allerdings war sie hier auch leichter erreichbar. Der Physiker entwirft das mechanisch-kausale Bild seiner Welt mit Selbstverständlichkeit so, als ob er selbst gar nicht da wäre.

Aber in der Formenwelt der Geschichte ist dasselbe möglich. Wir haben das bis jetzt nicht gewußt. Es gehört zum Stolz moderner Historiker, objektiv zu sein, aber sie verraten damit, wie wenig sie sich ihrer eigenen Vorurteile bewußt sind. Man darf deshalb vielleicht sagen, und man wird es später einmal tun, daß es bis jetzt an einer wirklichen Geschichtsbetrachtung faustischen Stils überhaupt gefehlt hat, einer solchen nämlich, die Abstand genug besitzt, um im Gesamtbilde der Weltgeschichte auch die Gegenwart – die es ja nur in bezug auf eine einzige von unzähligen menschlichen Generationen ist – wie etwas unendlich Fernes und Fremdes zu betrachten, als eine Zeitspanne, die nicht schwerer wiegt als alle andern, ohne den fälschenden Maßstab irgendwelcher Ideale, ohne Bezug auf sich selbst, ohne Wunsch, Sorge und persönliche innere Beteiligung, wie sie das praktische Leben in Anspruch nimmt; einen Abstand also, der es erlaubt – mit Nietzsche zu reden, der bei weitem nicht genug von ihm besaß – die ganze Tatsache Mensch aus ungeheurer Entfernung zu überschauen; einen Blick über die Kulturen hin, auch über die eigene, wie über die Gipfelreihe eines Gebirges am Horizont.

Hier war noch einmal eine Tat wie die des Kopernikus zu vollbringen, eine Befreiung vom Augenschein im Namen des unendlichen Raumes, wie sie der abendländische Geist der Natur gegenüber längst vollzogen hatte, als er vom ptolemäischen Weltsystem zu dem für ihn heute allein gültigen überging und damit den zufälligen Standort des Betrachters auf einem einzelnen Planeten als formbestimmend ausschaltete.

Die Weltgeschichte ist derselben Ablösung von einem zufälligen Beobachtungsorte – der jeweiligen „Neuzeit" – fähig und bedürftig. Uns erscheint das 19. Jahrhundert unendlich viel reicher und wichtiger als etwa das 19. vor Christus, aber auch der Mond erscheint uns größer als Jupiter und Saturn. Der Physiker hat sich vom Vorurteil der relativen Entfernung längst befreit, der Historiker nicht. Wir erlauben uns, die Kultur der Griechen als Altertum im Verhältnis zu unserer Neuzeit zu bezeichnen. War sie das auch für die feinen, auf dem Gipfel ihrer geschichtlichen Entwicklung stehenden Ägypter am Hofe des großen Thutmosis – ein Jahrtausend vor Homer? Für uns füllen die Ereignisse, die sich 1500–1800 auf dem Boden Westeuropas abspielen, das wichtigste Drittel „der" Weltgeschichte. Für den chinesischen Historiker, der auf 4000 Jahre chinesischer Geschichte zurückblickt und von ihr aus urteilt, sind sie eine kurze und wenig bedeutende Episode, nicht entfernt so schwerwiegend wie die Jahrhunderte der Han-Dynastie (206 v. bis 220 n. Chr.), die in *seiner* „Weltgeschichte" Epoche machten.

Die Geschichte also vom persönlichen Vorurteil des Betrachters zu lösen, das sie in unserem Falle wesentlich zur Geschichte eines Fragments der Vergangenheit mit dem in Westeuropa festgestellten Zufällig-Gegenwärtigen als Ziel und den augenblicklich gültigen

Idealen und Interessen als Maßstäbe für die Bedeutung des Erreichten und zu Erreichenden macht – das ist die Absicht alles Folgenden.

2

Natur und Geschichte[1] : So stehen für jeden Menschen zwei äußerste Möglichkeiten, die ihn umgebende Wirklichkeit als Weltbild zu ordnen, einander gegenüber. Eine Wirklichkeit ist Natur, insofern sie alles Werden dem Gewordenen, sie ist Geschichte, insofern sie alles Gewordne dem Werden einordnet. Eine Wirklichkeit wird *in ihrer „erinnerten" Gestalt erschaut* – so entsteht die Welt Platons, Rembrandts, Goethes, Beethovens – oder *in ihrem gegenwärtig-sinnlichen Bestande kritisch begriffen* – dies sind die Welten von Parmenides und Descartes, Kant und Newton. Erkennen im strengen Sinne des Wortes ist derjenige Erlebnisakt, dessen vollzogenes Resultat „Natur" heißt. Erkanntes und Natur sind identisch. Alles Erkannte ist, wie das Symbol der mathematischen Zahl bewies, gleichbedeutend mit dem mechanisch Begrenzten, dem ein für allemal Richtigen, dem Gesetzten. Natur ist der *Inbegriff des gesetzlich Notwendigen.* Es gibt nur *Natur*gesetze. Kein Physiker, der seine Bestimmung begreift, wird über diese Grenzen hinausgehen wollen. Seine Aufgabe ist es, die Gesamtheit, das wohlgeordnete System aller Gesetze festzustellen, die im Bilde *seiner* Natur auffindbar sind, mehr noch, die das Bild seiner Natur erschöpfend und ohne Rast *darstellen.*

Andrerseits: Anschauen – ich erinnere an das Wort Goethes: „Das Anschauen ist vom Ansehen sehr zu unterscheiden" – ist derjenige Erlebnisakt, der, *indem er sich vollzieht, selbst Geschichte ist.* Erlebtes ist Geschehenes, ist Geschichte.

Alles Geschehen ist *einmalig* und nie sich wiederholend. Es trägt das Merkmal der Richtung (der „Zeit"), der *Nichtumkehrbarkeit.* Das Geschehene, als nunmehr Gewordnes dem Werden, als Erstarrtes dem Lebendigen entgegengesetzt, gehört unwiderruflich der Vergangenheit an. Das Gefühl hiervon ist die Weltangst. Alles Erkannte aber ist *zeitlos,* weder vergangen noch zukünftig, sondern

[1] Vgl. Bd. I, S. 73f. und Bd. II, S. 579f.

schlechthin „vorhanden" und also von dauernder Gültigkeit. Dies gehört zur inneren Beschaffenheit des Naturgesetzlichen. Das Gesetz, das Gesetzte, ist *antihistorisch*. Es schließt den *Zufall* aus. Naturgesetze sind Formen einer ausnahmslosen und also anorganischen Notwendigkeit. Es wird klar, weshalb Mathematik als die Ordnung des Gewordnen durch die Zahl sich *immer* auf Gesetze und Kausalität und *nur* auf sie bezieht.

Das Werden „hat keine Zahl". Nur Lebloses – und Lebendiges nur, indem man von seinem Lebendigsein absieht – kann gezählt, gemessen, zerlegt werden. Das reine Werden, das Leben ist in diesem Sinne grenzenlos. Es liegt jenseits des Bereichs von Ursache und Wirkung, Gesetz und Maß. Keine tiefe und echte Geschichtsforschung sucht nach kausaler Gesetzlichkeit; andernfalls hat sie ihr eigentliches Wesen nicht begriffen.

Indes: Betrachtete Geschichte ist kein reines Werden; sie ist ein Bild, eine vom Wachsein des Betrachters ausstrahlende Weltform, in der das Werden das Gewordne *beherrscht*. Auf dem Gehalt an Gewordenem, auf einem Mangel also beruht die Möglichkeit, ihr wissenschaftlich etwas abzugewinnen. Und je höher dieser Gehalt ist, desto mechanischer, desto verstandesmäßiger, desto kausaler erscheint sie. Auch Goethes „lebendige Natur", ein völlig unmathematisches Weltbild, hatte doch so viel Gehalt an Totem und Starrem, daß er wenigstens ihren Vordergrund wissenschaftlich behandeln konnte. Sinkt dieser Gehalt *sehr* tief, ist sie beinahe *nur* reines Werden, so ist das Anschauen zu einem Erlebnis geworden, das nur noch Arten *künstlerischer* Fassung gestattet. Was Dante als Weltenschicksal vor seinem geistigen Auge sah, hätte er *nicht* wissenschaftlich gestalten können, auch Goethe nicht, was er in den großen Augenblicken seiner Faustentwürfe erblickte, und ebensowenig Plotin und Giordano Bruno ihre Gesichte, die nicht das Ergebnis von Forschungen gewesen sind. Hier liegt die wichtigste Ursache des Streites um die innere Form der Geschichte. Vor demselben Gegenstand, vor demselben Tatsachenstoff hat doch jeder Betrachter seiner Anlage nach einen anderen *Eindruck* des Ganzen, ungreifbar und nicht mitteilbar, der seinem Urteil zugrunde liegt und ihm die persönliche Farbe gibt.

Der Grad von Gewordenem wird im Schauen zweier Menschen immer verschieden sein, Grund genug, daß sie sich niemals über Aufgabe und Methode verständigen können. Jeder gibt dem Mangel an klarem Denken bei dem anderen Schuld, und doch ist das mit diesem Ausdruck bezeichnete Etwas, über dessen Struktur niemand Gewalt hat, kein Schlechtersein, sondern ein notwendiges Anderssein. Dasselbe gilt von aller Naturwissenschaft.

Aber man halte fest: Geschichte *wissenschaftlich* behandeln wollen ist im letzten Grunde immer etwas Widerspruchsvolles. Die echte Wissenschaft reicht so weit, als die Begriffe richtig und falsch Geltung haben. Das gilt von der Mathematik, das gilt also auch von der historischen *Vorwissenschaft* der Sammlung, Ordnung und Sichtung des Stoffes. Der eigentlich geschichtliche Blick aber, der von hier erst *ausgeht*, gehört ins Reich der Bedeutungen, wo nicht richtig und falsch, sondern flach und tief die maßgebenden Worte sind. Der echte Physiker ist nicht tief, sondern „scharfsinnig". Erst wenn er das Gebiet der Arbeitshypothesen verläßt und an die letzten Dinge streift, kann er tief sein – dann aber ist er auch schon Metaphysiker geworden. Natur soll man wissenschaftlich behandeln, über Geschichte soll man dichten. Der alte Leopold von Ranke soll einmal gesagt haben, daß der „Quentin Durward" von Scott doch eigentlich die wahre Geschichtsschreibung darstelle. So ist es auch; ein gutes Geschichtswerk hat seinen Vorzug darin, daß der Leser sein eigner Walter Scott zu sein vermag.

Auf der andern Seite, dort, wo das Reich der Zahlen und des exakten Wissens herrschen sollte, hatte Goethe „lebendige Natur" gerade das genannt, was ein unmittelbares Anschauen des reinen Werdens und Sichgestaltens, mithin im hier festgelegten Sinne *Geschichte* war. *Seine* Welt war *zunächst* ein Organismus, ein Wesen, und man begreift, daß seine Forschungen, selbst wenn sie äußerlich ein physikalisches Gepräge tragen, weder Zahlen noch Gesetze noch eine in Formeln gebannte Kausalität und überhaupt keine Zerlegung bezwecken, daß sie vielmehr Morphologie im höchsten Sinne sind und damit das spezifisch abendländische (und sehr unantike) Mittel aller kausalen Betrachtung, das messende Experiment, ver-

meiden, es aber auch nirgends vermissen lassen. Seine Betrachtung
der Erdoberfläche ist stets Geologie, nie Mineralogie (die er die
Wissenschaft von etwas Totem nannte).

Es sei noch einmal gesagt: Es gibt keine genaue Grenze zwischen
beiden Arten der Weltfassung. So sehr Werden und Gewordnes
Gegensätze sind, so sicher ist in jeder Art von Verstehen beides vorhanden. Geschichte erlebt, wer beides als werdend, als sich vollen-
dend anschaut; Natur erkennt, wer beides als geworden, als vollendet zergliedert.

Es liegt eine ursprüngliche Anlage in jedem Menschen, jeder Kultur, jeder Kulturstufe vor, eine ursprüngliche Neigung und Bestimmung, eine der beiden Formen als Ideal des Weltverstehens vorzuziehen. Der Mensch des Abendlandes ist in hohem Grade historisch angelegt,[1] der antike Mensch war es um so weniger. *Wir* verfolgen alles Gegebene im Hinblick auf Vergangenheit und Zukunft,
die Antike erkannte nur die punktförmige Gegenwart als seiend an.
Der Rest wurde Mythos. Wir haben in jedem Takte unsrer Musik
von Palestrina bis Wagner *auch ein Symbol des Werdens* vor uns, die
Griechen in jeder ihrer Statuen ein Bild der reinen Gegenwart. Der
Rhythmus eines Körpers ruht im gleichzeitigen Verhältnis der Teile,
der Rhythmus einer Fuge im zeitlichen Verlauf.

3

So treten die Prinzipien der *Gestalt* und des *Gesetzes* vor uns hin
als die beiden Grundelemente aller Weltbildung. Je entschiedener ein
Weltbild die Züge der Natur trägt, desto unumschränkter gilt in
ihm das Gesetz und die Zahl. Je reiner eine Welt als ein ewig Werdendes angeschaut wird, desto zahlenfremder ist die ungreifbare
Fülle ihrer Gestaltung. „Die Gestalt ist ein Bewegliches, ein Werdendes, ein Vergehendes. Gestaltenlehre ist Verwandlungslehre. Die

---

[1] Das Antihistorische als Ausdruck einer entschieden systematischen Veranlagung ist vom Ahistorischen sehr zu unterscheiden. Der Anfang des 4. Buches
der „Welt als Wille und Vorstellung" (§ 53) ist bezeichnend für einen Menschen,
der antihistorisch denkt, d. h. aus theoretischen Gründen das Historische in sich,
das *vorhanden ist*, unterdrückt und verwirft im Gegensatz zur ahistorischen hellenischen Natur, die es nicht *hat* und nicht *versteht*.

Lehre von der Metamorphose ist der Schlüssel zu allen Zeichen der Natur", heißt es in einer Notiz aus Goethes Nachlaß. So unterscheidet sich schon hinsichtlich der Methode Goethes vielberufene,,exakte sinnliche Phantasie", die das Lebendige unberührt auf sich wirken läßt,[1] von dem exakten, tötenden Verfahren der modernen Physik. Der Rest des *anderen* Elements, den man immer finden wird, erscheint in der strengen Naturwissenschaft in Gestalt der nie zu vermeidenden *Theorien* und *Hypothesen*, deren anschaulicher Gehalt alles starr Zahlenmäßige und Formelhafte füllt und trägt, in der Geschichtsforschung als *Chronologie*, das heißt, als jenes dem Werden innerlich ganz fremde und hier doch nie als fremdartig empfundene Zahlennetz, das als Gerüst von Jahreszahlen oder als Statistik die historische Gestaltenwelt umspinnt und durchdringt, ohne daß von Mathematik die Rede sein könnte. Die chronologische Zahl bezeichnet das einmalig Wirkliche, die mathematische das beständig Mögliche. Die eine umschreibt Gestalten und arbeitet für das verstehende Auge die Umrisse von Zeitaltern und Tatsachen heraus; sie *dient* der Geschichte. Die *andere ist selbst das Gesetz*, das sie feststellen soll, das Ende und Ziel der Forschung. Die chronologische Zahl ist als Mittel einer Vorwissenschaft der eigentlichsten Wissenschaft entlehnt, der Mathematik. In ihrem Gebrauch wird von dieser Eigenschaft aber abgesehen. Man fühle sich in den Unterschied der beiden Symbole hinein: $12 \times 8 = 96$ und 18. Oktober 1813. Der Zahlengebrauch unterscheidet sich hier ganz wie der Wortgebrauch in Prosa und Poesie.

Noch etwas andres ist hier zu bemerken. Da ein Werden immer dem Gewordnen zugrunde liegt und Geschichte eine Ordnung des Weltbildes im Sinne des Werdens darstellt, so ist Geschichte die *ursprüngliche* und Natur im Sinne eines durchgebildeten Weltmechanismus eine *späte*, erst dem Menschen reifer Kulturen wirklich vollziehbare Weltform. In der Tat ist die dunkle, urseelenhafte Umwelt[2] der frühesten Menschheit, wovon heute noch ihre religiösen Ge-

---

[1] ,,Es gibt Urphänomene, die wir in ihrer göttlichen Einfalt nicht stören und beeinträchtigen sollen" (Goethe).
[2] Vgl. Bd. II, S. 884 f.

bräuche und Mythen zeugen, jene durch und durch organische Welt
voller Willkür, feindlicher Dämonen und launischer Mächte, durchaus ein lebendiges, ungreifbares, rätselhaft wogendes und unbere-
chenbares Ganze. Mag man sie Natur nennen, so ist sie doch nicht
unsre Natur, nicht der starre Reflex eines wissenden Geistes. Diese
Urwelt klingt als ein Stück längst vergangenen Menschentums nur
in der Kinderseele und in den großen Künstlern noch manchmal an,
inmitten einer strengen „Natur", welche der städtische Geist reifer
Kulturen mit tyrannischer Nachdrücklichkeit um den einzelnen aufbaut. Hierin liegt der Grund für die gereizte Spannung zwischen
wissenschaftlicher („moderner") und künstlerischer („unprakti-
scher") Weltanschauung, die jede Spätzeit kennt. Der Tatsachenmensch und der Dichter werden einander nie verstehen. Hier ist
auch der Grund zu suchen, weshalb jede als Wissenschaft angestrebte
Geschichtsforschung, die immer etwas von Kindheit und Traum,
etwas Goethesches in sich tragen müßte, an der Gefahr vorüber-
streift, eine bloße Physik des öffentlichen Lebens zu werden, „materialistisch", wie sie sich selbst ahnungslos genannt hat.

„Natur" im exakten Sinne ist die seltenere, auf den Menschen der
großen Städte später Kulturen beschränkte, männliche, vielleicht
schon greisenhafte Art, Wirklichkeit zu besitzen, Geschichte die
naive und jugendliche, auch die unbewußtere, die der *ganzen*
Menschheit eigen ist. So wenigstens steht die zahlenmäßige, geheimnislose, zerlegte und zerlegbare Natur des Aristoteles und Kant, der
Sophisten und Darwinisten, der modernen Physik und Chemie,
jener erlebten, grenzenlosen, gefühlten Natur Homers und der Edda,
des dorischen und gotischen Menschen gegenüber. Es heißt das
Wesen aller Geschichtsbetrachtung verkennen, wenn man dies übersieht. *Sie* ist die eigentlich *natürliche*, die exakte, mechanisch geordnete Natur die *künstliche* Fassung der Seele ihrer Welt gegenüber.
Trotzdem oder gerade deshalb ist dem modernen Menschen die
Naturwissenschaft leicht, die Geschichtsbetrachtung schwer.

Regungen eines mechanistischen Denkens über die Welt, das ganz
und gar auf mathematische Begrenzung, logische Unterscheidung,
auf Gesetz und Kausalität hinausgeht, tauchen sehr früh auf. Man

findet sie in den ersten Jahrhunderten aller Kulturen, noch schwach, vereinzelt, noch in der Fülle des religiösen Weltbewußtseins verschwindend. Ich nenne den Namen Roger Bacons. Sie nehmen bald einen strengeren Charakter an; es fehlt ihnen, wie allem geistig Erkämpften und von der menschlichen Natur ständig Bedrohten, das Herrische und Ausschließende nicht. Unvermerkt durchdringt das Reich des Räumlich-Begrifflichen – denn die Begriffe sind ihrem Wesen nach Zahlen, von rein quantitativer Beschaffenheit – die Außenwelt des Einzelnen, bewirkt in, mit und unter den schlichten Eindrücken des Sinnenlebens einen mechanischen Zusammenhang kausaler und zahlengesetzlicher Art und unterwirft zu guter Letzt das wache Bewußtsein des großstädtischen Kulturmenschen – sei es im ägyptischen Theben oder in Babylon, in Benares, Alexandria oder in westeuropäischen Weltstädten – einem so anhaltenden Zwange des naturgesetzlichen Denkens, daß das Vorurteil aller Philosophie und Wissenschaft – denn es *ist* ein Vorurteil – kaum Widerspruch findet, dieser Zustand sei *der* menschliche Geist und sein Gegenüber, das *mechanische* Bild der Umwelt, sei *die* Welt. Logiker wie Aristoteles und Kant haben diese Ansicht zur herrschenden gemacht, aber Plato und Goethe widerlegen sie.

4

Die große Aufgabe der Welterkenntnis, wie sie dem Menschen hoher Kulturen Bedürfnis ist, einer Art Durchdringung seiner Existenz, die er sich und ihr schuldig zu sein glaubt, mag man ihr Verfahren nun Wissenschaft oder Philosophie nennen, mag man ihre Verwandtschaft zu künstlerischer Schöpfung und gläubiger Intuition mit innerster Gewißheit empfinden oder bestreiten – diese Aufgabe ist sicherlich in jedem Falle die gleiche: Die Formensprache des Weltbildes, das dem Wachsein des einzelnen *vorbestimmt* ist, das er, solange er nicht *vergleicht*, für „*die*" Welt halten muß, in ihrer Reinheit darzustellen.

Angesichts des Unterschiedes von Natur und Geschichte muß diese Aufgabe eine doppelte sein. Beide reden ihre eigene, in jedem

Betracht verschiedene Formensprache; in einem Weltbilde von un-
entschiedenem Charakter – wie es die alltägliche Regel ist – können
beide einander wohl überlagern und verwirren, sich aber niemals zur
inneren Einheit verbinden.

Richtung und Ausdehnung sind die herrschenden Merkmale,
durch die sich der historische und der naturhafte Welteindruck unterscheiden. Der Mensch ist gar nicht imstande, beide gleichzeitig gestaltend wirken zu lassen. Das Wort Ferne hat einen bezeichnenden
Doppelsinn. Dort bedeutet es *Zukunft*, hier eine *räumliche Distanz*.
Man wird bemerken, daß der historische Materialist die Zeit fast
mit Notwendigkeit als mathematische Dimension empfindet. Für
den geborenen Künstler sind umgekehrt, wie die Lyrik aller Völker
beweist, landschaftliche Fernen, Wolken, der Horizont, die sinkende
Sonne Eindrücke, die sich unbezwinglich mit dem Gefühl von etwas
Künftigem verbinden. Der griechische Dichter verneint die Zukunft, folglich sieht, folglich besingt er dies alles nicht. Weil er ganz
der Gegenwart angehört, so gehört er auch ganz der Nähe. Der
Naturforscher, der produktive Verstandesmensch im eigentlichen
Sinne, sei er Experimentator wie Faraday, Theoretiker wie Galilei
oder Rechner wie Newton, findet in seiner Welt nur richtungslose
Quantitäten, die er mißt, prüft und ordnet. Nur Quantitatives unterliegt der Fassung durch Zahlen, ist kausal bestimmt, kann begrifflich
zugänglich gemacht und gesetzlich formuliert werden. Damit sind
die Möglichkeiten aller reinen Naturerkenntnis erschöpft. Alle Gesetze sind quantitative Zusammenhänge oder, wie der Physiker es
ausdrückt, alle physikalischen Vorgänge *verlaufen im Raume*. Der
antike Physiker würde, ohne die Tatsache zu ändern, diesen Ausdruck im Sinne des antiken, raumverneinenden Weltgefühls dahin
korrigiert haben, daß alle Vorgänge „*unter Körpern stattfinden*".

Historischen Eindrücken ist alles Quantitative fremd. Ihr Organ
ist ein anderes. Die Welt als Natur und die Welt als Geschichte haben
ihre *eigenen* Arten des Erfassens. Wir kennen sie und gebrauchen sie
täglich, ohne uns des Gegensatzes bis jetzt bewußt gewesen zu sein.
Es gibt *Naturerkenntnis* und *Menschenkenntnis*. Es gibt *wissenschaftliche Erfahrung* und *Lebenserfahrung*. Man verfolge den Gegen-

satz bis in seine letzten Tiefen und man wird verstehen, was ich meine.

Alle Arten, die Welt zu begreifen, dürfen letzten Endes als Morphologie bezeichnet werden. *Die Morphologie des Mechanischen und Ausgedehnten, eine Wissenschaft, die Naturgesetze und Kausalbeziehungen entdeckt und ordnet, heißt Systematik. Die Morphologie des Organischen, der Geschichte und des Lebens, alles dessen, was Richtung und Schicksal in sich trägt, heißt Physiognomik.*

5

Die systematische Art der Weltbetrachtung hat im Abendlande während des vorigen Jahrhunderts ihren Gipfel erreicht und überschritten. Die physiognomische hat ihre große Zeit noch vor sich. In hundert Jahren werden alle Wissenschaften, die auf diesem Boden noch möglich sind, Bruchstücke einer einzigen ungeheuren Physiognomik alles Menschlichen sein. *Das bedeutet „Morphologie der Weltgeschichte".* In jeder Wissenschaft, dem Ziel wie dem Stoffe nach, erzählt der Mensch sich selbst. Wissenschaftliche Erfahrung ist geistige Selbsterkenntnis. Aus diesem Gesichtspunkt war soeben die Mathematik als ein Kapitel der Physiognomik behandelt worden. Nicht was der einzelne Mathematiker *beabsichtigte*, kam in Betracht. Der Gelehrte als solcher und seine Ergebnisse als Bestand einer Wissensmenge scheiden aus. Der Mathematiker als Mensch, dessen Wirksamkeit einen Teil seiner Erscheinung, dessen Wissen und Meinen einen Teil seines Ausdrucks bildet, ist hier allein von Bedeutung, und zwar als *Organ* einer Kultur. Durch ihn redet sie von sich. Er gehört als Persönlichkeit, als Geist, entdeckend, erkennend, formend zu ihrer Physiognomie.

Jede Mathematik, die als wissenschaftliches System oder, wie im Fall Ägyptens, in Gestalt einer Architektur die Idee ihrer, ihrem Wachsein eingeborenen Zahl allen sichtbar zur Erscheinung bringt, ist das Bekenntnis einer Seele. So gewiß ihre beabsichtigte Leistung nur der geschichtlichen Oberfläche angehört, so gewiß ist ihr Unbewußtes, die Zahl selbst und der Stil ihrer Entwicklung zum Gebäude einer abgeschlossenen Formenwelt, ein Ausdruck des Daseins, des Blutes. Ihre Lebensgeschichte, ihr Aufblühen und Verdorren, ihre tiefe Beziehung zu den bildenden Künsten, zu Mythen und Kulten derselben Kultur, das alles gehört zu einer noch kaum für möglich gehaltenen Morphologie der zweiten, der historischen Art.

Der sichtbare Vordergrund aller Geschichte hat demnach dieselbe Bedeutung wie die äußere Erscheinung des einzelnen Menschen, wie Wuchs, Miene, Haltung, Gang, nicht die Sprache, sondern das Sprechen, nicht das Geschriebene, sondern die Schrift. Das alles ist für den Menschenkenner da. Der Leib mit all seinen Auswirkungen, das Begrenzte, Gewordne, *Vergängliche* ist Ausdruck der Seele. Aber Menschenkenner sein bedeutet nun auch jene menschlichen Organismen größten Stils, die ich Kulturen nenne, kennen, ihre Miene, ihre Sprache, ihre Handlungen begreifen, wie man die eines einzelnen Menschen begreift.

Beschreibende, gestaltende Physiognomik ist die ins Geistige übertragene Kunst des Porträts. Don Quijote, Werther, Julien Sorel sind die Porträts einer Epoche. Faust ist das Porträt einer ganzen Kultur. Der Naturforscher, der Morphologe als Systematiker kennt das Porträt der Welt nur als nachahmende Aufgabe. Ganz dasselbe bedeutet „Naturtreue", „Ähnlichkeit" für den malenden Handwerker, der im Grunde rein mathematisch zu Werke geht. Ein echtes Porträt im Sinne Rembrandts ist aber Physiognomik, das heißt in einen Augenblick gebannte *Geschichte*. Die Reihe seiner Selbstbildnisse ist nichts anderes als eine – echt Goethesche – Selbstbiographie. So sollte die Biographie der großen Kulturen geschrieben werden. Der nachahmende Teil, die Arbeit des Fachhistorikers an Daten und Zahlen, ist nur Mittel, nicht Ziel. Zu den Zügen im Antlitz der Historie gehört alles, was man bis jetzt nur nach persönlichen Maßstäben, nach Nutzen und Schaden, Gut und Böse, Gefallen und Mißfallen zu werten verstanden hat. Staatsformen wie Wirtschaftsformen, Schlachten wie Künste, Wissenschaften wie Götter, Mathematik wie Moral. Alles, was überhaupt *geworden* ist, alles, was erscheint, ist Symbol, ist Ausdruck einer Seele. Es will mit dem Auge des Menschenkenners betrachtet, es will nicht in Gesetze gebracht, es will in seiner Bedeutung gefühlt werden. Und so erhebt sich die Untersuchung zu einer letzten und höchsten Gewißheit: *Alles Vergängliche ist nur ein Gleichnis.*

Zur Naturerkenntnis kann man erzogen werden, der Geschichtskenner wird *geboren.* Er begreift und durchdringt die Menschen und Tatsachen mit einem Schlage, aus einem Gefühl heraus, das man nicht lernt, das jeder absichtlichen Einwirkung entzogen ist, das in seiner höchsten Kraft sich selten genug einstellt. Zerlegen, definieren, ordnen, nach Ursache und Wirkung abgrenzen kann man, wenn man will. Das ist eine Arbeit; das andre ist eine Schöpfung. Gestalt und Gesetz, Gleichnis und Begriff, Symbol und Formel haben ein ganz verschiedenes Organ. Es ist das Verhältnis von *Leben und Tod*, von Zeugen und Zerstören, das in diesem Gegensatz erscheint. Der Verstand, das System, der Begriff töten, indem sie „erkennen". Sie machen das Erkannte zum starren Gegenstand, der sich messen und teilen läßt. Das Anschauen beseelt. Es verleibt das Einzelne einer lebendigen, innerlich gefühlten Einheit ein. Dichten und Geschichtsforschung sind verwandt, Rechnen und Erkennen sind es auch. Aber – wie Hebbel einmal sagt: „Systeme werden nicht erträumt, Kunstwerke nicht errechnet oder, was dasselbe ist, erdacht". Der Künstler, der echte Historiker schaut, wie etwas wird. Er erlebt das Werden in den Zügen des Betrachteten noch einmal. Der Systematiker, sei er Physiker, Logiker, Darwinist oder schreibe er pragmatische Geschichte, erfährt, was geworden ist. Die Seele eines Künstlers ist wie die Seele einer Kultur etwas, das sich verwirklichen möchte, etwas Vollständiges und Vollkommenes, in der Sprache einer älteren Philosophie: ein Mikrokosmos. Der systematische, vom Sinnlichen abgezogene – „abs-trakte" – Geist ist eine späte, enge und vorübergehende Erscheinung und gehört zu den reifsten Zuständen einer Kultur. Er ist an die *Städte* gebunden, in denen sich ihr Leben mehr und mehr zusammendrängt, er erscheint und er verschwindet wieder mit ihnen. Antike Wissenschaft gibt es nur von den Ioniern des 6. Jahrhunderts an bis zur Römerzeit. Antike Künstler gibt es, solange es eine Antike gibt. Ein Schema möge wieder zur Verdeutlichung dienen:

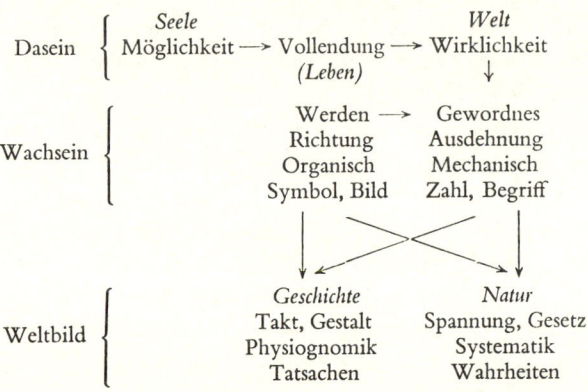

Versucht man, sich über das Prinzip der Einheit klar zu werden, aus welcher jede der beiden Welten aufgefaßt wird, so findet man, daß mathematisch geregelte Erkenntnis, und zwar desto entschiedener, je reiner sie ist, sich durchaus auf ein *beständig Gegenwärtiges* bezieht. Das Bild der Natur, wie es der Physiker betrachtet, ist das augenblicklich vor seinen Sinnen sich entfaltende. Zu den meist verschwiegenen, aber um so festeren Voraussetzungen aller Naturforschung gehört die, daß „die" Natur für jedes Wachsein und zu allen Zeiten dieselbe sei. Ein Experiment entscheidet für immer. Die Zeit wird nicht verneint, aber es wird innerhalb dieser Einstellung von ihr abgesehen. Wirkliche Geschichte aber beruht auf dem ebenso gewissen Gefühl vom Gegenteil. Geschichte setzt als ihr Organ eine schwer zu beschreibende Art von innerer Sinnlichkeit voraus, deren Eindrücke in unendlicher Wandlung begriffen sind, mithin in einem Zeitpunkte gar nicht zusammengefaßt werden können. (Von der vermeintlichen „Zeit" der Physiker wird später die Rede sein.) Das Bild der Geschichte – sei es die der Menschheit, der Organismenwelt, der Erde, der Fixsternsysteme – ist ein *Gedächtnisbild.* Gedächtnis wird hier als ein höherer Zustand aufgefaßt, der durchaus nicht jedem Wachsein eigen und manchem nur in geringem Grade verliehen ist, eine ganz bestimmte Art von Einbildungskraft, die den einzelnen Augenblick sub specie aeternitatis, in steter Beziehung auf alles Vergangene und Zukünftige durchlebt werden läßt; es ist die

Voraussetzung jeder Art von zurückgewandter Beschaulichkeit, von Selbsterkenntnis und Selbstbekenntnis. In diesem Sinne besitzt der antike Mensch kein Gedächtnis, mithin keine Geschichte, weder in sich noch um sich. „Über Geschichte kann niemand urteilen, als wer an sich selbst Geschichte erlebt hat" (Goethe). Im antiken Weltbewußtsein wird alles Vergangene im Augenblicklichen aufgesaugt. Man vergleiche die äußerst „historischen" Köpfe der Naumburger Domskulpturen, Dürers, Rembrandts mit denen hellenistischer Bildnisse, etwa der bekannten Sophoklesstatue. Die einen erzählen die ganze Geschichte einer Seele, die Züge der andern beschränken sich streng auf den Ausdruck eines augenblicklichen Seins. Sie schweigen von allem, was im Lauf eines Lebens zu diesem Sein geführt hat – wenn davon bei einem echt antiken Menschen, der immer fertig, nie ein Werdender ist, überhaupt die Rede sein kann.

6

Und nun ist es möglich, die letzten Elemente der historischen Formenwelt aufzufinden. Unzählige Gestalten, in endloser Fülle auftauchend, verschwindend, sich abhebend, wieder verfließend, ein in tausend Farben und Lichtern blinkendes Gewirr von anscheinend freiester Zufälligkeit – das ist zunächst das Bild der Weltgeschichte, wie sie als Ganzes vor dem innern Auge sich ausbreitet. Der tiefer ins Wesenhafte dringende Blick aber sondert aus dieser Willkür reine Formen ab, die dicht verhüllt und nur widerwillig sich entschleiernd allem menschlichen Werden zugrunde liegen.

Vom Bilde des gesamten Weltwerdens mit seinen mächtig hintereinander getürmten Horizonten, wie sie das faustische Auge umfaßt,[1] dem Werden des Sternenhimmels, der Erdoberfläche, der Lebewesen, der Menschen, betrachten wie jetzt nur die äußerst kleine morphologische Einheit der „Weltgeschichte" im gewohnten Sinne, der von dem späten Goethe wenig geachteten Geschichte des höheren Menschentums, die gegenwärtig etwa 6000 Jahre umfaßt, ohne

[1] Vgl. Bd. II, S. 588 f.

auf das tiefe Problem der inneren Gleichartigkeit all dieser Aspekte einzugehen. Was dieser flüchtigen Formenwelt Sinn und Gehalt gibt und was bis jetzt tief verschüttet lag unter der kaum durchdrungenen Masse handgreiflicher „Daten" und „Tatsachen", ist das *Phänomen der großen Kulturen.* Erst nachdem diese Urformen in ihrer physiognomischen Bedeutung erschaut, gefühlt, herausgearbeitet worden sind, kann das Wesen und die innere Form der menschlichen Geschichte – gegenüber dem Wesen der Natur – *für uns* als verstanden gelten. Erst von diesem Ein- und Ausblicke an darf von einer Philosophie der Geschichte ernsthaft die Rede sein. Erst dann ist es möglich, jede Tatsache im historischen Bilde, jeden Gedanken, jede Kunst, jeden Krieg, jede Persönlichkeit, jede Epoche ihrem symbolischen Gehalte nach zu begreifen und die Geschichte selbst nicht mehr als bloße Summe von Vergangenem ohne eigentliche Ordnung und innere Notwendigkeit vor sich zu sehen, sondern als einen Organismus von strengstem Bau und sinnvollster Gliederung, in dessen Entwicklung die zufällige Gegenwart des Betrachters keinen Abschnitt bezeichnet und die Zukunft nicht mehr formlos und unbestimmbar erscheint.

Kulturen sind Organismen.[1] Weltgeschichte ist ihre Gesamtbiographie. Die ungeheure Geschichte der chinesischen oder antiken Kultur ist morphologisch das genaue Seitenstück zur Kleingeschichte des einzelnen Menschen, eines Tieres, eines Baumes oder einer Blume. Das ist für den faustischen Blick keine Forderung, sondern eine Erfahrung. Will man die überall wiederholte innere Form kennen lernen, so hat die vergleichende Morphologie der Pflanzen und Tiere längst die Methode dazu vorbereitet.[2] Im Schicksal der einzelnen, aufeinander folgenden, nebeneinander aufwachsenden, sich berührenden, überschattenden, erdrückenden Kulturen erschöpft sich der Gehalt aller Menschengeschichte. Und läßt man ihre Gestalten, die bis jetzt nur allzu tief unter der Oberfläche einer trivial fortlaufenden „Geschichte der Menschheit" verborgen waren, im

---

[1] Vgl. Bd. II, S. 596.

[2] Es ist nicht die zerlegende des zoologischen „Pragmatismus" der Darwinisten mit ihrer Jagd nach Kausalzusammenhängen, sondern die anschauende und überschauende Goethes.

Geiste vorüberziehen, so muß es gelingen, die Urgestalt *der* Kultur, frei von allem Trübenden und Unbedeutenden aufzufinden, die allen *einzelnen* Kulturen als Formideal zugrunde liegt.

Ich unterscheide die *Idee* einer Kultur, den Inbegriff ihrer inneren Möglichkeiten, von ihrer sinnlichen *Erscheinung* im Bilde der Geschichte als der vollzogenen Verwirklichung. Es ist das Verhältnis der Seele zum lebenden Körper, ihrem *Ausdruck* inmitten der Lichtwelt unsrer Augen. Die Geschichte einer Kultur ist die fortschreitende Verwirklichung ihres Möglichen. Die Vollendung ist gleichbedeutend mit dem Ende. So verhält sich die apollinische Seele, die einige von uns vielleicht verstehen und miterleben können, zu ihrer Entfaltung in der Wirklichkeit, zur „Antike", deren dem Auge und Verstand zugänglichen Reste der Archäologe, der Philologe, der Ästhetiker und der Historiker untersuchen.

Kultur ist das *Urphänomen* aller vergangenen und künftigen Weltgeschichte. Die tiefe und wenig gewürdigte Idee Goethes, die er in seiner „lebendigen Natur" entdeckte und seinen morphologischen Forschungen stets zugrunde gelegt hat, soll hier in ihrem genauesten Sinne auf all die vollkommen ausgereiften, in der Blüte erstorbenen, halbentwickelten, im Keim erstickten Bildungen der menschlichen Geschichte angewendet werden. Es ist eine Methode des Erfühlens, nicht des Zerlegens. „Das Höchste, wozu der Mensch gelangen kann, ist das Erstaunen, und wenn ihn das Urphänomen in Erstaunen setzt, so sei er zufrieden; ein Höheres kann es ihm nicht gewähren und ein Weiteres soll er nicht dahinter suchen: hier ist die Grenze." Ein Urphänomen ist dasjenige, worin die Idee des Werdens rein vor Augen liegt. Goethe sah die Idee der *Urpflanze* in der Gestalt jeder einzelnen, zufällig entstandenen oder überhaupt möglichen Pflanze klar vor seinem geistigen Auge. Er ging bei seiner Untersuchung des *os intermaxillare* vom *Urphänomen des Wirbeltiertypus*, auf anderem Gebiete von der geologischen Schichtung, vom Blatt als der *Urform* aller pflanzlichen Organe, von der Metamorphose der Pflanzen als dem Urbild alles organischen Werdens aus. „Dasselbe Gesetz wird sich auf alles übrige Lebendige anwenden lassen", schrieb er aus Neapel an Herder, als er ihm seine Entdek-

kung mitteilte. Es war ein Blick auf die Dinge, den Leibniz verstanden hätte; das Jahrhundert Darwins ist ihm so fern als möglich geblieben.

Aber eine Geschichtsbetrachtung, die von den Methoden des Darwinismus, das heißt der systematischen, auf dem Kausalprinzip beruhenden Naturwissenschaft ganz frei wäre, gibt es überhaupt noch
nicht. Von einer strengen und klaren, ihrer Mittel und Grenzen vollkommen bewußten Physiognomik, deren Methoden erst noch zu
finden wären, ist niemals die Rede gewesen. Hier liegt die große
Aufgabe des 20. Jahrhunderts vor, den inneren Bau der organischen
Einheiten, durch die und an denen sich Weltgeschichte vollzieht,
sorgfältig bloßzulegen, das morphologisch Notwendige und Wesenhafte vom Zufälligen zu unterscheiden, den *Ausdruck* der Begebenheiten zu begreifen und die ihm zugrunde liegende Sprache zu ermitteln.

7

Eine unübersehbare Masse menschlicher Wesen, ein uferloser
Strom, der aus dunkler Vergangenheit hervortritt, dort, wo unser
Zeitgefühl seine ordnende Wirksamkeit verliert und die ruhelose
Phantasie – oder Angst – in uns das Bild geologischer Erdperioden
hingezaubert hat, um ein nie zu lösendes Rätsel dahinter zu verbergen; ein Strom, der sich in eine ebenso dunkle und zeitlose Zukunft
verliert: das ist der Untergrund des faustischen Bildes der Menschengeschichte. Der einförmige Wellenschlag zahlloser Generationen bewegt die weite Fläche. Glitzernde Streifen breiten sich aus. Flüchtige
Lichter ziehen und tanzen darüber hin, verwirren und trüben den
klaren Spiegel, verwandeln sich, blitzen auf und verschwinden. Wir
haben sie Geschlechter, Stämme, Völker, Rassen genannt. Sie fassen
eine Reihe von Generationen in einem beschränkten Kreise der historischen Oberfläche zusammen. Wenn die gestaltende Kraft in ihnen
erlischt – und diese Kraft ist eine sehr verschiedene und bestimmt
von vornherein eine sehr verschiedene Dauer und Plastizität dieser
Bildungen –, erlöschen auch die physiognomischen, sprachlichen,
geistigen Merkmale, und die Erscheinung löst sich wieder in dem

Chaos der Generationen auf. Arier, Mongolen, Germanen, Kelten, Parther, Franken, Karthager, Berber, Bantu sind Namen für höchst verschiedenartige Gebilde dieser Ordnung.

Über diese Fläche hin aber ziehen die großen Kulturen[1] ihre majestätischen Wellenkreise. Sie tauchen plötzlich auf, verbreiten sich in prachtvollen Linien, glätten sich, verschwinden, und der Spiegel der Flut liegt wieder einsam und schlafend da.

Eine Kultur wird in dem Augenblick geboren, wo eine große Seele aus dem urseelenhaften Zustande ewig-kindlichen Menschentums erwacht, sich ablöst, eine Gestalt aus dem Gestaltlosen, ein Begrenztes und Vergängliches aus dem Grenzenlosen und Verharrenden. Sie erblüht auf dem Boden einer genau abgrenzbaren Landschaft, an die sie pflanzenhaft gebunden bleibt. Eine Kultur stirbt, wenn diese Seele die volle Summe ihrer Möglichkeiten in der Gestalt von Völkern, Sprachen, Glaubenslehren, Künsten, Staaten, Wissenschaften verwirklicht hat und damit wieder ins Urseelentum zurückkehrt. Ihr lebendiges Dasein aber, jene Folge großer Epochen, die in strengem Umriß die fortschreitende Vollendung bezeichnen, ist ein tiefinnerlicher, leidenschaftlicher Kampf um die Behauptung der Idee gegen die Mächte des Chaos nach außen, gegen das Unbewußte nach innen, in das sie sich grollend zurückgezogen haben. Nicht nur der Künstler kämpft gegen den Widerstand der Materie und gegen die Vernichtung der Idee in sich. Jede Kultur steht in einer tiefsymbolischen und beinahe mystischen Beziehung zum Ausgedehnten, zum Raume, in dem, durch den sie sich verwirklichen will. Ist das Ziel erreicht und die Idee, die ganze Fülle innerer Möglichkeiten vollendet und nach außen hin verwirklicht, so *erstarrt* die Kultur plötzlich, sie stirbt ab, ihr Blut gerinnt, ihre Kräfte brechen – sie wird zur *Zivilisation*. Das ist es, was wir bei den Worten Ägyptizismus, Byzantinismus, Mandarinentum fühlen und verstehen. So kann sie, ein verwitterter Baumriese im Urwald, noch Jahrhunderte und Jahrtausende hindurch die morschen Äste emporstrecken. Wir sehen es an China, an Indien, an der Welt des Islam. So ragte die antike Zivilisation der Kaiserzeit mit einer scheinbaren

[1] Vgl. Bd. II, S. 596.

Jugendkraft und Fülle riesenhaft auf und nahm der jungen arabischen Kultur des Ostens Luft und Licht.[1]

Dies ist der Sinn aller *Untergänge* in der Geschichte – der inneren
und äußeren Vollendung, des Fertigseins, das jeder lebendigen Kultur bevorsteht –, von denen der in seinen Umrissen deutlichste als
„Untergang der Antike" vor uns steht, während wir die frühesten
Anzeichen des eignen, eines nach Verlauf und Dauer jenem völlig
gleichartigen Ereignisses, das den ersten Jahrhunderten des nächsten
Jahrtausends angehört, den „Untergang des Abendlandes", heute
schon deutlich in und um uns spüren.[2]

Jede Kultur durchläuft die Altersstufen des einzelnen Menschen.
Jede hat ihre Kindheit, ihre Jugend, ihre Männlichkeit und ihr Greisentum. Eine junge, verschüchterte, ahnungsschwere Seele offenbart
sich in der Morgenfrühe der Romanik und Gotik. Sie erfüllt die
faustische Landschaft von der Provence der Troubadoure bis zum
Hildesheimer Dom Bischof Bernwards. Hier weht Frühlingswind.
„Man sieht in den Werken der altdeutschen Baukunst", sagt Goethe,
„die Blüte eines außerordentlichen Zustandes. Wem eine solche
Blüte unmittelbar entgegentritt, der kann nichts als anstaunen; wer
aber in das geheime innere Leben der Pflanze hineinsieht, in das
Regen der Kräfte und wie sich die Blüte nach und nach entwickelt,
der sieht die Sache mit ganz andern Augen, der weiß, was er sieht."
Kindheit spricht ebenso und in ganz verwandten Lauten aus der
frühhomerischen Dorik, aus der altchristlichen, das heißt früharabischen Kunst und aus den Werken des mit der 4. Dynastie beginnenden Alten Reiches in Ägypten. Da ringt ein mythisches Weltbewußtsein mit allem Dunklen und Dämonischen in sich und in
der Natur wie mit einer *Schuld*, um langsam dem reinen lichtklaren
Ausdruck eines endlich gewonnenen und begriffenen Daseins ent-
gegenzureifen. Je mehr eine Kultur sich der Mittagshöhe ihres Daseins nähert, desto männlicher, herber, beherrschter, gesättigter wird

---

[1] Vgl. Bd. II, S. 784.

[2] Vgl. Bd. II, S. 673 ff. Es ist nicht die Katastrophe der Völkerwanderung, die wie
die Vernichtung der Mayakultur durch die Spanier (Bd. II, S. 606 ff.) ein Zufall
ohne alle tiefere Notwendigkeit war, sondern der innere Abbau, der seit Hadrian
und dementsprechend in China unter der östlichen Han-Dynastie (25–220) einsetzt.

ihre endlich gesicherte Formensprache, desto gewisser ist sie im Gefühl ihrer Kraft, desto klarer werden ihre Züge. In der Frühzeit war das alles noch dumpf, verworren, suchend, von kindlicher Sehnsucht und Angst zugleich erfüllt. Man betrachte die Ornamentik romanisch-gotischer Kirchenportale Sachsens und des südlichen Frankreichs. Man denke an die altchristlichen Katakomben, an die Vasen des Dipylonstils. Jetzt, im vollen Bewußtsein der gereiften Gestaltungskraft, wie sie die Zeitalter des beginnenden Mittleren Reiches, der Peisistratiden, Justinians I., der Gegenreformation zeigen, erscheint jeder Einzelzug des Ausdrucks gewählt, streng, gemessen, von einer wunderbaren Leichtigkeit und Selbstverständlichkeit. Hier finden sich überall Augenblicke einer leuchtenden Vollendung, Augenblicke, in denen der Kopf Amenemhets III. (die Hyksossphinx von Tanis), die Wölbung der Hagia Sophia, die Gemälde Tizians entstanden sind. Noch später, zart, beinahe zerbrechlich, von der wehen Süßigkeit der letzten Oktobertage sind die knidische Aphrodite und die Korenhalle des Erechtheion, die Arabesken an sarazenischen Hufeisenbögen, der Dresdner Zwinger, Watteau und Mozart. Zuletzt, im Greisentum der anbrechenden Zivilisation, erlischt das Feuer der Seele. Die abnehmende Kraft wagt sich noch einmal, mit halbem Erfolge – im Klassizismus, der keiner erlöschenden Kultur fremd ist – an eine große Schöpfung; die Seele denkt noch einmal – in der Romantik – wehmütig an ihre Kindheit zurück. Endlich verliert sie, müde, verdrossen und kalt, die Lust am Dasein und sehnt sich – wie zur römischen Kaiserzeit – aus tausendjährigem Lichte wieder in das Dunkel urseelenhafter Mystik, in den Mutterschoß, ins Grab zurück. Das ist der Zauber der „zweiten Religiosität",[1] wie ihn damals der Mithras-, Isis- und Solkult auf spätantike Menschen ausübten – dieselben Kulte, welche eine eben ertagende Seele im Osten als den frühesten, träumerischen, ängstlichen Ausdruck ihres Alleinseins in dieser Welt mit einer ganz neuen Innerlichkeit erfüllt hatte.

[1] Vgl. Bd. II, S. 941 f.

8

Man spricht vom *Habitus* einer Pflanze und meint damit die ihr allein eignende Art der äußern Erscheinung, den Charakter, den Gang, die Dauer ihres Hervortretens in die Lichtwelt unsrer Augen, wodurch sich jede in jedem ihrer Teile und auf jeder Stufe ihres Daseins von den Exemplaren aller andern Gattungen unterscheidet. Ich wende diesen für die Physiognomik wichtigen Begriff auf die großen Organismen der Geschichte an und spreche von dem Habitus indischer, ägyptischer, antiker Kultur, Geschichte oder Geistigkeit. Ein unbestimmtes Gefühl davon hat immer schon dem *Stilbegriff* zugrunde gelegen, und es heißt ihn nur verdeutlichen und vertiefen, wenn man vom religiösen, gelehrten, politischen, sozialen, wirtschaftlichen Stil einer Kultur, überhaupt vom *Stil einer Seele* spricht. Dieser Habitus des Daseins im Raume, der beim einzelnen Menschen sich auf Tun und Denken, Haltung und Gesinnung erstreckt, umfaßt im Dasein ganzer Kulturen den gesamten Lebensausdruck höherer Ordnung, wie die Wahl bestimmter Kunstgattungen (der Rundplastik, des Fresko durch die Hellenen, des Kontrapunkts, der Ölmalerei im Abendlande) und die entschiedene Ablehnung anderer (der Plastik durch die Araber), den Hang zur Esoterik (Indien) oder Popularität (Antike), zur Rede (Antike) oder Schrift (China, Abendland) als den Formen der geistigen Mitteilung, den Typus ihrer Trachten, Verwaltungen, Verkehrsmittel und Umgangsformen. Alle großen Persönlichkeiten der Antike bilden eine Gruppe für sich, deren seelischer Habitus von dem aller großen Menschen der arabischen oder abendländischen Gruppe streng unterschieden ist. Man vergleiche selbst Goethe oder Raffael mit antiken Menschen, und Heraklit, Sophokles, Plato, Alkibiades, Themistokles, Horaz, Tiberius rücken sofort zu einer einzigen Familie zusammen. Jede antike Weltstadt, vom Syrakus des Hieron bis zum kaiserlichen Rom, ist, als Verkörperung und Sinnbild eines und desselben Lebensgefühls, nach Grundriß, Straßenbild, Sprache der privaten und öffentlichen Architektur, nach dem Typus von Plätzen, Gassen, Höfen, Fassaden, nach Farbe, Lärm, Gewimmel, nach dem

Geist ihrer Nächte von der Gruppe der indischen, der arabischen, der abendländischen Weltstädte tief verschieden. Im eroberten Granada war die Seele arabischer Städte, Bagdads und Kairos, noch lange fühlbar, während in dem Madrid Philipps II. schon alle physiognomischen Merkmale der modernen Stadtbilder von London und Paris anzutreffen sind. Es liegt eine hohe Symbolik in jedem Anderssein dieser Art; man denke an den abendländischen Hang zu geradlinigen Perspektiven und Straßenfluchten wie dem mächtigen Zuge der Champs-Elysées vom Louvre an oder dem Platz vor der Peterskirche, und an dessen Gegensatz in der fast absichtlichen Verworrenheit und Enge der Via sacra, des Forum Romanum und der Akropolis mit ihrer unsymmetrischen und unperspektivischen Ordnung der Teile. Auch der Städtebau wiederholt, ob aus dunklem Trieb wie in der Gotik oder bewußt wie seit Alexander und Napoleon, hier das Prinzip der leibnizschen Mathematik des unendlichen Raumes und dort das der euklidischen vereinzelter Körper.[1]

Zum Habitus einer Gruppe von Organismen gehört aber auch eine bestimmte *Lebensdauer* und ein bestimmtes *Tempo* der Entwicklung. Diese Begriffe dürfen in einer Strukturlehre der Geschichte nicht fehlen. Der *Takt* des antiken Daseins war ein anderer als der des ägyptischen oder arabischen. Man darf vom Andante des hellenisch-römischen und vom Allegro con brio des faustischen Geistes reden. Mit dem Begriff der Lebensdauer eines Menschen, eines Schmetterlings, einer Eiche, eines Grashalms verbindet sich, ganz unabhängig von allen Zufälligkeiten des Einzelschicksals, ein bestimmter Wert. Zehn Jahre sind im Leben aller Menschen ein annähernd gleichbedeutender Abschnitt, und die Metamorphose der Insekten knüpft sich in einzelnen Fällen an eine im voraus genau bekannte Anzahl von Tagen. Die Römer verbanden mit ihren Begriffen pueritia, adolescentia, juventus, virilitas, senectus eine fast mathematisch genaue Vorstellung. Die Biologie der Zukunft wird ohne Zweifel die *vorbestimmte* Lebensdauer der Arten und Gattungen – im Gegensatz zum Darwinismus und mit grundsätzlicher Ausschaltung kausaler Zweckmäßigkeitsmotive für die Entstehung

[1] Vgl. Bd. II, S. 664 ff.

von Arten – zum Ausgangspunkt einer ganz neuen Problemstellung machen.[1] Die Dauer einer Generation – gleichviel von was für Wesen – ist eine Tatsache von beinahe mystischer Bedeutung. Diese Beziehungen besitzen nun auch, in einer bisher nie geahnten Weise, Geltung für alle hohen Kulturen. *Jede Kultur, jede Frühzeit, jeder Aufstieg und Niedergang, jede ihrer innerlich notwendigen Stufen und Perioden hat eine bestimmte, immer gleiche, immer mit dem Nachdruck eines Symbols wiederkehrende Dauer.* In diesem Buche muß darauf verzichtet werden, diese Welt geheimnisvollster Zusammenhänge zu erschließen, aber die im folgenden immer wieder aufleuchtenden Tatsachen werden verraten, was alles hier verborgen liegt. Was bedeutet die in allen Kulturen auffallende 50jährige Periode im Rhythmus des politischen, geistigen, künstlerischen Werdens?[2] Was die 300jährigen Perioden des Barock, der Ionik, der großen Mathematiken, der attischen Plastik, der Mosaikmalerei, des Kontrapunkts, der galileischen Mechanik? Was bedeutet die *ideale* Lebensdauer von einem Jahrtausend für jede Kultur im Vergleich zu der des Einzelnen, dessen „Leben 70 Jahre währt"?

Wie Blätter, Blüten, Zweige, Früchte in ihrer Gestalt, Tracht und Haltung ein Pflanzendasein zum Ausdruck bringen, so tun es die religiösen, gelehrten, politischen, wirtschaftlichen Bildungen im Dasein einer Kultur. Was etwa für Goethes Individualität eine Reihe so verschiedenartiger Äußerungen wie der Faust, die Farbenlehre, der Reinecke Fuchs, Tasso, Werther, die Reise nach Italien, die Liebe zu Friederike, der west-östliche Divan und die römischen Elegien waren, das bedeuten für die Individualität der Antike die Perserkriege, die attische Tragödie, die Polis, das Dionysische so gut wie die Tyrannis, die ionische Säule, die Geometrie Euklids, die römische

---

[1] Vgl. Bd. II, S. 592f.

[2] Ich mache hier nur auf den Abstand der drei Punischen Kriege und auf die ebenfalls rein rhythmisch zu begreifende Reihe des spanischen Erbfolgekrieges, der Kriege Friedrichs des Großen, Napoleons, Bismarcks und des Weltkriegs aufmerksam; vgl. Bd. II, S. 1047 Anm. Das seelische Verhältnis zwischen Großvater und Enkel hängt damit zusammen. Daher stammt die Überzeugung primitiver Völker, daß die Seele des Großvaters im Enkel zurückkehre, und die verbreitete Sitte, dem Enkel den *Namen* des Großvaters zu geben, der mit seiner mystischen Kraft dessen Seele wieder in die Körperwelt bannt.

Legion, die Gladiatorenkämpfe und das „*panem et circenses*" der Kaiserzeit.

In diesem Sinne wiederholt nun auch mit tiefster Notwendigkeit jedes irgendwie bedeutende Einzeldasein alle Epochen der Kultur, welcher es angehört. In jedem von uns erwacht das Innenleben – in jenem entscheidenden Augenblick, von dem an man weiß, daß man ein Ich ist – dort und so, wie einst die Seele der ganzen Kultur erwachte. Jeder von uns Menschen des Abendlandes erlebt als Kind seine Gotik, seine Dome, Ritterburgen und Heldensagen, das „*Dieu le veut*" der Kreuzzüge und das Seelenleid des jungen Parzival in wachen Träumen und Kinderspielen noch einmal. Jeder junge Grieche hatte sein homerisches Zeitalter und sein Marathon. In Goethes Werther, dem Bild einer Jugendwende, die jeder faustische, aber kein antiker Mensch kennt, taucht die Frühzeit Petrarcas und des Minnesangs noch einmal auf. Als Goethe den Urfaust entwarf, war er Parzival. Als er den ersten Teil abschloß, war er Hamlet. Erst mit dem Zweiten Teil wurde er der Weltmann des 19. Jahrhunderts, welcher Byron verstand. Selbst das Greisentum, jene grillenhaften und unfruchtbaren Jahrhunderte des spätesten Hellenismus, die „zweite Kindheit" einer müden, blasierten Intelligenz, ist an mehr als einem großen Greise der Antike zu studieren. In den Bacchen des Euripides ist viel vom Lebensgefühl, in Platos Timaios viel von dem religiösen Synkretismus der Kaiserzeit vorweggenommen. Und Goethes zweiter Faust, Wagners Parsifal verraten im voraus, welche Gestalt *unser* Seelentum in den nächsten, den *letzten schöpferischen* Jahrhunderten annehmen wird.

Als *Homologie der Organe* bezeichnet die Biologie deren *morphologische* Gleichwertigkeit im Gegensatz zur *Analogie*, die sich auf die Gleichwertigkeit ihrer *Funktion* bezieht. Goethe hat diesen bedeutenden und in der Folge so fruchtbaren Begriff konzipiert, dessen Verfolgung ihn zur Entdeckung des *os intermaxillare* beim Menschen führte; Owen hat ihm eine streng wissenschaftliche Fassung gegeben. Ich führe auch diesen Begriff in die historische Methode ein.

Man weiß, daß jedem Teil des menschlichen Kopfskeletts bei jedem Wirbeltier bis zu den Fischen herab ein anderer genau entspricht, daß die Brustflossen der Fische und die Füße, Flügel, Hände der landbewohnenden Wirbeltiere homologe Organe sind, auch wenn sie den leisesten Anschein von Ähnlichkeit verloren haben. *Homolog* sind die Lunge der Landtiere und die Schwimmblase der Fische, *analog* – in bezug auf den Gebrauch – sind Lunge und Kiemen.[1] Hier äußert sich eine vertiefte, durch strengste Schulung des Blicks erworbene morphologische Begabung, die der heutigen Geschichtsforschung mit ihren oberflächlichen Vergleichen – zwischen Christus und Buddha, Archimedes und Galilei, Cäsar und Wallenstein, der deutschen und der hellenischen Kleinstaaterei – völlig fremd ist. Es wird im Verlauf dieses Buches immer deutlicher werden, welch ungeheure Perspektiven sich dem historischen Blick eröffnen, sobald jene strenge Methode auch innerhalb der Geschichtsbetrachtung verstanden und ausgebildet worden ist. Homologe Bildungen sind, um hier nur weniges zu nennen, die antike Plastik und die abendländische Instrumentalmusik, die Pyramiden der 4. Dynastie und die gotischen Dome, der indische Buddhismus und der römische Stoizismus (Buddhismus und Christentum sind *nicht einmal analog*), die Zeit der „kämpfenden Staaten" Chinas, der Hyksos und der Punischen Kriege, die des Perikles und der Ommaijaden, die Epochen des Rigveda, Plotins und Dantes. Homolog sind dionysische Strömung und Renaissance, analog dionysische Strömung und Reformation. Für uns – das hat Nietzsche richtig gefühlt – „resümiert Wagner die Modernität". *Folglich* muß es für die antike Modernität etwas Entsprechendes geben: es ist die pergamenische Kunst. (Die Tafeln am Anfang geben einen vorläufigen Begriff von der Fruchtbarkeit dieses Aspekts.)

Aus der Homologie historischer Erscheinungen folgt sogleich ein

---

[1] Es ist nicht überflüssig hinzuzufügen, daß diese *reinen Phänomene* der lebendigen Natur fernab von allem Kausalen liegen und daß der Materialismus ihr Bild erst durch Hineintragen von Zweckmäßigkeitsursachen verderben mußte, um ein System für den Alltagsverstand zu erhalten. Goethe, der vom Darwinismus ungefähr so viel vorweggenommen hat, als in fünfzig Jahren von ihm übrig sein wird, schaltet das Kausalitätsprinzip *ganz* aus. Es kennzeichnet das ursachen- und zwecklose wirkliche Leben, daß die Darwinisten das Fehlen des Prinzips hier gar nicht bemerkt haben. Der Begriff des Urphänomens läßt keinerlei kausale Annahmen zu, man müßte ihn denn erst mechanistisch mißverstehen.

völlig neuer Begriff. Ich nenne „*gleichzeitig*" zwei geschichtliche
Tatsachen, die, jede in ihrer Kultur, in genau derselben – relativen
– Lage auftreten und also eine genau entsprechende Bedeutung
haben. Es war gezeigt worden, wie die Entwicklung der antiken
und der abendländischen Mathematik in völliger Kongruenz verläuft. Hier hätten also Pythagoras und Descartes, Archytas und Laplace, Archimedes und Gauß als *gleichzeitig* bezeichnet werden dürfen. *Gleichzeitig* vollzieht sich die Entstehung der Ionik und des
Barock. Polygnot und Rembrandt, Polyklet und Bach sind *Zeitgenossen*. Gleichzeitig erscheinen in allen Kulturen die Reformation,
der Puritanismus, vor allem die Wende zur Zivilisation. In der Antike trägt diese Epoche die Namen Philipps und Alexanders, im
Abendlande tritt das gleichzeitige Ereignis in Gestalt der Revolution und Napoleons ein. Gleichzeitig werden Alexandria, Bagdad
und Washington erbaut;[1] gleichzeitig erscheinen die antike Münze
und unsre doppelte Buchführung, die erste Tyrannis und die Fronde,
Augustus und Schi Hoang-ti, Hannibal und der Weltkrieg.

Ich hoffe zu beweisen, daß ohne Ausnahme alle großen Schöpfungen und Formen der Religion, Kunst, Politik, Gesellschaft, Wirtschaft, Wissenschaft in sämtlichen Kulturen *gleichzeitig* entstehen,
sich vollenden, erlöschen; daß der inneren Struktur der einen die
aller anderen durchaus entspricht; daß es nicht *eine* Erscheinung von
tiefer physiognomischer Bedeutung im geschichtlichen Bilde der
einen gibt, deren Gegenstück, und zwar in einer streng bezeichnenden Form und an ganz bestimmter Stelle nicht in den übrigen aufzufinden wäre. Allerdings bedarf es, um diese Homologie zweier
Tatsachen zu begreifen, einer ganz andern Vertiefung und Unabhängigkeit vom Augenschein des Vordergrundes, als sie unter Historikern bisher üblich war, die sich nie hätten träumen lassen, daß der
Protestantismus in der dionysischen Bewegung sein Gegenbild findet und daß der englische Puritanismus im Abendlande dem Islam
in der arabischen Welt entspricht.

Aus diesem Aspekt ergibt sich eine Möglichkeit, die weit über
den Ehrgeiz aller bisherigen Geschichtsforschung hinausgeht, wel-

[1] Vgl. Bd. II, S. 674 f.

cher sich im wesentlichen darauf beschränkte, Vergangnes, soweit
man es kannte, zu ordnen, und zwar nach einem einreihigen Schema:
die Möglichkeit nämlich, die Gegenwart als Grenze der Untersuchung zu überschreiten und auch die *noch nicht* abgelaufenen Zeitalter abendländischer Geschichte nach innerer Form, Dauer, Tempo,
Sinn, Ergebnis vorauszubestimmen, aber auch längst verschollene
und unbekannte Epochen, ja ganze Kulturen der Vergangenheit an
der Hand morphologischer Zusammenhänge zu rekonstruieren (ein
Verfahren nicht unähnlich dem der Paläontologie, die heute fähig
ist, aus einem einzigen aufgefundenen Schädelfragment weitgehende und sichere Angaben über das Skelett und die Zugehörigkeit des Stückes zu einer bestimmten Art zu machen).

Es ist, den physiognomischen Takt vorausgesetzt, durchaus möglich, aus zerstreuten Einzelheiten der Ornamentik, Bauweise, Schrift,
aus vereinzelten Daten politischer, wirtschaftlicher, religiöser Natur
die organischen Grundzüge des Geschichtsbildes ganzer Jahrhunderte wiederzufinden, aus Elementen der künstlerischen Formensprache etwa die gleichzeitige Staatsform, aus mathematischen Formen den Charakter der entsprechenden wirtschaftlichen abzulesen,
ein echt Goethesches, auf Goethes Idee vom *Urphänomen* zurückzu-
führendes Verfahren, das in beschränktem Umfange der vergli-
chenden Tier- und Pflanzenkunde geläufig ist, das sich aber in einem
nie geahnten Grade auf den gesamten Bereich der Historie ausdehnen läßt.

II. *Schicksalsidee und Kausalitätsprinzip*

9

Dieser Gedankengang erschließt endlich den Blick auf einen Gegensatz, der den Schlüssel zu einem der ältesten und mächtigsten
Menschheitsprobleme bildet, das erst durch ihn zugänglich und –
soweit das Wort überhaupt einen Sinn hat – lösbar erscheint: den
Gegensatz von *Schicksalsidee* und *Kausalitätsprinzip*, der wohl nie-

mals bisher als solcher, in seiner tiefen, weltgestaltenden Notwendigkeit erkannt worden ist.

Wer überhaupt versteht, inwiefern man die Seele als *Idee eines Daseins* bezeichnen kann, der wird auch ahnen, wie nahe verwandt ihr die *Gewißheit eines Schicksals* ist und inwiefern das Leben selbst, das ich die Gestalt nannte, in welcher die Verwirklichung des Möglichen sich vollzieht, als gerichtet, als unwiderruflich in jedem Zuge, als *schicksalhaft* hingenommen werden muß – dumpf und ängstigend vom Urmenschen, klar und in der Fassung einer *Weltanschauung*, die allerdings nur durch die Mittel der Religion und Kunst, nicht durch Begriffe und Beweise mitgeteilt werden kann, vom Menschen hoher Kulturen.

Jede höhere Sprache besitzt eine Anzahl Worte, die wie von einem tiefen Geheimnis umgeben sind: Geschick, Verhängnis, Zufall, Fügung, Bestimmung. Keine Hypothese, keine Wissenschaft kann je an das rühren, was man fühlt, wenn man sich in den Sinn und Klang dieser Worte versenkt. Es sind Symbole, nicht Begriffe. Hier ist der Schwerpunkt des Weltbildes, das ich die Welt als Geschichte im Unterschiede von der Welt als Natur genannt habe. Die Schicksalsidee verlangt Lebenserfahrung, nicht wissenschaftliche Erfahrung, die Kraft des Schauens, nicht Berechnung, Tiefe, nicht Geist. Es gibt eine *organische Logik*, eine instinkthafte, traumsichere Logik allen Daseins im Gegensatz zu einer *Logik des Anorganischen*, des Verstehens, des Verstandenen. Es gibt eine Logik der Richtung gegenüber einer Logik des Ausgedehnten. Kein Systematiker, kein Aristoteles oder Kant hat mit ihr etwas anzufangen gewußt. Sie verstehen von Urteil, Wahrnehmung, Aufmerksamkeit, Erinnerung zu reden, aber sie schweigen von dem, was in den Worten Hoffnung, Glück, Verzweiflung, Reue, Ergebenheit, Trotz liegt. Wer hier, im Lebendigen, Gründe und Folgen sucht und wer da glaubt, daß eine tiefinnere Gewißheit über den Sinn des Lebens gleichbedeutend mit Fatalismus und Prädestination sei, der weiß gar nicht, wovon die Rede ist, der hat schon das Erlebnis mit dem Erkannten und Erkennbaren verwechselt. Kausalität ist das Verstandesmäßige, Gesetzhafte, Aussprechbare, das Merkmal unsres gesamten verstehenden Wachseins. Schicksal ist das Wort für eine nicht zu beschreibende innere Gewißheit. Man macht das Wesen des Kausalen deutlich durch ein physikalisches oder erkenntniskritisches System, durch Zahlen, durch begriffliche Zergliederung. Man teilt die Idee eines Schicksals nur als Künstler mit, durch ein Bildnis, durch eine Tragödie, durch Musik. Das eine fordert eine *Unterscheidung*, also Zerstörung, das andre ist durch und durch *Schöpfung*. Darin liegt die Beziehung des Schicksals zum Leben, der Kausalität zum Tode.

In der Schicksalsidee offenbart sich die Weltsehnsucht einer Seele, ihr Wunsch nach dem Licht, dem Aufstieg, nach Vollendung und Verwirklichung ihrer Bestimmung. Sie ist keinem Menschen ganz fremd, und erst der späte, wurzellose Mensch der großen Städte mit seinem Tatsachensinn und der Macht seines mechanisierenden Denkens über das ursprüngliche Schauen verliert sie aus den Augen, bis sie in einer tiefen Stunde mit furchtbarer, alle Kausalität der Weltoberfläche zermalmender Deutlichkeit vor ihm steht. Denn die Welt als System kausaler Zusammenhänge ist spät, selten und nur dem energischen Intellekt hoher Kulturen ein sicherer, gewissermaßen künstlicher Besitz. Kausalität deckt sich mit dem Begriff des Gesetzes. Es gibt *nur* Kausalgesetze. Aber wie im Kausalen nach Kants Feststellung eine *Notwendigkeit des denkenden Wachseins* liegt, die *Grundform seiner Beziehung zur Welt der Dinge*, so bezeichnen die Worte Schicksal, Fügung, Bestimmung eine unentrinnbare *Notwendigkeit des Lebens*. Wirkliche Geschichte ist schicksalsschwer, aber frei von Gesetzen. Man kann die Zukunft ahnen, und es gibt einen Blick, der tief in ihre Geheimnisse dringt, aber man berechnet sie nicht. Der physiognomische Takt, mit dem man aus einem Antlitz ein ganzes Leben, aus dem Bild einer Epoche den Ausgang ganzer Völker abliest, und zwar unwillkürlich und ohne „System", bleibt weltenfern von aller „Ursache" und „Wirkung".

Wer die Lichtwelt seiner Augen nicht physiognomisch, sondern systematisch erfaßt, sie durch das Mittel *kausaler* Erfahrungen sich geistig aneignet, wird zuletzt mit Notwendigkeit alles Lebendige aus der Perspektive von Ursache und Wirkung zu verstehen glauben, ohne Geheimnis, ohne inneres Gerichtetsein. Wer aber wie

Goethe, wie jeder Mensch in weitaus den meisten Augenblicken seines wachen Daseins, die Umwelt nur auf seine Sinne eindringen läßt und die Gesamtheit dieses Eindrucks *hinnimmt*, das Gewordne als werdend fühlt, die starre Weltmaske der Kausalität lüftet, indem er einmal *nicht* nach-denkt, für den ist die Zeit plötzlich kein Rätsel mehr, kein Begriff, keine „Form", keine Dimension, sondern etwas innerlich Gewisses, das Schicksal selbst; ihr Gerichtetsein, ihre *Nicht-umkehrbarkeit*, ihre Lebendigkeit erscheint als der Sinn des historischen Weltaspekts. *Schicksal und Kausalität verhalten sich wie Zeit und Raum.*

In beiden *möglichen* Weltbildungen, in Geschichte und Natur, der *Physiognomie alles Werdens* und dem *System alles Gewordenen*, herrschen also Schicksal oder Kausalität. Zwischen ihnen besteht der Unterschied eines Lebensgefühls und einer Erkenntnisweise. Jedes von ihnen ist der Ausgangspunkt einer *vollkommenen und in sich geschlossenen*, nur nicht der *einzigen* Welt.

Aber das Werden liegt dem Gewordenen, das innere und gewisse *Fühlen* eines Schicksals mithin dem *Erkennen* von Ursache und Wirkung zugrunde. Kausalität ist – wenn man sich so ausdrücken darf – gewordenes, entorganisiertes, in Formen des Verstandes erstarrtes Schicksal. Das Schicksal selbst, an dem alle Erbauer verstandesmäßiger Weltsysteme wie Kant schweigend vorübergegangen sind, weil sie das Leben mit ihren vom Leben *abgezogenen* Grundbegriffen nicht zu berühren vermochten, steht jenseits und außerhalb aller begriffenen Natur. Als das Ursprüngliche aber gibt es dem toten und starren Prinzip von Ursache und Wirkung erst die – geschichtlich-lebendige – Möglichkeit, innerhalb hochentwickelter Kulturen als Form und Verfassung eines tyrannischen Denkens aufzutreten. Das Dasein der antiken Seele ist die *Bedingung* für die Entstehung der Methode Demokrits und das der faustischen für diejenige Newtons. Man kann sich sehr wohl denken, daß beide Kulturen ohne eine Naturwissenschaft eignen Stils geblieben wären, aber man kann sich beide Systeme nicht ohne den Untergrund jener Kulturen denken.

Wir erfahren hier wieder, in welchem Sinne Werden und Gewordnes, Richtung und Ausdehnung einander einschließen und unterordnen, je nachdem wir geschichtlich oder naturhaft „im Bilde sind". Ist „Geschichte" diejenige Art der Weltfassung, in welcher alles Gewordne dem Werden eingefügt wird, so müßte das auch mit den Ergebnissen der Naturforschung der Fall sein. Und in der Tat, für den Blick des Historikers gibt es nur eine *Geschichte der Physik.* Es war Schicksal, daß die Entdeckung des Sauerstoffs, des Neptun, der Gravitation, der Spektralanalyse gerade so und damals erfolgte. Es war Schicksal, daß die Phlogistontheorie, die Wellentheorie des Lichts, die kinetische Gastheorie als Deutung gewisser Befunde *überhaupt* entstanden sind, nämlich als persönlichste Überzeugung einzelner Geister, obwohl andre Theorien – „richtige" oder „falsche" – ebensogut entstehen konnten. Und daß diese Ansicht verschwand und jene das ganze Weltbild der Physik in eine gewisse Richtung lenkte, war wiederum Schicksal und das Ergebnis des Eindrucks einer starken Persönlichkeit. Selbst der geborne Physiker redet vom Schicksal eines Problems und von der Geschichte einer Entdeckung. Umgekehrt: Ist „Natur" die Fassung, welche verstandesmäßig das Werden dem Gewordenen einverleiben möchte, die lebendige Richtung also der starren Ausdehnung, so darf die Geschichte bestenfalls in einem Kapitel der Erkenntnistheorie erscheinen und wirklich, so hätte Kant sie aufgefaßt, wenn er nicht, was noch bezeichnender ist, sie in seinem Erkenntnissystem vollständig vergessen hätte. Für ihn wie für jeden geborenen Systematiker war die Natur *die* Welt; indem er von der Zeit redete, ohne deren *Richtung* und Nichtumkehrbarkeit zu bemerken, verriet er, daß er von der Natur sprach, ohne die Möglichkeit einer andern Welt, der historischen – die *für ihn* vielleicht wirklich unmöglich war –, zu ahnen.

Aber Kausalität hat mit Zeit gar nichts zu tun. Das wirkt heute als Paradoxon ohnegleichen, vor einer Welt von Kantianern, die gar nicht wissen, wie sehr sie es sind. Indessen läßt sich in jeder Formel der abendländischen Physik das Wie *dem Wesen nach* von dem Wann und Wielange unterscheiden. Der kausale Zusammenhang beschränkt sich, sobald man in die Tiefe dringt, streng darauf, *daß* etwas geschieht, nicht *wann* es geschieht. Die „Wirkung" muß mit der „Ursache" notwendig gesetzt sein. Ihr *Abstand* gehört einer andern Ordnung an. Er liegt im Verstehen selbst als einem Zuge des Lebens, nicht im Verstandenen. Im Wesen des Ausgedehnten ist eine Überwindung des Gerichtetseins enthalten. Der *Raum* widerspricht der Zeit, *obwohl sie ihm als das Tiefere voraufgeht und zugrunde liegt.* Denselben Vorrang nimmt das Schicksal in Anspruch. Wir haben zunächst die Idee des Schicksals und erst im *Widerspruch* zu ihr, aus der Angst geboren, als Versuch des Wachseins, das unentrinnbare Ende, den Tod innerhalb der Sinnenwelt zu bannen, zu überwinden, das Kausalitätsprinzip, durch das die Lebensangst sich des Schicksals zu *erwehren* sucht, indem sie ihm zum Trotz *eine andere Welt begründet.* Indem sie das Gespinst von Ursache und Wirkung über deren sinnliche Oberfläche breitet, hat sie ein überzeugendes Bild zeitloser Dauer geschaffen, ein *Sein,* das mit dem vollen Pathos des reinen Denkens umkleidet wird. Diese Tendenz liegt in dem Gefühl: Wissen ist Macht, das allen reifen Kulturen wohlbekannt ist. Damit ist Macht über das Schicksal gemeint. Der abstrakte Gelehrte, der Naturforscher, der Denker in Systemen, dessen ganze geistige Existenz sich auf das Kausalitätsprinzip gründet, ist eine späte Erscheinung unbewußten *Hasses* gegen die Mächte des Schicksals, des Unbegreiflichen. Die „reine Vernunft" leugnet alle Möglichkeiten außer sich. Hier liegt das strenge Denken mit der großen Kunst ewig im Streite. Das eine lehnt sich auf, die andre gibt sich hin. Ein Mann wie Kant wird sich Beethoven immer überlegen fühlen wie der Mann dem Kinde, aber er wird Beethoven nicht hindern, die „Kritik der reinen Vernunft" als eine armselige Art von Weltbetrachtung abzulehnen. Der Mißbegriff der *Teleologie,* dieser Unsinn allen Unsinns innerhalb der reinen Wissenschaft, bedeutet nichts anderes als den Versuch, den *lebendigen* Gehalt aller naturhaften Erkenntnis – denn zum Erkennen gehört auch ein Erkennender; und ist der *Inhalt* dieses Denkens „Natur", so ist der *Akt* des Denkens Geschichte – und mit ihm das Leben selbst durch das mechanistische Prinzip einer umgekehrten Kausalität sich anzugleichen. Die Teleologie ist eine Karikatur der Schicksalsidee. Was Dante als *Bestimmung* fühlt, verwandelt der Gelehrte in einen *Zweck* des Lebens. Dies ist die eigentliche und tiefste Tendenz des Darwinismus, einer großstädtisch-intellektuellen Weltfassung in der abstraktesten aller Zivilisationen, und der aus *einer* Wurzel mit ihm entspringenden, ebenfalls alles Organische und Schicksalhafte tötenden materialistischen Geschichtsauffassung. Deshalb ist das morphologische Element des Kausalen ein *Prinzip*, das des Schicksals aber eine *Idee* – die sich nicht „erkennen", beschreiben, definieren, die sich nur fühlen und innerlich erleben läßt, die man entweder niemals begreift oder deren man völlig gewiß ist, wie der frühe Mensch und unter den späten alle wahrhaft bedeutenden, der Gläubige, der Liebende, der Künstler, der Dichter.

Und so erscheint das Schicksal *als die eigentliche Daseinsart des Urphänomens*, in welchem vor dem Schauenden sich die lebendige Idee des Werdens unmittelbar entfaltet. So beherrscht die Schicksalsidee das gesamte Weltbild der Geschichte, während alle Kausalität, welche die Daseinsart von *Gegenständen* ist und die Welt des Empfindens zu wohlunterschiedenen und abgegrenzten *Dingen, Eigenschaften, Verhältnissen* prägt, als Form des Verstehens dessen alter ego, die Welt als Natur, beherrscht und durchdringt.

10

Erst aus dem Urgefühl der Sehnsucht und dessen Verdeutlichung in der Schicksalsidee wird nunmehr das *Zeitproblem* zugänglich, dessen Gehalt, soweit er das Thema des Buches berührt, kurz umschrieben werden soll. Mit dem *Worte* Zeit wird immer etwas höchst Persönliches angerufen, das, was anfangs als das *Eigne* bezeichnet worden war, insofern es mit innerer Gewißheit als Gegensatz zu etwas *Fremdem* empfunden wird, das in, mit und unter den Eindrücken des Sinnenlebens auf das Einzelwesen eindringt. Das Eigne, das Schicksal, die Zeit sind Wechselworte.

Das Problem der Zeit ist wie das des Schicksals von allen auf die Systematik des Gewordenen eingeschränkten Denkern mit vollkommenem Unverständnis behandelt worden. In Kants berühmter Theorie ist von dem Merkmal des *Gerichtetseins* mit keinem Wort die Rede. Man hat Äußerungen darüber nicht einmal vermißt. Aber was ist das – Zeit als Strecke, Zeit ohne Richtung? Alles Lebendige besitzt – hier kann man sich nur wiederholen – „*Leben*", Richtung, Triebe, Wollen, eine mit Sehnsucht aufs tiefste verwandte *Bewegtheit*, die mit der „Bewegung" des Physikers nicht das geringste zu tun hat. Das Lebendige ist unteilbar und nicht umkehrbar, einmalig, nie zu wiederholen und in seinem Verlaufe mechanisch völlig unbestimmbar: das alles gehört zur Wesenheit des Schicksals. Und „Zeit" – das, was man beim Klang des Wortes wirklich *fühlt*, was Musik besser verdeutlichen kann als Worte, Poesie besser als Prosa – hat im Unterschied vom toten Raume diesen *organischen* Wesenszug. Damit aber verschwindet die von Kant und allen andern geglaubte Möglichkeit, die Zeit *neben dem Raum* einer gleichartigen erkenntniskritischen Erwägung unterwerfen zu können. Raum ist ein *Begriff*. Zeit ist ein Wort, um etwas Unbegreifliches anzudeuten, ein Klangsymbol, das man völlig mißversteht, wenn man es ebenfalls als Begriff wissenschaftlich zu behandeln sucht. Selbst das Wort Richtung, das sich nicht ersetzen läßt, ist geeignet, durch seinen optischen Gehalt irrezuführen. Der Vektorbegriff der Physik ist ein Beweis dafür.

Dem Urmenschen kann das *Wort* „Zeit" nichts bedeuten. Er lebt, ohne es durch den Gegensatz zu etwas anderem nötig zu haben. Er hat Zeit, aber er *weiß* nichts von ihr. Wir alle werden uns, indem wir wach sind, *nur* des Raumes, nicht der Zeit bewußt. Er „ist", nämlich in und mit unsrer Sinnenwelt, und zwar als ein Sichausdehnen, solange wir träumerisch, tiebhaft, schauend, „weise" vor uns hin leben, als Raum im strengen Sinne in den Augenblicken gespannter Aufmerksamkeit. „Die Zeit" dagegen ist eine *Entdeckung*, die wir erst denkend machen; wir erzeugen sie als Vorstellung oder Begriff, und noch viel später ahnen wir, daß wir selbst, insofern wir leben, *die Zeit sind*.[1] Erst das Weltverstehen hoher Kulturen entwirft unter dem mechanisierenden Eindruck einer „Natur", aus dem Bewußtsein eines streng geordneten Räumlichen, Meßbaren, Begriff-

---

[1] Auch das Sinnenleben und Geistesleben ist Zeit; erst das Sinnen- und Geisteserlebnis, die *Welt*, ist raumhafter Natur. (Über die größere Nähe des Weiblichen zur Zeit vgl. Bd. II, S. 961 ff.).

lichen das raumhafte Bild, das *Phantom* einer Zeit,[1] das seinem Bedürfnis, alles zu begreifen, zu messen, kausal zu ordnen, genügen
soll. Und dieser Trieb, der in jeder Kultur sehr früh erscheint, ein
Zeichen verlorner Unschuld des Daseins, schafft jenseits des echten
Lebensgefühls das, was alle Kultursprachen Zeit nennen und was
dem städtischen Geiste zu einer völlig *anorganischen*, ebenso irrefüh-
renden als geläufigen Größe geworden ist. Bedeuten aber die identischen Merkmale der Ausdehnung, Grenze und Kausalität eine Beschwörung und Bannung der fremden Mächte durch das eigne
Seelentum – Goethe spricht einmal von ,,dem Prinzip verständiger
Ordnung, das wir in uns tragen, das wir als Siegel unserer Macht auf
alles prägen möchten, was uns berührt'' –, ist alles Gesetz eine Fessel,
welche die Weltangst dem zudrängenden Sinnlichen anlegt, eine
tiefe Notwehr des Lebens, so ist die Konzeption der bewußten Zeit
als einer raumhaften Vorstellung innerhalb dieses Zusammenhangs
ein später Akt derselben Notwehr, ein Versuch, das quälende innere
Rätsel, doppelt quälend für den zur Herrschaft gelangten Verstand,
dem es widerspricht, durch die Kraft des *Begriffes* zu bannen. Es liegt
immer ein feiner Haß in dem geistigen Vorgang, durch den etwas
in den Bereich und die Formenwelt des Maßes und Gesetzes gezwungen wird. Man *tötet* das Lebendige durch seine Einbeziehung
in den Raum, der leblos ist und leblos macht. Mit der Geburt ist der
Tod, mit der Vollendung das Ende gegeben. Es *stirbt* etwas im
Weibe, wenn es empfängt, und daher der ewige, aus der Weltangst
geborne Haß der Geschlechter. Der Mensch vernichtet in einem
sehr tiefen Sinne, indem er zeugt: durch leibliche Zeugung in der
sinnlichen, durch ,,Erkennen'' in der geistigen Welt. Noch bei Luther
hat Erkennen den Nebensinn von Zeugung. Mit dem *Wissen* um
das Leben, das den Tieren fremd blieb, ist das Wissen um den Tod
zu jener Macht aufgewachsen, die das gesamte menschliche Wachsein beherrscht. Mit dem *Bilde* der Zeit wurde das Wirkliche zum
Vergänglichen.[2]

---

[1] **Die** deutsche Sprache besitzt – wie viele andre´ – in dem Worte *Zeitraum* ein
Zeichen dafür, daß wir Richtung nur als Ausdehnung uns vorstellen können.
[2] Vgl. Bd. II, S. 574 f.

Die Schöpfung des bloßen *Namens* Zeit war eine Erlösung ohnegleichen. Etwas beim Namen nennen, heißt Macht darüber gewinnen: dies ist ein wesentlicher Teil urmenschlicher Zauberkünste. Man bezwingt die bösen Mächte durch Nennung ihres Namens. Man schwächt oder tötet seinen Feind, indem man mit dessen Namen gewisse magische Prozeduren vornimmt.[1] Etwas von diesem frühesten Ausdruck der Weltangst hat sich in der Sucht aller systematischen Philosophie erhalten, das Unfaßliche, dem Geist Allzumächtige durch Begriffe, wenn es nicht anders ging, durch bloße Namen abzutun. Man nennt irgendetwas „das Absolute" und fühlt sich ihm schon überlegen. „Philosophie", die *Liebe* zur Weisheit, ist im tiefsten Grunde die Abwehr des Unbegreiflichen. Was benannt, begriffen, gemessen ist, ist überwältigt, starr, „tabu"[2] geworden. Noch einmal: „Wissen ist Macht". Hier liegt eine Wurzel des Unterschieds zwischen idealistischen und realistischen Weltanschauungen. Er entspricht dem Doppelsinn des Wortes „scheu". Die einen entspringen aus scheuer Ehrfurcht, die andern aus Abscheu vor dem Unzugänglichen. Die einen schauen an, die andern wollen unterwerfen, mechanisieren, unschädlich machen. Plato und Goethe nehmen das Geheimnis demütig hin, Aristoteles und Kant wollen es entblößen und vernichten. Das tiefste Beispiel für diesen Hintersinn alles Realismus bietet das Zeitproblem. Das Unheimliche der Zeit, das Leben selbst soll hier beschworen, durch die Magie der Begrifflichkeit aufgehoben werden.

Alles was in der „wissenschaftlichen" Philosophie, Psychologie und Physik über die Zeit gesagt worden ist – die vermeintliche Antwort auf eine Frage, welche nicht hätte gestellt werden sollen: was nämlich die Zeit „*ist*" –, betrifft niemals das Geheimnis selbst, sondern lediglich ein räumlich gestaltetes, *stellvertretendes* Phantom, in dem die Lebendigkeit der Richtung, ihr Schicksalszug, durch das wenn auch noch so verinnerlichte Bild einer Strecke ersetzt worden ist, ein mechanisches, meßbares, teilbares und umkehrbares Abbild des in der Tat nicht Abzubildenden; eine Zeit, welche mathematisch

---

[1] Vgl. Bd. I, S. 108f., Bd. II, S. 723, 885.
[2] Vgl. Bd. II, S. 693.

in Ausdrücke wie $\sqrt{t}$, t^2, — t gebracht werden kann, die die Annahme einer Zeit von der Größe Null oder negativer Zeiten wenigstens nicht ausschließen.[1] Ohne Zweifel kommt hier der Bereich des
Lebens, des Schicksals, der lebendigen, *historischen* Zeit gar nicht in
Frage. Es handelt sich um ein gedankliches, selbst vom Sinnenleben
abgehobenes Zeichensystem. Man setze in irgendeinem philosophischen oder physikalischen Text für Zeit das Wort Schicksal ein und
man wird plötzlich fühlen, wohin sich das durch die Sprache vom
Empfinden gelöste Verstehen verirrt hat und wie unmöglich die
Gruppe „Raum und Zeit" ist. Was nicht erlebt und gefühlt, was
nur *gedacht* wird, nimmt notwendig *räumliche* Beschaffenheit an. So
erklärt es sich, daß kein systematischer Philosoph mit den von Geheimnis umwitterten, in die Ferne ziehenden Klangsymbolen Vergangenheit und Zukunft etwas hat anfangen können. In Kants Aus-
führungen über die Zeit kommen sie gar nicht vor. Man sieht auch
nicht, in welcher Beziehung sie zu dem stehen sollten, was er dort
behandelt. Damit erst wird es möglich, „Raum und Zeit" als Größen *derselben Ordnung* in funktionale Abhängigkeit voneinander zu
bringen, wie dies besonders deutlich die vierdimensionale Vektoranalysis zeigt.[2] Schon Lagrange nannte (1813) die Mechanik ohne
weiteres eine vierdimensionale Geometrie, und selbst Newtons vorsichtiger Begriff des *tempus absolutum sive duratio* entzieht sich nicht
dieser *denknotwendigen* Verwandlung des Lebendigen in bloße Ausdehnung. Eine einzige tiefe und ehrfürchtige Bezeichnung der Zeit
habe ich in der älteren Philosophie gefunden. Sie steht bei Augustinus (Conf. XI, 14): *Si nemo ex me quaerat, scio; si quaerenti explicare
velim, nescio.*

Wenn Philosophen der abendländischen Gegenwart – sie tun es
alle – sich der Wendung bedienen, daß die Dinge „*in der Zeit*" wie
im Raume sind und nichts „außerhalb" ihrer „gedacht" werden

---

[1] Die Relativitätstheorie, eine Arbeitshypothese, welche im Begriff steht, die
Mechanik Newtons – im Grunde bedeutet das: seine Fassung des *Bewegungsproblems* – zu stürzen, läßt Fälle zu, in welchen die Bezeichnungen „früher" und
„später" sich umkehren; die mathematische Begründung dieser Theorie durch
Minkowski wendet *imaginäre* Zeiteinheiten zu Maßzwecken an.

[2] Die Dimensionen sind x, y, z und t, die in Transformationen völlig gleichwertig erscheinen.

könne, so setzen sie lediglich eine zweite Art von Räumlichkeiten neben die gewöhnliche. Das ist, als wollte man Hoffnung und Elektrizität die beiden Kräfte des Weltalls nennen. Es hätte Kant, als er von den „beiden Formen" der Anschauung sprach, doch nicht entgehen sollen, daß man sich wissenschaftlich bequem über den Raum verständigen kann – wenn auch nicht ihn im landläufigen Sinne *erklären*, was jenseits des wissenschaftlich Möglichen liegt –, während eine Betrachtung in demselben Stil der Zeit gegenüber völlig versagt. Der Leser der „Kritik der reinen Vernunft" und der „Prolegomena" wird bemerken, daß Kant für den Zusammenhang von Raum und Geometrie einen sorgfältigen Beweis liefert, es aber peinlich vermeidet, dasselbe für Zeit und Arithmetik zu tun. Hier bleibt es bei der *Behauptung*, und die ständig wiederholte Analogie der Begriffe täuscht über die Lücke hinweg, deren *Unausfüllbarkeit* das Unhaltbare seines Schemas offenbart hätte. Dem Wo und Wie gegenüber bildet das Wann eine Welt für sich: es ist der Unterschied von Physik und Metaphysik. Raum, Gegenstand, Zahl, Begriff, Kausalität sind so eng verschwistert, daß es unmöglich ist, wie unzählige verfehlte Systeme beweisen, das eine unabhängig vom andern zu untersuchen. Die Mechanik ist ein Abbild der jeweiligen Logik und umgekehrt. Das Bild des Denkens, dessen Struktur die Psychologie beschreibt, ist ein Gegenbild der Raumwelt, wie sie die gleichzeitige Physik behandelt. Begriffe und Dinge, Gründe und Ursachen, Schlüsse und Prozesse decken sich der Vorstellung nach so vollständig, daß der Reiz, den Denk„prozeß" unmittelbar graphisch und tabellarisch, d. h. *räumlich* darzustellen – man denke an Kants und Aristoteles' Kategorientafel – gerade den abstrakten Denker immer wieder überwältigt hat. Wo es am Schema fehlt, da fehlt es an Philosophie – das ist das uneingestandene Vorurteil aller zünftigen Systematiker gegenüber den „Anschauenden", denen sie sich innerlich weit überlegen fühlen. Deshalb nannte Kant den Stil des platonischen Denkens ärgerlich „die Kunst, wortreich zu schwatzen" und deshalb schweigt der Kathederphilosoph noch heute über Goethes Philosophie. Jede logische Operation läßt sich *zeichnen*. Jedes System ist eine *geometrische* Art, Gedanken zu handhaben. Deshalb hat die

Zeit in einem „System" keinen Platz oder sie fällt dessen Methode zum Opfer.

Damit ist auch das allverbreitete Mißverständnis widerlegt, welches die Zeit mit der Arithmetik, den Raum mit der Geometrie in eine oberflächliche Verbindung bringt, ein Irrtum, dem Kant nicht hätte erliegen sollen, wenn man auch von Schopenhauers Verständnislosigkeit für Mathematik kaum etwas anderes erwartet. Weil der lebendige *Akt des Zählens* mit der Zeit irgendwie in Beziehung steht, hat man immer wieder Zahl und Zeit vermengt. Aber Zählen ist keine Zahl, so wenig als Zeichnen eine Zeichnung ist. Zählen und Zeichnen sind ein Werden, Zahlen und Figuren sind Gewordnes. Kant und die andern haben dort den lebendigen Akt (das Zählen), hier dessen Ergebnis (die Verhältnisse der fertigen Figur) ins Auge gefaßt. Aber das eine gehört in den Bereich des Lebens und der Zeit, das andre in den der Ausdehnung und Kausalität. *Daß* ich rechne, unterliegt der organischen, *was* ich rechne, der anorganischen Logik. Die *gesamte* Mathematik, volkstümlich gesprochen also Arithmetik und Geometrie, beantwortet das *Wie* und *Was*, die Frage also nach der *natürlichen* Ordnung der Dinge. Im Gegensatz dazu steht die Frage nach dem *Wann* der Dinge, die spezifisch *historische* Frage, die nach dem Schicksal, der Zukunft, der Vergangenheit. All das liegt in dem Worte *Zeitrechnung*, das der naive Mensch vollkommen unzweideutig versteht.

Es gibt keinen Gegensatz von Arithmetik und Geometrie.[1] Jede Art von Zahl – das wird das erste Kapitel hinlänglich erwiesen haben – gehört im vollen Umfange dem Bereich des Ausgedehnten und Gewordnen an, sei es als euklidische Größe, sei es als analytische Funktion. Und in welches der beiden Gebiete sollten denn die zyklometrischen Funktionen, der Binominalsatz, die Riemannschen Flächen, die Gruppentheorie gehören? Kants Schema war durch Euler und d'Alembert schon widerlegt, bevor er es aufgestellt hatte, und nur die Unvertrautheit der Philosophen nach ihm mit der Mathematik ihrer Zeit – sehr im Gegensatz zu Descartes, Pascal und Leib-

---

[1] Außer in der Elementarmathematik, unter deren Eindruck allerdings die meisten Philosophen seit Schopenhauer diesen Fragen nahetreten.

niz, welche die Mathematik *ihrer* Zeit aus den Tiefen ihrer Philosophie heraus selbst geschaffen hatten – konnte dahin führen, daß laienhafte Ansichten von einer Beziehung zwischen Zeit und Arithmetik sich kaum angefochten weiter vererbten. Aber es gibt keine Berührung des Werdens mit irgendeinem Gebiete der Mathematik. Nicht einmal die tief begründete Überzeugung Newtons, in dem ein tüchtiger Philosoph steckte, daß er im Prinzip seiner Differentialrechnung (Fluxionsrechnung) das Problem des Werdens, das Zeitproblem also – übrigens in einer viel feineren als der kantischen Fassung – unmittelbar in Händen habe, ließ sich aufrecht erhalten, so sehr sie heute noch Anhänger findet. Bei der Entstehung von Newtons Fluxionslehre hatte das metaphysische Bewegungsproblem eine entscheidende Rolle gespielt. Seit Weierstraß indessen bewiesen hat, daß es stetige Funktionen gibt, die nur teilweise oder gar nicht differentiiert werden können, ist dieser tiefste jemals unternommene Versuch, dem Zeitproblem mathematisch nahe zu kommen, abgetan.

11

Die Zeit ist ein Gegenbegriff zum Raume, so wie erst im Gegensatz zum Denken nicht die Tatsache, aber der Begriff des Lebens, und erst im Gegensatz zum Tode nicht die Tatsache, aber der Begriff des Entstehens, der Zeugung entstanden ist.[1] Das liegt tief im Wesen allen Wachseins begründet. So wie jeder Sinneseindruck erst bemerkt wird, wenn er sich von einem andern abhebt, so ist jede Art von Verstehen als eigentlich kritische Tätigkeit[2] nur dadurch möglich, daß ein neuer Begriff sich als Gegenpol eines vorhandenen bildet oder ein Begriffspaar von innerem Gegensatz gewissermaßen durch Auseinandertreten erst Wirklichkeit erhält. Es ist zweifellos und schon längst vermutet worden, daß alle Urworte, mögen sie Dinge oder Eigenschaften bezeichnen, paarweise entstanden sind. Aber ebenso empfängt später und heute noch jedes neue Wort seinen Gehalt als Widerschein eines andern. Das sprachgeleitete Ver-

[1] Vgl. Bd. II, S. 568, 574.
[2] Vgl. Bd. II, S. 570f.

stehen, unfähig, die innere Gewißheit des Schicksals seiner Formenwelt einzugliedern, hat vom Raume aus „die Zeit" als dessen Gegenüber geschaffen. Andernfalls würden wir weder das Wort noch dessen Inhalt besitzen. Und diese Bildungsweise geht so weit, daß aus
dem antiken Stil der Ausdehnung ein spezifisch antiker Zeitbegriff
entsprang, der sich vom indischen, chinesischen, abendländischen
genau so unterscheidet, wie es mit dem Raume der Fall ist.

Die Frage nach dem Geltungsbereich kausaler Zusammenhänge
innerhalb eines Naturbildes oder, was nunmehr dasselbe ist, nach
den Schicksalen dieses Naturbildes, wird aber noch viel schwieriger,
wenn wir zu der Einsicht gelangen, daß es für den ursprünglichen
Menschen und das Kind eine vollkommen kausal geordnete Umwelt noch gar nicht gibt, und daß wir, späte Menschen, deren Denken doch unter dem Druck eines übermächtigen, an der Sprache ge-
schärften Denkens steht, selbst in den Augenblicken gespanntester
Aufmerksamkeit – den einzigen, in welchen wir wirklich streng
physikalisch „im Bilde" sind – bestenfalls *behaupten* können, daß
diese kausale Ordnung auch abgesehen von diesen Augenblicken in
der uns umgebenden Wirklichkeit enthalten sei. Wir nehmen wa-
chend dieses Wirkliche, „der Gottheit lebendiges Kleid", *physiogno-*
misch hin, unwillkürlich und auf Grund einer tiefen, in die Quellen
des Lebens hinabreichenden Erfahrung. Die *systematischen* Züge sind
Ausdruck eines aus dem *gegenwärtigen Empfinden* abgehobenen Verstehens, und mit ihnen unterwerfen wir das Vorstellungsbild aller
fernen Zeiten und Menschen dem Augenblicksbilde der durch uns
selbst geordneten Natur. Die Art dieser Ordnung aber, die eine Geschichte hat, in die wir nicht im geringsten eingreifen können, ist
nicht die Wirkung einer Ursache, sondern ein Schicksal.

Aus diesem Grunde ist der Begriff einer Kunstform – ebenfalls
ein „Gegenbegriff" – erst entstanden, als man sich eines „Gehalts"
der Kunstschöpfungen bewußt wurde, das heißt, als die Ausdruckssprache der Kunst aufgehört hatte, samt ihren Wirkungen als etwas
ganz Natürliches und Selbstverständliches da zu sein, wie es zur Zeit
der Pyramidenbauer, der mykenischen Burgen und der frühgotischen Dome ohne Zweifel noch der Fall war. Man wird plötzlich

auf das Entstehen der Werke aufmerksam. Erst jetzt trennen sich für das verstehende Auge eine kausale und eine Schicksalsseite aller lebenden Kunst.

In jedem Werke, das den *ganzen* Menschen, den *ganzen* Sinn des Daseins offenbart, liegen Angst und Sehnsucht dicht beieinander, aber sie bleiben zweierlei. Zur Angst, zum Kausalen gehört die ganze „Tabuseite" der Kunst: ihr Schatz an Motiven, wie er in strengen Schulen und langer Handwerkszucht herausgebildet, sorgfältig gehütet und treu überliefert wird, alles Begreifliche, Lernbare, *Zahlenmäßige*, alle *Logik* in Farbe, Linie, Ton, Bau, Ordnung, die „Muttersprache" also jedes tüchtigen Meisters und jeder großen Epoche. Das andre, als das Gerichtete dem Ausgedehnten, als die Entwicklung und die Schicksale einer Kunst den Gründen und Folgen innerhalb ihrer Formensprache entgegengesetzt, tritt als „Genie", nämlich in der ganz persönlichen Gestaltungskraft, der schöpferischen Leidenschaft, Tiefe und Fülle *einzelner* Künstler in Erscheinung im Unterschied von aller bloßen Beherrschung der Form, und noch darüber hinaus im Überschwang der Rasse, welcher den Aufstieg oder Verfall ganzer Künste bedingt; diese „Totemseite" hat bewirkt, daß es aller Ästhetik zum Trotz keine zeitlose und allein wahre Kunstweise gibt, sondern eine Kunst*geschichte*, an welcher wie an allem Lebendigen das Merkmal der Nichtumkehrbarkeit haftet.[1]

Die Architektur großen Stils, die allein von allen Künsten das Fremde und Angsteinflößende selbst, das unmittelbar Ausgedehnte, den *Stein* behandelt, ist deshalb die selbstverständliche Frühkunst aller Kulturen, die mathematischste von allen, die erst Schritt für Schritt den städtischen Sonderkünsten der Statue, des Gemäldes, der musikalischen Komposition mit ihren weltlicheren Formmitteln den Vorrang abtritt. Michelangelo, der von allen großen Künstlern des Abendlandes unter dem beständigen Alpdruck der Weltangst wohl am schwersten gelitten hat, ist darum allein von allen Meistern der Renaissance vom Architektonischen niemals freigeworden. Er malte sogar, als ob die Farbflächen Stein, Gewordnes, Starres, *Gehaßtes* wären. Seine Arbeitsweise war der erbitterte Kampf gegen die feind-

[1] Vgl. Bd. II, S. 693, 716.

seligen Mächte des Kosmos, die in Gestalt des Materials ihm *entgegen*traten, während Lionardos, des Sehnsüchtigen, Farben wie eine freiwillige Verstofflichung des Seelischen wirken. In jedem Problem der großen Baukunst kommt aber eine unerbittliche kausale Logik zum Ausdruck, Mathematik sogar, sei es in den antiken Säulenordnungen das *euklidische* Verhältnis von *Träger und Last*, sei es im „analytisch" angelegten Strebesystem gotischer Wölbungen das dynamische von *Kraft und Masse*. Die Bauhüttentradition, die es hier wie dort gegeben hat und ohne die auch die ägyptische Architektur nicht zu denken ist – sie entwickelt sich in jeder Frühzeit und geht im Lauf der Spätzeit regelmäßig verloren –, enthält die volle Summe dieser Logik des Ausgedehnten. Die Symbolik der Richtung, des Schicksals aber steht jenseits aller „Technik" der großen Künste und ist der formalen Ästhetik kaum zugänglich. Sie liegt zum Beispiel in dem stets gefühlten, aber nie, weder von Lessing noch von Hebbel klar gedeuteten Widerspruch antiker und abendländischer Tragik, in der Szenen*folge* altägyptischer Reliefs, überhaupt der *reihenweisen* Ordnung ägyptischer Statuen, Sphinxe, Tempelsäle; nicht in der Behandlung, sondern der Wahl des Materials vom härtesten Diorit bis zum weichsten Holz, durch welche die Zukunft bejaht oder verneint wird; nicht in der Formensprache, sondern im Hervortreten und Hinschwinden der einzelnen Künste, dem Sieg der Arabeske über die Bildkunst der frühchristlichen Zeit, dem Zurückweichen der Ölmalerei des Barock vor der Kammermusik, in der ganz verschiedenen Absicht der ägyptischen, chinesischen und antiken Statuenkunst. Alles das gehört nicht zum Können, sondern zum Müssen, und deshalb geben nicht Mathematik und abstraktes Denken, sondern die großen Künste als die Geschwister der gleichzeitigen Religion den Schlüssel zum Problem der Zeit, das sich auf dem Boden der Geschichte *allein* kaum erschließen läßt.

12

Aus dem Sinne, welcher hier der Kultur als einem Urphänomen und dem Schicksal als der organischen Logik des Daseins gegeben

wurde, folgt, daß notwendig jede Kultur ihre *eigne* Schicksalsidee
besitzen muß, ja daß in dem Gefühl, jede große Kultur sei nichts
anderes als die Verwirklichung und Gestalt einer einzigen, einzigartigen Seele, diese Folgerung schon eingeschlossen liegt. Was *wir*
Fügung, Zufall, Vorsehung, Schicksal, was der antike Mensch Nemesis, Ananke, Tyche, Fatum, der Araber Kismet und alle anderen
anders nennen, was niemand einem Fremden, dessen Leben gerade
Ausdruck der *eignen* Idee ist, ganz nachfühlen kann und was sich
in Worten nicht weiter beschreiben läßt, stellt eben diese einmalige,
nie sich wiederholende Fassung der Seele dar, deren jeder für sich
völlig gewiß ist.

Ich wage es, die antike Fassung der Schicksalsidee *euklidisch* zu
nennen. In der Tat ist es die sinnlich-wirkliche *Person* des Ödipus,
sein „empirisches Ich", mehr noch, sein σῶμα, das vom Schicksal
getrieben und gestoßen wird. Ödipus klagt, daß Kreon seinem
Leibe Übles getan habe[1] und daß das Orakel seinem *Leibe* gelte.[2]
Und Aischylos spricht in den Choephoren (704) von Agamemnon als dem „flottenführenden königlichen Leibe". Es ist dasselbe Wort σῶμα, das die Mathematiker mehr als einmal für ihre
Körper gebrauchen. König Lears Schicksal aber, ein *analytisches*,
um auch hier an die entsprechende Zahlenwelt zu erinnern, ruht
ganz in dunklen innern Beziehungen: Die Idee des Vatertums
taucht auf; seelische Fäden spinnen sich durch das Drama, unkörperlich, jenseitig, und werden durch die zweite, kontrapunktisch gearbeitete Tragödie im Hause Glosters seltsam beleuchtet. Lear
ist zuletzt ein bloßer Name, ein Mittelpunkt für etwas Grenzenloses.
Diese Fassung des Schicksals ist eine „infinitesimale", in unendlicher
Räumlichkeit und durch endlose Zeiten ausgebreitete; sie berührt
das leibliche, euklidische Dasein gar nicht; sie trifft nur die Seele.
Der wahnsinnige König zwischen dem Narren und dem Bettler im
Sturm auf der Heide – das ist der Gegensatz zur Laokoongruppe.
Das ist die faustische gegenüber der apollinischen Art zu leiden. So-
phokles hatte auch ein Laokoondrama geschrieben. Ohne Zweifel

---

[1] Ödipus R. 242, vgl. Rudolf Hirzel, Die Person (1914), S. 9.
[2] Ödipus Kol. 355.

war in ihm von *reinem Seelenleid* nicht die Rede. Antigone geht als
Leib zugrunde, weil sie den Leib ihres Bruders bestattet hat. Man
braucht die Namen Aias und Philoktet nur zu nennen und daneben
die des Prinzen von Homburg und des Goetheschen Tasso, um den
Unterschied zwischen Größe und Beziehung bis in die Tiefen der
künstlerischen Schöpfung hinein zu spüren.

Wir nähern uns damit einem andern Zusammenhang von großer
Symbolik. Man nennt das Drama des Abendlandes ein *Charakterdrama* und sollte das antike dann als *Situationsdrama* bezeichnen. Man
betont damit, was eigentlich von dem Menschen beider Kulturen
als Grundform seines Lebens empfunden und mithin durch die Tragik, das Schicksal in Frage gestellt wird. Sagt man für die Richtung
des Lebens *Nichtumkehrbarkeit*, versenkt man sich in den furchtbaren
Sinn des Wortes „zu spät", mit dem ein flüchtiges Stück Gegenwart der *ewigen* Vergangenheit anheimgefallen ist, so spürt man den
Urgrund jeder tragischen Wendung. Die *Zeit* ist das Tragische, und
dem gefühlten Sinne der Zeit nach unterscheiden sich die einzelnen
Kulturen. Deshalb hat sich eine Tragödie großen Stils nur in den
beiden entwickelt, welche die Zeit am leidenschaftlichsten bejahten
oder verneinten. Wir haben eine antike Tragödie des *Augenblicks*
und eine abendländische der *Entwicklung ganzer Lebensläufe* vor uns.
So empfand eine ahistorische und eine extrem historische Seele sich
selbst. Unsere Tragik entstand aus dem Gefühl einer *unerbittlichen
Logik des Werdens. Der Grieche fühlte das Alogische, das blinde Ungefähr des Moments.* Das Leben König Lears reift innerlich einer Katastrophe entgegen; das des Königs Ödipus stößt unversehens auf eine
äußere Lage. Und man begreift nun, weshalb gleichzeitig mit dem
abendländischen Drama eine mächtige Porträtkunst – mit ihrem
Höhepunkt in Rembrandt – aufblühte und erlosch, eine Art historischer und biographischer Kunst, die *deshalb* im klassischen Griechenland zur Blütezeit des attischen Theaters aufs strengste verpönt war;
man denke an das Verbot ikonischer Statuen bei den Weihgeschenken und daran, daß sich – seit Demetrios von Alopeke (um 400) –
eine schüchterne Art idealisierender Bildniskunst genau damals her-
vorwagte, als die große Tragödie durch die leichten Gesellschafts-

stücke der „mittleren Komödie" in den Hintergrund gedrängt wurde. Im Grunde tragen alle griechischen Statuen eine gleichförmige Maske wie die Schauspieler im Dionysostheater. Alle bringen sie *somatische* Haltungen und Lagen in denkbar strengster Fassung zum Ausdruck. Physiognomisch sind sie *stumm*, körperlich sind sie *notwendig nackt*. Charakterköpfe bestimmter Einzelpersonen, und zwar nach dem Leben, hat erst der Hellenismus aufgebracht. Und wir werden wieder an die beiden entsprechenden Zahlenwelten erinnert, in deren einer handgreifliche Resultate errechnet wurden, während in der andern der Charakter von Beziehungsgruppen von Funktionen, Gleichungen, überhaupt von Formelementen gleicher Ordnung morphologisch untersucht und als *solcher* in gesetzmäßigen Ausdrücken fixiert wird.

13

Die Fähigkeit, gegenwärtige Geschichte zu erleben, und die Art, wie sie, wie vor allem auch das *eigne* Werden durchlebt wird, ist bei den einzelnen Menschen sehr verschieden.

Jede Kultur besitzt schon eine durchaus individuelle Art, die Welt als *Natur* zu sehen, zu erkennen oder, was dasselbe ist, sie *hat* ihre eigne und eigentümliche Natur, die keine andere Art Mensch in genau derselben Gestalt besitzen kann. Aber in noch viel höherem Maß hat jede Kultur und in ihr, mit Unterschieden geringeren Grades, jeder Einzelne eine durchaus eigne Art von Geschichte, in deren Bilde, in deren Stil er das allgemeine und das persönliche, das innere und äußere, das welthistorische und das biographische Werden unmittelbar anschaut, fühlt und erlebt. So ist der autobiographische Hang der abendländischen Menschheit, wie er im Symbol der Ohrenbeichte schon in gotischer Zeit ergreifend hervortritt,[1] der antiken völlig fremd. Der äußersten Bewußtheit der Geschichte Westeuropas steht die beinahe traumhafte Unbewußtheit der indischen gegenüber. Und was war es, das magische Menschen von den Urchristen bis zu den Denkern des Islam vor sich sahen, wenn

[1] Vgl. Bd. II, S. 918 f.

sie das Wort Weltgeschichte aussprachen? Aber wenn es schon sehr schwierig ist, sich von der Natur, der kausal geordneten Umwelt andrer eine genaue Vorstellung zu machen, obwohl in ihr das spezifisch Erkennbare zum mitteilbaren System vereinheitlicht ist, so ist es völlig unmöglich, den historischen Weltaspekt fremder Kulturen, das aus ganz anders angelegten Seelen gestaltete Bild des Werdens mit den Kräften der eignen Seele vollkommen zu durchdringen. Hier wird immer ein unzugänglicher Rest bleiben, um so größer, je geringer der eigne historische Instinkt, der physiognomische Takt, die eigne Menschenkenntnis ist. Trotzdem ist die Lösung *dieser* Aufgabe eine Voraussetzung allen tieferen Weltverständnisses. Die historische Umwelt der andern ist ein *Teil ihres Wesens,* und man versteht niemand, wenn man sein Zeitgefühl, seine Idee vom Schicksal, den Stil und Bewußtseinsgrad seines Innenlebens nicht kennt. Was hier sich nicht unmittelbar in Bekenntnissen auffinden läßt, müssen wir also der Symbolik der äußern Kultur entnehmen. So erst wird das an sich Unbegreifliche zugänglich, und dies gibt dem historischen Stil einer Kultur und den dazu gehörigen großen Zeitsymbolen ihren unermeßlichen Wert.

Als eines dieser kaum je begriffenen Zeichen war schon die *Uhr* genannt worden, eine Schöpfung hochentwickelter Kulturen, die immer geheimnisvoller wird, je mehr man darüber nachdenkt. Die antike Menschheit verstand sie zu entbehren – nicht ohne Absichtlichkeit; sie hat weit über Augustus hinaus die Tageszeit nach der Schattenlänge des eignen Körpers abgeschätzt,[1] obwohl Sonnen- und Wasseruhren in den beiden älteren Welten der ägyptischen und babylonischen Seele im Zusammenhang mit einer strengen Zeitrechnung und mit einem tiefen Blick auf Vergangenheit und Zukunft ständig in Gebrauch waren.[2] Aber das antike Dasein, euklidisch, beziehungslos, punktförmig, war im gegenwärtigen Moment völlig

---

[1] Diels, Antike Technik (1920), S. 159.

[2] Gelehrte Kreise in Attika und Ionien haben etwa seit 400 kunstlose Sonnenuhren konstruiert; seit Plato kommt daneben eine noch primitivere Klepsydra in Aufnahme, aber beide Formen in Nachahmung weit überlegener Muster des alten Ostens und ohne das antike Lebensgefühl irgendwie zu berühren; vgl. Diels, S. 160 ff.

beschlossen. Nichts sollte an Vergangenes und Künftiges mahnen. Die *Archäologie* fehlt der echten Antike ebenso wie deren *seelische Umkehrung, die Astrologie*. Die antiken Orakel und Sibyllen wollen ebensowenig wie die etruskisch-römischen Haruspices und Auguren die ferne Zukunft erkunden, sondern für den *einzelnen, unmittelbar bevorstehenden* Fall eine Weisung geben. Und ebensowenig gab es eine in das Alltagsbewußtsein gedrungene Zeitrechnung, denn die Olympiadenrechnung war lediglich ein literarischer Notbehelf. Es kommt nicht darauf an, ob ein Kalender gut oder schlecht ist, sondern für wen er im Gebrauch ist, ob das Leben der Nation danach läuft. In antiken Städten erinnert nichts an die Dauer, an die Vorzeit, an das Bevorstehende, keine pietätvoll gepflegte Ruine, kein für noch ungeborne Geschlechter vorgedachtes Werk, kein trotz technischer Schwierigkeiten mit Bedeutung gewähltes Material. Der dorische Grieche hat die mykenische Steintechnik unbeachtet gelassen und baute wieder in Holz und Lehm, trotz des mykenischen und ägyptischen Vorbildes und trotz des Reichtums seiner Landschaft an den besten Gesteinen. Der dorische Stil ist ein Holzstil. Noch zur Zeit des Pausanias sah man am Heraion in Olympia die letzte nicht ausgewechselte Holzsäule. In einer antiken Seele ist das eigentliche Organ für Geschichte, das *Gedächtnis* in dem hier stets vorausgesetzten Sinne, welches das Bild der persönlichen und dahinter das der nationalen und weltgeschichtlichen Vergangenheit[1] und den Gang des eignen und *nicht nur* eignen Innenlebens immer gegenwärtig erhält, nicht vorhanden. Es gibt keine „Zeit". Für den Geschichtsbetrachter erhebt sich gleich hinter der eignen Gegenwart ein zeitlich und also innergeschichtlich nicht mehr geordneter Hintergrund, dem für Thukydides schon die Perserkriege, für Tacitus schon die gracchischen Unruhen angehören,[2] und dasselbe gilt von

[1] Für uns durch die christliche Zeitrechnung und das Schema Altertum – Mittelalter – Neuzeit geordnet; auf dieser Grundlage haben sich seit den Frühtagen der Gotik auch Bilder der Religions- und Kunstgeschichte entwickelt, in denen eine große Zahl abendländischer Menschen beständig lebt. Das gleiche für Plato oder Phidias vorauszusetzen – während es schon für Renaissancekünstler im höchsten Grade gilt und ihre Werturteile vollständig beherrscht hat – ist ganz unmöglich.

[2] Vgl. Bd. I, S. 12ff.

den großen Geschlechtern Roms, deren Tradition nichts als ein Roman war – man denke an den Cäsarmörder Brutus und dessen festen Glauben an seinen berühmten Ahnherrn. Daß Cäsar den Kalender reformierte, darf man beinahe als einen Akt der Emanzipation vom antiken Lebensgefühl bezeichnen: aber Cäsar dachte auch an den Verzicht auf Rom und an die Verwandlung des Stadtstaates in ein dynastisches, also dem Symbol der *Dauer* unterstelltes Reich mit dem Schwerpunkt in Alexandria, von wo sein Kalender stammt. Seine Ermordung wirkt wie eine letzte Auflehnung eben dieses, in der Polis, der *Urbs Roma* verkörperten, der Dauer feindlichen Lebensgefühls.

Man erlebte selbst damals noch jede Stunde, jeden Tag für sich. Das gilt vom einzelnen Hellenen und Römer, von der Stadt, der Nation, der ganzen Kultur. Die von Kraft und Blut strömenden Prachtaufzüge, Palastorgien und Zirkuskämpfe unter Nero und Caligula, die Tacitus, ein echter Römer, allein beschreibt, während er für das leise Vorwärtsschreiten im Leben der weiten Landschaft der Provinzen kein Auge und keine Worte hat, sind der letzte prachtvolle Ausdruck dieses euklidischen, den *Leib*, die *Gegenwart* vergötternden Weltgefühls. Die Inder, deren Nirwana auch durch den Mangel an irgendwelcher Zeitrechnung ausgedrückt ist, besaßen ebenfalls keine Uhren und *also* keine Geschichte, keine Lebenserinnerungen, keine Sorge. Was wir, eminent historisch angelegte Menschen, indische Geschichte nennen, ist ohne das geringste Bewußtsein seiner selbst verwirklicht worden. Das Jahrtausend der indischen Kultur von den Veden bis auf den Buddha herab wirkt auf uns wie die Regungen eines Schlafenden. Hier war das Leben *wirklich* ein Traum. Nichts steht diesem Indertum ferner als das Jahrtausend der abendländischen Kultur. Niemals, selbst im „gleichzeitigen" China der Dschouzeit nicht mit seinem hochentwickelten Sinn für Zeitalter und Epochen,[1] war man wacher, bewußter; niemals ist die Zeit tiefer gefühlt und mit dem vollen Bewußtsein ihrer Richtung und schicksalsschweren Bewegtheit erlebt worden. *Die Geschichte Westeuropas ist gewolltes, die indische ist widerfahrenes Schicksal.* Im antiken

[1] Vgl. Bd. II, S. 1041 f., 1081 f.

Dasein spielen Jahre keine Rolle, im indischen kaum Jahrzehnte; für uns ist die Stunde, die Minute, zuletzt die Sekunde von Bedeutung. Von der tragischen Spannung historischer Krisen, wo der Augenblick schon erdrückend wirkt wie in den Augusttagen 1914, hätte weder ein Grieche noch ein Inder eine Vorstellung haben können. Aber solche Krisen können tiefe Menschen des Abendlandes auch *in sich* erleben, der echte Hellene nie. Über unsrer Landschaft hallen Tag und Nacht von Tausenden von Türmen die Glockenschläge, die ständig Zukunft an Vergangnes knüpfen und den flüchtigen Moment der „antiken Gegenwart" in einer ungeheuren Beziehung auflösen. Die Epoche, welche die Geburt dieser Kultur bezeichnet, die Zeit der Sachsenkaiser, sah auch schon die Erfindung der Räderuhren.[1] Ohne peinlichste Zeitmessung – eine *Chronologie des Geschehenden*, die durchaus unserm ungeheuren Bedürfnis nach Archäologie, das heißt Erhaltung, Ausgrabung, Sammlung alles Geschehenen entspricht – ist der abendländische Mensch nicht denkbar. Die Barockzeit steigerte das gotische Symbol der Turmuhr noch weiter zu dem grotesken der Taschenuhr, die den einzelnen ständig begleitet.[2]

Und neben dem Symbol der Uhren steht das andre, ebenso tiefe, ebenso unverstandne bedeutsamer Bestattungsformen, wie sie alle großen Kulturen durch Kult und Kunst geheiligt haben. Der große Stil Indiens beginnt mit Grabtempeln, der antike mit Grabvasen, der ägyptische mit Pyramiden, der altchristliche mit Katakomben und Sarkophagen. In der *Urzeit* gehen die zahllosen möglichen Formen noch chaotisch durcheinander, abhängig von Stammessitte und äußerer Notdurft oder Zweckmäßigkeit. Jede Kultur aber erhebt alsbald eine von ihnen zum höchsten symbolischen Range. Hier wählte der antike Mensch aus tiefstem, unbewußtem Lebensgefühl

---

[1] Darf die Vermutung gewagt werden, daß „gleichzeitig", also an der Schwelle des 3. vorchristlichen Jahrtausends, die babylonischen Sonnen- und die ägyptischen Wasseruhren entstanden sind? Die Geschichte der Uhren ist von der des Kalenders innerlich nicht zu trennen, und deshalb muß auch für die chinesische und mexikanische Kultur mit ihrem tiefen Sinn für Geschichte die sehr frühe Erfindung und Einbürgerung zeitmessender Verfahren angenommen werden.

[2] Man muß sich in die Gefühle eines Griechen versetzen, der diese Sitte plötzlich kennenlernt.

heraus die *Totenverbrennung*, einen Akt der Vernichtung, durch den
er sein an das Jetzt und Hier gebundenes euklidisches Dasein zu gewaltigem Ausdruck brachte. Er *wollte* keine Geschichte, keine Dauer,
weder Vergangenheit noch Zukunft, weder Sorge noch Auflösung,
und er *zerstörte* deshalb, was keine Gegenwart mehr besaß, den *Leib*
eines Perikles und Cäsar, Sophokles und Phidias. Die Seele aber trat
in die *formlose* Schar ein, welcher die schon früh vernachlässigten
Ahnenkulte und Seelenfeste der lebenden Glieder eines Geschlechts
galten und welche den stärksten Gegensatz zur Ahnen*reihe*, zum
Stammbaum bildet, der mit allen Zeichen geschichtlicher Ordnung
in den Familiengrüften abendländischer Geschlechter verewigt ist.
Keine zweite Kultur steht der antiken darin zur Seite[1] – mit einer
bezeichnenden Ausnahme, der vedischen Frühzeit Indiens. Und man
bemerke wohl: die dorisch-homerische Frühzeit umgab diesen Akt
mit dem ganzen Pathos eines eben geschaffenen Symbols, die Ilias
vor allem, während in den Gräbern von Mykene, Tiryns, Orchomenos die Toten, deren Kämpfe vielleicht gerade den Keim zu jenem Epos gelegt hatten, nach beinahe ägyptischer Art bestattet
worden waren. Als in der Kaiserzeit neben die Aschenurne der
Sarkophag, der „Fleischverschlinger"[2] trat – bei Christen, Juden *und
Heiden* –, war ein neues *Zeitgefühl* erwacht, genau wie damals, als
auf die mykenischen Schachtgräber die homerische Urne folgte.

Und die Ägypter, welche ihre Vergangenheit so gewissenhaft im
Gedächtnis, in Stein und Hieroglyphen aufbewahrten, daß wir heute
noch, nach vier Jahrtausenden, die Regierungszahlen ihrer Könige
bestimmen können, verewigten auch deren Leib, so daß die großen
Pharaonen – ein Symbol von schauerlicher Erhabenheit – mit jetzt
noch erkennbaren Gesichtszügen in unsern Museen liegen, wäh-

---

[1] Auch der chinesische Ahnendienst hat die *genealogische* Ordnung mit einem
strengen Zeremoniell umgeben. Aber während er allmählich zum Mittelpunkt der
gesamten Frömmigkeit wird, tritt der antike vor den Kulten der gegenwärtigen
Götter ganz in den Hintergrund und ist in Rom kaum noch vorhanden gewesen.

[2] Mit deutlichem Hinweis auf die „Auferstehung *des Fleisches*" (ἐκ νεκρῶν).
Die tiefe, heute noch kaum begriffene Wandlung in der Bedeutung dieses Wortes
um das Jahr 1000 kommt mehr und mehr in dem Worte „Unsterblichkeit" zum
Ausdruck. Mit der todüberwindenden Auferstehung beginnt die Zeit im Weltraum gleichsam von neuem. Mit der Unsterblichkeit überwindet sie den Raum.

rend von den Königen der dorischen Zeit nicht einmal die Namen
übrig geblieben sind. Wir kennen Geburts- und Todestag fast aller
großen Menschen seit Dante genau. Das scheint uns selbstverständlich. Aber zur Zeit des Aristoteles, auf der Höhe antiker Bildung,
wußte man nicht mehr sicher, ob Leukippos, der Begründer des
Atomismus und Zeitgenosse des Perikles – kaum ein Jahrhundert
vorher – *überhaupt gelebt habe.* Dem würde es entsprechen, wenn wir
der Existenz Giordano Brunos nicht gewiß wären und die Renaissance bereits völlig im Reich der Sage läge.

Und diese Museen selbst, in denen wir die ganze Summe der sinn-
lich-körperlich gewordenen und gebliebenen Vergangenheit zusam-
mentragen! Sind sie nicht auch ein Symbol vom höchsten Range?
Sollen sie nicht den „Leib" der gesamten Kulturentwicklung mu-
mienhaft konservieren? Sammeln wir nicht, wie die unzähligen
Daten in Milliarden gedruckter Bücher, so *alle Werke aller* toten
Kulturen in diesen hunderttausend Sälen westeuropäischer Städte,
wo in der Masse des Vereinigten jedes einzelne Stück dem flüchtigen Augenblick seines wirklichen Zweckes – der einer antiken
Seele *allein* heilig gewesen wäre – entwendet und in einer unendlichen Bewegtheit der Zeit gleichsam aufgelöst wird? Man bedenke,
was die *Hellenen* „Museion" nannten und welch tiefer Sinn in diesem
Wandel des Wortgebrauchs liegt.

14

Es ist das *Urgefühl der Sorge,* das die Physiognomie der abendländischen wie der ägyptischen und chinesischen Geschichte beherrscht
und auch noch die Symbolik des Erotischen gestaltet, in dem sich
das Dahinströmen nie endenden Lebens im Bilde der Geschlechterfolgen von Einzelwesen darstellt. Das punktförmige euklidische
Dasein der Antike empfand auch da nur das Jetzt und Hier der entscheidenden Akte, Zeugung und Geburt. Es stellte deshalb in den
Mittelpunkt der demetrischen Kulte die Wehen des gebärenden
Weibes, in die antike Welt überhaupt das dionysische Symbol des
Phallus, das Zeichen einer durchaus dem Augenblick geweihten und

Vergangenheit wie Zukunft in ihm vergessenden Geschlechtlichkeit. Wiederum entspricht ihm in der indischen Welt das Zeichen des Lingam und der Kultkreis um die Göttin Parwati. Der Mensch fühlt sich hier wie dort als Natur, als Pflanze, dem Sinn des Werdens willenlos *und sorglos* hingegeben. Der häusliche Kult des Römers galt dem *genius*, d. h. der Zeugungskraft des Familienhauptes. Dem hat die tiefe und nachdenkliche Sorge der abendländischen Seele das Zeichen der Mutterliebe entgegengestellt, das im antiken Mythos kaum am Horizont erscheint, etwa in der Klage der Persephone oder dem schon hellenistischen Sitzbild der Demeter von Knidos. Die Mutter, welche das Kind – die Zukunft – an der Brust trägt: der Marienkult in diesem neuen, faustischen Sinn ist erst in den Jahrhunderten der Gotik erblüht. Seinen höchsten Ausdruck fand er in Raffaels sixtinischer Madonna. Das ist *nicht* christlich überhaupt, denn das magische Christentum hatte Maria als Theotokos, als Gebärerin Gottes,[1] zu einem ganz anders gefühlten Symbol erhoben. Die stillende Mutter ist der altchristlich-byzantinischen Kunst ebenso fremd wie der hellenischen, wenn auch aus einem andern Grunde; sicherlich steht Gretchen im Faust mit dem tiefen Zauber ihrer unbewußten Mütterlichkeit den gotischen Madonnen näher als alle Marien byzantinischer und ravennatischer Mosaiken. Für die Innerlichkeit dieser Beziehungen ist es erschütternd, daß die Madonna mit dem Jesusknaben durchaus der ägyptischen Isis mit dem Horusknaben entspricht – beide sind *sorgende* Mütter – und daß dies Symbol Jahrtausende hindurch und während der ganzen Dauer der antiken und arabischen Kultur, für die es nichts bedeuten konnte, verschollen war, um endlich durch die faustische Seele wieder erweckt zu werden.

Von der mütterlichen führt der Weg zur Vätersorge und damit zum höchsten Zeitsymbol, das im Umkreis der großen Kulturen hervorgetreten ist, dem Staate. Was der Mutter das Kind bedeutet, Zukunft und Fortdauer des eignen Lebens nämlich, so daß in der Mutterliebe die Getrenntheit zweier Einzelwesen gleichsam aufgehoben wird, das bedeutet für Männer die bewaffnete Gemeinschaft,

[1] Vgl. Bd. II, S. 874.

durch die sie Haus und Herd, Weib und Kind und damit das ganze Volk, seine Zukunft und Wirksamkeit sichern. Der Staat ist die innere Form, das „In-Formsein" einer Nation, und Geschichte im großen Sinne ist dieser Staat nicht als Bewegtes, sondern als Bewegung gedacht. *Das Weib als Mutter ist, der Mann als Krieger und Politiker macht Geschichte.*[1]

Und da zeigt die Geschichte der hohen Kulturen wieder drei Beispiele sorgenvoller Staatsbildungen: die ägyptische Verwaltung schon des Alten Reiches seit 3000 v. Chr., den frühchinesischen Staat der Dschou, von dessen Organisation das Dschou-li ein solches Bild entwarf, daß man später an die Echtheit des Buches nicht zu glauben wagte, und die Staaten des Abendlandes, deren vorausschauende Gestaltung einen Zukunftswillen verrät, der nicht mehr überboten werden kann.[2] Und demgegenüber erscheint zweimal ein Bild sorglosester Hingegebenheit an den Augenblick und seine Zufälle: der antike und der indische Staat. So verschieden an sich Stoizismus und Buddhismus, die Altersstimmungen beider Welten sind, im Widerspruch gegen das historische Gefühl der Sorge, in der Verachtung also des Fleißes, der organisatorischen Kraft, des Pflichtbewußtseins sind sie einig, und deshalb hat an indischen Königshöfen und auf dem Forum antiker Städte niemand an das Morgen gedacht, weder für seine Person noch für die Gesamtheit. Das *Carpe diem* des apollinischen Menschen galt auch für den antiken Staat.

Wie mit der politischen, so steht es auch mit der andern Seite geschichtlichen Daseins, der wirtschaftlichen. Der antiken und indischen Liebe, die im Genießen des Augenblicks beginnt und endet, entspricht das Leben von der Hand in den Mund. Es gibt eine Wirtschaftsorganisation großen Stils in Ägypten, wo sie das ganze Bild der Kultur ausfüllt und aus Tausenden von Gemälden voller Emsigkeit und Ordnung noch heute zu uns redet; in China, dessen Mythos von Göttern und Sagenkaisern und dessen Geschichte beständig um die heiligen Aufgaben der Bodenkultur kreisen; endlich in Westeuropa, dessen Wirtschaft mit den Musterkulturen der Orden be-

---

[1] Vgl. Bd. II, S. 961ff.
[2] Vgl. z. folg. Bd. II, Kap. IV u. V.

gann und mit einer eignen Wissenschaft, der Nationalökonomie, den Gipfel erreichte, die von Anfang an *Arbeitshypothese* war und nicht eigentlich lehrte, was geschah, sondern was geschehen *sollte.* In der Antike aber, um von Indien zu schweigen, wirtschaftete man von einem Tag zum andern – obwohl das Vorbild Ägyptens vor Augen lag – und trieb Raubbau nicht nur an Schätzen, sondern auch an Möglichkeiten, um zufällige Überschüsse sofort an den Pöbel zu verschwenden. Man prüfe alle großen Staatsmänner der Antike, Perikles und Cäsar, Alexander und Scipio, und selbst die Revolutionäre wie Kleon und Ti. Gracchus: keiner von ihnen hat wirtschaftlich in die Ferne gedacht. Keine Stadt hat die Entwässerung oder Aufforstung eines Gebiets oder die Einführung höherer Methoden oder Vieh- und Pflanzenarten in die Hand genommen. Man versteht die „Agrarreform" der Gracchen ganz falsch, wenn man sie abendländisch interpretiert: sie wollten ihre Partei zu *Besitzern* machen. Sie zu Landwirten zu erziehen oder gar die italische Landwirtschaft zu heben, lag ihnen ganz fern. Man ließ die Zukunft herankommen, man versuchte nicht, auf sie zu wirken. Und deshalb ist der Sozialismus – nicht der theoretische von Marx, sondern der praktische, von Friedrich Wilhelm I. begründete des Preußentums, der jenem voraufging und ihn wieder überwinden wird – mit seiner tiefen Verwandtschaft zum Ägyptertum das Gegenstück zum wirtschaftlichen Stoizismus der Antike, ägyptisch in seiner umfassenden Sorge für dauerhafte wirtschaftliche Zusammenhänge, in seiner Erziehung des einzelnen zur Pflicht für das Ganze und in der Heiligung des Fleißes, durch den die Zeit und Zukunft bejaht werden.

15

Der alltägliche Mensch sämtlicher Kulturen bemerkt von der Physiognomie allen Werdens, seines eignen und dessen der lebendigen Welt rings um sich, nur den unmittelbar greifbaren Vordergrund. Die Summe seiner Erlebnisse, der inneren wie der äußeren, füllt als bloße Reihenfolge von Tatsachen den Lauf seiner Tage. Erst der bedeutende Mensch fühlt hinter dem volkstümlichen Zusammenhang der historisch-bewegten Oberfläche eine tiefe Logik des Werdens, die in der Schicksalsidee hervortritt und die eben jene oberflächlichen bedeutungsarmen Bildungen des Tages als zufällig erscheinen läßt.

Zwischen Schicksal und Zufall scheint zunächst nur ein Gradunterschied an Gehalt zu bestehen. Man empfindet es etwa als Zufall, daß Goethe nach Sesenheim, und als Schicksal, daß er nach Weimar kam. Das eine scheint Episode, das andre Epoche zu sein. Indessen wird daraus deutlich, daß die Unterscheidung vom innern Range des Menschen abhängt, der sie trifft. Der Menge wird selbst das Leben Goethes als eine Reihe anekdotischer Zufälle erscheinen; wenige werden mit Erstaunen empfinden, welche symbolische Notwendigkeit in ihm auch noch dem Unbedeutendsten innewohnt. Aber war vielleicht die Entdeckung des heliozentrischen Systems durch Aristarch für die Antike ein belangloser Zufall, die vermeintliche Wiederentdeckung durch Kopernikus dagegen ein Schicksal für die faustische Kultur? War es ein Schicksal, daß Luther im Gegensatz zu Calvin kein Organisator war – und für wen? Für die Lebenseinheit der Protestanten, der Deutschen oder der abendländischen Menschheit überhaupt? Waren Ti. Gracchus und Sulla Zufälle, Cäsar aber ein Schicksal?

Hier bleibt das Gebiet der begrifflichen Verständigung weit zurück; was Schicksal, was Zufall ist, das gehört zu den entscheidenden *Erlebnissen* der einzelnen Seele wie derjenigen ganzer Kulturen. Hier schweigt alle gelehrte Erfahrung, jede wissenschaftliche Einsicht, jede Definition; und wer auch nur den Versuch wagt, beides erkenntnistheoretisch fassen zu wollen, der kennt es gar nicht. Daß kritisches Nachdenken niemals auch nur einen Hauch von Schicksal vermittelt, ist eine innere Gewißheit, ohne welche die Welt des Werdens verschlossen bleibt. Erkennen – urteilend unterscheiden – und zwischen Erkanntem – wohlunterschiednen Dingen, Eigenschaften, Lagen – *kausale* Beziehungen feststellen, ist ein und dasselbe. Wer *urteilend* an die Geschichte herantritt, wird nur Daten finden. Was aber in der Tiefe webt, sei es Vorsehung oder Verhängnis, das läßt sich am gegenwärtigen Geschehen wie vor dem Bilde des einst Geschehenen nur durchleben, und zwar mit jener erschütternden, wortlosen Gewißheit, welche die echte Tragödie im unkritischen Zuschauer weckt. Schicksal und Zufall bilden jederzeit einen Gegensatz, in den die Seele zu kleiden versucht, was *nur* Gefühl, *nur* Erlebnis und Schauen sein kann und was allein durch die innerlichsten Schöpfungen von Religion und Kunst denen verdeutlicht wird, die zur Einsicht *berufen* sind. Um dies Urgefühl des lebendigen Daseins, das dem Weltbilde der Geschichte Sinn und Gehalt verleiht, heraufzurufen – Name ist Schall und Rauch –, weiß ich nichts Besseres als eine Strophe von Goethe, dieselbe, die an der Spitze dieses Buches dessen Grundgesinnung bezeichnen soll:

> Wenn im Unendlichen dasselbe
> Sich wiederholend ewig fließt,
> Das tausendfältige Gewölbe
> Sich kräftig ineinander schließt;
> Strömt Lebenslust aus allen Dingen,
> Dem kleinsten wie dem größten Stern,
> Und alles Drängen, alles Ringen
> Ist ewige Ruh in Gott dem Herrn.

An der Oberfläche des Weltgeschehens herrscht das *Unvorhergesehene.* Es haftet als Merkmal an jedem Einzelereignis, jeder Einzelentscheidung, jeder Einzelpersönlichkeit. Niemand hat beim Auftreten Mohammeds den Sturm des Islam, niemand beim Sturze Robespierres Napoleon vorausgewußt. Daß große Menschen kommen, was sie unternehmen, ob es ihnen glückt – alles das ist unberechenbar; niemand weiß, ob eine mächtig einsetzende Entwicklung sich in großer Linie vollendet wie die des römischen Adels, oder im Verhängnis untergeht wie die der Hohenstaufen und der ganzen Mayakultur, und ebenso steht es, aller Naturwissenschaft zum Trotz, mit den Schicksalen jeder einzelnen Tier- und Pflanzenart innerhalb der Erdgeschichte und weit darüber hinaus mit denen der Erde selbst und aller Sonnensysteme und Milchstraßen. Der unbedeutende Augustus hat Epoche gemacht, der große Tiberius ging wirkungslos vorüber. Und nicht anders erscheint uns das Geschick von Künstlern, Kunstwerken und Kunstformen, von Dogmen und Kulten, Theorien und Erfindungen. Daß in den Wirbeln des Werdens ein Element nur ein Schicksal erlitt und ein andres zum Schicksal

wurde und oft genug für alle Zukunft, so daß jenes im Wellenschlag
der historischen Oberfläche dahinschwand, dieses aber Geschichte
schuf, das ist mit keinem Darum und Deshalb zu erklären und doch
von innerster Notwendigkeit. Und deshalb gilt auch vom Schicksal, was Augustinus in einem tiefen Augenblick von der Zeit gesagt
hatte: *Si nemo ex me quaerat, scio; si quaerenti explicare velim, nescio.*

So ist die *Idee der Gnade* im abendländischen Christentum, der
durch den Opfertod Jesu erwirkten Gnade, frei wollen zu dürfen,[1]
welche Zufall und Schicksal in der höchsten ethischen Fassung zum
Ausdruck bringt. Fügung (Erbsünde) und Gnade – in dieser Polarität, die immer nur Gestalt des Gefühls, des bewegten Lebens, nie
Inhalt gelehrter Erfahrung sein kann, liegt das Dasein jedes wirklich
bedeutenden Menschen dieser Kultur beschlossen. Sie ist, auch für
den Protestanten, auch für den Atheisten, und sei sie noch so gut
hinter dem Begriff der naturwissenschaftlichen „Entwicklung" versteckt, der in gerader Linie von ihr abstammt,[2] die Grundlage jeder
Beichte, jeder Autobiographie, die, geschrieben oder gemalt, deshalb dem antiken Menschen, dessen Schicksal von andrer Gestalt
war, versagt blieb. Sie ist der letzte Sinn der Selbstbildnisse Rembrandts und der Musik von Bach bis Beethoven. Mag man es Fügung, Vorsehung, innere Entwicklung[3] nennen, was den Lebensläufen aller Menschen des Abendlandes etwas Verwandtes gibt – dem
Denken bleibt es unzugänglich. Der „freie Wille" ist eine innere
Gewißheit. Aber was man auch wolle oder tue – was wirklich auf
alle Entschlüsse erfolgt und aus ihnen folgt, jäh, überraschend, von
niemand vorauszusehen, das *dient* einer tieferen Notwendigkeit und

---

[1] Vgl. Bd. II, S. 851f., 918.

[2] Der Weg von Calvin zu Darwin ist in der englischen Philosophie leicht nachzuweisen.

[3] Dies gehört zu den ewigen Streitpunkten der abendländischen Kunsttheorie.
Die antike, ahistorische, euklidische Seele hat keine „Entwicklung", die abendländische erschöpft sich in ihr; sie ist „Funktion" in Richtung auf einen Abschluß.
Die eine „ist", die andre „wird". Mithin setzt alle antike Tragik die Konstanz der
Person voraus, alle abendländische deren Variabilität. Erst dies ist „Charakter" in
unserm Sinne, eine Gestalt des Seins, die in unablässiger Bewegtheit und unend-
lichem Beziehungsreichtum besteht. *Bei Sophokles adelt die große Geste das Leid,
bei Shakespeare adelt die große Gesinnung die Tat.* Weil unsre Ästhetik ihre Beispiele
ohne Unterschied aus *beiden* Kulturen nahm, konnte sie das grundlegende Problem
nur verfehlen.

fügt sich für den verstehenden Blick, wenn er über das Bild des längst
Vergangenen hinschweift, einer großen Ordnung ein. Und da mag
man das Unergründliche als Gnade empfinden, wenn das Schicksal
eines Gewollten Erfüllung war. Was haben Innocenz III., Luther,
Loyola, Calvin, Jansen, Rousseau, Marx gewollt und was ist im
Strom der abendländischen Geschichte daraus geworden? War das
Gnade oder Verhängnis? Hier endet jede rationalistische Zergliederung beim Widersinn. Die Prädestinationslehre bei Calvin und
Pascal – die beide, aufrichtiger als Luther und Thomas von Aquino,
die letzten kausalen Folgerungen augustinischer Dialektik zu ziehen
wagten – ist die *notwendige* Absurdität, zu welcher die verstandesmäßige Verfolgung dieser Geheimnisse führt. Sie gerät aus der
schicksalhaften Logik des Weltwerdens in die kausale Logik der
Begriffe und Gesetze, aus der unmittelbaren Anschauung des Lebens
in ein mechanisches System von Objekten. Die furchtbaren Seelen-
kämpfe Pascals sind die eines tiefinnerlichen Menschen, der zugleich
geborener Mathematiker war und der die letzten und ernstesten Fragen der Seele gleichzeitig den großen Intuitionen eines inbrünstigen
Glaubens und der abstrakten Präzision einer ebenso großen mathematischen Anlage unterwerfen wollte. Dies gab der Schicksalsidee,
religiös gesprochen der Vorsehung Gottes, *die schematische Form des
Kausalitätsprinzips*, die kantische Form der Verstandestätigkeit also,
denn das bedeutet Prädestination, in der nun allerdings die von aller
Kausalität freie, lebendige und nur als innere Gewißheit zu erlebende
Gnade wie eine Naturkraft erscheint, die an unwiderrufliche Gesetze
gebunden ist und das religiöse Weltbild in einen starren und düsteren Mechanismus verwandelt. Und war es nicht doch wieder ein
Schicksal – für sie wie für die Welt –, wenn die englischen Puritaner
von dieser Überzeugung erfüllt, nicht einer tatenlosen Ergebung verfielen, sondern der tatenfrohen Gewißheit, daß ihr Wille der Wille
Gottes sei?

16

Wenden wir uns nun der weiteren Verdeutlichung des Zufälligen
zu, so werden wir nicht mehr Gefahr laufen, in ihm eine Ausnahme

oder Durchbrechung des kausalen *Natur*zusammenhanges zu sehen. „Natur" ist *nicht* das Weltbild, in dem das Schicksal wesenhaft wird. Überall, wo der verinnerlichte Blick sich vom Sinnlich-Gewordnen löst und, der Vision sich nähernd, die Umwelt durchdringt, Urphänomene statt bloßer Objekte auf sich wirken fühlt, tritt der große *historische*, der außer- und übernatürliche Aspekt ein: es ist der Blick Dantes und Wolframs, auch der des Goetheschen Alters, als dessen Ausdruck vor allem das Ende des zweiten Faust erscheint. Verweilen wir schauend in dieser Welt von Schicksal und Zufall, so scheint es vielleicht zufällig, daß auf diesem kleinen Gestirn unter Millionen Sonnensystemen sich irgendwann die Episode der „Weltgeschichte" abspielt; zufällig, daß die Menschen, ein seltsames tierartiges Gebilde auf der Rinde dieses Sterns, irgendwann das Schauspiel des „Erkennens" und gerade in dieser, von Kant, Aristoteles und andern so sehr verschieden dargestellten Form bieten; zufällig, daß als Gegenpol dieser Erkenntnis gerade diese Naturgesetze in Erscheinung treten („ewig und allgemeingültig") und das Bild einer „Natur" wachrufen, von dem jeder einzelne glaubt, daß es für alle dasselbe sei. Die Physik verbannt – mit Recht – den Zufall aus ihrem Bilde, aber es ist doch wieder Zufall, daß sie selbst überhaupt, irgendwann in der Alluvialperiode der Erdoberfläche, einmal als eine besondere Art von Geistesverfassung in Erscheinung trat.

Die Welt des Zufalls ist die Welt der einmalig-wirklichen Tatsachen, denen wir als Zukunft sehnsüchtig oder angstvoll entgegenleben, die uns als lebendige Gegenwart erheben oder bedrücken, die wir schauend als Vergangenheit mit Freude oder Trauer wiedererleben können. Die Welt der Ursachen und Wirkungen ist die Welt des Beständig-Möglichen, die Welt der zeitlosen Wahrheiten, die man zerlegend und unterscheidend erkennt.

Wissenschaftlich erreichbar, mit Wissenschaft *identisch* ist nur die letzte. Wem der Blick für die andre – die Welt als „Divina commedia", als Schauspiel für einen Gott – verschlossen bleibt wie Kant und den meisten Systematikern des Denkens, der wird darin nur den sinnlosen Wirrwarr von Zufällen, diesmal im banalsten Sinn des

Wortes, finden.[1] Aber auch die zünftige, unkünstlerische Geschichtsforschung ist mit ihrem Sammeln und Ordnen bloßer Daten nicht viel mehr als eine wenn auch noch so geistreiche Sanktion des Banal-Zufälligen. Erst der ins Metaphysische dringende Blick erlebt in den Daten *Symbole* von Geschehenem und erhebt damit den Zufall zum Schicksal. Wer selbst ein Schicksal ist – wie Napoleon –, bedarf dieses Blickes nicht, denn zwischen ihm als Tatsache und den übrigen Tatsachen besteht ein Einklang metaphysischen Taktes, der seinen Entscheidungen die traumhafte Sicherheit gibt.[2]

Dieser Blick ist das Einzigartige und Gewaltige an Shakespeare, in dem man den eigentlichen *Tragiker des Zufalls* noch nie gesucht und nie vermutet hat. Und doch liegt hier gerade der letzte Sinn abendländischer Tragik, die zugleich das Abbild der abendländischen Idee der Geschichte und damit der Schlüssel zu dem ist, was das von Kant nicht verstandene Wort „Zeit" für uns bedeutet. Es ist zufällig, daß die politische Situation im „Hamlet", der Königsmord und die Frage der Thronfolge, gerade *diesen* Charakter treffen. Es ist zufällig, daß Jago, ein alltäglicher Halunke, wie man sie auf allen Straßen findet, gerade diesen Mann aufs Korn nahm, dessen Person diese durchaus nicht alltägliche Physiognomie besaß! Und Lear! Ist etwas zufälliger (und darum „natürlicher") als die Paarung dieser gebietenden Würde mit diesen den Töchtern vererbten verhängnisvollen Leidenschaften? Daß Shakespeare die Anekdote nimmt, wie er sie findet, und sie *eben dadurch* mit der Wucht innerster Notwendigkeit erfüllt – nirgends erhabener als in den Römerdramen –, das hat man heute noch nicht zu verstehen vermocht. Denn das Verstehen*wollen* erging sich in verzweifelten Versuchen, eine moralische Kausalität hineinzutragen, ein „Deshalb", einen Zusammenhang von „Schuld" und „Sühne". Aber das ist weder richtig noch falsch – richtig und falsch gehören zur Welt als Natur und bedeuten eine Kritik von Kausalem –, sondern flach, nämlich im Gegensatz zu dem tiefen Erleben der rein tatsächlichen Anekdote durch den Dichter. Nur wer

---

[1] „Plus on vieillit, plus on se persuade, que sa sacrée Majesté le Hazard fait les trois quarts de la besogne de ce misérable Univers" (Friedrich der Große an Voltaire). So empfindet ein echter Rationalist mit Notwendigkeit.

[2] Vgl. Bd. II, S. 575 ff.

das fühlt, vermag die großartige Naivität der Eingänge des Lear und Macbeth zu bewundern. Das Gegenteil zeigt Hebbel, der die Tiefe des Zufalls durch ein System von Ursachen und Wirkungen vernichtet. Das Gezwungene, Begriffliche seiner Entwürfe, das jeder fühlt, ohne es sich deuten zu können, liegt darin, daß das kausale Schema seiner seelischen Konflikte dem historisch-bewegten Weltgefühl und dessen ganz andersartiger Logik widerspricht. Diese Menschen leben nicht; sie *beweisen* etwas durch ihre Anwesenheit. Man fühlt die Gegenwart eines großen Verstandes, aber nicht die eines tiefen Lebens. An Stelle des Zufalls ist ein „Problem" getreten.

Und eben diese *abendländische* Art des Zufälligen ist dem antiken Weltgefühl und mithin dem antiken Drama ganz fremd. Antigone hat keine zufällige Eigenschaft, welche für ihr Geschick irgendwie in Betracht käme. Was dem König Ödipus widerfuhr, hätte – im Gegensatz zum Schicksale Lears – jedem andern widerfahren können. Dies ist das *antike* Schicksal, das „allgemein menschliche" *Fatum*, das einem „Leibe" überhaupt gilt und vom zufällig Persönlichen in keiner Weise abhängt.

Die gewöhnliche Geschichtsschreibung wird, soweit sie sich nicht im Sammeln von Daten verliert, *immer* beim *Flach*zufälligen stehen bleiben. Dies ist – das Schicksal ihrer Urheber, die seelisch mehr oder weniger innerhalb der Menge bleiben. Vor ihrem Auge fließen Natur und Geschichte in eine volkstümliche Einheit zusammen und „Zufall", „Sa sacrée Majesté le Hazard", ist für den Mann der Menge das Verständlichste, was es gibt. Es ist das Kausale hinter dem Vorhang, das *noch nicht* Bewiesene, das ihm die geheime Logik der Geschichte, die er nicht fühlt, ersetzt. Das anekdotenhafte Vordergrundsbild der Geschichte, der Tummelplatz aller wissenschaftlichen Kausalitätenjäger und aller Roman- und Stückeschreiber gewöhnlichen Schlages, entspricht dem durchaus. Wie viele Kriege wurden da angefangen, weil ein eifersüchtiger Hofmann einen General von seiner Frau entfernen wollte! Wie viele Schlachten wurden durch lächerliche Zwischenfälle gewonnen oder verloren! Man sehe doch, wie noch im 18. Jahrhundert römische Geschichte, wie heute noch chinesische Geschichte behandelt wird! Man denke an den

Fächerschlag des Dei von Algier und ähnliches, das die historische
Szene mit Operettenmotiven belebt. Wie von einem schlechten
Dramatiker angebracht erscheinen der Tod Gustav Adolfs oder
Alexanders. Hannibal ist ein bloßes Intermezzo der antiken Geschichte, in deren Verlauf er überraschend einfiel. Napoleons „Vor-
übergang" entbehrt nicht der Melodramatik. Wer die innere Form
der Geschichte in irgendeiner kausalen Folge ihrer sichtbaren Einzelereignisse sucht, wird immer, wenn er aufrichtig ist, eine Komödie von burlesker Sinnlosigkeit finden, und ich möchte glauben, daß
die wenig beachtete Tanzszene der betrunkenen Triumvirn in
Shakespeares „Antonius und Kleopatra" – eine der mächtigsten in
diesem unendlich tiefen Werke – aus dem Hohn des ersten *historischen* Tragikers aller Zeiten auf den „pragmatischen" Geschichts-
aspekt hervorgewachsen ist. Denn *dieser* hat von jeher „die Welt"
beherrscht. Er hat den kleinen Ehrgeizigen Mut und Hoffnung gemacht, in sie einzugreifen. Rousseau und Marx glaubten mit dem
Blick auf *ihn* und seine rationalistische Struktur, durch eine Theorie
den „Lauf der Welt" ändern zu können. Selbst die soziale oder wirtschaftliche Deutung politischer Entwicklungen, zu der als Gipfel
die Geschichtsbehandlung sich heute erhebt und die stets, angesichts
ihres biologischen Gepräges, kausaler Grundlagen verdächtig bleibt,
ist noch reichlich flach und populär.

Napoleon hat in bedeutenden Augenblicken ein starkes Gefühl
für die tiefe Logik des Weltwerdens. Er ahnte dann, inwiefern er ein
Schicksal war und inwiefern er eines hatte. „Ich fühle mich gegen
ein Ziel getrieben, das ich nicht kenne. Sobald ich es erreicht haben
werde, sobald ich nicht mehr notwendig sein werde, wird ein Atom
genügen, mich zu zerschmettern. Bis dahin aber werden alle menschlichen Kräfte nichts gegen mich vermögen", sagte er zu Beginn des
russischen Feldzugs. Das war *nicht* pragmatisch gedacht. In diesem
Augenblick ahnte er, wie wenig die Logik des Schicksals eines bestimmten Einzelnen, sei es Mensch oder Lage, bedarf. Er selbst als
empirische Person hätte bei Marengo fallen können. Was er *bedeutete*, wäre dann in andrer Gestalt verwirklicht worden. Eine Melodie
ist in den Händen eines großen Musikers reicher Variationen fähig;

sie kann für den einfachen Hörer völlig verwandelt sein, ohne in der Tiefe – in einem ganz andern Sinne – sich verändert zu haben. Die Epoche der deutschnationalen Einigung ist in der Person Bismarcks, die der Freiheitskriege in breiten und beinahe namenlosen Ereignissen durchgeführt worden. Beide „Themata" konnten auch anders durchgeführt werden, um in der Sprache des Musikers zu reden. Bismarck hätte früh entlassen und die Schlacht bei Leipzig verloren werden können; die Gruppe der Kriege von 1864, 1866 und 1870 konnte durch diplomatische, dynastische, revolutionäre oder volkswirtschaftliche Tatsachen – „Modulationen" – vertreten werden, *obwohl die physiognomische Prägnanz der abendländischen Geschichte, im Gegensatz zum Stil der indischen etwa, an entscheidender Stelle starke Akzente, Kriege oder große Persönlichkeiten, sozusagen kontrapunktisch fordert.* Bismarck selbst deutet in seinen Erinnerungen an, daß im Frühling 1848 eine Einigung in weiterem Umfang als 1870 hätte erreicht werden können, was nur an der Politik des preußischen Königs, richtiger an seinem privaten Geschmack scheiterte. Das wäre, auch nach Bismarcks Gefühl, eine matte Durchführung des „Satzes" gewesen, die irgendwie eine Coda *(„da capo e poi la coda")* notwendig gemacht hätte. Der Sinn der Epoche – das Thema – wäre aber durch keine Gestaltung des Tatsächlichen verändert worden. Goethe konnte – vielleicht – in frühen Jahren sterben, nicht seine „Idee". Faust und Tasso wären nicht geschrieben worden, aber sie wären, ohne ihre poetische Greifbarkeit, in einem sehr geheimnisvollen Sinne trotzdem „gewesen".

Denn es war Zufall, daß die Geschichte des höheren Menschentums sich in der Form großer Kulturen vollzieht, und Zufall, daß eine von ihnen um das Jahr 1000 in Westeuropa erwachte. Von diesem Augenblick an aber folgte sie „dem Gesetz, wonach sie angetreten". Innerhalb jeder Epoche besteht eine unbegrenzte Fülle überraschender und nie vorherzusehender Möglichkeiten, sich in Einzeltatsachen zu verwirklichen, die Epoche selbst aber ist notwendig, weil die Lebenseinheit da ist. Daß ihre innere Form gerade diese ist, ist ihre *Bestimmung.* Neue Zufälle können deren Entwicklung großartig oder kümmerlich, glücklich oder jammervoll gestalten, aber ändern können sie sie nicht. Eine unwiderrufliche Tatsache ist nicht nur der Einzelfall, sondern auch der Einzeltypus, in der Geschichte des Alls der Typus „Sonnensystem" mit den kreisenden Planeten, in der Geschichte unsres Planeten der Typus „Lebewesen" mit Jugend, Alter, Lebensdauer und Fortpflanzung, in der Geschichte der Lebewesen der Typus des Menschendaseins, in dessen „weltgeschichtlichem" Stadium der Typus der großen Einzelkultur.[1] Und diese Kulturen sind ihrem Wesen nach den Pflanzen verwandt: sie sind für ihre ganze Lebensdauer mit dem Boden verbunden, aus dem sie aufgesprossen sind. Und typisch ist endlich die Art, wie die Menschen einer Kultur das Schicksal auffassen und erleben, mag das Bild für den einzelnen noch so verschieden gefärbt sein. Was hier darüber gesagt wird, ist nicht „wahr", sondern für diese Kultur und diese Zeitstufe innerlich notwendig, und es überzeugt andre, nicht weil es nur eine Wahrheit gibt, sondern weil sie derselben Epoche angehören.

Die euklidische Seele der Antike konnte ihr an gegenwärtigen Vordergründen haftendes Dasein deshalb nur in der Gestalt von *Zufällen antiken Stils* erleben. Darf man für die abendländische Seele das Zufällige als Schicksal von geringerem Gehalte deuten, so darf umgekehrt das Schicksal für die antike Seele als ein ins Ungeheure gesteigerter Zufall gelten. Das bedeuten Ananke, Heimarmene und Fatum. Weil die antike Seele Geschichte nicht eigentlich durchlebte, besaß sie auch kein eigentliches Gefühl für eine *Logik* des Schicksals. Man lasse sich nicht durch Worte täuschen. Die volkstümlichste Göttin des Hellenismus war Tyche, die man von Ananke kaum zu scheiden wußte. Schicksal und Zufall aber werden von *uns* mit der ganzen Wucht eines *Gegensatzes* empfunden, von dessen Austrag in den Tiefen unseres Daseins alles abhängt. *Unsere* Geschichte ist die der großen Zusammenhänge; die antike Geschichte, nicht etwa nur ihr Bild bei Historikern wie Herodot, sondern ihre volle Wirklichkeit ist die der Anekdoten, das heißt eine Reihe plastischer Einzelheiten. Anekdotisch in der ganzen Schwere des Wortes ist der Stil

---

[1] Auf der Tatsache, daß eine ganze Gruppe dieser Kulturen vor uns liegt, beruht die vergleichende Methode dieses Buches; vgl. Bd. II, S. 597 ff.

des antiken Daseins überhaupt wie der jedes einzelnen Lebenslaufes. Die sinnlich-greifbare Seite der Ereignisse verdichtet sich zu ge-schichts*feindlichen*, *dämonischen*, *absurden* Zufällen. Die Logik des Geschehens wird durch sie verneint und verleugnet. Alle Fabeln antiker Meistertragödien *erschöpfen* sich in Zufällen, welche einen Sinn der Welt verhöhnen; anders läßt sich die Bedeutung des Wor-tes εἱμαρμένη im Gegensatz zur shakespearischen *Logik des Zufalls* nicht bezeichnen. Noch einmal: was dem Ödipus zustößt, ganz von außen und innerlich durch nichts bedingt und bewirkt, hätte jedem Menschen ohne Ausnahme geschehen können. Das ist die *Form des antiken Mythos*. Man vergleiche damit die tiefinnere, durch ein gan-zes Dasein und das Verhältnis dieses Daseins zur Zeit bedingte Not-wendigkeit im Schicksal Othellos, Don Quijotes, Werthers. Das ist – es war schon gesagt – der Unterschied von Situationstragödie und Charaktertragödie. Aber in der Geschichte selbst wiederholt sich dieser Gegensatz. Jede Epoche des Abendlandes hat Charakter, jede Epoche der Antike stellt nur eine Situation dar. Das Leben Goethes war von schicksalsvoller Logik, das Cäsars von mythischer Zufällig-keit. Hier hat Shakespeare erst die Logik *hineingetragen*. Napoleon ist ein tragischer Charakter; Alkibiades gerät in tragische Situatio-nen. Die Astrologie in der Gestalt, wie sie von der Gotik bis zum Barock das Weltgefühl selbst ihrer Leugner beherrschte, wollte sich des *ganzen* künftigen Lebenslaufes bemächtigen. *Das* faustische Horoskop, dessen bekanntestes Beispiel vielleicht das von Kepler für Wallenstein aufgestellte ist, setzt eine einheitliche und sinnvolle Richtung des gesamten noch zu entwickelnden Daseins voraus. Das antike Orakel, immer auf *einzelne* Fälle bezogen, ist ganz eigentlich das Symbol des sinnlosen Zufalls, des Augenblicks; es gibt das Punkt-förmige, Zusammenhanglose im Weltlauf zu, und in dem, was man in Athen als Geschichte schrieb und erlebte, waren Orakelsprüche sehr am Platze. Hat je ein Grieche das Bewußtsein einer *historischen Entwicklung* zu irgendeinem Ziele besessen? Haben wir je ohne dies Bewußtsein über Geschichte nachdenken, Geschichte machen kön-nen? Vergleicht man die Schicksale Athens und Frankreichs in den entsprechenden Zeiten seit Themistokles und Ludwig XIV., so wird man finden, daß Stil des historischen Fühlens und Stil der Wirklichkeit jedesmal eines sind: hier ein Äußerstes an Logik, dort an Unlogik.

Man wird jetzt den letzten Sinn dieser bedeutsamen Tatsache verstehen. Geschichte ist die Verwirklichung einer Seele, und der gleiche Stil beherrscht die Geschichte, die man macht, und die, welche
man schaut. Die antike Mathematik schließt das Symbol des unendlichen Raumes aus, die antike Geschichte mithin auch. Nicht
umsonst ist die Szene des antiken Daseins die kleinste von allen: die
einzelne Polis. Es fehlen ihm Horizont und Perspektiven – trotz der
Episode des Alexanderzuges – genau wie der Szene des attischen
Theaters mit der flach abschließenden Rückwand. Man vergleiche
damit die Fernwirkungen der abendländischen Kabinettsdiplomatie
wie des Kapitals. Wie die Hellenen und Römer in ihrem Kosmos
nur Vordergründe der Natur erkannten und als wirklich anerkannten, unter innerlichster Ablehnung der chaldäischen Astronomie,
wie sie im Grunde *nur* Haus-, Stadt- und Feldgottheiten, aber keine
Gestirngötter besaßen,[1] so *malten* sie auch nur Vordergründe. Niemals ist in Korinth, Athen oder Sikyon eine Landschaft mit Gebirgshorizont, ziehenden Wolken, fernen Städten entstanden. Man findet
auf allen Vasengemälden nur Figuren von euklidischer Vereinzelung
und künstlerischem Selbstgenügen. Jede Giebelgruppe eines Tempels ist von reihenweisem, niemals von kontrapunktischem Aufbau.
Aber man erlebte auch nur Vordergründe. Schicksal war es, was dem
Menschen plötzlich zustieß, nicht der „Lauf des Lebens", und so hat
Athen neben dem Fresko Polygnots und der Geometrie der platonischen Akademie die *Schicksalstragödie* ganz im berüchtigten Sinne
der „Braut von Messina" geschaffen. Der vollkommene Unsinn des
blinden Verhängnisses, verkörpert z. B. im Atridenfluch, offenbarte
dem ahistorischen antiken Seelentum den ganzen Sinn seiner Welt.

17

Einige gewagte, aber doch nicht mehr mißzuverstehende Beispiele
mögen zur Verdeutlichung dienen. Man denke sich Kolumbus von

---

[1] Helios ist nur eine poetische Gestalt. Er hatte weder Tempel noch Statuen noch
einen Kult. Noch weniger war Selene eine Mondgöttin.

Frankreich statt von Spanien unterstützt. Das war eine Zeitlang sogar das Wahrscheinliche. Franz I. als Herr Amerikas hätte ohne Zweifel die Kaiserkrone an Stelle des Spaniers Karl V. erhalten. Die frühe Barockzeit vom Sacco di Roma bis zum Westfälischen Frieden, nunmehr in Religion, Geist, Kunst, Politik und Sitte das *spanische* Jahrhundert – das dem Zeitalter Ludwigs XIV. in allem und jedem zur Grundlage und Voraussetzung diente – wäre nicht von Madrid, sondern von Paris aus in Gestalt gebracht worden. Statt der Namen Philipp, Alba, Cervantes, Calderon, Velasquez würden wir heute diejenigen großer Franzosen nennen, die nun – so läßt sich das schwer zu Fassende wohl ausdrücken – ungeboren blieben. Der Stil der Kirche, damals durch den Spanier Ignaz von Loyola und das von seinem Geist beherrschte Tridentiner Konzil endgültig bestimmt, der politische Stil, damals durch spanische Kriegskunst, durch die Kabinettsdiplomatie spanischer Kardinäle und den höfischen Geist des Escorial bis zum Wiener Kongreß und in wesentlichen Zügen noch über Bismarck hinaus festgelegt, die Architektur des Barock, die große Malerei, das Zeremoniell, die vornehme Gesellschaft der großen Städte wären durch andere tiefe Köpfe in Adel und Geistlichkeit, durch andere Kriege als die Philipps II., einen anderen Baumeister als Vignola, einen anderen Hof vertreten worden. Der Zufall wählte die spanische Geste für die abendländische Spätzeit; die *innere Logik* des Zeitalters, das in der großen Revolution – oder einem Ereignis von analogem Gehalt – seine Vollendung finden *mußte*, blieb davon unberührt.

Die französische Revolution konnte durch ein Ereignis von anderer Gestalt und an anderer Stelle, in England oder Deutschland etwa, vertreten werden. Ihre „Idee" (wie wir später sehen werden), der Übergang der Kultur in die Zivilisation, der Sieg der anorganischen Weltstadt über das organische Land, das nun „Provinz" in geistigem Sinne wird, war notwendig, und zwar in diesem Augenblick. Hierfür soll das Wort *Epoche* im alten, heute verwischten – mit Periode verwechselten – Sinne angewandt werden. Ein Ereignis macht Epoche, das heißt: es bezeichnet im Ablauf einer Kultur eine notwendige, schicksalshafte Wendung. Das zufällige Ereignis selbst, ein

Kristallisationsgebilde der historischen Oberfläche, konnte durch entsprechende andre Zufälle vertreten werden; die *Epoche* ist notwendig und vorbestimmt. Ob ein Ereignis den Rang einer Epoche oder einer Episode in bezug auf eine Kultur und deren Gang einnimmt, das hängt, wie man sieht, mit den Ideen vom Schicksal und Zufall und also auch mit dem Unterschied der „epochalen" abendländischen und der „episodischen" antiken Tragik zusammen.

Es mögen ferner *anonyme und persönliche* Epochen unterschieden werden, je nach ihrem physiognomischen Typus im Geschichtsbilde. Zu den Zufällen ersten Ranges gehören die großen Personen mit der Gestaltungskraft ihres Privatschicksals, welches das Schicksal von Tausenden, ganzer Völker und Zeitalter seiner Form einverleibt. Aber es unterscheidet doch die Glücksritter und Erfolgreichen ohne innere Größe – wie Danton und Robespierre – von den Heroen der Geschichte, daß ihr persönliches Schicksal nur die Züge des allgemeinen trägt. Trotz der klangvollen Namen waren die „Jakobiner" im ganzen und nicht einzelne von ihnen der Typus, welcher die Zeit beherrscht hat. Der erste Teil jener Epoche, die Revolution, ist deshalb durchaus anonym, der zweite, napoleonische, im höchsten Grade persönlich gehalten. Die ungeheure Wucht dieser Erscheinungen hatte in einigen Jahren vollendet, was die entsprechende antike Epoche (etwa 386–322), verschwommen und unsicher, in ganzen Jahrzehnten unterirdischen Abbaus zu leisten hatte. Es gehört zum Wesen aller Kulturen, daß in jedem Stadium zunächst die gleiche Möglichkeit vorhanden ist, daß sich das Notwendige in Gestalt einer großen Einzelperson (Alexander, Diokletian, Mohammed, Luther, Napoleon), eines fast namenlosen Geschehens von bedeutender innerer Form (peloponnesischer, dreißigjähriger, spanischer Erbfolgekrieg) oder einer undeutlichen und unvollkommenen Entwicklung (Diadochenzeit, Hyksoszeit, deutsches Interregnum) vollzieht. Welche Form die *Wahrscheinlichkeit* für sich hat, ist bereits eine Frage des historischen – und also das tragischen – Stils.

Das Tragische im Leben Napoleons – noch unentdeckt für einen Dichter, der groß genug wäre, es zu begreifen und zu gestalten – liegt darin, daß er, dessen Dasein im Kampf gegen die englische

Politik, die vornehmste Repräsentantin des englischen Geistes, aufging, eben durch diesen Kampf den Sieg dieses Geistes auf dem Kontinent vollendete, der dann mächtig genug war, in der Gestalt „befreiter Völker" ihn zu überwältigen und in St. Helena sterben zu lassen. Nicht er war der Begründer des Expansionsprinzips. *Das* stammte aus dem Puritanismus der Umgebung Cromwells, die das britische Kolonialreich ins Leben gerufen hatte,[1] und es war seit dem Tage von Valmy, den Goethe allein begriff, wie sein berühmtes Wort am Abend der Schlacht beweist, unter Vermittlung englisch geschulter Köpfe wie Rousseau und Mirabeau auch die Tendenz der Revolutionsheere, die durchaus von den Ideen englischer Philosophen vorwärts getrieben wurden. Nicht Napoleon hat diese Ideen, sie haben ihn geformt, und als er den Thron bestieg, mußte er sie weiter verfolgen, gegen die einzige Macht, England nämlich, die *dasselbe* wollte. Sein Empire ist eine Schöpfung von französischem Blute, aber englischem Stil. In London war durch Locke, Shaftesbury, Clarke, vor allem Bentham, die Theorie der „europäischen Zivilisation", des abendländischen Hellenismus ausgebildet und von Bayle, Voltaire, Rousseau nach Paris getragen worden. Im Namen *dieses* England des Parlamentarismus, der Geschäftsmoral und des Journalismus kämpfte man bei Valmy, Marengo, Jena, Smolensk und Leipzig, und englischer Geist hat in *all* diesen Schlachten gesiegt – über die französische Kultur des Abendlandes.[2] Der Erste Konsul hatte keineswegs den Plan, Westeuropa Frankreich einzuverleiben; er wollte zunächst – der Alexandergedanke an der Schwelle jeder Zivilisation! – an Stelle des englischen ein französisches Kolonialreich setzen, durch welches er das politisch-militärische Übergewicht Frankreichs über das abendländische Kulturgebiet auf eine

[1] Ich erinnere an das Wort Cannings aus dem Anfang des 19. Jahrhunderts: „Südamerika frei – und womöglich englisch!" Reiner ist der expansive Instinkt niemals zum Ausdruck gelangt.

[2] Die reife abendländische Kultur war eine durchaus französische, die seit Ludwig XIV. aus der spanischen erwachsen war. Aber schon unter Ludwig XVI. siegte in Paris der englische Park über den französischen, die Empfindsamkeit über den *esprit*, Kleidung und gesellschaftliche Formen von London über die von Versailles, Hogarth über Watteau, Möbel von Chippendale und Porzellan von Wedgwood über Boulle und Sèvres.

kaum angreifbare Basis gestellt hätte. Es wäre das Reich Karls V. gewesen, in dem die Sonne nicht unterging, trotz Kolumbus und Philipp II. von Paris aus geleitet und nunmehr nicht als ritterlich-kirchliche, sondern als wirtschaftlich-militärische Einheit organisiert. So weit – vielleicht – lag Schicksal in seiner Mission. Aber der Pariser Friede von 1763 hatte bereits die Frage *gegen* Frankreich entschieden, und seine mächtigen Pläne sind jedesmal an winzigen Zufällen gescheitert; zuerst vor St. Jean d'Acre durch ein paar rechtzeitig von den Engländern gelandete Geschütze; dann nach dem Frieden von Amiens, als er das ganze Mississippital bis zu den großen Seen besaß und mit Tippo Sahib, der damals Ostindien gegen die Engländer verteidigte, Beziehungen anknüpfte, an einer irrtümlichen Flottenbewegung seines Admirals, die ihn zum Abbruch einer sorgfältig vorbereiteten Unternehmung zwang; endlich, als er zum Zweck einer neuen Landung im Orient das Adriatische Meer durch die Besetzung von Dalmatien, Korfu und ganz Italien zu einem französischen gemacht hatte und mit dem Schah von Persien über eine Aktion gegen Indien unterhandelte, an Launen des Kaisers Alexander, der zu Zeiten einen Marsch nach Indien wohl – und dann mit sicherem Erfolg – unterstützt hätte. Erst indem er nach dem Scheitern aller außereuropäischen Kombinationen die Einverleibung von Deutschland und Spanien als ultima ratio im Kampfe gegen England wählte, Ländern, in denen sich nun gerade *seine* englisch-revolutionären Ideen gegen ihn, ihren Vermittler, erhoben, hatte er den Schritt getan, der ihn überflüssig machte.[1]

Ob das weltumfassende Kolonialsystem, einst von spanischem Geist entworfen, jetzt englisch oder französisch umgeprägt wurde, ob die „Vereinigten Staaten von Europa", das Seitenstück *damals* der Diadochenreiche und nun in Zukunft des Imperium Romanum, durch ihn als romantische Militärmonarchie auf demokratischer Basis oder im 21. Jahrhundert durch einen cäsarischen Tatsachen-

---

[1] Hardenberg hat Preußen in streng englischem Geiste reorganisiert, was ihm Friedrich August v. d. Marwitz zum schweren Vorwurf machte. Ebenso ist die Heeresreform Scharnhorsts eine Art „Rückkehr zur Natur" im Sinne Rousseaus und der Revolution gegenüber den Berufsheeren der Kabinettskriege zur Zeit Friedrichs des Großen.

menschen als wirtschaftlicher Organismus Wirklichkeit wurden –
das gehört zum Zufälligen des Geschichtsbildes. Seine Siege und
Niederlagen, in denen immer ein Sieg Englands, ein Sieg der Zivilisation über die Kultur verborgen war, sein Kaisertum, sein Sturz,
die *grande nation*, die episodische Befreiung Italiens, die 1796 wie
1859 eigentlich nur das politische Kostüm eines längst bedeutungslos gewordenen Volkes änderte, die Zerstörung des Deutschen Reiches, einer gotischen Ruine, sind Oberflächenbildungen, hinter denen die große Logik der eigentlichen, unsichtbaren Geschichte steht,
und in ihrem Sinne vollzog damals das Abendland den Abschluß
der in französischer Gestalt, im ancien regime zur Vollendung gelangten Kultur durch die englische Zivilisation. Als Symbole
„gleichzeitiger" Zeitwenden entsprechen also die Erstürmung der
Bastille, Valmy, Austerlitz, Waterloo und der Aufschwung Preußens den antiken Tatsachen der Schlachten von Chäronea und Gaugamela, dem Zug nach Indien und dem römischen Sieg bei Sentinum, und man begreift, daß in Kriegen und politischen Katastrophen, dem Grundstoff unserer Geschichtsschreibung, der Sieg nicht
das Wesentliche eines Kampfes und der Friede nicht das Ziel einer
Umwälzung ist.

18

Wer diese Gedanken in sich aufgenommen hat, wird es verstehen,
wie verhängnisvoll das in seiner starren Form erst ganz späten Kul-
turzuständen eigne und dann um so tyrannischer auf das Weltbild
wirkende Kausalitätsprinzip für das Erleben echter Geschichte werden mußte. Kant hatte sehr vorsichtig die Kausalität als notwendige
Form der Erkenntnis festgestellt, und es kann nicht oft genug betont
werden, daß damit ausschließlich die *verstandesmäßige* Betrachtung
der menschlichen Umwelt gemeint war. Das Wort Notwendigkeit
hörte man gern, aber man überhörte die Einschränkung des Prinzips
auf ein einzelnes Erkenntnisgebiet, die gerade das Schauen und Erfühlen lebendiger Geschichte ausschloß. Menschenkenntnis und
Naturerkenntnis sind dem Wesen nach ganz unvergleichbar. Aber

das ganze 19. Jahrhundert war bemüht, die Grenze von Natur und Geschichte zugunsten der ersten zu verwischen. Je historischer man denken wollte, desto mehr vergaß man, wie hier *nicht* gedacht werden durfte. Indem man das starre Schema einer räumlichen und zeitfeindlichen Beziehung, Ursache und Wirkung, gewaltsam auf Lebendiges anwandte, trug man in das sinnliche Oberflächenbild des Geschehens die konstruktiven Linien des physikalischen Naturbildes ein, und niemand fühlte – inmitten später, städtischer, an kausalen Denkzwang gewöhnter Geister – die tiefe Absurdität einer Wissenschaft, welche ein organisches Werden durch methodisches Mißverstehen als den Mechanismus eines Gewordnen begreifen wollte. Aber der Tag ist nicht Ursache der Nacht, die Jugend nicht die des Alters, die Blüte nicht die der Frucht. Alles was wir geistig erfassen, hat eine *Ursache*; alles was wir als organisch mit innerer Gewißheit erleben, hat eine *Vergangenheit*. Jene kennzeichnet den „Fall", der überall möglich ist und dessen innere Form feststeht, gleichviel wann, wie oft und ob er überhaupt eintritt; diese kennzeichnet das *Ereignis*, das einmal war und nie wiederkehrt. Und je nachdem wir etwas in unserer Umwelt kritisch bewußt oder physiognomisch und unwillkürlich erfassen, ziehen wir den Schluß aus technischer oder aus Lebenserfahrung, auf eine zeitlose Ursache im Raume also oder auf eine Richtung, die vom Gestern zum Heute und Morgen führt.

Aber der Geist unsrer großen Städte *will* so nicht schließen. Umgeben von einer Maschinentechnik, die er selbst geschaffen hat, indem er der Natur ihr gefährlichstes Geheimnis, das Gesetz, ablauschte, will er auch die Geschichte technisch erobern, theoretisch und praktisch. *Zweckmäßigkeit* war das große Wort, mit dem er sie sich ähnlich machte. In der materialistischen Geschichtsauffassung herrschen Gesetze kausaler Natur, und daraus folgte, daß man Nützlichkeitsideale wie Aufklärung, Humanität und Weltfrieden als Zwecke der Weltgeschichte ansetzen durfte, um sie durch den „Fortschrittsprozeß" zu erreichen. Das Gefühl vom Schicksal aber war erstorben in diesen greisenhaften Entwürfen, zugleich mit dem Jugend- und Wagemut, der zukunftsschwanger und selbstvergessen einer dunklen Entscheidung entgegendrängt.

Denn nur die Jugend hat Zukunft und *ist* Zukunft. Dieser rätsel-
volle Wortklang aber ist gleichbedeutend mit Richtung der Zeit
und Schicksal. *Das Schicksal ist immer jung.* Wer an seine Stelle eine
Kette von Ursachen und Wirkungen setzt, der sieht auch in dem
noch nicht Verwirklichten etwas gleichsam Altes und Vergangenes.
Die *Richtung* fehlt. Wer aber in strömendem Überschwang einem
Etwas entgegenlebt, der braucht nicht von Zweck und Nutzen zu
wissen. Er fühlt sich selbst als Sinn dessen, was geschehen wird. Das
war der Glaube an den Stern, der Cäsar und Napoleon nicht verließ
und ebensowenig die großen Täter anderer Art, und das liegt zutiefst trotz aller Schwermut junger Jahre in jeder Kindheit, in allen
jungen Geschlechtern, Völkern und Kulturen und über die gesamte
Geschichte hin in allen Handelnden und Schauenden, die jung sind
trotz ihrer weißen Haare und jünger als aller noch so frühe Hang zur
–zeitlosen – Zweckmäßigkeit. Die gefühlte Bedeutung der jeweils
augenblicklichen Umwelt erschließt sich denn auch in den ersten
Tagen der Kindheit, für die nur Personen und Dinge der nächsten
Umgebung wesenhaft sind, und erweitert sich in schweigender und
unbewußter Erfahrung bis zu dem umfassenden Bilde, das der allgemeine Ausdruck der ganzen Kultur auf dieser Stufe ist und dessen
Dolmetscher nur die großen Lebenskenner und Geschichtsforscher
sind.

Hier unterscheidet sich der *unmittelbare Eindruck* des Gegenwärtigen vom *Bilde* des Vergangenen, das nur im Geiste vergegenwärtigt
wird, also die Welt als Geschehen von der Welt als Geschichte. Auf
jene richtet sich der Kennerblick des tätigen Menschen, des Staatsmannes und Feldherrn, auf diese der schauende des Historikers und
Dichters. In jene greift man praktisch ein, leidend oder handelnd;
diese ist der Chronologie als dem großen Symbol des unwiderruflich Vergangenen verfallen.[1] Wir blicken rückwärts und leben vor-

---

[1] Die sich eben deshalb, weil der Zeit entrückt, mathematischer Zeichen bedienen kann. Diese starren Zahlen *bedeuten* für unser Auge das Schicksal von ehemals.
Aber ihr Sinn ist ein anderer als der mathematische – Vergangenheit ist keine Ursache, ein Verhängnis keine Formel –, und wer sie mathematisch behandelt wie
der historische Materialist, der hat aufgehört, Vergangenes, das einmal und *nur*
einmal gelebt hat, als solches wirklich zu sehen.

wärts, dem Unvorhergesehenen entgegen, aber in das Bild des einmaligen Geschehens dringen nun, von der *technischen* Erfahrung
schon der Kinderzeit her, die Züge des Vorherzusehenden ein, das
Bild einer gesetzmäßigen Natur, die nicht dem physiognomischen
Takt, sondern der Berechnung unterliegt. Wir erfassen ein Stück
Wild als beseeltes Wesen und gleich darauf als Nahrungsmittel;
wir sehen in einem Blitz eine Gefahr oder eine elektrische Entladung.
Und dieses zweite, spätere, versteinernde Bild der Welt überwältigt
in den großen Städten mehr und mehr das erste: das Bild der Vergangenheit wird mechanisiert, materialisiert, und aus ihm für Gegenwart und Zukunft eine Summe kausaler Regeln gezogen. Man
glaubt an geschichtliche Gesetze und eine verstandesmäßige Erfahrung von ihnen.

Aber Wissenschaft ist immer Naturwissenschaft. Kausales Wissen,
technische Erfahrung gibt es nur von Gewordenem, Ausgedehntem,
Erkanntem. Wie Leben zur Geschichte, so gehört Wissen zur Natur
– zu der als Element begriffenen, im Raume betrachteten, nach dem
Gesetz von Ursache und Wirkung gestalteten Sinnenwelt. Gibt es
also überhaupt eine Wissenschaft der Geschichte? Erinnern wir uns,
wie in jedem persönlichen Weltbilde, das dem idealen Bild nur mehr
oder weniger nahekommt, etwas von beidem erscheint, keine „Natur" ohne lebendige, keine „Geschichte" ohne kausale *Einklänge*
ist. Denn innerhalb der Natur haben zwar gleichartige Versuche das
gleiche gesetzmäßige Ergebnis, aber jeder einzelne ist ein geschichtliches Ereignis, das ein Datum besitzt und nie wiederkehrt. Und
innerhalb der Geschichte bilden die Daten des Vergangenen – chronologische, statistische, Namen, Gestalten[1] – ein starres Gewebe.
Tatsachen „*stehen fest*", auch wenn wir sie nicht kennen. Alles andre
ist Bild, *theoria*, dort wie hier, aber Geschichte ist das „Im-Bilde-
sein" selbst, dem das Tatsachenmaterial nur dient; in der Natur
dient die Theorie der Gewinnung dieses Materials als dem eigentlichen Zweck.

---

[1] Nicht nur Friedensschlüsse und Todestage, sondern auch der Renaissancestil,
die Polis, die mexikanische Kultur sind Daten, Tatsachen, die dagewesen sind,
auch wenn wir keine Vorstellung von ihnen besitzen.

Es gibt also keine Wissenschaft der Geschichte, aber eine *Vor-wissenschaft für* sie, welche das Dagewesene ermittelt. Für den ge-schichtlichen Blick selbst sind die Daten stets Symbole. Die Natur-forschung aber ist *nur* Wissenschaft. Sie will, weil technischen Ursprungs und Ziels, *nur* Daten finden, Gesetze kausaler Art, und sobald sie den Blick auf etwas anderes richtet, ist sie schon *Meta-physik* geworden, etwas jenseits der Natur. Aber deshalb sind ge-schichtliche und naturwissenschaftliche Daten zweierlei. Diese keh-ren immer wieder, jene nie. Diese sind Wahrheiten, jene Tatsachen. Mögen also „Zufälle" und „Ursachen" im Alltagsbilde noch so verwandt erscheinen, in der Tiefe gehören sie verschiedenen Welten an. Sicherlich ist das Geschichtsbild eines Menschen – und damit der Mensch selbst – um so flacher, je entschiedener der handgreifliche Zufall in ihm regiert, und sicherlich ist mithin eine Geschichtsschrei-bung um so leerer, je mehr sie ihr Objekt durch Feststellung rein tatsächlicher Beziehungen erschöpft. Je tiefer jemand Geschichte erlebt, desto seltener wird er „kausale" Eindrücke haben und desto gewisser wird er sie als gänzlich bedeutungslos empfinden. Man prüfe Goethes naturwissenschaftliche Schriften, und man wird er-staunt sein, die Darstellung einer lebendigen Natur ohne Formeln, ohne Gesetze, fast ohne eine Spur von Kausalem zu finden. Zeit ist für ihn keine Distanz, sondern ein Gefühl. Der bloße Gelehrte, der lediglich kritisch zerlegt und ordnet, nicht schaut und fühlt, besitzt kaum die Gabe, hier das Letzte und Tiefste zu erleben. Die Geschich-te fordert sie aber; und so besteht das Paradoxon zu Recht, daß ein Geschichtsforscher um so bedeutender ist, je weniger er der eigent-lichen Wissenschaft angehört.

Das Schema auf der folgenden Seite möge das Gesagte zusam-menfassen:

Seele ——————————————————— → *Welt*

Leben, Richtung	Ausdehnung
Schicksal erleben	Kausales erkennen
einmalig, unwiderruflich	beständig möglich
„Tatsache"	„Wahrheit"
Physiognomischer Takt (Instinkt)	Systematische Kritik (Verstand):

Wachsein dem Dasein dienend:	Wachsein das Dasein beherrschend:
Weltbild der Geschichte	Weltbild der Natur
Lebenserfahrung	*Wissenschaftliche Methoden*
Bild des Vergangenen; *schauend*	Religion, Naturforschung
gestalten (Historiker, Tragiker):	theoretisch: Mythos, Dogma,
Schicksal erforschen	Hypothese
Richtung ins Zukünftige;	praktisch: Kultus, Technik
handelnd gestalten (Politiker):	
Schicksal sein	

19

Darf man irgendeine Gruppe von Tatsachen sozialer, religiöser, physiologischer, ethischer Natur als „Ursache" einer andern setzen? Die rationalistische Geschichtsschreibung und mehr noch die heutige Soziologie kennen im Grunde nichts andres. Das heißt für sie, Geschichte *begreifen*, ihre Erkenntnis vertiefen. In der Tiefe aber liegt für den zivilisierten Menschen immer der *vernunftgemäße Zweck*. Ohne ihn wäre seine Welt sinnlos. Allerdings ist die gar nicht physikalische *Freiheit in der Wahl der grundlegenden Ursachen* nicht ohne Komik. Der eine wählt diese, der andre jene Gruppe als *prima causa* – eine unerschöpfliche Quelle wechselseitiger Polemik – und alle füllen ihre Werke mit vermeintlichen Erklärungen des Ganges der Geschichte im Stil naturhafter Zusammenhänge. Schiller hat dieser Methode durch eine seiner unsterblichen Banalitäten, den Vers vom Weltgetriebe, das sich „durch Hunger und durch Liebe" erhält, den klassischen Ausdruck gegeben. Das 19. Jahrhundert, vom Rationalismus zum Materialismus fortschreitend, hat seine Meinung zu kanonischer Geltung erhoben. Damit war der Kult des Nützlichen an die Spitze gestellt. Ihm hat Darwin im Namen des Jahrhunderts Goethes Naturlehre zum Opfer gebracht. Die organische Logik der Tatsachen des Lebens wurde durch eine mechanische – in physiologischer Einkleidung – ersetzt. Vererbung, Anpassung, Zuchtwahl sind Zweckmäßigkeitsursachen von rein mechanischem Gehalt. An Stelle geschichtlicher *Fügungen* tritt die naturhafte *Bewegung* „im Raume". Aber gibt es historische, seelische, gibt es überhaupt lebendige „*Prozesse*"? Haben historische „Bewegungen", die Zeit der Aufklärung oder die Renaissance etwa, irgend etwas mit dem *Naturbegriff* der Bewegung zu tun? Mit dem Worte Prozeß war das Schicksal abgetan. Das Geheimnis des Werdens war enthüllt. Es gab keine tragische, es gab nur noch eine mathematische Struktur des Weltgeschehens. Der „exakte" Historiker setzt nunmehr voraus, daß im Geschichtsbild eine Folge von Zuständen von mechanischem Typus vorliegt, daß sie verstandesmäßiger Zergliederung wie ein physikalisches Experiment oder eine chemische Reaktion zugänglich ist, und daß mithin die Gründe, Mittel, Wege, Ziele ein greifbar an der Oberfläche des Sichtbaren liegendes festes Gewebe bilden müssen. Das Bild ist überraschend vereinfacht. Und man muß zugeben, daß bei hinreichender Flachheit des Betrachters die Voraussetzung – für *seine* Person und für deren Weltbild – **zutrifft.**

Hunger und Liebe[1] – das sind nunmehr mechanische Ursachen mechanischer Prozesse im „Völkerleben". Sozialprobleme und Sexualprobleme – beide einer Physik oder Chemie des öffentlichen, allzuöffentlichen Daseins angehörend – werden das selbstverständliche Thema utilitarischer Geschichtsbetrachtung und *also auch* der ihr entsprechenden Tragödie. Denn das soziale Drama steht mit Notwendigkeit neben der materialistischen Geschichtsbetrachtung. Und was in den „Wahlverwandtschaften" Schicksal im höchsten Sinne war, ist in der „Frau vom Meere" nichts als ein Sexualproblem. Ibsen und alle Verstandespoeten unsrer großen Städte dichten nicht. Sie konstruieren, und zwar einen kausalen Zusammenhang von einer ersten Ursache bis zu einer letzten Wirkung. Hebbels schwere künst-

---

[1] Was dem zugrunde liegt, die metaphysischen Wurzeln von Wirtschaft und Politik, ist in Bd. II, S. 961 ff., 1147 f. angedeutet.

lerische Kämpfe galten immer nur dem Versuch, dieses schlechthin
Prosaische seiner mehr kritischen als intuitiven Anlage zu überwinden – trotz ihrer ein *Dichter* zu sein –, daher sein unmäßiger,
ganz ungoethescher Hang zum *Motivieren* der Begebenheiten. Motivieren bedeutet hier, bei Hebbel wie bei Ibsen, das Tragische *kausal
gestalten wollen*. Hebbel redet gelegentlich vom *Schraubenzug* in der
Begründung eines Charakters; er hat die Anekdote so lange zerlegt
und umgestaltet, bis sie ein System, ein Beweis für einen Fall geworden war: man verfolge seine Behandlung der Judithgeschichte.
Shakespeare hätte sie genommen, wie sie war, und in dem physiognomischen Reiz einer echten Begebenheit das Weltgeheimnis geahnt. Aber was Goethe einmal aussprach: „Man suche nur nichts
hinter den Phänomenen; *sie selbst sind die Lehre*", das war dem Jahrhundert von Marx und Darwin nicht mehr verständlich. Man war
weit entfernt, in der Physiognomie des Vergangenen ein Schicksal
abzulesen, so wenig man in der Tragödie ein reines Schicksal gestalten wollte. Der Kult des Nützlichen hat hier wie dort ein ganz
andres Ziel festgelegt. Man gestaltete, um etwas zu beweisen.
„Fragen" der Zeit werden „behandelt", soziale Probleme zweckmäßig „gelöst". Die Szene ist wie das Geschichtswerk ein Mittel
dazu. Der Darwinismus hat, so unbewußt das geschehen sein mag,
die Biologie politisch wirksam gemacht. Es ist irgendwie eine demokratische Rührigkeit in den hypothetischen Urschleim gekommen,
und der Kampf der Regenwürmer um ihr Dasein erteilt den zwei-
beinigen Schlechtweggekommenen eine gute Lehre.

Und doch hätten die Historiker gerade von den Vertretern unsrer
reifsten und strengsten Wissenschaft, der Physik, Vorsicht lernen
sollen. Die kausale Methode zugegeben, so ist es die Flachheit ihrer
Anwendung, die beleidigt. Hier fehlt es an geistiger Disziplin, an
Tiefe des Blicks, von der Skepsis, welche der Art des Gebrauchs
physikalischer Hypothesen innewohnt, ganz zu schweigen.[1] Denn

[1] Die Hypothesenbildung erfolgt schon in der Chemie viel unbedenklicher, und
zwar infolge ihrer geringeren Verwandtschaft zur Mathematik. Ein Kartenhaus
von Vorstellungen, wie es die augenblicklichen Forschungen über Atomstruktur
zeigen (vgl. z. B. M. Born, Der Aufbau der Materie, 1920), wäre in der Nähe der
elektromagnetischen Lichttheorie unmöglich, deren Urheber sich über die Grenze

der Physiker betrachtet seine Atome und Elektronen, Ströme und
Kraftfelder, den Äther und die Masse weitab vom Köhlerglauben
des Laien und Monisten als *Bilder*, die er den abstrakten Beziehungen
seiner Differentialgleichungen unterlegt, in die er unanschauliche
Zahlen kleidet, und zwar mit einer gewissen Freiheit der Wahl
zwischen mehreren Theorien, ohne in ihnen eine andre Wirklichkeit als die konventioneller Zeichen[1] zu suchen. Und er weiß, daß
auf diesem, der Naturwissenschaft allein möglichen Wege außer Erfahrungen über die technische Struktur der Umwelt nur deren symbolische Deutung – *nicht mehr* – erreicht werden kann, sicherlich
keine „Erkenntnis" im hoffnungsvoll populären Sinne. Das Bild der
Natur – Schöpfung und Abbild des Geistes, sein *alter ego* im Bereich
des Ausgedehnten – *erkennen*, bedeutet sich selbst erkennen.

Wie die Physik unsre reifste, so ist die Biologie, welche das Bild
des organischen Lebens durchforscht, nach Gehalt und Methode
unsre schwächste Wissenschaft. Was *wirklich* Geschichtsforschung
sei, reine Physiognomik nämlich, ist durch nichts deutlicher zu
machen als durch den Verlauf von Goethes Naturstudien. Er treibt
Mineralogie: sogleich fügen sich ihm die Einsichten zum Bilde einer
Erdgeschichte zusammen, in dem sein geliebter Granit beinahe das
bedeutet, was ich innerhalb der Menschengeschichte das Urmenschliche nenne. Er untersucht bekannte Pflanzen, und das Urphänomen
der Metamorphose erschließt sich ihm, die Urgestalt der *Geschichte*
alles Pflanzendaseins, und er gelangt weiterhin zu jenen seltsam tiefen
Einsichten über die Vertikal- und Spiraltendenz der Vegetation, die
noch heute nicht recht begriffen worden sind. Seine Knochenstudien,
durchaus auf Anschauen des Lebendigen gerichtet, führen ihn zur
Entdeckung des *os intermaxillare* beim Menschen und der Einsicht,
daß das Schädelgerüst der Wirbeltiere sich aus sechs Wirbelknochen
entwickelt hat. Nirgends ist von Kausalität die Rede. Er empfand
die Notwendigkeit des Schicksals so, wie er sie in seinen orphischen
Urworten ausgedrückt hat:

zwischen mathematischer Einsicht und deren Veranschaulichung durch ein *Bild* –
nicht mehr! – beständig klar blieben.

[1] Zwischen diesen Bildern und den Bezeichnungen einer Schalttafel besteht dem
Wesen nach kein Unterschied.

> So *mußt* du sein, dir kannst du nicht entfliehen.
> So sagten schon Sibyllen, so Propheten;
> Und keine Zeit und keine Macht zerstückelt
> Geprägte Form, die lebend sich entwickelt.

Die bloße Chemie der Gestirne, die *mathematische* Seite physikalischer Beobachtungen, die eigentliche Physiologie kümmern ihn, den großen Historiker der Natur, sehr wenig, weil sie Systematik, Erfahrung von Gewordnem, Totem, Starrem sind, und dies liegt seiner Polemik gegen Newton zugrunde – ein Fall, in dem beide recht haben: der eine *erkannte* in der toten Farbe den gesetzlichen Naturprozeß, der andre, der Künstler, hatte das intuitiv-sinnliche *Erlebnis*; hier liegt der Gegensatz beider Welten zutage und ich fasse ihn jetzt in seiner ganzen Schärfe zusammen.

Die Geschichte trägt *das Merkmal des Einmalig-tatsächlichen*, die Natur das des *Ständig-möglichen*. Solange ich das Bild der Umwelt daraufhin beobachte, nach welchen Gesetzen es sich verwirklichen *muß*, ohne Rücksicht darauf, ob es geschieht oder nur geschehen könnte, zeitlos also, bin ich Naturforscher, treibe ich eine echte Wissenschaft. Es macht für die Notwendigkeit eines Naturgesetzes – und andere Gesetze gibt es nicht – nicht das geringste aus, ob es unendlich oft oder nie in Erscheinung tritt, d. h. es ist *vom Schicksal unabhängig*. Tausende von chemischen Verbindungen kommen nie vor und werden nie hergestellt werden, aber sie sind als möglich bewiesen und also sind sie da – für das *feste System der Natur, nicht für die Physiognomie des kreisenden Weltalls*. Ein System besteht aus Wahrheiten, eine Geschichte beruht auf Tatsachen. Tatsachen folgen *auf*einander, Wahrheiten *aus*einander: das ist der Unterschied zwischen dem Wann und dem Wie. Es *hat* geblitzt – das ist eine Tatsache, auf die schweigend mit dem Finger gedeutet werden kann. *Wenn* es blitzt, so donnert es – das verlangt zur Mitteilung einen *Satz*. Das Erleben kann wortlos sein; systematisches Erkennen gibt es nur durch Worte. „Definierbar ist nur, was keine Geschichte hat", sagt Nietzsche einmal. Geschichte aber ist gegenwärtiges Geschehen mit dem Zug in die Zukunft und einem Blick auf die Vergangenheit. Die Natur steht jenseits aller Zeit, mit dem Merkmal der Ausdehnung, aber ohne Richtung. In dieser liegt die Notwendigkeit des Mathematischen, in jener die des Tragischen.

In der Wirklichkeit des wachen Daseins verweben sich beide Welten, die der Beobachtung und die der Hingebung, wie in einem Brabanter Wandteppich Kette und Einschlag das Bild „wirken". Jedes Gesetz muß, um für das Verstehen überhaupt *vorhanden* zu sein, einmal durch eine Schicksalsfügung innerhalb der Geistesgeschichte entdeckt, d. h. *erlebt* worden sein; jedes Schicksal erscheint in einer sinnlichen Verkleidung – Personen, Taten, Szenen, Gebärden –, in welcher Naturgesetze am Werke sind. Das urmenschliche Leben war der dämonischen Einheit des Schicksalhaften hingegeben; im Bewußtsein reifer Kulturmenschen kommt der Widerspruch jenes frühen und dieses späten Weltbildes niemals zum Schweigen; im zivilisierten Menschen erliegt das tragische Weltgefühl dem mechanisierenden Intellekt. Geschichte und Natur stehen *in uns* einander gegenüber wie *Leben* und *Tod*, wie die *ewig werdende Zeit* und der *ewig gewordene Raum*. Im Wachsein ringen Werden und Gewordnes um den Vorrang im Weltbilde. Die höchste und reifste Form beider Arten der Betrachtung, wie sie nur großen Kulturen möglich ist, erscheint für die antike Seele im Gegensatz von Plato und Aristoteles, für die abendländische in dem von Goethe und Kant: die reine Physiognomie der Welt, erschaut von der Seele eines ewigen Kindes, und die reine Systematik, erkannt vom Verstand eines ewigen Greises.

20

Und hier erblicke ich nunmehr die *letzte* große Aufgabe abendländischer Philosophie, die einzige, welche der Altersweisheit der faustischen Kultur noch aufgespart ist, die, welche durch eine jahrhundertelange Entwicklung unseres Seelentums vorbestimmt erscheint. Es steht keiner Kultur frei, den Weg und die Haltung ihres Denkens zu *wählen*; hier zum erstenmal aber kann eine Kultur voraussehen, welchen Weg das Schicksal für sie gewählt hat.

Mir schwebt eine rein abendländische Art, Geschichte im höchsten Sinne zu erforschen, vor, die bisher noch nie aufgetaucht ist und die

der antiken und jeder andern Seele fremd bleiben mußte. Eine umfassende Physiognomie des gesamten Daseins, eine Morphologie
des Werdens *aller* Menschlichkeit, die auf ihrem Wege bis zu den
höchsten und letzten Ideen vordringt; die Aufgabe, das Weltgefühl
nicht nur der eignen, sondern das *aller* Seelen zu durchdringen, in
denen große Möglichkeiten überhaupt bisher erschienen und deren
Ausdruck im Bilde des Wirklichen die einzelnen Kulturen sind. Dieser philosophische Blick, zu dem die analytische Mathematik, die
kontrapunktische Musik, die perspektivische Malerei uns und uns
allein das Recht geben, setzt über die Anlagen des Systematikers
weit hinausgehend das Auge eines Künstlers voraus, und zwar das
eines Künstlers, der die sinnliche und greifbare Welt ringsum sich
in eine tiefe Unendlichkeit geheimnisvoller Beziehungen vollkommen auflösen fühlt. So fühlte Dante, so Goethe. Ein Jahrtausend
organischer Kulturgeschichte als Einheit, als *Person* aus dem Gewebe
des Weltgeschehens herauszuheben und in ihren innersten seelischen
Bedingungen zu begreifen, ist das Ziel. Wie man die Züge eines
Bildnisses von Rembrandt oder einer Cäsarenbüste durchdringt, so
die großen, schicksalsvollen Züge im Antlitz einer *Kultur*, als der
menschlichen Individualität höchster Ordnung, anzuschauen und zu
verstehen, ist die neue Kunst. Wie es in einem Dichter, einem Propheten, einem Denker, einem Eroberer aussieht, das hat man schon
zu wissen versucht, aber in die antike, ägyptische, arabische Seele
überhaupt einzugehen, um sie mit ihrem gesamten Ausdruck in typischen Menschen und Lagen, in Religion und Staat, Stil und Tendenz, Denken und Sitte mitzuerleben, das ist eine neue Art „Lebenserfahrung". Jede Epoche, jede große Gestalt, jede Gottheit, Städte,
Sprachen, Nationen, Künste, alles was je da war und da sein wird,
ist ein physiognomischer Zug von höchster Symbolik, den ein *Menschenkenner* in einem ganz neuen Sinne des Wortes zu deuten hat.
Dichtungen und Schlachten, Feiern der Isis und Kybele und katholische Messen, Hochofenwerke und Gladiatorenspiele, Derwische
und Darwinisten, Eisenbahnen und Römerstraßen, „Fortschritt" und
Nirwana, Zeitungen, Sklavenmassen, Geld, Maschinen, alles ist in
gleicher Weise Zeichen und Symbol im Weltbilde des Vergange-

nen, das eine Seele mit Bedeutung sich vergegenwärtigt. „Alles Vergängliche ist nur ein Gleichnis". Hier liegen Lösungen und Fernblicke verborgen, welche noch nicht einmal geahnt worden sind. Dunkle Fragen, die den tiefsten aller menschlichen Urgefühle, aller Angst und Sehnsucht zugrunde liegen und vom Verstehenwollen in die Probleme der Zeit, der Notwendigkeit, des Raumes, der Liebe, des Todes, der ersten Ursachen verkleidet worden sind, werden aufgehellt. Es gibt eine ungeheure Musik der Sphären, die *gehört* sein will, die einige unsrer tiefsten Geister hören *werden*. Die Physiognomik des Weltgeschehens wird zur *letzten faustischen Philosophie*.

DRITTES KAPITEL

MAKROKOSMOS

I. Die Symbolik des Weltbildes und das Raumproblem

1

Und so erweitert sich der Gedanke einer Weltgeschichte physiognomischer Art zur *Idee einer allumfassenden Symbolik*. Die Geschichtsforschung in dem hier geforderten Sinne hat nur das Bild des einst Lebendigen und nun Vergangenen zu prüfen und dessen innere Form und Logik festzustellen. Der Schicksalsgedanke ist der letzte, bis zu dem sie vordringen kann. Indessen diese Forschung, so neu und umfassend sie in der hier angegebenen Richtung ist, kann dennoch nur Fragment und Grundlage einer noch umfassenderen Betrachtung sein. Ihr zur Seite steht eine Naturforschung, ebenso fragmentarisch und eingeschränkt in ihrem kausalen Beziehungskreise. Aber weder die tragische noch die technische „Bewegung" – wenn man so sagen darf, um die Untergründe von Erlebtem und Erkanntem zu unterscheiden – erschöpfen das Lebendige selbst. Wir erleben und erkennen, solange wir wach sind, aber wir leben auch, wenn Geist und Sinne schlafen. Mag die Nacht alle Augen schließen, das Blut schläft nicht. Wir sind bewegt im Bewegten – so suchen wir das Unaussprechliche, wovon wir in tiefen Stunden eine innere Gewißheit besitzen, durch ein Grundwort des Naturerkennens anschaulich zu machen; aber für wachende Wesen erscheint das Hier und Dort als unaufhebbares Zweierlei. Jede eigne Regung besitzt Ausdruck, jede fremde macht Eindruck, und so hat alles, dessen wir uns bewußt sind, in welcher Gestalt auch immer, als Seele und Welt, Leben und Wirklichkeit, Geschichte und Natur, Gesetz, Gefühl, Schicksal, Gott, Zukunft und Vergangenheit, Gegenwart und Ewigkeit, für uns noch einen tiefsten Sinn, und das einzige und äußerste

Mittel, dieses Unfaßliche faßlich zu machen, liegt in einer Art von Metaphysik, für die *alles*, es sei, was es wolle, die Bedeutung eines *Symbols* besitzt.

Symbole sind sinnliche Zeichen, letzte, unteilbare und vor allem ungewollte Eindrücke von bestimmter Bedeutung. Ein Symbol ist ein Zug der Wirklichkeit, der für sinnenwache Menschen mit unmittelbarer innerer Gewißheit etwas bezeichnet, das verstandesmäßig nicht mitgeteilt werden kann. Ein dorisches, früharabisches, frühromanisches Ornament, die Gestalt des Bauernhauses, der Familie, des Verkehrs, Trachten und Kulthandlungen, aber auch Antlitz, Gang und Haltung eines Menschen, ganzer Stände und Völker, die Spracharten und Siedlungsformen aller Menschen und Tiere und darüber hinaus die gesamte stumme Sprache der Natur mit ihren Wäldern, Triften, Herden, Wolken, Sternen, mit Mondnächten und Gewittern, Blühen und Welken, Nähe und Ferne ist sinnbildlicher Eindruck des Kosmischen auf uns, die wir wach sind und in Stunden der Einkehr diese Sprache wohl vernehmen; und anderseits ist es das Gefühl eines gleichartigen Verstehens, das Familien, Stände, Stämme und endlich ganze Kulturen aus dem allgemeinen Menschentum heraushebt und zusammenschließt.

Es wird hier also nicht davon die Rede sein, was eine Welt „ist", sondern was sie dem lebendigen Wesen bedeutet, das von ihr umgeben ist. Mit dem Erwachen zerdehnt sich für uns etwas zwischen einem Hier und einem Dort. Das Hier leben, das Dort erleben wir, jenes als eigen, dieses als fremd. Es ist die Entzweiung zwischen Seele und Welt als den Polen der Wirklichkeit, und in dieser gibt es nicht nur Widerstände, die wir als Dinge und Eigenschaften kausal erfassen, und Regungen, in denen wir Wesen, Numina „ganz wie wir selbst" wirken fühlen, sondern auch noch etwas, das die Entzweiung gleichsam aufhebt. Die Wirklichkeit – die Welt *in bezug* auf eine Seele – ist für jeden einzelnen die Projektion des Gerichteten in den Bereich des Ausgedehnten; sie ist das Eigne, das sich am Fremden spiegelt, sie *bedeutet ihn selbst*. Durch einen ebenso schöpferischen als unbewußten Akt – nicht „ich" verwirkliche das Mögliche, sondern „es" verwirklicht sich durch mich – wird die Brücke des Symbols geschlagen zwischen dem lebendigen Hier und Dort; es entsteht plötzlich und mit vollkommenster Notwendigkeit aus der Gesamtheit sinnlicher und erinnerter Elemente „die" Welt, die man *begreift*, für jeden einzelnen „*die*" einzige.

Und deshalb gibt es so viele Welten, als es wache Wesen und im gefühlten Einklang lebende Scharen von Wesen gibt, und im Dasein jedes von ihnen ist die vermeintlich einzige, selbständige und ewige Welt – die jeder mit dem andern gemein zu haben glaubt – ein immer neues, einmaliges, nie sich wiederholendes Erlebnis.

Eine Reihe von Graden der Bewußtheit führt von den Uranfängen kindlich-dumpfen Schauens, in denen es noch keine klare Welt für eine Seele und keine ihrer selbst gewisse Seele inmitten einer Welt gibt, zu den höchsten Arten durchgeistigter Zustände, deren nur Menschen ganz reifer Zivilisationen fähig sind. Diese Steigerung ist zugleich eine Entwicklung der Symbolik vom Bedeutungsgehalt *aller* Dinge bis zum Hervortreten vereinzelter und bestimmter Zeichen. Nicht nur, wenn ich in der Art des Kindes, des Träumers, des Künstlers die Welt voll dunkler Bedeutungen hinnehme; nicht nur, wenn ich wach bin, ohne sie mit der gespannten Aufmerksamkeit des denkenden und tätigen Menschen aufzufassen – ein Zustand, der selbst im Bewußtsein des eigentlichen Denkers und Tatmenschen weit seltener herrscht als man glaubt –, sondern stets und immer, solange von wachem Leben überhaupt die Rede sein kann, verleihe ich dem Außermir den Gehalt meines *ganzen* Selbst, von den halb träumerischen Eindrücken der Welthaftigkeit an bis zur starren Welt der kausalen Gesetze und Zahlen, die jene überlagert und bindet. Aber selbst dem reinen Reich der Zahlen fehlt das Symbolische nicht, und gerade ihm entstammen die Zeichen, in welche das grüblerische *Denken* unaussprechliche Bedeutungen legt: das Dreieck, der Kreis, die Sieben, die Zwölf.

Dies ist die *Idee des Makrokosmos, der Wirklichkeit als dem Inbegriff aller Symbole in bezug auf eine Seele*. Nichts ist von dieser Eigenschaft des Bedeutsamen ausgenommen. Alles, was ist, ist auch Symbol. Von der leiblichen Erscheinung an – Antlitz, Gestalt, Haltung von einzelnen, von Ständen, von Völkern –, wo man es immer gewußt hat, bis zu den vermeintlich ewigen und allgemeingültigen Formen der Erkenntnis, Mathematik und Physik spricht alles vom Wesen einer bestimmten und keiner andern Seele.

Allein auf der größeren oder geringeren Verwandtschaft der einzelnen Welten untereinander, soweit sie von Menschen *einer* Kultur oder seelischen Gemeinschaft erlebt werden, beruht die größere oder geringere Mitteilbarkeit des Geschauten, Empfundenen, Erkannten, das heißt des im Stil des eignen Seins Gestalteten durch die Ausdrucksmittel der Sprache, Kunst und Religion, durch Wortklänge, Formeln, Zeichen, die ihrerseits selbst Symbole sind. Zugleich erscheint hier die unverrückbare Grenze, fremden Wesen wirklich etwas mitzuteilen oder deren Lebensäußerungen wirklich zu verstehen. Der Verwandtschaftsgrad der beiderseitigen Formenwelten entscheidet darüber, wo das Begreifen in Selbsttäuschung übergeht. Wir können die indische und ägyptische Seele – offenbart in ihren Menschen, Sitten, Gottheiten, Urworten, Ideen, Bauten, Taten – sicherlich nur sehr unvollkommen verstehen. Den Griechen, ahistorisch wie sie waren, war auch die geringste Ahnung vom Wesen fremden Seelentums versagt. Man sehe, mit welcher Naivität sie in den Göttern und Kulturen aller fremden Völker ihre eignen wiederfanden. Aber auch wir unterlegen, wenn wir bei fremden Philosophen die Worte ἀρχή, *atman, tao* mit uns geläufigen Wendungen übersetzen, dem fremden Seelenausdruck das *eigne* Weltgefühl, aus dem doch die Bedeutung unsrer Worte stammt. Ebenso deuten wir die Züge altägyptischer und chinesischer Bildnisse aus abendländischer Lebenserfahrung. In beiden Fällen täuschen wir uns. Daß die Meisterwerke der Kunst alter Kulturen für uns noch lebendig – „unsterblich" also – seien, gehört ebenfalls in den Kreis dieser „Ein-bildungen" im wörtlichen Sinne, die durch die Einmütigkeit des Andersverstehens aufrecht erhalten werden. Darauf beruht zum Beispiel die Wirkung der Laokoongruppe auf die Kunst der Renaissance und die der Dramen Senecas auf das klassizistische Drama der Franzosen.

2

Symbole, als etwas Verwirklichtes, gehören zum Bereich des Ausgedehnten. Sie sind geworden, nicht werdend – auch wenn sie ein
Werden bezeichnen – mithin starr begrenzt und den Gesetzen des
Raumes unterworfen. Es gibt *nur* sinnlich-räumliche Symbole.
Schon das Wort Form bezeichnet etwas Ausgedehntes im Ausgedehnten, und davon machen auch, wie wir sehen werden, die inneren Formen der Musik keine Ausnahme. Ausdehnung aber ist das
Merkmal der Tatsache „Wachsein", die nur eine Seite des Einzel-
daseins bildet und mit dessen Schicksalen innerlichst verbunden ist.
Deshalb ist jeder Zug des tätigen – empfindenden oder verstehenden – Wachseins in dem Augenblick, wo wir ihn bemerken, bereits
vergangen. Wir können über Eindrücke nur *nach*denken, wie es mit
bezeichnender Wendung heißt, aber was für das Sinnenleben der
Tiere nur vergangen ist, ist für das wortgebundene Verstehen des
Menschen *vergänglich*. Vergänglich ist nicht nur, was geschieht –
denn kein Geschehnis läßt sich zurückrufen –, sondern auch jede
Art von Bedeutung. Man verfolge das Schicksal der Säule, vom
ägyptischen Grabtempel an, wo sie in Reihen den Wanderer geleitet, über den dorischen Peripteros, dessen Körper sie zusammenhält,
und die frűharabische Basilika, deren Innenraum sie stützt, bis zu den
Fassaden der Renaissance, an welchen sie den aufstrebenden Zug
zum Ausdruck bringt. Die Bedeutung von ehemals kehrt nie wieder. Was in das Reich des Ausgedehnten trat, hat mit dem Anfang
auch ein Ende. Es besteht ein tiefer und früh gefühlter Zusammenhang *zwischen Raum und Tod*. Der Mensch ist das einzige Wesen,
welches den Tod kennt. Alle andern werden älter, aber mit einer
durchaus auf den Augenblick eingeschränkten Bewußtheit, die
ihnen ewig erscheinen muß. Sie leben, aber sie wissen nichts vom
Leben wie die Kinder in den frühesten Jahren, wo das Christentum
sie noch als „unschuldig" betrachtet. Und sie sterben und sehen das
Sterben, aber sie wissen nicht darum. Erst der ganz erwachte, der
eigentliche Mensch, dessen Verstehen durch die Gewohnheit des
Sprechens vom Sehen abgehoben ist, besitzt außer der Empfindung

auch einen Begriff des Vergehens, das heißt ein Gedächtnis für das Vergangene und eine Erfahrung von Unwiderruflichem. Wir *sind* die Zeit,[1] aber wir *besitzen* auch ein Bild der Geschichte, und in diesem erscheint im Hinblick auf den Tod die Geburt als das andre Rätsel. Für alle übrigen Wesen verläuft das Leben ohne Ahnung seiner Grenzen, das heißt ohne ein Wissen um Aufgabe, Sinn, Dauer und Ziel. Mit tiefer und bedeutungsvoller Identität knüpft sich deshalb das Erwachen des Innenlebens in einem Kinde oft an den Tod eines Verwandten. Es begreift *plötzlich* den leblosen Leichnam, der ganz Stoff, ganz Raum geworden ist, und *zugleich* fühlt es sich als einzelnes *Wesen* in einer fremden, ausgedehnten Welt. „Vom fünfjährigen Knaben bis zu mir ist nur ein Schritt. Vom Neugeborenen bis zum fünfjährigen Kinde ist eine schreckliche Entfernung", hat Tolstoi einmal gesagt. Hier, in diesem entscheidenden Punkt des Daseins, wo der Mensch erst zum Menschen wird und seine ungeheure Einsamkeit im All kennen lernt, enthüllt sich die Weltangst als die rein menschliche *Angst vor dem Tode*, der Grenze in der Welt des Lichts, dem starren *Raum*. Hier liegt der Ursprung des höheren Denkens, das zuerst ein Nachdenken über den Tod ist. Jede Religion, jede Naturforschung, jede Philosophie geht von hier aus. Jede große Symbolik heftet ihre Formensprache an den Totenkult, die Bestattungsform, den Schmuck des Grabes. Der ägyptische Stil beginnt mit den Totentempeln der Pharaonen, der antike mit dem geometrischen Schmuck der Graburnen, der arabische mit Katakomben und Sarkophagen, der abendländische mit dem Dom, in welchem sich der Opfertod Jesu unter den Händen des Priesters täglich wiederholt. Aus der frühen Angst entspringt auch alles historische Empfinden, in der Antike durch Klammern an die lebenerfüllte Gegenwart, in der arabischen Welt aus der Taufe, die das Leben neu gewinnt und den Tod überwindet, in der faustischen aus der Buße, die den Leib Jesu zu empfangen würdigt und damit die Unsterblichkeit. Erst aus der stets wachen Sorge um das Leben, das *noch nicht* vergangen ist, entsteht die Sorge um das Vergangne. Ein Tier hat *nur* Zukunft, der Mensch kennt auch die Vergangenheit.

[1] Vgl. Bd. I, S. 158f.

Mit einer neuen „Weltanschauung", das heißt einem plötzlichen Blick auf den Tod als dem Geheimnis der erschauten Welt, erwacht deshalb jede neue Kultur. Als um das Jahr 1000 der Gedanke an das Weltende sich im Abendland verbreitete, wurde die faustische Seele dieser Landschaft geboren.

Der Urmensch, in tiefem Staunen über den Tod, suchte diese Welt des Ausgedehnten mit den unerbittlichen und stets gegenwärtigen Schranken ihrer Kausalität, voll von dunkler Allmacht, die ihn ständig mit dem Ende bedrohte, mit allen Kräften seines Geistes zu durchdringen und zu beschwören. Diese triebhafte Abwehr liegt tief im unbewußten Dasein, aber indem sie Seele und Welt erst eigentlich schuf, zerdehnte, gegeneinander stellte, bezeichnete sie die Schwelle *persönlicher* Lebensführung. Ichgefühl und Weltgefühl beginnen zu wirken, und alle Kultur, innere wie äußere, Haltung wie Leistung, ist nur die Steigerung dieses Menschseins überhaupt. Von hier an ist alles, was unsern Empfindungen widersteht, nicht mehr nur „Widerstand", Sache, Eindruck wie bei Tieren und auch noch beim Kinde, sondern auch Ausdruck. Die Dinge sind nicht nur *wirklich* innerhalb der Umwelt, sondern sie haben, so wie sie „erscheinen", innerhalb der Welt*„anschauung"* auch einen *Sinn.* Zuerst besaßen sie allein ein Verhältnis zum Menschen, jetzt besitzt der Mensch auch sein Verhältnis zu ihnen. Sie sind Sinnbilder seines Daseins geworden. So geht das Wesen aller echten – *unbewußten und innerlich notwendigen* – Symbolik aus dem Wissen des Todes hervor, in dem sich das Geheimnis des Raumes enthüllt. Alle Symbolik bedeutet eine Abwehr. Sie ist Ausdruck einer tiefen Scheu im alten Doppelsinn des Wortes: ihre Formensprache redet zugleich von Feindschaft und Ehrfurcht.

Alles Gewordne ist vergänglich. Vergänglich sind nicht nur Völker, Sprachen, Rassen, Kulturen. Es wird in wenigen Jahrhunderten keine westeuropäische Kultur, keinen Deutschen, Engländer, Franzosen mehr geben, wie es zur Zeit Justinians keinen Römer mehr gab. Nicht die Folge menschlicher Generationen war erloschen; die innere Form eines Volkes, die eine Anzahl von ihnen zu einheitlicher Gebärde zusammengefaßt hatte, war nicht mehr da.

Der *civis Romanus*, eines der mächtigsten Symbole antiken Seins, war gleichwohl als Form nur von der Dauer einiger Jahrhunderte. Aber das Urphänomen der großen Kultur überhaupt wird einmal wieder verschwunden sein, und mit ihm das Schauspiel der Weltgeschichte, und endlich der Mensch selbst und darüber hinaus die Erscheinung des pflanzlichen und tierischen Lebens an der Erdoberfläche, die Erde, die Sonne und die ganze Welt der Sonnensysteme. Alle Kunst ist sterblich, nicht nur die einzelnen Werke, sondern die Künste selbst. Es wird eines Tages das letzte Bildnis Rembrandts und der letzte Takt Mozartscher Musik aufgehört haben zu sein, obwohl eine bemalte Leinwand und ein Notenblatt vielleicht übrig sind, weil das letzte Auge und Ohr verschwand, das ihrer Formensprache zugänglich war. Vergänglich ist jeder Gedanke, jeder Glaube, jede Wissenschaft, sobald die Geister erloschen sind, in deren Welten ihre „ewigen Wahrheiten" mit Notwendigkeit als wahr empfunden wurden. Vergänglich sind sogar die Sternenwelten, welche den Astronomen am Nil und Euphrat „erscheinen", als Welten für ein Auge, denn *unser* – ebenso vergängliches – *Auge* ist ein anderes. Wir wissen das. Ein Tier weiß es nicht, und was es nicht weiß, ist im Erlebnis seiner Umwelt nicht vorhanden. Mit dem Bilde der Vergangenheit aber schwindet auch die Sehnsucht, dem Vergänglichen einen tieferen Sinn zu geben. Und so läßt sich der Gedanke des rein menschlichen Makrokosmos wieder an das Wort knüpfen, dem die ganze fernere Darstellung gewidmet sein soll: *Alles Vergängliche ist nur ein Gleichnis.*

So führt diese Einsicht unvermerkt auf das Raumproblem, allerdings in einem neuen und überraschenden Sinne. Seine Lösung – oder bescheidener, seine Deutung – erscheint erst in diesem Zusammenhange möglich, so wie das Zeitproblem erst aus der Schicksalsidee faßlicher wurde. Das schicksalhaft gerichtete Leben erscheint, sobald wir erwachen, im Sinnenleben als *empfundene Tiefe.* Alles dehnt sich, aber es ist noch nicht „der Raum", nichts in sich Verfestigtes, sondern ein beständiges Sich-dehnen vom bewegten Hier zum bewegten Dort. Das Welterlebnis knüpft sich ausschließlich an das Wesen der *Tiefe* – der Ferne oder *Entfernung* – deren Zug im abstrakten System der Mathematik neben Länge und Breite als „*dritte Dimension*" bezeichnet wird. Diese Dreizahl gleichgeordneter Elemente ist von vornherein irreführend. Ohne Zweifel sind sie im räumlichen Welteindruck *nicht* gleichwertig, geschweige denn gleichartig. „Länge und Breite", sicherlich als Erlebnis eine Einheit, keine Summe, sind, mit Vorsicht gesagt, bloße Form der Empfindung. Sie repräsentieren den rein sinnlichen *Eindruck*. Die Tiefe repräsentiert den *Ausdruck*, die *Natur*; mit ihr beginnt die „Welt". Diese der Mathematik selbstverständlich ganz fremde Unterscheidung in der Bewertung der dritten Dimension gegenüber den sogenannten beiden andern liegt auch in der Gegenüberstellung der Begriffe Empfindung und Anschauung. Die Dehnung in die Tiefe verwandelt die erste in die letzte. Erst die Tiefe ist die *eigentliche* Dimension im wörtlichen Sinne, das *Ausdehnende*.[1] In ihr ist das Wachsein aktiv, in den andern streng passiv. Es ist der *symbolische Gehalt einer Ordnung*, und zwar im Sinne einer einzelnen Kultur, der sich zutiefst in diesem ursprünglichen und nicht weiter analysierbaren Element ausspricht. Das Erlebnis der Tiefe ist – von dieser Einsicht hängt alles Weitere ab – ein ebenso vollkommen unwillkürlicher und notwendiger als vollkommen schöpferischer Akt, durch den das Ich seine Welt, ich möchte sagen zudiktiert erhält. Er schafft aus dem Strom von Empfindungen eine formvolle Einheit, ein bewegtes *Bild*, das nunmehr, sobald das Verstehen sich seiner bemächtigt, von Gesetzen beherrscht, dem Kausalprinzip unterworfen und mithin, als Abbild eines persönlichen Geistes, *vergänglich* ist.

Es besteht kein Zweifel, obwohl der Verstand sich dagegen auf-

---

[1] Man sollte das Wort Dimension nur in der Einzahl gebrauchen. Es gibt Ausdehnung, aber nicht Ausdehnungen. Die Dreizahl der Richtungen ist schon eine Abstraktion und im unmittelbaren Dehnungsgefühl des Leibes (der „Seele") nicht enthalten. Aus dem Wesen der Richtung stammt der geheimnisvolle *tierhafte* Unterschied von *rechts und links*, und dazu kommt der *pflanzenhafte* Zug von *unten nach oben* – Erde und Himmel. Dieses ist eine traumhaft gefühlte Tatsache, jenes eine zu erlernende Wahrheit des Wachseins, die *deshalb* der Verwechslung unterliegen kann. Beides findet seinen Ausdruck in der Baukunst, nämlich in der Symmetrie des Grundrisses und der Energie des Aufrisses, und nur deshalb empfinden wir in der „Architektur" des uns umgebenden Raumes den Winkel von 90° als ausgezeichnet und nicht etwa den von 60°, der eine ganz andere Zahl von „Dimensionen" ergeben würde.

lehnt, daß diese Dehnung unendlicher Verschiedenheit fähig ist, nicht nur anders beim Kinde und Manne, beim Naturmenschen und Städter, Chinesen und Römer, sondern in jedem einzelnen, je nachdem er nachdenklich oder aufmerksam, tätig oder ruhend seine Welt erlebt. Jeder Künstler hat noch „*die*" Natur durch Farbe und Linie wiedergegeben. Jeder Physiker, der griechische, arabische, deutsche hat „*die*" Natur in letzte Elemente zergliedert – warum fanden sie nicht alle dasselbe? Weil jeder seine eigene Natur hat, obwohl jeder sie mit einer Naivität, die seine Lebensanschauung rettet, die *ihn* rettet, mit allen andern gemein zu haben glaubt. „Natur" ist ein Besitz, der durch und durch mit persönlichstem Gehalt gesättigt ist. *Natur ist eine Funktion der jeweiligen Kultur.*

3

Nun hat Kant die große Frage, ob dies Element „a priori" vorhanden oder durch Erfahrung erworben ist, durch seine berühmte Formel dahin zu entscheiden geglaubt, daß der Raum die allen Welteindrücken zugrunde liegende *Form der Anschauung* sei. Aber die „Welt" des sorglosen Kindes und des Träumers besitzt diese Form unzweifelhaft in schwankender und unentschiedener Art,[1] und erst die gespannte, praktische, *technische* Betrachtung der Umwelt – denn frei bewegliche Wesen müssen für ihr Leben *sorgen*; nur die Lilien auf dem Felde brauchen es nicht – läßt das sinnliche Sich-dehnen zur verstandenen Dreidimensionalität erstarren. Erst der städtische Mensch hoher Kulturen *lebt* wirklich in dieser grellen Wachheit, und erst für sein Denken gibt es einen vom Sinnenleben *ganz* abgelösten („absoluten"), toten, zeitfremden Raum als Form nicht mehr des Angeschauten, sondern des *Verstandenen*. Es ist keine Frage, daß „der" Raum, wie ihn Kant mit unbedingter Gewißheit um sich sah, als er über seine Theorie nachdachte, für seine Vorfahren zur Karolingerzeit auch nicht annähernd in dieser strengen Gestalt vorhanden war. Kants Größe beruht auf der Schöpfung des Begriffs einer „Form

---

[1] Der Mangel an Perspektive in Kinderzeichnungen wird von Kindern gar nicht empfunden.

a priori", aber nicht auf der Anwendung, die er ihm gab. Daß die
Zeit keine Form der Anschauung ist, daß sie überhaupt keine „Form"
ist – es gibt nur ausgedehnte Formen – und nur als Gegenbegriff
zum Raum definiert wurde, sahen wir schon. Es ist aber nicht nur
die Frage, ob gerade das Wort Raum den formalen Gehalt im Angeschauten genau deckt; es ist auch eine Tatsache, daß die Form der
Anschauung sich mit dem *Grade der Entfernung ändert*: Jedes entfernte Gebirge wird als Fläche – Kulisse – „angeschaut". Niemand
wird behaupten, daß er die Mondscheibe körperhaft sehe. Der Mond
ist für das Auge eine reine Fläche, und erst durch das Fernrohr stark
vergrößert – also künstlich angenähert – erhält er mehr und mehr
räumliche Beschaffenheit. Augenscheinlich ist die Form der Anschauung also auch eine Funktion des Abstandes. Dazu kommt, daß
wir beim Nachdenken, statt uns eben vergangener Eindrücke genau
zu erinnern, das Bild des von ihnen abgezogenen Raumes „vor uns
hinstellen". Aber diese Vorstellung täuscht uns über die lebendige
Wirklichkeit. Kant hat sich täuschen lassen. Er hätte zwischen Formen der Anschauung und des Verstandes gar nicht scheiden dürfen,
denn *sein* Begriff Raum umfaßt bereits beides.[1]

Wie Kant sich das Zeitproblem dadurch verdarb, daß er es zu der
in ihrem Wesen mißverstandenen Arithmetik in Beziehung brachte
und also von einem Zeitphantom redete, dem die lebendige Richtung fehlte, das also nur ein räumliches Schema war, so verdarb er
sich das Raumproblem durch seine Beziehung auf eine Allerwelts-

---

[1] Sein Gedanke, daß die Apriorität des Raumes durch die unbedingte anschauliche Gewißheit einfacher geometrischer Tatsachen bewiesen werde, beruht auf
der schon erwähnten allzu populären Ansicht, daß Mathematik entweder Geometrie oder Arithmetik sei. Nun war schon damals die Mathematik des Abendlandes
weit über dieses naive – der Antike nachgesprochene – Schema hinausgegangen.
Wenn die heutige Geometrie statt „des Raumes" mehrfach unendliche Zahlen-
mannigfaltigkeiten zugrunde legt, unter denen die dreidimensionale ein an sich
nicht ausgezeichneter Einzelfall ist, und innerhalb dieser Gruppen funktionale
Gebilde hinsichtlich ihrer Struktur untersucht, so hat jede überhaupt mögliche
Art von sinnlicher Anschauung aufgehört, sich formal mit mathematischen Tatsachen im Bereich solcher Ausgedehntheiten zu berühren, ohne daß deren Evidenz
dadurch herabgesetzt würde. Die Mathematik ist also von der Form des Angeschauten unabhängig. Es ist nun die Frage, wie viel von der gerühmten Evidenz
der Anschauungsformen für sich übrig bleibt, sobald die künstliche Übereinander-
schichtung beider in einer vermeintlichen Erfahrung erkannt worden ist.

geometrie. Der Zufall hat es gewollt, daß wenige Jahre nach Vollendung seines Hauptwerkes Gauß die erste der nichteuklidischen Geometrien entdeckte, durch deren in sich widerspruchslose Existenz bewiesen wurde, daß es *mehrere* streng mathematische Arten einer dreidimensionalen Ausgedehntheit gibt, die sämtlich „a priori gewiß" sind, ohne daß es möglich wäre, *eine* von ihnen als die eigentliche Form der „Anschauung" herauszuheben.

Es war ein schwerer und für einen Zeitgenossen Eulers und Lagranges unverzeihlicher Irrtum, die antike Schulgeometrie, denn an sie hat Kant immer gedacht, in den Formen der uns umgebenden Natur abgebildet finden zu wollen. In den Augenblicken, wo wir sie aufmerksam beobachten, ist in der Nähe des Beobachters und bei hinreichend kleinen Verhältnissen eine annähernde Übereinstimmung zwischen dem lebendigen Eindruck und den Regeln der gewöhnlichen Geometrie sicherlich vorhanden. Die von der Philosophie behauptete *genaue* Übereinstimmung läßt sich aber weder durch den Augenschein noch durch Meßinstrumente nachweisen. Beide können eine gewisse, für die praktische Entscheidung über die Frage z. B., welche der nichteuklidischen Geometrien die des „empirischen" Raumes sei, bei weitem nicht ausreichende Grenze der Genauigkeit niemals überschreiten.[1] Bei großen Maßstäben und Entfernungen, wo das Tiefenerlebnis das Anschauungsbild völlig beherrscht – vor einer weiten Landschaft etwa statt vor einer Zeichnung – widerspricht die Anschauungsform der Mathematik gründlich. Wir sehen in jeder Allee, daß Parallelen sich am Horizont berühren. Die Perspektive der abendländischen und die ganz andere der chinesischen Malerei, deren Zusammenhang mit den Grundproblemen der zugehörigen Mathematiken deutlich fühlbar wird, beruht eben auf dieser Tatsache. Das Tiefenerlebnis in der unermeßlichen Fülle seiner Arten entzieht sich jeder zahlenmäßigen Bestimmung. Die gesamte Lyrik und Musik, die gesamte ägyptische, chinesische, abendländische Malerei widersprechen laut der Annahme

---

[1] Gewiß läßt sich ein geometrischer Lehrsatz an einer Zeichnung beweisen, richtiger demonstrieren. Aber der Lehrsatz erhält in jeder Art von Geometrie eine andre Fassung, und hier entscheidet die Zeichnung *nichts* mehr.

einer streng mathematischen Struktur des erlebten und gesehenen Raumes und nur, weil kein neuerer Philosoph von Malerei das geringste verstanden hat, konnte ihnen allen diese Widerlegung unbekannt bleiben. Der „*Horizont*", in dem und durch den jedes Gesichtsbild *allmählich in einen Flächenabschluß übergeht*, ist durch keine Art von Mathematik zu erfassen. Jeder Pinselstrich eines Landschaftsmalers widerlegt die Behauptung der Erkenntnistheorie.

Die „drei Dimensionen" besitzen als vom Leben abgezogene mathematische Größe keine natürliche Grenze. Man verwechselt das mit Fläche und Tiefe des erlebten Eindrucks, und so setzt sich der eine erkenntnistheoretische Irrtum in den andern fort, daß auch die angeschaute Ausgedehntheit unbegrenzt sei, obwohl unser Blick nur belichtete Raumstücke umfaßt, deren Grenze die jeweilige Lichtgrenze bildet, sollte es auch der Fixsternhimmel oder die atmosphärische Helligkeit sein. Die „gesehene Welt" ist die Gesamtheit von *Lichtwiderständen*, weil das Sehen an das Vorhandensein von strahlendem oder zurückgestrahltem Licht gebunden ist. Die Griechen blieben auch dabei stehen. Nur das abendländische Weltgefühl schuf die *Idee* eines grenzenlosen Weltraums mit unendlichen Fixsternensystemen und Entfernungen, die weit über alle optischen Möglichkeiten hinausgeht – eine Schöpfung des *inneren* Blickes, die sich jeder Verwirklichung durch das Auge entzieht und Menschen anders fühlender Kulturen selbst als Gedanke fremd und unvollziehbar bleibt.

4

Das Ergebnis der Gaußschen Entdeckung, welche den Weg der modernen Mathematik *überhaupt* änderte,[1] war also der Nachweis, daß es mehrere gleich richtige Strukturen der dreidimensionalen Ausgedehntheit gibt, und die Frage, welche von ihnen denn der wirklichen Anschauung entspreche, beweist, daß man das Problem gar nicht begriffen hat. Die Mathematik beschäftigt sich, gleichviel ob sie sich anschaulicher Bilder und Vorstellungen als *Handhaben*

---

[1] Bekanntlich hat Gauß über seine Entdeckung bis fast an sein Lebensende geschwiegen, weil er „das Geschrei der Böoter" fürchtete.

bedient oder nicht, mit völlig von Leben, Zeit und Schicksal abgehobenen, rein *verstandenen* Systemen, Formenwelten reiner Zahlen, deren Richtigkeit – *nicht Tatsächlichkeit* – zeitlos und von kausaler Logik ist wie alles nur Erkannte und nicht Erlebte.

Damit ist die Verschiedenheit der lebendigen Anschauung von der mathematischen Formensprache offenbar geworden, und das Geheimnis des *Raumwerdens* tut sich auf.

Wie das Werden dem Gewordnen, die unaufhörlich lebende Geschichte der vollendeten und toten Natur zugrunde liegt, das Organische dem Mechanischen, das Schicksal dem kausalen Gesetz, dem objektiv Gesetzten, so ist die *Richtung der Ursprung der Ausdehnung. Das mit dem Worte Zeit berührte Geheimnis des sich vollendenden Lebens bildet die Grundlage dessen, was als vollendet durch das Wort Raum weniger verstanden als für ein inneres Gefühl angedeutet wird.* Jede wirkliche Ausgedehntheit wird in und mit dem Erlebnis der Tiefe erst vollzogen; und eben jene Dehnung in die Tiefe und Ferne – zuerst für das Empfinden, vor allem das Auge, dann erst für das Denken –, der *Schritt* vom tiefenlosen Sinneneindruck zum makrokosmisch geordneten Weltbilde mit der geheimnisvoll in ihm sich andeutenden Bewegtheit ist das, was zunächst durch das Wort Zeit bezeichnet wird. Der Mensch empfindet sich, und das *ist* der Zustand wirklichen, auseinanderspannenden Wachseins, „*in*" einer ihn rings umgebenden Ausgedehntheit. Man braucht diesen Ureindruck des Weltmäßigen nur zu verfolgen, um zu sehen, daß es in Wirklichkeit nur *eine* wahre Dimension des Raumes gibt, die *Richtung* nämlich von sich aus in die Ferne, das Dort, die Zukunft, und daß das abstrakte System dreier Dimensionen eine mechanische Vorstellung, keine Tatsache des Lebens ist. Das Tiefenerlebnis *dehnt* die Empfindung zur Welt. Das Gerichtetsein des Lebens war mit Bedeutung als *Nichtumkehrbarkeit* bezeichnet worden und ein Rest dieses entscheidenden Merkmals der Zeit liegt in dem Zwang, auch die Tiefe der Welt stets von sich aus, nie vom Horizont aus zu sich hin empfinden zu können. Der bewegliche Leib aller Tiere und des Menschen ist auf diese Richtung hin angelegt. Man bewegt sich „*vorwärts*" – der Zukunft entgegen, mit jedem Schritt nicht nur dem

Ziel, sondern auch dem Alter sich nähernd – und empfindet jeden Blick *rückwärts* auch als den Blick auf etwas Vergangnes, bereits zur Geschichte Gewordnes.[1]

Wenn man die Grundform des Verstandenen, die Kausalität, als *erstarrtes Schicksal* bezeichnet, so darf die Raumtiefe eine *erstarrte Zeit* genannt werden. Was nicht nur der Mensch, sondern schon das Tier als Schicksal um sich walten *fühlt*, empfindet es tastend, sehend, horchend, witternd als Bewegung, die vor der gespannten Aufmerksamkeit kausal erstarrt. Wir *fühlen:* es geht dem Frühling entgegen, und wir fühlen im voraus, wie die Frühlingslandschaft sich rings um uns dehnt; aber wir *wissen*, daß sich die Erde im Weltraum drehend bewegt und daß die Frühlingsdauer neunzig solcher Erddrehungen – Tage – „beträgt". Die Zeit gebiert den Raum, der Raum aber tötet die Zeit.

Hätte Kant sich schärfer gefaßt, so hätte er, statt von „zwei Formen der Anschauung" zu reden, die Zeit die *Form des Anschauens*, den Raum die *Form des Angeschauten* genannt, und dann hätte sich ihm der Zusammenhang beider vielleicht offenbart. Der Logiker, Mathematiker und Naturforscher kennt in den Augenblicken gespannten Nachdenkens nur den gewordenen, vom einmaligen Geschehen eben durch das Nachdenken darüber abgelösten, wahren, systematischen Raum, in welchem alles die *Eigenschaft* einer mathematisch bestimmbaren „Dauer" besitzt. Hier aber wurde angedeutet, wie der Raum unaufhörlich *wird*. Solange wir sinnend ins Weite blicken, webt es ringsumher. Werden wir aufgeschreckt, so spannt sich vor scharfen Augen ein fester Raum aus. Dieser Raum *ist*; er steht damit, daß er *ist*, außerhalb der Zeit, von ihr und damit vom Leben abgelöst. In ihm herrscht die Dauer, ein Stück abgestorbener Zeit, als erkannte Eigenschaft von Dingen; und da wir uns selbst als seiend in diesem Raum erkennen, so wissen wir um unsre Dauer und deren Grenzen, an die der Zeiger unsrer Uhren unaufhörlich mahnt. Der starre Raum selbst aber, der ebenfalls vergänglich ist

---

[1] Erst von dieser Richtung in der Anlage des Leibes aus besinnt man sich auf den Unterschied von rechts und links, vgl. Bd. I, S. 218, Anm. „Vorn" hat für den Körper einer Pflanze gar keinen Sinn.

und mit jedem Nachlassen des geistigen Gespanntseins aus dem farbigen Dehnen unsrer Umwelt verschwindet, ist eben damit Zeichen
und Ausdruck des Lebens selbst, *das ursprünglichste und mächtigste
seiner Symbole.*

Denn die wahllose Deutung der Tiefe, die mit der Wucht eines
elementaren Ereignisses das Wachsein beherrscht, bezeichnet *zugleich mit dem Erwachen des Innenlebens* die Grenze von Kind und –
Mensch. Das symbolische Erlebnis der Tiefe ist es, welches dem
Kinde fehlt, das nach dem Monde greift, das noch keinen *Sinn* der
Außenwelt kennt und gleich der urmenschlichen Seele in traumhaf-
ter Verbundenheit mit allem Empfindungshaften hindämmert. Nicht
als ob ein Kind keine Erfahrung einfachster Art vom Ausgedehnten
hätte; aber eine *Weltanschauung* ist noch nicht da; die Ferne wird
empfunden, aber sie *redet* noch nicht zur Seele. Erst mit dem Wachwerden der Seele erhebt sich auch die Richtung zum lebendigen
Ausdruck. Und da ist antik das Ruhen in der nahen Gegenwart, das
sich allem Fernen und Künftigen verschließt, faustisch die Richtungsenergie, die nur für die fernsten Horizonte einen Blick hat, chinesisch das Wandeln vor sich hin, das doch einmal zum Ziele führt,
und ägyptisch der entschlossene Gang auf dem einmal eingeschla-
genen Wege. So offenbart sich die Schicksalsidee in jedem Lebens-
zuge. Erst damit gehören wir einer einzelnen Kultur an, deren Glieder ein gemeinsames Weltgefühl und aus ihm eine gemeinsame
Weltform verbindet. Eine tiefe Identität verknüpft beides: Das Erwachen der *Seele*, ihre Geburt zum hellen Dasein im Namen einer
Kultur, *und* das plötzliche Begreifen von Ferne und Zeit, die *Geburt
der Außenwelt* durch das Symbol der Dehnung, die von nun an das
Ursymbol dieses Lebens bleibt und ihm seinen Stil und die Gestalt seiner Geschichte als der fortschreitenden Verwirklichung seiner innern
Möglichkeiten gibt. Erst aus der Art des Gerichtetseins folgt das ausgedehnte Ursymbol, nämlich für den antiken Weltblick der nahe,
fest umgrenzte, in sich geschlossene Körper, für den abendländischen der unendliche Raum mit dem Tiefendrang der dritten Dimension, für den arabischen die Welt als Höhle. Hier löst sich eine
alte philosophische Frage in Nichts auf: *Angeboren* ist diese Urgestalt

der Welt, insofern sie ursprüngliches Eigentum der Seele dieser Kultur ist, deren Ausdruck unser ganzes Leben bildet; *erworben* ist sie, insofern jede einzelne Seele jenen Schöpfungsakt für sich noch einmal wiederholt und das ihrem Dasein *vorbestimmte* Symbol der Tiefe in früher Kindheit, wie ein ausschlüpfender Schmetterling seine Flügel, entfaltet. Das erste Begreifen der Tiefe ist ein *Geburts-akt*, ein seelischer neben dem leiblichen. Mit ihm wird eine Kultur aus ihrer Mutterlandschaft geboren, und das wird in ihrem ganzen Verlauf von jeder einzelnen Seele wiederholt. Dies nannte Plato, indem er an einen hellenischen Urglauben anknüpfte, die Anam-nesis. Die Bestimmtheit der Weltform, die für jede ertagende Seele *plötzlich da ist*, wird aus dem Werden gedeutet, während Kant, der Systematiker, mit seinem Begriff der apriorischen Form bei der Deutung *desselben* Rätsels vom toten Ergebnis, nicht vom lebendi-gen Wege zu ihm ausgeht.

Die Art der Ausgedehntheit soll von nun an das *Ursymbol einer Kultur* genannt werden. Die gesamte Formensprache ihrer Wirklich-keit, ihre Physiognomie im Unterschiede von der jeder anderen Kultur und vor allem von der beinahe physiognomielosen Umwelt des primitiven Menschen ist aus ihr abzuleiten; denn die Deutung der Tiefe erhebt sich nun zur Tat, zum gestaltenden Ausdruck in *Werken*, zur Umgestaltung des Wirklichen, die nicht mehr wie bei Tieren einer Not des Lebens dient, sondern ein *Sinnbild* des Lebens aufrichten soll, das sich aller Elemente der Ausdehnung, der Stoffe, Linien, Farben, Töne, Bewegungen bedient, und oft noch nach Jahrhunderten, indem es im Weltbild späterer Wesen auftaucht und seinen Zauber übt, von der Art zeugt, wie seine Urheber die Welt verstanden haben.

Aber das Ursymbol selbst verwirklicht sich nicht. Es ist im Form-gefühl jedes Menschen, jeder Gemeinschaft, Zeitstufe und Epoche wirksam und diktiert ihnen den Stil sämtlicher Lebensäußerungen. Es liegt in der Staatsform, in den religiösen Mythen und Kulten, den Idealen der Ethik, den Formen der Malerei, Musik und Dichtung, den Grundbegriffen jeder Wissenschaft, aber es wird nicht durch sie dargestellt. Folglich ist es auch durch Worte nicht begrifflich darstellbar, denn Sprachen und Erkenntnisformen sind selbst *abgeleitete* Symbole. Jedes Einzelsymbol redet von ihm, aber zum inneren Gefühl, nicht zum Verstand. Wenn das Ursymbol der antiken Seele fortan als der stoffliche Einzelkörper, das der abendländischen als der reine, unendliche Raum bezeichnet wird, so darf nie übersehen werden, daß Begriffe das nie zu Begreifende nicht darstellen, daß vielmehr die Wortklänge nur ein Bedeutungsgefühl davon erwekken können.

Der unendliche Raum ist das Ideal, welches die abendländische Seele immer wieder in ihrer Umwelt *gesucht* hat. Sie wollte es in ihr unmittelbar verwirklicht sehen, und dies erst gibt den unzähligen Raumtheorien der letzten Jahrhunderte jenseits aller vermeintlichen Resultate ihre tiefe Bedeutung als den Symptomen eines Weltgefühls. Inwiefern liegt die grenzenlose Ausgedehntheit allem Gegenständlichen *zugrunde?* Kaum ein zweites Problem ist so ernsthaft durchdacht worden, und fast hätte man glauben sollen, es hinge jede andre Weltfrage von dieser einen nach dem Wesen des Raumes ab. Und ist es nicht *für uns* in der Tat so? Warum hat denn niemand bemerkt, daß die gesamte Antike kein Wort darüber verlor, ja daß sie nicht einmal das Wort besaß, um dies Problem genau umschreiben zu können?[1] Warum schwiegen die großen Vorsokratiker? Übersahen sie etwa in ihrer Welt gerade das, was uns als das Rätsel aller Rätsel erscheint? Hätten wir nicht längst einsehen sollen, daß in diesem *Schweigen* gerade die Lösung lag? Wie kommt es, daß *unserem* tiefsten Gefühl nach „die Welt" nichts anderes ist als jener durch das Tiefenerlebnis ganz eigentlich geborene *Weltraum,* dessen erhabene Leere durch die in ihm verlorenen Fixsternsysteme noch einmal bestätigt wird? Hätte man *dies* Gefühl einer Welt einem an-

---

[1] Weder im Griechischen noch im Latein; τόπος (= *locus*) heißt Ort, Gegend, auch Stand im sozialen Sinne, χώρα (= *spatium*) *Abstand* („zwischen"), Distanz, Rang, auch Grund und Boden (τὰ ἐκ τῆς χώρας die Feldfrüchte); τὸ κενόν (= *vacuum*) bezeichnet ganz unzweideutig einen *hohlen Körper,* wobei der Akzent auf der Umschließung liegt. In der Literatur der Kaiserzeit, welche das *magische* Raumgefühl durch antike Worte wiederzugeben sucht, bedient man sich hilfloser Ausdrücke wie ὁρατὸς τόπος („Sinnenwelt") oder *spatium inane* („unendlicher Raum", aber auch weite *Fläche;* die Wurzel des Wortes *spatium* bedeutet schwellen, fettwerden). In der echt antiken Literatur lag das Bedürfnis einer Umschreibung nicht vor, weil die Vorstellung völlig fehlte.

tiken Denker auch nur begreiflich machen können? Man entdeckt plötzlich, daß dies „ewige Problem", das Kant im Namen der Menschheit mit der Leidenschaft einer symbolischen Tat behandelte, ein *rein abendländisches* und im Geiste der andern Kulturen gar nicht vorhanden ist.

Was war es denn, was dem antiken Menschen, dessen Blick in *seine* Umwelt sicherlich nicht weniger klar war, als das Urproblem des gesamten Seins erschien? Das der ἀρχή, des *stofflichen Urgrundes* aller sinnlich-greifbaren Dinge. Begreift man dies, so wird man dem Sinn der Tatsache nahekommen – nicht des Raumes, sondern der *Frage*, weshalb das Raumproblem mit schicksalhafter Notwendig-keit das der abendländischen Seele und dieser allein werden mußte.[1] Gerade diese allmächtige Räumlichkeit, welche die Substanz aller Dinge in sich saugt, aus sich erzeugt – unser Eigentlichstes und

---

[1] Das liegt, bisher unerkannt, in dem berühmten Parallelenaxiom Euklids („Durch einen Punkt ist zu einer Geraden nur eine Parallele möglich"), dem ein-zigen der antiken mathematischen Sätze, der unbewiesen blieb und der, wie wir heute wissen, unbeweisbar ist. Gerade das aber macht ihn zum Dogma gegenüber aller Erfahrung und *damit zum metaphysischen Mittelpunkt*, zum *Träger* jenes geo-metrischen Systems. Alles andre, Axiome wie Postulate, ist nur Vorbereitung oder Folge. Dieser einzige Satz ist für den antiken Geist notwendig und allgemeingültig – und *doch* nicht ableitbar. Was bedeutet das? Daß er ein *Symbol* ersten Ranges ist. Er enthält die Struktur der antiken Körperlichkeit. Gerade dies theoretisch schwächste Glied der antiken Geometrie, gegen das sich schon in hellenistischer Zeit Widerspruch erhob, offenbart ihre Seele, und gerade dieser der Alltagserfah-rung selbstverständliche Satz war es, an den sich der Zweifel des aus körperlosen Raumfernen stammenden faustischen Zahlendenkens knüpfte. Es gehört zu den tiefsten Symptomen *unseres* Daseins, daß wir der euklidischen Geometrie nicht etwa *eine*, sondern eine *Mehrzahl* von andern gegenüberstellen, die für uns gleich wahr, gleich widerspruchslos sind. Die eigentliche Tendenz dieser als *antieukli-dische* Gruppe aufzufassenden Geometrien – in denen es durch einen Punkt zu einer Geraden keine, zwei oder unzählige Parallelen gibt – liegt darin, daß sie eben durch ihre Mehrzahl den körperlichen Sinn des Ausgedehnten, den Euklid durch seinen Grundsatz *heilig sprach*, gänzlich aufhoben, denn sie widerstrebt der An-schauung, die alles Körperliche fordert, alles rein Räumliche aber verneint. Die Frage, welche der drei nichteuklidischen Geometrien die „richtige", der Wirk-lichkeit zugrunde liegende sei – obwohl selbst von Gauß ernsthaft geprüft – ist dem Weltgefühl nach antik, hätte also von einem Denker unserer Kultur nicht ge-stellt werden sollen. Sie verschließt den Blick in den wahren Tiefsinn jener Ein-sicht: Nicht in der Realität der einen oder andern, sondern in der Vielheit *gleich-mäßig möglicher* Geometrien liegt das spezifisch abendländische Symbol. Erst durch die *Gruppe* von Raumstrukturen, in deren Fülle die antike Fassung einen bloßen Grenzfall bildet, wird der Rest von Körperhaftem im reinen Raumgefühl aufge-löst.

Höchstes im Aspekt *unseres* Weltalls –, wird von der antiken Menschheit, *die nicht einmal das Wort und also den Begriff Raum kennt*, einstimmig als τὸ μὴ ὄν abgetan, als das, was *nicht da ist*. Man kann das Pathos dieser Verneinung gar nicht tief genug fassen. Die ganze Leidenschaft der antiken Seele grenzte durch sie symbolisch ab, was sie *nicht* als wirklich empfinden wollte, was nicht Ausdruck *ihres* Daseins sein durfte. Eine Welt von andrer Farbe liegt plötzlich vor unsern Augen da. Die antike Statue in ihrer prachtvollen Leibhaftigkeit, ganz Aufbau und ausdrucksvolle Fläche ohne irgend einen nichtkörperlichen Hintergedanken, enthielt für das antike Auge alles ohne Rest, was Wirklichkeit hieß. Das Stoffliche, sichtbar Begrenzte, Greifbare, unmittelbar Gegenwärtige – damit sind die Merkmale dieser Art von Ausdehnung erschöpft. Das antike Weltall, der *Kosmos*, die wohlgeordnete Menge aller nahen und vollkommen übersehbaren Dinge ist durch das körperliche Himmelsgewölbe abgeschlossen. Es gibt nicht mehr. Unser Bedürfnis, jenseits dieser Schale wieder „Raum" zu denken, fehlte dem antiken Weltgefühl vollständig. Die Stoiker haben sogar die Eigenschaften und Verhältnisse von Dingen für Körper erklärt. Für Chrysipp ist das göttliche Pneuma ein Körper; für Demokrit besteht das Sehen im Eindringen von stofflichen Teilchen des Gesehenen. Der Staat ist ein Körper, der aus der Summe aller Körper der Bürger besteht; das Recht kennt nur körperliche Personen und körperliche Sachen. Und endlich findet dies Gefühl seinen erhabensten Ausdruck in dem Steinkörper des antiken Tempels. Der fensterlose Innenraum wird von der Säulenstellung sorgfältig verhehlt; außen aber befindet sich keine einzige gerade Linie. Alle Treppenstufen haben eine leise Schwingung nach außen, und zwar jede von anderem Grad. Die Giebel, der Dachfirst, die Seiten sind geschwungen. Jede Säule hat eine leichte Schwellung; keine steht vollkommen senkrecht und hat den gleichen Abstand von der nächsten. Aber Schwellung, Neigung und Abstand ändern sich von den Ecken bis zur Seitenmitte in einem sorgfältig abgetönten Verhältnis. So bekommt der ganze Körper etwas geheimnisvoll um einen Mittelpunkt Kreisendes. Die Krümmungen sind so fein, daß sie dem Auge gewissermaßen nicht sichtbar, nur fühlbar sind. Eben dadurch aber wird die Tiefenrichtung aufgehoben. Der gotische Stil *strebt*, der dorische *schwingt*. Der Innenraum der Dome zieht mit Urgewalt empor und in die Ferne; der Tempel ist in majestätischer Ruhe hingelagert. Aber dasselbe gilt von der faustischen und der apollinischen Gottheit und nach ihrem Bilde von den Grundbegriffen der Physik. Den Prinzipien von Lage, *Stoff und Form* haben wir die der strebenden Bewegung, *Kraft und Masse*, entgegengestellt, und die letzte als das konstante Verhältnis von Kraft und Beschleunigung definiert, um beides endlich in die vollkommen raumhaften Elemente der *Kapazität und Intensität* zu verflüchtigen. Aus dieser Art, Wirklichkeit aufzufassen, mußte als herrschende Kunst die Instrumentalmusik der großen Meister des 18. Jahrhunderts hervorgehen, die einzige von allen Künsten, deren Formenwelt der Schauung des reinen Raumes innerlich verwandt ist. In ihr gibt es, den Bildsäulen antiker Tempelbezirke und Marktplätze gegenüber, körperlose Reiche von Tönen, Tonräume, Tonmeere; das Orchester brandet, schlägt Wellen, verebbt; es malt Fernen, Lichter, Schatten, Stürme, ziehende Wolken, Blitze, Farben von vollkommener Jenseitigkeit; man denke an die Landschaften der Instrumentation Glucks und Beethovens. „Gleichzeitig" mit dem Kanon Polyklets, jener Schrift, in welcher der große Bildhauer die strengen Regeln des Aufbaus menschlicher Körper niederlegte, die bis auf Lysipp herab herrschend geblieben sind, vollendete sich um 1740 durch Stamitz der strenge Kanon des vierteiligen Sonatensatzes, der erst in Beethovens späten Quartetten und Sinfonien sich lockert, bis endlich in der einsamen, vollkommen „infinitesimalen" Tonwelt der Tristanmusik alle irdische Greifbarkeit sich löst. Dies Urgefühl einer *Lösung*, Erlösung, Auflösung der Seele im Unendlichen, einer Befreiung von aller stofflichen Schwere, das die höchsten Momente unsrer Musik stets wachrufen, erlöst auch den Tiefendrang der faustischen Seele, während die Wirkung antiker Kunstwerke bindend, einschränkend, das Körpergefühl festigend ist und das Auge von der Ferne zu einer schön gesättigten Nähe und Ruhe zieht.

5

So hat es jede der großen Kulturen zu einer geheimen Sprache des Weltgefühls gebracht, die nur dem ganz vernehmlich ist, dessen Seele dieser Kultur angehört. Denn täuschen wir uns nicht. Wir können vielleicht in der antiken Seele ein wenig lesen, weil deren Formensprache fast die Umkehrung der abendländischen ist; von der sehr schwierigen Frage, in welchem Grade das möglich und bis jetzt erreicht worden ist, hat jede Kritik der Renaissance auszugehen. Aber wenn wir hören, daß wahrscheinlich – das Umdenken so fremdartiger Daseinsäußerungen bleibt unter allen Umständen ein zweifelhafter Versuch – die Inder Zahlen konzipiert hatten, die nach unsren Begriffen weder Wert noch Größe noch Beziehungsqualität besaßen, die erst durch ihre Stellung zu positiven, negativen, großen, kleinen Einheiten wurden, so müssen wir zugeben, daß uns die Möglichkeit fehlt, das exakt nachzuerleben, was seelisch dieser Zahlenart zugrunde liegt. 3 ist für uns immer *etwas*, sei es positiv oder negativ; für die Griechen war es unbedingt eine Größe, + 3; für die Inder bezeichnet es aber eine wesenlose Möglichkeit, für die das Wort „etwas" *noch nicht gilt*, jenseits von Sein *und* Nichtsein, die beide erst hinzutretende *Eigenschaften* sind. + 3, — 3, ⅓ sind also emanierende Wirklichkeiten geringeren Grades, die in der rätselhaften Substanz (3) in einer uns völlig verschlossenen Art ruhen. Es gehört eine *brahmanische* Seele dazu, diese Zahlen als selbstverständlich, als ideale Abzeichen einer in sich vollkommenen Weltform zu empfinden; uns sind sie so unverständlich wie das brahmanische Nirwana, das jenseits von Leben *und* Tod, Schlaf *und* Wachsein, Leiden, Mitleiden *und* Leidlosigkeit dennoch etwas Wirkliches ist, für das uns selbst die sprachlichen Mittel fehlen. Nur aus diesem Seelentum konnte die großartige Konzeption des *Nichts* als einer *echten Zahl*, der *Null*, hervorgehen, und zwar als indische Null, für die wesenhaft und wesenlos gleich äußerliche Bezeichnungen sind.[1]

---

[1] Diese Null, die vielleicht eine Ahnung von der *indischen* Idee des Ausgedehnten, von jener in den Upanishaden behandelten, unserem Raumbewußtsein völlig fremden Räumlichkeit der Welt gibt, fehlte selbstverständlich der Antike. Sie

Wenn arabische Denker der reifsten Zeit – und es waren Köpfe ersten Ranges wie Alfarabi und Alkabi darunter – in ihrer Polemik gegen die Seinslehre des Aristoteles *bewiesen*, daß der Körper als solcher den Raum zur Existenz nicht notwendig voraussetze, und das Wesen dieses Raumes, der *arabischen* Art der Ausgedehntheit also, aus dem Merkmal des „sich an einer Stelle Befindens" herleiten, so beweist das nicht, daß sie gegen Aristoteles und Kant im Irrtum waren oder – wie wir das gern bezeichnen, was nicht in unsre Köpfe eingeht – daß sie unklar dachten, sondern daß der arabische Geist andere Weltkategorien besaß. Sie hätten Kant aus ihrer Begriffssprache heraus mit derselben Feinheit der Beweisführung widerlegen können, wie Kant sie, und beide wären von der Richtigkeit ihrer Aspekte überzeugt geblieben.

Wenn wir heute vom Raume reden, so denken wir sicherlich alle in annähernd demselben Stil, so wie wir uns derselben Sprachen und Wortzeichen bedienen, mag es sich um den Raum der Mathematik, der Physik, der Malerei oder der Wirklichkeit handeln, obgleich alles Philosophieren, das an Stelle dieser Verwandtschaft der Bedeutungsgefühle eine *Identität* des Verstehens behaupten will (und muß), etwas Fragwürdiges bleibt. Aber kein Hellene, kein Ägypter, kein Chinese hätte etwas davon gleichartig nachgefühlt, und kein Kunstwerk oder Gedankensystem hätte ihnen unzweideutig zeigen können, was „Raum" für uns bedeutet. Die antiken Urbegriffe, aus einem ganz anders gearteten Innenleben stammend wie ἀρχή, ὕλη, μορφή, erschöpfen den Gehalt einer anders angelegten Welt, die uns fremd und fern bleibt. Was wir mit unseren eigenen Sprachmitteln als Ursprung, Stoff, Form aus dem Griechischen übersetzen, ist eine flache Anähnlichung, ein matter Versuch, in eine Gefühlswelt einzudringen, die in ihrem Feinsten und Tiefsten *doch* stumm bleibt; es ist, als wollte man die Parthenonskulpturen für Streichmusik setzen oder den Gott Voltaires in Bronze gießen. Die Grundzüge des Denkens,

wurde auf dem Weg über die arabische Mathematik, gänzlich umgedeutet, erst 1544 durch Stifel bei uns eingeführt, und zwar, was ihr Wesen grundlegend veränderte, als die Mitte zwischen + 1 und — 1, als Schnitt im linearen Zahlenkontinuum; das heißt, sie wurde in einem gänzlich unindischen *Beziehungs*sinne von der abendländischen Zahlenwelt assimiliert.

Lebens, Weltbewußtseins sind so verschieden wie die Gesichtszüge der einzelnen Menschen; auch in bezug darauf gibt es „Rassen" und „Völker", und sie wissen so wenig darum, wie sie bemerken, ob „rot" oder „gelb" für andre dasselbe oder etwas ganz andres ist; die gemeinsame Symbolik vor allem der Sprache nährt die Illusion eines gleichartig angelegten Innenlebens und einer identischen Weltform. Die großen Denker der einzelnen Kulturen sind hierin den Farbenblinden ähnlich, die ihren Zustand nicht kennen und von denen einer über die Irrtümer des andern lächelt.

Und nun ziehe ich die Folgerung. Es gibt eine Vielzahl von Ursymbolen. Das Tiefenerlebnis, durch das die Welt wird, durch das die Empfindung sich zur Welt *dehnt*, bedeutsam für die Seele, der es angehört, und für sie allein, anders im Wachen, Träumen, Hinnehmen und Beobachten, anders bei Kind und Greis, Städter und Bauer, Mann und Weib, verwirklicht und zwar mit tiefster Notwendigkeit für jede hohe Kultur die Möglichkeit der Form, auf der ihr gesamtes Dasein beruht. Alle Grundworte wie Masse, Substanz, Materie, Ding, Körper, Ausdehnung und die Tausende in den Sprachen andrer Kulturen aufbewahrten Wortzeichen entsprechender Art sind wahllose, vom Schicksal bestimmte Zeichen, welche aus der unendlichen Fülle von Weltmöglichkeiten im Namen der einzelnen Kultur die einzig bedeutende und deshalb notwendige herausheben. Keines ist in das Erleben und Erkennen einer andern Kultur genau übertragbar. Keines dieser Urworte kehrt nochmals wieder. Die *Wahl des Ursymbols* in jenem Augenblick, wo die Seele einer Kultur in ihrer Landschaft zum Selbstbewußtsein erwacht, die für jeden, der Weltgeschichte so zu betrachten vermag, etwas Erschütterndes hat, entscheidet alles.

Kultur als Inbegriff des sinnlich-gewordenen *Ausdrucks* der Seele in Gebärden und Werken, als ihr Leib, sterblich, vergänglich, dem Gesetz, der Zahl und der Kausalität verfallen; Kultur als historisches Schauspiel, als Bild im Gesamtbilde der Weltgeschichte; Kultur als Inbegriff großer Sinnbilder des Lebens, Fühlens und Verstehens: das ist die Sprache, durch welche allein eine Seele sagen kann, was sie leidet.

Auch der Makrokosmos ist Eigentum einer einzelnen Seele, und wir werden nie wissen, wie es um den der andern steht. Was – über alle Möglichkeiten begrifflicher Verständigung hinausgreifend – „der unendliche Raum", diese schöpferische Deutung des Tiefenerlebnisses *durch uns Menschen des Abendlandes und uns allein*, besagen will, diese Art von Ausdehnung, welche die Griechen das Nichts nannten und wir das All, taucht unsre Welt in eine Farbe, welche die antike, die indische, die ägyptische Seele nicht auf ihrer Palette hatten. Die eine Seele erlauscht das Welterlebnis in As-Dur, die andere in F-Moll; die eine empfindet es euklidisch, die zweite kontrapunktisch, die dritte magisch. Vom reinsten analytischen Raume und vom Nirwana führt eine Reihe von Ursymbolen bis zur leibhaftigsten attischen Körperlichkeit, deren jedes fähig ist, eine vollkommene Weltform aus sich zu bilden. So fern, seltsam und flüchtig die indische oder babylonische Welt ihrer Idee nach für die Menschen der fünf oder sechs ihnen folgenden Kulturen war, so unbegreiflich wird einst die abendländische Welt für die Menschen noch ungeborener Kulturen sein.

II. Apollinische, faustische, magische Seele

6

Ich will von nun an die Seele der antiken Kultur, welche den sinnlich-gegenwärtigen Einzelkörper zum Idealtypus des Ausgedehnten wählte, die *apollinische* nennen. Seit Nietzsche ist diese Bezeichnung jedem verständlich. Ihr gegenüber stelle ich die *faustische* Seele, deren Ursymbol der reine grenzenlose Raum und deren „Leib" die abendländische Kultur ist, wie sie mit der Geburt des romanischen Stils im 10. Jahrhundert in den nordischen Ebenen zwischen Elbe und Tajo aufblühte. Apollinisch ist die Bildsäule des nackten Menschen, faustisch die Kunst der Fuge. Apollinisch sind die mechanische Statik, die sinnlichen Kulte der olympischen Götter, die politisch vereinzelten Griechenstädte, das Verhängnis des

Ödipus und das Symbol des Phallus; faustisch die Dynamik Galileis, die katholisch-protestantische Dogmatik, die großen Dynastien der Barockzeit mit ihrer Kabinettspolitik, das Schicksal Lears und das Ideal der Madonna von Dantes Beatrice bis zum Schlusse des zweiten Faust. Apollinisch ist die Malerei, welche einzelne Körper durch Konturen begrenzt, faustisch ist die, welche durch Licht und Schatten Räume bildet: so unterscheidet sich das Fresko Polygnots vom Ölgemälde Rembrandts. Apollinisch ist das Dasein des Griechen, der sein Ich als *soma* bezeichnet, dem die Idee einer innern Entwicklung und damit eine wirkliche innere oder äußere Geschichte fehlt; faustisch ist ein Dasein, das mit tiefster Bewußtheit geführt wird, das sich selbst zusieht, eine entschlossen persönliche Kultur der Memoiren, Reflexionen, der Rück- und Ausblicke und des Gewissens. Und fernab, obwohl vermittelnd, Formen entlehnend, umdeutend, vererbend, erscheint die *magische* Seele der arabischen Kultur, zur Zeit des Augustus in der Landschaft zwischen Tigris und Nil, dem Schwarzen Meer und Südarabien erwachend, mit ihrer Algebra, Astrologie und Alchymie, ihren Mosaiken und Arabesken, ihren Kalifaten und Moscheen, den Sakramenten und heiligen Büchern der persischen, jüdischen, christlichen, „spätantiken" und manichäischen Religion.

„Der Raum" ist, ich darf jetzt sagen im faustischen Sprachgebrauch, ein von der augenblicklichen sinnlichen Gegenwart streng gesondertes geistiges Etwas, das in einer apollinischen Sprache, im Griechischen und Latein nicht vertreten sein *durfte*. Aber ebenso fremd ist der gestaltete *Ausdrucksraum* allen apollinischen Künsten. Die winzige Cella frühantiker Tempel ist ein verschwiegenes, dunkles Nichts, ursprünglich aus vergänglichsten Stoffen gefertigt, eine Hülle des Augenblicks im Gegensatz zu den ewigen Gewölben magischer Kuppeln und gotischer Kirchenschiffe. Und die geschlossene Säulenreihe soll nachdrücklich betonen, daß es für das Auge wenigstens in diesem Körper kein Drinnen gibt. In keiner andern Kultur wird das Feststehen, der Sockel so betont. Die dorische Säule bohrt sich in die Erde; die Gefäße sind stets von unten herauf empfunden, während die der Renaissance über dem Sockel *schwe-*

ben; das Grundproblem der Bildhauerschulen ist die innere Festigung der Gestalt. Deshalb werden bei archaischen Werken die Gelenke übermäßig betont, der Fuß mit voller Sohle aufgesetzt, und von lang herabfallenden Gewändern ein Teil des Saums fortgelassen, um das „Stehen" des Fußes zu zeigen. Das antike Relief ist streng stereometrisch einer Fläche aufgesetzt. Es gibt ein „zwischen" den Figuren, aber keine Tiefe. Eine Landschaft von Lorrain dagegen ist *nur* Raum. Alle Einzelheiten sollen hier seiner Verdeutlichung dienen. Alle Körper besitzen nur als Träger von Licht und Schatten einen atmosphärischen und perspektivischen Sinn. Der Impressionismus ist die zu Ende geführte Entkörperung der Welt im Dienste des Raumes. Die faustische Seele mußte aus diesem Weltgefühl in ihrer Frühzeit zu einem Architekturproblem gelangen, dessen Schwergewicht in der räumlichen Wölbung mächtiger, vom Portal zur Tiefe des Chors strebender Dome lag. Das war der Ausdruck *ihres* Tiefenerlebnisses. Aber dazu gesellt sich, im Widerspruch zum höhlenhaften magischen Ausdrucksraum,[1] das Hinaufstreben in die Weiten des Alls. Magische Wölbungen, seien es Kuppeln oder Tonnen oder selbst das wagerechte Gebälk einer Basilika, *decken* zu. Strzygowski hat den Baugedanken der Hagia Sophia ganz *richtig* eine nach innen verlegte gotische Verstrebung mit geschlossenem Außenmantel genannt.[2] Dagegen ist die Kuppel des Florentiner Doms nach dem gotischen Entwurf von 1367 dem Langhause *aufgesetzt*, und das steigert sich in dem Entwurf Bramantes für St. Peter zu einem *Auftürmen*, dessen prachtvolles „Excelsior!" Michelangelo zur Vollendung führte, so daß die Kuppel nun über den weiten Wölbungen hoch im Lichte schwebt. Diesem Raumgefühl stellt die Antike das Symbol des ganz körperhaften, mit *einem* Blick zu umfassenden dorischen Peripteros entgegen.

Die antike Kultur beginnt darum mit einem großartigen *Verzicht* auf eine schon vorhandene reiche, malerische, fast überreife Kunst, die nicht der Ausdruck ihrer neuen Seele sein *durfte*. Herb und eng, für unser Auge dürftig und ein Rückfall ins Barbarische, steht die

---

[1] Das Wort Höhlengefühl ist von L. Frobenius, Paideuma S. 92.
[2] Ursprung der christlichen Kirchenkunst (1920), S. 80.

frühdorische Kunst des geometrischen Stils seit 1100 der minoischen gegenüber.[1] Aus drei Jahrhunderten, die der gotischen Blüte entsprechen, besitzen wir keine Andeutung von Architektur. Erst um 650, „gleichzeitig" mit Michelangelos Übergang zum Barock, erscheint der dorische und etruskische Tempeltypus. Alle Frühkunst ist religiös, und dies symbolische Nein ist es nicht minder als das gotische und ägyptische Ja. Die Idee der Toten*verbrennung* verträgt sich mit einer Kultstätte, nicht mit einem Kultbau. Daher besaß die antike Frühreligion, die sich für uns hinter den schwerwiegenden Namen des Kalchas, Teiresias, Orpheus, vielleicht auch des Numa verbirgt,[2] für ihre Bräuche das, was übrig bleibt, wenn man von einem Baugedanken den Bau abzieht: die heilige Umgrenzung. Die ursprüngliche Kultanlage ist deshalb das etruskische *templum*, ein von den Augurn lediglich auf dem Boden abgesteckter heiliger Bezirk mit einer unüberschreitbaren Bannmeile und dem glückbringenden Eingang im Osten.[3] Ein *templum* wird geschaffen, wo eine Kulthandlung vorgenommen werden soll oder die Träger der staatlichen Autorität, Senat und Heer, sich befinden. Es besteht nur für die flüchtige Dauer des Gebrauches, dann wird der Bann aufgehoben. Vielleicht erst gegen 700 überwand sich die antike Seele dahin, die Liniensymbolik dieses architektonischen Nichts in einem Baukörper zu versinnlichen. Das euklidische Gefühl war stärker als die Abneigung gegen die Dauer.

Dagegen beginnt die faustische Baukunst großen Stils mit den ersten Regungen einer neuen Frömmigkeit – der cluniazensischen Reform um 1000 – und eines neuen Denkens – im Abendmahls-

---

[1] Vgl. Bd. II, S. 656 ff.

[2] Vgl. Bd. II, S. 902 f.

[3] Müller Deecke, Die Etrusker (1877) II, S. 128 ff. Wissowa, Religion und Kultus der Römer (1912), S. 527. Ein *templum* war die älteste Stadtanlage der *Roma quadrata*, deren Umriß sicherlich nicht mit der Bebauung, sondern nur mit sakralen Regeln zusammenhing, wie es die Bedeutung des *pomerium*, eben dieser Grenze, in späterer Zeit beweist. Ein *templum* ist auch das römische Lager, dessen Rechteck noch heute in der Anlage vieler Römerstädte erkennbar ist: es ist der geweihte Bezirk, in dem sich das Heer unter dem Schutz der Götter befindet, und hat mit der aus hellenistischer Zeit stammenden Befestigung ursprünglich gar nichts zu tun. Die meisten römischen Steintempel *(aedes)* waren keine *templa*; dagegen muß der urgriechische *temenos* in homerischer Zeit ähnliches bedeutet haben.

streit zwischen Berengar von Tours und Lanfranc (1050) –, und
dann gleich mit Entwürfen von einem so riesenhaften Wollen, daß
die Dome oft von der ganzen Gemeinde nicht gefüllt werden konnten, wie der von Speyer, oder nie vollendet wurden. Die leidenschaftliche Sprache dieser Architektur wiederholt sich in der Dichtung.[1] So fern sich die lateinische Hymnik im christlichen Süden
und die Edda im heidnisch gebliebenen Norden stehen, in der inneren räumlichen Unendlichkeit von Versbau, Satzrhythmik und
Bildersprache sind sie sich gleich. Man lese das Dies irae neben der
nicht viel früher entstandenen Völuspa: es ist derselbe eherne Wille,
der alle Widerstände des Sichtbaren überwindet und bricht. Es gab
nie einen Rhythmus, der so ungeheure Räume und Fernen um sich
breitet wie der altnordische:

> Zum Unheil werden – noch allzulange
> Männer und Weiber – zur Welt geboren
> Aber wir beide – bleiben zusammen
> Ich und Sigurd.

Die Akzente des homerischen Verses sind das leise Zittern eines
Blattes in der Mittagssonne, *Rhythmus der Materie*; der Stabreim
– wie die potentielle Energie im Weltbilde der modernen Physik –
schafft eine verhaltene Spannung im Leeren, Grenzenlosen, ferne
Gewitter in Nächten über den höchsten Gipfeln. In seiner wogenden
Unbestimmtheit lösen sich alle Worte und Dinge: das ist sprachliche
Dynamik, nicht Statik. Und das gleiche gilt von den schwermütigen
Rhythmen des „Media vita in morte sumus". Hier kündigen sich
die Farben Rembrandts und die Instrumentation Beethovens an.
Hier *wird die grenzenlose Einsamkeit als die Heimat der faustischen Seele
empfunden*. Was ist Walhall? Es wurde, den Germanen der Völkerwanderung und selbst noch der Merowingerzeit unbekannt, von der
erwachenden faustischen Seele erdacht, sicherlich unter Eindrücken
des antik-heidnischen und das arabisch-christlichen Mythos der
beiden älteren südlichen Kulturen, die mit ihren klassischen oder
heiligen Schriften, ihren Ruinen, Mosaiken, Miniaturen, ihren Kul-

---

[1] Vgl. mein Vorwort zu Ernst Droem, Gesänge, S. IX, jetzt Reden u. Aufsätze
(1937), S. 54 ff.

ten, Riten und Dogmen überall in das neue Leben hereinragten. Und trotzdem schwebt Walhall jenseits aller fühlbaren Wirklichkeiten, in fernen, dunklen, faustischen Regionen. Der Olymp ruht auf der nahen griechischen Erde; das Paradies der Kirchenväter ist ein Zaubergarten irgendwo im magischen Weltall. Walhall ist nirgends. Es erscheint, im Grenzenlosen verloren, mit seinen ungeselligen Göttern und Recken, als das ungeheure Symbol der Einsamkeit. Siegfried, Parzival, Tristan, Hamlet, Faust sind die einsamsten Helden aller Kulturen. Man lese in Wolframs Parzival die wundervolle Erzählung vom Erwachen des Innenlebens. Die Waldsehnsucht, das rätselhafte Mitleid, die unnennbare Verlassenheit: das ist faustisch und *nur* faustisch. Jeder von uns kennt das. In Goethes Faust kehrt das Motiv in seiner ganzen Tiefe wieder:

> Ein unbegreiflich holdes Sehnen
> Trieb mich durch Wald und Wiesen hinzugehn,
> Und unter tausend heißen Tränen
> Fühlt' ich mir eine Welt erstehn.

Von diesem Welterlebnis weiß der apollinische und magische Mensch nichts, weder Homer noch die Evangelien. Der Höhepunkt der Dichtung Wolframs ist jener wunderbare Karfreitagmorgen, wo der mit Gott und sich zerfallene Held den edlen Gawan trifft. „Wie, wenn bei Gott ich Hilfe fände?" Und er pilgert zu Tevrezent. Hier liegt die Wurzel *der faustischen Religion*. Hier begreift man das Wunder der Eucharistie, das die Teilnehmenden zu einer mystischen Gemeinschaft, zur alleinseligmachenden Kirche verbindet. Man begreift aus dem Mythos vom heiligen Gral und seiner Ritterschaft die innere Notwendigkeit des germanisch-nordischen Katholizismus. Gegenüber den antiken Opfern, die jeder Einzelgottheit in ihrem Tempel gebracht wurden, erscheint hier das *eine, unendliche* Opfer, das sich überall und täglich wiederholt. Das ist eine faustische Idee des 9.–12. Jahrhunderts, der Eddazeit, von den angelsächsischen Missionaren wie Winfried vorgeahnt, aber erst damals zur Reife gediehen. Der Dom, dessen Hochaltar das vollzogene Wunder umschließt, ist ihr steingewordener Ausdruck.[1]

[1] Vgl. Bd. II, S. 917.

Die Vielheit einzelner Körper, als welche der antike Kosmos sich
darstellt, fordert eine gleichartige Götterwelt: dies ist der Sinn des
antiken Polytheismus. Der *eine* Weltraum, sei er Welthöhle oder
Weltweite, fordert den *einen* Gott des magischen oder faustischen
Christentums. Athene und Apollon können durch eine Statue dargestellt werden, aber man hat längst gefühlt, daß die Gottheit der
Reformation und Gegenreformation nur im Sturm einer Orgelfuge
oder dem feierlichen Schritt einer Kantate und Messe „erscheinen"
kann. Von der Gestaltenfülle der Edda und der gleichzeitigen Heiligenlegende bis auf Goethe entwickelt sich der Mythos dem antiken
entgegengesetzt. Hier eine immer weitergehende Zerfällung des
Göttlichen bis zu der unübersehbaren Göttermenge der frühen Kaiserzeit, dort eine Vereinfachung bis zum Deismus des 18. Jahrhunderts.

Die magische, auf dem Gebiet der westlichen Pseudomorphose[1]
von der Kirche mit dem vollen Gewicht ihrer Autorität gedeckte
himmlische Hierarchie von den Engeln und Heiligen an bis zu den
Personen der Dreifaltigkeit entkörpert sich, verblaßt mehr und
mehr, und unvermerkt verschwindet auch der Teufel, der große
Gegenspieler im gotischen Weltdrama,[2] aus den Möglichkeiten des
faustischen Weltgefühls. Er, nach dem noch Luther sein Tintenfaß
warf, wird von den protestantischen Theologen längst mit verle-
genem Schweigen übergangen. Die *Einsamkeit* der faustischen Seele
verträgt sich nicht mit einem Zweierlei der Weltmächte. Gott selbst
ist das All. Am Ende des 17. Jahrhunderts versagt dieser Religiosität
gegenüber die Formensprache der Malerei, und die Instrumentalmusik wird das einzige und letzte Mittel religiösen Ausdrucks. Man
darf sagen, daß der katholische und der protestantische Glaube sich
wie ein Altargemälde und ein Oratorium verhalten. Schon um die
germanischen Götter und Helden spannen sich abweisende Weiten,
rätselhafte Düsternisse; sie sind in Musik getaucht, nächtlich, weil
das Tageslicht Grenzen für das Auge und also leibhafte Dinge schafft.
Die Nacht entkörpert; der Tag entseelt. Apollon und Athene haben

---

[1] Vgl. Bd. II, S. 800.
[2] Vgl. Bd. II, S. 912 ff.

keine „Seele". Auf dem Olymp ruht das ewige Licht eines tiefklaren südlichen Tages. Die appollinische Stunde ist der hohe Mittag, wenn der große Pan schläft. Walhall ist lichtlos. In der Edda schon spürt man jene tiefen Mitternächte, in denen Faust in seinem Studierzimmer brütet, die Rembrandts Radierungen festhalten, in die Beethovens Tonfarben sich verlieren. Wotan, Baldur, Freya hatten nie eine „euklidische" Gestalt. Von ihnen wie von den vedischen Göttern Indiens läßt sich „kein Bildnis noch irgend ein Gleichnis machen". Diese Unmöglichkeit enthält eine Weihe des ewigen Raumes als des höchsten Symbols, im Gegensatz zum körperlichen Abbilde, das ihn zur „Umgebung" herabsetzt, entheiligt, verneint. Dies tiefgefühlte Motiv liegt dem Bildersturm im Islam und in Byzanz – *beide* im 7. Jahrhundert – wie später dem innerlich nahe verwandten des protestantischen Nordens zugrunde. War nicht auch die Schöpfung der *antieuklidischen* Analysis des Raumes durch Descartes ein Bildersturm? Die antike Geometrie behandelt eine Zahlenwelt des Tages, die Funktionentheorie ist die eigentlich nächtliche Mathematik.

7

Was die Seele des Abendlandes durch einen außergewöhnlichen Reichtum an Ausdrucksmitteln, in Worten, Tönen, Farben, malerischen Perspektiven, philosophischen Systemen, Legenden und nicht zum wenigsten in den Räumen gotischer Dome und den Formeln der Funktionentheorie aussprach, ihr Weltgefühl nämlich, das hat die ägyptische Seele, fernab von allem theoretischen und literarischen Ehrgeiz fast allein durch die unmittelbare Sprache des *Steins* ausgedrückt. Statt sich über ihre Form des Ausgedehnten, ihren „Raum" und ihre „Zeit", in Wortspielen zu ergehen, statt Hypothesen, Zahlensysteme und Dogmen zu bilden, stellte sie schweigend ihre ungeheuren Symbole in die Landschaft am Nil. Der Stein ist das große Sinnbild des *Zeitlos*-gewordnen. Raum und Tod scheinen in ihm verbunden. „Für die Toten", sagt Bachofen in einer Selbstbiographie, „hat man eher gebaut als für die Lebenden, und wenn für die Spanne Zeit, die diesen gegeben ist, vergängliches Holz-

werk genügt, so verlangt die Ewigkeit jener Behausung den festen
Stein der Erde. An den Stein, der die Grabstätte bezeichnet, knüpft
sich der älteste Kult, an das Grabgebäude der älteste Tempelbau, an
den Grabschmuck der Ursprung der Kunst und der Ornamentik.
In den Gräbern hat sich das Symbol gebildet. Was am Grabe gedacht, empfunden, still gebetet wird, das kann kein Wort aussprechen, sondern nur das in ewig gleichem Ernste ruhende Symbol
ahnungsreich andeuten." Der Tote strebt nicht mehr. Er ist nicht
mehr Zeit, sondern nur noch Raum, etwas das *verweilt* oder auch
verschwunden ist, keinesfalls aber einer Zukunft entgegenreift; und
deshalb das Verweilende im strengsten Sinne, der Stein als Ausdruck
davon, wie sich Totes im Wachsein der Lebenden spiegelt. Die
faustische Seele erwartete eine Unsterblichkeit nach dem leiblichen
Ende, gleichsam eine Vermählung mit dem unendlichen Raum, und
sie entkörperte den Stein im gotischen Strebesystem – gleichzeitig
mit den Parallelfolgen des Kirchengesangs – bis er nur noch den inbrünstigen Tiefen- und Höhendrang dieses Sichausdehnens vor
Augen stellte. Die apollinische Seele wollte den Toten verbrannt,
vernichtet sehen und sie vermied eben deshalb die ganze Frühzeit
hindurch das Bauen in Stein. Die ägyptische Seele sah sich wandernd
auf einem engen und unerbittlich vorgeschriebenen *Lebenspfad*, über
den sie einst den Totenrichtern Rechenschaft abzulegen hatte
(125. Kap. des Totenbuchs). Das war ihre Schicksalsidee. Das ägyptische Dasein ist das eines *Wanderers* in einer und immer der gleichen
Richtung; die gesamte Formensprache seiner Kultur dient der Versinnlichung dieses einen Motivs. Sein Ursymbol läßt sich, neben dem
unendlichen *Raum* des Nordens und dem *Körper* der Antike, durch
das Wort *Weg* am ehesten faßlich machen. Es ist dies eine sehr
fremdartige und dem abendländischen Denken schwer zugängliche
Art, im Wesen der Ausdehnung die Tiefenrichtung *allein* zu betonen. Die Grabtempel des Alten Reiches, vor allem die gewaltigen
Pyramidentempel der 4. Dynastie stellen nicht wie Moschee und
Dom einen sinnvoll gegliederten Raum dar, sondern eine rhythmisch gegliederte *Folge* von Räumen. Der heilige Weg führt vom
Torbau am Nil durch Gänge, Hallen, Arkadenhöfe und Pfeilersäle

sich stets verengend bis zur Totenkammer,[1] und ebenso sind die
Sonnentempel der 5. Dynastie kein „Gebäude", sondern ein von
mächtigem Gestein eingefaßter Weg.[2] Die Reliefs und Gemälde
erscheinen stets in Reihen, die mit eindringlichem Zwang den Betrachter in einer bestimmten Richtung geleiten; die Widder- und
Sphinxalleen des Neuen Reiches wollen dasselbe. Für den Ägypter
war das über seine Weltform entscheidende Tiefenerlebnis so streng
hinsichtlich der Richtung betont, daß der Raum gewissermaßen in
steter Verwirklichung begriffen blieb. Diese Ferne ist *nicht* erstarrt.
Nur indem der Mensch sich vorwärts bewegt und damit selbst zum
Symbol des Lebens wird, tritt er in Beziehung zu dem steinernen
Teil dieser Symbolik. „Weg" bedeutet zugleich Schicksal und dritte
Dimension. Die mächtigen Wandflächen, Reliefs, Säulenreihen, an
denen er vorüberführt, sind „Länge und Breite", d.h. die bloße
Empfindung der Sinne, die das vorwärtsdringende Leben erst zur
Welt *dehnt*. So erlebt der im Prozessionszuge schreitende Ägypter
den Raum gewissermaßen in seinen noch unvereinigten Elementen,
während ihn der *vor* dem Tempel opfernde Grieche nicht empfand
und er den im Dom betenden Menschen der gotischen Jahrhunderte
in ruhender Unendlichkeit umgibt. Deshalb will diese Kunst
Flächenwirkung und nichts anderes, auch dort, wo sie sich körperhafter Mittel bedient. Für den Ägypter war die Pyramide über dem
Königsgrab ein *Dreieck*, eine ungeheure, den Weg abschließende,
die Landschaft beherrschende *Fläche* von stärkster Kraft des Ausdrucks, von wo aus er auch sich ihr näherte; die Säulen der inneren
Gänge und Höfe, auf dunklem Hintergrunde, von dichtester Aufstellung und mit Schmuck überdeckt, wirkten durchaus als vertikale
Flächenstreifen, die den Zug der Priester rhythmisch begleiteten;
das Relief ist peinlich – und sehr im Gegensatz zum antiken – in eine
Fläche gebannt; in der Entwicklung von der 3. zur 5. Dynastie
nimmt es von Fingerstärke bis zur Papierdünne ab und wird zuletzt

---

[1] Hölscher, Grabdenkmal des Königs Chephren; Borchardt, Grabdenkmal des
Sahu-rê; Curtius, Die antike Kunst, S. 45.
[2] Vgl. Bd. II, S. 900; Borchardt, Reheiligtum des Newoserrê; Ed. Meyer,
Gesch. d. Altertums I, § 251.

in die Fläche *versenkt*.[1] Die Herrschaft der Horizontale, der Vertikale
und des rechten Winkels, das Vermeiden jeder Verkürzung unterstützen das zweidimensionale Prinzip und isolieren das Erlebnis der
Raumtiefe, die mit der Wegrichtung und dem Ziel – dem *Grabe* –
zusammenfällt. Diese Kunst gestattet keine die Spannung der Seele
erleichternde Ablenkung.

Ist es nicht dies – in der erhabensten Sprache ausgedrückt, die
überhaupt gedacht werden kann –, was in all unsern Raumtheorien
sich aussprechen möchte? Es ist eine Metaphysik in Stein, neben der
die geschriebene – diejenige Kants – wie ein hilfloses Stammeln
wirkt.

Trotzdem gab es eine Kultur, deren Seele bei aller tiefinnerlichen
Verschiedenheit zu einem verwandten Ursymbol gelangte: die chi-
nesische mit dem ganz im Sinne der Tiefenrichtung empfundenen
Prinzip des Tao.[2] Aber während der Ägypter den mit eherner Not-
wendigkeit vorgezeichneten Weg zu Ende schreitet, *wandelt* der
Chinese durch seine Welt; und deshalb geleiten ihn nicht steinerne
Schluchten mit fugenlos geglätteten Wänden der Gottheit oder dem
Ahnengrabe zu, sondern die freundliche Natur selbst. Nirgends ist
die *Landschaft* so zum eigentlichen Stoff der Architektur geworden.
„Es hat sich hier eine großartige Gesetzhaftigkeit und Einheit aller
Bauwerke auf religiöser Grundlage entwickelt, die überall ein gleichartiges Grundschema von Torbau, Seitengebäuden, Höfen und
Hallen zugleich mit der streng durchgehaltenen Nord-Süd-Achse
aller Anlagen festgehalten hat und die schließlich zu einem so gran-
diosen Entwerfen von Grundrissen und einem Schalten über Boden-
strecken und Räume geführt hat, daß man füglich von einem Bauen
und Rechnen mit der Landschaft selber reden kann."[3] Der Tempel

---

[1] Relief en creux, vgl. H. Schäfer, Von ägyptischer Kunst (1919), I, S. 41.
[2] Vgl. Bd. II, S. 910f.
[3] O. Fischer, Chinesische Landschaftsmalerei (1921) S. 24. Die große Schwierigkeit der chinesischen – und ebenso der indischen – Kunst besteht für uns darin,
daß alle Werke der Frühzeit, nämlich des Hoanghogebiets zwischen 1300 und 800
v. Chr. und ebenso des vorbuddhistischen Indien, spurlos verschwunden sind.
Was wir heute chinesische Kunst nennen, entspricht der ägyptischen etwa seit der
20. Dynastie. Die großen Malerschulen finden in den Bildhauerschulen der Saïten-
und Ptolemäerzeit ihre Parallele, auch in dem Auf und Ab von raffinierten und

ist kein Einzelbau, sondern eine Anlage, in welcher Hügel und Wasser, Bäume, Blumen und bestimmt geformte und angeordnete Steine ebenso wichtig sind wie Tore, Mauern, Brücken und Häuser. Diese Kultur ist die einzige, in welcher die Gartenkunst eine religiöse Kunst großen Stils ist. Es gibt Gärten, die das Wesen bestimmter buddhistischer Sekten widerspiegeln.[1] Aus der Architektur der Landschaft erst erklärt sich die der Bauten, ihr flaches Sich-erstrecken und die Betonung des Daches als des eigentlichen Ausdrucksträgers. Und wie die verschlungenen Wege durch Tore, über Brücken, um Hügel und Mauern doch endlich zum Ziel führen, so leitet die Malerei den Betrachter von einer Einzelheit zur andern, während das ägyptische Relief ihn herrisch in eine strenge Richtung verweist. „Das ganze Bild soll nicht mit einem einzigen Blick umfaßt werden. Die zeitliche Abfolge setzt eine Folge von Raumteilen voraus, durch die der Blick vom einen zum anderen wandern soll."[2] Die ägyptische Architektur überwältigt das Bild der Landschaft, die chinesische schmiegt sich ihm an; in beiden Fällen aber ist es die Tiefenrichtung, die das Erlebnis des Raum*werdens* immer gegenwärtig erhält.

8

Alle Kunst ist *Ausdruckssprache*.[3] Und zwar in den allerfrühesten Ansätzen, die tief in die Tierwelt hinabreichen, die Sprache eines bewegten Wesens nur für sich selbst. Man denkt gar nicht an den Zeugen, obwohl in seiner Abwesenheit der Ausdruckstrieb von selbst verstummen würde. Noch in sehr späten Zuständen gibt es oft statt Künstler und Zuschauer nur eine Menge von Kunsterzeugenden. *Alle* tanzen, mimen und singen, und der „Chor" als Inbegriff der Anwesenden ist nie ganz aus der Kunstgeschichte verschwunden. Erst die höhere Kunst ist entschieden „Kunst vor

archaischen Geschmacksrichtungen ohne innere Entwicklung. An dem Beispiel Ägyptens kann man ermessen, bis zu welchem Grade Rückschlüsse auf die Kunst der frühen Dschou- und Vedazeit erlaubt sind.
[1] C. Glaser, Die Kunst Ostasiens (1920), S. 181. Vgl. M. Gothein, Geschichte der Gartenkunst (1914), II, S. 331 ff.
[2] Glaser, S. 43.
[3] Vgl. Bd. II, S. 691 f.

Zeugen", vor allem, wie Nietzsche einmal bemerkt hat, vor dem höchsten Zeugen: Gott.[1]

Dieser Ausdruck ist entweder *Ornament oder Imitation*. Das sind *hohe* Möglichkeiten, deren Gegensatz in den Anfängen kaum fühlbar wird. Und zwar ist Imitation unbedingt das ursprünglichere, der Rasse näherstehende. Die Imitation geht von dem physiognomisch erfaßten Du aus, das unwillkürlich zum Mitschwingen im Lebenstakte lockt; das Ornament zeugt von einem seiner Eigenart bewußten Ich. Jene ist in der Tierwelt weit verbreitet, dieses gehört dem Menschen fast allein.

Die Imitation ist aus dem geheimen Rhythmus alles Kosmischen geboren. Für ein waches Wesen erscheint das Eine zerdehnt und ausgespannt: ein Hier und ein Dort, ein eignes und ein fremdes Etwas; ein Mikrokosmos in bezug auf einen Makrokosmos als den Polen des Sinnenlebens, und diese Entzweiung wird durch den Rhythmus des Nachahmens überbrückt. Jede Religion ist ein Hinüberwollen der wachen Seele zu den Mächten der Umwelt, und ganz dasselbe will die in ihren weihevollsten Momenten ganz religiöse Imitation. Denn es ist ein und dieselbe innerliche Bewegtheit, in welcher Leib und Seele hier und die Umwelt dort zusammenschwingen und eins werden. Wie ein Vogel sich im Sturme wiegt und ein Schwimmer dem schmeichelnden Wellenschlag nachgibt, so fährt bei den Klängen einer Marschmusik ein unwiderstehlicher Takt in die Glieder, und ebenso ansteckend wirkt das Nachmachen fremder Mienen und Bewegungen, worin gerade Kinder Meister sind. Das kann sich bis zu jener „hinreißenden" Wirkung gemeinsamer Gesänge, Marschbewegungen und Tänze steigern, die aus vielen einzelnen eine Einheit des Fühlens und Ausdrucks, ein „Wir" macht. Aber auch ein „gut getroffenes" Bildnis eines Menschen oder

---

[1] Auch die monologische Kunst sehr einsamer Naturen ist in Wirklichkeit Zwiesprache mit sich selbst als einem Du. – Nur in der Geistigkeit der großen Städte wird der Ausdruckstrieb vom Mitteilungstrieb überwältigt (Bd. II, S. 691). Daraus entsteht jene Tendenzkunst, die belehren, bekehren und beweisen will, seien es politisch-soziale oder moralische Ansichten, und gegen die sich in der Formel „*l'art pour l'art*" dann wieder weniger eine Übung als eine Meinung auflehnt, die sich der ursprünglichen Bedeutung des künstlerischen Ausdrucks wenigstens erinnert.

einer Landschaft entsteht aus dem gefühlten Einklang der zeichnen-
den Bewegung mit dem geheimen Schwingen und Weben des
lebendigen Gegenüber. Das ist physiognomischer Takt, der *wirksam*
wird, der einen Kenner voraussetzt, welcher im Spiel der Oberfläche
die Idee, die *Seele* des Fremden entschleiert. In gewissen, hingege-
benen Augenblicken sind wir alle Kenner dieser Art, und dann offenbaren sich uns, indem wir der Musik oder einem Mienenspiel mit
unmerklichem Rhythmus folgen, plötzlich Geheimnisse von jäher
Tiefe. Alle Nachahmung will *täuschen*, und täuschen kommt von
Tausch. Dieses Sich-hinein-versetzen in ein fremdes „es", das Vertauschen des Ortes und Wesens, wonach der eine nun im andern
lebt, ihn darstellend oder schildernd, weckt ein Vollgefühl des Ein-
klangs, das sich von schweigendem Selbstvergessen bis zu ausge-
lassenstem Gelächter steigert und bis in die letzten Gründe des Erotischen hinabgreift, das von künstlerischer Schöpferkraft nicht zu
trennen ist. So entstehen die kreisenden Volkstänze – als Nachahmung der Liebeswerbung des Auerhahns ist der bayerische Schuh-
plattler entstanden; aber ganz dasselbe meinte auch Vasari, wenn
er Cimabue und Giotto lobt, weil sie als erste wieder „die Natur"
nachgeahmt hätten, jene Natur früher Menschen nämlich, von der
damals Meister Eckart sagte: „Gott fließt in alle Kreaturen aus, und
darum ist alles Geschaffene Gott." Was wir als Bewegung in dieser
Umwelt schauen und damit in seiner innern Bedeutung erfühlen,
das geben wir durch Bewegung wieder. Deshalb ist alle Imitation
ein Schau-spielen im umfassendsten Sinne. Wir geben ein Schauspiel durch die Bewegung des Pinselstrichs oder Meißels, durch die
Stimmführung des Gesangs, den Erzählerton, den Vers, die Darstellung, den Tanz. Aber was wir mit und unter dem Sehen und
Hören *erleben*, ist immer eine fremde Seele, mit der wir uns vereinigen. Erst die zerdachte und entseelte Kunst der Weltstädte geht zum
Naturalismus im heutigen Sinne über: Nachahmung der Reize des
Augenscheins, des wissenschaftlich feststellbaren Bestandes von
sinnlichen Kennzeichen.

Von der Imitation hebt sich nun deutlich das Ornament ab, das
dem Flusse des Lebens nicht folgt, sondern *starr entgegentritt*. Statt

physiognomischer Züge, die dem fremden Dasein abgelauscht werden, gibt es feststehende Motive, *Symbole*, die man ihm aufprägt. Man
will nicht täuschen, sondern beschwören. Das Ich überwältigt das
Du. Nachahmen ist nur ein *Sprechen*, dessen Mittel aus dem Augenblick geboren sind und sich nicht wiederholen; die Ornamentik aber
bedient sich einer vom Sprechen abgelösten *Sprache*, eines Formenschatzes, der Dauer besitzt und der Willkür des einzelnen entzogen ist.[1]

Nachahmen, nachbilden läßt sich nur *Lebendiges*, und zwar in
Bewegungen, durch die es sich für die Sinne von Künstlern und
Zuschauern offenbart. Insofern gehört die Imitation der Zeit und
Richtung an; all dieses Tanzen, Zeichnen, Darstellen, Schildern für
Auge und Ohr ist unwiderruflich gerichtet, und die höchsten Möglichkeiten der Imitation liegen deshalb im Nachbilden eines Schicksals, sei es in Tönen, Versen, im Bildnis oder in einer gespielten
Szene.[2] Dagegen ist ein Ornament etwas Zeitentrücktes, reine, gefestigte, verharrende Ausdehnung. Während eine Imitation etwas
ausdrückt, *indem sie sich vollzieht*, kann es ein Ornament nur, indem
es fertig vor den Sinnen steht. Es ist das Seiende selbst, unter gänz-
lichem Absehen von seiner Entstehung. Jede Imitation besitzt Anfang
und Ende, ein Ornament besitzt nur Dauer. Deshalb kann nur ein
*Einzel*schicksal nachgebildet werden wie das der Antigone oder
Desdemona. Durch ein Ornament, ein Symbol bezeichnen läßt sich
nur die Schicksalsidee überhaupt, die antike etwa durch die dorische
Säule. Jene setzt ein Talent voraus, diese auch noch ein erlernbares
Wissen.

Es gibt eine Grammatik und Syntax der Formensprache aller
strengen Künste, mit Regeln und Gesetzen, mit innerer Logik und

---

[1] Vgl. Bd. II, S. 695 f. Z. folg. Worringer, Abstraktion und Einfühlung, S. 66 ff.

[2] Weil Nachahmung Leben ist, so ist sie im Augenblick ihrer Vollendung auch
schon vergangen – der Vorhang fällt – und verfällt entweder der Vergessenheit
oder, wenn ein dauerhaftes Kunstwerk das Ergebnis war, der Kunstgeschichte. Von
den Gesängen und Tänzen alter Kulturen bleibt nichts erhalten, von ihren Bildern
und Dichtungen wenig, und auch dieses Wenige enthält beinahe nur die ornamentale Seite der ursprünglichen Imitation, von einem großen Schauspiel nur den
Text, nicht das Bild und den Klang, von einem Gedicht nur die Worte, nicht den
Vortrag, von aller Musik bestenfalls die Noten, nicht die Tonfarben der Instrumente. Das Wesentliche ist unwiderruflich vergangen, und jede „Wiederholung"
ist etwas Neues und anderes.

Tradition. Das gilt nicht nur von den Bauhütten der dorischen Tempel und gotischen Dome, von den Bildhauerschulen Ägyptens,[1] Athens und der nordfranzösischen Kathedralplastik, von den chinesischen und antiken Malerschulen und denen in Holland, am Rhein und in Florenz, sondern auch von den festen Regeln der Skalden und Minnesänger, die handwerksmäßig gelernt und geübt wurden, und zwar nicht nur in Satzgliederung und Versbau, sondern auch in Gebärdensprache und Bilderwahl,[2] von der Erzählungstechnik des vedischen, homerischen und keltisch-germanischen Epos, vom Satzbau und Tonfall der gotischen Predigt, der deutschen wie der lateinischen, und endlich von der antiken rednerischen Prosa[3] und den Regeln des französischen Dramas. Im Ornamentalen eines Kunstwerks spiegelt sich die heilige Kausalität des Makrokosmos wider, wie sie dem Empfinden und Verstehen einer Art Mensch erscheint. Beides hat System. Beides ist durchdrungen von den Grundgefühlen der *religiösen* Seite des Lebens: *Fürchten* und *Lieben*.[4] Ein echtes Symbol kann Furcht einflößen oder von Furcht befreien. Das „Richtige" erlöst, das „Falsche" quält und drückt nieder. Dagegen steht die nachahmende Seite der Künste den eigentlichen Rassegefühlen näher: *Hassen* und *Lieben*. Hier entspringt der Gegensatz von *häßlich* und *schön*. Er bezieht sich durchaus auf Lebendiges, dessen innerer Rhythmus abstößt oder mit sich zieht, auch wenn es sich um Wolken im Abendrot oder um den verhaltenen Atem einer Maschine handelt. Eine Nachahmung ist schön, ein Ornament ist *bedeutend*. Darin liegt der Unterschied von Richtung und Ausdehnung, organischer und anorganischer Logik, Leben und Tod. Was man schön findet, ist „nachahmenswert". Es verlockt in leisem Mitschwingen zum Nachbilden, Mitsingen, Wiederholen; es „läßt das Herz höher schlagen" und die Glieder zucken. Es berauscht bis zum jauchzenden Überschwang, aber weil es zur Zeit gehört, so hat es auch „seine

---

[1] Über die Werkstatt des Thutmes in Tell el Amarna vgl. Mitt. d. Deutsch. Orient-Ges. N. 52, S. 28 ff.

[2] K. Burdach, Deutsche Renaissance, S. 11. Ebenso besitzt die gesamte bildende Kunst der gotischen Zeit eine feste Typik und Symbolik.

[3] E. Norden, Antike Kunstprosa, S. 8 ff.

[4] Vgl. Bd. II, S. 880.

Zeit". Ein Symbol dauert; alles Schöne aber vergeht mit dem Le-
benspulsschlag dessen, der es aus dem kosmischen Takt heraus als
solches empfindet, sei es ein einzelner, ein Stand, Volk oder Rasse.
Nicht nur ist „die Schönheit" antiker Bildwerke und Dichtungen
in antiken Augen etwas anderes als für uns, und mit der antiken
Seele unwiederbringlich erloschen – denn was wir daran „schön
finden", ist wiederum ein nur für uns vorhandener Zug; nicht nur
ist, was für eine Art von Leben schön ist, für eine andre gleichgültig
oder häßlich, wie unsre gesamte Musik für Chinesen oder die mexikanische Plastik für uns; sondern für ein und dasselbe Leben ist das
Gewohnte, das *Gewöhnliche*, als etwas Dauerndes niemals schön.

Damit erst erscheint der Gegensatz dieser beiden Seiten jeder
Kunst in seiner vollen Tiefe: die Nachahmung beseelt und belebt,
die Ornamentik bannt und tötet. Jene „wird", diese „ist". Jene ist
deshalb der Liebe verwandt, vor allem – in Lied, Rausch und Tanz –
der *Geschlechtsliebe*, in welcher sich das Dasein der Zukunft entgegen-
wendet, diese der Sorge um Vergangenes, der Erinnerung,[1] der
Bestattung. Das Schöne wird sehnsüchtig gesucht, das Bedeutende
flößt Angst ein. Deshalb gibt es keinen innerlicheren Gegensatz als
das Haus der Lebenden und das der Toten.[2] Das Bauernhaus[3] und von
ihm aus der Edelhof, die Pfalz und Burg sind Gehäuse des Lebens,
unbewußter Ausdruck strömenden Blutes, den keine Kunst schuf
oder ändern kann. Die Idee der Familie erscheint im Grundriß des
Urhauses, die innere Form des Stammes im Grundriß der Dörfer,
dernoch nach Jahrhunderten und nach manchem Wechsel der Bewohner die Rasse der Gründer erkennen läßt,[4] das Leben einer Nation
und ihre gesellschaftliche Gliederung im Grundriß – nicht im Auf-
riß, der Silhouette! – der Stadt.[5] Auf der andern Seite entwickelt sich
die Ornamentik großen Stils an den starren Symbolen des Todes,
der Graburne, dem Sarkophag, dem Grabdenkmal und Totentem-

---

[1] Daher der ornamentale Charakter *der Schrift.*
[2] Vgl. Bd. I, S. 241 f.
[3] Vgl. Bd. II, S. 660.
[4] So die slawischen Ringdörfer und die germanischen Straßendörfer östlich der
Elbe. Ebenso läßt sich aus der Verbreitung der Rundhütten und Rechteckhäuser
im antiken Italien auf manche Ereignisse der homerischen Zeit schließen.
[5] Vgl. Bd. II, S. 663 f.

pel,[1] und darüber hinaus an den Göttertempeln und Domen, *die durch und durch Ornament sind*, Ausdruck nicht einer Rasse, sondern die Sprache einer Weltanschauung, durch und durch reine Kunst, so wie das Bauernhaus und die Burg mit Kunst gar nichts zu tun haben.[2]

Beide sind vielmehr Gebäude, *in denen* Kunst gemacht wird, und zwar die eigentlich nachbildende Kunst: das vedische, homerische, germanische Epos, der Heldensang, der bäuerliche und ritterliche Tanz, das Spielmannslied. Der Dom dagegen *ist* nicht nur Kunst, sondern auch die einzige, durch die *nichts* nachgeahmt wird. Sie allein ist ganz Spannung verharrender Formen, ganz dreidimensionale Logik, die sich in Kanten, Flächen und Räumen ausspricht. Die Kunst der Dörfer und Burgen stammt aus der Laune des Augenblicks, aus Gelächter und Übermut an der Tafel und beim Spiel, und haftet an der Zeit bis zu dem Grade, daß der Troubadour seinen Namen vom Erfinden hat und die *Improvisation* – wie heute noch in der Zigeunermusik – nichts ist als Rasse, die sich unter der Macht der Stunde fremden Sinnen offenbart. Dieser freien Gestaltungskraft setzt alle geistliche Kunst die strenge *Schule* entgegen, in welcher der einzelne der Logik zeitloser Formen dient, im Hymnus wie im Bauen und Bilden. Deshalb ist in allen Kulturen der frühe Kultbau der eigentliche Sitz der Stilgeschichte. In den Burgen hat das Leben Stil, nicht der Bau. In den Städten ist der Grundriß ein Abbild der *Schicksale* eines Volkes; nur die in der Silhouette aufragenden Türme und Kuppeln reden von der *Logik im Weltbild ihrer Erbauer*, den letzten Ursachen und Wirkungen in ihrem All.

Der Stein dient im Bau der Lebenden einem weltlichen *Zweck*; im Kultbau ist er ein *Symbol*.[3] Die Geschichte der großen Architekturen hat durch nichts schwerer gelitten als dadurch, daß man sie für die Geschichte von Bautechniken hielt statt für die von Baugedanken, die ihre technischen Ausdrucksmittel nahmen, wo sie sie fanden. Es ist wie in der Geschichte der Musikinstrumente,[4] die ebenfalls auf

[1] Vgl. Bd. I, S. 215.
[2] Vgl. Bd. II, S. 698.
[3] Vgl. Bd. I, S. 167f.
[4] Vgl. Bd. I, S. 84.

eine Tonsprache hin entwickelt wurden. Ob das Keilschnittgewölbe, der Strebepfeiler und die Trompenkuppel für einen großen Baustil eigens herausgebildet wurden oder ob man sie in der Nähe oder Ferne irgendwie vorfand und in Verwendung nahm, ist für die *Kunst*geschichte ebenso gleichgültig wie die Frage, ob die Streichinstrumente *technisch* aus Arabien oder einem keltischen Britannien stammen. Mag die dorische Säule handwerksmäßig den Tempeln des ägyptischen Neuen Reiches, der spätrömische Kuppelbau den Etruskern, der florentinische Hallenhof den nordafrikanischen Mauren entlehnt sein – der dorische Peripteros, das Pantheon, der Palazzo Farnese gehören trotzdem einer ganz andern Welt an; sie dienen dem künstlerischen Ausdruck des Ursymbols dreier Kulturen.

9

Es gibt demnach in jeder Frühzeit *zwei* eigentlich ornamentale, nicht imitierende Künste, die des Bauens und des Verzierens. In der voraufgehenden Vorzeit, den Jahrhunderten des Ahnens und der Schwangerschaft, gehört der Ornamentik im engeren Sinne die Welt des elementaren Ausdrucks *allein*. Die Karolingerzeit wird *nur* durch sie repräsentiert. Ihre Bauversuche stehen „zwischen den Stilen". Es fehlt ihnen die Idee. Und ebenso haben wir mit dem Verlust aller mykenischen Bauten kunstgeschichtlich nichts verloren.[1] Mit dem Anbruch der großen Kultur aber erhebt sich plötzlich *der Bau als Ornament* zu einer solchen Gewalt des Ausdrucks, daß für ein Jahrhundert fast die bloße Verzierung scheu zurückweicht. Die aus Stein gebildeten Räume, Flächen und Kanten reden *allein*. Im Grabtempel des Chephren wird der Gipfel mathematischer Einfalt erreicht; überall rechte Winkel, Quadrate, rechteckige Pfeiler; kein Schmuck, keine Inschrift, kein Übergang. Das die Spannung mildernde Relief wagt sich erst einige Generationen später in die hehre Magie dieser Räume. Und ebenso die edle Romanik Westfalens

---

[1] Das gilt nicht weniger von den Bauanlagen der ägyptischen Thinitenzeit und den seleukidisch-persischen Sonnen- und Feuertempeln der vorchristlichen Jahrhunderte.

und Sachsens (Hildesheim, Gernrode, Paulinzella, Paderborn), Süd-
frankreichs und der Normannen (Norwich, Peterborough in England), die mit einer unbeschreiblichen inneren Wucht und Würde
den ganzen Sinn der Welt in *eine* Linie, *ein* Kapität, *einen* Bogen zu
legen vermochte.

Erst auf dem Gipfel der frühzeitlichen Formenwelt ordnet sich
das Verhältnis dahin, daß der Bau die Herrschaft führt und ein reiches
Ornament ihm dient, und zwar Ornament im allerweitesten Sinne.
Denn dazu gehört nicht nur das antike *Einzel*motiv mit seiner
ruhend abgewogenen Symmetrie oder mäandrischen Addition,[1] die
flächenüberspinnende Arabeske und die ihr nicht unähnlichen Flächenmuster der Maya, das „Donnermuster" und andere Motive aus
früher Dschouzeit, die wiederum beweisen, daß die altchinesische
Architektur Gestaltung der Landschaft ist, und die ganz zweifellos
ihren Sinn erst durch die Linien der Gartenumgebung erhalten, in
welche die Bronzevasen hineinkomponiert waren. Sondern ornamental empfunden sind auch die Kriegergestalten auf Dipylonvasen
und in noch viel höherem Grade die Statuen*scharen* gotischer Dome.
Es „wurden Figuren vom Beschauer aus in Pfeiler hineinkomponiert
und die Pfeilerfiguren im Verhältnis zum Beschauer aneinanderge-
reiht wie rhythmische Fugen einer zum Himmel aufsteigenden und
nach allen Seiten ausklingenden Symphonie."[2] Die Gewandfalten,
Gebärden, Bildertypen, aber auch der hymnische Strophenbau und
die Parallelführung der Stimmen im Kirchengesang sind Ornament
im Dienste des alles beherrschenden Baugedankens.[3] Erst zu Beginn

---

[1] Z. folg. Worringer, Formprobleme der Gotik, S. 36 ff.

[2] Dvořák, Idealismus und Naturalismus in der got. Skulptur und Malerei, Hist.
Zeitschrift 1918, S. 44 f.

[3] Zum Ornament im höchsten Sinne gehört endlich die *Schrift* und damit das
Buch, welches das eigentliche Seitenstück zum Kultbau ist und als Kunstwerk stets
mit diesem erscheint oder fehlt (Bd. II, S. 739 f., 855 f.). In der Schrift hat nicht das
Schauen, sondern das *Verstehen* Gestalt gewonnen. Es sind nicht Wesenheiten,
sondern durch Worte von ihnen abgezogene Begriffe, welche durch diese Zeichen
symbolisiert werden, und da das Gegenüber des sprachgewohnten menschlichen
Geistes der starre Raum ist, so wird das Ursymbol einer Kultur außer im Steinbau
nirgends reiner ausgedrückt als in einer Schrift. Es ist ganz unmöglich, die Geschichte der Arabeske zu verstehen, wenn man die der zahllosen arabischen Schriftarten außer acht läßt, und von der ägyptischen und chinesischen Stilgeschichte ist
die der Schriftzeichen, ihrer Anordnung und Anbringung nicht zu trennen.

der Spätzeiten ist der Bann der großen Ornamentik gebrochen. Die Architektur tritt in eine *Gruppe* städtischer, weltlicher Sonderkünste ein, die in steigendem Grade gefällig und geistreich nachahmend und damit persönlich werden. Von Imitation und Ornament gilt dasselbe, was oben von Zeit und Raum gesagt wurde: die Zeit gebiert den Raum, der Raum aber tötet die Zeit.[1] Zu Anfang hatte die starre Symbolik alles Lebendige versteint. Der Leib einer gotischen Statue soll gar nicht leben; er ist nur ein Liniengebilde in menschlicher Form. Jetzt verliert das Ornament alle heilige Strenge und wird mehr und mehr zum Schmuck der baulichen Umgebung eines vornehmen und formvollen Lebens. *Nur als solcher, verschönernd* nämlich, ist der Renaissancegeschmack von der höfischen und patrizischen Welt des Nordens – nur von dieser! – angenommen worden.[2] Ornament bedeutet im Alten Reiche etwas ganz anderes als im Mittleren, im geometrischen Stil etwas ganz anderes als im Hellenismus, für uns um 1200 etwas ganz anderes als um 1700. Und auch die Architektur malt und musiziert zuletzt, und ihre Formen scheinen jederzeit im Begriff, irgend etwas aus dem Bilde der Umwelt nachzuahmen. So erklärt sich der Weg vom ionischen zum korinthischen Kapitäl und von Vignola über Bernini zum Rokoko.

Mit dem Anbruch der Zivilisation endlich erlischt das echte Ornament und damit die *große* Kunst überhaupt. Den Übergang bilden, und zwar in irgendeiner Form in *jeder* Kultur, „*Klassizismus und Romantik*". Jener bedeutet die Schwärmerei für ein Ornament – Regeln, Gesetze, Typen –, das längst altertümlich und seelenlos geworden ist, diese eine schwärmerische Imitation – nicht des Lebens, sondern einer *früheren Imitation*. An Stelle des Baustils tritt ein Baugeschmack. Malweisen, literarische Manieren, alte und moderne, einheimische und fremdartige Formen wechseln mit der Mode. Die innere Notwendigkeit fehlt. Es gibt keine „Schule" mehr, weil jeder die Motive wählt, wie und wo er will. *Die Kunst wird zum Kunstgewerbe*, und zwar in ihrem vollen Umfang, in Architektur und Musik, im Vers wie im Drama. Es entsteht zuletzt ein bildnerischer wie

---

[1] Vgl. Bd. I, S. 224.
[2] Vgl. Bd. II, S. 924.

ein literarischer Formenschatz, der ohne alle tiefere Bedeutung mit Geschmack gehandhabt wird. In dieser letzten, völlig geschichts- und entwicklungslos gewordenen Form steht das kunstgewerbliche Ornament vor uns in den Mustern orientalischer Teppiche, persischer und indischer Metallarbeiten, chinesischer Porzellane, aber auch in der ägyptischen (und babylonischen) Kunst, wie sie die Griechen und Römer antrafen. Reines Kunstgewerbe ist die minoische Kunst auf Kreta, ein nördlicher Ausläufer ägyptischen Geschmacks seit der Hyksoszeit, und ganz dieselbe Rolle einer komfortablen Gewohnheit und geistvollen Spielerei füllt die „gleichzeitige" hellenistisch-römische Kunst etwa seit Scipio und Hannibal aus. Vom prunkvollen Gebälk des Nervaforums in Rom bis zur späteren Provinzkeramik im Westen vollzieht sich dieselbe Ausbildung eines unveränderlichen Kunstgewerbes, die sich auch in Ägypten und der islamischen Welt verfolgen läßt und in Indien und China in den Jahrhunderten nach Buddha und Konfuzius vorausgesetzt werden muß.

10

Man begreift nun, gerade aus dem Unterschied von Dom und Pyramidentempel trotz aller tiefinnerlichen Verwandtschaft, das gewaltige Phänomen der faustischen Seele, deren Tiefendrang sich nicht in das Ursymbol des Weges bannen ließ, sondern von den frühesten Anfängen an über alle Grenzen optisch gebundener Sinnlichkeit hinausstrebt. Kann etwas dem Sinne des ägyptischen Staates, dessen Tendenz man als eine erhabene Nüchternheit bezeichnen möchte, fremder sein als der politische Ehrgeiz der großen Sachsen-, Franken- und Staufenkaiser, die am Überfliegen aller staatlichen Wirklichkeiten zugrunde gingen? Die Anerkennung einer Grenze wäre ihnen gleichbedeutend mit der Herabwürdigung der Idee ihres Herrschertums gewesen. Hier tritt der unendliche Raum als Ursymbol in seiner ganzen unbeschreiblichen Macht in den Umkreis tätig-politischen Daseins, und man könnte zu den Gestalten der Ottonen, Konrads II., Heinrichs VI. und Friedrichs II., die Normannen als Eroberer Rußlands, Grönlands, Englands, Siziliens und beinahe auch

Konstantinopels, und die großen Päpste Gregor VII. und Innocenz III. fügen, die alle ihre sichtbare Machtsphäre mit der damals
bekannten Welt·gleichsetzen wollten. Dies unterscheidet die homerischen Helden mit ihrem geographisch so genügsamen Gesichtskreis
von den stets im Unendlichen schweifenden Helden der Grals-, Ar-
tus- und Siegfriedsage. Dies unterscheidet auch die Kreuzzüge, zu
denen die Krieger von den Ufern der Elbe und Loire bis zu den
Grenzen der bekannten Welt ausritten, von den geschichtlichen Ereignissen, welche der Ilias zugrunde liegen und auf deren örtliche
Enge und Übersehbarkeit man aus dem Stil des antiken Seelentums
mit Sicherheit schließen darf.

Die dorische Seele verwirklichte das Symbol des leibhaft gegenwärtigen Einzeldinges, indem sie auf alle großen und weitreichenden
Schöpfungen Verzicht leistete. Es hat seinen guten Grund, wenn die
erste nachmykenische Zeit unseren Archäologen nichts hinterlassen
hat. Ihr endlich erreichter Ausdruck ist der dorische Tempel, der
nur nach außen, als massives Gebilde in der Landschaft gelegen,
wirkt und den künstlerisch überhaupt unbeachteten Raum in sich
als das μὴ ὄν, das was gar nicht da sein sollte, verleugnet. Die ägyptische Säulenreihe trug die Decke eines Saales. Der Grieche entlehnte das Motiv und wandte es in seinem Sinne an, indem er den
Bautypus wie einen Handschuh umkehrte. Die äußeren Säulenstellungen sind gewissermaßen Reste eines verneinten Innenraums.[1]

Demgegenüber ließen die magische und die faustische Seele ihre
steinernen Traumgebilde als Überwölbungen bedeutungsvoller Innenräume emporsteigen, deren Struktur den Geist zweier Mathematiken, der Algebra und der Analysis, vorwegnimmt. In der von
Burgund und Flandern ausstrahlenden Bauweise bedeuten die Kreuz-
rippengewölbe mit ihren Stichkappen und Strebepfeilern eine Auflösung des geschlossenen, durch sinnlich-greifbare Grenzflächen be-

---

[1] Es steht wohl außer Zweifel, daß die Griechen, als sie vom Antentempel zum
Peripteros kamen, zur selben Zeit, wo die Rundplastik sich ebenfalls an unzweifel-
haft ägyptischen Vorbildern vom Reliefmäßigen befreite, das noch den Apollo-
figuren anhaftet, unter dem mächtigen Eindruck ägyptischer Säulen*reihen* standen.
Das läßt die Tatsache unberührt, daß das Motiv der antiken Säule und die antike
Verwendung des Reihenprinzips etwas vollkommen Selbständiges sind.

stimmten Raumes überhaupt.[1] Im magischen Innenraum „sind die Fenster lediglich ein negatives Moment, eine in keiner Weise noch zur Kunstform fortgebildete Nutzform, derb ausgedrückt nichts als Löcher in der Wand".[2] Wo sie praktisch unentbehrlich waren, wurden sie für den künstlerischen Eindruck durch Emporen verdeckt wie in der morgenländischen Basilika. Die *Architektur des Fensters* ist eins der bedeutendsten Symbole des faustischen Tiefenerlebnisses und gehört ihm allein. Hier wird der Wille fühlbar, aus dem Innern ins Grenzenlose zu dringen, wie es später die in diesen Wölbungen heimische Musik des Kontrapunktes wollte, deren körperlose Welt immer die der ersten Gotik geblieben ist. Wo auch in späteren Zeiten die polyphone Musik zu ihren höchsten Möglichkeiten emporstieg wie in der Matthäuspassion, der Eroica und Wagners Tristan und Parsifal, wurde sie mit innerster Notwendigkeit *domhaft* und kehrte zu ihrer Heimat, zur steinernen Sprache der Kreuzzugszeit zurück. Die ganze Wucht einer tiefsinnigen Ornamentik mit ihren seltsam schauerlichen Umbildungen von Pflanzen, Tier- und Menschenleibern (St. Pierre in Moissac), welche die abgrenzende Wirkung des Gesteins leugnet, welche alle Linien in Melodien und Figurationen eines Themas, alle Fassaden in vielstimmige Fugen, die Leiblichkeit der Statuen in Musik der Gewandfaltung auflöst, mußte zu Hilfe kommen, um jeden antiken Hauch von Körperlichem zu bannen. Erst dies gibt den riesigen Glasfenstern der Dome mit ihrer farbigen, *durchleuchteten, also völlig stofflosen Malerei* – eine Kunst, die sich niemals und nirgends wiederholt und die den stärksten überhaupt denkbaren Gegensatz zum antiken Fresko bildet – ihren tiefen Sinn. Er wird am deutlichsten etwa in der Sainte Chapelle zu Paris, in welcher neben dem leuchtenden Glas der Stein beinahe verschwunden ist. Im Gegensatz zum Fresko, dem mit der Wand körperlich verwachsenen Gemälde, dessen Farben als Materie wirken, finden wir hier Farben von der räumlichen Freiheit der Orgeltöne, völlig vom Medium einer tragenden Fläche gelöst, Gestalten, die

---

[1] Des begrenzten Raumes, nicht des Steins: Dvorák, Histor. Zeitschrift 1918, S. 17 f.
[2] Dehio, Gesch. d. d. Kunst I, S. 16.

frei im Unbegrenzten schweben. Mit dem faustischen Geiste dieser fast wandlosen, hochgewölbten, farbig durchschimmerten, zum Chore strebenden Kirchenschiffe vergleiche man die Wirkung arabischer – also altchristlich-byzantinischer – Kuppelbauten. Auch die über der Basilika oder dem Oktogon scheinbar frei schwebende Hängekuppel bedeutet eine Überwindung des antiken Prinzips der natürlichen Schwere, wie sie das Verhältnis von Säule und Architrav ausdrückt. Auch hier verleugnet sich alles Körperliche im Bau. Es gibt kein „Außen". Aber um so entschiedener schließt die allseitig dichtgefügte Wand eine Höhle ein, aus der kein Blick, keine Hoffnung hinausdringt. Eine geisterhaft verwirrende Durchdringung der Formen von Kugel und Polygon, eine Last auf einem Steinring gewichtslos über dem Boden schwebend und das Innere dicht verschließend, alle tektonischen Linien verhüllt, kleine Öffnungen im höchsten Gewölbe, durch die ein ungewisses Licht hereinfällt, das die Wandung noch unerbittlicher betont – so stehen die Meisterwerke dieser Kunst, San Vitale in Ravenna, die Hagia Sophia in Byzanz, der Felsendom in Jerusalem vor uns. Statt der ägyptischen Reliefs mit ihrer reinen Flächenbehandlung, die jede in die seitliche Tiefe weisende Verkürzung peinlich meidet, statt der den äußeren Weltraum einbeziehenden Glasgemälde der Dome verkleiden hier flimmernde Mosaiken und Arabesken, in denen der Goldton vorherrscht, alle Wände und versenken die Höhle in einen märchenhaften ungewissen Schein, der in aller maurischen Kunst für den nordischen Menschen immer so verlockend geblieben ist.

11

So stammt die Erscheinung des *großen Stils* also aus dem Wesen des Makrokosmos, aus dem Ursymbol einer *großen* Kultur. Man wird, wenn man den Gehalt des Wortes zu würdigen weiß, das nicht einen Formbestand, sondern eine *Formgeschichte* bezeichnet, die fragmentarischen und chaotischen Kunstäußerungen des Urmenschentums nicht zu der umfassenden Bestimmtheit eines solchen Stils mit seiner Entwicklung über Jahrhunderte hin in Beziehung bringen.

Erst die als Einheit nach Ausdruck und Bedeutung wirkende Kunst der großen Kulturen – und nun nicht mehr die Kunst allein – hat Stil.

Zur organischen Geschichte eines Stils gehört ein Vorher, Außerhalb und Nachher. Die „Stiertafel" aus der 1. ägyptischen Dynastie ist noch nicht „ägyptisch".[1] Erst mit der 3. Dynastie erhalten die Werke, und zwar plötzlich und sehr bestimmt einen Stil. Ebenso steht die Karolingerkunst „zwischen den Stilen". Man bemerkt ein Tasten, ein Ausprobieren verschiedener Formen, aber nichts von innerlich notwendigem Ausdruck. Der Schöpfer des Aachener Münsters „denkt sicher, baut sicher, aber er fühlt nicht sicher".[2] Die Marienkirche auf der Feste Würzburg (um 700) hat ihr Seitenstück in Saloniki (St. Georg); die Kirche von Germigny des Près (um 800) ist mit Kuppeln und Hufeisenbögen fast eine Moschee. 850–950 besteht für das ganze Abendland eine Lücke. Ebenso steht die russische Kunst noch heute „zwischen den Stilen". Auf den primitiven, von Norwegen bis zur Mandschurei verbreiteten Holzbau mit steilem, achteckigem Zeltdach dringen über die Donau byzantinische, über den Kaukasus armenisch-persische Motive ein. Eine Wahlverwandtschaft zwischen der russischen und magischen Seele ist wohl zu fühlen, aber das Ursymbol des Russentums, *die unendliche Ebene*,[3] findet wie religiös, so auch architektonisch noch keinen sicheren Ausdruck. Das Kirchendach hebt sich hügelartig kaum von der Landschaft ab, und auf ihm sitzen die Zeltdachspitzen mit den „Kokoschniks", welche das Aufstreben verschleiern und aufheben sollen. Sie steigen nicht auf wie gotische Türme und decken nicht zu wie die Kuppeln der Moschee, sondern sie „sitzen" und betonen damit das Horizontale des Baus, der *lediglich von außen* aufgefaßt sein will. Als der Sy-

---

[1] H. Schäfer, Von ägyptischer Kunst I, S. 15 f.

[2] Frankl, Baukunst des Mittelalters (1918), S. 16 ff.

[3] Vgl. Bd. II, S. 921 Anm. Der Mangel jeder Vertikaltendenz im russ. Lebensgefühl erscheint auch in der Sagengestalt des Jlja von Murom (Bd. II, S. 788). Der Russe hat nicht das geringste Verhältnis zu einem *Vater*gott. Sein Ethos ist nicht Sohnes-, sondern reine Bruderliebe, die allseitig in die Menschenebene ausstrahlt. Auch Christus wird als Bruder empfunden. Das faustische, ganz vertikale Streben nach persönlicher Vervollkommnung ist dem echten Russen eitel und unverständlich. Auch die russischen Ideen von Staat und Eigentum entbehren jeder Vertikaltendenz.

nod um 1670 die Zeltdächer verbot und die orthodoxen Zwiebel-kuppeln vorschrieb, wurden die schweren Kuppeln auf schlanke Zylinder aufgesetzt, die in beliebiger Zahl[1] auf der Dachebene „sitzen".[2] Das ist noch kein Stil, aber das Versprechen eines Stils, der erst mit der eigentlich russischen Religion erwachen wird.

Das Erwachen erfolgte im faustischen Abendlande kurz vor 1000. Mit einem Schlage ist der romanische Stil fertig. An Stelle der ver-schwimmenden Raumgliederung mit unsicherem Grundriß tritt plötzlich eine straffe Dynamik des Raumes. Von Anfang an sind Außen- und Innenbau in ein festes Verhältnis gesetzt, so daß die Wand von der Formensprache durchdrungen wird wie in keiner andern Kultur; von Anfang an ist die Bedeutung der Fenster und der Türme bestimmt. Die Idee der Form war unwiderruflich ge-geben, nur die Entwicklung stand noch bevor.

Mit einem schöpferischen Akt von gleicher Unbewußtheit und symbolischer Wucht beginnt der ägyptische Stil. Das Ursymbol des Weges ist plötzlich ins Leben getreten, mit dem Beginn der 4. Dy-nastie (2550 v. Chr.). Das weltbildende Tiefenerlebnis dieser Seele empfängt seinen Gehalt vom Richtungsfaktor selbst: die Tiefe des Raumes als erstarrte Zeit, die Ferne, der Tod, das Schicksal selbst beherrschen den Ausdruck; die bloß sinnlichen Dimensionen der Länge und Breite werden zur begleitenden Fläche, die den Weg des Schicksals einengt und vorschreibt. Das ägyptische Flachrelief, auf Nahsicht berechnet und in seiner reihenweisen Anordnung den Be-trachter zwingend, in vorgeschriebener Richtung die Wandflächen abzuschreiten, taucht ebenso plötzlich gegen Beginn der 5. Dynastie auf.[3] Die noch späteren Reihen von Sphinxen und Statuen, die Fel-sen- und Terrassentempel verstärken beständig die Tendenz auf die

---

[1] Auf der Friedhofskirche in Kishi sind es 22.

[2] J. Grabar, Gesch. der russ. Kunst (1911, russ.) I–III. A. Eliasberg, Russ. Bau-kunst (1922), Einleitung.

[3] Die Klarheit in der Anlage der ägyptischen und abendländischen Geschichte gestattet einen bis ins einzelne gehenden Vergleich, der wohl einer kunsthistori-schen Untersuchung wert wäre. Die 4. Dynastie des strengen Pyramidenstils (2550–2450, Cheops, Chephren) entspricht der Romanik (980–1100); die 5. Dynastie (2450–2320, Sahu-rê) der Frühgotik (1100–1230); die 6. Dynastie, die Blütezeit der archaischen Bildniskunst (2320–2190, Phiops I. u. II.) der Hoch-gotik (1230–1400). [Siehe die Bemerkung auf Tafel I nach S. 70. H. K.]

einzige Ferne, welche die Welt des ägyptischen Menschen kennt, das Grab, den Tod. Man bemerke wohl, wie schon die Säulenreihen der Frühzeit nach Durchmesser und Abstand der mächtigen Schäfte genau so gegliedert sind, daß sie jeden seitlichen Durchblick *verdecken*. Das hat sich in keiner andern Architektur wiederholt.

Die Größe dieses Stils erscheint uns starr und unveränderlich. Er steht allerdings jenseits der Leidenschaft, die noch sucht und fürchtet und untergeordneten Einzelzügen damit eine rastlose persönliche Bewegtheit im Lauf der Jahrhunderte erteilt; aber sicherlich wäre dem Ägypter der faustische Stil – er bildet von der frühesten Romanik bis zum Rokoko und Empire ebenfalls eine Einheit – in seiner Unruhe und seinem ständigen Suchen nach einem Etwas viel gleichförmiger erschienen, als wir uns vorstellen können. Vergessen wir nicht, daß aus dem hier vorausgesetzten Begriff des Stils folgt, daß Romanik, Gotik, Renaissance, Barock, Rokoko nur Stufen *ein und desselben* Stils sind, an dem wir selbst naturgemäß vor allem das Wechselnde, das Auge anders gearteter Menschen das Bleibende bemerken. In der Tat beweisen zahllose Umbauten romanischer Werke im Barock-, spätgotischer im Rokokostil, die durch nichts auffallen, die innere Einheit der nordischen Renaissance und ebenso die der Bauernkunst, in welcher Gotik und Barock völlig identisch geworden ist, die Straßen alter Städte, deren Giebel und Fassaden aller Stilarten einen reinen Einklang bilden, und die Unmöglichkeit, Romanik und Gotik, Renaissance und Barock, Barock und Rokoko in einzelnen Fällen überhaupt zu unterscheiden, daß die „Familienähnlichkeit" dieser Abschnitte viel größer ist, als sie den Angehörigen erscheint.

Der ägyptische Stil ist rein *architektonisch* bis zum Erlöschen dieser Seele. Er ist der einzige, in welchem neben der Architektur ein verzierendes Ornament vollkommen fehlt. Er gestattet keine Abschweifung zu unterhaltenden Künsten, keine Tafelmalerei, keine Büste, keine weltliche Musik. In der Antike geht mit der Ionik der Schwerpunkt der Stilbildung von der Architektur zu einer von ihr unabhängigen Plastik über; im Barock geht er hinüber zur Musik, deren

Formensprache ihrerseits die gesamte Baukunst des 18. Jahrhunderts beherrscht; im Arabertum löst seit Justinian und dem Perserkönig Chosru Nuschirwan die Arabeske alle Formen der Architektur, Malerei
und Plastik zu Stileindrücken auf, die wir heute als kunstgewerblich
bezeichnen könnten. In Ägypten bleibt die Herrschaft der Architektur unangefochten. Sie mildert lediglich ihre Sprache. In den Hallen
der Pyramidentempel der 4. Dynastie (Pyramide des Chephren)
stehen schmucklose, scharfkantige Pfeiler. In den Bauten der 5. Dynastie (Pyramide des Sahu-rê) erscheint die *Pflanzensäule*. Steingewordene Lotus- und Papyrusbündel wachsen riesenhaft aus dem
Fußboden von durchscheinendem Alabaster auf, der das Wasser bedeutet, eingeschlossen von purpurnen Wänden. Die Decke ist mit
Vögeln und Sternen geschmückt. Der heilige Weg vom Torbau zur
Grabkammer, das Bild des Lebens, ist ein Strom. Es ist der Nil selbst,
der mit dem Ursymbol der Richtung eins wird. Der Geist der mütterlichen Landschaft vereinigt sich mit der aus ihm entsprungenen
Seele. In China tritt an die Stelle der mächtigen Pylonenwand, die
mit der engen Pforte dem Nahenden entgegendroht, die „Geister-
mauer" (yin-pi), die den Eingang verdeckt. Der Chinese *schlüpft* in
das Leben, wie er von da an das Tao des Lebenspfades verfolgt; und
wie das Niltal zu den Hügelebenen der Landschaft am Hoangho,
so verhält sich der steinumschlossene Tempelweg zu den verschlungenen Pfaden der chinesischen Gartenarchitektur. Ganz ebenso
knüpft sich das euklidische Dasein der antiken Kultur in geheimnisvoller Weise an die vielen kleinen Inseln und Vorgebirge des Ägäischen Meeres, und die stets im Unendlichen schweifende Leidenschaft des Abendlandes an die weiten fränkischen, burgundischen,
sächsischen Ebenen.

12

Der ägyptische Stil ist der Ausdruck einer *tapferen* Seele. Seine
Strenge und Wucht ist vom ägyptischen Menschen selbst nie empfunden und betont worden. Man wagte alles, aber man schwieg darüber. In der Gotik und im Barock dagegen wird die Überwindung

des Schweren zum stets bewußten Motiv der Formensprache. Das Drama Shakespeares redet laut von den verzweifelten Kämpfen zwischen Wille und Welt. Der antike Mensch war den „Mächten" gegenüber schwach. Die Katharsis von Furcht und Mitleid, *das Aufatmen der apollinischen Seele* im Augenblick der Peripetie war nach Aristoteles die beabsichtigte Wirkung der attischen Tragödie. Indem der Grieche das Schauspiel vor sich hatte, wie jemand, den er *kannte* – denn jeder kannte den Mythos und seinen Helden und lebte in ihm – vom Geschick sinnlos zertreten wurde, ohne daß ein Widerstand gegen die Mächte denkbar war, und in prachtvoller Haltung, trotzend, heroisch unterging, erfolgte in seiner euklidischen Seele eine wunderbare Erhebung. War das Leben nichts wert, so war es doch die *große Geste*, mit der man es verlor. Man wollte und wagte nichts, aber man fand eine berauschende Schönheit im *Ertragen*. Schon die Gestalt des Dulders Odysseus, in viel höherem Grade noch das Urbild des hellenischen Menschen, Achilles, zeugt davon. Die Moral der Cyniker, der Stoa, Epikurs, das allgemeine hellenische Ideal der Sophrosyne und Ataraxia, Diogenes in seinem Fasse, der θεωρία huldigend – das alles ist verkappte Feigheit vor allem Schweren und Verantwortungsvollen und sehr verschieden von dem Stolz der ägyptischen Seele; der apollinische Mensch geht dem Leben im Grund aus dem Wege, bis zum Selbstmord, der *in dieser Kultur allein* – wenn man wiederum von verwandten indischen Idealen absieht – den Rang einer hohen sittlichen Handlung erhielt und mit der Feierlichkeit eines sakralen Symbols behandelt wurde; der dionysische Rausch erscheint der gewaltsamen Übertäubung von etwas verdächtig, das die ägyptische Seele gar nicht kannte. Und deshalb ist diese Kultur die des Kleinen, Leichten, Einfachen. Ihre Technik ist, an der ägyptischen und babylonischen gemessen, ein geistvolles Nichts.[1] Ihr Ornament ist so arm an Erfindung wie kein zweites. Der Typenschatz ihrer Plastik in Stand und Haltung läßt sich an den Fingern abzählen. „Bei der auffallenden Formenarmut des dorischen Stils, auch wenn sie zu Anfang der Entwicklung geringer gewesen sein sollte als späterhin, drehte sich alles um die Proportionen und um

[1] Vgl. Bd. II, S. 1186 Anm. 1.

die Maße."[1] Aber auch da welches Geschick im Vermeiden! Die griechische Architektur mit ihrem Gleichmaß von Stütze und Last und den ihr eigentümlichen kleinen Maßstäben wirkt wie eine ständige Ausflucht vor schwierigen tektonischen Problemen, die man am Nil und später im hohen Norden mit einer Art von dunklem Pflichtgefühl geradezu suchte und die man in der mykenischen Zeit gekannt und sicherlich nicht vermieden hat. Der Ägypter liebte das harte Gestein ungeheurer Bauten; es entsprach seinem Selbstbewußtsein, nur das Schwerste als Aufgabe zu wählen; der Grieche mied es. Erst suchte seine Baukunst kleine Aufgaben, dann hörte sie ganz auf. Vergleicht man sie in ihrem vollen Umfange mit der Gesamtheit der ägyptischen, mexikanischen oder gar abendländischen, so ist man über die Geringfügigkeit der Stilentwicklung erstaunt. Mit einigen Variationen des dorischen Tempeltyps ist sie erschöpft und mit der Erfindung des korinthischen Kapitäls (um 400) bereits abgeschlossen. Alles Spätere ist Abwandlung von Vorhandenem.

Das hat zu einer fast körperhaften Befestigung der Formtypen und Stilgattungen geführt. Man konnte zwischen ihnen wählen, aber ihre strengen Grenzen überschreiten durfte man nicht. Das wäre gewissermaßen die Anerkennung eines unendlichen Raumes von Möglichkeiten gewesen. Es gab drei Säulenordnungen und eine bestimmte Gliederung des Architravs für jede. Da bei dem Wechsel von Triglyphen und Metopen der schon von Vitruv behandelte Konflikt an den Ecken entstand, so wurden die letzten Interkolumnien schmaler gehalten, denn niemand dachte daran, hier neue Formen zu ersinnen. Wollte man größere Abmessungen, so wurde die Zahl der Elemente über, neben, hinter einander vermehrt. Das Kolosseum besitzt drei Ringe, das Didymaion in Milet drei Säulenreihen in der Front, der Gigantenfries von Pergamon eine endlose Folge unverbundener Einzelmotive. Ebenso steht es mit den Stilgattungen der Prosa und den Typen der Lyrik, Erzählung und Tragödie. Überall ist der Aufwand im Entwerfen der Grundform auf ein Minimum beschränkt und die Gestaltungskraft des Künstlers auf die Feinheit im einzelnen verwiesen: eine reine *Statik der Gattungen*, die im schärfsten Wider-

[1] Koldewey-Puchstein, Die griech. Tempel in Unteritalien und Sizilien I, S. 228.

spruch zur faustischen Dynamik der Geburt immer neuer Typen und Formgebiete steht.

13

Der *Organismus* großer Stilfolgen wird nun übersehbar geworden sein. Der erste, dem dieser Blick aufging, war wiederum Goethe. In seinem „Winckelmann" sagt er von Vellejus Paterculus: „Auf seinem Standorte war es ihm nicht gegeben, *die ganze Kunst als ein Lebendiges* (ζῷον) *anzusehen, das einen unmerklichen Ursprung, ein langsames Wachstum, einen glänzenden Augenblick seiner Vollendung, eine stufenfällige Abnahme, wie jedes andere organische Wesen, nur in mehreren Individuen notwendig darstellen muß.* " In diesem Satz ist die ganze Morphologie der Kunstgeschichte enthalten. Stile folgen nicht aufeinander wie Wellen und Pulsschläge. Mit der Persönlichkeit einzelner Künstler, ihrem Willen und Bewußtsein haben sie nichts zu schaffen. Im Gegenteil, der Stil ist es, welcher den *Typus* des Künstlers schafft. Der Stil ist wie die Kultur ein Urphänomen im strengsten Sinne Goethes, sei es der Stil von Künsten, Religionen, Gedanken oder der Stil des Lebens selbst. So gut „Natur" ein immer neues Erlebnis des wachen Menschen ist, als sein *alter ego* und Spiegelbild in der Umwelt, so der Stil. Deshalb kann es im historischen Gesamtbilde einer Kultur nur einen, *den Stil dieser Kultur*, geben. Es war falsch, bloße Stilphasen wie Romanik, Gotik, Barock, Rokoko, Empire als eigene Stile zu unterscheiden und mit Einheiten von ganz anderem Range wie dem ägyptischen, chinesischen Stil oder gar einem „prähistorischen Stil" gleichzusetzen. Gotik und Barock: das ist Jugend und Alter desselben Inbegriffs von Formen, der reifende und der gereifte Stil des Abendlandes. Es fehlt unserer Kunstforschung in diesem Punkte an Distanz, an der Unbefangenheit des Blickes und dem guten Willen zur Abstraktion. Man hat es sich bequem gemacht und alle stark empfundenen Formgebiete unterschiedslos als „Stile" aufgereiht. Daß auch hier das Schema Altertum–Mittelalter–Neuzeit den Blick verwirrte, braucht kaum erwähnt zu werden. In der Tat steht selbst ein Meisterwerk der strengsten Renaissance wie der Hof des Palazzo Farnese der Vorhalle von

St. Patroklus in Soest, dem Innern des Magdeburger Doms und den Treppenhäusern süddeutscher Schlösser des 18. Jahrhunderts unendlich viel näher als dem Tempel von Pästum oder dem Erechtheion. Dasselbe Verhältnis besteht zwischen Dorik und Ionik. Deshalb kann die ionische Säule mit dorischen Bauformen eine ebenso vollkommene Verbindung eingehen wie Spätgotik und frühes Barock in St. Lorenz zu Nürnberg oder späte Romanik mit spätem Barock in dem schönen Oberteil des Mainzer Westchores. Deshalb hat unser Auge noch kaum gelernt, im ägyptischen Stil die der dorisch-gotischen Jugend und dem ionisch-barocken Alter entsprechenden Elemente des Alten und des Mittleren Reiches zu unterscheiden, die seit der 12. Dynastie sich in der Formensprache aller größeren Werke mit vollkommener Harmonie durchdringen.

Der Kunstgeschichte steht die Aufgabe bevor, *die vergleichenden Biographien der großen Stile* zu schreiben. Sie haben alle, als Organismen derselben Gattung, eine Lebensgeschichte von verwandter Struktur.

Am Anfang steht der verzagte, demütige, reine Ausdruck einer eben erwachenden Seele, die noch nach einem Verhältnis zur Welt sucht, der sie, obwohl einer eigenen Schöpfung, doch fremd und befremdet gegenübersteht. Es liegt Kinderangst in den Bauten des Bischofs Bernward von Hildesheim, in der altchristlichen Katakombenmalerei und den Pfeilersälen zu Anfang der 4. Dynastie. Ein Vorfrühling der Kunst, ein tiefes Ahnen künftiger Gestaltenfülle, eine mächtige, verhaltene Spannung ruht über der Landschaft, die sich, noch ganz bäuerlich, mit den ersten Burgen und kleinen Städten schmückt. Dann folgt der jauchzende Aufschwung in der hohen Gotik, der konstantinischen Zeit mit ihren Säulenbasiliken und Kuppelkirchen, und den reliefgeschmückten Tempeln der 5. Dynastie. Man begreift das Sein; der Glanz einer heiligen, vollkommen gemeisterten Formensprache breitet sich aus und der Stil reift zu einer majestätischen Symbolik der Tiefenrichtung und des Schicksals heran. Aber der jugendliche Rausch geht zu Ende. Aus der Seele selbst erhebt sich Widerspruch. Renaissance, dionysisch-musikalische Feindschaft gegen die apollinische Dorik, der auf Alexandria blik-

kende Stil im Byzanz von 450 gegenüber der heiter-lässigen antioche-
nischen Kunst bedeuten einen Augenblick der Auflehnung und der
versuchten oder erreichten Zerstörung des Erworbenen, deren sehr
schwierige Erörterung hier nicht am Platze ist. Damit tritt das Man-
nesalter der Stilgeschichte in Erscheinung. Die Kultur wird zum
Geist der großen Städte, die jetzt die Landschaft beherrschen; sie
durchgeistigt auch den Stil. Die erhabene Symbolik verblaßt; das
Ungestüm übermenschlicher Formen geht zu Ende; mildere welt-
lichere Künste verdrängen die große Kunst des gewachsenen Steins;
selbst in Ägypten wagen Plastik und Fresko sich etwas leichter zu
bewegen. Der *Künstler* erscheint. Er „entwirft" jetzt, was bis dahin
aus dem Boden wuchs. Noch einmal steht das Dasein, das sich selbst
bewußt gewordne, vom Ländlich-Traumhaften und Mystischen gelöst, fragwürdig da und ringt nach einem Ausdruck seiner neuen
Bestimmung: zu Beginn des Barock, wo Michelangelo in wildem
Unbefriedigtsein und sich gegen die Schranken seiner Kunst bäu-
mend die Peterskuppel auftürmt, zur Zeit Justinians I., wo seit 520
die Hagia Sophia und die mosaikgeschmückten Kuppelbasiliken von
Ravenna entstehen, im Ägypten zu Beginn der 12. Dynastie, deren
Blüte für die Griechen der Name Sesostris zusammenfaßte, und
um 600 in Hellas, wo viel später noch Aischylos verrät, was eine hellenische Architektur in dieser entscheidenden Epoche hätte ausdrük-
ken können und müssen.

Dann erscheinen die leuchtenden Herbsttage des Stils: noch einmal malt sich in ihm das Glück der Seele, die sich ihrer letzten Vollkommenheit bewußt wird. Die Rückkehr „zur Natur", damals
schon als nahe Notwendigkeit von Denkern und Dichtern, von
Rousseau, Gorgias und den „Gleichzeitigen" der andern Kulturen
gefühlt und angekündigt, verrät sich in der Formenwelt der Künste
als empfindsame Sehnsucht und Ahnung des Endes. Hellste Geistigkeit, heitre Urbanität und Wehmut eines Abschiednehmens: von
diesen letzten farbigen Jahrzehnten der Kultur hat Talleyrand später gesagt: „*Qui n'a pas vécu avant 1789, ne connait pas la douceur de
vivre.*" So erscheint die freie, sonnige, raffinierte Kunst zur Zeit
Sesostris' III. (um 1850). Dieselben kurzen Augenblicke gesättigten

Glücks tauchen auf, als unter Perikles die bunte Pracht der Akropolis und die Werke des Phidias und Zeuxis entstanden. Wir finden sie ein Jahrtausend später zur Ommaijadenzeit in der heitern Märchenwelt maurischer Bauten mit ihren fragilen Säulen- und Hufeisenbögen, die sich im Leuchten der Arabesken und Stalaktiten in die Luft auflösen möchten, und wieder ein Jahrtausend darauf in der Musik Haydns und Mozarts, den Schäfergruppen von Meißner Porzellan, den Bildern Watteaus und Guardis und den Werken deutscher Baumeister in Dresden, Potsdam, Würzburg und Wien.

Dann erlischt der Stil. Auf die bis zum äußersten Grade durchgeistigte, zerbrechliche, der Selbstvernichtung nahe Formensprache des Erechtheion und des Dresdner Zwingers folgt ein matter und greisenhafter Klassizismus, in hellenistischen Großstädten ebenso wie im Byzanz von 900 und im Empire des Nordens. Ein Hindämmern in leeren, ererbten, in archaistischer oder eklektischer Weise vorübergehend wieder belebten Formen ist das Ende. Halber Ernst und fragwürdige Echtheit beherrschen das Künstlertum. In diesem Falle befinden wir uns heute. Es ist ein langes Spielen mit toten Formen, an denen man sich die Illusion einer lebendigen Kunst erhalten möchte.

14

Erst wenn man sich von der Täuschung jener antiken Kruste befreit hat, die mit einer archaisierenden oder willkürlich eigne und fremde Motive mischenden Fortsetzung innerlich längst erstorbener Kunstübungen den jungen Osten in der Kaiserzeit überlagert; wenn man in der altchristlichen Kunst und in allem, was in der „spätrömischen" wirklich lebendig ist, die Frühzeit des *arabischen* Stils erkannt hat; wenn man in der Epoche Justinians I. das genaue Seitenstück des spanisch-venezianischen Barock wiederfindet, wie es unter den großen Habsburgern Karl V. und Philipp II. Europa beherrschte; in den Palästen von Byzanz mit ihren mächtigen Schlachtenbildern und Prunkszenen, deren längst untergegangene Pracht höfische Literaten wie Prokop von Cäsarea in schwülstigen Reden und Versen feiern, das Seitenstück der Paläste des frühen Barock in Madrid,

Venedig und Rom und die dekorativen Riesengemälde von Rubens und Tintoretto: erst dann gewinnt das bisher als Einheit nicht begriffene Phänomen der arabischen Kunst – das volle erste Jahrtausend unserer Zeitrechnung umfassend – Gestalt. Da es an entscheidender Stelle im Bilde der Gesamtkunstgeschichte steht, so hat das bisher waltende Mißverstehen die Erkenntnis der organischen Zusammenhänge überhaupt verhindert.[1]

Merkwürdig und für den, der hier einen Blick für bisher unbekannte Dinge gewonnen hat, ergreifend ist es zu sehen, wie diese junge Seele, vom Geist der antiken Zivilisation in Fesseln gehalten, unter den Eindrücken vor allem der politischen Allmacht Roms es nicht wagte, sich frei zu regen, wie sie demütig sich veralteten und fremden Formen unterwarf und sich mit griechischer Sprache, griechischen Ideen und Kunstmotiven zu bescheiden suchte. Die inbrünstige Hingabe an die Mächte der jungen Tageswelt, wie sie die Jugend *jeder* Kultur bezeichnet, die Demut des gotischen Menschen in seinen frommen, hochgewölbten Räumen mit den Pfeilerstatuen und lichterfüllten Glasgemälden, die hohe Spannung der ägyptischen Seele inmitten ihrer Welt der Pyramiden, Lotossäulen und Reliefsälen mischt sich hier mit einem geistigen Niederknien vor erstorbenen Formen, die man für ewig hielt. Daß ihre Herübernahme und Weiterbildung trotzdem nicht gelang, daß wider Willen und unvermerkt, ohne den Stolz der Gotik auf das Eigne, das man hier, im Syrien der Kaiserzeit, fast beklagte und als Verfall empfand, eine geschlossene neue Formenwelt emporstieg und mit ihrem Geiste – unter der Maske griechisch-römischer Baugewohnheiten – selbst Rom erfüllte, wo *syrische* Meister am Pantheon und den Kaiserforen arbeiteten, das beweist wie kein zweites Beispiel die Urkraft eines jungen Seelentums, das seine Welt erst noch zu erobern hat.

Wie jede Frühzeit, so sucht auch diese den Ausdruck ihres Seelentums in eine neue Ornamentik, vor allem in deren Gipfel, eine religiöse Architektur zu legen. Aber von dieser ganzen reichen Formenwelt ist bis vor kurzem nur die des westlichen Randes beachtet und

[1] Zum folg. Bd. II, Kap. III.

deshalb als Heimat und Sitz der magischen Stilgeschichte aufgefaßt
worden, obwohl – wie in Religion, Wissenschaft, sozialem und politischem Leben – nur Ausstrahlungen über die Ostgrenze des römischen Imperiums nach Westen drangen.[1] Riegl[2] und Strzygowski[3]
haben diese Lage erkannt, aber um darüber hinaus zu einem vollständigen *Bilde* der arabischen Kunstentwicklung zu gelangen, muß
man sich gleichmäßig von philologischen und religiösen Vorurteilen befreien. Es ist ein Unglück, daß die Kunstforschung religiöse
Grenzen wenn auch nicht mehr anerkennt, so doch unbewußt zugrunde legt. Denn es gibt weder eine spätantike noch eine altchristliche noch eine islamische Kunst in dem Sinne, daß die Gemeinschaft
der Bekenner in ihrer Mitte einen eignen Stil ausgebildet hätte. Vielmehr besitzt die Gesamtheit dieser Religionen von Armenien bis
nach Südarabien und Axum und von Persien bis Byzanz und Alexandria hin trotz aller Gegensätze im einzelnen[4] einen künstlerischen
Ausdruck von großer Einheitlichkeit. *Alle* diese Religionen, die
christliche, jüdische, persische, manichäische, synkretistische[5] besaßen Kultbauten und, zum wenigsten in der Schrift, ein Ornament
vom höchsten Range; und mochten ihre Lehren im einzelnen noch
so verschieden sein, so geht doch eine gleichartige Religiosität durch
alle hindurch und fand in einem gleichartigen Tiefenerlebnis mit
daraus folgender Raumsymbolik ihren Ausdruck. Es gibt etwas in
den Basiliken der Christen, hellenistischen Juden und Baalskulte, in
den Mithräen, mazdaischen Feuertempeln und Moscheen, was von
einem gleichen Seelentum spricht: das Höhlengefühl.

Die Forschung muß entschieden den Versuch machen, die bis jetzt
vollkommen vernachlässigte Architektur der südarabischen und persischen Tempel, der syrischen wie der mesopotamischen Synagogen,

---

[1] Vgl. Bd. II, S. 798 f.

[2] Stilfragen: Grundlagen zu einer Geschichte der Ornamentik (1893). Spätrömische Kunstindustrie (1901).

[3] Amida (1910). Die bildende Kunst des Ostens (1916). Altai-Iran (1917). Die
Baukunst der Armenier und Europa (1918).

[4] Sie sind nicht größer als die zwischen dorischer, attischer und etruskischer
Kunst und wohl geringer als die, welche um 1450 zwischen florentinischer Renaissance, nordfranzösischer, spanischer und ostdeutscher (Backstein-)Gotik bestanden.

[5] Vgl. Bd. II, S. 862 ff.

der Kultbauten im östlichen Kleinasien und selbst in Abessinien[1] festzustellen, und von den christlichen Kirchen nicht nur die des paulinischen Westens zu begreifen, sondern auch die des nestorianischen Ostens vom Euphrat bis nach China, wo man sie vielsagend in alten Berichten als „persische Tempel" bezeichnet hat. Wenn von all diesen Bauten sich bis jetzt so gut wie nichts dem Blick aufgedrängt hat, so kann der Grund sehr wohl auch darin liegen, daß mit dem Vordringen erst des Christentums und dann des Islams die Kultstätten die Religion gewechselt haben, ohne daß Anlage und Stil dem widersprechen. Von spätantiken Tempeln wissen wir das, aber wie viele Kirchen Armeniens mögen einst Feuertempel gewesen sein?

Der künstlerische Mittelpunkt dieser Kultur liegt entschieden, wie Strzygowski richtig erkannt hat, in dem Städtedreieck Edessa–Nisibis–Amida. Von hier aus herrscht nach Westen die „spätantike" Pseudomorphose[2]: das paulinische, auf den Konzilen von Ephesus und Chalcedon[3] siegreiche, in Byzanz und Rom geltende Christentum, das westliche Judentum und die Kulte des Synkretismus. *Der Bautypus der Pseudomorphose ist die Basilika*, auch für Juden und Heiden.[4] Sie drückt mit den Mitteln der Antike deren Gegensatz aus, ohne sich von den Mitteln befreien zu können: das ist das Wesen und die Tragik der Pseudomorphose. Je mehr im „antiken" Synkretismus der euklidische Ort, an welchem ein Kult zu Hause ist, in die örtliche unbestimmte *Gemeinde* übergeht, welche sich zu dem Kult *bekennt*,[5] desto wichtiger wird das Tempelinnere gegenüber der Außenseite, ohne daß Grundriß, Säulenordnung und Dach sich viel zu ändern brauchen. Das Raumgefühl wird anders, nicht – zunächst – die Ausdrucksmittel. Im heidnischen Kultbau der Kaiserzeit führt ein deutlicher, aber heute noch unbeachteter Weg von

---

[1] Die ältesten christlichen Anlagen im Reich von Axum stimmen sicherlich mit den heidnischen der Sabäer überein.

[2] Vgl. Bd. II, S. 784.

[3] Vgl. Bd. II, S. 874, 923.

[4] Kohl und Watzinger, Antike Synagogen in Galiläa (1916). Basiliken sind die Baalheiligtümer in Palmyra, Baalbek und zahlreichen andern Orten, zum Teil älter als das Christentum und vielfach später in dessen Gebrauch übergegangen.

[5] Vgl. Bd. II, S. 801.

den ganz körperhaften Tempeln augusteischen Stils, deren Cella architektonisch *nichts* bedeutet, zu solchen, deren Inneres *allein* Bedeutung besitzt. Zuletzt ist das Außenbild des dorischen Peripteros auf die vier Innenwände übertragen. Die Säulenreihe vor der fensterlosen Wand verleugnet den dahinter liegenden Raum, aber dort für den Betrachter draußen, hier für die Gemeinde im Innern. Es ist demgegenüber von geringerer Bedeutung, ob der *ganze* Raum zugedeckt ist, wie in der eigentlichen Basilika, oder nur das Allerheiligste wie im Sonnentempel von Baalbek mit dem gewaltigen Vorhof,[1] der später stets zur Anlage der Moschee gehört und vielleicht südarabischer Herkunft ist.[2] Für die Bedeutung des Mittelschiffs als ursprünglichem Hallenhof spricht nicht nur die besondere Entwicklung des basilikalen Typus in der ostsyrischen Steppe, vor allem im Hauran, sondern auch die Anordnung in Vorhalle, Schiff und Altarraum, wobei zu diesem als dem eigentlichen Tempel Stufen hinaufführen und die Seitenschiffe als ursprüngliche Hallen eines Hofes blind endigen, so daß die Apsis *allein dem Mittelschiff* entspricht. In S. Paolo zu Rom ist dieser Ursinn der Anlage sehr deutlich; aber trotzdem hat die Pseudomorphose – die *Umkehrung* des antiken Tempels – die Ausdrucksmittel bestimmt: Säule und Architrav. Wie ein Symbol wirkt der christliche Umbau des Tempels von Aphrodisias in Karien, bei welchem innerhalb der Säulenstellung die Cella beseitigt und dafür außerhalb eine neue Wand errichtet wurde.[3]

Jenseits des Bereichs der Pseudomorphose aber konnte das Höhlengefühl seine Formensprache frei entfalten, und hier wurde deshalb *der Deckenabschluß betont*, während man dort aus Protest gegen das antike Fühlen das bloße „Innen" hervorhob. Wann und wo die verschiedenen Möglichkeiten der Wölbung, Kuppel, Gurttonnen, Kreuzgewölbe, *technisch* entstanden sind, ist, wie schon gesagt wurde, ohne Bedeutung. Entscheidend bleibt, daß um Christi Geburt mit dem Aufschwung des neuen Weltgefühls die neue Raumsymbolik

---

[1] Frauberger, Die Akropolis von Baalbek, Tf. 22.

[2] Diez, Die Kunst der islamischen Völker, S. 8 f. In altsabäischen Tempeln liegt vor der Orakelkapelle (makanat) der Altarhof (mahdar).

[3] Wulff, Altchristl. und byz. Kunst, S. 227.

begonnen haben muß, sich dieser Formen zu bedienen und sie *auf den Ausdruck* hin weiter zu entwickeln. Es läßt sich vielleicht noch nachweisen, daß die Feuertempel und Synagogen Mesopotamiens Kuppelbauten gewesen sind, vielleicht auch die Tempel des Attar in Südarabien.[1] Sicher war es der heidnische Marniontempel in Gaza; und lange bevor unter Konstantin das Christentum paulinischer Richtung sich dieser Formen bemächtigte, sind sie von Baumeistern morgenländischer Herkunft in alle Teile des Imperiums getragen worden, wo sie für den weltstädtischen Geschmack einen ungewohnten Reiz bedeuteten. Unter Trajan hat sie Apollodor aus Damaskus für die Wölbung des Venus- und Romatempels verwendet. Die Kuppelräume der Caracallathermen und die unter Gallienus entstandene Minerva medica sind von Syrern gebaut. Das Meisterwerk aber, *die früheste aller Moscheen,* ist der Neubau des Pantheon durch Hadrian, der hier sicherlich, wie es seinem Geschmack entsprach, Kultbauten nachahmen wollte, die er im Orient gesehen hatte.[2]

Der Zentralkuppelbau, in welchem das magische Weltgefühl am reinsten zum Ausdruck gelangt, hat sich jenseits der römischen Grenze entwickelt. Für die Nestorianer wurde er die einzige Form, die sie von Armenien bis nach China hin verbreitet haben, in Gemeinschaft mit Manichäern und Mazdaisten. Aber mit dem Verfall der Pseudomorphose und dem Verschwinden der letzten synkretistischen Kulte dringt sie siegreich auch auf die Basilika des Westens ein. In Südfrankreich, wo es noch zur Zeit der Kreuzzüge manichäische Sekten gab, wurde die Form des Ostens heimisch. Unter Justinian vollzog sich in Byzanz und Ravenna die Durchdringung beider zur Kuppelbasilika. Die reine Basilika wurde in das germanische Abendland verdrängt, wo sie später durch die Energie des faustischen Tiefendranges zum Dom umgestaltet worden ist; die Kuppel-

---

[1] Auf dessen Reichtum an Tempeln Plinius hinweist. Von einem südarabischen Tempeltypus stammt wahrscheinlich auch die Basilika als Querhaus – mit dem Eingang an der Langseite –, wie sie im Hauran vorkommt und im quergeteilten Altarraum von S. Paolo in Rom deutlich ausgeprägt ist.

[2] Mit den etruskischen Rundbauten (Altmann, Die ital. Rundbauten, 1906) hat dieses Stück *reiner Innenarchitektur* weder technisch noch dem Raumgefühl nach irgend etwas zu tun. Dagegen entspricht es den Kuppeln in Hadrians tiburtinischer Villa.

basilika breitete sich von Byzanz und Armenien nach Rußland aus, wo sie langsam wieder als Außenbau empfunden wurde, dessen Dachgestaltung der Schwerpunkt des Symbolischen ist. In der arabischen Welt aber führte der Islam als Erbe des monophysitischen und nestorianischen Christentums und der Juden wie der Perser die Entwicklung zu Ende. Als er die Hagia Sophia in eine Moschee verwandelte, nahm er ein altes Eigentum wieder in Besitz. Der islamische Kuppelbau ist dem mazdaischen und nestorianischen auf den gleichen Bahnen nach Schantung und Indien gefolgt; im fernen Westen entstanden Moscheen in Spanien und Sizilien[1] und zwar, wie es scheint, eher von ostaramäisch-persischem als von westaramäisch-syrischem Stil. Und während Venedig auf Byzanz und Ravenna blickte (San Marco), lernten seit der Glanzzeit der normannischen Stauferherrschaft in Palermo die Städte längs der italischen Westküste, auch Florenz, diese maurischen Bauten bewundern und nachahmen. Mehr als ein Motiv, das der Renaissance als antik galt, wie der Hallenhof und die Verbindung von Bogen und Säule, stammt von dort.

Was von der Architektur, gilt in erhöhtem Maße von der Ornamentik, die in der arabischen Welt sehr früh alle Figurenbildnerei überwunden und in sich aufgenommen hat. Als Arabeskenkunst trat sie dann in verführerischem Reiz dem jungen Kunstwollen des Abendlandes entgegen.

Die frühchristlich-spätantike Kunst der Pseudomorphose zeigt dieselbe ornamentale und figürliche Mischung von ererbtem Fremdem und eben geborenem Eignem wie die karolingisch-frühromanische vor allem in Südfrankreich und Oberitalien. Dort mischt sich Hellenistisches mit Frühmagischem, hier Maurisch-Byzantinisches mit Faustischem. Der Forscher muß Linie für Linie, Ornament für Or-

---

[1] Vielleicht sind Synagogen als Kuppelbauten lange vor dem Islam dorthin und nach Marokko gelangt, und zwar durch das Mission treibende mesopotamische Judentum (Bd. II, S. 811), das dem persischen Geschmack näherstand, während das Judentum der Pseudomorphose Basiliken baute und auch in seinen römischen Katakomben dem westlichen Christentum künstlerisch völlig gleichsteht. Von Spanien aus ist der jüdisch-persische Stil für die Synagogen des Abendlandes vorbildlich geworden, eine Entwicklung, die der Kunstforschung bis jetzt noch völlig entgangen ist.

nament auf das Formgefühl hin untersuchen, um die beiden Schichten voneinander zu trennen. In jedem Architrav, jedem Fries, jedem Kapitäl findet ein heimliches Ringen zwischen den gewollten alten und den ungewollten, aber siegreichen neuen Motiven statt. Überall wirkt das Durchdringen späthellenistischen und früharabischen Formgefühls verwirrend, in den Bildnisbüsten der Stadt Rom, wo oft nur die Haarbehandlung der neuen Ausdrucksweise angehört, in den Akanthusranken oft ein und desselben Frieses, wo die Arbeit des Meißels und des Tiefbohrers nebeneinander stehen, an den Sarkophagen des 3. Jahrhunderts, wo eine kindliche Stimmung in der Art Giottos und Pisanos sich mit einem gewissen späten großstädtischen Naturalismus kreuzt, bei dem man etwa an David oder Carstens denkt, und an Bauten wie der Basilika des Maxentius und manchen noch sehr antik empfundenen Teilen der Thermen und Kaiserfora.

Trotzdem ist das arabische Seelentum um seine Blüte betrogen worden, wie ein junger Baum, den ein gestürzter Urwaldstamm im Wachstum hindert und verkümmern läßt. Hier findet sich keine leuchtende Epoche, die als solche *gefühlt und erlebt wurde* wie damals, als mit den Kreuzzügen zugleich die Holzdecken der Dome sich zu steinernen Kreuzgewölben schlossen und die Idee des unendlichen Raumes durch ihr Inneres verwirklicht und vollendet wurde. Die politische Schöpfung Diokletians – des ersten Kalifen – wurde durch die Tatsache in ihrer Schönheit gebrochen, daß es die ganze Masse stadtrömischer Verwaltungsgewohnheiten war, die er, auf antikem Boden, als gegeben anerkennen mußte und die sein Werk zu einer bloßen Reform verjährter Zustände herabsetzte. Und doch tritt mit ihm die Idee des arabischen Staates hell ans Licht. Erst aus der diokletianischen Gründung und der etwas älteren und in jeder Hinsicht für diese vorbildlichen des Sassanidenreiches läßt sich das Ideal ahnen, das hier zur Entfaltung hätte kommen sollen. Und so war es überall. Man hat bis zum heutigen Tage als letzte Schöpfungen der Antike bewundert, was sich selbst nicht anders aufgefaßt wissen wollte: Das Denken Plotins und Marc Aurels, die Kulte der Isis, des Mithras, des Sonnengottes, die diophantische Mathematik und endlich die gesamte Kunst, welche von der Ostgrenze des Imperium Romanum herüberstrahlte und in Antiochia und Alexandria *nur Stützpunkte* fand.

Dies allein erklärt die ungeheure Vehemenz, mit welcher die durch den Islam auch künstlerisch endlich befreite und entfesselte arabische Kultur sich auf alle Länder warf, die ihr seit Jahrhunderten innerlich zugehörten, das Zeichen einer Seele, die fühlt, daß sie keine Zeit zu verlieren hat, die voller Angst die ersten Spuren des Alters bemerkt, bevor sie eine Jugend hatte. Diese *Befreiung* des magischen Menschentums ist ohnegleichen. Syrien wird 634 erobert, man möchte sagen *erlöst*; Damaskus fällt 635, Ktesiphon 637. 641 wird Ägypten und Indien erreicht, 647 Karthago, 676 Samarkand, 710 Spanien; 732 stehen die Araber vor Paris. So drängt sich hier in der Hast weniger Jahre die ganze Summe ausgesparter Leidenschaft, verspäteter Schöpfungen, zurückgehaltener Taten zusammen, mit denen andre Kulturen, langsam aufsteigend, die Geschichte von Jahrhunderten füllen konnten. Die Kreuzfahrer vor Jerusalem, die Hohenstaufen in Sizilien, die Hansa in der Ostsee, die Ordensritter im slawischen Osten, die Spanier in Amerika, die Portugiesen in Ostindien, das Reich Karls V., in dem die Sonne nicht unterging, die Anfänge der englischen Kolonialmacht unter Cromwell – das alles sammelt sich in der *einen* Entladung, welche die Araber nach Spanien, Frankreich, Indien und Turkestan führte.

Es ist wahr: alle Kulturen mit Ausnahme der ägyptischen, mexikanischen und chinesischen haben unter der Vormundschaft älterer Kultureindrücke gestanden; fremde Züge erscheinen in jeder dieser Formenwelten. Die faustische Seele der Gotik, schon durch die arabische Herkunft des Christentums in der Richtung ihrer Ehrfurcht geleitet, griff nach dem reichen Schatz spätarabischer Kunst. Das Arabeskenwerk einer unleugbar südlichen, ich möchte sagen *Arabergotik* umspinnt die Fassaden der Kathedralen von Burgund und der Provence, beherrscht die äußere Sprache des Straßburger Münsters, mit einer Magie in Stein und führt überall, an Statuen und Portalen in Gewebemustern, Schnitzereien, Metallarbeiten, nicht zum wenigsten in den krausen Figuren des scholastischen Denkens und einem der höchsten abendländischen Symbole, der Sage vom heiligen *Gral*,[1] einen stillen Kampf mit dem nordischen Urgefühl einer *Wikingergotik*, wie sie im Innern des Magdeburger Domes, der Spitze des Freiburger Münsters und der Mystik Meister Eckarts herrscht. Der Spitzbogen droht mehr als einmal seine bindende Linie zu sprengen und in den Hufeisenbogen maurisch-normannischer Bauten überzugehen.

Die apollinische Kunst der dorischen Frühzeit, deren erste Versuche fast verschollen sind, hat ohne Zweifel ägyptische Motive in großer Zahl herübergenommen, um an ihnen und durch sie zu einer *eignen* Symbolik zu gelangen. Nur die magische Seele der Pseudomorphose wagte es nicht, die Mittel sich anzueignen, *ohne sich ihnen hinzugeben*, und das macht die Physiognomik des arabischen Stils so unendlich aufschlußreich.

15

So erwächst aus der Idee des Makrokosmos, die im Stilproblem vereinfacht und faßlicher vor Augen tritt, eine Fülle von Aufgaben, deren Lösung noch der Zukunft angehört. Die Formenwelt der Künste für eine Durchdringung des Seelischen ganzer Kulturen nutzbar zu machen, indem man sie durchaus physiognomisch und symbolisch auffaßt, ist ein Unternehmen, dessen bisher gewagte Versuche von unverkennbarer Dürftigkeit sind. Man weiß kaum etwas von einer Psychologie der metaphysischen Grundformen aller großen Architekturen. Man ahnt nicht, welche Aufschlüsse in dem Bedeutungswandel liegen, den eine Gestaltung des *reinen Ausgedehnten* bei ihrer Übernahme durch eine andere Kultur erfährt. Die *Geschichte der Säule* ist noch nicht geschrieben worden. Man hat keinen Begriff von der Tiefe einer Symbolik der Kunst*mittel*, der Kunst*werkzeuge*.

Da sind die Mosaiken, die in hellenischer Zeit aus Marmorstücken, undurchsichtig, leibhaft-euklidisch gebildet wie die berühmte Alex-

---

[1] Die Gralssage enthält neben altkeltischen starke arabische Züge; aber die Gestalt Parzivals dort, wo Wolfram von Eschenbach über sein Vorbild Chrestien von Troyes hinausgeht, ist rein faustisch.

anderschlacht in Neapel den Fußboden verzierten, die aber mit dem Erwachen der arabischen Seele, nunmehr aus Glasstiften zusammengesetzt und mit einer Unterlage von Goldschmelz, die Wände und Decken der Kuppelbasiliken gleichsam verhüllen. Diese früharabische, von Syrien ausgehende Mosaikmalerei entspricht durchaus der Stufe nach den Glasgemälden gotischer Dome; es sind zwei frühe Künste im Dienste der religiösen Architektur. Die eine weitet den Kirchenraum durch das einströmende Licht zum Weltraum, die andere verwandelt ihn in jene magische Sphäre, deren Goldflimmer aus der irdischen Wirklichkeit zu den Visionen Plotins, des Origenes, der Manichäer, Gnostiker und Kirchenväter und der apokalyptischen Dichtungen entrückt.

Da ist das prachtvolle Motiv der *Verbindung des Rundbogens mit der Säule*, ebenfalls eine *syrische*, wenn nicht nordarabische Schöpfung des 3. – „hochgotischen" – Jahrhunderts.[1] Die umwälzende Bedeutung dieses *spezifisch magischen* Motivs, das allgemein als antik gilt und für die meisten von uns die Antike geradezu repräsentiert, ist bisher nicht im entferntesten erkannt worden. Der Ägypter hatte seine Pflanzensäulen ohne tiefere Beziehung zur Decke gelassen. Sie stellen das Wachstum dar, nicht die Kraft. Die Antike, für welche die monolithe Säule das stärkste Symbol euklidischen Daseins war, ganz Körper, ganz Einheit und Ruhe, verband sie in strengem Gleichmaß von Vertikale und Horizontale, von Kraft und Last, mit dem Architrav. Hier in Syrien aber – das von der Renaissance mit tragikomischem Irrtum als ausdrücklich antik *bevorzugte* Motiv, das die Antike gar nicht besaß und nicht *besitzen konnte*! – wächst unter Verleugnung des körperhaften Prinzips der Last und Trägheit der lichte Bogen aus schlanken Säulen auf; die hier verwirklichte Idee der Lösung von aller Erdenschwere unter gleichzeitiger Bindung des Raumes ist mit der gleichbedeutenden der frei über dem Boden schwebenden und dennoch die Höhle verschließenden Kuppel aufs tiefste verwandt, ein magisches Motiv von stärkster Kraft des Aus-

---

[1] Das Verhältnis von Säule und Bogen entspricht seelisch dem von Wandung und Kuppel. Sobald sich zwischen Viereck und Kuppel der Tambour einschiebt, entsteht auch zwischen Kapitäl und Bogenfuß der Kämpfer.

drucks, das seine Vollendung folgerichtig im „Rokoko" maurischer Moscheen und Schlösser fand, wo überirdisch zarte Säulen, oft ohne Basis aus dem Boden wachsend, nur durch einen geheimen Zauber fähig erscheinen, diese ganze Welt zahlloser gekerbter Bögen, leuchtender Ornamente, Stalaktiten und farbensatter Gewölbe zu tragen. Man kann, um die ganze Bedeutung dieser architektonischen Grundform der arabischen Kunst herauszuheben, die Verbindung von Säule und Architrav das apollinische, die von Säule und Rundbogen das magische, die von Pfeiler und Spitzbogen das faustische Leitmotiv nennen.

Nehmen wir ferner die Geschichte des Akanthusmotivs.[1] In der Form, wie es z. B. am Lysikratesdenkmal erscheint, ist es eines der bezeichnendsten der antiken Ornamentik. Es hat Körper. Es bleibt Einzelding. Es ist mit *einem* Blick in seiner Struktur zu erfassen. Schon in der Kunst der römischen Kaiserfora (des Nerva, des Trajan), am Mars-Ultortempel erscheint es schwerer und reicher. Die organische Gliederung wird so verwickelt, daß sie in der Regel studiert sein will. Die Tendenz, die Fläche zu *füllen*, tritt hervor. In der byzantinischen Kunst – von deren „latentem sarazenischen Zuge" schon Riegl spricht, ohne den hier aufgedeckten Zusammenhang zu ahnen – wird das Akanthusblatt in ein unendliches Rankenwerk zerlegt, das wie in der Hagia Sophia völlig unorganisch ganze Flächen deckt und überzieht. Zu dem antiken Motiv treten die altaramäischen des Weinlaubs und der Palmette, die schon im jüdischen Ornament eine Rolle spielen. Die Flechtbandmuster „spätrömischer" Mosaikfußböden und Sarkophagkanten, auch geometrische Flächenmuster werden aufgenommen, und endlich entsteht in der ganzen persisch-vorderasiatischen Welt bei steigender Bewegtheit und mit verwirrender Wirkung die *Arabeske*. Sie ist, antiplastisch bis zum Äußersten, dem Bilde wie dem Körperhaften gleich feindlich, das eigentlich magische Motiv. Selbst unkörperlich, entkörpert sie den Gegenstand, den sie in endloser Fülle überzieht. Ein Meisterwerk dieser Art, ein Stück Architektur, das völlig in Ornamentik aufgegangen ist, stellt die Fassade des von den Ghassaniden erbauten

[1] A. Riegl, Stilfragen (1893), S. 248 ff., 272 ff.

Wüstenschlosses M'schatta dar. Ein über das ganze frühe Abendland verbreitetes und das Karolingerreich völlig beherrschendes Kunstgewerbe byzantinisch-islamitischen Stils – das man bis jetzt lombardisch, fränkisch, keltisch oder altnordisch nannte – wird größtenteils von orientalischen Künstlern gepflegt oder als Vorbild – an Geweben, Metallarbeiten, Waffen – importiert.[1] Ravenna, Lucca, Venedig, Granada, Palermo sind die Wirkungszentren dieser damals hochzivilisierten Formensprache, die in Italien noch nach 1000 ausschließlich herrschte, als im Norden die Formen einer neuen Kultur schon fertig und gefestigt waren.

Endlich die veränderte Auffassung des menschlichen Körpers. Sie erfährt mit dem Siege des arabischen Weltgefühls eine völlige Umkehrung. Fast in jedem Römerkopf der vatikanischen Sammlung, der zwischen 100 und 250 entstanden ist, läßt sich der Gegensatz zwischen apollinischem und magischem Gefühl, zwischen der Fundamentierung des Ausdrucks in der Lagerung der Muskelpartien oder im „Blick" feststellen. Man arbeitet – in Rom selbst seit Hadrian – vielfach mit dem Steinbohrer, einem Werkzeug, das dem euklidischen Gefühl dem Stein gegenüber völlig widerspricht. Das Körperhafte, Stoffliche des Marmorblocks wird durch die Arbeit mit dem Meißel, der die Grenzflächen heraushebt, bejaht, durch den Bohrer, der die Flächen bricht und damit Helldunkelwirkungen schafft, verneint. Dementsprechend erlischt, gleichviel ob bei „heidnischen" oder christlichen Künstlern, der Sinn für die Erscheinung des nackten Körpers. Man betrachte die flachen und leeren Antinousstatuen, die doch entschieden antik gemeint waren. Hier ist nur der Kopf physiognomisch bemerkenswert, was in der attischen Plastik nie der Fall ist. Die Gewandung erhält einen ganz neuen Sinn, der die Erscheinung schlechthin beherrscht. Die Konsulstatuen des kapitolinischen Museums[2] sind auffallende Beispiele. Durch die gebohrten Pupillen der ins Weite gerichteten Augen wird der gesamte Ausdruck dem Körper entzogen und in jenes „pneumatische", magische Prinzip gelegt, das der Neuplatonismus und die Beschlüsse

---

[1] Dehio, Geschichte der deutschen Kunst I, S. 16 ff.
[2] Wulff, Altchristl.-byz. Kunst, S. 153 ff.

der christlichen Konzile nicht weniger als die Mithrasreligion und der Mazdaismus im Menschen voraussetzen. Um 300 schrieb der heidnische „Kirchenvater" Jamblich sein Buch über die Götterstatuen,[1] in denen das Göttliche substantiell anwesend ist und auf den Beschauer einwirkt. Gegen diese, der Pseudomorphose angehörende Idee des Bildes hat sich dann von Osten und Süden her der Bildersturm erhoben, der eine Auffassung der künstlerischen Schöpfung voraussetzt, die uns kaum zugänglich ist.

[1] Vgl. Bd. II, S. 872f. Geffcken, Der Ausgang des griech.-röm. Heidentums (1920), S. 113.

VIERTES KAPITEL

MUSIK UND PLASTIK

I. Die bildenden Künste

1

Das Weltgefühl des höheren Menschen hat seinen symbolischen Ausdruck, wenn man von den mathematisch-naturwissenschaftlichen Vorstellungskreisen und der Symbolik ihrer Grundbegriffe absieht, am deutlichsten in den bildenden Künsten gefunden, deren es unzählige gibt. *Auch die Musik gehört dazu*, und hätte man ihre sehr verschiedenen Arten in die Untersuchungen über den Gang der Kunstgeschichte einbezogen, statt sie vom Gebiet der malerisch-plastischen Künste zu trennen, so wäre man im Verstehen dessen, um was es sich in dieser Entwicklung auf ein Ziel hin handelt, sehr viel weiter gekommen. Aber man wird den Gestaltungsdrang, der in den *wortlosen*[1] Künsten am Werke ist, niemals begreifen, wenn man die Unterscheidung optischer und akustischer Mittel für mehr

---

[1] Sobald das Wort, ein Mitteilungszeichen des Verstehens, zum Ausdrucksmittel von Künsten wird, hört das menschliche Wachsein auf, als Ganzes etwas auszudrücken oder Eindrücke zu empfangen. Auch die künstlerisch gebrauchten Wortklänge – um vom *gelesenen* Wort hoher Kulturen, dem Medium der eigentlichen Literatur, zu schweigen – trennen unvermerkt Hören und Verstehen, denn die gewohnte Wortbedeutung spielt mit, und unter der immer zunehmenden Macht dieser Kunst sind auch die wortlosen Künste zu Ausdrucksweisen gelangt, welche die Motive mit Wortbedeutungen verknüpfen. So entsteht die *Allegorie*, ein Motiv, *das ein Wort bedeutet*, wie in der Barockskulptur seit Bernini; so wird die Malerei sehr oft zu einer Art Bilderschrift wie in Byzanz seit dem 2. Konzil von Nikäa (787), das den Künstlern Auswahl und Anordnung der Bilder entzog, und so unterscheidet sich auch die Arie Glucks, deren Melodie aus dem Sinn des Textes emporblüht, von derjenigen des Allessandro Scarlatti, dessen an sich gleichgültige Texte die Singstimme nur tragen sollen. Ganz frei von der Wortbedeutung ist der hochgotische Kontrapunkt des 13. Jahrhunderts, *eine reine Architektur von Menschenstimmen*, in welcher mehrere Texte, selbst verschiedensprachige, geistliche und weltliche, gleichzeitig gesungen wurden.

als äußerlich hält. Das ist es *nicht*, was Künste von einander scheidet. Die Kunst des Auges und Ohres – damit ist gar nichts gesagt. Die *physiologischen* Bedingungen gar des Ausdrucks, der Empfängnis, der Vermittlung hat nur das 19. Jahrhundert überschätzen können. So wenig ein „singendes" Bild von Lorrain oder Watteau sich im eigentlichen Sinn an das leibliche Auge wendet, so wenig die raumspannende Musik seit Bach an das leibliche Ohr. Das antike Verhältnis zwischen Kunstwerk und Sinnesorgan, an das hier immer, und zwar durchaus nicht in richtiger Weise, gedacht wird, ist ein ganz anderes, viel einfacheres und stofflicheres als das unsrige. Wir *lesen* Othello und Faust, wir studieren Partituren, das heißt, wir wechseln den Sinn, um den Geist dieser Werke ganz rein auf uns wirken zu lassen. Hier wird von den äußeren Sinnen immer an die „inneren", an die echt faustische und ganz unantike Einbildungskraft appelliert. Der unendliche Szenenwechsel Shakespeares gegenüber die antiken Einheit des Ortes ist nur so zu verstehen. Im äußersten Falle, wie gerade beim Faust, ist eine den Gehalt des Ganzen erschöpfende, wirkliche Darstellung gar nicht möglich. Aber auch in der Musik, schon im A-cappella-Vortrag des Palestrinastils und dann im höchsten Maße in den Passionen von Heinrich Schütz, den Fugen Bachs, den letzten Quartetten Beethovens und dem Tristan erleben wir *hinter* dem sinnlichen Eindruck eine ganze Welt andrer, in der erst alle Fülle und Tiefe zum Vorschein kommt und über die sich nur in übertragenen Bildern – denn die Harmonik zaubert uns da blonde, braune, düstre, goldige Farben, Dämmerungen, Gipfelreihen ferner Gebirge, Gewitter, Frühlingslandschaften, versunkene Städte, seltsame Gesichter hin – reden und etwas mitteilen läßt. Es ist kein Zufall, daß Beethoven seine besten Werke geschrieben hat, als er taub war. Damit hatte sich gleichsam die letzte Fessel gelöst. Für diese Musik sind Sehen und Hören *gleichmäßig* eine Brücke zur Seele, nicht mehr. Dem Griechen ist diese visionäre Art des Kunstgenießens ganz fremd. Er *betastet* den Marmor mit dem Auge; er wird von dem pastosen Klang des Aulos fast *körperlich* berührt. Auge und Ohr sind für ihn Empfänger des *ganzen* gewollten Eindrucks. Uns waren sie es schon in der Gotik nicht mehr.

In Wirklichkeit sind Töne etwas Ausgedehntes, Begrenztes, Zahlenmäßiges so gut wie Linien und Farben; Harmonie, Melodie,
Reim, Rhythmus so gut wie Perspektive, Proportion, Schatten und
Kontur. Der Abstand zwischen zwei Arten von Malerei kann unendlich viel größer sein als der zwischen einer gleichzeitigen Malerei
und Musik. Gegenüber einer Statue des Myron gehören eine Landschaft von Poussin und die pastorale Kammerkantate seiner Zeit,
gehören Rembrandt und die Orgelwerke von Buxtehude, Pachelbel
und Bach, Guardi und die Opern Mozarts zu ein und derselben
Kunst. Ihre *innere* Formensprache ist in dem Grade identisch, daß der
Unterschied optischer und akustischer Mittel dagegen verschwindet.

Der Wert, welchen die Kunstwissenschaft von jeher auf eine zeitlose begriffliche Abgrenzung der einzelnen Kunstgebiete gelegt hat,
beweist lediglich, daß man in die Tiefe des Problems nicht eingedrungen ist. Künste sind Lebenseinheiten, und Lebendiges läßt sich
nicht zerstückeln. Nach den alleräußerlichsten Kunstmitteln und
Techniken das unendliche Gebiet in vermeintlich ewige Einzel-
stücke – mit unwandelbaren Formprinzipien! – zu zerlegen, das war
immer der erste Schritt gelehrter Pedanten. Man trennte „Musik"
und „Malerei", „Musik" und „Drama", „Malerei" und „Plastik",
dann definierte man „die" Malerei, „die" Plastik, „die" Tragödie.
Aber die technische Formensprache ist nicht viel mehr als die *Maske*
des eigentlichen Werkes. Stil ist nicht, wie der flache Semper – ein
echter Zeitgenosse Darwins und des Materialismus – meinte, das
Produkt von Material, Technik und Zweck. Er ist im Gegenteil das,
was dem Kunstverstand gar nicht zugänglich ist, die Offenbarung
von etwas Metaphysischem, ein geheimnisvolles Müssen, ein Schicksal. Er hat mit den materiellen Grenzen der Einzelkünste nicht das
geringste zu schaffen.

Eine Einteilung der Künste nach den Bedingungen der Sinnen-
wirkung an die Spitze stellen, heißt also, das Problem der Form von
vornherein verderben. Wie konnte man „die Plastik" ganz allgemein als Gattung annehmen und aus ihr allgemeine Grundgesetze
entwickeln wollen? Was ist „Plastik"? „Die" Malerei – das gibt es
nicht. Wer nicht fühlt, daß Handzeichnungen von Raffael und Ti-

zian, von denen der eine mit Umrissen, der andere mit Licht- und
Schattenflecken arbeitet, zu zwei verschiedenen Künsten gehören,
daß die Kunst Giottos oder Mantegnas und die Vermeers oder Van
Goyens kaum etwas miteinander zu tun haben, daß der eine mit
dem Pinselstrich eine Art Relief, der andere eine Art Musik auf der
farbigen Fläche ins Leben rief, während ein Fresko Polygnots und
ein ravennatisches Mosaikgemälde nicht einmal durch das Werkzeug der Gattung eingefügt werden können, der wird die tieferen
Fragen nie begreifen. Und was hat eine Radierung mit der Kunst
Fra Angelicos, was ein protokorinthisches Vasenbild mit einem gotischen Domfenster, was ein ägyptisches Relief mit einem solchen
des Parthenon zu tun?

Wenn eine Kunst Grenzen hat – Grenzen ihrer formgewordenen
Seele –, so sind es *historische*, nicht technische oder physiologische.[1]
Eine Kunst ist ein Organismus, kein System. Es gibt keine Kunstgattung, die durch alle Jahrhunderte und Kulturen geht. Selbst wo
vermeintliche technische Traditionen – wie im Falle der Renaissance – den Blick zunächst täuschen und von einer ewigen Gültigkeit antiker Kunstgesetze zu zeugen scheinen, herrscht in der Tiefe
völlige Verschiedenheit. Es gibt *nichts* in der griechisch-römischen
Kunst, was mit der Formensprache einer Statue Donatellos, einem
Gemälde Signorellis, einer Fassade Michelangelos verwandt wäre.
Innerlich verwandt mit dem Quattrocento ist ausschließlich die
gleichzeitige Gotik. Wenn ägyptische Bildnisse auf den archaischen
griechischen Apollotypus oder etruskische Grabmalereien auf früh-
toskanische Darstellungen „gewirkt" haben, so bedeutet das nichts
anderes, als wenn Bach eine Fuge über ein fremdes Thema schreibt,
um zu zeigen, was er damit ausdrücken kann. Jede Einzelkunst, die
chinesische Landschaft wie die ägyptische Plastik und der gotische
Kontrapunkt, ist *einmal* da und kehrt mit ihrer Seele und Symbolik
nie wieder.

---

[1] Die Folge unserer gelehrten Methoden ist eine Kunstgeschichte unter Ausschluß der Musikgeschichte. Jene gehört zum Bestand der höheren Bildung, diese
ist eine Angelegenheit von Fachkreisen geblieben. Das ist nicht anders, als wollte
man eine griechische Geschichte unter Ausschluß Spartas schreiben. Aber damit
wird die Theorie „der" Kunst zu einer gutgläubigen Fälschung.

2

Der Begriff der Form erfährt hier eine mächtige Erweiterung.
Nicht nur das technische Werkzeug, nicht nur die Formensprache,
die Wahl der Kunstgattung selbst ist ein Mittel des Ausdrucks. Was
für den einzelnen Künstler die Schöpfung eines Hauptwerkes, für
Rembrandt die „Nachtwache", für Wagner die „Meistersinger"
bedeuten, eine Epoche nämlich, das bedeutet für die Lebensgeschichte einer Kultur die Schöpfung einer Kunst*art*, als Ganzes begriffen. Jede dieser Künste ist ein Organismus für sich, ohne Vorgänger und Nachfolger, wenn man vom Äußerlichsten absieht. Alle
Theorie, Technik, Konvention gehört zu ihrem Charakter und besitzt nichts Ewiges und Allgemeingültiges. Wann eine dieser Künste
beginnt, wann sie erlischt, ob sie erlischt, ob sie in eine andre verwandelt wird, warum die eine oder andre unter den Künsten einer
Kultur fehlt oder vorherrscht, das alles gehört noch mit zur Form
im höchsten Sinne, ebenso wie jene andre Frage, warum der einzelne Maler oder Musiker – ohne sich dessen bewußt zu sein – auf
bestimmte Farbentöne und Harmonien Verzicht leistet und andre
so bevorzugt, daß man ihn daran erkennt.

Die Theorie, auch noch die der Gegenwart, hat die Bedeutung
dieser Gruppe von Fragen nicht erkannt. Und trotzdem gibt erst
diese Seite einer Physiognomik der Künste den Schlüssel zu ihrem
Verständnis. Man hat bis jetzt alle Künste – unter Voraussetzung der
erwähnten „Einteilung" – ohne irgendwelche Nachprüfung dieser
schwerwiegenden Frage für möglich gehalten, immer und überall,
und wo die eine oder andre fehlte, schrieb man es dem zufälligen
Mangel an schöpferischen Persönlichkeiten oder an Forderung durch
Umstände und Mäcene zu, die geeignet waren, „die Kunst" „auf
ihrem Wege weiter zu führen". Das ist es, was ich die Übertragung
des Kausalitätsprinzips aus der Welt des Gewordnen auf die Welt
des Werdens nannte. Weil man kein Auge für die ganz andersartige
Logik und Notwendigkeit des Lebendigen, für das *Schicksal* und
das nicht zu Vermeidende und *nie zu Wiederholende* seiner Ausdrucks-
möglichkeiten hatte, zog man handgreifliche, an der Oberfläche

liegende Ursachen heran, um eine oberflächliche Folge von kunst-
historischen Ereignissen zu konstruieren.

Es war gleich zu Anfang auf die flache Vorstellung einer linienhaften Fortentwicklung „der Menschheit" durch Altertum, Mittelalter und Neuzeit hingewiesen worden, die uns für das wahre Bild
der Geschichte hoher Kulturen und seine Struktur blind gemacht
hat. Die Kunstgeschichte ist ein besonders deutliches Beispiel. Nachdem man das Vorhandensein einer Anzahl konstanter und wohldefi-
nierter Kunstgebiete als selbstverständlich angenommen hatte, entwarf man die Geschichte dieser Einzelgebiete nach dem ebenso
selbstverständlichen Schema Altertum – Mittelalter – Neuzeit, wobei denn die indische und ostasiatische Kunst, die Kunst von Axum
und Saba, die Kunst der Sassaniden und Rußlands keinen Platz fanden und als Anhang oder gar nicht behandelt wurden, ohne daß
jemandem an dieser Folge die Sinnlosigkeit der Methode aufgegangen wäre: dieses Schema wollte und mußte nun mit Tatsachen um
jeden Preis ausgefüllt sein. Man verfolgte unbedenklich ein sinn-
loses Auf und Nieder. Man sprach von Zeiten des Stillstandes als
„natürlichen Pausen", von „Zeiten des Niedergangs" dort, wo in
Wirklichkeit eine große Kunst starb, von „Zeiten der Wiedergeburt", wo für den unbefangenen Blick ganz deutlich eine *andre*
Kunst in einer andern Landschaft und als Ausdruck eines andern
Menschentums geboren wurde. Man lehrt noch heute, daß die Renaissance eine Wiedergeburt der Antike gewesen sei. Man folgert
endlich daraus die Möglichkeit und das Recht, Künste, die man
schwach oder schon tot findet – die Gegenwart ist da ein wahres
Schlachtfeld – durch bewußte Neubildungen, Programme oder gewaltsame „Wiederbelebungen" aufs neue in Gang zu bringen.

Aber gerade die Frage, weshalb eine große Kunst – das attische
Drama mit Euripides, die florentinische Plastik mit Michelangelo,
die Instrumentalmusik mit Liszt, Wagner und Bruckner – mit einer
als Symbol wirkenden Plötzlichkeit zu enden pflegt, ist geeignet,
das Organische dieser Künste zu erleuchten. Man sehe genau zu und
man wird sich überzeugen, daß von der „Wiedergeburt" auch nur
einer bedeutenden Kunst noch nie die Rede gewesen ist.

Vom Pyramidenstil ist *nichts* in den dorischen übergegangen. Den antiken Tempel verbindet *nichts* mit morgenländischen Basiliken, denn die Herübernahme der antiken Säule als Bauglied – für den oberflächlichen Blick das Wichtigste – wiegt nicht schwerer als Goethes Verwendung der antiken Mythologie in seiner klassischen Walpurgisnacht. An die Wiedergeburt irgendeiner antiken Kunst im Abendlande des 15. Jahrhunderts zu glauben, ist eine Einbildung seltsamer Art. Und die antike Spätzeit selbst verzichtete auf eine Musik großen Stils, deren Möglichkeiten in dorischer Frühzeit wohl vorhanden waren: das lehrt die Bedeutung des altertümlichen Sparta – Terpander, Thaletas, Alkman wirkten dort, als anderswo die Statuenkunst entstand – für das, was späterhin noch an Musik hervortrat. Ganz ebenso schwindet vor der Arabeske endlich alles hin, was die magische Kultur am Anfang im frontalen Bildnis, im Tiefenrelief und Mosaik versucht hatte, und vor der venezianischen Ölmalerei und der Instrumentalmusik des Barock, was an Plastik im Schatten gotischer Kathedralen zu Chartres, Reims, Bamberg, Naumburg und endlich im Nürnberg Peter Vischers und im Florenz Verrocchios entstanden war.

3

Der Poseidontempel von Pästum und das Ulmer Münster, Werke der reifsten Dorik und Gotik, unterscheiden sich wie die euklidische Geometrie der körperlichen Grenzflächen und die analytische Geometrie der Lage von Raumpunkten in bezug auf die Raumachsen. Alle antike Baukunst beginnt außen, alle abendländische innen. Auch die arabische beginnt im Innern, aber sie hält sich auch dort. Einzig und allein die faustische Seele bedurfte eines Stils, der durch die Mauern in den grenzenlosen Weltraum dringt und Innen- wie Außenseite zu entsprechenden Bildern ein und desselben Weltgefühls macht. Basilika und Kuppelbau können draußen architektonisch *verziert* sein, aber sie sind dort nicht *Architektur*. Was man sieht, wenn man sich ihnen nähert, wirkt wie schützend und ein Geheimnis verdeckend. Die Formensprache in der höhlenhaften Dämme-

rung ist nur für die Gemeinde da, und darin besteht die Verwandtschaft zwischen den höchsten Beispielen dieses Stils und den einfachsten Mithräen und Katakomben. Das war der erste starke Ausdruck einer neuen Seele. Sobald der germanische Geist diesen basilikalen Typus in Besitz nimmt, beginnt eine wunderbare Veränderung aller Bauelemente nach Lage und Sinn. Hier im faustischen
Norden bezieht sich von nun an die äußere Gestalt des Bauwerkes,
und zwar vom Dom bis zum schlichten Wohnhause, auf den Sinn,
in welchem die Gliederung des *Innenraumes* erfolgt ist. Die Moschee
verschweigt sie, der Tempel kennt sie nicht. Der faustische Bau hat
ein „*Gesicht*", nicht nur eine Fassade – dagegen ist die Frontseite
eines Peripteros eben nur eine Seite, und der Zentralkuppelbau besitzt der Idee nach nicht einmal eine Front –, und zum Gesicht, zum
Haupt gesellt sich ein gegliederter Rumpf, der durch die weite Ebene
zieht wie der Dom von Speyer oder sich zum Himmel aufreckt wie
der von Reims mit den zahllosen Turmspitzen des ursprünglichen
Entwurfs. Das *Motiv der Fassade*, die den Betrachter anblickt und
vom inneren Sinn des Hauses zu ihm redet, beherrscht nicht nur
unsre großen Einzelbauten, sondern das gesamte fensterreiche Bild
unsrer Straßen, Plätze und Städte.[1]

Die frühe große Architektur ist die Mutter aller folgenden Künste.
Sie bestimmt ihre Auswahl und ihren Geist. Deshalb ist die Geschichte der antiken bildenden Kunst die unablässige Arbeit an der
Vollendung eines einzigen Ideals gewesen, der Eroberung des freistehenden menschlichen Körpers als dem Inbegriff der reinen, ding-
lichen Gegenwart. Man baute an dem Tempel des nackten Leibes,
wie die faustische Musik vom frühesten Kontrapunkt bis zum In-
strumentalsatz des 18. Jahrhunderts immer wieder einen Dom von
Stimmen errichtet hat. Man hat das Pathos dieser durch Jahrhunderte
verfolgten apollinischen Tendenz gar nicht verstanden, denn man
hat nie gefühlt, daß es der *rein stoffliche*, *seelenlose* Körper ist – der
Tempel auch des Leibes hat kein „Innen"! –, auf den das archaische

---

[1] Vgl. Bd. II, S. 666. Ähnlich mögen die altägyptischen Straßenbilder gewesen
sein, wenn man aus den in Knossos gefundenen Haustäfelchen schließen darf (H.
Bossert, Alt-Kreta (1921), T. 14), und der Pylon ist ja eine echte Fassade.

Relief, die korinthische Tonmalerei und das attische Fresko zielen, bis Polyklet und Phidias ihn vollkommen zu bewältigen gelehrt haben. Man hielt mit einer erstaunlichen Blindheit diese Art von Plastik für eine allgemein gültige und überall mögliche, für die Plastik schlechthin, und schrieb ihre Geschichte und Theorie, in der alle Völker und Zeiten aufgeführt wurden; und unsre Bildhauer reden unter dem Eindruck ungeprüft hingenommener Renaissancelehren noch heute.davon, daß der nackte menschliche Körper der vornehmste und eigentlichste Gegenstand „der" bildenden Kunst sei. In Wahrheit hat es diese den nackten Leib frei auf die Ebene stellende und allseitig durchbildende Statuenkunst nur einmal gegeben, eben in der Antike, und nur dort, weil es nur diese eine Kultur mit einer vollkommenen Ablehnung der Überschreitung sinnlicher Grenzen zugunsten des Raumes gab. Die ägyptische Statue war immer auf die Vorderansicht hin gearbeitet, mithin eine Abart des Flachreliefs, und die *scheinbar* antik empfundenen Statuen der Renaissance – man ist über ihre geringe Zahl erstaunt, sobald man einmal daran denkt, sie nachzuzählen[1] – sind nichts als eine halbgotische Reminiszenz.

Die Entwicklung dieser unerbittlich *raumlosen* Kunst füllt die drei Jahrhunderte von 650–350, von der Vollendung der Dorik, die gleichzeitig mit dem Beginn einer Tendenz auf Befreiung der Figur von der frontalen ägyptischen Gebundenheit erfolgte – die Reihe der „Apollofiguren"[2] veranschaulicht das Ringen um die *Stellung* des Problems – bis zum Anbruch des Hellenismus und seiner Illusionsmalerei, die den großen Stil abschließt. Man wird diese Plastik nie würdigen können, wenn man sie nicht als letzte und höchste antike, *aus einer Flächenkunst hervorgegangene, der Freskomalerei erst gehorchende und dann sie überwindende Kunst begreift.* Gewiß läßt sich der *technische* Ursprung aus Versuchen herleiten, die hocharchaische Säule oder die zur Verkleidung der Tempelwand dienenden Platten figürlich zu behandeln;[3] und nachgeahmt hat man hier und da ägyp-

---

[1] Ghiberti und selbst Donatello sind der Gotik noch nicht entwachsen; Michelangelo empfindet schon barock, d. h. musikalisch.

[2] Déonna, Les Apollons archaïques (1909).

[3] Woermann, Gesch. der Kunst I (1915), S. 236. Für jenes dient die Hera des Cheramyes als Beispiel und die stets vorhandene Neigung, die Säulen in Karya-

tische Werke (Sitzbilder vom Didymaion bei Milet) obwohl sehr
wenige griechische Künstler je eines gesehen haben können. Als
Formideal aber geht die Statue auf dem Wege über das Relief aus der
archaischen Tonmalerei hervor, aus der sich auch das Fresko entwickelt hat. Beide haften an der körperlichen Wand. Man kann
diese Plastik bis auf Myron herab als ein von der Fläche gelöstes
Relief betrachten. Die Figur wird endlich als Körper für sich neben
dem Baukörper behandelt, aber sie bleibt Silhouette vor einer
Wand.[1] Unter Ausschluß der Tiefenrichtung wird sie frontal vor
dem Betrachter ausgebreitet, und noch der Marsyas des Myron läßt
sich ohne Mühe und ohne nennenswerte Verkürzungen auf Vasen
und Münzen abbilden.[2] Deshalb hat von den beiden Spätkünsten
großen Stils seit 650 das Fresko unbedingt die Führung. Der geringe
Typenschatz ist immer zuerst durch Vasenbilder belegt, denen oft
sehr viel spätere Skulpturen genau entsprechen. Wir wissen, daß die
Kentaurengruppe des Westgiebels in Olympia nach einem Gemälde
entworfen ist. Am Tempel von Ägina bedeutet die Entwicklung
vom West- zum Ostgiebel einen Schritt vom Freskenhaften dem
Körperhaften zu. Mit Polyklet vollzieht sich um 460 die Wendung,
und von nun an werden plastische Gruppen umgekehrt vorbildlich
für die strenge Malerei. Die *allseitige* körperliche Durchbildung wird
aber erst von Lysipp ganz veristisch, als „Tatsache" durchgeführt.
Bis dahin, sogar noch bei Praxiteles, findet sich ein seitliches Entfalten mit scharfem Umriß, der nur von ein oder zwei Standorten aus
zur Geltung kommt.

Ein bleibendes Zeugnis für die Herkunft der freien Plastik aus der
Malerei ist die polychrome Behandlung des Marmors – von welcher Renaissance und Klassizismus nichts wußten und die sie als
barbarisch empfunden haben würden[3] –, und ebenso die Statuen

tiden zu verwandeln; für dieses die Artemis des Nikander mit ihrer Beziehung zur
ältesten Technik der Metopen.

[1] Die meisten Werke sind Giebelgruppen oder Metopen, aber auch die Apollofiguren und die „Mädchen" von der Akropolis können nicht frei gestanden haben.

[2] A. v. Salis, Kunst der Griechen (1919), S. 47, 98 f.

[3] Gerade die entschiedene Vorliebe für den *weißen* Stein ist für den *Gegensatz*
von antikem und Renaissance-Empfinden bezeichnend.

aus Gold und Elfenbein und die Emailverzierungen der im natürlichen Goldton leuchtenden Bronzen.

4

Die entsprechende Stufe der abendländischen Kunst füllt die drei Jahrhunderte von 1500 bis 1800, vom Ende der Spätgotik bis zum Verfall des Rokoko und damit dem Ende des großen faustischen Stils überhaupt. In dieser Zeit hat sich, entsprechend dem immer stärker ins Bewußtsein tretenden Willen zur räumlichen Transzendenz, die Instrumentalmusik zur herrschenden Kunst entwickelt. Zunächst, im 17. Jahrhundert, *malt* die Musik mit den charakteristischen Klangfarben der Instrumente, mit dem Gegensatz von Streichern und Bläsern, von Sing- und Instrumentalstimmen. Sie hat den Ehrgeiz – ganz unbewußt – es den großen Meistern von Tizian bis Velasquez und Rembrandt gleichzutun. Sie stellt Bilder hin: in jedem Satz ein Thema mit Umschreibungen auf dem Hintergrund des basso continuo: es ist der Sonatenstil von Gabrieli († 1612) bis Corelli († 1713). Sie malt heroische Landschaften in der pastoralen Kantate; sie zeichnet ein Porträt mit Linie der Melodik in Monteverdis Klagegesang der Ariadne (1608). Alles das tritt mit den deutschen Meistern zurück. Die Malerei führt nicht mehr. Die Musik wird *absolut* und sie ist es, die – wiederum unbewußt – im 18. Jahrhundert Malerei und Baukunst beherrscht. Die Plastik wird mit steigender Entschiedenheit aus den tieferen Möglichkeiten dieser Formenwelt ausgeschieden.

Was die Malerei vor und nach ihrer Verlagerung von Florenz nach Venedig, was also die Malerei Raffaels und Tizians als zwei ganz verschiedene Künste kennzeichnet, ist der plastische Geist in der einen, der ihre Gemälde neben das Relief, der musikalische Geist in der anderen, der ihre mit sichtbaren Pinselstrichen und atmosphärischen Tiefenwirkungen arbeitende Technik neben die Chromatik der Streicher- und Bläserchöre stellt. Die Einsicht, daß hier ein Gegensatz, kein Übergang vorliegt, ist für das Verständnis des *Organismus* dieser Künste entscheidend. Hüten wir uns gerade hier vor der abstrakten Annahme „ewiger Kunstgesetze". Malerei ist nur ein Wort. Die gotische Glasmalerei war ein Bestandteil der gotischen Architektur. Sie diente deren strenger Symbolik wie die frühägyptische, die früharabische, wie jede andre Kunst in diesem Stadium der Sprache des Steines dient. Man baute Gewandfiguren auf wie Dome. Die Falten waren ein *Ornament* von äußerster Reinheit und Strenge des Ausdrucks. Man ist auf falschem Wege, wenn man vom naturalistisch-imitativen Standpunkt aus ihre „Steifheit" kritisiert.

Ebenso ist die Musik nur ein Wort. Es gab immer und überall „Musik", auch *vor* aller eigentlichen Kultur, auch unter Tieren. Aber die antike Musik höheren Stils war nichts als eine *Plastik fürs Ohr*. Die Viertongruppen, die Chromatik und Enharmonik[1] haben tektonische, nicht harmonische Bedeutung: das aber ist der Unterschied von Körper und Raum. Diese Musik ist einstimmig. Die wenigen Instrumente werden auf die Plastik des Tones hin entwikkelt und die ägyptische Harfe – in ihrer Klangfarbe vielleicht dem Cembalo nicht unähnlich – eben deshalb abgelehnt. Vor allem aber wird die Melodie – wie der antike Vers von Homer an bis in die Zeit Hadrians – quantitativ, nicht nach dem Akzent behandelt, das heißt: die Silben sind Körper, und deren *Umfang* entscheidet über den Rhythmus. Die sinnlichen Reize dieser Kunst sind uns unverständlich, wie die geringen Reste lehren, aber das sollte uns auch über den erstrebten und erzielten Eindruck von Statuen und Fresken nachdenklich stimmen, denn wir erleben hier nie den Reiz, den sie auf ein antikes Auge ausübten.

Ebenso unverständlich ist uns die chinesische Musik, in der wir nach dem Urteil gebildeter Chinesen heitre und traurige Stellen nicht zu unterscheiden vermögen,[2] und umgekehrt empfindet der Chinese die abendländische Musik *ohne Unterschied als Marsch*, was den Eindruck der rhythmischen Dynamik unseres Lebens auf das rhythmisch unbetonte Tao der chinesischen Seele treffend wieder-

---

[1] Nach alexandrinischem Sprachgebrauch. Für uns bedeuten die Worte etwas ganz anderes.

[2] Ebenso empfinden wir die gesamte russische Musik als unendlich traurig, was sie nach der Versicherung echter Russen für sie selbst durchaus nicht ist.

gibt. Aber so empfindet der Fremde unsre ganze Kultur überhaupt, die Richtungsenergie der Kirchenschiffe und der Geschoßgliederung aller Fassaden, die Tiefenperspektive der Gemälde, den Gang der Tragödie und Erzählung, aber auch der Technik und des gesamten privaten und öffentlichen Lebens. Wir haben diesen Takt im Blute und merken ihn deshalb gar nicht. Mit dem Rhythmus eines fremden Lebens zusammenklingend wirkt er als unerträgliche Disharmonie.

Eine ganz andre Welt ist die der arabischen Musik. Wir haben bis jetzt nur die der Pseudomorphose betrachtet: byzantinische Hymnen und jüdisches Psalmodieren, und auch diese nur, soweit sie als Antiphone, Responsorien und als ambrosianischer Gesang in die Kirche des fernen Westens gedrungen sind. Aber es versteht sich von selbst, daß nicht nur die Religionen westlich von Edessa: die synkretistischen Kulte, vor allem die syrische Sonnenreligion, die Gnostiker und Mandäer, sondern auch die östlichen: die Mazdaisten, Manichäer, Mithrasgemeinden, die Synagogen des Irak und später die Nestorianer eine heilige Musik gleichen Stils besaßen, daß sich daneben eine heitre, weltliche Musik vor allem des südarabischen und sassanidischen Rittertums[1] entwickelt hat, und daß beide im maurischen Stil von Spanien bis nach Persien hin ihre Vollendung fanden.

Von diesem Reichtum hat die faustische Seele nur einige Formen der Westkirche entlehnt, aber sogleich, noch im 10. Jahrhundert – Hucbald, Guido von Arezzo – von innen heraus als „Marsch" und Sinnbild des unendlichen Raumes umgedeutet. Das erste geschah durch Takt und Tempo der Melodik, das zweite durch die Polyphonie (und gleichzeitig in der Dichtung durch den Reim). Um das zu verstehen, muß man eine imitative[2] und ornamentale Seite der Musik unterscheiden, und wenn wir infolge des flüchtigen Daseins aller Tonschöpfungen[3] auch nur die musikalische Kultur des Abend-

---

[1] Vgl. Bd. II, S. 795 f.

[2] Das „Imitieren" in der Barockmusik bedeutet etwas ganz anderes, nämlich das Nachmalen eines Motivs in andrer Färbung (Tonstufe).

[3] Denn die allein übrigbleibenden Noten sprechen nur zu dem, welcher Ton und Behandlung der zugehörigen Ausdrucksmittel noch kennt und beherrscht.

landes kennen, so genügt das vollkommen, um uns die Zweiseitig-
keit der Entwicklung zu offenbaren, ohne die man Kunstgeschichte
überhaupt nicht versteht. Jene ist Seele, Landschaft, Gefühl, diese
ist strenge Form, Stil, Schule. Jene erscheint in dem, woran man
die Musik einzelner Menschen, Völker und Rassen unterscheidet,
diese in den Regeln des Satzes. Es gibt in Westeuropa eine *ornamentale Musik großen Stils* – diese ist es, zu welcher die antike Plastik strenger Art das Seitenstück bildet –, welche mit der Baugeschichte der Dome zusammenhängt, der Scholastik und Mystik nahesteht und in der Mutterlandschaft der hohen Gotik zwischen Seine und Schelde ihre Gesetze findet. Der Kontrapunkt
entwickelt sich gleichzeitig mit dem Strebesystem, und zwar aus
dem „romanischen" Stil des Discantus und Fauxbourdon mit ihrer
einfachen Parallel- und Gegenbewegung. Er ist eine Architektur
der Menschenstimmen und wie die Statuengruppen und Glas-
malereien nur im Gefüge dieser steinernen Wölbungen denkbar, eine hohe Kunst des Raumes, desselben, den Nicolas von
Oresme, Bischof von Lisieux,[1] durch Einführung der Koordinaten
mathematisch erfaßte. Das ist die eigentliche *rinascita* und *reforma-
tio*, wie sie um 1200 Joachim von Floris erschaute,[2] die Geburt
einer neuen Seele, gespiegelt in der Formensprache einer neuen
Kunst.

Daneben entsteht in Burgen und Dörfern eine weltliche, *imitative*
Musik der Troubadours, Minnesänger und Spielleute, die als Ars
nova von den provenzalischen Höfen in die Paläste toskanischer
Patrizier eindringt – um 1300, der Zeit Dantes und Petrarcas –, es
sind einfach begleitete Melodien, die mit ihrem Dur und Moll zu
Herzen gehen, Kanzonen, Madrigale, Caccias; auch eine Art galan-
ter Operette ist darunter, das „Spiel von Robin und Marion" des
Adam de la Hâle. Nach 1400 entstehen daraus mehrstimmige Satzformen, Rondo und Ballade. Es ist „Kunst" für ein Publikum. Man
malt Szenen des Lebens nach, Liebe, Jagd und Heldentum. Es

---

[1] 1323–1382, Zeitgenosse des Machault und Philipp de Vitry, in deren Generation die Regeln und Verbote des strengen Kontrapunkts endgültig festgelegt wurden.

[2] Vgl. Bd. I, S. 26 f., Bd. II, S. 916.

kommt auf die melodische Erfindung an, nicht auf die Symbolik der Linienführung.

So unterscheiden sich auch musikalisch Burg und Dom. Der Dom *ist* Musik, in der Burg *macht* man Musik. Jene beginnt mit der Theorie, diese mit der Improvisation: so unterscheiden sich Wachsein und Dasein, der geistliche und der ritterliche Sänger. Die Imitation steht dem Leben und der Richtung näher und beginnt deshalb mit der Melodie. Die Symbolik des Kontrapunkts gehört zur Ausdehnung und deutet den unendlichen Raum durch Polyphonie. Ein Schatz „ewiger" Regeln und ein Schatz unverwüstlicher Volksmelodien sind das Ergebnis, von dem noch das 18. Jahrhundert zehrt. Dieser Gegensatz offenbart sich künstlerisch auch in dem *Standes*gegensatz von Renaissance und Reformation.[1] Der höfische Geschmack von Florenz widerspricht dem Geiste des Kontrapunkts. Die Entwicklung des strengen Tonsatzes von der Motette zur vierstimmigen Messe durch Dunstaple, Binchois und Dufay (um 1430) bleibt an den Bannkreis der gotischen Architektur gebunden. Von Fra Angelico bis Michelangelo beherrschen die großen Niederländer die ornamentale Musik allein. Lorenzo de' Medici mußte Dufay an den Dom berufen, weil in Florenz sich niemand auf den strengen Stil verstand. Und während hier Lionardo und Raffael malten, erhoben im Norden Ockeghem († 1495) und seine Schule und Josquin Desprez († 1521) die menschenstimmige Polyphonie auf den Gipfel ihrer formalen Vollendung.

Die Wendung zur Spätzeit kündigt sich in Rom und Venedig an. Mit dem Barock geht die Führung der Musik an Italien über, aber zugleich hört die Architektur auf, die maßgebende Kunst zu sein; es bildet sich eine Gruppe faustischer Sonderkünste, in deren Mitte die Ölmalerei steht. Um 1560 geht mit dem A-cappella-Stil Palestrinas und Orlando di Lassos (beide † 1594) die Herrschaft der menschlichen Stimme zu Ende. Ihr gebundener Klang vermag den leidenschaftlichen Drang zum Unendlichen nicht mehr auszudrücken und weicht dem Klang der Chöre von Streich- und Blasinstrumenten. Zugleich entsteht in Venedig der Tizianstil des neuen Madrigals, dessen melo-

[1] Vgl. Bd. II, S. 924.

disches Fluten den Sinn des Textes nachmalt. Die Musik der Gotik war architektonisch und vokal, die des Barock ist malerisch und instrumental. Die eine konstruiert, die andre arbeitet motivisch; darin liegt zugleich der Schritt von der überpersönlichen Form zum persönlichen Ausdruck der großen Meister. Denn alle Künste sind städtisch und also weltlicher geworden. Die kurz vor 1600 in Italien entstandene Methode des Generalbasses rechnet mit Virtuosen, nicht mit Asketen.

Die große Aufgabe war nunmehr die Dehnung des Tonkörpers ins Unendliche, seine Auflösung vielmehr in einen *unendlichen Raum von Tönen*. Die Gotik hatte die Instrumente zu Familien von bestimmter Klangfarbe entwickelt; jetzt entsteht das „Orchester", das nicht mehr den Bedingungen der Menschenstimme gehorcht, sondern sie den übrigen Stimmen einordnet. Das entspricht dem gleichzeitigen Schritt von der geometrischen Analysis Fermats zur rein funktionalen des Descartes.[1] In Zarlinos Harmonielehre (1558) erscheint eine echte Perspektive des reinen Tonraums. Man beginnt, Ornament- und Fundamentinstrumente zu unterscheiden. Aus Melodik und Verzierung entsteht das neue „Motiv", und dessen Durchführung leitet zu einer Neugeburt kontrapunktischen Geistes hinüber, dem Fugenstil, dessen erster Meister Frescobaldi und dessen Gipfel Bach ist. Der vokalen Messe und Motette gegenüber entstehen die großen rein instrumental gedachten Barockformen des Oratoriums (Carissimi), der Kantate (Viadana), der Oper (Monteverdi). Mag nun die Baßmelodie gegen die Oberstimmen, oder die Oberstimmen auf dem Hintergrunde des *basso continuo* gegeneinander „konzertieren", es sind stets Klangwelten von charakteristischem Ausdruck, die im Unendlichen des Tonraums einander entgegenwirken, sich stützen, steigern, aufheben, beleuchten, bedrohen, überschatten, ein Spiel, das man beinahe nur durch Vorstellungen der gleichzeitigen Analysis anschaulich machen kann.

Aus diesen Formen des frühen malerischen Barock gehen im 17. Jahrhundert die Arten der Sonate hervor, Suite, Sinfonie, Concerto grosso, mit einer immer festeren inneren Struktur der Sätze

[1] Vgl. Bd. I, S. 100.

und Satzfolgen, der thematischen Durchführung und Modulation. Damit ist die große Form gefunden, in deren gewaltiger Dynamik Corelli, Händel und Bach die vollkommen körperlos gewordene Musik zur herrschenden Kunst des Abendlandes erhoben. Als Newton und Leibniz um 1670 die Infinitesimalrechnung entdeckten, war der fugierte Stil vollendet. Und um 1740, als Euler begann, die endgültige Fassung der funktionalen Analysis zu formulieren, wurde durch Stamitz und seine Generation die letzte und reifste Form der musikalischen Ornamentik gefunden, die des vierteiligen Satzes als einer reinen unendlichen Bewegtheit. Denn ein Schritt war damals noch zu tun: das Thema der Fuge „ist"; das des neuen Satzes „wird". Die Durchführung ergibt dort ein Bild, hier ein Drama. Statt einer Bilderreihe entsteht eine zyklische Folge.[1] Der Ursprung dieser Tonsprache liegt in den endlich erreichten Möglichkeiten unsrer tiefsten und innerlichsten, der Streichmusik, und so gewiß die Geige das edelste aller Instrumente ist, welche die faustische Seele ersann und ausbildete, um von ihren letzten Geheimnissen reden zu können, so gewiß liegen ihre jenseitigsten, heiligsten Augenblicke völliger Verklärung im Streichquartett und der Violinsonate. *Hier, in der Kammermusik, erreicht die abendländische Kunst überhaupt ihren Gipfel.* Das Ursymbol des unendlichen Raumes ist hier ebenso vollkommen zum Ausdruck gelangt, wie das der gesättigten Körperlichkeit im Doryphoros des Polyklet. Wenn eine dieser unsagbar sehnsüchtigen Geigenmelodien durch den Raum irrt, den die Klänge des begleitenden Orchesters um sie breiten, bei Tartini, Nardini, Haydn, Mozart und Beethoven, so befindet man sich der Kunst gegenüber, die allein den Werken der Akropolis an die Seite zu stellen ist.

Damit beherrscht die faustische Musik alle andern Künste. Sie verbannt die Plastik der Statue und duldet nur die vollkommen musikalische, raffiniert unantike und renaissancewidrige Kleinkunst des Porzellans, das erfunden wurde, als die Kammermusik zur entscheidenden Geltung gelangte. Während die gotische Plastik durchaus architektonisches Ornament ist, menschliches Rankenwerk, ist die des Rokoko das merkwürdige Beispiel einer Scheinplastik, die

[1] A. Einstein, Gesch. der Musik, S. 67.

in der Tat der Formensprache der Musik vollkommen erliegt. Hier erkennt man, bis zu welchem Grade die den Vordergrund des Kunstlebens beherrschende Technik der dahinter verborgenen eigentlichen Ausdruckssprache widersprechen kann. Man vergleiche die kauernde Venus des Coyzevox (1686) im Louvre mit ihrem antiken Vorbild im Vatikan. Das ist Plastik als Musik und Plastik in ihrem eigenen Namen. Man kann hier die Art der Bewegtheit, den Fluß der Linien, das Fließende im Wesen des Steines selbst, der wie das Porzellan gewissermaßen den festen Aggregatzustand verloren hat, am besten durch musikalische Wendungen: staccato, accelerando, andante, allegro beschreiben. Daher das Gefühl, als ob der körnige Marmor hier nicht am Platze sei. Daher die ganze unantike Berechnung auf Licht und Schatten hin. Das entspricht dem leitenden Prinzip der Ölmalerei seit Tizian. Was man im 18. Jahrhundert Farbigkeit – einer Radierung, einer Zeichnung, einer plastischen Gruppe – nennt, bedeutet Musik. Sie beherrscht die Malerei Watteaus und Fragonards und die Kunst der Gobelins und Pastelle. Sprechen wir nicht seitdem von Farbentönen und Tonfarben? Ist damit nicht die endlich erreichte *Gleichartigkeit* zweier oberflächlich so verschiedener Künste anerkannt? Und sind diese Bezeichnungen nicht angesichts *jeder* antiken Kunst sinnlos? Aber diese Musik schuf nun auch die Architektur des berninischen Barock in ihrem Geiste um, zum Rokoko, über dessen transzendenter Ornamentik Lichter – Töne – „spielen", um Decken, Wände, Bögen, alles Konstruktive und Wirkliche in Polyphonie und Harmonie aufzulösen, dessen architektonische Triller, Kadenzen und Passagen die Identität der Formensprache dieser Säle undGalerien und der für sie erdachten Musik zu Ende führen. Dresden und Wien sind die Heimat dieser späten und rasch verlöschenden Wunderwelt einer *sichtbaren* Kammermusik, der geschweiften Möbel, Spiegelzimmer, Schäferpoesien und Porzellangruppen. Sie ist der letzte, herbsthaft sonnige, vollkommene Ausdruck großen Stils der abendländischen Seele. Im Wien der Kongreßzeit starb er dahin.

5

Die Kunst der Renaissance ist, aus diesem Gesichtspunkt betrachtet – der sie bei weitem nicht erschöpft[1] –, eine *Auflehnung gegen den Geist der faustischen, wälderhaften Musik* des Kontrapunkts, die sich eben anschickte, ihre Herrschaft über die gesamte Formensprache der abendländischen Kultur aufzurichten. Sie ging folgerichtig aus der reifen Gotik hervor, in der dieser Wille unverhüllt hervorgetreten war. Sie hat diese Abkunft nie verleugnet und ebensowenig *den Charakter einer bloßen Gegenbewegung*, deren Art notwendig von den Formen der Urbewegung abhängig blieb, deren Rückwirkung auf die zögernde Seele sie darstellt. Sie ist eben deshalb ohne wahre Tiefe, und zwar in beiderlei Sinn – ohne Tiefe der Idee und ohne Tiefe der Erscheinung. Was das erste betrifft, so braucht man nur an die entfesselte Leidenschaft zu denken, mit der das gotische Weltgefühl sich in der ganzen abendländischen Landschaft entlädt, um zu fühlen, was für eine Bewegung es war, die um 1420 von einem kleinen Kreis erlesener Geister, Gelehrter, Künstler, Humanisten ausging.[2] Dort handelt es sich um Sein oder Nichtsein einer neuen Seele, hier um eine Frage des Geschmacks. Die Gotik ergreift das *ganze* Leben bis in seine geheimsten Winkel. Sie hat einen neuen Menschen, eine neue Welt geschaffen. Sie hat von der Idee des Katholizismus bis zum Staatsgedanken der deutschen Kaiser, vom ritterlichen Turnier bis zum Bilde der eben entstehenden Städte, vom Dom bis zur Bauernstube, vom Bau der Sprache bis zum Brautschmuck der Dorfmädchen, vom Ölgemälde bis zum Spielmannslied allem und jedem die Sprache einer einheitlichen Symbolik aufgeprägt. Die Renaissance bemächtigte sich einiger Künste des Bildes und Wortes, und damit war alles getan. Sie hat die Denkweise Westeuropas, das Lebensgefühl in nichts verändert. Sie

---

[1] Z. folg. Bd. II, S. 916f., 924.

[2] Sie ist nicht nur national italienisch – das ist die italienische Gotik auch –, sondern rein florentinisch, und auch in Florenz nur das Ideal einer Gesellschaftsschicht. Was man im Trecento Renaissance nennt, hat seinen Mittelpunkt in der Provence, vor allem am päpstlichen Hofe zu Avignon, und ist nichts als die höfisch-ritterliche Kultur Südeuropas von Oberitalien bis Spanien, die unter den stärksten Eindrücken der maurischen vornehmen Gesellschaft in Spanien und Sizilien stand.

drang bis zum Kostüm und zur Gebärde vor, nicht bis zu den Wurzeln des Daseins, denn die Weltanschauung des Barock ist selbst in
Italien dem inneren Wesen nach eine Fortsetzung der Gotik.[1] Sie
hat zwischen Dante und Michelangelo, die ihre Grenzen schon
überschreiten, keine ganz große Persönlichkeit hervorgebracht. Und
was das zweite betrifft, so hat sie selbst in Florenz das Volkstum
nicht berührt, in dessen Tiefe – erst dies macht die Erscheinung
Savonarolas und seine ganz andere Gewalt über die Gemüter verständlich – der gotisch-musikalische Unterstrom ruhig dem Barock
zufließt.

Der Renaissance als einer antigotischen und dem Geiste der poly-
phonen Musik feindlichen Bewegung entspricht in der Antike die
dionysische als eine antidorische und dem plastisch-apollinischen
Weltgefühl entgegengesetzte. Sie ist *nicht* aus dem thrakischen
Dionysoskult „hervorgegangen". Sie hat ihn erst als Waffe und
Gegensymbol zur olympischen Religion herangezogen, ganz ebenso wie man in Florenz den Kult der Antike erst zur Rechtfertigung
und Stärkung des eigenen Gefühls zu Hilfe rief. Die große Auflehnung erfolgte dort im 7. und *also* hier im 15. Jahrhundert. Es
handelt sich in beiden Fällen um einen Zwiespalt im Untergrunde
der Kultur, der seinen physiognomischen Ausdruck in einer ganzen
Epoche des Geschichtsbildes, vor allem in deren künstlerischer Formenwelt gefunden hat, um einen Widerstand der Seele gegen ihr
Schicksal, das sie nunmehr in seinem vollen Umfange begreift. Die
innerlich widerstrebenden Mächte, *Fausts zweite Seele, die sich von
der andern trennen will*, suchen den Sinn der Kultur umzubiegen; die
unausweichliche Notwendigkeit soll verleugnet, aufgehoben, umgangen werden; es ist Angst vor der Vollendung der historischen
Geschicke durch Ionik und Barock darin. Dort knüpft sie sich an den
Dionysoskult mit seinem *musikalischen*, *entwirklichenden*, den Körper
vergeudenden Orgiasmus, hier an die Tradition des „Altertums" und
an dessen Kultus des Körperhaft-Plastischen, die beide als fremde

---

[1] Das Ornament der Renaissance ist lediglich *Schmuck* und bewußte artistische
Erfindung. Erst der ausgesprochene Barockstil zeigt wieder ein „Müssen" von
hoher Symbolik.

Ausdrucksmittel bewußt herangezogen werden, um durch die Kraft ihrer gegensätzlichen Formensprache dem unterdrückten Gefühl einen Schwerpunkt, ein eigenes Pathos zu verleihen und damit der Strömung in den Weg zu treten, welche dort von Homer und dem geometrischen Stil zu Phidias, hier von den gotischen Domen über Rembrandt zu Beethoven geht.

Aus dem Charakter einer Gegenbewegung folgt, daß es ebenso leicht ist zu definieren, was sie bekämpft, als schwer, was sie erreichen will. Das ist die Schwierigkeit aller Renaissanceforschung. Im Gotischen (und Dorischen) ist es gerade umgekehrt. Es kämpft *für*, nicht *gegen* etwas. Aber Renaissancekunst – das ist ganz eigentlich antigotische Kunst. Renaissancemusik ist ein Widerspruch in sich selbst. Die Musik am Hofe der Medici war die südfranzösische ars nova; die im Dome von Florenz gehorchte dem niederländischen Kontrapunkt: aber beides ist gleichmäßig *gotisch* und gehört dem *gesamten* Abendland.

Die übliche Auffassung der Renaissance ist bezeichnend dafür, wie sehr man die laut ausgesprochene Absicht mit dem tieferen Sinn einer Bewegung verwechseln kann. Die Kritik hat seit Burckhardt jede *einzelne* Behauptung der führenden Geister über ihre Tendenzen widerlegt, aber nachdem dies geschehen war, das Wort Renaissance wesentlich im alten Sinne weiter gebraucht. Gewiß, der Unterschied im Architektonischen, überhaupt im künstlerischen Gesamtbilde ist auffallend, sobald man über die Alpen kommt. Aber eben deshalb, weil diese Empfindung allzu populär ist, hätte man ihr mißtrauen und sich fragen sollen, ob hier nicht oft der Unterschied von *Nord und Süd* innerhalb ein und derselben Formenwelt einen Unterschied von gotisch und „antik" vortäuscht. Vieles wirkt auch in Spanien antik, nur weil es südlich ist. Der Laie wird, wenn man ihn vor die Frage stellt, ob der große Klosterhof von S. Maria Novella oder die Fassade des Palazzo Strozzi zur Gotik gehören, sicherlich falsch raten. Andernfalls hätte der plötzliche Wandel des Eindrucks nicht jenseits der Alpen, sondern erst jenseits des Apennin beginnen müssen, denn Toskana ist eine künstlerische Insel in Italien selbst. Oberitalien gehört durchaus einer byzantinisch gefärbten Gotik;

Siena insbesondere ist eine echte Stadt der *Gegenrenaissance*. Rom ist bereits die Heimat des Barock. Die Änderung des Empfindens erfolgt aber gleichzeitig *mit der des Landschaftsbildes*.

Tatsächlich hat Italien die Geburt des gotischen Stils innerlich nicht miterlebt. Es stand um 1000 unter der unbedingten Herrschaft des byzantinischen Geschmacks im Osten, des maurischen im Süden. Erst die reife Gotik hat hier Wurzel gefaßt, und zwar mit einer Innigkeit und Gewalt, die keiner einzigen der großen Renaissanceschöpfungen innewohnt – man denke an das hier entstandene „Stabat mater", das „Dies irae", an Katharina von Siena, an Giotto und Simone Martini –, aber südlich aufgehellt und gleichsam als klimatisch gemilderte Fremdheit. Sie übernahm oder verdrängte nicht etwa einen angeblichen Nachklang der Antike, sondern ausschließlich eine byzantinisch-sarazenische Formensprache, die in den Bauten Venedigs und Ravennas und noch viel mehr in der Ornamentik der Gewebe, Geräte, Gefäße, Waffen aus dem Orient täglich und überall zu den Sinnen redete.

Wäre die Renaissance eine Erneuerung des antiken *Weltgefühls* gewesen – aber was heißt das? –, so hätte sie das Symbol des umschlossenen und rhythmisch gegliederten *Raumes* durch das des *geschlossenen Baukörpers* ersetzen müssen. Aber davon ist nie die Rede gewesen. Im Gegenteil. Die Renaissance pflegt ganz ausschließlich eine Architektur des Raumes, den ihr die Gotik vorschrieb, nur daß sein Atem, seine klare, ausgeglichene Ruhe im Gegensatz zum Sturm und Drang des Nordens anders ist, nämlich *südlich*, sonnig, sorglos, hingegeben. Nur darin liegt der Unterschied. Ein neuer *Baugedanke* ist nicht hervorgetreten. Man kann diese Architektur beinahe auf *Fassaden und Höfe* reduzieren.

Aber die Richtung des Ausdrucks auf das „Gesicht" der fensterreichen Straßen- oder Hofseite, das immer den Geist der inneren Struktur spiegelt, ist echt gotisch und in einer sehr tiefen Weise mit der Porträtkunst verwandt; und der Hallenhof ist vom Sonnentempel zu Baalbek bis zum Löwenhof der Alhambra *echt arabisch*. Der Tempel von Pästum, ganz Körper, steht inmitten dieser Kunst vollkommen vereinsamt da. Niemand hat ihn gesehen, niemand ihn nachzuahmen versucht. Ebensowenig ist die florentinische Plastik *freie* Rundplastik attischer Art. Jede ihrer Statuen fühlt noch eine unsichtbare Nische hinter sich, in welche die gotische Plastik deren *wirkliche* Urbilder hineinkomponiert hatte. Im Verhältnis zum Hintergrund und im Aufbau des Körpers zeigen der „Meister der Königsköpfe" von der Kathedrale zu Chartres und der Meister des Bamberger Georgenchors dieselbe Durchdringung von „antiken" und gotischen Ausdrucksmitteln, die Giovanni Pisano, Ghiberti und selbst Verrocchio in ihrer Ausdrucksweise nicht weiter gesteigert, und der sie niemals widersprochen haben.

Zieht man von den Vorbildern der Renaissance alles ab, was seit der römischen Kaiserzeit entstanden ist, also der magischen Formenwelt zugehört, so bleibt nichts übrig. Von den spätrömischen Bauten selbst aber ist Zug um Zug alles ausgeschieden, was aus der großen Zeit vor Anbruch des Hellenismus stammt. Entscheidend ist die Tatsache, daß jenes Motiv, welches die Renaissance geradezu *beherrscht* und seiner Südlichkeit wegen uns als ihr edelstes Kennzeichen gilt, *die Verbindung von Rundbogen und Säule*, zwar sehr ungotisch, im antiken Stil aber gar nicht vorhanden ist, vielmehr das in Syrien entstandene *Leitmotiv der magischen Architektur* darstellt.

Und gerade jetzt empfängt man vom Norden die entscheidenden Einwirkungen, welche im Süden erst die volle Befreiung von Byzanz und dann den Schritt von der Gotik zum Barock vollziehen halfen. In der Landschaft zwischen Amsterdam, Köln und Paris[1] – dem Gegenpol von Toskana in der Stilgeschichte unsrer Kultur – sind neben der gotischen Architektur der Kontrapunkt und die Ölmalerei geschaffen worden. Von dort kamen 1428 Dufay und 1516 Willaert in die päpstliche Kapelle, und dieser begründete 1527 die für den Barockstil der Musik entscheidende Schule von Venedig, wo de Rore aus Antwerpen sein Nachfolger wurde. Von einem Florentiner erhielten Hugo van der Goes den Auftrag des Portinari-Altars für S. Maria Nuova und Memling den für ein Jüngstes Ge-

---

[1] Paris gehört zu ihr. Man sprach dort noch im 15. Jahrhundert ebensoviel flämisch als französisch, und mit den alten Teilen seines architektonischen Bildes zählt Paris zu Brügge und Gent, nicht zu Troyes und Poitiers.

richt. Aber daneben wurden zahlreiche andre Bilder erworben, vor allem auch niederländische Porträts, die einen außerordentlichen Einfluß übten, und um 1450 kam Rogier van der Weyden selbst nach Florenz, wo seine Kunst bewundert und nachgeahmt wurde. Um 1470 brachten Justus van Gent die Ölmalerei nach Umbrien und der niederländisch ausgebildete Antonello da Messina nach Venedig. Wie viel Niederländisches und wie wenig „Antike" ist in den Bildern von Filippino Lippi, Ghirlandajo und Botticelli, vor allem in den Kupferstichen von Pollaiuolo und sogar bei Lionardo! Den vollen Einfluß des gotischen Nordens auf die Architektur, Musik, Malerei, Plastik der Renaissance hat man heute noch kaum zuzustehen gewagt.[1]

Gerade damals führte auch Nikolaus Cusanus, Kardinal und Bischof von Brixen (1401–1464), das Infinitesimalprinzip, diese *kontrapunktische Methode* der Zahlen, in die Mathematik ein, die er aus der Idee Gottes als des unendlichen Wesens ableitete. Leibniz verdankt ihm die entscheidende Anregung zur Durchführung seiner Differentialrechnung. Aber damit hatte er bereits der dynamischen, der Barockphysik Newtons die Waffe geschmiedet, mit der sie die statische Idee einer südlichen Physik, die an Archimedes anknüpfte und noch in Galilei wirksam war, endgültig überwand.

Die Hochrenaissance ist der Augenblick einer *scheinbaren* Verdrängung des Musikalischen aus der faustischen Kunst. In Florenz, an dem einzigen Punkt, wo die antike und die abendländische Kulturlandschaft aneinandergrenzen, ist während einiger Jahrzehnte durch einen großartigen Akt ganz eigentlich metaphysischer Auflehnung ein Bild der Antike aufrechterhalten worden, das seine tieferen Züge ohne Ausnahme der Verneinung gotischer verdankt und das dennoch seine Gültigkeit vor unserem Gefühl, wenn auch nicht vor unserer Kritik, über Goethe hinaus noch heute behauptet. Das Florenz des Lorenzo de' Medici und das Rom Leos X. – das *ist* für uns antik; das ist das ewige Ziel unsrer geheimsten Sehnsucht; *das* allein erlöst von aller Schwere, aller Ferne, nur weil es antigotisch

---

[1] A. Schmarsow, Gotik in der Renaissance (1921). B. Haendke, Der niederl. Einfluß auf die Malerei Toskana-Umbriens (Monatsh. f. Kunstwiss. 1912).

ist. So streng ist der Gegensatz apollinischen und faustischen Seelentums ausgeprägt.

Aber man täusche sich nicht über den Umfang dieser Illusion. Man pflegte in Florenz Fresko und Relief, im Widerspruch zum gotischen Glasgemälde und zum byzantinischen Goldgrundmosaik. Es war die einzige Zeit des Abendlandes, wo die Skulptur den Rang einer herrschenden Kunst einnahm. Im Bilde dominieren die abgewogenen Körper, die geordneten Gruppen, die tektonischen Elemente der Architektur. Die Hintergründe haben keinen eignen Wert und dienen nur als Füllung zwischen und hinter der satten Gegenwart der Vordergrundsgestalten. Hier stand die Malerei eine Zeitlang wirklich unter der Herrschaft der Plastik. Verrocchio, Pollaiuolo und Botticelli waren Goldschmiede. Aber diese Fresken haben trotzdem nichts vom Geiste Polygnots. Man braucht nur durch eine große Sammlung antiker Vasen zu gehen – das einzelne Stück oder die Abbildung fälschen den Eindruck; Vasengemälde sind die einzige Art antiker Kunstwerke, die wir im Original in solcher Menge nebeneinander sehen können, daß wir ein eindringliches Bild des *Kunstwollens* empfangen –, um den vollkommen unantiken Geist der Renaissancemalerei mit Händen zu greifen. Die große Tat Giottos und Masaccios, die Schöpfung einer Freskomalerei, *scheint* nur eine Erneuerung der apollinischen Fühlweise zu sein. Das Tiefenerlebnis, das Ideal der Ausdehnung, welches ihr zugrunde liegt, ist nicht der apollinische raumlose, in sich beschlossene Körper, sondern der *gotische Bildraum*. So sehr die Hintergründe zurücktreten, sie sind da. Aber wieder ist es die Lichtfülle, die Durchsichtigkeit, die mittägige große Ruhe des Südens, die in Toskana und nur hier den dynamischen Raum zum statischen macht, dessen Meister Piero della Francesca wurde. Waren es auch *Bildräume*, die man malte, so erlebte man sie doch nicht als ein unbegrenztes, musikhaft in die Tiefe strebendes und webendes Sein, sondern hinsichtlich ihrer sinnlichen *Begrenztheit*. Man gab ihnen gewissermaßen Körper. Man ordnete sie in Flächenschichten. Man pflegte, mit einer scheinbaren Nähe zum hellenischen Ideal, die Zeichnung, die scharfen Konturen, die körperlichen Grenzflächen – nur daß sie hier den *einen* perspektivi-

schen Raum gegen die Dinge, in Athen die einzelnen Dinge gegen
das Nichts abgrenzten; und in demselben Grade, wie die Woge der
Renaissance sich wieder glättete, läßt die *Härte* dieser Tendenz nach,
von Masaccios Fresken in der Brancaccikapelle bis zu Raffaels Stanzen; und das *sfumato* Lionardos, das Verschwimmen der Ränder mit
dem Hintergrund, führt das Ideal einer musikalischen an Stelle einer
reliefmäßigen Malerei herauf. Ebensowenig ist die geheime Dynamik der toskanischen Skulptur zu verkennen. Zur Reiterstatue des
Verrocchio würde man vergebens ein attisches Seitenstück suchen.
Diese Kunst war eine *Maske*, der Geschmack einer erlesenen Gesellschaft, zuweilen eine Komödie, aber nie ist eine Komödie besser zu
Ende gespielt worden. Der unsagbar innigen Reinheit der Form
gegenüber vergißt man, was die Gotik an Urgewalt und Tiefe voraus hat. Aber es muß noch einmal gesagt werden: die Gotik ist die
einzige Grundlage der Renaissance. Die Renaissance hat die wirkliche
Antike nicht einmal berührt, geschweige denn verstanden und „wie-
derbelebt". Das ganz unter literarischen Eindrücken stehende Bewußtsein des Florentiner Kreises hat den verführerischen Namen geprägt, um dem Verneinenden der Bewegung eine Wendung ins Be-
jahende zu geben. Er beweist, wie wenig solche Strömungen von
sich selbst wissen. Man wird hier nicht *ein* großes Werk finden, das
die Zeitgenossen des Perikles oder selbst diejenigen Cäsars nicht als
völlig fremd abgelehnt hätten. Diese Palasthöfe sind maurische Höfe;
die Rundbogen auf den schlanken Säulen sind syrischen Ursprungs.
Cimabue lehrte sein Jahrhundert, die Kunst der byzantinischen Mosaiken mit dem Pinsel nachzubilden. Von den beiden berühmten
Kuppelbauten der Renaissance ist die Florentiner Domkuppel ein
Meisterwerk der späten Gotik, die von St. Peter eines des frühen
Barock. Und als Michelangelo sich vermaß, hier „das Pantheon
auf die Maxentiusbasilika zu türmen", nannte er zwei Bauwerke
vom reinsten frühbarabischen Stil. Und das Ornament – ja, gibt es
ein echtes Renaissanceornament? Etwas, das mit der symbolischen
Gewalt gotischer Ornamentik vergleichbar ist, jedenfalls nicht. Aber
welcher Herkunft ist dieser heitere und vornehme Schmuck, der
von großer innerer Einheit ist und dessen Zauber ganz Westeuropa

erlag? Es ist ein großer Unterschied zwischen der Heimat eines Geschmacks und der seiner Ausdrucksmittel. Man findet in den frühflorentinischen Motiven der Pisano, Maiano, Ghiberti, della Quercia viel Nordisches. Man unterscheide an all diesen Kanzeln, Grab-
mälern, Nischen, Portalen die äußere, übertragbare Form – als solche
ist die ionische Säule ja selbst ägyptischer Herkunft – vom Geist der
Formensprache, der sie als Mittel und Zeichen einverleibt wird. Alle
antiken Einzelzüge sind gleichgültig, solange sie etwas Unantikes
durch die Art ihrer Verwendung ausdrücken. Aber noch bei Donatello sind sie weit seltener als im hohen Barock. Ein streng antikes
Kapitäl wird man überhaupt nicht finden.

Und trotzdem ist für Augenblicke etwas Wunderbares erreicht
worden, das durch Musik *nicht* wiederzugeben war, ein Gefühl für
das Glück der vollkommenen *Nähe*, für reine, ruhende, *erlösende*
Raumwirkungen von lichter Gliederung, frei von der leidenschaftlichen Bewegtheit der Gotik und des Barock. Das ist nicht antik,
aber es ist ein Traum von antikem Dasein, der einzige, den die
faustische Seele träumen, in dem sie sich vergessen konnte.

6

Und nun erst, mit dem 16. Jahrhundert, geschieht in der abendländischen Malerei die entscheidende Wandlung. Die Vormundschaft der Architektur im Norden, der Skulptur in Italien erlischt.
Die Malerei wird polyphon, „malerisch", ins Unendliche schweifend. Die Farben werden Töne. Die Kunst des Pinsels verschwistert
sich mit dem Stil der Kantate und des Madrigals. Die Ölfarbentech-
nik wird zur Grundlage einer Kunst, die den *Raum* erobern will, an
den die Dinge sich verlieren. Mit Lionardo und Giorgione beginnt
der Impressionismus.

Im Gemälde vollzieht sich damit eine Umwertung aller Elemente.
Der bis dahin gleichgültig entworfene, als Füllung angesehene, als
Raum fast verheimlichte Hintergrund gewinnt entscheidende Bedeutung. Eine Entwicklung setzt ein, die in keiner andern Kultur,
auch nicht in der sonst vielfach nahe verwandten chinesischen, ihres-

gleichen hat: der Hintergrund als Zeichen des Unendlichen überwindet den sinnlich-greifbaren Vordergrund. Es gelingt endlich –
das ist der malerische im Gegensatz zum zeichnerischen Stil –, das
Tiefenerlebnis der faustischen Seele in die Bildbewegung zu bannen.
Das „Raumrelief" Mantegnas mit seinen Flächenschichten löst sich
zur Richtungsenergie bei Tintoretto. Der *Horizont* taucht im Bilde
auf als großes Symbol des grenzenlosen Weltraums, der die sichtbaren Einzeldinge als Zufälle in sich begreift. Man hat seine Darstellung im Landschaftsgemälde als so selbstverständlich empfunden,
daß man nie die entscheidende Frage gestellt hat, wo überall er
fehlt und was dieses Fehlen bedeutet. Man wird aber weder im ägyptischen Relief noch im byzantinischen Mosaik noch auf antiken
Vasenbildern und Fresken, nicht einmal denen des Hellenismus mit
ihrer Vordergrundsräumlichkeit, eine Andeutung des Horizontes finden. Diese Linie, in deren unwirklichem Duft Himmel und Erde
verschwimmen, der Inbegriff und das stärkste Symbol der Ferne,
enthält das malerische Infinitesimalprinzip. Von der Ferne des Horizonts strömt die *Musik* des Bildes aus, und die großen Landschafter
Hollands malen deshalb ganz eigentlich *nur* Hintergründe, nur
Atmosphäre, wie umgekehrt „antimusikalische" Meister wie Signorelli und vor allem Mantegna nur Vordergründe – „Reliefs" – gemalt hatten. Im Horizont siegt die Musik über die Plastik, die *Leidenschaft* der Ausdehnung über ihre *Substanz*. Man darf sagen, daß es
in keinem Gemälde Rembrandts ein „vorn" gibt. Im Norden, in
der Heimat des Kontrapunkts, ist ein tiefes Verständnis für den Sinn
des Horizontes und hell belichteter Fernen schon früh zu finden,
während im Süden der flach abschließende Goldgrund arabisch-
byzantinischer Bilder noch lange herrschend bleibt. In den gegen
1416 entstandenen Stundenbüchern des Herzogs von Berry – dem
von Chantilly und dem von Turin – und bei frührheinischen Meistern taucht das reine Raumgefühl zuerst auf und erobert sich langsam das Tafelbild.

Denselben symbolischen Sinn haben die Wolken, deren künstlerische Behandlung der Antike gleichfalls völlig versagt war und
die von den Malern der Renaissance mit einer gewissen spielerischen

Oberflächlichkeit behandelt wurden, während der gotische Norden sehr früh ganz mystische Fernblicke auf und durch Wolkenmassen schafft und die Venezianer, vor allem Giorgione und Paul Veronese, den vollen Zauber der Wolkenwelt, der von schwebenden, ziehenden, geballten, tausendfarbig belichteten Wesen erfüllten Himmelsräume erschlossen und Grünewald wie die Niederländer ihn bis zum Tragischen steigerten. Greco hat die große Kunst der Wolkensymbolik nach Spanien gebracht.

In der ebenfalls damals, zugleich mit der Ölmalerei und dem Kontrapunkt herangereiften *Gartenkunst* erscheinen dementsprechend die langgestreckten Teiche, Buchengänge, Alleen, Durchblicke, Galerien, um auch im Bilde der freien Natur dieselbe Tendenz zum Ausdruck zu bringen, welche die von den frühen Niederländern als Grundaufgabe ihrer Kunst empfundene und von Brunellesco, Alberti und Piero della Francesca theoretisch behandelte Linearperspektive im Gemälde darstellt. Man wird finden, daß sie als die mathematische Weihe des durch den Rahmen seitlich abgegrenzten und in die Tiefe mächtig gesteigerten Bildraumes – sei er Landschaft oder Interieur – gerade damals mit einer gewissen Absichtlichkeit zum Vortrag gebracht wurde. Das Ursymbol kündigt sich an. Im Unendlichen liegt der Punkt, in dem die perspektivischen Linien zusammentreffen. Weil sie ihn vermied, weil sie die Ferne nicht anerkannte, besaß die antike Malerei keine Perspektive. *Folglich* ist auch der Park, die bewußte Gestaltung der Natur im Sinne räumlicher Fernwirkung, innerhalb der antiken Künste unmöglich. Es gab in Athen und Rom keine irgendwie bedeutende Gartenkunst. Erst die Kaiserzeit fand an orientalischen Anlagen Geschmack, deren kurze und betonte Abschlüsse jeder Blick auf die erhaltenen Pläne offenbart.[1] Der erste Gartentheoretiker des Abendlandes, L. B. Alberti, lehrte denn auch um 1450 schon die Beziehung der Anlage auf das Haus, d. h. auf die Betrachter in ihm, und von seinen Entwürfen bis zu den Parks der Villen Ludovisi und Albani zeigt sich ein immer stärkeres Hervortreten perspektivischer Fernblicke. Frank-

---

[1] Svoboda, Römische und romanische Paläste (1919); Rostowzew, Pompejanische Landschaften und römische Villen (Röm. Mitt. 1904).

reich hat dem seit Franz I. die langen Wasserstreifen hinzugefügt (Fontainebleau).

Das bedeutsamste Element im abendländischen Gartenbilde ist mithin der *point de vue* der großen Rokokoparks, auf den sich ihre Alleen und beschnittenen Laubgänge öffnen und durch den sich der Blick in weite schwindende Fernen verliert. Er fehlt selbst der chinesischen Gartenkunst. Aber er hat ein vollkommenes Gegenstück in gewissen hellen, silbernen „Fernfarben" der pastoralen Musik des beginnenden 18. Jahrhunderts, bei Couperin z. B. Erst der *point de vue* gibt den Schlüssel zum Verständnis dieser seltsamen menschlichen Art, die Natur der symbolischen Formensprache einer Kunst zu unterwerfen. Die Auflösung endlicher Zahlengebilde in unendliche Reihen ist ein verwandtes Prinzip. Wie hier die Formel des Restgliedes den letzten Sinn der Reihe, so ist es dort der Blick ins Grenzenlose, der dem Auge des faustischen Menschen den Sinn der Natur erschließt. *Wir* waren es und nicht die Hellenen, nicht die Menschen der Hochrenaissance, welche die unbegrenzten Fernsichten vom Hochgebirge aus schätzten und suchten. Das ist eine faustische Sehnsucht. Man will *allein* mit dem unendlichen Raume sein. Dies Symbol bis zum Äußersten zu steigern, war die große Tat der nordfranzösischen Gartenbaumeister, nach der epochemachenden Schöpfung Fouquets in Vaux-le-Vicomte vor allem Lenôtres. Man vergleiche den Renaissancepark der mediceischen Zeit mit seiner Übersichtlichkeit, seiner heitren Nähe und Rundung, dem Kommensurablen seiner Linien, Umrisse und Baumgruppen, mit diesem geheimen Zug in die Ferne, der alle Wasserkünste, Statuenreihen, Gebüsche, Labyrinthe bewegt, und man findet in diesem Stück Gartengeschichte das Schicksal der abendländischen Ölmalerei wieder.

Aber Ferne – das ist zugleich eine *historische* Empfindung. In der Ferne wird der Raum zur Zeit. Der Horizont bedeutet die Zukunft. *Der Barockpark ist der Park der späten Jahreszeit*, des nahen Endes, der fallenden Blätter. Ein Renaissancepark ist für den Sommer und den Mittag gedacht. Er ist zeitlos. Nichts in seiner Formensprache erinnert an Vergänglichkeit. Erst die Perspektive ruft die Ahnung von etwas Vergehendem, Flüchtigem, Letztem wach.

Schon das Wort „Ferne" hat in der abendländischen Lyrik aller
Sprachen einen wehmütig herbstlichen Akzent, den man in der griechischen und lateinischen vergebens sucht. Man findet ihn schon in
den ossianischen Gesängen Macphersons, bei Hölderlin, dann in
Nietzsches Dionysos-Dithyramben, endlich bei Baudelaire, Verlaine, George und Droem. Die späte Poesie der welkenden Alleen,
der endlosen Straßenzüge unserer Weltstädte, der Pfeilerreihen eines
Domes, der Gipfel einer fernen Gebirgskette verrät noch einmal, daß
das Tiefenerlebnis, das uns den Weltraum schafft, im letzten Grunde
die innere Gewißheit eines Schicksals, einer vorbestimmten Richtung, der *Zeit*, des Unwiderruflichen ist. Hier, im Erlebnis des Horizontes als der Zukunft, tritt die Identität der Zeit mit der „dritten
Dimension" des *erlebten* Raumes, des lebendigen Sichdehnens, unmittelbar zutage. Wir haben zuletzt auch das Straßenbild der großen
Städte diesem Schicksalszuge des Versailler Parkes unterworfen und
mächtige geradlinige, in der Ferne verschwindende Straßenfluchten
angelegt, selbst unter Aufopferung althistorischer Viertel – deren
Symbolik jetzt die geringere geworden war –, während antike
Weltstädte mit ängstlicher Sorgfalt das Gewirr krummer Gäßchen
vorschoben, damit der apollinische Mensch sich in ihnen als Körper
unter Körpern fühle.[1] Das praktische Bedürfnis war hier wie immer
nur die Maske eines tiefinnerlichen Zwanges.

Der Horizont sammelt von nun an die tiefere Form, die volle
metaphysische Bedeutung des Bildes in sich. Der greifbare und durch
die Überschrift wiederzugebende *Inhalt*, der von der Renaissancemalerei betont und anerkannt worden war, wird nun zum *Mittel*,
zum bloßen *Träger* der mit Worten nicht mehr zu erschöpfenden
Bedeutung. Bei Mantegna und Signorelli hätte der gezeichnete Entwurf, auch ohne die farbige Ausführung, als Bild bestehen können.
In einzelnen Fällen möchte man wünschen, es wäre bei den Kartons
geblieben. In statuenhaften Entwürfen ist die Farbe lediglich eine
Zugabe; Tizian aber mußte von Michelangelo den Vorwurf hören,
daß er nicht zu zeichnen verstünde. Der „Gegenstand", eben das,
was sich durch Umrißzeichnung festhalten läßt, das Nahe, Stoff-

[1] Vgl. Bd. II, S. 672ff.

liche, hat seine künstlerische Wirklichkeit verloren, und von nun
an herrscht in der Kunsttheorie, die unter Eindrücken der Renaissance stehen blieb, jener seltsame, nie endende, Streit um „Form" und
„Inhalt" im Kunstwerk. Die Formulierung beruht auf einem Mißverständnis und hat den sehr bedeutenden Sinn der Frage verdeckt.
Ob die Malerei plastisch oder musikalisch aufgefaßt werden solle,
als Statik von Dingen oder als Dynamik des Raumes – denn darin
liegt der tiefere Gegensatz von Fresko- und Öltechnik –, ist das erste,
der Gegensatz apollinischen und faustischen Formgefühls das zweite,
was zu erwägen war. Umrisse begrenzen Stoffliches, Farbentöne
interpretieren Raum.[1] Aber das eine ist von unmittelbar sinnlicher
Natur. Es *erzählt*. Der Raum ist seinem Wesen nach transzendent.
Er spricht zur Einbildungskraft. Für eine Kunst, die unter seiner
Symbolik steht, ist die erzählende Seite eine Herabsetzung und Ver-
dunkelung der tieferen Tendenz, und ein Theoretiker, der hier ein
geheimes Mißverständnis fühlt, aber nicht begreift, klammert sich
an den oberflächlichen Gegensatz von Inhalt und Form. Das Problem ist ein rein abendländisches und es enthüllt in seltener Weise
die vollkommene Umkehrung, die sich in der Bedeutung der Bildelemente mit dem Abschluß der Renaissance und der Heraufkunft
einer instrumentalen Musik großen Stils vollzogen hat. Die Antike
konnte ein Problem wie das von Form und Inhalt in diesem Sinne
gar nicht besitzen. Für eine attische Statue ist beides vollkommen
identisch: der menschliche Leib. Der Fall der Barockmalerei wird
noch verwickelter durch den Widerstreit des *volkstümlichen und des
höheren Empfindens*. Alles Euklidisch-Greifbare ist auch populär, und
das „Altertum" mithin die populäre Kunst im eigentlichen Sinne.
Die Ahnung davon ist nicht zum wenigsten der unbeschreibliche
Reiz, den alles Antike auf faustische Geister ausübt, die ihren Ausdruck *erkämpfen*, ihn der Welt abringen müssen. Für uns ist der Anblick des antiken Kunstwollens *die große Erholung*. Hier braucht nichts

---

[1] In der antiken Malerei sind Licht und Schatten zuerst von Zeuxis einheitlich
angewandt worden, aber nur *als Schattierung der Dinge selbst*, um die Plastik der gemalten Leiber vom Reliefmäßigen zu befreien, und also ganz ohne die Beziehung
des Schattens *zur Tageszeit*. Dagegen sind schon bei den frühesten Niederländern
Licht und Schatten *Farbentöne* und haften am Atmosphärischen.

erobert zu werden. Es gibt sich von selbst. Und etwas Verwandtes hat der antigotische Zug in Florenz wirklich hervorgerufen. Raffael ist in manchen Seiten seines Schaffens populär, Rembrandt kann es nicht sein. Seit Tizian ist die Malerei immer esoterischer geworden, auch die Dichtung, auch die Musik. Die Gotik – Dante, Wolfram – war es von Anfang an gewesen. Die große Menge der Kirchen-besucher war niemals imstande, die Messen Ockeghems, Palestrinas oder gar Bachs zu verstehen. Sie langweilt sich bei Mozart und Beet-hoven. Sie läßt Musik lediglich auf die Stimmung wirken. In Kon-zerten und Galerien redet man sich nur Interesse an diesen Dingen ein, seit die Aufklärung die Phrase von der Kunst für alle geprägt hat. Aber eine faustische Kunst ist nicht für alle. Das gehört zu ihrem innersten Wesen. Wenn die neuere Malerei sich nur noch an einen kleinen Kreis von Kennern wendet, der immer enger wird, so ent-spricht das der Abwendung vom gemeinverständlichen Gegen-stande. Damit ist dem „Inhalt" der Eigenwert aberkannt und die eigentliche Wirklichkeit dem Raume zugesprochen, *durch* den – nach Kant – erst die Dinge *sind.* Es ist seitdem ein schwer zugäng-liches metaphysisches Element in die Malerei gekommen, das sich dem Laien nicht preisgibt. Aber bei Phidias würde das Wort Laie keinen Sinn haben. Seine Plastik wendet sich ganz an das leibliche, nicht an das geistige Auge. *Eine raumlose Kunst ist a priori unphilo-sophisch.*

7

Hiermit hängt ein wichtiges Prinzip der *Komposition* zusammen. Man kann im Gemälde die einzelnen Dinge unorganisch über-, neben-, hintereinander stellen, ohne Perspektive und wechselseitiges Verhältnis, das heißt, ohne die Abhängigkeit ihrer Wirklichkeit von der Struktur des Raumes zu betonen, womit nicht gesagt ist, daß man sie leugnet. So zeichnen Naturmenschen und Kinder, bevor das Tiefenerlebnis die sinnlichen Welteindrücke einer tieferen Ordnung unterwirft. Aber diese Ordnung ist dem Ursymbol gemäß in jeder Kultur eine andere. Die uns selbstverständliche Art perspektivischer Zusammenfassung ist ein Einzelfall und von der Malerei anderer

Kulturen weder anerkannt noch gewollt. Die ägyptische Kunst liebte die Darstellung gleichzeitiger Vorgänge in Reihen übereinander. So wurde die dritte Dimension aus dem Bildeindruck ausgeschaltet. Die apollinische Kunst stellte vereinzelte Figuren und Gruppen unter absichtlicher Vermeidung räumlicher und zeitlicher Beziehungen in die Bildfläche. Polygnots Fresken in der Lesche von Delphi waren ein berühmtes Beispiel. Ein Hintergrund, der die einzelnen Szenen verbunden hätte, fehlt. Er würde die Bedeutung der Dinge als des allein Wirklichen – gegenüber dem Raum als dem Nichtseienden – in Frage gestellt haben. Die Giebel des Tempels von Ägina, der Götterzug der Françoisvase und der Gigantenfries von Pergamon enthalten eine mäandrische Aufreihung vertauschbarer Einzelmotive, keinen Organismus. Erst der Hellenismus – der Telephosfries des Altars von Pergamon ist das früheste erhaltene Beispiel – bringt das unantike Motiv der einheitlichen Reihe. Auch hierin empfand die Renaissance rein gotisch. Sie hat die Komposition von Gruppen sogar auf eine Höhe erhoben, die für alle folgenden Jahrhunderte vorbildlich blieb, aber diese Ordnung ging vom Raume aus und war in ihren letzten Gründen eine stille Musik der farbig durchleuchteten Ausdehnung, die alle aus ihr geborenen *Widerstände des Lichts*, die das verstehende Auge als Dinge und Wesen begreift, durch ihren unsichtbaren Takt und Rhythmus in die Ferne geleitet. Aber mit dieser Ordnung im Raum, welche unvermerkt die Linienperspektive durch die Perspektive von Luft und Licht ersetzt, war die Renaissance innerlich schon überwunden.

Und nun folgt von ihrem Ende, von Orlando di Lasso und Palestrina bis auf Wagner, eine dichte Reihe großer Musiker und von Tizian bis auf Manet, Marées und Leibl eine Reihe großer Maler aufeinander, während die Plastik zur völligen Bedeutungslosigkeit herabsinkt. Ölmalerei und instrumentale Musik durchlaufen eine organische Entwicklung, deren Ziel in der Gotik begriffen und im Barock erreicht wurde. Beide Künste – faustisch im höchsten Sinne – sind innerhalb dieser Grenzen *Urphänomene*. Sie haben eine Seele, eine Physiognomie und also eine Geschichte, und zwar sie allein. Die Bildhauerei beschränkt sich auf ein paar schöne Zufälle im Schatten der Malerei, Gartenkunst oder Architektur. Aber sie sind im Bilde der abendländischen Kunst entbehrlich. Es gibt keinen plastischen Stil mehr in dem Sinne, wie es einen malerischen und musikalischen Stil gibt. Es gibt sowenig eine geschlossene Tradition wie einen notwendigen Zusammenhang der Werke eines Maderna, Goujon, Puget und Schlüter unereinander. Schon in Lionardo entsteht allmählich eine wahre Verachtung der Bildhauerei. Er läßt höchstens den Bronzeguß seiner malerischen Vorzüge wegen gelten, im Gegensatz zu Michelangelo, dessen eigentliches Element damals noch der weiße Marmor war. Aber auch ihm will im hohen Alter keine plastische Arbeit mehr gelingen. Keiner der späteren Bildhauer ist groß in dem Sinne, wie Rembrandt und Bach groß sind, und man wird zugeben, daß sich wohl eine tüchtige und geschmackvolle Leistung, aber kein Werk denken läßt, das im Range neben der Nachtwache oder der Matthäuspassion steht und in gleicher Weise die Tiefe eines ganzen Menschentums erschöpft. Diese Kunst hat aufgehört, das Schicksal ihrer Kultur zu sein. Ihre Sprache bedeutet nichts mehr. Es ist völlig unmöglich, das, was in einem Bildnis Rembrandts liegt, in einer Büste wiederzugeben. Wenn einmal ein Bildhauer von Bedeutung auftaucht wie Bernini, die Meister der gleichzeitigen spanischen Schule, Pigalle oder Rodin – es ist naturgemäß keiner unter ihnen, der über das Dekorative hinaus zu einer großen Symbolik gelangte –, so erscheint er als verspäteter Nachahmer der Renaissance (Thorwaldsen), als verkappter Maler (Houdon, Rodin), Architekt (Bernini, Schlüter) oder Dekorateur (Coyzevox), und er beweist durch sein Erscheinen nur noch deutlicher, daß diese eines faustischen Gehaltes nicht fähige Kunst keine Aufgabe, mithin keine Seele und keine Lebensgeschichte im Sinne einer geschlossenen Stilentwicklung mehr besitzt. Dasselbe gilt dementsprechend von der antiken Musik, die nach vielleicht bedeutenden Ansätzen in der frühesten Dorik in den reifen Jahrhunderten der Ionik (650 bis 350) den beiden echt apollinischen Künsten, Plastik und Freskomalerei, das Feld räumen und mit dem Verzicht auf Harmonie und Polyphonie auch auf den Rang einer organisch sich entwickelnden höheren Kunst verzichten mußte.

8

Die antike Malerei strengen Stils beschränkte ihre Palette auf gelb, rot, schwarz und weiß. Diese merkwürdige Tatsache ist früh bemerkt worden und hat, da man andere als oberflächliche und ausgesprochen materialistische Gründe gar nicht in Betracht zog, zu törichten Hypothesen wie der von einer angeblichen Farbenblindheit der Griechen geführt. Auch Nietzsche hat davon geredet (Morgenröte 426).

Aber aus welchem Grunde vermied diese Malerei in ihrer großen Zeit das Blau und sogar noch das Blaugrün und ließ erst bei den grüngelben und bläulichroten Tönen die Skala der erlaubten Farben beginnen?[1] Ohne Zweifel kommt das Ursymbol der euklidischen Seele in dieser Beschränkung zum Ausdruck.

Blau und grün sind die Farben des Himmels, des Meeres, der fruchtbaren Ebene, der Schatten an südlichen Mittagen, des Abends und der entfernten Gebirge. Sie sind wesentlich atmosphärische, nicht gegenständliche Farben. Sie sind *kalt*; sie entkörpern und rufen die Eindrücke des Weiten, Fernen und Grenzenlosen hervor.

Deshalb geht, während das Fresko Polygnots sie streng vermeidet, ein „infinitesimales" Blau und Grün von den Venezianern an bis ins 19. Jahrhundert als raumschaffendes Element durch die ganze Geschichte der perspektivischen Ölmalerei. Und zwar als Grundton von ganz überwiegendem Range, der den Gesamtsinn der Farbengebung *trägt*, als Generalbaß, während die warmen gelben und roten Töne sparsam und erst danach gestimmt sind. Es ist nicht das satte, freudige, *nahe Grün* gemeint, das Raffael oder Dürer bei Gewändern gelegentlich – und selten genug – verwenden, sondern ein unbestimmbares, in tausend Schattierungen ins Weiße, Graue, Braune spielendes Blaugrün, etwas tief Musikalisches, in das die ganze

[1] Das Blau und seine Wirkung war den antiken Künstlern wohl bekannt. Die Metopen vieler Tempel hatten blauen Hintergrund, weil sie den Triglyphen gegenüber als Tiefe erscheinen sollten. Und die Handwerksmalerei hat *alle* technisch herstellbaren Farben verwendet; blaue Pferde sind unter den archaischen Werken der Akropolis und in etruskischen Grabgemälden nachgewiesen. Eine grell blaue Färbung des Haares war ganz gewöhnlich.

Atmosphäre vor allem auch der Gobelins getaucht ist. Was man im Gegensatz zur Linearperspektive Luftperspektive genannt hat und im Gegensatz zur Renaissanceperspektive Barockperspektive hätte nennen können, beruht fast ausschließlich auf ihm. Man findet es in Italien mit steigender Kraft der Tiefenwirkung bei Lionardo, Guercino, Albani, in Holland bei Ruysdael und Hobbema, vor allem aber bei den großen Franzosen, von Poussin, Lorrain und Watteau an bis zu Corot. Das Blau, ebenfalls eine perspektivische Farbe, steht immer in Beziehung zum Dunklen, Lichtlosen, Unwirklichen. Es dringt nicht ein, sondern zieht in die Ferne. „Ein reizendes Nichts", hat es Goethe in seiner Farbenlehre genannt. Blau und Grün sind transzendente, geistige, unsinnliche Farben. Sie fehlen im strengen Freskogemälde attischen Stils und *also herrschen sie* in der Ölmalerei. Gelb und Rot, die *antiken* Farben, sind die der Materie, der Nähe und der Sprache des Blutes. Rot ist die eigentliche Farbe der Geschlechtlichkeit; deshalb ist es die einzige, die auf Tiere wirkt. Sie steht dem Symbol des Phallus – und also der Statue und der dorischen Säule – am nächsten, wie andrerseits ein reines Blau den Mantel der Madonna verklärt. Diese Beziehung hat sich mit tiefgefühlter Notwendigkeit in allen großen Schulen von selbst eingestellt. Violett – ein Rot, das vom Blau überwunden wird – ist die Farbe der Frauen, die nicht mehr fruchtbar sind, und der im Zölibat lebenden Priester.

Gelb und Rot sind die *populären* Farben, die der Menge, der Kinder, der Frauen und der Wilden. Bei den Spaniern und Venezianern wählt der Vornehme – aus dem unbewußten Gefühl einer abweisenden Distanz – ein prächtiges Schwarz oder Blau. Gelb und Rot sind endlich – als die *euklidischen, apollinischen, polytheistischen* Farben – die des Vordergrundes, auch im sozialen Sinne, also die einer lärmenden Geselligkeit, des Marktes, der Volksfeste, die des naiven Vorsichhinlebens, des antiken Fatums und des blinden Zufalls, des punktförmigen Daseins. Blau und Grün – *faustische, monotheistische* Farben – sind die der Einsamkeit, der Sorge, der Beziehung des Augenblicks auf Vergangenheit und Zukunft, die des Schicksals als der dem Weltall innewohnenden Fügung.

Die Beziehung des shakespearischen Schicksals zum Raume, des sophokleischen zum einzelnen Körper war oben festgestellt worden. Alle Kulturen von tiefer Transzendenz, alle, deren Ursymbol eine *Überwindung* des Augenscheins, ein Leben als Kampf, nicht als Hinnahme von Gegebenem fordert, haben zum Raume wie zum Blau und Schwarz denselben metaphysischen Hang. Tiefe Beobachtungen über das Verhältnis zwischen der Idee des Raumes und dem Sinn der Farbe finden sich in Goethes Studien über die entoptischen Farben in der Atmosphäre. Mit der von ihm in seiner Farbenlehre gegebenen Symbolik stimmt die hier aus den Ideen von Raum und Schicksal abgeleitete vollkommen überein.

Die bedeutendste Verwendung eines düsteren Grüns als der Farbe des Schicksals findet sich bei Grünewald, dessen Nächte von einer unbeschreiblichen Mächtigkeit des Raumes nur von Rembrandt noch erreicht werden. Hier gewinnt man den Eindruck, als ob dies bläuliche Grün, dieselbe Farbe, in welche das Innere der großen Dome oft gehüllt ist, als die spezifisch *katholische* Farbe bezeichnet werden dürfe, vorausgesetzt, daß man allein jenes durch das lateranische Konzil von 1215 begründete und im Tridentinum vollendete faustische Christentum mit der Eucharistie als Mittelpunkt katholisch nennt. Diese Farbe steht in ihrer schweigsamen Größe sicherlich dem prunkvollen Goldgrund altchristlich-byzantinischer Bildwerke ebenso fern wie den geschwätzig-heitren, „heidnischen" Farben bemalter hellenischer Tempel und Statuen. Man beachte, daß die Wirksamkeit dieser Farbe *Innenräume* zur Aufstellung der Kunstwerke voraussetzt, im Gegensatz zum Gelb und Rot; die antike Malerei ist eine ebenso entschieden öffentliche wie die abendländische eine Atelierkunst. Die gesamte große Ölmalerei von Lionardo bis zum Ende des 18. Jahrhunderts ist nicht für das grelle Tageslicht gedacht. Hier kehrt der Gegensatz von Kammermusik und freistehender Statue wieder. Die oberflächliche Begründung dieser Tatsache durch das Klima wird, wenn es überhaupt nötig wäre, durch das Beispiel der ägyptischen Malerei widerlegt. Da der unendliche Raum für das antike Lebensgefühl ein vollkommenes Nichts ist, so würden Blau und Grün mit ihrer entwirklichenden und Fernen schaffenden Kraft die Alleinherrschaft des Vordergrundes, der vereinzelten Körper und damit den eigentlichen Sinn apollinischer Kunstwerke in Frage gestellt haben. Dem Auge eines Atheners wären Gemälde in den Farben Watteaus wesenlos und von einer schwer in Worte zu fassenden inneren Leere und Unwahrheit erschienen. Durch diese Farben wird die sinnlich empfundene, das Licht zurückstrahlende Fläche nicht als Zeugnis und Grenze eines Dinges, sondern als die des umgebenden Raumes gewertet. Deshalb fehlen sie dort und herrschen sie hier.

9

Die arabische Kunst hat das magische Weltgefühl durch den *Goldgrund* ihrer Mosaiken und Tafelbilder zum Ausdruck gebracht. Man lernt seine verwirrend märchenhafte Wirkung und mithin seine symbolische Absicht aus den Mosaiken von Ravenna und bei den von lombardisch-byzantinischen Vorbildern noch ganz abhängigen frührheinischen und vor allem norditalienischen Meistern kennen, nicht zum wenigsten auch durch gotische Buchillustrationen, deren Vorbilder die byzantinischen Purpurcodices waren. Die Seele dreier Kulturen ist hier an einer nahe verwandten Aufgabe zu prüfen. Die apollinische erkannte nur das in Ort und Zeit unmittelbar Gegenwärtige als wirklich an – und sie verleugnete den Hintergrund in ihren Bildwerken; die faustische strebte über alle sinnlichen Schranken ins Unendliche – und sie verlegte den Schwerpunkt des Bildgedankens mittels der Perspektive in die Ferne; die magische empfand alles Geschehende als Ausdruck rätselhafter, die Welthöhle mit ihrer geistigen Substanz durchdringenden Mächte – und sie schloß die Szene durch einen Goldgrund ab, das heißt durch ein Mittel, das jenseits alles Farbig-Natürlichen steht. Gold ist überhaupt keine Farbe. Dem Gelb gegenüber entsteht der komplizierte sinnliche Eindruck durch die metallische diffuse Rückstrahlung eines an der Oberfläche durchscheinenden Mittels. Farben – sei es die farbige Substanz der geglätteten Wandfläche (Fresko) oder das mit dem Pinsel aufgetragene Pigment – sind natürlich; der in der Natur so

gut wie nie vorkommende Metallglanz[1] ist übernatürlich. Er gemahnt an die anderen Symbole dieser Kultur, die Alchymie und
Kabbala, den Stein der Weisen, das heilige Buch, die Arabeske und
die innere Form der Märchen aus 1001 Nacht. Das leuchtende Gold
nimmt der Szene, dem Leben, den Körpern ihr handgreifliches Sein.
Alles, was im Kreise Plotins und der Gnostiker über das Wesen der
Dinge, ihre Unabhängigkeit vom Raume, ihre zufälligen Ursachen
gelehrt wurde – für *unser* Weltgefühl paradoxe und fast unverständliche Ansichten –, liegt in der Symbolik dieses rätselhaft hieratischen
Hintergrundes. Das Wesen der Körper war ein wichtiger Streit-
punkt der Neupythagoräer und Neuplatoniker wie später der
Schulen von Bagdad und Basra. Suhrawardi unterschied Ausdehnung als das primäre Wesen des Körpers von seiner Breite, Höhe
und Tiefe als den Akzidentien. Von Nazzâm werden den Atomen
körperliche Substanz und das Merkmal der Raumerfüllung abge-
sprochen. Das alles waren metaphysische Ansichten, die von Philo
und Paulus an bis auf die letzten Größen der islamischen Philosophie
das arabische Weltgefühl offenbaren. Sie spielen im Streit der Konzile um die Substanz Christi die entscheidende Rolle.[2] Der Goldgrund jener Gemälde im Bereich der westlichen Kirche hat also eine
ausgesprochene dogmatische Bedeutung. Er drückt Wesen und
Walten des göttlichen Geistes aus. Er repräsentiert die *arabische* Gestalt des christlichen Weltbewußtseins, und es hängt tief damit zusammen, daß diese Behandlung des Hintergrundes für Darstellungen
aus der christlichen Legende tausend Jahre lang als die einzige metaphysisch, selbst ethisch mögliche und würdige erscheint. Als die
ersten „wirklichen" Hintergründe in der frühen Gotik auftauchen,
mit blaugrünem Himmel, weitem Horizont und Tiefenperspektive,
wirken sie zunächst profan, weltlich, und man hat den dogmatischen
Wandel, der sich hier verriet, wohl gefühlt, wenn auch nicht er-

[1] Eine tiefsymbolische Bedeutung verwandter Art hat auch die glänzende *Poli-*
tur des Steines in der ägyptischen Kunst. Sie hält den Blick in einer über die Außenseite der Statue gleitenden Bewegung und wirkt damit entkörpernd. Umgekehrt
ist der hellenische Weg vom Poros über den naxischen zum durchscheinenden
parischen und pentelischen Marmor ein Zeugnis für die Absicht, den Blick in die
stoffliche Wesenheit des Körpers eindringen zu lassen.
[2] Vgl. Bd. II, S. 872f.

kannt. Das zeigen jene Teppichhintergründe, durch welche die eigentliche Tiefe mit heiliger Scheu verdeckt wird. Man ahnt sie, aber man wagt nicht, sie zur Schau zu stellen. Wir sahen, wie gerade damals, als das *faustische* – germanisch-katholische – Christentum durch die Ausbildung des Sakraments der Buße zum Bewußtsein seiner selbst gelangt war, eine neue Religion im alten Gewande, in der Kunst der Franziskaner die perspektivische und farbige, den Luftraum erobernde Tendenz den ganzen Sinn der Malerei umgestaltete. Das abendländische Christentum verhält sich zum morgenländischen wie das Symbol der Perspektive zu dem des Goldgrundes, und das endgültige Schisma tritt in Kirche und Kunst fast gleichzeitig ein. Man begreift den landschaftlichen Hintergrund der Bildszene zugleich mit der *dynamischen* Unendlichkeit Gottes; und zugleich mit den Goldgründen der kirchlichen Gemälde verschwinden aus den abendländischen Konzilen jene magischen, ontologischen Gottheitsprobleme, welche alle orientalischen wie die von Nikäa, Ephesus und Chalcedon leidenschaftlich bewegt hatten.

10

Die Venezianer haben die Handschrift des *sichtbaren Pinselstrichs* entdeckt und als musikhaftes, raumschaffendes Motiv in die Ölmalerei eingeführt. Von den Florentiner Meistern war die antikisierende und doch dem gotischen Formgefühl dienende Manier, durch Glättung aller Übergänge reine, scharf umrissene, ruhende Farbflächen zu schaffen, nie angegriffen worden. Ihre Bilder haben etwas *Seiendes*, und zwar in deutlich gefühltem Gegensatz zu der heimlichen Bewegtheit der über die Alpen hereindringenden Ausdrucksmittel der Gotik. Der Farbenauftrag des 15. Jahrhunderts verneint Vergangenheit und Zukunft. Erst in der sichtbar bleibenden, gleichsam nie erstarrenden Arbeit des Pinsels kommt ein *historisches* Empfinden zum Vorschein. Man will im Werk des Malers nicht nur etwas sehen, das *geworden* ist, sondern auch etwas, das *wird*. Das gerade hatte die Renaissance vermeiden wollen. Ein Gewandstück des Perugino erzählt nichts von seiner künstlerischen Entstehung. Es ist *fertig*, gegeben, schlechthin gegenwärtig. Die einzelnen Pinselstriche, die man als eine vollkommen neue Formensprache zuerst in den Alterswerken Tizians trifft, Akzente eines persönlichen Temperaments, charakteristisch wie die Orchesterfarben Monteverdis, ein melodisches Fluten wie im venezianischen Madrigal dieser Jahre, Streifen und Flecke, die unvermittelt nebeneinander stehen, sich kreuzen, decken, verwirren, bringen eine unendliche Bewegtheit in das farbige Element. Auch die gleichzeitige geometrische Analysis läßt ihre Objekte werden, nicht sein. Jedes Gemälde hat in seinem Duktus eine Geschichte und verschweigt sie nicht. Vor ihm fühlt der faustische Mensch, daß er eine seelische Entwicklung besitzt. Vor jeder großen Landschaft eines Barockmeisters darf man das Wort „historisch" aussprechen, um einen Sinn in ihr zu fühlen, der einer attischen Statue gänzlich fremd ist. Das ewige Werden, die gerichtete Zeit, das dynamische Weltenschicksal ruht auch in der Melodik dieser ruhelosen und grenzenlosen Striche. Malerischer und zeichnerischer Stil: das bedeutet, von dieser Seite gesehen, den Gegensatz von historischer und ahistorischer Form, von Betonung oder Verleugnung der inneren Entwicklung, von Ewigkeit und Augenblick. Ein antikes Kunstwerk ist ein Ereignis, ein abendländisches eine Tat. Das eine symbolisiert ein punktförmiges Jetzt, das andere einen organischen Verlauf. Die Physiognomik der Pinselführung, eine völlig neue, unendlich reiche und persönliche, keiner andern Kultur bekannte Art von Ornamentik ist *rein musikalisch*. Man kann das *allegro feroce* des Franz Hals dem *andante con moto* Van Dycks, das Moll Guercinos dem Dur des Velasquez gegenüberstellen. Von nun an gehört der Begriff des *Tempo* zum malerischen Vortrag und er erinnert daran, daß diese Kunst die einer Seele ist, die im Gegensatz zur antiken nichts vergißt und vergessen sehen will, was einmal war. Das luftige Gewebe der Pinselstriche löst zugleich die sinnliche Oberfläche der Dinge auf. Die Konturen verschwinden im Helldunkel. Der Betrachter muß weit zurücktreten, um aus farbigen Raumwerten körperhafte Eindrücke zu gewinnen. Und es ist immer die farbig bewegte Luft, welche die Dinge aus sich gebiert.

Zugleich erscheint von nun an ein Symbol höchsten Ranges im

abendländischen Gemälde, das „*Atelierbraun*", und beginnt die Wirklichkeit aller Farben mehr und mehr zu dämpfen. Die älteren Florentiner kannten es noch nicht, so wenig wie die alten niederländischen und rheinischen Meister. Pacher, Dürer, Holbein sind, so leidenschaftlich ihre Tendenz zur räumlichen Tiefe erscheint, ganz frei davon. Erst das endende 16. Jahrhundert gehört ihm. Dies Braun verleugnet seine Herkunft aus dem „infinitesimalen" Grün der Hintergründe Lionardos, Schongauers und Grünewalds nicht, aber es besitzt die größere Macht über die Dinge. Es führt den Kampf des Raumes gegen das Stoffliche zu Ende. Es überwindet auch das primitivere Mittel der Linearperspektive mit ihrem an architektonische Bildmotive gebundenen Renaissancecharakter. Es steht mit der impressionistischen Technik der sichtbaren Pinselstriche dauernd in einer geheimnisvollen Verbindung. Beide lösen das greifbare Dasein der sinnlichen Welt – der Welt des Augenblicks und der Vordergründe – endgültig in atmosphärischen Schein auf. Die Linie verschwindet aus dem tonigen Bilde. Der magische Goldgrund hatte nur von einer rätselhaften Macht geträumt, welche die Gesetzlichkeit der Körperwelt in dieser Welthöhle beherrscht und durchbricht; das Braun dieser Gemälde öffnet den Blick in eine reine formvolle Unendlichkeit. Im Werden des abendländischen Stils bezeichnet seine Entdeckung einen Höhepunkt. *Diese Farbe hat im Gegensatz zu dem vorhergehenden Grün etwas Protestantisches.* Der nordische, im Grenzenlosen schweifende Pantheismus des 18. Jahrhunderts, wie ihn die Verse der Erzengel im Prolog von Goethes Faust ausdrücken, ist in ihm vorweggenommen. Die Atmosphäre des König Lear und Macbeth ist ihm verwandt. Das gleichzeitige Streben der instrumentalen Musik nach immer reicheren Enharmonien, bei de Rore und Luca Marenzio, die Herausbildung des Tonkörpers der Streicher und Bläserchöre entspricht durchaus der neuen Tendenz in der Ölmalerei, von den reinen Farben aus durch die Unzahl bräunlicher Schattierungen und die Kontrastwirkung unvermittelt nebeneinander gesetzter Farbenstriche eine *malerische Chromatik* zu schaffen. Beide Künste breiten nun durch ihre Ton- und Farbenwelten – Farbentöne und Tonfarben – eine Atmosphäre reinster Räumlichkeit aus, die nicht mehr den Menschen als Gestalt, als Leib, sondern die hüllenlose Seele selbst umgibt und bedeutet. Eine Innerlichkeit wird erreicht, der in den tiefsten Werken Rembrandts und Beethovens kein Geheimnis sich mehr verschließt – eine Innerlichkeit allerdings, welche der apollinische Mensch durch seine streng somatische Kunst gerade hatte *abwehren* wollen.

Die alten Vordergrundfarben, Gelb und Rot – die antiken Töne –, werden von nun an seltener und immer als bewußte Kontraste zu Fernen und Tiefen gebraucht, die sie steigern und betonen sollen (außer bei Rembrandt vor allem bei Vermeer). Dies der Renaissance vollkommen fremde atmosphärische Braun ist die unwirklichste Farbe, die es gibt. Es ist die einzige „Grundfarbe", *die dem Regenbogen fehlt.* Es gibt weißes, gelbes, grünes, rotes, blaues Licht von vollkommenster Reinheit. Ein reines braunes Licht liegt außerhalb der Möglichkeiten unsrer Natur. Alle die grünlichbraunen, silbrigen, feuchtbraunen, tiefgoldigen Töne, die bei Giorgione in prachtvollen Spielarten erscheinen, bei den großen Niederländern immer kühner werden und sich gegen Ende des 18. Jahrhunderts verlieren, entkleiden die Natur ihrer greifbaren Wirklichkeit. Darin liegt beinahe ein religiöses Bekenntnis. Man spürt die Nähe der Geister von Port Royal, die Nähe von Leibniz. Bei Constable, dem Begründer einer *zivilisierten* Malweise, ist es ein andres Wollen, das nach Ausdruck sucht, und dasselbe Braun, das er bei den Holländern studiert hatte und das damals Schicksal, Gott, den Sinn des Lebens bedeutete, bedeutet nun ihm etwas andres, nämlich bloße Romantik, Empfindsamkeit, Sehnsucht nach etwas Entschwundenem, Erinnerung an die große Vergangenheit der sterbenden Ölmalerei. Auch den letzten deutschen Meistern, Lessing, Marées, Spitzweg, Diez, Leibl,[1] deren verspätete Kunst ein Stück Romantik, ein Rückblick und Ausklang ist, erschien das tonige Braun als das kostbare Erbe der Vergangenheit, und sie setzten sich in Widerspruch zu den bewußten Tendenzen ihrer Generation – dem seelenlosen, entseelenden Freilicht der Generation Haeckels –, weil sie innerlich sich von

---

[1] Sein Bildnis der Frau Gedon, ganz in Braun getaucht, ist das *letzte altmeisterliche Porträt* des Abendlandes, vollkommen im Stile der Vergangenheit gemalt.

diesem letzten Zuge des großen Stils noch nicht trennen konnten. In diesem noch heute nicht verstandenen Kampf zwischen dem Rembrandtbraun der alten und dem Freilicht der neuen Schule erscheint der hoffnungslose Widerstand der Seele gegen den Intellekt, der Kultur gegen die Zivilisation, der Gegensatz von symbolisch notwendiger Kunst und weltstädtischem Kunstgewerbe, mag es bauen, malen, meißeln oder dichten. Von hier aus wird die Bedeutung dieses Braun, mit dem eine ganze Kunst stirbt, fühlbar.

Die innerlichsten unter den großen Malern haben diese Farbe am besten verstanden, Rembrandt vor allem. Es ist dies rätselhafte Braun seiner entscheidenden Werke, das aus dem tiefen Leuchten mancher gotischen Kirchenfenster, aus der Dämmerung hochgewölbter Dome stammt. Der satte Goldton der großen Venezianer, Tizians, Veroneses, Palmas, Giorgiones, gemahnt immer wieder an jene alte, verschollene Kunst der nordischen Glasmalerei, von der sie kaum etwas wußten. Auch hier ist die Renaissance mit ihrer körperhaften Farbenwahl nur Episode, nur ein Ergebnis der Oberfläche, des Allzubewußten, nicht des Faustisch-Unbewußten in den Tiefen der abendländischen Seele. In diesem leuchtenden Goldbraun reichen sich in der venezianischen Malerei Gotik und Barock, die Kunst jener frühen Glasgemälde und die dunkle Musik Beethovens die Hand, gerade damals, als durch die Niederländer Willaert und de Rore und den älteren Gabrieli die Schule von Venedig den Barockstil der malerischen Musik begründete.

Braun war nunmehr die eigentliche Farbe *der Seele*, einer historisch gestimmten Seele geworden. Ich glaube, Nietzsche hat einmal von der braunen Musik Bizets gesprochen. Aber das Wort gilt eher von der Musik, die Beethoven für Streichinstrumente[1] geschrieben

---

[1] Der Streichkörper repräsentiert im Orchesterklang die Farben der Ferne. Das bläuliche Grün Watteaus findet sich schon im bel canto der Neapolitaner um 1700, bei Couperin, bei Mozart und Haydn, das Bräunliche der Holländer bei Corelli, Händel und Beethoven. Auch die Holzbläser rufen helle Fernen herauf. Gelb und Rot dagegen, die Farben der Nähe, die *populären* Farben, gehören zum Klang der Blechinstrumente, der körperhaft bis zum Ordinären wirkt. Der Ton einer alten Geige ist vollkommen körperlos. Es verdient bemerkt zu werden, daß die hellenische Musik, so unbedeutend sie ist, von der dorischen Lyra zur ionischen Flöte – Aulos und Syrinx – überging und daß die strengen Dorer diese Tendenz zum Weichlichen und Niedrigen noch zur Zeit des Perikles getadelt haben.

hat, und noch zuletzt von dem Orchesterklang Bruckners, der so oft den Raum mit einem bräunlichen Golde füllt. Alle andern Farben sind in eine dienende Rolle verwiesen, das helle Gelb und der Zinnober Vermeers, die mit wahrhaft metaphysischem Nachdruck wie aus einer andern Welt ins Räumliche hereinragen, und die gelbgrünen und blutroten Lichter, die bei Rembrandt mit der Symbolik des Raumes beinahe zu spielen scheinen. Bei Rubens der ein glänzender Künstler, aber kein Denker war, ist das Braun fast ideenlos, eine Schattenfarbe. (Das „katholische" Blaugrün macht bei ihm und Watteau dem Braun den Rang streitig.) Man sieht, wie dasselbe Mittel, das in den Händen tiefer Menschen Symbol wird und dann die ungeheure Transzendenz der Landschaften Rembrandts hervorrufen kann, daneben großen Meistern als bloße technische Handhabe zu Gebote steht, daß also, wie wir eben sahen, die künstlerisch-technische „Form", als Gegensatz zu einem „Inhalt" gedacht, nichts mit der wahren Form großer Werke zu tun hat.

Ich hatte das Braun eine historische Farbe genannt. Es macht die Atmosphäre des Bildraumes zu einem Zeichen des Gerichtetseins, *der Zukunft*. Es übertönt die Sprache des Augenblicklichen in der Darstellung. Diese Bedeutung erstreckt sich auch auf die übrigen Farben der Ferne und führt zu einer weiteren, sehr bizarren Bereicherung der abendländischen Symbolik. Die Hellenen hatten die oft noch vergoldete Bronze zuletzt dem bemalten Marmor vorgezogen, um durch das Strahlende der Erscheinung unter tiefblauem Himmel die Idee der Einzigkeit alles Körperhaften zum Ausdruck zu bringen.[1] Die Renaissance grub diese Statuen aus, von einer vielhundertjährigen Patina überzogen, schwarz und grün; sie genoß das Historische des Eindrucks voller Ehrfurcht und Sehnsucht – und unser Formgefühl hat seitdem dieses „ferne" Schwarz und Grün heilig gesprochen. Es ist heute für den Eindruck der Bronze auf *unser* Auge unentbehrlich, wie um die Tatsache schalkhaft zu illustrieren, daß diese ganze Kunstgattung uns nichts mehr angeht. Was

---

[1] Man verwechsle die Tendenz, welche dem Goldglanz eines auf freiem Platze stehenden Körpers zugrunde liegt, nicht mit der des flimmernden arabischen Goldgrundes, der in dämmernden Innenräumen hinter den Figuren abschließt.

bedeutet uns eine Domkuppel, ein Bronzefigur ohne Patina, die das
nahe Glänzen in den Ton des Dort und Einst verwandelt? Sind wir
nicht endlich dahin gekommen, diese Patina künstlich zu erzeugen?

Aber in der Erhebung des Edelrostes zu einem Kunstmittel von
selbständiger Bedeutung liegt viel mehr. Man frage sich, ob ein
Grieche die Bildung der Patina nicht als Zerstörung des Kunstwerkes
empfunden hätte. Es ist nicht die Farbe allein, das raumferne Grün,
das er aus seelischen Gründen vermied; die Patina ist ein Symbol der
Vergänglichkeit und sie erhält damit eine merkwürdige Beziehung zu
den Symbolen der Uhr und der Bestattungsform. Es war an einer
früheren Stelle die Rede von der Sehnsucht der faustischen Seele
nach Ruinen und den Zeugnissen einer fernen Vergangenheit,
einem Hange, wie er im Sammeln von Altertümern, Handschriften,
Münzen, den Pilgerfahrten nach dem Forum Romanum und Pompeji, in Ausgrabungen und philologischen Studien schon zur Zeit
Petrarcas zutage tritt. Wann wäre es je einem Griechen eingefallen,
sich um die Ruinen von Knossos und Tiryns zu kümmern? Jeder
kannte die Ilias, aber nicht einem kam der Gedanke, den Hügel von
Troja aufzugraben. Die Aquädukte der Campagna, die etruskischen
Gräber, die Ruinen von Luxor und Karnak, zerfallende Burgen am
Rhein, der römische Limes, Hersfeld und Paulinzella werden mit
einer geheimen Ehrfurcht vor dem Trümmerhaften erhalten – als
Ruinen, denn man hat ein dunkles Gefühl davon, daß bei einem
Wiederaufbau etwas schwer in Worte zu Fassendes, Unwiederbring-
liches verloren ginge. Nichts lag dem antiken Menschen ferner als
diese Ehrfurcht vor verwitterten Zeugen eines Einst und Ehemals.
Man räumte aus den Augen, was nicht mehr von der Gegenwart
sprach. Nie wurde das Alte erhalten, weil es alt war. Als die Perser
Athen zerstört hatten, warf man Säulen, Statuen, Reliefs, ob zertrümmert oder nicht, von der Akropolis herunter, um von vorn
anzufangen, und diese Schutthalde ist unsre reichste Fundgrube für
die Kunst des 6. Jahrhunderts geworden. Das entsprach dem Stil
einer Kultur, welche die Leichenverbrennung zum Symbol erhob
und die Bindung des täglichen Lebens an eine Zeitrechnung ver-
schmähte. Wir haben auch hier das Gegenteil gewählt. Die heroische

Landschaft im Stile Lorrains ist ohne Ruinen nicht denkbar, und der englische Park mit seinen atmosphärischen Stimmungen, der den französischen um 1750 verdrängte und dessen großgedachte Perspektive zugunsten der empfindsamen „Natur" Addisons und Popes aufgab, fügte noch das Motiv der *künstlichen Ruine* hinzu, die das Landschaftsbild historisch vertieft.[1] Etwas Bizarreres ist kaum je ersonnen worden. Die ägyptische Kultur restaurierte die Bauten der Frühzeit, aber sie würde niemals den *Bau von Ruinen* als Symbolen der Vergangenheit gewagt haben. Aber wir lieben eigentlich auch nicht die antike Statue, sondern den antiken *Torso*. Er hat ein Schicksal gehabt; etwas in die Ferne Weisendes umgibt ihn, und das Auge sucht gern den leeren Raum der fehlenden Glieder mit dem Takt und Rhythmus unsichtbarer Linien zu erfüllen. Eine gute Ergänzung – und der geheimnisvolle Zauber unendlicher Möglichkeiten ist zu Ende. Ich wage zu behaupten, daß die Reste der antiken Skulptur erst durch diese *Transposition ins Musikalische* uns nähertreten konnten. Die grüne Bronze, der geschwärzte Marmor, die zertrümmerten Glieder einer Figur heben für unser inneres Auge die Schranken von Ort und Zeit auf. Man hat das *malerisch* genannt – „fertige" Statuen, Bauten, *nicht* verwilderte Parks sind unmalerisch – und in der Tat entspricht es der tieferen Bedeutung des Atelierbrauns,[2] aber man meinte im letzten Grunde den Geist der instrumentalen Musik. Man frage sich, ob der Doryphoros Polyklets, in funkelnder Bronze vor uns stehend, mit Emailaugen und vergoldetem Haar, dieselbe Wirkung tun könnte wie der vom Alter geschwärzte, ob der vatikanische Torso des Herakles nicht seinen mächtigen Eindruck einbüßte, wenn eines Tages die fehlenden Glieder gefunden würden, ob die Türme und Kuppeln unsrer alten

---

[1] Home, ein englischer Philosoph des 18. Jahrhunderts, erklärt in einer Betrachtung über englische Parkanlagen, daß gotische Ruinen *den Triumph der Zeit über die Kraft*, griechische den der Barbarei über den Geschmack darstellen. Damals erst wurde die Schönheit des Rheins mit seinen Ruinen entdeckt. Er war von nun an der *historische* Strom der Deutschen.

[2] Das *Nachdunkeln* alter Gemälde erhöht für unser Gefühl deren Gehalt, mag der Kunstverstand tausendmal dagegen sprechen. Hätten die verwendeten Öle die Bilder zufällig blasser werden lassen, so wäre das als Zerstörung empfunden worden.

Städte nicht ihren tiefen metaphysischen Reiz verlören, wenn man sie mit neuem Kupfer beschlüge. Das Alter adelt für uns wie für die Ägypter alle Dinge. Für den antiken Menschen entwertet es sie.

Hiermit hängt endlich die Tatsache zusammen, daß die abendländische Tragödie „*historische*", nicht etwa nachweisbar wirkliche oder mögliche – das ist nicht der eigentliche Sinn des Wortes – sondern *entfernte, patinierte* Stoffe aus demselben Gefühl vorzog: daß nämlich ein Ereignis von reinem Augenblicksgehalt, ohne Raum- und Zeitferne, ein antikes tragisches Faktum, ein zeitloser Mythos nicht das ausdrücken könne, was die faustische Seele ausdrücken wollte und mußte. Wir haben also Tragödien der Vergangenheit und Tragödien der Zukunft – zu letzteren, in denen der kommende Mensch Träger eines Schicksals ist, gehören in einem gewissen Sinne Faust, Peer Gynt, die Götterdämmerung –, aber Tragödien der Gegenwart besitzen wir nicht, wenn man von der belanglosen Sozialdramatik des 19. Jahrhunderts absieht. Shakespeare wählte, wenn er einmal in Gegenwärtigem Bedeutendes ausdrücken wollte, immer wenigstens fremde Länder, in denen er nie gewesen war, am liebsten Italien; deutsche Dichter gern England und Frankreich – alles das aus einer Abweisung der örtlichen und zeitlichen *Nähe*, welche das attische Drama selbst im Mythos noch betonte.

II. Akt und Porträt

11

Man hat die Antike eine Kultur des Leibes, die nordische eine Kultur des Geistes genannt, nicht ohne den Hintergedanken, damit die eine zugunsten der andern zu entwerten. So trivial der im Renaissancegeschmack gehaltene Gegensatz von antik und modern, heidnisch und christlich zumeist gemeint ist, so hätte er doch zu entscheidenden Aufschlüssen führen können, vorausgesetzt, daß man hinter der Formel ihren Ursprung zu finden verstand.

Ist die Umwelt des Menschen, gleichviel was sie sonst noch sein mag, ein Makrokosmos in bezug auf einen Mikrokosmos, ein ungeheurer Inbegriff von *Symbolen*, so mußte auch der Mensch selbst, soweit er dem Gewebe des Wirklichen angehört, soweit er *Erscheinung ist*, von dieser Symbolik ergriffen werden. Was war es aber, das am Eindruck des Menschen auf seinesgleichen den Rang eines Symbols beanspruchen, sein Wesen und den Sinn seines Daseins in sich sammeln und greifbar vor Augen stellen durfte? Die Antwort gibt die Kunst.

Aber die Antwort mußte in jeder Kultur eine andre sein. Jede hat einen andern Eindruck vom Leben, weil jede anders lebt. Es ist für das Bild des Menschlichen, das metaphysische wie das ethische und künstlerische, schlechthin entscheidend, ob der Einzelne sich als Körper unter Körpern oder als Mitte eines unendlichen Raumes fühlt, ob er grübelnd die Einsamkeit seines Ich oder dessen substanzielle Teilhaberschaft am allgemeinen Consensus erkennt, ob er durch den Takt und Gang seines Lebens das Gerichtetsein betont oder verleugnet. In alledem kommt das Ursymbol der großen Kulturen zum Vorschein. Es sind Weltgefühle, aber die Lebensideale stimmen mit ihnen überein. Aus dem antiken Ideal folgte die rückhaltlose Hinnahme des sinnlichen Augenscheins, aus dem abendländischen dessen ebenso leidenschaftliche Überwindung. Die apollinische Seele, euklidisch, punktförmig, empfand den empirischen, sichtbaren Leib als den vollkommenen Ausdruck ihrer Art, zu sein; die faustische, in alle Fernen schweifend, fand diesen Ausdruck nicht in der Person, dem *soma*, sondern in der *Persönlichkeit*, dem *Charakter* oder wie man es nennen will. „Seele" – das war für den echten Hellenen zuletzt die Form seines Leibes. So hat Aristoteles sie definiert. „Leib" – das war für den faustischen Menschen das Gefäß der Seele. So empfand Goethe.

Aber daraus ergibt sich nun die Wahl und Ausgestaltung sehr verschiedener menschenbildender Künste. Wenn Gluck den Schmerz der Armida durch eine Melodie und den trostlos nagenden Ton der begleitenden Instrumente ausdrückt, so geschieht das bei den pergamenischen Skulpturen durch die Sprache der gesamten Muskulatur. Die hellenistischen Bildnisse suchen durch den Bau des Kopfes

einen geistigen *Typus* zu zeichnen. In China geben die Köpfe der
Heiligen von Ling-yän-si durch den Blick und das Spiel der Mund-
winkel Kunde von einem *ganz persönlichen* Innenleben.

Der antike Hang, den Leib allein reden zu lassen, folgt durchaus
nicht aus einem Überschwang der Rasse. Es ist *nicht* die Weihe des
Blutes – das der Mensch der σωφροσύνη nicht zu verschwenden
hatte[1] –, *nicht*, wie Nietzsche meinte, die orgiastische Freude an un-
gebändigter Energie und überschäumender Leidenschaft. Das alles
würde eher zu den Idealen des germanisch-katholischen und indischen Rittertums gehören. Was der apollinische Mensch und seine
Kunst für sich allein in Anspruch nehmen dürfen, ist lediglich die
Apotheose der leiblichen *Erscheinung* im wörtlichen Sinne, das
rhythmische Ebenmaß des Gliederbaus und die harmonische Ausbildung der Muskulatur. Das ist *nicht* heidnisch im Gegensatz zum
Christentum. Das ist attisch im Gegensatz zum Barock. Erst der
Mensch des Barock, mochte er Christ oder Heide, Rationalist oder
Mönch sein, stand diesem Kultus des betastbaren *soma* fern bis zur
äußersten körperlichen Unreinlichkeit, wie sie in der Umgebung
Ludwigs XIV.[2] herrschte, deren Kostüm von der Allongeperücke
bis zu den Spitzenmanschetten und Schnallenschuhen den Körper
mit einem ornamentalen Gespinst ganz überzog.

Und so entwickelte sich die antike Plastik, nachdem sie die Gestalt von der gesehenen oder gefühlten Wand abgelöst und frei,
beziehungslos auf die Ebene gestellt hatte, wo sie als Körper unter
Körpern allseitig betrachtet werden durfte, folgerichtig weiter bis
zur ausschließlichen Darstellung des *nackten* Leibes. Und zwar, im
Gegensatz zu jeder andern Art von Plastik der gesamten Kunstgeschichte, durch die *anatomisch überzeugende Behandlung seiner Grenzflächen*. Damit ist das euklidische Weltprinzip bis zum äußersten getrieben. Jede Hülle hätte noch einen leisen Widerspruch gegen die
apollinische Erscheinung, eine wenn auch noch so zaghafte Andeutung des umgebenden Raumes enthalten.

---

[1] Man braucht da nur griechische Künstler neben Rubens und Rabelais zu stellen.
[2] Von dem eine seiner Geliebten klagte, *qu'il puait comme une charogne*. Übrigens
haben gerade Musiker immer im Rufe der Unreinlichkeit gestanden.

Das Ornamentale im *großen* Sinne liegt ganz in den Proportionen des Aufbaus[1] und dem Ausgleich der Achsen nach Stütze und Last. Der stehende, sitzende, liegende, jedenfalls in sich gefestigte Leib besitzt ebenso wie der Peripteros kein Innen, das heißt keine „Seele". Die ringsum geschlossene Säulenstellung bedeutet dasselbe wie das allseitig durchgebildete Muskelrelief: beide enthalten die *ganze* Formensprache des Werks.

Es ist ein streng metaphysischer Grund, das Bedürfnis nach einem Lebenssymbol ersten Ranges, das die Hellenen der Spätzeit zu dieser Kunst führte, deren Enge allein durch die Meisterschaft ihrer Leistungen verdeckt worden ist. Denn es ist nicht wahr, daß diese Sprache der Außenfläche die vollkommenste, natürlichste oder auch nur nächstliegende der Menschendarstellung sei. Das Gegenteil ist der Fall. Hätte nicht die Renaissance mit dem vollen Pathos ihrer Theorie und einer gewaltigen Täuschung über ihre eignen Tendenzen unser Urteil bis heute beherrscht, während uns die Plastik selbst innerlich ganz fremd geworden war, so hätten wir das Absonderliche des attischen Stils längst bemerkt. Der ägyptische und chinesische Bildhauer dachten gar nicht daran, den anatomischen Außenbau zur Grundlage des von ihnen gewollten Ausdrucks zu machen. Für gotische Bildwerke endlich kommt die Sprache der Muskeln nirgends in Frage. Dies menschliche Rankenwerk, das in unzähligen Statuen und Reliefgestalten – an der Kathedrale von Chartres sind es mehr als zehntausend – das gewaltige Steingefüge umspinnt, ist *nicht nur* Ornament; es dient schon gegen 1200 zum Ausdruck von Entwürfen, vor denen selbst das Größte verschwindet, was die antike Plastik geschaffen hat. Denn diese Scharen von Wesen bilden eine *tragische Einheit.* Hier hat, noch vor Dante, der Norden das historische Gefühl der faustischen Seele, wie es im Ursakrament der Buße[2] den geistigen Ausdruck und zugleich – in der Beichte – die große Schule findet, zu einem Weltendrama verdichtet. Was Joachim von Floris eben jetzt in seinem apulischen Kloster schaute:

---

[1] Vom feierlichen Kanon des Polyklet bis zum eleganten des Lysipp vollzieht sich dieselbe Entlastung des Aufbaus wie in dem Fortschreiten von der dorischen zur korinthischen Säulenordnung. Das euklidische Gefühl beginnt sich zu lösen.

[2] Vgl. Bd. II, S. 918 f.

das Bild der Welt nicht als Kosmos, sondern als Heilsgeschichte in der Folge von drei Weltaltern, das entstand in Chartres, Reims, Amiens und Paris als Bilderfolge vom Sündenfall bis zum Jüngsten Gericht. Jede der Szenen und der großen symbolischen Gestalten erhielt ihren bedeutsamen Platz an dem heiligen Bau. Jede spielte ihre Rolle in dem ungeheuren Weltgedicht. Und ebenso empfand nun jeder einzelne Mensch, wie sein Lebenslauf als Ornament dem Plan der Heilsgeschichte eingefügt war, und er erlebte diesen persönlichen Zusammenhang in den Formen der Buße und Beichte. Deshalb standen diese Körper aus Stein nicht nur im Dienste der Architektur; sie bedeuteten noch etwas Tiefes und Einziges für sich selbst, das auch die Grabdenkmäler seit den Königsgräbern von St. Denis mit immer wachsender Innerlichkeit zum Ausdruck bringen: sie reden von einer *Persönlichkeit*. Was dem antiken Menschen die vollkommene Durchbildung der körperlichen *Oberfläche* bedeutete – denn das ist der letzte Sinn allen anatomischen Ehrgeizes der griechischen Künstler: das Wesen der lebendigen Erscheinung durch die Gestaltung ihrer Grenzflächen zu erschöpfen –, das wurde für den faustischen Menschen folgerichtig das *Porträt*, der eigentlichste und einzig erschöpfende Ausdruck seines Lebensgefühls. Die hellenische Behandlung des Nackten ist der große Ausnahmefall, und sie hat nur dieses eine Mal zu einer Kunst von hohem Range geführt.[1]

Man hat beides, *Akt und Porträt*, noch nie als Gegensatz empfunden und deshalb beide noch nie in der ganzen Tiefe ihrer kunstgeschichtlichen Erscheinung aufgefaßt. Und trotzdem offenbart sich der volle Gegensatz zweier Welten erst im Widerstreit dieser Formideale. Dort wird in der Haltung des Außenbaus ein *Wesen* zur Schau gestellt. Hier redet der menschliche Innenbau, die Seele, wie das Innere eines Doms durch die Fassade, das „Gesicht" zu uns. Eine Moschee hat kein Gesicht und deshalb mußte der Bildersturm

[1] In andern Landschaften wie Altägypten oder Japan – um eine besonders törichte und flache Begründung vorwegzunehmen – war der Anblick nackter Menschen viel alltäglicher als gerade in Athen, aber der heutige japanische Kunstkenner empfindet die betonte Darstellung des Nackten als lächerlich und banal. Der Akt kommt vor, wie er in der Darstellung von Adam und Eva auch schon am Bamberger Dom vorkommt, aber als Gegenstand ohne irgendwie bedeutende Möglichkeiten.

der Moslime und christlichen Paulikianer, der unter Leo III. auch über Byzanz dahinfuhr, das Bildnishafte aus der bildenden Kunst vertreiben, die von da an einen festen Schatz menschlicher Arabesken besaß. In Ägypten gleicht das Gesicht der Statue dem Pylon als dem Antlitz der Tempelanlage, ein mächtiges Aufragen aus der Steinmasse des Leibes, wie es die „Hyksossphinx von Tanis", das Porträt Amenemhets III., zeigt. In China gleicht das Gesicht einer Landschaft voller Runzeln und kleiner Merkmale, die etwas bedeuten. Für uns aber ist das Bildnis *Musik*. Der Blick, das Spiel des Mundes, die Haltung des Kopfes, die Hände – das ist eine Fuge von zartester Bedeutung, die dem verstehenden Betrachter vielstimmig entgegen*klingt*.

Um aber die Bedeutung des abendländischen Porträts selbst noch im Gegensatz zum ägyptischen und chinesischen zu erkennen, muß man eine tiefe Wandlung in den Sprachen des Abendlandes betrachten, die seit der Merowingerzeit die Heraufkunft eines neuen Lebensgefühls ankündigt. Sie erstreckt sich *gleichmäßig* auf das Altgermanische und das Vulgärlatein, für beide aber *nur* auf die Sprachen innerhalb der Mutterlandschaft der nahenden Kultur, also auf Norwegisch und Spanisch, aber nicht auf das Rumänische. Aus dem Geist der Sprachen und der „Einwirkung" der einen auf die andre kann das nicht erklärt werden, nur aus dem Geist des Menschentums, das den Wortgebrauch zum Symbol erhebt. Statt *sum*, gotisch *im*, sagt man: *ich bin, I am, je suis*; statt *fecisti* heißt es: *tu habes factum, tu as fait, du habes gitân*, und weiterhin: *daz wîp, un homme, man hat*. Das war bis jetzt ein Rätsel,[1] weil man Sprachfamilien als Wesen ansah. Es verliert das Geheimnisvolle, wenn man im Satzbau das Abbild einer Seele entdeckt. Hier beginnt die faustische Seele grammatische Zustände verschiedenster Herkunft für sich umzuprägen. Dies hervortretende „Ich" enthält die erste Morgenröte jener Idee der Persönlichkeit, die viel später das Sakrament der Buße und *persönlichen* Lossprechung schuf. Dieses „*ego habeo factum*", die Einschaltung der Hilfszeitwörter haben und sein zwischen einen Täter und eine Tat an Stelle des *feci, eines bewegten Leibes*, ersetzt die Welt von Körpern

[1] Kluge, Deutsche Sprachgeschichte (1920), S. 202 ff.

durch eine solche von Funktionen zwischen Kraftmittelpunkten, die Statik des Satzes durch Dynamik. Und dieses „Ich" und „Du" löst das Geheimnis des gotischen Porträts. Ein hellenistisches Bildnis ist der Typus einer Haltung, kein „Du", keine Beichte vor dem, der es schafft oder versteht. Unsre Bildnisse schildern etwas *Einzigartiges*, das einmal war und nie wiederkehrt, eine Lebensgeschichte im Ausdruck eines Augenblicks, eine Weltmitte, für die alles andre *ihre* Welt ist, so wie das „Ich" zur Kraftmitte des faustischen Satzes wird.

Es war gezeigt worden, wie das Erlebnis des *Ausgedehnten* seinen Ursprung in der lebendigen *Richtung*, der *Zeit*, dem *Schicksal* hat. Im vollendeten Sein des freistehenden nackten Körpers wird das Tiefenerlebnis abgeschnitten; der „Blick" eines Bildnisses leitet es ins Übersinnlich-Unendliche. Deshalb ist die antike Plastik eine Kunst der Nähe, des Betastbaren, des Zeitlosen. Deshalb liebt sie Motive der kurzen, allerkürzesten Ruhe zwischen zwei Bewegungen, den letzten Augenblick *vor* dem Wurf des Diskos, den ersten *nach* dem Flug der Nike des Paionios, wo der Schwung des Leibes zu Ende ist und die wehenden Gewänder noch nicht fallen, eine Haltung, die gleichweit von Dauer und Richtung entfernt ist, abgesetzt gegen *Zukunft und* Vergangenheit. *Veni, vidi, vici* – das *ist* solch eine Haltung. Ich – kam, ich – sah, ich – siegte: da *wird* etwas noch einmal im Aufbau des Satzes.

Das Tiefenerlebnis ist ein Werden und bewirkt ein Gewordnes; es bedeutet Zeit und ruft den Raum hervor; es ist kosmisch und historisch zugleich. Die lebendige Richtung geht zum *Horizont wie zur Zukunft*. Von Zukunft träumt schon die Madonna der St. Annenpforte von Notre-Dame (1230) und später die „Madonna mit der Erbsenblüte" des Meisters Wilhelm (1400). Über ein Schicksal sinnt, lange vor dem Moses des Michelangelo, der des Klaus Sluter am Brunnen von Dijon (1390), und auch den Sibyllen der sixtinischen Kapelle gehen die des Giovanni Pisano an der Kanzel in Pistoia (1300) voraus. Und endlich ruhen die Gestalten auf allen Grabdenkmälern der Gotik von einem langen Schicksal aus, ganz im Gegensatz zu dem *zeitlosen* Ernst und Spiel, wie es die Grabstelen der attischen Friedhöfe schildern.[1] Das abendländische Porträt ist unendlich in *jedem* Sinne, von 1200 an, wo es aus dem Stein erwacht, bis ins 17. Jahrhundert, wo es ganz Musik wird. Es faßt den Menschen nicht nur als Mittelpunkt des natürlichen Weltalls, dessen Erscheinung von seinem Sein Gestalt und Bedeutung empfängt; es faßt ihn vor allem als Mittelpunkt der Welt als Geschichte. Die antike Statue ist ein Stück gegenwärtiger Natur und nichts außerdem. Die antike Dichtung gibt Statuen in Worten. Hier liegt die Wurzel für unser Gefühl, das den Griechen eine reine Hingabe an die Natur zuschreibt. Wir werden uns nie ganz von dem Empfinden befreien, daß der gotische Stil neben dem griechischen *Unnatur* ist, nämlich *mehr* als „Natur". Nur verhehlen wir uns, daß darin das Empfinden eines Mangels bei den Griechen zu Worte kommt. Die abendländische Formensprache ist reicher. Das Porträt gehört der Natur *und* der Geschichte an. Ein Grabmal der großen Niederländer, die seit 1260 an den Königsgräbern in St. Denis arbeiteten, ein Bildnis von Holbein, Tizian, Rembrandt oder Goya ist eine *Biographie*; ein Selbstporträt ist eine *geschichtliche Beichte*. Beichten heißt nicht eine Tat eingestehen, sondern die innere *Geschichte* dieser Tat dem Richter vorlegen. Die Tat ist offenkundig; ihre *Wurzeln* sind das persönliche Geheimnis. Wenn der Protestant und der Freigeist sich gegen die Ohrenbeichte auflehnen, so kommt es ihnen nicht zum Bewußtsein, daß sie nicht die Idee, sondern nur ihre äußere Fassung verwerfen. Sie weigern sich, dem Priester zu beichten, aber sie beichten sich selbst, dem Freunde oder der Menge. Die gesamte nordische Poesie ist eine laute Bekenntniskunst. Das Porträt Rembrandts und die Musik Beethovens sind es auch. Was Raffael, Calderon und Haydn dem Priester mitteilten, haben jene in die Sprache ihrer Werke übertragen. Wer schweigen muß, weil ihm die *Größe* der Form versagt blieb, um auch das letzte aufzunehmen, geht zugrunde wie Hölderlin. Der abendländische Mensch lebt mit dem *Bewußtsein* des Werdens, mit dem ständigen Blick auf Vergangenheit und Zukunft. Der Grieche lebt punktförmig, unhistorisch, somatisch. Kein Grieche wäre einer echten Selbstkritik fähig gewesen. Auch das liegt

---

[1] A. Conze, Die attischen Grabreliefs (1893 ff.).

in der Erscheinung der nackten Statue, dem vollkommen *unhisto-rischen* Abbild eines Menschen. Ein Selbstporträt ist das genaue Sei-tenstück der Selbstbiographie in der Art des „Werther" und „Tasso", und das eine der Antike so fremd wie das andre. Es gibt nichts Un-persönlicheres als die griechische Kunst. Daß Skopas oder Lysippos ein Bildnis von sich selbst gemacht hätten, kann man sich gar nicht vorstellen.

Man betrachte bei Phidias, bei Polyklet, bei irgendeinem andern Meister nach den Perserkriegen die Wölbung der Stirn, die Lippen, den Ansatz der Nase, das blind gehaltene Auge – wie das alles der Ausdruck einer ganz unpersönlichen, pflanzenhaften, *seelenlosen* Lebenshaltung ist. Man frage sich, ob diese Formensprache imstande wäre, ein inneres Erlebnis auch nur anzudeuten. Es gab nie eine Kunst, für welche so ausschließlich nur die mit dem Auge betastbare Oberfläche von Körpern in Betracht kam. Bei Michelangelo, der sich mit seiner ganzen Leidenschaft dem Anatomischen ergab, ist trotzdem die leibliche Erscheinung stets der Ausdruck der Arbeit aller Knochen, Sehnen, Organe *des Innern*; das Lebendige *unter* der Haut tritt in Erscheinung, ohne daß es gewollt war. Es ist eine Phy-siognomik, keine Systematik der Muskulatur, die er ins Leben rief. Aber damit war bereits das persönliche Schicksal, nicht der stoffliche Leib der eigentliche Ausgangspunkt des Formgefühls geworden. Es liegt mehr Psychologie (und weniger „Natur") im Arm eines seiner Sklaven als im Kopfe des praxitelischen Hermes. Beim Diskobolos des Myron ist die äußere Form ganz für sich da ohne alle Beziehung auf die inneren Organe, geschweige denn die „Seele". Man ver-gleiche mit den besten Arbeiten dieser Zeit die altägyptischen Sta-tuen etwa des Dorfschulzen oder des Königs Phiops, oder andrer-seits den David des Donatello, und man wird verstehen, was es heißt, einen Körper nur seiner stofflichen Grenze nach anerkennen. Alles, was bei den Griechen den Kopf als den Ausdruck von etwas Innerlichem und Geistigem erscheinen lassen könnte, ist peinlich vermieden. Gerade bei Myron tritt das hervor. Ist man einmal darauf aufmerksam geworden, so erscheinen die besten Köpfe der Blüte-zeit, aus der Perspektive unsres gerade entgegengesetzten Weltge-

fühls betrachtet, nach einer Weile dumm und stumpf. Das Biographische, das *Schicksal* fehlt ihnen. Nicht umsonst waren ikonische
Statuen als Weihgeschenke in dieser Zeit verpönt. Die Siegerstatuen
in Olympia sind unpersönliche Darstellungen einer Kampfhaltung
gewesen. Es gibt bis auf Lysippos herab nicht einen echten Charakterkopf. Es gibt nur Masken. Oder man betrachte die Gestalt im
ganzen: mit welcher Meisterschaft ist da der Eindruck vermieden,
als ob der Kopf der bevorzugte Teil des Leibes sei. Deshalb sind diese
Köpfe so klein, so unbedeutend in der Haltung, so wenig durch-
modelliert. Überall sind sie durchaus als Teil des Körpers, wie Arm
und Schenkel, niemals als Sitz und Symbol eines Ich geformt.

Man wird endlich sogar finden, daß der weibliche, selbst weibische
Eindruck vieler dieser Köpfe des 5. und mehr noch des 4. Jahrhunderts[1] das allerdings ungewollte Ergebnis der Bestrebung ist,
jede persönliche Charakteristik gänzlich auszuschließen. Man ist
vielleicht zu dem Schlusse berechtigt, daß der ideale Gesichtstypus
dieser Kunst, der sicherlich nicht der des Volkes war, wie die spätere
naturalistische Bildnisplastik sofort beweist, als Summe von lauter
Verneinungen, des Individuellen und Geschichtlichen nämlich, also
aus der Beschränkung der Gesichtsbildung auf das rein Euklidische
entstanden ist.

Das Porträt der großen Barockzeit behandelt dagegen mit allen
Mitteln des malerischen Kontrapunkts, die wir als Träger räumlicher
und historischer Fernen kennen gelernt haben, durch die in Braun
getauchte Atmosphäre, die Perspektive, den bewegten Pinselstrich,
die zitternden Farbentöne und Lichter den Leib als etwas an sich
Unwirkliches, als ausdrucksvolle Hülle eines raumbeherrschenden
Ich. (Die Freskotechnik, euklidisch wie sie ist, schließt die Lösung
einer solchen Aufgabe vollkommen aus.) Das ganze Gemälde hat
nur das eine Thema: Seele. Man achte darauf, wie bei Rembrandt
(etwa auf der Radierung des Bürgermeisters Six oder dem Archi-
tektenbildnis in Kassel) und zuletzt noch einmal bei Marées und

[1] Der Apollo mit der Kithara in München wurde von Winckelmann und seiner
Zeit als Muse bewundert und gepriesen. Ein Athenekopf nach Phidias in Bologna
galt noch vor kurzem als der eines Feldherrn. In einer physiognomischen Kunst
wie der des Barock wären solche Irrungen völlig unmöglich.

Leibl (auf dem Bildnis der Frau Gedon) die Hände und die Stirn gemalt sind, durchgeistigt bis zur Auflösung der Materie, visionär, voller Lyrik – und vergleiche damit die Hand und die Stirn eines Apollo oder Poseidon aus der Zeit des Perikles.

Deshalb war es ein echtes und tiefes Empfinden der Gotik, den Leib zu verhüllen, nicht des Leibes wegen, sondern um in der Ornamentik der Gewandung eine Formensprache zu entwickeln, die mit der Sprache des Kopfes und der Hände wie eine Fuge des Lebens zusammenklang: ganz so verhielten sich die Stimmen im Kontrapunkt und im Barock der basso continuo zu den Oberstimmen des Orchesters. Bei Rembrandt ist es immer die Baßmelodie des Kostüms, über welcher die Motive des Kopfes spielen.

Die altägyptische Statue verneint wie die gotische Gewandfigur den Eigenwert des Leibes: diese durch die ganz ornamental behandelte Kleidung, deren Physiognomie die Sprache des Antlitzes und der Hände verstärkt, jene, indem sie den Körper – wie die Pyramide, den Obelisken – in einem mathematischen Schema hält und das Persönliche auf den Kopf, mit einer wenigstens in der Skulptur nie wieder erreichten Größe der Auffassung beschränkt. Der Faltenwurf soll in Athen den Sinn des Leibes offenbaren, im Norden ihn auflösen. Das Gewand wird dort zum Körper, hier zur Musik – dies ist der tiefe Gegensatz, der in Werken der Hochrenaissance zu einem schweigenden Kampf zwischen dem gewollten und dem unbewußt hervordringenden Ideal des Künstlers führt, in welchem das erste, antigotische, oft genug auf der Oberfläche, das zweite, von der Gotik zum Barock leitende, immer in der Tiefe siegt.

12

Ich fasse jetzt den Gegensatz von apollinischem und faustischem Menschheitsideal zusammen. Akt und Porträt verhalten sich wie Körper und Raum, wie Augenblick und Geschichte, Vordergrund und Tiefe, wie die euklidische zur analytischen Zahl, wie Maß und Beziehung. Die *Statue* wurzelt im Boden, die Musik – und das abendländische *Porträt ist* Musik, aus Farbentönen gewebte Seele –

durchdringt den grenzenlosen Raum. Das Freskogemälde ist mit der Wand verbunden, verwachsen; das Ölgemälde, als Tafelbild, ist frei von den Schranken eines Ortes. Die apollinische Formensprache offenbart ein Gewordnes, die faustische vor allem auch ein Werden.

Deshalb zählt die abendländische Kunst Kinderporträts und Familienbildnisse zu ihren besten und innerlichsten Leistungen. Der attischen Plastik waren diese Motive völlig versagt, und wenn in hellenistischer Zeit der Putto zu einem spielerischen Motiv wird, so geschieht es, weil er einmal etwas *anderes*, nicht weil er etwas Werdendes ist. Das Kind verknüpft Vergangenheit und Zukunft. Es bezeichnet in jeder menschenbildenden Kunst, die überhaupt Anspruch auf symbolische Bedeutung erhebt, die Dauer im Wechselnden der Erscheinung, die Unendlichkeit des Lebens. Aber das antike Leben erschöpfte sich in der Fülle des Augenblicks und man verschloß das Auge vor zeitlichen Fernen. Man dachte an die Menschen gleichen Blutes, die man neben sich sah, nicht an die kommenden Geschlechter. Und deshalb hat es niemals eine Kunst gegeben, die der vertieften Darstellung von Kindern so entschieden aus dem Wege gegangen ist wie die griechische. Man überdenke die Fülle von Kindergestalten, welche von der frühen Gotik bis zum sterbenden Rokoko und vor allem auch in der Renaissance entstanden sind, und suche demgegenüber auch nur ein antikes Werk von Rang bis auf Alexander herab, das mit Absicht dem ausgebildeten Körper des Mannes oder Weibes den kindlichen zur Seite stellt, dessen Dasein noch in der Zukunft liegt.

In der *Idee des Muttertums* ist das unendliche Werden begriffen. Das mütterliche Weib *ist* die Zeit, *ist* das Schicksal. Wie der mystische Akt des Tiefenerlebnisses aus dem Sinnlichen das Ausgedehnte und also die *Welt* bildet, so entsteht durch die Mutterschaft der leibliche Mensch als einzelnes Glied dieser Welt, in der er nun ein Schicksal hat. Alle Symbole der Zeit und Ferne sind auch Symbole des Muttertums. Die *Sorge* ist das Urgefühl der Zukunft und alle Sorge ist mütterlich. Sie spricht sich in den Bildungen und Ideen von Familie und Staat aus und in dem Prinzip der *Erblichkeit*, das beiden

zugrunde liegt. Man kann sie bejahen oder verneinen; man kann sor-
genvoll leben oder sorglos. Und man kann also auch die Zeit im
Zeichen der Ewigkeit auffassen oder in dem des Augenblicks, und
deshalb das Schauspiel der Zeugung und Geburt oder das der Mutter
mit dem Kinde an der Brust als Symbole des Lebens im Raume durch
alle Mittel der Kunst versinnlichen. Das erste haben Indien und die
Antike, das letzte Ägypten und das Abendland getan.[1] Phallus und
Lingam haben etwas rein Gegenwärtiges, Beziehungsloses, und etwas davon liegt auch in der Erscheinung der dorischen Säule wie
der attischen Statue. Die stillende Mutter verweist in die Zukunft
und sie ist es, welche der antiken Kunst vollkommen fehlt. Man
möchte sie nicht einmal im Stil des Phidias gebildet sehen. Man
fühlt, daß diese Form dem Sinn der Erscheinung widerspricht.

In der religiösen Kunst des Abendlandes gab es keine erhabnere
Aufgabe. Mit der anbrechenden Gotik wird die Maria Theotokos
der byzantinischen Mosaiken zur Mater dolorosa, zur Mutter Gottes, zur Mutter überhaupt. Im germanischen Mythos erscheint sie,
ohne Zweifel erst seit der Karolingerzeit, als Frigga und Frau Holle.
Wir finden das gleiche Gefühl in schönen Wendungen der Minnesänger wie Frau Sonne, Frau Welte, Frau Minne ausgedrückt.
Etwas Mütterliches, Sorgendes, Duldendes durchzieht das ganze
Weltbild der frühgotischen Menschheit, und als das germanisch-
katholische Christentum zum vollen Bewußtsein seiner selbst herangereift war, in der endgültigen Fassung der Sakramente und *gleichzeitig des gotischen Stils*, da hat es *nicht den leidenden Erlöser, sondern
die leidende Mutter* in die Mitte seines Weltbildes gestellt. Um 1250
wird in dem großen Statuenepos der Kathedrale von Reims der
herrschende Platz an der Mitte des Hauptportals, den in Paris und
Amiens noch Christus erhalten hatte, der Madonna eingeräumt, und
um dieselbe Zeit beginnt die toskanische Schule zu Arezzo und
Siena (Guido da Siena), in den byzantinischen Bildtypus der Theotokos den Ausdruck mütterlicher Liebe zu legen. Die Madonnen
Raffaels leiten dann zu dem weltlichen Typus des Barock hinüber,
der mütterlichen Geliebten, zu Ophelia und Gretchen, deren Ge-

[1] Vgl. Bd. I, S. 177, Bd. II, S. 912.

heimnis sich in der Verklärung am Schlusse des zweiten Faust, in der Verschmelzung mit der frühgotischen *Maria* erschließt.

Ihr stellte die hellenische Einbildungskraft Göttinnen gegenüber, die Amazonen – wie Athene – oder Hetären – wie Aphrodite – waren. Das ist der antike Typus vollkommener Weiblichkeit, aus dem Grundgefühl pflanzenhafter Fruchtbarkeit erwachsen. Auch hier erschöpft das Wort *soma* den ganzen Sinn der Erscheinung. Man denke an das Meisterwerk dieser Art, die drei mächtigen Frauenkörper im Ostgiebel des Parthenon, und vergleiche damit das erhabenste Bildnis einer Mutter, die sixtinische Madonna Raffaels. In ihr ist nichts Körperhaftes mehr. Sie ist ganz Ferne, ganz Raum. Die Helena der Ilias, an der *mütterlichen* Gefährtin Siegfrieds, Kriemhild, gemessen, ist Hetäre; Antigone und Klytämnestra sind Amazonen. Es ist auffallend, wie selbst Aischylos in der Tragödie seiner Klytämnestra die Tragik der Mutter mit Schweigen übergeht. Und die Gestalt der Medea ist vollends die mythische *Umkehrung* des faustischen Typus der Mater dolorosa. Nicht um der Zukunft, nicht um der Kinder willen ist sie da; mit dem Geliebten, dem Symbol des Lebens als einer reinen Gegenwart, versinkt ihr alles. Kriemhild rächt ihre ungeborenen Kinder. *Diese* Zukunft hatte man ihr gemordet. Medea rächt nur ein vergangenes Glück. Als die antike Plastik – eine Spätkunst, denn die orphische Frühzeit[1] *schaute* die Götter, aber *sah* sie nicht – daranging, das Bild der Götter zu verweltlichen,[2] schuf sie eine antik-weibliche Idealgestalt, die – wie die knidische Aphrodite – lediglich ein schöner Gegenstand ist, kein Charakter, kein Ich, sondern ein Stück Natur. Praxiteles hat es deshalb endlich gewagt, eine Göttin völlig nackt darzustellen.

---

[1] Vgl. Bd. II, S. 902f.

[2] Die Standespoesie Homers, darin der höfischen Erzählungskunst Boccaccios nahe verwandt, hatte allerdings damit begonnen. Daß aber die streng religiösen Kreise im ganzen Verlauf der Antike das als Profanation empfanden, lehrt der bei Homer durchschimmernde bildlose Kult, in noch höherem Grade aber der Zorn aller Denker, die wie Heraklit und Plato den Tempeltraditionen nahestanden. Man wird finden, daß die sehr späte schrankenlose Behandlung auch der höchsten Gottheiten durch die Kunst dem theatralischen Katholizismus von Rossini und Liszt nicht unähnlich ist, der sich leise schon bei Corelli und Händel ankündigt und schon 1564 beinahe zum Verbot der Kirchenmusik geführt hätte.

Diese Neuerung fand strengen Tadel, aus dem Gefühl heraus, daß hier ein Zeichen des niedergehenden antiken Weltgefühls erscheine. So sehr sie der erotischen Symbolik entsprach, so sehr widersprach sie der Würde der älteren griechischen Religion. Aber eben jetzt wagt sich auch eine Bildniskunst hervor, und zwar gleich mit der Erfindung einer Form, die seitdem nicht wieder vergessen wurde: *der Büste*. Nur hat die Kunstforschung den Fehler begangen, auch hier wieder „die" Anfänge „des" Porträts zu entdecken. In Wirklichkeit redet ein gotisches Antlitz von einem individuellen Schicksal, und ein ägyptisches trägt trotz des strengen Schematismus der Figur die kenntlichen Züge einer Einzelperson, weil sie nur dann der höheren Seele des Toten, dem Ka, als Wohnsitz dienen konnte. Hier aber entwickelt sich ein Geschmack an *Charakterbildern* wie in der gleichzeitigen attischen Komödie, in der auch nur *Typen* von Menschen und Situationen vorkommen, denen man irgendeinen Namen gibt. Das „Porträt" ist nicht durch persönliche Züge, sondern nur durch den beigeschriebenen Namen gekennzeichnet. Das ist unter Kindern und Urmenschen die allgemeine Sitte und hängt tief mit dem Namenzauber zusammen. Mit dem Namen ist etwas vom Wesen des Genannten in den Gegenstand gebannt, und jeder Betrachter erblickt es nun auch darin. So müssen die Statuen der Tyrannenmörder in Athen, die – etruskischen – Königsstatuen auf dem Kapitol und die „ikonischen" Siegerbildnisse in Olympia gewesen sein: nicht „ähnlich", sondern benannt. Aber dazu tritt nun das genrehaft-kunstgewerbliche Streben einer Zeit, die auch die korinthische Säule geschaffen hat. Man arbeitet die Typen der Lebensbühne heraus, das ἦθος, was wir falsch mit Charakter übersetzen, denn es sind Arten und Sitten der öffentlichen Haltung: „der" ernste Feldherr, „der" tragische Dichter, „der" von Leidenschaft verzehrte Redner, „der" ganz in sich versunkene Philosoph. Erst von hier aus versteht man die berühmten Bildnisse des Hellenismus, die sehr mit Unrecht als Ausdruck tiefen Seelenlebens angesprochen werden. Es ist nicht sehr wichtig, ob das Werk den Namen eines längst Gestorbenen trägt – die Sophoklesstatue entstand um 340 – oder den eines Lebenden wie der Perikles des Kresilas. Erst nach

400 ging Demetrios von Alopeke daran, die individuellen Eigen-
tümlichkeiten *im Außenbau* eines Menschen hervorzuheben, und von
seinem Zeitgenossen Lysistratos, dem Bruder des Lysipp, erzählt
Plinius, daß er seine Porträts durch einen Gipsabdruck des Gesichts
hergestellt habe, der nur leicht nachgearbeitet wurde. Wie wenig
das Porträts im Sinne der Kunst Rembrandts sind, hätte nie verkannt
werden sollen. Die *Seele* fehlt. Man hat den glänzenden Verismus
namentlich der Römerbüsten mit physiognomischer Tiefe verwechselt. Was die Werke höheren Ranges vor diesen Handwerks- und
Virtuosenarbeiten auszeichnet, ist dem Kunstwollen von Marées
oder Leibl gerade entgegengesetzt. Das Bedeutende wird nicht
herausgeholt, sondern hineingetragen. Ein Beispiel ist die Demos-
thenesstatue, deren Urheber den Redner vielleicht wirklich gesehen
hat. Da sind die Besonderheiten der Oberfläche des Körpers betont,
vielleicht übertrieben – das nannte man damals Naturtreue –, aber
in diese Anlage ist dann der Charaktertypus des „ernsten Redners" '
hineingearbeitet worden, wie ihn auf andrer „Unterlage" die Bildnisse des Aischines und Lysias in Neapel zeigen. Das ist Lebens-
wahrheit, aber wie sie der antike Mensch empfand, typisch und
unpersönlich. Wir haben das Ergebnis mit *unsern* Augen gesehen
und deshalb mißverstanden.

13

In der Ölmalerei vom Ende der Renaissance an kann man die
Tiefe eines Künstlers mit Sicherheit an dem Gehalt seiner Porträts
ermessen. Diese Regel erleidet kaum eine Ausnahme. Alle Gestalten
im Bilde, ob einzeln, ob in Szenen, Gruppen, Massen,[1] sind dem
physiognomischen Grundgefühl nach Porträts, ob sie es sein sollen
oder nicht. Das stand nicht in der Wahl des einzelnen Künstlers.
Nichts ist lehrreicher, als zu sehen, wie sich unter den Händen eines
wirklich faustischen Menschen selbst der Akt in eine Porträtstudie

---

[1] Selbst die Landschaften des Barock entwickeln sich von zusammengestellten
Hintergründen zu Porträts bestimmter Gegenden, deren *Seele* geschildert wird.
Sie bekommen *Gesichter*.

verwandelt.[1] Man nehme zwei deutsche Meister wie Lukas Cranach und Tilman Riemenschneider, die von aller Theorie unberührt blieben und, im Gegensatz zu Dürer und dessen Hange zu ästhetischen Grübeleien und also zur Nachgiebigkeit fremden Tendenzen gegenüber, mit vollkommener Naivität arbeiteten. In ihren – sehr seltenen – Akten zeigen sie sich gänzlich außerstande, den Ausdruck ihrer Schöpfung in die unmittelbar gegenwärtige flächenbegrenzte Körperlichkeit zu legen. Der Sinn der menschlichen Erscheinung und mithin des ganzen Werkes bleibt regelmäßig im Kopfe gesammelt, bleibt physiognomisch, nicht anatomisch, und das gilt, trotz des entgegengerichteten Wollens und trotz aller italischen Studien, auch von Dürers Lukrezia. Ein faustischer Akt – das ist ein Widerspruch in sich selbst. Daher mancher Charakterkopf auf einem unglücklichen Akt wie schon der Hiob der altfranzösischen Kathedralplastik. Daher das peinlich Gezwungene, das Schwankende und Befremdende solcher Versuche, die sich allzu deutlich als Opfer vor dem hellenisch-römischen Ideal verraten, Opfer, die der Kunstverstand, nicht die Seele bringt. Es gibt in der gesamten Malerei nach Lionardo kein bedeutendes oder bezeichnendes Werk mehr, dessen Sinn von dem euklidischen Dasein eines nackten Körpers getragen wird. Wer hier Rubens nennen und dessen unbändige Dynamik schwellender Leiber in irgendeine Beziehung zur Kunst des Praxiteles und selbst des Skopas setzen wollte, der versteht ihn nicht. Gerade die prachtvolle Sinnlichkeit hielt ihn von der *Statik* der Körper Signorellis fern. Wenn irgendein Künstler in die Schönheit nackter Leiber ein Maximum von *Werden*, von *Geschichte* dieses Blühens und Leibens, von ganz unhellenischer Ausstrahlung einer inneren Unendlichkeit gelegt hat, so war es Rubens. Man vergleiche den Pferdekopf aus dem Parthenongiebel mit denen in seiner Amazonenschlacht, und man wird auch da den tiefen metaphysischen Gegensatz in der Fassung des gleichen Erscheinungselements fühlen. Bei Rubens – um wieder an den Gegensatz von faustischer und apollinischer Mathematik zu erinnern – ist der Körper nicht Größe, sondern Beziehung;

---

[1] Man könnte die hellenistische Bildniskunst als den entgegengesetzten Vorgang bezeichnen.

nicht die sinnvolle Regel seiner äußeren Gliederung, sondern die
Fülle des strömenden Lebens in ihm, der Weg von der Jugend zum
Alter ist das Motiv, das sich im Jüngsten Gericht, wo die Leiber zu
Flammen werden, mit der Bewegtheit des Weltraumes verbindet,
eine gänzlich unantike Synthese, die auch den Nymphenbildern
Corots nicht fremd ist, deren Gestalten im Begriffe sind, sich in
Farbenflecke, Reflexe des unendlichen Raumes aufzulösen. So war
der antike Akt *nicht gemeint*. Man verwechsle das griechische Formideal – das eines in sich abgeschlossenen plastischen Daseins – auch
nicht mit der bloßen virtuosen Darstellung schöner Leiber, wie sie
sich von Giorgione bis auf Boucher immer wieder finden, fleisch-
liche Stilleben, Genrearbeiten, die lediglich, wie Rubens' Frau mit
dem Pelz, eine heitere Sinnlichkeit zum Ausdruck bringen und in
Hinsicht auf das symbolische Gewicht der Leistung – sehr im Gegensatz zu dem hohen Ethos antiker Akte – weit zurücktreten.[1]

Diese – ausgezeichneten – Maler haben dementsprechend weder
im Porträt noch in der Darstellung tiefer Welträume vermittelst der
Landschaft das Höchste erreicht. Ihrem Braun und Grün, ihrer Perspektive fehlt die „Religion", die Zukunft, das Schicksal. Sie sind
Meister allein im Bereich der *elementaren* Form, in deren Verwirklichung ihre Kunst sich erschöpft. Sie sind es, deren Schar die
eigentliche Substanz der Entwicklungsgeschichte einer großen *Kunst*
bildet. Wenn aber ein großer *Künstler* darüber hinaus zu jener andern, die ganze Seele und den ganzen Sinn der Welt umfassenden
Form vordringt, so *mußte* er innerhalb der antiken Kunst zur Durchbildung eines nackten Körpers schreiten, in der nordischen *durfte* er es
nicht. Rembrandt hat in jenem Vordergrundsinne nie einen Akt gemalt; Lionardo, Tizian,Velasquez und unter den letzten Menzel, Leibl,
Marées, Manet jedenfalls selten (und dann immer, ich möchte sagen
Leiber *alsLandschaften*). Das Porträt bleibt der untrügliche Prüfstein.[2]

---

[1] Nichts kann das Absterben der abendländischen Kunst seit Mitte des 19. Jahrhunderts deutlicher kennzeichnen als die alberne, massenhafte Aktmalerei; der
tiefere Sinn des Aktstudiums und der Bedeutung des Motivs ist vollkommen verloren gegangen.

[2] Rubens und unter den Neueren vor allem Böcklin und Feuerbach verlieren,
Goya, Daumier, in Deutschland vor allem Oldach, Wasmann, Rayski und viele

Aber man würde Meister wie Signorelli, Mantegna, Botticelli und selbst Verrocchio niemals an dem Range ihrer Porträts messen. Das Reiterdenkmal des Cangrande von 1330 ist in einem viel höheren Sinne Porträt als der Bartolommeo Colleoni. Raffaels Bildnisse, deren beste wie das des Papstes Julius II. unter dem Einfluß des Venezianers Sebastian del Piombo entstanden, könnte man bei der Würdigung seines Schaffens gänzlich außer acht lassen. Erst bei Lionardo sind sie von Gewicht. Es besteht ein feiner Widerspruch zwischen Freskotechnik und Bildnismalerei. In der Tat ist Giovanni Bellinis Doge Loredan das erste große Ölporträt. Auch hier offenbart sich der Charakter der Renaissance als einer Auflehnung gegen den faustischen Geist des Abendlandes. Die Episode von Florenz bedeutet den Versuch, das Porträt gotischen Stils – also nicht das spätantike Idealbildnis, das man vornehmlich durch die Cäsarenbüsten kannte – als Symbol des Menschlichen durch den Akt zu ersetzen. Folgerichtig hätten der gesamten Renaissancekunst die physiognomischen Züge fehlen müssen. Allein der starke Tiefenstrom faustischen Kunstwollens, nicht nur in kleineren Städten und Schulen Mittelitaliens, sondern selbst im Unbewußten der großen Maler, bewahrte eine nie unterbrochene gotische Tradition. Die Physiognomik gotischer Art unterwarf sich sogar das ihr so fremde Element des südlich-nackten Körpers. Was man entstehen sieht, sind nicht Körper, die durch die Statik ihrer Grenzflächen zu uns reden; wir bemerken ein *Mienenspiel*, das sich vom Antlitz über alle Teile des Körpers verbreitet und für das feinere Auge gerade in die toskanische *Nacktheit* eine tiefe Identität mit dem *gotischen Gewande* legt. Sie ist eine Hülle, keine Grenze. Die ruhenden nackten Gestalten Michelangelos in der Mediceerkapelle vollends sind ganz und gar Antlitz und Sprache einer *Seele*. Vor allem aber wurde jeder gemalte oder modellierte Kopf von selbst zum Porträt, auch der von Göttern und Heiligen. Alles was A. Rossellino, Donatello, Benedetto da Maiano, Mino da Fiesole im Porträt geleistet haben, steht dem Geiste der Van Eyck, Memlings und der frührheinischen Meister oft bis zum Verwechseln

---

andre fast vergessene Künstler aus dem Anfang des 19. Jahrhunderts gewinnen dabei. Marées tritt in die Reihe der allergrößten.

nahe. Ich behaupte, daß es überhaupt kein eigentliches Renaissance-
porträt gibt und geben kann, wenn man darunter die gleiche in
einem Antlitz gesammelte künstlerische Gesinnung versteht, welche
den Hof des Palazzo Strozzi von der Loggia dei Lanzi und Perugino
von Cimabue trennt. Im Architektonischen war eine antigotische
Schöpfung möglich, so wenig von apollinischem Geiste sie auch besaß; im Bildnis, das schon als Gattung ein faustisches Sinnbild war,
ist sie es nicht. Michelangelo ging der Aufgabe aus dem Weg. In
seiner leidenschaftlichen Verfolgung eines plastischen Ideals hätte er
die Beschäftigung mit ihr als ein Herabsteigen empfunden. Seine
Brutusbüste ist so wenig ein Bildnis wie sein Giuliano de' Medici, dessen Porträt von Botticelli ein wirkliches, mithin eine ausgesprochen
gotische Schöpfung ist. Michelangelos Köpfe sind Allegorien im Stil
des anbrechenden Barock und selbst mit gewissen hellenistischen Arbeiten nur oberflächlich vergleichbar. Man mag den Wert der Uz-
zanobüste des Donatello, vielleicht der bedeutendsten Leistung dieser Epoche und dieses Kreises, noch so hoch bemessen; man wird zugeben, daß sie neben den Bildnissen der Venezianer kaum in Betracht kommt.

Es verdient bemerkt zu werden, daß diese wenigstens ersehnte
Überwindung des gotischen Porträts durch den vermeintlich antiken Akt – einer tief historischen und biographischen Form durch
eine vollkommen ahistorische – mit einem gleichzeitigen Nieder-
gang der Fähigkeit zur innern Selbstprüfung und zur künstlerischen
Konfession im Goetheschen Sinne verschwistert erscheint. Kein ech-
ter Renaissancemensch kennt eine seelische Entwicklung. Er ver-
mochte ganz nach außen zu leben. Darin lag das hohe Glück des
Quattrocento. Zwischen Dantes „Vita nuova" und Michelangelos
Sonetten ist keine poetische Beichte, kein Selbstporträt von hohem
Rang entstanden. Der Renaissancekünstler und Humanist ist im
Abendland der einzige, für den Einsamkeit ein leeres Wort bleibt.
Sein Leben vollzieht sich im Lichte *höfischen* Daseins. Er fühlt und
empfindet öffentlich, ohne heimliches Ungenügen, ohne Scham. Das
Leben der großen gleichzeitigen Niederländer dagegen vollzog sich
im Schatten ihrer Werke. Darf man hinzufügen, daß *also auch* jenes

andre Symbol der historischen Ferne, der Sorge, Dauer und Nach-
denklichkeit, der *Staat*, von Dante bis auf Michelangelo aus der
Sphäre der Renaissance verschwindet? Im „wankelmütigen Florenz", das all seine großen Bürger bitter gescholten haben und dessen Unfähigkeit zu politischen Bildungen an andern abendländischen Staatsformen gemessen ans Bizarre streift, und überall dort,
wo der antigotische – nach dieser Seite hin betrachtet also *antidyna-
stische* – Geist eine lebendige Wirksamkeit in Kunst und Öffentlichkeit entfaltet, machte der Staat einer wahrhaft hellenischen Jämmer-
lichkeit in Gestalt der Medici, Sforza, Borgia, Malatesta und wüster
Republiken Platz. Nur dort, wo die Plastik *keine* Stätte fand, wo die
südliche Musik zu Hause war, wo Gotik und Barock in der Ölmalerei
des Giovanni Bellini sich berührten und die Renaissance ein Gegenstand gelegentlicher Liebhaberei blieb, gab es neben dem Porträt
eine feine Diplomatie und den Willen zur politischen Dauer: in
Venedig.

14

Die Renaissance war aus dem Trotz geboren. Es fehlt ihr darum
an Tiefe, Umfang und Sicherheit der formbildenden Instinkte. Sie
ist die einzige Epoche, die in der Theorie folgerichtiger war als in
den Leistungen. Sie war auch, sehr im Gegensatz zu Gotik und Barock, die einzige, in welcher das theoretisch formulierte Wollen dem
Können voranging und es oft genug überragte. Aber die erzwun-
gene Gruppierung der einzelnen Künste um eine antikisierende Plastik konnte die Künste in den letzten Wurzeln ihres Wesens nicht
verwandeln. Sie bewirkte nur eine Verarmung der inneren Möglichkeiten. Für Naturen von mittlerem Umfang war das Thema der
Renaissance zureichend. Es kommt ihnen infolge der Klarheit seiner
Fassung sogar entgegen und man vermißt deshalb das gotische Ringen mit übermächtigen und gestaltlosen Problemen, das die rheinischen und niederländischen Schulen kennzeichnet. Die verführeri-
sche Leichtigkeit und Klarheit beruht nicht zum wenigsten auf dem
Umgehen des tieferen Widerstandes durch eine allzu schlichte Regel.
Für Menschen von der Innerlichkeit Memlings und der Gewalt

Grünewalds, wenn sie im Bereich dieser toskanischen Formenwelt geboren wurden, mußte das zum Verhängnis werden. Sie konnten nicht in ihr und durch sie, nur gegen sie zur Entfaltung ihrer Kräfte kommen. Wir sind geneigt, das Menschliche der Renaissancemaler zu überschätzen, nur weil wir keine Schwäche in der Form entdekken. Aber im Gotischen und im Barock erfüllt ein ganz großer Künstler seine Mission, indem er ihre Sprache vertieft und vollendet; in der Renaissance mußte er sie zerstören.

Dies ist der Fall Lionardos, Raffaels und Michelangelos, der einzigen ganz großen Menschen Italiens seit den Tagen Dantes. Ist es nicht seltsam, daß zwischen den Meistern der Gotik, die nichts als schweigsame Arbeiter in ihrer Kunst waren und doch das Größte im Dienste dieser Konvention und innerhalb ihrer Schranken leisteten, und den Venezianern und Holländern von 1600, die wieder nichts als Arbeiter waren, diese drei stehen, nicht nur Maler, nicht Bildhauer, sondern Denker, und zwar Denker aus Not, die sich außer mit allen möglichen Arten künstlerischen Ausdrucks auch noch mit tausend andern Dingen beschäftigten, ewig unruhig und unbefriedigt, um dem Wesen und dem Ziel ihrer Existenz auf den Grund zu kommen – die sie in den seelischen Bedingungen der Renaissance also nicht fanden? Diese drei Großen haben, jeder in seiner Weise, jeder in seinem eignen tragischen Irrgang versucht, antik im Sinne der mediceischen Theorie zu sein, und jeder hat nach einer andern Seite hin den Traum zerstört, Raffael die große Linie, Lionardo die Fläche, Michelangelo den Körper. In ihnen kehrt die verirrte Seele zu ihrem faustischen Ausgang zurück. Sie *wollten* das Maß statt der Beziehung, die Zeichnung statt der Wirkung von Luft und Licht, den euklidischen Leib statt des reinen Raumes. Aber eine euklidischstatische Plastik hat es damals nicht gegeben. Sie war nur einmal möglich: in Athen. Eine heimliche Musik ist immer und überall fühlbar. All ihre Gestalten haben Bewegtheit und eine Tendenz in die Ferne und Tiefe. Sie sind alle auf dem Wege zu Palestrina statt zu Phidias, wie sie alle von der schweigenden Musik der Kathedralen statt von den römischen Ruinen kommen. Raffael löste das florentinische Fresko auf, Michelangelo die Statue, Lionardo träumte

schon von der Kunst Rembrandts und Bachs. Je ernster man die Aufgabe nimmt, das Ideal dieser Zeit zu verwirklichen, desto ungreif-
barer wird es.

Mithin sind Gotik und Barock etwas, das *ist*. Renaissance bleibt
ein Ideal, das über dem Wollen einer Zeit schwebt, unerfüllbar wie
alle Ideale. Giotto *ist* ein gotischer und Tizian *ist* ein Barockkünstler.
Michelangelo *wollte* ein Renaissancekünstler sein, aber es gelang
ihm nicht. Schon daß, trotz allen Ehrgeizes seiner Plastik, die Malerei unbestritten überwog, und zwar mit den räumlich-perspekti-
vischen Voraussetzungen des Nordens, beweist den Widerspruch
zwischen Sehnsucht und Erfüllung. Das schöne Maß, die abgeklärte
Regel, das gewollt Antike also, wurden schon um 1520 als trocken
und formelhaft empfunden. Michelangelo und andre mit ihm waren
der Meinung, daß sein Kranzgesims am Palazzo Farnese, durch das
er die Fassade Sangallos vom Renaissancestandpunkt aus verdarb,
die Leistungen der Griechen und Römer weit übertreffe.

Wie Petrarca der erste, so war Michelangelo der letzte leidenschaftlich für die Antike empfindende Mensch von Florenz, aber er
war es nicht mehr ganz. Das franziskanische Christentum Fra Angelicos, von feiner Milde, versonnen, still ergeben, dem die südliche
Abgeklärtheit reifer Renaissancewerke weit mehr zu verdanken hat,
als man glaubt,[1] ging nun zu Ende. Der majestätische Geist der
Gegenreformation, schwer, bewegt und prächtig, lebt schon in
Michelangelos Werken auf. Es gibt etwas, das man damals antik
nannte und das nur eine edle Form des christlich-germanischen
Weltgefühls war; der syrischen Herkunft des florentinischen Lieb-
lingsmotivs, der Verbindung von Rundbogen und Säule, war schon
gedacht. Aber man vergleiche auch die pseudokorinthischen Kapi-

---

[1] Es ist dieselbe „edle Einfalt und stille Größe", um mit deutschen Klassizisten
zu reden, welche auch die romanischen Bauten von Hildesheim, Gernrode, Paulinzella, Hersfeld so antikisch wirken läßt. Gerade die Klosterruine von Paulinzella
besitzt viel von dem, was Brunellesco in seinen Palasthöfen erst erreichen wollte.
Aber das schöpferische Grundgefühl, das diese Bauten herausbildete, haben wir
erst auf unsre Vorstellung von antikem Sein übertragen und nicht etwa von dort
erhalten. Ein *unendlicher* Friede, eine *Weite* des Gefühls der Ruhe in Gott, wie sie
alles Florentinische auszeichnet, soweit es nicht den gotischen Trotz Verrocchios
hervorkehrt, ist in keiner Weise mit der σωφροσύνη Athens verwandt.

täle des 15. Jahrhunderts mit denen römischer Ruinen, die man kannte. Michelangelo war der einzige, der hier keine Halbheit ertrug. Er wollte Klarheit. Für ihn war die Frage der Form eine religiöse Frage. Es handelt sich bei ihm und ihm allein um alles oder nichts. So erklärt sich das einsame, furchtbare Ringen dieses wohl unglücklichsten Menschen innerhalb unsrer Kunst, das Fragmentarische, Gequälte, Unersättliche, das *terribile* seiner Formen, das die Zeitgenossen ängstigte. Der eine Teil seines Wesens zog ihn zum Altertum und also zur Plastik. Man weiß, wie die eben gefundene Laokoongruppe auf ihn wirkte. Ehrlicher als er hat niemand versucht, durch die Kunst des Meißels den Weg zu einer verschütteten Welt zu finden. Alles was er geschaffen hat, war plastisch in diesem, *von ihm allein* vertretenen Sinne gemeint. „Die Welt, vorgestellt im großen Pan", das, was Goethe im zweiten Teil des Faust hatte geben wollen, als er die Helena einführte, die apollinische Welt in ihrer mächtigen, sinnlichen und körperlichen Gegenwart – das hat kein andrer so mit allen Kräften in ein künstlerisches Dasein bannen wollen als er, damals als er die Decke der Sixtinischen Kapelle malte. Alle Mittel des Fresko, die großen Konturen, die mächtigen Flächen, die drängende Nähe nackter Gestalten, das Stoffliche der Farbe sind hier zum letzten Male bis zum Äußersten angespannt, um das Heidentum – im höchsten Renaissancesinne – in ihm zu befreien. Aber seine zweite Seele, die gotisch-christliche Dantes und der Musik weiter Räume, die deutlich genug aus der metaphysischen Anordnung des Entwurfs redet, leistete Widerstand.

Er hat zum letzten Male versucht, immer und immer wieder, die ganze Fülle seiner Persönlichkeit in die Sprache des Marmors, des euklidischen Materials zu legen, das ihm den Dienst versagte. Denn er stand dem Stein anders gegenüber als ein Grieche. Die gemeißelte Statue widerspricht schon durch die Art ihres Daseins einem Weltgefühl, das in Kunstwerken etwas *sucht*, nicht in ihnen etwas *besitzen* will. Für Phidias ist der Marmor der kosmische Stoff, der sich nach Form sehnt. Die Pygmalionsage erschließt das ganze Wesen dieser apollinischen Kunst. Für Michelangelo war er der Feind, den er unterwarf, der Kerker, aus dem er seine Idee erlösen mußte, wie

Siegfried Brunhilde befreit. Man kennt seine leidenschaftliche Art, den rohen Block anzugreifen. Er näherte ihn nicht von allen Seiten der gewollten Gestalt an. Er meißelte in den Stein wie in einen Raum hinein und brachte eine Figur zustande, indem er von dem Block, an der Stirnseite beginnend, schichtweise das Material fortnahm und in die Tiefe drang, während die Gliedmaßen sich langsam aus der Masse entwickelten. Die Weltangst vor dem Gewordnen, dem Tode, den man durch eine bewegte Form zu bannen sucht, kann nicht deutlicher ausgedrückt werden. Kein zweiter Künstler des Abendlandes besitzt ein so innerliches und zugleich so gewaltsames Verhältnis zum Stein als dem Symbol des Todes, zu dem feindlichen Prinzip darin, das seine dämonische Natur immer wieder bezwingen wollte, ob er nun seine Statuen heraushieb oder seine mächtigen Bauten aus ihm auftürmte.[1] Er ist der einzige Bildhauer seiner Zeit, für den *nur* der Marmor in Frage kam. Der Bronzeguß, der einen Ausgleich mit malerischen Tendenzen gestattete und dem er deshalb fern stand, lag den andern Renaissancekünstlern und den weicheren Griechen viel näher.

Aber der antike Bildhauer faßte eine augenblickliche leibliche Haltung in Stein. Dessen ist der faustische Mensch gar nicht fähig. Wie er in der Liebe nicht zuerst den sinnlichen Akt der Vereinigung von Mann und Weib findet, sondern die große Liebe Dantes und darüber hinaus die Idee der sorgenden Mutter, so hier. Michelangelos Erotik – die Beethovens – war so unantik als möglich; sie stand unter dem Aspekt der Ewigkeit und Ferne, nicht der Sinne und des flüchtigen Augenblicks. In Michelangelos Akten – einem Opfer an

---

[1] Man hat nie darauf geachtet, wie trivial das Verhältnis der wenigen Bildhauer nach ihm zum Marmor blieb. Man fühlt es erst, wenn man das tiefinnerliche Verhältnis großer Musiker zu ihren Lieblingsinstrumenten damit vergleicht. Ich erinnere an die Geschichte von Tartinis Geige, die beim Tode des Meisters zerspringt. Es gibt hundert ähnliche. Sie sind das faustische Gegenstück zur Pygmalionsage. Es sei auch auf E. T. A. Hoffmanns Gestalt des Kapellmeisters Kreisler aufmerksam gemacht, die ebenbürtig neben dem Faust, Werther und Don Juan steht. Um ihren symbolischen Rang und ihre innere Notwendigkeit zu fühlen, vergleiche man sie mit den theatralischen Malergestalten der gleichzeitigen Romantiker, die zur Idee der Malerei in keinerlei Beziehung stehen. Ein Maler *kann gar nicht*, und das spricht das Urteil über die Künstlerromane des 19. Jahrhunderts, das Schicksal der faustischen Kunst repräsentieren.

sein hellenisches Idol – verneint und übertönt die Seele die sichtbare Form. Die eine will Unendlichkeit, die andre Maß und Regel,
die eine will Vergangenheit und Zukunft verknüpfen, die andre in
der Gegenwart beschlossen sein. Das antike Auge saugt die plastische Form in sich auf. Michelangelo aber sah mit dem geistigen
Auge und durchbrach die Vordergrundsprache der unmittelbaren
Sinnlichkeit. Und endlich vernichtete er die Bedingungen dieser
Kunst. Der Marmor wurde seinem Formwollen zu gering. Michelangelo hört auf Bildhauer zu sein und geht zur Architektur über.
Im hohen Alter, als er nur noch wilde Fragmente wie die Madonna
Rondanini zustande brachte und seine Gestalten kaum mehr aus
dem Rohen herausmeißelte, brach die *musikalische* Tendenz seines
Künstlertums durch. Endlich ließ sich der Wille zu einer kontrapunktischen Form nicht mehr bändigen, und aus tiefstem Ungenügen an der Kunst, an welche er sein Leben verschwendet hatte, zer-
brach sein ewig ungestilltes Ausdrucksbedürfnis die architektonische
Regel der Renaissance und schuf das römische Barock. An die Stelle
des Verhältnisses von Stoff und Form setzt er den Kampf von Kraft
und Masse. Er faßt die Säulen in Bündel zusammen oder drängt sie
in Nischen; er durchbricht die Geschosse mit mächtigen Pilastern;
die Fassade erhält etwas Wogendes und Drängendes; das Maß
weicht der Melodie; die Statik der Dynamik. Die faustische Musik
hatte sich damit die erste unter den übrigen Künsten dienstbar gemacht.

Mit Michelangelo ist die Geschichte der abendländischen Plastik
zu Ende. Was nach ihm kommt, sind Mißverständnisse und Reminiszenzen. Sein legitimer Erbe ist *Palestrina*.

Lionardo redet eine andre Sprache als seine Zeitgenossen. In wesentlichen Dingen reichte sein Geist in das nächste Jahrhundert, und
nichts band ihn wie Michelangelo mit allen Fasern seines Herzens
an das toskanische Formideal. Er allein hatte weder den Ehrgeiz,
Bildhauer, noch den, Architekt zu sein. Er trieb seine anatomischen
Studien – ein seltsamer Irrweg der Renaissance, dem hellenischen
Lebensgefühl und dessen Kultus der körperlichen Außenfläche nahe-
zukommen! – nicht mehr wie Michelangelo der Plastik wegen; er

trieb nicht mehr *topographische* Vordergrunds- und Oberflächenana-
tomie, sondern *Physiologie*, um der inneren Geheimnisse willen.
Michelangelo wollte den ganzen Sinn der menschlichen Existenz in
die Sprache des sichtbaren Leibes zwingen; Lionardos Skizzen und
Entwürfe zeigen das Gegenteil. Sein vielbewundertes *sfumato* ist das
erste Zeichen einer Verleugnung der Körpergrenzen um des *Raumes*
willen. Von hier geht der Impressionismus aus. Lionardo beginnt
mit dem Innern, dem Räumlich-Seelenhaften, nicht mit abgewogenen Umrißlinien, und legt zuletzt – wenn er es überhaupt tut und
das Bild nicht unvollendet läßt – die farbige Substanz wie einen
Hauch über die eigentliche, körperlose, ganz unbeschreibliche Fassung des Bildes. Raffaels Gemälde zerfallen in „Pläne", in welche
wohlgeordnete Gruppen verteilt sind, und ein Hintergrund schließt
das Ganze maßvoll ab. Lionardo kennt nur den einen, weiten, ewigen Raum, in dem seine Gestalten gleichsam verschweben. Der eine
gibt innerhalb des Bildrahmens eine Summe einzelner und naher
Dinge, der andre einen Ausschnitt aus dem Unendlichen.

Lionardo hat den Blutkreislauf entdeckt. Was ihn dahin führte, war
kein Renaissancegefühl. Seine Gedankengänge heben ihn aus der
ganzen Sphäre seiner Zeitgenossen heraus. Weder Michelangelo
noch Raffael wären dahin gekommen, denn die Maleranatomie sah
nur auf Form und Lage, nicht auf die Funktion der Teile. Sie war,
mathematisch gesprochen, stereometrisch, nicht analytisch. Hat man
nicht das Studium von *Leichen* zureichend befunden, um die großen
Gemäldeszenen auszuführen? Aber das hieß das Werden zugunsten
des Gewordnen unterdrücken. Man rief die Toten zu Hilfe, um die
antike ἀταραξία der nordischen Gestaltungskraft zugänglich zu machen. Aber Lionardo sucht das *Leben* im Körper wie Rubens, nicht
den Körper an sich wie Signorelli. Es liegt in seiner Entdeckung eine
tiefe Verwandtschaft mit der gleichzeitigen des Kolumbus; es ist der
Sieg des Unendlichen über die stoffliche Begrenztheit des Gegenwärtigen und Greifbaren. Wann hätte je ein Grieche an solchen Dingen Geschmack gefunden? Er fragte nach dem Innern seines Organismus so wenig als nach den Quellen des Nil. Beides hätte die euklidische Fassung seines Daseins in Frage gestellt. Das Barock ist dem-

gegenüber *die eigentliche Zeit der großen Entdeckungen*. Schon das Wort
kündigt etwas schroff Unantikes an. Der antike Mensch hütete sich,
von irgend etwas Kosmischem die Decke, die körperliche Bindung
fortzunehmen oder fortzudenken. Aber gerade das ist der eigentliche Trieb einer faustischen Natur. Beinahe gleichzeitig und in der
Tiefe völlig gleichbedeutend erfolgte die Entdeckung der neuen
Welt, des Blutkreislaufs und des kopernikanischen Weltsystems,
etwas früher die des Schießpulvers, also der Fernwaffe, und des
Buchdrucks, also der Fernschrift.

Lionardo war ganz und gar Entdecker. Darin erschöpft sich seine
Natur. Pinsel, Meißel, Seziermesser, Rechenstift, Zirkel hatten für
ihn ein und dieselbe Bedeutung – die, welche der Kompaß für Kolumbus hatte. Wenn Raffael einen in scharfen Umrissen gezeichneten Entwurf farbig ausführte, so bejahte jeder Pinselstrich die körperliche Erscheinung. Man betrachte aber Lionardos Rötelskizzen
und Hintergründe: hier entdeckt er mit jedem Zug atmosphärische
Geheimnisse. Er war auch der erste, der über Flugversuche nachdachte. Fliegen, sich von der Erde befreien, sich in die Weite des
Weltraumes verlieren: das ist faustisch im höchsten Grade. Das erfüllt selbst unsere Träume. Hat man nie bemerkt, wie die christliche
Legende in der Malerei des Abendlandes zu einer wunderbaren Verklärung dieses Motivs wurde? All diese gemalten Himmelfahrten
und Höllenstürze, das Schweben über den Wolken, die selige Ent-
rücktheit der Engel und Heiligen, die eindringlich gestaltete Freiheit von aller Erdenschwere sind Sinnbilder des faustischen Seelen-
fluges und dem byzantinischen Stile gänzlich fremd.

15

Die Verwandlung des Freskogemäldes der Renaissance in das Ölbild Venedigs ist ein Stück *Seelengeschichte*. Hier hängen alle Einblicke von den zartesten und verborgensten Zügen ab. Fast in jedem
Bilde, von Masaccios „Zinsgroschen" in der Brancaccikapelle an
über Piero della Francescas schwebenden Hintergrund auf den Bildnissen des Federigo und der Battista von Urbino bis zur „Schlüssel-

übergabe" Peruginos, ringt das Freskenhafte mit der andringenden neuen Form. Raffaels malerische Entwicklung während seiner Arbeit in den Stanzen des Vatikan ist fast das einzige übersichtliche Beispiel. Das florentinische Fresko sucht die Wirklichkeit in einzelnen Dingen und gibt innerhalb der architektonischen Umrahmung eine Summe von ihnen. Das Ölbild erkennt mit steigender Sicherheit des Ausdrucks nur die Ausgedehntheit als Ganzes an und jeden Gegenstand nur als ihren Repräsentanten. Das faustische Weltgefühl schuf die neue Technik für sich. Es verwarf den zeichnerischen Stil, wie es die Koordinatengeometrie aus der Zeit des Oresme verwarf. Es verwandelte die an Architekturmotive gebundene Linearperspektive in eine rein atmosphärische, die mit unwägbaren Tonunterschieden arbeitet. Aber die ganze künstliche Lage der Renaissancekunst, ihr Nichtverstehen der eignen tieferen Tendenz, die Unmöglichkeit, das antigotische Prinzip zu verwirklichen, erschwerte und verdunkelte den Übergang. Jeder Künstler hat ihn auf andre Weise versucht. Der eine malt mit Ölfarben auf die nasse Wand. Lionardos Abendmahl ist deshalb der Zerstörung anheimgefallen. Andre malen Tafelbilder, als ob sie Fresken wären. Das ist der Fall Michelangelos. Kühne Schritte, Ahnungen, Niederlagen, Verzichte finden sich. Der Kampf zwischen der Hand und der Seele, zwischen Auge und Werkzeug, zwischen der vom Künstler und der von der Zeit gewollten Form ist immer derselbe – der zwischen Plastik und Musik.

Hier verstehen wir endlich Lionardos riesenhaft gedachten Entwurf zur Anbetung der heiligen drei Könige in den Uffizien, das größte malerische Wagnis der Renaissance. Bis auf Rembrandt ist ähnliches nie auch nur geahnt worden. Über alles optische Maß hinaus, über alles, was man damals Zeichnung, Kontur, Komposition, Gruppe nannte, will er zur Anbetung des ewigen Raumes vordringen, in dem alles Körperliche schwebt wie die Planeten im kopernikanischen System, wie die Töne einer Bachschen Orgelfuge in der Dämmerung alter Kirchen, ein Bild von solcher Dynamik der Ferne, daß es innerhalb der technischen Möglichkeiten dieser Zeit Torso bleiben mußte.

In der Sixtinischen Madonna resümiert Raffael die gesamte Renaissance durch die Linie des Umrisses, die den ganzen Gehalt des Werkes in sich saugt. Es ist die *letzte große Linie* der abendländischen Kunst. Ihre gewaltige Innerlichkeit, die den geheimen Widerspruch mit der Konvention bis zur äußersten Spannung treibt, macht Raffael zu dem am wenigsten verstandenen Künstler der Renaissance. Er kämpfte nicht mit Problemen. Er ahnte sie nicht einmal. Aber er führte die Kunst bis an deren Schwelle, wo der Entscheidung nicht mehr ausgewichen werden konnte. Er starb, als er *innerhalb* ihrer Formenwelt das letzte vollendet hatte. Der Menge erscheint er flach. Sie wird niemals empfinden, was in seinen Entwürfen vor sich geht. Aber hat man wohl die Morgenwölkchen bemerkt, die, sich in Kinderköpfe verwandelnd, die ragende Gestalt umgeben? Es sind die Scharen der Ungebornen, welche die Madonna ins Leben zieht. Diese lichten Wolken erscheinen im gleichen Sinne auch in der mystischen Schlußszene des zweiten Faust. Gerade das Abweisende, die Unpopularität im schönsten Sinne schließt hier die innere Überwindung des Renaissancegefühls in sich. Perugino versteht man beim ersten Blick; bei Raffael glaubt man es nur. Obwohl zunächst gerade die Linie, das Zeichnerische eine antike Tendenz ankündigt, ist es doch im Raum verschwebend, überirdisch, beethovenartig. Raffael ist in diesem Werk verschlossener als jeder andre, viel mehr selbst als Michelangelo, dessen Wollen durch das Fragmentarische seiner Arbeiten deutlich wird. Fra Bartolommeo hatte die stoffliche Umrißlinie noch ganz in seiner Gewalt; sie ist ganz Vordergrund; ihr Sinn erschöpft sich in der Abgrenzung von Körpern. Bei Raffael schweigt sie, wartet sie, verhüllt sie sich. Sie steht, bei äußerster Spannung, unmittelbar vor ihrer Auflösung im Unendlichen, in Raum und Musik.

Lionardo steht jenseits der Grenze. Der Entwurf zur Anbetung der drei Könige *ist* schon Musik. Es liegt ein tiefer Sinn in dem Umstande, daß er hier wie bei seinem Hieronymus bei der braunen Untermalung stehen blieb, dem „Rembrandtstadium", dem atmosphärischen Braun des nächsten Jahrhunderts. Für ihn war in diesem Zustande die äußerste Vollendung und Deutlichkeit der Intention erreicht. Jeder Schritt weiter in eine Farbenbehandlung, deren Geist damals noch in den metaphysischen Bedingungen des Freskostils befangen war, hätte die Seele des Entwurfs zerstört. Gerade weil er die Symbolik der Ölmalerei in ihrer ganzen Tiefe vorfühlte, fürchtete er das Freskenhafte der „Fertigmaler", das seine Idee verflachen mußte. Die Studien zu dem Gemälde beweisen, wie sehr ihm die *Radierung* in der Art Rembrandts verwandt war, eine Kunst aus der Heimat des Kontrapunkts, die man in Florenz nicht kannte. Erst die Venezianer, außerhalb der florentinischen Konvention stehend, haben erreicht, was er hier suchte: eine Farbenwelt, die dem Raume, nicht den Dingen dient.

Aus demselben Grunde hat Lionardo – nach unendlichen Versuchen – den Christuskopf des Abendmahls unvollendet gelassen. Auch für ein Porträt in der großen Auffassung Rembrandts, für eine aus bewegten Pinselstrichen, Lichtern und Tönen aufgebaute Seelengeschichte war der Mensch dieser Zeit nicht reif. Aber nur Lionardo war groß genug, um diese Schranke als Schicksal zu erleben. Die andern hatten nur den Kopf malen wollen, wie ihn die Schule vorschrieb. Lionardo, der hier zum erstenmal auch die *Hände* sprechen ließ, und zwar mit einer physiognomischen Meisterschaft, die später zuweilen erreicht, aber nie übertroffen worden ist, wollte unendlich viel mehr. Seine Seele war weit in die Zukunft verloren, aber sein Menschliches, sein Auge, seine Hand gehorchten dem Geiste seiner Zeit. Sicherlich war er in einer verhängnisvollen Weise der Freieste von den drei Großen. Vieles von dem, womit Michelangelos mächtige Natur vergebens rang, hat ihn gar nicht mehr berührt. Probleme der Chemie, der geometrischen Analysis, der Physiologie – Goethes „lebendige Natur" war auch die seine –, der Fernwaffentechnik sind ihm vertraut. Tiefer als Dürer, kühner als Tizian, umfassender als irgendein Mensch der Zeit, ist er der *eigentlich fragmentarische* Künstler geblieben,[1] aber aus einem anderen Grunde als Michelangelo, der verspätete Plastiker, und im Gegen-

---

[1] In Renaissancewerken wirkt das Allzufertige oft genug peinlich. Wir fühlen da einen Mangel an „Unendlichkeit". Es gibt in ihnen keine Geheimnisse und Entdeckungen.

satz zu Goethe, für den alles schon zurücklag, was dem Schöpfer des Abendmahls unerreichbar blieb. Michelangelo wollte eine erstorbene Formenwelt noch einmal zum Leben zwingen, Lionardo fühlte eine neue in der Zukunft, Goethe ahnte, daß es keine mehr gab. Zwischen ihnen liegen die drei reifen Jahrhunderte faustischer Kunst.

16

Es ist noch übrig, die Vollendung der abendländischen Kunst in großen Zügen zu verfolgen. Die innerste Notwendigkeit aller Geschichte ist hier am Werke. Wir haben gelernt, Künste als Urphänomene zu begreifen. Wir suchen nicht mehr nach Ursachen und Wirkungen im physikalischen Sinne, um ihrer Entwicklung Zusammenhang zu geben. Wir haben den Begriff *des Schicksals einer Kunst* in sein Recht eingesetzt. Wir haben endlich Künste als *Organismen* erkannt, die in dem größeren Organismus einer Kultur ihre bestimmte Stellung einnehmen, geboren werden, reifen, altern und *für immer* sterben.

Mit dem Abschluß der Renaissance – der letzten Verirrung – ist die abendländische Seele zum reifen Bewußtsein ihrer Kräfte und Möglichkeiten gelangt. Sie hat ihre Künste *gewählt*. Eine Spätzeit, das Barock wie die Ionik, weiß, was die Formensprache der Kunst zu bedeuten hat. Sie war bis dahin eine philosophische Religion, jetzt wird sie eine religiöse Philosophie. Sie wird städtisch und weltlich. An die Stelle namenloser Schulen treten die großen Meister. Es erscheint auf der Höhe jeder Kultur das Schauspiel einer prachtvollen *Gruppe großer Künste*, wohlgeordnet und durch das zugrunde liegende Ursymbol zu einer Einheit verknüpft. Die *apollinische Gruppe*, zu welcher die Vasenmalerei, das Fresko, das Relief, die Architektur der Säulenordnungen, das attische Drama, der Tanz gehören, hat die Skulptur der nackten Statue zur Mitte. Die *faustische* Gruppe bildet sich um das Ideal reiner räumlicher Unendlichkeit. Ihren Mittelpunkt bildet die instrumentale Musik. Von ihr aus spinnen sich feine Fäden in alle geistigen Formensprachen hinüber und verweben die infinitesimale Mathematik, die dynamische Phy-

sik, die Propaganda des Jesuitenordens und die Dynamik der berühmten Schlagworte der Aufklärung, die moderne Maschinentechnik, das Kreditsystem und die dynastisch- diplomatische Staats-
organisation zu einer ungeheuren Totalität seelischen Ausdrucks.
Mit dem inneren Rhythmus der Dome beginnend, mit Wagners
„Tristan" und „Parsifal" endend, erreicht die künstlerische Bewältigung des unendlichen Raums ihre vollkommene Ausbildung um
1550. Die Plastik erlischt mit Michelangelo in Rom, gerade damals,
als die Planimetrie, die bis dahin die Mathematik beherrscht hatte,
ihr unwesentlichster Teil wird. Zugleich mit Zarlinos Harmonielehre
und Theorie des Kontrapunkts (1558) und der ebenfalls von Venedig
ausgehenden Methode des Generalbasses, beides eine Perspektive
und Analysis des Tonraumes, beginnt ihre Schwester, die nordische
Infinitesimalrechnung, ihren Aufstieg.

Ölmalerei und Instrumentalmusik, die Künste des Raumes, treten
ihre Herrschaft an. In der Antike waren es *folglich* die stofflich-eukli-
dischen Künste: das streng flächenhafte Fresko und die freistehende
Statue, die gleichzeitig – um 600 – in den Vordergrund treten. Und
zwar sind es die beiden Arten von Malerei, die, in ihrer Formensprache gemäßigter, zugänglicher, *zuerst* heranreifen. Dem Ölgemälde gehört die Zeit von 1550–1650 ebenso unbestritten wie dem
Fresko und Vasenbild das 6. Jahrhundert. Die Symbolik von Raum
und Körper, ausgedrückt durch das Kunstmittel hier der *Perspektive*
und dort der *Proportion*, erscheint in der mittelbaren Sprache des
Gemäldes nur angedeutet. Diese Künste, welche das jeweilige Ursymbol, also Möglichkeiten des Ausgedehnten, in der Bildfläche nur
vorzutäuschen vermögen, konnten das antike und abendländische
Ideal wohl bezeichnen und heraufrufen, aber nicht vollenden. Auf
dem Wege der Spätzeit erscheinen sie als Vorstufen der letzten Höhe.
Je mehr der große Stil sich seiner Vollendung nähert, desto entschiedener wird der Drang nach einer ornamentalen Sprache von unerbittlicher Klarheit der Symbolik. Die Malerei genügte nicht mehr.
Die Gruppe der hohen Künste wurde weiterhin vereinfacht. Um
1670, gerade damals, als Newton und Leibniz die Differentialrechnung entdeckten, war die Ölmalerei an der Grenze ihrer Möglich-

keiten angelangt. Die letzten großen Meister starben, Velasquez
1660, Poussin 1665, Franz Hals 1666, Rembrandt 1669, Vermeer
1675, Murillo, Ruysdael und Lorrain 1682. Man braucht nur die
wenigen Nachfolger von Bedeutung, Watteau, Hogarth, Tiepolo
zu nennen, um den Abstieg, das *Ende* einer Kunst fühlen zu lassen.
Eben jetzt hatten sich auch die großen Formen der *malerischen Musik*
ausgelebt: mit Heinrich Schütz (1672), Carissimi (1674) und auch
Purcell (1695) sterben die letzten Meister der Kantate, welche *bildhafte* Themen, durch das Farbenspiel von Vokal- und Instrumentalstimmen bis ins Unendliche variierte und von zierlichen Landschaften bis zu erhabenen Szenen der Legende wahrhafte Gemälde entwarf. Mit Lully (1687) ist die heroische Barockoper Monteverdis
innerlich erschöpft. Und dasselbe gilt von den Arten der altklassi-
schen Sonate für Orchester, Orgel und Streichtrio, die ebenfalls
bildhafte Themen im Fugenstil durchimitieren. Die Formen der
letzten Reife treten hervor, das Concerto grosso, die Suite und die
dreiteilige Sonate für Soloinstrumente. Die Musik befreit sich von
dem Rest des Körperlichen im Klange der menschlichen Stimme. Sie
wird absolut. Das Thema verwandelt sich aus einem Bilde in eine
prägnante *Funktion*, deren Dasein in Entwicklung besteht; den Fugenstil Bachs kann man nur als eine unendliche Differentation und
Integration bezeichnen. Die Marksteine des Sieges der reinen Musik
über die Malerei sind die im höchsten Alter entstandenen Passionen
von Heinrich Schütz, in denen die neue Formensprache am Horizont erscheint, die Sonaten dall'Abacos und Corellis, die Oratorien
Händels und die barocke Polyphonie Bachs. Von nun an ist diese
Musik *die* faustische Kunst, und man darf Watteau einen malenden
Couperin, Tiepolo einen malenden Händel nennen.

Dieselbe Wendung erfolgt in der Antike um 460, als der letzte der
großen Freskomaler, Polygnot, das Erbe des erhabenen Stils an Polyklet und damit an die freie Rundplastik abtritt. Bis dahin hatte die
Formensprache einer reinen Flächenkunst auch die Statue beherrscht,
selbst noch bei den Zeitgenossen Polygnots, bei Myron und den
Meistern der Olympiagiebel. Wie jene das Formideal der *farbig aus-
gefüllten und mit einer Innenzeichnung versehenen Silhouette* immer

weiter entwickelt hatte, wobei es zwischen dem bemalten Relief
und dem Flachbild kaum einen Unterschied gab, so war auch für
den Bildhauer der dem Betrachter erscheinende frontale *Umriß* das
eigentliche Symbol des Ethos, das heißt des sittlichen Typus, den die
Figur repräsentieren sollte. Das Giebelfeld eines Tempels ist ein *Bild*,
und es will aus dem nötigen Abstand genau so betrachtet sein wie
die gleichzeitigen Vasenbilder des rotfigurigen Stils. Mit der Generation Polyklets macht das monumentale Wandgemälde dem Tafelbild in Tempera- und Wachsfarbentechnik Platz, aber das bedeutet,
daß der große Stil aufgehört hat, in dieser Kunstart seinen Sitz zu
haben. Die Schattenmalerei des Apollodor hat den Ehrgeiz, durch
Rundmodellierung der Figuren, denn es handelt sich durchaus nicht
um atmosphärische Schatten, es dem Bildhauer gleichzutun, und
von Zeuxis erklärt Aristoteles ausdrücklich, daß seinen Werken das
Ethos gefehlt habe. Das stellt diese geistreiche und liebenswürdige
Malerei neben die unseres 18. Jahrhunderts. *Beiden* fehlt die innere
Größe und beide folgen mit ihrem Virtuosentum der Sprache der
einzigen und letzten Kunst, welche die Ornamentik hohen Ranges
vertritt. Deshalb gehören Polyklet und Phidias zu Bach und Händel,
und wie diese den strengen Satz von den Methoden der malerischen
Durchführung befreien, so haben jene die Statue vom Reliefmäßigen endgültig erlöst.

Mit dieser Musik und dieser Plastik ist das Ziel erreicht. Eine reine
Symbolik von mathematischer Strenge ist möglich geworden: das
bedeutet der Kanon, jene Schrift Polyklets über die Proportionen
des menschlichen Körpers und als Gegenstück dazu die „Kunst der
Fuge" und das „Wohltemperierte Klavier" seines „Zeitgenossen"
Bach. Diese beiden Künste leisten das Äußerste und Letzte an Deutlichkeit und Intensität der reinen Form. Man vergleiche doch den
Tonkörper der faustischen Instrumentalmusik und in ihm wieder
den Streichkörper und bei Bach auch noch den als Einheit wirkenden Körper der Blasinstrumente mit dem Körper attischer Statuen;
man vergleiche, was Haydn und was Praxiteles eine *Figur* nannten,
nämlich die eines rhythmischen Motivs im Gewebe der Stimmen
oder die eines Athleten, eine Bezeichnung, welche der Mathematik

entnommen ist und verrät, daß dieses jetzt endlich erreichte Ziel das einer Vereinigung künstlerischen und mathematischen Geistes ist, denn zugleich mit Musik und Plastik haben die Analysis des Unendlichen und die euklidische Geometrie ihre Aufgabe und den letzten Sinn ihrer Zahlensprache mit voller Deutlichkeit begriffen. Die Mathematik des Schönen und die Schönheit des Mathematischen sind nicht mehr zu trennen. Der unendliche Raum der Töne und der völlig freistehende Körper von Marmor oder Bronze sind eine unmittelbare Interpretation des Ausgedehnten. Sie gehören zur Zahl als Beziehung und zur Zahl als Maß. Im Fresko wie im Ölbilde wird man, in den Gesetzen von Proportion und Perspektive, nur *Andeutungen* von Mathematischem finden. Diese beiden letzten und strengsten Künste *sind* Mathematik. Auf diesem Gipfel erscheint die faustische wie die apollinische Kunst vollkommen.

Mit dem Ausgang der Fresko- und Ölmalerei beginnt die dichte Reihe großer Meister der absoluten Plastik und Musik. Auf Polyklet folgen Phidias, Paionios, Alkamenes, Skopas, Praxiteles, Lysippos, auf Bach und Händel Gluck, Stamitz, die Söhne Bachs, Haydn, Mozart, Beethoven. Jetzt erscheint die Menge wunderbarer, heute längst verschollener Instrumente, eine ganze Zauberwelt abendländischen Entdecker- und Erfindergeistes, um immer neue Klänge und Tonfarben für den Dienst und die Steigerung des Ausdrucks heranzuziehen, jetzt die Fülle großer, feierlicher, zierlicher, leichter, spöttischer, lachender, schluchzender Formen von strengstem Bau, auf die sich heute niemand mehr versteht; es gab damals, vor allem im Deutschland des 18. Jahrhunderts, eine wirkliche *Kultur der Musik*, die das ganze Leben durchdrang und erfüllte, deren Typus Hoffmanns Kapellmeister Kreisler wurde und von der uns kaum die Erinnerung mehr geblieben ist.

Endlich, mit dem 18. Jahrhundert, stirbt auch die Architektur. Sie löst sich, sie ertrinkt in der Musik des Rokoko. Alles, was man an dieser letzten wundervollen, fragilen Blüte der abendländischen Baukunst getadelt hat – weil man ihre Entstehung aus dem Geist der Fuge nicht verstand –: das Maßlose, Formlose, Verschwebende, Wogende, Funkelnde, die Zerstörung der Fläche und Gliederung für das Auge, alles das ist nur ein Sieg der Töne und Melodien über Linien und Wände, der Triumph des reinen Raumes über den Stoff, des absoluten Werdens über das Gewordne. Es sind nicht mehr Baukörper, diese Abteien, Schlösser, Kirchen mit ihren geschwungenen Fassaden, Portalen und Höfen mit Muschelinkrustation, mächtigen Treppenhäusern, Galerien, Sälen, Kabinetten, sondern steingewordene Sonaten, Menuette, Madrigale, Präludien; Kammermusik in Stuck, Marmor, Elfenbein und edlen Hölzern; Kantilenen von Voluten und Kartuschen, Kadenzen von Freitreppen und Firsten. Der Dresdner Zwinger ist das vollkommenste Stück Musik in der gesamten Weltarchitektur, mit Ornamenten wie der Ton einer edlen alten Geige, ein allegro fugitivo für kleines Orchester.

Deutschland hat die großen Musiker und *also auch* die großen Baumeister – Pöppelmann, Schlüter, Bähr, Neumann, Fischer von Erlach, Dinzenhofer – dieses Jahrhunderts hervorgebracht. In der Ölmalerei spielt es keine, in der Instrumentalmusik die entscheidende Rolle.

17

Ein Wort, das erst zur Zeit Manets in Aufnahme kam – zuerst ein Spottname wie Barock und Rokoko – faßt die Eigenart des faustischen Kunstvortrags, wie er sich aus den Voraussetzungen der Ölmalerei allmählich entwickelt hat, sehr glücklich zusammen. Man spricht von Impressionismus, ohne Umfang und tieferen Sinn des Begriffes, wie er hätte gefaßt werden sollen, zu ahnen, man leitet ihn aus der letzten Nachblüte einer Kunst ab, die ganz und gar zu ihm gehört. Was ist Nachahmung des „Eindrucks"? Etwas rein Abendländisches ohne Zweifel, etwas, das mit der Idee des Barock, selbst schon den unbewußten Zielen der gotischen Architektur verwandt und den Absichten der Renaissance streng entgegengesetzt ist. Bedeutet es nicht die Tendenz eines Wachseins, den reinen unendlichen Raum als die unbedingte Wirklichkeit höchster Ordnung und alle sinnlichen Gebilde „in ihm" als zweiten Ranges und bedingt zu empfinden, und zwar mit innerster Notwendigkeit? Eine Tendenz, die in künstlerischen Schöpfungen hervortreten kann, die aber tausend andre Möglichkeiten kennt, um sich zu offenbaren? „*Der Raum* ist die Form a priori der Anschauung", die Formel Kants – klingt das nicht wie ein Programm dieser Bewegung, die mit Lionardo anhebt? Der Impressionismus ist die Umkehrung des euklidischen Weltgefühls. Er sucht sich von der Sprache des Plastischen so weit als möglich zu entfernen und der des Musikalischen zu nähern. Man läßt die belichteten, das Licht zurückstrahlenden Dinge nicht auf sich wirken, weil sie da sind, sondern als ob sie „an sich" *nicht* da wären. Sie sind auch nicht Körper, sondern Lichtwiderstände im Raum, deren trügerische Dichte durch den Pinselstrich entlarvt wird. Man empfängt und gibt lediglich den *Eindruck* von solchen Widerständen, die man im stillen als bloße Funktionen einer „jenseitigen" (transzendenten) Ausgedehntheit wertet. Man durchdringt die Körper mit dem innern Auge, man löst den Zauber ihrer stofflichen Grenzen, man opfert sie der Majestät des Raumes. Und man fühlt mit und unter diesem Eindruck eine unendliche *Bewegtheit* des sinnlichen Elementes, die zu der statuenhaften Ataraxia des Fresko den stärksten Gegensatz bildet. Deshalb gibt es keinen hellenischen Impressionismus. Deshalb ist die antike Skulptur die Kunst, welche ihn von vornherein ausschließt.

Der Impressionismus ist der umfassende Ausdruck eines Weltgefühls, und es versteht sich, daß er die gesamte Physiognomie unsrer späten Kultur durchdringt. Es gibt eine impressionistische, die optischen Grenzen mit Absicht und Nachdruck überschreitende Mathematik. Es ist die Analysis seit Newton und Leibniz. Zu ihr gehören die visionären Gebilde der Zahlkörper, Mengen, Transformationsgruppen, mehrdimensionalen Geometrien. Es gibt eine impressionistische Physik, die an Stelle von Körpern Systeme von Massenpunkten „sieht", Einheiten, die lediglich als das konstante Verhältnis variabler Wirksamkeiten erscheinen. Es gibt eine impressionistische Ethik, Tragik, Logik. Es gibt im Pietismus auch ein impressionistisches Christentum.

Malerisch und musikalisch handelt es sich um die Kunst, mit ein paar Strichen, Flecken oder Tönen ein in seinem Gehalte unerschöpfliches Bild, einen Mikrokosmos für Auge und Ohr eines

faustischen Menschen zu schaffen, das heißt die Wirklichkeit des
unendlichen Raumes durch die flüchtigste, fast körperlose Andeutung von etwas Gegenständlichem, das ihn gewissermaßen zwingt in
Erscheinung zu treten, künstlerisch zu bannen. Es ist eine nie wieder
gewagte Kunst der Bewegung des Unbeweglichen. Von Tizians
Alterswerken bis herab auf Corot und Menzel zittert und fließt die
duftige Materie unter der geheimnisvollen Wirkung des Pinselstrichs und der gebrochenen Farben und Lichter. Dasselbe erstrebt, im
Unterschied von der eigentlichen Melodie, das „Thema" der Barockmusik, ein Tongebilde unter Mitwirkung aller Reize von Harmonie, instrumentaler Farbe, Takt und Tempo, das sich von der
motivischen Arbeit des durchimitierenden Satzes der Zeit Tizians
bis zum Leitmotiv Wagners entwickelt und eine ganze Welt von
Gefühl und Erlebnis einschließt. Auf der Höhe der deutschen Musik
dringt diese Kunst in die Lyrik deutscher Sprache ein – in der französischen ist sie unmöglich –, wo sie seit Goethes Urfaust und den
letzten Gedichten Hölderlins eine Reihe von kleinen Meisterstücken
gezeitigt hat, Stellen vom Umfang weniger Zeilen, die noch nicht
bemerkt, geschweige denn gesammelt worden sind. Der Impressionismus ist die Methode subtilster künstlerischer Entdeckungen. Er
wiederholt im Kleinen und Kleinsten fortwährend die Taten des
Kolumbus und Kopernikus. Es gibt in keiner zweiten Kultur eine
ornamentale Sprache von solcher Dynamik des Eindrucks bei einem
so geringen Aufwand an Mitteln. Jeder farbige Punkt oder Strich,
jeder kaum hörbare kurze Ton deckt überraschende Reize auf und
führt der Einbildung immer neue Elemente von raumschaffender
Energie zu. Bei Masaccio und Piero della Francesca sind *wirkliche
Körper* von Luft umflossen. Erst Lionardo entdeckt die Übergänge
von *atmosphärischem* Hell und Dunkel, die weichen Ränder, die mit
der *Tiefe* verschwimmenden Umrisse, die Bereiche von Licht und
Schatten, aus denen sich einzelne Gestalten nicht mehr lösen lassen.
Endlich, bei Rembrandt, verfließen die Gegenstände zu bloßen farbigen Eindrücken; die Gestalten verlieren das spezifisch Menschliche;
sie wirken als Strich und Farbenfleck in einem leidenschaftlichen
Tiefenrhythmus. Und diese Ferne bedeutet nun auch Zukunft. Der

Impressionismus fesselt den kurzen Augenblick, der einmal ist und nie wiederkehrt. Die Landschaft ist kein Sein und Verharren, sondern ein flüchtiger Moment ihrer *Geschichte*. Wie ein Bildnis Rembrandts nicht das anatomische Relief des Kopfes, sondern das *zweite Gesicht* in ihm anerkennt, wie es nicht das Auge, sondern den Blick, nicht die Stirn, sondern das Erlebnis, nicht die Lippen, sondern die Sinnlichkeit durch das Ornament der Pinselstriche bannt, so zeigt das impressionistische Gemälde überhaupt nicht die Natur des Vordergrundes, sondern auch da ein zweites Antlitz, den Blick, die Seele der Landschaft. Mag es sich um die katholisch-heroische Landschaft Lorrains, den *paysage intime* Corots, um das Meer, die Flußränder und Dörfer Cuyps und Van Goyens handeln, es entsteht immer ein Porträt im physiognomischen Sinne, etwas Einmaliges, Unvorhergesehenes und zum ersten und letzten Mal ans Licht Gezogenes. Gerade die Vorliebe für die Landschaft – die physiognomische, die Charakterlandschaft –, für das Motiv also, das im Freskostil gar nicht denkbar ist und der Antike vollkommen unzugänglich blieb, erweitert die Porträtkunst vom unmittelbar Menschlichen zum mittelbaren: zur Darstellung der Welt als eines Teils des Ich, der Welt, in welcher der Künstler sich gibt und der Betrachter sich wiederfindet. Denn in dieser sich in die Ferne dehnenden Natur spiegelt sich ein *Schicksal*. Es gibt in dieser Kunst tragische, dämonische, lachende, klagende Landschaften, etwas, wovon der Mensch andrer Kulturen keine Vorstellung und wofür er kein Organ hat. Wer dieser Formenwelt gegenüber die Illusionsmalerei des Hellenismus nennt, der weiß keinen Unterschied zwischen einer Ornamentik vom höchsten Range und einer seelenlosen Imitation, einer Nachäffung des Augenscheins. Wenn Lysipp nach Plinius gesagt hat, er stelle die Menschen dar, wie sie ihm *erscheinen*, so trifft das einen Ehrgeiz von Kindern, Laien und Wilden, aber nicht von Künstlern. Es fehlt der große Stil, die Bedeutung, die tiefe Notwendigkeit. So malten die Bewohner der steinzeitlichen Höhlen auch. Aber die hellenistischen Maler konnten in Wirklichkeit mehr, als sie wollten. Selbst noch die Wandgemälde in Pompeji und die Odysseelandschaften in Rom enthalten ein *Symbol*: sie stellen je eine *Gruppe von*

Körpern dar, darunter Felsen, Bäume und sogar, als Körper unter Körpern! – „das Meer". Es entsteht keine Tiefe, sondern eine Aufreihung. Irgend etwas muß den Platz erhalten, der am wenigsten nah ist, aber diese technische Notwendigkeit hat mit der faustischen Verklärung des Fernen nichts zu tun.

18

Ich sagte, daß die Ölmalerei am Ende des 17. Jahrhunderts, wo alle großen Meister kurz nacheinander starben, erlosch. Aber der Impressionismus im engeren Sinne ist ja eine Schöpfung des 19. Jahrhunderts? Die Malerei hat also 200 Jahre länger geblüht oder dauert heute noch fort? Man täusche sich nicht. Zwischen Rembrandt und Delacroix oder Constable liegt eine tote Strecke, und was bei dem letzten beginnt, ist trotz aller Zusammenhänge in Hinsicht auf Technik und Vortrag sehr verschieden von dem, was mit dem ersten endete. Hier, wo von einer lebendigen Kunst von höchster Symbolik die Rede ist, zählen die rein dekorativen Künstler des 18. Jahrhunderts nicht mit. Täuschen wir uns auch nicht über den Charakter der neuen malerischen *Episode*, die jenseits von 1800, der Grenze von Kultur und Zivilisation, noch einmal die Illusion einer großen Kultur der Malerei erwecken konnte. Sie selbst hat ihr eigentliches Thema als Freilicht bezeichnet und damit den Sinn ihrer flüchtigen Erscheinung deutlich genug enthüllt. *Freilicht* – das ist die bewußte, intellektuelle und brutale Abwendung von dem, was man plötzlich „die braune Sauce" nannte und was, wie wir sahen, in den Bildern der großen Meister die eigentlich metaphysische Farbe war. Auf ihr baute sich die Malkultur der Schulen, vor allem der niederländischen auf, die im Rokoko rettungslos dahinschwand. Dies Braun, das Symbol räumlicher Unendlichkeit, das für den faustischen Menschen aus dem Gemälde ein seelenhaftes Etwas schuf, empfand man plötzlich als Unnatur. Was war geschehen? Beweist die Wandlung nicht, daß ebenso die *Seele* sich fortgestohlen hatte, für welche diese verklärte Farbe etwas Religiöses, ein Zeichen der Sehnsucht, der ganze Sinn einer lebendigen Natur gewesen war? Der Materialismus der

westeuropäischen Weltstädte blies in die Asche und rief diese seltsame und kurze Nachblüte von zwei Malergenerationen hervor –
denn mit der Generation Manets war alles wieder zu Ende. Ich hatte
das erhabene Grün Grünewalds, Lorrains, Giorgiones als die katholische Farbe des Raumes bezeichnet und das transzendente Braun
Rembrandts als die Farbe des protestantischen Weltgefühls. Das
Freilicht, das jetzt eine neue Farbenskala entfaltet, bezeichnet demgegenüber die Irreligion.[1] Der Impressionismus ist aus den Sphären
Beethovenscher Musik und Kantischer Sternenräume auf die Erdoberfläche zurückgekehrt. Dieser Raum ist erkannt, nicht erlebt,
gesehen, nicht geschaut; es ist Stimmung darin, nicht Schicksal;
es ist das mechanische Objekt der Physik und nicht die gefühlte
Welt der pastoralen Musik, was Courbet und Manet in ihre Landschaften bringen. Was Rousseau mit tragisch treffendem Ausdruck
als Rückkehr zur Natur prophezeit hatte, vollzieht sich in dieser
sterbenden Kunst. So kehrt ein Greis von Tag zu Tag „zur Natur
zurück". Der neue Künstler ist Arbeiter, nicht Schöpfer. Er stellt
ungebrochene Spektralfarben nebeneinander. Die feine Handschrift,
der Tanz der Pinselstriche macht groben Gewohnheiten Platz:
Punkte, Quadrate, breite anorganische Massen werden aufgetragen,
vermengt, verbreitet. Neben dem breiten, flachen Pinsel erscheint
der Spachtel als Werkzeug. Der Ölgrund der Leinwand wird in die
Wirkung einbezogen und bleibt stellenweise frei. Eine gefährliche
Kunst, peinlich kalt, krank, für überfeinerte Nerven, aber wissenschaftlich bis zum äußersten, energisch in allem, was die Bewältigung technischer Widerstände angeht, programmatisch zugespitzt:
es ist das Satyrspiel zur großen Ölmalerei von Lionardo bis Rembrandt. Sie konnte nur in dem Paris Baudelaires zu Hause sein. Corots silberne Landschaften in ihren graugrünen und braunen Tönen
träumen noch von dem *Seelischen* der alten Meister. Courbet und

---

[1] Es war deshalb ganz unmöglich, vom Freilicht aus zu einer echt religiösen
Malerei zu kommen. Das in der Malerei liegende Weltgefühl ist bis zu dem Grade
irreligiös und nur für eine „Vernunftreligion" gültig, daß jeder der zahlreichen,
ehrlich gemeinten Versuche hohl und unwahr wirkt (Uhde, Puvis de Chavannes).
Ein einziges Freilichtbild verweltlicht sofort das Innere einer Kirche und setzt sie
zu einem Ausstellungsraum herab.

Manet erobern den kahlen physikalischen Raum, den Raum als
„Tatsache". Der versonnene Entdecker Lionardo macht dem malenden Experimentator Platz. Corot, das ewige Kind, Franzose, nicht
Pariser, fand seine jenseitigen Landschaften überall, Courbet, Monet,
Manet, Cézanne porträtieren ein und dieselbe Örtlichkeit immer
wieder, peinlich, mühsam, arm an Seele, den Wald von Fontainebleau oder die Seineufer von Argenteuil oder jenes merkwürdige
Tal bei Arles. Rembrandts mächtige Landschaften liegen durchaus
im Weltraume, die Manets in der Nähe einer Bahnstation. Die Frei-
lichtmaler, echte Großstädter, nahmen von den kühlsten Spaniern
und Holländern, Velasquez, Goya, Hobbema und Franz Hals die
Musik des Raumes, um sie – mit Hilfe der englischen Landschafter
und später der Japaner, intellektueller und hochzivilisierter Köpfe –
ins Empirische und Naturwissenschaftliche zu übersetzen. Es ist der
Unterschied von Naturerlebnis und Naturwissenschaften, von Herz
und Kopf, von Glauben und Wissen.

Anders in Deutschland. In Frankreich war eine große Malerei
abzuschließen, hier war sie nachzuholen. Denn der malerische Stil
von Rottmann, Wasmann, K. D. Friedrich und Runge bis zu Marées
und Leibl setzt alle Glieder der Entwicklung voraus; sie liegen dem
Technischen zugrunde, und wo auch eine Schule den neuen Stil
pflegen will, bedarf sie einer geschlossenen inneren Tradition. Hierin
beruht die Schwäche und Stärke der letzten deutschen Malerei. Die
Franzosen besaßen eine eigne Überlieferung vom frühen Barock bis
auf Chardin und Corot herab. Zwischen Lorrain und Corot, Rubens
und Delacroix besteht ein lebendiger Zusammenhang. Aber alle
großen Deutschen des 18. Jahrhunderts waren, als Künstler, *Musiker*
geworden. Daß diese Musik, ohne ihr innerstes Wesen zu verändern,
seit Beethoven doch noch einmal in Malerei umschlug, ist *eine Seite
der deutschen Romantik*. Hier hat sie am längsten geblüht, hier ihre
liebenswürdigsten Früchte getragen. Denn diese Köpfe und Landschaften sind eine heimliche, sehnsuchtsvolle Musik. Etwas von
Eichendorff und Mörike ist noch in Thoma und Böcklin zu finden.
Nur bedurfte man einer fremden Lehre für das, was an eigner innerer
Tradition fehlte. Alle diese Maler gingen nach Paris. Aber indem sie,

wie Manet und sein Kreis, auch die alten Meister von 1670 studierten und kopierten, empfingen sie ganz neue, ganz andre Wirkungen, während die Franzosen nur Erinnerungen an etwas empfanden, das längst in ihre Kunst eingegangen war. Und so ist die deutsche bildende Kunst außerhalb der Musik – seit 1800 – eine verspätete Erscheinung, hastig, ängstlich, verworren, um Mittel und Ziel verlegen. Es war keine Zeit zu verlieren Was die deutsche Musik und die französische Malerei in Jahrhunderten geworden waren, sollte durch eine oder zwei Malergenerationen eingeholt werden. Die erlöschende Kunst drängte nach der letzten Fassung, die ein traumhaftes Durchfliegen der ganzen Vergangenheit notwendig machte. So erscheinen hier wunderlich faustische Naturen, wie Marées und Böcklin, von einer Ungewißheit in allem Formalen, die in unsrer Musik mit ihrer sicheren Tradition – man denke an Bruckner – ganz unmöglich war. Die programmatisch klare und innerlich um so ärmere Kunst der französischen Impressionisten kennt diese Tragik ebensowenig. Aber das gleiche gilt von der deutschen Literatur, die seit der Goethezeit in jedem größeren Werk etwas begründen wollte *und* etwas abschließen mußte. Wie Kleist Shakespeare und Stendhal *zugleich* in sich fühlte und mit verzweifeltem Bemühen, in ewigem Ungenügen ändernd und zerstörend zweihundert Jahre psychologischer Kunst zur Einheit schmieden wollte; wie Hebbel die Problematik von „Hamlet" bis „Rosmersholm" in *einen* dramatischen Typus preßte, so haben Menzel, Leibl, Marées die alten und neuen Vorbilder: Rembrandt, Lorrain, van Goyen, Watteau, Delacroix, Courbet und Manet in eine einzige Form zu drängen versucht. Während die kleinen frühen Interieurs von Menzel alle Entdeckungen des Manetkreises vorwegnehmen und Leibl manches ausführt, woran Courbet scheiterte, ist andrerseits in ihren Bildern das metaphysische Braun und Grün der alten Meister noch einmal der volle Ausdruck eines inneren Erlebnisses. Menzel hat *wirklich* ein Stück preußisches Rokoko, Marées wirklich etwas von Rubens, Leibl in seinem Bild der Frau Gedon wirklich etwas von Rembrandts Porträtkunst nacherlebt und wiedererweckt. Das Atelierbraun des 17. Jahrhunderts hatte eine zweite Kunst von höchstem faustischem Ge-

halt zur Seite gehabt, die Radierung. Rembrandt ist in beiden der
erste Meister aller Zeiten gewesen. Auch die Radierung hat etwas
Protestantisches, und sie liegt den südlicheren, katholischen Malern
der grünblauen Atmosphäre und der Gobelins immer fern. Leibl war,
wie der letzte Braunmaler, so auch der letzte große Radierer, dessen
Blätter von jener rembrandthaften Unendlichkeit sind, die den
Betrachter immer wieder neue Geheimnisse entdecken läßt. Marées
endlich besaß die mächtige Intuition des großen Barockstils, die
Guéricault und Daumier noch eben in eine geschlossene Form bannen konnten, die sich aber in seinem Falle, eben *ohne* die Stärke
der westlichen Tradition, nicht in die Welt der malerischen Erscheinung zwingen ließ.

19

Im „Tristan" stirbt die letzte der faustischen Künste. Dies Werk ist
der riesenhafte Schlußstein der abendländischen Musik. Die Malerei
hat es nicht zu einem so mächtigen Finale gebracht. Manet, Menzel
und Leibl, in deren Freilichtstudien die Ölmalerei alten Stils noch
einmal wie aus dem Grabe hervorkommt, wirken dagegen klein.
    Die apollinische Kunst ging „gleichzeitig" mit der pergameni-
schen Plastik zu Ende. *Pergamon ist das Seitenstück von Bayreuth.* Der
berühmte Altar selbst ist zwar ein späteres und vielleicht nicht das
bedeutendste Werk der Epoche. Man muß (etwa 330–220) eine
lange, verschollene Entwicklung voraussetzen. Aber alles, was Nietzsche gegen Wagner und Bayreuth, den „Ring" und den „Parsifal"
vorbrachte, läßt sich, unter Gebrauch ganz derselben Ausdrücke wie
Dekadenz und Schauspielerei, auf diese Plastik anwenden, von der
uns im Gigantenfries des großen Altars – auch einem „Ring" –
ein Meisterwerk erhalten ist. Dieselbe Theatralik, dieselbe Anlehnung an alte, mythische, nicht mehr geglaubte Motive, dieselbe
rücksichtslose Massenwirkung auf die Nerven, aber auch dieselbe
sehr bewußte Wucht, Größe und Erhabenheit, die dennoch einen
Mangel an innerer Kraft nicht ganz zu verbergen weiß. Der farne-
sische Stier und das ältere Vorbild der Laokoongruppe stammen sicherlich aus diesem Kreise.

Was die sinkende Gestaltungskraft kennzeichnet, ist das Form- und Maßlose, dessen der Künstler bedarf, um noch etwas Rundes und Ganzes hervorzubringen. Ich meine nicht nur den Geschmack am Riesenhaften, der nicht wie im Gotischen und im Pyramiden- stil der Ausdruck innerer Größe ist, sondern über deren Mangel hin- wegtäuscht; dies Prunken mit *leeren* Dimensionen ist allen anbre- chenden Zivilisationen gemeinsam und herrscht vom Zeusaltar in Pergamon und der als Koloß von Rhodos bekannten Heliosstatue des Chares bis zu den Römerbauten der Kaiserzeit, ebenso wie in Ägypten zu Beginn des Neuen Reiches und heute in Amerika. Viel kennzeichnender ist das Willkürliche und Überquellende, das alle Konvention von Jahrhunderten vergewaltigt und zerbricht. Es war die überpersönliche Regel, die absolute Mathematik der Form, das *Schicksal* der langsam gereiften Sprache einer großen Kunst, hier wie dort, was man nicht mehr ertrug. Lysipp steht darin hinter Polyklet, und die Schöpfer der Galliergruppen hinter Lysipp zurück. Das ent- spricht dem Wege von Bach über Beethoven zu Wagner. Die frü- hen Künstler fühlen sich als Meister der großen Form, die späten als deren Sklaven. Was noch Praxiteles und Haydn innerhalb der strengsten Konvention in vollkommener Freiheit und Heiterkeit zu sagen vermochten, brachten Lysipp und Beethoven nur unter Ver- gewaltigungen zustande. Das Zeichen aller lebendigen Kunst, die reine Harmonie zwischen Wollen, Müssen und Können, das Selbst- verständliche des Ziels, das Unbewußte in der Verwirklichung, die Einheit von Kunst und Kultur, alles das ist vorüber. Noch Corot und Tiepolo, noch Mozart und Cimarosa *beherrschten* die Mutter- sprache ihrer Kunst. Von da an beginnt man in ihr zu radebrechen, aber niemand empfindet das, weil niemand mehr fließend sprechen kann. Freiheit und Notwendigkeit waren einst identisch. Jetzt ver- steht man unter Freiheit Mangel an Zucht. In der Zeit Rembrandts und Bachs ist das uns allzubekannte Schauspiel, „an seiner Aufgabe zu scheitern", gar nicht denkbar. Das Schicksal der Form lag in der Rasse, in der Schule, nicht in privaten Tendenzen des Einzelnen. Im Banne einer großen Tradition gelingt selbst dem kleinen Künst- ler das Vollkommene, weil die lebendige Kunst ihn und die Aufgabe zusammenführt. Heute müssen diese Künstler wollen, was sie nicht mehr können, und dort mit dem Kunstverstand arbeiten, rechnen, kombinieren, wo der geschulte Instinkt erloschen ist. Das haben sie alle erlebt. Marées ist mit keinem seiner großen Pläne fertig geworden. Leibl wagte es nicht, seine letzten Bilder aus der Hand zu geben, bis sie unter der endlosen Überarbeitung kalt und hart geworden waren. Cézanne und Renoir ließen vieles vom Besten unvollendet, weil sie bei aller Kraft und Mühe nicht weiter konnten. Manet war erschöpft, als er dreißig Bilder gemalt hatte, und trotz der ungeheuren Mühsal, die aus jedem Zuge des Gemäldes und der Skizzen spricht, hat er mit seiner „Erschießung des Kaisers Maximilian" kaum erreicht, was Goya in dem Vorbilde, der Erschießung der Gefangenen auf Pio, mühelos zustande brachte. Bach, Haydn, Mozart und die tausend namenlosen Musiker des 18. Jahrhunderts konnten in der schnellen täglichen Arbeit Vollkommenstes leisten. Wagner wußte, daß er nur dann die Höhe erreichte, wenn er seine ganze Energie zusammennahm und aufs peinlichste die besten Augenblicke seiner künstlerischen Begabung ausnützte.

Zwischen Wagner und Manet besteht eine tiefe Verwandtschaft, die wenigen fühlbar sein wird, die aber ein Kenner alles Dekadenten wie Baudelaire schon früh herausfand. Aus farbigen Strichen und Flecken eine Welt im Raume hervorzuzaubern, das war die letzte, sublimste Kunst der Impressionisten. Wagner leistet das mit drei Takten, in denen sich eine ganze Welt von Seele zusammendrängt. Die Farben der sternhellen Mitternacht, der ziehenden Wolken, des Herbstes, der schaurig-wehmütigen Morgenfrühe, überraschende Blicke auf sonnenbelichtete Fernen, die Weltangst, das nahe Verhängnis, das Verzagen, das verzweifelte Durchbrechen, die jähe Hoffnung, Eindrücke, die vorher kein Musiker für erreichbar gehalten hätte, malt er in vollkommener Deutlichkeit mit ein paar Tönen eines Motivs. Hier ist der äußerste Gegensatz zur griechischen Plastik erreicht. Alles versinkt in körperlose Unendlichkeit; selbst eine linienhafte Melodie ringt sich nicht mehr aus den vagen Tonmassen los, die in seltsamen Wogen einen imaginären Raum heraufrufen. Das Motiv taucht aus dunkler und furchtbarer Tiefe auf, flüchtig von einem grellen Licht überstrahlt; plötzlich steht es in schrecklicher Nähe; es lächelt, es schmeichelt, es droht; bald ist es im Reiche der Streichinstrumente verschwunden, bald nähert es sich wieder aus endlosen Fernen, von einer einzelnen Oboe leise variiert, mit einer immer neuen Fülle seelischer Farben. Alles das ist weder Malerei noch Musik, wenn man an die voraufgehenden Werke des strengen Stils denkt. Als Rossini befragt wurde, was er von der Musik der „Hugenotten" halte, antwortete er: „Musik? – Ich habe nichts dergleichen gehört." Genau dasselbe Urteil hörte man in Athen über die neuen Malkünste der asiatischen und sikyonischen Schule, und nicht viel anders wird es im ägyptischen Theben über die Kunst von Knossos und Tell el Amarna gelautet haben.

Alles, was Nietzsche von Wagner gesagt hat, gilt auch von Manet. Scheinbar eine Rückkehr zum Elementarischen, zur Natur gegenüber der Inhaltsmalerei und der absoluten Musik, bedeutet ihre Kunst ein Nachgeben vor der Barbarei der großen Städte, der beginnenden Auflösung, wie sie sich im Sinnlichen in einem Gemisch von Brutalität und Raffinement äußert, einen Schritt, der notwendig der letzte sein mußte. Eine künstliche Kunst ist keiner organischen Fortentwicklung fähig. Sie bezeichnet das Ende.

Daraus folgt – ein bitteres Eingeständnis –, daß es mit der abendländischen bildenden Kunst unwiderruflich zu Ende ist. Die Krisis des 19. Jahrhunderts war der Todeskampf. Die faustische Kunst stirbt, wie die apollinische, die ägyptische, wie jede andere an Altersschwäche, nachdem sie ihre innern Möglichkeiten verwirklicht, nachdem sie im Lebenslauf ihrer Kultur ihre Bestimmung erfüllt hat.

Was heute als Kunst betrieben wird, ist Ohnmacht und Lüge, die Musik nach Wagner so gut wie die Malerei nach Manet, Cézanne, Leibl und Menzel.

Man suche doch die großen Persönlichkeiten, welche die Behauptung rechtfertigen, daß es noch eine Kunst von schicksalhafter Notwendigkeit gebe. Man suche nach der *selbstverständlichen und notwendigen* Aufgabe, die auf sie wartet. Man gehe durch alle Ausstellungen, Konzerte, Theater und man wird nur betriebsame Macher und lärmende Narren finden, die sich darin gefallen, etwas – inner-

lich längst als überflüssig Empfundenes – für den Markt herzurichten.
Auf welcher Stufe der innern und äußern Würde steht heute alles,
was Kunst und Künstler heißt! In der Generalversammlung irgendeiner Aktiengesellschaft oder unter den Ingenieuren der erstbesten
Maschinenfabrik wird man mehr Intelligenz, Geschmack, Charakter und Können bemerken als in der gesamten Malerei und Musik
des gegenwärtigen Europa. Es hat immer auf einen großen Künstler
hundert überflüssige gegeben, welche Kunst machten. Aber solange
es eine große Konvention und *also* eine echte Kunst gab, machten
selbst sie etwas Tüchtiges. Man konnte diesen hundert ihr Dasein
verzeihen, weil sie im *Ganzen* der Tradition der Boden waren, der
den einen trug. Aber heute sind nur diese Zehntausend am Werke,
„um zu leben" – wovon man die Notwendigkeit nicht einsieht –
und so viel ist gewiß: man könnte heute alle Kunstanstalten schließen, ohne daß die *Kunst* davon auch nur berührt würde. Wir dürfen
uns nur in das Alexandria des Jahres 200 v. Chr. versetzen, um den
Kunstlärm kennen zu lernen, mit dem eine weltstädtische Zivilisation sich über den Tod ihrer Kunst zu täuschen versteht. Dort, wie
heute in den Weltstädten Westeuropas, eine Jagd nach den Illusionen
einer künstlerischen Fortentwicklung, der persönlichen Eigenart,
des „neuen Stils", der „ungeahnten Möglichkeiten", ein theoretisches Geschwätz, eine anspruchsvolle Haltung tonangebender Künstler wie die von Akrobaten, die mit Zentnergewichten von Pappe
hantieren („hodlern"), der Literat statt des Dichters, die schamlose
Farce des Expressionismus als ein Stück Kunstgeschichte, das der
Kunsthandel organisiert hat, das Denken, Fühlen und Formen als
Kunstgewerbe. Auch Alexandria hatte seine Problemdramatiker und
Regiekünstler, die man Sophokles vorzog, und seine Maler, die
neue Richtungen erfanden und ihr Publikum verblüfften. Was besitzen wir heute unter dem Namen „Kunst"? Eine erlogene Musik
voll von künstlichem Lärm massenhafter Instrumente, eine verlogene
Malerei voll idiotischer, exotischer und Plakateffekte, eine erlogene
Architektur, die auf dem Formenschatz vergangener Jahrtausende
alle zehn Jahre einen neuen Stil „begründet", in dessen Zeichen jeder
tut, was er will, eine erlogene Plastik, die Assyrien, Ägypten und

Mexiko bestiehlt. Und trotzdem kommt dies allein, der Geschmack von Weltleuten, als Ausdruck und Zeichen der Zeit in Betracht. Alles übrige, das demgegenüber an den alten Idealen „festhält", ist eine bloße Angelegenheit von Provinzialen.

Die große Ornamentik der Vergangenheit ist eine tote Sprache geworden wie Sanskrit und Kirchenlatein.[1] Statt ihrer Symbolik zu dienen, wird ihre Mumie, ihre Hinterlassenschaft an fertigen Formen verwertet, gemengt, vollkommen anorganisch abgeändert. Jede Modernität hält Abwechslung für Entwicklung. Die Wiederbelebungen und Verschmelzungen alter Stile treten an die Stelle wirklichen Werdens. Auch Alexandria hatte seine präraffaelitischen Hanswurste, mit Vasen, Stühlen, Bildern und Theorien, seine Symbolisten, Naturalisten und Expressionisten. In Rom gibt man sich bald gräko-asiatisch, bald gräko-ägyptisch, bald archaisch, bald – nach Praxiteles – neuattisch. Das Relief der 19. Dynastie, der ägyptischen Modernität, das massenhaft, sinnlos anorganisch Wände, Statuen, Säulen überzieht, wirkt wie eine Parodie auf die Kunst des Alten Reiches. Der ptolemäische Horustempel in Edfu endlich ist in der Leerheit willkürlich gehäufter Formen nicht mehr zu überbieten. Das ist der prahlerische und aufdringliche Stil unsrer Straßen, monumentalen Plätze und Ausstellungen, obwohl wir uns erst am Anfang dieser Entwicklung befinden.

Endlich erlischt selbst die Kraft, etwas anderes auch nur zu wollen. Schon der große Ramses eignete sich Bauten seiner Vorgänger an, indem er in Inschriften und Reliefszenen die Namen ausmeißeln und durch den eigenen ersetzen ließ. Es ist dasselbe Eingeständnis künstlerischer Ohnmacht, das Konstantin veranlaßte, seinen Triumphbogen in Rom mit Skulpturen zu schmücken, die von andern Bauwerken abgenommen waren. Viel früher, seit 150 v. Chr. etwa, beginnt im Bereich der antiken Kunst die Technik der Kopien nach alten Meisterwerken, nicht, weil man diese noch irgend verstanden hätte, sondern weil man Originale nicht mehr selbständig hervorzubringen verstand. Denn man bemerke wohl: diese Kopisten waren *die Künstler der Zeit.* Ihre Arbeiten, je nach der Mode in diesem oder

[1] Vgl. Bd. II, S. 694.

jenem Stil ausgeführt, bezeichnen das Maximum der damals vorhandenen Gestaltungskraft. Sämtliche römischen Bildnisstatuen, ob
männlich oder weiblich, gehen auf eine ganz kleine Zahl hellenischer
Typen der Stellung und Gebärde zurück, die für den Torso mehr
oder weniger stilecht kopiert werden, während der Kopf mit einer
primitiven handwerksmäßigen Treffsicherheit „ähnlich" gemacht
wird. Die berühmte Panzerstatue des Augustus z. B. ist nach dem
Doryphoros des Polyklet gearbeitet. So etwa verhält sich – um die
ersten Vorzeichen des entsprechenden Stadiums im Abendlande zu
nennen – Lenbach zu Rembrandt und Makart zu Rubens. 1500
Jahre lang, von Ahmose I. bis auf Kleopatra herab, hat der Ägyptizismus in derselben Weise Bildwerke auf Bildwerke gehäuft. An
Stelle des vom Alten bis zum Ausgang des Mittleren Reichs sich
entwickelnden großen Stils herrschen *Moden*, die den Geschmack
bald dieser, bald jener Dynastie wiederaufleben lassen. Unter den
Turfanfunden befinden sich Reste indischer Dramen aus der Zeit
um Christi Geburt, die den um Jahrhunderte späteren des Kalidasa
völlig gleich sind. Die uns bekannte chinesische Malerei zeigt mehr
als ein Jahrtausend hindurch das Auf und Ab wechselnder Stilmoden,
keine Entwicklung, und es muß schon zur Hanzeit so gewesen sein.
Das letzte Ergebnis ist ein feststehender, unermüdlich kopierter
Formenschatz, wie ihn uns heute die indische, chinesische und
arabisch-persische Kunst zeigen, nach welchem Bilder und Gewebe,
Verse und Gefäße, Möbel, Dramen und Musikstücke gearbeitet
werden,[1] ohne daß die Zeit der Entstehung sich aus der Sprache der
Ornamentik auch nur auf Jahrhunderte, geschweige denn Jahrzehnte bestimmen ließe, wie es in *allen* Kulturen bis zum Ausgang
der Spätzeit der Fall war.

[1] Vgl. Bd. I, S. 254 f.

FÜNFTES KAPITEL

SEELENBILD UND LEBENSGEFÜHL

I. Zur Form der Seele

1

Jeder Philosoph von Beruf ist gezwungen, ohne ernstliche Nachprüfung an das Dasein eines Etwas zu glauben, das sich in seinem Sinne verstandesmäßig behandeln läßt, denn seine ganze geistige Existenz hängt von dieser Möglichkeit ab. Es gibt deshalb für jeden noch so skeptischen Logiker und Psychologen einen Punkt, an welchem die Kritik schweigt und der Glaube beginnt, wo selbst der strengste Analytiker aufhört, seine Methode – gegen sich selbst nämlich und auf die Frage der Lösbarkeit, selbst des Vorhandenseins seiner Aufgabe – anzuwenden. Den Satz: Es ist möglich, durch das Denken die Formen des Denkens festzustellen, hat Kant nicht bezweifelt, so zweifelhaft er dem Nichtphilosophen erscheinen mag. Den Satz: Es gibt eine Seele, deren Struktur wissenschaftlich zugänglich ist; was ich durch kritische Zerlegung bewußter Daseinsakte in Gestalt von psychischen „Elementen", „Funktionen", „Komplexen" feststelle, das *ist* meine Seele – hat noch kein Psychologe bezweifelt. Gleichwohl hätten die stärksten Zweifel sich hier einstellen sollen. Ist eine abstrakte Wissenschaft vom Seelischen überhaupt möglich? Ist, was man auf diesem Wege findet, identisch mit dem, was man sucht? Warum ist alle Psychologie, nicht als Menschenkenntnis und Lebenserfahrung, sondern als Wissenschaft genommen, von jeher die flachste und wertloseste aller philosophischen Disziplinen geblieben, in ihrer völligen Leerheit ausschließlich der Jagdgrund mittelmäßiger Köpfe und unfruchtbarer Systematiker? Der Grund ist leicht zu finden. Die „empirische" Psychologie hat

das Unglück, nicht einmal ein Objekt im Sinne irgend einer wissenschaftlichen Technik zu besitzen. Ihr Suchen und Lösen von Problemen ist ein Kampf mit Schatten und Gespenstern. Was ist das –
Seele? Könnte der bloße Verstand eine Antwort geben, so wäre die
Wissenschaft bereits überflüssig.

Keiner der tausend Psychologen unsrer Tage hat eine wirkliche
Analyse oder Definition „des" Willens, der Reue, der Angst, der
Eifersucht, der Laune, der künstlerischen Intuition geben können.
Natürlich nicht, denn man zergliedert nur Systematisches und man
definiert nur Begriffe durch Begriffe. Alle Feinheiten des geistigen
Spiels mit begrifflichen Distinktionen, alle vermeintlichen Beobachtungen vom Zusammenhang sinnlich-körperlicher Befunde mit
„inneren Vorgängen" berühren nichts von dem, was hier in Frage
steht. Wille – das ist kein Begriff, sondern eine Name, ein Urwort
wie Gott, ein Zeichen für etwas, dessen wir innerlich unmittelbar
gewiß sind, ohne es jemals beschreiben zu können.

Dasjenige, was hier gemeint ist, bleibt der gelehrten Forschung
für immer unzugänglich. Nicht umsonst warnt jede Sprache mit
ihren tausendfach sich verwirrenden Bezeichnungen davor, Seelisches theoretisch aufteilen, es systematisch ordnen zu wollen. Hier ist
nichts zu ordnen. Kritische – „scheidende" – Methoden beziehen sich
allein auf die Welt als Natur. Eher ließe sich ein Thema von Beethoven mit Seziermesser oder Säure zerlegen, als die Seele durch Mittel des abstrakten Denkens. Naturerkenntnis und Menschenkenntnis haben in Ziel, Weg und Methode nichts gemein. Der Urmensch
erlebt „die Seele" zuerst in andern Menschen und dann auch in sich
als *numen*, wie er *numina* in der Außenwelt kennt, und er legt seine
Eindrücke in mythischer Weise aus. Die Worte dafür sind Symbole, Klänge, die dem Verstehenden etwas Unbeschreibliches bedeuten. Sie rufen Bilder herauf, *Gleichnisse*, und in einer andern
Sprache haben wir auch heute noch nicht gelernt, uns über Seelisches mitzuteilen. Rembrandt kann denen, die ihm innerlich verwandt sind, durch ein Selbstbildnis oder eine Landschaft etwas von
seiner Seele verraten, und Goethe gab es ein Gott, zu sagen, wie er
leide. Man kann von gewissen Seelenregungen, die in Worte nicht

zu fassen sind, andern ein Gefühl durch einen Blick, ein paar Takte
einer Melodie, eine kaum merkliche Bewegung vermitteln. Das ist
die wahre Sprache von Seelen, die Fernstehenden unverständlich
bleibt. Das Wort als Laut, als poetisches Element, kann hier die Beziehung herstellen, das Wort als Begriff, als Element wissenschaftlicher Prosa nie.

„Die Seele" ist für den Menschen, sobald er nicht nur lebt und
fühlt, sondern aufmerksam wird und beobachtet, *ein Bild*, das aus
ganz ursprünglichen Erfahrungen von Tod und Leben stammt. Es
ist so alt, wie das durch die Wortsprachen vom Sehen abgelöste und
ihm folgende Nach-denken überhaupt. Die Umwelt *sehen* wir; da
jedes freibewegliche Wesen sie auch verstehen muß, um nicht unterzugehen, so entwickelt sich aus der täglichen kleinen, technischen,
tastenden Erfahrung ein Inbegriff bleibender Merkmale, der sich
für den wortgewohnten Menschen zu einem *Bilde des Verstandenen*
zusammenschließt, der *Welt als Natur.*[1] Was nicht äußere Welt ist,
sehen wir nicht; aber wir spüren seine Gegenwart, in andern und in
uns selbst. „Es" weckt durch seine Art, sich physiognomisch bemerkbar zu machen, Angst und Wißbegier, und so entsteht das
nachdenkliche *Bild einer Gegenwelt,* durch das wir uns vorstellen,
sichtbar vor uns hinstellen, was dem Auge selbst ewig fremd bleibt.
Das Bild der Seele ist mythisch und ein Gegenstand von Seelenkulten, solange das Bild der Natur religiös erschaut wird; es verwandelt
sich in eine wissenschaftliche Vorstellung und wird der Gegenstand
gelehrter Kritik, sobald man „die Natur" kritisch beobachtet. Wie
„die Zeit" ein Gegenbegriff[2] zum Raum, so ist „die Seele" eine
Gegenwelt zur „Natur" und von deren Auffassung in jedem Augenblick mitbestimmt. Es war gezeigt worden, wie „die Zeit" aus dem
Gefühl der Richtung des ewig bewegten Lebens, aus der inneren
Gewißheit eines Schicksals heraus als gedankliches *Negativ* zu einer
positiven Größe entstand, als Inkarnation dessen, was *nicht Ausdehnung* ist, und daß sämtliche „Eigenschaften" der Zeit, durch deren
abstrakte Zerlegung die Philosophen das Zeitproblem lösen zu

---

[1] Vgl. Bd. I, S. 136f.
[2] Vgl. Bd. I, S. 165.

können glauben, als Umkehrung der Eigenschaften des Raumes im Geiste allmählich gebildet und geordnet worden sind. Genau auf demselben Wege ist die Vorstellung vom Seelischen als Umkehrung und *Negativ der Weltvorstellung* unter Zuhilfenahme der räumlichen Polarität „außen – innen" und durch entsprechende Umdeutung der Merkmale entstanden. *Jede Psychologie ist eine Gegenphysik.*

Ein „exaktes Wissen" von der ewig geheimnisvollen Seele erhalten zu wollen, ist sinnlos. Aber der späte städtische Trieb, abstrakt zu denken, zwingt den „Physiker der inneren Welt" gleichwohl dazu, eine Scheinwelt von Vorstellungen durch immer neue Vorstellungen, Begriffe durch Begriffe zu erklären. Er denkt das Nichtausgedehnte in Ausgedehntes um, er erbaut als Ursache dessen, was nur physiognomisch in Erscheinung tritt, ein System, und in diesem glaubt er, die Struktur „der Seele" vor Augen zu haben. Aber schon die Worte, welche in allen Kulturen gewählt werden, um diese Ergebnisse gelehrter Arbeit mitzuteilen, verraten alles. Da ist von Funktionen, Gefühlskomplexen, Triebfedern, Bewußtseinsschwellen, von Verlauf, Breite, Intensität, Parallelismus der seelischen Prozesse die Rede. Aber alle diese Worte stammen aus der Vorstellungsweise der Naturwissenschaft. „Der Wille bezieht sich auf Gegenstände" – das ist doch ein Raumbild. Bewußtes und Unbewußtes – da liegt allzu deutlich das Schema von überirdisch und unterirdisch zugrunde. In den modernen Theorien des Willens wird man die ganze Formensprache der Elektrodynamik finden. Wir reden von Willensfunktionen und Denkfunktionen in genau demselben Sinne wie von der Funktion eines Kräftesystems. Ein Gefühl analysieren, heißt ein raumartiges Schattenbild an seiner Stelle mathematisch behandeln, es abgrenzen, teilen und messen. Jede Seelenforschung dieses Stils, sie mag sich über Gehirnanatomie noch so erhaben dünken, ist voll von mechanischen Lokalisationen und bedient sich, ohne es zu bemerken, eines eingebildeten Koordinatensystems in einem eingebildeten Seelenraum. Der „reine" Psychologe merkt gar nicht, daß er den Physiker kopiert. Kein Wunder, daß sein Verfahren mit den albernsten Methoden der experimentellen Psychologie so verzweifelt gut übereinstimmt. Gehirnbahnen und Assoziationsfasern entsprechen der Vorstellungsweise nach durchaus dem optischen Schema: „Willens-" oder „Gefühlsverlauf"; sie behandeln beide verwandte, nämlich *räumliche* Phantome. Es ist kein großer Unterschied, ob ich ein psychisches Vermögen begrifflich oder eine entsprechende Region der Großhirnrinde graphisch abgrenze. Die wissenschaftliche Psychologie hat ein geschlossenes System von Bildern herausgearbeitet und bewegt sich mit vollkommener Selbstverständlichkeit in ihm. Man prüfe jede einzelne Aussage jedes einzelnen Psychologen und man wird nur Variationen dieses Systems im Stile der jeweiligen Außenwelt finden.

Das klare, vom Sehen abgezogene Denken setzt den Geist einer Kultursprache als Mittel voraus, das, vom Seelentum einer Kultur als Teil und Träger ihres Ausdrucks geschaffen,[1] nun eine „Natur" der Wortbedeutungen, einen sprachlichen Kosmos bildet, innerhalb dessen die abstrakten Begriffe, Urteile, Schlüsse – Abbilder von Zahl, Kausalität, Bewegung – ihr mechanisch bestimmtes Dasein führen. Das jeweilige Bild der Seele ist also *vom Wortgebrauch und dessen tiefer Symbolik* abhängig. Die abendländischen – faustischen – Kultursprachen besitzen sämtlich den Begriff „Wille" – eine mythische Größe, die gleichzeitig durch die Umbildung des Verbums versinnlicht wird, die einen entscheidenden Gegensatz zum antiken Sprachgebrauch *und also* Seelenbilde schafft. *Ego habeo factum* statt *feci*[2] – da erscheint ein *numen* der inneren Welt. Mithin erscheint, von der Sprache bestimmt, im wissenschaftlichen Seelenbilde aller abendländischen Psychologien die Gestalt des Willens als ein wohlumgrenztes Vermögen, das man in den einzelnen Schulen wohl verschieden bestimmt, dessen Vorhandensein an sich aber keiner Kritik unterworfen ist.

---

[1] Ursprachen bilden keine Unterlage für abstrakte Gedankengänge. Am Anfang jeder Kultur erfolgt aber eine innere Wandlung der vorhandenen Sprachkörper, die sie zu den höchsten symbolischen Aufgaben der Kulturentwicklung fähig macht. So entstehen *zugleich mit dem romanischen Stil* das Deutsche und Englische aus den germanischen Sprachen der Frankenzeit, und das Französische, Italienische, Spanische aus der *lingua rustica* der ehemaligen Römerprovinzen, trotz so verschiedener Herkunft Sprachen von *identischem* metaphysischem Gehalt.

[2] Vgl. Bd. I, S. 335 f.

2

Ich behaupte also, daß die gelehrte Psychologie, weit entfernt, das Wesen der Seele aufzudecken oder auch nur zu berühren – es ist hinzuzufügen, daß jeder von uns, ohne es zu wissen, Psychologie dieser Art treibt, wenn er sich eigne oder fremde Seelenregungen „vorzustellen" sucht –, zu allen Symbolen, die den Makrokosmos des Kulturmenschen bilden, ein weiteres hinzufügt. Wie alles Vollendete, nicht sich Vollendende, stellt es einen *Mechanismus* an Stelle eines *Organismus* dar. Man vermißt im Bilde, was unser Lebensgefühl erfüllt und was doch gerade „Seele" sein sollte: das Schicksalhafte, die wahllose Richtung des Daseins, das Mögliche, welches das Leben in seinem Ablauf verwirklicht. Ich glaube nicht, daß in irgend einem psychologischen System das Wort Schicksal vorkommt, und man weiß, daß nichts in der Welt weiter von wirklicher Lebenserfahrung und Menschenkenntnis entfernt ist als ein solches System. Assoziationen, Apperzeptionen, Affekte, Triebfedern, Denken, Fühlen, Wollen – alles das sind tote Mechanismen, deren Topographie den belanglosen Inhalt der Seelenwissenschaft bildet. Man wollte das Leben finden und traf auf eine Ornamentik von Begriffen. Die Seele blieb, was sie war, das was weder gedacht noch vorgestellt werden kann, *das* Geheimnis, *das* ewig Werdende, das reine Erlebnis.

Dieser *imaginäre Seelenkörper* – das sei hier zum ersten Male ausgesprochen – ist niemals etwas andres als das getreue Spiegelbild der Gestalt, in welcher der gereifte Kulturmensch seine äußere Welt erblickt. Das Tiefenerlebnis verwirklicht hier wie dort die ausgedehnte Welt.[1] Das mit dem Urwort Zeit angedeutete Geheimnis schafft aus dem Empfinden des Außen wie aus dem Vorstellen des Innen *den* Raum. Auch das Seelenbild hat seine Tiefenrichtung, seinen Horizont, seine Begrenztheit oder Unendlichkeit. Ein „inneres Auge" sieht, ein „inneres Ohr" hört. Es gibt eine deutliche Vorstellung einer inneren Ordnung, die wie die äußere das Merkmal *kausaler Notwendigkeit* trägt.

[1] Vgl. Bd. I, S. 222 ff.

Und damit ergibt sich nach allem, was in diesem Buch über die
Erscheinung der hohen Kulturen gesagt worden ist, eine ungeheure
Erweiterung und Bereicherung der Seelenforschung. Alles, was
von Psychologen heute gesagt und geschrieben wird – es ist nicht
allein von systematischer Wissenschaft, sondern auch von physiognomischer Menschenkenntnis im weitesten Sinne die Rede –,
bezieht sich allein auf den *gegenwärtigen* Zustand der *abendländischen*
Seele, während die bisher selbstverständliche Meinung, diese Erfahrungen seien für die „menschliche Seele" überhaupt gültig, ohne
Prüfung hingenommen worden ist.

Ein Seelenbild ist immer nur das Bild einer ganz bestimmten Seele.
Kein Beobachter wird je aus den Bedingungen seiner Zeit und seines
Kreises heraustreten, und was er auch „erkennen" möge: jede dieser
Erkenntnisse ist bereits ein Ausdruck seiner eignen Seele, nach Aus-
wahl, Richtung und innerer Form. Schon der primitive Mensch
legt sich aus Tatsachen *seines* Lebens ein Seelenbild zurecht, wobei
die Urerfahrungen des Wachseins: der Unterschied von Ich und
Welt, von Ich und Du, und die des Daseins: der Unterschied von
Leib und Seele, von Sinnenleben und Nachdenken, von Geschlechtsleben und Empfindung gestaltend wirken. Weil es nachdenkliche
Menschen sind, die darüber denken, so wird immer ein inneres
numen: Geist, Logos, Ka, Ruach zum übrigen in Gegensatz gerückt.
Wie aber Einteilung und Verhältnis im einzelnen liegen und wie
man sich die seelischen Elemente vorstellt, als Schichten, Kräfte,
Substanzen, als Einheit, Polarität oder Vielheit, das kennzeichnet
den Nachdenkenden schon als Glied einer bestimmten Kultur. Und
glaubt jemand, das Seelische fremder Kulturen aus seinen Wirkungen zu erkennen, so unterlegt er ihm das eigne Bild. Er assimiliert
die neuen Erfahrungen einem *vorhandenen* System, und es ist kein
Wunder, wenn er endlich ewige Formen entdeckt zu haben glaubt.

In der Tat besitzt jede Kultur ihre eigne systematische Psychologie, so wie sie ihren eignen Stil von Menschenkenntnis und Lebenserfahrung besitzt. Und wie selbst jede einzelne Stufe, das Zeitalter
der Scholastik, das der Sophistik, das der Aufklärung, ein Zahlen-
bild, Denkbild und Naturbild entwirft, das nur für sie paßt, so spie-

gelt sich endlich jedes Jahrhundert in einem eignen Seelenbilde. Der beste Menschenkenner Westeuropas irrt sich, wenn er einen Araber oder Japaner zu verstehen sucht, und umgekehrt. Aber ebenso irrt der Gelehrte, wenn er die Grundworte der arabischen oder griechischen Systeme mit den eignen übersetzt. *Nephesch* ist nicht *animus,* und *atman* ist nicht Seele. Was wir unter der Bezeichnung Wille überall entdecken, fand der antike Mensch in seinem Seelenbilde *nicht.*

Nach allem wird man über die hohe Bedeutung der einzelnen, in der Weltgeschichte des Denkens auftauchenden Seelenbilder nicht mehr im Zweifel sein. Der antike – apollinische, dem punktförmigen, euklidischen Sein hingegebene – Mensch blickte auf seine Seele wie auf einen zur Gruppe schöner Teile geordneten Kosmos. Plato nannte sie νοῦς, θυμός, ἐπιθυμία und verglich sie mit Mensch, Tier und Pflanze, einmal sogar mit dem südlichen, nördlichen und hellenischen Menschen. Was hier nachgebildet erscheint, ist die Natur, wie sie sich vor den Blicken antiker Menschen entfaltet: eine wohlgeordnete Summe greifbarer Dinge, denen gegenüber der Raum als das Nichtseiende empfunden wird. Wo findet sich in diesem Bilde der „Wille"? Wo die Vorstellung funktioneller Zusammenhänge? Wo sind die übrigen Schöpfungen *unserer* Psychologie? Glaubt man, daß Plato und Aristoteles sich auf die Analyse schlechter verstanden haben und etwas nicht sahen, was sich bei uns jedem Laien aufdrängt? Oder fehlt hier der Wille, weil in der antiken Mathematik der Raum, in der antiken Physik die Kraft fehlt?

Dagegen nehme man unter den abendländischen Psychologien welche man will. Man wird immer eine *funktionale,* nie eine körperhafte Ordnung finden; y = f (x): das ist die Urgestalt aller Eindrücke, die wir von unserm Innern empfangen, *weil* sie unsrer Außenwelt zugrunde liegt. Denken, Fühlen, Wollen – aus dieser Dreiheit kommt kein westeuropäischer Psychologe heraus, so gern er möchte, aber schon der Streit der gotischen Denker um den Primat des Willens oder der Vernunft lehrt, daß man hier eine Beziehung zwischen *Kräften* erblickt – ob diese Lehren als eigne Erkenntnis vorgetragen oder aus Augustin und Aristoteles herausgelesen werden, ist ganz bedeutungslos. Assoziationen, Apperzeptionen, Willensvorgänge und wie die Bildelemente sonst heißen mögen, sind ohne Ausnahme vom Typus mathematisch-physikalischer Funktionen und der Form nach gänzlich unantik. Da es sich nicht um physiognomisch zu deutende Lebenszüge, sondern um „die Seele" als Objekt handelt, so ist die Verlegenheit der Psychologen wiederum das Bewegungsproblem. Es gibt für die Antike *auch ein inneres Eleatenproblem*, und in dem scholastischen Streit um den funktionalen Vorrang von Vernunft oder Wille kündigt sich die gefährliche Schwäche der Barockphysik an, zwischen Kraft und Bewegung ein zweifelfreies Verhältnis nicht finden zu können. Die Richtungsenergie wird im antiken und indischen Seelenbilde verneint – da ist alles gelagert und gerundet –, im faustischen und ägyptischen bejaht – es gibt da Wirkungskomplexe und Kraftmitten –, aber eben um dieses zeithaften Gehaltes willen gerät das zeitfremde Denken mit sich selbst in Widerspruch.

Das faustische und das apollinische Seelenbild stehen einander schroff gegenüber. Alle früheren Gegensätze tauchen wieder auf. Man darf die imaginäre Einheit hier als *Seelenkörper*, dort als *Seelenraum* bezeichnen. Der Körper besitzt Teile, im Raum verlaufen Prozesse. Der antike Mensch empfindet seine Innenwelt plastisch. Das verrät schon der Sprachgebrauch bei Homer, in dem vielleicht uralte Tempellehren durchschimmern, darunter die von den Seelen im Hades, die ein wohl erkennbares Abbild des Körpers sind. So sieht sie auch die vorsokratische Philosophie. Ihre drei schön geordneten Teile – λογιστικόν, ἐπιθυμητικόν, θυμοειδές – erinnern an die Gruppe des Laokoon. *Wir* stehen unter einem musikalischen Eindruck: die Sonate des inneren Lebens hat den Willen als Hauptthema; Denken und Fühlen sind die Nebenthemen; der Satz unterliegt den strengen Regeln eines seelischen Kontrapunkts, die zu finden Aufgabe der Psychologie ist. Die einfachsten Elemente unterscheiden sich wie antike und abendländische Zahlen: dort sind sie Größen, hier Beziehungen. Der *seelischen Statik* des apollinischen Daseins – dem stereometrischen Ideal der σωφροσύνη und ἀταραξία – steht die *Seelendynamik* des faustischen gegenüber.

Das apollinische Seelenbild – Platos Zweigespann mit dem νοῦς
als Lenker – verflüchtigt sich sofort mit der Annäherung an das
magische Seelentum der arabischen Kultur. Es verblaßt schon in der
späteren Stoa, deren Schulhäupter vorwiegend aus dem aramäischen
Osten stammten. In der frühen Kaiserzeit ist es selbst in der stadtrömischen Literatur nur noch als Reminiszenz anzutreffen.

Das magische Seelenbild trägt die Züge eines strengen *Dualismus zweier rätselhafter Substanzen, Geist und Seele.*[1] Zwischen ihnen
herrscht weder das antike, statische, noch das abendländische, funktionale Verhältnis, sondern ein völlig anders gestaltetes, das sich
eben nur als magisch bezeichnen läßt. Man denke im Gegensatz zur
Physik Demokrits und zu der Galileis an die Alchymie und den
Stein der Weisen. Dies spezifisch morgenländische Seelenbild liegt
mit innerer Notwendigkeit allen psychologischen, vor allem auch
theologischen Betrachtungen zugrunde, welche die „gotische" Frühzeit der arabischen Kultur (0–300) erfüllen. Das Johannesevangelium zählt nicht weniger dazu wie die Schriften der Gnostiker und
Kirchenväter, der Neuplatoniker und Manichäer, die dogmatischen
Texte im Talmud und Awesta und die sich ganz religiös äußernde
Altersstimmung des Imperium Romanum, die das wenige Lebendige
in ihrem Philosophieren dem jungen Orient, Syrien und Persien entnahm. Schon der große Poseidonios, trotz der antiken Außenseite
seines ungeheuren Wissens ein echter Semit und von früharabischem
Geiste, empfand im innerlichsten Gegensatz zum apollinischen
Lebensgefühl diese magische Struktur der Seele als die wahre. Eine
den Leib durchdringende Substanz befindet sich in deutlichem
*Wert*unterschied gegen eine zweite, die sich aus der Welthöhle in die
Menschheit herabläßt, abstrakt, göttlich, auf welcher der Consensus
aller an ihr Teilhabenden beruht.[2] Dieser „Geist" ist es, der die höhere Welt hervorruft, durch deren Erzeugung er über das bloße
Leben, das „Fleisch", die Natur triumphiert. Es ist dies das Urbild,
das, bald religiös, bald philosophisch, bald künstlerisch gefaßt – ich
erinnere an das Porträt der konstantinischen Zeit mit den starr ins

---

[1] Vgl. Bd. II, S. 841 f.
[2] Vgl. Bd. II, S. 854 f.

Unendliche blickenden Augen; *dieser Blick repräsentiert das* πνεῦμα –, allem Ichgefühl zugrunde liegt. Plotin und Origenes haben so empfunden. Paulus unterscheidet (z. B. 1. Kor. 15, 44) zwischen σῶμα ψυχικόν und σῶμα πνευματικόν. Der Gnosis war die Vorstellung einer doppelten, leiblichen oder geistigen Ekstase und die Einteilung der Menschen in niedere und höhere, Psychiker und Pneumatiker, geläufig. Plutarch hat die in der spätantiken Literatur verbreitete Psychologie, den Dualismus von νοῦς und ψυχή, orientalischen Vorbildern nachgeschrieben. Man setzte ihn alsbald zu dem Gegensatz von christlich und heidnisch, Geist und Natur in Beziehung, aus dem dann das noch heute nicht überwundene Schema der Weltgeschichte als eines Dramas der Menschheit zwischen Schöpfung und Jüngstem Gericht, mit einem Eingreifen Gottes als Mitte, bei Gnostikern, Christen, Persern und Juden hervorgegangen ist.

Seine streng wissenschaftliche Vollendung erfährt das magische Seelenbild in den Schulen von Bagdad und Basra. Alfarabi und Alkindi[1] haben die verwickelten und uns wenig zugänglichen Probleme dieser magischen Psychologie eingehend behandelt. Ihr Einfluß auf die junge, ganz abstrakte Seelenlehre (*nicht* das Ichgefühl) des Abendlandes darf nicht unterschätzt werden. Scholastische und mystische Psychologie haben vom maurischen Spanien, Sizilien und Orient ebensoviel Formelemente empfangen wie die gotische Kunst. Man vergesse nicht, daß das Arabertum die Kultur der gestifteten Offenbarungsreligionen ist, die sämtlich ein dualistisches Seelenbild voraussetzen. Man denke an die Kabbala und den Anteil jüdischer Philosophen an der sogenannten Philosophie des Mittelalters, d. h. zuerst des späten Arabertums und dann der frühen Gotik. Ich nenne nur ein merkwürdiges, kaum beachtetes Beispiel, das letzte: Spinoza.[2] Aus dem Ghetto stammend ist er, neben seinem persischen Zeitgenossen Schirazi, der letzte verspätete Vertreter des magischen und ein Gast in der Formenwelt des faustischen Weltgefühls. Er hat als kluger Schüler der Barockzeit seinem System die Farbe abend-

---

[1] De Boer, Gesch. d. Philos. im Islam (1901), S. 93, 108.
[2] Windelband, Gesch. d. neueren Philos. (1919), I, S. 208, und Hinneberg, Kultur der Gegenwart I, V (1913), S. 484.

ländischen Denkens zu geben gewußt; in der Tiefe steht er völlig unter dem Aspekt des arabischen Dualismus zweier Seelensubstanzen. *Dies ist der wahre, innere Grund, weshalb ihm der Kraftbegriff Galileis und Descartes' fehlt.* Dieser Begriff ist der Schwerpunkt eines dynamischen Universums und damit dem magischen Weltgefühl fremd. Zwischen der Idee vom Stein des Weisen – die in Spinozas Idee der Gottheit als *causa sui* versteckt liegt – und der kausalen Notwendigkeit *unsres* Naturbildes gibt es keine Vermittlung. Deshalb ist sein Willensdeterminismus genau der, welcher von der Orthodoxie in Bagdad verteidigt wurde – „Kismet" –, und dort hat man die Heimat des Verfahrens „*more geometrico*" zu suchen, das dem Talmud, Awesta und dem arabischen Kalaam gemeinsam ist,[1] in Spinozas Ethik aber innerhalb *unsrer* Philosophie ein groteskes Unikum bildet.

Noch einmal hat dann die deutsche Romantik dies magische Seelenbild flüchtig heraufbeschworen. Man fand an Magie und den krausen Gedankengängen gotischer Philosophen den gleichen Geschmack wie an den Kreuzzugsidealen der Klöster und Ritterburgen und vor allem auch an sarazenischer Kunst und Poesie, ohne von diesen entlegenen Dingen eben viel zu verstehen. Schelling, Oken, Baader, Görres und ihr Kreis gefielen sich in unfruchtbaren Spekulationen in arabisch-jüdischem Stil, die man mit deutlichem Behagen als dunkel, als „tief" empfand, was sie für die Orientalen *nicht* gewesen waren, die man wohl zum Teil selbst nicht begriff und von denen man hoffte, daß sie auch vom Hörer nicht ganz begriffen werden würden. Bemerkenswert ist an dieser Episode nur der Reiz des Dunklen, den diese Gedankenkreise ausübten. Man darf den Schluß wagen, daß die klarsten und zugänglichsten Fassungen faustischer Gedanken, wie man sie etwa bei Descartes und in den Prolegomena von Kant findet, auf einen arabischen Metaphysiker denselben Eindruck des Nebelhaften und Abstrusen gemacht haben würden. Was für uns wahr ist, ist für sie falsch und umgekehrt: das gilt vom Seelenbilde der einzelnen Kulturen wie von jedem anderen Ergebnis wissenschaftlichen Nachdenkens.

[1] Vgl. Bd. II, S. 852, Anm. 1.

3

Die Zukunft wird sich an die schwierige Aufgabe wagen müssen, in der Weltanschauung und Philosophie gotischen Stils die gleiche Sonderung der letzten Elemente vorzunehmen wie in der Ornamentik der Kathedralen und in der primitiven damaligen Malerei, die zwischen dem flachen Goldgrund und weiträumigen landschaftlichen Hintergründen – der magischen und der faustischen Art, Gott in der Natur zu sehen – noch keine Entscheidung zu treffen wagt. Es vermischen sich im frühen Seelenbilde, wie es in dieser Philosophie zum Vorschein kommt, in zaghafter Unreife die Züge christlich-arabischer Metaphysik, des Dualismus von Geist und Seele, mit nordischen Ahnungen von funktionalen Seelenkräften, die man sich noch nicht eingesteht. Dieser Zwiespalt liegt dem Streit um den Primat des Willens oder der Vernunft zugrunde, dem *Grundproblem der gotischen Philosophie*, das man bald im alten arabischen, bald im neuen abendländischen Sinne zu lösen sucht. Es ist derselbe begriffliche Mythos, welcher in stets sich ändernder Fassung den Gang unserer gesamten Philosophie bestimmt hat und diese von jeder anderen scharf unterscheidet. Der Rationalismus des späten Barock hat sich, mit dem ganzen Stolz des seiner selbst sicher gewordnen städtischen Geistes, für die größere Macht der Göttin Vernunft entschieden, bei Kant und bei den Jakobinern. Aber schon das 19. Jahrhundert hat, vor allem in Nietzsche, wieder die stärkere Formel gewählt: *voluntas superior intellectu*, die uns allen im Blute liegt.[1] Schopenhauer, der letzte große Systematiker, hat das auf die Formel „Die Welt als Wille und Vorstellung" gebracht, und nicht seine Metaphysik, nur seine *Ethik* ist es, die *gegen* den Willen entscheidet.

Hier tritt der geheimste Grund und Sinn allen Philosophierens innerhalb einer Kultur unmittelbar zutage. Denn es ist die *faustische Seele*, die in vielhundertjährigem Mühen *ein Selbstbildnis* zu zeichnen

---

[1] Wenn deshalb auch in diesem Buche Zeit, Richtung und Schicksal den Vorrang vor Raum und Kausalität erhalten, so sind es nicht Beweise des Verstandes, welche die Überzeugung herbeiführen, sondern – ganz unbewußt – Tendenzen des Lebensgefühls, welche *sich Beweise verschafften*. Eine andre Art der Entstehung philosophischer Gedanken gibt es nicht.

versucht, ein Bild, das zugleich mit dem Bilde der Welt einen tiefgefühlten Einklang aufweist. Die gotische Weltanschauung mit
ihrem Ringen zwischen Vernunft und Wille ist in der Tat ein Ausdruck des *Lebensgefühls* jener Menschen der Kreuzzüge, der Stauferzeit und der großen Dombauten. *Man sah die Seele so, weil man
so war.*

*Wollen und Denken im Seelenbilde – das ist Richtung und Ausdehnung,
Geschichte und Natur, Schicksal und Kausalität im Bilde der äußeren
Welt.* Daß unser Ursymbol die unendliche Ausgedehntheit ist, tritt
in diesen Grundzügen beider Aspekte zutage. Der Wille knüpft die
Zukunft an die Gegenwart, das Denken das Grenzenlose an das
Hier. *Die historische Zukunft ist die werdende, der unendliche Welt-
horizont die gewordene Ferne:* dies ist der Sinn des faustischen Tiefenerlebnisses. Das Richtungsgefühl wird als „Wille", das Raumgefühl
als „Verstand" wesenhaft, beinahe mythisch vorgestellt: so entsteht
das Bild, welches unsre Psychologen mit Notwendigkeit aus dem
Innenleben abstrahieren.

Daß die faustische Kultur *Willenskultur* ist, ist nur ein andrer
Ausdruck für die eminent historische Veranlagung ihrer Seele. Das
„Ich" im Sprachgebrauch – *ego habeo factum* –, der *dynamische* Satzbau also gibt durchaus den Stil des Handelns wieder, welcher aus
dieser Anlage folgt und mit seiner Richtungsenergie nicht nur das
Bild der „Welt als Geschichte", sondern unsere Geschichte selbst
beherrscht. Dieses „Ich" steigt in der gotischen Architektur empor;
die Turmspitzen und Strebepfeiler sind „Ich", *und deshalb ist die
gesamte faustische Ethik ein „Empor"*: Vervollkommnung des Ich,
sittliche Arbeit am Ich, Rechtfertigung des Ich durch Glauben und
gute Werke, Achtung des Du im Nächsten um des eignen Ich und
seiner Seligkeit willen, von Thomas von Aquino bis zu Kant, und
endlich das Höchste: Unsterblichkeit des Ich.

Es ist genau das, was der echte Russe als eitel empfindet und verachtet. Die russische, willenlose Seele, deren Ursymbol die unendliche Ebene ist,[1] sucht in der Brüderwelt, der horizontalen, dienend,
namenlos, sich verlierend aufzugeben. Von *sich* aus an den Nächsten

[1] Vgl. Bd. I, S. 259.

denken, *sich* durch Nächstenliebe sittlich zu heben, für *sich* büßen
wollen, ist ihr ein Zeichen westlicher Eitelkeit und frevelhaft wie das
In-den-Himmel-dringen-Wollen unsrer Dome im Gegensatz zur
kuppelbesetzten Dach*ebene* russischer Kirchen. Tolstois Held Nech-
ludow pflegt sein sittliches Ich wie seine Nägel; eben deshalb gehört
Tolstoi der Pseudomorphose des Petrinismus an. Raskolnikow dagegen ist nur irgend etwas in einem „Wir". Seine Schuld ist die
Schuld aller.[1] Auch nur seine Sünde als etwas Eignes zu betrachten
ist Hochmut und Eitelkeit. Etwas davon liegt auch dem magischen
Seelenbild zugrunde. „Wenn jemand zu mir kommt", sagt Jesus
(Luk. 14, 26), „und haßt nicht Vater, Mutter, Weib, Kinder, Brüder, Schwestern, *vor allem aber sein eignes Ich* (τὴν ἑαυτοῦ ψυχὴν), so
kann er nicht mein Jünger sein." Aus diesem Gefühl heraus nennt er
sich ein Menschenkind.[2] Auch der *consensus* der Rechtgläubigen ist
unpersönlich und verdammt das „Ich" als Sünde, und ebenso der
– echt russische – Begriff der Wahrheit als der namenlosen Übereinstimmung der Berufenen.

Der antike Mensch, ganz der Gegenwart gehörend, ist ebenfalls
ohne die unser Welt- und Seelenbild beherrschende, alle Sinnes-
eindrücke im Zug zur Ferne, alle innern Erlebnisse im Sinn der
Zukunft sammelnde Richtungsenergie. Er ist „willenlos". Darüber
läßt die antike Schicksalsidee keinen Zweifel, noch weniger das
Symbol der dorischen Säule. Wenn der Widerstreit zwischen Denken und Wollen das geheime Thema aller bedeutenden Bildnisse
von Jan van Eyck bis zu Marées ist, so kann das antike Bildnis nichts
davon enthalten, denn im antiken Seelenbilde stehen neben dem
Denken (νοῦς), dem inneren Zeus, die ahistorischen Einheiten der
animalischen und vegetativen Triebe (θυμός und ἐπιθυμία), ganz
somatisch, ganz ohne bewußten Zug und Drang zu einem Ziel.

Wie man das faustische Prinzip bezeichnen will, das uns und nur
uns angehört, ist gleichgültig. Name ist Schall und Rauch. Auch
Raum ist ein Wort, das in tausend Spielarten im Munde des Mathe-

---

[1] Vgl. Bd. II, S. 921, Anm. 1.
[2] „Des Menschen Sohn" ist eine irreführende Übersetzung von *barnasha*; nicht
das Sohnesverhältnis, sondern das unpersönliche Aufgehen in der Menschenebene
liegt zugrunde.

matikers, Denkers, Dichters, Malers ein und dasselbe Unbeschreibliche ausdrücken möchte, das anscheinend der ganzen Menschheit
angehört und doch mit *diesem* metaphysischen Hintersinn nur innerhalb der abendländischen Kultur die Geltung hat, die wir ihm mit
innerer Notwendigkeit zuschreiben. Nicht der Begriff „Wille",
sondern der Umstand, daß es ihn für uns überhaupt gibt, während
die Griechen ihn gar nicht kannten, hat die Bedeutung eines großen
Symbols. Im letzten Grunde besteht zwischen Tiefenraum und
Wille kein Unterschied. Den antiken Sprachen fehlt die Bezeichnung
für das eine und *also auch* für das andere.[1] Der reine Raum des faustischen Weltbildes ist nicht bloße Dehnung, sondern Ausdehnung
in die Ferne als Wirksamkeit, als Überwindung des Nur-Sinnlichen,
als Spannung und Tendenz, als geistiger Wille zur Macht. Ich weiß
wohl, wie unzulänglich diese Umschreibungen sind. Es ist vollständig unmöglich, durch exakte Begriffe den Unterschied anzugeben
zwischen dem, was wir und was die Menschen der arabischen oder
indischen Kultur Raum nennen und bei diesem Worte denken, empfinden und vorstellen. *Daß* es etwas durchaus Verschiedenes ist,
beweisen die sehr verschiedenen Grundanschauungen der jeweiligen
Mathematik und bildenden Kunst, vor allem die unmittelbaren
Äußerungen des *Lebens*. Wir werden sehen, wie die Identität von
Raum und Wille in den Taten des Kopernikus und Kolumbus so gut
wie in denen der Hohenstaufen und Napoleons zum Ausdruck
kommt – Beherrschung des Weltraums –, aber sie liegt in andrer

---

[1] ἐθέλω und βούλομαι heißen, die Absicht, den Wunsch haben, geneigt sein;
βουλή heißt *Rat, Plan*; zu ἐθέλω gibt es überhaupt kein Hauptwort. *Voluntas* ist
kein psychologischer Begriff, sondern in echt römischem Tatsachensinne wie
potestas und *virtus* eine Bezeichnung für praktische, äußere, sichtbare Begabung,
für die *Wucht* eines menschlichen Einzelseins. Wir gebrauchen in diesem Falle das
Fremdwort Energie. Der „Wille" Napoleons und die Energie Napoleons: das ist
etwas sehr Verschiedenes, wie etwa Flugkraft und Gewicht. Man verwechsle die
nach außen gerichtete Intelligenz, die den Römer als zivilisierten Menschen vor
dem hellenischen Kulturmenschen auszeichnet, nicht mit dem, was hier Wille
genannt ist. Cäsar ist *nicht* Willensmensch im Sinne Napoleons. Bezeichnend ist
der Sprachgebrauch im römischen Recht, das der Poesie gegenüber das Grundgefühl der römischen Seele viel ursprünglicher darstellt. Die Absicht heißt hier
animus (animus occidendi), der Wunsch, der sich auf Strafbares richtet, *dolus* im
Gegensatz zur ungewollten Rechtsverletzung *(culpa)*. *Voluntas* kommt als technischer Ausdruck gar nicht vor.

Weise auch in den physikalischen Begriffen des Kraftfeldes und Potentials, die man keinem Griechen hätte verständlich machen können. Raum als die Form *a priori* der Anschauung, die Formel, in welcher Kant endgültig aussprach, was die Barockphilosophie unablässig gesucht hatte – das bedeutet einen *Herrschaftsanspruch* der Seele über das Fremde. Das Ich regiert vermittelst der Form die Welt.[1]

Das bringt die Tiefenperspektive der Ölmalerei zum Ausdruck, die den unendlich gedachten Bildraum vom Betrachter abhängig macht, der ihn von der gewählten Entfernung aus im wörtlichen Sinne *beherrscht*. Es ist jener Zug in die Ferne, der zum Typus der *heroischen, historisch empfundenen* Landschaft im Gemälde wie im Park der Barockzeit führt, dasselbe, was der mathematisch-physikalische Begriff des Vektors zum Ausdruck bringt. Jahrhunderte hindurch hat die Malerei leidenschaftlich nach diesem großen Symbol gestrebt, in dem alles liegt, was die Worte Raum, Wille, Kraft ausdrücken möchten. Ihm entspricht die ständige Tendenz der Metaphysik, durch Begriffspaare wie Erscheinung und Ding an sich, Wille und Vorstellung, Ich und Nicht-Ich, die sämtlich von rein dynamischem Gehalte sind, sehr im Gegensatz zur Lehre des Protagoras vom Menschen als dem *Maß, also nicht dem Schöpfer* aller Dinge, die funktionelle Abhängigkeit der Dinge vom Geist zu formulieren. Der antiken Metaphysik gilt der Mensch als Körper unter Körpern, und Erkennen ist hier eine Art von *Berührung*, die vom Erkannten zum Erkennenden hinüberging, nicht umgekehrt. Die optischen Theorien des Anaxagoras und Demokrit sind weit entfernt, dem Menschen eine Aktivität in der Sinneswahrnehmung zuzugestehen. Plato empfindet das *Ich* niemals als Mittelpunkt einer trans-

[1] Die chinesische Seele „wandelt in der Welt": dies ist der Sinn der ostasiatischen Malerperspektive, deren Konvergenzpunkt in der *Bildmitte*, nicht in der Tiefe liegt. Durch die Perspektive werden die Dinge dem Ich, das sie ordnend auffaßt, unterworfen, und die antike Verneinung des perspektivischen Hintergrundes bedeutet also auch den Mangel an „Willen", an Herrschaftsanspruch über die Welt. Der chinesischen Perspektive fehlt wie der chinesischen Technik (Bd. II, S. 1186, Anm. 2) die Richtungsenergie, und deshalb möchte ich, gegenüber dem mächtigen Zug in die Tiefe, der *unsere* Landschaftsmalerei auszeichnet, von einer Perspektive des *tao* der Ostasiaten reden, womit ein im Bilde wirkendes, nicht mißzuverstehendes *Weltgefühl* angedeutet ist.

zendenten Wirkungssphäre, wie es Kant ein inneres Bedürfnis war. Die Gefangenen in seiner berühmten Höhle sind wirklich Gefangene, *Sklaven* äußerer Eindrücke, nicht ihre Herren, von der allgemeinen Sonne beschienen, nicht selbst Sonnen, die das All durchleuchten.

Der physikalische Begriff der Raumenergie – die gänzlich un-antike Vorstellung, daß bereits die *räumliche Distanz* eine Energie-form, sogar die Urform aller Energie ist, denn das ist die Grundlage der Begriffe Kapazität und Intensität – beleuchtet auch das Verhält-nis des Willens zum imaginären Seelenraum. Wir fühlen, daß beides, das dynamische Weltbild Galileis und Newtons und das dynamische Seelenbild mit dem Willen als Schwerpunkt und Beziehungszen-trum, ein und dasselbe bedeuten. Sie sind beide Barockgebilde, Sym-bole der zur vollen Reife gelangten faustischen Kultur.

Man tut unrecht, wie es oft geschieht, den Kult des „Willens", wenn nicht für allgemein menschlich, so doch für allgemein christ-lich zu halten und aus dem Ethos der früharabischen Religionen ab-zuleiten. Dieser Zusammenhang gehört lediglich der historischen Oberfläche an und man verwechselt die Schicksale von Worten wie *voluntas,* deren tiefsymbolischen Bedeutungswandel man nicht be-merkt, mit der Geschichte von Wortbedeutungen und Ideen. Wenn arabische Psychologen, Murtada z. B., von der Möglichkeit mehre-rer „Willen" reden, von einem „Willen", der mit dem Tun zu-sammenhängt, von einem andern, der ihm selbständig voraufgeht, von einem „Willen", der überhaupt keine Beziehung zur Tat hat, der das „Wollen" erst erzeugt usw., wobei es auf die tiefere Bedeu-tung des arabischen Wortes ankommt, so haben wir offenbar ein Seelenbild vor uns, das der Struktur nach von dem faustischen gänz-lich verschieden ist.

Die Seelenelemente sind für jeden Menschen, welcher Kultur er auch angehört, die Gottheiten einer *inneren Mythologie.* Was Zeus für den äußeren Olymp ist, das ist für den der inneren Welt, für jeden Griechen mit vollkommener Deutlichkeit vorhanden, der νοῦς, welcher über den andern Seelenteilen thront. Was für uns „Gott" ist, Gott als Weltatem, als die Allkraft, als die allgegenwär-tige Wirkung und Vorsehung, das ist, aus dem Weltraum in den imaginären Seelenraum zurückgespiegelt und von uns mit Notwendigkeit als wirklich vorhanden empfunden, „Wille". Zum mikrokosmischen Dualismus der magischen Kultur, zu *ruach* und *nephesch*, *pneuma* und *psyche* gehört mit Notwendigkeit der makrokosmische Gegensatz von Gott und Teufel, persisch Ormuzd und Ahriman, jüdisch Jahwe und Beelzebub, islamisch Allah und Iblis, dem absolut Guten und dem absolut Bösen, und man wird bemerken, daß im abendländischen Weltgefühl beide Gegensätze *zugleich* verblassen. In demselben Grade wie aus dem gotischen Streit um den Vorrang von *intellectus* oder *voluntas* sich der Wille als Mittelpunkt eines *seelischen Monotheismus* herausbildet, entschwindet die Gestalt des Teufels aus der wirklichen Welt. Zur Barockzeit hat der Pantheismus der Außenwelt einen inneren unmittelbar zur Folge, und was – in welcher Bedeutung auch – der Gegensatz *Gott und Welt* bezeichnen soll, das bezeichnet jedesmal das Wort Wille gegenüber der Seele überhaupt: die allbewegende Kraft in ihrem Reich.[1] Sobald das religiöse Denken in ein streng wissenschaftliches übergeht, besteht auch ein doppelter Begriffsmythos in Physik und Psychologie. Der Ursprung der Begriffe Kraft, Masse, Wille, Leidenschaft beruht nicht auf objektiver Erfahrung, sondern auf einem Lebensgefühl. Der Darwinismus ist nichts anderes als eine außergewöhnlich flache Fassung dieses Gefühls. Kein Grieche würde das Wort Natur im Sinne einer absoluten und planmäßigen Aktivität so gebraucht haben, wie die moderne Biologie es tut. Der „Wille Gottes" ist für uns ein Pleonasmus. Gott (oder „die Natur") ist nichts als Wille. So gut der Gottesbegriff seit der Renaissance unmerklich mit dem Begriff des unendlichen Weltraums identisch wird und die sinnlichen, persönlichen Züge verliert – Allgegenwart und Allmacht sind beinahe mathematische Begriffe geworden –, so gut wird er zum unanschaulichen Weltwillen. Die reine Instrumentalmusik überwindet *deshalb* um 1700 die Malerei als das einzige und letzte

---

[1] Es versteht sich, daß der Atheismus keine Ausnahme bildet. Wenn der Materialist oder Darwinist von „der Natur" redet, die etwas zweckmäßig anordnet, die eine Auslese trifft, die etwas hervorbringt oder vernichtet, so hat er dem Deismus des 18. Jahrhunderts gegenüber nur ein Wort verändert und das Weltgefühl unverändert bewahrt.

Mittel, dies Gefühl von Gott zu verdeutlichen. Demgegenüber denke man an die Götter Homers. Zeus besitzt durchaus nicht die volle Macht über die Welt; selbst auf dem Olymp ist er – wie es das apollinische Weltgefühl fordert – *primus inter pares*, Körper unter Körpern. Die blinde Notwendigkeit, die Ananke, welche das antike Wachsein im Kosmos erblickt, ist keineswegs von ihm abhängig. Im Gegenteil: die Götter sind ihr unterworfen. Das wird von Aischylos an einer gewaltigen Stelle des „Prometheus" laut ausgesprochen, aber man fühlt es schon bei Homer im *Streit* der Götter und an jener entscheidenden Stelle, wo Zeus die Schicksalswaage hebt, um das Los Hektors nicht zu fällen, sondern zu erfahren. Also stellt sich die antike Seele mit ihren Teilen und Eigenschaften als ein Olymp kleiner Götter dar, die in friedlichem Einvernehmen zu halten das Ideal hellenischer Lebensführung, der Sophrosyne und Ataraxia ist. Mehr als ein Philosoph verrät den Zusammenhang, indem er den höchsten Seelenteil, den νοῦς, als Zeus bezeichnet. Aristoteles schreibt seiner Gottheit als einzige Funktion die θεωρία, die Beschaulichkeit zu; es ist das Ideal des Diogenes: eine zur Vollkommenheit gereifte Statik des Lebens gegenüber der ebenso vollkommenen Dynamik im Lebensideal des 18. Jahrhunderts.

Das rätselhafte Etwas im Seelenbild, welches das Wort Wille bezeichnet, *die Leidenschaft der dritten Dimension*, ist also ganz eigentlich eine Schöpfung des Barock, wie die Perspektive der Ölmalerei, wie der Kraftbegriff der neueren Physik, wie die Tonwelt der reinen Instrumentalmusik. In allen Fällen hatte die Gotik vorgedeutet, was diese Jahrhunderte der Durchgeistigung zur Reife brachten. Halten wir hier, wo es sich um den *Stil* des faustischen Lebens im Gegensatz zu jedem andern handelt, daran fest, daß die Urworte Wille, Kraft, Raum, Gott, vom *faustischen* Bedeutungsgefühl getragen und durchseelt, Sinnbilder sind, schöpferische Grundzüge großer, einander verwandter Formenwelten, in denen dieses Sein sich zum Ausdruck bringt. Man war bis jetzt des Glaubens, hier „an sich seiende", ewige Tatsachen mit Händen zu greifen, die irgendwann einmal auf dem Wege kritischer Forschung endgültig gesichert, „erkannt", bewiesen sein würden. Diese Illusion der Naturwissenschaft war in

gleicher Weise die der Psychologie. Die Einsicht, daß diese „allgemeingültigen" Grundlagen *lediglich zum Barockstil des Schauens und
Verstehens gehören*, als Ausdrucksformen von vorübergehender Bedeutung und „wahr" nur für die westeuropäische Geistesart, verändert den ganzen Sinn dieser Wissenschaften, die nicht allein Subjekte eines systematischen Erkennens, sondern in viel höherem Grade
Objekte einer physiognomischen Betrachtung sind.

Die Architektur des Barock begann, wie wir sahen, als Michelangelo die tektonischen Elemente der Renaissance, Stütze und Last,
durch die dynamischen, Kraft und Masse, ersetzte. Brunellescos
Pazzikapelle drückt eine heitere Gelassenheit aus; Vignolas Fassade
von Il Gesù ist *steingewordner Wille*. Man hat den neuen Stil in seiner
kirchlichen Prägung Jesuitenstil genannt, vor allem nach der Vollendung, die er durch Vignola und Della Porta erfuhr, und in der
Tat besteht ein innerer Zusammenhang zwischen ihm und der
Schöpfung des Ignaz von Loyola, dessen Orden den reinen, abstrakten Willen der Kirche[1] repräsentiert, dessen verborgene, ins Unendliche sich erstreckende Wirksamkeit das Seitenstück zur Analysis
und zur Kunst der Fuge ist.

Es wird von nun an nicht mehr als Paradoxon empfunden werden, wenn künftig vom *Barockstil, ja* vom *Jesuitenstil in der Psychologie, Mathematik und theoretischen* Physik die Rede ist. Die Formensprache der Dynamik, welche den energischen Gegensatz von Kapazität und Intensität an Stelle des somatisch-willenlosen von Stoff
und Form setzt, ist allen geistigen Schöpfungen dieser Jahrhunderte
gemeinsam.

4

Es ist nun die Frage, inwiefern der Mensch dieser Kultur selbst
erfüllt, was das von ihm geschaffene Seelenbild erwarten läßt. Darf

---

[1] Der große Anteil, den gelehrte Jesuiten an der Entwicklung der theoretischen
Physik haben, darf nicht übersehen werden. Der Pater Boscovich war der erste,
der über Newton hinausgehend ein System der Zentralkräfte schuf (1759). Im
Jesuitismus ist die Gleichsetzung Gottes mit dem reinen Raum fühlbarer noch als
im Kreise der Jansenisten von Port Royal, dem die Mathematiker Descartes und
Pascal nahestanden.

man das Thema der abendländischen Physik jetzt ganz allgemein als den wirkenden Raum bezeichnen, so ist damit auch die Daseinsart, der Daseins*inhalt* des gleichzeitigen Menschen bestimmt. Wir, faustische Naturen, sind gewöhnt, den Einzelnen hinsichtlich seiner *wirkenden*, nicht seiner plastisch-ruhenden Erscheinung ins Ganze unsrer Lebenserfahrung aufzunehmen. Was der Mensch ist, ermessen wir an seiner *Tätigkeit*, die nach innen wie nach außen gewendet sein kann; und alle einzelnen Vorsätze, Gründe, Kräfte, Überzeugungen, Gewohnheiten werten wir durchaus nach dieser Richtung. Das Wort, in dem wir diesen Aspekt zusammenfassen, heißt *Charakter*. Wir sprechen von Charakterköpfen, von Charakterlandschaften. Der Charakter von Ornamenten, Pinselstrichen, Schriftzügen von ganzen Künsten, Zeitaltern und Kulturen: das sind uns geläufige Wendungen. Die Musik des Barock ist die eigentliche Kunst des Charakteristischen, was von Melodie und Instrumentation gleichmäßig gilt. Auch dies Wort bezeichnet etwas Unbeschreibliches, etwas, das die faustische Kultur aus allen andern heraushebt. Und zwar ist seine tiefe Verwandtschaft mit dem Wort „Wille" unverkennbar: was der Wille im Seelenbild, ist der Charakter im Bilde des Lebens, wie es uns und *nur* uns Westeuropäern mit Selbstverständlichkeit vorschwebt.

Daß der Mensch Charakter habe, ist der Grundanspruch all unsrer ethischen Systeme, so verschieden ihre metaphysischen oder praktischen Formeln sonst lauten mögen. Der Charakter – der sich im *Strome der Welt* bildet, die *„Persönlichkeit"*, *das Verhältnis des Lebens zur Tat* – ist ein faustischer Eindruck vom Menschen, und es besteht eine bedeutsame Ähnlichkeit mit dem physikalischen Weltbilde darin, daß der vektorielle Kraftbegriff mit seiner Richtungstendenz sich von dem der Bewegung trotz schärfster theoretischer Untersuchungen nicht hat isolieren lassen. Ebenso unmöglich ist die strenge Scheidung von Wille und Seele, Charakter und Leben. Wir empfinden auf der Höhe dieser Kultur, sicherlich seit dem 17. Jahrhundert, das Wort Leben als schlechthin gleichbedeutend mit Wollen. Ausdrücke wie Lebenskraft, Lebenswille, tätige Energie füllen als etwas Selbstverständliches unsre ethische Literatur, während sie in das Griechisch der Zeit des Perikles nicht einmal übersetzbar gewesen wären.

Man bemerkt – was der Anspruch aller Moralen auf zeitliche und räumliche Allgemeingültigkeit bisher verdeckt hat –, daß jede einzelne Kultur als einheitliches Wesen höherer Ordnung *ihre eigne moralische Fassung besitzt*. Es gibt so viele Moralen, als es Kulturen gibt. Nietzsche, der als erster eine Ahnung davon hatte, ist trotzdem von einer wirklich objektiven Morphologie der Moral – jenseits von *jedem* Gut und *jedem* Böse – weit entfernt geblieben. Er hat die antike, indische, christliche, Renaissancemoral an seinen eignen Wertungen abgeschätzt, statt deren Stil als Symbol zu verstehen. Aber gerade unserem historischen Blick hätte das *Urphänomen der Moral* als solches nicht entgehen sollen. Indessen werden wir erst heute, scheint es, reif dazu. Uns ist, und zwar schon seit Joachim von Floris und den Kreuzzügen, die Vorstellung der Menschheit als eines tätigen, kämpfenden, fortschreitenden Ganzen so notwendig, daß es uns schwer wird einzusehen, daß dies eine ausschließlich abendländische Betrachtungsweise von vorübergehender Geltung und Lebensdauer ist. Dem antiken Geist erscheint die Menschheit als gleichbleibende Masse, und dem entspricht eine ganz anders geartete Moral, deren Dasein sich von der homerischen Frühzeit bis zur Kaiserzeit verfolgen läßt. Überhaupt wird man finden, daß dem im höchsten Grade aktiven Lebensgefühl der faustischen Kultur die chinesische und ägyptische, dem streng passiven der Antike die indische näherstehen.

Wenn je eine Gruppe von Nationen den Kampf ums Dasein beständig vor Augen hatte, so war es die der antiken Kultur, wo alle die Städte und Städtchen einander bis zur Vernichtung bekämpften, ohne Plan, ohne Sinn, ohne Gnade, Körper gegen Körper, aus einem vollkommen geschichtswidrigen Instinkt. Aber die griechische Ethik war, trotz Heraklit, weit entfernt, den Kampf zu einem *ethischen* Prinzip zu machen. Die Stoiker wie die Epikuräer lehrten den Verzicht auf ihn als Ideal. Die Überwindung von Widerständen ist vielmehr der typische Antrieb der abendländischen Seele. Aktivität, Entschlossenheit, Selbstbehauptung werden gefordert; der Kampf gegen die bequemen Vordergründe des Lebens, die Eindrücke des Augenblicks, des Nahen, Greifbaren, Leichten, die Durchsetzung dessen, was Allgemeinheit und Dauer hat, was Vergangenheit und Zukunft seelisch aneinanderknüpft, ist der Inhalt aller faustischen Imperative von den frühesten Tagen der Gotik bis zu Kant und Fichte und weit darüber hinaus zu dem Ethos der ungeheuren Macht- und Willensäußerungen unsrer Staaten, Wirtschaftsmächte und unsrer Technik. Das *Carpe diem*, das gesättigte Sein des antiken Standpunktes ist der vollkommene Widerspruch gegen das, was Goethe, Kant, Pascal, was die Kirche wie das Freidenkertum als allein wertvoll empfanden, das *tätige, ringende, überwindende* Sein.[1]

Wie alle Formen der Dynamik – die malerische, musikalische, physikalische, soziale, politische – unendliche Zusammenhänge zur Geltung bringen, und nicht wie die antike Physik den Einzelfall und deren Summe, sondern den typischen Verlauf und dessen funktionale Regel betrachten, so hat man unter Charakter das grundsätzlich Gleichbleibende in der Auswirkung des Lebens zu verstehen. Andernfalls spricht man von Charakterlosigkeit. Charakter ist, als Form einer *bewegten* Existenz, in welcher mit größtmöglicher Variabilität im einzelnen die höchste Konstanz im Grundsätzlichen erreicht wird, das, was eine bedeutende Biographie wie Goethes „Wahrheit und Dichtung" überhaupt möglich macht. Plutarchs echt antike Biographien sind demgegenüber nur chronologisch, nicht entwicklungsgeschichtlich geordnete Anekdotensammlungen, und man wird zugeben, daß von Alkibiades, Perikles oder überhaupt einem rein apollinischen Menschen nur die zweite, nicht die erste Art von Biographie

---

[1] Luther hat, und dies ist einer der wesentlichen Gründe für die Wirkung des Protestantismus gerade auf tiefere Naturen, die praktische Tätigkeit – was Goethe die Forderung des Tages nannte – in den Mittelpunkt der Moral gestellt. Die „frommen Werke", denen die Richtungsenergie im hier angegebenen Sinne fehlt, treten unbedingt zurück. In ihrer Hochschätzung wirkte, wie in der Renaissance, ein Rest von *südlichem* Gefühl. Hier findet man den tiefen ethischen Grund für die steigende Mißachtung, die das Klosterwesen von nun an trifft. In der Gotik war der Eintritt ins Kloster, der Verzicht auf die Sorge, die Tat, das *Wollen* ein Akt von höchstem sittlichem Range. Es war das größte denkbare Opfer: das des *Lebens*. Im Barock empfinden selbst Katholiken nicht mehr so. Die Stätte nicht der Entsagung sondern des untätigen Genießens fiel dem Geist der Aufklärung zum Opfer.

denkbar ist. Ihren Erlebnissen fehlt nicht die Masse, sondern die Beziehung; sie haben etwas Atomistisches. Auf das physikalische Weltbild bezogen: der Grieche hat nicht etwa *vergessen*, in der Summe seiner Erfahrungen allgemeine Gesetze zu suchen; er konnte sie in seinem Kosmos gar nicht *finden*.

Es folgt daraus, daß die Wissenschaften der Charakterkunde, vor allem Physiognomik und Graphologie, innerhalb der Antike sehr dürftig ausgefallen sein würden. An Stelle der Handschrift, die wir nicht kennen, beweist es das antike Ornament, das gegenüber dem gotischen – man denke an den Mäander und die Akanthusranke – von einer unglaublichen Simplizität und Schwäche des charakteristischen Ausdrucks, dafür aber von einem nie wieder erreichten Ausgeglichensein in zeitlosem Sinne ist.

Es versteht sich von selbst, daß wir, dem antiken Lebensgefühl zugewendet, dort ein Grundelement der ethischen Wertung finden müssen, das dem Charakter ebenso entgegengesetzt ist wie die Statue der Fuge, die euklidische Geometrie der Analysis, der Körper im Raum. Es ist die *Geste*. Damit ist das Grundprinzip einer seelischen *Statik* gegeben, und das Wort, welches an Stelle unsrer „Persönlichkeit" in den antiken Sprachen steht, heißt πρόσωπον, *persona*, nämlich *Rolle*, *Maske*. Im spätgriechisch-römischen Sprachgebrauch bezeichnet es die *öffentliche Erscheinung und Gebärde* und damit den eigentlichen *Wesenskern des antiken Menschen*. Man sagte von einem Redner, daß er als priesterliches, als soldatisches πρόσωπον spreche. Der Sklave war ἀπρόσωπος, aber nicht ἀσώματος, d. h. er hatte *keine* als Bestandteil des öffentlichen Lebens in Betracht kommende Haltung, aber eine „*Seele*". Daß das Schicksal jemandem die Rolle eines Königs oder Feldherrn zuerteilt habe, gibt der Römer durch *persona regis*, *imperatoris*.[1] Darin verrät sich der apollinische Lebensstil. Es handelt sich nicht um die Entfaltung innerer Möglichkeiten durch tätiges *Streben*, sondern um die jederzeit geschlossene *Haltung* und

---

[1] Πρόσωπον heißt im älteren Griechisch Gesicht, später in Athen Maske. Aristoteles hat das Wort in der Bedeutung „Person" noch nicht gekannt. Erst der juristische Ausdruck *persona*, der ursprünglich – etruskischer Herkunft – die Theatermaske bedeutet, hat in der Kaiserzeit auch dem griechischen πρόσωπον den prägnanten römischen Sinn gegeben. Vgl. R. Hirzel, Die Person (1914), S. 40 ff.

strengste Anpassung an ein sozusagen plastisches Seinsideal. Nur in
der antiken Ethik spielt ein gewisser Begriff der Schönheit eine Rolle.
Mag man dies Ideal σωφροσύνη, καλοκἀγαθία, oder ἀταραξία
nennen, es ist immer die wohlgeordnete Gruppe sinnlich greifbarer,
durchaus öffentlich erscheinender, *für die andern*, nicht für das eigene
Selbst bestimmter Züge. Man war Objekt, nicht Subjekt des äußeren Lebens. Das rein Gegenwärtige, Augenblickliche, der Vordergrund wurde nicht überwunden, sondern herausgearbeitet. Innenleben ist in diesem Zusammenhang ein unmöglicher Begriff. Das
unübersetzbare, stets im westeuropäischen Sinne mißverstandene
ζῷον πολιτικόν des Aristoteles bezieht sich auf Menschen, die einzeln, einsam, nichts sind, die nur als Mehrzahl etwas bedeuten – was
für eine groteske Vorstellung ist ein Athener in der Rolle des Ro-
binson! –, auf der Agora, dem *forum*, wo jeder sich an andern spiegelt und dadurch erst eigentlich Wirklichkeit erhält. Dies alles liegt
in dem Ausdruck σώματα πόλεως: die Bürger der Stadt. Man begreift, daß das Porträt, das Probestück der Barockkunst, mit der
Darstellung des Menschen identisch ist, insoweit er *Charakter* hat,
und daß andrerseits in der attischen Blütezeit die Darstellung des
Menschen hinsichtlich seiner *Attitüde*, des Menschen als „*persona*",
in dem Formideal der nackten Statue enden mußte.

5

Dieser Gegensatz hat zu zwei in jedem Betracht grundverschiede-
nen Formen der Tragödie geführt. Die faustische, das *Charakterdrama*, und die apollinische, das *Drama der erhabenen Geste*, haben in
der Tat nicht mehr als den Namen gemeinsam.[1]

Die Barockzeit machte, bezeichnenderweise ausschließlich von
Seneca und nicht von Aischylos und Sophokles ausgehend[2] – das
entspricht genau der architektonischen Anknüpfung an die Kaiserbauten statt den Tempel von Pästum –, mit steigender Entschiedenheit an Stelle der Begebenheit den Charakter zum Schwerpunkt des

---

[1] Vgl. Bd. I, S. 170.
[2] Greizenach, Gesch. d. neueren Dramas II (1918), S. 346 f.

Ganzen, zur Mitte gewissermaßen eines seelischen Koordinatensystems, das allen szenischen Tatsachen in bezug auf sich Lage, Bedeutung und Wert zuweist; es entsteht eine *Tragik des Wollens*, der
wirkenden Kräfte, der *inneren*, nicht notwendig in Sichtbares um-
gesetzten Bewegtheit, während Sophokles das unvermeidliche Minimum an Geschehen vor allem durch das Kunstmittel des Boten-
berichts hinter die Szene verlegt. Die antike Tragik bezieht sich auf
allgemeine Lagen, nicht auf besondere Persönlichkeiten; Aristoteles
bezeichnet sie ausdrücklich als μίμησις οὐκ ἀνθρώπων ἀλλὰ πρά-
ξεως καὶ βίου. Was er in seiner Poetik, sicherlich dem für unsere
Dichtung verhängnisvollsten Buche ἦθος nennt, nämlich die ideale
Haltung eines ideal hellenischen Menschen in einer schmerzlichen
Lage, hat mit unserm Begriff Charakter als einer die Ereignisse be-
stimmenden Beschaffenheit des Ich so wenig zu tun wie eine Fläche
in Euklids Geometrie mit dem gleichnamigen Gebilde etwa in Rie-
manns Theorie der algebraischen Gleichungen. Daß man ἦθος mit
Charakter übersetzte, statt das kaum exakt Wiederzugebende durch
Rolle, Haltung, Geste zu umschreiben, daß man μῦθος, die *zeitlose
Begebenheit*, durch Handlung wiedergab, ist auf Jahrhunderte hin
ebenso verderblich geworden wie die Ableitung des Wortes δρᾶμα
von Tun. Othello, Don Quijote, der Misanthrop, Werther, Hedda
Gabler sind Charaktere. Das Tragische liegt *im bloßen Dasein* so gearteter Menschen inmitten ihrer Welt. Ob gegen diese Welt, gegen
sich, gegen andre: der Kampf wird durch den Charakter, nicht
durch etwas von außen Kommendes aufgezwungen. Es ist *Fügung*,
die Einfügung einer Seele in einen Zusammenhang widersprechender Beziehungen, der keine reine Auflösung gestattet. Antike Büh-
nengestalten aber sind Rollen, keine Charaktere. Auf der Szene erscheinen immer dieselben Figuren, der Greis, der Heros, der Mörder, der Liebende, stets dieselben schwer beweglichen, auf dem Kothurn schreitenden, maskierten Körper. Deshalb war die Maske im
antiken Drama auch der Spätzeit eine tiefsymbolische *innere Notwendigkeit*, während unsere Stücke ohne das Mienenspiel der Darsteller
eben nicht „dargestellt" wären. Man wende ja nicht die Größe der
griechischen Theater ein; auch die Gelegenheitsmimen trugen Mas-

ken – *auch die Bildnisstatuen*[1] –, und wäre das tiefere Bedürfnis nach
intimen Räumen dagewesen, so hätte sich die architektonische Form
von selbst gefunden.

Die in bezug auf einen *Charakter* tragischen Begebenheiten folgen
aus einer langen inneren Entwicklung. In den tragischen Fällen des
Aias, des Philoktet, der Antigone und Elektra aber ist eine innere
Vorgeschichte – selbst wenn sie in einem antiken Menschen anzutreffen wäre – für die Folgen gleichgültig. Das entscheidende Ereignis überfällt sie, unvermittelt, ganz zufällig und äußerlich, und hätte
an ihrer Stelle jeden andern und mit der gleichen Wirkung über-
fallen können. Es brauchte nicht einmal ein Mensch gleichen Geschlechts zu sein.

Es kennzeichnet den Gegensatz antiker und abendländischer Tra-
gik noch nicht scharf genug, wenn man nur von Handlung oder
Ereignis redet. Die faustische Tragödie ist *biographisch*, die apollini-
sche ist *anekdotisch*, das heißt, jene umfaßt das Gerichtetsein eines gan-
zen Lebens, diese den für sich stehenden Augenblick; denn welche
Beziehung hat die gesamte *innere* Vergangenheit des Ödipus oder
Orest zu dem vernichtenden Ereignis, das ihnen plötzlich in den
Weg tritt?[2] Der Anekdote antiken Stils gegenüber kennen wir den
Typus der *charakteristischen*, persönlichen, antimythischen Anekdote
– es ist die *Novelle*, deren Meister Cervantes, Kleist, Hoffmann,
Storm sind –, die um so bedeutender ist, je mehr man fühlt, daß ihr
Motiv *nur einmal* und nur zu *dieser* Zeit und unter *diesen* Menschen
möglich war, während der Rang der mythischen Anekdote – der
Fabel – durch die Reinheit der gegenteiligen Eigenschaften bestimmt
wird. Wir haben da also ein Schicksal, das wie der Blitz trifft, gleichgültig wen, und ein andres, das sich wie ein unsichtbarer Faden durch
ein Leben spinnt und dieses eine vor allen andern auszeichnet. Es gibt
im vergangenen Dasein Othellos, diesem Meisterstück einer psychologischen Analyse, nicht den geringsten Zug, der ganz ohne Beziehung zur Katastrophe wäre. Der Rassenhaß, das Alleinstehen des
Emporkömmlings unter den Patriziern, der Mohr als Soldat, als

[1] Vgl. Bd. I, S. 338 f., 344 f.
[2] Vgl. Bd. I, S. 187.

Naturmensch, als der vereinsamte ältere Mann – nichts von diesen
Momenten ist ohne Bedeutung. Man versuche doch, die Exposition
des Hamlet oder Lear im Vergleich zu der sophokleischer Stücke zu
entwickeln. Sie ist durchaus psychologisch, nicht eine Summe äußerer Daten. Von dem, was wir heute einen Psychologen nennen,
nämlich einen gestaltenden Kenner innerer Epochen, was für uns
beinahe mit dem Begriff eines Dichters identisch geworden ist, hatten die Griechen keine Ahnung. So wenig sie Analytiker in der Mathematik waren, so wenig waren sie es im Seelischen, und antiken
Seelen gegenüber konnte es nicht wohl anders sein. „Psychologie"
– das ist das eigentliche Wort für die *abendländische* Art von Men-
schengestaltung. Das paßt auf ein Porträt Rembrandts so gut wie
auf die Musik des Tristan, auf Stendhals Julien Sorel wie auf Dantes
Vita Nuova. Keine andre Kultur kennt Ähnliches. Gerade das ist es,
was von der Gruppe antiker Künste mit Strenge ausgeschlossen blieb.
„Psychologie" ist die Form, in welcher der *Wille*, der Mensch als
verkörperter Wille, nicht der Mensch als σῶμα, kunstfähig wird.
Wer hier Euripides nennt, der weiß gar nicht, was Psychologie ist.
Welche Fülle des Charakteristischen liegt schon in der nordischen
Mythologie mit ihren schlauen Zwergen, tölpischen Riesen, necki-
schen Elben, mit Loki, Baldr und den andern Gestalten, und wie typisch wirkt daneben der homerische Olymp! Zeus, Apollon, Poseidon, Ares sind einfach „Männer", Hermes ist „der Jüngling", Athene
eine reifere Aphrodite, die kleineren Götter – wie auch die spätere Plastik beweist – nur dem Namen nach unterscheidbar. Das gilt im vollen Umfange auch von den Gestalten der attischen Szene. Bei Wolfram von Eschenbach, Cervantes, Shakespeare, Goethe entwickelt
sich das Tragische des Einzellebens von innen heraus, dynamisch,
funktional, und die Lebensläufe sind wieder nur aus dem geschichtlichen Hintergrund des Jahrhunderts ganz begreiflich; bei den drei
großen Tragikern Athens kommt es von außen, statisch, euklidisch.
Um eine früher auf die Weltgeschichte angewandte Bezeichnung
zu wiederholen: das vernichtende Ereignis macht dort *Epoche*, hier
bewirkt es eine *Episode*. Selbst der tödliche Ausgang ist nur die letzte
Episode eines aus lauter Zufälligkeiten zusammengesetzten Daseins.

Eine Barocktragödie ist nichts als der führende Charakter noch einmal, nur in der Lichtwelt des Auges zur Entfaltung gebracht, als Kurve statt als Gleichung, kinetische statt potentieller Energie. Die sichtbare Person ist der mögliche, die Handlung der sich verwirklichende Charakter. Dies ist der ganze Sinn unsrer noch heute unter antiken Reminiszenzen und Mißverständnissen verschütteten Lehre vom Tragischen. Der tragische Mensch der Antike ist ein euklidischer Körper, der in seiner Lage, die er nicht gewählt hat und nicht ändern kann, von der Heimarmene getroffen wird, der sich in der Belichtung seiner Flächen durch die äußeren Vorfälle unveränderlich zeigt. In diesem Sinne ist in den „Choephoren" von Agamemnon als dem „flottenführenden königlichen Leibe" die Rede und sagt Ödipus in Kolonos, daß das Orakel „seinem Leibe" gelte.[1] Man wird bei allen bedeutenden Menschen der griechischen Geschichte bis auf Alexander hinab eine merkwürdige Unbildsamkeit finden. Ich wüßte keinen, der in den Kämpfen des Lebens eine innere Wandlung vollzogen hätte, wie wir sie von Luther und Loyola kennen. Was man allzu flüchtig bei den Griechen Charakterzeichnung nennt, ist nichts als der Reflex von Ereignissen auf das ἦθος des Helden, niemals der Reflex einer Persönlichkeit auf die Ereignisse.

Und so verstehen wir faustischen Menschen das Drama mit innerster Notwendigkeit als ein Maximum an Aktivität, die Griechen mit derselben Notwendigkeit als ein Maximum an Passivität.[2] Die attische Tragödie enthält überhaupt keine „Handlung". Die antiken Mysterien – und Aischylos, der aus Eleusis stammte, hat das höhere Drama durch Übertragung der Mysterienform mit ihrer Peripetie erst geschaffen – waren sämtlich δράματα oder δρώμενα, liturgische Begehungen. Aristoteles bezeichnet die Tragödie als Nachahmung

---

[1] Vgl. Bd. I, S. 169.

[2] Das entspricht dem Bedeutungswandel der antiken Worte *pathos* und *passio*. Das letztere wurde erst in der Kaiserzeit dem ersten nachgebildet und hat sich im ursprünglichen Sinne in der Passion Christi erhalten. In frühgotischer Zeit erfolgt der Umschlag des Bedeutungsgefühls, und zwar im Sprachgebrauch der Spiritualen des Franziskanerordens und der Schüler des Joachim von Floris. Als Ausdruck tiefen Erregtseins, das nach Entladung strebt, wurde *passio* endlich zur Bezeichnung der seelischen Dynamik überhaupt, und in dieser Bedeutung von Willensstärke und Richtungsenergie 1647 von Zesen durch „Leidenschaft" verdeutscht.

eines Geschehens. Das, die Nachahmung, ist identisch mit der viel-
berufenen *Profanation der Mysterien*, und man weiß, daß Aischylos,
der auch die sakrale Tracht der Eleusispriester für immer als Kostüm
der attischen Bühne eingeführt hat, deshalb angeklagt wurde.[1] Denn
das eigentliche δρᾶμα mit seiner Peripetie von der Klage zum Jubel
lag gar nicht in der Fabel, die dort erzählt wurde, sondern in der
dahinter stehenden, symbolischen, vom Zuschauer im tiefsten Sinne
aufgefaßten und nachgefühlten Kulthandlung. Mit diesem Element
der nichthomerischen antiken Frühreligion[2] verband sich ein bäuerliches, die burlesken – phallischen, dithyrambischen – Szenen an den
Frühlingsfesten für Demeter und Dionysos. Aus den Tiertänzen[3] und
dem begleitenden Gesang hat sich der tragische Chor entwickelt,
welcher dem Darsteller, dem „Antworter" des Thespis (534) entgegentritt.

Die eigentliche Tragödie wuchs aus der feierlichen Totenklage,
dem Threnos *(naenia)* hervor. Irgendwann wurde aus dem heitren
Spiel am Dionysosfeste – das auch ein Fest der Seelen war – ein
Klagechor von Menschen, und das Satyrspiel an den Schluß ver-
drängt. 494 führte Phrynichos den „Fall von Milet" auf, kein historisches Schauspiel, sondern die Klage der Milesierinnen, wofür er
streng bestraft wurde, weil er an das Leid der Stadt erinnert habe.
Erst die Einführung des zweiten Darstellers durch Aischylos hat das
Wesen der antiken Tragödie vollendet: der Klage als dem *gegebenen*
Thema wird die sichtbare Gestaltung eines großen menschlichen
Leidens als *gegenwärtiges* Motiv unterlegt. Die Vordergrundfabel
(μῦϑος) ist nicht „Handlung", sondern der Anlaß für die Gesänge
des Chors, welche nach wie vor die eigentliche *tragoidia* bilden. Ob
die Begebenheit erzählt oder vorgeführt wird, ist ganz unwesent-

---

[1] Die eleusinischen Mysterien enthielten durchaus keine Geheimnisse. Jeder
wußte, was dort vorging. Aber sie wirkten mit einer geheimnisvollen Erschütterung auf die Gläubigen und man „verriet", das heißt man entweihte sie, wenn
man ihre heiligen Formen außerhalb der Tempelstätte nachahmte. Zum folg.
A. Dieterich, Kl. Schr. (1911), S. 414ff.

[2] Vgl. Bd. II, S. 902f.

[3] Die Satyrn waren Böcke; Silen als Vortänzer trug einen Pferdeschwanz; aber
die Vögel, Frösche und Wespen des Aristophanes deuten vielleicht auf noch andere Verkleidungen hin.

lich. Der Zuschauer, der den Sinn des Tages kannte, fühlte in den pathetischen Worten sich und sein Schicksal gemeint. *In ihm* vollzieht sich die Peripetie, die der eigentliche Zweck der heiligen Szenen ist. Die liturgische Klage über den Jammer des Menschengeschlechts ist immer, von Berichten und Erzählungen umgeben, der Schwerpunkt des Ganzen geblieben. Man sieht es am deutlichsten im Prometheus, Agamemnon und König Ödipus. Aber hoch über die Klage hinaus erhebt sich nun[1] die Größe des Dulders, seine erhabene Attitüde, sein ἦθος, das in mächtigen Szenen zwischen den Chorpartien vorgeführt wird. Nicht der heroische Täter, dessen Wille am Widerstand fremder Mächte oder an den Dämonen in der eignen Brust wächst und bricht, sondern der willenlos Leidende, dessen somatisches Dasein – ohne tiefern Grund, wie man hinzufügen muß – vernichtet wird, ist das Thema. Die Prometheustrilogie des Aischylos beginnt gerade dort, wo Goethe sie vermutlich hätte enden lassen. König Lears Wahnsinn ist das *Ergebnis* der tragischen Handlung. Der Aias des Sophokles dagegen wird von Athene wahnsinnig *gemacht, bevor* das Drama beginnt. Das ist der Unterschied zwischen einem Charakter und einer bewegten Gestalt. In der Tat, Furcht und Mitleid sind, wie es Aristoteles beschreibt, die notwendige Wirkung antiker Tragödien auf antike, und *nur* auf antike Zuschauer. Das wird sofort klar, wenn man sieht, welche Szenen von ihm als die wirksamsten bezeichnet werden, nämlich jähe Glückswechsel und Erkennungsszenen. Zu den ersten gehört vor allem der Eindruck des φόβος (Grauen), zu den zweiten der des ἐλεός (Rührung). Die erstrebte Katharsis ist nur aus dem Seinsideal der Ataraxia nachzuerleben. Die antike „Seele" ist reine Gegenwart, reines σῶμα, unbewegtes punktförmiges Sein. Dies in Frage gestellt zu sehen durch den Neid der Götter, das blinde Ungefähr, das wahllos blitzartig über jeden hereinbrechen kann, ist das Furchtbarste. Es greift an die Wurzeln der antiken Existenz, während es den faustischen, alles wagenden Menschen erst lebendig werden läßt. Und nun – das sich *lösen* zu sehen, wie wenn Gewitterwolken sich in

---

[1] Das geschah in derselben Zeit, als mit Polyklet die Plastik über die Freskomalerei siegte, vgl. Bd. I, S. 363 f.

dunklen Bänken am Horizont lagern und die Sonne wieder durchbricht, das tiefe Gefühl der Freude an der geliebten großen Geste,
das Aufatmen der gequälten mythischen Seele, die Lust am wieder-
gewonnenen Gleichgewicht – das ist Katharsis. Das setzt aber auch
ein Lebensgefühl voraus, das uns vollkommen fremd ist. Das Wort
ist in unsre Sprachen und Empfindungen kaum zu übersetzen. Die
ganze ästhetische Mühe und Willkür des Barock und des Klassizismus, mit der rückhaltlosen Ehrfurcht vor antiken Büchern im Hintergrunde, war notwendig, um uns dies seelische Fundament auch
für unsre Tragödie aufzureden – angesichts der Tatsache, daß ihre
Wirkung gerade die entgegengesetzte ist, daß sie nicht von passiven
statischen Erlebnissen erlöst, sondern aktive, dynamische hervorruft,
reizt und auf die Spitze treibt, daß sie die Urgefühle eines energischen
Menschseins, die Grausamkeit, die Freude an Spannung, Gefahr,
Gewalttat, Sieg, Verbrechen, das Glücksgefühl des Überwinders
und Vernichters weckt, Gefühle, die seit der Wikingerzeit, den
Hohenstaufentaten und Kreuzzügen in der Tiefe jeder nordischen
Seele schlafen. *Das* ist die Wirkung Shakespeares. Ein Grieche hätte
den Macbeth gar nicht ausgehalten; er hätte vor allem den Sinn dieser mächtigen biographischen Kunst mit ihrer Richtungstendenz
nicht begriffen. Daß Gestalten wie Richard III., Don Juan, Faust,
Michael Kohlhaas, Golo, unantik vom Scheitel bis zur Sohle, nicht
Mitleid, sondern einen tiefen seltsamen Neid, nicht Furcht, sondern
eine rätselhafte Lust an Qualen, einen verzehrenden Wunsch nach
einem ganz andern Mit-Leiden wecken, verraten uns heute, wo die
faustische Tragödie auch in ihrer spätesten, der deutschen Form endgültig abgestorben ist, die ständigen Motive der weltstädtischen
Literatur Westeuropas, die man mit den entsprechenden alexandrinischen vergleiche; in den „nervenspannenden" Abenteuer- und
Detektivgeschichten und ganz zuletzt im Kinodrama, das durchaus
den spätantiken Mimus vertritt, ist ein Rest der unbändigen faustischen Überwinder- und Entdeckersehnsucht fühlbar.

Dem entspricht genau das apollinische und das faustische Bühnenbild, das zur Vollständigkeit des Kunstwerkes gehört, wie es vom
Dichter gedacht worden war. Das antike Drama ist ein Stück Plastik,

eine Gruppe pathetischer Szenen von reliefmäßigem Charakter, eine
Schau riesenhafter Marionetten vor der flach abschließenden Rückwand des Theaters.[1] Es ist ausschließlich groß empfundene Geste,
während die spärlichen Begebenheiten der Fabel eher feierlich vorgetragen als vorgeführt werden. Das Gegenteil will die Technik des
abendländischen Dramas: ununterbrochene Bewegtheit und strenge
Ausschaltung handlungsarmer, statischer Momente. Die berühmten drei Einheiten des Ortes, der Zeit und des Vorgangs, so wie sie
in Athen nicht formuliert, aber unbewußt herausgebildet worden
sind, *umschreiben den Typus der antiken Marmorstatue*. Und unvermerkt bezeichnen sie damit auch das Lebensideal des antiken, an die
Polis, die reine Gegenwart, die Geste gebundenen Menschen. Die
Einheiten haben sämtlich den Sinn von *Negationen*: man verleugnet
den Raum, man verneint Gegenwart und Zukunft, man lehnt alle
seelischen Beziehungen in die Ferne ab. Ataraxia – in dem Wort
könnte man sie zusammenfassen. Man verwechsle diese Forderungen ja nicht mit oberflächlich ähnlichen im Drama der romanischen
Völker. Das spanische Theater des 16. Jahrhunderts hat sich dem
Zwang „antiker" Regeln unterworfen, aber man begreift, daß die
kastilianische Würde der Zeit Philipps II. sich davon angesprochen
fühlte, ohne den ursprünglichen Geist dieser Regeln zu kennen oder
auch nur kennen zu wollen. Die großen Spanier, vor allem Tirso da
Molina, schufen die „drei Einheiten" des Barock, aber nicht als metaphysische Verneinungen, sondern lediglich als Ausdruck einer vornehmen höfischen Sitte, und Corneille, der gelehrige Zögling spanischer Grandezza, hat sie in dieser Bedeutung dorther entlehnt. Damit begann das Verhängnis. Die florentinische Nachahmung der
maßlos bewunderten antiken Plastik, die niemand in ihren letzten
Bedingungen begriff, konnte nichts verderben, denn es gab damals
keine nordische Plastik mehr, die hätte verdorben werden können.
Aber es gab die Möglichkeit einer mächtigen, rein faustischen Tragödie von ungeahnten Formen und Kühnheiten. Daß sie *nicht* er-

---

[1] Das innerlich geschaute Bühnenbild der drei großen Tragiker ist vielleicht
mit der stilgeschichtlichen Folge der Ägina-, Olympia- und Parthenongiebel vergleichbar.

schien, daß das germanische Drama, so groß Shakespeare ist, niemals den Bann einer mißverstandenen Konvention ganz überwunden hat, das hat der blinde Glaube an die Autorität des Aristoteles verschuldet. Was hätte aus dem Drama des Barock unter den Eindrücken der ritterlichen Epik, der Osterspiele und Mysterien der Gotik, und in Nachbarschaft zu den Oratorien und Passionen der Kirche werden können, wenn man niemals etwas vom griechischen Theater gehört hätte! Eine Tragödie aus dem Geiste der kontrapunktischen Musik, ohne die Fesseln einer für sie sinnlosen plastischen Gebundenheit, eine Bühnendichtung, die sich von Orlando di Lasso und Palestrina an und neben Heinrich Schütz, Bach, Händel, Gluck, Beethoven vollkommen frei zu einer eignen und reinen Form entwickelt hätte – das wäre möglich gewesen und ist nun ausgeblieben. Nur dem glücklichen Umstande, daß die gesamte hellenische Freskomalerei verloren ging, verdanken wir die innere Freiheit unserer Ölmalerei.

6

Mit den drei Einheiten war es nicht genug. Das attische Drama forderte statt des Mienenspiels die starre Maske – es verbot also die seelische Charakteristik, wie man die Aufstellung ikonischer Statuen verboten hatte. Es forderte den Kothurn und die überlebensgroße, rings bis zur Unbeweglichkeit gepolsterte Figur mit dem schleppenden Gewande – und beseitigte damit die Individualität der Erscheinung. Es forderte endlich den aus einem röhrenartigen Mundstück monoton erschallenden Sprechgesang.

Der bloße Text, wie wir ihn heute *lesen* – nicht ohne unvermerkt den Geist Goethes und Shakespeares und unsre ganze Kraft perspektivischen Sehens hineinzutragen – kann von dem tiefern Sinn dieses Dramas nur wenig geben. Antike Kunstwerke sind ganz für das antike Auge, und zwar das leibliche Auge geschaffen. Erst die sinnliche Form der Darstellung schließt die eigentlichen Geheimnisse auf. Und da bemerken wir einen Zug, der jeder wahren Tragik faustischen Stils gegenüber unerträglich wäre: die beständige Gegenwart des Chores. Der Chor ist die Urtragödie, denn ohne ihn wäre das ἦθος nicht möglich. Charakter hat jemand durch sich selbst; eine Haltung gibt es nur in bezug auf andere.

Dieser Chor als Menge, als der ideale Gegensatz zum einsamen, zum innerlichen Menschen, zum Monolog der abendländischen Szene, dieser Chor, der immer anwesend bleibt, vor dem sich alle „Selbstgespräche" abspielen, der die Angst vor dem Grenzenlosen, Leeren auch im Bühnenbilde vertreibt – das ist apollinisch. Die Selbstbetrachtung als *öffentliche* Tätigkeit, die prunkvolle öffentliche Klage statt des Schmerzes im einsamen Kämmerlein („wer nie die kummervollen Nächte auf seinem Bette weinend saß"), das tränenreiche Jammergeschrei, das eine ganze Reihe von Dramen wie den Philoktet und die Trachinierinnen füllt, die Unmöglichkeit, allein zu bleiben, der Sinn der Polis, all das Weibliche dieser Kultur, wie es der Idealtypus des Apoll von Belvedere verrät, offenbart sich im Symbol des Chores. Dieser Art von Drama gegenüber ist dasjenige Shakespeares ein einziger Monolog. Selbst die Zwiegespräche, selbst die Gruppenszenen lassen die ungeheure *innere* Distanz dieser Menschen empfinden, von denen jeder im Grunde nur mit sich selbst spricht. Nichts vermag diese seelische Ferne zu durchbrechen. Man fühlt sie im Hamlet wie im Tasso, im Don Quijote wie im Werther, aber sie ist schon in Wolfram von Eschenbachs Parzival in ihrer ganzen Unendlichkeit Gestalt geworden; sie unterscheidet die gesamte abendländische Poesie von der gesamten antiken. Unsre ganze Lyrik, von Walther von der Vogelweide bis auf Goethe, bis auf die Lyrik der sterbenden Weltstädte herab ist monologisch, die antike Lyrik ist eine Lyrik im Chor, eine Lyrik vor Zeugen. Die eine wird innerlich aufgenommen, im wortlosen Lesen, als unhörbare Musik, die andre wird öffentlich rezitiert. Die eine gehört dem schweigenden Raume – als Buch, das überall zu Hause ist –, die andre dem Platz, an dem sie gerade erklingt.

Die Kunst des Thespis entwickelt sich deshalb, obwohl die Mysterien von Eleusis und die thrakischen Feste der Epiphanie des Dionysos nächtlich gewesen waren, mit innerster Notwendigkeit zu einer Szene des Vormittags und des vollen Sonnenlichts. Aus den abendländischen Volks- und Passionsspielen dagegen, die aus der Predigt mit verteilten Rollen hervorgegangen sind und erst von Klerikern in der Kirche, später von Laien auf dem freien Platz davor, und zwar an den Vormittagen der hohen Kirchenfeste (Kirmessen) vorgetragen wurden, entstand unvermerkt eine Kunst des Abends und der Nacht. Schon zu Shakespeares Zeiten spielte man am Spätnachmittag, und dieser mystische Zug, der das Kunstwerk der ihm zugehörigen Helligkeit annähern will, hatte zur Zeit Goethes sein Ziel erreicht. Jede Kunst, jede Kultur überhaupt hat ihre bedeutsame Tagesstunde. Die Musik des 18. Jahrhunderts ist eine Kunst der Dunkelheit, wo das innere Auge erwacht, die attische Plastik ist die des wolkenlosen Lichtes. Wie tief diese Beziehung reicht, beweisen die gotische Plastik mit der sie umhüllenden ewigen Dämmerung und die ionische Flöte, das Instrument des hohen Mittags. Die Kerze bejaht, das Sonnenlicht verneint den Raum gegenüber den Dingen. In den Nächten siegt der Weltraum über die Materie, im Lichte des Mittags verleugnen die nahen Dinge den fernen Raum. So unterscheiden sich das attische Fresko und die nordische Ölmalerei. So wurden Helios und Pan antike, der Sternenhimmel und die Abendröte faustische Symbole. Auch die Seelen der Toten gehen mitternachts um, vor allem in den zwölf langen Nächten nach Weihnachten. Die antiken Seelen gehörten dem Tage. Noch die alte Kirche hatte vom δωδεκαήμερον, den zwölf geweihten Tagen, geredet; mit dem Erwachen der abendländischen Kultur wurde die „Zwölftnacht" daraus.

Die antike Vasen- und Freskomalerei – man hat das noch nie bemerkt – kennt keine Tageszeit. Kein Schatten zeigt den Stand der Sonne, kein Himmel die Gestirne an; es gibt weder Morgen noch Abend, weder Frühling noch Herbst; es herrscht eine reine, *zeitlose Helligkeit*.[1] Das Atelierbraun der klassischen Ölmalerei entwickelte sich mit gleicher Selbstverständlichkeit zum Gegenteil, einer imaginären, von der Stunde unabhängigen Dunkelheit, der eigentlichen Atmosphäre des faustischen Seelenraumes. Das ist um so bedeut-

---

[1] Es sei noch einmal betont: die hellenistische „Schattenmalerei" des Zeuxis und Apollodor modelliert die einzelnen Körper, so daß sie plastisch auf das Auge wirken. Es lag ihr ganz fern, den Schatten als Widergabe eines durchleuchteten Raumes zu behandeln. Der Körper ist „schattiert", *aber er wirft keinen Schatten*.

samer, als die Bildräume von Anfang an die Landschaft im Licht einer Tages- und Jahreszeit geben wollen, historisch also. Aber all diese Morgenfrühen, Wolken im Abendrot, die letzte Helligkeit über der Kammlinie ferner Berge, die Zimmer bei Kerzenschein, die Frühlingswiesen und Herbstwälder, die langen und kurzen Schatten der Büsche und Ackerfurchen sind dennoch durchdrungen von einer abgedämpften Dunkelheit, die *nicht* vom Gang der Gestirne stammt. Stete Helle und stete Dämmerung trennen in der Tat antike und westeuropäische Malerei, antike und westeuropäische Bühne voneinander. Und darf man nicht auch die euklidische Geometrie eine Mathematik des Tages, die Analysis eine solche der Nacht nennen?

Für die Griechen sicherlich eine Art profanierenden Frevels, ist der Szenenwechsel für uns beinahe ein religiöses Bedürfnis, eine Forderung unseres Weltgefühls. In der gleichbleibenden Szene des Tasso liegt etwas Heidnisches. Wir brauchen *innerlich* ein Drama voller Perspektiven und weiter Hintergründe, eine Bühne, die alle sinnlichen Schranken aufhebt und die ganze Welt in sich zieht. Shakespeare, der geboren wurde, als Michelangelo starb, und zu dichten aufhörte, als Rembrandt zur Welt kam, hat das Maximum von Unendlichkeit, von leidenschaftlicher Überwindung aller statischen Gebundenheit erreicht. Seine Wälder, Meere, Gassen, Gärten, Schlachtfelder liegen im Fernen, Grenzenlosen. Jahre fliehen in Minuten vorüber. Der wahnsinnige Lear zwischen dem Narren und dem tollen Bettler im Sturm auf nächtlicher Heide, das Ich in tiefster Einsamkeit im Raume verloren – das ist faustisches Lebensgefühl. Und das schlägt die Brücke hinüber zu den innerlich gesehenen, erfühlten Landschaften schon der venezianischen Musik um 1600, daß die Bühne der elisabethanischen Zeit das alles *nur bezeichnet*, während das geistige Auge sich aus spärlichen Andeutungen ein Bild der Welt entwirft, in welcher Szenen sich abspielen, die stets in ferne Begebenheiten hinübergreifen und die eine antike Bühne nie hätte darstellen können. Die griechische Szene ist niemals Landschaft; sie ist überhaupt nichts. Man darf sie höchstens als die Basis wandelnder Statuen bezeichnen. Die Figuren sind alles, auf dem Theater wie im

Fresko. Wenn man dem antiken Menschen Naturgefühl abspricht, so ist es das faustische, das am Raume haftet und deshalb an der Landschaft, insofern sie Raum ist. Die antike Natur ist *der Körper*, und hat man sich einmal in diese Fühlweise versenkt, so begreift man plötzlich, mit welchen Augen ein Grieche das bewegte Muskelrelief eines nackten Leibes verfolgte. *Das* war seine lebendige Natur, nicht Wolken, Sterne und der Horizont.

7

Alles Sinnlich-nahe aber ist gemeinverständlich. Damit wurde unter allen Kulturen, die es bisher gab, die antike in den Äußerungen ihres Lebensgefühls am meisten, die abendländische am wenigsten populär. Gemeinverständlichkeit ist das Merkmal einer Schöpfung, die sich jedem Betrachter auf den ersten Blick mit all ihren Geheimnissen preisgibt; einer Schöpfung, deren Sinn sich in der Außenseite und Oberfläche verkörpert. Gemeinverständlich ist in jeder Kultur das, was von urmenschlichen Zuständen und Bildungen her unverändert geblieben ist, was der Mann von den Tagen der Kindheit an fortschreitend begreift, ohne eine ganz neue Betrachtungsweise *erkämpfen* zu müssen, überhaupt das, was *nicht* erkämpft werden muß, was sich von selbst gibt, was im sinnlich Gegebenen unmittelbar zutage liegt, nicht durch dasselbe nur angedeutet ist und nur – von wenigen, unter Umständen von ganz vereinzelten – gefunden werden kann. Es gibt volkstümliche Ansichten, Werke, Menschen, Landschaften. Jede Kultur hat ihren ganz bestimmten Grad von Esoterik oder Popularität, der ihren gesamten Leistungen innewohnt, soweit sie symbolische Bedeutung haben. Das Gemeinverständliche hebt den Unterschied zwischen Menschen auf, hinsichtlich des Umfangs wie der Tiefe ihres Seelischen. Die Esoterik betont ihn, verstärkt ihn. Endlich, auf das ursprüngliche Tiefenerlebnis des zum Selbstbewußtsein erwachenden Menschen angewandt und damit auf das Ursymbol seines Daseins und den Stil seiner Umwelt bezogen: zum Ursymbol des Körperhaften gehört die rein populäre, „*naive*", zum Symbol des unendlichen Raumes die

ausgesprochen unpopuläre Beziehung zwischen Kultur*schöpfungen*
und den zugehörigen Kultur*menschen.*

Die antike Geometrie ist die des Kindes, die eines jeden Laien.
Euklids Elemente der Geometrie werden noch heute in England als
Schulbuch gebraucht. Der Alltagsverstand wird sie stets für die
einzig richtige und wahre halten. Alle andern Arten natürlicher
Geometrie, die möglich sind und die – in angestrengter Überwindung des populären Augenscheins – von uns gefunden wurden,
sind nur einem Kreis berufener Mathematiker verständlich. Die berühmten vier Elemente des Empedokles sind die jedes naiven Menschen und seiner „angebornen Physik". Die von der radioaktiven
Forschung entwickelte Vorstellung von isotopen Elementen ist schon
den Gelehrten der Nachbarwissenschaften kaum verständlich.

Alles Antike ist mit *einem* Blick zu umfassen, sei es der dorische
Tempel, die Statue, die Polis, der Götterkult; es gibt keine Hinter-
gründe und Geheimnisse. Aber man vergleiche daraufhin eine go-
tische Domfassade mit den Propyläen, eine Radierung mit einem
Vasengemälde, die Politik des athenischen Volkes mit der modernen
Kabinettspolitik. Man bedenke, wie jedes unsrer epochemachenden
Werke der Poesie, der Politik, der Wissenschaft eine ganze Literatur
von Erklärungen hervorgerufen hat, mit sehr zweifelhaftem Erfolge
dazu. Die Parthenonskulpturen waren für jeden Hellenen da, die
Musik Bachs und seiner Zeitgenossen war eine Musik für Musiker.
Wir haben den Typus des Rembrandtkenners, des Dantekenners,
des Kenners der kontrapunktischen Musik, und es ist – mit Recht –
ein Einwand gegen Wagner, daß der Kreis der Wagnerianer allzu
weit werden konnte, daß allzu wenig von seiner Musik *nur* dem
gewiegten Musiker zugänglich bleibt. Aber eine Gruppe von Phi-
diaskennern? Oder gar Homerkennern? Hier wird eine Reihe von
Erscheinungen als Symptome des abendländischen Lebensgefühls
verständlich, die man bisher geneigt war als allgemein menschliche
Beschränktheiten moralphilosophisch oder wohl richtiger melo-
dramatisch aufzufassen. Der „unverstandene Künstler", der „ver-
hungernde Poet", der „verhöhnte Erfinder", der Denker, „der erst
in Jahrhunderten begriffen wird" – das sind Typen einer esoterischen

Kultur. Das Pathos der Distanz, in dem sich der Hang zum Unendlichen und also der Wille zur Macht verbirgt, liegt diesen Schicksalen zugrunde. Sie sind im Umkreise faustischen Menschentums,
und zwar von der Gotik bis zur Gegenwart ebenso notwendig, als
sie unter apollinischen Menschen undenkbar sind.

Alle hohen Schöpfer des Abendlandes waren von Anfang bis zu
Ende in ihren eigentlichen Absichten nur einem kleinen Kreise verständlich. Michelangelo hat gesagt, daß sein Stil dazu berufen sei,
Narren zu züchten. Gauß hat dreißig Jahre lang seine Entdeckung
der nichteuklidischen Geometrie verschwiegen, weil er das „Geschrei der Böoter" fürchtete. Die großen Meister der gotischen
Kathedralplastik findet man heute erst aus dem Durchschnitt heraus. Aber das gilt von jedem Maler, jedem Staatsmann, jedem Philosophen. Man vergleiche doch Denker beider Kulturen, Anaximander, Heraklit, Protagoras mit Giordano Bruno, Leibniz oder
Kant. Man denke daran, daß kein deutscher Dichter, der überhaupt
Erwähnung verdient, von Durchschnittsmenschen verstanden werden kann und daß es in keiner abendländischen Sprache ein Werk
von dem Range und zugleich der Simplizität Homers gibt. Das
Nibelungenlied ist eine spröde und verschlossene Dichtung, und
Dante zu verstehen, ist wenigstens in Deutschland selten mehr als
eine literarische Pose. Was es in der Antike nie gab, hat es im Abendland immer gegeben: die exklusive Form. Ganze Zeitalter wie die
der provenzalischen Kultur und des Rokoko sind im höchsten
Grade gewählt und abweisend. Ihre Ideen, ihre Formensprache sind
nur für eine wenig zahlreiche Klasse höherer Menschen da. Gerade
daß die Renaissance, diese vermeintliche Wiedergeburt der – so gar
nicht exklusiven, in ihrem Publikum so gar nicht wählerischen –
Antike keine Ausnahme macht; daß sie durch und durch die Schöpfung eines *Kreises* und *einzelner* erlesener Geister war, ein Geschmack,
der die Menge von vornherein abwies, daß im Gegenteil das Volk
von Florenz gleichgültig, erstaunt oder unwillig zusah und gelegentlich, wie im Falle Savonarolas, mit Vergnügen die Meisterwerke
zerschlug und verbrannte, beweist, wie tief diese Seelenferne geht.
Denn die attische Kultur besaß *jeder* Bürger. Sie schloß keinen aus

und sie kannte deshalb den *Unterschied von tief und flach*, der für uns von entscheidender Bedeutung ist, überhaupt nicht. Populär und flach sind für uns Wechselbegriffe, in der Kunst wie in der Wissenschaft; für antike Menschen sind sie es nicht. „Oberflächlich aus Tiefe" hat Nietzsche die Griechen einmal genannt.

Man betrachte daraufhin unsre Wissenschaften, die alle, ohne Ausnahme, neben elementaren Anfangsgründen „höhere", dem Laien unverständliche Gebiete haben – auch dies ein Symbol des Unendlichen und der Richtungsenergie. Es gibt bestenfalls tausend Menschen auf der Welt, für welche heute die letzten Kapitel der theoretischen Physik geschrieben werden. Gewisse Probleme der modernen Mathematik sind nur einem noch viel engern Kreise zugänglich. Alle volkstümlichen Wissenschaften sind heute von vornherein wertlose, verfehlte, verfälschte Wissenschaften. Wir haben nicht nur eine Kunst für Künstler, sondern auch eine Mathematik für Mathematiker, eine Politik für Politiker – von der das *profanum vulgus* der Zeitungsleser keine Ahnung hat,[1] während die antike Politik niemals über den geistigen Horizont der Agora hinausging – eine Religion für das „religiöse Genie" und eine Poesie für Philosophen. Man kann den beginnenden Verfall der abendländischen Wissenschaft, der deutlich fühlbar ist, allein an dem Bedürfnis nach einer Wirkung ins Breite ermessen; daß die strenge Esoterik der Barockzeit als drückend empfunden wird, verrät die sinkende Kraft, die Abnahme des Distanzgefühls, das diese Schranke ehrfürchtig *anerkennt*. Die wenigen Wissenschaften, die heute noch ihre ganze Feinheit, Tiefe und Energie des Schließens und Folgerns bewahrt haben und nicht vom Feuilletonismus angegriffen sind – es sind nicht mehr viele: die theoretische Physik, die Mathematik, die katholische Dogmatik, vielleicht noch die Jurisprudenz –, wenden sich an einen ganz engen, gewählten Kreis von Kennern. *Der Kenner aber ist es, der mit seinem Gegensatz, dem Laien, der Antike fehlt, wo jeder alles kennt.* Für uns hat diese *Polarität* von Kenner und Laie den Rang eines

---

[1] Die große Masse der Sozialisten würde sofort aufhören es zu sein, wenn sie den Sozialismus der neun oder zehn Menschen, die ihn heute in seinen äußersten historischen Konsequenzen begreifen, auch nur von fern verstehen könnte.

großen Symbols, und wo die Spannung dieser Distanz nachzulassen beginnt, da erlischt das faustische Lebensgefühl.

Dieser Zusammenhang gestattet für die letzten Fortschritte der abendländischen Forschung – also für die nächsten zwei, vielleicht nicht einmal zwei Jahrhunderte – den Schluß, daß, je höher die weltstädtische Leere und Trivialität der öffentlich und „praktisch" gewordenen Künste und Wissenschaften steigt, desto strenger sich der postume Geist der Kultur in sehr enge Kreise flüchten und dort ohne Zusammenhang mit der Öffentlichkeit an Gedanken und Formen wirken wird, die nur einer äußerst geringen Anzahl von bevorzugten Menschen etwas bedeuten können.

8

Kein antikes Kunstwerk sucht eine Beziehung zum Betrachter. Das hieße den unendlichen Raum, in den das einzelne Werk sich verliert, durch dessen Formensprache bejahen, ihn in die Wirkung einbeziehen. Eine attische Statue ist vollkommen euklidischer Körper, zeitlos und beziehungslos, durchaus in sich abgeschlossen. Sie schweigt. Sie hat keinen Blick. *Sie weiß nichts vom Zuschauer.* Wie sie im Gegensatz zu den plastischen Gebilden aller andern Kulturen ganz für sich steht und sich in keine größere architektonische Ordnung einfügt, so steht sie unabhängig *neben* dem antiken Menschen, Körper neben Körper. Er empfindet ihre bloße *Nähe*, nicht ihre herandringende Macht, keine den Raum durchdringende Wirkung. So äußert sich das apollinische Lebensgefühl.

Die erwachende magische Kunst kehrte alsbald den Sinn dieser Formen um. Das Auge der Statuen und Porträts konstantinischen Stils richtet sich groß und starr auf den Betrachter. Es repräsentiert die höhere der beiden Seelensubstanzen, das Pneuma. Die Antike hatte das Auge blind gebildet; jetzt wird die Pupille gebohrt, das Auge wendet sich, unnatürlich vergrößert, in den Raum hinein, den es in der attischen Kunst nicht als seiend anerkannt hatte. Im antiken Freskogemälde waren die Köpfe einander zugewendet; jetzt, in den Mosaiken von Ravenna und schon in den Reliefs der altchristlich-

spätrömischen Sarkophage, wenden sie sich sämtlich dem Betrachter zu und heften den durchgeistigten Blick auf ihn. Eine geheimnisvoll eindringende Fernwirkung geht, ganz unantik, von der Welt
im Kunstwerk in die Sphäre des Zuschauers hinüber. Noch in den
frühflorentinischen und frührheinischen Bildern auf Goldgrund ist
etwas von dieser Magie zu spüren.

Und nun betrachte man die abendländische Malerei, von Lionardo
an, wo sie zum vollen Bewußtsein ihrer Bestimmung gelangt ist.
Wie begreift sie den *einen* unendlichen Raum, dem das Werk *und*
der Zuschauer, beide bloße Schwerpunkte räumlicher Dynamik,
angehören? Das volle faustische Lebensgefühl, die Leidenschaft der
dritten Dimension ergreift die Form des „Bildes", einer farbig behandelten Fläche, und gestaltet sie in unerhörter Weise um. Das
Gemälde bleibt nicht für sich, es richtet sich nicht auf den Zuschauer;
es nimmt ihn in seine Sphäre auf. Der durch den Bildrahmen begrenzte
Ausschnitt – das Guckkastenbild, ein getreues Seitenstück des Bühnenbildes – repräsentiert den Weltraum selbst. Vordergrund und
Hintergrund verlieren ihre stofflich-nahe Tendenz und schließen
auf, statt abzugrenzen. Ferne Horizonte vertiefen das Bild ins Unendliche; die farbige Behandlung der Nähe löst die ideale Scheidewand der Bildfläche auf und erweitert den Bildraum so, daß der
Betrachter in ihm weilt. Nicht er wählt den Standort, von dem aus
das Bild am günstigsten wirkt; das Bild weist ihm Ort und Entfernung an. Die Überschneidungen durch den Rahmen, die seit 1500
immer häufiger und kühner werden, entwerten auch die seitliche
Grenze. Der hellenische Betrachter eines polygnotischen Fresko
stand *vor* dem Bilde. Wir „versenken" uns in ein Bild, das heißt, wir
werden durch die Gewalt der Raumbehandlung in das Bild gezogen.
Damit ist die Einheit des Weltraumes hergestellt. In dieser durch das
Bild nach allen Seiten hin entwickelten Unendlichkeit herrscht nun
die abendländische Perspektive,[1] und von ihr aus führt ein Weg zum
Verständnis unseres astronomischen Weltbildes mit seiner leidenschaftlichen Durchdringung unendlicher Raumfernen.

Der apollinische Mensch hatte den weiten Weltraum nie bemer-

[1] Vgl. Bd. I, S. 308 f.

ken *wollen*; seine philosophischen Systeme schweigen sämtlich von ihm. Sie kennen nur Probleme der greifbar wirklichen Dinge, und dem „zwischen den Dingen" haftet nichts irgendwie Positives und Bedeutsames an. Sie nehmen die Erdkugel, auf der sie stehen und die selbst bei Hipparch von einer festen Himmelskugel umschichtet ist, als die schlechthin gegebene ganze Welt, und nichts wirkt für den, der hier noch die innersten und geheimsten Gründe zu sehen vermag, seltsamer als die immer wiederholten Versuche, dieses Himmelsgewölbe der Erde theoretisch so zuzuordnen, daß deren symbolischer Vorrang in keiner Weise angetastet wird.[1]

Damit vergleiche man die erschütternde Vehemenz, mit welcher die Entdeckung des Kopernikus, dieses „Zeitgenossen" des Pythagoras, die Seele des Abendlandes durchdrang, und die tiefe Ehrfurcht, mit welcher Kepler die Gesetze der Planetenbahnen entdeckte, die ihm als eine unmittelbare Offenbarung Gottes erschienen; er wagte bekanntlich nicht an ihrer kreisförmigen Gestalt zu zweifeln, weil jede andre ihm ein Symbol von zu geringer Würde darzustellen schien. Hier kam das altnordische Lebensgefühl, die Wikingersehnsucht nach dem Grenzenlosen zu ihrem Rechte. Dies gibt der echt faustischen Erfindung des Fernrohrs einen tiefen Sinn. Indem es in Räume eindringt, die dem bloßen Auge verschlossen bleiben, an denen der Wille zur Macht über den Weltraum eine Grenze findet, *erweitert* es das All, das wir „besitzen". Das wahrhaft religiöse Gefühl, das den heutigen Menschen ergreift, der zum erstenmal diesen Blick in den Sternenraum tun darf, ein Machtgefühl, dasselbe, das Shakespeares größte Tragödien erwecken wollen, wäre Sophokles als der Frevel aller Frevel erschienen.

Eben deshalb muß man wissen, daß die Verneinung des „Himmelsgewölbes" ein *Entschluß* ist, keine sinnliche Erfahrung. Alle modernen Vorstellungen über das Wesen des sternerfüllten Raumes, oder vorsichtiger gesagt einer durch Lichtzeichen angedeuteten Ausgedehntheit beruhen durchaus nicht auf einem sicheren Wissen, das uns das Auge mittels des Fernrohrs liefert, denn im Fernrohr sehen wir nur kleine helle Scheiben verschiedener Größe. Die photogra-

[1] Vgl. Bd. I, S. 92f.

phische Platte liefert ein sehr verschiedenes Bild, kein *schärferes*, sondern ein *andres*, und beide zusammen müssen erst durch viele und sehr gewagte Hypothesen, das heißt, selbstgeschaffene Bildelemente wie Abstand, Größe und Bewegung umgedeutet werden, um ein geschlossenes Weltbild zu liefern, wie es uns Bedürfnis ist. Der Stil dieses Bildes entspricht dem Stil unsrer Seele. In Wirklichkeit wissen wir nicht, wie verschieden die Leuchtkraft der Sterne ist und ob sie nach verschiedenen Richtungen variiert; wir wissen nicht, ob das Licht in den ungeheuren Räumen verändert, vermindert, ausgelöscht wird. Wir wissen nicht, ob unsre irdischen Vorstellungen vom Wesen des Lichts mit allen daraus abgeleiteten Theorien und Gesetzen außerhalb der Erdnähe noch Geltung haben. Was wir „sehen", sind lediglich *Lichtzeichen*; was wir „verstehen", sind Symbole unsrer selbst.

Das Pathos des kopernikanischen Weltbewußtseins, das ausschließlich unsrer Kultur angehört und – ich wage hier eine Behauptung, die heute noch paradox erscheinen wird – in ein *gewaltsames Vergessen der Entdeckung* umschlagen würde und wird, sobald sie der Seele einer künftigen Kultur bedrohlich erscheint,[1] dies Pathos beruht auf der Gewißheit, daß nunmehr dem Kosmos das Körperlich-Statische, das sinnbildliche Übergewicht des plastischen *Erdkörpers* genommen ist. Bis dahin befand sich der Himmel, der ebenfalls als substanzielle Größe gedacht oder mindestens empfunden war, im polaren Gleichgewicht zur Erde. Jetzt ist es der *Raum*, der das All beherrscht; „Welt" bedeutet Raum, und die Gestirne sind kaum mehr als mathematische Punkte, winzige Kugeln im Unermeßlichen, deren Stoffliches das Weltgefühl nicht mehr berührt. Demokrit, der im Namen der apollinischen Kultur hier eine Körpergrenze schaffen wollte und mußte, hatte sich eine Schicht hakenförmiger Atome gedacht, die wie eine Haut den Kosmos abschließt. Demgegenüber sucht unser nie gestillter Hunger nach immer neuen Weltfernen. Das System des Kopernikus hat, zuerst durch Giordano Bruno, der Tausende solcher Systeme im Grenzenlosen schweben sah, in den Jahrhunderten des Barock eine unermeßliche Erweiterung gefunden.

[1] Vgl. Bd. II, S. 921, Anm.

Wir „wissen" heute, daß die Summe aller Sonnensysteme – etwa
35 Millionen – ein geschlossenes Sternensystem bildet, das nachweisbar endlich ist[1] und die Gestalt eines Rotationsellipsoids besitzt,
dessen Äquator mit dem Bande der Milchstraße annähernd zusammenfällt. Schwärme von Sonnensystemen durchziehen wie Züge
von wandernden Vögeln mit gleicher Richtung und Geschwindigkeit diesen Raum. Eine solche Schar, deren Apex im Sternbild des
Herkules liegt, bildet unsre Sonne mit den hellen Sternen Capella,
Wega, Atair und Beteigeuze. Die Achse des ungeheuren Systems,
dessen Mitte unsre Sonne gegenwärtig nicht sehr fern steht, wird
470 Millionen mal so groß als der Abstand von Sonne und Erde
angenommen. Der nächtliche Sternenhimmel gibt uns gleichzeitig
Eindrücke, deren zeitlicher Ursprung bis zu 3700 Jahren auseinan-
derliegt; so viel beträgt der Lichtweg von der äußersten Grenze bis
zur Erde. Im Bilde der Historie, das sich vor unsren Augen entfaltet,
entspricht das einer Dauer über die gesamte antike und arabische
Kultur zurück bis zum Höhepunkt der ägyptischen, zur Zeit der
12. Dynastie. Dieser Aspekt – ich wiederhole: ein *Bild*, keine Erfahrung – ist für den faustischen Geist erhaben;[2] für den apollinischen
wäre er grauenvoll gewesen, eine vollkommene Vernichtung der
tiefsten Bedingungen seines Daseins. Daß eine endgültige Grenze des
für uns Gewordnen und Vorhandnen mit dem Rande des Sternen-
körpers statuiert wird, wäre ihm als Erlösung erschienen. Wir aber
haben mit innerster Notwendigkeit die unausweichliche neue Frage:
Gibt es *außerhalb* dieses Systems etwas? Gibt es *Mengen* solcher Systeme in Entfernungen, denen gegenüber die hier festgestellten Dimensionen außerordentlich klein sind? Für die sinnliche Erfahrung
erscheint eine absolute Grenze erreicht; durch diese massenleeren
Räume, die eine bloße *Denknotwendigkeit* für uns sind, kann weder
das Licht noch die Gravitation ein Existenzzeichen geben. Die see-

---

[1] Nach dem Rande zu nimmt bei wachsender Stärke des Fernrohres die Zahl
der neuerscheinenden Sterne rasch ab.

[2] Das Berauschende großer Zahlen ist ein bezeichnendes Erlebnis, das nur der
Mensch des Abendlandes kennt. In der gegenwärtigen Zivilisation spielt gerade
dies Symbol, die Leidenschaft für Riesensummen, für unendlich große und unendlich kleine Messungen, für Rekorde und Statistiken eine ungewöhnliche
Rolle.

lische Leidenschaft, das Bedürfnis nach restloser Verwirklichung
unsrer Daseinsidee in Symbolen aber *leidet* unter dieser Grenze unsrer Sinnesempfindungen.

9

Deshalb haben die altnordischen Stämme, in deren urmensch-
licher Seele das Faustische sich bereits zu regen begann, in grauer
Vorzeit eine *Segelschiffahrt* erfunden, die sich vom Festland befreite.[1]
Die Ägypter kannten das Segel, aber sie zogen nur den Vorteil der
Arbeitsersparnis daraus. Sie fuhren wie früher mit ihren Ruder-
schiffen die Küste entlang nach Punt und Syrien, ohne die *Idee* der
Hochseefahrt, das Befreiende und Symbolische in ihr zu empfinden.
Denn die Segelschiffahrt überwindet den *euklidischen* Begriff des
Landes. Im Anfang des 14. Jahrhunderts erfolgt beinahe gleichzeitig
– und gleichzeitig mit der Ausbildung der Ölmalerei und des Kontrapunkts! – die Erfindung des *Schießpulvers und des Kompasses, der
Fernwaffe* und des *Fernverkehrs* also, die beide mit tiefer Notwendigkeit auch innerhalb der chinesischen Kultur erfunden worden sind.
Es war der Geist der Wikinger, der Hanse, der Geist jener Urvölker,
welche die Hünengräber als Male einsamer Seelen auf weiter Ebene
aufschütteten – statt der häuslichen Aschenurne der Hellenen –, die
ihre toten Könige auf brennendem Schiff in die hohe See treiben
ließen, ein erschütterndes Zeichen jener dunklen Sehnsucht nach
dem Grenzenlosen, die sie trieb, auf ihren winzigen Kähnen um 900,

---

[1] Sie reichte im 2. vorchristl. Jahrtausend von Island und der Nordsee über Kap
Finisterre nach den Kanarischen Inseln und Westafrika, wovon die Atlantissagen
der Griechen eine Erinnerung bewahrten. Das Reich von Tartessos an der Mün-
dung des Guadalquivir scheint ein Mittelpunkt dieses Verkehrs gewesen zu sein.
Vgl. L. Frobenius, Das unbekannte Afrika, S. 139. In irgendeinem Zusammenhang damit müssen die „Seevölker" gestanden haben, Wikingerschwärme, die
nach langer Länderwanderung von Nord nach Süd im Schwarzen oder Ägäischen
Meer wieder Schiffe zimmerten und seit Ramses II. (1292–1225) gegen Ägypten
vorbrachen. [Schon wenige Jahre später änderte Spengler, tiefer in die Materie
eingedrungen, seine hier vorgetragenen Ansichten über die Frühgeschichte grundlegend und schied den seefahrenden „Alten Westen" von der jüngeren „nordischen" Frühkultur. Die Aufsätze „Zur Weltgeschichte des 2. vorchristlichen Jahrtausends" und über den Streitwagen (beides wiederabgedruckt in den „Reden
und Aufsätzen" 1937, München, C. H. Beck) geben darüber Aufschluß. *H. K.*]

als die Geburt der abendländischen Kultur sich ankündigte, die
Küste Amerikas zu erreichen, während die von Ägyptern und
Karthagern bereits ausgeführte Umschiffung Afrikas die antike
Menschheit völlig gleichgültig ließ. Wie statuenhaft deren Dasein
auch hinsichtlich des Verkehrs war, bezeugt die Tatsache, daß die
Nachricht vom ersten Punischen Kriege, einem der gewaltigsten
der antiken Geschichte, nur wie ein dunkles Gerücht von Sizilien
nach Athen drang. Selbst die Seelen der Griechen waren im Hades
versammelt, ohne sich zu regen, als Schattenbilder (εἴδωλα), ohne
Kraft, Wunsch und Empfindung. Die nordischen Seelen aber ge-
sellten sich dem „wütenden Heere" zu, das rastlos durch die Lüfte
schweift.

Auf der gleichen Kulturstufe wie die Entdeckungen der Spanier
und Portugiesen des 14. erfolgte die große hellenische Kolonisation
des 8. vorchristlichen Jahrhunderts. Aber während jene von der
Abenteurersehnsucht nach ungemessenen Fernen und allem Unbekannten und Gefahrvollen besessen waren, ging der Grieche Punkt
für Punkt vorsichtig hinter den bekannten Spuren der Phöniker,
Karthager und Etrusker her, und seine Neugier erstreckte sich nicht
im geringsten auf das, was jenseits der Säulen des Herkules oder der
Landenge von Suez lag, so leicht erreichbar es ihm gewesen wäre.
Man hörte in Athen ohne Zweifel von dem Weg in die Nordsee,
nach dem Kongo, nach Sansibar, nach Indien; zur Zeit des Heron
war die Lage der Südspitze Indiens und der Sundainseln bekannt;
aber man verschloß sich dem so gut wie dem astronomischen Wissen des alten Ostens. Selbst als das heutige Marokko und Portugal
römische Provinzen geworden waren, entstand kein neuer atlan-
tischer Seeverkehr, und die Kanarischen Inseln blieben vergessen.
Die Kolumbussehnsucht blieb der apollinischen Seele ebenso fremd
wie die Sehnsucht des Kopernikus. Diese auf den Gewinn so ver-
sessenen hellenischen Kaufleute hatten eine tiefe metaphysische Scheu
vor der Ausdehnung ihres geographischen Horizontes. Auch da hielt
man sich an Nähe und Vordergrund. Das Dasein der Polis, jenes
merkwürdige Ideal des Staates als Statue, war ja nichts als eine Zuflucht vor der „weiten Welt" jener Seevölker. Und dabei war die

Antike unter allen bisher erschienenen Kulturen die einzige, deren Mutterland nicht auf der Fläche eines Kontinents, sondern um die Küsten eines Inselmeeres gelagert war und ein Meer als eigentlichen Schwerpunkt umschloß. Trotzdem hat nicht einmal der Hellenismus mit seinem Hang zu technischen Spielereien[1] sich vom Gebrauch der Ruder befreit, welche die Schiffe an der Küste hielten. Die Schiffbaukunst konstruierte damals – in Alexandria – Riesenschiffe von 80 m Länge, und man hatte wieder einmal das Dampfschiff im Prinzip erfunden. Aber es gibt Entdeckungen von dem Pathos eines großen und *notwendigen* Symbols, die etwas sehr Innerliches offenbaren, und solche, die lediglich ein Spiel des Geistes sind. Das Dampfschiff ist für den apollinischen Menschen das letzte, für den faustischen das erste. Erst der Rang im Ganzen des Makrokosmos gibt einer Erfindung und ihrer Anwendung Tiefe oder Oberflächlichkeit.

Die Entdeckungen des Kolumbus und Vasco da Gama erweiterten den geographischen Horizont ins Ungemessene: das *Weltmeer* trat dem Festland gegenüber in das gleiche Verhältnis wie der Weltraum zur Erde. Jetzt erst entlud sich die politische Spannung des faustischen Weltbewußtseins. Für den Griechen war und blieb Hellas das wesentliche Stück der Erdfläche; mit der Entdeckung Amerikas wurde das Abendland zur Provinz in einem riesenhaften Ganzen. Von hier an trägt die Geschichte der abendländischen Kultur *planetarischen* Charakter.

Jede Kultur besitzt ihren *eignen* Begriff von Heimat und Vaterland, schwer greifbar, kaum in Worte zu fassen, voller dunkler metaphysischer Beziehungen, aber trotzdem von unzweideutiger Tendenz. Das antike Heimatgefühl, das den einzelnen ganz leibhaft und euklidisch an die Polis band,[2] steht hier jenem rätselhaften Heimweh des Nordländers gegenüber, das etwas Musikhaftes, Schweifendes und Unirdisches hat. Der antike Mensch empfindet als Heimat nur, was er von der Burg seiner Vaterstadt aus übersehen kann. Wo der Horizont von Athen endet, beginnt die Fremde, der Feind, das

---

[1] Vgl. Bd. II, S. 1185 f.
[2] Vgl. hierzu Bd. II, S. 765 f., 1032 f.

„Vaterland" der andern. Der Römer selbst der letzten republikanischen Zeit hat unter *patria* niemals Italien, auch nicht Latium, stets nur die *Urbs Roma* verstanden. Die antike Welt löst sich mit steigender Reife in eine Unzahl vaterländischer Punkte auf, unter denen ein körperliches Absonderungsbedürfnis in Gestalt eines Hasses besteht, der den Barbaren gegenüber nie in dieser Stärke zum Vorschein kommt; und nichts kann das endgültige Erlöschen des antiken und den Sieg des magischen Weltgefühls nach dieser Seite hin schärfer kennzeichnen als die Verleihung des römischen Bürgerrechts an alle Provinzialen durch Caracalla (212).[1] Damit war der antike, statuenhafte Begriff des Bürgers aufgehoben. Es gab ein „Reich", es gab folglich auch eine neue Art von Zugehörigkeit. Bezeichnend ist der entsprechende römische Begriff des Heeres. Es gab in echt antiker Zeit kein „römisches Heer", wie man vom preußischen Heere spricht; es gab nur *Heere*, d. h. durch Ernennung eines Legaten als solche, als begrenzte und sichtbar-gegenwärtige Körper bestimmte Truppenteile („Truppenkörper"), einen *exercitus Scipionis, Crassi,* aber keinen *exercitus Romanus.* Erst Caracalla, der durch den erwähnten Erlaß den Begriff des *civis Romanus* tatsächlich aufhob, der die römische Staatsreligion durch Gleichsetzung der städtischen Gottheiten mit allen fremden auslöschte, hat auch den – unantiken, *magischen* – Begriff des *kaiserlichen Heeres* geschaffen, das durch die einzelnen Legionen in *Erscheinung tritt*, während altrömische Heere nichts *bedeuten*, sondern ausschließlich etwas *sind*. Von nun an ändert sich auf den Inschriften der Ausdruck *fides exercituum* in *fides exercitus*; an Stelle körperlich empfundener Einzelgottheiten (der Treue, des Glücks der Legion), denen der Legat opferte, war ein allgemein geistiges Prinzip getreten. Dieser Bedeutungswandel hat sich auch im Vaterlandsgefühl des östlichen Menschen der Kaiserzeit – *nicht nur des Christen* – vollzogen. Heimat ist dem apollinischen Menschen, solange ein Rest seines Weltgefühls wirksam ist, im ganz eigentlichen, körperhaften Sinne der Boden, auf dem seine Stadt erbaut ist. Man wird sich hier der „Einheit des Ortes" attischer Tragödien und Statuen erinnern. Dem magischen Menschen, dem Christen, Perser,

[1] Vgl. Bd. II, S. 636.

Juden, „Griechen",[1] Manichäer, Nestorianer, Islamiten ist sie nichts, was mit geographischen Wirklichkeiten zusammenhängt. *Uns* ist sie eine ungreifbare Einheit von Natur, Sprache, Klima, Sitte, Geschichte; nicht Erde, sondern „Land", nicht punktförmige Gegenwart, sondern geschichtliche Vergangenheit und Zukunft, nicht eine Einheit von Menschen, Göttern und Häusern, sondern eine *Idee*, die sich mit rastloser Wanderschaft, mit tiefster Einsamkeit und mit jener urdeutschen Sehnsucht nach dem Süden verträgt, an der von den Sachsenkaisern bis auf Hölderlin und Nietzsche die Besten zugrunde gegangen sind.

Die faustische Kultur war deshalb im stärksten Maße auf *Ausdehnung* gerichtet, sei sie politischer, wirtschaftlicher oder geistiger Natur; sie überwand alle geographisch-stofflichen Schranken; sie suchte ohne jeden praktischen Zweck, nur um des Symbols willen, Nord- und Südpol zu erreichen; sie hat zuletzt die Erdoberfläche in ein einziges Kolonialgebiet und Wirtschaftssystem verwandelt. Was von Meister Eckart bis auf Kant alle Denker wollten, die Welt „als Erscheinung" den Machtansprüchen des erkennenden Ich unterwerfen, das taten von Otto dem Großen bis auf Napoleon alle Führer. Das Grenzenlose war das *eigentliche* Ziel ihres Ehrgeizes, die Weltmonarchie der großen Salier und Staufer, die Pläne Gregors VII. und Innocenz' III., jenes Reich der spanischen Habsburger, „in dem die Sonne nicht unterging", und der Imperialismus, um den heute der noch lange nicht beendigte Weltkrieg geführt wird. Der antike Mensch konnte aus einem inneren Grunde kein Eroberer sein, trotz des Alexanderzuges, der als romantische Ausnahme und mehr noch durch den inneren Widerstand der Begleiter lediglich die Regel bestätigt. In den Zwergen, Nixen und Kobolden hat die nordische Seele Wesen geschaffen, die mit einer unstillbaren Sehnsucht aus dem bindenden Element erlöst sein wollen, einer Sehnsucht nach dem Fernen und Freien, die den griechischen Dryaden und Oreaden ganz unbekannt ist. Die Griechen gründeten Hunderte von Pflanzstädten am Küstensaum des Mittelmeeres, aber man findet nicht den geringsten Versuch, erobernd ins Hinterland zu dringen.

---

[1] Das heißt Anhänger der synkretistischen Kulte, vgl. Bd. II, S. 769.

Sich fern der Küste ansiedeln hieße die Heimat aus den Augen verlieren; sich *allein* niederlassen, wie es den Trappern der amerikanischen Prärien als Ideal vorschwebte und lange vorher schon den
Helden der isländischen Sagas, liegt völlig außerhalb der Möglichkeiten antiken Menschentums. Ein Schauspiel wie die Auswanderung nach Amerika – jeder einzelne auf eigene Faust und mit einem
tiefen Bedürfnis, allein zu bleiben –, die spanischen Konquistadoren,
der Strom der kalifornischen Goldsucher, der unbändige Wunsch
nach Freiheit, Einsamkeit, ungemessener Selbständigkeit, diese gi-
gantische Verneinung eines noch irgendwie begrenzten Heimatge-
fühls ist allein faustisch. Das kennt keine andre Kultur, auch die
chinesische nicht.

Der hellenische Auswanderer gleicht dem Kinde, das sich an der
Mutter Schürze hält: aus der alten Stadt in eine neue ziehen, die
samt Mitbürgern, Göttern und Gebräuchen das genaue Ebenbild der
alten ist, das gemeinsam befahrene Meer immer vor Augen; dort
auf der Agora die gewohnte Existenz des ζῷον πολιτικόν weiter-
führen – darüber hinaus durfte der Szenenwechsel eines apollinischen
Daseins nicht getrieben werden. Uns, die wir Freizügigkeit wenigstens als Menschenrecht und Ideal nicht vermissen können, würde das
die ärgste aller Sklavereien bedeutet haben. Unter diesem Gesichtspunkt hat man die leicht mißzuverstehende römische Expansion
aufzufassen, die von einer Ausdehnung des *Vaterlandes* weit entfernt
ist. Sie hält sich genau innerhalb des Bereiches, das von Kulturmenschen schon in Besitz genommen war und jetzt ihnen als Beute zu-
fiel. Von dynastischen Weltmachtplänen im Hohenstaufen- oder
Habsburgerstil, von einem mit der Gegenwart vergleichbaren Imperialismus ist nie die Rede gewesen. Die Römer haben keinen Versuch gemacht, ins innere Afrika zu dringen. Sie haben ihre späteren
Kriege nur geführt, um ihren Besitz *sicherzustellen*, ohne Ehrgeiz,
ohne einen symbolischen Drang nach Ausbreitung, und sie haben
Germanien und Mesopotamien ohne Bedauern wieder aufgegeben.

Fassen wir all dies zusammen, den Aspekt der Sternenräume, zu
dem sich das Weltbild des Kopernikus erweitert hat, die Beherrschung der Erdoberfläche durch den abendländischen Menschen im

Gefolge der Entdeckung des Kolumbus, die Perspektive der Ölmalerei und der tragischen Szene und das durchgeistigte Heimatgefühl; fügen wir die zivilisierte Leidenschaft des schnellen Verkehrs,
die Beherrschung der Luft, die Nordpolfahrten und die Ersteigung
kaum zugänglicher Berggipfel hinzu, so taucht aus allem das Ursymbol der faustischen Seele auf, der grenzenlose Raum, als dessen
Ableitungen wir die besonderen, in dieser Form rein westeuropäischen Gebilde des Seelenmythos: den „Willen", die „Kraft", die
„Tat" aufzufassen haben.

II. Buddhismus, Stoizismus, Sozialismus

10

Damit ist endlich das *Phänomen der Moral*[1] – als geistige Interpretation des Lebens durch sich selbst – verständlich geworden. Hier ist
die Höhe erreicht, von der aus ein freier Umblick über dies weiteste
und bedenklichste aller Gebiete menschlichen Nachdenkens möglich ist. Aber gerade hier tut eine Objektivität not, zu der sich bisher
niemand ernstlich verstanden hat. Mag Moral zunächst sein, was sie
will; ihre *Analyse* darf nicht selbst der Teil einer Moral sein. Nicht
was wir tun, was wir erstreben, wie wir werten *sollen*, führt auf das
Problem, sondern die Einsicht, daß diese Fragestellung ihrer Form
nach bereits ein Symptom ausschließlich des abendländischen Weltgefühls ist.

Der westeuropäische Mensch steht hier unter dem Einfluß einer
ungeheuren optischen Täuschung, jeder ohne Ausnahme. Alle *fordern* etwas von den andern. Ein „Du sollst" wird ausgesprochen in
der Überzeugung, daß hier wirklich etwas in einheitlichem Sinne

---

[1] An dieser Stelle ist ausschließlich von der bewußten, religiös-philosophischen
Moral die Rede, die erkannt, gelehrt und befolgt wird, und nicht vom rassehaften *Takt* des Lebens, der „Sitte", die unbewußt da ist. Jene bewegt sich um die
geistigen Begriffe Tugend und Sünde, gut und böse, diese um die Ideale *des
Blutes:* Ehre, Treue, Tapferkeit, und die Entscheidungen des *Taktgefühls* über
vornehm und gemein. Vgl. dazu Bd. II, S. 980 ff.

verändert, gestaltet, geordnet werden könne und müsse. Der Glaube
daran und an das Recht dazu ist unerschütterlich. Hier wird befohlen
und Gehorsam verlangt. Das erst *heißt* uns Moral. Im Ethischen des
Abendlandes ist alles Richtung, Machtanspruch, gewollte Wirkung
in die Ferne. In diesem Punkte sind Luther und Nietzsche, Päpste
und Darwinisten, Sozialisten und Jesuiten einander völlig gleich.
Ihre Moral tritt mit dem Anspruch auf allgemeine und dauernde
Gültigkeit auf. Das gehört zu den Notwendigkeiten faustischen
Seins. Wer anders denkt, lehrt, will, ist sündhaft, abtrünnig, ein
Feind. Man bekämpft ihn ohne Gnade. Der Mensch soll. Der Staat
soll. Die Gesellschaft soll. Diese *Form* der Moral ist uns selbstverständlich; sie repräsentiert uns den eigentlichen und einzigen Sinn
aller Moral. Aber das ist weder in Indien noch in China noch in der
Antike so gewesen. Buddha gab ein freies Vorbild, Epikur erteilte
einen guten Rat. Auch das sind Formen hoher – willensfreier –
Moralen.

Wir haben das Einzigartige einer *moralischen Dynamik* gar nicht
bemerkt. Gesetzt, daß der Sozialismus, ethisch, nicht wirtschaftlich
verstanden, das Weltgefühl ist, welches die eigne Meinung im Namen aller verfolgt, so sind wir ohne Ausnahme Sozialisten, ob wir es
wissen und wollen oder nicht. Selbst der leidenschaftlichste Gegner
aller „Herdenmoral", Nietzsche, ist gar nicht fähig, in antikem Sinne
seinen Eifer auf sich selbst zu beschränken. Er denkt nur an „die
Menschheit". Er greift jeden an, der es anders meint. Aber Epikur
war es herzlich gleichgültig, was andre meinten und taten. Eine
Umgestaltung der Menschheit – daran hat er keinen Gedanken verschwendet. Er und seine Freunde waren zufrieden, daß *sie* so und
nicht anders waren. Das antike Lebensideal war die Interesselosig-
keit (ἀπάθεια) am Lauf der Welt, gerade an dem, dessen Beherrschung dem faustischen Menschen der ganze Lebensinhalt ist. Der
wichtige Begriff der ἀδιάφορα gehört hierher. Es gibt auch einen
moralischen Polytheismus in Hellas. Das friedfertige Nebeneinander
von Epikuräern, Kynikern, Stoikern beweist das. Aber der ganze
Zarathustra – angeblich jenseits von Gut und Böse stehend – atmet
die Pein, die Menschen so zu sehen, wie man sie nicht haben will,

und die tiefe, so ganz unantike Leidenschaft, das Leben auf ihre Änderung, im eignen, einzigen Sinne natürlich, zu verwenden. Und eben das, die *allgemeine* Umwertung, ist *ethischer Monotheismus*, ist – das Wort in einem neuen, tieferen Sinne genommen – Sozialismus. Alle Weltverbesserer sind Sozialisten. Folglich gibt es keine antiken Weltverbesserer.

Der moralische Imperativ als Form der Moral ist faustisch und nur faustisch. Es ist völlig belanglos, ob Schopenhauer theoretisch den Willen zum Leben verneint oder ob Nietzsche ihn bejaht sehen will. Diese Unterscheidungen liegen an der Oberfläche. Sie bezeichnen einen persönlichen Geschmack, ein Temperament. Wesentlich ist, daß auch Schopenhauer die ganze Welt als Willen *fühlt*, als Bewegung, Kraft, Richtung; darin ist er der Ahnherr der gesamten ethischen Modernität. Dies Grundgefühl *ist* bereits unsre ganze Ethik. Alles andre sind Abarten. Was wir Tat, nicht nur Tätigkeit nennen,[1] ist ein durch und durch historischer, von Richtungsenergie gesättigter Begriff. Es ist die Daseinsbestätigung, die Daseinsweihe einer Art Mensch, dessen Ich die Tendenz auf Zukünftiges besitzt, der die Gegenwart nicht als gesättigtes Sein, sondern stets als *Epoche* in einem großen Zusammenhang des Werdens empfindet, und zwar sowohl im persönlichen Leben als im Leben der gesamten Geschichte. Die Stärke und Deutlichkeit dieses Bewußtseins bestimmt den Rang eines faustischen Menschen, aber selbst der unbedeutendste besitzt etwas davon, das seine geringsten Lebensakte nach Art und Gehalt von denen *jedes* antiken Menschen unterscheidet. Es ist der Unterschied von Charakter und Haltung, von bewußtem Werden und einfach hingenommenem statuenhaften Gewordensein, von tragischem Wollen und tragischem Dulden.

Vor den Augen des faustischen Menschen, in seiner Welt ist alles Bewegtheit einem Ziele zu. Er selbst *lebt* unter dieser Bedingung. Leben heißt für ihn kämpfen, überwinden, sich durchsetzen. Der Kampf ums Dasein als ideale Form des Daseins gehört schon der

---

[1] Nach dem, was über das Fehlen prägnanter Worte für „Wille" und „Raum" in den antiken Sprachen und über die tiefere Bedeutung dieser Lücken bemerkt worden ist, wird es nicht auffallen, daß auch der Unterschied von Tat und Tätigkeit sich weder im Griechischen noch im Lateinischen exakt wiedergeben läßt.

gotischen Zeit an und liegt ihrer Architektur deutlich genug zugrunde. Das 19. Jahrhundert hat ihm nur eine mechanistisch-utilitarische Fassung gegeben. In der Welt des apollinischen Menschen gibt es keine zielvolle „Bewegung" – das Werden Heraklits, ein absicht- und zielloses Spiel, ἡ ὁδὸς ἄνω κάτω, kommt hier nicht in Frage –, keinen „Protestantismus", keinen „Sturm und Drang", keine ethische, geistige, künstlerische „Umwälzung", die das Bestehende bekämpfen und vernichten will. Der ionische und korinthische Stil treten ohne den Anspruch auf Alleingeltung *neben* den dorischen. Aber die Renaissance hat den gotischen, der Klassizismus den Barockstil verworfen, und alle Literaturgeschichten des Abendlandes sind voll von wilden Kämpfen um die Probleme der Form. Selbst das Mönchtum, wie es Ritterorden, Franziskaner und Dominikaner darstellen, erscheint in Gestalt einer Ordens*bewegung*, sehr im Gegensatz zur frühchristlichen, einsiedlerischen Form der Askese.

Es ist dem faustischen Menschen gar nicht möglich, diese Grundgestalt seines Daseins zu verleugnen, geschweige zu ändern. Jede Auflehnung dagegen setzt sie schon voraus. Wer den „Fortschritt" bekämpft, hält diese Wirksamkeit doch selbst für einen Fortschritt. Wer für eine „Umkehr" agitiert, meint damit eine Weiterentwicklung. „Immoral" – das ist nur eine neue Art von Moral, und zwar mit dem gleichen Anspruch des Vorrangs vor allen andern. Der Wille zur Macht ist intolerant. Alles Faustische will Alleinherrschaft. Für das apollinische Weltgefühl – das Nebeneinander vieler Einzeldinge – ist Toleranz selbstverständlich. Sie gehört zum Stil der willensfremden Ataraxia. Für die abendländische Welt – den *einen* grenzenlosen Seelenraum, den Raum als Spannung – ist sie Selbsttäuschung oder ein Zeichen des Erlöschens. Die Aufklärung des 18. Jahrhunderts war tolerant, das heißt gleichgültig gegen die *Unterschiede* der christlichen Bekenntnisse; für sich selbst im Verhältnis zur Kirche überhaupt war sie es, sobald sie zur Macht gelangt war, durchaus nicht mehr. Der faustische Instinkt, tätig, willensstark, mit der Vertikaltendenz gotischer Dome und jener bedeutsamen Umprägung des *feci* zu *ego habeo factum*, in die Ferne und Zukunft gerichtet, fordert Duldung, das heißt *Raum* für die eigene Wirksam-

keit, aber *nur* für sie. Man bedenke etwa, welches Maß davon die
großstädtische Demokratie der Kirche gegenüber in deren Handhabung religiöser Machtmittel anzuwenden willens ist, während sie
für sich selbst schrankenlose Anwendung der eignen fordert und,
wenn sie kann, die „allgemeine" Gesetzgebung daraufhin stimmt.
Jede „Bewegung" will siegen; jede antike „Haltung" will nur da
sein und kümmert sich wenig um das Ethos der andern. Für oder
gegen die Zeitströmung kämpfen, Reform oder Umkehr betreiben,
aufbauen, umwerten oder zertrümmern – das ist gleichmäßig unantik und unindisch. Und gerade das ist der Unterschied zwischen
sophokleischer und shakespearescher Tragik, der Tragik des Menschen, der nur da sein, und des Menschen, der siegen will.

Es ist falsch, „das" Christentum mit dem moralischen Imperativ
in Verbindung zu bringen. Nicht das Christentum hat den faustischen Menschen, er hat das Christentum umgeformt, und zwar nicht
nur zu einer neuen Religion, sondern auch in der Richtung einer
neuen Moral. Das „es" wird zum Ich mit dem vollen Pathos eines
Weltmittelpunktes, wie es die Voraussetzung des Sakraments der
persönlichen Buße bildet. Der Wille zur Macht auch im Ethischen,
die Leidenschaft, seine Moral zur allgemeinen Wahrheit zu erheben,
sie der Menschheit aufzwingen, alle andersgearteten umdeuten, überwinden, vernichten zu wollen, ist unser eigenstes Eigentum. In
diesem Sinne ist – ein tiefer und noch nie begriffener Vorgang – die
Moral Jesu, ein ruhend-geistiges, aus dem magischen Weltgefühl
heraus als heilkräftig empfohlenes Verhalten, dessen Kenntnis als
eine besondere Gnade[1] verliehen wird, *in der gotischen Frühzeit
innerlich in eine befehlende umgeprägt worden.*[2]

---

[1] Vgl. Bd. II, S. 851 f.

[2] „Wer Ohren hat zu hören, der höre" – darin liegt kein Machtanspruch. So
hat die abendländische Kirche ihre Mission *nicht* aufgefaßt. Die „Heilsbotschaft"
Jesu, die des Zarathustra, Mani, Mohammed, der Neuplatoniker und all der benachbarten magischen Religionen sind geheimnisvolle Wohltaten, die man *erweist*, nicht aufdrängt. Das junge Christentum ahmte, nachdem es in die antike
Welt eingeströmt war, lediglich die Mission der späten, ebenfalls längst magisch
gewordenen Stoa nach. Man mag Paulus zudringlich finden und man hat die
stoischen Wanderprediger so gefunden, wie die Zeitliteratur beweist; *gebieterisch*
treten sie nicht auf. Man kann ein entlegenes Beispiel hinzufügen und die Ärzte
der magischen Art, die ihre geheimnisvollen Arkana anpreisen, den abendländi-

Jedes ethische System, ob religiöser oder philosophischer Herkunft, gehört damit in die Nachbarschaft der großen Künste, vor allem der Architektur. Es ist ein Bau von Sätzen kausaler Prägung. Jede Wahrheit, die zu praktischer Anwendung bestimmt ist, wird mit einem „weil" oder „damit" vorgeschrieben. Es ist mathematische Logik darin, in Buddhas vier Wahrheiten wie in Kants Kritik der praktischen Vernunft und in jedem volkstümlichen Katechismus. Nichts liegt diesen als wahr erkannten Lehren ferner als die unkritische Logik des Blutes, die aus jeder gewachsenen und nur durch Verstöße gegen sie zum Bewußtsein gelangenden *Sitte* von Ständen und Tatsachenmenschen redet, wie sie uns in der ritterlichen Zucht der Kreuzzugszeiten am deutlichsten vor Augen steht. Eine systematische Moral ist wie ein Ornament und offenbart sich nicht nur in Sätzen, sondern auch im tragischen Stil, selbst im künstlerischen Motiv. Der Mäander z. B. ist ein stoisches Motiv; in der dorischen Säule verkörpert sich geradezu das antike Lebensideal. Sie ist *deshalb* die einzige der antiken Säulenformen, welche der Barockstil unbedingt ausschließen mußte. Man wird sie aus einem sehr tief liegenden seelischen Grunde selbst in der Renaissancekunst vermieden finden. Die Umsetzung des magischen Kuppelbaues in den russischen mit dem Symbol der Dachebene,[1] die chinesische Landschaftsarchitektur mit ihren verschlungenen Pfaden, der gotische Turm der Kathedralen sind ebensoviele Sinnbilder der aus dem Wachsein einer und nur dieser einen Kultur entstandenen Moral.

11

Jetzt lösen sich uralte Rätsel und Verlegenheiten. Es gibt so viel Moralen, als es Kulturen gibt, nicht mehr und nicht weniger. Niemand hat hier eine freie Wahl. So gewiß es für jeden Maler und Musiker etwas gibt, das ihm infolge der Wucht einer inneren Notwendigkeit gar nicht zum Bewußtsein kommt, das die Formen-

---

schen gegenüberstellen, die ihrem Wissen *Gesetzeszwang verliehen sehen wollen* (Impfzwang, Trichinenschau usw.).

[1] Vgl. Bd. I, S. 259f.

sprache seiner Werke von vornherein beherrscht und sie von den künstlerischen Leistungen *aller* anderen Kulturen unterscheidet, so gewiß hat *jede* Lebensauffassung eines Kulturmenschen von vornherein, a priori in Kants strengstem Sinne, eine Beschaffenheit, die noch tiefer liegt als alles augenblickliche Urteilen und Streben und die ihren *Stil* als den einer bestimmten Kultur erkennen läßt. Der einzelne kann moralisch oder unmoralisch handeln, „gut" oder „böse" aus dem Urgefühl seiner Kultur heraus, aber die Theorie seines Handelns ist schlechthin gegeben. Jede Kultur hat dafür ihren eigenen Maßstab, dessen Gültigkeit mit ihr beginnt und endet. Es gibt keine allgemein menschliche Moral.

Es gibt also im tiefsten Sinne auch keine wahre Bekehrung und kann keine geben. Jede bewußte Art des Sichverhaltens auf Grund von Überzeugungen ist ein Urphänomen, die zur „zeitlosen Wahrheit" gewordene Grundrichtung eines Daseins. Unter was für Worten und Bildern man sie zum Ausdruck bringt, ob als Satzung einer Gottheit oder als Ergebnis philosophischen Nachdenkens, ob in Sätzen oder Symbolen, ob als Verkündung eigner Gewißheit oder als Widerlegung einer fremden, macht wenig aus; genug, daß sie vorhanden ist. Man kann sie wecken und theoretisch in eine Lehre fassen, ihren geistigen Ausdruck verändern und verdeutlichen; erzeugen kann man sie nicht. So wenig wir imstande sind, unser Weltgefühl zu ändern – so wenig, daß selbst der Versuch einer Änderung schon in seinem Stile verläuft und es bestätigt, statt es zu überwinden –, so wenig haben wir Gewalt über die ethische Grundform unsres Wachseins. Man hat in den Worten einen gewissen Unterschied gemacht und die Ethik eine Wissenschaft, die Moral eine Aufgabe genannt, aber es gibt in diesem Sinne keine Aufgabe. So wenig die Renaissance fähig war, die Antike wieder heraufzurufen, und so sehr sie mit jedem antiken Motiv nur das Gegenteil apollinischen Weltgefühls zum Ausdruck brachte, eine versüdlichte, eine „antigotische Gotik" nämlich, so unmöglich ist die Bekehrung eines Menschen zu einer seinem Wesen fremden Moral. Mag man heute von einer Umwertung aller Werte reden, mag man als moderner Großstädter zum Buddhismus, zum Heidentum oder zu einem romantischen Katholizismus „zurückkehren", mag der Anarchist für individualistische, der Sozialist für Gesellschaftsethik schwärmen, man tut, will, fühlt trotzdem dasselbe. Die Bekehrung zur Theosophie oder zum Freidenkertum, die heutigen Übergänge von einem vermeintlichen Christentum zu einem vermeintlichen Atheismus und umgekehrt sind eine Veränderung der Worte und Begriffe, der religiösen oder intellektuellen Oberfläche, nicht mehr. Keine unsrer „Bewegungen" hat den *Menschen* verändert.

Eine strenge Morphologie aller Moralen ist die Aufgabe der Zukunft. Nietzsche hat auch hier das Wesentliche, den ersten, für den neuen Blick entscheidenden Schritt getan. Aber seine Forderung an den Denker, sich jenseits von Gut und Böse zu stellen, hat er selbst nicht erfüllt. Er wollte Skeptiker *und* Prophet, Moralkritiker *und* Moralverkünder zugleich sein. Das verträgt sich nicht. Man ist nicht Psycholog ersten Ranges, solange man noch Romantiker ist. Und so ist er hier, wie in all seinen entscheidenden Einsichten, bis zur Pforte gelangt, aber vor ihr stehen geblieben. Indes hat es noch niemand besser gemacht. Wir waren bisher blind für den unermeßlichen Reichtum auch der moralischen Formensprache. Wir haben ihn weder übersehen noch begriffen. Selbst der Skeptiker verstand seine Aufgabe nicht; er erhob im letzten Grunde die eigene, durch persönliche Anlage, durch den privaten Geschmack bestimmte Fassung der Moral zur Norm und maß danach die andern. Die modernsten Revolutionäre, Stirner, Ibsen, Strindberg, Shaw, haben nichts andres getan. Sie verstanden es nur, diese Tatsache – auch vor sich selbst – hinter neuen Formeln und Schlagworten zu verstecken.

Aber eine Moral ist wie eine Plastik, Musik oder Malerei eine in sich geschlossene Formenwelt, die ein Lebensgefühl zum Ausdruck bringt, schlechthin gegeben, in der Tiefe unveränderlich, von innerer Notwendigkeit. Sie ist innerhalb ihres geschichtlichen Kreises immer wahr, außerhalb seiner immer unwahr. Es war gezeigt worden,[1] daß, wie für den einzelnen Dichter, Maler, Musiker seine einzelnen Werke, so für die großen Individuen der Kulturen die Kunstgattungen als organische Einheiten, die *ganze* Ölmalerei, die *ganze*

---

[1] Vgl. Bd. I, S. 265f., 286ff.

Aktplastik, die kontrapunktische Musik, die Reimlyrik Epoche machen und den Rang großer Symbole des Lebens einnehmen. In beiden Fällen, in der Geschichte einer Kultur wie im Einzeldasein, handelt es sich um die Verwirklichung von Möglichem. Das innerlich Seelische wird zum *Stil einer Welt*. Neben diesen großen Formeinheiten, deren Werden, Vollendung und Abschluß eine vorbestimmte Reihe menschlicher Generationen umfaßt und die nach einer Dauer von wenigen Jahrhunderten unwiderruflich dem Tode verfallen, steht die Gruppe der faustischen, die Summe der apollinischen Moralen, ebenfalls als Einheit höherer Ordnung aufgefaßt. Ihr Vorhandensein ist *Schicksal*, das man hinzunehmen hat; nur die bewußte Fassung ist das Ergebnis einer Offenbarung oder wissenschaftlichen Einsicht.

Es gibt etwas schwer zu Beschreibendes, das von Hesiod und Sophokles bis zu Plato und der Stoa alle Lehren zusammenfaßt und sie *allem* gegenüberstellt, was von Franz von Assisi und Abaelard bis auf Ibsen und Nietzsche gelehrt worden ist, und auch die Moral Jesu ist nur der edelste Ausdruck einer allgemeinen Moral, deren andere Fassungen sich bei Marcion und Mani, Philo und Plotin, Epiktet, Augustinus und Proklos finden. Jede antike Ethik ist eine Ethik der Haltung, jede abendländische eine Ethik der Tat. Und endlich bildet die Summe aller chinesischen und aller indischen Systeme wiederum je eine Welt für sich.

12

Jede überhaupt denkbare antike Ethik gestaltet den *einzelnen ruhenden* Menschen, als Körper unter Körpern. Alle Wertungen des Abendlandes beziehen sich auf den Menschen, sofern er *Wirkungszentrum* einer unendlichen Allgemeinheit ist. Ethischer Sozialismus – das ist die Gesinnung der Tat, welche durch den Raum in die Ferne wirkt, das moralische Pathos der dritten Dimension, als deren Zeichen das Urgefühl der Sorge, für die Mitlebenden wie für die Kommenden, über dieser ganzen Kultur schwebt. So kommt es, daß im Anblick der ägyptischen Kultur für uns etwas Sozialistisches liegt. Auf der andern Seite erinnert die Tendenz auf ruhevolle Haltung,

Wunschlosigkeit, statische Abgeschlossenheit des einzelnen für sich an die indische Ethik und den von ihr gestalteten Menschen. Man denke an die sitzenden, „ihren Nabel beschauenden" Buddhastatuen, denen Zenons Ataraxia nicht ganz fremd ist. Das ethische Ideal des antiken Menschen war das, zu welchem die Tragödie hinleitete. Die *Katharsis*, die Entladung der apollinischen Seele von dem, was *nicht* apollinisch, nicht frei von „Ferne" und Richtung war, offenbart hier ihren tiefsten Sinn. Man versteht sie nur, wenn man den Stoizismus als ihre reife Form erkennt. Was das Drama in einer feierlichen Stunde bewirkte, wünschte die Stoa über das ganze Leben zu verbreiten: die statuenhafte Ruhe, das willensfreie Ethos. Und weiter: Eben jenes buddhistische Ideal des Nirwana, eine sehr späte Formel, aber ganz indisch und schon von den vedischen Zeiten an zu verfolgen: ist das nicht der Katharsis nahe verwandt? Rücken vor diesem Begriff der ideale antike und der ideale indische Mensch nicht eng zusammen, sobald man sie mit dem faustischen Menschen vergleicht, dessen Ethik sich ebenso deutlich aus der Tragödie Shakespeares und ihrer dynamischen Entwicklung und Katastrophe begreifen läßt? In der Tat: Sokrates, Epikur und vor allem Diogenes am Ganges – das wäre sehr wohl vorzustellen. Diogenes in einer der westeuropäischen Weltstädte wäre ein bedeutungsloser Narr. Und andrerseits, Friedrich Wilhelm I., das Urbild eines Sozialisten in großem Sinne, ist in dem Staatswesen am Nil immerhin denkbar. Im perikleischen Athen ist er es nicht.

Hätte Nietzsche vorurteilsfreier und weniger von einer romantischen Schwärmerei für gewisse ethische Schöpfungen bestimmt seine Zeit beobachtet, so würde er bemerkt haben, daß eine vermeintlich spezifisch christliche Mitleidsmoral in *seinem* Sinne auf dem Boden Westeuropas gar nicht besteht. Man muß sich durch den Wortlaut humaner Formeln nicht über ihre tatsächliche Bedeutung täuschen lassen. Zwischen der Moral, die man hat, und derjenigen, die man zu haben glaubt, besteht ein sehr schwer aufzufindendes und sehr schwankendes Verhältnis. Eben hier wäre eine unbestechliche Psychologie am Platze gewesen. Mitleid ist ein gefährliches Wort. Es fehlt, trotz der Meisterschaft gerade Nietzsches, noch an einer Un-

tersuchung darüber, was man zu verschiedenen Zeiten darunter ver-
standen und darunter *gelebt* hat. Die christliche Moral zur Zeit des
Origenes ist etwas ganz anderes als die zur Zeit des Franz von Assisi.
Es ist hier nicht der Ort zu untersuchen, was *faustisches* Mitleid als
Opfer oder als Haltlosigkeit und dann wieder als Rassegefühl einer
ritterlichen Gesellschaft[1] im Unterschiede von magisch-christlichem,
fatalistischem Mitleid bedeutet, inwiefern es als Wirkung in die
Ferne, als *praktische Dynamik* aufzufassen ist, und andrerseits als
Selbstbezwingung einer stolzen Seele oder wieder als Äußerung eines
überlegenen Distanzgefühls. Der unveränderliche Schatz ethischer
Wendungen, wie ihn das Abendland seit der Renaissance besitzt,
hat eine unermeßliche Fülle verschiedener Gesinnungen von sehr
verschiedenem Gehalt zu decken. Der Oberflächensinn, an den man
glaubt, das bloße Wissen um Ideale ist unter so historisch und zurückschauend angelegten Menschen, wie wir es sind, ein Ausdruck der
Ehrfurcht vor Vergangenem, in diesem Falle der religiösen Tradition. Aber der Wortlaut von Überzeugungen ist nie der Maßstab
für ein wirkliches Überzeugtsein. Es ist selten, daß ein Mensch weiß,
was er eigentlich glaubt. Schlagworte und Lehren sind immer etwas
Volkstümliches und bleiben weit hinter der Tiefe jeder geistigen
Wirklichkeit zurück. Die theoretische Verehrung neutestamentli-
cher Satzungen steht in der Tat mit der theoretischen Hochschätzung
der antiken Kunst durch Renaissance und Klassizismus auf einer
Stufe. Die eine hat so wenig den Menschen wie die andre den Geist
der Werke umgewandelt. Die stets genannten Beispiele der Bettelorden, der Herrnhuter, der Heilsarmee beweisen schon durch ihre
geringe Zahl, mehr noch durch ihr geringes Gewicht, daß sie den
Ausnahmefall von etwas ganz anderem, der *eigentlich faustisch-
christlichen* Moral nämlich, darstellen. Man wird ihre Formulierung
allerdings bei Luther und im Tridentinum vergeblich suchen, aber
alle Christen großen Stils, Innocenz III. und Calvin, Loyola und
Savonarola, Pascal und die heilige Teresia, trugen sie im Widerspruch zu ihren Lehrmeinungen in sich, ohne daß sie das je bemerkt
hätten.

[1] Vgl. Bd. II, S. 891 f.

Man braucht nur den rein abendländischen Begriff jener männlichen Tugend, der durch Nietzsches „moralinfreie" *virtù* bezeichnet ist, die *grandezza* des spanischen, die *grandeur* des französischen Barock, mit jener sehr weiblichen ἀρετή des hellenischen Ideals zu vergleichen, als deren Praxis immer die Genußfähigkeit (ἡδονή), Gemütsruhe (γαλήνη, ἀπάθεια), Bedürfnislosigkeit und vor allem immer wieder die ἀταραξία zum Vorschein kommt. Was Nietzsche die blonde Bestie nannte und was er in dem von ihm überschätzten Typus des Renaissancemenschen verkörpert fand (der nur ein raubkatzenhafter Nachschlag der großen Deutschen der Stauferzeit war), ist das strengste Gegenteil des Typus, den ohne Ausnahme alle antiken Ethiken gewünscht und alle antiken Menschen von Bedeutung verkörpert haben. Dahin gehören die Menschen von Granit, von denen die faustische Kultur eine lange Reihe vorüberziehen sah, die antike nicht einen einzigen. Denn Perikles und Themistokles waren weiche Naturen im Sinne attischer Kalokagathie, Alexander war ein Schwärmer, der nie aufgewacht ist, Cäsar ein kluger Rechner; Hannibal, der Fremde, war der einzige „Mann" unter ihnen. Die Menschen der Frühzeit, auf die man aus Homer schließen darf, diese Odysseus und Aiax hätten sich neben der Ritterschaft der Kreuzzüge merkwürdig ausgenommen. Es gibt auch eine Brutalität als Rückschlag sehr weiblicher Naturen, und dahin gehört die hellenische Grausamkeit. Hier im Norden aber erscheinen an der Schwelle der Frühzeit die großen Sachsen-, Franken- und Staufenkaiser, umgeben von einer Schar riesenhafter Menschen wie Heinrich dem Löwen und Gregor VII. Es folgen die Menschen der Renaissance, der Kämpfe der weißen und roten Rose, der Hugenottenkriege; die spanischen Konquistadoren, die preußischen Kurfürsten und Könige, Napoleon, Bismarck, Cecil Rhodes. Wo gab es eine zweite Kultur, die dem etwas an die Seite zu setzen hätte? Wo besitzt die ganze hellenische Geschichte eine Szene von der Mächtigkeit jener von Legnano, damals als der Zwist zwischen Staufen und Welfen zum Ausbruch kam? Die Recken der Völkerwanderung, spanische Ritterlichkeit, preußische Disziplin, napoleonische Energie – das alles hat wenig Antikes. Und wo findet sich auf den Höhen faustischen Menschentums von den Kreuzzügen bis zum Weltkrieg jene „Sklavenmoral", jene weiche Entsagung, jene Caritas im Betschwesternsinne? In den Worten, die man achtet, nirgends sonst. Ich denke da auch an die Typen des faustischen Priestertums, an jene prachtvollen Bischöfe der deutschen Kaiserzeit, die hoch zu Roß in wilden Schlachten ihre Leute anführten, an die Päpste, denen Heinrich IV. und Friedrich II. unterlagen, an den Deutschritterorden in den Ostmarken, an den Luthertrotz, in dem sich altnordisches Heidentum gegen altrömisches aufbäumte, an die großen Kardinäle Richelieu, Mazarin und Fleury, die Frankreich geschaffen haben. *Das* ist faustische Moral. Man muß blind sein, um diese unbändige Lebenskraft nicht im gesamten Bilde der westeuropäischen Geschichte wirksam zu finden. Und erst aus diesen großen Fällen weltlicher Leidenschaft, in denen das Bewußtsein einer *Sendung* zum Ausdruck kommt, begreift man die einer geistlichen von großem Stil, einer *erhabenen* Caritas, der nichts widersteht, und die in ihrer Dynamik so ganz anders erscheint als antike Gemessenheit und frühchristliche Milde. Es liegt *Härte* in der Art des Mit-Leidens, das deutsche Mystiker, deutsche und spanische Ordensritter, französische und englische Calvinisten gepflegt haben. Mit einem russischen Mitleiden wie dem Raskolnikows verschwindet ein Geist in der Brüdermenge; mit dem faustischen hebt er sich ab von ihr. „*Ego habeo factum*" – das ist auch die Formel dieser persönlichen Caritas, welche den *einzelnen* vor Gott rechtfertigt.

Das ist der Grund, weshalb die „Mitleidsmoral" im Alltagssinne unter uns immer mit Achtung genannt, zuweilen von Denkern angefochten, zuweilen gewünscht, aber niemals verwirklicht worden ist. Kant hat sie mit Entschiedenheit abgelehnt. In der Tat steht sie im innersten Widerspruch zum kategorischen Imperativ, der den Sinn des Lebens in der Tat, nicht im Nachgeben weichen Stimmungen gegenüber sieht. Nietzsches „Sklavenmoral" ist ein Phantom. *Seine Herrenmoral ist eine Realität.* Sie brauchte nicht erst entworfen zu werden; sie war längst vorhanden. Nimmt man die romantische Borgiamaske hinweg und jene nebelhaften Visionen vom Übermenschen, so bleibt der faustische Mensch selbst übrig, wie er heute da ist und zur Zeit der isländischen Sagas bereits da war, als Typus einer energischen, imperativischen, dynamischen Kultur. Mag es in der Antike gewesen sein wie es will; *unsere* großen Wohltäter sind die großen *Täter*, deren Vor- und Fürsorge Millionen gilt, die großen Staatsmänner und Organisatoren. „Eine höhere Art Menschen, welche sich, dank ihrem Übergewicht von Wollen, Wissen, Reichtum und Einfluß, des demokratischen Europas bedienen als ihres gefügigsten und beweglichsten Werkzeuges, um die Schicksale der Erde in die Hand zu bekommen, um am ‚Menschen‘ selbst als Künstler zu gestalten. Genug, die Zeit kommt, da man über Politik umlernen wird." So heißt es in einer der Nachlaßaufzeichnungen Nietzsches, die viel konkreter sind als die ausgeführten Werke. „Wir müssen entweder politische Fähigkeiten züchten oder durch die Demokratie zugrunde gehen, die uns die mißglückten älteren Alternativen aufgezwungen haben", heißt es bei Shaw („Mensch und Übermensch"). Shaw, der vor Nietzsche die praktische Schulung und den geringeren Grad von Ideologie voraus hat, so beschränkt sein philosophischer Horizont sonst erscheint, hat in „Major Barbara" in der Gestalt des Milliardärs Undershaft das Übermenschenideal in die unromantische Sprache der neuern Zeit übertragen, aus der es, auf dem Umweg über Malthus und Darwin, auch bei Nietzsche wirklich stammt. Diese Tatsachenmenschen großen Stils sind es, welche heute den Willen zur Macht über das Los der andern und damit die faustische Ethik überhaupt repräsentieren. Menschen dieser Art werfen ihre Millionen nicht zur Befriedigung eines uferlosen Wohltuns hinaus für die Träumer, „Künstler", Schwachen, Schlechtweggekommenen; sie verwenden sie für die, welche als Material für die Zukunft mitzählen. Sie verfolgen mit ihnen ein Ziel. Sie schaffen eine Kraftmitte für das Dasein von Generationen, welche die Grenzen des persönlichen Daseins überdauert. Auch das Geld kann Ideen entwickeln und Geschichte machen. So hat Rhodes, in dem sich ein sehr bedeutungsvoller Typus des 21. Jahrhunderts ankündigt, sein Vermögen testamentarisch angelegt. Es ist flach und beweist die Unfähigkeit, Geschichte innerlich zu begreifen, wenn man das literarische Geschwätz populärer Sozialethiker und Humanitätsapostel nicht von den tiefen ethischen Instinkten der westeuropäischen Zivilisation zu unterscheiden weiß.

Der Sozialismus – in seinem höchsten Sinne, nicht in dem der Gasse – ist wie alles Faustische ein exklusives Ideal, das seine Volkstümlichkeit nur einem vollkommenen Mißverständnis auch unter den Wortführern verdankt, daß er nämlich ein Inbegriff von Rechten, nicht von Pflichten, daß er eine Beseitigung, nicht eine Verschärfung des kantischen Imperativs, ein Nachlassen, nicht ein Höherspannen der Richtungsenergie sei. Jene triviale Oberflächentendenz auf Wohlfahrt, „Freiheit", Humanität, das Glück der Meisten enthält nur das Negative der faustischen Ethik, sehr im Gegensatz zum antiken Epikuräismus, dem der glückselige Zustand wirklich Kern und Summe alles Ethischen war. Gerade hier liegen äußerlich sehr verwandte Stimmungen vor, die im einen Falle nichts, im andern alles bedeuten. Man kann aus diesem Gesichtspunkt den Inhalt der antiken Ethik ebenfalls als Philanthropie bezeichnen, die der einzelne sich selbst, seinem *soma*, angedeihen läßt. Hier hat man die Autorität des Aristoteles auf seiner Seite, der genau in diesem Sinne das Wort φιλάνθρωπος gebraucht, an dem sich die besten Köpfe der klassizistischen Zeit, Lessing vor allem, abgemüht haben. Aristoteles bezeichnet die Wirkung der attischen Tragödie auf den attischen Zuschauer als philantropisch. Ihre Peripetie erlöst ihn vom Mitleid mit sich selbst. Eine Art Theorie von Herren- und Sklavenmoral gab es auch im frühen Hellenismus, bei Kallikles z. B., wie sich versteht in streng leiblich-euklidischem Sinne. Das Ideal der ersten ist Alkibiades, der genau das tat, was ihm augenblicklich für seine Person zweckmäßig erschien. Man hat ihn als Typus antiker Kalokagathie empfunden und bewundert. Protagoras ist noch deutlicher in seinem berühmten, ganz ethisch gemeinten Satze, daß der Mensch – jeder einzelne für sich – das Maß der Dinge sei. Das ist die Herrenmoral einer statuenhaften Seele.

13

Als Nietzsche das Wort „Umwertung aller Werte" zum ersten Male niederschrieb, hatte endlich die seelische Bewegung dieser

Jahrhunderte, in deren Mitte wir leben, ihre Formel gefunden. Umwertung aller Werte – das ist der innerste Charakter *jeder* Zivilisation. Sie beginnt damit, alle Formen der voraufgegangenen Kultur
umzuprägen, anders zu verstehen, anders zu handhaben. Sie erzeugt
nicht mehr, sie deutet nur um. Darin liegt das Negative aller Zeitalter dieser Art. Sie setzen den eigentlichen Schöpfungsakt voraus.
Sie treten nur eine Erbschaft von großen Wirklichkeiten an. Blicken
wir auf die späte Antike und prüfen wir dort, wo das entsprechende
Ereignis liegt: es hat sich innerhalb des hellenistisch-römischen Stoizismus, innerhalb des langen Todeskampfes der apollinischen Seele
also zugetragen. Gehen wir von Epiktet und Marc Aurel zurück auf
Sokrates, den geistigen Vater der Stoa, in dem zuerst die innere Verarmung des antiken, großstädtisch und intellektuell gewordnen Lebens ans Licht trat: zwischen ihnen liegt die Umwertung aller antiken Seinsideale. Blicken wir auf Indien. Als König Asoka lebte, um
250 v. Chr., war die Umwertung des brahmanischen Lebens vollzogen; man vergleiche die vor und nach Buddha niedergeschriebe-
nen Teile des Vedanta. Und wir? Innerhalb des ethischen Sozialismus in dem hier festgelegten Sinne, als der Grundstimmung der in
die Steinmassen der großen Städte verschlagenen faustischen Seele,
ist diese Umwertung eben jetzt im Gange. *Rousseau ist der Ahnherr*
dieses Sozialismus. Rousseau steht neben Sokrates und Buddha, den anderen
ethischen Wortführern großer Zivilisationen. Seine Ablehnung aller großen Kulturformen, aller bedeutungsvollen Konventionen, seine berühmte „Rückkehr zur Natur", sein praktischer Rationalismus lassen darüber keinen Zweifel. Jeder von ihnen hat eine tausendjährige
Innerlichkeit zu Grabe getragen. Sie predigen das Evangelium der
Menschlichkeit, aber es ist die Menschlichkeit des intelligenten
Stadtmenschen, der die späte Stadt und mit ihr die Kultur satt hat,
dessen „reine", nämlich seelenlose Vernunft nach einer Erlösung von
ihr und ihrer gebietenden Form, von ihren Härten, von ihrer innerlich nicht mehr erlebten und deshalb verhaßten Symbolik sucht.
Die Kultur wird dialektisch vernichtet. Lassen wir die großen Namen des 19. Jahrhunderts vorüberziehen, an die sich für uns dies
mächtige Schauspiel knüpft: Schopenhauer, Hebbel, Wagner, Nietz-

sche, Ibsen, Strindberg, so überblicken wir das, was Nietzsche in
dem fragmentarischen Vorwort zu seinem unvollendeten Hauptwerk beim Namen nannte, die *Heraufkunft des Nihilismus*. Sie ist keiner der großen Kulturen fremd. Sie gehört mit innerster Notwendigkeit zum Ausgang dieser mächtigen Organismen. Sokrates war
Nihilist; Buddha war es. Es gibt eine ägyptische, arabische, chinesische so gut wie eine westeuropäische Entseelung des Menschlichen.
Es handelt sich nicht um politische und wirtschaftliche, nicht einmal
um eigentlich religiöse oder künstlerische Verwandlungen. Es handelt sich überhaupt nicht um Greifbares, nicht um Tatsachen, sondern um das Wesen einer Seele, die ihre Möglichkeiten restlos verwirklicht hat. Man wende nicht die gewaltigen Leistungen gerade
des Hellenismus und der westeuropäischen Modernität ein. Sklaven-
wirtschaft und Maschinenindustrie, „Fortschritt" und Ataraxia, Alexandrinismus und moderne Wissenschaft, Pergamon und Bayreuth,
soziale Zustände, wie sie die „Politeia" des Aristoteles und „Das
Kapital" von Marx voraussetzen, sind lediglich Symptome im historischen Oberflächenbilde. Es handelt sich nicht um das äußere Leben,
um Lebenshaltung, Institutionen, Sitten, sondern um das Tiefste und
Letzte, das innere *Fertigsein* des Weltstadtmenschen – *und* des Pro-
vinzlers.[1] Für die Antike trat es zur Römerzeit ein. Für uns gehört
es der Zeit nach 2000 an.

Kultur und Zivilisation – das ist der lebendige Leib eines Seelentums und seine Mumie. So unterscheidet sich das westeuropäische
Dasein vor und nach 1800, das Leben in Fülle und Selbstverständlichkeit, dessen Gestalt von innen heraus gewachsen und geworden
ist, und zwar in *einem* mächtigen Zuge von den Kindertagen der
Gotik an bis zu Goethe und Napoleon, und jenes späte, künstliche,
wurzellose Leben unsrer großen Städte, dessen Formen der Intellekt
entwirft. Kultur und Zivilisation – das ist ein aus der Landschaft geborener Organismus und der aus seiner Erstarrung hervorgegangene
Mechanismus. Der Kulturmensch lebt nach innen, der zivilisierte
Mensch nach außen, im Raume, unter Körpern und „Tatsachen".
Was der eine als Schicksal fühlt, versteht der andere als Zusammen-

[1] Vgl. Bd. II, S. 672f.

hang von Ursache und Wirkung. Man ist von nun an Materialist in einem nur innerhalb einer Zivilisation gültigen Sinne, ob man es will oder nicht, und ob buddhistische, stoische, sozialistische Lehren sich in religiösen Formen geben oder nicht.

Dem gotischen und dorischen Menschen, dem Menschen der Ionik und des Barock wird die ganze ungeheure Formenwelt von Kunst, Religion, Sitte, Staat, Wissen, Gesellschaft leicht. Er trägt und verwirklicht sie, ohne sie zu „kennen". Er besitzt dem Symbolischen der Kultur gegenüber dieselbe ungezwungene Meisterschaft, wie sie Mozart in seiner Kunst besaß. Kultur ist das Selbstverständliche. Das Gefühl einer Fremdheit unter diesen Formen, das einer Last, welche die Freiheit des Schaffens aufhebt, die Nötigung, das Vorhandene verstandesmäßig zu prüfen, um es bewußt anzuwenden, der Zwang eines für alles geheimnisvoll Schöpferische verhängnisvollen Nachdenkens sind die ersten Symptome einer ermattenden Seele. Erst der Kranke fühlt seine Glieder. Daß man eine unmetaphysische Religion konstruiert und sich gegen Kulte und Dogmen auflehnt, daß ein Naturrecht den historischen Rechten entgegengestellt wird, daß man in der Kunst Stile „entwirft", weil *der* Stil nicht mehr ertragen und gemeistert wird, daß man den Staat als „Gesellschaftsordnung" auffaßt, die man ändern könne, sogar ändern müsse (neben Rousseaus „Contrat social" stehen völlig gleichbedeutende Erzeugnisse der Zeit des Aristoteles), das alles beweist, daß etwas endgültig zerfallen ist. Die Weltstadt selbst liegt als Extrem von Anorganischem inmitten der Kulturlandschaft da, deren Menschentum sie von seinen Wurzeln löst, an sich zieht und verbraucht.

Wissenschaftliche Welten sind oberflächliche Welten, praktische, seelenlose, rein extensive Welten. Sie liegen den Anschauungen des Buddhismus, Stoizismus und Sozialismus gleichmäßig zugrunde.[1] Das Leben nicht mehr mit kaum bewußter, wahlloser Selbstverständlichkeit leben, es als gottgewolltes Schicksal hinnehmen, son

---

[1] Der erste beruht auf dem atheistischen System des Sankhya, der zweite durch Sokrates' Vermittlung auf der Sophistik, der dritte auf dem englischen Sensualismus.

dern es als problematisch betrachten, es auf Grund intellektueller Einsichten in Szene setzen, „zweckmäßig", „vernunftgemäß" – das ist in allen drei Fällen der Hintergrund. Das Gehirn regiert, weil die Seele abdankte. Kulturmenschen leben unbewußt, zivilisierte Menschen leben bewußt. Das im Boden wurzelnde Bauerntum vor den Toren der großen Städte, die jetzt – skeptisch, praktisch, künstlich – *allein* die Zivilisation repräsentieren, zählt nicht mehr mit. „Volk" – das ist jetzt Stadtvolk, anorganische Masse, etwas Fluktuierendes. Der Bauer ist *nicht* Demokrat – denn auch dieser Begriff gehört zum mechanischen und städtischen Dasein[1] –, folglich übersieht, belächelt, verachtet, haßt man ihn. Er ist nach dem Schwinden der alten Stände, Adel und Priestertum, der einzige *organische* Mensch, ein Überbleibsel der frühen Kultur. Er findet weder im stoischen noch im sozialistischen Denken einen Platz.

So ruft der Faust des ersten Teiles der Tragödie, der leidenschaftliche Forscher in einsamen Mitternächten, folgerichtig den des zweiten Teiles und des neuen Jahrhunderts hervor, den Typus einer rein praktischen, weitschauenden, nach außen gerichteten Tätigkeit. Hier hat Goethe psychologisch die ganze Zukunft Westeuropas vorweggenommen. Das ist Zivilisation an Stelle von Kultur, der äußere Mechanismus statt des inneren Organismus, der Intellekt als das seelische Petrefakt an Stelle der erloschenen Seele selbst. So wie Faust am Anfang und Ende der Dichtung, stehen sich innerhalb der Antike der Hellene zur Zeit des Perikles und der Römer zur Zeit Cäsars gegenüber.

14

Solange der Mensch einer in Vollendung begriffenen Kultur einfach vor sich hin lebt, natürlich und selbstverständlich, hat sein Leben eine wahllose Haltung. Das ist seine *instinktive* Moral, die sich in tausend umstrittene Formeln verkleiden mag, die man aber selbst nicht bestreitet, weil man sie *hat*. Sobald das Leben ermüdet, sobald man – auf dem künstlichen Boden großer Städte, die jetzt geistige Welten für sich sind – eine Theorie braucht, um es zweckmäßig in Szene

[1] Vgl. Bd. II, S. 1001 ff.

zu setzen, sobald das Leben Objekt der Betrachtung geworden ist, wird die Moral zum *Problem*. Kulturmoral ist die Moral, welche man hat, zivilisierte die, welche man sucht. Die eine ist zu tief, um auf logischem Wege erschöpft zu werden, die andre ist eine *Funktion* der Logik. Noch bei Kant und Plato ist die Ethik bloße Dialektik, ein Spiel mit Begriffen, die Abrundung eines metaphysischen Systems. Man hätte sie im Grunde nicht nötig gehabt. Der kategorische Imperativ ist lediglich die abstrakte Fassung dessen, was für Kant gar nicht in Frage stand. Von Zenon und Schopenhauer an gilt das nicht mehr. Da mußte als Regel des Seins gefunden, erfunden, erzwungen werden, was instinktiv nicht mehr gesichert war. An dieser Stelle beginnt die zivilisierte Ethik, die nicht der Reflex des Lebens auf die Erkenntnis, sondern der Reflex der Erkenntnis auf das Leben ist. Man fühlt etwas Künstliches, Seelenloses und Halbwahres in all diesen *erdachten* Systemen, welche die ersten Jahrhunderte aller Zivilisationen füllen. Das sind nicht mehr innerlichste, beinahe überirdische Schöpfungen, die ebenbürtig neben den großen Künsten stehen. Jetzt verschwindet alle Metaphysik großen Stils, alle reine Intuition vor dem einen, was plötzlich nottut, vor der Grundlegung einer *praktischen* Moral, die das Leben regeln soll, weil es sich selbst nicht mehr regeln kann. Die Philosophie war bis auf Kant, Aristoteles und die Lehren des Yoga und Vedanta eine Folge mächtiger Weltsysteme gewesen, in denen die *formale* Ethik einen bescheidnen Platz fand. Sie wird jetzt Moralphilosophie, mit einer Metaphysik als Hintergrund. Die erkenntnistheoretische Leidenschaft tritt den Vorrang an die praktische Notdurft ab: Sozialismus, Stoizismus, Buddhismus sind Philosophien dieses Stils.

Die Welt statt aus der Höhe, wie Aischylos, Plato, Dante, Goethe, unter dem Gesichtspunkt der alltäglichen Notdurft und andrängenden Wirklichkeit betrachten: das nenne ich die *Vogelperspektive des Lebens mit der Froschperspektive vertauschen*. Und eben das ist der Abstieg von einer Kultur zur Zivilisation. Jede Ethik formuliert den Blick der Seele auf ihr Schicksal: heroisch oder praktisch, groß oder gemein, männlich oder greisenhaft. Und so unterscheide ich denn eine *tragische* und eine *Plebejermoral*. Die tragische Moral einer Kultur kennt und begreift die Schwere des Seins, aber sie zieht daraus das Gefühl des Stolzes, es zu tragen. So empfanden Aischylos, Shakespeare und die Denker der brahmanischen Philosophie, so Dante und der germanische Katholizismus. Das liegt in dem wilden Schlachtchoral des Luthertums: „Ein' feste Burg ist unser Gott", und das klingt selbst noch in der Marseillaise nach. Die Plebejermoral des Epikur und der Stoa, der Sekten der Buddhazeit, des 19. Jahrhunderts macht einen Schlachtplan zurecht, das Schicksal zu umgehen. Was Aischylos groß tat, das tat die Stoa klein. Das war nicht mehr Fülle, sondern Armut, Kälte und Leere des Lebens, und die Römer haben diese intellektuelle Kälte und Leere nur zum Großartigen gesteigert. Und dasselbe Verhältnis besteht zwischen dem ethischen Pathos der großen Meister des Barock, Shakespeare, Bach, Kant, Goethe, dem männlichen Willen, *innerlich* Herr der natürlichen Dinge zu sein, weil man sie tief unter sich weiß, und dem Willen der europäischen Modernität, sie sich – in Gestalt der Fürsorge, der Humanität, des Weltfriedens, des Glückes der meisten – *äußerlich* aus dem Wege zu schaffen, weil man sich mit ihnen auf derselben Ebene sieht. Auch das ist Wille zur Macht im Gegensatz zur antiken Duldung des Unabwendbaren; auch darin liegt Leidenschaft und Hang zum Unendlichen, aber es ist ein Unterschied zwischen metaphysischer und materieller Größe im Überwinden. Die Tiefe fehlt, das, was der frühere Mensch Gott nannte. Das faustische Weltgefühl der *Tat*, wie es von den Staufen und Welfen bis auf Friedrich den Großen, Goethe und Napoleon in jedem großen Menschen wirksam war, verflachte zu einer Philosophie der *Arbeit*, wobei es für den inneren Rang gleichgültig ist, ob man sie verteidigt oder verurteilt. Der Kulturbegriff der Tat und der zivilisierte Begriff der Arbeit verhalten sich wie die Haltung des aischyleischen Prometheus zu der des Diogenes. Der eine ist ein Dulder, der andere ist faul. Galilei, Kepler, Newton brachten es zu wissenschaftlichen Taten, der moderne Physiker *leistet gelehrte Arbeit*. Plebejermoral auf der Grundlage des alltäglichen Daseins und des „gesunden Menschenverstandes" ist es, was trotz aller großen Worte von Schopenhauer bis zu Shaw jeder Lebensbetrachtung zugrunde liegt.

15

Jede Kultur hat mithin *ihre eigene Art, seelisch zu verlöschen,* und *nur* die eine, die aus ihrem ganzen Leben mit tiefster Notwendigkeit folgt. Deshalb sind Buddhismus, Stoizismus, Sozialismus morphologisch gleichwertige Ausgangserscheinungen.

Auch der Buddhismus, dessen letzten Sinn man bisher immer mißverstanden hat. Das ist *keine* puritanische Bewegung wie etwa der Islam und der Jansenismus, keine Reformation wie die dionysische Strömung gegenüber dem Apollinismus, keine neue Religion, überhaupt keine Religion wie die der Veden und des Apostels Paulus,[1] sondern eine letzte rein praktische Weltstimmung müder Großstadtmenschen, die eine abgeschlossene Kultur im Rücken und keine innere Zukunft mehr vor sich haben; er ist das Grundgefühl der indischen Zivilisation und deshalb mit dem Stoizismus und Sozialismus „gleichzeitig" und gleichwertig. Die Quintessenz dieser durchaus weltlichen, nicht metaphysischen Gesinnung findet sich in der berühmten Predigt von Benares, den „vier heiligen Wahrheiten vom Leiden", durch welche der philosophierende Prinz seine ersten Anhänger gewann. Ihre Wurzeln liegen in der rationalistisch-atheistischen Sankhyaphilosophie, deren Weltanschauung stillschweigend vorausgesetzt wird, ganz wie die Sozialethik des 19. Jahrhunderts aus dem Sensualismus und Materialismus des 18. und die Stoa trotz ihrer flachen Verwertung Heraklits von Protagoras und den Sophisten stammt. Die Allmacht der Vernunft ist in jedem Falle der Ausgangspunkt aller moralischen Überlegung. Von Religion, sofern man darunter den Glauben an Metaphysisches versteht, ist keine Rede. Nichts kann religionsfremder sein als diese Systeme in ihrer ursprünglichen Gestalt. Was aus ihnen in den späteren Stadien der Zivilisation geworden ist, steht hier nicht in Frage.

Der Buddhismus lehnt alles Nachdenken über Gott und die kosmischen Probleme ab. Nur das Selbst, nur die Einrichtung des wirk-

---

[1] Erst nach Jahrhunderten ist aus der buddhistischen Lebensbetrachtung, die weder einen Gott noch eine Metaphysik anerkennt, durch Zurückgreifen auf die längst erstarrte brahmanische Theologie und darüber hinaus auf die ältesten Volkskulte eine Fellachenreligion entstanden. Vgl. Bd. II, S. 937, 944f.

lichen Lebens ist ihm wichtig. Auch eine Seele wird nicht anerkannt. Wie der westeuropäische Psychologe der Gegenwart – und mit ihm der „Sozialist" – den innern Menschen als Empfindungsbündel und als Häufung chemisch-elektrischer Energien abtut, so der indische der Buddhazeit. Der Lehrer Nagasena beweist dem König Milinda, daß die Teile des Wagens, auf dem er fährt, nicht der Wagen selbst, und „Wagen" nur ein Wort ist – ebenso stehe es mit der Seele. Die seelischen Elemente werden als Skandhas, Haufen, bezeichnet, die vergänglich sind. Das entspricht durchaus den Vorstellungen der Assoziationspsychologie. Es ist viel Materialismus in der Lehre Buddhas.[1] Wie sich der Stoiker den heraklitischen Begriff des Logos aneignet, um ihn materiell zu verflachen, wie der Sozialismus in seinen darwinistischen Grundlagen Goethes tiefen Begriff der Entwicklung (durch Hegels Vermittlung) mechanisch veräußerlicht, so der Buddhismus den brahmanischen Begriff des *karman*, einer unserem Denken fast unvollziehbaren Vorstellung von einem tätig sich vervollkommnenden Sein, das man oft genug ganz materialistisch wie einen in Veränderung begriffenen Weltstoff behandelt findet.

Wir haben drei Formen des Nihilismus vor uns, das Wort im Sinne Nietzsches gebraucht. Die Ideale von gestern, die seit Jahrhunderten herangewachsenen religiösen, künstlerischen, staatlichen Formen sind abgetan, nur daß selbst dieser letzte Akt der Kultur, ihre Selbstverneinung, noch einmal das Ursymbol ihres ganzen Daseins zum Ausdruck bringt. Der faustische Nihilist, Ibsen wie Nietzsche, Marx wie Wagner, zertrümmert die Ideale; der apollinische, Epikur wie Antisthenes und Zenon, läßt sie vor seinen Augen zerfallen; der indische zieht sich vor ihnen in sich selbst zurück. Der Stoizismus ist auf ein *Sichverhalten des einzelnen* gerichtet, auf ein statuenhaftes, rein gegenwärtiges Sein, ohne Beziehung auf Zukunft und Vergangenheit, oder auf andre. Der Sozialismus ist die dynamische Behandlung des gleichen Themas: dieselbe Verteidigung nicht auf die Haltung, sondern die Auswirkung des Lebens, aber

---

[1] Es versteht sich, daß jede Kultur auch ihre eigne, durch ihr gesamtes Weltgefühl in allen Einzelheiten bedingte Art von Materialismus besitzt.

mit einem mächtig angreifenden Zug ins Ferne auf die gesamte Zukunft und die gesamte Masse der Menschen erstreckt, die einer einzigen Methode unterworfen werden *sollen*; der Buddhismus, den
nur ein Dilettant von Religionsforscher mit dem Christentum vergleichen kann,[1] ist durch die Worte abendländischer Sprachen kaum
wiederzugeben. Aber es ist erlaubt, von einem stoischen Nirwana
zu reden und auf die Gestalt des Diogenes zu verweisen; auch der
Begriff eines sozialistischen Nirwana ist zu rechtfertigen, sofern man
die Flucht vor dem Kampf ums Dasein ins Auge faßt, wie die europäische Müdigkeit sie in die Schlagworte Weltfriede, Humanität
und Verbrüderung aller Menschen kleidet. Aber nichts von dem
reicht an den unheimlich tiefen Begriff des buddhistischen Nirwana
heran. Es scheint, daß die Seele alter Kulturen in den letzten Verfei-
nerungen und sterbend wie eifersüchtig auf ihr eigenstes Eigentum,
ihren Gehalt an Form, auf das mit ihr geborene Ursymbol ist. Es
gibt nichts im Buddhismus, das „christlich" sein könnte, nichts im
Stoizismus, das im Islam von 1000 n. Chr. vorkommt, nichts was
Konfuzius mit dem Sozialismus gemein hätte. Der Satz: *si duo faciunt
idem, non est idem*, der an der Spitze jeder historischen Betrachtung
stehen sollte, die es mit lebendigem, nie sich wiederholendem Werden und nicht mit logisch, kausal und zahlenmäßig ergreifbarem
Gewordnen zu tun hat, gilt ganz besonders von diesen, eine Kultur-
bewegung abschließenden Äußerungen. In allen Zivilisationen wird
ein durch*seeltes* Sein von einem durch*geistigten* abgelöst, aber dieser
Geist ist in jedem einzelnen Falle von andrer Struktur und der Formensprache einer andern Symbolik unterworfen. Gerade bei aller
Einzigkeit des Seins, das im Unbewußten wirkend diese späten Gebilde der historischen Oberfläche schafft, ist deren Verwandtschaft
der *historischen Stufe nach* von entscheidender Bedeutung. Was sie
zum Ausdruck bringen, ist verschieden, daß sie es *so* zum Ausdruck
bringen, kennzeichnet sie als „gleichzeitig". Stoisch wirkt der Ver-

---

[1] Und es müßte erst gesagt werden, ob mit dem Christentum der Kirchenväter
oder mit dem der Kreuzzüge, denn dies sind zwei verschiedene Religionen unter
derselben dogmatisch-kultischen Gewandung. Der gleiche Mangel an psycholo-
gischem Feingefühl tritt in dem beliebten Vergleich des heutigen Sozialismus mit
dem Urchristentum zutage.

zicht Buddhas, buddhistisch der stoische Verzicht auf das volle reso-
lute Leben. Auf das Verhältnis der Katharsis des attischen Dramas
zur Idee des Nirwana war oben schon hingewiesen worden. Man
hat das Gefühl, als befinde sich der ethische Sozialismus, obwohl ein
ganzes Jahrhundert sich schon seiner Durchbildung widmete, noch
heute nicht in der klaren, harten, resignierten Fassung, die seine endgültige sein wird. Vielleicht werden die nächsten Jahrzehnte ihm die
reife Formel geben, wie sie Chrysipp der Stoa gab. Aber stoisch
wirkt schon heute – in den höheren, sehr engen Kreisen – seine Tendenz zur Selbstzucht und Entsagung aus dem Bewußtsein einer großen Bestimmung heraus, das römisch-preußische, ganz unpopuläre
Element in ihm, und buddhistisch seine Geringschätzung eines
augenblicklichen Behagens, des *carpe diem*; epikuräisch erscheint
sicherlich das populäre Ideal, dem er ausschließlich die Wirksamkeit nach unten und in die Breite verdankt, jener Kultus der ἡ δονή,
nicht des einzelnen für sich, sondern einzelner im Namen der
Ganzheit.

Jede Seele hat Religion. Das ist nur ein anderes Wort für ihr
Dasein. Alle lebendigen Formen, in denen sie sich ausspricht, alle
Künste, Lehren, Bräuche, alle metaphysischen und mathematischen
Formenwelten, jedes Ornament, jede Säule, jeder Vers, jede Idee ist
im Tiefsten religiös und *muß* es sein. Von nun an *kann* sie es nicht
mehr sein. Das Wesen aller Kultur ist Religion; *folglich ist das Wesen
aller Zivilisation Irreligion*. Auch das sind zwei Worte für ein und
dieselbe Erscheinung. Wer das nicht im Schaffen Manets gegen
Velasquez, Wagners gegen Haydn, Lysippos gegen Phidias, Theo-
krits gegen Pindar herausfühlt, der weiß nichts vom Besten der
Kunst. Religiös ist noch die Baukunst des Rokoko selbst in ihren
weltlichsten Schöpfungen. Irreligiös sind die Römerbauten, auch die
Tempel der Götter. Mit dem Pantheon, jener Urmoschee mit dem
eindringlich magischen Gottgefühl ihres Innenraums, ist das einzige
Stück echt religiöser Baukunst in das alte Rom geraten. Die Weltstädte selbst sind den alten Kulturstädten gegenüber, Alexandria
gegen Athen, Paris gegen Brügge, Berlin gegen Nürnberg, in allen
Einzelheiten bis in das Straßenbild, die Sprache, den trocken intelli-

genten Zug der Gesichter[1] hinein irreligiös (was man nicht mit anti-religiös zu verwechseln hat). Und irreligiös, seelenlos sind demnach auch diese ethischen Weltstimmungen, die durchaus zur Formen-sprache der Weltstädte gehören. Der Sozialismus ist das irreligiös gewordene faustische Lebensgefühl; das besagt auch das vermeint-liche („wahre") Christentum, das der englische Sozialist so gern im Munde führt und unter dem er etwas wie eine „dogmenlose Moral" versteht. Irreligiös sind Stoizismus und Buddhismus im Verhältnis zur orphischen und vedischen Religion, und es ist ganz Nebensache, ob der römische Stoiker den Kaiserkult billigt und ausübt, der spä-tere Buddhist seinen Atheismus mit Überzeugung bestreitet, der Sozialist sich freireligiös nennt oder auch „weiterhin an Gott glaubt".

Dies Erlöschen der lebendigen inneren Religiosität, das allmäh-lich auch den unbedeutendsten Zug des Daseins gestaltet und erfüllt, ist es, was im historischen Weltbild als die Wendung der Kultur zur Zivilisation erscheint, als das *Klimakterium der Kultur*, wie ich es früher nannte, als die Zeitwende, wo die seelische Fruchtbarkeit einer Art von Mensch für immer erschöpft ist und die Konstruktion an Stelle der Zeugung tritt. Faßt man das Wort Unfruchtbarkeit in seiner ganzen ursprünglichen Schwere, so bezeichnet es das volle Schicksal des weltstädtischen Gehirnmenschen, und es gehört zum Bedeutsamsten der geschichtlichen Symbolik, daß diese Wendung sich nicht nur im Erlöschen der großen Kunst, der gesellschaftlichen Formen, der großen Denksysteme, des großen Stils überhaupt, son-dern auch ganz körperlich in der Kinderlosigkeit und dem Rassetod der zivilisierten, vom Lande abgelösten Schichten ausspricht, eine Erscheinung, die in der römischen und chinesischen Kaiserzeit viel bemerkt und beklagt, aber notwendigerweise nicht gemildert wor-den ist.[2]

---

[1] Man beachte die auffallende Ähnlichkeit vieler Römerköpfe mit denen heu-tiger Tatsachenmenschen amerikanischen Stils und, wenn auch nicht so deutlich, mit manchen ägyptischen Porträtköpfen des Neuen Reichs. Vgl. Bd. II, S. 677f.

[2] Vgl. Bd. II, S. 678ff.

16

Angesichts dieser neuen, rein geistigen Bildungen darf man über ihren lebendigen Träger nicht im Zweifel sein, den „neuen Menschen", als der er hoffnungsvoll von allen Niedergangszeiten empfunden worden ist. Es ist der formlos durch alle Großstädte flutende Pöbel an Stelle des Volkes, die wurzellose städtische Masse, οἱ πολλοί, wie man in Athen sagte, an Stelle des mit der Natur verwachsenen, selbst auf dem Boden der Städte noch bäuerlichen Menschentums einer Kulturlandschaft. Es ist der Agorabesucher Alexandrias und Roms und sein „Zeitgenosse", der moderne Zeitungsleser; es ist der „Gebildete", jener Anhänger eines Kultus des geistigen Mittelmaßes und der Öffentlichkeit als Kultstätte, damals wie heute; es ist der antike und abendländische Mensch der Theater und Vergnügungsorte, des Sports und der Literatur des Tages. Diese spät erscheinende Masse und *nicht* „die Menschheit" ist Objekt der stoischen und sozialistischen Propaganda, und man könnte ihr gleichbedeutende Erscheinungen des ägyptischen Neuen Reiches, des buddhistischen Indien, des konfuzianischen China zur Seite stellen.

Dem entspricht eine charakteristische Form der öffentlichen Wirksamkeit, die *Diatribe*.[1] Zuerst als hellenistische Erscheinung beobachtet, gehört sie zu den Wirkungsformen *jeder* Zivilisation. Durch und durch dialektisch, praktisch, plebejisch, ersetzt sie die bedeutsame, weithin wirkende Gestalt großer Menschen durch schrankenlose Agitation der Kleinen, aber Klugen, Ideen durch Zwecke, Symbole durch Programme. Das Expansive jeder Zivilisation, der imperialistische Ersatz des inneren, seelischen durch den äußeren Raum kennzeichnet auch sie: die Quantität ersetzt die Qualität, die Verbreitung die Vertiefung. Man verwechsle diese hastige und flache Aktivität nicht mit dem faustischen Willen zur Macht. Sie verrät nur, daß ein schöpferisches Innenleben zu Ende und eine geistige Existenz nur nach außen, im Raum der Städte, nur materiell aufrecht zu erhalten ist. Die Diatribe gehört notwendig zur „Reli-

---

[1] P. Wendland, Die hellenist.-röm. Kultur (1912), S. 75 ff.

gion der Irreligiösen"; die ist deren eigentliche *Seelsorge*. Sie erscheint als indische Predigt, als antike Rhetorik, als abendländischer Journalismus. Sie wendet sich an die Meisten, nicht an die Besten. Sie wertet ihre Mittel nach der *Zahl* der Erfolge. Sie setzt an Stelle des Denkertums früher Zeiten die *intellektuelle männliche Prostitution* in Rede und Schrift, wie sie alle Säle und Plätze der Weltstädte füllt und beherrscht. Rhetorisch ist die gesamte Philosophie des Hellenismus, journalistisch das sozialethische System Spencers wie der Roman Zolas und das Drama Ibsens. Man verwechsle diese geistige Prostitution nicht mit dem ursprünglichen Auftreten des Christentums. Die christliche Mission ist in ihrem Wesenskern beinahe immer mißverstanden worden.[1] Aber das Urchristentum, die *magische* Religion des Stifters, dessen Seele dieser brutalen Aktivität ohne Takt und Tiefe gar nicht fähig war, ist erst durch die hellenistische Praxis des Paulus[2] – bekanntlich unter schroffstem Widerspruch der Urgemeinde – in die lärmende städtische demagogische Öffentlichkeit des Imperium Romanum hineingezogen worden. Mag seine hellenistische Bildung noch so gering gewesen sein, sie hat ihn nach außen zu einem Gliede der antiken Zivilisation gemacht. Jesus hatte Fischer und Bauern an sich gezogen, Paulus hielt sich an die Agora der großen Städte und also an die großstädtische Form der Propaganda. Das Wort Heide *(paganus)* verrät noch heute, auf wen sie *zuletzt* gewirkt hat. Wie verschieden ist Paulus von Bonifatius! Dieser bedeutet in seiner faustischen Leidenschaft, in Wäldern und einsamen Tälern, etwas streng Entgegengesetztes, und ebenso die heitren Zisterzienser mit ihrem Landbau und die Deutschordensritter im slawischen Osten. Das war wieder Jugend, Aufblühen, Sehnsucht inmitten einer bäuerlichen Landschaft. Erst im 19. Jahrhundert erscheint die Diatribe auf diesem mittlerweile gealterten Boden mit allem, was ihr wesenhaft ist, mit der großen Stadt als Basis und der Masse als Publikum. Das echte Bauerntum fällt für den Sozialismus so wenig in den Kreis der Betrachtung wie für Buddha und die Stoa. Erst hier, in den Städten des europäischen Westens, findet der Pau-

---

[1] Vgl. Bd. II, S. 876 ff.
[2] Vgl. Bd. II, S. 826 ff.

lustyp wieder seinesgleichen, mag es sich nun um christliche oder antikirchliche Strömungen, soziale oder theosophische Interessen, um Freidenkertum oder um die Gründungen des religiösen Kunstgewerbes handeln.

Nichts ist für diese entschiedene Wendung zum äußeren Leben, das allein übrig geblieben ist, zur biologischen Tatsache, der gegenüber das Schicksal nur noch in der Form von Kausalitätsbeziehungen erscheint, bezeichnender als das ethische Pathos, mit dem man sich nun einer Philosophie der Verdauung, der Ernährung, der Hygiene zuwendet. Alkoholfragen und Vegetarismus werden mit religiösem Ernst behandelt, augenscheinlich das Gewichtigste an Problemen, wozu der „neue Mensch" sich aufschwingen kann. So entspricht es der Froschperspektive dieser Generationen. Religionen, wie sie an der Schwelle großer Kulturen entstehen, die orphische und vedische, das magische Christentum Jesu und das faustische der ritterlichen Germanen hätten es unter ihrer Würde gefunden, zu Fragen der Art auch nur für Augenblicke herabzusteigen. Jetzt steigt man zu ihnen hinauf. Der Buddhismus ist ohne eine leibliche neben seiner Seelendiät nicht denkbar. Im Kreise der Sophisten, des Antisthenes, der Stoiker und Skeptiker gewinnt dergleichen immer größere Bedeutung. Schon Aristoteles hat über die Alkoholfrage geschrieben, eine ganze Reihe von Philosophen über den Vegetarismus, und es besteht zwischen der apollinischen und der faustischen Methode nur der Unterschied, daß der Zyniker die eigne Verdauung, Shaw die Verdauung aller „Menschen" in sein theoretisches Interesse zieht. Der eine entsagt, der andere verbietet. Man weiß, wie selbst Nietzsche sich im „Ecce homo" in Fragen dieser Art gefällt.

17

Überblicken wir noch einmal den Sozialismus, unabhängig von der gleichnamigen Wirtschaftsbewegung, als das faustische Beispiel einer zivilisierten Ethik. Was seine Freunde und Feinde von ihm sagen, daß er die Gestalt der Zukunft oder daß er ein Zeichen des Niederganges sei, ist gleich richtig. Wir alle sind Sozialisten, ob wir es wissen und wollen oder nicht. Selbst der Widerstand gegen ihn trägt seine Form.

Alle antiken Menschen der späten Zeit waren mit der gleichen inneren Notwendigkeit Stoiker, ohne es zu wissen. Das ganze römische Volk, als Körper, hat eine stoische Seele. Der echte Römer, gerade der, welcher es am entschiedensten bestritten hätte, ist in einem strengeren Grade Stoiker, als es je ein Grieche hätte sein können. Die lateinische Sprache des letzten vorchristlichen Jahrhunderts ist die mächtigste Schöpfung des Stoizismus geblieben.

Der ethische Sozialismus ist das überhaupt erreichbare Maximum eines Lebensgefühls unter dem Aspekt von Zwecken.[1] Denn die bewegte Richtung des Daseins, in den Worten Zeit und Schicksal fühlbar, bildet sich, sobald sie starr, bewußt, erkannt ist, in den geistigen Mechanismus der Mittel und Zwecke um. Richtung ist das Lebendige, Zweck das Tote. Faustisch überhaupt ist die Leidenschaft des Vordringens, sozialistisch im besonderen der mechanische Rest, der „Fortschritt". Sie verhalten sich wie der Leib zum Skelett. Dies ist zugleich der Unterschied des Sozialismus vom Buddhismus und Stoizismus, die mit ihren Idealen des Nirwana und der Ataraxia ebenso mechanistisch gestimmt sind, aber nicht die dynamische Leidenschaft der Ausdehnung, den Willen zum Unendlichen, das Pathos der dritten Dimension kennen.

Der ethische Sozialismus ist – trotz seiner Vordergrundillusionen – *kein* System des Mitleids, der Humanität, des Friedens und der Fürsorge, sondern des Willens zur Macht. Alles andere ist Selbsttäuschung. Das Ziel ist durchaus imperialistisch: Wohlfahrt, aber im expansiven Sinne, nicht der Kranken, sondern der Tatkräftigen, denen man die Freiheit des Wirkens geben will, und zwar mit Gewalt, ungehemmt durch die Widerstände des Besitzes, der Geburt und der Tradition. Gefühlsmoral, Moral auf das „Glück" und den Nutzen hin ist bei uns *nie* der letzte Instinkt, so oft es sich die Träger dieser Instinkte einreden. Man wird immer an die Spitze der moralischen Modernität Kant, in diesem Falle den Schüler Rousseaus, stellen müssen, dessen Ethik das Motiv des Mitleids ablehnt und die

[1] Zum folgenden vgl. „Preußentum und Sozialismus", S. 22 ff.

Formel prägt: „*Handle so*, daß –." Alle Ethik dieses Stils will Ausdruck des Willens zum Unendlichen sein, und dieser Wille fordert Überwindung des Augenblicks, der Gegenwart, der Vordergründe des Lebens. An Stelle der sokratischen Formel: „Wissen ist Tugend" setzte schon Bacon den Spruch: „Wissen ist Macht". Der Stoiker nimmt die Welt, wie sie ist. Der Sozialist will sie der Form, dem Gehalt nach organisieren, umprägen, mit *seinem* Geist erfüllen. Der Stoiker paßt sich an. Der Sozialist befiehlt. Die ganze Welt soll die Form *seiner* Anschauung tragen – so läßt sich die Idee der „Kritik der reinen Vernunft" ins Ethische umsetzen. Das ist der letzte Sinn des kategorischen Imperativs, den er aufs Politische, Soziale, Wirtschaftliche anwendet: Handle so, als ob die Maxime deines Handelns *durch deinen Willen zum allgemeinen Gesetz werden sollte*. Und diese tyrannische Tendenz ist selbst den flachsten Erscheinungen der Zeit nicht fremd.

Nicht die Haltung und Gebärde, die Tätigkeit soll gestaltet werden. Wie in China und Ägypten kommt das Leben nur in Betracht, insofern es Tat ist. Und erst so, durch die Mechanisierung des organischen Bildes der Tat, entsteht die *Arbeit im heutigen Sprachgebrauch als die zivilisierte Form faustischen Wirkens*. Diese Moral, der Drang, dem Leben die denkbar aktivste Form zu geben, ist stärker als die Vernunft, deren Moralprogramme, sie mögen noch so geheiligt, inbrünstig geglaubt, leidenschaftlich verteidigt sein, nur insoweit *wirken*, als sie in der Richtung dieses Dranges liegen oder in ihr mißverstanden werden. Im übrigen bleiben sie Worte. Man unterscheide in aller Modernität wohl die volkstümliche Seite, das süße Nichtstun, die Sorge um Gesundheit, Glück, Sorglosigkeit, den allgemeinen Frieden, kurz das vermeintlich Christliche von dem höheren Ethos, das nur die Tat wertet, das den Massen – wie alles Faustische – weder verständlich noch erwünscht ist, die großartige *Idealisierung des Zweckes und also der Arbeit*. Will man dem römischen „*Panem et circenses*", dem letzten epikuräisch-stoischen und im Grunde auch indischen Lebenssymbol, das entsprechende Symbol des Nordens und auch wieder des alten China und Ägypten zur Seite stellen, so muß es das *Recht auf Arbeit* sein, das bereits dem durch und durch preußisch empfundenen, heute europäisch gewordnen Staatssozialismus Fichtes zugrunde liegt und das in den letzten, furchtbarsten Stadien dieser Entwicklung in der Pflicht zur Arbeit gipfeln wird.

Endlich das Napoleonische in ihm, das *aere perennius*, der Wille zur Dauer. Der apollinische Mensch sah auf ein goldenes Zeitalter *zurück*; das enthob ihn des Nachdenkens über das Kommende. Der Sozialist – der sterbende Faust des zweiten Teils – ist der Mensch der historischen Sorge, des Künftigen, das er als Aufgabe und Ziel empfindet, dem gegenüber das Glück des Augenblicks verächtlich wird. Der antike Geist mit seinen Orakeln und Vogelzeichen will die Zukunft nur *wissen*, der abendländische will sie *schaffen*. Das *dritte Reich ist das germanische Ideal*, ein ewiges Morgen, an das alle großen Menschen von Joachim von Floris bis Nietzsche und Ibsen – Pfeile der Sehnsucht nach dem andern Ufer, wie es im Zarathustra heißt – ihr Leben knüpften. Alexanders Leben war ein wundervoller Rausch, ein Traum, in dem das homerische Zeitalter noch einmal heraufbeschworen wurde; Napoleons Leben war eine ungeheure Arbeit, nicht für sich, nicht für Frankreich, sondern für die Zukunft überhaupt.

An dieser Stelle greife ich zurück und erinnere noch einmal daran, wie verschieden die großen Kulturen sich die *Weltgeschichte* vorgestellt haben: der antike Mensch sah nur sich, seine Geschicke als ruhende Nähe, und fragte nicht nach dem Woher und Wohin. Universalgeschichte ist ihm ein unmöglicher Begriff. Das ist eine statische Geschichtsauffassung. Der magische Mensch sieht Geschichte als das große Weltdrama zwischen Schöpfung und Untergang, als das Ringen zwischen Seele und Geist, Gut und Böse, Gott und Teufel, ein streng begrenztes Geschehen mit einer *einmaligen Peripetie* als Höhepunkt: der Erscheinung des Erlösers. Der faustische Mensch sieht in der Geschichte eine gespannte Entwicklung auf ein *Ziel*. Die Reihe: Altertum – Mittelalter – Neuzeit ist ein *dynamisches* Bild. Er *kann* sich Geschichte gar nicht anders vorstellen, und wenn dies nicht Weltgeschichte an sich und überhaupt, sondern lediglich das Bild einer Weltgeschichte faustischen Stils ist, das mit dem Wachsein der westeuropäischen Kultur beginnt und aufhört, wahr und vorhanden zu sein, so ist der Sozialismus im höchsten Sinne die logische und praktische Krönung dieser Vorstellung. In ihm erhält das Bild den von der Gotik an vorbereiteten Abschluß.

Und hier wird der Sozialismus – im Gegensatz zum Stoizismus und Buddhismus – tragisch. Es ist von tiefster Bedeutung, daß Nietzsche vollkommen klar und sicher ist, solange es sich um die Frage handelt, was zertrümmert, was umgewertet werden soll; er verliert sich in nebelhafte Allgemeinheiten, sobald das Wozu, das Ziel in Rede steht. Seine Kritik der Dekadenz ist unwiderleglich, seine Übermenschenlehre ist ein Luftgebilde. Und dasselbe gilt von Ibsen – von Brand und Rosmersholm, Julian Apostata und Baumeister Solneß –, von Hebbel, von Wagner, von allen. Und darin liegt eine tiefe Notwendigkeit, denn von Rousseau an gibt es für den faustischen Menschen, was den großen Stil des Lebens betrifft, nichts mehr zu hoffen. Hier ist etwas zu Ende. Die nordische Seele hat ihre innern Möglichkeiten erschöpft und es blieb nur noch der dynamische Sturm und Drang, wie er sich in welthistorischen Zukunftsvisionen äußert, die mit Jahrtausenden messen, der bloße Trieb, die nach Schöpfung sich sehnende Leidenschaft, eine Form ohne Inhalt. Diese Seele war Wille und nichts andres; sie brauchte ein Ziel für ihre Kolumbussehnsucht; sie *mußte* einen Sinn und Zweck ihrer Wirksamkeit sich wenigstens vortäuschen, und so findet der feinere Beobachter einen Zug von Hjalmar Ekdal in aller Modernität, auch in ihren höchsten Erscheinungen. Ibsen hat es die Lebenslüge genannt. Nun, etwas von ihr liegt in der gesamten Geistigkeit der westeuropäischen Zivilisation, insoweit sie auf eine religiöse, künstlerische, philosophische Zukunft, ein sozialethisches Ziel, ein drittes Reich sich richtet, während in der tiefsten Tiefe ein dumpfes Gefühl nicht schweigen will, daß dieser ganze atemlose Eifer die verzweifelte Selbsttäuschung einer Seele ist, die nicht ruhen darf und kann. Aus dieser tragischen Situation – der Umkehrung des Hamletmotivs – ist Nietzsches gewaltsame Konzeption der Ewigen Wiederkunft hervorgegangen, an die er niemals mit gutem Gewissen geglaubt hat, die er aber trotzdem festhielt, um das Gefühl einer Sendung in sich zu retten. Auf dieser Lebenslüge ruht *Bayreuth*, das etwas sein *wollte* im Gegensatz zu Pergamon, das etwas *war*. Und ein Zug dieser Lüge haftet dem gesamten politischen, wirtschaftlichen, ethischen Sozialismus an, der gewaltsam über den vernichtenden Ernst seiner letzten Einsichten schweigt, um die Illusion der geschichtlichen Notwendigkeit seines Daseins zu retten.

18

Es bleibt noch ein Wort über die *Morphologie* der *Philosophiegeschichte* zu sagen.

Es gibt keine Philosophie überhaupt: jede Kultur besitzt ihre eigne; sie ist ein Teil ihres symbolischen Gesamtausdrucks und bildet mit ihren *Problemstellungen* und *Denkmethoden* eine geistige Ornamentik in strenger Verwandtschaft zu derjenigen der Architektur und bildenden *Kunst*. Aus der Höhe und Ferne betrachtet, ist es sehr nebensächlich, zu welchen sprachlich ausgedrückten „Wahrheiten" diese Denker innerhalb ihrer Schulen überhaupt gelangt sind – denn Schule, Konvention und Formenschatz sind hier wie in jeder großen Kunst die grundlegenden Elemente. Unendlich viel wichtiger als die Antworten sind die Fragen, und zwar hinsichtlich ihrer Auswahl und inneren Form, denn die *besondere* Art, wie ein Makrokosmos vor dem verstehenden Auge des Menschen einer bestimmten Kultur daliegt, gestaltet im voraus die gesamte Not und Art des Fragens.

Die antike und faustische Kultur haben nicht weniger wie die indische und chinesische ihre eigne Art, und zwar werden ihre großen Fragen *alle* am Anfang gestellt. Es gibt kein modernes Problem, das nicht schon die Gotik gesehen und in Form gebracht hätte. Es gibt kein hellenistisches, das nicht in den altorphischen Tempellehren zuerst aufgetaucht sein muß.

Es ist Nebensache, ob diese Sitte des grüblerischen Denkens in mündlicher Tradition oder in Büchern zum Ausdruck kommt, ob diese Schriften *persönliche* Schöpfungen eines Ich sind wie in unserer Literatur, oder eine anonyme, beständig schwankende Textmasse wie in der indischen, ob eine Reihe begrifflicher Systeme entsteht oder die letzten Einsichten in den Ausdruck von Kunst und Religion

verkleidet bleiben wie in Ägypten. Aber der Gang dieser Lebensläufe von Denkweisen ist überall der gleiche. Am Anfang jeder
Frühzeit, verschwistert mit der großen Architektur und Religion,
ist Philosophie der geistige Widerhall eines gewaltigen metaphysischen Erlebens und dazu bestimmt, die heilige Kausalität des gläubig
geschauten Weltbildes kritisch zu bestätigen.[1] Nicht nur die naturwissenschaftlichen, sondern schon die philosophischen Grundunterscheidungen sind abhängig und abgelöst von den Elementen der zugehörigen Religion. In dieser Frühzeit sind die Denker *Priester*, nicht
nur dem Geist, sondern selbst dem Stande nach. Das gilt von Scholastik und Mystik der gotischen und vedischen wie der homerischen[2]
und früharabischen Jahrhunderte.[3] Erst mit Anbruch der Spätzeit
wird die Philosophie städtisch und weltlich. Sie befreit sich aus der
Dienstbarkeit der Religion und wagt es, diese selbst zum Objekt erkenntniskritischer Methoden zu machen. Denn das große Thema
der brahmanischen, ionischen und Barockphilosophie ist das Erkenntnisproblem. Der städtische Geist wendet sich seinem eigenen
Bilde zu, um festzustellen, daß es für das Wissen keine höhere Instanz gebe als ihn. Deshalb tritt das Denken nunmehr in die Nachbarschaft der höheren Mathematik, und statt der Priester finden wir
Leute von Welt, Staatsmänner, Kaufherren, Entdecker, in hohen
Stellungen und großen Aufgaben erprobt, deren „Denken über das
Denken" sich auf einer tiefen Lebenserfahrung aufbaut. Das ist die
Reihe großer Gestalten von Thales bis Protagoras, von Bacon bis
Hume, die Reihe der vorkonfuzianischen und vorbuddhistischen
Denker, von denen wir nicht viel mehr wissen, als daß sie dagewesen sind.

An ihrem Ende stehen Kant und Aristoteles.[4] Was nach ihnen beginnt, ist Philosophie der Zivilisation. Es gibt in jeder großen Kultur

---

[1] Vgl. Bd. II, S. 881 ff., 927 ff.

[2] Vgl. Bd. II, S. 903 f. Vielleicht ist der seltsame Stil Heraklits, welcher aus einem
Priestergeschlecht des Tempels von Ephesus stammte, eine Probe der Form, in
welcher die altorphische Weisheit mündlich überliefert wurde.

[3] Vgl. Bd. II, S. 864 f.

[4] Dies ist die *scholastische* Seite der Spätzeit; die mystische, welcher Pythagoras
und Leibniz nicht fern standen, erreicht ihren Gipfel in Plato und Goethe und
hat sich von Goethe über die Romantiker, Hegel und Nietzsche fortgesetzt, wäh

ein aufsteigendes Denken, das die Urfragen am Anfang stellt und sie mit steigender Gewalt des geistigen Ausdrucks in immer neuen Antworten erschöpft – Antworten, wie gesagt, von *ornamentaler* Bedeutung –, und ein absteigendes, für das die Erkenntnisprobleme irgendwie fertig, überholt, bedeutungslos geworden sind. Es gibt eine metaphysische Periode, zuerst von religiöser, zuletzt von rationalistischer Fassung, wo das Denken und Leben noch Chaos in sich hat und aus einer Überfülle heraus weltgestaltend wirkt, und eine ethische, in welcher das großstädtisch gewordene Leben sich selbst fragwürdig erscheint und den Rest philosophischer Gestaltungskraft auf seine eigne Haltung und Erhaltung verwenden muß. In der einen *offenbart* sich das Leben; die zweite hat das Leben *zum Gegenstand*. Die eine ist „theoretisch", schauend im großen Sinne, die andre notgedrungen praktisch. Noch das kantische System ist in seinen tiefsten Zügen *geschaut* und *danach erst* logisch und systematisch formuliert und geordnet worden.

Ein Beweis ist Kants Verhältnis zur Mathematik. Wer nicht in die Formenwelt der Zahlen eingedrungen ist, wer sie nicht als Symbole in sich erlebt hat, ist kein echter Metaphysiker. In der Tat waren es die großen Denker des Barock, welche die Analysis geschaffen haben, und das Entsprechende gilt von den Vorsokratikern und Plato. Descartes und Leibniz sind neben Newton und Gauß, Pythagoras und Plato neben Archytas und Archimedes Gipfel der mathematischen Entwicklung. Aber schon Kant ist als Mathematiker bedeutungslos. Er ist in die letzten Feinheiten der damaligen Infinitesimalrechnung so wenig eingedrungen, als er Leibnizens Axiomatik sich zu eigen gemacht hat. Darin gleicht er seinem „Zeitgenossen" Aristoteles, und von nun an zählt kein Philosoph in der Mathematik mehr mit. Fichte, Hegel, Schelling und die Romantiker sind völlig unmathematisch, so gut wie Zenon und Epikur. Schopenhauer ist auf diesem Gebiet schwach bis zur Borniertheit, von Nietzsche ganz zu schweigen. Mit der Formenwelt der Zahlen ging eine große

rend die Scholastik, die ihre Aufgaben erschöpft hatte, jenseits von Kant – und Aristoteles – zu einer Kathederphilosophie mit fachwissenschaftlichem Betrieb herabsinkt.

Konvention verloren. Seitdem fehlt es nicht nur an einer Tektonik der Systeme, es fehlt auch an dem, was man den *großen Stil* des Denkens nennen darf. Schopenhauer hat sich selbst einen Gelegenheitsdenker genannt.

Die Ethik ist über ihren Rang als Teil einer abstrakten Theorie hinausgewachsen. Von nun an ist sie *die* Philosophie, welche die andern Gebiete sich einverleibt; das praktische Leben rückt in den Mittelpunkt der Betrachtung. Die Leidenschaft des reinen Denkens sinkt. Die Metaphysik, Herrin von gestern, wird zur Dienerin von heute. Sie hat nur noch das Fundament zu liefern, das eine praktische Gesinnung trägt. Und das Fundament wird immer überflüssiger. Man vernachlässigt, man verspottet das Metaphysische, das Unpraktische, die „Steine statt des Brotes". Bei Schopenhauer ist es das vierte Buch, um dessentwillen die drei ersten da sind. Kant *glaubte* nur, daß es bei ihm ebenso sei. In der Tat ist ihm noch die reine, nicht die praktische Vernunft Mittelpunkt der Schöpfung. Genau so scheidet sich die antike Philosophie vor und nach Aristoteles: dort ein groß aufgefaßter Kosmos, kaum bereichert durch eine *formale* Ethik, hier die Ethik selbst als Programm, als Not, auf der Basis einer nebenher und flüchtig konzipierten Metaphysik. Und man fühlt, daß die logische Gewissenlosigkeit, mit der zum Beispiel Nietzsche solche Theorien schnell hinwirft, gar nicht imstande ist, den Wert seiner eigentlichen Philosophie herabzusetzen.

Bekanntlich ist Schopenhauer[1] nicht von seiner Metaphysik zum Pessimismus, sondern vom Pessimismus, der ihn in seinem 17. Jahre überfiel, zur Entwicklung seines Systems gekommen. Shaw, ein sehr merkwürdiger Zeuge, macht im Ibsenbrevier darauf aufmerksam, daß man bei Schopenhauer – wie er sich ausdrückt – sehr wohl seine Philosophie annehmen kann, während man seine Metaphysik ablehnt. Damit ist ganz richtig das gesondert, wodurch er der erste Denker der neuen Zeit war, und das, was einer veralteten Tradition nach damals noch zu einer vollständigen Philosophie gehörte. Niemand würde diese Trennung bei Kant vornehmen. Sie würde auch nicht gelingen. Bei Nietzsche aber läßt sich leicht feststellen, daß

[1] Neue Paralipomena § 656.

seine „Philosophie" durchaus ein inneres, sehr frühes Erlebnis war,
während er seinen Bedarf an Metaphysik an der Hand einiger
Bücher schnell und oft mangelhaft genug deckte und nicht einmal
seine ethische Lehre exakt darzustellen vermocht hat. Genau dieselbe Überlagerung einer lebendigen, zeitgemäßen, ethischen und
einer von der Gewohnheit geforderten, entbehrlichen metaphysischen Gedankenschicht läßt sich bei Epikur und den Stoikern nachweisen. Diese Erscheinung gestattet über das Wesen einer zivilisierten Philosophie keinen Zweifel.

Die strenge Metaphysik hat ihre Möglichkeiten erschöpft. Die
Weltstadt hat das Land endgültig überwunden, und ihr Geist bildet
sich jetzt eine eigne, notwendigerweise nach außen gerichtete, mechanistische, seelenlose Theorie. Mit einem gewissen Recht sagt man
von nun an Gehirn statt Seele. Und da im westeuropäischen „Gehirn" der Wille zur Macht, die tyrannische Richtung auf die Zukunft, auf Organisation der Gesamtheit nach praktischem Ausdruck
verlangt, so nimmt die Ethik, je mehr sie ihre metaphysische Vergangenheit aus den Augen verliert, *sozialethischen und nationalökonomischen* Charakter an. Die von Hegel und Schopenhauer ausgehende
Philosophie der Gegenwart, soweit sie den Geist der Zeit repräsentiert – was Lotze und Herbart z. B. nicht tun –, ist *Gesellschaftskritik*.

Die Aufmerksamkeit, welche der Stoiker dem eigenen Körper zuwendet, widmet der abendländische Denker dem Gesellschafts-
körper. Es ist kein Zufall, daß aus der Schule Hegels der Sozialismus (Marx, Engels), der Anarchismus (Stirner) und die Problematik
des sozialen Dramas (Hebbel) hervorgingen. Der Sozialismus ist die
ins Ethische, und zwar ins *Imperativische* umgewandte Nationalökonomie. Solange es eine Metaphysik großen Stils gab, bis auf
Kant, blieb die Nationalökonomie eine *Wissenschaft*. Sobald „Philosophie" gleichbedeutend mit praktischer Ethik wurde, trat sie an
Stelle der Mathematik als *Unterlage des Weltdenkens*. Darin liegt die
Bedeutung von Cousin, Bentham, Comte, Mill und Spencer.

Es steht dem Philosophen nicht frei, seine Stoffe zu wählen, so
wenig die Philosophie immer und überall dieselben Stoffe hat. Es
gibt keine ewigen Fragen; es gibt nur Fragen, die aus einem be-

stimmten Dasein heraus gefühlt und gestellt werden. „Alles Vergängliche ist nur ein Gleichnis" – das gilt auch von jeder echten Philosophie als dem geistigen Ausdruck dieses Daseins, als der Verwirklichung seelischer Möglichkeiten in einer Formenwelt von Begriffen, Urteilen und Gedankenbauten, zusammengefaßt in der lebendigen Erscheinung ihres Urhebers. Eine jede ist vom ersten bis zum letzten Wort, vom abstraktesten Thema bis zum persönlichsten Charakterzug ein Gewordnes, aus der Seele in die Welt, aus dem Reiche der Freiheit in das der Notwendigkeit, aus dem unmittelbar Lebendigen ins Räumlich-Logische hinübergespiegelt und mithin vergänglich, von bestimmtem Tempo, von bestimmter Lebensdauer. Deshalb liegt eine strenge Notwendigkeit *in der Wahl des Themas.* Jede Epoche hat ihr eignes, das für sie und keine andre bedeutend ist. Hier sich nicht zu vergreifen, kennzeichnet den geborenen Philosophen. Der Rest der philosophischen Produktion ist belanglos, bloße Fachwissenschaft, langweilige Häufung systematischer und begrifflicher Subtilitäten.

Und deshalb ist die kennzeichnende Philosophie des 19. Jahrhunderts *nur* Ethik, *nur* Gesellschaftskritik in produktivem Sinne und nichts außerdem. Deshalb sind, von Praktikern abgesehen, *Dramatiker* – das entspricht der faustischen Aktivität – ihre bedeutendsten Vertreter, neben denen kein einziger Kathederphilosoph mit seiner Logik, Psychologie oder Systematik in Betracht kommt. Nur dem Umstande, daß diese Unbedeutenden, bloße Gelehrte, immer auch die Geschichte der Philosophie – und was für eine Geschichte! eine Sammlung von Daten und „Ergebnissen" – geschrieben haben, verdankt man es, daß niemand heute weiß, was Geschichte der Philosophie ist und was sie sein könnte.

Die tiefe organische Einheit im Denken dieser Epoche ist deshalb noch nie durchschaut worden. Man kann ihren philosophischen Kern dadurch auf eine Formel bringen, daß man sich fragt, inwiefern Shaw der Schüler und Vollender Nietzsches ist. Diese Beziehung ist durchaus nicht ironisch gemeint. Shaw ist der einzige Denker von Rang, der konsequent in der Richtung des echten Nietzsche fortgeschritten ist, nämlich als produktiver Kritiker der abendländischen

Moral, wie er andrerseits als Dichter die letzten Konsequenzen Ibsens zog und den Rest künstlerischer Gestaltung in seinen Stücken zugunsten praktischer Diskussionen aufgab.

Nietzsche ist in allem und jedem, soweit nicht der verspätete Romantiker in ihm Stil, Klang und Haltung seiner Philosophie bestimmt hat, ein Schüler materialistischer Jahrzehnte gewesen. Was ihn an Schopenhauer leidenschaftlich anzog, ohne daß es ihm oder irgend jemand anders zum Bewußtsein gekommen wäre, ist dasjenige Element seiner Lehre, durch welches er die Metaphysik großen Stils zerstört, durch das er seinen Meister Kant unfreiwillig parodiert hat, die Wendung aller tiefen Begriffe des Barock ins Handgreifliche und Mechanistische. Kant redet in unzulänglichen Worten, hinter denen sich eine gewaltige, schwer zugängliche Intuition verbirgt, von der Welt als Erscheinung; Schopenhauer nennt das die Welt als Gehirnphänomen. In ihm vollzieht sich die Wendung der tragischen Philosophie zum philosophischen Plebejertum. Es genügt, eine Stelle zu zitieren. In der ,,Welt als Wille und Vorstellung" (II, Kapitel 19) heißt es: ,,Der Wille, als das Ding an sich, macht das innere, wahre und unzerstörbare Wesen des Menschen aus: an sich selbst ist er jedoch bewußtlos. Denn das Bewußtsein ist bedingt durch den Intellekt, und dieser ist ein bloßes Akzidenz unseres Wesens; denn er ist eine Funktion des Gehirns, welches, nebst den ihm anhängigen Nerven und Rückenmark, eine bloße Frucht, ein Produkt, ja insofern ein Parasit des übrigen Organismus ist, als es nicht direkt eingreift in dessen inneres Getriebe, sondern dem Zweck der Selbsterhaltung bloß dadurch dient, daß es die Verhältnisse desselben zur Außenwelt reguliert." Das ist genau die Grundansicht des seichtesten Materialismus. Nicht umsonst war Schopenhauer, wie einst Rousseau, zu den englischen Sensualisten in die Lehre gegangen. Dort lernte er Kant im Geiste der großstädtischen, aufs Zweckmäßige gerichteten Modernität mißverstehen. Der Intellekt als Werkzeug des Willens zum Leben,[1] als Waffe im Kampf

---

[1] Auch der moderne Gedanke, daß die unbewußten, triebhaften Lebensakte Vollkommenes bewirken, während der Intellekt es nur zu stümperhaften Leistungen bringt, findet sich bei ihm (Bd. II, Kap. 30).

ums Dasein, das, was Shaw in eine groteske dramatische Form[1] gebracht hat, dieser Weltaspekt Schopenhauers war es, der ihn beim
Erscheinen von Darwins Hauptwerk (1859) mit einem Schlage zum
Modephilosophen machte. Er war im Gegensatz zu Schelling, Hegel
und Fichte der einzige, dessen metaphysische Formeln dem geistigen
Mittelstand ohne Schwierigkeit eingingen. Seine Klarheit, auf die er
stolz war, ist in jedem Augenblick in Gefahr, sich als Trivialität zu
enthüllen. Hier konnte man, ohne auf Formeln zu verzichten, die
eine Atmosphäre von Tiefsinn und Exklusivität um sich breiteten,
die gesamte zivilisierte Weltanschauung sich zu eigen machen. Sein
System ist *antizipierter Darwinismus*, dem die Sprache Kants und die
Begriffe der Inder nur zur Verkleidung dienten. In seinem Buche
„Über den Willen in der Natur" (1835) finden wir schon den Kampf
um die Selbstbehauptung in der Natur, den menschlichen Intellekt
als die wirksamste Waffe in ihm, die Geschlechtsliebe als die unbewußte Wahl[2] aus biologischem Interesse.

Es ist die Ansicht, welche Darwin auf dem Umweg über Malthus
mit unwiderstehlichem Erfolg in das Bild der Tierwelt hineinge-
deutet hat. Die nationalökonomische Herkunft des Darwinismus
wird bewiesen durch die Tatsache, daß dieses System, von der Men-
schenähnlichkeit höherer Tiere aus gedacht, schon auf die Pflanzenwelt nicht mehr paßt und in Albernheiten ausartet, wenn man es
mit seiner Willenstendenz (Zuchtwahl, *mimicry*) auch auf primitive
organische Formen ernsthaft anwenden will.[3] Beweisen nennt der
Darwinist, eine Auswahl von Tatsachen so ordnen und bildhaft so
erklären, daß sie seinem historisch-dynamischen Grundgefühl „Entwicklung" entspricht. Der „Darwinismus", d. h. jene Summe sehr
verschiedenartiger und einander widersprechender Ansichten, deren
Gemeinsames lediglich die Anwendung des Kausalprinzips auf Lebendiges, *also Methode, nicht Resultat* ist, war schon im 18. Jahrhundert
in allen Einzelheiten bekannt. Die Affentheorie verteidigt Rousseau

---

[1] In „Mensch und Übermensch".
[2] Im Kapitel „Zur Metaphysik der Geschlechtsliebe" (II, 44) ist der Gedanke
der Zuchtwahl als des Mittels zur Erhaltung der Gattung in vollem Umfang vorweggenommen.
[3] Vgl. Bd. II, S. 591 f.

schon 1754. Von Darwin stammt nur das manchesterliche System, *dessen Volkstümlichkeit sich aus dem latenten politischen Gehalt erklärt.* Hier offenbart sich die geistige Einheit des Jahrhunderts. Von Schopenhauer bis zu Shaw haben alle, ohne es zu ahnen, dasselbe Prinzip in Form gebracht. Sie werden alle vom Entwicklungsge- danken geleitet, auch die, welche wie Hebbel nichts von Darwin wußten, und zwar nicht in seiner tiefen Goetheschen, sondern in seiner flachen zivilisierten Fassung, mag sie nun nationalökonomi- sches oder biologisches Gepräge tragen. Auch innerhalb der Ent- wicklungsidee, die durch und durch faustisch ist, die im strengsten Gegensatz zur zeitlosen aristotelischen Entelechie einen leidenschaft- lichen Drang der unendlichen Zukunft entgegen offenbart, einen *Willen,* ein *Ziel,* die a priori die *Form* unserer Naturanschauung dar- stellt und als Prinzip gar nicht erst entdeckt zu werden brauchte, weil sie dem faustischen Geist – und ihm allein – immanent ist, vollzog sich die Wandlung von der Kultur zur Zivilisation. Bei Goethe ist sie erhaben, bei Darwin flach, bei Goethe organisch, bei Darwin mechanisch, bei jenem Erlebnis und Sinnbild, bei diesem Erkenntnis und Gesetz. Dort heißt sie innere Vollendung, hier „Fortschritt". Darwins Kampf ums Dasein, den er in die Natur hinein, nicht aus ihr herauslas, ist nur die plebejische Fassung jenes Urgefühls, das in Shakespeares Tragödien die großen Wirklichkeiten gegeneinander bewegt. Was dort als Schicksal innerlich angeschaut, gefühlt und in Gestalten verwirklicht wurde, das wurde hier als Kausalzusammen- hang begriffen und in ein Oberflächensystem von Zweckmäßig- keiten gebracht. Und dieses System, nicht jenes Urgefühl, liegt den Reden Zarathustras, der Tragik der „Gespenster", der Problematik des Nibelungenrings zugrunde. Nur daß Schopenhauer, an den Wag- ner sich hielt, als der erste der Reihe seine eigne Erkenntnis ent- setzt wahrnahm – dies ist die Wurzel seines Pessimismus, der in der Tristanmusik den höchsten Ausdruck fand –, während die Späteren, Nietzsche voran, sich an ihr, etwas gewaltsam zuweilen, begeisterten.

In Nietzsches Bruch mit Wagner, diesem letzten Ereignis des deutschen Geistes, über dem Größe liegt, verbirgt sich sein Wechsel des Lehrmeisters, sein unbewußter Schritt von Schopenhauer zu

Darwin, von der metaphysischen zur physiologischen Formulierung desselben Weltgefühls, von der Verneinung zur Bejahung des Aspekts, den *beide* anerkennen, nämlich des Willens zum Leben, der mit dem Kampf ums Dasein identisch ist. In „Schopenhauer als Erzieher" bedeutet Entwicklung noch inneres Reifen; der Übermensch ist das Produkt einer mechanischen „Evolution". So ist der „Zarathustra" *ethisch* aus einem unbewußten Widerspruch gegen den „Parsifal", *künstlerisch* durchaus von diesem bestimmt, aus der Eifersucht eines Verkünders auf den andern entstanden.

Aber Nietzsche war auch Sozialist, ohne es zu wissen. Nicht seine Schlagworte, seine Instinkte waren sozialistisch, praktisch, auf das physiologische „Heil der Menschheit" gerichtet, woran Goethe und Kant nie gedacht hatten. Materialismus, Sozialismus, Darwinismus sind nur künstlich und an der Oberfläche trennbar. So war es möglich, daß Shaw den Tendenzen der Herrenmoral und der Züchtung des Übermenschen nur eine kleine und sogar folgerichtige Wendung zu geben brauchte, um im dritten Akt von „Mensch und Übermensch", einem der wichtigsten und bezeichnendsten Werke am Ausgang der Epoche, die eigentliche Maxime *seines* Sozialismus zu erhalten. Shaw hat da nur ausgesprochen, aber rücksichtlos, klar, mit dem vollen Bewußtsein einer Trivialität, was ursprünglich, mit aller Theatralik Wagners und aller Verschwommenheit der Romantik, in den nicht ausgeführten Teilen des Zarathustra gesagt werden sollte. Man muß nur die notwendigen *praktischen*, aus der Struktur des gegenwärtigen öffentlichen Lebens folgenden Voraussetzungen und Konsequenzen der Gedankengänge Nietzsches zu finden wissen. Er bewegt sich in unbestimmten Wendungen wie „neue Werte", „Übermensch", „Sinn der Erde" und hütet oder fürchtet sich, das genauer zu fassen. Shaw tut es. Nietzsche bemerkt, daß die darwinistische Idee des Übermenschen den Begriff der Züchtung heraufruft, aber er bleibt bei dem klangvollen Ausdruck stehen. Shaw fragt weiter – denn es hat keinen Zweck, darüber zu reden, wenn man nichts *tun* will –, wie das zu geschehen hat, und er kommt dazu, die Verwandlung der Menschheit in ein Gestüt zu verlangen. Aber das ist lediglich die Konsequenz Zarathustras, zu der er selbst nur nicht den Mut, sei es auch den Mut der Geschmacklosigkeit, hatte. Wenn man von planmäßiger Züchtung redet, einem vollkommen materialistischen und utilitarischen Begriff, so ist man eine Antwort darauf schuldig, wer zu züchten hat, wen, wo und wie. Allein Nietzsches romantische Abneigung, die sehr prosaischen sozialen Folgerungen zu ziehen, seine Furcht, poetische Gedanken durch Gegenüberstellung mit nüchternen Tatsachen einer Kraftprobe auszusetzen, ließen ihn darüber schweigen, daß seine ganze Lehre, wie sie aus dem Darwinismus stammt, auch den Sozialismus, und zwar den sozialistischen *Zwang* als *Mittel* voraussetzt; daß jeder systematischen Züchtung einer Klasse höherer Menschen eine streng sozialistische Gesellschaftsordnung voraufgehen muß und daß diese „dionysische" Idee, da es sich um eine *gemeinsame* Aktion und nicht um eine Privatsache abseits lebender Denker handelt, demokratisch ist, mag man sie wenden, wie man will. Damit hat die ethische Dynamik des „Du sollst" ihren Gipfel erreicht: um der Welt die Form seines Willens aufzuerlegen, opfert der faustische Mensch sich selbst.

Die Züchtung des Übermenschen folgt aus dem Begriff der Zuchtwahl. Nietzsche war, seit er Aphorismen schrieb, unbewußt ein Schüler Darwins, aber Darwin selbst hatte den Entwicklungsgedanken des 18. Jahrhunderts durch nationalökonomische Tendenzen umgeprägt, die er von seinem Lehrer Malthus nahm und in das höhere Tierreich projizierte. Malthus hatte die Fabrikindustrie von Lancaster studiert, und man findet das ganze System, statt auf Tiere auf Menschen angewendet, schon in Buckles Geschichte der englischen Zivilisation (1857).

Und so stammt die „Herrenmoral" dieses letzten Romantikers auf einem merkwürdigen, aber für den Sinn der Zeit bezeichnenden Wege aus der Quelle aller geistigen Modernität, der Atmosphäre der englischen Maschinenindustrie. Der Macchiavellismus, den Nietzsche als Renaissance-Erscheinung pries und dessen Verwandtschaft mit Darwins Begriff der *mimicry* man nicht übersehen sollte, war tatsächlich der im „Kapital" von Marx – dem andern berühmten Jünger von Malthus – behandelte, und die Vorstufe dieses seit 1867 erscheinenden Grundbuches des politischen (nicht des ethischen) Sozialismus, die Schrift „Zur Kritik der politischen Ökonomie", erschien gleichzeitig mit Darwins Hauptwerk. Das ist die Genealogie der Herrenmoral. Der „Wille zur Macht", ins Reale, Politische, Nationalökonomische übersetzt, findet seinen stärksten Ausdruck in Shaws „Major Barbara". Sicherlich ist Nietzsche als Persönlichkeit der Gipfel dieser Reihe von Ethikern, aber hier reicht Shaw, der Parteipolitiker, als Denker an ihn heran. Der Wille zur Macht ist heute durch die beiden Pole des öffentlichen Lebens, die Arbeiterklasse und die großen Geld- und Gehirnmenschen, viel entschiedener vertreten als je durch einen Borgia. Der Milliardär Undershaft in dieser besten Komödie Shaws *ist* Übermensch. Nur hätte Nietzsche, der Romantiker, sein Ideal nicht wiedererkannt. Er sprach stets von einer Umwertung aller Werte, von einer Philosophie der Zukunft, also doch zunächst der westeuropäischen und nicht chinesischen oder afrikanischen Zukunft, aber wenn seine immer in dionysischer Ferne verschwimmenden Gedanken sich wirklich einmal zu greifbaren Gebilden verdichteten, so erschien ihm der Wille zur Macht unter dem Bilde von Dolch und Gift und nicht von Streiks und der Energie des Geldes. Trotzdem hat er erzählt, daß die Idee ihm zuerst im Kriege von 1870 und beim Anblick preußischer Regimenter, die zur Schlacht marschierten, aufgegangen sei.

Das Drama dieser Epoche ist nicht mehr Dichtung im alten, im Kultursinne, sondern eine Form der Agitation, Debatte und Beweisführung: die Schaubühne wurde durchaus „als moralische Anstalt" betrachtet. Selbst Nietzsche neigte wiederholt zu dramatischer Fassung seiner Gedanken. Richard Wagner hat in seiner Nibelungendichtung, vor allem in der frühesten Fassung um 1850, seine sozialrevolutionären Ideen niedergelegt, und Siegfried ist auf dem Umweg über künstlerische und außerkünstlerische Einwirkungen noch im vollendeten „Ring" ein Sinnbild des vierten Standes, der Fafnirhort eines des Kapitalismus, Brünhilde das des „freien Weibes" geblieben. Die Musik zur geschlechtlichen Zuchtwahl, deren Theorie, die „Abstammung der Arten", 1859 erschien, findet sich eben damals im dritten Akte des Siegfried und im Tristan. Es ist kein Zufall, daß Wagner, Hebbel und Ibsen beinahe gleichzeitig die Dramatisierung

des Nibelungenstoffes unternahmen. Hebbel, als er in Paris Schriften
von Friedrich Engels kennenlernt, drückt sein Erstaunen darüber aus
(Brief vom 2. April 1844), daß er das soziale Prinzip der Zeit, wie er
es eben damals in einem Drama „Zu irgend einer Zeit" darstellen
wollte, ganz ebenso aufgefaßt habe wie der Verfasser des kommunistischen Manifestes, und bei seiner ersten Bekanntschaft mit Schopenhauer (Brief vom 29. März 1857) überrascht ihn auch die Verwandtschaft der „Welt als Wille und Vorstellung" mit wichtigen
Tendenzen, die er seinem Holofernes und „Herodes und Mariamne"
zugrunde gelegt hatte. Hebbels Tagebücher, deren wichtigster Teil
zwischen 1835 und 1845 niedergeschrieben wurde, sind eine der tiefsten philosophischen Leistungen des Jahrhunderts, ohne daß er sich
dessen bewußt gewesen wäre. Man würde nicht erstaunt sein, ganze
Sätze von ihm wörtlich bei Nietzsche zu finden, der ihn nie gekannt
und nicht immer erreicht hat.

Ich gebe hier eine Übersicht über die *wirkliche* Philosophie des
19. Jahrhunderts, deren einziges und eigenstes Thema der Wille
zur Macht in einer zivilisiert-intellektuellen, ethischen oder sozialen
Gestalt, als Wille zum Leben, als Lebenskraft, als praktisch-dyna-
misches Prinzip, als Begriff oder dramatische Gestalt ist. Die mit
Shaw *abgeschlossene* Periode entspricht der antiken zwischen 350
und 250. Der Rest ist, mit Schopenhauer zu reden, Professoren-
philosophie von Philosophieprofessoren.

1819 Schopenhauer, „Die Welt als Wille und Vorstellung": der
Wille zum Leben zum ersten Mal als einzige Realität („Urkraft")
in den Mittelpunkt gestellt, aber noch unter dem Eindruck des voraufgegangenen Idealismus zur Verneinung empfohlen.

1836 Schopenhauer, „Über den Willen in der Natur": Antizipation
des Darwinismus, aber metaphysisch verkleidet.

1840 Proudhon, „Qu'est-ce que la propriété?": Grundlage des Anarchismus. – Comte, „Cours de philosophie positive": die Formel
„ordre et progrès".

1841 Hebbel, „Judith": erste dramatische Konzeption des „neuen
Weibes" und des Übermenschen (Holofernes). – Feuerbach, „Wesen
des Christentums".

1844 Engels, „Umriß einer Kritik der Nationalökonomie": Grundlage der materialistischen Geschichtsauffassung. – Hebbel, „Maria
Magdalena": das erste soziale Drama.

1847 Marx, „Misère de la Philosophie" (Synthese von Hegel und
Malthus). Diese Jahre sind die entscheidende Epoche, mit welcher
die Nationalökonomie die Sozialethik und Biologie zu beherrschen
beginnt.

1848 Wagner, „Siegfrieds Tod": Siegfried als sozialethischer Revolutionär, der Fafnirhort als Symbol des Kapitalismus.

1850 Wagner, „Kunst und Klima": das Sexualproblem.

1850–58 Wagners, Hebbels und Ibsens Nibelungendichtungen.

1859 ein symbolisches Zusammentreffen: Darwin, „Entstehung der
Arten durch natürliche Zuchtwahl" (Anwendung der National-
ökonomie auf die Biologie) und Wagner, „Tristan und Isolde". –
Marx, „Zur Kritik der politischen Ökonomie".

1863 J. St. Mill, „Utilitarianism".

1865 Dühring, „Wert des Lebens", selten genannt, aber von höchstem Einfluß auf die nächste Generation.

1867 Ibsen, „Brand" und „Das Kapital" von Marx.

1878 Wagner, „Parsifal": erste Auflösung des Materialismus in
Mystizismus.

1879 Ibsen, „Nora".

1881 Nietzsche, „Morgenröte": Übergang von Schopenhauer zu
Darwin, die Moral als biologisches Phänomen.

1883 Nietzsche, „Also sprach Zarathustra": der Wille zur Macht,
aber romantisch verkleidet.

1886 Ibsen, „Rosmersholm" (die „Adelsmenschen") und Nietzsche,
„Jenseits von Gut und Böse".

1887/88 Strindberg, „Vater" und „Fräulein Julie".

1890 der nahende Abschluß der Epoche: die religiösen Werke
Strindbergs, die symbolistischen Ibsens.

1896 Ibsen, „John Gabriel Borkman": der Übermensch.

1898 Strindberg, „Nach Damaskus".

Seit 1900 die letzten Erscheinungen.

1903 Weininger, „Geschlecht und Charakter": der einzige ernste

Versuch, Kant durch Beziehung auf Wagner und Ibsen innerhalb dieser Epoche wiederzubeleben.

1903 Shaw, „Mensch und Übermensch": letzte Synthese von Darwin und Nietzsche.

1905 Shaw, „Major Barbara": der Typus des Übermenschen auf seinen wirtschaftspolitischen Ursprung zurückgeführt.

Damit hat sich, nach der metaphysischen Periode, auch die ethische erschöpft. Der ethische Sozialismus, von Fichte, Hegel, Humboldt vorbereitet, hatte die Zeit seiner leidenschaftlichen Größe um die Mitte des 19. Jahrhunderts. An dessen Ende war er bereits im Stadium der Wiederholungen angelangt, und das 20. Jahrhundert hat unter Beibehaltung des *Wortes* Sozialismus, an Stelle einer ethischen Philosophie, die nur Epigonen als unvollendet erscheint, eine Praxis wirtschaftlicher Tagesfragen gesetzt. Die ethische Weltstimmung des Abendlandes wird eine „sozialistische" bleiben, aber ihre Theorie hat aufgehört, Problem zu sein. Es besteht die Möglichkeit einer dritten und letzten Stufe westeuropäischer Philosophie: die eines physiognomischen Skeptizismus. Das Geheimnis der Welt erscheint nacheinander als Erkenntnisproblem, Wertproblem, Formproblem. Kant sah die Ethik als Erkenntnisgegenstand, das 19. Jahrhundert sah die Erkenntnis als Gegenstand einer Wertung. Der Skeptiker würde *beides* lediglich als historischen Ausdruck einer Kultur betrachten.

SECHSTES KAPITEL

FAUSTISCHE UND APOLLINISCHE NATURERKENNTNIS

1

In einer berühmt gewordnen Rede sagte Helmholtz 1869: „Das Endziel der Naturwissenschaft ist, die allen Veränderungen zugrunde liegenden Bewegungen und deren Triebkräfte zu finden, also sich in Mechanik aufzulösen." In Mechanik, das bedeutet die Zurückführung aller qualitativen Eindrücke auf unveränderliche quantitative Grundwerte, auf *Ausgedehntes* also und dessen *Ortsveränderung*; das bedeutet weiterhin, wenn man sich des Gegensatzes von Werden und Gewordnem, Erlebtem und Erkanntem, von Gestalt und Gesetz, Bild und Begriff erinnert, die Zurückführung des gesehenen Natur*bildes* auf das vorgestellte Bild einer einheitlichen, zahlenmäßigen Ordnung von meßbarer Struktur. Die eigentliche Tendenz aller abendländischen Mechanik geht auf eine geistige *Besitzergreifung durch Messung*; sie ist deshalb genötigt, das Wesen der Erscheinung in einem System konstanter, der Messung restlos zugänglicher Elemente zu suchen, deren wichtigstes nach der Definition von Helmholtz mit dem – der täglichen *Lebens*erfahrung entnommenen – Worte *Bewegung* bezeichnet wird.

Dem Physiker erscheint diese Definition unzweideutig und erschöpfend; dem Skeptiker, der die Psychologie dieser wissenschaftlichen Überzeugung verfolgt, nichts weniger als das. Dem einen ist die gegenwärtige Mechanik ein folgerichtiges System von klaren eindeutigen Begriffen und ebenso einfachen wie notwendigen Beziehungen, dem andern ist sie ein die Struktur des westeuropäischen Geistes kennzeichnendes *Bild*, allerdings von höchster Konsequenz des Aufbaus und stärkster Überzeugungskraft. Daß durch alle *praktischen* Erfolge und Entdeckungen nichts für die „*Wahr*heit" der

Theorie, des *Bildes* bewiesen wird, versteht sich von selbst.[1] Den meisten erscheint „die" Mechanik allerdings als die selbstverständliche Fassung von Natureindrücken, aber sie scheint es nur. Denn was ist Bewegung? Daß alles Qualitative auf die Bewegung unveränderlicher, gleichartiger Massenpunkte zurückführbar sei – ist das nicht schon ein rein faustisches, kein allgemein menschliches Postulat? Archimedes z. B. fühlte durchaus nicht das Bedürfnis, mechanische Einsichten in die Vorstellung von Bewegungen umzudenken. Ist Bewegung überhaupt eine rein mechanische Größe? Ist sie ein Wort für eine Erfahrung des Auges oder ein davon abgezogener Begriff? Bezeichnet sie die Zahl, welche durch Messung experimentell hervorgerufener Tatsachen ermittelt worden ist, oder das ihr unterlegte Bild? Und wenn es der Physik wirklich eines Tages gelänge, ihr vermeintliches Ziel zu erreichen und alles sinnlich Erfaßbare in ein lückenloses System gesetzmäßig fixierter „Bewegungen" und der hinter ihnen als wirkend vorgestellten Kräfte zu bringen, wäre sie damit im „Erkennen" dessen, was vorgeht, auch nur um einen Schritt vorwärts gekommen? Ist die Formensprache der Mechanik darum weniger dogmatisch? Enthält sie nicht vielmehr den Mythos der Urworte, welche die Erfahrung gestalten statt aus ihr hervorzugehen, gerade in seiner schärfsten Fassung? Was ist Kraft? Was ist eine Ursache? Was ist ein Prozeß? Ja – hat die Physik überhaupt, selbst auf Grund ihrer eigenen Definitionen, eine eigentliche Aufgabe? Besitzt sie ein durch alle Jahrhunderte gültiges Endziel? Besitzt sie, um ihre Resultate auszusprechen, auch nur eine unanfechtbare Gedankengröße?

Die Antwort kann vorweggenommen werden. Die heutige Physik, als Wissenschaft ein ungeheures System von *Kennzeichen* in Gestalt von Namen und Zahlen, das es gestattet, mit der Natur wie mit einer Maschine zu arbeiten,[2] mag ein genau bestimmbares Endziel haben; als ein Stück *Geschichte* mit allen Schicksalen und Zufällen im Leben der beteiligten Personen und im Gang des Forschens

---

[1] Vgl. Bd. II, S. 1184, und F. Lenard, Relativitätsprinzip, Äther, Gravitation (1920), S. 20 ff.

[2] Vgl. Bd. II, S. 928, 1183 f.

selbst ist die Physik nach Aufgabe, Methode und Resultat Ausdruck und Verwirklichung einer Kultur, ein organisch sich entwickelnder Zug ihres Wesens, jedes ihrer Ergebnisse ein Symbol. Was die Physik, die ja lediglich im Wachsein lebender Kulturmenschen vorhanden ist, durch diese zu finden vermeint, lag der Art und Weise ihres Suchens schon zugrunde. Ihre Entdeckungen sind dem bildhaften Gehalt nach, außerhalb der Formeln, selbst im Kopf so vorsichtiger Forscher, wie es J. R. Mayer, Faraday und Hertz waren, rein mythischer Natur. Angesichts aller physikalischen Exaktheit unterscheide man in jedem Naturgesetz wohl zwischen unbenannten Zahlen und deren Benennung, zwischen einer bloßen Grenzsetzung[1] und deren theoretischer Deutung. Die Formeln stellen allgemein logische Werte dar, reine Zahlen, objektive Raum- und Grenzelemente also, aber Formeln sind stumm. Der Ausdruck $s = \frac{1}{2} gt^2$ bedeutet gar nichts, solange man bei den Buchstaben nicht an bestimmte Worte und deren Bildsinn zu denken vermag. Kleide ich die toten Zeichen aber in solche Worte, gebe ich ihnen Fleisch, Körper, Leben, eine sinnliche Weltbedeutung überhaupt, so habe ich die Schranken einer *bloßen Ordnung* überschritten. Θεωρία heißt Bild, Vision. Erst sie macht aus einer mathematischen Formel ein wirkliches Naturgesetz. Alles Exakte an sich ist *sinnlos*; jede physikalische Beobachtung ist so beschaffen, daß ihr Ergebnis etwas *beweist* nur unter der Voraussetzung einer Anzahl von bildhaften Annahmen, die von nun an überzeugender wirken. Abgesehen davon besteht das Ergebnis nur aus leeren Ziffern. Aber wir können von solchen Annahmen gar nicht absehen. Selbst wenn ein Forscher alle ihm als solche bewußten Hypothesen beiseite setzt, so kann er doch, sobald er *denkend* an diese Aufgabe herantritt, die unbewußte Form dieses Denkens nicht beherrschen – sie beherrscht ihn! –, da er stets als Mensch einer Kultur, eines Zeitalters, einer Schule voller Tradition lebend tätig ist. Glaube und „Erkenntnis" sind nur zwei Arten von innerer Gewißheit, aber der Glaube ist älter und meistert alle Bedingungen eines noch so exakten Wissens. Und eben die Theorien, nicht die reinen Zahlen sind die Träger aller Naturerkenntnis. Die unbewußte Sehnsucht

[1] Vgl. Bd. I, S. 76.

jeder echten Wissenschaft, die – es sei noch einmal gesagt – lediglich im Geiste von Kulturmenschen vorhanden ist, richtet sich auf das Begreifen, das Durchdringen und Umfassen des Weltbildes der Natur, nicht auf die messende Tätigkeit an sich, die immer nur eine Freude unbedeutender Köpfe gewesen ist. Zahlen sollten stets nur der Schlüssel zum Geheimnis sein. Um der Zahlen selbst willen hätte kein bedeutender Mensch jemals Opfer gebracht.

Zwar sagt Kant an einer bekannten Stelle: „Ich behaupte, daß in jeder besonderen Naturlehre nur so viel eigentliche Wissenschaft angetroffen werden könne, als darin Mathematik anzutreffen ist." Gemeint ist die reine Grenzsetzung in der Sphäre des Gewordnen, insofern sie als Gesetz, Formel, Zahl, System erscheint, aber ein Gesetz ohne Worte, eine Zahlenreihe als bloße Ablesung der Angaben von Meßinstrumenten ist als geistige Handlung in vollkommener Reinheit nicht einmal vorstellbar. Jedes Experiment, jede Methode, jede Beobachtung wächst aus einer mehr als mathematischen Gesamtanschauung hervor. Jede gelehrte Erfahrung ist, sie mag sonst sein was sie will, auch ein Zeugnis symbolischer Vorstellungs*arten.* Alle in Worte gefaßten Gesetze sind belebte, durchseelte Ordnungen, vom innersten Gehalt einer und nur einer Kultur erfüllt. Will man von Notwendigkeit reden, da sie eine Forderung aller exakten Forschung ist, so liegt eine doppelte vor: eine Notwendigkeit im Seelischen und Lebendigen, denn es ist Schicksal, ob, wann und wie sich die Geschichte jeder einzelnen Forschung abspielt; und eine Notwendigkeit innerhalb des Erkannten für die uns Westeuropäern der Name *Kausalität* geläufig ist. Mögen die reinen Zahlen einer physischen Formel eine kausale Notwendigkeit darstellen; das Vorhandensein, die Entstehung, die Lebensdauer einer Theorie ist ein Schicksal.

Jede Tatsache, selbst die einfachste, enthält bereits eine Theorie. Eine Tatsache ist ein einmaliger Eindruck auf ein wachendes Wesen, und alles hängt davon ab, ob es ein Mensch der Antike oder des Abendlandes, der Gotik oder des Barock ist, für den sie da ist oder da war. Man überlege sich, wie ein Blitz auf einen Sperling oder auf einen gerade beobachtenden Naturforscher wirkt, und was in

der „Tatsache" für diesen mehr enthalten ist als in der „Tatsache"
für jenen. Der Physiker von heute vergißt zu leicht, daß schon
Worte wie Größe, Lage, Prozeß, Zustandsänderung, Körper spezifisch abendländische Bilder darstellen, mit einem in Worte nicht
mehr zu fassenden Bedeutungsgefühl, das dem antiken oder arabischen Denken und Fühlen gänzlich fremd ist, das aber den Charakter der wissenschaftlichen Tatsachen als solcher, die Art des Erkannt-
werdens vollkommen beherrscht, ganz zu schweigen von so verwickelten Begriffen wie Arbeit, Spannung, Wirkungsquantum,
Wärmemenge, Wahrscheinlichkeit,[1] welche jeder für sich einen
wirklichen Natur*mythos* enthalten. Wir empfinden derartige gedankliche Bildungen als Resultat einer vorurteilsfreien Forschung,
unter Umständen als endgültige. Ein feiner Kopf aus der Zeit des
Archimedes würde nach gründlichem Studium der modernen theoretischen Physik versichert haben, es sei ihm unbegreiflich, wie jemand so willkürliche, groteske und verworrene Vorstellungen als
Wissenschaft und noch dazu als notwendige Folgerungen aus den
vorliegenden Tatsachen ansprechen könne. Wissenschaftlich gerechtfertigte Folgerungen seien viel mehr – und er würde seinerseits auf
Grund derselben „Tatsachen", der mit seinem Auge gesehenen und
in seinem Geist gestalteten Tatsachen nämlich, Theorien entwickelt
haben, denen unsre Physiker mit erstauntem Lächeln zugehört
hätten.

Welches sind denn die Grundvorstellungen, die sich im Gesamtbilde der heutigen Physik mit innerer Folgerichtigkeit entwickelt
haben? Polarisierte Lichtstrahlen, wandernde Ionen, die fliehenden
und geschleuderten Gasteilchen der kinetischen Gastheorie, magne-
tische Kraftfelder, elektrische Ströme und Wellen – sind das nicht
sämtlich faustische Visionen, faustische Symbole von engster Verwandtschaft mit der romanischen Ornamentik, dem Hinaufstreben
gotischer Bauten, den Wikingerfahrten in unbekannte Meere und
der Sehnsucht des Kolumbus und Kopernikus? Ist diese Formen-

---

[1] Etwa im zweiten Hauptsatz der Thermodynamik in der Fassung Boltzmanns:
„Der Logarithmus der Wahrscheinlichkeit eines Zustandes ist proportional der
Entropie dieses Zustandes." Hier enthält jedes Wort eine vollständige und nur
nach*zufühlende*, nicht zu beschreibende Naturanschauung.

und Bilderwelt nicht in genauem Einklang mit den gleichzeitigen Künsten, der perspektivischen Ölmalerei und der Instrumentalmusik erwachsen? Ist das nicht unser leidenschaftliches Gerichtetsein, das Pathos der dritten Dimension, das wie im Seelenbilde, so auch im vorgestellten Bilde der Natur zu symbolischem Ausdruck gelangt ist?

2

Daraus ergibt sich, daß allem „Wissen" von der Natur, auch dem exaktesten, ein religiöser Glaube zugrunde liegt. Die reine Mechanik, auf welche die Natur zurückzuführen die abendländische Physik als ihr Endziel bezeichnet, ein Ziel, dem diese Bildersprache dient, setzt ein *Dogma*, nämlich das religiöse Weltbild der gotischen Jahrhunderte voraus, durch welches sie geistiges Eigentum der abendländischen Kulturmenschheit und nur dieser ist. Es gibt keine Wissenschaft ohne unbewußte Voraussetzungen solcher Art, über welche der Forscher keine Macht besitzt, und zwar Voraussetzungen, welche sich bis in die frühesten Tage der erwachenden Kultur zurückführen lassen. *Es gibt keine Naturwissenschaft ohne eine voraufgegangene Religion.* In diesem Punkte besteht kein Unterschied zwischen katholischer und materialistischer Naturanschauung: sie sagen beide dasselbe mit andern Worten. Auch die atheistische Naturforschung hat Religion; die moderne Mechanik ist Stück für Stück ein Nachbild gläubigen Schauens.

Das Vorurteil des mit Thales und Bacon auf die Höhe der Ionik und des Barock gelangten *städtischen* Menschen bringt die kritische Wissenschaft in einen hochmütigen Gegensatz zur frühen Religion des noch stadtlosen Landes, als die überlegene Stellung zu den Dingen, im Alleinbesitz der wahren Erkenntnismethoden und damit berechtigt, die Religion selbst empirisch und psychologisch zu erklären, sie „zu überwinden". Nun zeigt die Geschichte der hohen Kulturen, daß „Wissenschaft" ein spätes und vorübergehendes Schauspiel ist,[1] dem Herbst und Winter dieser großen Lebensläufe angehörend, im antiken wie im indischen, chinesischen und arabi-

[1] Vgl. Bd. II, S. 927 f.

schen Denken von der Lebensdauer weniger Jahrhunderte, innerhalb deren sich ihre Möglichkeiten erschöpfen. Die antike Wissenschaft ist zwischen den Schlachten von Cannä und Actium erloschen
und hat wieder dem Weltbilde der „zweiten Religiosität"[1] Platz
gemacht. Danach ist es möglich vorauszusehen, wann das abendländische Naturdenken die Grenze seiner Entwicklung erreichen wird.

Nichts berechtigt dazu, dieser geistigen Formenwelt den Vorrang
vor andern zu geben. Jede kritische Wissenschaft beruht wie jeder
Mythos, jeder religiöse Glaube überhaupt auf einer inneren Gewißheit; ihre Bildungen sind von anderm Bau und Klang, ohne grundsätzlich verschieden zu sein. Alle Einwände, welche die Naturwissenschaft gegen die Religion richtet, treffen sie selbst. Es ist ein
großes Vorurteil, jemals an Stelle „anthropomorpher" Vorstellungen „die Wahrheit" setzen zu können. Andre als solche Vorstellungen gibt es überhaupt nicht. In jeder, die überhaupt möglich ist,
spiegelt sich das Dasein ihres Urhebers. „Der Mensch schuf Gott
nach seinem Bilde" – so gewiß das von jeder geschichtlichen Religion gilt, so gewiß gilt es von jeder physikalischen, vermeintlich
noch so gut begründeten Theorie. Die Natur des Lichtes haben antike Forscher sich so vorgestellt, daß es aus körperlichen Abbildern
besteht, die von der Lichtquelle zum Auge gehen. Für das arabische
Denken, ohne Zweifel schon an den persisch-jüdischen Hochschulen
von Edessa, Resain und Pumbadita, und für Porphyrios unmittelbar
bezeugt, werden die Farben und Formen der Dinge in magischer
(„geistiger") Weise der substanziell vorgestellten Sehkraft, die in
den Augäpfeln ruht, zugeführt. So haben Ibn al Haitam, Avicenna
und die „Lauteren Brüder" gelehrt.[2] Daß das Licht eine Kraft
– *impetus* – ist, war schon um 1300 die Vorstellung des Pariser Occa-
mistenkreises um Buridan, Albert von Sachsen und den Erfinder der
Koordinatengeometrie, Nicolas von Oresme.[3] Jede Kultur hat sich
eine eigne Gruppe von Bildern der Vorgänge geschaffen, die für sie
allein wahr ist und es nur so lange bleibt, als die Kultur lebendig und

---

[1] Vgl. Bd. II, S. 941 ff.

[2] E. Wiedemann, Über die Naturwiss. bei den Arabern (1890). F. Strunz,
Gesch. der Naturwiss. im Mittelalter (1910), S. 58 f.

[3] P. Duhem, Études sur Léonard de Vinci, 3. Reihe (1913).

im Verwirklichen ihrer innern Möglichkeiten begriffen ist. Ist eine Kultur zu Ende und damit das schöpferische Element, die Bildkraft, die Symbolik erloschen, so bleiben „leere" Formeln, Gerippe von toten Systemen übrig, die von den Menschen fremder Kulturen ganz buchstäblich als sinnlos und wertlos empfunden, mechanisch beibehalten oder verachtet und vergessen werden. Zahlen, Formeln, Gesetze *bedeuten* nichts und *sind* nichts. Sie müssen einen Leib haben, den ihnen nur ein *lebendes* Menschentum verleiht, indem es in ihnen und durch sie lebt, sich zum Ausdruck bringt, sie innerlich in Besitz nimmt. Und deshalb gibt es keine absolute Physik, nur einzelne, auftauchende und schwimmende Physiken innerhalb einzelner Kulturen.

Die „Natur" des antiken Menschen fand ihr höchstes künstlerisches Sinnbild in der nackten Statue; aus ihr erwuchs folgerichtig eine *Statik von Körpern*, eine *Physik der Nähe*. Zur arabischen Kultur gehört die Arabeske und die höhlenhafte Wölbung der Moschee; aus diesem Weltgefühl ist die *Alchymie* entstanden mit der Vorstellung von geheimnisvoll wirkenden Substanzen wie dem „Merkur der Philosophen", der weder ein Stoff ist noch eine Eigenschaft, sondern etwas, das in magischer Weise dem farbigen Dasein von Metallen zugrunde liegt und ihre Verwandlung ineinander bewirken kann.[1] Die „Natur" des faustischen Menschen endlich hat eine *Dynamik des unbegrenzten Raumes*, eine *Physik der Ferne* hervorgebracht. Zur ersten gehören die Vorstellungen von *Stoff und Form*, zur zweiten gut spinozistisch die von *Substanzen* und ihren sichtbaren oder geheimen *Attributen*,[2] zur dritten die von *Kraft* und *Masse*. Die apollinische Theorie ist ein ruhiges Betrachten, die magische ein verschwiegenes Wissen um – man kann auch da den religiösen Ursprung der Mechanik erkennen – die „Gnadenmittel" der Alchymie, die faustische von Anfang an *Arbeitshypothese*.[3] Der Grieche fragte

---

[1] M. Berthelot, Die Chemie im Altertum und Mittelalter (1909), S. 64 ff.

[2] Für die Metalle ist „Merkur" das Prinzip des substanziellen Charakters (Glanz, Dehnbarkeit, Schmelzbarkeit), „Sulfur" das der attributiven Erzeugungen wie Brennen und Verwandlung, vgl. Strunz, Gesch. der Naturwiss. im Mittelalter (1910), S. 73 ff.

[3] Vgl. Bd. II, S. 929, 1186.

nach dem Wesen des sichtbaren Seins; wir fragen nach der Möglichkeit, uns der unsichtbaren Triebkräfte des Werdens zu bemächtigen. Was für jenen die liebevolle Versenkung in den Augenschein, das ist für uns die gewaltsame Befragung der Natur, das methodische Experiment.

Und wie die Problemstellung und Methoden, so sind auch die Grundbegriffe Symbole je einer und nur dieser einen Kultur. Die antiken Urworte ἄπειρον, ἀρχή, μορφή, ὕλη sind in unsere Sprachen nicht übersetzbar; ἀρχή mit Urstoff übersetzen, heißt den apollinischen Gehalt beseitigen und den Rest, das bloße Wort, mit einem fremden Bedeutungsgefühl erklingen lassen. Was ein antiker Mensch als „Bewegung" im Raum vor sich sah, verstand er als ἀλλοίωσις, Veränderung der Lage von Körpern. Von der Art, wie wir Bewegungen sehend erleben, haben wir den Begriff „Prozeß" abgezogen, von *procedere*, vorschreiten, womit die ganze Richtungsenergie ausgedrückt ist, ohne die es für uns kein Nachdenken über Naturvorgänge gibt. Die antike Naturkritik hat die sichtbaren Aggregatzustände als die Urverschiedenheit angesetzt, die berühmten vier Elemente des Empedokles, nämlich das starr Körperliche, das unstarr Körperliche und das Nichtkörperliche.[1] Die arabischen „Elemente" sind in den Vorstellungen der geheimen Konstitutionen und Konstellationen enthalten, welche die Erscheinung der Dinge fürs Auge bestimmen. Man versuche, dieser Fühlweise näherzukommen, und man wird finden, daß der Gegensatz von fest und flüssig für einen Aristotelesschüler und einen Syrer ganz Verschiedenes bedeuten, nämlich dort Grade der Körperlichkeit, hier magische Attribute. So entsteht *das Bild des chemischen Elements*, jene Art magischer Substanzen, die durch geheimnisvolle Kausalität aus den Dingen erscheinen und wieder in ihnen verschwinden, die sogar den Einflüssen der Gestirne unterliegen. Die Alchymie enthält den tiefen wissenschaftlichen Zweifel an der plastischen Wirklichkeit der Dinge, der *somata* griechischer Mathematiker, Physiker und Dichter, die sie

---

[1] Erde, Wasser, Luft. Das Feuer gehört für das antike Auge als viertes dazu. Es ist der stärkste optische Eindruck, den es gibt, und gestattet deshalb dem antiken Geist keinen Zweifel an seiner Körperlichkeit.

auflöst, zerstört, um das Geheimnis ihres Wesens zu finden. Es ist
ein wahrer Bildersturm wie jener des Islam und der byzantinischen
Bogumilen. Ein tiefer Unglaube an die greifbare Gestalt, in welcher
die Natur erscheint, die Gestalt, welche den Griechen heilig war,
offenbart sich. Der Streit um die Person Christi auf allen frühen Konzilen, der zu den nestorianischen und monophysitischen Spaltungen
führte, ist ein *alchymistisches Problem*.[1] Es wäre keinem antiken Physiker eingefallen, die Dinge zu erforschen, indem er ihre anschauliche Form verneinte oder vernichtete. Es gibt deshalb keine antike
Chemie, so wenig es eine antike Theorie von der Substanz Apollos
statt von seinen Erscheinungsweisen gab.

Die chemische Methode arabischen Stils ist das Zeichen eines
neuen Weltbewußtseins. Ihre Erfindung knüpft sich an den Namen
jenes rätselhaften Hermes Trismegistos, der in Alexandria *gleichzeitig mit Plotin und Diophant*, dem Begründer der Algebra, gelebt
haben soll. Mit einem Schlage ist die mechanische Statik, die apollinische Naturwissenschaft zu Ende. Und wieder gleichzeitig mit der
endgültigen Emanzipation der faustischen Mathematik durch Newton und Leibniz befreite sich auch die abendländische Chemie[2] von
ihrer arabischen Form durch Stahl (1660–1734) und dessen Phlogistontheorie. Die eine wie die andre wird reine Analysis. Schon
Paracelsus (1493–1541) hatte die magische Tendenz, Gold zu machen, in eine arzneiwissenschaftliche umgewandelt. Man spürt darin
ein verändertes Weltgefühl. Robert Boyle (1626–1691) hat dann *die
analytische Methode* und damit *den westeuropäischen Begriff des Elements* geschaffen. Aber man täusche sich darüber nicht: was man die
Begründung der modernen Chemie nennt, deren Epochen durch die
Namen Stahl und Lavoisier bezeichnet werden, ist nichts weniger als
eine Ausbildung „chemischer" Gedanken, sofern man darunter al-
chymistische Naturanschauungen versteht. Sie ist das *Ende* der eigentlichen Chemie, ihre Auflösung in das umfassende System der reinen
Dynamik, ihre Einordnung in diejenige mechanische Naturanschau-

[1] Vgl. Bd. II, S. 872 f.
[2] Die während der gotischen Jahrhunderte trotz dem spanischen Dominikaner
Arnald von Villanova († 1311) neben der mathematisch-physikalischen Forschung
keinerlei schöpferische Bedeutung besitzt.

ung, welche die Barockzeit durch Galilei und Newton begründet hatte. Die Elemente des Empedokles bezeichnen ein körperliches Sichverhalten, die Elemente der Verbrennungstheorie Lavoisiers (1777), die der Entdeckung des Sauerstoffs (1771) folgte, ein dem *menschlichen Willen zugängliches* Energiesystem. Fest und flüssig werden Bezeichnungen für Spannungsverhältnisse zwischen Molekülen. Durch unsere Analysen und Synthesen wird die Natur nicht nur befragt oder überredet, sondern bezwungen. Die moderne Chemie ist ein Kapitel der modernen *Physik der Tat*.

Was wir Statik, Chemie, Dynamik nennen, historische Bezeichnungen ohne tieferen Sinn für die heutige Naturwissenschaft, sind *die drei physikalischen Systeme der apollinischen, magischen und faustischen Seele*, jedes in seiner Kultur erwachsen, jedes in seiner Geltung auf eine Kultur beschränkt. Dem entsprechen die Mathematiken der euklidischen Geometrie, der Algebra, der höheren Analysis, und die Künste der Statue, der Arabeske, der Fuge. Will man die drei Arten von Physik – denen jede andre Kultur wieder eine andre zur Seite setzen könnte und müßte – nach ihrer Auffassung des Bewegungsproblems unterscheiden, so hat man eine mechanische Ordnung von Zuständen, von geheimen Kräften, von Prozessen.

3

Nun hat die Tendenz des menschlichen, stets kausal angelegten Denkens, das Naturbild auf möglichst einfache quantitative Formeinheiten zurückzuführen, welche ein kausales Auffassen, Messen, Zählen, kurz mechanische Unterscheidungen gestatten, in der antiken, abendländischen und jeder andern überhaupt möglichen Physik mit Notwendigkeit zu einer Atomlehre geführt. Die indische und chinesische sind uns nur als einst vorhanden bekannt; die arabische ist so kompliziert, daß ihre Darstellung heute noch ganz unmöglich erscheint. Zwischen der apollinischen und faustischen aber besteht ein tiefsymbolischer Gegensatz.

Die antiken Atome sind *Miniaturformen*, die abendländischen sind *Minimalquanta*, und zwar von Energie; dort ist die Anschaulichkeit, die sinnliche Nähe Grundbedingung des Bildes, hier ist es die Abstraktion. Die atomistischen Vorstellungen der modernen Physik, zu denen auch[1] die Elektronentheorie und die Quantentheorie der Thermodynamik gehören, setzen mehr und mehr jene – rein faustische – *innere* Anschauung voraus, die auch auf manchen Gebieten der höheren Mathematik wie den nichteuklidischen Geometrien oder der Gruppentheorie gefordert wird und die dem Laien nicht zur Verfügung steht. Ein dynamisches Quantum ist ein Ausgedehntes abgesehen von jeder sinnlichen Beschaffenheit, das jede Beziehung auf Auge und Tastsinn meidet, für das der Ausdruck Gestalt keinen Sinn besitzt, also etwas, das dem antiken Naturforscher gar nicht vorstellbar ist. Das gilt bereits von den Monaden Leibnizens und dann im höchsten Grad von dem Bilde, das Rutherford von der Feinstruktur der Atome – mit einem Kern von positiver Elektrizität und einem Planetensystem negativer Elektronen – entworfen hat, und das Niels Bohr mit dem elementaren Wirkungsquantum Plancks zu einem neuen Bild vereinigte.[2] Die Atome des Leukipp und Demokrit waren nach Gestalt und Größe verschieden, rein *plastische* Einheiten also und nur in dieser Auffassung, wie der Name sagt, „unteilbar". Die Atome der abendländischen Physik, deren „Unteilbarkeit" einen ganz andern Sinn hat, gleichen den Figuren und Themen der Musik. Ihr „Wesen" besteht in Schwingung und Strahlung; ihr Verhältnis zu den Naturvorgängen ist das des Motivs zum Satz.[3] Der antike Physiker prüft das Aussehen, der abendländische die Wirkung dieser letzten Bildelemente des Gewordnen. Das bedeuten die Grundbegriffe dort von Stoff und Form, hier von Kapazität und Intensität.

Es gibt einen Stoizismus und einen Sozialismus der Atome. Das ist die Definition der statisch-plastischen und der dynamisch-kontrapunktischen Atomvorstellung, die ihrer Verwandtschaft zu den Gebilden der zugehörigen Ethik in jedem Gesetz, in jeder Definition Rechnung trägt. Die Menge der verworrenen Atome Demokrits, hinge-

---

[1] Nachdem schon Helmholtz die Erscheinungen der Elektrolyse durch die Annahme einer atomistischen Struktur der Elektrizität zu erklären versucht hatte.
[2] M. Born, Aufbau der Materie (1920), S. 27.
[3] Vgl. Bd. I, S. 297.

lagert, duldend vom blinden Zufall, den er wie Sophokles ἀνάγκη genannt hat, gestoßen und vertrieben – wie Ödipus –, und im Gegensatz dazu die als Einheit wirkenden Systeme abstrakter Kraftpunkte, aggressiv, den Raum energetisch (als „Feld") beherrschend, Widerstände überwindend – wie Macbeth –: aus diesem Grundgefühl sind die beiden mechanischen Naturbilder entstanden. Nach Leukippos fliegen die Atome „von selbst" im Leeren herum; Demokrit nimmt lediglich Stoß und Gegenstoß als Form der Ortsveränderung an; Aristoteles erklärt die Einzelbewegungen für zufällig; bei Empedokles findet sich die Bezeichnung Liebe und Haß, bei Anaxagoras Zusammentreten und Auseinandertreten. Das alles sind auch Elemente der antiken Tragik. So verhalten sich die Figuren auf der Szene des attischen Theaters. Das sind *also auch* Daseinsformen der antiken Politik. Da finden wir diese winzigen Städte, politische Atome, in langer Reihe auf Inseln und an Küsten hingelagert, jede eifersüchtig für sich bestehend und doch ewig der Anlehnung bedürftig, abgeschlossen und launisch bis zur Karikatur, von den planlosen, ordnungslosen Ereignissen der antiken Geschichte hin und her gestoßen, heute gehoben, morgen vernichtet – und ihnen gegenüber die dynastischen Staaten des 17. und 18. Jahrhunderts, politische Kraftfelder, von den Wirkungszentren der Kabinette und großen Diplomaten aus weitschauend, planmäßig gelenkt und beherrscht. Man versteht den Geist der antiken und abendländischen Geschichte nur aus diesem Gegensatz zweier Seelen; man versteht auch das atomistische Grundbild beider Physiken nur aus diesem Vergleich. Galilei, der den Kraftbegriff, und die Milesier, die den Begriff der ἀρχή schufen, Demokrit und Leibniz, Archimedes und Helmholtz sind „Zeitgenossen", Glieder derselben geistigen Stufe ganz verschiedener Kulturen.

Aber die innere Verwandtschaft von Atomtheorie und Ethik geht weiter. Es war gezeigt worden, wie die faustische Seele, deren Sein Überwindung des Augenscheins, deren Gefühl Einsamkeit, deren Sehnsucht Unendlichkeit ist, dies Bedürfnis nach Alleinsein, Ferne, Absonderung in *all* ihre Wirklichkeiten legt, in ihre öffentliche, geistige und künstlerische Formenwelt. Dies Pathos der Distanz, um

Nietzsches Ausdruck zu gebrauchen, ist gerade der Antike fremd, in der alles Menschliche der Nähe, Anlehnung und Gemeinsamkeit bedarf. Das unterscheidet den Geist des Barock von dem der Ionik, die Kultur des *ancien régime* von der des perikleischen Athen. Und dies Pathos, welches den heroischen Täter vom heroischen Dulder trennt, erscheint im Bilde der abendländischen Physik wieder: *als Spannung.* Das ist es, was in der Anschauung Demokrits nicht enthalten war. Das Prinzip von Stoß und Gegenstoß enthält die Verneinung einer raumbeherrschenden, mit dem Raum identischen Kraft. Im Bilde der antiken Seele fehlt dementsprechend das Element des Willens. Zwischen antiken Menschen, Staaten, Weltanschauungen besteht keine innere Spannung, trotz Zank, Neid und Haß, kein tiefes Bedürfnis nach Abstand, Alleinsein, Überlegenheit – folglich besteht sie auch nicht zwischen den Atomen des antiken Kosmos. Das Prinzip der Spannung – entwickelt in der Potentialtheorie – in antike Sprachen und also Gedanken vollkommen unübertragbar, ist für die moderne Physik grundlegend geworden. Es enthält eine Folgerung aus dem Begriff der Energie, *des Willens zur Macht in der Natur,* und ist deshalb für uns ebenso notwendig wie für antike Menschen unmöglich.

4

Jede Atomlehre ist demnach ein Mythos, keine Erfahrung. In ihm hat die Kultur, durch die theoretische Gestaltungskraft ihrer großen Physiker, ihr geheimstes Wesen sich selbst offenbart. Daß es eine Ausgedehntheit an sich gibt, unabhängig vom Formgefühl und Weltgefühl des Erkennenden, ist ein kritisches Vorurteil. Man glaubt, das Leben ausschalten zu können; man vergißt, daß Erkennen sich zum Erkannten verhält wie die Richtung zur Ausdehnung und daß erst die lebendige Richtung das Empfundene in die Tiefe und Ferne, zum Raume dehnt. Die „erkannte" Struktur des Ausgedehnten ist ein Sinnbild des erkennenden Wesens.

Die entscheidende Bedeutung des *Tiefenerlebnisses,* das mit dem Erwachen einer Seele und also mit der Schöpfung der ihr zugehöri-

gen äußeren Welt identisch ist, war an einer früheren Stelle nachgewiesen worden.[1] Danach liegt in der bloßen Sinnesempfindung nur
Länge und Breite; durch den lebendigen, mit innerster Notwendigkeit sich vollziehenden Akt der Deutung, der wie alles Lebendige
Richtung, Bewegtheit, Nichtumkehrbarkeit besitzt – das Bewußtsein davon macht den eigentlichen Gehalt des Wortes Zeit aus –,
wird die Tiefe *hinzugefügt* und somit die Wirklichkeit, die Welt
geschaffen. Das Leben selbst geht als dritte Dimension in das Erlebte
ein. Der Doppelsinn des Wortes Ferne, als Zukunft und als Horizont, verrät den tieferen Sinn dieser Dimension, welche die Ausdehnung als solche erst hervorruft. Das erstarrte, eben vergangene
Werden ist das Gewordne, das erstarrte, eben vergangene Leben die
Raumtiefe des Erkannten. Descartes und Parmenides stimmen darin
überein, daß Denken und Sein, das heißt Vorgestelltes und Ausgedehntes, identisch sind. *Cogito, ergo sum* ist lediglich eine Formulierung des Tiefenerlebnisses: Ich erkenne, also bin ich im Raume.
Aber im Stil dieses Erkennens und mithin des Erkannten kommt das
Ursymbol der einzelnen Kultur zur Geltung. Die vollzogene Ausdehnung ist im antiken Bewußtsein von sinnlich-körperhafter Gegenwart, im abendländischen von steigender räumlicher Transzendenz, so daß nach und nach die ganze unsinnliche Polarität von
Kapazität und Intensität im Unterschied von der antik-optischen,
Stoff und Form, herausgearbeitet wird.

Aber daraus folgt, daß innerhalb des Erkannten die lebendige Zeit
nicht noch einmal erscheinen kann. Sie ist in das Erkannte, das „Sein"
schon als Tiefe eingegangen, und so sind Dauer, das heißt Zeit-
losigkeit, und Ausgedehntheit identisch. Nur das Erkennen besitzt
das Merkmal der Richtung. Die physikalische, gedachte, meßbare
Zeit, eine bloße Dimension, ist ein Mißgriff. Es fragt sich nur, ob er
zu vermeiden ist oder nicht. Man setze in irgendeinem physikalischen Gesetz dafür das Wort Schicksal ein und man wird fühlen,
daß innerhalb der reinen „Natur" von Zeit nicht die Rede ist. Die
Formenwelt der Physik reicht genau so weit wie die verwandten
der Zahlen und der Begriffe, und wir hatten gesehen, daß, trotz

[1] Vgl. Bd. I, S. 223 f.

Kant, zwischen mathematischer Zahl und Zeit nicht die geringste, wie immer geartete Beziehung besteht. Aber dem widerspricht die *Tatsache der Bewegung* im Bilde der Umwelt. Es ist das ungelöste und unlösbare Eleatenproblem. Sein oder Denken und Bewegung vertragen sich nicht. Die Bewegung „ist nicht" („ist Schein").

Und hier wird die Naturwissenschaft zum zweiten Mal dogmatisch und mythologisch. In den Worten Zeit und Schicksal ist für den, der sie instinktiv gebraucht, das Leben selbst in seiner tiefsten Tiefe berührt, das *ganze* Leben, das vom Erlebten nicht zu trennen ist. Die Physik aber, der beobachtende Verstand, *muß* sie trennen. Das Erlebte „an sich", losgelöst gedacht vom lebendigen Akt des Betrachters, Objekt geworden, tot, anorganisch, starr – das ist jetzt „die Natur", etwas mathematisch zu Erschöpfendes. In diesem Sinne ist Naturerkenntnis eine *messende* Tätigkeit. Indes: Wir leben, auch wenn wir betrachten, und also lebt das Betrachtete *mit uns*. Der Zug im Bilde der Natur, durch den sie nicht nur „ist", von Augenblick zu Augenblick, sondern in einem ununterbrochenen Strome *rings um uns und mit uns* „wird", ist das Zeichen der Zusammengehörigkeit eines wachen Wesens und *seiner* Welt. Dieser Zug *heißt* Bewegung, und er widerspricht der Natur *als einem Bilde*. Er repräsentiert die *Geschichte* dieses Bildes, und daraus ergibt sich: Genau so, wie unser Verstehen durch die Wortsprache vom Empfinden, wie der mathematische Raum von den Lichtwiderständen, den „Dingen",[1] so ist die physikalische Zeit vom Eindruck der Bewegung abgezogen worden.

„Die Physik" erforscht „die Natur". Folglich kennt sie die Zeit nur als Strecke. Aber „der" Physiker *lebt* inmitten der *Geschichte* dieser Natur. Folglich ist er gezwungen, die Bewegung als eine mathematisch feststellbare Größe, als Benennung der im Experiment gewonnenen und in Formeln niedergelegten reinen Zahlen aufzufassen. „Die Physik ist die vollständige und einfache Beschreibung der Bewegungen" (Kirchhoff). Das ist immer ihre Absicht gewesen. Aber es handelt sich nicht um eine Bewegung im Bilde, sondern um eine Bewegung des Bildes. Bewegung innerhalb der physikalisch

---

[1] Vgl. Bd. I, S. 158 f., Bd. II, S. 565 f.

aufgefaßten Natur ist nichts anderes als jenes *metaphysische* Etwas,
durch welches erst das Bewußtsein eines *Nach*einander entsteht. Das
Erkannte ist zeitlos und bewegungsfremd. Das bedeutet „Gewordensein". Aus der *organischen Folge* des Erkannten ergibt sich der Eindruck einer Bewegung. Der Gehalt dieses Wortes berührt den Physiker nicht als „Verstand", sondern als *ganzen* Menschen, dessen ständige Funktion nicht die „Natur", sondern die *ganze* Welt ist. Das
aber ist die *Welt als Geschichte*. „Natur" ist ein Ausdruck der jeweiligen Kultur.[1] Alle Physik ist Behandlung des Bewegungsproblems,
in dem das Problem des Lebens selbst liegt, nicht als ob es eines Tages lösbar wäre, sondern *obwohl und weil* es unlösbar ist. Das Geheimnis der Bewegung weckt im Menschen die Angst vor dem Tode.[2]

Gesetzt, daß Naturerkenntnis eine feine Art Selbsterkenntnis ist –
die Natur als Bild, als Spiegel des Menschen verstanden –, so ist der
Versuch, das Bewegungsproblem zu lösen, ein Versuch der Erkenntnis, ihrem eigenen Geheimnis, ihrem Schicksal auf die Spur zu kommen.

5

Das kann allein dem physiognomischen Takt gelingen, wenn er
schöpferisch wird, und das ist von jeher in der Kunst geschehen, vor
allem in der tragischen Dichtung. Nur dem *denkenden* Menschen
bereitet die Bewegung Verlegenheit; dem *schauenden* ist sie selbstverständlich. Das vollkommene System einer mechanischen Naturanschauung ist aber nicht Physiognomik, sondern eben *System*, das
heißt reine Ausgedehntheit, logisch und zahlenmäßig geordnet,
nichts Lebendiges, sondern etwas Gewordenes und Totes.

Goethe, der ein Dichter war, kein Rechner, bemerkte deshalb:
„Die Natur hat kein System; sie hat, sie ist Leben und Folge aus
einem unbekannten Zentrum, zu einer nicht erkennbaren Grenze."
Für den, der Natur nicht erlebt, sondern erkennt, *hat* sie aber System;
ist sie System und nichts weiter, und folglich Bewegung in ihr ein
Widerspruch. Sie kann ihn durch eine künstliche Formulierung zu-

[1] Vgl. Bd. I, S. 218.
[2] Vgl. Bd. I, S. 215, Bd. II, S. 573.

decken, aber *in den Grundbegriffen lebt er fort*. Der Stoß und Gegenstoß Demokrits, die Entelechie des Aristoteles, die Kraftbegriffe vom
impetus der Occamisten um 1300 bis zum elementaren Wirkungsquantum der Strahlungstheorie seit 1900 enthalten sämtlich diesen
Widerspruch. Man bezeichne die Bewegung *innerhalb* eines physikalischen Systems als dessen *Älterwerden* – es altert wirklich, als Erlebnis des Beobachters nämlich – und man wird das Verhängnisvolle
des Wortes Bewegung und aller daraus abgeleiteten Vorstellungen
mit ihrem unzerstörbaren *organischen* Gehalt deutlich fühlen. Die
Mechanik sollte mit Altern *und folglich* mit Bewegung nichts zu tun
haben. Also – denn ohne das Bewegungsproblem ist überhaupt keine
Naturwissenschaft denkbar – kann es gar keine lückenlos geschlossene Mechanik geben; irgendwo befindet sich immer der organische
Ausgangspunkt des Systems, dort wo das unvermittelte Leben hereinragt – die Nabelschnur, mit der das Geisteskind am mütterlichen
Leben, das Gedachte am Denkenden haftet.

Wir lernen hier die Grundlagen der faustischen und apollinischen
Naturerkenntnis von einer ganz anderen Seite kennen. Es gibt keine
reine Natur. Etwas vom Wesen der Geschichte liegt in jeder. Ist der
Mensch ahistorisch wie der Grieche, dessen gesamte Welteindrücke
in einer reinen, punktförmigen Gegenwart aufgesaugt werden, so
wird das Naturbild *statisch*, in jedem einzelnen Augenblick in sich
selbst abgeschlossen sein, nämlich gegen Zukunft und Vergangenheit. In der griechischen Physik kommt die Zeit als Größe ebensowenig vor wie im Entelechiebegriff des Aristoteles. Ist der Mensch
historisch angelegt, so entsteht ein *dynamisches* Bild. Die Zahl, der
Grenzwert des Gewordnen, wird im ahistorischen Falle *Maß und
Größe*, im historischen *Funktion*. Man *mißt* nur Gegenwärtiges und
man *verfolgt* nur etwas, das Vergangenheit und Zukunft hat, in seinem Verlauf. Dieser Unterschied ist es, der den inneren Widerspruch im Bewegungsproblem in der antiken Theoriebildung verdeckt, in der abendländischen heraustreibt.

Die Geschichte ist ewiges Werden, *ewige Zukunft* also; die Natur
ist geworden, also *ewige Vergangenheit*.[1] Folglich hat hier eine selt-

[1] Vgl. Bd. I, S. 199.

same Umkehrung stattgefunden; die Priorität des Werdens vor dem Gewordnen erscheint aufgehoben. Der aus *seiner* Sphäre, dem Gewordnen, rückschauende Geist kehrt den Aspekt des Lebens um; aus der *Idee des Schicksals*, die Ziel und Zukunft in sich hat, wird das mechanische *Prinzip von Ursache und Wirkung*, dessen Schwerpunkt im Vergangenen liegt. Der Geist vertauscht dem Range nach das zeithafte Leben und das raumhaft Erlebte, und versetzt die Zeit als Strecke in ein räumliches Weltsystem. Während aus der Richtung die Ausdehnung, aus dem Leben das Räumliche als weltbildendes Erlebnis folgt, setzt das menschliche Verstehen das Leben *als Prozeß in seinen starren, vorgestellten Raum hinein.* Dem Leben ist der Raum etwas, das als Funktion zum Leben gehört, dem Geist ist Leben etwas im Raume. Schicksal bedeutet ein Wohin, Kausalität bedeutet ein Woher. Wissenschaftlich begründen heißt vom Gewordnen und Verwirklichten aus nach „Gründen" suchen, indem man den mechanisch aufgefaßten Weg – das Werden als Strecke – rückwärts verfolgt. Aber es läßt sich nicht rückwärts leben, nur rückwärts denken. Nicht die Zeit, nicht das Schicksal ist umkehrbar, nur was der Physiker Zeit nennt, was er als teilbare, womöglich negative oder imaginäre „Größe" in seine Formeln eingehen läßt.

Die Verlegenheit ist immer wieder gefühlt, wenn auch ihrem Ursprung und ihrer Notwendigkeit nach selten begriffen worden. Innerhalb der antiken Naturforschung stellten die Eleaten der Notwendigkeit, die Natur in Bewegung zu denken, die logische Einsicht entgegen, daß Denken ein Sein, mithin Erkanntes und Ausgedehntes identisch und also Erkenntnis und Werden unvereinbar sind. Ihre Einwände sind nie widerlegt worden und unwiderlegbar, aber sie haben die Entwicklung der antiken Physik, die als Ausdruck der apollinischen Seele unentbehrlich und also über logische Widersprüche erhaben war, nicht gehindert. Innerhalb der von Galilei und Newton begründeten klassischen Mechanik des Barock ist eine einwandfreie Lösung im dynamischen Sinne immer wieder versucht worden. Die Geschichte des Kraftbegriffs, dessen endlos wiederholte Definition die Leidenschaft des Denkens kennzeichnet, das durch diese Schwierigkeit sich selbst in Frage gestellt sah, ist nichts als die Geschichte der Versuche, die Bewegung mathematisch und begrifflich restlos zu fixieren. Der letzte bedeutende Versuch, der wie alle früheren mit Notwendigkeit mißlang, liegt in der Mechanik von Hertz vor.

Hertz hat, ohne die eigentliche Quelle aller Verlegenheit zu finden – das ist noch keinem Physiker gelungen –, versucht, den Begriff der Kraft ganz auszuschalten, mit dem richtigen Gefühl, daß der Fehler aller mechanischen Systeme in einem der Grundbegriffe zu suchen sei. Er wollte das Bild der Physik allein aus den Größen der Zeit, des Raumes und der Masse aufbauen, aber er bemerkte nicht, daß eben die Zeit selbst, die als Richtungsfaktor in den Begriff der Kraft eingegangen ist, das *organische* Element war, ohne das eine dynamische Theorie sich nicht aussprechen läßt und mit dem eine reine Lösung nicht gelingt. Und abgesehen davon bilden die Begriffe Kraft, Masse und Bewegung eine dogmatische Einheit. Sie bedingen einander so, daß die Anwendung des einen die unvermerkte der beiden andern schon einschließt. In dem antiken Urwort ἀρχή ist die ganze apollinische, im Kraftbegriff die ganze abendländische Fassung des Bewegungsproblems enthalten. Der Begriff der Masse ist nur das Komplement zum Kraftbegriff. Newton, eine tief religiöse Natur, brachte lediglich das faustische Weltgefühl zum Ausdruck, als er, um den Sinn der Worte Kraft und Bewegung verständlich zu machen, von Massen als Angriffspunkten der Kraft und Trägern der Bewegung sprach. So hatten die Mystiker des 13. Jahrhunderts Gott und sein Verhältnis zur Welt aufgefaßt. Newton hatte mit seinem berühmten „*hypotheses non fingo*" das metaphysische Element abgelehnt, aber seine Grundlegung einer Mechanik ist durch und durch metaphysisch. *Die Kraft ist im mechanischen Naturbilde des abendländischen Menschen, was der Wille in seinem Seelenbilde und die unendliche Gottheit in seinem Weltbilde ist.* Die Grundgedanken dieser Physik standen fest, lange bevor der erste Physiker geboren wurde; sie lagen im frühesten religiösen Weltbewußtsein unserer Kultur.

6

Damit offenbart sich nun auch der religiöse Ursprung des physikalischen Begriffs der *Notwendigkeit*. Es handelt sich um die mechanische Notwendigkeit in dem, was wir als Natur geistig besitzen, und man hat nicht zu vergessen, daß dieser Notwendigkeit eine andre, organische, schicksalhafte im Leben selbst zugrunde liegt. Die letzte gestaltet, die erste schränkt ein; die eine folgt aus einer inneren Gewißheit, die andere aus Beweisen: das ist der Unterschied von tragischer und technischer, historischer und physikalischer Logik.

Innerhalb der von der Naturwissenschaft geforderten und vorausgesetzten Notwendigkeit, derjenigen *von Ursache und Wirkung*, bestehen nun weitere Unterschiede, die sich bis jetzt jeder Aufmerksamkeit entzogen haben. Es handelt sich hier um sehr schwierige Einsichten von unabsehbarer Bedeutung. Eine Naturerkenntnis ist die Funktion eines Erkennens von bestimmtem Stil, gleichviel wie dieser Zusammenhang von der Philosophie beschrieben wird. Eine Naturnotwendigkeit besitzt demnach den Stil des *zugehörigen* Geistes, und hier beginnen die historisch-morphologischen Unterschiede. Man kann eine strenge Notwendigkeit in der Natur erblikken, ohne daß sie sich in Naturgesetzen ausdrücken ließe. Das letztere, für uns selbstverständlich, für Menschen andrer Kulturen indessen durchaus nicht, setzt eine ganz besondere und für den faustischen Geist bezeichnende Form des Verstehens überhaupt und mithin auch des Naturerkennens voraus. An sich liegt die Möglichkeit vor, daß die mechanische Notwendigkeit eine Fassung annimmt, in der jeder einzelne Fall morphologisch für sich besteht, keiner sich exakt wiederholt und Erkenntnisse also nicht die Gestalt dauernd gültiger Formeln erhalten können. Es würde da die Natur in einem Bild erscheinen, das sich etwa nach Analogie unendlicher, aber nicht periodischer Dezimalbrüche im Unterschiede von rein periodischen vorstellen ließe. So hat ohne Zweifel die Antike empfunden. Das Gefühl davon liegt deutlich ihren physikalischen Urbegriffen zugrunde. Die Eigenbewegung der Atome bei Demokrit z. B. erscheint so, daß eine Vorausberechnung von Bewegungen ausgeschlossen ist.

Naturgesetze sind Formen des Erkannten, in welchen ein Inbegriff von Einzelfällen sich zu einer Einheit höheren Grades zusammenschließt. Von der lebendigen Zeit wird abgesehen, das heißt: es ist gleichgültig, ob, wann und wie oft der Fall eintritt, und es handelt sich nicht um das chronologische *Nach*einander von Ereignissen, sondern um das mathematische *Auseinander*.[1] Aber in dem Bewußtsein, daß keine Macht der Welt diese Berechnung erschüttern kann, liegt unser Wille zur Herrschaft über die Natur. Das ist faustisch. Erst von diesem Aspekt aus erscheint das Wunder als eine Durchbrechung von Naturgesetzen. Der magische Mensch erblickt im Wunder nur den Besitz einer Macht, die nicht jeder hat, ohne daß sie der „Natur" widerspricht. Und der antike Mensch war, nach Protagoras, nur das Maß, nicht der Schöpfer der Dinge. Damit verzichtet er unbewußt auf die Überwältigung der Natur durch Entdeckung und Anwendung von Gesetzen.

Hier zeigt sich, daß das Kausalitätsprinzip in der Form, wie sie für uns selbstverständlich und notwendig ist, wie sie von der Mathematik, Physik und Erkenntniskritik übereinstimmend als Grundwahrheit behandelt wird, eine abendländische, genauer eine Barockerscheinung ist. Sie kann nicht bewiesen werden, denn jeder Beweis in einer abendländischen Sprache und jede Erfahrung eines abendländischen Geistes setzt sie schon voraus. Jede Problem*stellung* enthält schon die zugehörige Lösung. Die Methode einer Wissenschaft ist die Wissenschaft selbst. Es ist kein Zweifel, daß im Begriff des Natur*gesetzes* und in der seit Roger Bacon bestehenden Auffassung der Physik als einer *scientia experimentalis*[2] diese besondere Art von Notwendigkeit schon enthalten ist. Die antike Art, die Natur zu sehen – das *alter ego* der antiken Art zu *sein* –, enthält sie aber *nicht*, ohne daß dadurch eine logische Schwäche in den naturwissenschaftlichen Feststellungen zum Vorschein käme. Denkt man die Aussagen des Demokrit, Anaxagoras und Aristoteles, in denen die ganze

[1] Vgl. Bd. I, S. 156, 197 f.
[2] Vgl. Bd. II, S. 928.

Summe antiker Naturanschauungen enthalten ist, genau durch, prüft man vor allem den Gehalt von so entscheidenden Begriffen wie ἀλλοίωσις, ἀνάγκη oder ἐντελέχεια, so sieht man mit Erstaunen in ein völlig anders geartetes, in sich geschlossenes und also für eine bestimmte Art Mensch unbedingt wahres Weltbild, in dem von Kausalität in unserem Sinne nicht die Rede ist.

Der Alchimist und Philosoph der arabischen Kultur setzt ebenso eine tiefe Notwendigkeit innerhalb der Welthöhle voraus, die von dynamischer Kausalität ganz und gar verschieden ist. Es gibt keinen Kausalnexus von gesetzmäßiger Form, sondern nur *eine* Ursache, Gott, die jeder Wirkung *unmittelbar* zugrunde liegt. An Naturgesetze glauben, hieße an Gottes Allmacht zweifeln. Wenn der Anschein einer Regel entsteht, so hat es Gott so gefallen; wer aber diese Regel für notwendig hält, den hat der Böse in Versuchung geführt. Genau so haben Karneades, Plotin und die Neupythagoräer empfunden,[1] und *diese* Notwendigkeit liegt den Evangelien wie dem Talmud und Awesta zugrunde. Auf ihr beruht die Technik der Alchymie.

Die Zahl als Funktion steht mit dem *dynamischen* Prinzip von Ursache und Wirkung in Beziehung. Beide sind Schöpfungen desselben Geistes, Ausdrucksformen desselben Seelentums, bildende Grundlagen derselben objektgewordnen Natur. In der Tat unterscheidet sich die Physik Demokrits von derjenigen Newtons, indem die eine das optisch Gegebene, die andere die aus ihm sich entwickelnden abstrakten Beziehungen zum Ausgangspunkt wählt. Die „Tatsachen" der apollinischen Naturerkenntnis sind *Dinge*, und liegen an der Oberfläche des Erkannten; die „Tatsachen" der faustischen Naturerkenntnis sind *Beziehungen*, die dem Auge des Laien überhaupt nicht zugänglich sind, die geistig erst erobert sein wollen und endlich zu ihrer Mitteilung einer Geheimsprache bedürfen, die nur dem Kenner der Naturwissenschaft vollkommen verständlich ist. Die antike statische Notwendigkeit liegt in den wechselnden Erscheinungen unmittelbar zutage; das dynamische Kausalprinzip waltet jen-

[1] J. Goldziher, Die islam. und jüd. Philosophie (Kultur der Gegenwart I, V, 1913), S. 306 f.

seits der Dinge, indem es ihre sinnliche Tatsächlichkeit abschwächt oder aufhebt. Man frage sich, welche Bedeutung sich unter Voraussetzung der gesamten heutigen Theorie mit dem Ausdruck „ein Magnet" verbindet.

Das Prinzip der Erhaltung der Energie, das man seit seiner Aufstellung durch J. R. Mayer in vollem Ernst als eine bloße Denknotwendigkeit angesehen hat, ist in der Tat eine Umschreibung des *dynamischen* Kausalprinzips mittelst des physikalischen Begriffes der Kraft. Die Berufung auf „Erfahrung" und der Streit, ob eine Einsicht denknotwendig oder empirisch, ob sie also nach Kants Bezeichnung – der sich über die verschwimmende Grenze zwischen beiden sehr täuschte – a priori oder a posteriori gewiß sei, ist für die Anlage des abendländischen Denkens charakteristisch. Nichts erscheint uns selbstverständlicher und eindeutiger als „die Erfahrung" als Quelle der exakten Wissenschaft. Das Experiment faustischer Art, das auf Arbeitshypothesen beruht und sich messender Methoden bedient, ist nichts als die systematische und erschöpfende Handhabung dieser Erfahrung. Aber man hat nie bemerkt, daß ein solcher Begriff der Erfahrung mit seinem dynamischen und angreifenden Gehalt eine ganze Weltanschauung einschließt, und daß es Erfahrung in diesem prägnanten Sinne für den Menschen fremder Kulturen nicht gibt und nicht geben kann. Wenn wir uns weigern, die wissenschaftlichen Resultate des Anaxagoras oder Demokrit als Ergebnisse echter Erfahrung anzuerkennen, so heißt das nicht, daß diese antiken Menschen sich auf die Interpretation ihrer Anschauungen nicht verstanden, daß sie bloße Phantasien entworfen hätten, sondern daß wir in ihren Verallgemeinerungen dasjenige kausale Element vermissen, das *für uns* den Sinn des Wortes Erfahrung erst ausmacht. Offenbar hat man nie genügend über die Besonderheit dieses rein faustischen Begriffes nachgedacht. Nicht der an der Oberfläche liegende Gegensatz zum Glauben ist für ihn bezeichnend. Die exakte sinnlich-geistige Erfahrung ist im Gegenteil ihrer Struktur nach dem vollkommen kongruent, was tief religiöse Naturen des Abendlandes, Pascal zum Beispiel, der Mathematiker *und* Jansenist aus der *gleichen* inneren Notwendigkeit war, wohl als Erfahrung des Herzens, als

Erleuchtung in bedeutenden Momenten ihres Daseins kennen gelernt haben. Erfahrung bezeichnet uns eine *Aktivität* des Geistes, die
sich nicht auf die augenblicklichen und rein gegenwärtigen Eindrücke beschränkt, sie als solche hinnimmt, anerkennt, ordnet, sondern sie aufsucht und hervorruft, um sie in ihrer sinnlichen Gegenwart zu überwinden, sie in eine grenzenlose Einheit zu bringen,
durch welche ihre handgreifliche Vereinzelung aufgelöst wird. Was
wir Erfahrung nennen, besitzt die Tendenz *vom Einzelnen zum Unendlichen.* Eben deshalb widerspricht sie dem antiken Naturgefühl.
Unser Weg, Erfahrung zu gewinnen, ist für den Griechen der Weg,
sie zu verlieren. Deshalb bleibt er der gewaltsamen Methode des
Experiments fern. Deshalb besaß er unter dem Namen einer Physik
statt eines mächtigen Systems erarbeiteter abstrakter Gesetze und
Formeln, das die sinnliche Gegebenheit vergewaltigt und unterwirft
– nur dies Wissen ist Macht! –, eine Summe wohlgeordneter, durch
Bilder sinnlich verstärkter, nicht etwa aufgelöster Eindrücke, welche
die Natur in ihrem in sich vollendeten Dasein unberührt ließ. Unsre
exakte Naturwissenschaft ist imperativisch, die antike ist θεωρία im
buchstäblichen Sinne, das Ergebnis passiver Beschaulichkeit.

7

Es ist nun kein Zweifel mehr: die Formenwelt einer Naturwissenschaft entspricht vollkommen den *zugehörigen* der Mathematik, der
Religion und der bildenden Kunst. Ein tiefer Mathematiker – nicht
ein meisterhafter Rechner, sondern jemand, der den Geist der Zahlen in sich lebendig fühlt – begreift, daß er damit „Gott kennt". Pythagoras und Plato haben das so gut gewußt wie Pascal und Leibniz.
Terentius Varro in seinen Cäsar gewidmeten Untersuchungen über
die altrömische Religion unterscheidet mit römischer Prägnanz die
theologia civilis, die Summe des öffentlich anerkannten Glaubens, von
der *theologia mythica,* der Vorstellungswelt der Dichter und Künstler, und der *theologia physica,* der philosophischen Spekulation. Wendet man dies auf die faustische Kultur an, so gehört zur ersten, was
Thomas von Aquino und Luther, Calvin und Loyola lehren, zur

zweiten Dante und Goethe, zur dritten aber die wissenschaftliche Physik, soweit sie ihren Formeln Bilder unterlegt.

Nicht nur der Urmensch und das Kind, sondern auch höhere Tiere entwickeln ganz von selbst aus den kleinen Erfahrungen des Alltags ein Bild der Natur, das die Summe technischer Kennzeichen enthält, die sie sich als immer wiederkehrend gemerkt haben. Der Adler „weiß", in welchem Augenblick er auf die Beute herabstürzen muß; der brütende Singvogel „erkennt" die Nähe eines Marders; das Wild „findet" den Futterplatz. Für den Menschen hat sich diese Erfahrung aller Sinne zu einer Erfahrung des Auges verengt und vertieft. Aber indem nun die Gewohnheit des Sprechens in Worten hinzutritt, wird vom Sehen das Verstehen abgezogen und als Denken selbständig fortgebildet: zur augenblicklich verstehenden *Technik* tritt die *Theorie*, welche ein Nach-denken darstellt. Die Technik richtet sich auf die sichtbare Nähe und Notdurft. Die Theorie wendet sich der Ferne zu und den Schauern des *Unsichtbaren*. Dem kleinen Wissen des Alltags setzt sie den Glauben zur Seite, und doch entwickelt sie wieder ein neues Wissen und eine neue Technik höherer Ordnung: zum Mythos tritt der Kultus. Jener lehrt die *numina kennen*, dieser sie *beschwören*. Denn die Theorie im erhabenen Sinne ist religiös durch und durch. Erst in ganz späten Zuständen entwickelt sich aus der religiösen die naturwissenschaftliche Theorie, *indem man sich der Methoden bewußt wird*. Abgesehen davon ändert sich wenig. Die Bilderwelt der Physik bleibt Mythos, ihr Verfahren bleibt ein die Mächte in den Dingen beschwörender Kultus, und die Art der Bilder und Verfahren bleibt abhängig von denen der zugehörigen Religion.[1]

Seit den Tagen der Spätrenaissance wird die Vorstellung von Gott im Geist aller bedeutenden Menschen der Idee des reinen, unendlichen Raumes immer ähnlicher. Der Gott der Exercitia spiritualia des Ignaz von Loyola ist auch der des Lutherliedes „Ein feste Burg", der Improperien Palestrinas und der Kantaten Bachs. Er ist nicht mehr der *Vater* des heiligen Franz von Assisi und der hochgewölbten Kathedralen, wie die Maler der Gotik, wie Giotto und Stephan

[1] Vgl. Bd. II, S. 582 f.

Lochner ihn empfanden, persönlich gegenwärtig, fürsorglich und milde, sondern ein unpersönliches Prinzip, unvorstellbar, ungreifbar, geheimnisvoll im Unendlichen wirkend. Jeder Rest von Persönlichkeit löst sich in unanschaulicher Abstraktheit auf, eine Idee von Gott, deren Nachbildung zuletzt nur noch die Instrumentalmusik großen Stils gewachsen ist, während die Malerei des 18. Jahrhunderts versagt und in den Hintergrund tritt. *Dies Gefühl von Gott* hat das naturwissenschaftliche Weltbild des Abendlandes, unsere Natur, unsere „Erfahrung" und mithin unsere Theorien und Methoden im Gegensatz zu denen des antiken Menschen gestaltet. Die Kraft, welche die Masse bewegt: das ist es, was Michelangelo an die Decke der Sixtinischen Kapelle gemalt hat, was seit dem Vorbilde von Il Gesù die Domfassaden zu dem gewaltsamen Ausdruck bei Della Porta und Maderna und seit Heinrich Schütz zu den verklärten Tonwelten der Kirchenmusik des 18. Jahrhunderts gesteigert hat, was als Weltgeschehen in Shakespeares Tragödien die ins Unendliche erweiterte Szene füllt und was endlich Galilei und Newton in Formeln und Begriffe gebannt haben.

Das Wort Gottes klingt anders unter den Wölbungen gotischer Dome und in den Klosterhöfen von Maulbronn und Sankt Gallen als in den Basiliken Syriens und den Tempeln des republikanischen Roms. In dem *Wälderhaften* der Dome, der mächtigen Erhöhung des Mittelschiffs über die Seitenschiffe gegenüber der flachgedeckten Basilika, in der Verwandlung der Säulen, die durch Basis und Kapitäl als abgeschlossene Einzeldinge in den Raum gestellt waren, zu Pfeilern und Pfeilerbündeln, die aus dem Boden wachsen und deren Äste und Linien sich über dem Scheitel im Unendlichen verteilen und verschlingen, während von den Riesenfenstern, welche die Wand aufgelöst haben, ein ungewisses Licht durch den Raum flutet, liegt die architektonische Verwirklichung eines Weltgefühls, das im *Hochwald* der nordischen Ebenen sein ursprünglichstes Symbol gefunden hatte. Und zwar im Laubwalde mit dem geheimnisvollen Gewirr seiner Äste und dem Raunen der ewig bewegten Blättermassen über dem Haupte des Betrachters, hoch über der Erde, von der die Wipfel durch den Stamm sich zu lösen versuchen. Man denke wieder an die romanische Ornamentik und ihre tiefe Beziehung zum Sinn der Wälder. Der unendliche, einsame, dämmernde Wald ist die geheime Sehnsucht aller abendländischen Bauformen geblieben. Deshalb löst sich, sobald die Formenergie des Stils ermattet, in der späten Gotik ganz ebenso wie im ausgehenden Barock, die beherrschte abstrakte Liniensprache wieder unmittelbar in naturalistisches Astwerk, Ranken, Zweige und Blätter auf.

Die Zypresse und Pinie wirken körperhaft, euklidisch; sie hätten niemals Symbole des unendlichen Raumes werden können. Die Eiche, Buche und Linde mit den irrenden Lichtflecken in ihren schattenerfüllten Räumen wirken körperlos, grenzenlos, geistig. Der Stamm einer Zypresse findet in der klaren Säule ihrer Nadelmasse den vollkommenen Abschluß seiner senkrechten Tendenz; der einer Eiche wirkt wie ein unerfülltes rastloses Streben über den Wipfel hinaus. In der Esche scheint der Sieg der aufstrebenden Äste über den Zusammenhalt der Krone eben zu gelingen. Ihr Anblick hat etwas Aufgelöstes, den Anschein einer freien Verbreitung im Raum, und vielleicht wurde die Weltesche deshalb ein Symbol der nordischen Mythologie. Das Waldesrauschen, dessen Zauber kein antiker Dichter je empfunden hat, das jenseits aller Möglichkeiten des apollinischen Naturgefühls liegt, steht mit seiner geheimen Frage nach dem Woher und Wohin, seinem Versinken des Augenblicks im Ewigen in einer tiefen Beziehung zum Schicksal, zum Gefühl für Geschichte und Dauer, zur faustischen schwermütig-sorgenvollen Richtung der Seele in eine unendlich ferne Zukunft. Deshalb wurde die Orgel, deren tiefes und helles Brausen unsere Kirchen füllt, deren Klang im Gegensatz zum klaren, pastosen Ton der antiken Lyra und Flöte etwas Grenzenloses und Ungemessenes besitzt, das Organ der abendländischen Andacht. Dom und Orgel bilden eine symbolische Einheit wie Tempel und Statue. Die Geschichte des Orgelbaus, eines der tiefinnigsten und rührendsten Kapitel unserer Musikgeschichte, ist eine Geschichte der Sehnsucht nach dem Walde, nach der Sprache dieses eigentlichen Tempels der abendländischen Gottesverehrung. Von dem Versklang Wolframs von Eschenbach bis zur Musik des Tristan ist diese Sehnsucht unveränderlich fruchtbar geblieben. Das

Streben des Orchesterklanges im 18. Jahrhundert ging unablässig dahin, dem Orgelklang immer verwandter zu werden. Das Wort „schwebend", sinnlos antiken Dingen gegenüber, ist gleich wichtig in der Theorie der Musik, in der Ölmalerei, der Architektur, der dynamischen Physik des Barock. Wenn man in einem hohen Walde mächtiger Stämme steht und den Sturm über sich wühlen hört, begreift man plötzlich den Sinn des Gedankens von der Kraft, welche die Masse bewegt.

So entsteht aus dem Urgefühl des nachdenklich gewordnen Daseins eine immer bestimmtere Vorstellung des Göttlichen rings in der Außenwelt. Der Erkennende empfängt den Eindruck einer Bewegung in der äußeren Natur. Er fühlt um sich ein schwer zu beschreibendes *fremdes Leben* unbekannter Mächte. Er führt den Ursprung dieser Wirkungen auf *numina* zurück, auf das „andre", insofern es ebenfalls Leben besitzt. Aus dem Staunen über *die fremde Bewegung* entspringen Religion und Physik. Sie enthalten die Deutung der Natur oder des Bildes der Umwelt hier durch die Seele, dort durch den Verstand. Die „Mächte" sind zugleich erster Gegenstand der fürchtenden oder liebenden Verehrung und der kritischen Forschung. Es gibt eine religiöse *und* eine wissenschaftliche Erfahrung.

Nun beachte man wohl, auf welche Weise das Bewußtsein der einzelnen Kulturen die ursprünglichen *numina* geistig verdichtet. Es belegt sie mit bedeutungsvollen Worten, mit *Namen*, und bannt – begreift, begrenzt – sie auf diese Art. Damit unterliegen sie der geistigen Macht des Menschen, der den Namen in seiner Gewalt hat. Und es war schon gesagt worden, daß die ganze Philosophie, die ganze Naturwissenschaft, alles, was zum „Erkennen" in irgendeiner Beziehung steht, im tiefsten Grunde nichts ist als die unendlich verfeinerte Art, *den Namenzauber des primitiven Menschen auf das „Fremde" anzuwenden*. Das Aussprechen des richtigen Namens (in der Physik: des richtigen Begriffes) ist eine Beschwörung. So entstehen Gottheiten und wissenschaftliche Grundbegriffe zuerst als Namen, die man anruft und an die sich eine sinnlich immer bestimmtere Vorstellung knüpft. Aus dem *numen* wird ein *deus*, aus dem Begriff eine Vorstellung. Was für ein befreiender Zauber liegt für die Mehrzahl der gelehrten Menschen in der bloßen Nennung solcher Worte wie „Ding an sich", „Atom", „Energie", „Schwerkraft", „Ursache", „Entwicklung"! Es ist der gleiche, der den lateinischen Bauern bei den Worten Ceres, Consus, Janus, Vesta ergriff.[1]

Für das antike Weltgefühl war, dem apollinischen Tiefenerlebnis und dessen Symbolik entsprechend, der einzelne Körper *das* Sein. Folgerichtig empfand man dessen *im Licht sich darbietende Gestalt* als das Wesenhafte, als den eigentlichen Sinn des Wortes „Sein". Was nicht Gestalt hat, Gestalt ist, ist überhaupt nicht. Von diesem Grundgefühl aus, das man sich nicht mächtig genug denken kann, schuf der antike Geist als *Gegenbegriff*[2] zur Gestalt „das andre", die Ungestalt, den Stoff, die ἀρχή oder ὕλη, das, was an sich kein Sein besitzt und lediglich als Komplement zum wirklich Seienden eine ergänzende, sekundäre Notwendigkeit darstellt. Man begreift, wie die antike Götterwelt sich bilden mußte. Sie ist neben dem Menschen eine höhere Menschlichkeit; es sind vollkommener gestaltete Körper, erhabenste Möglichkeiten leibhaft-gegenwärtiger Form – im Unwesentlichen, dem Stoffe nach, nicht unterschieden, mithin derselben kosmischen und tragischen Notwendigkeit unterworfen.

Das faustische Weltgefühl aber erlebte die Tiefe anders. Hier erscheint als Inbegriff des wahren Seins der reine wirkende Raum. Er ist *das* Sein schlechthin. Deshalb wirkt das sinnlich Empfundene, das mit einer bezeichnenden Wendung, die ihm den Rang anweist, das Raumerfüllende genannt wird, als Tatsache zweiter Ordnung und im Hinblick auf den Akt des Naturerkennens als das Fragwürdige, als Schein und als Widerstand, der überwunden werden muß, wenn man als Philosoph oder Physiker den eigentlichen Gehalt des Seins erschließen will. Die abendländische Skepsis hat sich niemals gegen den Raum, immer nur gegen die greifbaren Dinge gewandt. Raum ist der *höhere* Begriff – Kraft ist nur ein weniger abstrakter Ausdruck dafür – und erst als sein Gegenbegriff erscheint die Masse, das, was *im* Raume ist. Sie ist logisch wie physikalisch von ihm abhängig.

---

[1] Und man darf behaupten, daß der handfeste Glaube, den z. B. Haeckel mit dem Namen Atom, Materie, Energie verband, von dem Fetischismus des Neandertalmenschen nicht wesentlich verschieden war.

[2] Vgl. Bd. I, S. 165.

Der Annahme einer Wellenbewegung des Lichtes, welcher die Auffassung des Lichtes als einer Energieform zugrunde liegt, folgte notwendig die einer zugehörigen Masse, des Lichtäthers. Eine Definition der Masse folgt mit allen ihr zugeschriebenen Eigenschaften
aus derjenigen einer Kraft, nicht umgekehrt – und zwar mit der
Notwendigkeit eines Symbols. Alle antiken Substanzbegriffe, sie
mögen noch so verschieden, idealistisch oder realistisch gefaßt sein,
bezeichnen *das zu Gestaltende*, eine Verneinung also, die ihre näheren Bestimmungen in jedem Fall aus dem Grundbegriff der Gestalt
herübernehmen muß. Alle abendländischen Substanzbegriffe bezeichnen *das zu Bewegende*, ohne Zweifel ebenfalls eine Verneinung,
aber die einer andern Einheit. *Gestalt und Ungestalt, Kraft und Nicht-
kraft* – so wird die dem Welteindruck beider Kulturen zugrunde
liegende und seine Formen restlos erschöpfende Polarität am deutlichsten wiederzugeben sein. Was die vergleichende Philosophie bis
jetzt ungenau und verwirrend mit dem einen Worte Stoff wiedergab, bedeutet im einen Fall das Substrat der Gestalt, im andern das
der Kraft. Es gibt nichts Verschiedeneres. Hier spricht das Gefühl
von Gott, ein *Wertgefühl*. Die antike Gottheit ist höchste Gestalt, die
faustische höchste Kraft. Das „andre" ist das Ungöttliche, dem die
Würde des Seins vom Geiste nicht zugesprochen werden kann. Un-
göttlich ist dem apollinischen Weltgefühl die gestaltlose, dem faustischen also die kraftlose Substanz.

8

Es ist ein wissenschaftliches Vorurteil, daß Mythen und Götter-
vorstellungen eine Schöpfung des primitiven Menschen seien und
daß „mit fortschreitender Kultur" der Seele die mythenbildende
Kraft verloren gehe. Das Gegenteil ist der Fall. Wäre nicht die Morphologie der Geschichte bis zum heutigen Tag eine kaum entdeckte
Welt von Problemen geblieben, so hätte man längst die vermeintlich allgemein verbreitete mythische Gestaltungskraft auf einzelne
Zeitalter beschränkt gefunden und endlich begriffen, daß diese Kraft
einer Seele, ihre Welt mit Gestalten, Zügen und Symbolen, *und zwar*

von einheitlichem Charakter, zu erfüllen, *gerade nicht* dem Weltalter der primitiven, sondern allein den Frühzeiten der *großen* Kulturen[1] angehört. Jeder Mythos großen Stils steht am Anfang eines erwachenden Seelentums. Er ist seine erste gestaltende Tat. Man findet ihn nur dort und nirgends anders, dort aber auch mit Notwendigkeit.

Ich setze voraus, daß das, was Urvölker, wie die Ägypter der Thinitenzeit, die Juden und Perser vor Kyros,[2] die Helden der mykenischen Burgen und die Germanen der Völkerwanderung[3] an religiösen Vorstellungen besaßen, noch kein höherer Mythos war, das heißt, wohl eine Summe zerstreuter und regellos wechselnder Züge, an Namen haftender Kulte, fragmentarischer Sagenbildungen, aber noch keine Götter*ordnung*, kein mythischer *Organismus*, kein geschlossenes Weltbild von einheitlicher Physiognomie, so wenig ich die Ornamentik dieser Stufe eine Kunst nenne. Übrigens sind die größten Bedenken Symbolen und Sagen gegenüber angebracht, die heute oder auch seit Jahrhunderten unter scheinbar primitiven Völkern geläufig sind, nachdem seit Jahrtausenden keine Landschaft der Erde von der Einwirkung fremder Hochkulturen ganz unberührt geblieben ist.

Es gibt deshalb so viele Formenwelten des großen Mythos, als es Kulturen, als es frühe Architekturen gibt. Was ihnen zeitlich vorausliegt, das Chaos unfertiger Gestaltenkreise, in das die moderne Mythenforschung sich ohne ein leitendes Prinzip verliert, kommt unter diesen Voraussetzungen nicht in Betracht; andrerseits zählen Bildungen dazu, von denen es noch niemand vermutet hat. In der homerischen Zeit (1100–800)[4] und der entsprechenden ritterlich-germanischen (900–1200),[5] den *epischen* Zeitaltern, nicht früher, nicht später, ist das große Weltbild einer neuen Religion entstanden. Ihnen entspricht in Indien die vedische und in Ägypten die Pyramidenzeit; man wird eines Tages entdecken, daß die ägyptische My-

[1] Über die Zeitalter der primitiven und der hohen Kulturen vgl. Bd. II, S. 593 ff.
[2] Vgl. Bd. II, S. 862.
[3] Vgl. Bd. II, S. 896 f.
[4] Vgl. Bd. II, S. 902 ff.
[5] Vgl. Bd. II, S. 911 ff.

thologie in der Tat gerade während der dritten und vierten Dynastie zur *Tiefe* herangereift ist.

Nur so ist der unermeßliche Reichtum religiös-intuitiver Schöpfungen zu verstehen, der die drei Jahrhunderte der deutschen Kaiserzeit füllt. Es ist die *faustische Mythologie*, die hier entstand. Man war bisher blind für den Umfang und die Einheit dieser Formenwelt, weil religiöse und gelehrte Vorurteile zu einer fragmentarischen Behandlung entweder der katholischen oder der nordisch-heidnischen Bestandteile drängten. Aber es besteht hier kein Unterschied. Der tiefe Bedeutungswandel innerhalb der christlichen Vorstellungskreise ist als schöpferischer Akt identisch mit der Zusammenfassung altheidnischer Kulte der Wanderzeit zu einem Ganzen. Es gehören hierher die sämtlichen westeuropäischen Volkssagen, die damals ihre symbolische Durchbildung erhalten haben, mögen sie auch der Substanz nach viel früher entstanden und viel später noch an neue äußere Erlebnisse angeknüpft und durch bewußtere Züge bereichert worden sein. Es gehören dazu die großen, in der Edda erhaltenen Göttersagen und eine Anzahl Motive aus den Evangeliendichtungen gelehrter Mönche. Dazu kommt die deutsche Heldensage des Siegfried-, Gudrun-, Dietrich-, Wielandkreises mit ihrem Gipfel im Nibelungenlied und neben ihr die ungeheuer reiche, aus altkeltischen Märchen abgeleitete und auf französischem Boden eben damals vollendete Rittersage: vom König Artus und der Tafelrunde, vom heiligen Gral, von Tristan, Parzival und Roland. Und endlich ist außer der unvermerkten, aber um so tieferen seelischen Umdeutung aller Züge der Passionsgeschichte der ganze Reichtum der katholischen Heiligenlegende hinzuzurechnen, deren Blütezeit das 10. und 11. Jahrhundert füllt. Damals sind die Marienleben, die Geschichten des hl. Rochus, Sebald, Severin, Franz, Bernhard und der Odilia entstanden. Um 1250 wurde die Legenda aurea verfaßt; es war die Blütezeit der höfischen Epik und der isländischen Skaldenpoesie. Den großen Walhallgöttern im Norden entsprechen die „vierzehn Nothelfer", die gleichzeitig im südlichen Deutschland als mythische Gruppe zusammengefaßt worden sind. Neben der Schilderung von Ragnarök, der Götterdämmerung, in der Völuspa steht

eine christliche Fassung in den süddeutschen Muspilli. Dieser große
Mythos entwickelt sich wie die Heldendichtung auf den *Höhen* der
frühen Menschlichkeit. Beide gehören den Urständen an, Adel oder
Priestertum. Sie sind in Burg und Dom zu Hause, nicht im Dorf.
Hier unten im Volk läuft eine schlichte Sagenwelt daneben durch
die Jahrhunderte, als Märchen, Volks- und Aberglaube bezeichnet
und doch von den Welten des hohen Schauens nicht zu trennen.[1]

Nichts ist für den letzten Sinn dieser religiösen Schöpfungen bezeichnender als die Tatsache, daß Walhall nicht altgermanischen Ursprungs ist und den Stämmen der Völkerwanderung noch gar nicht
bekannt war, sondern daß es erst jetzt und mit einem Schlage, aus
innerster Notwendigkeit im Bewußtsein der auf dem Boden des
Abendlandes neu entstandenen Völker sich bildete, „gleichzeitig"
also mit dem Olymp, den wir aus der homerischen Epik kennen
und der ebensowenig mykenischer Herkunft ist. Und zwar ist Walhall nur im Weltbild der beiden hohen Stände aus der Vorstellung
von Hel emporgewachsen; im Volksglauben blieb Hel das Toten-
reich.[2]

Man hat die tiefinnerliche Einheit dieser faustischen Mythen- und
Sagenwelt und die vollkommen einheitliche Symbolik ihrer Formensprache bis jetzt nicht beachtet. Aber Siegfried, Baldur, Roland,
der Heliand sind verschiedene Namen für ein und dieselbe Gestalt.
Walhall und die Gefilde der Seligen Avalun, König Artus' Tafelrunde und das Mahl der Einherier, Maria, Frigga und Frau Holle
bedeuten das gleiche. Demgegenüber ist die äußere Abstammung
der stofflichen Motive und Elemente, auf welche die Mythenforschung ein Übermaß von Eifer verwendet hat, lediglich ein Zug der
historischen Oberfläche und ohne tiefere Bedeutung. Für den *Sinn*
eines Mythos beweist seine Herkunft *nichts*. Das *numen* selbst, die
Urgestalt des Weltgefühls, ist reine, wahllose und unbewußte Schöpfung und unübertragbar. Was ein Volk durch Bekehrung oder be-
wundernde Nachahmung von einem anderen erhält, ist Name, Kleid
und Maske für ein eignes Gefühl, niemals das Gefühl selbst. Man hat

---

[1] Vgl. Bd. II, S. 900 f., 904.
[2] E. Mogk, German. Mythol., Grundr. d. germ. Philol. III (1900), S. 340.

die altkeltischen und altgermanischen Mythenmotive so gut wie den durch gelehrte Mönche bewahrten Formenschatz des antiken und den durch die abendländische Kirche vollständig übernommenen des gesamten christlich-morgenländischen Glaubens lediglich als den Stoff zu betrachten, aus dem die faustische Seele in diesen Jahrhunderten eine eigne mythische Architektur erschuf. Es ist auf dieser Stufe eines eben erwachenden Seelentums ganz belanglos, ob diejenigen, durch deren Geist und Mund dieser Mythos ins Leben tritt, „einzelne" Skalden, Missionare, Priester oder „das Volk" sind. Es ist für die innere Selbständigkeit des hier Entstandenen auch belanglos, daß die christlichen Vorstellungen die Formgebung entscheidend beherrscht haben.

Wir haben, jedesmal in der Frühzeit der antiken, arabischen und abendländischen Kultur, einen Mythos statischen, magischen, dynamischen Stils vor uns. Man prüfe jede Einzelheit der Form: wie dort eine Haltung, hier eine Tat, dort ein Sein, hier der Wille zugrunde liegen, wie in der Antike das leibhaft Greifbare, das sinnlich Gesättigte vorwaltet, das eben deshalb, was die Form der Verehrung anbelangt, seinen Schwerpunkt in einem sinnlich eindrucksvollen *Kultus* hat, während im Norden der Raum, die Kraft und mithin eine vorwiegend *dogmatisch* gefärbte Religiosität herrschen. Gerade in diesen frühesten Schöpfungen der jungen Seele tritt die Verwandtschaft zwischen den olympischen Gestalten, der attischen Statue und dem körperhaften dorischen Tempel, dann zwischen der überwölbten Kuppelbasilika, dem „Geist Gottes" und der Arabeske, endlich zwischen Walhall und dem Marienmythos, dem aufstrebenden Mittelschiff der Dome und der instrumentalen Musik hervor.

Die arabische Seele hat in den Jahrhunderten zwischen Cäsar und Konstantin ihren Mythos ausgebildet, jene phantastische Masse von Kulten, Visionen und Legenden, die noch heute kaum übersehbar ist,[1] synkretistische Kulte wie die der syrischen Baale, der Isis und des Mithras, der auf syrischem Boden völlig umgeschaffen wurde. Evangelien, Apostelgeschichten und Apokalypsen in erstaunlicher Zahl, die christlichen, persischen, jüdischen, neuplatonischen, mani-

---

[1] Vgl. Bd. II, S. 799 ff., 863 ff.

chäischen Legenden, die himmlischen Engel- und Geisterordnungen der Kirchenväter und Gnostiker. In der Leidensgeschichte der Evangelien, *dem eigentlichen Epos der christlichen Nation*, umgeben von der Kindheitsgeschichte und den Taten der Apostel, und in der gleichzeitig ausgebildeten Zarathustralegende erblicken wir die Heldengestalten der früharabischen Epik neben Achilles, Siegfried und Parzival. Die Szenen von Gethsemane und Golgatha stehen neben den erhabensten Bildern der hellenischen und germanischen Sage. Diese magischen Visionen erwuchsen fast ohne Ausnahme unter dem Eindruck der sterbenden Antike, die ihnen der Natur der Sache nach niemals den Gehalt, um so öfter die Form lieh. Es ist kaum zu überschätzen, wieviel Apollinisches umgedeutet werden mußte, bevor der altchristliche Mythos die feste Gestalt angenommen hatte, die er zur Zeit des Augustinus besaß.

9

Der antike Polytheismus besitzt demnach einen Stil, der ihn von jeder andern, äußerlich noch so verwandten Fassung eines Weltgefühls streng abhebt. Diese Art, Götter, keine Gottheit zu besitzen, war nur einmal da, eben in der einzigen Kultur, welche die Statue des nackten Menschen als den Inbegriff aller Kunst empfand. Die Natur, wie sie der antike Mensch um sich fühlte und erkannte, eine Summe wohlgestalteter körperlicher Dinge, konnte in keiner andern Form vergöttlicht werden. Der Römer fand in dem Anspruch Jahwes, allein anerkannt zu werden, etwas Atheistisches. *Ein* Gott war für ihn kein Gott. Von hierher schreibt sich die starke Abneigung des gesamten griechisch-römischen Volksbewußtseins gegen die Philosophen, soweit sie Pantheisten, mithin gottlos waren. Götter sind Körper, *somata* der vollkommensten Art, und zum *soma* im mathematischen wie im physikalischen, rechtlichen und dichterischen Sprachgebrauch gehört die Vielzahl. Der Begriff ζῷον πολιτικόν gilt auch von Göttern; nichts ist ihnen so fremd wie die Einsamkeit, das Allein- und Fürsichsein. Um so entschiedener haftet an ihrem Dasein das Merkmal einer beständigen *Nähe*. Es ist von höchster Bedeutung, daß gerade in Hellas die Gestirngötter, als *numina* der Ferne, fehlen. Helios hatte nur auf dem halb orientalischen Rhodos, Selene überhaupt keinen Kult. Beide sind lediglich, wie schon in der höfischen Poesie Homers, künstlerische Ausdrucksmittel, nach römischer Bezeichnung Elemente des *genus mythicum*, nicht des *genus civile*. Die altrömische Religion, in der das antike Weltgefühl in besonderer Reinheit zum Ausdruck kommt, kennt weder Sonne noch Mond, weder Sturm noch Wolken als Gottheiten. Waldesrauschen und Waldeinsamkeit, Gewitter und Meeresbrandung, die das Naturgefühl des faustischen Menschen, schon das des Kelten und Germanen, völlig beherrschen und seinen mythischen Schöpfungen den eigentümlichen Charakter geben, lassen das des antiken Menschen unberührt. Nur Konkreta, Herd und Tür, der *einzelne* Wald und das *einzelne* Feld, dieser Fluß und jener Berg, verdichten sich ihm zu Wesen. Man bemerkt, daß alles, was Ferne hat, alles, was grenzenlos und unkörperlich wirkt und deshalb den Raum als seiend, als göttlich in die gefühlte Natur ziehen würde, vom Mythos ausgeschlossen bleibt, wie denn auch Wolken und Horizonte, die dem Landschaftsgemälde des Barock erst Sinn und Seele geben, im antiken hintergrundlosen Fresko völlig fehlen. Die unbegrenzte Menge antiker Götter – jeder Baum, jede Quelle, jedes Haus, jeder Teil des Hauses sogar ist Gott – bedeutet, daß jedes greifbare Ding ein *für sich* bestehendes Wesen, keines also dem andern funktional untergeordnet ist.

Dem apollinischen und dem faustischen Naturbilde liegen überall die entgegengesetzten Symbole des Einzeldinges und des *einen* Raumes zugrunde. Olymp und Unterwelt sind von scharfer sinnlicher Bestimmtheit; die Reiche der Zwerge, Elben, Kobolde, Walhall und Niflheim – das alles ist irgendwo im Weltraum verloren. In der altrömischen Religion ist Tellus mater nicht die „Urmutter", sondern der handgreifliche Acker selbst. Faunus ist *der* Wald, Volturnus *der* Fluß; die Saat *heißt* Ceres, die Ernte *heißt* Consus. *Sub Jove frigido* heißt bei Horaz echt römisch: unter kaltem Himmel. Hier wird nicht einmal der Versuch einer bildlichen Wiedergabe an der Stätte der Verehrung gemacht, denn das hieße den Gott verdoppeln. Noch sehr spät lehnt sich nicht nur der römische, sondern auch der griechische Instinkt gegen Götterbilder auf; das beweisen der immer profaner werdenden Plastik gegenüber der Volksglaube und die *fromme* Philosophie.[1] Im Hause ist Janus die Tür als Gott, Vesta der Herd als Göttin; die beiden Funktionen des Hauses sind in ihrem Gegenstand Wesen, Gott geworden. Hellenische Flußgötter wie Acheloos, der als Stier erscheint, sind deutlich als der Fluß selbst, nicht etwa als im Flusse wohnend bezeichnet. Die Pane und Satyrn sind die als Wesen empfundenen, wohlbegrenzten Felder und Triften am Mittag. Dryaden und Hamadryaden *sind* Bäume. An vielen Stellen wurden einzelne, besonders wohlgewachsene Bäume an sich, ohne Namengebung verehrt, indem man sie mit Binden und Weihgeschenken schmückte. Dagegen besitzen die Mahre, Wichte, Zwerge, Hexen, Valkyren und die ihnen verwandten, schweifenden Heere der abgeschiedenen Seelen, die nachts umgehen, nichts von dieser ortsgebundenen Stofflichkeit. Najaden *sind* Quellen. Nixen und Alrunen aber, Holzgeister und Elben sind Seelen, die in Quellen, Bäume, Häuser nur *gebannt* sind und erlöst sein, wieder frei herumschweifen wollen. Das ist das vollkommene Gegenteil einer plastischen Naturempfindung. Die Dinge werden hier nur als Räume andrer Art erlebt. Eine Nymphe, eine Quelle also, nimmt wohl menschliche Gestalt an, wenn sie einen schönen Hirten besuchen will; eine Nixe aber ist eine verwunschene Prinzessin, mit Wasserrosen im Haar, die in Mitternächten aus dem See steigt, in dessen Tiefe sie wohnt. Kaiser Rotbart sitzt im Kyffhäuser und Frau Venus im Hörselberg. Es ist, als ob es nichts Stoffliches, Undurchdringliches im faustischen Weltall gäbe. In den Dingen ahnt man andre Welten; ihre Dichte, ihre Härte ist Schein, und – ein Zug, der im antiken Mythos gar nicht vorkommen könnte, der ihn aufheben würde – bevorzugten Sterblichen wird die Gabe verliehen, durch Felsen und Berge in die Tiefe zu schauen. Aber ist das nicht auch die geheime Meinung unserer physikalischen Theorie? Ist eine neue Hypothese nicht immer eine Art Springwurzel? Keine andre Kultur kennt so viele Sagen von Schätzen, die in Bergen und Seen

[1] Vgl. Bd. I, S. 343 f.

ruhen, von geheimnisvollen unterirdischen Reichen, Palästen, Gärten, in denen andre Wesen wohnen. Die ganze Substanz der sichtbaren Welt wird vom faustischen Naturgefühl verleugnet. Es gibt nichts Erdhaftes mehr; nur der Raum ist wirklich. Das Märchen löst die Materie der Natur auf, wie der gotische Stil die steinerne Masse seiner Dome, die in einer Fülle von Formen und Linien geisterhaft verschwebt, denen keine Schwere mehr anhaftet, die keine Grenze mehr kennen.

Der mit steigendem Nachdruck auf somatische Vereinzelung gerichtete antike Polytheismus verdeutlicht sich am schärfsten vielleicht in der Haltung „fremden Göttern" gegenüber. Für den antiken Menschen waren die Götter der Ägypter, Phöniker, Germanen, soweit sich mit ihnen eine bildhafte Vorstellung verbinden ließ, ebenfalls wirkliche Götter. Die Rede, daß sie „nicht existieren", hat innerhalb dieses Weltgefühls keinen Sinn. Der Grieche verehrt sie, wenn er mit ihrem Lande in Berührung kommt. Die Götter sind wie eine Statue, eine Polis, ein euklidischer Körper an den Ort gebunden. Sie sind Wesen der Nähe, nicht des allgemeinen Raumes. So gut Zeus und Apollo zurücktreten, wenn man sich etwa in Babylon aufhält, so gut hat man die dort heimischen Götter nun *besonders* zu achten. Diese Bedeutung haben die Altäre mit der Aufschrift „Den unbekannten Göttern" –, welcher Paulus in der Apostelgeschichte eine so bezeichnend mißverständliche, magisch-monotheistische Deutung gibt. Es sind die Götter, welche der Grieche dem Namen nach nicht kennt, die aber von den Fremden in den großen Häfen, im Piräus oder in Korinth etwa, verehrt werden und denen er deshalb Achtung zollt. Mit klassischer Deutlichkeit offenbart dies das römische Sakralrecht und die streng bewahrten Anrufungsformeln z. B. der *generalis invocatio*.[1] Da das Universum die Summe der Dinge ist und Götter Dinge sind, so werden auch alle die Götter als solche anerkannt, mit denen der Römer praktisch-historisch noch nicht in Beziehung getreten ist. Er kennt sie nicht oder sie sind die Götter seiner Feinde, aber sie *sind* Götter, weil das Gegenteil nicht vorstellbar ist. Das ist der Sinn jener sakralen Wendung bei Livius

---

[1] Wissowa, Religion und Kultus der Römer (1912), S. 38.

(VIII, 9, 6): *di quibus est potestas nostrorum hostiumque.* Das römische Volk gesteht, daß der Kreis *seiner* Götter nur augenblicklich begrenzt ist, und will durch diese Formel am Ende des Gebets, nachdem die eigenen Götter mit Namen aufgezählt sind, den Rechten der andern nicht zu nahe treten. Nach dem Sakralrecht geht mit der Besitzergreifung fremden Landes die ganze Summe religiöser Verpflichtungen, die an diesem Gebiet und dessen Gottheiten haftet, auf die Stadt Rom über –, das ist die logische Konsequenz des *additiven* antiken Gottgefühls. Daß mit der Anerkennung der Gottheit die der Formen ihres Kultus durchaus nicht gleichbedeutend war, beweist der Fall der Magna Mater von Pessinus, die im zweiten Punischen Kriege auf Grund einer sibyllinischen Weissagung in Rom rezipiert wurde, während ihr höchst unantik gefärbter Kultus – der von miteingewanderten Priestern aus ihrer Heimat ausgeübt wurde – unter strenger polizeilicher Aufsicht stand, und nicht nur römischen Bürgern, sondern selbst deren Sklaven der Eintritt in die Priesterschaft bei Strafe untersagt war. Mit der Aufnahme der Göttin war dem antiken Weltgefühl Genüge getan, mit der persönlichen Ausübung ihres dem Römer verächtlichen Kultus wäre es aber verletzt worden. Das Verhalten des Senats ist in solchen Fällen entscheidend, während das Volk bei der zunehmenden Vermischung mit östlichen Völkerschaften an diesen Kulten Geschmack fand und die römischen Heere der Kaiserzeit infolge ihrer Zusammensetzung sogar einer der wichtigsten Träger des magischen Weltgefühls geworden sind.

Von hier aus wird der Kult vergötterter Menschen als ein *notwendiges* Element innerhalb dieser religiösen Formenwelt verständlich. Aber man hat scharf zwischen antiken und den oberflächlich ähnlichen orientalischen Erscheinungen zu unterscheiden. Der römische Kaiserkult, d. h. die Verehrung des Genius des lebenden Prinzeps und die der verstorbenen Vorgänger als Divi, ist bisher mit der zeremoniellen Verehrung des Herrschers in vorderasiatischen Reichen, vor allem in Persien,[1] und noch mehr mit der späteren ganz

---

[1] In Ägypten hat erst Ptolemäus Philadelphus den Herrscherkult eingeführt. Die Verehrung der Pharaonen hatte eine ganz andre Bedeutung.

anders gemeinten Vergötterung der Kalifen, die schon bei Diokletian und Konstantin in voller Ausbildung erscheint, vermengt
worden. In der Tat handelt es sich hier um sehr verschiedene Dinge.
Mag im Osten die Verschmelzung dieser symbolischen Formen
dreier Kultuien einen hohen Grad erreicht haben, in Rom ist der
antike Typus unzweideutig und rein verwirklicht worden. Schon
einige Griechen wie Sophokles und Lysander, vor allem Alexander,
wurden nicht nur von Schmeichlern als Götter ausgerufen, sondern
vom Volkstum in einem ganz bestimmten Sinn als solche empfunden. Von der Göttlichkeit eines Dinges, eines Hains, einer Quelle,
endlich einer Statue, die den Gott repräsentiert, bis zu der eines hervorragenden Menschen, der erst Heros und dann Gott wird, ist nur
ein Schritt. Man verehrte im einen wie im andern die vollkommene
Gestalt, in der die Weltsubstanz, das an sich Nichtgöttliche, sich verwirklicht hatte. Eine Vorstufe war der Konsul am Tage seines
Triumphes. Er trug hier die Rüstung des kapitolinischen Jupiter, und
in der älteren Zeit waren Gesicht und Arme mit roter Farbe be-
strichen, um die Ähnlichkeit mit der Terrakottastatue des Gottes,
dessen *numen* sich in diesem Augenblick in ihm verkörperte, zu
erhöhen.

10

In den ersten Generationen der Kaiserzeit löst sich der antike
Polytheismus, ohne daß in vielen Fällen an der äußeren, kultischen
oder mythischen Form etwas geändert worden wäre, in den magischen Monotheismus auf.[1] Eine neue Seele war erschienen und sie
erlebte die verjährten Formen anders. Die Namen bestanden fort,
aber sie deckten andre *numina*.

Alle „spätantiken" Kulte, der Isis und Kybele, des Mithras, Sol,
Sarapis, gelten nicht mehr ortsgebundenen, plastisch empfundenen
Wesen. Auf der Akropolis wurde einst Hermes Propylaios am Ein-
gang verehrt. Wenige Schritte davon befand sich der Kultort des
Hermes, des Gatten der Aglauros, ein Punkt, über dem später das
Erechtheion errichtet wurde. Auf der Südspitze des Kapitols lag

[1] Vgl. Bd. II, S. 799 ff.

dicht neben dem Heiligtum des Jupiter Feretrius, in dem sich statt
der Statue ein heiliger Stein *(silex)* befand, das des Jupiter Optimus
Maximus, und Augustus mußte, als er für diesen den Riesentempel
erbaute, den Ort sorgfältig schonen, an welchem das *numen* des
ersten haftete. Aber in frühchristlicher Zeit konnten Jupiter Dolichenus und Sol Invictus überall da verehrt werden, wo „zwei oder
drei versammelt waren in ihrem Namen", und alle diese Gottheiten
wurden mehr und mehr als ein einziges *numen* empfunden, nur daß
jeder Anhänger eines einzelnen Kultes überzeugt war, es in seiner
wahren Gestalt zu kennen. In diesem Sinne sprach man von der
„millionennamigen Isis". Bis dahin waren die Namen Bezeichnungen ebensovieler körperhaft und örtlich verschiedener Götter gewesen, jetzt sind sie *Titel* des einen, den jeder meint.

Dieser magische Monotheismus offenbart sich in allen religiösen
Schöpfungen, die vom Osten aus das Imperium erfüllen, der alexandrinischen Isis, des von Aurelian bevorzugten Sonnengottes (des
Baal von Palmyra), des von Diokletian beschützten Mithras, dessen
persische Gestalt in Syrien völlig umgeprägt worden war, der von
Septimius Severus verehrten Baalath von Karthago (Tanith, Dea
caelestis), die sämtlich nicht mehr in antiker Weise die Zahl der konkreten Götter vermehren, sondern sie im Gegenteil in einer der bildhaften Darstellung sich mehr und mehr entziehenden Weise in sich
aufnehmen. Das ist Alchymie an Stelle der Statik. Dem entspricht
es, daß an Stelle des Bildes gewisse Symbole, der Stier, das Lamm,
der Fisch, das Dreieck, das Kreuz in den Vordergrund treten. „*In
hoc signo vinces*" – das klingt nicht mehr antik. Hier bereitet sich die
Abkehr von der menschendarstellenden Kunst vor, die später im
Islam und in Byzanz zum Bilderverbot führte.

Bis auf *Trajan* herab, als auf griechischem Boden längst der letzte
Hauch apollinischen Weltgefühls verschwunden war, besaß der römische Staatskult die Kraft, die euklidische Tendenz einer fortge-
setzten *Vermehrung* der Götterwelt zu wahren. Die Gottheiten der
unterworfenen Länder und Völker erhalten in Rom eine anerkannte
Kultstätte, Priesterschaft und Ritual, während sie selbst als genau
abgegrenzte Individuen neben die Götter der Vergangenheit treten.

Von da an siegt auch an dieser Stelle, trotz eines ehrwürdigen Widerstandes, der seinen Sitz in einer kleinen Zahl uralter Patrizierfamilien hat,[1] der magische Geist; die Göttergestalten schwinden als solche, als Körper, aus dem Bewußtsein, um einem transzendenten Gottgefühl Platz zu machen, das nicht mehr auf dem unmittelbaren Zeugnis der Sinne beruht, und die Bräuche, Feste und Legenden verfließen ineinander. Als Caracalla 217 den sakralrechtlichen Unterschied zwischen römischen und fremden Gottheiten aufhob, womit tatsächlich Isis die erste, alle älteren weiblichen *numina* umfassende Gottheit Roms[2] und damit die gefährlichste Feindin des Christentums wurde, die sich den Todhaß der Kirchenväter zuzog, war Rom ein Stück Orient, eine religiöse Provinz Syriens geworden. Damals beginnen die Baale von Doliche, Petra, Palmyra, Emesa zum Monotheismus des Sol zu verschmelzen, der später als Gott des Reiches in seinem Vertreter Licinius von Konstantin besiegt wurde. Es handelt sich nicht mehr um antik oder magisch – das Christentum konnte den hellenischen Göttern sogar eine Art ungefährlicher Sympathie entgegenbringen –, sondern darum, welche der magischen Religionen der Welt des antiken Imperiums die religiöse Form geben sollte. Man findet diese Abnahme des plastischen Empfindens sehr deutlich in den Entwicklungsstufen des Kaiserkultes, wo zuerst der verstorbene Kaiser als Divus durch Senatsbeschluß in den Kreis der Staatsgötter aufgenommen wird – als erster der Divus Julius 42 v. Chr. – und eine eigne Priesterschaft erhält, so daß von nun an sein Bild bei Familienfesten nicht mehr unter den Ahnenbildern vorangetragen wird; wo dann von Marc Aurel an keine neue Priesterschaft mehr für den Dienst vergöttlichter Kaiser entsteht, bald darauf auch kein neuer Tempel mehr geweiht wird, weil ein allgemeines *templum divorum* dem religiösen Gefühl hinreichend erscheint, und die Bezeichnung Divus endlich sich in einen *Titel* der Mitglieder des Kaiserhauses verwandelt. Dieser Ausgang bezeichnet den Sieg des magischen Gefühls. Man wird finden, daß die Häufung von Namen in Weihinschriften, wie Isis - Magna Mater - Juno - Astarte -Bellona

---

[1] Wissowa, Religion u. Kult. d. Römer (1912), S. 98 ff.
[2] Ebenda, S. 355.

oder Mithras - Sol Invictus - Helios schon längst die Bedeutung des Titels einer alleinexistierenden Gottheit angenommen hat.[1]

11

Der Atheismus ist dem Psychologen wie dem Religionsforscher bisher kaum einer sorgfältigen Betrachtung wert erschienen. Soviel über ihn schlechtweg geschrieben und räsoniert worden ist, gleichviel ob im Stile des freigeistigen Märtyrers oder des gläubigen Zeloten: von *Arten* des Atheismus, von der Analyse einer einzelnen, *bestimmten* Erscheinungsform in ihrer Fülle und Notwendigkeit, ihrer starken Symbolik, ihrer zeitlichen Beschränktheit hat man nie gehört.

„Der" Atheismus – ist er die apriorische Struktur eines gewissen Weltbewußtseins oder eine wahlfreie Überzeugung? Wird man für ihn geboren oder zu ihm bekehrt? Zieht das unbewußte Gefühl von einem entgötterten Kosmos auch das Wissen davon nach sich, daß „der große Pan tot ist"? Gibt es frühe Atheisten, etwa in der dorischen oder gotischen Zeit? Gibt es jemand, der sich mit Leidenschaft, aber mit Unrecht als Atheisten bezeichnet? Und kann es zivilisierte Menschen geben, die es *nicht* sind, zum wenigsten nicht ganz?

Daß zum Wesen des Atheismus, wie schon die Wortbildung in sämtlichen Sprachen verrät, die Verneinung gehört, daß er den Verzicht auf eine geistige Verfassung bedeutet, die ihm also voraufgeht, und nicht etwa den schöpferischen Akt einer ungebrochenen Ge-

---

[1] Die symbolische Bedeutung des Titels und seine Beziehung zu Begriff und Idee der Person kann hier nicht gegeben werden. Es sei nur darauf aufmerksam gemacht, daß die antike Kultur als einzige von allen niemals einen Titel gekannt hat. Das würde dem streng Somatischen ihrer Bezeichnungen widersprochen haben. Außer Eigen- und Beinamen besaß sie nur die technischen Namen tatsächlich ausgeübter Ämter. „Augustus" wird sofort Eigenname, Cäsar sehr bald Amtsbezeichnung. Man kann das Vordringen des magischen Gefühls daran verfolgen, wie in der spätrömischen Beamtenschaft höfliche Wendungen wie *vir clarissimus* feststehende *Titulaturen* werden, die verliehen und entzogen werden können. Genau so sind die Namen fremder und älterer Götter jetzt zu Titeln der anerkannten Gottheit geworden. „Heiland" (Asklepios) und „Guter Hirte" (Orpheus) sind Titel Christi. In antiker Zeit aber waren sogar die Beinamen römischer Gottheiten allmählich zu selbständigen Göttern geworden.

staltungskraft, steht fest. Aber was wird da verneint? In welcher Weise? Und von wem?

Ohne Zweifel ist der Atheismus, richtig verstanden, der notwendige Ausdruck eines in sich vollendeten, in seinen religiösen Möglichkeiten erschöpften, dem Anorganischen verfallenden Seelentums. Er verträgt sich sehr wohl mit dem lebhaften und sehnsüchtigen Bedürfnis nach echter Religiosität[1] – darin aller Romantik verwandt, die ebenfalls etwas unwiderruflich Verlornes, die Kultur nämlich, wieder heraufrufen möchte –, und er kann seinem Träger sehr wohl unbewußt sein, eine Gestalt seines Fühlens, die nie in die Konventionen seines Denkens eingreift, die seiner Überzeugung sogar widerspricht. Man begreift das, wenn man einsieht, weshalb der fromme Haydn Beethoven einen Atheisten nannte, nachdem er Musik von ihm gehört hatte. Der Atheismus gehört zum Menschen noch nicht der Aufklärung, aber der beginnenden Zivilisation. Er gehört zur großen Stadt; er gehört zum „Gebildeten" der großen Städte, der sich mechanisch aneignet, was seine Vorfahren, die Schöpfer seiner Kultur, organisch erlebt haben. Aristoteles ist, vom antiken Gottesgefühl aus, Atheist, ohne es zu wissen. Der hellenistisch-römische Stoizismus ist es so gut wie der Sozialismus und Buddhismus der westeuropäischen und indischen Modernität – oft beim ehrlichsten Gebrauch des Wortes „Gott".

Bedeutet diese späte und zur „zweiten Religiosität" hinüberleitende Form des Welt*gefühls* wie des Welt*bildes* aber die Verneinung des Religiösen in uns, so ist sie in jeder Zivilisation von andrer Struktur. Es gibt keine Religiosität ohne eine ihr *allein* zugehörige, gegen sie *allein* gerichtete atheistische Auflehnung. Man erlebt die ringsum sich dehnende Außenwelt auch weiterhin wie einen Kosmos wohlgeordneter Körper, als Welthöhle oder unendlichen, wirkenden Raum, aber man erlebt die *heilige Kausalität* nicht mehr darin, und man *erkennt*, wenn man das Bild dieser Welt betrachtet, nur eine profane, im Mechanischen sich erschöpfende Kausalität,

---

[1] Diagoras, der seiner „gottlosen" Schriften wegen in Athen zum Tode verurteilt wurde, hat tief fromme Dithyramben hinterlassen. Man lese daraufhin Hebbels Tagebücher und seine Briefe an Elise. Er „glaubte nicht an Gott", aber er betete.

oder wünscht und glaubt, daß es so sei.[1] Es gibt einen antiken, arabischen, abendländischen Atheismus, die untereinander nach Sinn
und Gehalt völlig verschieden sind. Nietzsche hat den dynamischen
dahin formuliert, daß „Gott tot sei". Ein antiker Philosoph hätte
den statisch-euklidischen damit bezeichnet, daß „die am heiligen
Orte weilenden Götter tot sind". Das eine bedeutet die Entgötterung
des unendlichen Raumes, das andre die der unzähligen Dinge. Der
tote Raum und die *toten* Dinge aber sind die „Tatsachen" der Physik.
Der Atheist vermag zwischen dem Naturbild der Physik und dem
der Religion keinen Unterschied zu erleben. Mit einem richtigen
Gefühl unterscheidet der Sprachgebrauch Weisheit und Intelligenz,
als frühen und späten, ländlichen und großstädtischen Zustand des
Geistes. Intelligenz klingt atheistisch. Niemand würde Heraklit oder
Meister Eckart eine Intelligenz nennen, aber Sokrates und Rousseau
waren intelligent, nicht „weise". In dem Wort liegt etwas Wurzelloses.
Nur vom Standpunkt des Stoikers und Sozialisten, des typisch irreligiösen Menschen aus ist der Mangel an Intelligenz etwas Verächtliches.

Das Seelische jeder lebendigen Kultur ist religiös, hat Religion,
ob es sich dessen bewußt ist oder nicht. Daß es überhaupt da ist,
daß es wird, sich entwickelt, sich erfüllt, *ist* seine Religion. Es steht
ihm nicht frei, irreligiös zu sein. Es ist ihm nur möglich, wie im
mediceischen Florenz, mit dem Gedanken daran zu spielen. Der
Mensch der Weltstädte aber ist irreligiös. Das gehört zu seinem
Wesen; das bezeichnet seine historische Erscheinung. Er mag aus
der schmerzlichen Empfindung einer inneren Leere und Armut
noch so ernstlich religiös sein wollen, er kann es nicht. Alle weltstädtische Religiosität beruht auf Selbsttäuschung. Der Grad von
Frömmigkeit, dessen eine Zeit fähig ist, offenbart sich in ihrem Verhältnis zur Toleranz. Man duldet entweder, weil Etwas der Formensprache nach vom Göttlichen redet, so wie man es selbst erlebt, oder
man duldet, weil man *nichts* dergleichen mehr erlebt.

Was man heute antike Toleranz nennt,[2] ist ein Ausdruck des
Gegenteils von Atheismus. Zum Begriff der antiken Religion ge-

---

[1] Vgl. Bd. II, S. 935.
[2] Vgl. Bd. II, S. 802.

hört die *Vielzahl* der *numina* und Kulte. Sie sämtlich gelten zu lassen war nicht tolerant, sondern der selbstverständliche Ausdruck antiken Frommseins. Im Gegenteil, wer hier Ausnahmen forderte, erwies sich eben damit als gottlos. Christen und Juden galten als Atheisten, und sie mußten es für jeden sein, dessen Weltbild ein Inbegriff von Einzelkörpern war. Als man in der Kaiserzeit aufhörte, so zu empfinden, war auch das antike Gottgefühl zu Ende. Allerdings aber setzte man Achtung vor der Form des ortsgebundenen Kultus überhaupt voraus, vor den Götterbildern, den Mysterien, den Opfern und Festbräuchen, und wer sie verhöhnte oder entweihte, lernte die Grenzen antiker Duldung kennen. Man denke an den Hermakopidenfrevel in Athen und an die Prozesse wegen Entweihung der eleusinischen Mysterien, das heißt der profanierenden Nachahmung des sinnlichen Elements. Der faustischen Seele aber war das *Dogma* wesentlich, nicht der sichtbare Kult. Es ist der Gegensatz von Raum und Körper, von Überwindung und Anerkennung des Augenscheins. Gottlos ist für uns die Auflehnung gegen eine *Lehre*. Hier beginnt der raumhaft-geistige Begriff der Ketzerei. Eine faustische Religion konnte ihrer Natur nach keine *Gewissensfreiheit* gestatten – das widerspricht ihrer den Raum durchdringenden Dynamik. Darin macht auch das Freidenkertum keine Ausnahme. Auf den Scheiterhaufen folgte die Guillotine, auf das Verbrennen der Bücher ihr Totschweigen, auf die Macht der Predigt die Macht der Presse. Es gibt unter uns keinen Glauben ohne Neigung zur Inquisition in irgendeiner Form. Mit einem *zugehörigen* Bilde der Elektrodynamik ausgedrückt: Das Kraftfeld einer Überzeugung ordnet alle darin befindlichen Geister seiner Spannung ein. Wer das nicht will, der besitzt keine starke Überzeugung mehr. Er ist, kirchlich gesprochen, gottlos. Gottlos aber war für die Antike eine Verachtung des Kultus – ἀσέβεια im wörtlichen Sinne – und hier duldete die apollinische Religion keine *Freiheit des Verhaltens*. Damit war in beiden Fällen eine Grenze derjenigen Toleranz gezogen, welche das Gottgefühl forderte und welche es verbot.

In diesem Punkte nun stand die spätantike Philosophie, die sophistisch-stoische Theorie (nicht die stoische Weltstimmung) dem reli-

giösen Empfinden entgegen, und hier war das Volk von Athen
– desselben Athens, das auch noch den „unbekannten Göttern"
Altäre baute – von der Unerbittlichkeit der spanischen Inquisition.
Man hat nur die Reihe antiker Denker und historischer Persönlichkeiten zu mustern, die der Heilighaltung des Kultus geopfert wurden. Sokrates und Diogoras wurden der Asebeia wegen hingerichtet;
Anaxagoras, Protagoras, Aristoteles, Alkibiades konnten sich nur
durch Flucht retten. Die Zahl der wegen Kultfrevels Hingerichteten
zählt allein in Athen und nur während der Jahrzehnte des Peloponnesischen Krieges nach Hunderten. Nach der Verurteilung des
Protagoras wurden seine Schriften von Haus zu Haus gesucht und
verbrannt. In Rom beginnen die historisch noch erkennbaren Akte
dieser Art mit der 181 vom Senat angeordneten öffentlichen Verbrennung der pythagoräischen „Bücher des Numa", und von da an
folgen ohne Unterbrechung Ausweisungen einzelner Philosophen
und ganzer Schulen, späterhin Hinrichtungen und die feierliche
Verbrennung von Schriften, die der Religion gefährlich werden
konnten. Hierher gehört die Tatsache, daß allein zur Zeit Cäsars die
Stätten des Isiskultes von den Konsuln fünfmal zerstört worden sind,
und daß Tiberius das Bild der Göttin in den Tiber werfen ließ. Die
Verweigerung des Opfers vor dem Bild des Kaisers war unter Strafe
gestellt. In allen Fällen handelt es sich um „Atheismus", wie er sich
aus dem *antiken* Gottgefühl ergab und wie er sich als theoretische
oder praktische Mißachtung des sichtbaren Kultes offenbarte. Wer
in diesen Dingen nicht das eigne, abendländische Empfinden aus
dem Spiele lassen kann, wird nie in das Wesen des hier zugrunde
liegenden Weltbildes eindringen. Dichter und Philosophen durften
Mythen erfinden und Göttergestalten umbilden, soviel sie wollten.
Die dogmatische Deutung des sinnlich Gegebenen stand in jeder-
manns Belieben. Man konnte die Götter*geschichten* in Satyrspielen
und Komödien verspotten – selbst das griff nicht an ihr euklidisches
Dasein –, aber an das Götter*bild*, den Kultus, die plastische Gestaltung der Götterverehrung durfte nicht gerührt werden. Man mißversteht die feinen Geister der ersten Kaiserzeit, wenn man es als
Heuchelei auffaßt, daß sie, ohne irgendeinen Mythos noch ernst zu

nehmen, alle Verpflichtungen der Staatskulte, vor allem des allenthalben tief empfundenen Kaiserkultes auf sich nahmen. Umgekehrt
stand es dem Dichter und Denker der gereiften faustischen Kultur
frei, „nicht zur Kirche zu gehen", die Beichte zu meiden, bei Pro-
zessionen daheim zu bleiben, in protestantischer Umgebung ohne
alle Verbindung mit kirchlichen Bräuchen zu leben, nicht aber, an
dogmatische Einzelheiten zu rühren. Das war innerhalb aller Konfessionen und Sekten (das Freidenkertum nochmals ausdrücklich
einbegriffen) gefährlich. Das Beispiel des stoischen Römers, der ohne
Glauben an die Mythologie die sakralen Formen pietätvoll beobachtet, findet sein Gegenstück an Menschen der Aufklärungszeit wie
Lessing und Goethe, die, ohne die kirchlichen Gebräuche zu erfüllen, doch niemals an den „Grundwahrheiten des Glaubens" zweifeln.

12

Kehren wir vom gestaltgewordnen Naturgefühl zur systemge-
wordnen Naturerkenntnis zurück, so kennen wir Gott oder die Götter als Ursprung der Gebilde, durch welche der Geist reifer Kulturen
sich der Umwelt begrifflich zu bemächtigen sucht. Goethe bemerkt
einmal zu Riemer: „Der Verstand ist so alt wie die Welt, auch das
Kind hat Verstand: aber er wird nicht in jedem Zeitalter auf gleiche
Weise und auf einerlei Gegenstände angewendet. Die früheren Jahrhunderte hatten ihre Ideen in Anschauungen der Phantasie; unseres
bringt sie in Begriffe. *Die großen Ansichten des Lebens waren damals
in Gestalten, in Götter gebracht; heutzutage bringt man sie in Begriffe.*
Dort war die Produktionskraft größer, heute die Zerstörungskraft
oder die Scheidekunst." Die starke Religiosität der Mechanik Newtons[1] und die fast vollkommen atheistisch formulierte moderne
Dynamik sind von gleicher Farbe, Position und Negation desselben
Urgefühls. Ein physikalisches System trägt mit Notwendigkeit alle

---

[1] In dem berühmten Schluß seiner „Optik" (1706), der einen gewaltigen Eindruck machte und der Ausgangspunkt ganz neuer theologischer Fragestellungen
wurde, grenzt er den Bereich der mechanischen Ursachen gegen die göttliche
erste Ursache ab, deren Wahrnehmungsorgan der unendliche Raum selbst sein
müsse.

Züge der Seele, zu deren Formenwelt sie gehört. Zur Dynamik und analytischen Geometrie gehört der Deismus des Barock. Seine drei Grundprinzipien Gott, Freiheit und Unsterblichkeit heißen in der Sprache der Mechanik das Prinzip der Trägheit (Galilei), das Prinzip der kleinsten Wirkung (d'Alembert) und das Prinzip der Erhaltung der Energie (J. R. Mayer).

Was wir heute ganz allgemein Physik nennen, ist in der Tat ein Kunstwerk des Barock. Es wird nicht mehr als paradox empfunden werden, wenn ich insbesondere diejenige Vorstellungsweise, welche auf der Annahme von Fernkräften und den der naiv-antiken Anschauung völlig fremden Fernwirkungen, der Attraktion und Repulsion von Massen beruht, in Anlehnung an den von Vignola begründeten Jesuitenstil der Architektur als den Jesuitenstil der Physik bezeichne, wie mir ganz ebenso die Infinitesimalrechnung, die nur im Abendland und gerade damals entstand und nur dort entstehen konnte, den Jesuitenstil in der Mathematik darzustellen scheint. „Richtig" ist innerhalb dieses Stils eine Arbeitshypothese, welche die Technik des Experimentierens vertieft. Für Loyola wie für Newton handelt es sich nicht um eine bloße Schilderung der Natur, sondern um eine *Methode*.

Die abendländische Physik ist ihrer inneren Form nach dogmatisch, nicht kultisch. Ihr Inhalt ist das *Dogma von der Kraft*, die mit dem Raume, der Distanz identisch ist, die Lehre von der mechanischen Tat, nicht der mechanischen Haltung im Weltall. Ihre Tendenz ist demnach die fortschreitende Überwindung des Augenscheins. Von einer noch sehr „antiken" Einteilung in eine Physik des Auges (Optik), Ohres (Akustik) und Hautsinnes (Wärmelehre) ausgehend hat sie die Sinnesempfindungen allmählich ganz ausgeschaltet und durch abstrakte Beziehungssysteme ersetzt, so daß z. B. die strahlende Wärme infolge der Vorstellungen von dynamischen Bewegungen des Äthers heute in der Optik behandelt wird, und Optik mit dem Auge gar nichts mehr zu tun hat.

„Die Kraft" ist eine mythische Größe, die nicht aus wissenschaftlicher Erfahrung stammt, sondern im Gegenteil deren Struktur im voraus bestimmt. Nur in der Naturauffassung faustischer Menschen

gibt es statt eines Magneten einen Magnetismus, in dessen *Kraft*feld
ein Stück Eisen liegt, statt leuchtender Körper eine strahlende Energie, und weiterhin Personifikationen wie „die" Elektrizität, „die"
Temperatur, „die" Radioaktivität.[1]

Daß diese Kraft oder Energie in der Tat ein zum Begriff erstarrtes
numen und nicht entfernt das Ergebnis wissenschaftlicher Erfahrung
ist, wird durch die oft übersehene Tatsache bestätigt, daß das Grundprinzip der Dynamik, der bekannte erste Hauptsatz der mechanischen Wärmetheorie, überhaupt nichts über das Wesen der Energie
aussagt. Daß die „Erhaltung der Energie" in ihm fixiert sei, ist
eigentlich ein falscher, aber psychologisch sehr bezeichnender Ausdruck. Die experimentelle Messung kann ihrer Natur nach nur eine
Zahl feststellen, die man – ebenfalls sehr bezeichnend – *Arbeit* benannt hat. Aber der dynamische Stil unseres Denkens forderte deren
Auffassung als Energie*differenz*, obwohl der absolute Betrag der
Energie nur ein Bild ist und niemals durch eine bestimmte Zahl
angegeben werden kann. Es bleibt also jedesmal, wie man sich ausdrückt, eine additive Konstante unbestimmt, das heißt man sucht
das mit dem inneren Auge aufgefaßte Bild einer Energie festzuhal-
ten, obwohl die wissenschaftliche Praxis nichts damit zu tun hat.

Aus dieser Herkunft des Kraftbegriffs folgt, daß er ebensowenig
definierbar ist wie die gleichfalls den antiken Sprachen fehlenden
Urworte Wille und Raum. Es bleibt immer ein gefühlter und ge-
schauter Rest, der jede persönliche Definition *zu einem fast religiösen
Bekenntnis ihres Urhebers* macht. Jeder Naturforscher des Barock hat
hier ein inneres Erlebnis, das er in Worte kleidet. Man denke an
Goethe, der seinen Begriff einer Weltkraft nicht hätte definieren
können und mögen, aber seiner gewiß war. Kant nannte die Kraft

---

[1] Zuerst hat, wie oben gezeigt worden ist, der abendländische Sprachgebrauch
mit seinem *ego habeo factum* statt *feci* die dynamische Struktur unseres Denkens
zum Vorschein gebracht, und seitdem stellen wir mit steigender Entschiedenheit
alles, was sich ereignet, durch dynamische Wendungen fest. Wir sagen, daß „die
Industrie" sich Absatzgebiete erschließt und daß „der Rationalismus" zur Herrschaft gelangt. Keine antike Sprache gestattet solche Ausdrücke. Kein Grieche
würde statt von den Stoikern von dem „Stoizismus" geredet haben. Hierin liegt
auch ein wesentlicher Unterschied zwischen den Bildern der antiken und abendländischen Poesie.

die Erscheinung eines an sich Seienden: „Die Substanz im Raume,
den Körper, kennen wir nur durch Kräfte." Laplace nannte sie eine
Unbekannte, deren Wirkungen wir nur erkennen; Newton hatte
an immaterielle Fernkräfte gedacht. Leibniz sprach von der *vis viva*
als einem Quantum, das mit der Materie zusammen die Einheit der
Monade bildet. Descartes war ebensowenig wie einzelne Denker des
18. Jahrhunderts (Lagrange) gewillt, Bewegung vom Bewegten
grundsätzlich zu sondern. Neben *potentia*, *impetus*, *virtus* finden sich
schon in gotischer Zeit Umschreibungen mit *conatus* und *nisus*, wo
offenbar die Kraft von der auslösenden Ursache nicht gesondert
worden ist. Es ist sehr wohl möglich, katholische, protestantische
und atheistische Kraftbegriffe zu unterscheiden. Spinoza, als Jude,
seelisch also der magischen Kultur zugehörig, vermochte den faustischen Kraftbegriff überhaupt nicht in sich aufzunehmen. Er fehlt
in seinem System.[1] Und es ist ein erstaunliches Zeichen für die geheime Macht der Urbegriffe, daß H. Hertz, der einzige Jude unter
den großen Physikern der jüngsten Vergangenheit, auch der einzige
war, der den Versuch machte, das Dilemma der Mechanik durch
Ausschaltung des Kraftbegriffs zu lösen.

Das Dogma von der Kraft ist das *einzige* Thema der faustischen
Physik. Was unter dem Namen Statik als Teil der Naturwissenschaft
durch alle Systeme und Jahrhunderte mitgeführt wurde, ist eine
Fiktion. Es steht mit einer „modernen Statik" nicht anders als mit
der „Arithmetik" und „Geometrie", wörtlich den Lehren vom
Zählen und Messen, die innerhalb der neueren Analysis ebenfalls,
wenn man mit den Worten überhaupt noch den ursprünglichen Sinn
verbindet, leere Namen, literarische Reste antiker Wissenschaften
sind, die zu beseitigen oder auch nur als Scheingebilde zu erkennen
uns die Ehrfurcht vor allem Antiken bisher nicht gestattet hat. Es
gibt keine abendländische Statik, das heißt keine dem abendländischen Geist natürliche Art der Deutung mechanischer Tatsachen,
welche die Begriffe Gestalt und Substanz (allenfalls Raum und Masse)
statt Raum, Zeit, Masse und Kraft zugrunde legt. Man kann das auf
jedem einzelnen Gebiet nachprüfen. Selbst die „Temperatur", die

[1] Vgl. Bd. I, S. 391 f.

doch am ehesten den antik-statischen Eindruck einer passiven Größe macht, läßt sich diesem System erst einordnen, wenn sie im Bilde einer Kraft erfaßt wird: die Wärmemenge als Inbegriff der sehr schnellen, feinen, unregelmäßigen Bewegungen der Atome eines Körpers, seine Temperatur als die mittlere lebendige Kraft dieser Atome.

Die späte Renaissance hat die archimedische Statik wiederzuerwecken geglaubt, ebenso wie sie die hellenische Plastik fortzusetzen glaubte. In beiden Fällen hat sie die endgültigen Ausdrucksformen des Barock, und zwar aus dem Geiste der Gotik, nur vorbereitet. Mantegna gehört zur Statik der Bildmotive, ebenso Signorelli, dessen Zeichnung und Haltung man später steif und kalt gefunden hat; mit Lionardo beginnt die Dynamik, und Rubens ist bereits ein Maximum der Bewegtheit schwellender Leiber.

Im Sinne der Renaissancephysik hat noch 1629 der Jesuit Nicolaus Cabeo eine Theorie des Magnetismus im Stil der aristotelischen Weltauffassung entwickelt, die ebenso wie Palladios Werk über die Baukunst (1578) keine Folgen haben konnte, nicht weil sie „falsch" gewesen wäre, sondern weil sie dem faustischen Naturgefühl widersprach, das durch die Denker und Forscher des 14. Jahrhunderts aus der arabisch-magischen Vormundschaft befreit worden war und das nun eigne Formen für den Ausdruck seiner Welterkenntnis brauchte. Cabeo verzichtet auf die Begriffe Kraft und Masse und beschränkt sich auf die klassischen: Stoff und Gestalt, das heißt er geht vom Geiste der Architektur des alternden Michelangelo und Vignolas auf den Michelozzos und Raffaels zurück und entwirft so ein vollkommen in sich geschlossenes, aber für die Zukunft belangloses System. Der Magnetismus als Zustand einzelner Körper, nicht als Kraft im grenzenlosen Raume – das konnte das innere Auge des faustischen Menschen symbolisch nicht befriedigen. Wir brauchen eine Theorie der Ferne, nicht der Nähe. Ein andrer Jesuit, Boscovich, hat Newtons mathematisch-mechanische Prinzipien als erster zu einer umfassenden eigentlichen Dynamik ausgestaltet (1758).

Selbst Galilei stand noch unter dem Eindruck starker Reminiszenzen des Renaissancegefühls, dem der Gegensatz von Kraft und Masse, aus der im architektonischen, malerischen und musikalischen

Stil das Element der *großen Bewegung* folgt, fremd und unbequem war. Er beschränkt die Vorstellung der Kraft noch auf Berührungskräfte (Stoß) und formuliert lediglich eine Erhaltung der Quantität der Bewegung. Damit hält er am bloßen Bewegtsein unter Ausschluß eines räumlichen *Pathos* fest, und erst Leibniz entwickelte, gegen ihn polemisierend, die Idee der eigentlichen, im unendlichen Raum wirksamen, *freien, gerichteten* Kräfte (lebendige Kraft, *activum thema*), die er dann im Zusammenhang mit seinen mathematischen Entdeckungen vollkommen durchführte. An Stelle der Erhaltung der Bewegungsquantität trat die Erhaltung der lebendigen Kräfte. Das entspricht dem Ersatz der Zahl als Größe durch die Zahl als Funktion.

Der Begriff der Masse wurde erst etwas später deutlich ausgebildet. Bei Galilei und Kepler erscheint an seiner Stelle das Volumen, und erst Newton hat ihn mit Bestimmtheit *funktional* gefaßt: die Welt als Funktion Gottes. Es widerstrebt dem Renaissanceempfinden, daß die Masse – heute definiert als das konstante Verhältnis von Kraft und Beschleunigung in bezug auf ein System materieller Punkte – dem Volumen keineswegs proportional ist, wofür die Planeten ein wichtiges Beispiel gaben.

Aber Galilei mußte doch schon nach *Ursachen* der Bewegung fragen. Diese Frage hatte innerhalb einer eigentlichen, auf die Begriffe Stoff und Form beschränkten Statik keinen Sinn. Für Archimedes war die Ortsveränderung neben der Gestalt als dem eigentlichen Wesen alles körperhaften Daseins belanglos; was hätte auf die Körper wirken sollen – von außen –, da der Raum „nicht ist"? Die Dinge bewegen sich, sie sind nicht Funktionen einer Bewegung. Erst Newton schuf in völliger Unabhängigkeit von der Fühlweise der Renaissance den Begriff der *Fernkräfte*, der Anziehung und Abstoßung von Massen durch den Raum hindurch. Der Abstand *ist für ihn bereits eine Kraft*. Diese Idee hat nichts sinnlich Greifbares mehr, und Newton selbst empfand vor ihr einiges Unbehagen. Sie hatte ihn, nicht er sie ergriffen. Es ist der dem unendlichen Raum zugewandte Geist des Barock selbst, der diese *kontrapunktische, gänzlich unplastische* Auffassung hervorgerufen hat, und zwar mit einem inneren Widerspruch. Man hat diese Fernkräfte niemals hinreichend definieren können. Kein Mensch hat je begriffen, was eigentlich Zentrifugalkraft ist. Ist die Kraft der sich um ihre Achse drehenden Erde die Ursache dieser Bewegung oder umgekehrt? Oder sind beide identisch? Ist eine solche Ursache, für sich gedacht, eine Kraft oder eine andere Bewegung? Wie unterscheiden sich Kraft und Bewegung? Die Veränderungen im Planetensystem sollen Wirkungen einer Zentrifugalkraft sein. Aber dann müßten die Körper aus ihrer Bahn geschleudert werden, und da dies nicht der Fall ist, nimmt man noch eine Zentripetalkraft an. Aber was bedeuten diese Worte? Eben die Unmöglichkeit, hier Ordnung und Klarheit zu schaffen, hatte Heinrich Hertz bewogen, auf den Kraftbegriff überhaupt zu verzichten und sein System der Mechanik durch die äußerst künstliche Annahme von festen Koppelungen zwischen Lagen und Geschwindigkeiten auf das Prinzip der Berührung (Stoß) zurückzuführen. Aber damit sind die Verlegenheiten nur verdeckt, nicht behoben. Sie sind spezifisch faustischer Natur und wurzeln im tiefsten Wesen der Dynamik. „Dürfen wir von Kräften reden, welche erst durch Bewegung entstehen?" Gewiß nicht. Aber können wir auf die dem abendländischen Geist *eingebornen Urbegriffe* verzichten, obwohl sie undefinierbar sind? Hertz selbst hat keinen Versuch gemacht, sein System praktisch in Anwendung zu bringen.

Diese *symbolische* Verlegenheit der modernen Mechanik wird durch die von Faraday begründete Potentialtheorie – nachdem der Schwerpunkt des physikalischen Denkens aus der Dynamik der Materie in die Elektrodynamik des Äthers gerückt war – keineswegs beseitigt. Der berühmte Experimentator, der durchaus Visionär und unter allen Meistern der neuern Physik der einzige Nichtmathematiker war, bemerkte 1846: „Ich nehme in irgend einem Teil des Raumes, mag er nach dem gewöhnlichen Sprachgebrauch leer oder von Materie erfüllt sein, nichts wahr als Kräfte und die Linien, in denen sie ausgeübt werden." In dieser Beschreibung tritt die ihrem Gehalt nach heimlich organische, historische, das Erlebnis des Erkennenden bezeichnende Richtungstendenz deutlich hervor; damit knüpft Faraday metaphysisch an Newton an, dessen Fernkräfte auf einen mythischen Hintergrund hindeuteten, dessen Kritik der fromme Physiker ausdrücklich ablehnte. Der zweite noch mögliche Weg, zu einem eindeutigen Begriff der Kraft zu gelangen – von der „Welt", nicht von „Gott", vom Objekt, nicht vom Subjekt des natürlichen Bewegtseins aus –, führte eben damals zur Aufstellung des Begriffs der *Energie*, die im Unterschiede von der Kraft ein Quantum des Gerichtetseins, keine Richtung darstellt und insofern an Leibniz und an dessen Idee der lebendigen Kraft mit ihrer unveränderlichen Quantität anknüpft; man sieht, daß hier wesentliche Merkmale des Massebegriffs herübergenommen worden sind, derart, daß sogar der bizarre Gedanke einer atomistischen Struktur der Energie in Erwägung gezogen worden ist.

Indessen ist mit der Neuordnung der Grundworte das Gefühl vom Vorhandensein einer Weltkraft und ihres Substrats nicht verändert und damit die Unlösbarkeit des Bewegungsproblems nicht widerlegt worden. Was sich auf dem Wege von Newton zu Faraday – oder von Berkeley zu Mill – zugetragen hat, ist der Ersatz des religiösen Tatbegriffs durch den irreligiösen Begriff der Arbeit.[1] Im Naturbilde Brunos, Newtons, Goethes wirkt sich etwas Göttliches in Taten aus; im Weltbilde der modernen Physik *leistet die Natur Arbeit*. Das bedeutet die Auffassung, wonach jeder „Prozeß" im Sinne des ersten Hauptsatzes der mechanischen Wärmetheorie am Energieverbrauch meßbar ist, dem ein geleistetes Arbeitsquantum in Gestalt von gebundener Energie entspricht.

Die entscheidende Entdeckung J. R. Mayers fällt deshalb mit der Geburt der sozialistischen Theorie zusammen. Auch die nationalökonomischen Systeme schalten mit denselben Begriffen; seit Adam Smith wird das Wertproblem mit dem *Arbeitsquantum* in Beziehung gebracht;[2] das ist Quesney und Turgot gegenüber der Schritt von einer organischen zu einer mechanischen Struktur des Wirtschaftsbildes. Was hier als „Arbeit" der Theorie zugrunde liegt, ist rein dynamisch gemeint, und man könnte zu den physikalischen Prinzipien der Erhaltung der Energie, der Entropie, der kleinsten

---

[1] Vgl. Bd. I, S. 454.
[2] Vgl. Bd. II, S. 1177.

Wirkung die genau entsprechenden der Nationalökonomie auffinden.

Betrachtet man demnach die Stufen, welche der zentrale Begriff
der Kraft seit seiner Geburt im frühen Barock durchlaufen hat, und
zwar in genauester Verwandtschaft mit den Formenwelten der
großen Künste und der Mathematik, so findet man drei: Im 17.
Jahrhundert (Galilei, Newton, Leibniz) trat er bildhaft ausgeprägt
neben die große Ölmalerei, die um 1680 erlosch; im 18., dem der
klassischen Mechanik (Laplace, Lagrange), stand er neben der Musik
Bachs und empfing den abstrakten Charakter des fugierten Stils;
im 19., wo die Kunst zu Ende geht und die zivilisierte Intelligenz
das Seelenhafte überwältigt, erscheint er in der Sphäre der reinen
Analysis, und zwar insbesondere der Theorie der Funktionen von
mehreren komplexen Variablen, ohne die er sich in seiner modernsten Bedeutung kaum mehr verständlich machen läßt.

13

Damit aber ist – darüber täusche sich niemand – die westeuropäische Physik nahe an die Grenzen ihrer inneren Möglichkeiten gelangt. Der letzte Sinn ihrer geschichtlichen Erscheinung war, das
faustische Naturgefühl in begriffliche Erkenntnis, die Gestalten eines
frühzeitlichen Glaubens in mechanische Formen eines exakten Wissens zu verwandeln. Daß die einstweilen noch gewaltig zunehmende
Gewinnung praktischer oder auch nur gelehrter Ergebnisse – beides
gehört an sich zur Oberflächengeschichte einer Wissenschaft; zur
Tiefe gehört allein die Geschichte ihrer Symbolik und ihres Stils –
mit der raschen Zersetzung ihres Wesenskerns nichts zu tun hat,
braucht kaum gesagt zu werden. Bis zum Ausgang des 19. Jahrhunderts erfolgen alle Schritte in der Richtung einer inneren Vollendung, einer wachsenden Reinheit, Schärfe und Fülle des dynamischen Naturbildes; von da an, wo ein Optimum von Deutlichkeit im Theoretischen erreicht ist, beginnen sie plötzlich auflösend
zu wirken. Das geschieht nicht absichtlich; das kommt den hohen
Intelligenzen der modernen Physik nicht einmal zum Bewußtsein.

Darin liegt eine unabwendbare historische Notwendigkeit. Die antike Physik hatte sich in demselben Stadium, um 200 v. Chr., innerlich vollendet. Die Analysis kam mit Gauß, Cauchy und Riemann zum Ziel und füllt heute nur noch die Lücken ihres Gebäudes aus.

Daher erheben sich plötzlich vernichtende Zweifel an Dingen, die noch gestern das unbestrittene Fundament der physikalischen Theorie bildeten, am Sinne des Energieprinzips, am Begriff der Masse, des Raumes, der absoluten Zeit, des kausalen Naturgesetzes überhaupt. Das sind nicht mehr jene schöpferischen Zweifel des frühen Barock, die einem Erkenntnisziel entgegenführen; diese Zweifel gelten der Möglichkeit einer Naturwissenschaft überhaupt. Welche tiefe und von ihren Urhebern offenbar gar nicht gewürdigte Skepsis liegt allein in der rasch zunehmenden Benützung abzählender, statistischer Methoden, die nur eine Wahrscheinlichkeit der Ergebnisse erstreben und die absolute Exaktheit der Naturgesetze, wie man sie früher hoffnungsvoll verstand, ganz aus dem Spiele lassen!

Wir nähern uns dem Augenblick, wo man die Möglichkeit einer geschlossenen und in sich widerspruchslosen Mechanik endgültig aufgibt. Ich hatte gezeigt, wie jede Physik am Bewegungsproblem scheitern muß, in welchem die lebendige Person des Erkennenden in die anorganische Formenwelt des Erkannten methodisch hereinragt. Aber alle neuesten Hypothesen enthalten diese Verlegenheit in einer nach dreihundertjähriger Denkarbeit erzielten äußersten Zuspitzung, die keine Täuschung mehr zuläßt. Die Gravitationstheorie, seit Newton eine unumstößliche Wahrheit, ist als eine zeitlich beschränkte und schwankende Annahme erkannt worden. Das Prinzip der Erhaltung der Energie hat keinen Sinn, wenn die Energie unendlich in einem unendlichen Raume gedacht wird. Die Annahme des Prinzips läßt sich mit keiner Art von dreidimensionaler Struktur des Weltraums, weder der unendlichen euklidischen, noch (unter den nichteuklidischen Geometrien) der sphärischen mit ihrem unbegrenzten, aber endlichen Volum vereinen. Seine Gültigkeit wird also auf ein „nach außen abgeschlossenes System von Körpern" beschränkt, eine künstliche Begrenzung, die es in Wirklichkeit nicht gibt und nicht geben kann. Aber das Weltgefühl des faustischen

Menschen, aus dem diese grundlegende Vorstellung – *die Unsterblichkeit der Weltseele, mechanistisch und extensiv umgedacht* – hervorging,
hatte gerade die symbolische Unendlichkeit ausdrücken wollen.
So *fühlte* man, aber das Erkennen vermochte daraus kein reines
System zu gestalten. Es war ferner der Lichtäther ein ideales Postulat
der modernen Dynamik, die zu jeder Bewegung die Vorstellung
eines Bewegten forderte. Aber jede denkbare Hypothese über die
Beschaffenheit des Äthers wurde sofort durch innere Widersprüche
widerlegt. Insbesondere hat Lord Kelvin mathematisch nachgewiesen, daß es eine einwandfreie Struktur dieses Lichtträgers nicht geben *kann*. Da Lichtwellen nach der Interpretation der Versuche Fres-
nels transversal sind, müßte der Äther ein fester Körper (mit wahrhaft grotesken Eigenschaften) sein, aber in diesem Falle würden die
Elastizitätsgesetze für ihn gelten, und die Lichtwellen wären demnach longitudinal. Die Maxwell-Hertzschen Gleichungen der elektromagnetischen Lichttheorie, die in der Tat reine, unbenannte
Zahlen von unzweifelhafter Gültigkeit sind, schließen jede Deutung
durch irgendeine Mechanik des Äthers aus. Man hat nun den Äther,
vor allem unter dem Eindruck von Folgerungen aus der Relativitätstheorie, als das reine Vakuum definiert, was doch nicht viel
andres als eine Zerstörung des dynamischen Urbildes bedeutet.

Seit Newton besaß die Annahme einer konstanten Masse – das
Gegenstück der konstanten Kraft – unbestrittene Gültigkeit. Die
Quantentheorie von Planck und die daraus entwickelten Schlüsse
von Niels Bohr auf die Feinstruktur der Atome, welche auf Grund
von experimentellen Erfahrungen notwendig geworden waren,
haben diese Annahme zerstört. Jedes abgeschlossene System besitzt
neben der kinetischen Energie noch die Energie der strahlenden
Wärme, die nicht von ihr trennbar und deshalb durch den Begriff
der Masse nicht rein darstellbar ist. Denn wird die Masse durch die
lebendige Energie definiert, so ist sie im Hinblick auf den thermodynamischen Zustand nicht mehr konstant. Indessen will die Einordnung des elementaren Wirkungsquantums in den Kreis von Annahmen der klassischen Barockdynamik nicht gelingen, und zugleich mit dem Grundsatz der Stetigkeit aller kausalen Zusammen-

hänge wird das von Newton und Leibniz begründete Fundament der Infinitesimalrechnung bedroht.[1] Aber weit über diese Zweifel hinaus greift die Relativitätstheorie, eine Arbeitshypothese von zynischer Rücksichtslosigkeit, in den Kern der Dynamik ein. Auf die Versuche von Michelson gestützt, wonach die Lichtgeschwindigkeit von der Bewegung des durchdrungenen Körpers unabhängig bleibt, von Lorentz und Minkowski mathematisch vorbereitet, enthält sie als ihre eigentliche Tendenz die Zerstörung *des Begriffs der absoluten Zeit*. Sie kann, worüber man sich heute bedenklich täuscht, durch astronomische Befunde weder bestätigt noch widerlegt werden. Richtig und falsch sind überhaupt nicht Begriffe, womit man über solche Annahmen zu urteilen hat; es handelt sich darum, ob sie in dem Chaos verwickelter und künstlicher Vorstellungen, das sich durch die zahllosen Hypothesen der radioaktiven und thermodynamischen Forschung herausgebildet hat, sich als *brauchbar* durchsetzt oder nicht. Aber so, wie sie ist, *hat sie die Konstanz aller physikalischen Größen aufgehoben, in deren Definition die Zeit eingegangen ist*, und die abendländische Dynamik besitzt im Gegensatz zur antiken Statik *nur* solche Größen. Absolute Längenmaße und starre Körper gibt es nicht mehr. Damit fällt auch die Möglichkeit absoluter quantitativer Bestimmungen und also der klassische Begriff der Masse als das konstante Verhältnis von Kraft und Beschleunigung – nachdem das elementare Wirkungsquantum, ein Produkt aus Energie und Zeit, soeben als neue Konstante aufgestellt worden war.

Macht man sich klar, daß die Atomvorstellungen von Rutherford und Bohr[2] nichts bedeuten, als daß man das zahlenmäßige Ergebnis von Beobachtungen plötzlich mit einem Bilde unterlegt, das eine Planetenwelt im Innern des Atoms darstellt, während man bis jetzt die Vorstellung von Atomschwärmen vorzog; achtet man darauf, wie schnell heute Kartenhäuser aus ganzen Hypothesenreihen auf-

---

[1] M. Planck, Die Entstehung und bisherige Entwicklung der Quantentheorie (1920), S. 17, 25.

[2] Die vielfach zu der Einbildung geführt haben, die „wirkliche Existenz" von Atomen sei nunmehr bewiesen, ein sonderbarer Rückfall in den Materialismus des vorigen Jahrhunderts.

geführt werden, so daß man jeden Widerspruch durch eine neue, schnell entworfene Hypothese überdeckt; bedenkt man, wie wenig Sorge man sich um die Tatsache macht, daß diese Bildermengen sich untereinander und dem strengen Bild der Barockdynamik widersprechen, so gelangt man endlich zu der Überzeugung, daß der *große Stil des Vorstellens zu Ende ist* und wie in Architektur und bildender Kunst einer Art *Kunstgewerbe der Hypothesenbildung* Platz gemacht hat; nur die äußerste Meisterschaft der experimentellen Technik, die dem Jahrhundert entspricht, vermag den Verfall der Symbolik zu verdecken.

14

In den Kreis dieser Symbole des Niedergangs gehört nun vor allem die Entropie, bekanntlich das Thema des zweiten Hauptsatzes der Thermodynamik. Der erste Hauptsatz, das Prinzip der Erhaltung der Energie, formuliert einfach das Wesen der Dynamik, um nicht zu sagen, die Struktur des westeuropäischen Geistes, dem allein die Natur mit Notwendigkeit in der Form einer kontrapunktisch-dynamischen Kausalität im Gegensatz zur statisch-plastischen des Aristoteles erscheint. Das Grundelement des faustischen Weltbildes ist nicht die *Haltung*, sondern die *Tat*, mechanisch betrachtet der *Prozeß*, und dieser Satz fixiert lediglich den mathematischen Charakter solcher Prozesse in Form von Variablen und Konstanten. Der zweite Satz aber greift tiefer und stellt *eine einseitige Tendenz des Naturgeschehens* fest, welche durch die begrifflichen Grundlagen der Dynamik in keiner Weise von vornherein bedingt war.

Die Entropie wird mathematisch durch eine Größe dargestellt, die durch den augenblicklichen Zustand eines in sich abgeschlossenen Systems von Körpern bestimmt ist und die bei allen überhaupt möglichen Änderungen physikalischer oder chemischer Art nur zunehmen, niemals abnehmen kann. Im günstigsten Falle bleibt sie unverändert. Die Entropie ist wie die Kraft und der Wille etwas, das jedem, der überhaupt in das Wesen dieser Formenwelt einzudringen vermag, innerlich vollkommen klar und deutlich ist, das aber von jedem anders und offenbar unzulänglich formuliert wird.

Auch hier versagt der Geist vor dem Ausdrucksbedürfnis des Weltgefühls.

Man hat, je nachdem die Entropie sich vermehrt oder nicht, die Gesamtheit der Naturprozesse in nichtumkehrbare und umkehrbare eingeteilt. Bei jedem Prozeß der ersten Art wird freie Energie in gebundene verwandelt; soll diese tote Energie in lebendige zurückverwandelt werden, so kann es nur dadurch geschehen, daß gleichzeitig in einem zweiten Prozeß ein weiteres Quantum lebendiger Energie gebunden wird. Das bekannteste Beispiel ist die Verbrennung von Kohle, d. h. die Umwandlung der in ihr aufgespeicherten lebendigen Energie in die durch die Gasform der Kohlensäure gebundene Wärme, wenn die latente Energie des Wassers in Dampfspannung und weiterhin in Bewegung umgesetzt werden soll. Daraus folgt, daß die Entropie im Weltganzen beständig zunimmt, so daß das dynamische System sich offenbar einem wie immer gearteten Endzustande nähert. Zu den nichtumkehrbaren Prozessen gehören Wärmeleitung, Diffusion, Reibung, Lichtemission, chemische Reaktionen, zu den umkehrbaren die Gravitation, elektrische Schwingungen, elektromagnetische und Schallwellen.

Was bisher nie empfunden worden ist, und weshalb ich in dem Satz von der Entropie (1850) den Anfang der Vernichtung dieses Meisterstücks der westeuropäischen Intelligenz, der Physik dynamischen Stils sehe, ist der tiefe Gegensatz zwischen Theorie und Wirklichkeit, der hier zum ersten Mal ausdrücklich in die Theorie selbst hineingetragen wurde. Nachdem der erste Satz das strenge Bild eines kausalen Naturgeschehens gezeichnet hatte, bringt der zweite durch die Einführung der Nichtumkehrbarkeit eine dem unmittelbaren Leben angehörende Tendenz zum Vorschein, die dem Wesen des Mechanischen und Logischen grundsätzlich widerspricht.

Verfolgt man die Konsequenzen der Entropielehre, so ergibt sich erstens, daß theoretisch alle Prozesse umkehrbar sein *müssen*. Das gehört zu den Grundforderungen der Dynamik. Das fordert noch einmal in aller Schärfe der erste Hauptsatz. Es ergibt sich aber zweitens, daß in *Wirklichkeit* sämtliche Naturvorgänge nicht umkehrbar *sind*. Nicht einmal unter den künstlichen Bedingungen des experi

mentellen Verfahrens kann der einfachste Prozeß exakt umgekehrt,
d. h. ein einmal überschrittener Zustand wiederhergestellt werden.
Nichts ist bezeichnender für die Lage des gegenwärtigen Systems als
die Einführung der Hypothese der „elementaren Unordnung", um
den Widerspruch zwischen geistiger Forderung und wirklichem Erlebnis auszugleichen: die „kleinsten Teilchen" der Körper – ein Bild,
nicht mehr – führen durchweg umkehrbare Prozesse aus; in den wirklichen Dingen befinden die kleinsten Teilchen sich in Unordnung
und stören einander; infolgedessen ist mit einer mittleren Wahrscheinlichkeit der natürliche, allein vom Beobachter erlebte, nichtumkehrbare Prozeß mit einer Zunahme der Entropie verbunden.
So wird die Theorie zu einem Kapitel der Wahrscheinlichkeitsrech-
nung, und statt exakter Methoden treten statistische in Wirksamkeit.

Man hat augenscheinlich nicht bemerkt, was das bedeutet. Die
Statistik gehört wie die Chronologie ins Gebiet des Organischen,
zum wechselnd bewegten Leben, zu Schicksal und Zufall und nicht
zur Welt der Gesetze und der zeitlosen Kausalität. Man weiß, daß sie
vor allem zur Charakteristik politischer und wirtschaftlicher, also
geschichtlicher Entwicklungen dient. In der klassischen Mechanik
Galileis und Newtons wäre für sie kein Platz gewesen. Was hier
plötzlich statistisch erfaßt und erfaßbar wird, mit Wahrscheinlichkeit statt mit jener apriorischen Exaktheit, die alle Denker des Barock
einstimmig gefordert hatten, ist der Mensch selbst, der diese Natur
erkennend durchlebt, der in ihr sich selbst erlebt; was die *Theorie*
mit innerer Notwendigkeit hinstellt, jene in Wirklichkeit gar nicht
vorhandenen umkehrbaren Prozesse, repräsentiert den Rest einer
strenggeistigen Form, den Rest der großen Barocktradition, welche
die Schwester des kontrapunktischen Stils war. Die Zuflucht zur
Statistik offenbart die Erschöpfung der in dieser Tradition wirksam
gewesenen ordnenden Kraft. Werden und Gewordnes, Schicksal
und Kausalität, historische und naturhafte Elemente beginnen zu
verschwimmen. Formelemente des Lebens: das Wachstum, das
Altern, die Lebensdauer, die Richtung, der Tod drängen herauf.

Das hat in diesem Aspekt die Nichtumkehrbarkeit der Weltpro-
zesse zu bedeuten. Sie ist, im Gegensatz zu dem physikalischen Zei-

chen t, Ausdruck der echten, *historischen*, innerlich erlebten Zeit, die mit dem *Schicksal* identisch ist.

Die Physik des Barock war durch und durch *strenge Systematik*, solange Theorien wie diese noch nicht an ihrem Bau rütteln durften, solange in ihrem Bilde nichts anzutreffen war, was den Zufall und die bloße Wahrscheinlichkeit zum Ausdruck brachte. Mit dieser Theorie aber ist sie *Physiognomik* geworden. Der „Lauf der Welt" wird verfolgt. Die *Idee des Weltendes* erscheint in der Verkleidung von Formeln, die im Grunde ihres Wesens keine Formeln mehr sind. Es kommt damit etwas Goethesches in die Physik, und man wird das ganze Gewicht dieser Tatsache ermessen, wenn man sich klarmacht, was zuletzt die leidenschaftliche Polemik Goethes gegen Newton in der Farbenlehre bedeutete. Hier argumentierte das Schauen gegen den Verstand, das Leben gegen den Tod, die schöpferische Gestalt gegen das ordnende Gesetz. Die kritische Formenwelt der Natur*erkenntis* war aus dem Natur*gefühl*, dem Gottgefühl, durch Widerspruch hervorgegangen. Hier, am Ausgang der Spätzeit, hat sie den Gipfel der Distanz erreicht, und sie kehrt zum Ursprung zurück.

Und so beschwört die in der Dynamik wirksame Einbildungskraft noch einmal die großen Symbole der historischen Leidenschaft des faustischen Menschen herauf, die ewige Sorge, den Hang zu den fernsten Fernen von Vergangenheit und Zukunft, die rückschauende Geschichtsforschung, den vorausschauenden Staat, die Beichten und Selbstbetrachtungen, die über alle Völker weithinhallenden, das Leben messenden Glockenschläge. Das Ethos des Wortes Zeit, wie nur wir es empfinden, wie es die instrumentale Musik im Gegensatz zur Statuenplastik erfüllt, richtet sich auf ein *Ziel*. Das war in allen Lebensbildern des Abendlandes als drittes Reich, als neues Zeitalter, als Aufgabe der Menschheit, als Ausgang einer Entwicklung versinnlicht worden. Und das bedeutet für das Gesamtdasein und das Schicksal der faustischen Welt als Natur die Entropie.

Schon in dem mythischen Begriff der Kraft, der Voraussetzung dieser ganzen dogmatischen Formenwelt, liegt stillschweigend ein Richtungsgefühl, eine Beziehung auf Vergangenes und Künftiges;

noch deutlicher wird sie in der Bezeichnung der Naturvorgänge als Prozesse. Es darf also gesagt werden, daß die Entropie als die geistige Form, in welcher die unendliche Summe aller Naturereignisse als *historische und physiognomische Einheit* zusammengefaßt wird, allen physikalischen Begriffsbildungen von Anfang an unbemerkt zugrunde lag, und daß sie eines Tages als „Entdeckung" auf dem Wege wissenschaftlicher Induktion zum Vorschein kommen und dann durch die übrigen theoretischen Elemente des Systems „durchaus bestätigt" werden mußte. Je mehr die Dynamik sich durch Erschöpfung ihrer inneren Möglichkeiten dem Ziele nähert, desto entschiedener dringen die historischen Züge des Bildes hervor, desto stärker macht sich neben der anorganischen Notwendigkeit des Kausalen die organische des Schicksals, neben den Faktoren der reinen Ausgedehntheit – Kapazität und Intensität – die der Richtung geltend. Es geschieht dies durch eine ganze Reihe gewagter Hypothesen von gleichem Bau, die durch experimentelle Befunde nur scheinbar gefordert werden, die in Wirklichkeit sämtlich durch das Weltgefühl und die Mythologie schon der Gotik antizipiert waren.

Dahin gehört vor allem auch die bizarre Hypothese des Atomzerfalls, welche die radioaktiven Erscheinungen deutet – nach welcher Uran-Atome, die Jahrmillionen hindurch trotz äußerer Einwirkungen ihr Wesen unverändert bewahrt haben, plötzlich und ohne nachweisbaren Anlaß explodieren und ihre kleinsten Teile mit einer Geschwindigkeit, die Tausende von Kilometern in der Sekunde beträgt, im Weltraum verbreiten. Dies *Schicksal* trifft unter einer Menge radioaktiver Atome immer nur einzelne, während die benachbarten davon ganz unberührt bleiben. Auch dieses Bild ist Geschichte, nicht Natur, und wenn sich auch hier die Anwendung der Statistik als notwendig erweist, so möchte man beinahe vom Ersatz der mathematischen durch die chronologische Zahl reden.[1]

Mit diesen Vorstellungen kehrt die mythische Gestaltungskraft der faustischen Seele zum Ausgang zurück. Gerade damals, als zu Be-

---

[1] In der Tat hat die Vorstellung einer Lebensdauer der Elemente den Begriff der Halbwertszeit von 3,85 Tagen hervorgebracht (K. Fajans, Radioaktivität, 1919, S. 12).

ginn der Gotik die ersten mechanischen Uhren konstruiert wurden, Symbole eines historischen Weltgefühls, entstand der Mythos von Ragnarök, dem Weltende, der Götterdämmerung. Mag diese Vorstellung, wie wir sie in der Völuspa und in christlicher Fassung im Muspilli besitzen, wie alle vermeintlich urgermanischen Mythen nicht ohne das Vorbild antiker und vor allem christlich-apokalyptischer Motive entstanden sein, sie ist in dieser Gestalt Ausdruck und Symbol der faustischen und keiner andren Seele. Die olympische Götterwelt ist geschichtslos. Sie kennt kein Werden, keine Epoche, kein Ziel. Faustisch aber ist der leidenschaftliche Zug in die Ferne. Die Kraft, der Wille hat ein Ziel, und wo es ein Ziel gibt, gibt es für den forschenden Blick auch ein Ende. Was die Perspektive der großen Ölmalerei durch den Konvergenzpunkt, was der Barockpark durch den Point de vue, was die Analysis durch das Restglied der unendlichen Reihen zum Ausdruck brachte, den Abschluß einer gewollten Richtung, tritt hier in begrifflicher Form hervor. Der Faust des zweiten Teils der Tragödie stirbt, weil er sein Ziel *erreicht* hat. Das *Weltende als Vollendung einer innerlich notwendigen Entwicklung* – das ist die Götterdämmerung; das bedeutet also, als letzte, als irreligiöse Fassung des Mythos, die Lehre von der Entropie.

15

Es bleibt noch übrig, den Ausgang der abendländischen Wissenschaft überhaupt zu zeichnen, der heute, wo der Weg sich leise abwärts senkt, mit Sicherheit übersehen werden kann.

Auch das, die Voraussicht des unabwendbaren Schicksals, gehört zur Mitgift des historischen Blicks, den *nur* der faustische Geist besitzt. Auch die Antike starb, aber sie wußte nichts davon. Sie glaubte an ein ewiges Sein. Sie hat noch ihre letzten Tage mit rückhaltlosem Glück, jeden für sich, als Geschenk der Götter durchlebt. Wir kennen unsere Geschichte. Es steht uns noch eine letzte geistige Krisis bevor, welche die ganze europäisch-amerikanische Welt ergreifen wird. Ihren Verlauf erzählt der späte Hellenismus. Die Tyrannei des Verstandes, die wir nicht empfinden, weil wir selbst ihren Gipfel darstellen, ist in jeder Kultur eine Epoche zwischen Mann und Greis, nicht mehr. Ihr deutlichster Ausdruck ist der Kultus der exakten Wissenschaften, der Dialektik, des Beweises, der Erfahrung, der Kausalität. Die Ionik und das Barock zeigen seinen Aufschwung; es fragt sich, in welcher Gestalt er zu Ende geht.

Ich sage es voraus: Noch in diesem Jahrhundert, dem des wissenschaftlich-kritischen Alexandrinismus, der großen Ernten, der endgültigen Fassungen, wird ein neuer Zug von Innerlichkeit den Willen zum Siege der Wissenschaft überwinden. Die exakte Wissenschaft geht der Selbstvernichtung durch Verfeinerung ihrer Fragestellungen und Methoden entgegen. Man hatte zuerst ihre Mittel geprüft – im 18. Jahrhundert, dann ihre Macht – im 19.; man durchschaut endlich ihre geschichtliche Rolle. Von der Skepsis aber führt ein Weg zur „zweiten Religiosität",[1] die nicht vor, sondern nach einer Kultur kommt. Man verzichtet auf Beweise; man will glauben, nicht zergliedern. Die kritische Forschung hört auf, ein geistiges Ideal zu sein.

Der Einzelne leistet Verzicht, indem er die Bücher weglegt. Eine *Kultur* verzichtet, indem sie aufhört, sich in hohen wissenschaftlichen Intelligenzen zu offenbaren; aber Wissenschaft existiert nur im lebendigen Denken großer Gelehrtengenerationen, und Bücher sind nichts, wenn sie nicht in Menschen, die ihnen gewachsen sind, lebendig und wirksam werden. Wissenschaftliche Resultate sind lediglich Elemente einer geistigen Tradition. Der Tod einer Wissenschaft besteht darin, daß sie niemandem mehr Ereignis wird. Aber zweihundert Jahre Orgien der Wissenschaftlichkeit – dann hat man es satt. Nicht der Einzelne, die Seele der Kultur hat es satt. Sie drückt das aus, indem sie ihre Forscher, die sie in die geschichtliche Welt des Tages hinaufsendet, immer kleiner, enger, unfruchtbarer wählt. Das große Jahrhundert der antiken Wissenschaft war das dritte, nach dem Tode des Aristoteles. Als die Römer kamen, als Archimedes starb, war es fast schon zu Ende. Unser großes Jahrhundert ist das neunzehnte gewesen. Gelehrte im Stile von Gauß, Humboldt, Helmholtz waren schon um 1900 nicht mehr da; in der Physik wie in der

[1] Vgl. Bd. II, S. 941 f.

Chemie, der Biologie wie der Mathematik sind die großen Meister tot, und wir erleben heute das Decrescendo der glänzenden Nachzügler, die ordnen, sammeln und abschließen wie die Alexandriner der Römerzeit. Es ist das *allgemeine* Symptom für alles, was nicht zur Tatsachenseite des Lebens, zu Politik, Technik und Wirtschaft gehört. Nach Lysipp ist kein großer Plastiker mehr gekommen, dessen Erscheinung ein Schicksal gewesen wäre, nach den Impressionisten kein Maler, nach Wagner kein Musiker mehr. Das Zeitalter des Cäsarismus bedarf keiner Kunst und Philosophie. Auf Eratosthenes und Archimedes, die eigentlichen Schöpfer, folgen Poseidonios und Plinius, die mit Geschmack sammeln, und endlich Ptolemäus und Galen, die nur noch abschreiben. Wie die Ölmalerei und die kontrapunktische Musik ihre Möglichkeiten in einer kleinen Zahl von Jahrhunderten einer organischen Entwicklung erschöpft haben, so ist die Dynamik, deren Formenwelt um 1600 aufblüht, ein Gebilde, das heute im Zerfall begriffen ist.

Zuvor aber erwächst dem faustischen, eminent historischen Geist eine noch nie gestellte, noch nie als möglich geahnte Aufgabe. Es wird noch eine *Morphologie der exakten Wissenschaften* geschrieben werden, die untersucht, wie alle Gesetze, Begriffe und Theorien als Formen innerlich zusammenhängen und was sie als solche im Lebenslauf der faustischen Kultur bedeuten. Die theoretische Physik, die Chemie, die Mathematik als Inbegriff von Symbolen betrachtet – das ist die endgültige Überwindung des mechanischen Weltaspekts durch die intuitive, wiederum religiöse Weltansicht. Es ist das letzte Meisterstück einer Physiognomik, welche auch noch die Systematik als Ausdruck und Symbol in sich auflöst. Wir werden künftig nicht mehr fragen, welche allgemein gültigen Gesetze der chemischen Affinität oder dem Diamagnetismus zugrunde liegen – eine Dogmatik, die das 19. Jahrhundert ausschließlich beschäftigt hat –, wir werden sogar erstaunt sein, daß Fragen wie diese einst Köpfe von solchem Range völlig beherrschen konnten. Wir werden untersuchen, woher diese dem faustischen Geiste vorbestimmten Formen kommen, warum sie uns Menschen einer einzelnen Kultur im Unterschiede von jeder andern kommen mußten, welcher tiefere Sinn darin liegt, daß die gewonnenen Zahlen gerade in dieser bildhaften Verkleidung in Erscheinung traten. Und dabei ahnen wir heute kaum, was alles von den vermeintlich objektiven Werten und Erfahrungen nur Verkleidung, nur Bild und Ausdruck ist.

Die einzelnen Wissenschaften, Erkenntnistheorie, Physik, Chemie, Mathematik, Astronomie, nähern sich einander mit wachsender Geschwindigkeit. Wir gehen einer volkommenen Identität der Ergebnisse und damit einer Verschmelzung der Formenwelten entgegen, die einerseits ein auf wenige Grundformeln zurückgeführtes System von Zahlen funktionaler Natur darstellt, andrerseits als deren Benennung eine kleine Gruppe von Theorien bringt, die endlich als verschleierter Mythos der Frühzeit wiedererkannt und ebenfalls auf einige bildhafte Grundzüge, aber von physiognomischer Bedeutung zurückgeführt werden können und müssen. Man hat diese Konvergenz nicht bemerkt, weil seit Kant und eigentlich schon seit Leibniz kein Gelehrter mehr die Problematik *aller* exakten Wissenschaften beherrschte.

Noch vor hundert Jahren waren Physik und Chemie einander fremd; heute sind sie einzeln nicht mehr zu behandeln. Man denke an die Gebiete der Spektralanalyse, Radioaktivität und Wärmestrahlung. Vor fünfzig Jahren war das Wesentliche der Chemie noch fast ohne Mathematik darstellbar; heute sind die chemischen Elemente im Begriff, sich in mathematische Konstanten variabler Beziehungskomplexe zu verflüchtigen. Die Elemente aber waren in ihrer sinnlichen Faßlichkeit die letzte antik-plastisch anmutende Größe der Naturwissenschaft gewesen. Die Physiologie steht im Begriff, ein Kapitel der organischen Chemie zu werden und sich der Mittel der Infinitesimalrechnung zu bedienen. Die nach Sinnesorganen wohlunterschiedenen Teile der älteren Physik, Akustik, Optik, Wärmelehre sind aufgelöst und zu einer Dynamik der Materie und einer Dynamik des Äthers verschmolzen, deren rein mathematische Grenze sich bereits nicht mehr aufrechterhalten läßt. Heute vereinigen sich die letzten Betrachtungen der Erkenntnistheorie mit solchen der höheren Analysis und theoretischen Physik zu einem sehr schwer zugänglichen Gebiete, dem z. B. die Relativitätstheorie angehört oder angehören sollte. Die Emanationstheorie der radioaktiven Strahlenarten wird durch eine Zeichensprache dargestellt, der nichts Anschauliches mehr anhaftet.

Die Chemie ist im Begriff, statt der schärfsten anschaulichen Bestimmung der Qualitäten von Elementen (Wertigkeit, Gewicht, Affinität, Reagibilität) diese sinnlichen Züge vielmehr zu beseitigen. Daß die Elemente je nach ihrer „Abstammung" aus Verbindungen verschieden charakterisiert sind; daß sie Komplexe verschiedenartiger Einheiten darstellen, die zwar experimentell („wirklich") als Einheit höherer Ordnung wirken und mithin praktisch nicht trennbar sind, hinsichtlich ihrer Radioaktivität aber tiefe Verschiedenheiten aufweisen; daß durch die Emanation von strahlender Energie ein Abbau stattfindet und man also von einer *Lebensdauer* der Elemente reden darf, was offenbar dem ursprünglichen Begriff des Elements und damit dem Geiste der von Lavoisier geschaffenen modernen Chemie völlig widerspricht – alles das rückt diese Vorstellungen in die Nähe der Entropielehre mit ihrem bedenklichen Gegensatz von Kausalität und Schicksal, Natur und Geschichte, und kennzeichnet den Weg unsrer Wissenschaft einerseits zur Aufdeckung der Identität ihrer logischen oder zahlenmäßigen Befunde mit der Struktur des Verstandes selbst, andrerseits zu der Einsicht, daß die gesamte, diese Zahlen einkleidende Theorie lediglich den symbolischen Ausdruck des faustischen Lebens darstellt.

An dieser Stelle ist endlich als eines der wichtigsten Fermente der gesamten Formenwelt die echt faustische Mengenlehre zu nennen, die im schärfsten Gegensatz zur älteren Mathematik nicht mehr die singulären Größen, sondern den *Inbegriff* morphologisch irgendwie gleichartiger Größen, etwa die Gesamtheit aller Quadratzahlen oder aller Differentialgleichungen von bestimmtem Typus, als neue Einheit, als neue *Zahl höherer Ordnung* auffaßt und neuartigen, früher ganz unbekannten Überlegungen bezüglich ihrer Mächtigkeit, Ordnung, Gleichwertigkeit, Abzählbarkeit[1] unterwirft. Man charakteri-

[1] Die „Menge" der rationalen Zahlen ist abzählbar, die der reellen nicht. Die Menge der komplexen Zahlen ist zweidimensional; daraus folgt der Begriff der n-dimensionalen Menge, welcher auch die geometrischen Gebiete in die Mengenlehre einordnet.

siert die endlichen (abzählbaren, begrenzten) Mengen hinsichtlich ihrer Mächtigkeit als „Kardinalzahlen", hinsichtlich ihrer Ordnung als „Ordinalzahlen" und stellt die Gesetze und Rechnungsarten derselben auf. So ist eine letzte Erweiterung der Funktionentheorie, die ihrer Formensprache nach und nach die gesamte Mathematik einverleibt hatte, in Verwirklichung begriffen, wonach sie in bezug auf den Charakter der Funktionen nach Prinzipien der Gruppentheorie, in bezug auf den Wert der Variablen nach mengentheoretischen Grundsätzen verfährt. Die Mathematik ist sich dabei der Tatsache vollkommen bewußt, daß hier die letzten Erwägungen über das Wesen der Zahl mit denen der reinen Logik zusammenfließen, und man spricht von einer Algebra der Logik. Die moderne geometrische Axiomatik ist vollkommen ein Kapitel der Erkenntnistheorie geworden.

Das unvermerkte Ziel, dem dies alles zustrebt und das insbesondere jeder echte Naturforscher als Trieb in sich empfindet, ist das Herausarbeiten einer reinen, zahlenmäßigen Transzendenz, die vollkommene und restlose Überwindung des Augenscheins und dessen Ersatz durch eine dem Laien unverständliche und unvollziehbare Bildersprache, welcher das große faustische Symbol des *unendlichen Raumes* innere Notwendigkeit verleiht. Der Kreislauf der Naturerkenntnis des Abendlandes vollendet sich. Mit dem tiefen Skeptizismus dieser letzten Einsichten knüpft der Geist wieder an die Formen frühgotischer Religiosität an. Die anorganische, erkannte, zergliederte Umwelt, die Welt als Natur, als System ist zu einer reinen Sphäre funktionaler Zahlen vertieft worden. Wir hatten die Zahl als eines der ursprünglichsten Symbole jeder Kultur erkannt, und so folgt, daß der Weg zur reinen Zahl die Rückkehr des Wachseins zu seinem eignen Geheimnis, die Offenbarung seiner eignen formalen Notwendigkeit ist. Am Ziele angelangt, enthüllt sich endlich das ungeheure, immer unsinnlicher, immer durchscheinender gewordene Gewebe, das die gesamte Naturwissenschaft umspinnt: es ist nichts andres als die innere Struktur des wortgebundenen Verstehens, das den Augenschein zu überwinden, von ihm „die Wahrheit" abzulösen glaubte. Darunter aber erscheint wieder das Früheste und

Tiefste, der Mythos, das unmittelbare Werden, das Leben selbst. Je weniger anthropomorph die Naturforschung zu sein glaubt, desto mehr ist sie es. Sie beseitigt nach und nach die *einzelnen* menschlichen Züge des Naturbildes, um endlich als die vermeintlich reine Natur die Menschlichkeit selbst, rein und ganz, in Händen zu halten. Aus der gotischen Seele ging, das religiöse Weltbild überschattend, der städtische Geist hervor, das *alter ego* der irreligiösen Naturerkenntnis. Heute, in der Abendröte der wissenschaftlichen Epoche, im Stadium des siegenden Skeptizismus, lösen sich die Wolken, und die Landschaft des Morgens ruht wieder in vollkommener Deutlichkeit.

Der letzte Schluß faustischer Weisheit ist, wenn auch nur in ihren höchsten Momenten, die Auflösung des gesamten Wissens in ein ungeheures System morphologischer Verwandtschaften. Dynamik und Analysis sind dem Sinne, der Formensprache, der Substanz nach identisch mit der romanischen Ornamentik, den gotischen Domen, dem christlich-germanischen Dogma und dem dynastischen Staat. Ein und dasselbe Weltgefühl redet aus allen. Sie sind mit der faustischen Seele geboren und alt geworden. Sie stellen ihre *Kultur* als geschichtliches Schauspiel in der Welt des Tages und des Raumes dar. Die Vereinigung der einzelnen wissenschaftlichen Aspekte zum Ganzen wird alle Züge der großen Kunst des Kontrapunkts tragen. *Eine infinitesimale Musik des grenzenlosen Weltraums* – das ist immer die tiefe Sehnsucht dieser Seele im Gegensatz zur antiken mit ihrem plastisch-euklidischen Kosmos gewesen. Das ist, als Denknotwendigkeit des faustischen Weltverstandes auf die Formel einer dynamisch-imperativischen Kausalität gebracht, zu einer diktatorischen, arbeitenden, die Erde umgestaltenden Naturwissenschaft entwickelt, ihr großes Testament für den Geist kommender Kulturen – ein Vermächtnis von Formen gewaltigster Transzendenz, das vielleicht niemals eröffnet werden wird. Damit kehrt eines Tages die abendländische Wissenschaft, ihres Strebens müde, in ihre seelische Heimat zurück.

ZWEITER BAND

WELTHISTORISCHE PERSPEKTIVEN

ERSTES KAPITEL

URSPRUNG UND LANDSCHAFT

I. Das Kosmische und der Mikrokosmos

1

Betrachte die Blumen am Abend,[1] wenn in der sinkenden Sonne eine nach der andern sich schließt: etwas Unheimliches dringt dann auf dich ein, ein Gefühl von rätselhafter Angst vor diesem blinden, traumhaften, der Erde verbundenen Dasein. Der stumme Wald, die schweigenden Wiesen, jener Busch und diese Ranke regen sich nicht. Der Wind ist es, der mit ihnen spielt. Nur die kleine Mücke ist frei; sie tanzt noch im Abendlichte; sie bewegt sich, wohin sie will.

Eine Pflanze ist nichts für sich. Sie bildet einen Teil der Landschaft, in der ein Zufall sie Wurzel zu fassen zwang. Die Dämmerung, die Kühle und das Schließen aller Blüten – das ist nicht Ursache und Wirkung, nicht Gefahr und Entschluß, sondern ein einheitlicher Naturvorgang, der sich neben, mit und in der Pflanze vollzieht. Es steht der einzelnen nicht frei, für sich zu warten, zu wollen oder zu wählen.

Ein Tier aber kann wählen. Es ist aus der Verbundenheit der ganzen übrigen Welt gelöst. Jener Mückenschwarm, der noch am Wege tanzt, ein einsamer Vogel, der durch den Abend fliegt, ein Fuchs, der ein Nest beschleicht – sie sind *kleine Welten für sich in einer andern großen*. Ein Infusor, welches dem menschlichen Auge nicht mehr sichtbar im Wassertropfen ein Dasein führt, das eine Sekunde dauert und dessen Schauplatz ein winziger Winkel dieses kleinen Tropfens

---

[1] Was im Folgenden angedeutet ist, habe ich einem metaphysischen Buch entnommen, das ich in kurzem vorzulegen hoffe. [Gemeint ist das unvollendet hinterlassene Werk „Urfragen". *H. K.*]

ist – *es ist frei und unabhängig dem gesamten All gegenüber*. Die Riesen-
eiche, an deren einem Blatt dieser Tropfen hängt, ist es nicht.

Verbundenheit und Freiheit: das ist der tiefste und letzte Grundzug
in allem, was wir als pflanzenhaftes und tierhaftes Dasein unterscheiden. Doch nur die Pflanze ist *ganz*, was sie ist. Im Wesen eines
Tieres liegt etwas Zwiespältiges. Eine Pflanze ist nur Pflanze, ein
Tier ist Pflanze und noch etwas außerdem. Eine Herde, die sich zit-
ternd vor einer Gefahr zusammendrängt, ein Kind, das weinend
seine Mutter umklammert, ein verzweifelter Mensch, der sich in
seinen Gott hineindrängen möchte, sie wollen alle aus dem Dasein
in Freiheit zurück in jenes verbundene, pflanzenhafte, aus dem sie
zur Einsamkeit entlassen sind.

Der Samen einer Blütenpflanze zeigt unter dem Mikroskop zwei
Keimblätter, welche den später dem Licht zugewandten Sproß mit
seinen Organen des Kreislaufs und der Fortpflanzung bilden und
schützen, und gleichsam ein drittes, den Wurzelschoß, welcher das
unwiderrufliche Schicksal der Pflanze andeutet, wieder den Teil
einer Landschaft zu bilden. Bei höheren Tieren sehen wir, wie das
befruchtete Ei in den ersten Stunden des sich ablösenden Daseins
ein äußeres Keimblatt bildet, welches das mittlere und innere, die
Grundlage künftiger Kreislauf- und Fortpflanzungsorgane, also des
pflanzenhaften Elements im Tierleib, umschließt und gegen den
mütterlichen Leib und damit *die ganze übrige Welt* abhebt. Das
äußere Keimblatt ist das Sinnbild des eigentlich tierhaften Daseins.
Es unterscheidet die beiden Arten von Lebendigem, welche in der
Erdgeschichte hervorgetreten sind.

Es gibt alte schöne Namen dafür: die Pflanze ist *etwas Kosmisches*,
das Tier ist *außerdem ein Mikrokosmos in bezug auf einen Makrokosmos*.
Erst damit, daß ein Lebewesen sich derart aus dem All absondert,
daß es seine Lage zu ihm bestimmen kann, ist es ein Mikrokosmos
geworden. Selbst die Planeten sind in ihrer Bahn an die großen
Kreisläufe gebunden; nur diese kleinen Welten bewegen sich frei
im Verhältnis zu einer großen, deren sie sich als ihrer Umwelt bewußt sind. Erst damit hat für unser Auge das, was das Licht im
Raume darbietet, den Sinn eines *Leibes* bekommen. Etwas in uns

widerstrebt, wenn wir auch der Pflanze einen eigentlichen Leib zuschreiben möchten.

Alles Kosmische trägt das Zeichen der Periodizität. Es besitzt *Takt*.
Alles Mikrokosmische hat Polarität. Das Wort „gegen" drückt sein
ganzes Wesen aus. Es besitzt *Spannung*. Wir sprechen von gespannter Aufmerksamkeit, von gespanntem Denken, aber alle wachen
Zustände überhaupt sind ihrem Wesen nach Spannungen; Sinne
und Gegenstände, Ich und Du, Ursache und Wirkung, Ding und
Eigenschaft, alles das ist zerdehnt und gespannt, und wo die mit
tiefer Bedeutung sogenannte Abspannung sich meldet, tritt alsbald
Müdigkeit der mikrokosmischen Seite des Lebens, zuletzt der Schlaf
ein. Ein schlafender, aller Spannungen entledigter Mensch führt nur
noch ein Pflanzendasein.

Kosmischer Takt aber ist alles, was sich auch mit Richtung, Zeit,
Rhythmus, Schicksal, Sehnsucht umschreiben läßt, vom Hufschlag
eines Gespanns von Rassepferden und dem dröhnenden Schritt begeisterter Heere an bis zum schweigenden Sichverstehen zweier Lie-
bender, zum gefühlten Takt einer vornehmen Gesellschaft und zum
Blick des Menschenkenners, den ich früher schon als physiognomischen Takt bezeichnet habe.

Dieser Takt kosmischer Kreisläufe lebt und webt noch unter jeder
Freiheit mikrokosmischer Bewegungen im Raume und löst zuweilen
die Spannung aller wachen Einzelwesen in *einen* großen gefühlten
Einklang auf. Wer je einen Vogelzug im Äther verfolgt hat, wie er
in immer gleicher Gestalt aufsteigt, wendet, wieder abbiegt und sich
in der Ferne verliert, fühlt das pflanzenhaft Sichere, das „es", das
„wir" in dieser Gesamtbewegung, das keiner Brücke der Verständigung zwischen dem Ich und Du bedarf. Das ist der Sinn der Kriegs-
und Liebestänze unter Tieren und Menschen; so wird ein stürmen-
des Regiment im feindlichen Feuer zur Einheit geschmiedet, so ballt
sich die Menge bei einem aufregenden Vorfall plötzlich zu einem
Körper zusammen, der jäh, blind und rätselhaft denkt und handelt
und nach wenig Augenblicken wieder zerfallen sein kann. Hier sind
die mikrokosmischen Grenzen aufgehoben. *Es* tobt und droht, *es*
drängt und zieht, *es* fliegt, biegt und wiegt. Die Glieder verschlin-

gen sich, der Fuß stürmt, *ein* Schrei erklingt aus aller Munde, *ein* Schicksal liegt über allen. Aus einer Summe kleiner einzelner Welten ist plötzlich eine Ganzheit entstanden.

Das Gewahrwerden kosmischen Taktes nennen wir *Fühlen*, das mikroskosmischer Spannungen nennen wir *Empfinden*. Das doppeldeutige Wort Sinnlichkeit hat diesen klaren Unterschied der allgemein pflanzlichen und der nur tierhaften Seite des Lebens verdunkelt. Sagen wir für die eine Geschlechtsleben, für die andere Sinnenleben, so erschließt sich ein tiefer Zusammenhang. Jenes trägt immer das Merkmal der Periodizität, des Taktes, noch in seinem Einklang mit den großen Kreisläufen der Gestirne, in der Beziehung der weiblichen Natur zum Monde, des Lebens überhaupt zur Nacht, zum Frühling, zur Wärme; dieses besteht aus Spannungen: des Lichtes zum Belichteten, des Erkennens zum Erkannten, des Schmerzes zur Waffe, die ihn verursacht hat. Beides hat sich in den höher entwickelten Gattungen zu besonderen Organen ausgeprägt. Je vollkommener sie sich gestalten, desto offener reden sie von der Bedeutung der beiden Lebensseiten. Wir besitzen zwei *Kreislauforgane des kosmischen Daseins:* den Blutkreislauf und das Geschlechtsorgan, und zwei *Unterscheidungsorgane der mikrokosmischen Beweglichkeit:* Sinne und Nerven. Wir müssen annehmen, daß ursprünglich der *ganze* Leib Organ des Kreislaufs und zugleich Tastorgan gewesen ist.

Das Blut ist für uns das Sinnbild des Lebendigen. Es kreist ohne Pause durch den Leib von seiner Zeugung bis zum Tode, aus dem mütterlichen Leibe in den des Kindes hinüber, im Wachen und Schlafen, niemals endend. Das Blut der Ahnen fließt durch die Kette der Geschlechter und verbindet sie zu einem großen Zusammenhange des Schicksals, des Taktes und der Zeit. Ursprünglich geschah das nur durch Teilung und immer neue Teilung der Kreisläufe, bis zuletzt ein eigenes Organ der geschlechtlichen Zeugung erschien, das *einen* Augenblick zum Sinnbild der Dauer machte. Wie nun diese Wesen zeugen und empfangen, wie das Pflanzenhafte in ihnen danach drängt, sich fortzupflanzen, den ewigen Kreislauf über sich selbst hinaus dauern zu lassen, wie der *eine* große Pulsschlag durch entfernte Seelen hindurch anziehend, treibend, hemmend und auch vernichtend wirkt, das ist jenes tiefste aller Lebensgeheimnisse, das alle religiösen Mysterien und alle großen Dichtungen zu durchdringen versuchen und dessen Tragik Goethe in dem Gedicht „Selige Sehnsucht" und in den „Wahlverwandtschaften" angerührt hat, wo das Kind sterben mußte, weil es aus entfremdeten Kreisen des Blutes und also gleichsam durch eine kosmische Schuld ins Dasein gezogen worden war.

Für den Mikrokosmos, insofern er sich im Verhältnis zum Makrokosmos frei bewegt, tritt das Unterscheidungsorgan hinzu, „der Sinn", der ursprünglich Tastsinn ist und nichts anderes. Was wir heute noch, auf so hoher Stufe der Entwicklung, ganz allgemein Tasten nennen, mit dem Auge, dem Gehör, dem Verstande tasten, ist die einfachste Bezeichnung für die Bewegtheit eines Wesens und damit die Notwendigkeit, sein Verhältnis zur Umgebung unaufhörlich festzustellen. Fest-stellen aber bedeutet ein Bestimmen des *Ortes*. Deshalb sind alle Sinne, sie mögen noch so ausgebildet und ihrem Ursprung noch so entfremdet sein, ganz eigentlich *Ortssinne*; es gibt keine andern. Das Empfinden jeder Art unterscheidet Eignes und Fremdes, und um die Lage des Fremden in bezug auf das Eigne festzustellen, dient die Witterung des Hundes so gut wie das Gehör der Rehe und das Auge des Adlers. Farbe, Helligkeit, Töne, Gerüche, alle überhaupt möglichen Empfindungsweisen bedeuten Abstand, Entfernung, Ausdehnung.

Ursprünglich ist, wie der kosmische Kreislauf des Blutes, so auch die unterscheidende Tätigkeit des Sinnes eine Einheit; ein tätiger Sinn ist immer auch ein verstehender Sinn; Suchen und Finden sind in diesen einfachen Verhältnissen eins, eben das, was wir sehr verständlich mit Tasten bezeichnen. Erst später und bei hohen Forderungen an ausgebildete Sinne ist Empfinden nicht zugleich auch Verstehen des Empfindens und allmählich setzt sich das Verstehen immer deutlicher gegen das bloße Empfinden ab. Im äußeren Keimblatt trennt sich das *kritische* Organ vom Sinnesorgan – und dieses sehr bald wieder in scharf abgesonderte Einzelsinne – wie das Geschlechtsorgan vom Blutkreislauf; wie bestimmt wir alles Verstehen als abgeleitet aus dem Empfinden auffassen und wie gleichartig beide noch beim Menschen in ihrer unterscheidenden Tätigkeit wirken, bezeugen Worte wie scharfsinnig, feinfühlig, Einsicht, gelehrte Schnüffelei, Tatsachenblick, ganz zu schweigen von den Ausdrücken der Logik wie Begriff und Schluß, die sämtlich aus der Welt des Sehens stammen.

Wir sehen den Hund unaufmerksam, dann aber plötzlich gespannt aufhorchend und witternd: das Verstehen wird zum bloßen Empfinden hinzugesucht. Aber auch ein Hund kann nachdenklich sein – da ist das Verstehen fast allein tätig und spielt mit matten Empfindungen. Die älteren Sprachen haben diese Steigerung sehr klar ausgedrückt, indem sie jeden neuen Grad als Tätigkeit von besondrer Art scharf unterschieden und mit einem eignen Namen belegten: hören, horchen, lauschen; riechen, wittern, schnüffeln; sehen, spähen, beobachten: in solchen Reihen wird der Gehalt an Verstehen immer stärker im Verhältnis zu dem an Empfinden.

Endlich aber entfaltet sich ein höchster Sinn unter den anderen. Ein Etwas im All, das unserm Verstehenwollen für immer unzugänglich bleiben wird, weckt sich ein leibliches Organ: das Auge entsteht und im Auge, mit dem Auge entsteht als Gegenpol das Licht. Mag abstraktes Denken vom Licht das Licht fortdenken wollen und ein Gedankenbild von Wellen und Strahlen zeichnen, als Wirklichkeit ist von nun an das Leben *durch die Lichtwelt des Auges* umfaßt und einbezogen. Dies ist das Wunder, dem alles Menschliche untersteht. Erst in der Augenwelt des Lichtes gibt es Fernen als Farben und Helligkeit, erst in dieser Welt gibt es Tag und Nacht, sichtbare Dinge und sichtbare Bewegungen in einem weitgedehnten Lichtraum, eine Welt unendlich ferner Gestirne, die über der Erde kreisen, einen Lichthorizont des einzelnen Lebens, der weit über die Nachbarschaft des Leibes hinausreicht. In dieser Lichtwelt, welche alle Wissenschaft nur durch mittelbare, innerliche Augenvorstellungen – „theoretisch" – umdeutet, geschieht es, daß auf dem kleinen Erdenstern menschliche sehende Scharen wandern, daß das ganze Leben mitbestimmt ist davon, ob die Lichtflut des Südens über der ägyptischen und mexikanischen Kultur oder Lichtarmut über dem Norden liegt. Für sein *Auge* zaubert der Mensch seine

Bauten und setzt damit das leibliche Tastempfinden der Tektonik in lichtgeborene Beziehungen um. Religion, Kunst, Denken sind für das Licht entstanden und alle Unterschiede beschränken sich darauf, ob sie sich an das leibliche Auge oder an das „Auge des Geistes" wenden.

Damit hat sich in voller Deutlichkeit ein Unterschied offenbart, den wieder ein unklares Wort, Bewußtsein, zu trüben pflegt. Ich unterscheide *Dasein und Wachsein*. Das Dasein hat Takt und Richtung, das Wachsein ist Spannung und Ausdehnung. Im Dasein waltet ein Schicksal, das Wachsein unterscheidet Ursachen und Wirkungen. Dem einen gilt die Urfrage nach dem Wann und Warum, dem andern die nach dem Wo und Wie.

Eine Pflanze führt ein Dasein ohne Wachsein. Im Schlaf werden alle Wesen zu Pflanzen: die Spannung zur Umwelt ist erloschen, der Takt des Lebens geht weiter. Eine Pflanze kennt nur die Beziehung zum Wann und Warum. Das Drängen der ersten grünen Spitzen aus der Wintererde, das Schwellen der Knospen, die ganze Gewalt des Blühens, Duftens, Leuchtens, Reifens: das alles ist Wunsch nach der Erfüllung eines Schicksals und eine beständige sehnsüchtige Frage nach dem Wann.

Das Wo kann für ein pflanzenhaftes Dasein keinen Sinn haben. Es ist die Frage, mit welcher der erwachende Mensch sich täglich wieder auf seine Welt besinnt. Denn nur der Pulsschlag des Daseins dauert durch alle Geschlechter an. Das Wachsein beginnt für jeden Mikrokosmos von neuem: das ist der Unterschied von Zeugung und Geburt. Die eine ist Bürgschaft der Dauer, die andere ist ein Anfang. Und deshalb wird eine Pflanze erzeugt, aber nicht geboren. Sie ist da, aber kein Erwachen, kein erster Tag spannt eine Sinnenwelt um sie aus.

2

So tritt uns nun der Mensch entgegen. Nichts in seinem sinnlichen Wachsein stört mehr die reine Herrschaft des Auges. All die Klänge der Nacht, der Wind, das Atmen der Tiere, der Duft der Blumen wecken nur *ein Wohin und Woher in der Welt des Lichtes*. Von der

Welt der Witterung, in die noch der nächste Begleiter des Menschen, der Hund, seine Seheindrücke ordnet, haben wir keinen Begriff. Wir wissen nichts von der Welt des Schmetterlings, dessen Kristallauge kein Bild entwirft, nichts von der Umwelt sinnbegabter, aber augenloser Tiere. *Uns ist nur der Raum des Auges geblieben.* Und die Reste anderer Sinnenwelten, Klänge, Düfte, Wärme und Kälte, haben darin Platz gefunden als „*Eigenschaften*" und „*Wirkungen*" *von Lichtdingen.* Wärme geht vom *gesehenen* Feuer aus; die im Lichtraum erblickte Rose duftet und wir reden vom Ton einer Geige. Was die Gestirne betrifft, so beschränken sich unsre wachen Beziehungen zu ihnen darauf, daß wir sie *sehen.* Über unserm Haupte leuchten sie und ziehen ihre sichtbare Bahn. Tiere und selbst primitive Menschen besitzen ohne Zweifel von ihnen noch deutliche Empfindungen ganz andrer Art, die wir zum Teil mittelbar durch wissenschaftliche Vorstellungen, zum Teil überhaupt nicht mehr erfassen können.

Diese Verarmung des Sinnlichen bedeutet zugleich eine unermeßliche Vertiefung. Menschliches Wachsein ist nicht mehr die bloße Spannung zwischen Leib und Umwelt. Es heißt jetzt: Leben *in* einer rings geschlossenen Lichtwelt. Der Leib bewegt sich *im* gesehenen Raum. Das Tiefenerlebnis ist ein gewaltiges Eindringen in *sichtbare Fernen von einer Lichtmitte aus:* es ist jener Punkt, den wir Ich nennen. „Ich" ist ein Lichtbegriff. Von nun an ist das Leben des Ich ein Leben unter der Sonne, und die Nacht dem Tode verwandt. Und daraus bildet sich ein neues Angstgefühl, das alle andern in sich aufnimmt: *die Angst vor dem Unsichtbaren*, vor dem, was man hört, fühlt, ahnt, wirken sieht, ohne es selbst zu erblicken. Tiere kennen ganz andere, dem Menschen rätselhafte Formen der Angst, denn auch die Angst vor der Stille, die urwüchsige Menschen und Kinder durch Lärm und lautes Reden unterbrechen und verscheuchen wollen, ist bei höheren Menschen im Verschwinden begriffen. Die Angst vor dem Unsichtbaren aber bezeichnet die Eigenart aller menschlichen Religiosität. Gottheiten sind geahnte, vorgestellte, erschaute Lichtwirklichkeiten. Der „unsichtbare Gott" ist der höchste Ausdruck menschlicher Transzendenz. Das Jenseits liegt dort, wo die Grenzen der

Lichtwelt sind; Erlösung ist Befreiung aus dem Banne des Lichts und seiner Tatsachen.

Eben darin beruht für uns Menschen der unnennbare Zauber der Musik und ihre wahrhaft erlösende Kraft, daß sie die einzige Kunst ist, deren Mittel außerhalb der Lichtwelt liegen, welche für uns längst mit der Welt überhaupt gleichbedeutend geworden ist, so daß Musik allein uns gleichsam aus der Welt hinausführen, den stählernen Bann der Herrschaft des Lichts zerbrechen und uns die süße Täuschung einflößen kann, daß wir hier das letzte Geheimnis der Seele berühren, eine Täuschung, die darauf beruht, daß der wache Mensch von einem einzelnen seiner Sinne beständig derart beherrscht ist, daß er aus den Eindrücken seines Ohres nicht mehr eine Welt des Ohres bilden kann, sondern sie nur noch seiner Augenwelt einfügt.

Und deshalb ist menschliches Denken Augendenken, sind unsre Begriffe vom Sehen abgezogen, ist die gesamte Logik eine imaginäre Lichtwelt.

Dieselbe Verengerung und eben deshalb Vertiefung, welche alles Empfinden dem Sehen einordnet, hat die unzähligen dem Tier bekannten Arten sinnlicher Mitteilung, die wir unter dem Namen Sprache zusammenfassen, durch die eine Wortsprache ersetzt, welche *durch den Lichtraum hindurch* als Brücke der Verständigung zwischen zwei Menschen dient, die einander redend ansehen oder als Angeredete dem inneren Auge vorstellen. Die andern Arten des Sprechens von denen sich Reste erhielten, sind als Mienenspiel, Geste, Betonung längst in der Wortsprache aufgegangen. Der Unterschied zwischen allgemein tierischer Laut- und rein menschlicher Wortsprache besteht darin, daß Worte und Wortverbindungen ein Reich innerer Lichtvorstellungen bilden, das unter der Herrschaft des Auges entwickelt worden ist. Jede Wortbedeutung hat einen Lichtwert, auch wenn es sich um Worte wie Melodie, Geschmack, Kälte oder um ganz abstrakte Bezeichnungen handelt.

Schon unter höheren Tieren bildet sich infolge der Gewohnheit wechselseitiger Verständigung durch eine Sinnensprache ein deutlicher Unterschied von *bloßem* Empfinden und *verstehendem* Empfinden aus. Bezeichnen wir diese beiden Arten mikrokosmischer Tätigkeit als *Eindruck der Sinne und Urteil der Sinne*, also etwa Urteil des Geruchs, des Geschmacks, des Ohres, so ist schon bei Ameisen und Bienen, bei Raubvögeln, Pferden und Hunden das Schwergewicht sehr oft deutlich nach der Urteilsseite des Wachseins hin verschoben. Aber erst unter Einwirkung der Wortsprache tritt innerhalb des tätigen Wachseins ein offener *Gegensatz* zwischen Empfinden und Verstehen hervor, eine Spannung, die bei Tieren ganz undenkbar ist und selbst unter Menschen nur als ursprünglich selten verwirklichte Möglichkeiten angenommen werden darf. Die Entwicklung der Wortsprache führt etwas ganz Entscheidendes herbei: *die Emanzipation des Verstehens vom Empfinden*.

An Stelle des völlig einheitlichen verstehenden Empfindens erscheint oft und öfter ein Verstehen der Bedeutung von kaum noch beachteten Sinneseindrücken. Endlich werden diese Eindrücke durch die empfundenen Bedeutungen gewohnter Wortklänge verdrängt. Das Wort, ursprünglich der Name eines Sehdings, wird unvermerkt zum Kennzeichen eines Gedankendings, des „Begriffs". Wir sind weit entfernt, den Sinn solcher Namen scharf zu erfassen – das geschieht nur bei ganz neu auftretenden Namen –, wir gebrauchen nie ein Wort zweimal in derselben Bedeutung; niemand versteht je ein Wort genau so wie der andere. Aber eine Verständigung ist trotzdem möglich durch die den Menschen derselben Sprache mit und durch den Sprachgebrauch anerzogene Weltanschauung, in der beide so leben und weben, daß bloße Wortklänge genügen, um verwandte Vorstellungen wachzurufen. Es ist also ein mittelst der Wortklänge vom Sehen abgezogenes, *abstraktes*, Begreifen, das, so selten es in dieser Selbständigkeit ursprünglich unter Menschen vorkommen mag, dennoch eine scharfe Grenze zwischen der allgemein tierischen und einer dazukommenden, rein menschlichen Art des Wachseins zieht. Ganz ebenso hatte auf einer früheren Stufe das Wachsein überhaupt eine Grenze zwischen dem allgemein pflanzenhaften und dem rein tierhaften Dasein gesetzt.

Das vom Empfinden abgezogene Verstehen heißt Denken. Das Denken hat für immer einen Zwiespalt in das menschliche Wachsein getragen. Es hat von früh an Verstand und Sinnlichkeit als hohe und nie-

dere Seelenkraft gewertet. Es hat den verhängnisvollen Gegensatz
geschaffen zwischen der Lichtwelt des Auges, die als Scheinwelt und
Sinnentrug bezeichnet wird, und einer im wörtlichen Sinne vorgestellten Welt, in der die Begriffe mit ihrer nie abzustreifenden
leisen Lichtbetonung ihr Wesen treiben. Das ist nun für den Menschen, solange er „denkt", die wahre Welt, die Welt an sich. Das
Ich war anfangs das Wachsein überhaupt, insofern es sich sehend als
Mitte einer Lichtwelt empfand; jetzt wird es „Geist", nämlich reines
Verstehen, das sich selbst als solches „erkennt" und nicht nur die
fremde Welt *um sich*, sondern sehr bald auch die übrigen Elemente
des Lebens, den „Leib", *dem Werte nach unter sich* sieht. Ein Zeichen
davon ist nicht nur der aufgerichtete Gang des Menschen, sondern
auch die durchgeistigte Ausbildung seines Kopfes, an dem immer
mehr der Blick und die Bildung von Stirn und Schläfen Träger des
Ausdrucks werden.[1]

Es wird deutlich, daß das selbständig gewordene Denken eine
neue Betätigung für sich entdeckt hat. Zum praktischen Denken, das
sich auf die Beschaffenheit der Lichtdinge im Hinblick auf diesen
oder jenen vorliegenden Zweck richtet, tritt das theoretische, durch-
schauende, das Grübeln, welches die Beschaffenheit dieser Dinge *an
sich*, das „Wesen der Dinge" ergründen will. Vom Gesehenen wird
das Licht abgezogen, das Tiefenerlebnis des Auges steigert sich in
mächtiger Entwicklung ganz deutlich zum Tiefenerlebnis im Reich
lichtgefärbter Wortbedeutungen. Man glaubt, daß es möglich sei,
in die wirklichen Dinge hinein-, mit dem inneren Blick hindurchzusehen. Man bildet Vorstellungen über Vorstellungen und gelangt
endlich zu einer Gedankenarchitektur großen Stils, deren Bauten
in voller Deutlichkeit gleichsam in einem inneren Lichte daliegen.

Mit dem theoretischen Denken ist innerhalb des menschlichen
Wachseins eine Art von Tätigkeit entstanden, welche nun auch den
Kampf zwischen Dasein und Wachsein unvermeidlich gemacht hat.
Der tierische Mikrokosmos, in dem Dasein und Wachsein zu einer
selbstverständlichen Einheit des Lebens verbunden sind, kennt nur

[1] Daher ist das im stolzen oder gemeinen Sinne Animalische im Gesicht der
Menschen, welche die Gewohnheit des Denkens nicht besitzen.

ein Wachsein *im Dienste* des Daseins. Das Tier „*lebt*" einfach, es denkt nicht nach über das Leben. Die unbedingte Herrschaft des Auges aber läßt das Leben als Leben eines sichtbaren Wesens im Licht erscheinen und das sprachgebundene Verstehen bildet alsbald einen *Begriff* des Denkens und *als Gegenbegriff* den des Lebens aus und unterscheidet endlich das Leben, wie es ist, von dem, wie es sein sollte. An Stelle des unbekümmerten Lebens erscheint der Gegensatz „Denken und Handeln". Er ist nicht nur möglich, was er im Tiere nicht ist, er wird bald in jedem Menschen zur Tatsache und zuletzt zur *Alternative*; das hat die gesamte Geschichte des reifen Menschentums und alle ihre Erscheinungen gestaltet, und je höhere Formen eine Kultur annimmt, desto mehr beherrscht dieser Gegensatz gerade die bedeutenden Augenblicke ihres Wachseins.

Das Pflanzenhaft-Kosmische, das schicksalhafte Dasein, das Blut, das Geschlecht besitzen die uralte Herrschaft und behalten sie. Sie *sind* das Leben. Das andre dient nur dem Leben. Aber das andere will nicht dienen. Es will herrschen und glaubt zu herrschen; es ist einer der entschiedensten Ansprüche des Menschengeistes, den Leib, die „Natur" in der Gewalt zu haben; es ist aber die Frage, ob dieser Glaube nicht selbst dem Leben dient. Warum denkt unser Denken so? Vielleicht weil das Kosmische, das „es", es will? Das Denken beweist seine Macht, indem es den Leib eine Vorstellung nennt, seine Armseligkeit erkennt und die Stimme des Blutes zum Schweigen verweist. Das Blut aber herrscht wirklich, indem es schweigend die Tätigkeit des Denkens beginnen oder enden läßt. Auch das ist ein Unterschied zwischen Sprechen und Leben. Das Dasein kann des Wachseins, das Leben des Verstehens entbehren, nicht umgekehrt. Das Denken herrscht, trotz allem, nur im „Reich der Gedanken".

3

Es ist nur ein Unterschied in Worten, ob man das Denken als Schöpfung des Menschen oder den höheren Menschen als Schöpfung des Denkens betrachtet. Aber das Denken selbst wird seinen Rang innerhalb des Lebens stets falsch und viel zu hoch ansetzen, weil es andere Arten der Feststellung neben sich nicht bemerkt oder anerkennt und damit auf einen vorurteilslosen Überblick verzichtet. In der Tat haben sämtliche Denker von Beruf – und sie führen hier in allen Kulturen fast allein das Wort – kaltes, abstraktes Nachdenken für die selbstverständliche Tätigkeit gehalten, durch die man zu den „letzten Dingen" gelangt. Sie sind ebenso selbstverständlich überzeugt, daß das, was sie auf diesem Wege als „Wahrheit" erreichen, dasselbe ist, was sie als Wahrheit erstrebt haben, und nicht etwa ein vorgestelltes Bild an der Stelle unverständlicher Geheimnisse.

Aber wenn der Mensch ein denkendes Wesen ist, so ist er doch weit davon entfernt, ein Wesen zu sein, dessen Dasein im Denken *besteht*. Das haben die geborenen Grübler nicht unterschieden. Das Ziel des Denkens heißt Wahrheit. Wahrheiten werden festgestellt, d. h. aus der lebendigen Unfaßlichkeit der Lichtwelt in der Form von Begriffen abgezogen, um in einem System, einer Art von geistigem Raum, einen dauernden Ort zu erhalten. Wahrheiten sind absolut und ewig, d. h. sie haben mit dem Leben nichts mehr zu tun.

Aber für ein Tier gibt es nur Tatsachen, keine Wahrheiten. Das ist der Unterschied zwischen praktischem und theoretischem Verstehen. Tatsachen und Wahrheiten unterscheiden sich wie Zeit und Raum, wie Schicksal und Kausalität. Eine Tatsache ist für das ganze Wachsein im Dienste des Daseins vorhanden, nicht nur für eine Seite des Wachseins unter vermeintlicher Ausschaltung des Daseins. Das wirkliche Leben, die Geschichte kennt *nur* Tatsachen. Lebenserfahrung und Menschenkenntnis richten sich nur auf Tatsachen. Der tätige Mensch, der Handelnde, Wollende, Kämpfende, der sich täglich gegen die Macht der Tatsachen behaupten und sie sich dienstbar machen oder unterliegen muß, sieht auf bloße Wahrheiten als etwas Unbedeutendes herab. Für den echten Staatsmann gibt es nur politische Tatsachen, keine politischen Wahrheiten. Die berühmte Frage des Pilatus ist die eines jeden Tatsachenmenschen.

Es ist eine der gewaltigsten Leistungen Nietzsches, das Problem *vom Werte* der Wahrheit, des Wissens, der Wissenschaft aufgestellt zu haben – eine frivole Lästerung in den Augen jedes geborenen

Denkers und Gelehrten, der damit den Sinn seines ganzen Daseins angezweifelt sieht. Wenn Descartes an allem zweifeln wollte, so doch gewiß nicht am Wert seiner Frage.

Aber es ist ein anderes, Fragen zu stellen, ein anderes, an Lösungen zu glauben. Die Pflanze lebt und weiß es nicht. Das Tier lebt und weiß es. Der Mensch erstaunt über sein Leben und fragt. Eine Antwort kann auch der Mensch nicht geben. Er kann nur an die Richtigkeit seiner Antwort *glauben*, und darin besteht zwischen Aristoteles und dem ärmsten aller Wilden nicht der geringste Unterschied.

Warum müssen denn Geheimnisse enträtselt, Fragen beantwortet werden? Ist es nicht die Angst, die schon aus Kinderaugen spricht, die furchtbare Mitgift des menschlichen Wachseins, dessen Verstehen, von den Sinnen abgelöst, nun vor sich hinbrütet, in alle Tiefen der Umwelt dringen muß und nur durch Lösungen *erlöst* werden kann? Kann das verzweifelte Glauben ans Wissen von dem Alpdruck der großen Fragen befreien?

„Das Schaudern ist der Menschheit bestes Teil." Wem *das* vom Schicksal versagt worden ist, der muß versuchen, Geheimnisse aufzudecken, das Ehrfurchtgebietende anzugreifen, zu zerlegen, zu zerstören und seine Beute an Wissen davonzutragen. Der Wille zum System ist der Wille, Lebendiges zu töten. Es wird festgestellt, starr gemacht, an die Kette der Logik gelegt. Der Geist hat *gesiegt*, wenn er sein Geschäft des Erstarrenmachens zu Ende geführt hat.

Was man mit den Worten Vernunft und Verstand zu unterscheiden pflegt, ist das pflanzenhafte Ahnen und Fühlen, das sich der Sprache des Auges und Wortes nur *bedient*, und auf der anderen Seite das tierhafte, sprachgeleitete Verstehen selbst. Die Vernunft ruft Ideen ins Leben, der Verstand findet Wahrheiten, Wahrheiten sind leblos und lassen sich mitteilen, Ideen gehören zum lebendigen Selbst ihres Urhebers und können nur mitgefühlt werden. Das Wesen des Verstandes ist Kritik, das Wesen der Vernunft ist Schöpfung. Die Vernunft erzeugt das, worauf es ankommt, der Verstand setzt es voraus. Das besagt jener tiefe Ausspruch von Bayle, daß der Verstand nur ausreiche, um Irrtümer zu entdecken, nicht um Wahrheiten zu finden. In der Tat: verstehende Kritik wird zuerst geübt und entwickelt an der damit verbundenen sinnlichen Empfindung. Hier, im Sinnesurteil, lernt das Kind begreifen und unterscheiden. Von dieser Seite abgezogen und mit sich selbst beschäftigt, bedarf die Kritik eines Ersatzes für die zum Objekt dienende Sinnentätigkeit. Dieser kann nur durch eine *schon vorhandene* Denkweise gegeben sein, an der sich nun die abstrakte Kritik übt. Ein anderes Denken, eins, das frei und aus dem Nichts aufbaut, gibt es nicht.

Denn lange, bevor der ursprüngliche Mensch abstrakt dachte, hatte er sich ein religiöses Weltbild geschaffen. Das ist der Gegenstand, an dem nun der Verstand kritisch arbeitet. Alle Wissenschaft ist an einer Religion und unter den gesamten seelischen Voraussetzungen einer Religion erwachsen und sie bedeutet nichts anderes als die abstrakte Verbesserung dieser als falsch betrachteten, weniger abstrakten Lehre. Jede trägt in ihrem ganzen Bestand von Grundbegriffen, Problemstellungen und Methoden den Kern einer Religion mit sich fort. Jede neue Wahrheit, die der Verstand findet, ist nichts als ein kritisches Urteil über eine andere, die schon da war. Die Polarität zwischen neuem und altem Wissen bringt es mit sich, daß es nur relativ Richtiges in der Welt des Verstandes gibt, nämlich Urteile von größerer Überzeugungskraft als andre Urteile. Kritisches Wissen ruht auf dem Glauben an die Überlegenheit des Verstehens von heute über das von gestern. Es ist wieder das Leben, das uns zu diesem Glauben zwingt.

Kann also Kritik die großen Fragen lösen oder nur ihre Unlösbarkeit feststellen? Am Anfang des Wissens glauben wir das erste. Je mehr wir wissen, desto sicherer wird uns das zweite. Solange wir hoffen, nennen wir das Geheimnis ein Problem.

Es gibt also für den wachen Menschen ein doppeltes Problem: das des Wachseins und das des Daseins, oder das des Raumes und das der Zeit, oder die Welt als Natur und die Welt als Geschichte, oder die der Spannung und die des Taktes: das Wachsein sucht nicht nur sich selbst zu verstehen, sondern außerdem etwas, das ihm fremd ist. Mag eine innere Stimme ihm sagen, daß hier alle Möglichkeiten des Erkennens überschritten sind, die Angst überredet dennoch jedes

Wesen, weiter zu suchen und lieber mit dem Schein einer Lösung vorlieb zu nehmen als mit dem Blick in das Nichts.

4

Das Wachsein besteht aus Empfinden und Verstehen, deren gemeinsames Wesen eine fortdauernde Orientierung über das Verhältnis zum Makrokosmos ist. Insofern ist Wachsein gleichbedeutend mit „Feststellen", ob es sich nun um das Tasten eines Infusors oder um menschliches Denken vom höchsten Range handelt. Das sich selbst betastende Wachsein gelangt also zuerst zum *Erkenntnisproblem*. Was heißt Erkennen? Was heißt Erkenntnis des Erkennens? Und wie verhält sich das, was man ursprünglich damit meinte, zu dem, was man nachher in Worte gefaßt hat? – Wachsein und Schlaf wechseln wie Tag und Nacht mit dem Gang der Gestirne. Das Erkennen wechselt ebenso mit dem Träumen ab. Wie unterscheiden sich beide?

Wachsein, und zwar sowohl empfindendes wie verstehendes, ist aber auch gleichbedeutend mit dem Bestehen von Gegensätzen, etwa zwischen Erkennen und Erkanntem, oder Ding und Eigenschaft, oder Gegenstand und Ereignis. Worin besteht das Wesen dieser Gegensätze? – Hier erscheint als zweites das *Kausalproblem*. Es werden zwei sinnliche Elemente als Ursache und Wirkung oder zwei geistige als Grund und Folge bezeichnet: das ist die Feststellung eines Macht- und Rangverhältnisses. Wenn das eine da ist, muß das andere auch da sein. Die Zeit bleibt dabei ganz aus dem Spiele. Es handelt sich nicht um Tatsachen des Schicksals, sondern um kausale Wahrheiten, nicht um ein Wann, sondern um eine gesetzliche Abhängigkeit. Dies ist ohne Zweifel die hoffnungsvollste Tätigkeit des Verstehens. Der Mensch verdankt solchen Funden vielleicht seine glücklichsten Augenblicke. Und so geht er von den Gegensätzen, die ihn in unmittelbarer alltäglicher Nähe und Gegenwart berühren, nach beiden Seiten in endlosen Schlußreihen fort zu ersten und letzten Ursachen im Gefüge der Natur, die er Gott und den Sinn der Welt nennt. Er sammelt, ordnet und überblickt sein System, sein

Dogma von gesetzlichen Zusammenhängen und findet in ihm eine Zuflucht vor dem Unvorhergesehenen. Wer beweisen kann, fürchtet sich nicht mehr. – Aber worin besteht das Wesen der Kausalität? Liegt sie im Erkennen oder im Erkannten oder in der Einheit von beiden?

Die Welt der Spannungen müßte an sich starr und tot sein, nämlich „ewige Wahrheit", etwas jenseits aller Zeit, ein reiner Zustand. Die wirkliche Welt des Wachseins ist aber voller Veränderungen. Ein Tier erstaunt darüber nicht, das Denken des Denkers jedoch wird ratlos: Ruhe und Bewegung, Dauer und Änderung, Gewordenes und Werden – bezeichnen diese Gegensätze nicht bereits etwas, das über die Möglichkeit des Verstehens hinausgeht und eben deshalb einen Widersinn enthalten *muß*? Sind das Tatsachen, die sich nicht mehr in Form von Wahrheiten von der Sinnenwelt abziehen lassen? Da liegt etwas Zeithaftes in der zeitlos erkannten Welt; Spannungen erscheinen als Takt, zur Ausdehnung tritt die Richtung. Alles Fragwürdige des verstehenden Wachseins sammelt sich im letzten und schwersten, im *Bewegungsproblem*, und an ihm scheitert das freigewordene Denken. Hier verrät es sich, daß das Mikrokosmische heute und immer vom Kosmischen abhängig ist, wie es schon in den Uranfängen jedes neuen Wesens das äußere Keimblatt als die bloße Hülle eines Leibes beweist. Das Leben kann ohne Denken bestehen, das Denken aber ist nur eine Art des Lebens. Das Denken mag sich selbst noch so gewaltige Ziele setzen, in Wirklichkeit bedient sich das Leben des Denkens zu *seinem* Zwecke und gibt ihm ein lebendiges Ziel ganz unabhängig von der Lösung abstrakter Aufgaben. Für das Denken sind Lösungen von Problemen richtig oder falsch, für das Leben sind sie wertvoll oder wertlos. Wenn das Erkennenwollen am Bewegungsproblem scheitert, so ist die Absicht des Lebens vielleicht eben damit erreicht. Trotzdem und eben deshalb bleibt dieses Problem der Mittelpunkt alles höheren Denkens. Alle Mythologie und alle Naturwissenschaft sind aus dem Staunen über das Geheimnis der Bewegung entstanden.

Das Bewegungsproblem rührt bereits an die Geheimnisse des Daseins, die dem Wachsein fremd sind und deren Druck es sich den-

noch nicht entziehen kann. Es ist ein Verstehenwollen des Niezu-
verstehenden, des Wann und Warum, des Schicksals, des Blutes,
alles dessen, was wir in der Tiefe fühlen und ahnen und was wir,
zum Sehen geboren, darum auch vor uns im Lichte sehen wollen,
um es im eigentlichen Sinne des Wortes zu begreifen, uns seiner
durch Tasten zu versichern.

Denn das ist die entscheidende Tatsache, deren sich der Betrachtende nicht bewußt ist: sein ganzes Suchen richtet sich nicht auf das
Leben, sondern das Leben-sehen, und nicht auf den Tod, sondern
das Sterben-sehen. Wir suchen das Kosmische so zu begreifen, wie
es dem Mikrokosmos im Makrokosmos erscheint, als das *Leben eines
Leibes im Lichtraum*, zwischen Geburt und Tod, zwischen Zeugung
und Verwesung, und mit jener Unterscheidung von Leib und Seele,
die mit innerster Notwendigkeit aus dem Erlebnis des Innerlich-
Eigenen als eines Sinnlich-Fremden folgt.

Daß wir nicht nur leben, sondern um das „Leben" *wissen*, ist das
Ergebnis jener Betrachtung unseres leibhaften Wesens im Licht.
Aber das Tier kennt nur das Leben, nicht den Tod. Wären wir rein
pflanzenhafte Wesen, so würden wir sterben, ohne es je zu bemerken, denn den Tod fühlen und sterben wäre eins. Aber auch Tiere
hören den Todesschrei, sie erblicken den Leichnam, sie wittern die
Verwesung; sie sehen das Sterben, aber sie verstehen es nicht. Erst
mit dem reinen Verstehen, das sich durch die Sprache vom Wachsein des Auges abgelöst hat, taucht für den Menschen der Tod rings
in der Lichtwelt als das große Rätsel auf.

Erst von nun an ist Leben die kurze Spanne Zeit zwischen Geburt
und Sterben. Erst im Hinblick auf den Tod wird uns die Zeugung
zum *anderen* Geheimnis. Erst jetzt wird die Weltangst des Tieres
zur menschlichen Angst vor dem Tode und *diese ist es*, welche die
Liebe zwischen Mann und Weib, das Verhältnis der Mutter zum
Sohn, die Reihe der Ahnen bis zu den Enkeln herab und darüber
hinaus die Familie, das Volk und zuletzt die Geschichte der Menschen überhaupt als Fragen und Tatsachen des Schicksals von uner-
meßlicher Tiefe erstehen läßt. An den Tod, den jeder zum Licht
geborene Mensch erleiden muß, knüpfen sich die Ideen von Schuld

und Strafe, vom Dasein als einer Buße, von einem neuen Leben
jenseits der belichteten Welt und von einer Erlösung, die aller Todesangst ein Ende macht. Erst aus der Erkenntnis des Todes stammt das,
was wir Menschen im Unterschiede von den Tieren als Weltanschauung besitzen.

5

Es gibt geborene Schicksalsmenschen und Kausalitätsmenschen.
Der eigentlich lebende Mensch, der Bauer und Krieger, der Staatsmann, Heerführer, Weltmann, Kaufmann, jeder, der reich werden,
befehlen, herrschen, kämpfen, wagen will, der Organisator und
Unternehmer, der Abenteurer, Fechter und Spieler, ist durch eine
ganze Welt von dem „geistigen" Menschen getrennt, dem Heiligen,
Priester, Gelehrten, Idealisten und Ideologen, mag dieser nun durch
die Gewalt seines Denkens oder den Mangel an Blut dazu bestimmt
sein. Dasein und Wachsein, Takt und Spannung, Triebe und Begriffe, die Organe des Kreislaufs und die des Tastens – es wird selten
einen Menschen von Rang geben, bei dem nicht unbedingt die eine
Seite die andre an Bedeutung überragt. Alles Triebhafte und Treibende, der Kennerblick für Menschen und Situationen, der Glaube
an einen Stern, den jeder zum Handeln Berufene besitzt und der
etwas ganz anderes ist als die Überzeugung von der Richtigkeit
eines Standpunktes; die Stimme des Blutes, die Entscheidungen
trifft, und das unerschütterlich gute Gewissen, das jedes Ziel und
jedes Mittel rechtfertigt, das alles ist dem Betrachtenden versagt.
Schon der Schritt des Tatsachenmenschen klingt anders, wurzel-
hafter, als der des Denkers und Träumers, in dem das rein Mikrokosmische kein festes Verhältnis zur Erde gewinnen kann.

Das Schicksal hat den einzelnen so oder so gemacht, grüblerisch
und tatenscheu oder tätig und das Denken verachtend. Aber der
Tätige ist ein *ganzer* Mensch; im Betrachtenden möchte ein einzelnes Organ ohne und gegen den Leib wirken. Um so schlimmer,
wenn es auch die Wirklichkeit meistern will. Dann erhalten wir
jene ethisch-politisch-sozialen Verbesserungsvorschläge, die sämt-

lich ganz unwiderleglich beweisen, wie es sein sollte und wie man es' anfangen muß, Lehren, die ohne Ausnahme auf der Voraussetzung beruhen, daß alle Menschen so beschaffen sind wie die Verfasser, nämlich reich an Einfällen und arm an Trieben, vorausgesetzt, daß der Verfasser sich selbst kennt. Aber keine einzige dieser Lehren, und wenn sie mit der vollen Autorität einer Religion oder eines berühmten Namens auftrat, hat bis jetzt das Leben selbst im geringsten verändert. Sie ließen uns nur anders vom Leben *denken*. Gerade das ist ein Verhängnis später, viel schreibender und viel lesender Kulturen, daß der Gegensatz von Leben und Denken immer wieder verwechselt wird mit dem vom Denken über das Leben und Denken über das Denken. Alle Weltverbesserer, Priester und Philosophen sind einig in der Meinung, daß das Leben eine Angelegenheit des schärfsten Nachdenkens sei, aber das Leben der Welt geht seine eigenen Wege und kümmert sich nicht um das, was von ihm gedacht wird. Und selbst wenn es einer Gemeinschaft gelingt, „der Lehre gemäß" zu leben, so erreichen sie damit bestenfalls, daß in einer künftigen Weltgeschichte in einer Anmerkung davon die Rede ist, nachdem das Eigentliche und einzig Wichtige vorher abgehandelt wurde.

Denn nur der Handelnde, der Mensch des Schicksals, lebt letzten Endes in der *wirklichen* Welt, der Welt der politischen, kriegerischen und wirtschaftlichen Entscheidungen, in der Begriffe und Systeme nicht mitzählen. Hier ist ein guter Hieb mehr wert als ein guter Schluß, und es liegt Sinn in der Verachtung, mit welcher der Soldat und Staatsmann zu allen Zeiten auf die Tintenkleckser und Bücherwürmer herabgesehen hat, die der Meinung waren, daß die Weltgeschichte um des Geistes, der Wissenschaft oder gar der Kunst willen da sei. Sprechen wir es unzweideutig aus: Das vom Empfinden freigewordene Verstehen ist nur eine Seite des Lebens und nicht die entscheidende. In einer Geschichte des abendländischen Denkens darf der Name Napoleons fehlen, in der wirklichen Geschichte aber ist Archimedes mit all seinen wissenschaftlichen Entdeckungen vielleicht weniger wirksam gewesen als jener Soldat, der ihn bei der Erstürmung von Syrakus erschlug.

Es ist ein gewaltiger Irrtum theoretischer Menschen, wenn sie glauben, ihr Platz sei an der Spitze und nicht im Nachtrab der großen Ereignisse. Das heißt die Rolle, welche die politisierenden Sophisten in Athen oder Voltaire und Rousseau in Frankreich gespielt haben, durchaus verkennen. Ein Staatsmann „weiß" oft nicht, was er tut, aber das hindert ihn nicht, mit Sicherheit gerade das Erfolgreiche zu tun; der politische Doktrinär weiß immer, was getan werden muß; trotzdem ist seine Tätigkeit, wenn sie sich einmal nicht auf das Papier beschränkt, die erfolgloseste und damit die wertloseste in der Geschichte. Es ist eine nur zu häufige Anmaßung in unsicher gewordenen Zeiten wie der attischen Aufklärung oder der französischen und der deutschen Revolution, wenn der schreibende und redende Ideologe statt in Systemen in den wirklichen Geschicken der Völker tätig sein will. Er verkennt seinen Platz. Er gehört mit seinen Grundsätzen und Programmen in die Geschichte der Literatur, in keine andere. Die wirkliche Geschichte fällt ihr Urteil nicht, indem sie den Theoretiker widerlegt, sondern indem sie ihn samt seinen Gedanken sich selbst überläßt. Mögen Plato und Rousseau, um von kleinen Geistern ganz zu schweigen, abstrakte Staatsgebäude aufführen – das ist für Alexander, Scipio, Cäsar, Napoleon und ihre Entwürfe, Schlachten und Anordnungen ganz ohne Bedeutung. Mögen jene über das Schicksal reden, ihnen genügt es, ein Schicksal zu sein.

Unter allen mikrokosmischen Wesen bilden sich immer wieder *beseelte Masseneinheiten*, Wesen höherer Ordnung, die langsam entstehen oder plötzlich da sind mit allen Gefühlen und Leidenschaften des einzelnen, in ihrem Innern rätselhaft und dem Verstande unzugänglich, während der Kenner ihre Regungen wohl durchschaut und berechnen kann. Auch hier unterscheiden wir allgemein tierhafte, gefühlte Einheiten aus tiefster Verbundenheit des Daseins und Schicksals wie jenen Vogelzug am Himmel oder jenes stürmende Heer, und rein menschliche, verstandesmäßige Gemeinschaften auf Grund gleicher Meinungen, gleicher Zwecke und gleichen Wissens. Die Einheit des kosmischen Taktes hat man, ohne es zu wollen; die Einheit der Gründe eignet man sich an, wenn man will. Eine geistige

Gemeinschaft kann man aufsuchen oder verlassen; an ihr nimmt nur das Wachsein teil. Einer kosmischen Einheit *verfällt* man, und zwar mit seinem *ganzen* Sein. Solche Mengen werden von den Stürmen der Begeisterung ebenso schnell gepackt wie von einer Panik. Sie sind rasend und verzückt in Eleusis und Lourdes oder von einem männlichen Geist ergriffen wie die Spartaner bei Thermopylae und die letzten Goten am Vesuv. Sie bilden sich unter der Musik von Chorälen, Märschen und Tänzen und unterliegen wie alle Rassemenschen und Rassetiere der Wirkung von leuchtenden Farben, von Schmuck, Tracht und Uniform.

Diese beseelten Mengen werden geboren und sterben. Die geistigen Gemeinschaften, bloße Summen im mathematischen Sinne, sammeln, vergrößern, verkleinern sich, bis zuweilen eine bloße Übereinstimmung durch die Gewalt ihres Eindrucks ins Blut dringt und aus der Summe plötzlich ein Wesen macht. In jeder politischen Zeitenwende können Worte zu Schicksalen, öffentliche Meinungen zu Leidenschaften werden. Eine zufällige Menge wird auf der Straße zusammengeballt, sie hat *ein* Bewußtsein, *ein* Fühlen, *eine* Sprache, bis die kurzlebige Seele erlischt und jeder seiner Wege geht. Das geschah in dem Paris von 1789 täglich, sobald sich der Ruf nach der Laterne erhob.

Diese Seelen haben ihre besondere Psychologie, auf die man sich verstehen muß, um mit dem öffentlichen Leben fertig zu werden. Eine Seele haben alle echten Stände und Klassen, die Ritterschaften und Orden der Kreuzzüge, der römische Senat und der Jakobinerklub, die vornehme Gesellschaft unter Ludwig XIV. und der preußische Adel, der Bauernstand und die Arbeiterschaft, der großstädtische Pöbel, die Bevölkerung eines abgelegenen Tales, Völker und Stämme der Wanderzeiten, die Anhänger Mohammeds und überhaupt jede eben begründete Religion oder Sekte, die Franzosen der Revolution und die Deutschen der Freiheitskriege. Die gewaltigsten Wesen dieser Art, die wir kennen, sind die hohen Kulturen mit ihrer Geburt aus einer großen seelischen Erschütterung, die in einem tausendjährigen Dasein alle Mengen kleinerer Art, Nationen, Stände, Städte, Geschlechter zu einer Einheit zusammenfassen.

Alle großen Ereignisse der Geschichte werden durch solche Wesen kosmischer Art getragen, durch Völker, Parteien, Heere, Klassen,
während die Geschichte des Geistes in losen Gemeinschaften und
Kreisen, Schulen, Bildungsschichten, Richtungen „-ismen" verläuft. Und hier ist es wieder eine Schicksalsfrage, ob solche Mengen
in dem entscheidenden Augenblick ihrer höchsten Wirkungskraft
einen Führer finden oder blind vorwärtsgetrieben werden, ob die
Führer des Zufalls Menschen von hohem Range oder gänzlich bedeutungslose Persönlichkeiten sind, die von der Woge der Ereignisse an die Spitze gehoben werden wie Pompejus oder Robespierre. Es kennzeichnet den Staatsmann, daß er all diese Massenseelen, die sich im Strome der Zeit bilden und auflösen, in ihrer
Stärke und Dauer, Richtung und Absicht mit vollkommener Sicherheit durchschaut, aber trotzdem ist es auch hier eine Frage des Zufalls, ob er sie beherrschen *kann* oder von ihnen mitgerissen wird.

II. Die Gruppe der hohen Kulturen

6

Aber gleichviel, ob ein Mensch für das Leben oder das Denken
geboren ist, solange er handelt oder betrachtet, ist er *wach*, und als
Wachender ist er beständig „im Bilde", nämlich eingestellt auf einen
Sinn, den die Lichtwelt um ihn herum gerade in diesem Augenblick
für ihn besitzt. Es ist schon früher bemerkt worden, daß die zahllosen Einstellungen, die im Wachsein des Menschen wechseln, sich
deutlich in zwei Gruppen unterscheiden, Welten des Schicksals und
Taktes und Welten der Ursachen und Spannungen. Jeder erinnert
sich der beinahe schmerzhaften Umstellung, wenn er etwa eben
einen physikalischen Versuch beobachtet und plötzlich genötigt
wird, über ein Tagesereignis nachzudenken. Ich nannte die beiden
Bilder die „Welt als Geschichte" und die „Welt als Natur". In
jenem bedient sich das Leben des kritischen Verstehens; es hat das
Auge in seiner Gewalt; gefühlter Takt wird zur innerlich geschau-

ten Wellenlinie, erlebte Erschütterungen werden im Bilde zur
Epoche. In diesem herrscht das Denken selbst; kausale Kritik läßt
das Leben zum starren Prozeß werden, den lebendigen Gehalt einer
Tatsache zur abstrakten Wahrheit, die Spannung wird zur Formel.

Wie ist das möglich? Beides ist ein Augenbild, aber doch so, daß
man sich dort den nie wiederkehrenden Tatsachen hingibt, und hier
Wahrheiten in ein unveränderliches System bringen will. Im Geschichtsbilde, das nur *gestützt* ist auf Wissen, bedient sich das Kosmische des Mikrokosmischen. In dem, was wir Gedächtnis und Erinnerung nennen, liegen die Dinge wie im inneren Licht und vom
Takt unseres Daseins durchflutet da. Das chronologische Element
im weitesten Sinne, die Daten, Namen, Zahlen, verrät, daß Geschichte, sobald sie *gedacht* wird, der Grundbedingung alles Wachseins nicht entbehren kann. Im Naturbilde ist das stets vorhandene
Subjektive das Fremde und Trügende, in der Welt als Geschichte
trügt das ebenso unvermeidliche Objektive, die Zahl.

Die naturhaften Einstellungen sollen und können bis zu einem gewissen Grade unpersönlich sein. Man vergißt sich selbst darüber.
Das Bild der Geschichte aber besitzt jeder Mensch, jede Klasse,
Nation, Familie *in bezug auf sich selbst.* Natur enthält das Merkmal
der Ausdehnung, die *alle* umschließt. Geschichte aber ist das, was
aus dunkler Vergangenheit *auf den Schauenden* zukommt und von
ihm aus weiter in die Zukunft will. Er ist als der Gegenwärtige stets
ihr Mittelpunkt, und es ist ganz unmöglich, in der sinnvollen Anordnung der Tatsachen die Richtung auszuschalten, die dem Leben und
nicht dem Denken angehört. Jede Zeit, jedes Land, jede lebendige
Menge hat ihren eignen historischen Horizont, und der berufene
Geschichtsdenker zeigt sich eben darin, daß er das von seiner Zeit
geforderte Geschichtsbild wirklich entwirft.

Deshalb unterscheiden sich Natur und Geschichte wie echte und
scheinbare Kritik, Kritik verstanden als Gegensatz zur Lebenserfahrung. Naturwissenschaft *ist* Kritik und nichts andres. In der
Geschichte aber kann Kritik nur die Voraussetzung an Wissen schaffen, an dem dann der historische Blick seinen Horizont entwickelt.
Geschichte ist dieser Blick selbst, gleichviel wohin er sich richtet. Wer

diesen Blick besitzt, kann jede Tatsache und jede Lage „historisch"
verstehen. Natur ist ein System, und Systeme kann man erlernen.

Die *historische* Einstellung beginnt für jeden mit den frühesten
Eindrücken der Kindheit. Kinderaugen sehen scharf und die Tatsachen der nächsten Umgebung, das Leben der Familie, des Hauses,
der Straße werden bis in ihre letzten Gründe gefühlt und geahnt,
lange bevor die Stadt mit ihren Bewohnern in den Gesichtskreis tritt
und während noch die Worte Volk, Land, Staat keinen irgendwie
greifbaren Inhalt besitzen. Ein ebenso gründlicher Kenner ist der
primitive Mensch für alles, was ihm in seinem engen Kreise als
Geschichte lebendig vor Augen steht. Vor allem das Leben selbst,
das Schauspiel von Geburt und Tod, Krankheit und Alter, dann die
Geschichte der kriegerischen und geschlechtlichen Leidenschaften,
die er selbst erlebt oder an anderen beobachtet hat, die Schicksale
der Nächsten, der Sippe, des Dorfes, ihre Handlungen und deren
Hintergedanken, Erzählungen von langer Feindschaft, Kämpfen,
Sieg und Rache. Die Lebenshorizonte weiten sich; nicht ein Leben,
sondern *das* Leben entsteht und vergeht, nicht Dörfer und Sippen,
sondern ferne Stämme und Länder, nicht Jahre, sondern Jahrhunderte treten vor das Auge. Die wirklich miterlebte, in ihrem Takt
noch mitgefühlte Geschichte reicht niemals über die Generation
des Großvaters hinaus, weder für die alten Germanen und die heutigen Neger noch für Perikles oder Wallenstein. Hier schließt ein
Horizont des Lebens ab und es beginnt eine neue Schicht, deren Bild
sich auf Überlieferung und historische Tradition gründet, welche das
unmittelbare Mitfühlen einem deutlich gesehenen und durch lange
Übung gesicherten Gedächtnisbilde einordnet, ein Bild, das für die
Menschen verschiedener Kulturen in sehr verschiedener Weite entwickelt ist. Für uns beginnt mit diesem Bilde die eigentliche Geschichte, in der wir sub specie aeternitatis leben, für die Griechen
und Römer hört sie hier auf. Für Thukydides hatten schon die Ereignisse der Perserkriege,[1] für Cäsar die Punischen Kriege keine
lebendige Bedeutung mehr.

---

[1] Er habe festgestellt, daß sich vor seiner Zeit nichts von Bedeutung ereignet
habe, schreibt er – um 400! – auf der ersten Seite seines Geschichtswerkes.

Über das alles hinaus aber entstehen neue historische Einzelbilder von den Schicksalen der Pflanzen- und Tierwelt, der Landschaft, der Gestirne und fließen mit den letzten Bildern der Natur zusammen in mythischen Vorstellungen von Weltanfang und Weltende.

Das *Naturbild* des Kindes und des Urmenschen entwickelt sich aus der kleinen Technik des Alltags, die beide immer wieder zwingt, sich von dem angstvollen Schauen in die weite Natur den Sachlagen der nächsten Umgebung kritisch zuzuwenden. Wie die jungen Tiere entdeckt ein Kind seine ersten Wahrheiten durch das Spiel. Das Spielzeug untersuchen, die Puppe zerbrechen, den Spiegel umkehren, um zu sehen, was dahinter ist, das Triumphgefühl, etwas als richtig festgestellt zu haben, was nun immer so bleiben muß – darüber hinaus ist keine Naturforschung je gedrungen. Diese kritische Erfahrung erwirbt sich der Urmensch an seinen Waffen und Werkzeugen, an den Stoffen für seine Kleidung, Nahrung und Wohnung, an Dingen also, *insofern sie tot sind*. Das gilt auch von Tieren, die er jetzt plötzlich nicht mehr als Lebewesen versteht, indem er als Verfolger oder Verfolgter ihre Bewegungen beobachtet und berechnet, sondern als eine Zusammensetzung von Fleisch und Knochen, die er im Hinblick auf einen bestimmten Zweck unter Absehen von der Eigenschaft des Lebendigseins ganz mechanisch betrachtet, genau so wie er ein Ereignis eben noch als die Tat eines Dämons und gleich darauf als Kette von Ursache und Wirkung auffaßt. Es ist dieselbe Umstellung, die auch der reife Kulturmensch täglich und stündlich immer wieder vollzieht. Auch um diesen Naturhorizont legt sich eine weitere Schicht, die aus den Eindrücken von Regen, Blitz und Sturm, Tag und Nacht, Sommer und Winter, dem Mondwechsel und dem Gang der Gestirne gebildet wird. Hier zwingen religiöse Schauer voller Angst und Ehrfurcht ihn zu einer Kritik von ganz anderem Range. Wie er in jenem Geschichtsbilde die letzten Tatsachen des Lebens ergründen wollte, so sucht er hier die letzten Wahrheiten der Natur festzustellen. Was jenseits aller Grenzen des Verstehens liegt, nennt er die Gottheit, und alles diesseits Liegende sucht er als Wirkung, Schöpfung und Offenbarung der Gottheit kausal zu begreifen.

Jede Sammlung von naturhaft Festgestelltem hat also eine doppelte Tendenz, die von Urzeiten her unverändert geblieben ist. Die eine richtet sich auf ein möglichst vollständiges System *technischen* Wissens, das zu praktischen, wirtschaftlichen und kriegerischen Zwecken dient, das viele Tierarten in hoher Vollendung ausgebildet haben und das von da an über die frühmenschliche Kenntnis des Feuers und der Metalle in gerader Linie zur Maschinentechnik der heutigen faustischen Kultur führt. Die andre hat sich erst mit der Ablösung des rein menschlichen Denkens vom Sehen durch die Wortsprache gebildet und erstrebt ein ebenso vollständiges *theoretisches* Wissen, das wir in seiner ursprünglichen Form *religös* und in der in späten Kulturen daraus abgeleiteten *naturwissenschaftlich* nennen. Das Feuer ist für den Krieger eine Waffe, für den Handwerker ein Teil seines Werkzeuges, für den Priester ein Zeichen der Gottheit und für den Gelehrten ein Problem. Das alles aber gehört der naturhaften Einstellung des Wachseins an. In der Welt als Geschichte erscheint nicht das Feuer überhaupt, sondern der Brand von Karthago und Moskau und die Flamme der Scheiterhaufen, auf denen Huß und Giordano Bruno verbrannt wurden.

7

Ich wiederhole: Jedes Wesen erlebt das andre und dessen Schicksale *nur in bezug auf sich selbst.* Den Taubenschwarm, der sich auf ein Feld niederläßt, verfolgt der Besitzer des Feldes mit ganz anderen Blicken als der Naturfreund auf der Straße und der Habicht in der Luft. Der Bauer sieht in seinem Sohn den Nachkommen und Erben, der Nachbar den Bauern, der Offizier den Soldaten, der Fremde den Eingebornen. Napoleon hat als Kaiser die Menschen und Dinge anders erlebt wie als Leutnant. Man versetze einen Menschen in eine andre Lage, man mache einen Revolutionär zum Minister, einen Soldaten zum General, und die Geschichte mit ihren Trägern wird für ihn mit einem Schlage etwas anderes. Talleyrand durchschaute die Menschen seiner Zeit, weil er zu ihnen gehörte. Er hätte Crassus, Cäsar, Catilina und Cicero, wäre er plötzlich unter sie versetzt worden, in allen ihren Maßregeln und Absichten falsch oder gar nicht verstanden. Es gibt keine Geschichte an sich. Die Geschichte einer Familie nimmt sich für jeden Angehörigen, die eines Landes für jede Partei, die Zeitgeschichte für jedes Volk anders aus. Der Deutsche sieht den Weltkrieg anders als der Engländer, der Arbeiter die Wirtschaftsgeschichte anders als der Unternehmer, der Historiker des Abendlandes hat eine ganz andre Weltgeschichte vor Augen als die großen arabischen und chinesischen Geschichtsschreiber, und nur aus sehr großer Entfernung und ohne innere Beteiligung könnte die Geschichte einer Zeit objektiv dargestellt werden, aber die besten Historiker der Gegenwart beweisen, daß sie nicht einmal den Peloponnesischen Krieg und die Schlacht bei Actium ganz ohne Beziehung auf gegenwärtige Interessen beurteilen und darstellen können.

Die tiefste Menschenkenntnis schließt nicht aus, sondern fordert sogar, daß ihre Einsichten durchaus die Farbe dessen tragen, der sie hat. Gerade der Mangel an Menschenkenntnis und Lebenserfahrung ergeht sich in Verallgemeinerungen, die alles Bedeutende, nämlich das Einmalige der Geschichte verzerren oder völlig übersehen, am schlimmsten jene materialistische Geschichtsauffassung, die man beinahe erschöpfend als Mangel an physiognomischer Begabung definieren kann. Aber trotzdem und eben deshalb gibt es für jeden Menschen, *weil* er einer Klasse, Zeit, Nation und Kultur angehört, und wieder für diese Zeit, Klasse, Kultur im ganzen ein typisches Bild der Geschichte, wie es in bezug auf sie vorhanden sein *sollte*. Als höchste Möglichkeit besitzt das *Gesamtdasein* jeder Kultur ein für sie symbolisches Urbild ihrer Welt als Geschichte, und alle Einstellungen der einzelnen und der als lebendige Wesen wirkenden Mengen sind Abbilder davon. Wenn man die Anschauung eines andern als bedeutend, flach, originell, trivial, verfehlt, veraltet bezeichnet, so geschieht dies stets, ohne daß jemand sich dessen bewußt wäre, im Hinblick auf das im *Augenblick geforderte* Bild als der beständigen Funktion der Zeit und des Menschen.

Es versteht sich, daß jeder Mensch der faustischen Kultur sein eignes Bild der Geschichte besitzt, und nicht nur eines, sondern unzählige von seiner Jugend an, die je nach den Erlebnissen des Tages und der Jahre unaufhörlich schwanken und sich verändern. Und wie verschieden ist wieder das typische Geschichtsbild der Menschen verschiedener Zeitalter und Stände: die Welt Ottos des Großen und die Gregors VII., die eines Dogen von Venedig und die eines armen Pilgers! In wie verschiednen Welten haben Lorenzo de' Medici, Wallenstein, Cromwell, Marat, Bismarck gelebt, ein Höriger der gotischen, ein Gelehrter der Barockzeit, Offiziere des Dreißigjährigen, des Siebenjährigen und des Befreiungskrieges und allein in unsern Tagen ein friesischer Bauer, der nur mit seiner Landschaft und deren Bevölkerung wirklich lebt, ein Hamburger Großkaufmann und ein Physikprofessor! Und trotzdem hat das alles, unabhängig von Alter, Stellung und Zeit des einzelnen einen gemeinsamen Grundzug, der die Gesamtheit dieser Bilder, ihr Urbild, von dem jeder andern Kultur unterscheidet.

Was aber das antike und indische Geschichtsbild vollständig von dem chinesischen und arabischen und noch viel schärfer von dem abendländischen trennt, ist die Enge des Horizonts. Was die Griechen von der altägyptischen Geschichte wissen konnten und wissen mußten, haben sie nie in ihr eignes Geschichtsbild eintreten lassen, das für die meisten mit den Ereignissen abschloß, von denen die letzten Überlebenden noch erzählen konnten, und in dem selbst für die besten Köpfe mit dem Trojanischen Kriege eine Grenze gesetzt wurde, jenseits deren es kein geschichtliches Leben mehr geben sollte.

Die arabische Kultur hat zuerst, und zwar im Geschichtsdenken sowohl der Juden wie der Perser etwa seit Kyros, den erstaunlichen Griff gewagt, die Weltschöpfungslegende durch eine echte Zeitrechnung mit der Gegenwart zu verbinden und bei den Persern sogar eine chronologische Festlegung des Jüngsten Gerichts und der Erscheinung des Messias vorzunehmen. Diese scharfe und sehr enge Abgrenzung der gesamten Menschengeschichte – die persische umfaßt im ganzen zwölf, die jüdische bis jetzt noch nicht sechs Jahrtausende – ist ein notwendiger Ausdruck des magischen Weltgefühls und scheidet die jüdisch-persische Schöpfungssage ihrer tieferen

Bedeutung nach vollständig von den Vorstellungen der babylonischen Kultur, denen sie viele äußere Züge entnommen hat. Aus
einem ganz andern Gefühl heraus hat das chinesische und ägyptische
Geschichtsdenken eine weite Perspektive ohne Abschluß eröffnet,
und zwar durch eine chronologisch gesicherte Reihe von Dynastien,
die sich über Jahrtausende hin in graue Ferne verlieren.

Das faustische Bild der Weltgeschichte setzt sogleich, vorbereitet
durch die christliche Zeitrechnung,[1] mit einer ungeheuren Erweiterung und Vertiefung des von der abendländischen Kirche übernommenen magischen Bildes ein, das von Joachim von Floris um
1200 zur Grundlage einer tiefsinnigen Deutung aller Weltschicksale
als der Folge dreier Zeitalter des Vaters, des Sohnes und des Heiligen
Geistes genommen wurde. Dazu trat eine immer wachsende Erweiterung des geographischen Horizonts, der schon in gotischer
Zeit durch die Wikinger und Kreuzfahrer von Island bis zu entlegenen Teilen Asiens gedehnt wurde.[2] Für den höheren Menschen
des Barock seit 1500 wird nun zum ersten Male und im Unterschied
von allen andern Kulturen die gesamte Oberfläche des Planeten zum
Schauplatz menschlicher Geschichte. Zum ersten Male haben Kompaß und Fernrohr für die Gebildeten dieser Spätzeit aus der bloßen
theoretischen Annahme einer Kugelgestalt der Erde das wirkliche
Gefühl gemacht, auf einer Kugel im Weltraum zu leben. Der Län-
derhorizont hört auf und ebenso der zeitliche durch die doppelte
Unendlichkeit der Jahreszählung vor und nach Christi Geburt. Und
unter dem Eindruck dieses planetarischen, zuletzt alle hohen Kulturen umfassenden Bildes vollzieht sich heute die Auflösung jener
gotischen, längst flach und leer gewordenen Einteilung in Altertum,
Mittelalter und Neuzeit.

In allen andern Kulturen fallen die Aspekte Weltgeschichte und
Menschengeschichte zusammen; der Weltanfang ist der Anfang des
Menschen; das Ende der Menschheit ist auch das Ende der Welt.
Der faustische Hang zum Unendlichen läßt während des Barock

---

[1] 522 unter der Ostgotenherrschaft in Rom enstanden, aber erst seit Karl dem
Großen rasch über das germanische Abendland verbreitet.
[2] Mit einer sehr bezeichnenden Verengerung des tatsächlichen erlebten Geschichtsbildes im Bewußtsein des echten Renaissancemenschen.

zum ersten Male beide Begriffe auseinandertreten und macht die Menschengeschichte in einer noch nie bekannten Ausdehnung dennoch *zu einer bloßen Episode in der Weltgeschichte*, und die Erde, von der andre Kulturen nur ein Oberflächenstück als „Welt" überblickten, zu einem kleinen Stern unter Millionen von Sonnensystemen.

Diese Ausdehnung des historischen Weltbildes macht es in der heutigen Kultur noch viel notwendiger als in jeder andern, sorgfältig zwischen der Alltagseinstellung der meisten Menschen und der Maximaleinstellung zu unterscheiden, deren nur die höchsten Geister fähig sind, die sich aber auch in diesen nur für Augenblicke vollzieht. Der Unterschied zwischen dem historischen Horizont des Themistokles und dem eines attischen Bauern ist vielleicht geringfügig, aber schon der zwischen dem Geschichtsbild Kaiser Heinrichs VI. und dem eines Hörigen seiner Zeit ist ungeheuer, und mit dem Aufstieg der faustischen Kultur werden die höchstmöglichen Einstellungen so erweitert und vertieft, daß es immer engere Kreise sind, denen sie zugänglich bleiben. Es bildet sich gleichsam eine Pyramide von Möglichkeiten, auf der jeder einzelne seiner Veranlagung nach eine Stufe einnimmt, welche durch die höchste ihm erreichbare Einstellung bezeichnet wird. Damit aber gibt es zwischen abendländischen Menschen eine Grenze der Verständigung in geschichtlichen Lebensfragen, wie sie in dieser verhängnisvollen Schärfe ohne Zweifel keiner andern Kultur bekannt war. Kann heute ein Arbeiter einen Bauern wirklich verstehen? Oder ein Diplomat einen Handwerker? Der historisch-geographische Horizont, aus dem heraus beide ihre wichtigsten Fragen in Worte fassen, ist so verschieden, daß aus der Mitteilung ein Vorbeireden wird. Ein wirklicher Menschenkenner versteht wohl auch noch die Einstellung des andern und richtet seine Mitteilung danach ein – wie wir es alle machen, wenn wir mit Kindern sprechen –, aber die Kunst, sich auch noch in das Geschichtsbild eines Menschen der Vergangenheit, Heinrichs des Löwen oder Dantes so einzuleben, daß man seine Gedanken, Gefühle und Entscheidungen als selbstverständlich begreift, ist bei dem gewaltigen Abstand beider Wachseinszustände so selten, daß sogar die Aufgabe als solche um 1700 noch gar nicht geahnt und erst seit 1800 zu einer sehr selten erfüllten Forderung der Geschichtsschreibung geworden ist.

Die echt faustische Trennung der eigentlichen Menschengeschichte von der viel weiteren Weltgeschichte hat zur Folge, daß seit dem Ausgang des Barock sich in unserem Weltbild mehrere Horizonte in getrennten Schichten hintereinander lagern, für deren Untersuchung sich Einzelwissenschaften von mehr oder weniger ausgesprochen historischem Charakter ausgebildet haben. Die Astronomie, Geologie, Biologie, Anthropologie verfolgen der Reihe nach die Schicksale der Sternenwelt, der Erdrinde, der Lebewesen, des Menschen, und erst dann beginnt die heute noch so genannte „Weltgeschichte" der hohen Kulturen, an welche sich weiterhin die Geschichte einzelner Kulturelemente, die Familiengeschichte, zuletzt die gerade im Abendlande sehr ausgebildete Biographie anschließen.

Jede dieser Schichten fordert eine Einstellung für sich, und mit dem Augenblick dieser Einstellung hören die engeren und weiteren Schichten auf, lebendiges Werden zu sein, und sind schlechthin gegebene Tatsachen. Untersuchen wir die Schlacht im Teutoburger Walde, so ist die Entstehung dieses Waldes innerhalb der Pflanzenwelt Norddeutschlands vorausgesetzt. Fragen wir nach der Geschichte des deutschen Laubwaldes, so ist die geologische Schichtung der Erde die Voraussetzung und eine in ihren besonderen Schicksalen nicht weiter zu untersuchende Tatsache. Fragen wir nach dem Ursprung der Kreideformation, so ist das Vorhandensein der Erde selbst als eines Planeten im Sonnensystem kein Problem. Oder anders betrachtet: daß es in der Sternenwelt eine Erde, daß es auf der Erde das Phänomen „Leben", daß es in diesem die Form „Mensch", daß es in der Menschengeschichte die organische Form der Kulturen gibt, ist jedesmal ein Zufall im Bilde der nächst höheren Schicht. Goethe hatte von seiner Straßburger bis zur ersten Weimarer Zeit einen starken Hang zur Einstellung auf die Weltgeschichte – die Entwürfe zum Cäsar, Mahomet, Sokrates, Ewigen Juden, Egmont zeugen davon –, aber seit jenem schmerzlichen Verzicht auf eine politische Wirksamkeit großen Stils, der aus dem „Tasso" noch in dessen endgültiger, vorsichtig resignierter Fassung zu uns redet, schaltete er gerade diese aus und lebte fortan mit der fast gewaltsamen Beschränkung auf das Bild der Pflanzen-, Tier- und Erdgeschichte, seiner „lebendigen Natur", und andrerseits in der Biographie.

Alle diese Bilder haben, in denselben Menschen entwickelt, dieselbe Struktur. Auch die Geschichte der Pflanzen und Tiere, auch die der Erdrinde und der Sterne ist *fable convenue* und spiegelt in der äußeren Wirklichkeit die Tendenz des eigenen Daseins wider. Eine vom subjektiven Standpunkt des betrachtenden Menschen, seiner Zeit, seines Volkes und selbst seiner sozialen Stellung abgelöste Betrachtung der Tiere oder der Gesteinsschichtung ist ebensowenig möglich wie die der Revolution oder des Weltkrieges. Die berühmten Theorien von Kant und Laplace, Cuvier, Lyell, Lamarck, Darwin haben auch eine politisch-wirtschaftliche Färbung und zeigen gerade durch den gewaltigen Eindruck, den sie auf ganz unwissenschaftliche Kreise hervorgerufen haben, den gemeinsamen Ursprung der Auffassung all dieser historischen Schichten. Was sich aber heute vollendet, ist die letzte dem faustischen Geschichtsdenken noch vorbehaltene Leistung: die organische Verbindung dieser Einzelschichten untereinander und ihre Eingliederung in eine einzige ungeheure Weltgeschichte von einheitlicher Physiognomik, in welcher der Blick vom Leben des einzelnen Menschen nun ohne Unterbrechung bis zu den ersten und letzten Schicksalen des Universums reicht. Das 19. Jahrhundert hat – in mechanistischer, also ungeschichtlicher Fassung – die Aufgabe *gestellt*. Es gehört zu den Bestimmungen des 20., sie zu lösen.

8

Das Bild, welches wir von der Geschichte der Erdrinde und der Lebewesen besitzen, wird augenblicklich noch immer von Anschauungen beherrscht, welche das zivilisierte englische Denken seit der Aufklärungszeit aus den englischen Lebensgewohnheiten entwickelt hat. Die „phlegmatische" geologische Theorie Lyells von der Bildung der Erdschichten und die biologische Darwins von der Entstehung der Arten sind tatsächlich nur Nachbilder der Entwicklung

Englands selbst. Sie setzen an die Stelle unberechenbarer Katastrophen und Metamorphosen, wie sie der große Leopold von Buch
und Cuvier anerkannten, eine methodische Entwicklung mit sehr
langen Zeiträumen und erkennen als Ursachen nur *wissenschaftlich
erreichbare*, und *zwar mechanische* Zweckmäßigkeitsursachen an.

Diese „englische" Art von Ursachen ist nicht nur flach, sondern
auch viel zu eng. Sie beschränkt die möglichen Zusammenhänge
erstens auf Vorgänge, die sich in ihrem *ganzen* Verlauf an der Erdoberfläche vollziehen. Damit werden alle großen kosmischen Beziehungen zwischen den Lebenserscheinungen der Erde und Ereignissen des Sonnensystems oder der Sternenwelt überhaupt ausgeschaltet und die ganz unmögliche Behauptung vorausgesetzt, daß
die Außenseite der Erdkugel ein allseitig isoliertes Gebiet des Naturgeschehens sei. Und man setzt zweitens voraus, daß Zusammenhänge, die mit den Mitteln des heutigen menschlichen Wachseins
– Empfinden und Denken – und ihrer Verfeinerung durch Instrumente und Theorien nicht erfaßbar sind, auch nicht vorhanden sind.

Es wird das naturgeschichtliche Denken des 20. von dem des
19. Jahrhunderts unterscheiden, daß dieses System von Oberflächen-
ursachen, dessen Wurzeln in den Rationalismus der Barockzeit
zurückreichen, beseitigt und durch eine reine Physiognomik ersetzt
wird. Wir sind Skeptiker allen kausal erklärenden Denkweisen
gegenüber. Wir lassen die Dinge reden und bescheiden uns damit,
das in ihnen waltende Schicksal zu fühlen und in seinen Gestaltungen zu schauen, dessen Ergründung nicht im Bereich menschlichen Verstehens liegt. Das Äußerste, was wir erreichen können,
ist die Auffindung ursachenloser, zweckloser, rein seiender Formen,
die dem wechselnden Bilde der Natur zugrunde liegen. Das 19. Jahrhundert hat unter „Entwicklung" einen Fortschritt im Sinne steigender Zweckmäßigkeit des Lebens verstanden. Leibniz in seiner
hochbedeutenden „Protogäa" (1691), die auf Grund seiner Studien
über die Silbergruben des Harzes eine durch und durch Goethesche
Urgeschichte der Erde entwirft, und Goethe selbst verstanden darunter die Vollendung im Sinne eines steigenden Formgehaltes.
Zwischen den Begriffen der Goetheschen Formvollendung und der

Evolution Darwins liegt der ganze Gegensatz von Schicksal und Kausalität, aber auch der zwischen deutschem und englischem Denken und zuletzt deutscher und englischer *Geschichte*.

Es kann keine bündigere Widerlegung Darwins geben als die Ergebnisse der Paläontologie. Die Versteinerungsfunde können nach einfacher Wahrscheinlichkeit nur Stichproben sein. Jedes Stück müßte also eine andere Entwicklungsstufe darstellen. Es gäbe nur „Übergänge", keine Grenzen und also keine Arten. Statt dessen finden wir aber vollkommen feststehende und unveränderte Formen durch lange Zeiträume hin, die sich nicht etwa zweckmäßig herausgebildet haben, sondern die *plötzlich* und *sofort in endgültiger Gestalt* erscheinen, und die nicht in noch zweckmäßigere übergehen, sondern seltener werden und verschwinden, während ganz andre Formen schon wieder aufgetaucht sind. Was sich in immer größerem Formenreichtum entfaltet, sind die großen Klassen und Gattungen der Lebewesen, die *von Anfang an und ohne alle Übergänge* in der heutigen Gruppierung da sind. Wir sehen, wie unter den Fischen die Selachier mit ihren einfachen Formen in zahlreichen Gattungen zuerst in den Vordergrund der Geschichte treten und langsam wieder zurücktreten, während die Teleostier eine vollendetere Form des Fischtypus allmählich zur Herrschaft bringen, und dasselbe gilt von den Pflanzenformen der Farne und Schachtelhalme, die heute mit ihren letzten Arten in dem voll entwickelten Reich der Blütenpflanzen fast verschwinden. Aber dafür zweckmäßige und überhaupt sichtbare Ursachen anzunehmen, fehlt jeder wirkliche Anhalt.[1] Es ist ein Schicksal, welches das Leben überhaupt, den immer wachsenden Gegensatz von Pflanze und Tier, jeden einzelnen Typus, jede Gattung und Art in die Welt berief. Und mit diesem Dasein ist zugleich eine bestimmte *Energie der Form* gegeben, mit welcher sie sich im Fortgang der Vollendung rein behauptet oder matt und unklar wird und in viele Abarten ausweicht oder zerfällt, und damit

---

[1] Den ersten Beweis dafür, daß die Grundformen der Pflanzen- und Tierwelt sich nicht entwickeln, sondern plötzlich da sind, gab H. de Vries seit 1886 in seiner Mutationslehre. In der Sprache Goethes: Wir sehen, wie eine geprägte Form sich *in den einzelnen Exemplaren* entwickelt, nicht, wie sie *für die ganze Gattung* geprägt wird.

zugleich eine *Lebensdauer dieser Form*, die wiederum zwar durch einen Zufall verkürzt werden kann, sonst aber zu einem natürlichen Alter und Verlöschen der Art führt.

Und was den Menschen betrifft, so zeigen die diluvialen Funde immer deutlicher, daß alle damals vorhandenen Formen den heute lebenden entsprechen und nicht die geringste Spur einer Entwicklung zu einer zweckmäßiger gebauten Rasse zeigen, und das Fehlen aller tertiären Funde deutet immer mehr darauf hin, daß die Lebensform des Menschen wie jede andre ihren Ursprung einer plötzlichen Wandlung verdankt, deren Woher, Wie und Warum ein undurchdringliches Geheimnis bleiben wird. In der Tat, gäbe es eine Evolution im englischen Sinne, so könnte es weder abgegrenzte Erdschichten noch einzelne Tierklassen geben, sondern nur eine einzige geologische Masse und ein Chaos lebender Einzelformen, die im Kampf ums Dasein übriggeblieben wären. Aber alles, was wir sehen, zwingt uns zu der Überzeugung, daß immer wieder tiefe und sehr plötzliche Änderungen im Wesen des Tier- und Pflanzendaseins vor sich gehen, die von kosmischer Art und niemals auf das Gebiet der Erdoberfläche beschränkt sind und die dem menschlichen Empfinden und Verstehen in ihren Ursachen oder überhaupt entzogen bleiben.[1] Und ganz ebenso sehen wir, wie diese raschen und tiefen Verwandlungen in die Geschichte der großen Kulturen eingreifen, ohne daß von sichtbaren Ursachen, Einflüssen und Zwecken irgendwie die Rede sein kann. Die Entstehung des gotischen und des Pyramidenstils vollzog sich ebenso plötzlich wie die des chinesischen Imperialismus unter Schi Hoang-ti und des römischen unter Augustus, wie die des Hellenismus, des Buddhismus, des Islam, und ganz ebenso steht es mit den Ereignissen in jedem bedeutenden Einzelleben. Wer das nicht weiß, ist kein Menschenkenner, vor allem kein Kinderkenner. Jedes tätige oder betrachtende Dasein schreitet *in Epochen* seiner Vollendung zu, und eben solche Epochen müssen wir

---

[1] Damit wird auch die Annahme ungeheurer Zeiträume für die Ereignisse der menschlichen Urzeit überflüssig und man kann den Abstand der ältesten bisher bekannten Menschen vom Beginn der ägyptischen Kultur sich in einem Zeitmaß denken, dem gegenüber die 5000 Jahre historischer Kultur durchaus nicht verschwinden.

in der Geschichte des Sonnensystems und der Welt der Fixsterne annehmen. Der Ursprung der Erde, der Ursprung des Lebens, der Ursprung des frei beweglichen Tieres *sind* solche Epochen und ebendeshalb Geheimnisse, die wir als solche hinzunehmen haben.

9

Was wir vom Menschen wissen, scheidet sich klar in zwei große Zeitalter seines Daseins. Das erste[1] wird für unsern Blick begrenzt einerseits durch jene tiefe Fuge im Schicksal des Planeten, die wir heute als Anfang der Eiszeit bezeichnen und von der wir innerhalb des Bildes der Erdgeschichte nur feststellen können, *daß* hier eine kosmische Änderung stattgefunden hat; andrerseits durch den Beginn der hohen Kulturen am Nil und Euphrat, womit der ganze Sinn des menschlichen Daseins plötzlich ein anderer wird. Wir entdecken überall die scharfe Grenze von Tertiär und Diluvium und wir finden diesseits den Menschen vor als fertig ausgebildeten Typus, mit Sitte, Mythos, Kunst, Schmuck, Technik vertraut und von einem Körperbau, der sich seitdem nicht merklich verändert hat.

Wenn wir das erste Zeitalter das der primitiven Kultur nennen, so ist das einzige Gebiet, auf dem sich diese Kultur, allerdings in einer sehr späten Form, lebendig und ziemlich unberührt während des ganzen zweiten Zeitalters und heute noch erhalten hat, das nordwestliche Afrika. Dies klar erkannt zu haben, ist das große Verdienst von L. Frobenius.[2] Die Voraussetzung war, daß hier *eine ganze Welt* primitiven Lebens und nicht etwa nur eine Anzahl primitiver Stämme dem Eindruck hoher Kulturen entzogen blieb. Was die Völkerpsychologen gern in allen fünf Weltteilen zusammensuchen, sind dagegen Völkerfragmente, deren Gemeinsames in der rein negativen Tatsache besteht, daß sie mitten unter den hohen Kulturen leben, ohne innerlich an ihnen beteiligt zu sein. Es sind also

---

[1] [Dieses erste Zeitalter gliedert Spengler später in 3 Epochen, andeutungsweise schon in „Der Mensch und die Technik", ausführlich in den unvollendeten „Urfragen".]

[2] [„Und Afrika sprach" (1912); „Paideuma", Umrisse einer Kultur- und Seelenlehre (1920). – Frobenius unterscheidet *drei* Zeitalter, *H. K.*]

teils zurückgebliebene, teils minderwertige, teils entartete Stämme, deren Äußerungen noch dazu unterschiedslos vermengt werden.

Die primitive Kultur war aber etwas *Starkes* und *Ganzes*, etwas höchst Lebendiges und Wirkungsvolles; nur ist sie so verschieden von allem, was wir Menschen einer hohen Kultur als seelische Möglichkeiten besitzen, daß man daran zweifeln darf, ob selbst jene Völker, mit denen das erste Zeitalter noch tief in das zweite hineinreicht, in ihrer heutigen Art des Daseins und Wachseins Schlüsse auf den Zustand der alten Zeit erlauben.

Das menschliche Wachsein steht seit Jahrtausenden unter dem Eindruck der Tatsache, daß die beständige Fühlung der Stämme und Völker untereinander etwas Selbstverständliches und Alltägliches ist. Wir haben aber für das erste Zeitalter damit zu rechnen, daß der Mensch in einer äußerst geringen Anzahl kleiner Scharen sich in den endlosen Weiten der Landschaft, deren Bild durchaus von den gewaltigen Massen großer Tierherden beherrscht wird, vollständig verliert. Die Seltenheit der Funde beweist das mit Sicherheit. Zur Zeit des Homo Aurignacensis schweiften auf dem Boden Frankreichs vielleicht ein Dutzend Horden von einigen hundert Köpfen umher, für die es ein rätselhaftes Ereignis von tiefstem Eindruck war, wenn sie einmal das Vorhandensein von Mitmenschen bemerkten. Können wir uns überhaupt vorstellen, wie es sich in einer fast menschenlosen Welt lebte? Wir, für die die gesamte Natur längst zum Hintergrunde der massenhaften Menschheit geworden ist? Wie mußte sich das Weltbewußtsein ändern, als man in der Landschaft außer Wäldern und Tierherden immer häufiger Menschen „ganz wie wir selbst" antraf! Die zweifellos wieder sehr plötzliche Zunahme der Zahl, welche den „Mitmenschen" zu einem beständigen, alltäglichen Erlebnis machte, den Eindruck des Staunens durch die Gefühle der Freude oder Feindschaft ersetzte und damit von selbst eine ganz neue Welt von Erfahrungen und von unwillkürlichen und unvermeidlichen Beziehungen heraufrief, ist für die Geschichte der Menschenseele vielleicht das tiefste und folgenreichste Ereignis gewesen. Erst an fremden Lebensformen wurde man sich nun der eignen bewußt, und zugleich trat zu der Gliederung innerhalb der Sippe der ganze Reichtum äußerer Beziehungsformen der Sippen untereinander, der von nun an das primitive Leben und Denken vollständig beherrscht. Bedenken wir, daß damals aus sehr einfachen Arten sinnlicher Verständigung die Ansätze von Wortsprachen (und damit des abstrakten Denkens) entstanden sind und unter diesen einige sehr glückliche Konzeptionen, von deren Beschaffenheit wir uns keine Vorstellung machen können, die wir aber als frühesten Ausgangspunkt der späteren indogermanischen und semitischen Sprachgruppen annehmen dürfen.

Aus dieser primitiven Kultur einer durch Beziehungen von Stamm zu Stamm überall zusammenhängenden Menschheit wächst nun plötzlich um 3000 die ägyptische und babylonische Kultur auf, nachdem sich vielleicht während eines weiteren Jahrtausends in beiden Landschaften etwas vorbereitet hatte, das sich in der ganzen Art und Absicht der Entwicklung, der inneren Einheit sämtlicher Ausdrucksformen und der Richtung alles Lebens auf ein Ziel vollkommen von jeder primitiven Kultur unterscheidet. Es ist mir sehr wahrscheinlich, daß sich damals an der Erdoberfläche überhaupt oder zum mindesten im inneren Wesen des Menschen eine Veränderung vollzogen hat. Was später noch als primitive Kultur von Rang überall zwischen den hohen Kulturen besteht und erst nach und nach vor ihnen verschwindet, wäre dann etwas anderes als die Kultur des ersten Zeitalters. Was ich aber als Vorkultur bezeichne und was man am Anfang jeder hohen Kultur in einem durchaus gleichförmigen Verlauf nachweisen kann, ist jeder Art von primitiver Kultur gegenüber etwas Andersartiges und vollständig Neues.

In allem primitiven Dasein ist das „es", das Kosmische, mit so unmittelbarer Gewalt am Werke, daß alle mikrokosmischen Äußerungen in Mythos, Sitte, Technik und Ornament nur dem ganz augenblicklichen Drange gehorchen. Es gibt keine für uns erkennbaren Regeln für die Dauer, das Tempo, den Gang der Entwicklung dieser Äußerungen. Wir sehen etwa eine ornamentale Formensprache, die man nicht Stil nennen sollte, die Bevölkerung weiter Gebiete beherrschen, sich verbreiten, sich verändern und endlich erlöschen. Daneben und vielleicht mit ganz anderem Verbreitungsgebiet zeigen Art und Gebrauch der Waffen, Gliederung der Sippen, religiöse Gebräuche je eine eigene Entwicklung mit selbständigen Epochen und mit Anfang und Ausgang, der durch kein anderes Formgebiet mitbestimmt wird. Wenn wir in einer prähistorischen Schicht eine uns genau bekannte Art von Keramik festgestellt haben, so läßt das auf die Sitte und Religion der zugehörigen Bevölkerung keine Schlüsse zu. Und wenn einmal zufällig eine gewisse Form der Ehe und etwa eine Art der Tätowierung ein ähnliches Verbreitungsgebiet besitzen, so liegt dem nie eine Idee zugrunde, wie sie die Erfindung des Schießpulvers und der Malperspektive verbindet. Es finden sich keine notwendigen Beziehungen zwischen Ornament und Altersklassenorganisation, oder zwischen dem Kult einer Gottheit und der Art des Ackerbaus. Was sich hier entwickelt, sind immer wieder einzelne Seiten und Züge der primitiven Kultur, nicht diese selbst. Das ist es, was ich als chaotisch bezeichnet habe: die primitive Kultur ist weder ein Organismus noch eine Summe von Organismen.

Mit dem Typus der hohen Kultur tritt an die Stelle jenes „es" eine starke und einheitliche *Tendenz*. Innerhalb der primitiven Kultur sind außer den einzelnen Menschen nur die Stämme und Sippen beseelte Wesen. *Hier aber ist es die Kultur selbst.* Alles Primitive ist eine Summe, und zwar von Ausdrucksformen primitiver Verbände. Hohe Kultur ist das Wachsein eines einzigen ungeheuren Organismus, der nicht nur Sitte, Mythos, Technik und Kunst, sondern auch die ihm einverleibten Völker und Stände zu Trägern einer einheitlichen Formensprache mit einheitlicher Geschichte macht. Die älteste Sprachgeschichte gehört zur primitiven Kultur und hat ihre eignen regellosen Schicksale, die man aus denen des Ornaments oder etwa der Geschichte der Ehe nicht ableiten kann. Die Geschichte der Schrift aber gehört zur Ausdrucksgeschichte der einzelnen hohen Kulturen. Je eine besondere Schrift hat sich schon in der Vorzeit der ägyptischen, chinesischen, babylonischen und mexikanischen Kultur ausgebildet. Daß das in der indischen und antiken nicht geschah, daß man die hochentwickelten Schriften alter Nachbarzivilisationen erst sehr spät übernahm, während in der arabischen Kultur jede neue

Religion und Sekte alsbald eine eigne Schrift ausbildet, das steht im tiefsten Zusammenhang mit der gesamten Formengeschichte dieser Kulturen und deren innerer Bedeutung.

Auf diese beiden Zeitalter beschränkt sich unser wirkliches Wissen vom Menschen und das reicht nicht aus, um irgendwelche Schlüsse auf mögliche oder gewisse neue Zeitalter oder gar deren Wann und Wie zu ziehen, ganz abgesehen davon, daß die kosmischen Zusammenhänge, welche das Schicksal der Gattung Mensch beherrschen, unsrer Berechnung vollständig entzogen sind.

Meine Art zu denken und zu beobachten beschränkt sich auf die Physiognomik des Wirklichen. Wo die Erfahrung des Menschenkenners seiner Mitwelt, die Lebenserfahrung eines Tatgewohnten den Tatsachen gegenüber aufhört, da findet auch dieser Blick seine Grenze. Das Vorhandensein jener zwei Zeitalter ist *eine Tatsache der historischen Erfahrung* und weiterhin besteht unsre Erfahrung von der primitiven Kultur darin, daß wir hier etwas Abgeschlossenes in seinen Resten übersehen können, dessen tiefere Bedeutung von uns aus einer innern Verwandtschaft heraus noch eben erfühlt werden kann. Das zweite Zeitalter aber erlaubt uns noch eine Erfahrung von ganz andrer Art. Daß innerhalb der Menschengeschichte plötzlich der Typus der hohen Kultur erscheint, ist ein Zufall, dessen Sinn nicht nachzuprüfen ist. Es ist auch ungewiß, ob nicht ein plötzliches Ereignis im Dasein der Erde eine ganz andre Form zum Vorschein bringt. Aber die Tatsache, daß acht solcher Kulturen vor uns liegen, alle von gleichem Bau, gleichartiger Entwicklung und Dauer, gestattet uns *eine vergleichende Betrachtung* und damit ein Wissen, das sich über verschollene Epochen rückwärts und über bevorstehende vorwärts erstreckt, immer unter der Voraussetzung, daß nicht ein Schicksal anderer Ordnung diese Formenwelt überhaupt plötzlich durch eine neue ersetzt. Ein Recht dazu gibt uns die allgemeine *Erfahrung* vom organischen Dasein. Wir können in der Geschichte der Raubvögel oder der Nadelhölzer nicht voraussehen, ob und wann eine neue Art, und ebensowenig in der Kulturgeschichte, ob und wann in Zukunft eine neue Kultur entsteht. Aber von dem Augenblick an, wo ein neues Wesen im Mutterleib empfangen oder ein

Samenkorn in die Erde versenkt ist, kennen wir die *innere Form des neuen Lebenslaufes*, die durch alle andringenden Gewalten nur in der Ruhe ihrer Entfaltung und Vollendung gestört, nicht aber in ihrem Wesen geändert werden kann.

Diese *Erfahrung* lehrt weiterhin, daß die Zivilisation, welche heute die ganze Erdoberfläche ergriffen hat, nicht ein drittes Zeitalter ist, sondern ein notwendiges Stadium ausschließlich der abendländischen Kultur, das sich von dem jeder andern nur durch die Gewalt der Ausdehnung unterscheidet. Hier ist die Erfahrung zu Ende. Darüber zu grübeln, in was für neuen Formen der künftige Mensch sein Dasein führen wird, *ob überhaupt* andre kommen werden, oder gar auf dem Papier majestätische Umrisse mit einem „So soll es, so wird es sein" zu entwerfen, ist eine Spielerei, die mir zu unbedeutend erscheint, um die Kräfte eines irgendwie wertvollen Lebens daran zu wenden.

Die Gruppe der hohen Kulturen ist keine organische Einheit. Daß sie in dieser Zahl, an diesen Orten und zu dieser Zeit entstanden, ist für das menschliche Auge ein Zufall ohne tieferen Sinn. Dagegen tritt die Gliederung der einzelnen mit solcher Deutlichkeit hervor, daß die chinesische, arabische und abendländische Geschichtsschreibung und oft schon das übereinstimmende Gefühl der Gebildeten eine Reihe von Namen geprägt hat, die sich gar nicht verbessern lassen.[1]

Das historische Denken hat also die doppelte Aufgabe, eine vergleichende Betrachtung *der einzelnen Lebensläufe* vorzunehmen, eine Aufgabe, die klar gefordert, aber bis jetzt nicht beachtet worden ist, und die andre, die zufälligen und regellosen *Beziehungen der Kulturen untereinander* auf ihren Sinn zu prüfen. Das ist bis jetzt in der bequemen und oberflächlichen Weise geschehen, daß man das ganze Gewirr mit kausaler Erklärung in den „Gang" einer Weltgeschichte brachte. Damit wird aber die sehr schwierige und aufschlußreiche Psychologie dieser Beziehungen ebenso unmöglich wie die des

---

[1] Goethe hat in seinem kleinen Aufsatz „Geistesepochen" eine Charakteristik der vier Abschnitte jeder Kultur, der Vorzeit, Frühzeit, Spätzeit und Zivilisation, von solcher Tiefe gegeben, daß sich heute noch nichts hinzufügen läßt. Vgl. die damit genau übereinstimmenden Tafeln in Bd. I.

Innenlebens der Kulturen selbst. Diese zweite Aufgabe setzt vielmehr die erste als gelöst voraus. Die Beziehungen sind sehr verschieden, zunächst schon nach dem räumlichen und zeitlichen Abstand. In den Kreuzzügen steht eine Frühzeit einer alten und reifen Zivilisation gegenüber, in der kretisch-mykenischen Welt des Ägäischen Meeres eine Vorkultur einer blühenden Spätzeit. Eine Zivilisation kann aus unendlicher Ferne herüberstrahlen wie die indische von Osten in die arabische Welt, oder sich erstickend und greisenhaft über eine Jugend lagern, wie die Antike vom Westen her. Aber auch nach Art und Stärke: die abendländische Kultur sucht Beziehungen auf, die ägyptische weicht ihnen aus; jene erliegt ihnen immer wieder in tragischen Erschütterungen, die Antike nützt sie aus, ohne zu leiden. Das alles hat aber seine Bedingungen wieder im Seelischen der Kultur selbst und lehrt diese Seele zuweilen besser kennen als ihre eigne Sprache, die oft mehr verbirgt als mitteilt.

10

Ein Blick über die Gruppe der Kulturen erschließt Aufgaben über Aufgaben. Das 19. Jahrhundert, dessen Geschichtsforschung von der Naturwissenschaft, dessen Geschichtsdenken von den Ideen des Barock geleitet wurde, hat uns nur auf einen Gipfel geführt, von dem wir die neue Welt zu unsern Füßen sehen. Werden wir je von ihr Besitz ergreifen?

Die ungeheure Schwierigkeit, der eine gleichmäßige Behandlung jener großen Lebensläufe heute noch begegnet, besteht darin, daß es an ernsthaften Bearbeitungen der fernliegenden Gebiete durchaus fehlt. Es zeigt sich wieder der herrische Blick des Westeuropäers, der nur erfassen will, was von irgend einem Altertum her über ein Mittelalter sich ihm nähert, und alles, was seine eignen Wege geht, mit halbem Ernst behandelt. In der chinesischen und indischen Welt sind soeben einige Gebiete: Kunst, Religion und Philosophie, in Angriff genommen worden. Die politische Geschichte wird, wenn überhaupt, im Plauderstil vorgetragen. Niemand denkt daran, die großen staatsrechtlichen Probleme der chinesischen Geschichte, das

Hohenstaufenschicksal des Li-wang (842), den ersten Fürstenkongreß von 659, den Kampf zwischen den Prinzipien des von dem
„Römerstaate" Tsin vertretenen Imperialismus *(lienheng)* und der
Völkerbundidee *(hohtsung)* zwischen 500 und 300, den Aufstieg
des chinesischen Augustus Hoang-ti (221) mit derselben Gründlich-
keit zu behandeln, wie es Mommsen mit dem Prinzipat des Augustus getan hat. Die Staatengeschichte Indiens mag noch so gründlich von den Indern vergessen sein, aus der Zeit Buddhas liegt trotzdem mehr Material vor als aus der antiken Geschichte im 9. und 8.
Jahrhundert, aber wir tun noch heute, als hätte „der" Inder ganz in
seiner Philosophie gelebt wie die Athener, welche nach der Ansicht
unsrer Klassizisten ihr Leben, an den Ufern des Ilissos philosophie-
rend, in Schönheit verbrachten. Aber auch über die ägyptische Politik ist kaum nachgedacht worden. Hinter den Namen der Hyksoszeit haben die späten ägyptischen Historiker dieselbe Krisis verborgen, welche die chinesischen als „Zeit der kämpfenden Staaten" behandeln. Das hat noch niemand untersucht. Und in der arabischen
Welt reicht das Interesse genau so weit wie das antike Sprachgebiet.
Was ist nicht über die Staatsschöpfung Diokletians geschrieben worden! Und was für ein Material hat man etwa über die ganz gleichgültige Verwaltungsgeschichte der kleinasiatischen Provinzen zusammengetragen – weil es griechisch geschrieben war! Aber das
Vorbild Diokletians in jeder Beziehung, der Sassanidenstaat, fällt nur
insoweit in den Kreis der Betrachtung, als er gerade Krieg mit Rom
führte. Wie steht es aber mit dessen *eigener* Verwaltungs- und Rechtsgeschichte? Was ist über Recht und Wirtschaft in Ägypten, Indien
und China gesammelt worden, das sich neben den Arbeiten über
antikes Recht halten könnte?[1]

---

[1] Es fehlt ebenso an einer *Geschichte der Landschaft* (also des Bodens, der Pflanzen-
decke und der Witterung), in der sich die Menschengeschichte seit fünftausend
Jahren abgespielt hat. Aber die Menschengeschichte ringt sich so schwer von der
Geschichte der Landschaft ab und bleibt mit tausend Wurzeln mit ihr so tief verbunden, daß man ohne sie das Leben, die Seele, das Denken gar nicht verstehen kann.
Was die Landschaft Südeuropas betrifft, so macht seit dem Ende der Eiszeit ein
unbändiger Überfluß der Pflanzenwelt allmählich der Dürftigkeit Platz. In der
Folge der ägyptischen, antiken, arabischen und abendländischen Kultur hat sich
um das Mittelmeer herum eine Wandlung des Klimas vollzogen, wonach der

Um 3000[1] setzen nach einer langen „Merowingerzeit", die in Ägypten noch deutlich übersehbar ist, die beiden ältesten Kulturen in äußerst kleinen Gebieten am unteren Nil und Euphrat ein. Früh- und Spätzeit sind hier längst durch die Namen Altes und Mittleres Reich, Sumer und Akkad unterschieden worden. Der Ausgang der ägyptischen Feudalzeit zeigt mit seiner Entstehung eines Erbadels und dem dadurch bedingten Verfall des frühen Königtums seit der sechsten Dynastie eine so erstaunliche Ähnlichkeit mit dem Verlauf der Dinge in der chinesischen Frühzeit seit I-wang (934–909) und der abendländischen seit Kaiser Heinrich IV., daß eine vergleichende Untersuchung einmal gewagt werden sollte. Am Anfang des babylonischen „Barock" erscheint der große Sargon (2300), der bis ans Mittelmeer vordringt, Cypern erobert und sich im Geschmack Justinians I. und Karls V. den „Herrn der vier Weltteile" nennt. Am Nil um 1800, in „Akkad und Sumer" etwas früher, beginnen nun auch die ersten Zivilisationen, von denen die asiatische eine gewaltige Expansionskraft zeigt. Die „Errungenschaften der babylonischen Zivilisation", vieles, was mit Messen, Zählen, Rechnen zusammenhängt, ist von da an vielleicht bis zur Nordsee und zum

Bauer aus dem Kampf *gegen* die Pflanzenwelt in den *für* sie eintreten mußte, erst gegen den Urwald, dann gegen die Wüste sich behauptend. Die Sahara lag zur Zeit Hannibals weit im Süden von Karthago, heute dringt sie bereits in das nördliche Spanien und Italien ein; wo war sie zur Zeit der ägyptischen Pyramidenbauer mit den Wald- und Jagdbildern auf ihren Reliefs? Als die Spanier die Moriskos vertrieben, erlosch der nur noch künstlich aufrecht erhaltene Charakter des Landes als einer Wald- und Ackerlandschaft. Die Städte wurden Oasen in der Wüste. Zur Römerzeit hätte das keine derartige Folge gehabt.

[1] Die neue Methode der vergleichenden Morphologie gestattet eine sichere Nachprüfung der bis jetzt mit ganz andern Mitteln versuchten Zeitansätze alter Kulturen. Aus demselben Grunde, weshalb man auch bei Verlust aller andern Nachrichten Goethes Geburt nicht hundert Jahre vor den Urfaust verlegen oder in der Laufbahn Alexanders des Großen die eines älteren Mannes vermuten würde, kann man aus einzelnen Zügen des Staatslebens, dem Geist von Kunst, Denken und Religion beweisen, daß der Anbruch der ägyptischen Kultur um 3000 und der chinesischen um 1400 erfolgt ist. Die Berechnungen französischer Forscher und neuerdings von Borchardt (Die Annalen und die zeitliche Festlegung des Alten Reiches, 1917) sind von vornherein ebenso verfehlt wie die chinesischer Historiker über die Dauer der fabelhaften Hia- und Schang-Dynastien. Ebenso ist es völlig unmöglich, daß der ägyptische Kalender im Jahre 4241 eingeführt worden ist. Wie bei jeder Zeitrechnung hat man eine Entwicklung mit tiefgreifenden Kalenderreformen anzunehmen, womit der Begriff eines Anfangsdatums überhaupt gegenstandslos wird.

Gelben Meer getragen worden. Manche babylonische Fabrikmarke an einem Werkzeug mag da von germanischen Wilden als Zauberzeichen verehrt und zum Ursprung eines „urgermanischen" Ornaments geworden sein. Aber indessen ging die babylonische Welt selbst aus einer Hand in die andere. Kossäer, Assyrer, Chaldäer, Meder, Perser, Makedonier, lauter kleine[1] Heerhaufen mit einem kräftigen Führer an der Spitze, haben sich da in der Hauptstadt abgelöst, ohne daß die Bevölkerung sich ernsthaft dagegen wehrte. Das ist das erste Beispiel einer „römischen Kaiserzeit". In Ägypten entwickelten sich die Dinge nicht anders. Unter den Kossäern setzen die Prätorianer dort die Herrscher ein und ab; die Assyrer haben wie die Soldatenkaiser seit Commodus die alten staatsrechtlichen Formen aufrecht erhalten; der Perser Kyros und der Ostgote Theoderich haben sich als Reichsverweser gefühlt, Meder und Langobarden als Herrenvölker im fremden Lande. Aber das sind staatsrechtliche, nicht tatsächliche Unterschiede. Die Legionen des Afrikaners Septimius Severus wollten genau dasselbe wie Alarichs Westgoten, und in der Schlacht bei Adrianopel waren „Römer" und „Barbaren" kaum noch zu unterscheiden.

Seit 1500 entstehen drei neue Kulturen, zuerst die indische im oberen Pendschab, um 1400 die chinesische am mittleren Hoangho, um 1100 die antike am Ägäischen Meere. Wenn die chinesischen Historiker von den drei großen Dynastien – Hia, Schang, Dschou – reden, so entspricht das etwa der Meinung Napoleons, der sich als den Begründer der vierten Dynastie nach den Merowingern, Karolingern und Capetingern bezeichnete. In Wirklichkeit hat jedesmal die dritte den ganzen Verlauf der Kultur miterlebt. Als 441 der Titularkaiser der Dschou-Dynastie zum Staatspensionär des „östlichen Herzogs" und als 1792 „Louis Capet" hingerichtet wurde, ging jedesmal auch die Kultur zur Zivilisation über. Aus der letzten

---

[1] Ed. Meyer hat Gesch. d. A. III, 97, das kleine Perservolk, vielleicht noch zu hoch, auf eine halbe Million im Verhältnis zu den fünfzig Millionen des babylonischen Imperiums berechnet. Ein Größenverhältnis derselben Ordnung besteht zwischen den Germanenvölkern und den Legionen der Soldatenkaiser des 3. Jahrh. der römischen, und den Truppen der Ptolemäer und Römer der ägyptischen Bevölkerung gegenüber.

Schangzeit haben sich einige hochaltertümliche Bronzen erhalten, die zur späteren Kunst in demselben Verhältnis stehen wie die mykenische zur frühantiken Keramik und die karolingische Kunst zur romanischen. Die vedische, homerische und chinesische Frühzeit zeigen mit ihren Pfalzen und Burgen, mit Rittertum und Feudalherrschaft das ganze Bild der Gotik, und die „Zeit der großen Protektoren" (Ming-dschu 685–591) entspricht durchaus der Zeit Cromwells, Wallensteins, Richelieus und der älteren antiken Tyrannis.

480–230 setzen die chinesischen Historiker die „Zeit der kämpfenden Staaten" an, die zuletzt in eine hundertjährige ununterbrochene Folge von Kriegen mit Massenheeren und furchtbaren sozialen Erschütterungen auslief und aus welcher der Römerstaat Tsin als Begründer des chinesischen Imperiums hervorging. Das erlebte Ägypten 1800–1550 (seit 1675 die „Hyksoszeit"), die Antike von Chäronea und in furchtbarster Form von den Gracchen an bis Actium (133–31); es ist das Schicksal der westeuropäisch-amerikanischen Welt im 19. und 20. Jahrhundert.

Der Schwerpunkt wird unterdessen, wie von Attika nach Latium, von Hoangho (bei Ho-nan-fu) zum Jangtsekiang (heute Provinz Hupei) verlegt. Der Sikiang war den chinesischen Gelehrten damals so undeutlich wie den alexandrinischen die Elbe, und von der Existenz Indiens hatten sie noch keine Ahnung.

Wie auf der andern Seite der Weltkugel die Kaiser des julisch-claudischen Hauses, erscheint hier der gewaltige Wang-dscheng, der in den Entscheidungskämpfen Tsin zur Alleinherrschaft führt und 221 den Titel Augustus („Schi" bedeutet genau dasselbe) und den Cäsarennamen Hoang-ti annimmt. Er begründet den „chinesischen Frieden", führt in dem erschöpften Imperium seine große Sozialreform durch und beginnt bereits, ganz römisch, den Bau des chinesischen Limes, der berühmten Mauer, für die er 214 einen Teil der Mongolei erobert. (Bei den Römern beginnt sich seit der Varusschlacht der Begriff einer feststehenden Grenze gegen die Barbaren zu bilden; die Befestigungen sind dann noch im 1. Jahrhundert angelegt worden.) Er hat auch als der erste in großen Kriegszügen die barbarischen Stämme südlich des Jangtsekiang unterworfen und das

Gebiet durch Militärstraßen, Ansiedlungen und Kastelle gesichert. Ebenso römisch ist aber auch die Familiengeschichte seines Hauses, das in neronischen Greueln rasch zu Ende ging, in denen der Kanzler Lui-schi, der erste Gatte der Kaisermutter, und der große Staatsmann Li-sze, der Agrippa seiner Zeit und Begründer der chinesischen Einheitsschrift, eine Rolle spielten. Es folgen die beiden Han-Dynastien (die westliche 206 v. – 23 n., die östliche 25–220), unter denen die Grenze sich immer weiter ausdehnte, während in der Hauptstadt Eunuchenminister, Generale und Soldaten die Herrscher ihrer Wahl ein- und absetzten. Es sind seltsame Augenblicke, als unter den Kaisern Wu-ti (140–86) und Ming-ti (58–76) die chinesisch-konfuzianische, die indisch-buddhistische und die antik-stoische Weltmacht sich dem Kaspischen Meer so weit genähert hatten, daß eine Berührung leicht hätte eintreten können.[1]

Der Zufall hat es gefügt, daß die schweren Angriffe der Hunnen sich damals an dem chinesischen Limes brachen, der gerade jedesmal durch einen kräftigen Kaiser verteidigt wurde. Die entscheidende Niederlage der Hunnen erfolgte 124–119 durch den chinesischen Trajan Wu-ti, der auch Südchina endgültig einverleibte, um einen Weg nach Indien zu bekommen, und der eine ungeheure, festungsartig gesicherte Militärstraße nach dem Tarim baute. Sie wandten sich endlich nach dem Westen und erschienen später, mit einem Schwarm germanischer Stämme vor sich her, vor dem römischen Grenzwall. Hier gelang es ihnen. Das römische Imperium ging zugrunde, und die Folge war, daß nur das chinesische und indische Imperium noch heute bestehen als bevorzugte Objekte immer wechselnder Gewalten. Heute sind es die „rothaarigen Barbaren" des Westens, die in den Augen der hochzivilisierten Brahmanen und Mandarinen keine andere und bessere Rolle spielen als die Moguln und Mandschu, und die ebenfalls ihre Nachfolger finden werden. Auf dem Kolonisationsgebiet des zerstörten römischen Imperiums bereitete sich dagegen im Nordwesten die Vorkultur des Abend-

---

[1] Denn selbst Indien hatte damals imperialistische Tendenzen in der Maurya- und Sunga-Dynastie zum Ausdruck gebracht, die bei dem ganzen indischen Wesen nur wirr und folgenlos sein konnten.

landes vor, während sich im Osten bereits die arabische Frühzeit entwickelt hatte.

Diese arabische Kultur ist eine Entdeckung.[1] Ihre Einheit ist von späten Arabern geahnt worden, den abendländischen Geschichtsforschern aber so völlig entgangen, daß nicht einmal eine gute Bezeichnung für sie aufzufinden ist. Der herrschenden Sprache nach könnte man Vorkultur und Frühzeit aramäisch, die Spätzeit arabisch nennen. Einen wirklichen Namen gibt es nicht. Die Kulturen lagen hier dicht beieinander und deshalb haben sich die ausgedehnten Zivilisationen mehrfach übereinander geschichtet. Die arabische Vorzeit selbst, die sich bei Persern und Juden verfolgen läßt, lag völlig im Bereiche der alten babylonischen Welt, die Frühzeit aber von Westen her unter dem mächtigen Bann der antiken, eben erst voll ausgereiften Zivilisation. Ägyptische und indische Zivilisation reichen fühlbar herüber. Arabischer Geist hat dann aber, meist in spätantiker Maske, seinen Zauber auf die beginnende Kultur des Abendlandes ausgeübt, und die arabische Zivilisation, die sich in der Seele des Volkes in Südspanien, der Provence und Sizilien über die heute noch nicht ganz erstorbene antike geschichtet hat, wurde das Vorbild, an dem gotischer Geist sich erzog. – Die zugehörige Landschaft ist merkwürdig ausgedehnt und zerrissen. Man muß sich nach Palmyra oder Ktesiphon versetzen und von da aus hineindenken: im Norden Osrhoëne; Edessa wurde das Florenz der arabischen Frühzeit. Im Westen Syrien und Palästina, wo das neue Testament und die jüdische Mischna entstanden, mit Alexandria als ständigem Vorposten. Im Osten erlebte der Mazdaismus eine gewaltige Erneuerung, welche der Geburt des Messias im Judentum entspricht und von der wir aus den Trümmern der Awestaliteratur nur schließen können, *daß* sie stattgefunden haben muß. Hier sind auch der Talmud und die Religion Manis entstanden. Tief im Süden, der künftigen Heimat des Islam, hat sich eine Ritterzeit voll entfalten können wie im Sassanidenreich. Noch heute liegen dort die Ruinen unerforschter Burgen und Schlösser, von denen aus die Entscheidungskriege zwischen dem christlichen Staat von Axum an der afrikanischen Küste und

[1] Vgl. Bd. II, Kap. III.

dem jüdischen der Himjariten an der arabischen geleitet wurden, die man von Rom und Persien aus diplomatisch schürte. Im äußersten Norden liegt Byzanz mit seinem sonderbaren Gemisch spätzivilisierter antiker und früher ritterlicher Formen, das sich vor allem in der Geschichte des byzantinischen Heerwesens so verwirrend ausspricht. Der Islam hat dieser Welt endlich und viel zu spät das Bewußtsein der Einheit verliehen, und darauf beruht das Selbstverständliche seines Sieges, das ihm Christen, Juden und Perser fast willenlos zuführte. Aus dem Islam hat sich dann die arabische Zivilisation entwickelt, die in ihrer höchsten geistigen Vollendung stand, als vorübergehend die Barbaren des Abendlandes hereinbrachen und nach Jerusalem zogen. Wie mag sich dies Schauspiel in den Augen vornehmer Araber ausgenommen haben? Etwas bolschewistisch vielleicht? Für die Politik der arabischen Welt waren die Verhältnisse in „Frankistan" etwas, auf das man herabsah. Noch als während des Dreißigjährigen Krieges, der von hier aus betrachtet „im fernen Westen" vor sich ging, der englische Gesandte in Konstantinopel die Türkei gegen das Haus Habsburg aufzubringen versuchte, hat man dort sicherlich in dem Bewußtsein gehandelt, daß diese kleinen Raubstaaten am Horizont der arabischen Welt für die großen Verhältnisse der Politik von Marokko bis nach Indien kaum in Betracht kämen. Eine Ahnung von der Zukunft werden weite Kreise selbst bei der Landung Napoleons in Ägypten noch nicht gehabt haben.

Inzwischen war in Mexiko eine neue Kultur entstanden. Sie liegt so weit von allen andern entfernt, daß keine Kunde je hinüber und herüber gedrungen ist. Um so erstaunlicher ist die Ähnlichkeit ihrer Entwicklung mit der antiken. Das wird die Philologen mit Entsetzen erfüllen, wenn sie vor diesen Teocallis an ihre dorischen Tempel denken, und doch ist es gerade ein antiker Zug, der mangelnde Wille zur Macht in der Technik, der die Art der Bewaffnung bestimmt und damit die Katastrophe möglich gemacht hat.

Denn diese Kultur ist das einzige Beispiel für einen gewaltsamen Tod. Sie verkümmerte nicht, sie wurde nicht unterdrückt oder gehemmt, sondern in der vollen Pracht ihrer Entfaltung gemordet, zerstört wie eine Sonnenblume, der ein Vorübergehender den Kopf abschlägt. Alle diese Staaten, darunter eine Weltmacht und mehr als ein Staatenbund, deren Größe und Mittel denen der griechisch-römischen Staaten zur Zeit Hannibals weit überlegen waren, mit ihrer gesamten hohen Politik, mit sorgfältig geordnetem Finanzwesen, hochentwickelter Gesetzgebung, mit Verwaltungsgedanken und wirtschaftlichen Gewohnheiten, wie sie die Minister Karls V. nie begriffen hätten, mit reichen Literaturen in mehreren Sprachen, einer durchgeistigten und vornehmen Gesellschaft in großen Städten, wie das Abendland damals keine einzige aufzuweisen hatte – das alles wurde nicht etwa durch einen verzweifelten Krieg gebrochen, sondern durch eine Handvoll Banditen in wenigen Jahren so vollständig vertilgt, daß die Reste der Bevölkerung bald nicht einmal eine Erinnerung bewahrten. Von der Riesenstadt Tenochtitlan blieb kein Stein über dem Boden, in den Urwäldern von Yukatan liegen die Großstädte der Mayareiche dicht beieinander und fallen rasch der Vegetation zum Opfer. Wir wissen von keiner einzigen, wie sie hieß. Von der Literatur sind drei Bücher übriggeblieben, die niemand lesen kann.

Das Furchtbarste an diesem Schauspiel ist, daß es nicht einmal zu den Notwendigkeiten der abendländischen Kultur gehörte. Es war eine Privatsache von Abenteurern, und niemand in Deutschland, England und Frankreich hat damals geahnt, was hier vor sich ging. Wenn irgendwo auf Erden, so wurde hier gezeigt, *daß es keinen Sinn in der Menschengeschichte*, daß es nur eine tiefe Bedeutung in den Lebensläufen der einzelnen Kulturen gibt. Ihre Beziehungen untereinander sind ohne Bedeutung und zufällig. Der Zufall war hier so grauenhaft banal, so geradezu lächerlich, daß er in der elendsten Posse nicht angebracht werden dürfte. Ein paar schlechte Kanonen und einige hundert Steinschloßgewehre haben die Tragödie eingeleitet und zu Ende geführt.

Eine gesicherte Kenntnis auch nur der allgemeinsten Geschichte dieser Welt ist für alle Zeiten unmöglich. Ereignisse vom Range der Kreuzzüge und der Reformation sind spurlos der Vergessenheit verfallen. Erst in den letzten Jahrzehnten hat die Forschung wenigstens die Umrisse der späteren Entwicklung festgestellt, und mit Hilfe dieser Daten vermag die vergleichende Morphologie das Bild durch das der andern Kulturen zu erweitern und zu vertiefen.[1] Danach liegen die Epochen dieser Kultur je etwa 200 Jahre später als die der arabischen und je etwa 700 Jahre vor denen der abendländischen. Eine Vorkultur, die wie in Ägypten und China Schrift und Kalender entwickelt hat, war vorhanden, ist aber für uns nicht mehr erkennbar. Die Zeitrechnung begann mit einem Anfangsdatum, das weit vor Christi Geburt liegt, dessen Lage zu diesem Datum aber mit Sicherheit nicht mehr festzustellen ist. Sie beweist jedenfalls den außerordentlich stark entwickelten historischen Sinn des mexikanischen Menschen.

Die Frühzeit der „hellenischen" Mayastaaten ist durch die datierten Reliefpfeiler der alten Städte Copan[2] (im Süden), Tikal und etwas später Chichen Itza (im Norden), Naranjo, Seibal bezeugt (etwa 160–450). Am Ausgang dieser Periode wird Chichen Itza mit seinen Bauten für Jahrhunderte vorbildlich; daneben die prachtvolle Blüte von Palenque und Piedras Negras (im Westen). Das würde der Spätgotik und Renaissance entsprechen (450–600, abendländisch 1250–1400?). In der Spätzeit (Barock) erscheint Champutun als Mittelpunkt der Stilbildung; jetzt beginnt die Einwirkung auf die „italischen" Nahuavölker auf der Hochebene von Anahuac, die künstlerisch und geistig nur empfangend, in ihren politischen Instinkten den Maya weit überlegen sind (etwa 600–960, antik 750–400, abendländisch 1400–1750?). Nun beginnt der „Hellenismus" der Maya. Um 960 wird Uxmal gegründet und bald eine Weltstadt vom ersten Range wie die ebenfalls an der Schwelle der Zivilisation gegründeten Weltstädte Alexandria und Bagdad; wir finden daneben eine Reihe glänzender Großstädte wie Labna, Mayapan, Chacmultun und wieder Chichen Itza. Sie bezeichnen den Höhepunkt einer großartigen Architektur, die keinen neuen Stil mehr hervor-

---

[1] Der folgende Versuch beruht auf den Angaben von zwei amerikanischen Werken: L. Spence, *The civilization of ancient Mexico*, Cambr. (1912), und H.J. Spinden, *A study of Maya art, its subject, matter and historical development*, Cambr. (1913), die unabhängig voneinander den Versuch einer Chronologie machen und zu einer gewissen Übereinstimmung gelangt sind.

[2] Diese Namen sind die der heutigen Dörfer nahe bei den Ruinen. Die wirklichen Namen sind verschollen.

bringt, aber die alten Motive mit erlesenem Geschmack und in gewaltigen Maßen verwendet. Die Politik wird durch die berühmte Liga von Mayapan (960–1195) beherrscht, ein Bündnis von drei führenden Staaten, welche die Lage trotz großer Kriege und wiederholter Revolutionen, wie es scheint, doch etwas künstlich und gewaltsam aufrecht erhalten (antik 350–150, abendländisch 1800–2000).

Der Ausgang dieser Periode wird durch eine große Revolution bezeichnet und im Zusammenhang damit greifen die „römischen" Nahuamächte endgültig in die Verhältnisse der Maya ein. Mit ihrer Hilfe hat Hunac Ceel einen allgemeinen Umsturz herbeigeführt und Mayapan zerstört (um 1190, antik etwa 150). Was jetzt folgt, ist die typische Geschichte einer ausgereiften Zivilisation, in welcher einzelne Völker um die militärische Vormacht ringen. Die großen Mayastädte versinken in das beschauliche Glück des römischen Athen und Alexandria. Inzwischen entwickelt sich aber am äußersten Horizont des Nahuagebietes das jüngste dieser Völker, die Azteken, urwüchsig, barbarisch und mit einem unersättlichen Willen zur Macht. Sie gründen 1325 Tenochtitlan (antik etwa Zeit des Augustus), das sich bald zur gebietenden Hauptstadt der ganzen mexikanischen Welt erhebt. Um 1400 beginnt die militärische Expansion im großen Stil; die eroberten Gebiete werden durch Militärkolonien und ein Netz von Heerstraßen gesichert, die abhängigen Staaten durch eine überlegene Diplomatie im Zaume und voneinander getrennt gehalten; das kaiserliche Tenochtitlan wuchs zu riesenhaftem Umfange heran mit einer internationalen Bevölkerung, unter der keine Sprache des Weltreichs fehlte. Die Nahuaprovinzen waren politisch und militärisch gesichert; man drang rasch nach Süden vor und schickte sich an, die Hand auf die Mayastaaten zu legen; es ist nicht abzusehen, welchen Gang die Dinge innerhalb der nächsten hundert Jahre genommen haben würden, da kam das Ende.

Das Abendland befand sich damals etwa auf der Stufe, welche die Maya um 700 schon überschritten hatten. Erst die Zeit Friedrichs des Großen wäre reif gewesen, die Politik der Liga von Mayapan zu verstehen. Was die Azteken um 1500 organisierten, liegt für uns noch in weiter Zukunft. Was aber schon damals den faustischen

Menschen von dem jeder andern Kultur unterschied, war sein un-
stillbarer Drang in die Ferne, der letzten Endes auch die Vernichtung der mexikanischen und peruanischen Kultur veranlaßt hat.
Dieser Drang ist ohne Beispiel und meldet sich auf allen Gebieten.
Gewiß, der ionische Stil ist in Karthago und Persepolis nachgeahmt
worden; der hellenistische Geschmack hat in der indischen Gandarakunst Bewunderer gefunden; wieviel Chinesisches in die urgerma-
nische Holzbaukunst des hohen Nordens gedrungen ist, wird vielleicht eine künftige Forschung aufdecken. Der Moscheenstil herrschte
von Hinterindien bis in das nördliche Rußland und das westliche
Afrika und Spanien. Aber alles das verschwindet gegen die Expansionskraft der abendländischen Stile. Es ist selbstverständlich, daß die
Stilgeschichte selbst sich nur auf ihrem Mutterboden vollendet, aber
ihre Resultate erkennen keine Grenze an. Auf dem Platz, wo Tenochtitlan gestanden hatte, errichteten die Spanier eine Kathedrale
im Barockstil mit Meisterwerken der spanischen Malerei und Plastik;
die Portugiesen haben bereits in Vorderindien, italienische und französische Baumeister des späten Barock tief in Polen und Rußland
gearbeitet. Das englische Rokoko und vor allem Empire besitzt eine
weite Provinz in den Pflanzerstaaten Nordamerikas, deren wundervolle Zimmer und Möbel in Deutschland viel zu wenig bekannt
sind. Der Klassizismus wirkte bereits in Kanada und am Kap; seitdem gibt es keine Schranke mehr. Und auch auf jedem andern Formgebiet bestand die Beziehung dieser jungen zu den alten noch bestehenden Zivilisationen darin, daß sie sie sämtlich durch eine immer
dichtere Schicht westeuropäisch-amerikanischer Lebensformen über-
deckte, unter denen die alte eigne Form langsam dahinschwindet.

11

Vor diesem Bilde der Menschenwelt, welches bestimmt ist, das
heute noch in den besten Köpfen befestigte von Altertum, Mittelalter und Neuzeit abzulösen, wird auch eine neue und, wie ich
glaube, für unsere Zivilisation endgültige Antwort auf die alte Frage
möglich: Was ist Geschichte?

Ranke (im Vorwort zu seiner Weltgeschichte) sagt: „Die Geschichte beginnt erst, wo die Monumente verständlich werden und glaubwürdige schriftliche Aufzeichnungen vorliegen." Das ist die Antwort eines Sammlers und Ordners von Daten. Ohne Zweifel ist hier das, was geschehen ist, mit dem verwechselt worden, was innerhalb des Blickfeldes der jeweiligen Geschichtsforschung geschehen ist. Daß Mardonios bei Plataä geschlagen wurde – hat das aufgehört Geschichte zu sein, wenn 2000 Jahre später ein Gelehrter davon nichts mehr weiß? Ist das Leben nur dann eine Tatsache, wenn in Büchern davon geredet wird?

Der bedeutendste Historiker seit Ranke, Ed. Meyer,[1] sagt: „Historisch ist, was wirksam ist oder gewesen ist . . . Erst durch die historische Betrachtung wird der Einzelvorgang, den sie aus der unendlichen Masse gleichzeitiger Vorgänge heraushebt, zu einem historischen Ereignis." Das ist ganz im Geschmack und Geiste Hegels gesagt. Es kommt erstens auf die Tatsachen an und nicht auf unser zufälliges Wissen davon. Gerade das neue Bild der Geschichte zwingt uns, Tatsachen ersten Ranges in großen Folgen als vorhanden anzunehmen, von denen wir im Gelehrtensinne nie etwas wissen werden. Wir müssen lernen, im weitesten Umfange mit dem Unbekannten zu rechnen. Und zweitens: Wahrheiten gibt es für den Geist; Tatsachen gibt es nur in bezug auf das Leben. Historische Betrachtung, in meiner Ausdrucksweise *physiognomischer Takt*: das ist die Entscheidung des *Blutes*, die auf Vergangenheit und Zukunft erweiterte *Menschenkenntnis*, der angeborne Blick für Personen und Lagen, für das, was Ereignis, was notwendig war, was dagewesen sein *muß*, und *nicht* die bloße wissenschaftliche Kritik und Kenntnis von Daten. Die *wissenschaftliche* Erfahrung kommt bei jedem echten Historiker nebenher oder nachher. Sie beweist mit den Mitteln des Verstehens und Mitteilens umständlich noch einmal, und zwar für das Wachsein, was in *einem* Augenblick der Erleuchtung für das Dasein schon bewiesen war.

---

[1] Zur Theorie und Methodik der Geschichte, Kl. Schr. (1910), bei weitem das beste Stück Geschichtsphilosophie, das ein Gegner aller Philosophie geschrieben hat.

Gerade weil die Gewalt des faustischen Daseins heute einen Umkreis innerer Erfahrungen herausgebildet hat, wie sie nie ein anderer
Mensch und nie eine andere Zeit erwerben konnten, gerade weil
für uns in immer wachsendem Maße fernste Ereignisse einen Sinn
und eine Beziehung erhalten, der für alle andern und auch die nächsten Miterlebenden nicht vorhanden sein *konnte*, ist heute für uns
vieles Geschichte, nämlich Leben im Einklang mit unserm Leben
geworden, was es noch vor hundert Jahren nicht war. Für Tacitus
hat die Revolution des Ti. Gracchus, deren Daten er vielleicht
„wußte", keine wirkliche Bedeutung mehr, wohl aber für uns. Für
keinen Bekenner des Islam bedeutet die Geschichte der Monophysiten und ihre Beziehungen zur Umgebung Mohammeds irgend
etwas; *wir* lernen da die Entwicklung des englischen Puritanismus
unter andern Bedingungen noch einmal kennen. Für den Weltblick
einer Zivilisation, deren Schauplatz die ganze Erde geworden ist, gibt
es zuletzt nichts ganz Unhistorisches mehr. Das Schema Altertum–
Mittelalter–Neuzeit, wie es das 19. Jahrhundert verstand, enthielt
nur eine Auswahl *handgreiflicher* Beziehungen. Aber die heute beginnende Wirkung frühchinesischer und mexikanischer Geschichte
auf uns ist von feinerer, geistigerer Art: wir machen da Erfahrungen
von den letzten Notwendigkeiten des Lebens überhaupt. Wir lernen
dort an einem andern Lebensverlauf uns selbst kennen, wie wir sind,
wie wir sein müssen und sein werden; das ist die große Schule unserer Zukunft. Wir, die wir noch Geschichte haben und Geschichte
machen, erfahren hier an der äußersten Grenze der historischen
Menschheit, was Geschichte *ist*.

Wenn zwischen zwei Negerstämmen des Sudan oder zwischen
Cheruskern und Chatten zur Zeit Cäsars oder, was wesentlich dasselbe ist, zwischen zwei Ameisenvölkern eine Schlacht stattfindet, so
ist das lediglich ein Schauspiel der lebendigen Natur. Wenn die Cherusker aber im Jahre 9 die Römer schlagen, oder die Azteken die
Tlaskalaner, so ist das *Geschichte*. Hier ist das Wann von Bedeutung;
hier wiegt jedes Jahrzehnt, selbst jedes Jahr. Es handelt sich um das
Fortschreiten eines großen Lebenslaufs, in dem jede Entscheidung
den Rang einer Epoche einnimmt. Es ist ein Ziel da, auf das alles

Geschehen zutreibt, ein Dasein, das seine Bestimmung erfüllen will, ein Tempo, eine organische Dauer, und nicht das regellose Auf und Ab der Skythen, Gallier, Karaiben, dessen Vorfälle im einzelnen ebenso belanglos sind wie die in einer Biberkolonie oder einer Steppe voller Gazellenherden. Dies ist *zoologisches Geschehen* und gehört in eine Einstellung von ganz andrer Art: es kommt da nicht auf das Schicksal von einzelnen Völkern und Herden an, sondern auf das Schicksal *des* Menschen und das *der* Gazelle oder Ameise *als Art*. Der primitive Mensch hat Geschichte nur im biologischen Sinne. Auf ihre Ermittlung läuft alle prähistorische Forschung hinaus. Die zunehmende Vertrautheit mit Feuer, Steinwerkzeugen, Metallen und den mechanischen Gesetzen der Waffenwirkung kennzeichnet nur die Entwicklung des Typus und der in ihm ruhenden Möglichkeiten. Was mit diesen Waffen bei einem Kampf zwischen zwei Stämmen erzielt wird, ist im Rahmen dieser Art von Geschichte völlig gleichgültig. Steinzeit und Barock: das sind Altersstufen im Dasein einer Gattung und einer Kultur, also zweier Organismen, die im Bereich zweier grundverschiedener Einstellungen liegen. Ich protestiere hier gegen zwei Annahmen, die alles historische Denken bis jetzt verdorben haben: gegen die Annahme eines Endziels der gesamten Menschheit und gegen die Leugnung von Endzielen überhaupt. Das Leben *hat* ein Ziel. Es ist die Erfüllung dessen, was mit seiner Zeugung gesetzt war. Aber der einzelne Mensch gehört durch seine Geburt entweder einer der hohen Kulturen an oder nur dem menschlichen Typus überhaupt. Eine dritte große Lebenseinheit gibt es für ihn nicht. Aber damit liegt sein Schicksal entweder im Rahmen der zoologischen oder der „Weltgeschichte". Der „historische Mensch", wie ich das Wort verstehe und wie es alle großen Historiker immer gemeint haben, ist der Mensch einer in Vollendung begriffenen Kultur. Vorher, nachher und außerhalb ist er *geschichtslos*. Dann sind die Schicksale des Volkes, zu dem er gehört, ebenso gleichgültig wie das Schicksal der Erde, wenn man es nicht im Bilde der Geologie, sondern der Astronomie betrachtet.

Und daraus folgt eine ganz entscheidende und hier zum erstenmal festgestellte Tatsache: daß der Mensch nicht nur vor dem Entstehen einer Kultur geschichtslos ist, sondern *wieder geschichtslos wird*, sobald eine Zivilisation sich zu ihrer vollen und endgültigen Gestalt herausgebildet und damit die lebendige Entwicklung der Kultur beendet, die letzten Möglichkeiten eines sinnvollen Daseins erschöpft hat. Was wir in der ägyptischen Zivilisation seit Sethos I. (1300) und in der chinesischen, indischen und arabischen noch heute vor uns sehen, ist wieder das zoologische Auf und Ab des primitiven Zeitalters, mag es sich auch in noch so durchgeistigte religiöse, philosophische und vor allem politische Formen hüllen. Ob in Babylon die Kossäer als wüste Soldatenhorde oder die Perser als feine Erben sitzen; wann, wie lange und mit welchem Erfolg sie das tun, ist von Babylon aus gesehen ohne Bedeutung. Für das Behagen der Bevölkerung war es gewiß nicht gleichgültig, aber an der Tatsache, daß die Seele dieser Welt erloschen war und deshalb alle Ereignisse einer tieferen Bedeutung entbehrten, änderte sich damit nichts. Eine neue, fremde oder einheimische Dynastie in Ägypten, eine Revolution oder Eroberung in China, eine neues Germanenvolk im römischen Reiche, das gehört zur Geschichte der Landschaft wie eine Änderung im Wildbestand oder der Ortswechsel eines Vogelschwarmes. Was in der wirklichen Geschichte höherer Menschen immer auf dem Spiel stand und allen tierhaften Machtfragen zugrunde lag, auch wenn der Treibende oder Getriebene sich nicht im geringsten der Symbolik seiner Taten, Absichten und Geschicke bewußt wurde, das war die Verwirklichung von etwas durchaus Seelenhaftem, die Überführung einer Idee in eine lebendig historische Gestalt. Das gilt ebenso von dem Ringen zwischen großen Stilrichtungen in der Kunst – Gotik und Renaissance –, oder zwischen Philosophen – Stoiker und Epikuräer –, oder Staatsgedanken – Oligarchie und Tyrannis–, oder Wirtschaftsformen – Kapitalismus und Sozialismus.

Von alledem ist nicht mehr die Rede. Was übrig bleibt, ist der Kampf um die bloße Macht, um den animalischen Vorteil an sich. Und wenn vorher selbst die scheinbar ideenloseste Macht noch in irgend einer Weise der Idee dient, so ist in späten Zivilisationen selbst der überzeugendste Schein einer Idee nur die Maske für rein zoologische Machtfragen.

Was die indische Philosophie vor und nach Buddha unterscheidet, ist dort die große Bewegung auf ein mit der indischen Seele und in ihr gesetztes Ziel des indischen Denkens, und hier das immer neue Hin- und Herwenden eines Denkbestandes, der dadurch nicht anders wird. Die Lösungen sind da, aber man ändert den Geschmack in der Art, sie auszusprechen. Und dasselbe gilt von der chinesischen Malerei vor und nach dem Beginn der Han-Dynastie – mögen wir sie kennen oder nicht – und von der ägyptischen Architektur vor und nach dem Beginn des Neuen Reiches. In der Technik steht es nicht anders. Die abendländischen Erfindungen der Dampfmaschine und Elektrizität kommen unter den Chinesen heute in ganz derselben Weise – und mit derselben religiösen Scheu – in Aufnahme wie vor viertausend Jahren die Bronze und der Pflug und noch viel früher das Feuer. Beides unterscheidet sich seelisch vollständig von den Erfindungen, welche die Chinesen der Dschouzeit selbst gemacht haben und die für ihre innere Geschichte jedesmal eine Epoche bedeuteten.[1] Vorher und nachher spielen Jahrhunderte nicht entfernt mehr die Rolle wie die Jahrzehnte und oft einzelne Jahre innerhalb der Kultur, *denn die Zeiträume der Biologie kommen allmählich wieder zur Geltung.* Das gibt diesen sehr späten Zuständen, welche für ihre Träger etwas ganz Selbstverständliches haben, den Charakter jener feierlichen Dauer, den echte Kulturmenschen wie Herodot in Ägypten und seit Marco Polo die Westeuropäer in China im Vergleich mit dem Tempo der eigenen Entwicklung staunend wahrgenommen haben. Es ist die Dauer der Geschichtslosigkeit.

Ist nicht mit Actium und der *pax Romana* die antike Geschichte zu Ende? Große Entscheidungen, in denen sich der innere Sinn einer ganzen Kultur zusammendrängt, kommen nicht mehr vor. Der Unsinn, die Zoologie beginnt zu herrschen. Es wird gleichgültig – für die Welt, nicht für die handelnden Privatpersonen –, ob ein Ereignis so oder so ausgeht. Alle großen Fragen der Politik sind gelöst, wie sie in allen Zivilisationen zuletzt gelöst werden: indem man Fra-

---

[1] Der Japaner gehörte früher zur chinesischen und gehört heute *auch noch* zur abendländischen Zivilisation; eine japanische Kultur im eigentlichen Sinne des Wortes gibt es nicht. Der japanische Amerikanismus ist also anders zu beurteilen.

gen nicht mehr als solche empfindet; indem man nicht mehr fragt. Es dauert nicht lange und man versteht auch nicht mehr, was bei früheren Katastrophen an Problemen eigentlich zugrunde lag. Was man nicht an sich selbst erlebt, erlebt man auch nicht an andern. Wenn die späten Ägypter von der Hyksoszeit, die späten Chinesen von der entsprechenden „Zeit der kämpfenden Staaten" reden, so beurteilen sie das äußere Bild nach ihrer Art zu leben, die keine Rätsel mehr kennt. Sie sehen da bloße Kämpfe um die Macht; sie sehen nicht, daß diese verzweifelten äußeren und inneren Kriege, in denen man die Fremden gegen die eigenen Mitbürger aufrief, um eine Idee geführt wurden. Wir verstehen heute, was um die Ermordung des Ti. Gracchus und des Clodius in furchtbaren Spannungen und Entladungen vor sich ging. 1700 konnten wir es noch nicht und 2200 werden wir es nicht mehr verstehen. Genau so steht es mit jenem Chian, einer napoleonischen Erscheinung, für welche die ägyptischen Historiker später nur noch die Bezeichnung „Hyksoskönig" ausfindig machten. Wären die Germanen nicht gekommen, so hätte die römische Geschichtsschreibung ein Jahrtausend später vielleicht aus Gracchus, Marius, Sulla und Cicero eine Dynastie gemacht, die von Cäsar gestützt wurde.

Man vergleiche den Tod des Ti. Gracchus mit dem Neros, als die Nachricht von der Erhebung Galbas nach Rom kam, oder den Sieg Sullas über die Marianer mit dem des Septimius Severus über Pescennius Niger. Hätte das entgegengesetzte Ergebnis im zweiten Falle am Gange der Kaiserzeit irgend etwas geändert? Es geht bereits viel zu weit, wenn Mommsen und Ed. Meyer[1] einen sorgfältigen Unterschied zwischen der „Monarchie" Cäsars und dem „Prinzipat" des Pompejus oder Augustus machen. Das sind jetzt leere staatsrechtliche Formeln; fünfzig Jahre vorher wäre es noch der Gegensatz zweier Ideen gewesen. Wenn Vindex und Galba 68 „die Republik" wiederherstellen wollten, so spielten sie mit einem Begriff in einer Zeit, für die es Begriffe von echter Symbolik nicht mehr gab. Es stand nur noch in Frage, in wessen Hände die rein materielle Gewalt kommen würde. Die immer negerhafteren Kämpfe um den Cäsa-

---

[1] Cäsars Monarchie und das Principat des Pompejus (1918), S. 501 ff.

rentitel hätten sich noch durch Jahrhunderte fortspinnen können, in immer primitiveren und deshalb „ewigeren" Formen.

Diese Bevölkerungen haben keine Seele mehr. Sie können deshalb keine eigne Geschichte mehr haben. Sie können höchstens in der Geschichte einer fremden Kultur die Bedeutung eines Objektes erhalten und es ist ausschließlich dieses fremde Leben, welches von sich aus den tieferen Sinn dieser Beziehung bestimmt. Was auf dem Boden alter Zivilisationen überhaupt noch geschichtsartig wirkt, ist also nie der Gang der Ereignisse, insofern der Mensch dieses Bodens selbst in ihnen mitspielt, sondern insofern andre es tun. Aber damit ist das Gesamtphänomen „Weltgeschichte" wieder in seinen zwei Elementen sichtbar geworden: Lebensläufe großer Kulturen und die Beziehungen zwischen ihnen.

III. Die Beziehungen zwischen den Kulturen

12

Obwohl sie das zweite und die Kulturen das erste sind, so urteilt das moderne historische Denken doch umgekehrt. Je weniger es die eigentlichen Lebensläufe erkennt, aus denen sich die scheinbare Einheit des Weltgeschehens zusammensetzt, desto eifriger sucht es das Leben im Gewebe der Beziehungen, desto weniger versteht es mithin auch von diesen. Wie reich ist die Psychologie dieses Aufsuchens, Abwehrens, Wählens, Umdeutens, Verführens, Eindringens, Sichanbietens, und zwar sowohl zwischen Kulturen, die sich unmittelbar berühren, bewundern, bekämpfen, als zwischen einer lebenden Kultur und der Formenwelt einer toten, deren Reste noch sichtbar in der Landschaft stehen! Und wie eng und arm sind die Vorstellungen, welche demgegenüber der Historiker mit den Worten Einfluß, Fortdauer und Fortwirkung verbindet!

Das ist echtes 19. Jahrhundert. Man sieht nur noch eine Kette von Ursachen und Wirkungen. Alles „folgt", nichts ist ursprünglich. Weil überall Formenelemente der Oberfläche älterer Kulturen sich bei jüngeren wiederfinden, so haben sie „fortgewirkt", und wenn man eine Reihe von solchen Einwirkungen beisammen hat, so glaubt man etwas Rechtes getan zu haben.

Zugrunde liegt dieser Betrachtungsweise das Bild der sinnvoll-einheitlichen Menschengeschichte, wie es einst den großen Gotikern aufging. Da sah man, wie auf Erden Menschen und Völker wechsel-ten und die Ideen blieben. Der Eindruck dieses Bildes war gewaltig und hat sich noch heute nicht verloren. Ursprünglich war es der Plan, den Gott mit dem Menschengeschlecht verfolgte; aber auch später noch konnte man die Dinge so sehen, solange der Bann des Schemas Altertum – Mittelalter – Neuzeit anhielt und man nur das scheinbar Dauernde, nicht das tatsächlich sich Verändernde be-merkte. Inzwischen ist unser Blick anders geworden, kühler und weiter, und unser Wissen hat die Grenzen dieses Schemas längst überschritten. Wer heute noch so sieht, steht auf der falschen Seite. Nicht das Geschaffene „wirkt ein", sondern das Schaffende „nimmt an". Man verwechselt Dasein und Wachsein, das Leben mit den Mitteln, durch die es sich zum Ausdruck bringt. Das theoretische Denken, selbst bloßes Wachsein, sieht überall theoretische Einhei-ten in Bewegung begriffen. Das ist echt faustisch-dynamisch. In keiner andern Kultur haben die Menschen sich Geschichte so vor-gestellt. Ein Grieche mit seinem durchaus körperhaften Verstehen der Welt würde nie bloße Ausdruckseinheiten wie „das attische Drama" oder „die ägyptische Kunst" in ihren „Wirkungen" ver-folgt haben.

Das erste ist, daß man ein *System von Ausdrucksformen* mit einem Namen bezeichnet. Damit hebt sich ein Komplex von Beziehungen vor dem Auge ab. Es dauert nicht lange, und man denkt sich unter dem Namen ein Wesen und unter der Beziehung eine Wirkung. Wer heute von der griechischen Philosophie, dem Buddhismus, der Scholastik spricht, meint irgendwie etwas Lebendiges, eine Kraft-einheit, die herangewachsen und mächtig geworden ist und nun von den Menschen Besitz ergreift, ihr Wachsein und sogar ihr Dasein sich unterwirft und sie zuletzt zwingt, in der Lebensrichtung dieses Wesens weiterzuwirken. Das ist eine vollkommene Mythologie, und es ist bezeichnend, daß nur Menschen der abendländischen Kultur, deren Mythos noch mehr Dämonen von dieser Art kennt – „die" Elektrizität, „die" Energie der Lage –, in und mit diesem Bilde leben.

In Wirklichkeit sind diese Systeme *nur im meschlichen Wachsein* vorhanden, und zwar als Tätigkeitsarten. Religion, Wissenschaft, Kunst sind *Tätigkeiten des Wachseins*, denen ein Dasein zugrunde liegt. Glauben, Nachdenken, Gestalten und alles, was an sichtbarer Tätigkeit durch diese unsichtbaren gefordert wird, Opfern, Beten, das physikalische Experiment, die Arbeit an einer Statue, die Fassung einer Erfahrung in mitteilbare Worte sind Tätigkeiten des Wachseins und nichts anderes. Die übrigen Menschen sehen davon nur das Sichtbare und hören nur die Worte. Sie erleben dabei etwas in sich selbst, über dessen Verhältnis zu dem, was der Schöpfer in sich selbst erlebt hatte, sie sich keine Rechenschaft geben können. Wir sehen eine Form, aber wir wissen nicht, was in der Seele des andern sie erzeugt hat. Wir können darüber nur etwas glauben und wir glauben es, indem wir unsre eigene Seele hineinlegen. Mag eine Religion in noch so deutlichen Worten sich verkünden, es sind Worte, und der Hörer trägt seinen Sinn hinein. Mag ein Künstler in seinen Tönen und Farben noch so eindringlich wirken, der Betrachter sieht und hört in ihnen nur sich selbst. Kann er das nicht, so ist das Werk für ihn bedeutungslos. Die äußerst seltene und ganz moderne Gabe einiger extrem historischer Menschen, sich „in die andern hineinzuversetzen", kommt hier nicht in Frage. Ein Germane, den Bonifatius bekehrt, versetzt sich in den Geist des Missionars hinein. Jenes frühlinghafte Aufschauern, das damals durch die ganze junge Welt des Nordens ging, bedeutete nichts anderes, als daß jeder für seine eigne Religiosität durch die Bekehrung plötzlich eine Sprache fand. Die Augen eines Kindes leuchten auf, wenn man ihm zu einem Gegenstand, den es in der Hand hält, den Namen nennt. So war es auch hier.

Nicht die mikrokosmischen Einheiten also wandern, sondern die kosmischen Einheiten wählen sie aus und eignen sie sich an. Wäre es anders, wären diese Systeme wirkliche Wesen, die eine Tätigkeit

ausüben können – denn „Einfluß" ist eine organische Tätigkeit –,
so wäre das Bild der Geschichte ein vollkommen anderes. Man sollte
doch die Blicke darauf lenken, daß jeder heranwachsende Mensch
und jede lebendige Kultur beständig ungezählte Tausende von möglichen Einflüssen um sich hat, von denen ganz wenige als solche *zugelassen* werden, die große Mehrzahl aber nicht. Sind es die Werke
oder die Menschen, welche die Auswahl treffen?

Der auf Kausalreihen erpichte Historiker zählt nur die Einflüsse,
die vorhanden sind; es fehlt die Gegenrechnung. Zur Psychologie
der positiven gehört die der „negativen" Einwirkungen. Gerade das
wäre eine äußerst aufschlußreiche und die ganze Frage erst entscheidende Aufgabe, an die sich noch niemand herangewagt hat. Geht
man ihr aus dem Wege, so entsteht das in seinen Grundzügen falsche
Bild eines fortlaufenden welthistorischen Geschehens, in dem nichts
verloren geht. – Zwei Kulturen können sich von Mensch zu Mensch
berühren oder der Mensch der einen die tote Formenwelt der andern
in ihren mitteilbaren Resten sich gegenübersehen. Tätig ist in jedem
Falle der Mensch allein. Die gewordene Tat des einen kann von
einem andern nur aus dessen Dasein heraus beseelt werden. Sie wird
damit sein inneres Eigentum, sein Werk und ein Teil seines Selbst.
Nicht „der Buddhismus" ist von Indien nach China gewandert,
sondern es wurde aus dem Vorstellungsschatz der indischen Buddhisten ein Teil von den Chinesen einer besonderen Gefühlsrichtung
angenommen und zu einer *neuen* Art des religiösen Ausdrucks gemacht, die ausschließlich für chinesische Buddhisten etwas bedeutete.
Es kommt nie auf den ursprünglichen Sinn der Form an, sondern auf
die Form selbst, in welcher das tätige Empfinden und Verstehen des
Betrachters die Möglichkeit zu *eigner* Schöpfung entdeckt. Bedeutungen sind unübertragbar. Die tiefe seelische Einsamkeit, die sich
zwischen das Dasein zweier Menschen von verschiedener Art legt,
wird durch nichts gemindert. Mögen sich damals Inder und Chinesen gemeinsam als Buddhisten empfunden haben, sie standen sich
innerlich deshalb nicht weniger fern. Es sind dieselben Worte, dieselben Bräuche, dieselben Zeichen – aber zwei verschiedene Seelen,
die ihre eignen Wege gehen.

Man kann daraufhin alle Kulturen durchsuchen, man wird überall bestätigt finden, daß statt der scheinbaren Fortdauer der früheren Schöpfung in der späteren es immer das jüngere *Wesen* war, das eine ganz geringe Anzahl von Beziehungen zu älteren *Wesen* angeknüpft hat, und zwar ohne die ursprüngliche Bedeutung dessen zu beachten, was es damit für sich erwarb. Wie steht es denn mit den „ewigen Errungenschaften" in der Philosophie und Wissenschaft? Wir müssen immer wieder hören, wieviel von der griechischen Philosophie noch heute fortlebt. Aber das bleibt eine Redensart ohne eine gründliche Aufstellung dessen, was erst der magische und dann der faustische Mensch mit der tiefen Weisheit ungebrochener Instinkte abgelehnt, nicht bemerkt oder unter Beibehaltung der Formeln planmäßig anders verstanden hat. Der naive Glaube gelehrter Begeisterung täuscht sich hier. Die Liste würde sehr lang sein und die andre völlig zum Verschwinden bringen. Wir pflegen Dinge wie die Bilderchentheorie Demokrits, die sehr körperhafte Ideenwelt Platos, die zweiundfünfzig Kugelschalen der Welt des Aristoteles als unwesentliche Irrtümer zu übergehen. Das heißt, die Meinung der Toten besser kennen wollen als sie selbst. Es sind wesentliche Wahrheiten – nur nicht für uns. Was wir in Wirklichkeit von der griechischen Philosophie auch nur an Äußerlichem besitzen, ist so gut wie nichts. Man sei doch ehrlich und nehme die alten Denker beim Wort: nicht ein Satz Heraklits, Demokrits, Platos ist für uns wahr, wenn wir ihn nicht erst zurechtmachen. Was haben wir denn von der Methode, dem Begriff, der Absicht, den Mitteln der griechischen Wissenschaft angenommen, von den überhaupt nicht verständlichen Grundworten zu schweigen? Die Renaissance stand ja wohl ganz unter dem „Einfluß" der antiken Kunst? Wie war es aber mit der Form des dorischen Tempels, mit der ionischen Säule, dem Verhältnis von Säule und Gebälk, der Farbenwahl, Hintergrundbehandlung und Perspektive der Gemälde, den Grundsätzen der figürlichen Gruppierung, dem Vasenbild, dem Mosaik, der Enkaustik, der Tektonik der Statue, den Proportionen des Lysippos? Warum übte das alles keinen Einfluß?

Weil es von vornherein feststand, was man ausdrücken wollte, und man also von dem toten Bestand, den man vor sich hatte, nur das wenige wirklich sah, was man wünschte, und zwar so, wie man es wünschte, nämlich in der Richtung der eignen Absicht und nicht der des Schöpfers, über die keine lebendige Kunst je ernstlich nachgedacht hat. Man muß den „Einfluß" der ägyptischen auf die frühgriechische Plastik Zug um Zug verfolgen, um endlich zu sehen, daß ein Einfluß gar nicht vorhanden ist, sondern daß das griechische Formwollen jenen alten Kunstbeständen einige Merkmale entnahm, die es auch ohne sie in irgend einer Art gefunden hätte. Rings um die antike Landschaft hatten Ägypter, Kreter, Babylonier, Assyrer, Hethiter, Perser, Phöniker gearbeitet und die Griechen haben ihre Werke in sehr großer Zahl gekannt, Bauten, Ornamente, Kunstwerke, Kulte, Staatsformen, Schriftarten, Wissenschaften – was von alledem hat die antike Seele als Mittel zum eigenen Ausdruck herangezogen? Ich wiederhole: man sieht immer nur die Beziehungen, die zugelassen worden sind. Was alles ist aber *nicht* zugelassen worden? Warum befinden sich z. B. die ägyptischen Pyramiden, Pylonen, Obelisken, die Hieroglyphen- und Keilschrift nicht darunter? Was hat die gotische Kunst, das gotische Denken in Byzanz, in dem maurischen Orient, in Spanien und Sizilien *nicht* angenommen? Man kann die gänzlich unbewußte Weisheit der Auswahl und der ebenso entschlossenen Umdeutung gar nicht hoch genug einschätzen. Jede Beziehung, die zugelassen wird, ist nicht nur eine Ausnahme, sondern auch ein Mißverständnis, und die innere Kraft eines Daseins äußert sich vielleicht nirgends so deutlich wie in dieser *Kunst des planmäßigen Mißverstehens.* Je lauter man die Prinzipien eines fremden Denkens rühmt, desto gründlicher hat man sicherlich ihren Sinn verändert. Man gehe doch dem Lobe Platos im Abendlande einmal genau nach! Von Bernhard von Chartres und Marsilius Ficinus bis zu Goethe und Schelling! Je demütiger man eine fremde Religion annimmt, desto vollkommener hat sie bereits die Form der neuen Seele angenommen. Es sollte wirklich einmal die Geschichte der „drei Aristoteles" geschrieben werden, nämlich des griechischen, arabischen und gotischen, die nicht einen Begriff, nicht einen Gedanken gemein haben. Oder die Geschichte

der Verwandlung des magischen in das faustische Christentum! Wir
hören und lernen, daß diese Religion sich im Westen unverändert
von der alten Kirche aus über das Abendland verbreitet hat. In Wirklichkeit entwickelte der magische Mensch aus der ganzen Tiefe seines
dualistischen Weltbewußtseins eine Sprache seines religiösen Wachseins, die wir „das" Christentum nennen. Was von diesem Erlebnis
mitteilbar war, Worte, Formeln, Gebräuche, nahm der Mensch der
spätantiken Zivilisation als Mitte für *sein* religiöses Bedürfnis an;
von Mensch zu Mensch ging diese Formensprache bis zu den Germanen der abendländischen Vorkultur, in den Wortklängen immer
dasselbe, in den Bedeutungen immer etwas anderes. Man würde nie
gewagt haben, die ursprüngliche Bedeutung der heiligen Worte zu
verbessern, aber man hat sie gar nicht gekannt. Wer das bezweifelt,
der betrachte „die" Idee der Gnade, wie sie sich bei Augustin im
dualistischen Sinne auf eine Substanz im Menschen, bei Calvin im
dynamischen Sinne auf den Willen im Menschen richtet. Oder die
uns kaum verständliche magische Vorstellung von „*consensus*",[1]
welche in jedem Menschen ein *pneuma* als Ausfluß des göttlichen
pneuma voraussetzt und infolgedessen in der übereinstimmenden
Meinung der Berufenen die unmittelbare göttliche Wahrheit findet. Auf dieser Gewißheit beruht die Würde der frühchristlichen
Konzilbeschlüsse ebenso wie die wissenschaftliche Methode, die
heute noch in der Welt des Islam herrscht. Da der Mensch des
Abendlandes dies nicht begriff, so wurden die Konzile der spätgoti-
schen Zeit für ihn zu einer Art von Parlament, das die geistige Bewe-
gungsfreiheit des Papsttums beschränken sollte. So hat man die
konziliare Idee noch im 15. Jahrhundert aufgefaßt – man denke an
Konstanz, Basel, an Savonarola und Luther – und sie mußte endlich
als frivol und sinnlos vor dem Gedanken der päpstlichen Unfehlbarkeit verschwinden. Oder der allgemein früharabische Gedanke der
Auferstehung des Fleisches, der ebenfalls die Vorstellung vom göttlichen und menschlichen *pneuma* voraussetzt. Der antike Mensch
nahm an, daß die Seele als Form und Sinn des Leibes irgendwie mit
ihm entstehe. Im griechischen Denken ist davon kaum die Rede.

---

[1] Arabisch idjma, vgl. Bd. II, S. 853 ff.

Ein solches Schweigen kann zwei Gründe haben: entweder kennt
man den Gedanken nicht, oder er ist so selbstverständlich, daß er als
Problem gar nicht zum Bewußtsein kommt. Das ist hier der Fall.
Ebenso selbstverständlich ist es für den arabischen Menschen, daß
sein *pneuma* als Ausfluß aus dem Göttlichen in seinem Leibe Wohnung
genommen hat. Daraus folgt, daß etwas da sein muß, wenn am Jüngsten Tage der menschliche Geist wieder erstehen soll: daher die
Auferstehung ἐκ νεκρῶν, aus den Leichen. Dies ist in seiner Tiefe
für das abendländische Weltgefühl völlig unverständlich. Am Wortlaut der heiligen Lehre wurde nicht gezweifelt, aber unbewußt
wurde ihr bei geistig hochstehenden Katholiken und sehr deutlich
bei Luther ein andrer Sinn untergeschoben, den wir heute mit dem
Wort Unsterblichkeit, das heißt Fortdauer der Seele als eines
reinen Kraftmittelpunktes für alle Unendlichkeit kennzeichnen.
Könnten Paulus oder Augustin unsre Vorstellungen vom Christentum einmal kennenlernen, sie würden alle Bücher, alle Dogmen und
alle Begriffe als durchaus mißverständlich und ketzerisch zurück-
weisen.

Als das stärkste Beispiel eines Systems, das scheinbar in seinen
Grundzügen unverändert durch zwei Jahrtausende gewandert ist,
während es in Wirklichkeit in drei Kulturen drei vollständige Entwicklungen von jedesmal ganz andrer Bedeutung durchgemacht hat,
gebe ich hier die *Geschichte des römischen Rechts*.

13

*Das antike Recht ist ein Recht, das von Bürgern für Bürger geschaffen
wird.* Es setzt als selbstverständliche Staatsform die Polis voraus.
Erst aus dieser Grundform des öffentlichen Daseins ergibt sich, und
zwar wieder mit Selbstverständlichkeit, der Begriff der Person als
des Menschen, der in seiner Gesamtheit mit dem Körper (σῶμα)[1]
des Staates identisch ist. Aus dieser formalen Tatsache des antiken
Weltgefühls hat sich das gesamte antike Recht entwickelt.

[1] R. Hirzel, Die Person (1914), S. 17.

Persona ist also *ein spezifisch antiker Begriff, der nur innerhalb dieser einen Kultur Sinn und Geltung besitzt.* Die einzelne Person ist ein Leib (σῶμα), der zum Bestande der Polis gehört. Das Recht der Polis bezieht sich *nur* auf ihn. Es geht nach unten über in das Sachenrecht – die Grenze bildet das Rechtsverhältnis des Sklaven, der ein Leib, aber keine Person ist – nach oben in das göttliche Recht – die Grenze bildet der Heros, der aus einer Person zur Gottheit geworden ist und nun den Rechtsanspruch auf einen Kult besitzt, wie in griechischen Städten Lysander und Alexander und später in Rom die zu *Divi* erhobenen Kaiser. Aus dem in dieser Richtung immer schärfer entwickelten antiken Rechtsdenken erklärt sich auch ein Begriff wie die *capitis deminutio media,* der dem abendländischen Menschen sehr fremd ist: wir können uns denken, daß einer Person in unserem Sinne gewisse oder auch alle Rechte entzogen werden; der antike Mensch hört aber durch diese Strafe auf, *eine Person zu sein,* obwohl er körperlich weiterlebt. Erst im Gegensatz zu diesem Begriff der Person, als ihr Objekt, ist der spezifisch antike Begriff der Sache, *res,* zu fassen.

Da die antike Religion durchaus Staatsreligion ist, so besteht in der Rechtserzeugung kein Unterschied: Sachenrecht und göttliches Recht werden ebenfalls von Bürgern geschaffen. Sachen und Götter stehen in einem genau geregelten Rechtsverhältnis zu den Personen. Es ist nun für das antike Recht von entscheidender Bedeutung, daß es aus der unmittelbaren öffentlichen Erfahrung heraus erzeugt wird, und zwar nicht aus der beruflichen des Richters, sondern der praktisch-allgemeinen des Mannes, der im politisch-wirtschaftlichen Leben überhaupt eine bedeutende Stellung einnahm. Wer in Rom die Ämterlaufbahn einschlug, wurde mit Notwendigkeit Jurist, Heerführer, Verwaltungschef und Finanzbeamter. Er sprach als Prätor Recht, nachdem er sich eine große Erfahrung auf ganz anderen Gebieten angeeignet hatte. Der Richter als Stand, der für diese eine Tätigkeit fachmännisch und sogar theoretisch ausgebildet wird, ist der Antike durchaus unbekannt. Das hat die ganze spätere Rechtswissenschaft ihrem Geiste nach bestimmt. Die Römer waren hier weder Systematiker noch Historiker noch Theoretiker, sondern lediglich glänzende Praktiker. Ihre Jurisprudenz ist eine *Erfahrungs-wissenschaft von Einzelfällen*, eine durchgeistigte Technik, kein Gebäude von Abstraktionen.[1]

Es ergibt ein falsches Bild, wenn man griechisches und römisches Recht wie zwei Größen gleicher Ordnung gegenüberstellt. Das römische Recht ist in seiner ganzen Entwicklung ein einzelnes Stadtrecht unter vielen Hunderten gewesen, und ein griechisches Recht als Einheit hat es nie gegeben. Wenn die griechisch sprechenden Städte vielfach sehr ähnliche Rechte ausgebildet haben, so ändert das nichts an der Tatsache, daß jede ihr eignes besitzt. Nie ist der Gedanke an eine allgemein dorische oder gar hellenische Gesetzgebung aufgetaucht. Dem antiken Denken lagen solche Vorstellungen gänzlich fern. Das römische *jus civile* galt *nur* für Quiriten; Fremde, Sklaven, die ganze Welt außerhalb der Stadt kam dafür nicht in Betracht, während schon im Sachsenspiegel tiefgefühlt der Gedanke liegt, daß es eigentlich nur *ein* Recht geben könne. Bis in die späte Kaiserzeit bestand in Rom der strenge Unterschied zwischen dem *jus civile* für Bürger und dem *jus gentium* – das etwas ganz anderes ist als unser Völkerrecht – für die „andern", die im Machtbereich Roms als Objekte von dessen Rechtsprechung weilten. Nur weil Rom dahin gelangte, als einzelne Stadt das antike Imperium zu beherrschen – was bei einer andern Entwicklung der Dinge auch Alexandria möglich gewesen wäre –, ist das römische Recht, nicht durch seine innere Überlegenheit, sondern zuerst durch den politischen Erfolg und dann durch den Alleinbesitz der praktischen Erfahrung großen Stils an die Spitze getreten. Die Ausbildung eines allgemein antiken Rechts hellenistischen Stils – wenn man damit den verwandten Geist *vieler Einzelrechte* bezeichnen darf – fällt in eine Zeit, wo Rom eine politische Größe dritten Ranges war. Und als das römische Recht begann, großartige Formen anzunehmen, war das nur eine Seite der Tatsache, daß römischer Geist den Hellenismus unterworfen hatte: die Ausbildung des antiken Spätrechts geht vom Hellenismus auf Rom über, und damit von einer Summe

---

[1] L. Wenger, Das Recht der Griechen und Römer (1914), S. 170. R. v. Mayr, Römische Rechtsgeschichte II, I, S. 87.

von Stadtstaaten, die dabei unter dem Eindruck der Tatsache standen, daß keine von ihnen wirkliche Macht besaß, an eine einzige,
deren ganze Tätigkeit schließlich in der Ausübung dieser Vormacht
aufging. Deshalb ist es nicht zur Ausbildung einer Rechtswissenschaft in griechischer Sprache gekommen. Als die Antike in ein
Stadium trat, wo sie für diese Wissenschaft, die letzte von allen, reif
war, gab es nur noch *eine* rechtsetzende Stadt, die dafür praktisch in
Betracht kam.

Es wird also nicht genügend beachtet, daß es sich bei griechischem
und römischem Recht nicht um ein Nebeneinander, sondern um ein
Nacheinander handelt. Das römische Recht ist das jüngste; es setzt
die andern mit ihren langen Erfahrungen voraus[1] und wurde unter
deren vorbildlichem Eindruck spät und sehr rasch ausgebaut. Es ist
wichtig, daß die Blütezeit der stoischen Philosophie, die auf das
Rechtsdenken tief gewirkt hat, der Blüte der griechischen Rechtsbildung folgte, der römischen aber voranging.

14

Diese Ausbildung geschah aber im Denken einer extrem unhisto-
rischen Menschenart. Infolgedessen ist das antike Recht durchaus
ein Recht des Tages, ja des Augenblicks. Es wird der Idee nach in jedem
einzelnen Fall für diesen Fall geschaffen und hört mit dessen Erledi-
gung auf, Recht zu sein. Seine Geltung auch für künftige Anlässe
würde dem antiken Gegenwartssinn widersprechen. Der römische
Prätor stellte zu Beginn seines Amtsjahres ein Edikt auf, in dem er
die Rechtssätze mitteilt, nach denen er zu verfahren gedenkt, aber
sein Nachfolger ist in keiner Weise an sie gebunden. Und selbst
diese Begrenzung des geltenden Rechtes auf ein Jahr entspricht nicht
der tatsächlichen Dauer. Vielmehr formuliert der Prätor in jedem
einzelnen Falle für das von den Geschworenen zu fällende Urteil

---

[1] Die „Abhängigkeit" des antiken Rechts vom ägyptischen ist zufällig noch festzustellen: der Großkaufmann Solon hat in seiner attischen Rechtsschöpfung Bestimmungen über Schuldknechtschaft, Obligationenrecht, Arbeitsscheu und Er-
werbslosigkeit der ägyptischen Gesetzgebung entnommen, Diodor I, 77, 79, 94.

den konkreten Rechtssatz – namentlich seit der *lex Aebutia* –, nach welchem dies Urteil und nur dies eine gesprochen werden muß. Er erzeugt damit im strengsten Sinne des Wortes ein „gegenwärtiges Recht" ohne jede Dauer.[1]

Scheinbar ähnlich, aber dem Sinne nach ganz anders und eben deshalb so geeignet, die tiefe Kluft zwischen antikem und abendländischem Recht aufzudecken, ist ein genialer, echt germanischer Zug im englischen Recht: die rechtsschöpferische Gewalt des Richters. Er soll ein Recht anwenden, das der Idee nach ewige Geltung besitzt. Schon die Anwendung der bestehenden Gesetze im Gerichtsverfahren, in dessen Anordnung ihr Zweck erst zur Erscheinung kommt, kann er durch seine „*Rules*", Ausführungsvorschriften (die mit der erwähnten prätorischen Schriftformel nichts gemein haben) nach eignem Ermessen regeln. Kommt er aber zu dem Schluß, daß in einem einzelnen Fall ein Tatsachenstoff vorliegt, für den das geltende Recht eine Lücke aufweist, so kann er diese *sofort schließen* und also mitten im Prozeß ein neues Recht schaffen, welches – die Billigung durch den Richterstand in ganz bestimmten Formen vorausgesetzt – *von nun an zum dauernden Bestande gehört.* Gerade dies ist so unantik wie möglich. Nur weil der Lauf des öffentlichen Lebens innerhalb eines Zeitalters sich wesentlich gleich bleibt und die wichtigsten Rechtslagen also immer wiederkehren, bildet sich in Rom allmählich ein Bestand von Sätzen heraus, der *erfahrungsgemäß* – *nicht*, weil man ihnen Gewalt für die Zukunft verliehen hat – sich immer wieder einstellt, gewissermaßen immer aufs neue erzeugt wird. Die Summe dieser Sätze, kein System, sondern eine Sammlung, bildet jetzt „das Recht", wie es in der späteren Ediktalgesetzgebung der Prätoren vorliegt, deren wesentliche Bestandteile ein Prätor aus Gründen der Zweckmäßigkeit von dem andern übernimmt.

Erfahrung bedeutet also im antiken Rechtsdenken etwas anderes als bei uns: nicht den Überblick über eine lückenlose Gesetzesmasse, die alle möglichen Fälle voraussieht, und die Übung in ihrer Anwendung, sondern das Wissen, daß gewisse Urteilslagen sich immer

[1] L. Wenger, Recht der Griechen und Römer, S. 166 f.

wieder einstellen, so daß man es sich ersparen kann, das Recht für sie immer aufs neue zu formen.

Die echt antike Form, in welcher der Gesetzesstoff sich langsam sammelt, ist also eine fast von selbst erfolgende Summation der einzelnen *nomoi*, *leges*, *edicta*, wie zur Zeit des prätorischen Amtsrechts in Rom. Alle sogenannten Gesetzgebungen des Solon, Charondas, der XII Tafeln sind nichts als gelegentliche Zusammenfassungen solcher Edikte, die sich als brauchbar erwiesen haben. Das Recht von Gortyn, etwa gleichzeitig mit den XII, stellt eine Novellengruppe zu einer älteren Sammlung dar. Eine neugegründete Stadt legte sich alsbald eine solche Sammlung an, wobei viel Dilettantismus unterlief. So hat Aristophanes in den Vögeln die Gesetzesfabrikanten verspottet. Von einem System ist nirgends die Rede, noch weniger von der Absicht, das Recht damit für lange Zeit festzulegen.

Im Abendlande besteht im stärksten Gegensatz dazu die Tendenz, von vornherein den gesamten lebenden Rechtsstoff in ein für immer gegliedertes und erschöpfendes Gesamtwerk zu bringen, in dem jeder überhaupt denkbare Fall der Zukunft im voraus entschieden ist. Alles abendländische Recht wird für die Zukunft, alles antike für den Augenblick geprägt.

15

Dem scheint die Tatsache zu widersprechen, daß es in Wirklichkeit antike Gesetzwerke gegeben hat, die von Berufenen, und zwar zu dauernder Anwendung hergestellt worden sind. Allerdings wissen wir vom frühantiken Recht (1100–700) nicht das geringste, und es ist wohl sicher, daß eine Aufzeichnung der bäuerlichen und frühstädtischen Gewohnheitsrechte im Gegensatz zu denen der gotischen und früharabischen Zeit (Sachsenspiegel, syrisches Rechtsbuch) nicht stattgefunden hat. Die älteste für uns noch erkennbare Schicht bilden die seit 700 entstandenen Sammlungen, welche mythischen oder halbmythischen Persönlichkeiten zugeschrieben wurden: Lykurg, Zaleukos, Charondas, Drakon[1] und einigen römischen

---

[1] Beloch, Griechische Geschichte I, I, S. 350.

Königen.[1] Sie waren vorhanden, das ergibt die Gestalt der Sage, aber weder ihre wirklichen Urheber noch die wirklichen Vorgänge der Kodifizierung noch der ursprüngliche Inhalt sind den Griechen der Perserzeit noch bekannt gewesen.

Eine zweite Schicht, dem Codex Justinians, der Rezeption des römischen Rechts in Deutschland entsprechend, knüpft sich an die Namen Solon (600), Pittakos (550) und andere. Das sind bereits ausgebildete Rechte von städtischem Geist. Sie wurden als *politeia*, *nomos* bezeichnet, gegenüber den alten Namen der *thesmoi* oder *rhetrai*.[2] Wir kennen also in Wirklichkeit nur die Geschichte des spätantiken Rechts. Woher nun diese plötzlichen Kodifikationen? Schon ein Blick auf die Namen lehrt, daß es sich bei diesen Vorgängen letzten Endes überhaupt nicht um ein Recht handelt, das als Ergebnis reiner Erfahrungen niedergelegt werden soll, sondern um die *Entscheidung politischer Machtfragen*.

Es ist ein großer Irrtum, wenn man glaubt, daß es ein gleichsam über den Dingen schwebendes, von politisch-wirtschaftlichen Interessen ganz unabhängiges Recht überhaupt geben könne. Man kann es sich vorstellen, und die Menschen, welche das Vorstellen politischer Möglichkeiten für eine politische Tätigkeit halten, haben es sich immer so vorgestellt. Das ändert aber nichts daran, daß ein solches Recht von abstraktem Ursprung in der geschichtlichen Wirklichkeit nicht vorkommt. Jedes Recht enthält in abgezogener Form das Weltbild seiner Urheber, und jedes geschichtliche Weltbild enthält eine politisch-wirtschaftliche *Tendenz*, die nicht von dem abhängt, was dieser oder jener sich theoretisch denkt, sondern von dem, was der Stand praktisch *will*, welcher die tatsächliche Macht und damit die Rechtsschöpfung in Händen hat. Jedes Recht ist von einem einzelnen Stande im Namen der Allgemeinheit geschaffen worden. Anatole France hat einmal gesagt, „daß unser Recht in majestätischer Gleichheit dem Reichen wie dem Armen verbiete, Brot zu stehlen und an den Straßenecken zu betteln".

---

[1] Hinter denen das etruskische Recht steht, die Urform des altrömischen. Rom war eine etruskische Stadt.
[2] Busolt, Griechische Staatskunde, S. 528.

Ohne Zweifel ist das die Gerechtigkeit der einen. Die „andern" werden aber stets versuchen, dafür ein Recht aus *ihrer* Lebensperspektive als das allein gerechte durchzusetzen. Jene Gesetzgebungen sind also sämtlich politische, und zwar parteipolitische Akte. Sie enthalten entweder wie die demokratische des Solon eine Verfassung *(politeia)* in Verbindung mit einem Privatrecht *(nomoi)* von gleichem Geiste oder setzen wie die oligarchischen des Drakon und der Dezemvirn[1] eine *politeia* voraus, die durch ein Privatrecht befestigt werden soll. Erst die abendländischen Historiker, an ihre Dauerrechte gewöhnt, haben diesen Zusammenhang unterschätzt. Der antike Mensch wußte sehr wohl, was da vorging. Die Schöpfung der Dezemvirn war in Rom das letzte Recht von rein patrizischem Geiste. Tacitus bezeichnet es als Ende des gerechten Rechtes (*finis aequi juris*, Ann. III, 27). Denn ebenso wie nach dem Sturz der Dezemvirn mit deutlicher Symbolik die Zehnzahl der Tribunen erscheint, so setzt gegen das *jus* der Zwölftafeln und die ihr zugrunde liegende Verfassung die langsam untergrabende Arbeit der *lex rogata*, des Volksrechtes ein, das mit römischer Zähigkeit anstrebt, was Solon durch eine einzige Tat gegen das Werk Drakons, die πάτριος πολιτεία, das Rechtsideal der attischen Oligarchie vollbracht hatte. Drakon und Solon sind von nun an die Schlachtrufe in dem langen Kampf zwischen Oligarchie und Demos. In Rom waren es die Institutionen des Senats und Tribunats. Die spartanische Verfassung („Lykurg") hat das Ideal des Drakon und der Zwölftafeln nicht nur dargestellt, sondern auch festgehalten. Die beiden Könige gehen, wenn man die nah verwandten römischen Verhält-

---

[1] Das historisch Wichtige für uns ist am Zwölftafelrecht also nicht der angebliche Inhalt, von dem zur Zeit Ciceros kaum noch ein echter Satz erhalten sein konnte, sondern der politische Akt der Kodifikation selbst, dessen Tendenz dem Sturz der tarquinischen Tyrannis durch die Oligarchie des Senats entspricht, und ohne Zweifel diesen Erfolg, der gefährdet war, für die Zukunft sicherstellen sollte. Der Text, den zur Zeit Cäsars die Knaben auswendig lernten, wird dasselbe Schicksal gehabt haben wie die Konsulnliste der älteren Zeit, in die man Namen über Namen von Geschlechtern hineinbrachte, die viel später zu Reichtum und Einfluß gelangt waren. Wenn neuerdings Pais und Lambert diese ganze Gesetzgebung bestreiten, so mögen sie für die Zwölf Tafeln recht haben, insofern in ihnen das gestanden haben soll, was später als ihr Inhalt galt, nicht aber in bezug auf den politischen Vorgang um 450.

nisse vergleicht, allmählich aus der Stellung der tarquinischen Tyrannen in die der Tribunen vom gracchischen Schlage über: der Sturz des letzten Tarquiniers oder die Einsetzung der Dezemvirn – die irgendwie ein Staatsstreich gegen das Tribunat und dessen Tendenzen war – entspricht etwa dem Untergang des Kleomenes (488) und Pausanias (470), die Revolution des Agis III. und Kleomenes III. (um 240) der einige Jahre später beginnenden Wirksamkeit des C. Flaminius, ohne daß die Könige gegen die der Senatspartei entsprechenden Ephoren je einen durchgreifenden Erfolg erzielt hätten.

Inzwischen war Rom eine große Stadt im Sinne der antiken Spätzeit geworden. Die bäuerlichen Instinkte werden mehr und mehr von der städtischen Intelligenz zurückgedrängt.[1] In der Rechtsschöpfung erscheint demnach, etwa seit 350, neben der *lex rogata*, dem Volksrecht, die *lex data*, das Amtsrecht der Prätoren. Der Kampf zwischen dem Geist des Zwölftafelrechts und der *lex rogata* tritt in den Hintergrund und die Ediktalgesetzgebung der Prätoren wird zum Spielball der Parteien.

Der Prätor ist sehr bald der unbedingte Mittelpunkt der Rechtssetzung wie der Rechtspraxis, und zwar entspricht es der politischen Ausdehnung der römischen Macht, daß das *jus civile* des städtischen Prätors, was den Umfang des Anwendungsgebiets betrifft, hinter dem *jus gentium* des *praetor peregrinus*, dem Recht der „andern" zurücktritt. Als zuletzt die ganze Bevölkerung der antiken Welt, soweit sie nicht das Bürgerrecht der Stadt Rom besaß, zu den „andern" gehörte, wird das *jus peregrinum* der Stadt Rom tatsächlich zu einem imperialen Recht; alle übrigen Städte – und selbst Alpenvölker und wandernde Beduinenstämme sind verwaltungsrechtlich als „Städte", *civitates*, organisiert worden – behielten ihr eigenes Recht nur, soweit das römische Fremdenrecht keine Bestimmungen enthielt.

Das Ende der antiken Rechtsschöpfung überhaupt bildet also das *edictum perpetuum*, das auf Veranlassung Hadrians (um 130) die jährlich erlassenen Rechtsätze der Prätoren, unter denen sich längst ein fester Bestand ausgebildet hatte, in eine endgültige Form brachte

[1] Vgl. Bd. II, Kap. II, I.

und weitere Abänderungen verbot. Der Prätor war wie immer verpflichtet, das „Recht seines Jahres" öffentlich anzuschlagen; es galt
nur vermöge seiner Amtsgewalt und nicht als Reichsgesetz, aber
er mußte sich an den festgelegten Text halten.[1] Das ist die berühmte
„Versteinerung des Amtsrechts", das echte Sinnbild einer späten
Zivilisation.[2]

Mit dem Hellenismus beginnt die antike Rechtswissenschaft, das
planmäßige Begreifen des Rechtes, welches man anwendet. Da das
Rechtsdenken politische und wirtschaftliche Verhältnisse als Substanz ebenso voraussetzt wie das mathematische Denken physikalische und technische Kenntnisse,[3] so wurde Rom sehr bald *die Stadt
der antiken Jurisprudenz*. Ganz ebenso waren es in der mexikanischen
Welt die siegreichen Azteken, die an ihren Hochschulen wie der von
Tezcuco vor allem das Recht pflegten. Die antike Jurisprudenz ist
eine Wissenschaft der Römer und es ist ihre einzige geblieben. Gerade als mit Archimedes die schöpferische Mathematik zum Abschluß kam, begann mit der Tripertita des Aelius (198, ein Kommentar zu den XII) die Rechtsliteratur.[4] Um 100 hat M. Scaevola das
erste systematische Privatrecht geschrieben. 200 – 0 ist die eigentliche Zeit der klassischen Rechtswissenschaft – eine Bezeichnung, die
heute allgemein und bizarr genug auf eine Periode des früharabischen Rechts angewendet wird. An den Resten dieser Literatur läßt
sich der ganze Abstand des Denkens zweier Kulturen ermessen. Die
Römer behandeln nur Fälle und deren Einteilung, nie die Analyse
eines grundlegenden Begriffs wie etwa den des Rechtsirrtums. Sie
unterscheiden sorgfältig die Arten von Verträgen; den Begriff des
Vertrags kennen sie nicht und ebensowenig eine Theorie etwa der
Nichtigkeit oder Anfechtbarkeit. „Nach alledem ist klar, daß uns
die Römer ganz und gar nicht Vorbilder der wissenschaftlichen
Methode sein können."[5]

---

[1] Sohm, Institutionen (1911), S. 101.
[2] Lenel, Das *Edictum perpetuum* (1907). L. Wenger, S. 168.
[3] Selbst das Einmaleins der Kinder setzt die Bekanntschaft mit den Elementen
der Bewegungsmechanik beim Abzählen voraus.
[4] R. v. Mayr II, I, S. 85. Sohm, S. 105.
[5] Lenel in der Enzyklopädie der Rechtswissenschaft I, S. 357.

Den Ausgang bilden die Schulen der Sabinianer und Proculianer, von Augustus an bis gegen 160. Es sind wissenschaftliche Schulen wie die philosophischen in Athen; möglich ist es, daß in ihnen sich der Gegensatz von senatorischer und tribunizischer (cäsarischer) Rechtsauffassung zum letzten Male regte; unter den besten Sabinianern waren zwei Nachkommen von Cäsarmördern; einen der Proculianer hatte Trajan zu seinem Nachfolger ausersehen. Während die Methodik im wesentlichen abgeschlossen war, geht hier die praktische Verschmelzung von altem *jus civile* und prätorischem *jus honorarium* vor sich.

Das letzte für uns sichtbare Denkmal des antiken Rechts sind die Institutionen des Gajus (um 161).

Das antike Recht ist ein Recht der Körper. Es unterscheidet im Bestand der Welt körperliche Personen und körperliche Sachen und stellt als eine euklidische Mathematik des öffentlichen Lebens die Beziehungen zwischen ihnen fest. Das Rechtsdenken ist dem mathematischen am nächsten verwandt. Beide wollen von den optisch gegebenen Fällen das Sinnlich-zufällige absondern, um das Gedanklich-prinzipielle zu finden: die *reine* Form des Gegenstandes, den *reinen* Typus der Lage, die *reine* Verknüpfung von Ursache und Wirkung. Da das antike Leben in der Gestalt, wie es sich dem antiken kritischen Wachsein darstellt, durchaus euklidische Züge besitzt, so entsteht ein Bild von Körpern, von Lageverhältnissen zwischen ihnen und von wechselseitigen Einwirkungen durch Stoß und Gegenstoß wie bei den Atomen Demokrits. *Es ist eine juristische Statik.*[1]

16

Die erste Schöpfung des arabischen Rechts war *der Begriff der nichtkörperlichen Person.*

---

[1] Das ägyptische Recht der Hyksoszeit, das chinesische der „Zeit der kämpfenden Staaten" müssen im Gegensatz zum antiken Recht und dem indischen der Darmasutras auf ganz andern Grundbegriffen als denen der *körperlichen* Personen und Sachen aufgebaut gewesen sein. Es wäre eine große Befreiung vom Drucke der römischen „Altertümer", wenn es der deutschen Forschung gelänge, sie festzustellen.

Um diese für das neue Weltgefühl so bezeichnende Größe ganz zu würdigen, die im echt antiken Recht fehlt[1] und bei den „klassischen" Juristen, die sämtlich Aramäer waren, plötzlich da ist, muß man den wahren Umfang des arabischen Rechts kennen.

Die neue Landschaft umfaßt Syrien und das nördliche Mesopotamien, Südarabien und Byzanz. Hier ist überall ein neues Recht im Werden, mündliches oder geschriebenes Gewohnheitsrecht frühen Stils, wie wir es aus dem Sachsenspiegel kennen. Und da ergibt sich etwas Erstaunliches: aus dem *Recht einzelner Stadtstaaten*, wie es auf antikem Boden selbstverständlich war, ist hier in aller Stille das *Recht von Glaubensgemeinschaften* geworden. Das ist ganz magisch. Es ist stets *ein pneuma, ein* gleicher Geist, *ein* identisches Wissen und Verstehen der alleinigen Wahrheit, welches die Bekenner derselben Religion jedesmal zur Einheit des Wollens und Handelns, *zu einer juristischen Person* zusammenfaßt. Eine juristische Person ist also ein kollektives Wesen, das als Ganzes Absichten hat, Entschlüsse faßt und Verantwortungen trägt. Der Begriff gilt schon, wenn man das Christentum betrachtet, von der Urgemeinde in Jerusalem[2] und reicht hinauf bis zur Dreieinigkeit der göttlichen Personen.[3]

Schon das spätantike Recht der kaiserlichen Erlasse vor Konstantin *(constitutiones, placita)* gilt, obwohl die römische Form des Stadtrechts streng gewahrt wird, ganz eigentlich *für die Gläubigen der* „synkretistischen Kirche",[4] jener Masse von Kulten, die alle von derselben Religiosität durchdrungen sind. Während im damaligen Rom das Recht von einem großen Teil der Bevölkerung sicher noch als das Recht eines Stadtstaates empfunden wurde, verlor sich das Gefühl mit jedem Schritt nach Osten. Die Zusammenfassung der Gläubigen zu einer *Rechtsgemeinschaft* geschah in aller Form durch

[1] Sohm, S. 220.
[2] Apostelgeschichte 15; hier liegt die Wurzel des Begriffs von einem Kirchenrecht.
[3] Der Islam als jurist. Person: M. Horten, Die religiöse Gedankenwelt des Volkes im heutigen Islam (1917), S. XXIV.
[4] Vgl. Bd. II, S. 799 ff. Der Ausdruck kann gewagt werden, weil die Anhänger aller spätantiken Kulte durch ein frommes Gemeingefühl ebenso zusammengehalten wurden wie die christlichen Einzelgemeinden.

den Kaiserkult, der durchaus göttliches Recht war. In bezug auf ihn haben sich Juden und Christen – die persische Kirche ist nur in der antiken Form des Mithraskultus und also im Rahmen des Synkretismus auf antikem Boden erschienen – als Ungläubige eigenen Rechts in einem fremden Rechtsgebiet eingenistet. Als der Aramäer Caracalla 212 durch die *constitutio Antonina*[1] allen Bewohnern außer den *dediticii* das Bürgerrecht gab, war die Form dieses Aktes echt antik, und es gab zweifellos viele Menschen, die sie so verstanden. Die Stadt Rom hatte damit die Bürger aller andern sich buchstäblich „einverleibt". Der Kaiser selbst aber empfand ganz anders. Er hatte damit alle zu Untertanen des „Herrschers der Gläubigen" gemacht, des als *divus* verehrten Oberhauptes der Kultreligion. Mit Konstantin kam die große Wandlung: er hat als Objekt des kaiserlichen Kalifenrechts an die Stelle der synkretistischen die christliche Glaubensgemeinschaft gesetzt und damit *die christliche Nation konstituiert*. Die Bezeichnungen fromm und ungläubig wechseln ihren Platz. Seit Konstantin wird das „römische" Recht ganz unvermerkt immer entschiedener *zum Recht der rechtgläubigen Christen* und als solches ist es von den bekehrten Asiaten und Germanen aufgefaßt und angenommen worden. Damit ist ein ganz neues Recht in alter Form entstanden. Nach antikem Eherecht war es unmöglich, daß etwa ein römischer Bürger eine Bürgertochter aus Capua heiratete, wenn zwischen diesen Städten keine Rechtsgemeinschaft, kein *conubium* bestand.[2] Jetzt war die Frage, nach welchem Recht ein Christ oder Jude, ob er der Heimat nach Römer, Syrer oder Maure war, eine Ungläubige heiraten könne. Denn in der magischen Rechtswelt besteht kein *conubium* zwischen *Andersgläubigen*. Daß ein Ire eine Negerin in Byzanz heiratet, wenn beide Christen sind, begegnet keiner Schwierigkeit, aber wie sollte in demselben syrischen Dorf ein monophysitischer Christ eine Nestorianerin heiraten? Sie stammten vielleicht beide aus dem gleichen Geschlecht – aber sie gehörten zu zwei rechtsverschiedenen „Nationen".

Dieser *arabische* Begriff der Nation ist eine neue und ganz ent-

---

[1] R. v. Mayr III, S. 38. Wenger, S. 193.
[2] Die XII hatten das *conubium* sogar zwischen Patriziern und Plebejern verboten.

scheidende Tatsache. Die Grenze zwischen Heimat und Fremde lag in der apollinischen Kultur zwischen je zwei Städten, in der magischen *zwischen je zwei Glaubensgemeinschaften*. Was dem Römer der *peregrinus*, der *hostis*, das ist dem Christen der Heide, dem Juden der Amhaarez. Was für die Gallier oder Griechen zur Zeit Cäsars der Erwerb des römischen Bürgerrechts war, *das ist jetzt die christliche Taufe*: man tritt damit in die führende Nation der führenden Kultur ein.[1] Die Perser der Sassanidenzeit kennen, im Gegensatz zu denen der Achämenidenzeit, ein persisches Volk nicht mehr als Einheit der Abkunft und Sprache, sondern als Einheit der Mazdagläubigen im Gegensatz zu den Ungläubigen, mochten sie wie die meisten Nestorianer von noch so reiner persischer Abstammung sein. Und ebenso haben die Juden, später die Mandäer und Manichäer und noch später die christlichen Kirchen der Nestorianer und Monophysiten sich als Nationen, als Rechtsgemeinschaften und juristische Personen im neuen Sinne empfunden.

Und damit entsteht eine Gruppe frührabischer Rechte, die ebenso entschieden nach Religionen gesondert ist, wie die Gruppe der antiken Rechte nach Stadtstaaten. Im Sassanidenreich entwickeln sich eigne Rechtsschulen zoroastrischen Rechts; die Juden, die einen gewaltigen Teil der Bevölkerung von Armenien bis Saba bilden, schaffen sich ein Recht im Talmud, der einige Jahre vor dem *Corpus juris* abgeschlossen wird. Jede dieser Kirchen besitzt unabhängig von den jeweiligen Landesgrenzen eine eigne Rechtsprechung wie noch im heutigen Orient, und nur bei einem Streit zwischen Bekennern verschiedener Religionen entscheidet der Richter, welcher der im Lande herrschenden angehört. Den Juden hat im römischen Reich niemand ihre eigne Gerichtsbarkeit streitig gemacht, aber auch die Nestorianer und Monophysiten haben bald nach ihrer Lostrennung die Ausbildung eines eignen Rechts mit eigner Rechtsprechung begonnen, und so wird auf „negativem" Wege, nämlich durch allmähliches Abscheiden aller Andersgläubigen, das römische Kaiserrecht endlich zum Recht der Christen, welche sich zum Glauben des Kaisers bekennen. Das gibt dem in vielen Sprachen erhaltenen

[1] Vgl. Bd. II, S. 765 ff.

syrisch-römischen Rechtsbuch seine Bedeutung. Es ist[1] wahrscheinlich vorkonstantinisch und in der Kanzlei des Patriarchen von Antiochia entstanden, ein ganz unverkennbar früharabisches Gewohnheitsrecht in unbeholfener spätantiker Fassung, das, wie die Übersetzungen beweisen, seine Verbreitung der Opposition gegen die
orthodoxe kaiserliche Kirche verdankt. Es ist zweifellos die Grundlage des Monophysitenrechts und herrscht bis zur Entstehung des
islamischen Rechts auf einem Gebiet, welches den Geltungsbereich
des *Corpus juris* weit übertrifft.

Es entsteht die Frage, welchen praktischen Wert in dieser Welt
von Rechten der lateinisch geschriebene Teil wirklich besitzen
konnte. Die Rechtshistoriker haben ihn mit der philologischen Ein-
seitigkeit des Fachs bis jetzt allein beachtet und konnten deshalb
nicht einmal bemerken, *daß* hier ein Problem vorliegt. Ihre Texte
waren das Recht schlechthin, das Recht, welches von Rom zu uns
kam. Für sie handelte es sich einzig darum, die Geschichte dieser
Texte, nicht die ihrer tatsächlichen Bedeutung im Leben der östlichen Völker zu untersuchen. Aber hier ist das hochzivilisierte Recht
einer greisen Kultur der Frühzeit einer jungen aufgenötigt worden.
Es kam als gelehrte Literatur herüber, und zwar infolge der politischen Entwicklung, die ganz anders geworden wäre, wenn Alexander und Cäsar länger gelebt oder Antonius bei Actium gesiegt
hätte. Wir müssen die früharabische Rechtsgeschichte von Ktesiphon und nicht von Rom aus betrachten. Ist das innerlich längst
abgeschlossene Recht des fernen Westens hier mehr als bloße Literatur gewesen? Welchen Anteil hatte es am wirklichen Rechtsdenken, der Rechtsschöpfung und Rechtspraxis dieser Landschaft? Und
wieviel Römisches, ja Antikes überhaupt ist in ihm selbst erhalten
geblieben?[2]

[1] Lenel I, S. 380.

[2] Mitteis, Reichsrecht und Volksrecht, S. 13, hat schon 1891 auf den orientalischen Zug in der Gesetzgebung Konstantins aufmerksam gemacht. Collinet, *Études
historiques sur le droit de Justinien I* (1912) führt, übrigens meist auf Grund deutscher Forschungen, unendlich vieles auf hellenistisches Recht zurück; aber wieviel von diesem „Hellenistischen" war wirklich griechisch und nicht nur griechisch
geschrieben? Die Ergebnisse der Interpolationenforschung sind für den „antiken"
Geist der Digesten Justinians wahrhaft vernichtend.

Die Geschichte dieses lateinisch geschriebenen Rechts gehört seit 160 dem arabischen Osten; es ist vielsagend, daß sie in genauer Parallele zur Geschichte der jüdischen, christlichen und persischen Literatur verläuft.[1] Die klassischen Juristen (160–220) Papinian, Ulpian, Paulus waren Aramäer; Ulpian hat sich mit Stolz einen Phöniker aus Tyrus genannt. Sie entstammen also derselben Bevölkerung wie die Tannaim, welche bald nach 200 die Mischna abschlossen, und die meisten Apologeten des Christentums (Tertullian 160–223). Gleichzeitig ist von christlichen Gelehrten der Kanon und Text des Neuen, von jüdischen der des hebräischen Alten Testaments – unter Vernichtung sämtlicher anderer Handschriften –, von persischen der des Awesta festgestellt worden. Es *ist die Hochscholastik der arabischen Frühzeit.* Die Digesten und Kommentare dieser Juristen stehen zum erstarrten antiken Gesetzesstoff in genau demselben Verhältnis wie die Mischna zur Tora des Moses und viel später die Hadith zum Koran; sie sind „Halacha",[2] neues Gewohnheitsrecht, welches in der Form einer Interpretation der autoritativ überlieferten Gesetzesmasse erfaßt wurde. Die babylonischen Juden besaßen ein ausgebildetes Zivilrecht, das an den Hochschulen von Sura und Pumbadita gelehrt wurde. Es bildet sich überall ein Stand von Rechtsgelehrten, die *prudentes* der christlichen, die Rabbiner der jüdischen, später die Ulemas (persisch Mollas) der islamischen Nation; sie stellen Gutachten aus, *responsa*, arabisch Fetwa. Wird der Ulema staatlich anerkannt, so heißt er Mufti (byzantinisch „*ex auctoritate principis*"): die Formen sind überall ganz dieselben.

Um 200 gehen die Apologeten in die eigentlichen Kirchenväter, die Tannaim in die Amoräer, die großen Kasuisten des Juristenrechts *(„jus")* in die Erklärer und Sammler des Konstitutionsrechts *(„lex")* über. Die Konstitutionen der Kaiser, seit 200 die einzige Quelle neuen „römischen" Rechts, sind wieder eine neue „Halacha" zu der in den Juristenschriften niedergelegten; sie entsprechen damit genau der Gemara, die sich sofort als Auslegung der Mischna ent-

---

[1] Vgl. Bd. II, Kap. III, I.
[2] Fromer, Der Talmud (1920), S. 190.

wickelt. Beide Richtungen sind gleichzeitig im Corpus juris und Talmud zum Abschluß gekommen.

Der Gegensatz von *jus* und *lex* im arabisch-lateinischen Sprachgebrauch kommt in der Schöpfung Justinians sehr deutlich zum Ausdruck. Institutionen und Digesten sind *jus*; sie haben durchaus die Bedeutung kanonischer Texte. Konstitutionen und Novellen sind *leges*, neues Recht in Form von Erläuterungen. In demselben Verhältnis stehen die kanonischen Schriften des Neuen Testaments zur Tradition der Kirchenväter.

Am orientalischen Charakter der Tausende von Konstitutionen zweifelt heute niemand mehr. Es ist echtes Gewohnheitsrecht der arabischen Welt, das unter dem Druck der lebendigen Entwicklung den gelehrten Texten unterschoben wurden mußte.[1] Die zahllosen Erlasse des christlichen Herrschers in Byzanz, des persischen in Ktesiphon, des jüdischen, des Resch Galuta, in Babylonien, endlich des islamischen Kalifen haben genau die gleiche Bedeutung.

Aber welche Bedeutung hatte das *andere* Stück dieser Scheinantike, das alte Juristenrecht? Hier genügt es nicht, Texte zu erklären. Man muß wissen, in welcher Beziehung der Text zum Rechtsdenken und zur Rechtsprechung steht. Es kann sein, daß ein und dasselbe Buch im Wachsein zweier Völkergruppen den Wert zweier grundverschiedener Werke besitzt.

Es hat sich sehr bald die Gewohnheit ausgebildet, daß man überhaupt nicht mehr die alten Gesetze der Stadt Rom auf den Tatsachenstoff der Einzelfälle anwandte, sondern die Juristentexte wie die Bibel zitierte.[2] Was bedeutet das? Unsern Romanisten ist es ein Zeichen des tiefsten Verfalls im Rechtswesen. Von der arabischen Welt aus betrachtet ist es das Gegenteil: ein Beweis dafür, daß es diesen Menschen endlich gelungen ist, eine fremde, ihnen aufgedrungene Literatur sich in der einzigen Form innerlich anzueignen, die für ihr eignes Weltgefühl in Betracht kam. Hier eröffnet sich der ganze Gegensatz von antikem und arabischem Weltgefühl.

---

[1] Mitteis, Röm. Privatrecht bis auf die Zeit Diokletians (1908), Vorwort, bemerkt, „wie unter Beibehaltung der antiken Rechtsformen das Recht selbst doch überall ein anderes geworden ist".

[2] R. v. Mayr IV, S. 45 f.

17

Das antike Recht wird von Bürgern auf Grund praktischer Erfahrungen geschaffen; das arabische stammt von Gott, der es durch
den Geist der Berufenen und Erleuchteten verkündet. Der römische
Unterschied von *jus* und *fas* – deren Inhalt noch dazu stets aus
menschlicher Überlegung hervorgeht – wird damit sinnlos. Jedes
Recht ist, ob weltlich oder geistlich, *deo auctore* entstanden, wie die
ersten Worte der Digesten Justinians lauten. Das Ansehen antiker
Rechte beruht auf dem Erfolg, dasjenige arabischer auf der Autorität des Namens, den sie tragen.[1] Es ist aber ein gewaltiger Unterschied im Gefühl des Menschen, ob er ein Gesetz als Willensausdruck
eines Mitmenschen oder als Bestandteil der göttlichen Ordnung
hinnimmt. Im einen Falle sieht er das Richtige ein oder weicht der
Gewalt, im andern beweist er seine Ergebung *("islam")*. Der
Orientale verlangt weder den praktischen Zweck des Gesetzes, das
auf ihn angewendet wird, noch die logischen Gründe des Urteils
einzusehen. Das Verhältnis des Kadi zum Volk läßt sich deshalb mit
dem des Prätors überhaupt nicht vergleichen. Dieser stützt seine
Entscheidungen auf eine in hohen Stellungen erprobte Einsicht,
jener auf einen Geist, der irgendwie in ihm wirksam wird und aus
ihm spricht. Daraus folgt aber ein vollkommen verschiedenes Verhältnis des Richters zum geschriebenen Rechte – des Prätors zu seinem Edikt, des Kadi zu den Juristentexten. Jenes ist die Quintessenz
von Erfahrungen, die er sich zu eigen gemacht hat, diese sind eine
Art Orakel, das man in geheimnisvoller Weise befragt. Denn die
praktische Absicht, der ursprüngliche Anlaß der Textstelle kommt
für den Kadi gar nicht in Betracht. Er befragt die Worte und sogar
die Buchstaben, und zwar nicht nach ihrer Bedeutung im alltäglichen Leben, sondern nach der *magischen* Beziehung, in der sie zu dem
vorliegenden Fall stehen müssen. Wir kennen dies Verhältnis des
Geistes zum Buch aus der Gnosis, der frühchristlichen, jüdischen,

---

[1] Daher die fingierten Verfassernamen auf zahllosen Büchern aller arabischen Literaturen: Dionysius Areopagita, Pythagoras, Hermes, Hippokrates, Henoch, Baruch, Daniel, Salomo, die Apostelnamen der vielen Evangelien und Apokalypsen.

persischen Apokalyptik und Mystik, der neupythagoräischen Philosophie, der Kabbala, und es besteht gar kein Zweifel, daß die lateinischen Codices in der niederen aramäischen Rechtspraxis ganz
ebenso gebraucht worden sind. Die Überzeugung, daß der Geist
Gottes in den Geheimsinn der Buchstaben eingegangen ist, findet
einen sinnbildlichen Ausdruck in der schon erwähnten Tatsache,
daß alle Religionen der arabischen Welt eigene Schriftarten ausbilden, mit denen die heiligen Bücher geschrieben sein müssen und
die sich mit erstaunlicher Zähigkeit als Kennzeichen der „Nationen" behaupten, auch wenn sie die Sprache wechseln.

Die Wahrheit ergibt sich aber bei einer Mehrzahl von Texten
auch im Recht aus dem *consensus* der geistig Berufenen, dem *idjma*.[1]
Diese Theorie hat die islamische Wissenschaft konsequent herausgearbeitet. Wir suchen jeder für sich die Wahrheit durch eigne Überlegung zu finden. Der arabische Gelehrte aber prüft und ermittelt
jedesmal die allgemeine Überzeugung der Zugehörigen, die deshalb
nicht irren kann, weil der Geist Gottes und der Geist der Gemeinde
dasselbe sind. Ist ein *consensus* erzielt, so steht die Wahrheit fest.
„*Idjma*" ist der Sinn aller frühchristlichen, jüdischen und persischen
Konzile. Es ist aber auch der Sinn des berühmten Zitiergesetzes Valentinians III. von 426, das unter völliger Verkennung seiner geistigen Grundlagen die allgemeine Verachtung der Rechtsforscher gefunden hat. Das Gesetz schränkt die Zahl der großen Juristen, deren
Text zitiert werden darf, auf fünf ein. Damit ist ein Kanon im Sinne
des Neuen und Alten Testaments geschaffen, die beide ebenfalls die
Summe der Texte enthalten, die als kanonisch zitiert werden dürfen.
Bei Meinungsverschiedenheit entscheidet die Stimmenmehrheit, bei
Stimmengleichheit Papinian.[2] Aus derselben Anschauung ist auch
die Methode der Interpolationen hervorgegangen, die Tribonian in
großem Stil beim Digestenwerk Justinians angewendet hat. Ein kanonischer Text ist der Idee nach zeitlos wahr und also nicht verbes-
serungsfähig. Die tatsächlichen Bedürfnisse des Geistes aber ändern

---

[1] M. Horten, D. rel. Gedankenwelt d. Volkes im heut. Islam, S. XVI. Vgl.
Bd. II, Kap. III, I.
[2] R. v. Mayr IV, 45 f.

sich. Es entsteht daher eine Technik der geheimen Abänderungen, welche die Fiktion der Unveränderlichkeit nach außen wahrt und die an allen religiösen Schriften der arabischen Welt, auch denen der Bibel, reichlich geübt worden ist.

Nach Marc Antonius ist Justinian die verhängnisvollste Persönlichkeit der arabischen Geschichte. Wie sein „Zeitgenosse" Karl V. hat er alles verdorben, wozu er berufen war. Wie im Abendlande der faustische Traum von einer Auferstehung des Heiligen Römischen Reiches durch alle politische Romantik zog und noch über Napoleon und die fürstlichen Narren von 1848 hinaus den Tatsachensinn verdunkelte, so war Justinian von der Donquijoterie der Wiedereroberung des gesamten Imperiums besessen. Statt auf *seine* Welt, den Osten, hat er den Blick stets auf das ferne Rom gelenkt. Schon vor seiner Thronbesteigung hat er mit dem römischen Papst verhandelt, der damals unter den großen Patriarchen der Christenheit noch nicht einmal als *primus inter pares* allgemein anerkannt wurde. Das dyophysitische Symbol von Chalcedon wurde auf dessen Verlangen eingeführt – und damit gingen die monophysitischen Landschaften für immer verloren. Die Folge von Actium war, daß die Ausbildung des Christentums in den entscheidenden ersten zwei Jahrhunderten nach Westen, auf antikes Gebiet herüber gezogen wurde, wo die geistige Oberschicht sich von ihr ausschloß. Dann hatte der urchristliche Geist sich in Monophysiten und Nestorianern wieder aufgerichtet. Justinian stieß ihn zurück und beschwor dadurch den Islam *als neue Religion* und nicht als puritanische Strömung innerhalb des morgenländischen Christentums herauf. Und ebenso hat er in dem Augenblick, wo die östlichen Gewohnheitsrechte für eine Kodifikation reif geworden waren, einen lateinischen Kodex geschaffen, der im Osten aus sprachlichen und im Westen aus politischen Gründen dazu verurteilt war, Literatur zu bleiben.

Das Werk selbst ist wie die ihm entsprechenden des Drakon und Solon an der Grenze der Spätzeit und in politischer Absicht entstanden. Im Westen, wo die Fiktion der Fortdauer des *Imperium Romanum* die völlig sinnlosen Feldzüge des Belisar und Narses veranlaßt hatte, waren um 500 von den Westgoten, Burgundern und Ostgoten lateinische Gesetzbücher für die unterworfenen „Römer" zusammengestellt worden. Dem mußte von Byzanz aus ein eigentlich römisches Gesetzbuch entgegengestellt werden. Im Osten hatte die jüdische Nation ihren Kodex, den Talmud, eben abgeschlossen; bei der ungeheuren Zahl derer, die im byzantinischen Reiche unter seinem Recht standen, wurde ein Gesetzbuch für die eigne Nation des Kaisers, die christliche, zur Notwendigkeit.

Denn das in seiner Abfassung überstürzte und technisch mangelhafte *Corpus juris* ist trotz allem eine arabische und also eine *religiöse* Schöpfung; das beweisen die christliche Tendenz vieler Interpolationen,[1] die auf das Kirchenrecht bezüglichen Konstitutionen, die im Theodosianischen Kodex noch am Schluß, hier aber am Anfang stehen, und sehr nachdrücklich die Vorreden zu vielen seiner Novellen. Trotzdem ist das Buch kein Anfang, sondern ein Ende. Das längst wertlos gewordene Latein verschwindet jetzt völlig aus dem Rechtsleben – schon die Novellen sind meist griechisch geschrieben – und mit ihm das törichterweise darin abgefaßte Werk. Die Rechtsgeschichte aber setzt den Weg fort, den das syrisch-römische Rechtsbuch gewiesen hatte, und führt im 8. Jahrhundert zu Werken in der Art unsrer Landrechte des 18. Jahrhunderts, wie die Ekloga des Kaisers Leo[2] und das Corpus des persischen Erzbischofs Jesubocht, eines großen Juristen.[3] Damals lebte bereits der größte Jurist des Islam, Abu Hanifa.

18

Die Rechtsgeschichte des Abendlandes beginnt ganz unabhängig von der damals vollständig verschollenen Schöpfung Justinians. Von deren völliger Bedeutungslosigkeit zeugt die Tatsache, daß sich der Hauptteil, die Pandekten, in einer einzigen Handschrift erhalten hat, die um 1050 zufällig – leider – gefunden wurde.

Die Vorkultur hat seit 500 eine Reihe germanischer Stammesrechte – das west- und ostgotische, burgundische, fränkische, lango-

[1] Wenger, S. 180.
[2] Krumbacher, Byzantinische Literatur-Geschichte, S. 606.
[3] Sachau, Syrische Rechtsbücher, Bd. III.

bardische – hervorgebracht. Sie entsprechen denen der arabischen Vorkultur, von denen uns nur die jüdischen[1] erhalten geblieben sind: das Deuteronomion (um 621, jetzt etwa Mos. V, 12–26) und der Priesterkodex (um 450, jetzt etwa Mos. II–IV). Sie beschäftigen sich beide mit den Grundwerten eines primitiven Daseins: Familie und Habe, und benützen beide in urwüchsiger und doch kluger Weise ein altes zivilisiertes Recht – die Juden und sicherlich ebenso die Perser und andere das spätbabylonische,[2] die Germanen einige Reste der stadtrömischen Literatur.

Das politische Leben der gotischen Frühzeit mit seinen bäuerlichen, feudalen und einfachsten Stadtrechten führt sehr bald zu einer Sonderentwicklung in drei großen Rechtsgebieten, die heute noch in der gleichen Schärfe fortbestehen. Es fehlt an einer einheitlichen und vergleichenden Rechtsgeschichte des Abendlandes, welche den Sinn dieser Entwicklung bis in seine letzte Tiefe verfolgt.

Bei weitem das wichtigste wurde infolge der politischen Schicksale das aus dem fränkischen entlehnte normannische Recht. Es hat nach der Eroberung Englands 1066 das einheimische sächsische unterdrückt, und seitdem ist in England „das Recht der Großen das Recht des ganzen Volkes". Seinen rein germanischen Geist hat es von einer unerhört strengen feudalen Fassung bis zur heute geltenden ohne Erschütterung fortgebildet und es ist in Kanada, Indien, Australien, Südafrika und den Vereinigten Staaten herrschendes Recht geworden. Ganz abgesehen von dieser Macht ist es auch das lehrreichste von Westeuropa. Im Unterschied von den andern lag seine Weiterbildung *nicht* in den Händen theoretischer Rechtslehrer Das Studium des römischen Rechts in Oxford wird der Praxis ferngehalten. Der hohe Adel lehnte es 1236 zu Merton ausdrücklich ab. Der Richterstand selbst bildet den alten Rechtsstoff durch schöpferische Präjudizien fort, und aus diesen praktischen Entscheidungen *(reports)* gehen dann die Rechtsbücher hervor wie dasjenige Bractons (1259). Seitdem und heute noch gehen das durch die Entschei-

[1] Bertholet, Kulturgeschichte Israels, S. 200 ff.
[2] Eine Ahnung davon gibt das berühmte Gesetz Hammurabis, ohne daß wir wissen können, wie dies einzelne Werk sich dem inneren Range nach zu dem in der babylonischen Welt überhaupt erreichten Recht verhält.

dungen fortgesetzt lebendig erhaltene Statutenrecht und das aus der Gerichtspraxis jederzeit erkennbare Gewohnheitsrecht nebeneinander her, ohne daß einmalige Gesetzgebungsakte der Volksvertretung nötig wären.

Im Süden herrschten die erwähnten germanisch-romanischen Codices, in Südfrankreich der westgotische als *droit écrit* im Gegensatz zum fränkischen *droit coutumier* des Nordens, in Italien bis tief in die Renaissance der bedeutendste von ihnen, der fast rein germanische der Langobarden. In Pavia entstand eine Hochschule deutschen Rechts, aus welcher um 1070 die weitaus bedeutendste rechtswissenschaftliche Leistung dieser Zeit, die Expositio, und gleich darauf ein Gesetzbuch, die Lombarda, hervorging.[1] Die Rechtsentwicklung des gesamten Südens wurde durch den *Code civil* Napoleons abgebrochen und ersetzt. Dies Buch ist in allen romanischen Ländern und weit darüber hinaus die Grundlage weiterer Gestaltung geworden und damit nach dem englischen Recht das wichtigste.

In Deutschland zerrann die mit den gotischen Stammesrechten (Sachsenspiegel 1230, Schwabenspiegel 1274) gewaltig einsetzende Bewegung im Nichts. Ein Gewirr kleiner Stadt- und Territorialrechte kam auf, bis die lebensfremde politische Romantik von Träumern und Schwärmern wie dem Kaiser Maximilian, die im Elend der Tatsachen aufblühte, auch das Recht ergriff. Der Reichstag zu Worms schuf 1495 nach italienischem Muster die Kammergerichtsordnung. Zum Heiligen Römischen Reich trat das kaiserlich römische als gemeines deutsches Recht. Das altdeutsche Prozeßverfahren wurde gegen das italienische vertauscht, die Richter mußten jenseits der Alpen studieren und sie empfingen ihre Erfahrungen statt aus dem Leben, das sie umgab, aus einer begriffespaltenden Philologie. Nur in diesem Lande gibt es seitdem Ideologen des römischen Rechts, welche das *Corpus juris* wie ein Heiligtum gegen die Wirklichkeit verteidigen.

Was war es denn, das unter diesem Namen in den geistigen Besitz einer kleinen Anzahl gotischer Menschen überging? Um 1100 hatte an der Hochschule zu Bologna ein Deutscher, Irnerius, jene einzige

[1] Sohm, Inst., S. 156.

Pandektenhandschrift zum Gegenstand einer echten Rechtsschola-
stik gemacht. Er übertrug die langobardische Methode auf den neuen
Text, „an dessen Wahrheit als einer *ratio scripta* geglaubt wird wie
an die Bibel und den Aristoteles".[1] Wahrheit – aber das gotische
Verstehen, an die gotische Lebenshaltung gebunden, war weit davon entfernt, den Geist dieser Sätze, der die Prinzipien eines zivilisierten und weltstädtischen Lebens in sich schloß, auch nur von fern
zu ahnen. Diese Glossatorenschule stand wie alle Scholastik im Banne
des Begriffsrealismus – das eigentlich Wirkliche, die Substanz der
Welt, sind nicht die Dinge, sondern die allgemeinen Begriffe – und
es war für sie über allen Zweifel erhaben, daß man das wahre Recht
nicht aus Gewohnheit und Sitte wie die „elende und schmutzige"
Lombarda, sondern durch Hin- und Herwenden abstrakter Begriffe
finde.[2] Sie hatten ein rein dialektisches Interesse an dem Buch[3] und
dachten nicht im geringsten an eine Anwendung ihrer Gelehrsamkeit auf das Leben. Erst nach 1300 dringen ihre Glossen und Summen gegen die lombardischen Rechte der Renaissancestädte langsam vor. Die Juristen der Spätgotik, Bartolus vor allem, haben kanonisches und germanisches Recht zu einem für die praktische Anwendung bestimmten Ganzen verschmolzen. Sie trugen wirkliche
Gedanken hinein, und zwar die einer beginnenden Spätzeit, die
etwa der Gesetzgebung Drakons und den Erlassen der Kaiser von
Diokletian bis Theodosius entspricht. *Die Schöpfung des Bartolus* ist in
Spanien und Deutschland als „römisches Recht" geltend geworden;
nur in Frankreich ging die Jurisprudenz des Barock seit Cujacius
und Donellus vom scholastischen zum byzantinischen Text zurück.

Neben der abstrakten Leistung des Irnerius ist aber, und zwar auch
in Bologna, etwas ganz Entscheidendes geschehen. Hier schrieb um
1140 der Mönch Gratian sein berühmtes Decretum. Er schuf damit
die abendländische *Wissenschaft vom geistlichen Recht*, indem er[4] das

---

[1] Lenel I, S. 395.
[2] Das Wortspiel von lombardischer *faex* und römischer *lex* ist von Huguccio
(1200).
[3] W. Goetz, Archiv für Kulturgeschichte 10, 28 ff.
[4] Nach Sohms letzter Abhandlung: Das altkatholische Kirchenrecht und das
Dekret Gratians (1918).

altkatholische – magische – Kirchenrecht von dem früharabischen[1] Ursakrament der Taufe her in ein System brachte. Nun hatte das neukatholische – faustische – Christentum eine Form gefunden, in der es sein Dasein rechtlich zum Ausdruck brachte. Es geschah von dem gotischen Ursakrament des Altars (und dessen Stütze, der Priesterweihe) aus. 1234 ist im *Liber extra* das Hauptstück des *Corpus juris canonici* fertig geworden. Was das Kaisertum nicht vermocht hatte, *die Schöpfung eines allgemein abendländischen Corpus juris germanici* aus all den reichen Ansätzen der Stammesrechte, das gelang dem Papsttum. Ein vollständiges Privatrecht mit Strafrecht und Prozeßordnung entstand mit germanischer Methode aus dem geist-lich-weltlichen Rechtsstoff der Gotik. Es ist das „römische" Recht, dessen Geist seit Bartolus auch das Studium des justinianischen Wer-kes durchdrang. Und damit erscheint auch im Recht der große fau-stische Zwiespalt, welcher den riesenhaften Kampf zwischen Kaiser-tum und Papsttum heraufgeführt hat. Wie in der arabischen Welt der Widerspruch zwischen *jus* und *fas* unmöglich, so ist er in der abendländischen unvermeidlich. Sie sind beide Ausdruck eines Wil-lens zur Macht über das Unendliche: der weltliche Rechtswille stammt aus der Sitte und legt seine Hand auf die Generationen der Zukunft, der geistliche stammt aus einer mystischen Gewißheit und gibt ein zeitlos ewiges Gesetz.[2] Dieser Kampf ebenbürtiger Gegner ist nie beendet worden und steht uns heute noch im Eherecht, in dem Gegensatz von kirchlicher und ziviler Trauung vor Augen.

Mit dem Anbruch des Barock erhebt das Leben, das städtische und geldwirtschaftliche Formen angenommen hat, die Forderung nach einem Recht, wie es die antiken Stadtstaaten seit Solon gaben. Man versteht jetzt den Zweck des geltenden Rechts, aber an dem ver-hängnisvollen Erbe der Gotik, daß ein Gelehrtenstand die Schöp-fung des „Rechtes, das mit uns geboren ist", als sein Privilegium betrachtet, vermochte niemand etwas zu ändern.

Der städtische Rationalismus wendet sich wie in der sophistischen und stoischen Philosophie dem Naturrecht zu, von seiner Begrün-

---

[1] Vgl. Bd. II, Kap. III, I.
[2] Vgl. Bd. II, Kap. IV, I.

dung durch Oldendorp und Bodinus bis zu seiner Zerstörung durch Hegel. In England hat sein größter Jurist, Coke, das germanische, sich in der Praxis fortbildende Recht gegen den letzten Versuch verteidigt, den die Tudors zur Einführung des Pandektenrechts machten. Auf dem Festlande aber entwickelten sich die gelehrten Systeme in *römischen* Formen bis zu den deutschen Landrechten und den Entwürfen des *ancien régime*, auf die Napoleon sich stützte. Und so ist Blackstones Kommentar zu den *Laws of England* (1765) der *einzige rein germanische Kodex* an der Schwelle der abendländischen Zivilisation.

19

Hiermit bin ich am Ziel und ich blicke um mich. Drei Rechtsgeschichten liegen vor dem Auge, verknüpft nur durch die Elemente der sprachlichen und syntaktischen Form, welche die eine von der andern nahm oder nehmen mußte, ohne durch deren Gebrauch das fremde Dasein, das ihnen zugrunde lag, auch nur zu Gesicht zu bekommen. Zwei von ihnen sind vollendet. In der dritten stehen wir selbst, und zwar an der entscheidenden Stelle, wo die aufbauende Arbeit großen Stils erst beginnt, welche dort ausschließlich den Römern und dem Islam zugefallen ist.

Was war uns bis jetzt das römische Recht? Was hat es verdorben? Was kann es uns in Zukunft sein?

Durch unsere Rechtsgeschichte geht als Grundmotiv der Kampf zwischen Buch und Leben. Das abendländische Buch ist nicht Orakel und Zaubertext mit magischem Geheimsinn, sondern *ein Stück aufbewahrter Geschichte*. Es ist gedrängte Vergangenheit, die Zukunft werden will, und zwar durch uns, die Leser, in denen sein Inhalt wieder auflebt. Der faustische Mensch will nicht wie der antike sein Leben als etwas in sich Geschlossenes vollenden, sondern ein Leben fortsetzen, das weit vor ihm anhob und lange nach ihm zu Ende geht. Für den gotischen Menschen, insofern er über sich nachsann, stand es nicht in Frage, ob, sondern wo er sein Dasein historisch anknüpfen sollte. Er brauchte eine Vergangenheit, um der Gegenwart Sinn und Tiefe zu geben. Wie vor dem geistlichen Blick das alte

Israel, so tauchte vor dem weltlichen das alte Rom auf, dessen Trümmer man allenthalben sah. Man verehrte es, nicht weil es groß, sondern weil es alt und fern war. Hätten diese Menschen Ägypten gekannt, sie würden Rom kaum beachtet haben. Die Sprache unserer Kultur wäre anders geworden.

Da sie eine Bücher- und Leserkultur war, so ist überall, wo es noch antike Schriften gab, eine „Rezeption" eingetreten, und die Entwicklung nahm die Form einer langsamen und widerwilligen Befreiung an. Rezeption des Aristoteles, des Euklid, des *Corpus juris* heißt – im magischen Osten bedeutet sie etwas anderes – ein Gefäß für die eignen Gedanken fertig und viel zu früh entdecken. Aber damit wird ein historisch veranlagter Mensch der Sklave von Begriffen. Nicht daß ein fremdes Lebensgefühl in sein Denken kommt, denn es kommt nicht hinein, aber es hindert sein eignes Lebensgefühl daran, eine unbefangene Sprache zu entwickeln.

Nun ist das Rechtsdenken gezwungen, sich auf etwas Greifbares zu beziehen. Rechtsbegriffe müssen von irgend etwas abgezogen werden. Und da liegt das Verhängnis: statt sie aus der starken und strengen Sitte des sozialen und wirtschaftlichen Daseins zu gewinnen, wurden sie vorzeitig und zu schnell aus lateinischen Schriften abstrahiert. Der abendländische Jurist wird Philologe, und an die Stelle praktischer Lebenserfahrung tritt eine gelehrte Erfahrung von der rein logischen Zerlegung und Verknüpfung der Rechtsbegriffe, die ausschließlich in sich selbst begründet wird.

Darüber ist uns eine Tatsache vollständig abhanden gekommen, daß nämlich *das Privatrecht den Geist des jeweiligen sozialen und wirtschaftlichen Daseins darstellen soll*. Weder der *Code civil* noch das preußische Landrecht, weder Grotius noch Mommsen sind sich dieser Tatsache deutlich bewußt. Weder die Ausbildung des Juristenstandes noch die Literatur lassen auch nur die geringste Ahnung von dieser eigentlichen „Quelle" des geltenden Rechts aufkommen.

Infolgedessen besitzen wir ein Privatrecht auf der schattenhaften Grundlage *der spätantiken Wirtschaft*. Die tiefe Erbitterung, welche mit dem Beginn des zivilisierten abendländischen Wirtschaftslebens die Namen Kapitalismus und Sozialismus einander entgegenstellt,

beruht zum großen Teil darauf, daß das gelehrte Rechtsdenken und
unter seinem Einfluß das Denken der Gebildeten überhaupt so entscheidende Begriffe wie Person, Sache und Eigentum an Zustände
und Einteilungen des antiken Lebens anknüpft. Das Buch stellt sich
zwischen die Tatsachen und ihre Auffassung. Der Gebildete – und
das heißt der durch Bücher Gebildete – wertet heute noch wesentlich antik. Der nur Tätige und nicht zum Urteil Erzogene fühlt sich
mißverstanden. Er bemerkt den Widerspruch zwischen dem Leben
der Zeit und seiner rechtlichen Erfassung und sucht nach dem,
welcher ihn, seiner Meinung nach aus Eigennutz, hervorgebracht
hat.

Es ist wieder die Frage: Von wem und für wen wird das abendländische Recht geschaffen? Der römische Prätor war Grundbesitzer,
Offizier, in Verwaltungs- und Finanzfragen erfahren und erst damit
für seine richterliche und zugleich rechtsetzende Tätigkeit geschult.
Der *praetor peregrinus* entwickelte das Fremdenrecht als wirtschaftliches Verkehrsrecht einer spätantiken Weltstadt, und zwar ohne
Plan und Tendenz, nur aus wirklich vorliegenden Fällen heraus.

Der faustische Wille zur Dauer aber verlangt ein Buch, das „von
nun an für immer" gilt,[1] ein System, das jeden überhaupt möglichen
Fall vorwegnehmen soll. Dies Buch, eine gelehrte Arbeit, schuf sich
mit Notwendigkeit einen gelehrten Stand von Rechtsschöpfern und
Rechtsverwaltern: die Doktoren der Fakultäten, die alten deutschen
Juristenfamilien, die französische *noblesse de robe*. Die englischen *jud-
ges*, wenig mehr als hundert, werden zwar dem höheren Verteidi-
gerstand (den *barristers*) entnommen, stehen aber im Rang selbst
über den Ministern.

Ein gelehrter Stand ist weltfremd. Er verachtet die Erfahrung, die
nicht aus dem Denken stammt. Es erhebt sich ein unvermeidlicher
Kampf zwischen der fließenden Sitte des praktischen Lebens und
dem „Stand der Wissenschaft". Jene Pandektenhandschrift des Irnerius ist durch Jahrhunderte „die Welt" gewesen, in welcher der gelehrte Jurist lebte. Selbst in England, wo es keine Rechtsfakultäten

---

[1] Was in England für immer gilt, ist die ständige Form der Weiterbildung des
Rechtes durch die Praxis.

gibt, nahm die Juristenzunft die Ausbildung des Nachwuchses ausschließlich in die Hand und sonderte damit die Entwicklung der
Rechtsbegriffe von der allgemeinen Entwicklung ab.

Was wir bis heute Rechtswissenschaft nennen, ist also entweder
Philologie der Rechtssprache oder Scholastik der Rechtsbegriffe. Es
ist die einzige Wissenschaft, die heute noch den Sinn des Lebens aus
„ewigen" Grundbegriffen ableitet. „Die deutsche Rechtswissenschaft
von heute stellt in sehr bedeutendem Maße ein Erbe der Scholastik
des Mittelalters dar. Ein rechtstheoretisches Durchdenken der Grundwerte unseres *wirklichen* Lebens hat noch nicht angefangen. Wir
kennen diese Werte noch gar nicht."[1]

Dies ist eine Aufgabe, welche dem deutschen Denken der Zukunft
vorbehalten ist. Es handelt sich darum, aus dem praktischen Leben
der Gegenwart dessen tiefste Prinzipien zu entwickeln und sie zu
grundlegenden Rechtsbegriffen zu erheben. Die großen Künste
liegen hinter uns, die Rechtswissenschaft liegt vor uns.

Denn die Arbeit des 19. Jahrhunderts war, sie mochte sich selbst
für noch so schöpferisch halten, lediglich Vorbereitung. *Sie hat uns
von dem Buche Justinians befreit, nicht von dessen Begriffen.* Die Ideologen des römischen Rechts unter den Gelehrten kommen nicht mehr
in Betracht, aber die Gelehrsamkeit alten Stils ist geblieben. Eine
andere Art von Rechtswissenschaft ist notwendig, um uns auch vom
Schema dieser Begriffe zu befreien. Die philologische muß durch
eine soziale und wirtschaftliche Erfahrung abgelöst werden.

Ein Blick auf das deutsche Privatrecht und Strafrecht enthüllt die
Lage. Es sind Systeme, die von einem Kranz von Nebengesetzen
umgeben sind. Es war unmöglich, deren Stoff dem Hauptgesetz einzuverleiben. Hier fällt begrifflich und also syntaktisch auseinander,
was mit dem antiken Schema noch eben erfaßbar war und was
nicht.

Warum mußte der Diebstahl von elektrischer Kraft, nach einem
grotesken Streit, ob es sich um eine körperliche Sache handle, 1900
durch ein Notgesetz unter Strafe gestellt werden? Warum kann der
Inhalt der Patentgesetze nicht in das Sachenrecht hineingearbeitet

[1] Sohm, Inst., S. 170.

werden? Warum vermag das Urheberrecht die geistige Schöpfung, deren mitteilbare Gestalt als Manuskript und das gegenständliche Druckwerk begrifflich nicht auseinanderzuhalten? Warum mußte im Widerspruch zum Sachenrecht an einem Gemälde das künstlerische und das materielle Eigentum durch die Trennung vom Erwerb des Originals und des Reproduktionsrechtes unterschieden werden? Warum ist die Entwendung einer geschäftlichen Idee oder eines Organisationsplanes straffrei, die Entwendung des Papierstückes, auf dem der Entwurf steht, aber nicht? Weil wir heute noch von *dem antiken Begriff der körperlichen Sache* beherrscht sind.[1] Wir leben anders. Unsere instinktive Erfahrung steht unter den *funktionalen* Begriffen der Arbeitskraft, des Erfinder- und Unternehmergeistes, der geistigen, körperlichen, künstlerischen, organisatorischen Energien, Fähigkeiten und Talente. Unsere Physik, deren weit fortgeschrittene Theorie ein genaues Abbild unserer heutigen Lebensweise ist, kennt den alten Begriff des Körpers, wie gerade die Lehre von der elektrischen Kraft beweist, überhaupt nicht mehr. Warum ist unser Recht begrifflich ohnmächtig gegenüber den großen Tatsachen der heutigen Wirtschaft? Weil es auch die Person *nur als Körper* kennt.

Wenn das abendländische Rechtsdenken antike Worte übernahm, so blieb nur das Oberflächlichste der antiken Bedeutung an ihnen haften. Der Textzusammenhang erschließt nur den *logischen* Wortgebrauch und nicht das Leben, das ihm zugrunde lag. Die stille Metaphysik alter Rechtsbegriffe ist durch keinen Gebrauch im Denken fremder Menschen wieder zu erwecken. Gerade das Letzte und Tiefste ist in keinem Recht der Welt ausgesprochen, weil es selbstverständlich ist. Jedes von ihnen setzt das Wesentliche schweigend voraus; es wendet sich an Menschen, die außer der Satzung auch das nie Auszusprechende und gerade dieses innerlich verstehen und zu gebrauchen wissen. Jedes Recht ist in einem nie zu überschätzenden Maße Gewohnheitsrecht: mag das Gesetz die Worte definieren; das Leben *deutet* sie.

Wenn aber eine von Gelehrten behandelte fremde Rechtssprache mit ihrem Begriffsschema das eigne Recht binden will, so bleiben

---

[1] BGB § 90.

die Begriffe leer und das Leben stumm. Das Recht wird nicht zur Waffe, sondern zur Last und die Wirklichkeit schreitet nicht mit, sondern neben der Rechtsgeschichte fort.

Und deshalb ist der von den Tatsachen unserer Zivilisation geforderte Rechtsstoff dem antiken Schema der Rechtsbücher zum Teil äußerlich, zum Teil gar nicht eingegliedert, und damit für das Rechtsdenken und also das Denken der Gebildeten noch formlos und mithin nicht vorhanden.

Sind Personen und Sachen im Sinne unserer heutigen Gesetzgebung überhaupt Rechtsbegriffe? Nein! Sie ziehen nur eine banale Grenze zwischen dem Menschen und dem übrigen, sie treffen eine sozusagen naturwissenschaftliche Unterscheidung. Aber an dem römischen Begriff *persona* haftete einst die ganze Metaphysik des antiken Seins: der Unterschied von Mensch und Gottheit, das Wesen der Polis, des Heros, des Sklaven, des Kosmos aus Stoff und Form, das Lebensideal der Ataraxie sind die selbstverständliche Voraussetzung, die für uns durchaus verschwunden ist. Das Wort Eigentum ist in unserem Denken mit der antiken *statischen* Definition behaftet und fälscht deshalb in allen Anwendungen den dynamischen Charakter unserer Lebensführung. Wir überlassen solche Definitionen weltfremden und abstrakten Ethikern, Juristen, Philosophen und dem verständnislosen Gezänk politischer Doktrinäre, und dennoch beruht das *ganze* Verstehen der Wirtschaftsgeschichte dieser Tage *auf der Metaphysik dieses einen Begriffes.*

Und deshalb sei es hier in aller Schärfe gesagt: Das antike Recht war ein *Recht von Körpern,* unser Recht ist das von *Funktionen.* Die Römer schufen eine juristische Statik, unsere Aufgabe ist eine juristische Dynamik. Für uns sind Personen nicht Körper, sondern Einheiten der Kraft und des Willens, und Sachen nicht Körper, sondern Ziele, Mittel und Schöpfungen dieser Einheiten. Die antike Beziehung zwischen Körpern war die Lage, die Beziehung zwischen Kräften aber heißt Wirkung. Für einen Römer war der Sklave eine Sache, die neue Sachen hervorbrachte. Der Begriff des geistigen Eigentums ist einem Schriftsteller wie Cicero nie gekommen, geschweige denn der des Eigentums an einer praktischen Idee oder den

Möglichkeiten einer großen Begabung. Für uns aber ist der Organisator, Erfinder und Unternehmer *eine erzeugende Kraft,* die auf andere, *ausführende Kräfte* wirkt, indem sie ihnen Richtung, Aufgabe und Mittel zu eigner Wirkung gibt. Beide gehören dem Wirtschaftsleben an nicht als Besitzer von Sachen, sondern als Träger von Energien.

Eine Umstellung des gesamten Rechtsdenkens nach Analogie der höheren Physik und Mathematik wird zur Forderung der Zukunft. Das gesamte soziale, wirtschaftliche, technische Leben wartet darauf, endlich in diesem Sinne begriffen zu werden; wir brauchen mehr als ein Jahrhundert schärfsten und tiefsten Denkens, um dies Ziel zu erreichen. Und dazu bedarf es einer ganz andern Art der Vorbildung des Juristen. Sie fordert

1. eine unmittelbare ausgedehnte und *praktische* Erfahrung im Wirtschaftsleben der Gegenwart,

2. eine genaue Kenntnis der Rechtsgeschichte des Abendlandes, unter beständiger Vergleichung der deutschen, englischen und romanischen Entwicklung,

3. die Kenntnis des antiken Rechts, und zwar *nicht* als eines Musters der heute geltenden Begriffe, sondern als glänzendes Beispiel dafür, wie ein Recht sich rein aus dem *praktischen* Leben der Zeit entwickelt.

Das römische Recht hat aufgehört, für uns der Ursprung der für immer gültigen Grundbegriffe zu sein. Aber das Verhältnis zwischen dem römischen Dasein und den römischen Rechtsbegriffen macht es uns von neuem wertvoll. Wir können an ihm lernen, wie wir unser Recht aus *eignen* Erfahrungen herauszubilden haben.

ZWEITES KAPITEL

STÄDTE UND VÖLKER

I. Die Seele der Stadt

1

Am Ägäischen Meer liegen um die Mitte des zweiten Jahrtausends v. Chr. zwei Welten sich gegenüber, eine, die in dumpfen Ahnungen, hoffnungsschwer und trunken von Leid und Tat der Zukunft leise heranreift: die mykenische – und eine andere, die sich heiter und gesättigt hinlagert unter den Schätzen einer alten Kultur, fein und leicht, alle großen Probleme weit hinter sich: die minoische auf Kreta.

Wir werden diese Erscheinung, die eben heute in den Mittelpunkt der Forschung rückt, nie wirklich verstehen, wenn wir den Abgrund der Gegensätze nicht ermessen, der zwischen beiden Seelen liegt. Die Menschen von damals müssen ihn tief gefühlt, aber kaum „erkannt" haben. Ich sehe es vor mir: das ehrfürchtige Hinaufschauen der Burgbewohner von Tiryns und Mykene zu der unerreichten Geistigkeit der Lebensgewohnheiten in Knossos; die Verachtung, mit welcher dessen gepflegte Bevölkerung auf jene Häuptlinge und ihr Gefolge herabblickte; und doch wieder ein heimliches Gefühl von Überlegenheit bei diesen gesunden Barbaren, wie es jeder germanische Soldat den greisenhaften Würdenträgern Roms gegenüber hatte.

Woher wir das wissen dürfen? – Es gab mehr solcher Augenblicke, wo die Menschen zweier Kulturen sich ins Auge sahen. Wir kennen mehr als ein „zwischen den Kulturen". Es kommen da Stimmungen zum Vorschein, welche zu den aufschlußreichsten der Menschenseele gehören.

Wie ohne Zweifel zwischen Knossos und Mykene, so war auch das Verhältnis zwischen dem byzantinischen Hofe und den deutschen Großen, die wie Otto II. dorthin heirateten, das helle Verwundern der Ritter und Grafen, und als Antwort darauf das verächtliche Erstaunen einer feinen, etwas welken und müden Zivilisation über die bärenmäßige Morgenfrühe und Frische der deutschen Lande, wie es Scheffels Ekkehard beschreibt.

In Karl dem Großen tritt jene Mischung urmenschlichen Seelentums kurz vor dem Erwachen und einer späten darüber gelagerten Geistigkeit hell zutage. Wir können ihn nach gewissen Zügen seiner Herrschaft als den Kalifen von Frankistan bezeichnen; andererseits ist er noch der Häuptling eines germanischen Stammes; in der Mischung von beiden liegt das Symbolische der Erscheinung, wie in den Formen der Aachener Palastkapelle, die nicht mehr Moschee und noch nicht Dom ist. Die germanisch-abendländische Vorkultur schreitet unterdessen langsam und unterirdisch vor, aber jenes plötzliche Aufleuchten, das wir ungeschickt genug als karolingische Renaissance bezeichnen, kam durch einen Strahl von Bagdad her. Man übersehe nicht, daß die Zeit Karls des Großen eine Episode der Oberfläche ist. Mit ihm ist etwas gleich wieder zu Ende, etwas Zufälliges und Folgenloses. Nach 900, nach einer tiefen Senkung, beginnt etwas Neues, das mit der Wucht eines Schicksals und mit einer Tiefe, die Dauer verheißt, zur Wirkung gelangt. Aber um 800 ging die arabische Zivilisation von den Weltstädten des Orients wie eine Sonne über den Ländern auf, ganz wie einst die hellenistische, die ohne Alexander und sogar vor ihm ihren Glanz bis zum Indus warf. Alexander hat sie weder aufgeweckt noch ausgebreitet; er zog auf ihrer Bahn nach dem Osten und nicht an ihrer Spitze.

Was auf den Hügeln von Tiryns und Mykene steht, sind *Pfalzen und Burgen* nach urwüchsiger germanischer Art. Die kretischen Paläste – nicht Königsschlösser, sondern gewaltige Kultanlagen für eine zahlreiche Gemeinschaft von Priestern und Priesterinnen – sind mit einem weltstädtischen, wahrhaft spätrömischen Luxus ausgestattet. An den Fuß jener Burghügel drängen sich die Hütten der Ackerbürger und Hörigen; auf Kreta werden – wie in Gurnia und Hagia Triada – Städte und Villen ausgegraben, welche hoch-zivilisierte Bedürfnisse und eine Bautechnik mit langen Erfahrungen erkennen lassen, die mit den verwöhntesten Ansprüchen an Möbel-form und Wanddekoration, mit Lichtschächten, Kanalisationsan-lagen, Treppenhäusern und ähnlichen Aufgaben durchaus vertraut ist. Wir haben den Grundriß des Hauses dort als strenges Lebens-symbol, hier als Ausdruck einer raffinierten „Zweckmäßigkeit". Man vergleiche diese kretischen Kamaresvasen und Fresken auf ge-glättetem Stuck mit allem echt Mykenischen. Das ist durch und durch *Kunstgewerbe*, fein und leer, und nicht etwa eine große und tiefe Kunst, von schwerer, unbeholfener Symbolik, wie sie dort dem geometrischen Stil entgegenreift. Es ist überhaupt kein Stil, sondern ein Geschmack.[1] In Mykene haust eine ursprüngliche Rasse, die ihre Sitze nach dem Bodenertrag und der Sicherheit vor Feinden wählt; die minoische Bevölkerung siedelt nach geschäftlichen Ge-sichtspunkten, wie es ganz deutlich die Stadt Philakopi auf Melos zeigt, die des Obsidianexports wegen angelegt wurde. Ein mykeni-scher Palast ist ein Versprechen, ein minoischer ist etwas Letztes. Aber ganz ebenso lagen um 800 die fränkischen und westgotischen Gehöfte und Edelsitze von der Loire bis zum Ebro, und südlich davon die maurischen Schlösser, Villen und Moscheen von Kordova und Granada.

Es ist gewiß kein Zufall, daß die Blüte des minoischen Luxus ge-nau in die Zeit der großen ägyptischen Revolution, vor allem die Hyksoszeit[2] fällt (1800–1550).[3] Damals mögen die ägyptischen Kunsthandwerker auf die friedlichen Inseln und bis zu den Burgen des Festlandes geflüchtet sein, wie in einem späteren Falle die byzan-tinischen Gelehrten nach Italien. Denn das gehört zur Vorausset-zung jedes Verständnisses: die minoische Kultur ist ein Bestandteil der ägyptischen. Wir würden das besser wissen, wenn nicht der entscheidende Teil der ägyptischen Kunstschöpfungen, alles was im westlichen Delta entstanden ist, der Feuchtigkeit des Bodens zum

---

[1] Das erkennt jetzt auch die Kunstforschung: A. v. Salis, Die Kunst der Grie-chen (1919), S. 3 ff. H.Th.Bossert, Alt-Kreta (1921), Einltg.

[2] Siehe Tabelle I nach S. 70.

[3] D. Fimmen, Die kretisch-mykenische Kultur (1921), S. 210.

Opfer gefallen wäre. Wir kennen nur die ägyptische Kultur, soweit sie auf dem trockenen Boden des Südens blühte, aber es besteht längst kein Zweifel mehr, daß hier nicht der Schwerpunkt der Entwicklung gelegen hat.

Eine scharfe Grenze zwischen der alten minoischen und der jungen mykenischen Kunst läßt sich nicht ziehen. In der ganzen ägyptisch-kretischen Welt ist eine höchst moderne Liebhaberei für diese fremdartigen und primitiven Dinge zu bemerken, und umgekehrt haben die Heerkönige auf den Burgen des Festlandes die kretischen Kunstsachen, wo sie nur konnten, geraubt, gekauft und jedenfalls bewundert und nachgeahmt, wie ja auch der früher als urgermanisch gepriesene Völkerwanderungsstil seiner gesamten Formensprache nach orientalischer Herkunft ist.[1] Sie ließen ihre Pfalzen und Grabmäler von gefangenen oder herbeigerufenen Künstlern des Südens bauen und verzieren. Das „Atreusgrab" in Mykene stellt sich damit völlig neben das Grab Theoderichs in Ravenna.

Ein Wunder dieser Art ist Byzanz. Man muß hier sorgfältig Schicht um Schicht abheben, zuerst damals, als Konstantin 326 die von Septimius Severus zerstörte Großstadt *als spätantike Weltstadt* ersten Ranges wieder aufbaute und nun von Westen her apollinisches Greisentum, von Osten magische Jugend hereinströmte; und dann noch einmal, als 1096 vor den Mauern der jetzt *spätarabischen Weltstadt* die Kreuzfahrer unter Gottfried von Bouillon erschienen – von denen die geistreiche Anna Komnena in ihrem Geschichtswerk ein schonungslos verächtliches Bild entwirft[2] –, wo in die letzten Herbsttage dieser Zivilisation etwas Frühlingshaftes hereinbricht. Diese Stadt hat als die östlichste der antiken Zivilisation die Goten, und ein Jahrtausend später als die nördlichste der arabischen die Russen bezaubert: da steht die gewaltige Basiliuskathedrale in Moskau von 1554, die russische Vorkultur einleitend, „zwischen den Stilen", wie über einen Raum von zwei Jahrtausenden hinweg der salomonische Tempel zwischen der Weltstadt Babylon und dem frühen Christentum.

---

[1] Dehio, Gesch. d. deutsch. Kunst (1919), S. 16 ff.
[2] Dieterich, Byz. Charakterköpfe, S. 136 f.

2

Der ursprüngliche Mensch ist ein *schweifendes* Tier, ein Dasein, dessen Wachsein sich ruhelos durch das Leben tastet, ganz Mikrokosmos, ortsfrei und heimatlos, mit scharfen und ängstlichen Sinnen, immer darauf bedacht, der feindlichen Natur etwas abzujagen. Eine tiefe Wandlung beginnt erst mit dem Ackerbau – denn dies ist etwas *Künstliches*, wie es Jägern und Hirten durchaus fern liegt: wer gräbt und pflügt, will die Natur nicht plündern, sondern *abändern*. Pflanzen heißt etwas nicht nehmen, sondern *erzeugen*. Aber damit *wird man selbst zur Pflanze*, nämlich Bauer. Man wurzelt in dem Boden, den man bestellt. Die Seele des Menschen entdeckt eine Seele in der Landschaft; eine neue Erdverbundenheit des Daseins, ein neues Fühlen meldet sich. Die feindliche Natur wird zur Freundin. Die Erde wird zur *Mutter* Erde. Zwischen säen und zeugen, Ernte und Tod, Kind und Korn entsteht eine tiefgefühlte Beziehung. Eine neue Frömmigkeit richtet sich in chthonischen Kulten auf das fruchttragende Land, das mit den Menschen zusammenwächst. Und als vollkommener Ausdruck dieses Lebensgefühls entsteht überall *die sinnbildliche Gestalt des Bauernhauses*, das in der Anlage seiner Räume und in jedem Zuge seiner äußeren Form vom Blut der Bewohner redet. Das Bauernhaus ist das große Symbol der Seßhaftigkeit. Es ist selbst Pflanze; es senkt seine Wurzeln tief in den „*eigenen*" Boden. Es ist *Eigentum* im heiligsten Sinne. Die guten Geister des Herdes und der Tür, des Grundstücks und der Räume: Vesta, Janus, die Laren und Penaten haben ihren festen Ort so gut wie der Mensch selbst.

Dies ist die Voraussetzung jeder Kultur, die selbst wieder pflanzenhaft aus ihrer Mutterlandschaft emporwächst und die seelische Verbundenheit des Menschen mit dem Boden noch einmal vertieft. Was dem Bauern sein Haus, *das ist dem Kulturmenschen die Stadt.* Was dem einzelnen Hause die guten Geister, das ist jeder Stadt ihr Schutzgott oder Heiliger. Auch die Stadt ist ein pflanzenhaftes Wesen. Alles Nomadenhafte, alles rein Mikrokosmische liegt ihr ebenso fern wie das Bauerntum. Deshalb ist jede Entwicklung einer höheren Formensprache an die Landschaft gebunden. Weder eine Kunst noch eine Religion können den Ort ihres Wachstums verändern. Erst die Zivilisation mit ihren Riesenstädten verachtet wieder diese Wurzeln des Seelentums und löst sich von ihnen. Der zivilisierte Mensch, *der intellektuelle Nomade* ist wieder ganz Mikrokosmos, ganz heimatlos, *geistig* frei wie die Jäger und Hirten es sinnlich waren. *Ubi bene ibi patria* – das gilt vor *und* nach einer Kultur. Im Vorfrühling der Völkerwanderung war es die jungfräuliche und doch schon mütterliche Germanensehnsucht, die im Süden eine Heimat suchte, um für ihre künftige Kultur ein Nest zu bauen. Heute, am Ende dieser Kultur, schweift der wurzellose Geist durch alle landschaftlichen und gedanklichen Möglichkeiten. Dazwischen aber liegt die Zeit, wo der Mensch für ein Stück Erde *stirbt*.

Es ist eine ganz entscheidende und in ihrer vollen Bedeutung nie gewürdigte Tatsache, daß alle großen Kulturen Stadtkulturen sind. Der höhere Mensch des zweiten Zeitalters ist *ein städtebauendes Tier*. Dies ist das eigentliche Kriterium der „Weltgeschichte", das sie von der Menschengeschichte überhaupt aufs schärfste abhebt – *Weltgeschichte ist die Geschichte des Stadtmenschen*. Völker, Staaten, Politik und Religion, alle Künste, alle Wissenschaften beruhen auf *einem* Urphänomen menschlichen Daseins: der Stadt. Da alle Denker aller Kulturen selbst in Städten leben – auch wenn sie sich körperlich auf dem Lande befinden –, so wissen sie gar nicht, ein wie bizarres Ding die Stadt ist. Wir müssen uns ganz in das Erstaunen eines Urmenschen versetzen, der zum erstenmal inmitten der Landschaft diese Masse von Stein und Holz erblickt, mit ihren steinumgebenen Straßen und steinbelegten Plätzen, ein Gehäuse von seltsamster Form, in dem es von Menschen wimmelt.

Das eigentliche Wunder ist die Geburt der *Seele* einer Stadt. Als Massenseele von ganz neuer Art, deren letzte Gründe für uns ein ewiges Geheimnis bleiben werden, sondert sie sich plötzlich ab aus dem allgemeinen Seelentum ihrer Kultur. Ist sie erwacht, so bildet sie sich einen sichtbaren Leib. Aus der dörflichen Sammlung von Gehöften, von denen jedes seine eigene Geschichte hat, entsteht *ein Ganzes*. Und dieses *Ganze* lebt, atmet, wächst, erhält ein Antlitz und eine innere Form und Geschichte. Von nun ist außer dem einzelnen Hause, dem Tempel, dem Dom, dem Palast auch das Stadtbild als Einheit der Gegenstand einer Formensprache und Stilgeschichte, welche den ganzen Lebenslauf einer Kultur begleitet.

Es versteht sich, daß nicht der Umfang, sondern das Vorhandensein einer Seele Stadt und Dorf unterscheidet. Es gibt nicht nur in primitiven Zuständen wie im heutigen Inner-Afrika, sondern auch im späten China und Indien und in allen Industriegebieten des modernen Europa und Amerika sehr große Siedlungen, die trotzdem keine Städte sind. Sie sind Mittelpunkte des Landes, aber sie bilden innerlich keine Welt für sich. Sie haben keine Seele. Jede primitive Bevölkerung lebt durchaus bäuerlich und landmäßig. Das Wesen „Stadt" ist für sie nicht vorhanden. Was sich äußerlich vom Dorfe abhebt, ist nicht eine Stadt, sondern ein Markt, ein bloßer Treffpunkt ländlicher Lebensinteressen, bei welchem von einem Sonderleben keine Rede sein kann. Die Bewohner eines Marktes, auch wenn sie Handwerker oder Kaufleute sind, leben und denken doch als Bauern. Wir müssen genau nachfühlen, was es heißt, wenn aus einem urägyptischen, urchinesischen oder germanischen Dorf, einem Pünktchen im weiten Lande, eine Stadt wird, die sich äußerlich vielleicht durch nichts unterscheidet, die aber seelisch der Ort ist, von dem aus der Mensch *das Land jetzt als „Umgebung" erlebt*, als etwas anderes und Untergeordnetes. Von nun an gibt es zwei Leben, das drinnen und das draußen, und der Bauer empfindet das ebenso deutlich wie der Bürger. Der Dorfschmied und der Schmied in der Stadt, der Dorfschulze und der Bürgermeister leben in zwei verschiedenen Welten. Der Landmensch und der Stadtmensch sind verschiedene Wesen. Zuerst fühlen sie den Unterschied, dann werden sie von ihm beherrscht; zuletzt verstehen sie sich nicht mehr. Ein märkischer und ein sizilischer Bauer stehen sich heute näher als der märkische Bauer dem Berliner. Von dieser Einstellung an gibt es wirkliche Städte und diese Einstellung ist es, welche dem gesamten Wachsein aller Kulturen mit Selbstverständlichkeit zugrunde liegt.

Jede Frühzeit einer Kultur ist zugleich die Frühzeit eines neuen Städtewesens. Den Menschen der Vorkultur erfüllt eine tiefe Scheu

vor diesen Gebilden, zu denen er innerlich kein Verhältnis gewinnen kann. Am Rhein und der Donau siedelten sich die Germanen
vielfach – z. B. in Straßburg – vor den Toren der Römerstädte an,
die unbewohnt liegen blieben.[1] In Kreta haben die Eroberer auf dem
Trümmerschutt der niedergebrannten Städte wie Gurnia und Knossos ein Dorf angelegt. Die Orden der abendländischen Vorkultur,
die Benediktiner, vor allem die Cluniazenser und Prämonstratenser
siedeln wie die Ritter auf freiem Lande. Erst die Franziskaner und
Dominikaner bauen sich in den frühgotischen Städten an: da ist die
neue Stadtseele eben erwacht. Aber auch da liegt in allen Bauten, in
der gesamten Franziskanerkunst noch eine zarte Schwermut, eine
fast mystische Furcht des einzelnen vor dem Neuen, Hellen, Wachen, das von der Gesamtheit noch dumpf hingenommen wird. Man
wagt es kaum, kein Bauer mehr zu sein. Erst die Jesuiten leben mit
dem reifen und überlegenen Wachsein echt großstädtischer Menschen. Es ist ein Symbol der unbedingten Vorherrschaft des Landes,
das die Stadt noch nicht anerkennt, wenn die Herrscher jeder Frühzeit in wandernden Pfalzen Hof halten. Im ägyptischen Alten Reiche
liegt der stark bevölkerte Verwaltungssitz an der „Weißen Mauer"
beim Ptahtempel im späteren Memphis, aber die Residenzen der
Pharaonen wechseln unaufhörlich wie im sumerischen Babylonien
und im Karolingerreich.[2] Die frühchinesischen Herrscher der
Dschou-Dynastie haben seit 1109 ihre Pfalz in der Regel zu Loh-yang
(heute Ho-nan-fu), aber erst seit 770, was unserem 16. Jahrhundert
entspricht, wird der Ort zur dauernden Residenzstadt erhoben.

Nirgends hat sich das Gefühl der Erdverbundenheit, des Pflanzen-
haft-Kosmischen so mächtig ausgesprochen wie in der Architektur
dieser winzigen frühen Städte, die kaum mehr sind als ein paar
Straßen um einen Markt, eine Burg oder ein Heiligtum. Wenn es
irgendwo deutlich wird, daß jeder große Stil selbst eine Pflanze ist,
so hier. Die dorische Säule, die ägyptische Pyramide, der gotische
Dom *wachsen* streng, schicksalhaft, ein Dasein ohne Wachsein aus
dem Boden; die ionische Säule und die Bauten des Mittleren Rei-

---

[1] Dehio, Gesch. d. deutsch. Kunst (1919), S. 13 f.
[2] Ed. Meyer, Gesch. d. Altertums I, S. 188.

ches und des Barock ruhen voll erwacht, selbstbewußt, frei und sicher *auf* ihm. Da ist, von den Mächten der Landschaft abgetrennt, durch das Pflaster unter den Füßen gleichsam abgeschnitten, das Dasein matter, das Empfinden und Verstehen immer mächtiger geworden. Der Mensch wird „Geist", „frei" und dem Nomaden wieder ähnlicher, aber enger und kälter. *„Geist" ist die spezifisch städtische Form des verstehenden Wachseins.* Alle Kunst, alle Religion und Wissenschaft wird langsam geistig, dem Lande fremd, dem erdhaften Bauern unverständlich. Mit der Zivilisation tritt das Klimakterium ein. Die uralten Wurzeln des Daseins sind verdorrt in den Steinmassen ihrer Städte. Der freie Geist – ein verhängnisvolles Wort! – erscheint wie eine Flamme, die prachtvoll aufsteigt und jäh in der Luft verlodert.

3

Die neue Seele der Stadt redet eine neue Sprache, die sehr bald mit der Sprache der Kultur überhaupt gleichbedeutend wird. Das freie Land mit seinen dörflichen Menschen ist betroffen; es versteht diese Sprache nicht mehr; es wird verlegen und verstummt. Alle echte Stilgeschichte spielt sich in Städten ab. Es ist ausschließlich das Schicksal der Stadt und das Erleben städtischer Menschen, das in der Logik sichtbarer Formen zum Auge redet. Die allerfrüheste Gotik wuchs noch aus der Landschaft auf und ergriff das Bauernhaus mit seinen Bewohnern und Geräten. Aber der Renaissancestil wächst nur in der Renaissance*stadt*, der Barockstil nur in der Barock*stadt*, von der ganz großstädtischen korinthischen Säule, vom Rokoko nicht zu reden. Es geht vielleicht noch ein leiser Zug von dort über die Landschaft hin, aber das Land selbst ist nicht der kleinsten Schöpfung mehr fähig. Es schweigt und wendet sich ab. Der Bauer und das Bauernhaus sind in allem Wesentlichen gotisch geblieben und sind es noch heute. Das hellenische *Land* hat den geometrischen, das ägyptische Dorf den Stil des Alten Reiches bewahrt.

Vor allen Dingen ist es „das Gesicht" der Stadt, dessen Ausdruck eine Geschichte besitzt, dessen Mienenspiel beinahe die Seelengeschichte der Kultur selbst ist. Da sind es erst die kleinen Urstädte der Gotik und aller anderen Frühkulturen,[1] die sich fast in der Landschaft verlieren, echte Bauernhäuser noch, die im Schatten einer Burg oder eines Heiligtums sich aneinander drängen und ohne Veränderung der inneren Form Stadthäuser werden, nur weil sie nicht aus der Umgebung von Feldern und Wiesen, sondern von Nachbarhäusern hervorwachsen. Die Völker der Frühkultur sind allmählich Stadtvölker geworden, und es gibt also ein spezifisch chinesisches, indisches, apollinisches, faustisches Stadtbild und wieder eine armenische oder syrische, eine ionische oder etruskische, deutsche, französische oder englische Physiognomie der Stadt. Es gibt eine Stadt des Phidias, eine Stadt Rembrandts, eine Stadt Luthers. Diese Bezeichnungen und die bloßen Namen Granada, Venedig, Nürnberg zaubern sofort ein festes Bild herauf, denn alles, was eine Kultur hervorbringt an Religion, Kunst und Wissen, ist in solchen Städten entstanden. Die Kreuzzüge entsprangen noch aus dem Geist der Ritterburgen und ländlichen Klöster, die Reformation ist städtisch und gehört zu schmalen Gassen und steilen Dächern. Das große Epos, das vom Blute redet und singt, gehört zur Pfalz und Burg, aber das Drama, in dem das *wache* Leben sich selbst prüft, ist Stadtpoesie, und der große Roman, der Blick des *befreiten* Geistes auf alles Menschliche, setzt die Weltstadt voraus. Es gibt, wenn man das echte Volkslied ausnimmt, nur Stadtlyrik, und wenn man von der „ewigen" Bauernkunst absieht, nur eine städtische Malerei und Architektur mit einer raschen und kurzen Geschichte.

Und nun die laute Formensprache dieser großen Steingebilde, wie sie die Stadtmenschheit selbst, ganz Auge und Geist, im Widerspruch zur leiseren Sprache der Landschaft, in ihre Lichtwelt hineinträgt! Die Silhouette der großen Stadt, die Dächer mit ihren Schornsteinen, die Türme und Kuppeln am Horizont! Welche Sprache redet *ein* Blick auf Nürnberg und Florenz, auf Damaskus und Moskau, auf Peking und Benares! Was wissen wir vom Geist antiker Städte, da wir ihre Linien am südlichen Himmel, im Licht des Mittags, unter Wolken, am Morgen, in der sternhellen Nacht nicht

---

[1] Gemeint ist die Frühzeit einer Kultur. Mit Frühkultur hat Spengler später die den hohen Kulturen seelisch vorausgehende Stufe bezeichnet, vgl. S. 593, Anm. 1.

kennen! Diese Straßenzüge, gerade oder krumm, breit oder schmal,
die niedrigen, steilen, hellen, düsteren Häuser, welche mit ihren
Fassaden, ihren *Gesichtern*, in allen abendländischen Städten auf die
Straße herabblicken und in allen morgenländischen fensterlos und
vergittert ihr den Rücken kehren; der Geist der Plätze und Winkel,
Abschlüsse und Durchblicke, der Brunnen und Denkmäler, der
Kirchen, Tempel und Moscheen, Amphitheater und Bahnhöfe, Ba-
zare und Rasthäuser; und dann wieder die Vorstädte, Gartenhäuser
und Haufen von Mietskasernen zwischen Unrat und Äckern, die
vornehmen und armen Viertel, die Suburbia im antiken Rom und
der Faubourg St. Germain in Paris, das alte Bajä und das heutige
Nizza, die kleinen Stadtbilder von Rothenburg und Brügge und das
Häusermeer von Babylon, Tenochtitlan, Rom und London! Alles das
hat Geschichte und ist Geschichte. *Ein* großes Ereignis der Politik –
und das Gesicht einer Stadt legt sich in andere Falten. Napoleon hat
dem bourbonischen Paris und Bismarck dem kleinstaatlichen Berlin
eine andere Miene gegeben. Das Bauerntum aber steht unbewegt,
mürrisch und zornig daneben. In der frühesten Zeit beherrscht das
Landschaftsbild das menschliche Auge *allein*. Es formt die Seele des
Menschen, es schwingt mit ihm. Ein gleicher Takt geht durch sein
Fühlen und das Rauschen der Wälder. Seine Gestalt, sein Gang, seine
Tracht sogar schmiegen sich den Wiesen und Gebüschen an. Das
Dorf mit seinen stillen, hügelartigen Dächern, dem Rauch am
Abend, den Brunnen, Zäunen und Tieren liegt ganz in die Landschaft verloren und eingebettet. Die Landschaft *bestätigt* das Land,
sie ist eine Steigerung seines Bildes; erst die späte Stadt trotzt ihm.
Mit ihrer Silhouette widerspricht sie den Linien der Natur. Sie *verneint* alle Natur. Sie will etwas anderes und Höheres sein. Diese
scharfen Giebel, diese barocken Kuppeln, Spitzen und Zinnen haben
in der Natur nichts Verwandtes und wollen es nicht haben, und zuletzt beginnt die riesenhafte Weltstadt, *die Stadt als Welt*, neben der
es keine andere geben *soll*, die Vernichtungsarbeit am Landschafts-
bilde. Einst hatte die Stadt sich ihm hingegeben, jetzt will sie es dem
eigenen gleich machen. Da werden draußen aus Feldwegen Heerstraßen, aus Wäldern und Wiesen Parks, aus Bergen Aussichts-

punkte; eine künstliche Natur wird in der Stadt selbst erfunden, Fontänen statt der Quellen, Blumenbeete, Wasserstreifen, beschnittene Hecken statt der Wiesen, Teiche und Büsche. In einem Dorfe liegt das strohgedeckte Dach noch wie ein Hügel, die Gasse wie ein Rain da. Hier aber eröffnen sich die Schluchten hoher und langgestreckter steinerner Straßen, voll von farbigem Staub und fremdartigem Lärm; Menschen hausen darin, wie kein natürliches Wesen sie je geahnt hatte. Die Trachten, selbst die Gesichter sind auf einen Hintergrund von Stein abgestimmt. Des Tags entfaltet sich ein Straßentreiben in seltsamen Farben und Tönen, des Nachts ein neues Licht, das den Mond überstrahlt. Und der Bauer steht ratlos auf dem Pflaster, eine lächerliche Gestalt, nichts verstehend und von niemand verstanden, gut genug für die Komödie und um dieser Welt das Brot zu schaffen.

Daraus folgt aber, und das ist wesentlicher als alles andere: alle politische, alle Wirtschaftsgeschichte kann nur begriffen werden, wenn man die vom Lande sich mehr und mehr absondernde und das Land zuletzt völlig entwertende Stadt als das Gebilde erkennt, welches den Gang und Sinn der höheren Geschichte überhaupt bestimmt. *Weltgeschichte ist Stadtgeschichte.*

Ganz abgesehen davon, daß der antike Mensch aus seinem euklidischen Daseinsgefühl den Staatsbegriff mit dem Verlangen nach einem Minimum von Ausdehnung verbindet und also den Staat immer nachdrücklicher mit dem Steinkörper der einzelnen Polis gleichsetzt, erscheint in jeder Kultur sehr bald der Typus der *Hauptstadt*. Es ist, wie der bedeutungsvolle Name sagt, die Stadt, deren Geist mit seinen politischen und wirtschaftlichen Methoden, Zielen und Entscheidungen das Land beherrscht. Das Land mit seinen Bewohnern wird Mittel und Objekt dieses führenden Geistes. Es versteht nicht, um was es sich handelt. Es wird auch nicht gefragt. Die großen Parteien in allen Ländern aller späten Kulturen, die Revolutionen, der Cäsarismus, die Demokratie, das Parlament sind die Form, in welcher der hauptstädtische Geist dem Lande mitteilt, was es zu wollen und wofür es unter Umständen zu sterben hat. Das antike Forum, die abendländische Presse sind durchaus geistige Machtmittel der herrschenden Stadt. Wer auf dem Lande überhaupt begreift, was in diesen Zeiten Politik ist, und sich ihr gewachsen fühlt, geht in die Stadt, vielleicht nicht körperlich, ganz gewiß aber geistig. Die Stimmung und öffentliche Meinung des bäuerlichen Landes, soweit es dergleichen gibt, wird von der Stadt durch Schrift und Rede vorgeschrieben und geleitet. Theben ist Ägypten, Rom ist der *orbis terrarum*, Bagdad ist der Islam, Paris ist Frankreich. Die Geschichte jeder Frühzeit spielt sich in vielen kleinen Mittelpunkten einzelner Landschaften ab. Die ägyptischen Gaue, die homerischen Griechenvölker, die gotischen Grafschaften und freien Städte haben einmal Geschichte gemacht. Aber die Politik sammelt sich nach und nach in ganz wenigen Hauptstädten und alle anderen bewahren nur noch einen Schein politischen Lebens. Daran hat auch die antike Atomisierung der Welt in Stadtstaaten nichts geändert. Schon im Peloponnesischen Kriege haben nur noch Athen und Sparta eigentliche Politik gemacht. Die anderen Städte am Ägäischen Meer gehörten nur noch in den Machtbereich der einen oder andern Politik. Von einer wirklichen *eigenen* ist nicht mehr die Rede. Zuletzt ist es das Forum der Stadt Rom allein, wo die antike Geschichte spielt. Mag Cäsar in Gallien, mögen die Cäsarmörder in Makedonien oder Antonius in Ägypten kämpfen: was dort geschieht, erhält seinen Sinn *erst durch die Beziehung auf Rom.*

4

Alle wirkliche Geschichte beginnt damit, daß *die Urstände*, Adel und Priestertum, sich als solche bilden und über das Bauerntum erheben. Der Gegensatz von großem und kleinem Adel, König und Vasallen, weltlicher und geistlicher Macht ist die Grundform aller frühhomerischen, altchinesischen, gotischen Politik, bis mit der Stadt, *dem Bürgertum, dem dritten Stande* sich der Stil der Geschichte verwandelt. Aber es sind ausschließlich diese Stände, in deren Standesbewußtsein sich der gesamte Sinn der Geschichte sammelt. *Der Bauer ist geschichtslos.* Das Dorf steht außerhalb der Weltgeschichte, und die ganze Entwicklung vom „Trojanischen" bis zum mithridatischen Kriege und von den Sachsenkaisern bis zum Weltkrieg geht über diese kleinen Punkte der Landschaft hinweg, sie gelegentlich vernichtend, ihr Blut verbrauchend, aber ohne je ihr Inneres zu berühren.

Der Bauer ist der ewige Mensch, unabhängig von aller Kultur, die in den Städten nistet. Er geht ihr vorauf, er überlebt sie, dumpf und von Geschlecht zu Geschlecht sich fortzeugend, auf erdverbundene Berufe und Fähigkeiten beschränkt, eine mystische Seele, ein trockener, am Praktischen haftender Verstand, der Ausgang und die immer fließende Quelle des Blutes, das in den Städten die Weltgeschichte macht.

Was die Kultur dort in den Städten ersinnt, an Staatsformen und Wirtschaftssitten, Glaubenssätzen, Werkzeugen, an Wissen und Kunst, nimmt er mißtrauisch und zögernd endlich hin, ohne deshalb je seine Art zu ändern. So nahm der westeuropäische Bauer alle Lehren der großen Konzile vom großen Lateranischen bis zu dem von Trient äußerlich entgegen wie die Ergebnisse der Maschinentechnik und der französischen Revolution. Er blieb deshalb doch, was er war, was er vor Karl dem Großen schon gewesen war. Die heutige Frömmigkeit des Bauern ist älter als das Christentum. Seine Götter sind älter als jede höhere Religion. Nehmt den Druck der großen Städte von ihm und er wird ohne Entbehrung in seinen natürlichen Urzustand zurückkehren. Seine wirkliche Ethik, seine wirkliche Metaphysik, die kein Stadtgelehrter je der Entdeckung für würdig gehalten hat, liegen außerhalb aller Religions- und Geistesgeschichte. Sie haben überhaupt keine Geschichte.

Die Stadt ist Geist. Die Großstadt ist der „freie Geist". Das Bürgertum, der Stand des Geistes, beginnt mit einer Auflehnung gegen die – „feudalen" – Mächte des Blutes und der Tradition sich seines Sonderdaseins bewußt zu werden. Er stürzt Throne und beschränkt alte Rechte im Namen der Vernunft und vor allem im Namen des „Volkes", womit von nun an ausschließlich das Volk der Städte gemeint ist. Demokratie ist die politische Form, in welcher von dem Bauern die Weltanschauung des Stadtmenschen gefordert wird. Der städtische Geist reformiert die große Religion der Frühzeit und setzt neben die alte ständische eine bürgerliche Religion, die *freie Wissenschaft*. Die Stadt übernimmt die Leitung der Wirtschaftsgeschichte, indem sie an die Stelle der Urwerte des Landes, wie sie vom bäuerlichen Leben und Denken nie zu trennen sind, den von den Gütern *abgelösten Begriff des Geldes* setzt. Das uralte ländliche Wort für den Güterverkehr ist *Tausch*. Selbst wo es sich um die Vertauschung eines Dinges gegen Edelmetall handelt, liegt dem Vorgang kein „Gelddenken" zugrunde, welches vom Dinge den Wert begrifflich trennt und in eine fiktive oder metallene Größe bindet, deren Bestimmung es von da an ist, das „andere", „die Ware" zu *messen*. Karawanenzüge und Wikingerfahrten der Frühzeit erfolgen zwischen ländlichen Siedlungen und bedeuten Tausch und Beute. Zur Spätzeit erfolgen sie zwischen Städten und bedeuten „Geld". Das unterscheidet die Normannen vor und die Hanseaten und Venezianer nach den Kreuzzügen, die antiken Seefahrer in der mykenischen Zeit und die zur Zeit der großen Kolonisationen. Die Stadt bedeutet nicht nur Geist, sondern auch Geld.[1]

Eine Epoche tritt ein, wenn die Stadt sich so gewaltig entwickelt hat, daß sie sich nicht mehr gegen das Land behaupten muß, gegen Bauerntum und Ritterschaft, sondern daß das Land mit seinen Urständen eine hoffnungslose Verteidigung gegen die Alleinherrschaft der Stadt führt, geistig gegen den Rationalismus, politisch gegen die Demokratie, wirtschaftlich gegen das Geld. In dieser Zeit ist die Zahl der Städte, welche als historisch führende in Betracht kommen, schon sehr klein geworden. Es entsteht der tiefe, vor allem seelische Unterschied *von Großstadt und Kleinstadt*, welch letztere unter dem sehr bezeichnenden Namen Landschaft ein Teil des aktiv nicht mehr mitzählenden Landes wird. Der Gegensatz zwischen dem Landmenschen und Stadtmenschen ist in diesen kleinen Städten nicht geringer geworden, aber er verschwindet vor dem neuen Abstand, der sich zwischen sie und die Großstadt legt. Bäuerlich-kleinstädtische Schlauheit und großstädtische Intelligenz sind zwei Formen verstehenden Wachseins, zwischen denen eine Verständigung kaum möglich ist. Es ist klar, daß es sich auch hier nicht um die Einwohner-

[1] Vgl. Bd. II, Kap. V, I.

zahl, sondern um den Geist handelt. Es ist auch deutlich, daß in allen großen Städten sich Winkel erhalten, in denen Fragmente einer fast ländlich gebliebenen Menschheit in ihren Gassen wie auf dem Lande leben, wo die Bewohner über die Straße weg in fast dörflichen Beziehungen zueinander stehen. Es führt eine Pyramide von immer städtischer geprägten Wesen von diesen fast bäuerlichen Menschen über immer engere Schichten bis zu der geringen Zahl echter Großstadtmenschen, die überall zu Hause sind, wo ihre seelischen Voraussetzungen erfüllt werden.

Damit hat auch der Begriff Geld seine volle Abstraktheit erlangt. Er *dient* nicht mehr dem Verstehen des wirtschaftlichen Verkehrs; er unterwirft den Warenumlauf seiner *eigenen* Entwicklung. Er wertet die Dinge nicht mehr untereinander, sondern *in bezug auf sich*. Seine Beziehung zum Boden und dem damit verwachsenen Menschen ist so vollständig verschwunden, daß sie für das wirtschaftliche Denken der führenden Städte – der „Geldplätze" – nicht mehr in Betracht kommt. Das Geld ist jetzt eine Macht, und zwar eine rein geistige, durch das Metall nur repräsentierte Macht im Wachsein der Oberschicht der wirtschaftlich tätigen Bevölkerung geworden, welche die mit ihm beschäftigten Menschen ebenso von sich abhängig macht, wie früher die Erde den Bauern. Es gibt ein „Denken in Geld", wie es ein mathematisches und juristisches Denken gibt.

Aber der Boden ist etwas Wirkliches und Natürliches, das Geld etwas Abstraktes und Künstliches, eine bloße Kategorie wie „die Tugend" im Denken der Aufklärung. Daraus folgt, daß jede ursprüngliche, also stadtlose Wirtschaft von den kosmischen Mächten, dem Boden, dem Klima, dem Menschenschlage abhängig und damit in Schranken gehalten ist, während das Geld als reine Verkehrsform innerhalb des Wachseins einen von der Wirklichkeit ebensowenig begrenzten Kreis von Möglichkeiten hat wie die Größen der mathematischen und logischen Welt. Wie kein Blick auf die Tatsachen uns hindert, nichteuklidische Geometrien in beliebiger Zahl zu konstruieren, liegt innerhalb der ausgebildeten großstädtischen Wirtschaft kein Hindernis mehr vor, das „Geld" zu vermehren, gewissermaßen in andern Gelddimensionen zu denken, was mit der etwaigen Vermehrung des Goldes oder überhaupt der wirklichen Werte durchaus nichts zu tun hat. Es gibt keinen Maßstab und keine Art von Gütern, an denen man den Wert eines Talentes zur Zeit der Perserkriege und in der ägyptischen Beute des Pompejus vergleichen könnte. Das Geld ist für den Menschen als ζῷον οἰκονομικόν eine Form des tätigen Wachseins geworden, die keinerlei Wurzeln im Dasein mehr besitzt. Darauf beruht seine ungeheure Macht über jede beginnende Zivilisation, die jedesmal eine unbedingte *Diktatur dieses "Geldes"* in einer für jede Kultur verschiedenen Gestalt ist, darin aber auch der Mangel an Halt, durch den es zuletzt seine Macht und seinen Sinn verliert und aus dem Denken einer späten Zivilisation wie der Zeit Diokletians völlig verschwindet, um den bodenständigen Urwerten wieder Platz zu machen.

Es entsteht zuletzt das ungeheure Symbol und Behältnis des völlig frei gewordenen Geistes, die Weltstadt, der Mittelpunkt, in dem sich endlich der Gang der Weltgeschichte vollkommen konzentriert: jene ganz wenigen Riesenstädte aller reifen Zivilisationen, welche die gesamte Mutterlandschaft ihrer Kultur durch den Begriff Provinz ächten und entwerten. Provinz ist jetzt alles, Land, Kleinstadt *und* Großstadt, mit Ausnahme dieser zwei oder drei Punkte. Es gibt nicht mehr Adlige und Bürger, nicht mehr Freie und Sklaven, nicht mehr Hellenen und Barbaren, nicht mehr Rechtgläubige und Ungläubige, sondern nur noch *Weltstädtler und Provinzler.* Alle anderen Gegensätze verblassen vor diesem einen, der alle Ereignisse, Lebensgewohnheiten und Weltanschauungen beherrscht.

Die frühesten aller Weltstädte waren Babylon und das Theben des Neuen Reiches – die minoische Welt auf Kreta gehört trotz ihres Glanzes zur ägyptischen Provinz. In der Antike ist Alexandria das erste Beispiel; das alte Hellas ist mit einem Schlage Provinz geworden. Auch Rom und das neu bevölkerte Karthago, auch Byzanz haben es nicht verdrängt. In Indien waren die Riesenstädte Udjein, Kanaudj, vor allem Pataliputra bis nach China und Java hin berühmt; der märchenhafte Ruf von Bagdad und Granada im Abendlande ist bekannt. In der mexikanischen Welt ist, wie es scheint, das 950 gegründete Uxmal die erste Weltstadt der Mayareiche gewesen, die mit dem Emporkommen der toltekischen Weltstädte Tezcuco und Tenochtitlan Provinz wurden.

Man vergesse nicht, wo das Wort *provincia* zuerst auftaucht: es ist die staatsrechtliche Bezeichnung der Römer für Sizilien, mit dessen Unterwerfung zum erstenmal eine ehemals führende Kulturlandschaft zum unbedingten Objekt herabsinkt. Syrakus war die früheste wirkliche Großstadt der antiken Welt gewesen, als Rom noch eine bedeutungslose Landstadt war. Von nun an ist es Rom gegenüber eine Provinzstadt. Und ganz in demselben Sinne waren im 17. Jahrhundert das habsburgische Madrid und das päpstliche Rom führende Großstädte, bis sie von den Weltstädten London und Paris seit dem Ausgang des 18. Jahrhunderts zum Range der Provinz herabgedrückt wurden. Der Aufstieg von New York zur Weltstadt durch den Sezessionskrieg 1861–65 ist vielleicht das folgenschwerste Ereignis des vorigen Jahrhunderts.

5

Der Steinkoloß „Weltstadt" steht am Ende des Lebenslaufes einer jeden großen Kultur. Der vom Lande seelisch gestaltete Kulturmensch wird von seiner eigenen Schöpfung, der Stadt, in Besitz genommen, besessen, zu ihrem Geschöpf, ihrem ausführenden Organ, endlich zu ihrem Opfer gemacht. Diese steinerne Masse ist die *absolute* Stadt. Ihr Bild, wie es sich mit seiner großartigen Schönheit in die Lichtwelt des menschlichen Auges zeichnet, enthält die ganze erhabene Todessymbolik des endgültig „Gewordenen". Der durchseelte Stein gotischer Bauten ist im Verlauf einer tausendjährigen Stilgeschichte endlich zum entseelten Material dieser dämonischen Steinwüste geworden.

Diese letzten Städte sind *ganz* Geist. Ihre Häuser sind nicht mehr wie noch die der ionischen und Barockstädte Abkömmlinge des alten Bauernhauses, von dem einst die Kultur ihren Ausgang nahm. Sie sind überhaupt nicht mehr Häuser, in denen Vesta und Janus, die Penaten und Laren irgendeine Stätte besitzen, sondern bloße Behausungen, welche nicht das Blut, sondern der Zweck, nicht das Gefühl, sondern der wirtschaftliche Unternehmungsgeist geschaffen hat. Solange der Herd im frommen Sinne der wirkliche, bedeutsame Mittelpunkt einer Familie ist, solange ist die letzte Beziehung zum Lande nicht geschwunden. Erst wenn auch *das* verloren geht und die Masse der Mieter und Schlafgäste in diesem Häusermeer ein irrendes Dasein von Obdach zu Obdach führt, wie die Jäger und Hirten der Vorzeit, ist der intellektuelle Nomade völlig ausgebildet. Diese Stadt ist eine Welt, ist *die* Welt. Sie hat *nur als Ganzes* die Bedeutung einer menschlichen Wohnung. Die Häuser sind nur die Atome, welche sie zusammensetzen.

Jetzt beginnen die alten gewachsenen Städte mit ihrem gotischen Kern aus Dom, Rathaus und spitzgiebligen Gassen, um deren Türme und Tore die Barockzeit einen Ring von geistigeren, helleren Patrizierhäusern, Palästen und Hallenkirchen gelegt hatte, nach allen Seiten in formloser Masse überzuquellen, mit Haufen von Mietskasernen und Zweckbauten sich in das verödende Land hineinzufressen, das ehrwürdige Antlitz der alten Zeit durch Umbauten und Durchbrüche zu zerstören. Wer von einem Turm auf das Häusermeer herabsieht, erkennt in dieser steingewordenen Geschichte eines Wesens genau die Epoche, wo das organische Wachstum endet und die anorganische und deshalb unbegrenzte, alle Horizonte überschreitende Häufung beginnt. Und jetzt entstehen auch die künstlichen, mathematischen, vollkommen landfremden Gebilde einer reingeistigen Freude am Zweckmäßigen, *die Städte der Stadtbaumeister*, die in allen Zivilisationen dieselbe schachbrettartige Form, das Symbol der Seelenlosigkeit anstreben. Diese regelmäßigen Häuserquadrate haben Herodot in Babylon und die Spanier in Tenochtitlan angestaunt. In der antiken Welt beginnt die Reihe der „abstrakten" Städte mit Thurioi, das Hippodamos von Milet 441 „entwarf". Priene, wo das Schachbrettmuster die Bewegtheit der Grundfläche vollkommen ignoriert, Rhodos, Alexandria folgen als Vorbilder zahlloser Provinzstädte der Kaiserzeit. Die islamischen Baumeister haben seit 762 Bagdad und ein Jahrhundert später die Riesenstadt Samarra am

Tigris[1] planmäßig angelegt. In der westeuropäisch-amerikanischen
Welt ist das erste große Beispiel der Grundriß von Washington
(1791). Es kann kein Zweifel bestehen, daß die Weltstädte der Hanzeit in China und die der Maurya-Dynastie in Indien dieselben geometrischen Formen besessen haben. Die Weltstädte der westeuropäisch-amerikanischen Zivilisation haben noch bei weitem nicht den
Gipfel ihrer Entwicklung erlangt. Ich sehe – lange nach 2000 –
Stadtanlagen für zehn bis zwanzig Millionen Menschen, die sich
über weite Landschaften verteilen, mit Bauten, gegen welche die
größten der Gegenwart zwerghaft wirken, und Verkehrsgedanken,
die uns heute als Wahnsinn erscheinen würden.

Selbst in dieser letzten Gestalt seines Daseins ist das Formideal des
antiken Menschen noch der körperliche Punkt. Während die Riesenstädte der Gegenwart unseren ganzen Hang zum Unendlichen zur
Schau tragen: die Durchsetzung einer weiten Landschaft mit Vor-
orten und Villenkolonien, ein mächtiges Netz von Verkehrsmitteln
jeder Art nach allen Seiten und innerhalb des dicht bebauten Gelän-
des ein geregelter Schnellverkehr in, unter und über breiten Straßenzügen, will die echt antike Weltstadt sich nicht ausbreiten, sondern
immer mehr *verdichten:* die Straßen eng und schmal, jeden Eilver-
kehr ausschließend, wie er doch auf den römischen Heerstraßen voll
ausgebildet war; keine Neigung, *vor* der Stadt zu wohnen oder auch
nur die Voraussetzungen dafür zu schaffen. Die Stadt soll auch jetzt
noch ein Körper sein, dicht und rund, *soma* im strengsten Sinne. Der
Synoikismos, der in der antiken Frühzeit allenthalben die Landbe-
völkerung in die Stadt gezogen und damit erst den Typus der Polis
geschaffen hatte, wiederholt sich am Ende noch einmal in absurder
Form: jeder will in der Mitte der Stadt wohnen, in ihrem dichtesten
Kerne, sonst fühlt er sich nicht als Mensch einer Stadt. Alle diese
Städte sind nur City, nur Innenstadt. Der neue Synoikismos bildet

---

[1] Samarra zeigt wie die Kaiserfora in Rom und die Ruinen von Luxor und
Karnak amerikanische Verhältnisse. Die Stadt erstreckt sich 33 km lang am Flusse
hin. Der Palast Balkuwara, den der Kalif Mutawakkil für einen seiner Söhne
erbauen ließ, bildet ein Quadrat von 1250 m Seitenlänge. Eine der Riesenmoscheen
mißt 260 × 180 m. Schwarz, Die Abbassidenresidenz Samarra (1910). Herzfeld,
Ausgrabungen von Samarra (1912).

statt der Vorortzone *die Welt der oberen Stockwerke* aus. Rom hatte im Jahre 74 trotz der ungeheuren Kaiserbauten den geradezu lächerlichen Umfang von 19 ½ km.[1] Dies führt dahin, daß diese Körper überhaupt nicht in die Breite, sondern unablässig in die Höhe wuchsen. Die Mietskasernen Roms, wie die berüchtigte Insula Feliculae, erreichten bei einer Straßenbreite von 3–5 Metern[2] Höhen, die im Abendlande noch nirgends und in Amerika nur in wenigen Städten vorkommen. Beim Capitol hatten unter Vespasian die Dächer schon die Höhe des Bergsattels erreicht.[3] Ein grauenvolles Elend, eine Verwilderung aller Lebensgewohnheiten, die schon jetzt zwischen Giebeln und Mansarden, in Kellern und Hinterhöfen einen neuen Urmenschen züchten, hausen in jeder dieser prachtvollen Massenstädte. Das ist in Bagdad und Babylon nicht anders gewesen wie in Tenochtitlan und heute in London und Berlin. Diodor erzählt von einem abgesetzten ägyptischen König, der zu Rom in einer jämmerlichen Mietswohnung in einem hochgelegenen Stockwerk hausen mußte.

Aber kein Elend, kein Zwang, selbst nicht die klare Einsicht in den Wahnsinn dieser Entwicklung setzt die Anziehungskraft dieser dämonischen Gebilde herab. Das Rad des Schicksals rollt dem Ende zu; die Geburt der Stadt zieht ihren Tod nach sich. Anfang und Ende, Bauernhaus und Häuserblock verhalten sich wie Seele und Intelligenz, wie Blut und Stein. Aber „Zeit" ist nicht umsonst ein Wort für die Tatsache der Nichtumkehrbarkeit. Es gibt hier nur ein Vorwärts, kein Zurück. Das Bauerntum gebar einst den Markt, die Landstadt, und nährte sie mit seinem besten Blute. Nun saugt die Riesenstadt das Land aus, unersättlich, immer neue Ströme von Menschen fordernd und verschlingend, bis sie inmitten einer kaum noch bevölkerten Wüste ermattet und stirbt. Wer einmal der ganzen sündhaften Schönheit dieses letzten Wunders aller Geschichte ver-

[1] Friedländer, Sittengeschichte Roms, I S. 5; man vergleiche dies mit dem nicht entfernt so stark bevölkerten Samarra; die „spätantiken" Großstädte auf arabischem Boden sind auch in dieser Hinsicht nicht antik. Die Gartenvorstadt von Antiochia war im ganzen Osten berühmt.

[2] Die Stadt, welche der ägyptische Julian Apostata, Amenophis IV., sich in Tell al Amarna baute, hatte Straßen bis zu 45 m Breite. Borchardt, Zeitschrift für Bauwesen LXVI, 524.

[3] Pöhlmann, Aus Altertum und Gegenwart (1910), S. 211 ff.

fallen ist, der befreit sich nicht wieder. Ursprüngliche Völker können sich vom Boden lösen und in die Ferne wandern. Der geistige Nomade kann es nicht mehr. Das Heimweh nach der großen Stadt ist stärker vielleicht als jedes andere. Heimat ist für ihn jede dieser Städte, Fremde ist schon das nächste Dorf. Man stirbt lieber auf dem Straßenpflaster, als daß man auf das Land zurückkehrt. Und selbst der Ekel vor dieser Herrlichkeit, das Müdesein vor diesem Leuchten in tausend Farben, das *taedium vitae*, das zuletzt manche ergreift, befreit sie nicht. Sie tragen die Stadt mit sich in ihre Berge und an das Meer. Sie haben das Land in sich verloren und finden es draußen nicht wieder.

Was den Weltstadtmenschen unfähig macht, auf einem anderen als diesem künstlichen Boden zu leben, ist das Zurücktreten des kosmischen Taktes in seinem Dasein, während die Spannungen des Wachseins immer gefährlicher werden. Man vergesse nicht, daß in einem Mikrokosmos die tierhafte Seite, das Wachsein, zum pflanzenhaften Dasein *hinzutritt*, nicht umgekehrt. Takt und Spannung, Blut und Geist, Schicksal und Kausalität verhalten sich wie das blühende Land zur versteinerten Stadt, wie etwas, das für sich da ist, zu einem andern, das von ihm abhängt. Spannung ohne den kosmischen Takt, der sie durchseelt, ist der Übergang zum Nichts. Aber Zivilisation ist nichts als Spannung. Die Köpfe aller zivilisierten Menschen von Rang werden ausschließlich von dem Ausdruck der schärfsten Spannung beherrscht. Intelligenz ist nichts als Fähigkeit zu angespanntestem Verstehen. Diese Köpfe sind in jeder Kultur der Typus ihres „letzten Menschen". Man vergleiche damit Bauernköpfe, wenn sie im Straßengewühl einer Großstadt auftauchen. Der Weg von der bäuerlichen Klugheit – der Schlauheit, dem Mutterwitz, dem Instinkt, die wie bei allen klugen Tieren auf gefühltem Takt beruhen – über den städtischen Geist zur weltstädtischen Intelligenz – das Wort gibt schon in dem scharfen Klange die Abnahme der kosmischen Unterlage vortrefflich wieder – läßt sich auch als die beständige Abnahme des Schicksalsgefühls und die hemmungslose Zunahme des Bedürfnisses nach Kausalität bezeichnen. Intelligenz ist der Ersatz unbewußter Lebenserfahrung durch eine meisterhafte Übung im Denken, etwas Fleischloses, Mageres. Die intelligenten Gesichter aller Rassen sind einander ähnlich. Es ist die Rasse selbst, die in ihnen zurücktritt. Je weniger ein Gefühl für das Notwendige und Selbstverständliche des Daseins besteht, je mehr die Gewohnheit um sich greift, sich alles „klar zu machen", desto mehr wird die Angst des Wachseins kausal gestillt. Daher die Gleichsetzung von Wissen und Beweisbarkeit und der Ersatz des religiösen Mythos durch den kausalen: die wissenschaftliche Theorie. Daher das abstrakte Geld als die reine Kausalität des wirtschaftlichen Lebens im Gegensatz zum ländlichen Güterverkehr, der Takt ist und nicht ein System von Spannungen.

Die intellektuelle Spannung kennt nur noch eine, die spezifisch weltstädtische Form der Erholung: *die Entspannung*, die „Zerstreuung". Das *echte* Spiel, die Lebensfreude, die Lust, der Rausch sind aus dem kosmischen Takte geboren und werden in ihrem Wesen gar nicht mehr begriffen. Aber die Ablösung intensivster praktischer Denkarbeit durch ihren Gegensatz, die mit Bewußtsein betriebene Trottelei, die Ablösung der geistigen Anspannung durch die körperliche des Sports, der körperlichen durch die sinnliche des „Vergnügens" und die geistige der „Aufregung" des Spiels und der Wette, der Ersatz der reinen Logik der täglichen Arbeit durch die mit Bewußtsein genossene Mystik – das kehrt in allen Weltstädten aller Zivilisationen wieder. Kino, Expressionismus, Theosophie, Boxkämpfe, Niggertänze, Poker und Rennwetten – man wird das alles in Rom wiederfinden, und ein Kenner sollte einmal die Untersuchung auf die indischen, chinesischen und arabischen Weltstädte ausdehnen. Um nur eins zu nennen: wenn man das Kamasutram liest, versteht man, was für Leute am Buddhismus *ebenfalls* Geschmack fanden; und man wird nun auch die Stierkampfszenen in den kretischen Palästen mit ganz anderem Auge betrachten. Es liegt ein Kult zugrunde, ohne Zweifel, aber es ist ein Parfüm darüber gebreitet wie über den fashionablen stadtrömischen Isiskult in der Nachbarschaft des Circus Maximus.

Und nun geht aus der Tatsache, daß das Dasein immer wurzelloser, das Wachsein immer angespannter wird, endlich jene Er-

scheinung hervor, die im stillen längst vorbereitet war und jetzt
plötzlich in das helle Licht der Geschichte rückt, um dem ganzen
Schauspiel ein Ende zu bereiten: *die Unfruchtbarkeit des zivilisierten
Menschen.* Es handelt sich hier nicht um etwas, das sich mit alltäglicher Kausalität, etwa physiologisch, begreifen ließe, wie es die
moderne Wissenschaft selbstverständlich versucht hat. Hier liegt
eine durchaus *metaphysische* Wendung zum Tode vor. Der letzte
Mensch der Weltstädte *will* nicht mehr leben, wohl als einzelner,
aber nicht als Typus, als Menge; in diesem *Gesamtwesen* erlischt die
Furcht vor dem Tode. Das, was den echten Bauern mit einer tiefen
und unerklärlichen Angst befällt, der Gedanke an das Aussterben
der Familie und des Namens, hat seinen Sinn verloren. Die Fortdauer des verwandten Blutes innerhalb der sichtbaren Welt wird
nicht mehr als Pflicht dieses Blutes, das Los, der Letzte zu sein, nicht
mehr als Verhängnis empfunden. Nicht nur weil Kinder unmöglich geworden sind, sondern vor allem weil die bis zum äußersten gesteigerte Intelligenz keine Gründe für ihr Vorhandensein
mehr findet, bleiben sie aus. Man versenke sich in die Seele eines
Bauern, der von Urzeiten her auf seiner Scholle sitzt oder von ihr
Besitz ergriffen hat, um dort mit seinem Blute zu haften. Er wurzelt
hier als der Enkel von Ahnen und der Ahn von künftigen Enkeln.
Sein Haus, *sein* Eigentum: das bedeutet hier nicht ein flüchtiges
Zusammengehören von Leib und Gut für eine kurze Spanne von
Jahren, sondern ein dauerndes und inniges Verbundensein von
ewigem Land und *ewigem* Blute: erst damit, erst aus dem Seßhaftwerden im mystischen Sinne erhalten die großen Epochen des Kreislaufs, Zeugung, Geburt und Tod jenen metaphysischen Zauber, der
seinen sinnbildlichen Niederschlag in Sitte und Religion aller land-
festen Bevölkerungen findet. Das alles ist für den „letzten Menschen"
nicht mehr vorhanden. Intelligenz und Unfruchtbarkeit sind in alten
Familien, alten Völkern, alten Kulturen nicht nur deshalb verbunden, weil innerhalb jedes einzelnen Mikrokosmos die über alles Maß
angespannte tierhafte Lebensseite die pflanzenhafte aufzehrt, sondern
weil das Wachsein die Gewohnheit einer kausalen Regelung des
Daseins annimmt. Was der Verstandesmensch mit einem äußerst

bezeichnenden Ausdruck Naturtrieb nennt, wird von ihm nicht
nur „kausal" erkannt, sondern auch gewertet und findet im Kreise
seiner übrigen Bedürfnisse den angemessenen Platz. Die große Wendung tritt ein, sobald es im alltäglichen Denken einer hochkultivier-
ten Bevölkerung für das Vorhandensein von Kindern „Gründe"
gibt. Die Natur kennt keine Gründe. Überall, wo es wirkliches Leben gibt, herrscht eine innere organische Logik, ein „es", ein Trieb,
die vom Wachsein und dessen kausalen Verkettungen durchaus
unabhängig sind und von ihm gar nicht bemerkt werden. Der Ge-
burtenreichtum ursprünglicher Bevölkerungen ist eine *Naturer-
scheinung*, über deren Vorhandensein niemand nachdenkt, geschweige denn über ihren Nutzen oder Schaden. Wo Gründe für Lebensfragen überhaupt ins Bewußtsein treten, da ist das Leben schon fragwürdig geworden. Da beginnt eine weise Beschränkung der Ge-
burtenzahl – die bereits Polybios als das Verhängnis von Griechenland beklagt, die aber schon lange vor ihm in den großen Städten
üblich war und in römischer Zeit einen erschreckenden Umfang
angenommen hat –, die zuerst mit der materiellen Not und sehr
bald überhaupt nicht mehr begründet wird. Da beginnt denn auch,
und zwar im buddhistischen Indien so gut wie in Babylon, in Rom
wie in den Städten der Gegenwart, die Wahl der „Lebensgefährtin"
– der Bauer und jeder ursprüngliche Mensch wählt *die Mutter seiner
Kinder* – ein geistiges Problem zu werden. Die Ibsenehe, die „höhere
geistige Gemeinschaft" erscheint, in welcher beide Teile „frei"
sind, frei nämlich als Intelligenzen, und zwar vom pflanzenhaften
Drange des Blutes, das sich fortpflanzen will; und Shaw darf den
Satz aussprechen, „daß die Frau sich nicht emanzipieren kann, wenn
sie nicht ihre Weiblichkeit, ihre Pflicht gegen ihren Mann, gegen
ihre Kinder, gegen die Gesellschaft, gegen das Gesetz und gegen
jeden, außer gegen sich selbst, von sich wirft".[1] Das Urweib, das
Bauernweib ist *Mutter*. Seine ganze von Kindheit an ersehnte Bestimmung liegt in diesem Worte beschlossen. Jetzt aber taucht das
Ibsenweib auf, die Kameradin, die Heldin einer ganzen weltstädtischen Literatur vom nordischen Drama bis zum Pariser Roman.

[1] B. Shaw, Ibsenbrevier, S. 57.

Statt der Kinder haben sie seelische Konflikte, die Ehe ist eine kunst-gewerbliche Aufgabe und es kommt darauf an, „sich gegenseitig zu verstehen". Es ist ganz gleichgültig, ob eine amerikanische Dame für ihre Kinder keinen zureichenden Grund findet, weil sie keine *season* versäumen will, eine Pariserin, weil sie fürchtet, daß ihr Liebhaber davongeht, oder eine Ibsenheldin, weil sie „sich selbst gehört". Sie gehören alle sich selbst und sie sind alle unfruchtbar. Dieselbe Tatsache in Verbindung mit denselben „Gründen" findet sich in der alexandrinischen und römischen und selbstverständlich in jeder anderen zivilisierten Gesellschaft, vor allem auch in der, in welcher Buddha herangewachsen ist, und es gibt überall, im Hellenis-mus und im 19. Jahrhundert so gut wie zur Zeit des Laotse und der Tscharvakalehre eine Ethik für kinderarme Intelligenzen und eine Literatur über die inneren Konflikte von Nora und Nana.

Kinderreichtum, dessen ehrwürdiges Bild Goethe im Werther noch zeichnen konnte, wird etwas Provinziales. Der kinderreiche Vater ist in Großstädten eine Karikatur – Ibsen hat sie nicht ver-gessen; sie steht in seiner „Komödie der Liebe".

Auf dieser Stufe beginnt in allen Zivilisationen das mehrhundert-jährige Stadium einer entsetzlichen Entvölkerung. Die ganze Pyra-mide des kulturfähigen Menschentums verschwindet. Sie wird von der Spitze herab abgebaut, zuerst die Weltstädte, dann die Provinz-städte, endlich das Land, das durch die über alles Maß anwachsende Landflucht seiner besten Bevölkerung eine Zeitlang das Leerwerden der Städte verzögert. Nur das primitive Blut bleibt zuletzt übrig, aber seiner starken und zukunftreichen Elemente beraubt. Es ent-steht *der Typus des Fellachen*.

Wenn irgend etwas, so beweist der allbekannte „Untergang der Antike", der sich lange vor dem Einbruch der germanischen Wan-dervölker vollendete, daß Kausalität mit Geschichte nichts zu tun hat.[1] Das Imperium genießt den vollkommensten Frieden; es ist reich, es ist hochgebildet; es ist gut organisiert; es besaß von Nerva bis Marc Aurel eine Herrscherreihe, wie sie der Cäsarismus keiner

---

[1] Zum Folgenden vgl. die Darstellung bei Ed. Meyer, Kl. Schriften (1910), S. 145 ff.

zweiten Zivilisation aufzuweisen hat. Und trotzdem schwindet die Bevölkerung rasch und in Masse hin, trotz der verzweifelten Ehe- und Kindergesetzgebung des Augustus, dessen *lex de maritandis ordinibus* auf die römische Gesellschaft bestürzender wirkte als die Niederlage des Varus, trotz der massenhaften Adoptionen, der ununterbrochenen Ansiedlung von Soldaten barbarischer Herkunft, um Menschen in die verödende Landschaft zu bringen, trotz der ungeheuren Alimentationsstiftungen des Nerva und Trajan, um die Kinder unbemittelter Eltern aufzuziehen. Italien, dann Nordafrika und Gallien, endlich Spanien, das unter den ersten Kaisern am dichtesten von allen Teilen des Reichs bevölkert war, sind menschenleer und verödet. Das berühmte und bezeichnenderweise in der modernen Volkswirtschaft immer wiederholte Wort des Plinius: *latifundia perdidere Italiam, jam vero et provincias*, verwechselt Anfang und Ende des Prozesses: der Großgrundbesitz hätte nie diese Ausdehnung gewonnen, wenn das Bauerntum nicht vorher von den Städten aufgesogen worden wäre und das Land zum mindesten innerlich bereits preisgegeben hätte. Das Edikt des Pertinax von 193 enthüllt endlich den erschreckenden Stand der Dinge: In Italien und den Provinzen wird jedem gestattet, verödetes Land in Besitz zu nehmen. Wenn er es bebaut, soll er Eigentumsrecht darüber erhalten. Die Geschichtsforscher brauchten sich den übrigen Zivilisationen nur ernsthaft zuzuwenden, um die gleiche Erscheinung überall festzustellen. Im Hintergrund der Ereignisse des Neuen Reiches, vor allem von der 19. Dynastie an, ist eine gewaltige Abnahme der Bevölkerung deutlich zu verspüren. Ein Stadtbau, wie ihn Amenophis IV. in Tell el Amarna ausführte, mit Straßenzügen bis zu 45 m Breite, wäre bei der früheren Bevölkerungsdichte undenkbar gewesen, und ebenso die notdürftige Abwehr der „Seevölker", deren Aussichten auf Besitznahme des Reiches damals sicherlich nicht schlechter waren als die der Germanen vom 4. Jahrhundert an, und endlich die unaufhörliche Einwanderung der Libyer in das Delta, wo um 945 einer ihrer Führer – genau wie 476 n. Chr. Odoaker – die Herrschaft über das Reich an sich nahm. Aber dasselbe fühlt man aus der Geschichte des politischen Buddhismus seit dem Cäsar

Asoka heraus.[1] Wenn die Mayabevölkerung in ganz kurzer Zeit nach der spanischen Eroberung geradezu verschwand und die großen menschenleeren Städte dem Urwald anheimfielen, so beweist das nicht allein die Brutalität der Eroberer, die in diesem Punkte einer jungen und fruchtbaren Kulturmenschheit gegenüber wirkungslos gewesen wäre, sondern ein Erlöschen von innen heraus, das ohne Zweifel schon längst begonnen hatte. Und wenn wir uns der eigenen Zivilisation zuwenden, so sind die alten Familien des französischen Adels zum weitaus größten Teil nicht durch die französische Revolution ausgerottet worden, sondern seit 1815 ausgestorben; die Unfruchtbarkeit breitete sich von ihm auf das Bürgertum und seit 1870 auf die gerade durch die Revolution fast neu geschaffene Bauernschaft aus. In England und noch weit mehr in den Vereinigten Staaten, und zwar gerade in deren wertvollster, alteingewanderter Bevölkerung im Osten, hat der „Rasseselbstmord", gegen den Roosevelt sein bekanntes Buch geschrieben hat, längst im großen Stile eingesetzt.

Deshalb finden wir auch in diesen Zivilisationen schon früh die verödeten Provinzstädte und am Ausgang der Entwicklung die leerstehenden Riesenstädte, in deren Steinmassen eine kleine Fellachenbevölkerung nicht anders haust als die Menschen der Steinzeit in Höhlen und Pfahlbauten. Samarra wurde schon im 10. Jahrhundert verlassen; die Residenz Asokas, Pataliputra, war, als der chinesische Reisende Hsiuen-tsiang sie um 635 besuchte, eine ungeheure, völlig unbewohnte Häuserwüste, und viele der großen Mayastädte müssen schon zur Zeit des Cortez leer gestanden haben. Wir besitzen eine lange Reihe antiker Schilderungen von Polybios an:[2] die altberühmten Städte, deren leerstehende Häuserreihen langsam zusammenstürzen, während auf dem Forum und im Gymnasium Viehherden weiden und im Amphitheater Getreide gebaut wird, aus dem noch die Statuen und Hermen hervorragen. Rom hatte im 5. Jahrhundert die

---

[1] Wir kennen in China im 3. Jahrh. v. Chr. – also in der chinesischen Augustuszeit! – Maßnahmen zur Hebung der Bevölkerungsziffer. A. v. Rosthorn, Das soziale Leben der Chinesen (1919), S. 6.

[2] Strabo, Pausanias, Dio Chrysostomus, Avien u. a., Ed. Meyer, Kl. Schriften, S. 164 ff.

Einwohnerzahl eines Dorfes, aber die Kaiserpaläste waren noch be-
wohnbar.

Damit findet die Geschichte der Stadt ihren Abschluß. Aus dem
ursprünglichen Markt zur Kulturstadt und endlich zur Weltstadt
herangewachsen, bringt sie das Blut und die Seele ihrer Schöpfer
dieser großartigen Entwicklung und deren letzter Blüte, dem Geist
der Zivilisation zum Opfer und vernichtet damit zuletzt auch sich
selbst.

6

Bedeutet die Frühzeit die Geburt der Stadt aus dem Lande, die
Spätzeit den Kampf zwischen Stadt und Land, so ist Zivilisation der
Sieg der Stadt, mit dem sie sich vom Boden befreit und an dem sie
selbst zugrunde geht. Wurzellos, dem Kosmischen abgestorben und
ohne Widerruf dem Stein und dem Geiste verfallen, entwickelt sie
eine Formensprache, die alle Züge ihres Wesens wiedergibt: nicht
die eines Werdens, sondern die eines Gewordenen, eines Fertigen,
das sich wohl verändern, aber nicht entwickeln läßt. Und deshalb
gibt es nur Kausalität, kein Schicksal, nur Ausdehnung, keine lebendige Richtung mehr. Daraus folgt, daß jede Formensprache einer
Kultur samt der Geschichte ihrer Entwicklung am ursprünglichen
Orte haftet, daß aber jede zivilisierte Form überall zu Hause ist
und deshalb, sobald sie erscheint, auch einer unbegrenzten Verbreitung anheimfällt. Gewiß haben die Hansestädte in ihren nordrussi-
schen Stapelplätzen gotisch und die Spanier in Südamerika im
Barockstil gebaut, aber es ist unmöglich, daß auch nur der kleinste
Abschnitt der gotischen *Stilgeschichte* außerhalb Westeuropas verlaufen wäre, und ebensowenig konnte der Stil des attischen und
englischen Dramas oder die Kunst der Fuge oder die Religion Luthers
und der Orphiker von Menschen fremder Kulturen fortgebildet
oder auch nur innerlich angeeignet werden. Was aber mit dem Alexandrinismus und unserer Romantik entsteht, das gehört allen Stadtmenschen ohne Unterschied. Mit der Romantik beginnt für uns das,
was Goethe weitschauend die Weltliteratur nannte; es ist die führende welt*städtische* Literatur, der gegenüber sich eine bodenständige,

aber belanglose Provinzliteratur überall nur mit Mühe behauptet.
Der Staat Venedigs oder Friedrichs des Großen oder das englische
Parlament, so wie es wirklich ist und arbeitet, lassen sich nicht wiederholen, aber „moderne Verfassungen" lassen sich in jedem afri-
kanischen und asiatischen Lande und antike Poleis unter Numidern
und Britanniern „einführen". Nicht die Hieroglyphen-, aber die
Buchstabenschrift, ohne Zweifel eine technische Erfindung der
ägyptischen Zivilisation,[1] ist in allgemeinen Gebrauch gekommen.
Und ebenso sind nicht echte Kultursprachen wie das Attische des
Sophokles und das Deutsch Luthers, aber die Weltsprachen, die
sämtlich wie die hellenistische Koine, das Arabische, Babylonische,
Englische aus der alltäglichen Praxis der Weltstädte hervorgegangen
sind, überall erlernbar. Deshalb nehmen in allen Zivilisationen die
modernen Städte ein immer gleichförmigeres Gepräge an. Man kann
gehen, wohin man will, man trifft Berlin, London und New York
überall wieder; und wenn ein Römer reiste, konnte er in Palmyra,
Trier, Timgad und in den hellenistischen Städten bis zum Indus und
Aralsee seine Säulenstellungen, statuengeschmückten Plätze und
Tempel finden. Was aber hier verbreitet wird, ist nicht mehr ein
Stil, sondern ein Geschmack, keine echte Sitte, sondern Manieren,
und nicht die Tracht eines Volkes, sondern die Mode. Damit ist es
denn möglich, daß ferne Bevölkerungen die „ewigen Errungenschaften" einer solchen Zivilisation nicht nur annehmen, sondern in
selbständiger Fassung weiterstrahlen. Solche Gebiete einer „Mondlichtzivilisation" sind Südchina und vor allem Japan, die erst seit dem
Ausgang der Hanzeit (220) „sinaisiert" wurden, Java als Verbreiterin der brahmanischen Zivilisation und Karthago, das seine Formen
von Babylon empfing.

Alles das sind Formen eines extremen, von keiner kosmischen
Macht mehr gehemmten und gebundenen Wachseins, rein geistig
und rein extensiv und deshalb von einer solchen Gewalt der Ausbreitung, daß die letzten und flüchtigsten Ausstrahlungen sich fast
über die ganze Erde verbreitet und übereinander gelegt haben.

---

[1] Nach der Entdeckung von Sethe. Vgl. Rob. Eisler, Die kenitischen Weihinschriften der Hyksoszeit usw. (1919).

Fragmente zivilisierter chinesischer Formen finden sich *vielleicht* im skandinavischen Holzbau, babylonische Maße *vielleicht* in der Südsee, antike Münzen in Südafrika, ägyptische und indische Einflüsse *vielleicht* im Inkalande.

Während aber diese Ausbreitung alle Grenzen überschreitet, vollzieht sich und zwar in großartigen Verhältnissen die Ausbildung der inneren Form in drei deutlich unterscheidbaren Stufen: Ablösung von der Kultur – Reinzucht der zivilisierten Form – Erstarrung. Diese Entwicklung hat für uns schon eingesetzt, und zwar sehe ich in der Krönung des gewaltigen Gebäudes die eigentliche Mission der Deutschen als der letzten Nation des Abendlandes. In diesem Stadium sind alle Fragen des Lebens, nämlich des apollinischen, magischen, faustischen Lebens zu Ende gedacht und in einen letzten Zustand des Wissens oder Nichtwissens gebracht. Um Ideen kämpft man nicht mehr. Die letzte, die Idee der Zivilisation selbst, ist im Umriß formuliert und ebenso sind Technik und Wirtschaft *im Problemsinne* fertig. Aber damit beginnt erst die mächtige Arbeit der Ausführung aller Forderungen und der Anwendung dieser Formen auf das gesamte Dasein der Erde. Erst wenn diese Arbeit getan und die Zivilisation nicht nur ihrer Gestalt, sondern auch ihrer Masse nach endgültig festgestellt ist, beginnt das Festwerden der Form. Stil ist in Kulturen der *Pulsschlag des Sicherfüllens*. Jetzt entsteht – wenn man das Wort gebrauchen will – der zivilisierte Stil als *Ausdruck des Fertigseins*. Er ist vor allem in Ägypten und China zu einer prachtvollen Vollkommenheit gelangt, die alle Äußerungen eines im Innern von nun an unveränderlichen Lebens vom Zeremoniell und Ausdruck der Gesichter an bis zu den äußerst feinen und durchgeistigten Formen einer Kunstübung erfüllt. Von Geschichte im Sinne des Zutreibens auf ein Formideal kann nicht mehr die Rede sein, aber es herrscht eine beständige leichte Bewegtheit der Oberfläche, welche der ein für allemal gegebenen Sprache immer wieder kleine Fragen und Lösungen artistischer Art ablockt. Darin besteht die gesamte uns bekannte „Geschichte" der chinesisch-japanischen Malerei und der indischen Architektur. Und ebenso wie diese Scheingeschichte sich von der wirklichen des gotischen

Stils, so unterscheidet sich der Ritter der Kreuzzüge von dem chinesischen Mandarin *als der werdende von dem fertigen Stand*. Der eine *ist* Geschichte, der andere hat sie längst überwunden. Denn, wie schon festgestellt wurde, die Geschichte dieser Zivilisationen ist *Schein* und ebenso die großen Städte, deren Antlitz sich fortwährend verändert, ohne anders zu werden. Und ein Geist dieser Städte ist nicht vorhanden. Sie sind Land in steinerner Form.

Was geht hier unter? Und was bleibt? Es ist ein bloßer Zufall, daß germanische Völker unter dem Druck der Hunnen die romanische Landschaft besetzten und damit die Entwicklung des „chinesischen" Endzustandes der Antike abbrachen. Den Seevölkern, die seit 1400 in einer bis ins einzelne gleichartigen Wanderung gegen die ägyptische Welt vordrangen, glückte es nur im kretischen Inselgebiet. Ihre mächtigen Züge an der libyschen und phönikischen Küste unter Begleitung von Wikingerflotten sind ebenso gescheitert wie die der Hunnen gegen China. So ist die Antike das einzige Beispiel einer im Augenblick ihrer vollen Reife abgebrochenen Zivilisation. Trotzdem haben die Germanen nur die Oberschicht der Formen zerstört und durch das Leben ihrer eigenen Vorkultur ersetzt. Die „ewige" Unterschicht erreichte man nicht. Sie bleibt, versteckt und durch eine neue Formensprache vollständig überzogen, im Untergrunde der ganzen folgenden Geschichte bestehen und besteht noch heute in Südfrankreich, Süditalien und Nordspanien in fühlbaren Resten fort. Es gibt hier eine spätantike Färbung der katholischen Volksreligion, die sie von dem kirchlichen Katholizismus der westeuropäischen Höhenschicht sehr deutlich abhebt. In süditalienischen Kirchenfesten findet man heute noch antike und vorantike Kulte wieder und ebenso überall Gottheiten (Heilige), deren Verehrung durch den katholischen Namen hindurch eine antike Fassung erkennen läßt.

Hier aber tritt ein anderes Element in Erscheinung, das seine eigene Bedeutung hat. Wir stehen vor dem *Problem der Rasse*.

II. Völker, Rassen, Sprachen

7

Das wissenschaftliche Geschichtsbild während des ganzen 19. Jahrhunderts wird verdorben durch eine aus der Romantik stammende oder von ihr doch vollendete Vorstellung, den Begriff des „Volkes" in sittlich-begeistertem Sprachgebrauch. Wenn irgendwo in früher Zeit eine neue Religion, Ornamentik, Bauweise, Schrift oder auch ein Reich oder eine große Verwüstung hervortritt, so stellt der Forscher seine Frage sofort in der Fassung: wie hieß *das* Volk, das diese Erscheinung hervorgebracht hat? Diese Fragestellung ist dem westeuropäischen Geist in seiner heutigen Beschaffenheit eigentümlich, sie ist aber in allen Einzelheiten so falsch, daß das mit ihr heraufgerufene Bild vom Gang der Ereignisse notwendig verfehlt sein muß. „Das Volk" als die Urform schlechthin, in welcher Menschen historisch wirksam sind, die Urheimat, die Ursitze, die Wanderungen „der" Völker – darin spiegelt sich der große Schwung der Begriffe Nation von 1789 und Volk von 1813, die beide letzten Endes auf das englisch-puritanische Selbstbewußtsein zurückgehen. Aber gerade weil der Begriff ein hohes Pathos birgt, entzieht er sich gern der Kritik. Selbst scharfsinnige Forscher bezeichnen hundert ganz verschiedenartige Dinge damit, ohne es zu bemerken, und so entwickelt sich „Volk" zu der vermeintlich eindeutigen Größe, welche alle Geschichte *macht*. Weltgeschichte gilt uns heute, was durchaus nicht selbstverständlich ist und dem Denken der Griechen und Chinesen ganz fern lag, als die Geschichte von Völkern. Alles andere, Kultur, Sprache, Kunst, Religion, wird von den Völkern geschaffen. Der Staat ist die Form eines Volkes.

Dieser romantische Begriff soll hier zerstört werden. Was seit der Eiszeit die Erde bewohnt, sind Menschen, nicht „Völker". Ihr Schicksal wird zunächst dadurch bestimmt, daß die leibliche Folge von Eltern und Kindern, der Zusammenhang des Blutes, natürliche Gruppen bildet, welche den deutlichen Hang verraten, in einer

Landschaft Wurzel zu fassen. Auch Nomadenstämme halten ihre Bewegungen innerhalb gewisser Grenzen. Damit ist eine Dauer der kosmisch-pflanzenhaften Lebensseite, des Daseins, gegeben. Dies nenne ich *Rasse*. Stämme, Sippen, Geschlechter, Familien – das sind sämtlich Bezeichnungen für die Tatsache des durch Zeugungen in einer engeren oder weiteren Landschaft fortkreisenden Blutes.

Aber diese Menschen besitzen auch noch die mikrokosmisch-tierhafte Lebensseite des Wachseins, des Empfindens und Verstehens, und die Form, in welcher das Wachsein des einen zu dem der übrigen in Beziehung tritt, nenne ich *Sprache*, die zunächst nichts ist als unbewußter lebendiger Ausdruck, der sinnlich wahrgenommen wird, der sich aber allmählich zu einer bewußten *Mitteilungstechnik* entwickelt, welche auf einem übereinstimmenden Bedeutungsgefühl für Zeichen beruht.

Zuletzt ist jede Rasse ein einziger großer Leib, und jede Sprache die Tätigkeitsform *eines* großen, viele Einzelwesen verbindenden Wachseins. Man wird über beide nie zu den letzten Aufschlüssen gelangen, wenn man sie nicht gemeinsam und in beständiger Vergleichung behandelt.

Man wird aber auch die Geschichte des höheren Menschentums nie verstehen, wenn man übersieht, daß der Mensch als Element einer Rasse und als Besitzer einer Sprache, oder der Mensch, je nachdem er einer Einheit des Blutes entstammt oder einer Einheit der Verständigung eingereiht ist, daß also Dasein und Wachsein des Menschen ihre besonderen Schicksale haben. Und zwar sind Ursprung, Entwicklung und Dauer der Rasseseite und der Sprachseite in ein und derselben Bevölkerung *durchaus unabhängig* voneinander. Rasse ist etwas Kosmisches und Seelenhaftes. Irgendwie ist sie periodisch und in ihrem Innern von den großen astronomischen Verhältnissen mitbedingt. Sprachen sind kausale Gebilde; sie wirken durch die Polarität ihrer Mittel. Wir reden von Rasseinstinkten und vom Geist einer Sprache. Aber das sind zwei verschiedene *Welten*. Zur Rasse gehört die tiefste Bedeutung der Worte Zeit und Sehnsucht, zur Sprache die der Worte Raum und Angst. Das alles ist bis jetzt unter dem Begriff „Volk" verschüttet geblieben.

Es gibt also *Daseinsströme* und *Wachseinsverbindungen*. Jene besitzen eine Physiognomie, diesen liegt ein System zugrunde. Rasse ist, im Bilde der Umwelt betrachtet, der Inbegriff aller leiblichen Kennzeichen, soweit sie für das Sinnesempfinden wacher Wesen vorhanden sind. Hier müssen wir bedenken, daß ein Leib die mit seiner Zeugung gesetzte und ihm innerlich eigene Form von der Kindheit bis zum Greisentum entfaltet und vollendet, während gleichzeitig das, was der Leib abgesehen von seiner Form ist, unaufhörlich erneuert wird. Von einem Knaben ist also im Manne nichts wirklich geblieben als der lebendige Sinn seines Daseins, und wir erkennen davon nicht mehr, als was sich in der Welt des Wachseins darbietet. Obwohl sich für den höheren Menschen der Rasseeindruck fast ganz auf das beschränkt, was in der Lichtwelt seines Auges erscheint, Rasse also ganz wesentlich ein Inbegriff *sichtbarer* Merkmale ist, so sind doch auch für ihn bedeutsame Reste nichtoptischer Merkmale vorhanden, der Geruch, die Stimmen der Tiere, vor allem aber die Sprechweise des Menschen. Für höhere Tiere dagegen wird der gegenseitige Rasseeindruck ohne Zweifel durchaus nicht vom Sehen beherrscht. Die Witterung ist wichtiger; es kommen aber Empfindungsarten hinzu, die sich dem menschlichen Wissen vollständig entziehen. Es ergibt sich daraus, daß eine Pflanze, weil sie Dasein besitzt, auch *Rasse hat* – die Obst- und Blumenzüchter wissen das sehr wohl –, daß aber nur Tiere Rasseeindrücke *empfangen*. Es hat für mich immer etwas Erschütterndes, wenn ich im Frühling sehe, wie all diese blühenden Gewächse, die sich nach Zeugung und Befruchtung sehnen, mit der ganzen Leuchtkraft ihrer Blüten einander nicht anziehen und nicht einmal bemerken können, sondern auf Tiere angewiesen sind, für die es allein diese Farben und Düfte gibt.

Sprache nenne ich die gesamte freie Tätigkeit des wachen Mikrokosmos, insofern sie etwas *für andere* zum Ausdruck bringt. Pflanzen besitzen kein Wachsein und keine Beweglichkeit und also keine Sprache. Das Wachsein tierischer Wesen aber ist durch und durch ein Sprechen, ob nun der Sinn der einzelnen Akte ein Sprechen sein soll oder nicht und wenn auch der bewußte oder unbewußte Zweck des Tuns in einer ganz anderen Richtung liegt. Ein Pfau spricht sicherlich bewußt, wenn er seinen Schweif entfaltet, aber eine junge Katze, die mit einem Garnknäul spielt, spricht durch die Zierlichkeit ihrer Bewegungen unbewußt zu uns. Jeder kennt den Unterschied in seinen Bewegungen, je nachdem er sich beobachtet weiß oder nicht. Man beginnt plötzlich mit allem, was man tut, bewußt zu „sprechen".

Damit ergibt sich aber ein sehr bedeutsamer Unterschied in den Arten der Sprache: Sprache, die nur *Ausdruck für die Welt* ist und deren innere Notwendigkeit in der Sehnsucht alles Lebens liegt, sich vor Zeugen zu verwirklichen, sein Dasein sich selbst zu bezeugen, und Sprache, die *von bestimmten Wesen verstanden* sein will. Es gibt also *Ausdruckssprachen* und *Mitteilungssprachen*. Jene setzen nur ein Wachsein, diese eine Wachseinsverbindung voraus. Verstehen heißt mit dem eigenen Bedeutungsgefühl auf den Eindruck eines Zeichens antworten. Sich verständigen, „Zwiesprache halten", zu einem „Du" sprechen, heißt also in ihm ein dem eigenen entsprechendes Bedeutungsgefühl voraussetzen. Die Ausdruckssprache vor Zeugen beweist nur das Vorhandensein eines Ich. Die Mitteilungssprache setzt ein Du. Ich ist das Sprechende. Du ist das, was die Sprache des Ich verstehen soll. Für den primitiven Menschen kann ein Baum, ein Stein, eine Wolke ein Du sein. Alle Gottheiten sind Du. Im Märchen gibt es nichts, was nicht mit dem Menschen Zwiesprache halten könnte. Und wir brauchen uns nur in Augenblicken zorniger Erregung oder dichterischen Schwunges zu ertappen, um zu wissen, daß noch heute jedes Ding ein Du für uns werden kann. Und endlich spricht jeder denkende Mensch mit sich selbst wie mit einem Du. Erst am Du erwacht auch das *Wissen* von einem Ich. „Ich" ist also eine Bezeichnung für die Tatsache, daß eine Brücke zu einem anderen Wesen vorhanden ist.

Eine strenge Grenze zwischen religiöser und künstlerischer Ausdruckssprache und reiner Mitteilungssprache zu ziehen, ist unmöglich. Das gilt ganz besonders auch für hohe Kulturen mit der Sonderentwicklung ihrer Formgebiete. Denn einerseits kann niemand sprechen, ohne in die Art seines Sprechens noch einen bedeutsamen

Ausdruck zu legen, der ihm selbst oft nicht bekannt ist und der jedenfalls nicht der Mitteilung dient. Und andererseits kennen wir alle das Drama, mit dem der Dichter etwas „sagen" will, was er ebensogut und besser auch durch einen Aufruf hätte sagen können, das Gemälde, das durch seinen Inhalt belehren, mahnen, bessern soll – die Bilderreihen in jeder griechisch-orthodoxen Kirche bilden einen strengen Kanon und dienen dem ausgesprochenen Zweck, dem Betrachter, dem ein Buch nichts sagt, die Wahrheiten der Religion eindringlich klar zu machen – die Stiche von Hogarth, welche Kanzelreden ersetzen, und endlich das Gebet, das unmittelbare Sprechen mit Gott, das auch durch die Ausübung einer kultischen Handlung vor seinen Augen, deren Sprache er versteht, ersetzt werden kann. Der theoretische Streit um den Zweck der Kunst beruht auf der Forderung, daß eine künstlerische Ausdruckssprache keine Mitteilungssprache sein soll, und der Erscheinung des Priestertums liegt die Überzeugung zugrunde, daß es allein die Sprache kennt, in welcher der Mensch sich Gott mitteilen kann.

Alle Daseinsströme haben historische, alle Wachseinsverbindungen religiöse Prägung. Was von jeder echten religiösen oder künstlerischen Formensprache feststeht und was insbesondere die Geschichte der Schrift uns überall enthüllt – Schrift ist die Wortsprache fürs Auge –, das gilt ganz ohne Zweifel auch von der Entstehung der menschlichen Lautsprache überhaupt. Die Urworte, von deren Beschaffenheit wir nicht das geringste mehr wissen, besaßen sicherlich auch eine kultische Farbe. Aber in einem entsprechenden Zusammenhang steht die Rasse mit allem, was wir das Leben als Kampf um die Macht, was wir die Geschichte als Schicksal, was wir heute Politik nennen. Es ist vielleicht verwegen, in dem Suchen einer Kletterpflanze nach Haftpunkten, womit sie einen Baum umklammert, seinen Widerstand überwindet und ihn zuletzt erwürgt, um sich über seinen Wipfel hoch in die Luft zu recken, etwas von politischem Instinkt, in dem Gesang einer aufsteigenden Lerche etwas von religiösem Weltgefühl zu verspüren, aber es ist sicher, daß von hier aus in ununterbrochener Reihe die Äußerungen des Daseins und des Wachseins, des Taktes und der Spannung bis zu den ausgebildeten politischen und religiösen Formen jeder modernen Zivilisation führen.

Und daraus ergibt sich endlich der Schlüssel für jene zwei merkwürdigen Worte, welche die völkerkundliche Forschung an zwei ganz verschiedenen Stellen der Erde entdeckt hat und zwar in einer nicht sehr umfangreichen Anwendung, die dann aber unvermerkt immer mehr in den Vordergrund der Untersuchung gerückt sind: *Totem und Tabu*. Je rätselhafter und vieldeutiger sie werden, desto mehr hat man gefühlt, daß mit ihnen die letzten Lebensgründe nicht nur der primitiven Menschheit angerührt wurden. Und aus der hier vorgelegten Untersuchung folgt nunmehr die eigentliche Bedeutung beider: Totem und Tabu bezeichnen den letzten Sinn von Dasein und Wachsein, Schicksal und Kausalität, Rasse und Sprache, Zeit und Raum, Sehnsucht und Angst, Takt und Spannung, Politik und Religion. Die Totemseite des Lebens ist pflanzenhaft und gehört allen Wesen an, die Tabuseite ist tierhaft und setzt die freie Bewegung des Wesens in einer Welt voraus. Wir besitzen die Totemorgane des Blutkreislaufs und der Fortpflanzung und die Tabuorgane der Sinne und Nerven. Alles was zum Totem gehört, besitzt Physiognomie, alles was Tabu ist, hat System. Im Totemistischen liegt das Gemeingefühl von Wesen, die ein und demselben Daseinsstrome angehören. Es läßt sich nicht übertragen und nicht beseitigen, es ist eine *Tatsache, die* Tatsache im eminenten Sinne. Alles was Tabu ist, kennzeichnet Wachseinsverbindungen; es ist erlernbar und übertragbar und eben deshalb ein behütetes Geheimnis von Kultgemeinden, Denkerschulen und Künstlergilden, die alle eine Art von Geheimsprache besitzen.[1]

Aber das Dasein kann ohne das Wachsein gedacht werden; das Wachsein nicht ohne Dasein. Daraus folgt, daß es Rassewesen ohne Sprache gibt, aber keine Sprache ohne Rasse. Deshalb besitzt alles Rassemäßige seinen eigenen und vom etwaigen Wachsein unabhängigen, den Pflanzen so gut wie den Tieren zugehörigen Aus-

---

[1] Es versteht sich, daß totemistische Tatsachen, insofern sie vom Wachsein bemerkt werden, auch eine Tabubedeutung erhalten, wie vieles im Geschlechtsleben, das den Menschen mit einer tiefen Angst erfüllt, weil es seinem Verstehenwollen entzogen bleibt.

druck – wohl zu unterscheiden von der Ausdrucks*sprache*, welche in der *aktiven Veränderung* des Ausdruckes besteht –, der nicht für Zeugen bestimmt, sondern einfach da ist: die Physiognomie. In jeder mit tiefer Bedeutung so genannten lebenden Sprache aber ist außer der Tabuseite, die erlernbar ist, ein gänzlich unerlernbarer Rassezug nachzuweisen, der mit den Trägern der Sprache dahinstirbt; er liegt in Melos, Rhythmus und Betonung, in Farbe, Klang und Schritt der Aussprache, im Sprachgebrauch, in der begleitenden Geste. Man sollte deshalb die Sprache und das Sprechen unterscheiden. Jene ist ein an sich toter Bestand von Zeichen, diese ist die Tätigkeit, welche mit den Zeichen wirkt.[1] Wenn man von einer Sprache nicht mehr unmittelbar hören *und sehen* kann, wie sie gesprochen wird, so kennt man von ihr nur den Knochenbau und nicht den Leib. Das ist beim Sumerischen, Gotischen, Sanskrit und allen andern Sprachen der Fall, die wir nur aus Texten und Inschriften entziffert haben und mit vollem Recht tot nennen, weil die menschliche Gemeinschaft verschwunden ist, welche durch diese Sprache gebildet worden war. Wir kennen die ägyptische Sprache, aber nicht das ägyptische Sprechen. Wir kennen vom Latein der augusteischen Zeit annähernd den Lautwert der Buchstaben und den Wortsinn, aber wir wissen nicht, wie eine Rede Ciceros von den Rostra herab erklang, und noch viel weniger wissen wir, wie Hesiod und Sappho ihre Verse sprachen und wie sich ein Gespräch auf dem Markt von Athen anhörte. Wenn in der Gotik das Latein wirklich wieder gesprochen wurde, so war damit etwas Neues entstanden; die Ausbildung dieses gotischen Latein hat vom Klang und Takt des Sprechens, von dem wir uns heute ebenfalls keine Vorstellung mehr machen können, bald auf den Wortbestand und die Wortverbindung übergegriffen. Aber auch das antigotische Latein der Humanisten, das ciceronianisch sein sollte, war nichts weniger als eine Auferstehung. Die ganze Bedeutung der Rasseseite im Sprechen

---

[1] W. v. Humboldt („Über die Verschiedenheit des menschlichen Sprachbaues") war der erste, welcher betonte, daß eine Sprache kein Ding, sondern eine Tätigkeit ist. „Will man den Ausdruck scharf nehmen, so läßt sich wohl sagen: *es gibt keine Sprache*, so wenig wie es *Geist gibt*; aber der Mensch spricht, und der Mensch wirkt geistig."

ermißt man, wenn man das Deutsch Nietzsches und Mommsens, das Französisch Diderots und Napoleons vergleicht und bemerkt, daß Lessing und Voltaire im Gebrauch der Sprache sich näherstehen als Lessing und Hölderlin.

Und ebenso steht es mit der bedeutendsten Ausdruckssprache, die es gibt, der Kunst. Die Tabuseite, nämlich der Formenschatz, die Regeln der Konvention, der Stil, soweit er einen Inbegriff feststehender Wendungen bedeutet, was mit dem Wortschatz und der Syntax der Wortsprachen zu vergleichen ist, stellt die Sprache selbst dar, die erlernt werden kann. Sie wird erlernt und im Gebrauch überliefert in den großen Malerschulen, der Bauhüttentradition, überhaupt in der strengen Handwerkszucht, welche für jede echte Kunst selbstverständlich ist und deren Zweck zu allen Zeiten die sichere Beherrschung einer ganz bestimmten, gerade damals lebendigen Sprechweise war. Denn es gibt auch hier lebendige und tote Sprachen. Die Formensprache einer Kunst läßt sich nur dann als lebendig bezeichnen, wenn die Künstlerschaft in ihrer Gesamtheit sie wie eine gemeinsame Muttersprache anwendet, deren man sich bedient, ohne an ihre Beschaffenheit auch nur zu denken. In diesem Sinne war der gotische Stil im 16. Jahrhundert eine tote Sprache, das Rokoko um 1800. Man vergleiche die unbedingte Sicherheit, mit welcher Baumeister und Musiker des 17. und 18. Jahrhunderts sich ausdrücken, mit dem Stammeln Beethovens, den mühsam, gewissermaßen durch Selbstunterricht erworbenen Sprachkenntnissen Schinkels und Schadows, dem Radebrechen der Präraffaeliten und Neugotiker und endlich den hilflosen Sprechversuchen heutiger Künstler.

Das Sprechen einer künstlerischen Formensprache, wie es in den Werken vorliegt, läßt die Totemseite, die Rasse erkennen und zwar von einzelnen Künstlern so gut wie von ganzen Künstlergeschlechtern. Die Schöpfer der dorischen Tempel Unteritaliens und Siziliens und die der norddeutschen Backsteingotik waren eine starke Rasse und ebenso die deutschen Musiker von Heinrich Schütz bis Joh. Seb. Bach. Zur Totemseite gehören der Einfluß der kosmischen Kreisläufe, dessen Bedeutung für die Gestalt der Kunstgeschichte man

kaum ahnt und niemals im einzelnen feststellen wird, und die schöpferischen Zeiten des Frühlings und des Liebesrausches, die ganz unabhängig von der Sicherheit der Formgebung über die Formgewalt,
die Tiefe der Konzeption einzelner Werke und ganzer Künste entscheiden. Wir verstehen den Formalisten aus Tiefe der Weltangst
oder aus Mangel an Rasse und den großen Formlosen aus Überschwang des Blutes oder Mangel an Zucht. Wir verstehen, daß es
einen Unterschied gibt zwischen der Geschichte von Künstlern und
der von Stilen und daß man die Sprache einer Kunst von Land zu
Land tragen kann, die Meisterschaft, sie zu sprechen, aber nicht.

Eine Rasse hat Wurzeln. Rasse und Landschaft gehören zusammen. Wo eine Pflanze wurzelt, da stirbt sie auch. Es hat wohl einen
Sinn, nach der Heimat einer Rasse zu fragen, aber man sollte wissen,
daß dort, wo die Heimat ist, eine Rasse mit ganz wesentlichen Zügen
des Leibes und der Seele auch bleibt. Ist sie dort nicht zu finden, so
ist sie nirgends mehr. Eine Rasse wandert nicht. Die Menschen wandern; ihre Geschlechterfolgen werden dann in immer wechselnden
Landschaften geboren; die Landschaft erhält eine geheime Gewalt
über das Pflanzenhafte in ihnen und endlich ist der Rasseausdruck
von Grund aus verändert, der alte erloschen und ein neuer aufgetaucht. Nicht Engländer und Deutsche sind nach Amerika ausgewandert, sondern diese Menschen sind *als* Engländer und Deutsche
gewandert; als Yankees sind ihre Urenkel jetzt dort, und es ist seit
langem kein Geheimnis mehr, daß der Indianerboden seine Macht an
ihnen bewiesen hat: sie werden von Generation zu Generation der
ausgerotteten Bevölkerung ähnlicher. Gould und Baxter haben gezeigt, daß Weiße aller Stämme, Indianer und Neger dieselbe durch-
schnittliche Körpergröße und Wachstumszeit erhalten und zwar so
schnell, daß jung eingewanderte Iren (mit einer sehr langen Wachstumszeit) die Macht der Landschaft noch an sich selbst erfahren.
Boas hat gezeigt, daß schon die in Amerika geborenen Kinder lang-
köpfiger sizilischer und kurzköpfiger deutscher Juden dieselbe Kopf-
form haben. Aber das gilt überall und sollte zur größten Vorsicht
gegenüber historischen Wanderungen mahnen, von denen wir nur
gewisse Namen der Wanderstämme und geringe Sprachreste ken-

nen, wie es in der antiken Vorgeschichte mit Danaern, Etruskern, Pelasgern, Achaiern, Dorern der Fall ist. Für die Rasse dieser „Völker" folgt daraus gar nichts. Was unter den Namen der Goten, Langobarden, Vandalen in die südeuropäischen Länder einströmte, war zuerst ohne Zweifel eine Rasse für sich. Sie war aber schon zur Zeit der Renaissance in die wurzelhaften Rassemerkmale des provenzalischen, kastilischen und toskanischen Bodens vollständig hineingewachsen.

Nicht so die Sprache. Die Heimat einer Sprache bedeutet nur den zufälligen Ort ihrer Bildung, der zu ihrer inneren Form in keiner Beziehung steht. Sprachen wandern, indem sie von Stamm zu Stamm verbreitet und von Stämmen fortgetragen werden. Vor allem werden sie gewechselt und einen *Sprachenwechsel der Rassen* kann man in früher Zeit gar nicht oft genug annehmen. Es ist, um das zu wiederholen, der Formbestand und nicht das Sprechen der Sprache, was man sich aneignet, ebenso wie primitive Bevölkerungen sich unaufhörlich ornamentale Motive aneignen, um sie mit vollkommener Sicherheit als Elemente der eigenen Formensprache zu gebrauchen. Es genügt in frühen Zeiten die Tatsache, daß ein Volk sich als stärker erwiesen hat, oder ein Gefühl, daß dessen Sprache in der Anwendung überlegen ist, um – oft aus wirklicher religiöser Scheu – die eigene Sprache dafür aufzugeben. Man verfolge den Sprachwechsel der Normannen, die in der Normandie, in England, in Sizilien, vor Byzanz immer mit einer andern Sprache erschienen und jedesmal bereit waren, sie wieder gegen eine andere einzutauschen. Die Ehrfurcht vor der Muttersprache, mit dem ganzen sittlichen Gewicht, das an diesem Worte haftet und das immer wieder zu erbitterten Sprachkämpfen führt, ist ein Zug der *späten* abendländischen Seele und dem Menschen andrer Kulturen kaum, dem primitiven gar nicht bekannt. Er wird von unsern Historikern aber stillschweigend überall vorausgesetzt und führt zu einer Unzahl falscher Schlüsse über die Bedeutung von Sprachfunden auf die Geschicke von „Völkern". Man denke an die Rekonstruktion der „dorischen Wanderung" aus der Verteilung der späteren griechischen Dialekte. Daraus ergibt sich die Unmöglichkeit, aus bloßen

Ortsnamen, Eigennamen, Inschriften, Dialekten, der Sprachseite
überhaupt auf die Geschicke der Rasseseite von Bevölkerungen zu
schließen. Wir wissen von vornherein nie, ob ein Völkername einen
Sprachkörper oder einen Rasseteil bezeichnet, beides oder keins von
beiden, und dazu kommt noch, daß die Völkernamen und sogar die
Ländernamen ihre eigenen Schicksale besitzen.

8

Das Haus ist der reinste Rasseausdruck, den es überhaupt gibt.
Von dem Augenblick an, wo der seßhaft werdende Mensch nicht
mehr mit einem Obdach vorlieb nimmt, sondern eine feste Wohnung für sich baut, ist dieser Ausdruck vorhanden und er unterscheidet innerhalb der Rasse „Mensch“, welche dem *biologischen*
Weltbilde angehört, die Menschenrassen der eigentlichen Weltgeschichte, Daseinsströme von einer viel seelenhafteren Bedeutung.
Die Urform des Hauses ist durchaus gefühlt und gewachsen. Man
weiß gar nichts von ihr. Wie die Schale des Nautilus, wie der Bie-
nenstock, wie die Nester der Vögel ist sie von innerer Selbstverständlichkeit und alle Züge ursprünglicher Sitte und Form des
Daseins, des Ehe- und Familienlebens, der Stammesordnung haben
im Grundriß und seinen Haupträumen, Diele, Halle, Megaron,
Atrium, Hof, Kemenate, Gynaikeion ihr Ebenbild. Man braucht
nur die Anlage des altsächsischen und des römischen Hauses zu vergleichen, um zu fühlen, daß die Seele dieser Menschen und die Seele
ihres Hauses ein und dasselbe sind.

Die Kunstgeschichte hätte sich dieses Gebietes nie bemächtigen
sollen. Es war ein Irrtum, den Bau des Wohnhauses für einen Teil
der Baukunst zu halten. Diese Form ist aus der dunklen Gewohnheit
des Daseins, nicht für das Auge entstanden, welches Formen im
Licht sucht, und kein Architekt hat je daran gedacht, die Raumver-
teilung des Bauernhauses wie die eines Domes zu behandeln. Diese
bedeutsame Grenze der Kunst ist der Forschung entgangen, obwohl
gelegentlich Dehio[1] bemerkt, daß das altgermanische Holzhaus

[1] Gesch. d. Deutsch. Kunst (1919), S. 14 f.

nichts mit der späteren großen Architektur zu tun habe, die ganz
unabhängig davon entstanden sei. Deshalb besteht eine immerwäh-
rende methodische Verlegenheit, welche die Kunstwissenschaft
wohl empfunden, aber nicht begriffen hat. Sie bringt in allen Vor-
und Frühzeiten unterschiedslos Geräte, Waffen, Keramik, Gewebe,
Grabstätten und Häuser und zwar sowohl der Form als der Verzierung nach zusammen und gewinnt erst mit der *organischen* Geschichte der Malerei, Plastik und Architektur, also der in sich geschlossenen Sonderkünste, festen Boden. Aber hier scheiden sich
klar und deutlich zwei *Welten*, die des Seelen*ausdrucks* und die der
Ausdrucks*sprache* für das Auge. Das Haus und ebenso die völlig
unbewußten Grund-, d. h. *Gebrauchs*formen der Gefäße, Waffen,
Kleidung und Geräte gehören zur Totemseite. Sie kennzeichnen
nicht einen Geschmack, sondern die Kampfweise, Wohnweise und
Arbeitsweise. Jedes ursprüngliche Sitzgerät ist der Abdruck einer
rassemäßigen Körperhaltung; jeder Griff eines Gefäßes verlängert
den *bewegten* Arm. Die Malerei und Schnitzarbeit am Hause, das
Kleid als Schmuck, die Verzierung der Waffen und Geräte dagegen
gehören zur Tabuseite des Lebens. In diesen Mustern und Motiven
liegt für den frühen Menschen auch eine Zauberkraft. Wir kennen
die Germanenklingen der Völkerwanderung mit orientalischem
Ornament und die mykenischen Burgen mit minoischer Kunstar-
beit. So unterscheiden sich Blut und Sinne, Rasse und Sprache –
Politik und Religion.

Es gibt also – und das wäre eine der dringendsten Aufgaben künftiger Forschung – noch keine Weltgeschichte des Hauses und *seiner
Rassen*, die mit ganz anderen Mitteln behandelt werden müßte als
die Geschichte der Kunst. Das Bauernhaus ist im Verhältnis zum
Tempo aller Kunstgeschichte „ewig" wie der Bauer selbst. Es steht
außerhalb der Kultur und damit außerhalb der höheren Menschengeschichte; es kennt ihre örtlichen und zeitlichen Grenzen nicht und
erhält sich der Idee nach unverändert durch alle Wandlungen der
Baukunst, *die sich nur an ihm, nicht mit ihm vollziehen*. Die altitalische
Rundhütte kennt man noch in der Kaiserzeit.[1] Die Form des recht-

---

[1] W. Altmann, Die ital. Rundbauten (1906).

eckigen römischen Hauses, das Existenzzeichen einer zweiten Rasse, findet sich in Pompeji und sogar in den Kaiserpalästen auf dem Palatin. Man entlehnt jede Art von Schmuck und Stil aus dem Orient, aber kein Römer hätte daran gedacht, etwa das syrische Haus nachzuahmen. Und ebensowenig ist die Megaronform von Tiryns und Mykene und die des von Galen beschriebenen altgriechischen Bauernhauses von den Städtebaumeistern des Hellenismus angetastet worden. Das sächsische und das fränkische Bauernhaus haben ihren Wesenskern vom ländlichem Gehöft über das Bürgerhaus der alten freien Reichsstädte bis zu den Patrizierbauten des 18. Jahrhunderts unberührt erhalten, während der gotische, Renaissance-, Barock- und Empirestil darüber hingleiten, an der Fassade und in allen Räumen vom Keller bis zum Dache ihr Wesen treiben, ohne die Seele des Hauses zu beirren. Und dasselbe gilt von den Möbel*formen*, die man psychologisch von ihrer künstlerischen Behandlung sorgfältig trennen sollte. Insbesondere ist die Entwicklung der nordeuropäischen Sitzmöbel bis zum Klubsessel ein Stück Rasse- und nicht etwa Stilgeschichte. Jedes andere Kennzeichen kann über das Schicksal einer Rasse täuschen; der Etruskername unter den Seevölkern, die Ramses III. schlug, die rätselhafte Inschrift von Lemnos, die Wandgemälde in den Gräbern von Etrurien gestatten keinen sicheren Schluß auf den leiblichen Zusammenhang dieser Menschen. Wenn gegen Ende der Steinzeit in dem weiten Gebiet östlich der Karpathen eine hochbedeutende Ornamentik entsteht und andauert, so kann trotzdem Rasse auf Rasse sich hier abgelöst haben. Besäßen wir in Westeuropa aus den Jahrhunderten von Trajan bis Chlodwig nur die Keramik, so würden wir von dem Ereignis der Völkerwanderung nicht das geringste ahnen. Aber das Vorkommen eines Ovalhauses im ägäischen Gebiet,[1] eines anderen sehr seltsamen Ovalhauses in Rhodesia,[2] die vielbesprochene Übereinstimmung des sächsischen Bauernhauses mit dem libysch-kabylischen verraten ein

---

[1] Bulle, Orchomenos, S. 26 ff.; Noack, Ovalhaus und Palast in Kreta, S. 53 ff. Die in späterer Zeit noch feststellbaren Hausgrundrisse des ägäisch-kleinasiatischen Gebietes gestatten vielleicht, in den Bevölkerungsstand der vorantiken Zeit Ordnung zu bringen. Die Sprachreste können es nicht.

[2] Mediaeval, Rhodesia, London 1906.

Stück Rassengeschichte. Ornamente verbreiten sich, wenn eine Bevölkerung sie ihrer Formensprache einverleibt; eine Hausform wird nur mit einer Rasse verpflanzt. Verschwindet ein Ornament, so hat sich nur eine Sprache verändert, verschwindet ein Haustyp, *so ist eine Rasse erloschen.*

Daraus ergibt sich nun eine notwendige Berichtigung der Kunstgeschichte. Man muß auch in ihrem Verlauf die Rasseseite sorgfältig von der eigentlichen Sprache trennen. Am Anfang einer Kultur erheben sich über das Bauerndorf mit seinen Rassebauten zwei ausgeprägte Formen höheren Ranges als Ausdruck des Daseins und als Sprache des Wachseins, *Burgen und Dome.*[1] In ihnen steigert sich der Unterschied von Totem und Tabu, Sehnsucht und Angst, Blut und Geist zu gewaltiger Symbolik. Die altägyptische, altchinesische, antike, südarabische, abendländische Burg als Sitz von Geschlechterfolgen steht dem Bauernhaus nahe. Sie bleiben beide als Abdruck wirklichen Lebens, Zeugens und Sterbens außerhalb aller Kunstgeschichte. Die Geschichte der deutschen Burgen ist durchaus ein Stück *Rassegeschichte.* An beide wagt sich zwar die frühe Ornamentik heran und verschönert hier das Balkenwerk und dort das Tor oder Treppenhaus, aber sie kann so oder so *gewählt* werden oder überhaupt fehlen. Eine innerlich notwendige Beziehung zwischen Baukörper und Ornament ist nie vorhanden. Der Dom dagegen ist nicht ornamentiert; er *ist ein Ornament.* Seine Geschichte – und ebenso die des dorischen Tempels und aller andern frühen Kultbauten – fällt mit der gotischen Stilgeschichte zusammen und zwar so vollständig, daß es hier wie in allen frühen Kulturen, von deren Kunst wir überhaupt noch etwas wissen, niemandem aufgefallen ist, daß die strenge Architektur, die nichts ist als reine Ornamentik von höchster Art, sich ausschließlich auf den Kultbau beschränkt. Alles was an schönen Bauformen in Gelnhausen, Goslar und der Wartburg erscheint, ist von der Domkunst *herübergenommen,* ist Verzierung und nicht von innerer Notwendigkeit. Eine Burg, ein Schwert, ein Tongefäß können diese Verzierung vollständig entbehren, ohne ihren Sinn oder auch nur ihre Gestalt zu ver-

[1] Vgl. Bd. II, Kap. IV, I.

lieren; bei einem Dom oder einem ägyptischen Pyramidentempel läßt sich das nicht einmal vorstellen.

So unterscheiden sich der Bau, *der Stil hat*, von dem, *in welchem* man Stil hat. Denn in Kloster und Dom ist es *der Stein*, welcher Form besitzt und sie den Menschen mitteilt, die in ihrem Dienste stehen, in Bauernhaus und Ritterburg ist es die volle Stärke des bäuerlichen und ritterlichen Lebens, welche aus sich heraus das Gehäuse bildet. Der Mensch und nicht der Stein ist hier das erste, und wenn von einem Ornament auch hier die Rede sein soll, so besteht es in der strengen, gewachsenen, unerschütterlichen *Form der Sitten und Bräuche*. Das wäre der Unterschied von lebendigem und starrem Stil. Aber ebenso wie die Macht dieser lebendigen Form auf das Priestertum hinübergreift und in vedischer wie in gotischer Zeit einen ritterlichen Priestertypus herausbildet, so ergreift die romanisch-gotische *heilige* Formensprache alles, was mit diesem weltlichen Leben in Verbindung steht, Tracht, Waffen, Zimmer und Geräte, und stilisiert ihre Oberfläche. Aber die Kunstgeschichte sollte sich über diese ihr fremde Welt nicht täuschen; es ist die *Oberfläche*.

Etwas Neues kommt in den frühen Städten nicht hinzu. Zwischen den Rassehäusern, welche nun Straßen bilden und in ihrem Innern die Einrichtung und Sitte des Bauernhauses treu bewahren, liegt eine Handvoll Kultbauten, welche Stil *haben*. Sie sind weiterhin unbestritten *der Sitz der Kunstgeschichte* und strahlen ihre Form auf Plätze, Fassaden und Innenräume aus. Mögen aus den Burgen Stadtpaläste und Patrizierhäuser, aus dem Palas, der Männerhalle, die Gilden- und Rathäuser geworden sein: sie alle haben keinen Stil, sondern empfangen und tragen ihn. Das echte Bürgertum hat nicht mehr die metaphysische Gestaltungskraft der frühen Religion. Es bildet das Ornament weiter, aber nicht *den Bau als Ornament*. Von hier an, mit der reifen Stadt, zerfällt die Kunstgeschichte in die Geschichte von Einzelkünsten. Das Bild, die Statue, das Haus sind Einzelobjekte der Stilanwendung. Auch die Kirche ist jetzt ein solches Haus. Ein gotischer Dom *ist* Ornament, eine barocke Hallenkirche ist ein Baukörper, der mit Ornamentik überzogen ist. Was der ionische Stil und das Barock des 16. Jahrhunderts vorbereiten, führt die korinthische Ordnung und das Rokoko zu Ende. Hier haben sich Haus und Ornament endgültig und entschieden getrennt, und selbst die Meisterwerke unter den Kirchen und Klöstern des 18. Jahrhunderts können nicht darüber hinwegtäuschen, daß alle diese Kunst weltlich geworden ist, nämlich Verzierung. Mit dem Empire geht der Stil in einen Geschmack über und mit seinem Ende die Baukunst in ein Kunstgewerbe. Damit hat die ornamentale Ausdruckssprache und also die Kunstgeschichte ein Ende gefunden. Aber das Bauernhaus mit seiner unveränderten Rasseform lebt weiter.

9

Sieht man vom Rasseausdruck des Hauses ab, so bemerkt man erst die ungeheure Schwierigkeit, dem Wesen der Rasse nahe zu kommen. Nicht ihrem inneren Wesen, ihrer Seele, denn davon redet unser Gefühl deutlich genug. Was ein Mensch von Rasse ist, wissen wir alle auf den ersten Blick. Aber welches sind die Merkmale für unser Empfinden, vor allem fürs Auge, an denen wir Rassen erkennen und unterscheiden? Ohne Zweifel gehört dies zur Physiognomik, so gut wie die Einteilung der Sprachen zur Systematik gehört. Was alles müßte man da aber vor sich haben! Wie vieles geht mit dem Tode, wie vieles weiterhin mit der Verwesung endgültig verloren! Was verrät ein Skelett *nicht*, das einzige, was wir bestenfalls vom vorgeschichtlichen Menschen besitzen? Es ist so gut wie alles. Die prähistorische Forschung ist mit naivem Eifer gleich bereit, von einem Kiefer oder Armknochen Unglaubliches abzulesen, aber man braucht nur an ein Massengrab in Nordfrankreich zu denken, von dem wir *wissen*, daß darin Menschen aller Rassen, Weiße und Farbige, Bauern und Städter, Jünglinge und Männer bestattet sind. Wenn dies die Zukunft nicht aus anderer Quelle weiß, wird sie es durch eine anthropologische Untersuchung sicherlich nicht entdecken. Es können also gewaltige Rasseschicksale über ein Land dahingegangen sein, ohne daß der Forscher an den Skelettresten der Gräber das Geringste davon bemerkt. Der Ausdruck liegt also vorwiegend im *lebendigen* Körper; nicht im Bau der Teile, sondern in ihrer Bewegung, nicht im Gesichtsschädel, sondern in der Miene. Aber wie vieles an möglichem Rasseausdruck ist selbst für die schärfsten Sinne heutiger Menschen vorhanden? Wie vieles hören und sehen wir *nicht*? Für was fehlt uns, sicherlich im Unterschied von vielen Tierarten, überhaupt das Sinnesorgan?

Die Wissenschaft im darwinistischen Zeitalter hat sich die Frage leicht gemacht. Wie flach, wie plump, wie mechanistisch ist der Begriff, mit dem sie arbeitet! Er umfaßt erstens eine Summe grobsinnlicher Merkmale, soweit sie im anatomischen Befunde, also auch an Leichen festzustellen sind. Vom Beobachten des Körpers, insofern er lebt, ist nicht die Rede. Und zweitens untersucht man nur Kennzeichen, die sich einem sehr wenig feinen Auge aufdrängen, und nur, insofern sie sich messen und zählen lassen. Das Mikroskop gibt den Ausschlag, nicht das Taktgefühl. Wenn man die Sprache als unterscheidendes Merkmal heranzieht, so denkt niemand daran, daß es menschliche Rassen nach der Art des *Sprechens* gibt und nicht nach dem grammatischen Bau *der Sprache*, der auch nur ein Stück Anatomie und System ist. Daß die Erforschung dieser *Sprechrassen* eine der wichtigsten Aufgaben der Forschung sein könnte, ist überhaupt noch nicht bemerkt worden. In Wirklichkeit wissen wir alle als Menschenkenner aus täglicher Erfahrung, daß die Art des Sprechens einer der bezeichnendsten Rassezüge heutiger Menschen ist. Die Beispiele dafür sind unübersehbar und jedem in großer Zahl bekannt. In Alexandria sprach man dasselbe Griechisch nach sehr verschiedener Rasseart aus. Wir sehen es heute noch an der Schreibweise der Texte. In Nordamerika sprechen die im Lande Geborenen ohne Zweifel völlig gleich, ob es nun das Englische, Deutsche oder gar Indianische ist. Was ist im Sprechen osteuropäischer Juden Rassezug der Landschaft und also auch im Russischsprechen der Russen vorhanden, was ein Rassezug des Blutes und also den Juden unabhängig vom Wohngebiet ihrer Wirtsvölker beim Sprechen aller ihrer europäischen „Muttersprachen" gemeinsam? Wie verhält es sich hier im einzelnen mit der Lautbildung, der Betonung, der Wortstellung?

Aber die Wissenschaft hat nicht einmal bemerkt, daß Rasse bei wurzelnden Pflanzen und beweglichen Tieren nicht das gleiche ist, daß mit der mikrokosmischen Lebensseite eine Gruppe von Zügen neu auftritt und zwar die für tierisches Wesen entscheidende. Sie sehen nicht, daß „Menschenrassen" *innerhalb der einheitlichen Rasse „Mensch"* wieder etwas völlig anderes sind. Sie reden von Anpassung und Vererbung und verderben also durch eine seelenlose Kausalverkettung von Oberflächenzügen, was hier der Ausdruck des Blutes und dort die Macht des Bodens über das Blut ist, Geheimnisse, die man nicht sehen und messen, sondern nur von Auge zu Auge erleben und fühlen kann.

Sie sind nicht einmal über den Rang der Oberflächenmerkmale untereinander einig. Blumenbach hat die Rassen nach Schädelformen, Friedrich Müller ganz deutsch nach Haar und Sprachenbau, Topinard echt französisch nach Hautfarbe und Nasenform, Huxley echt englisch sozusagen sportsmäßig eingeteilt. Das letzte wäre an sich ohne Zweifel sehr zweckmäßig, aber ein Pferdekenner würde ihm sagen, daß man mit einer Gelehrtenterminologie keine Rasseeigenschaften trifft. Diese Rassesteckbriefe sind sämtlich ebenso wertlos wie die, an welchen ein Schutzmann seine theoretische Menschenkenntnis erprobt.

Von dem Chaotischen im Gesamtausdruck des menschlichen Leibes macht man sich offenbar keine Vorstellung. Abgesehen vom Geruch, der z. B. für den Chinesen ein charakteristisches Kennzeichen der Rasse bildet, und vom Gehör, welches im Sprechen, Singen und vor allem im Lachen gefühlsmäßig tiefe Unterschiede feststellt, die keiner wissenschaftlichen Methode zugänglich sind, ist der Bildbefund fürs Auge so verwirrend reich an wirklich sichtbaren und an für den tieferen Blick sozusagen fühlbaren Einzelheiten, daß an eine Zusammenfassung nach wenigen Gesichtspunkten gar nicht zu denken ist. Und alle diese Seiten und Züge im Bilde sind unabhängig voneinander und haben ihre eigene Geschichte. Es gibt Fälle, wo der Knochenbau und vor allem die Schädelform sich vollkommen verändern, ohne daß der Ausdruck der Fleischteile, also des Gesichtes, anders würde. Die Geschwister ein und derselben Familie können fast alle unterscheidenden Merkmale nach Blumenbach, Müller und Huxley darstellen und ihr lebendiger Rasseausdruck ist doch für jeden Beobachter völlig der gleiche. Noch viel häufiger ist die Gleichheit im Körperbau bei einer durchgreifenden Verschiedenheit des lebendigen Ausdrucks. Ich brauche nur an den unermeßlichen Unterschied zwischen einer echten Bauernrasse wie den Friesen oder Bretonen und echten Stadtrassen zu erinnern.[1] Aber zur Energie des Blutes, das durch Jahrhunderte immer wieder dieselben leiblichen Züge prägt – „Familienzüge" –, und der Macht des Bodens – „Menschenschlag" – tritt noch jene rätselhafte kosmische Kraft des gleichen Taktes eng verbundener Gemeinschaften. Was man das Versehen der Schwangeren nennt, ist nur eine wenig bedeutende Einzelheit aus einem der tiefsten und mächtigsten Gestaltungsprinzipien alles Rassehaften. Daß greise Eheleute nach einem langen innigen Zusammenleben sich überraschend ähnlich geworden sind, hat jeder schon gesehen, obwohl die messende Wissenschaft ihm vielleicht das Gegenteil „beweisen" würde. Man kann die Gestaltungskraft dieses lebendigen Taktes, dieses starken innerlichen Gefühls für die Vollkommenheit des eigenen Typus gar nicht hoch genug anschlagen. Das Gefühl für Rasseschönheit – im Gegensatz zu dem sehr bewußten Geschmack reifer Stadtmenschen für geistigindividuelle Schönheitszüge – ist unter ursprünglichen Menschen ungeheuer stark und kommt ihnen eben deshalb gar nicht zum Bewußtsein. Ein solches Gefühl ist aber *rassebildend*. Es hat ohne Zweifel den Krieger- und Heldentypus von Wanderstämmen immer reiner *auf ein leibliches Ideal* hin geprägt, so daß es einen Sinn gehabt hätte, vom Rassebild des Normannen oder Ostgoten zu sprechen, und dasselbe ist bei jedem alten Adel der Fall, der sich stark und innig als Einheit fühlt und eben damit ganz unbewußt zur Ausbildung eines körperlichen Ideals gelangt. Kameradschaft züchtet Rassen. Französische *noblesse* und preußischer Landadel sind echte Rasse-

---

[1] Hierzu sollte einmal jemand physiognomische Studien an den massenhaften ganz bäuerlichen Römerbüsten, den Bildnissen der frühgotischen Zeit und der schon ausgesprochen städtischen Renaissance und noch mehr an den vornehmen englischen Porträts seit dem Ausgang des 18. Jahrhunderts machen. Die großen Ahnengalerien enthalten ein unübersehbares Material.

bezeichnungen. Aber gerade das hat auch den Typus des europäischen Juden mit seiner ungeheuren Rasse-Energie in einem tausendjährigen Ghettodasein herangezüchtet und wird immer wieder eine Bevölkerung zu einer Rasse schmieden, sobald sie sich einem Schicksal gegenüber seelisch für lange Zeit fest aneinander schließt. Wo es ein Rasse-Ideal gibt, und das ist in jeder frühen Kultur, in der vedischen, homerischen, staufischen Ritterzeit im höchsten Grade der Fall gewesen, da bewirkt die Sehnsucht einer herrschenden Klasse nach diesem Ideal, der Wille, so und nicht anders zu sein, ganz unabhängig von der Wahl der Frauen, daß dieses Ideal sich endlich verwirklicht. Und dazu kommt noch eine zahlenmäßige Erwägung, die bei weitem nicht genug beachtet wird. Jeder heute lebende Mensch hat um das Jahr 1300 schon eine Million, um das Jahr 1000 eine Milliarde Ahnen. Diese Tatsache besagt, daß jeder lebende Deutsche mit jedem Europäer der Kreuzzüge ohne Ausnahme blutsverwandt ist und daß sich dies, je enger man die Landschaftsgrenze zieht, zu einer hundert- und tausendfachen Verwandtschaft steigert, so daß die Bevölkerung eines Landes im Verlaufe von kaum zwanzig Generationen *zu einer einzigen Familie* zusammengewachsen ist; und das führt ebenso wie die Wahl und Stimme des durch die Geschlechter kreisenden Blutes, welches immer wieder Rassemenschen zueinander treibt, die Ehe löst und bricht und alle Widerstände der Sitte mit List und Gewalt überwindet, zu zahllosen Zeugungen, die ganz unbewußt *den Willen der Rasse* erfüllen.

Das sind erst die pflanzenhaften Rassezüge, die „*Physiognomie der Lage*" unter Absehen von der Bewegung des Beweglichen, also alles, was den lebendigen und toten Tierleib *nicht* unterscheidet und was auch in den starren Teilen ausgedrückt sein muß. Ohne Zweifel liegt im Wuchs einer Steineiche und italienischen Pappel und dem eines Menschen – „gedrungen", „schlank", „schmächtig" – etwas Gleichartiges. Und ebenso ist die Rückenlinie eines Dromedars und die Zeichnung eines Tiger- oder Zebrafelles ein pflanzenhaftes Rassemerkmal. Dahin gehört auch die Wirkung von Bewegungen, welche die Natur *an und mit einem Wesen* vornimmt. Eine Birke oder ein zartes Kind, die sich im Winde biegen, eine Eiche mit zersplitterter

Krone, das ruhige Kreisen oder ängstliche Flattern von Vögeln im Sturm gehört zur Pflanzenseite der Rasse. Aber auf welcher Seite stehen solche Merkmale *in dem Kampf zwischen Blut und Boden* um die innere Form einer „verpflanzten" Tier- oder Menschenart? Und wieviel von der Gestalt der Seele, der Sitte, des Hauses gehört hierher?

Ein ganz anderes Bild ergibt sich, sobald man den Eindruck des rein Tierhaften ins Auge faßt. Es handelt sich, wenn man sich des Unterschiedes vom pflanzenhaften Dasein und tierhaften Wachsein erinnert, nicht um das Wachsein selbst und seine Sprache, sondern darum, daß hier Kosmisches und Mikrokosmisches einen frei beweglichen Leib bilden einen Mikrokosmos im Verhältnis zu einem Makrokosmos, dessen selbständiges Leben und Tun einen ganz eigenen Ausdruck besitzt, der sich zum Teil der Organe des Wachseins bedient und der wie bei Korallentieren mit der Beweglichkeit großenteils wieder verlorengeht.

Wenn der Rasseausdruck der Pflanze ganz vorwiegend in der Physiognomie der Lage besteht, so liegt der tierhafte Ausdruck in einer *Physiognomie der Bewegung*, nämlich in der Gestalt, insofern sie sich bewegt, in der Bewegung selbst und in der Form der Glieder, soweit sie den Sinn der Bewegung darstellen. Von diesem Rasseausdruck offenbart ein schlafendes Tier sehr vieles nicht, ein totes, dessen Teile der Forscher wissenschaftlich untersucht, noch viel weniger, der Knochenbau eines Wirbeltieres fast nichts mehr. Deshalb sind für Wirbeltiere die Gelenke ausdrucksvoller als die Knochen, deshalb die Gliedmaßen der eigentliche Sitz des Ausdrucks im Gegensatz zu den Rippen und Schädelknochen – nur das Gebiß macht eine Ausnahme, weil es in seinem Aufbau den Charakter der tierischen Ernährung zeigt, während die Ernährung der Pflanze ein bloßer *Naturvorgang* ist –, deshalb das Insektenskelett, weil es den Körper umkleidet, ausdrucksvoller als das Vogelskelett, das ihn nur hält. Es sind vor allem die Organe des äußeren Keimblattes, die mit steigender Kraft den Rasseausdruck in sich sammeln, nicht das Auge an sich nach Form und Farbe, sondern *der Blick, der Gesichtsausdruck*, der Mund, weil er durch die Gewohnheit des Sprechens den Ausdruck des Verstehens trägt, überhaupt nicht der Schädel, sondern der „*Kopf*" mit seinen nur durch das Fleisch gebildeten Linien, der ganz eigentlich der Sitz der nichtpflanzlichen Seite des Lebens geworden ist. Man bedenke, woraufhin man dort Orchideen oder Rosen und hier Pferde oder Hunde züchtet und woraufhin man eine Menschenart am liebsten züchten möchte. Aber diese Physiognomie ergibt sich, es sei noch einmal gesagt, nicht aus der mathematischen Form der sichtbaren Teile, sondern einzig und allein aus dem Ausdruck der Bewegung. Wenn wir den Rasseausdruck eines unbewegten Menschen auf den ersten Blick begreifen, so beruht das auf einer Erfahrung des Auges, das in den Gliedern schon die zugehörige Bewegung sieht. Die wirkliche Rasseerscheinung eines Wisent, einer Forelle, eines Königsadlers läßt sich nicht durch die Aufzählung der Umrisse und Maße wiedergeben, und sie würde nie auf bildende Künstler eine so tiefe Anziehungskraft ausgeübt haben, wenn nicht das Geheimnis der Rasse *erst durch die Seele* im Kunstwerk und nicht schon durch die Nachahmung des Sichtbaren sich offenbarte. Man muß es sehen und sehend fühlen, wie die ungeheure Energie dieses Lebens sich in Kopf und Nacken zusammendrängt, aus dem geröteten Auge redet, aus dem kurzen gedrungenen Horn, aus dem Adlerschnabel, dem Profil des Raubvogelkopfes, was alles durch eine Wortsprache verstandesmäßig nicht mitzuteilen und nur durch die Sprache einer Kunst für andere auszudrücken ist.

Aber mit den Merkmalen dieser edelsten Tierarten sind wir schon dem Rassebegriff ganz nahe gekommen, der innerhalb des Typus Mensch Unterschiede schafft, die über die pflanzenhaften und tierhaften hinausgehen, die geistiger sind und eben deshalb den Mitteln der Wissenschaft noch viel weniger zugänglich als diese. Die groben Merkmale des Knochenbaues haben überhaupt keine selbständige Bedeutung mehr. Schon Retzius († 1860) hat dem Glauben Blumenbachs ein Ende gemacht, daß Rasse und Schädelbildung übereinstimmen, und J. Ranke faßt seine Ergebnisse so zusammen: „Was die Menschheit bezüglich ihrer verschiedenen Schädelformen im ganzen darstellt, das stellt jeder Volksstamm, ja oft schon jede größere Gemeinde eines solchen im kleinen dar; eine Vereinigung der verschiedenen Schädelformen, die Extreme vermittelt durch auf das feinste abgestufte Zwischenformen."[1] Ohne Zweifel lassen sich ideale Grundformen heraussuchen, aber man sollte sich eingestehen, daß es Ideale sind und daß trotz aller objektiven Meßmethoden der Geschmack hier die wirklichen Grenzen zieht und Einteilungen trifft. Viel wichtiger als alle Versuche, ein Ordnungsprinzip zu entdecken, ist die Tatsache, daß innerhalb der einheitlichen Rasse Mensch alle diese Formen von der frühesten Eiszeit an sämtlich vorkommen, sich nicht merklich verändert haben und unterschiedslos sogar in denselben Familien auftreten. Das einzige gesicherte Ergebnis der Wissenschaft ist die Beobachtung Rankes, wonach bei einer Anordnung der Schädelformen in Reihen mit Übergängen gewisse Durchschnittsziffern ein Merkmal nicht der „Rasse", wohl aber der Landschaft sind.

In der Tat verträgt sich der Rasseausdruck eines Menschenkopfes mit jeder überhaupt denkbaren Schädelform. Das Entscheidende sind nicht die Knochen, sondern das Fleisch, der Blick, das Mienenspiel. Es wird seit der Romantik von einer indogermanischen Rasse gesprochen. Aber gibt es Arier- und Semiten*schädel*? Kann man Kelten- und Franken- oder auch nur Buren- und Kaffernschädel unterscheiden? Wenn aber nicht, was für eine Rassegeschichte kann dann ohne irgendein Zeugnis für uns über die Erde gegangen sein, die uns nichts als Knochen aufbewahrt hat? Wie gleichgültig diese für das sind, was wir unter höheren Menschen Rasse nennen, ließe sich durch einen drastischen Versuch zeigen: man beobachte Menschen von den denkbar stärksten Rasseunterschieden durch einen Röntgenapparat und stelle sich dabei geistig auf die „Rasse" ein. Es wird ein geradezu lächerlicher Eindruck sein, wie mit der Durchleuchtung die „Rasse" plötzlich verschwunden ist. Und das wenige, was am Knochenbau bezeichnend bleibt, ist, es muß immer wieder betont werden, ein Gewächs der Landschaft und nicht eine Funktion des Blutes. Elliot Smith hat in Ägypten, v. Luschan auf Kreta ein ungeheures Material aus Gräbern von der Steinzeit bis zur Gegenwart untersucht. Es sind von den „Seevölkern" um die Mitte des 2. Jahrtausends v. Chr. bis zu den Arabern und Türken immer neue

[1] J. Ranke, Der Mensch (1912), II, S. 205.

Menschenströme über diese Gebiete gegangen, aber der durch-
schnittliche Knochenbau blieb unverändert. Die „Rasse" wanderte
gewissermaßen als Fleisch über die feststehende Skelettform des Bodens hin. Im Alpengebiet sitzen heute germanische, romanische und
slawische „Völker" der verschiedensten Abstammung und man
braucht nur den Blick rückwärts zu wenden, um hier immer neue
Stämme, darunter Etrusker und Hunnen zu entdecken, aber der
Knochenbau ist in der menschlichen Gestalt überall und immer wieder derselbe geworden und verliert sich allenthalben nach dem
Flachlande in andere, ebenso feststehende Formen. Deshalb beweisen
die berühmten prähistorischen Knochenfunde vom Neandertal-
schädel bis zum *homo Aurignacensis* für die Rasse und die Rassewan-
derungen des primitiven Menschen nicht das geringste. Sie zeigen
– wenn man von gewissen Schlüssen aus der Gestalt des Kiefers auf
die Ernährungsweise absieht – lediglich die Grundform des Landes
an, die man heute noch dort findet.

Es ist dieselbe geheimnisvolle Kraft des Bodens, die sich in jedem
lebenden Wesen nachweisen läßt, sobald man ein Kennzeichen findet, das von den plump zugreifenden Methoden des darwinistischen
Zeitalters nicht abhängig ist. Die Römer haben den Weinstock vom
Süden an den Rhein gebracht und er hat sich dort gewiß nicht sichtbar, nämlich botanisch verändert. Aber hier läßt sich die „Rasse"
einmal mit andern Mitteln feststellen. Es gibt einen bodenständigen
Unterschied nicht nur zwischen Südwein und Nordwein, zwischen
Rhein- und Moselwein, sondern auch noch für jede einzelne Lage
an jedem einzelnen Berghange. Und dasselbe gilt von jeder edlen
Obstrasse, vom Tee und vom Tabak. Dies „Aroma", ein echtes
Produkt der Landschaft, gehört zu den nicht meßbaren und deshalb
um so bedeutungsvolleren Merkmalen echter Rasse. Edle Menschenrassen unterscheiden sich aber in ganz derselben geistigen Weise wie
edle Weine. Ein gleiches Element, das sich nur dem zartesten Nachfühlen erschließt, ein leises Aroma in jeder Form verbindet unterhalb
aller hohen Kultur in Toskana die Etrusker mit der Renaissance, am
Tigris die Sumerer von 3000, die Perser von 500 und die anderen
Perser der islamischen Zeit.

Alles dieses kann für eine messende und wägende Wissenschaft nicht erreichbar sein. Es ist für das Fühlen mit untrüglicher Gewißheit und auf den ersten Blick da, aber nicht für die gelehrte Betrachtung. Ich komme also zu dem Schluß, daß Rasse ebenso wie Zeit und Schicksal etwas ist, etwas für alle Lebensfragen ganz Entscheidendes, wovon jeder Mensch klar und deutlich weiß, solange er nicht den Versuch macht, es durch verstandesmäßige und also entseelende Zergliederung und Ordnung begreifen zu wollen. Rasse, Zeit und Schicksal gehören zusammen. In dem Augenblick, wo das wissenschaftliche Denken sich ihnen nähert, erhält das Wort Zeit die Bedeutung von Dimension, das Wort Schicksal die von Kausalverkettung; und Rasse, wofür wir eben noch ein sehr sicheres Gefühl besaßen, wird zu einem unübersehbaren Wirrwarr ganz verschiedener und verschiedenartiger Merkmale, die nach Landschaften, Zeiten, Kulturen, Stämmen regellos durcheinanderlaufen. Einige klammern sich dauernd und zäh an einen Stamm und lassen sich forttragen, andere gleiten wie Wolkenschatten über eine Bevölkerung dahin und manche sind wie Dämonen des Landes, die von jedem Besitz ergreifen, solange er sich dort aufhält. Einige schließen sich aus und andere suchen sich. Eine feste Einteilung der Rassen, der Ehrgeiz aller Völkerkunde, ist unmöglich. Der bloße Versuch widerspricht schon dem Wesen des Rassemäßigen, und jeder überhaupt denkbare systematische Entwurf ist eine unvermeidliche Fälschung und Verkennung dessen, worauf es ankommt. Rasse ist, im Gegensatz zu Sprache, durch und durch unsystematisch. Zuletzt hat jeder einzelne Mensch und jeder Augenblick seines Daseins seine eigene Rasse. Deshalb ist das einzige Mittel, der totemistischen Lebensseite nahe zu kommen, nicht die Einteilung, sondern der physiognomische Takt.

10

Wer in das Wesen der Sprache eindringen will, der lasse alle gelehrten Wortuntersuchungen beiseite und beobachte, wie ein Jäger mit seinem Hunde spricht. Der Hund folgt dem ausgestreckten Finger; er horcht angespannt auf die Wortklänge und schüttelt dann

den Kopf; er versteht diese Art Menschensprache nicht. Dann macht
er ein paar Sätze, um *seine* Auffassung anzudeuten, bleibt stehen und
bellt: das ist ein Satz in seiner Sprache, der die Frage enthält, ob der
Herr etwa dies gemeint hat. Dann folgt, ebenfalls in einer Hunde-
sprache ausgedrückt, die Freude, wenn er begreift, daß er recht
hatte. Genau so versuchen sich zwei Menschen zu verständigen, die
keine einzige Wortsprache wirklich gemein haben. Wenn ein Land-
pfarrer einer Bäuerin etwas erklärt, so sieht er sie scharf an und unwillkürlich legt er alles in seine Gebärde, was sie in der kirchlichen
Ausdrucksweise ja doch nicht verstehen würde. Die heutigen Wortsprachen können sämtlich nur in Verbindung mit anderen Spracharten zur Verständigung führen. Für sich allein sind sie nie und nirgends in Gebrauch gewesen.

Wenn der Hund nun etwas will, so wedelt er mit dem Schwanze,
ungeduldig, daß der Herr so töricht ist, diese sehr deutliche und
ausdrucksreiche Sprache nicht zu verstehen. Er ergänzt sie durch
eine Lautsprache – er bellt – endlich durch eine Gebärdensprache –
er macht etwas vor. Hier ist der Mensch der Dummkopf, welcher
noch nicht sprechen gelernt hat.

Endlich geschieht etwas sehr Merkwürdiges. Wenn der Hund
alles erschöpft hat, um die verschiedenen Sprachen seines Herrn zu
begreifen, stellt er sich plötzlich vor ihn hin und sein Blick bohrt
sich in das Auge des andern. Hier geht etwas sehr Geheimnisvolles
vor sich: das Ich und Du treten unmittelbar in Fühlung. Der „Blick"
befreit von den Schranken des Wachseins. Das Dasein versteht sich
ohne Zeichen. Hier wird der Hund zum Menschenkenner, der den
Gegner scharf ins Auge faßt und damit hinter dem Sprechen den
Sprechenden begreift.

Diese Sprachen reden wir heute noch sämtlich, ohne es zu wissen.
Das Kind spricht lange bevor es das erste Wort gelernt hat, und die
Erwachsenen sprechen mit ihm, ohne irgendwie an die gewohnte
Wortbedeutung zu denken; das heißt, die Lautgebilde dienen hier
einer ganz anderen als der Wortsprache. Auch diese Sprachen haben
ihre Gruppen und Dialekte; sie können gelernt, beherrscht und mißverstanden werden; sie sind für uns so unentbehrlich, daß die Wort-

sprache den Dienst versagen würde, wenn wir je den Versuch machten, sie für sich allein, ohne Ergänzung durch Ton- und Gebärdensprachen anzuwenden. Selbst unsere Schrift, diese Wortsprache fürs
Auge, würde ohne die Gebärdensprache der Interpunktion fast unverständlich sein.

Es ist der Grundfehler der Sprachwissenschaft, daß sie Sprache
überhaupt und menschliche Wortsprache verwechselt, nicht theoretisch, aber regelmäßig in der Praxis aller Untersuchungen. Das hat
zu einer maßlosen Unkenntnis der unübersehbaren Menge von
Spracharten geführt, die unter Tieren und Menschen im allgemeinen Gebrauch sind. Das Reich der Sprache ist viel weiter, als alle
Forscher bemerken, und die Wortsprache in ihrer heute noch nicht
verlorenen Unselbständigkeit nimmt in ihm einen viel bescheidene-
ren Platz ein. Was die „Entstehung der menschlichen Sprache" betrifft, so ist die Frage falsch gestellt. Die Wortsprache – denn sie ist
gemeint, was wieder durchaus dasselbe ist – ist überhaupt nicht entstanden in dem Sinne, der hier vorausgesetzt wird. Sie ist weder
etwas erstes, noch etwas einziges. Die gewaltige Bedeutung, welche
sie von einem gewissen Zeitpunkt ab innerhalb der Menschengeschichte erlangt hat, sollte über ihre Stellung in der Geschichte
der freibeweglichen Wesen überhaupt nicht hinwegtäuschen. Mit
dem Menschen darf eine Untersuchung der Sprache sicherlich nicht
beginnen.

Aber auch die Vorstellung „Anfang der tierischen Sprache" ist
verkehrt. Sprechen ist mit dem lebendigen Dasein des Tieres im
Gegensatz zum Dasein der Pflanze so eng verknüpft, daß nicht einmal einzellige Wesen ohne alle Sinnesorgane sprachlos gedacht werden dürfen. Ein Mikrokosmos im Makrokosmos sein und sich anderen mitteilen können ist ein und dasselbe. Es hat keinen Sinn,
innerhalb der Tiergeschichte vom Anfang der Sprache zu reden.
Denn es ist etwas ganz Selbstverständliches, daß mikrokosmische
Wesen in Mehrheit vorhanden sind. Über andere Möglichkeiten
nachzudenken ist Spielerei. Die darwinistischen Phantasien über Ur-
zeugung und erste Elternpaare sollten doch dem Geschmack der
Ewig-gestrigen überlassen bleiben. Aber Schwärme, in denen stets

ein innerliches Gefühl des „Wir" lebendig ist, sind auch wach und trachten nach Wachseinsbeziehungen vom einen zum andern.

Wachsein ist Tätigkeit im Ausgedehnten und zwar willkürliche Tätigkeit. Das unterscheidet die Bewegungen eines Mikrokosmos von der mechanischen Beweglichkeit einer Pflanze und auch der Tiere und Menschen, solange sie Pflanzen, nämlich im Zustande des Schlafes sind. Man beobachte die tierische Nahrungs-, Fortpflanzungs-, Verteidigungs-, Angriffstätigkeit: eine Seite davon besteht regelmäßig im Abtasten des Makrokosmos durch die Sinne, mag es sich um das undifferenzierte Empfinden einzelliger Wesen oder um das Sehen eines hochentwickelten Auges handeln. Hier besteht ein deutlicher *Wille zum Empfangen von Eindrücken;* wir nennen das Orientierung. Dazu aber kommt von Anfang an der *Wille zum Erzeugen von Eindrücken bei anderen;* sie sollen angelockt, erschreckt, verjagt werden. Dies nennen wir Ausdruck *und mit ihm ist das Sprechen als Tätigkeit des tierischen Wachseins gegeben.* Seitdem ist nichts grundsätzlich Neues hinzugekommen. Die Weltsprachen hoher Zivilisationen sind nichts als äußerst verfeinerte Ausgestaltungen von Möglichkeiten, welche sämtlich schon in der Tatsache des gewollten Eindrucks einzelliger Wesen aufeinander enthalten sind.

Dieser Tatsache liegt aber das Urgefühl der Angst zugrunde. Das Wachsein trennt Kosmisches voneinander; es spannt einen Raum zwischen Vereinzeltem, Entfremdetem. Sich allein fühlen, ist der erste Eindruck des täglichen Erwachens. Und daher der Urtrieb, sich inmitten dieser fremden Welt aneinander zu drängen, sich der Nähe des andern sinnlich zu versichern, eine bewußte Verbindung mit ihm zu suchen. Das Du ist die Erlösung von der Angst des Alleinseins. *Die Entdeckung des Du,* indem man es als ein anderes Selbst organisch, *seelisch* aus der Welt des Fremden herauslöst, ist der große Augenblick in der Frühgeschichte des Tierischen. *Damit gibt es Tiere.* Man braucht nur die Kleinwelt eines Wassertropfens unter dem Mikroskop lange und aufmerksam zu betrachten, um überzeugt zu sein, daß die Entdeckung des *Du und damit des Ich* in der denkbar einfachsten Form hier schon voraufgegangen ist. Diese kleinen Wesen kennen nicht nur das andere, sondern auch den an-

deren; sie besitzen nicht nur Wachsein, sondern auch Wachseinsbeziehungen, und damit nicht nur Ausdruck, sondern auch die Elemente einer Ausdruckssprache.

Erinnern wir uns hier des Unterschiedes der beiden großen
Sprachgruppen. Eine Ausdruckssprache betrachtet den andern als
Zeugen und erstrebt nur einen *Eindruck* auf ihn; eine Mitteilungssprache betrachtet ihn als Mitredner und erwartet eine *Antwort*. *Verstehen* heißt, Eindrücke mit dem eigenen Bedeutungsgefühl empfangen; hierauf beruht die Wirkung der höchsten menschlichen Ausdruckssprache, der Kunst.[1] *Sich verständigen*, Zwiesprache halten bedeutet, im andern das gleiche Bedeutungsgefühl voraussetzen. Das
Element einer Ausdruckssprache vor Zeugen nennen wir *Motiv*. Die
Beherrschung der Motive ist die Grundlage jeder Ausdruckstechnik.
Auf der andern Seite heißt der zum Zweck der Verständigung er-
zeugte Eindruck *Zeichen* und er bildet das Element jeder Mitteilungstechnik, im höchsten Falle also der menschlichen Wortsprache.

Von dem Umfang beider Sprachwelten im menschlichen Wachsein macht man sich heute kaum eine Vorstellung. Zur Ausdruckssprache, die überall in frühester Zeit mit dem vollen religiösen Ernst
des Tabu auftritt, gehört nicht nur die schwere und strenge Ornamentik, die ursprünglich mit dem Begriff der Kunst schlechthin zusammenfällt und alle starren Dinge zu Trägern des Ausdrucks
macht, sondern auch das feierliche Zeremoniell, das mit seinen Formeln das gesamte öffentliche Leben und selbst noch das der Familie
überspinnt,[2] und die „Sprache der Tracht", nämlich der Kleidung,
der Tätowierung und des Schmuckes, die eine *einheitliche* Bedeutung
besitzen. Die Forscher des vorigen Jahrhunderts haben sich vergeblich bemüht, die Kleidung aus dem Schamgefühl oder aus Zweck-
mäßigkeitsgründen abzuleiten. Sie wird nur als Mittel einer Aus-

---

[1] Die Kunst ist unter Tieren vollkommen ausgebildet. Soweit sie dem Menschen durch Analogie zugänglich ist, besteht sie in rhythmischer Bewegung
(„Tanz") und Lautbildung („Gesang"). Damit ist aber der künstlerische Eindruck
auf die Tiere selbst bei weitem nicht erschöpft.

[2] Luk. 10, 4 sagt Jesus zu den Siebzig, die er aussendet: „Und grüßet niemand
auf der Straße." Das Zeremoniell des Grüßens im Freien ist so umfangreich, daß
Eilige darauf verzichten müssen. A. Bertholet, Kulturgeschichte Israels (1919),
S. 162.

druckssprache verständlich und sie ist das in großartigster Weise in allen hohen Zivilisationen, auch heute noch. Man braucht sich nur der das ganze öffentliche Leben und Treiben beherrschenden Mode, der vorschriftsmäßigen Kleidung bei allen wichtigen Akten und Festen zu erinnern, der Abstufungen des Gesellschaftsanzuges, der Brauttracht, der Trauerkleidung, der militärischen Uniform, des Priesterornates; man denke an Orden und Abzeichen, Mitra und Tonsur, Allongeperücke und Stock, Puder, Ringe, Frisuren, an alles mit Bedeutung Verhüllte und Entblößte, an die Tracht von Mandarinen und Senatoren, Odalisken und Nonnen, an den Hofstaat des Nero, Saladin und Montezuma, um von den Einzelheiten der Volkstracht und der Sprache der Blumen, Farben und Edelsteine ganz zu schweigen. Die Sprache der Religion braucht nicht genannt zu werden, denn alles dieses *ist* Religion.

Die Mitteilungssprachen, an denen keine überhaupt denkbare Art der Sinnesempfindung ganz unbeteiligt ist, haben für den Menschen hoher Kulturen allmählich drei vorherrschende Zeichen entwickelt, das Bild, den Laut und die Geste, die sich in der Schriftsprache der abendländischen Zivilisation zur Einheit von Buchstabe, Wort und Interpunktion zusammenschließen.

Im Verlauf dieser langen Entwicklung vollzieht sich endlich *die Ablösung der Sprache vom Sprechen*. Es gibt in der Sprachgeschichte keinen Vorgang von größerer Tragweite. Ursprünglich sind ohne Zweifel alle Motive und Zeichen aus dem Augenblick geboren und nur für einen einzelnen Akt der Wachseinstätigkeit bestimmt. Ihre wirkliche, gefühlte und also gewollte Bedeutung sind ein und dasselbe. Das Zeichen ist Bewegung und nicht ein Bewegtes. Sobald aber ein fester Zeichenbestand dem lebendigen Zeichengeben *entgegentritt*, wird das anders. Es löst sich nicht nur die Tätigkeit von ihren Mitteln, sondern auch *das Mittel von seiner Bedeutung*. Die Einheit beider hört nicht nur auf, etwas Selbstverständliches zu sein, sondern sie wird unmöglich. Das Bedeutungsgefühl ist lebendig und wie alles, was mit Zeit und Schicksal zusammenhängt, einmalig und nie wiederkehrend. Kein Zeichen, und sei es noch so bekannt und gewohnt, wird je in genau derselben Bedeutung wiederholt. Deshalb kehrte ursprünglich kein Zeichen jemals in genau derselben Form wieder. Das Reich der starren Zeichen ist etwas unbedingt Gewordenes und rein Ausgedehntes, *kein Organismus, sondern ein System*, das seine *eigene, kausale* Logik besitzt und den unvereinbaren Gegensatz von Raum und Zeit, Geist und Blut auch in die Wachseinsverbindungen zweier Wesen trägt.

Dieser feste Bestand von Zeichen und Motiven mit seiner vermeintlich festen Bedeutung muß gelernt und eingeübt werden, wenn man an der zugehörigen Wachseinsgemeinschaft teilnehmen will. *Zu der vom Sprechen abgelösten Sprache gehört unvermeidlich der Begriff der Schule.* Sie ist unter höheren Tieren vollkommen ausgebildet und in jeder in sich geschlossenen Religion, in jeder Kunst, in jeder Gesellschaft die Voraussetzung dafür, daß man wirklich ein Gläubiger, ein Künstler oder ein Mensch von Erziehung ist. Von hier an gibt es eine scharfe *Grenze* für jede Gemeinschaft. Man muß ihre Sprache, das heißt ihre Glaubenssätze, Sitten, Regeln kennen, um Mitglied zu sein. Gefühl und guter Wille führen im Kontrapunkt so wenig wie im Katholizismus zur Seligkeit. Kultur bedeutet eine unerhörte Steigerung der Tiefe und Strenge der Formensprache auf allen Gebieten; sie besteht damit für jeden einzelnen, der ihr angehört, als seine *persönliche* – religiöse, sittliche, gesellschaftliche, künstlerische – Kultur in einer das ganze Leben ausfüllenden Erziehung und Schulung *für* dieses Leben; es wird darum in allen großen Künsten, in den großen Kirchen, Mysterien und Orden, in der hohen Gesellschaft vornehmer Stände eine Meisterschaft der Formbeherrschung erreicht, die zu den Wundern des Menschentums gehört und die an der Höhe ihrer Forderungen zuletzt zerbricht. Das Wort dafür ist in allen Kulturen, ob es nun ausgesprochen wird oder nicht, Rückkehr zur Natur. Diese Meisterschaft erstreckt sich auch auf die Wortsprache; neben der vornehmen Gesellschaft zur Zeit der griechischen Tyrannen und der Troubadoure, neben den Fugen Bachs und den Vasengemälden des Exekias steht die Kunst der attischen Rede und der französischen Konversation, die beide wie jede andere Kunst eine strenge und langsam erarbeitete Konvention und für den einzelnen eine lange und anspruchsvolle Übung voraussetzen.

Metaphysisch kann die Bedeutung dieser Abtrennung einer starren Sprache nicht hoch genug eingeschätzt werden. Die tägliche Gewohnheit des Verkehrs in festen Formen und die Beherrschung des gesamten Wachseins durch solche Formen, die nicht mehr empfunden werden, während sie noch in der Bildung begriffen sind, sondern die ganz einfach da sind und nun im eigentlichsten Sinne verstanden werden müssen, führt zu einer immer schärferen Absetzung des Verstehens vom Empfinden innerhalb des Wachseins. Ein ursprüngliches Sprechen wird verstehend empfunden; der Gebrauch einer Sprache verlangt ein Empfinden des *bekannten* Sprachmittels und dann ein Verstehen der ihm *diesmal* unterlegten Absicht. Der Kern aller schulmäßigen Erziehung besteht demnach im Erwerb von *Kenntnissen*. Jede Kirche spricht es laut und deutlich aus, daß nicht das Gefühl, sondern das Wissen zu ihren Heilsmitteln führt; jedes echte Künstlertum beruht auf dem sicheren Wissen von Formen, die der einzelne nicht zu erfinden, sondern zu lernen hat. ,,Der Verstand" ist das Wissen als Wesen gedacht. Er ist das, was dem Blut, der Rasse, der Zeit durchaus entfremdet ist; aus dem Gegensatz der starren Sprache zum fließenden Blut, zur werdenden Geschichte entstehen die *verneinenden* Ideale des Absoluten, Ewigen, Allgemeingültigen – die Ideale der Kirchen und Schulen.

Daraus folgt aber endlich das Unvollkommene aller Sprachen und der beständige Widerspruch, in dem ihre Anwendung sich zu dem befindet, was das Sprechen wollte oder sollte. Man darf sagen, daß die Lüge mit der Trennung der Sprache vom Sprechen in die Welt gekommen ist. Die Zeichen sind fest, die Bedeutung ist es nicht: das fühlt man zuerst, dann weiß man es, endlich macht man es sich zunutze. Es ist eine uralte Erfahrung, daß man etwas sagen will und die Worte ,,versagen", daß man sich falsch ausdrückt und in Wirklichkeit etwas anderes sagt, als man meint, daß man richtig spricht und falsch verstanden wird. Endlich entsteht die schon unter Tieren, z. B. Katzen, weit verbreitete Kunst, ,,Worte zu gebrauchen, um die Gedanken zu verbergen". Man sagt nicht alles, man sagt etwas ganz anderes, man spricht förmlich, um wenig, man spricht begeistert, um gar nichts gesagt zu haben. Oder man ahmt die Sprache eines andern nach. Der rotrückige Würger *(Lanius collurio)* imitiert die Strophen kleiner Singvögel, um sie anzulocken. Das ist eine allverbreitete Jägerlist, aber sie setzt feste Motive und Zeichen ebenso voraus wie die Nachahmung alter Kunststile oder die Fälschung einer Unterschrift. Und alle diese Züge, die man in Haltung und Mienenspiel so gut wie in Handschrift und Aussprache antrifft, kehren in der Sprache jeder Religion, jeder Kunst, jeder Gesellschaft wieder. Es sei nur an die Begriffe des Heuchlers, Frömmlers, Ketzers, den englischen *cant*, an den Hintersinn der Worte Diplomat, Jesuit und Schauspieler, an die Masken und Klugheiten des gebildeten Verkehrs und an die heutige Malerei erinnert, in der nichts mehr echt ist und die in jeder Ausstellung alle überhaupt denkbaren Formen der Lüge im Ausdruck vor Augen führt.

In einer Sprache, die man stammelt, kann man nicht Diplomat sein. In ihrer Beherrschung liegt aber die Gefahr, das Verhältnis zwischen Mittel und Bedeutung zu einem neuen Mittel zu machen. Es entsteht die geistige Kunst, mit dem Ausdruck zu *spielen*. Die Alexandriner und Romantiker gehören dahin, in der Lyrik Theokrit und Brentano, in der Musik Reger, in der Religion Kierkegaard.

Sprache und Wahrheit schließen sich zuletzt aus.[1] Aber gerade damit kommt im Zeitalter der starren Sprachen der Typus des Menschenkenners zur Geltung, der ganz Rasse ist und weiß, was er von einem sprechenden Wesen zu halten hat. Jemandem scharf ins Auge sehen, hinter der Sprache einer Volksrede oder philosophischen Abhandlung den Sprecher, hinter dem Gebet das Herz, hinter dem guten Ton den inneren gesellschaftlichen Rang erkennen und zwar sofort, unmittelbar, mit der Selbstverständlichkeit alles Kosmischen, das ist es, was dem echten Tabumenschen abgeht, der an *eine* Sprache wenigstens glaubt. Ein Priester, der zugleich Diplomat ist, kann kein echter Priester sein. Ein Ethiker vom Schlage Kants ist niemals Menschenkenner.

---

[1] „Jede Form, auch die gefühlteste, hat etwas Unwahres" (Goethe). In der systematischen Philosophie deckt sich die Absicht des Denkers weder mit den geschriebenen Worten, noch mit dem Verstehen der Leser, noch, da es ein Denken in Wortbedeutungen ist, im Verlauf der Darstellung mit sich selbst.

Wer in seiner Wortsprache lügt, verrät sich in seiner Gebärdensprache, auf die er nicht achtet. Wer in den Gebärden heuchelt, verrät sich im Ton. Gerade weil die starre Sprache Mittel und Absicht
trennt, erreicht sie ihr Ziel für den Kennerblick niemals. Wer Kenner ist, liest zwischen den Zeilen und versteht einen Menschen, sobald er seinen Gang oder seine Handschrift sieht. Je tiefer und inni-
ger eine Seelengemeinschaft ist, desto eher verzichtet sie deshalb auf
Zeichen, auf eine Verbindung durch das Wachsein. Eine echte Kameradschaft versteht sich ohne viel Worte, der echte Glaube
schweigt. Das reinste Sinnbild für ein Einverständnis, welches die
Sprache wieder überwunden hat, ist ein altes bäuerliches Ehepaar,
das abends vor dem Hause sitzt und sich schweigend unterhält. Jeder
weiß, was der andere denkt und fühlt. Worte würden den Einklang
nur verwirren. Von diesem Sichverstehen reicht irgend etwas tief
in die Urgeschichte alles freibeweglichen Lebens, weit zurück über
das Gemeinschaftsleben der höheren Tierwelt. Hier ist die Erlösung
vom Wachsein für Augenblicke fast erreicht.

11

Unter allen starren Zeichen ist keines folgenreicher geworden als
das, welches wir in seinem heutigen Zustand „Wort" nennen. Es
gehört ohne Zweifel der rein menschlichen Sprachgeschichte an,
aber die Vorstellung „Ursprung der Wortsprache" ist, so wie sie
regelmäßig durchdacht und behandelt wird, mit allen daran ge-
knüpften Folgerungen ebenso sinnlos wie die Vorstellung von einem
Anfangspunkt der Sprache überhaupt. Diese besitzt keinen denkbaren Anfang, weil sie mit dem Wesen des Mikrokosmos zugleich
gegeben und in ihm enthalten ist, jene nicht, weil sie sehr vollkommene Mitteilungssprachen schon voraussetzt, in deren ruhig fort-
entwickelter Gestalt sie nur den Rang eines Einzelzuges hat, der sehr
langsam das Übergewicht erhält. Es ist der gleiche Fehler so ent-
gegengesetzter Theorien wie derjenigen Wundts und Jespersens,[1]

---

[1] Der die Sprache aus Poesie, Tanz und besonders der Liebeswerbung ableitet.
Progress in language (1894), S. 357.

daß sie das Sprechen in Worten wie etwas ganz Neues und Fürsich-
stehendes untersuchen, was notwendig zu einer durchaus falschen
Deutung führt. Es ist aber etwas sehr Spätes und Abgezweigtes, eine
letzte Blüte am Stamme der Lautsprachen und nicht etwa ein jun-
ges Gewächs.

Eine reine Wortsprache gibt es in Wirklichkeit überhaupt nicht.
Niemand spricht, ohne außer dem starren Wortbestand in Betonung,
Takt und Mienenspiel noch ganz andere Spracharten anzuwenden,
die viel ursprünglicher und mit der angewendeten Wortsprache im
Gebrauch vollständig verwachsen sind. Man muß sich vor allem
hüten, das in seinem Bau äußerst verwickelte Reich heutiger Wortsprachen für eine innere Einheit mit einheitlicher Geschichte zu halten. Jede uns bekannte Wortsprache hat sehr verschiedene Seiten
und diese haben ihre *eigenen* Schicksale innerhalb der Gesamtgeschichte. Es gibt keine Sinnesempfindung, die für die Geschichte
des Wortgebrauchs ganz belanglos gewesen wäre. Man muß auch
sehr streng zwischen Laut- und Wortsprache unterscheiden; die
erste ist selbst sehr einfachen Tiergattungen schon geläufig, diese ist
zwar nur in einzelnen, aber desto bedeutsameren Zügen etwas
grundsätzlich anderes. In jeder tierischen Lautsprache sind ferner
Ausdrucksmotive (Brunstschrei) und Mitteilungszeichen (War-
nungsschrei) deutlich zu unterscheiden und das gilt sicherlich auch
von den frühesten Worten, aber ist die Wortsprache nun als Aus-
drucks- oder als Mitteilungssprache *entstanden*? War sie in sehr
frühen Zuständen von irgendwelchen Sprachen fürs Auge (Bild,
Geste) verhältnismäßig unabhängig? Auf solche Fragen gibt es keine
Antwort, weil wir von den Vorformen des eigentlichen „Wortes"
keine Ahnung haben. Die Forschung ist recht naiv, wenn sie das,
was wir heute primitive Sprache nennen und was nur unvollkommene Gebilde sehr später Sprachzustände sind, zu Schlüssen auf den
Ursprung der Worte benützt. Das Wort ist in ihnen ein längst feststehendes, hochentwickeltes und selbstverständliches Mittel, aber
gerade das gilt von dem „Ursprung" *nicht*.

Das Zeichen, mit welchem ohne Zweifel die Möglichkeit zur Ablösung der künftigen Wortsprachen aus den allgemein tierischen

Lautsprachen gegeben war, nenne ich *Namen* und verstehe darunter
ein Lautgebilde, das als Kennzeichen eines als wesenhaft empfundenen Etwas in der Umwelt dient, welches durch die Benennung zum
numen geworden ist. Wie diese ersten Namen beschaffen waren, darüber nachzudenken ist überflüssig. Keine uns noch erreichbare Menschensprache gibt den leisesten Anhaltspunkt dafür. Aber das halte
ich im Gegensatz zur modernen Forschung für das Entscheidende:
nicht eine Veränderung des Kehlkopfes oder eine besondere Art der
Lautbildung oder sonst etwas Physiologisches, das in Wirklichkeit
Rassemerkmal ist, liegt hier vor – wenn dergleichen damals überhaupt eingetreten ist – und auch nicht eine Steigerung der Ausdrucksfähigkeit der vorhandenen Mittel, etwa der Übergang vom
Wort zum Satz (H. Paul),[1] sondern eine tiefe Verwandlung der
Seele: mit dem Namen ist ein neuer Blick auf die Welt entstanden.
Ist das Sprechen überhaupt aus der Angst geboren, aus einer uner-
gründlichen Scheu vor den Tatsachen des Wachseins, die alle Wesen
zueinander treibt und die Nähe des andern durch Eindrücke bezeugt
sehen will, so erscheint hier eine mächtige Steigerung. Mit dem
Namen ist gleichsam *der Sinn* des Wachseins und *die Quelle* der
Angst angerührt worden. Die Welt ist nicht nur da; man fühlt ein
Geheimnis in ihr. Man benennt über alle Zwecke der Ausdrucks-
und Mitteilungssprache hinaus das, *was rätselhaft ist*. Ein Tier kennt
keine Rätsel. Man kann sich die ursprüngliche Namengebung nicht
feierlich und ehrfürchtig genug denken. Man soll den Namen nicht
immer nennen, man soll ihn geheim halten, es liegt eine gefährliche
Macht in ihm. *Mit dem Namen ist der Schritt von der alltäglichen Physik
des Tieres zur Metaphysik des Menschen vollzogen.* Es war die größte
Wendung in der Geschichte der menschlichen Seele. Die Erkenntnistheorie pflegt Sprache und Denken nebeneinander zu stellen, und
wenn man allein die heute noch erreichbaren Sprachen beachtet,
trifft das zu. Ich glaube aber, daß man viel tiefer greifen kann: mit
dem Namen ist die eigentliche, *bestimmte* Religion innerhalb einer

---

[1] Satzartige Lautkomplexe kennt auch der Hund. Wenn der australische Dingo
mit dem Rückschritt vom Haustier zum Raubtier auch wieder vom Bellen zum
Wolfsgeheul übergegangen ist, so darf man das wohl als einen Übergang zu sehr
viel einfacheren Lautzeichen deuten, aber mit „Worten" hat es nichts zu tun.

formlosen, allgemein religiösen Scheu entstanden. Religion in diesem Sinne heißt religiöses *Denken*. Es ist die neue Verfassung des vom Empfinden abgelösten schöpferischen Verstehens. Mit einer sehr bezeichnenden Wendung sagen wir „*über* etwas nachdenken". Mit dem Verstehen benannter Dinge ist *über* allem Empfindungswesen eine *höhere* Welt in Bildung begriffen, höher in klarer Symbolik und Beziehung auf die Lage des Kopfes, den der Mensch als die Heimat seiner Gedanken oft in schmerzhafter Deutlichkeit spürt. Sie gibt dem Urgefühl der Angst ein Ziel und den Blick auf eine Befreiung. Von diesem religiösen Urdenken ist alles philosophische, gelehrte, wissenschaftliche Denken später Zeiten bis in seine letzten Gründe abhängig geblieben.

Wir haben uns die ersten Namen als ganz vereinzelte Elemente im Zeichenbestand hoch entwickelter Laut- und Gebärdensprachen zu denken, von deren Reichtum und Ausdrucksfähigkeit wir keine Vorstellung mehr besitzen, seit die Wortsprachen alle anderen Mittel von sich abhängig gemacht und deren Weiterbildung nur in Rücksicht auf sich selbst geleitet haben.[1] Eins aber war bereits gesichert, als mit dem Namen eine Umwendung und Durchgeistigung der Mitteilungstechnik begann: die Herrschaft des Auges über die anderen Sinne. Der Mensch war wach in einem Lichtraum, sein Tiefenerlebnis war eine Ausstrahlung des Sehens zu den Lichtquellen und Lichtwiderständen, er empfand sein Ich als einen Mittelpunkt im Lichte. Die Alternative Sichtbares und Unsichtbares beherrscht durchaus dasjenige Verstehen, in welchem die ersten Namen entstanden sind. Waren vielleicht die ersten *numina* Dinge der Lichtwelt, welche man empfand, hörte, in ihren Wirkungen beobachtete, *aber nicht sah*? Die Gruppe der Namen hat ohne Zweifel wie

[1] Die heutigen Gebärdensprachen (Delbrück, Grundfragen d. Sprachforschung, S. 49 ff., mit dem Hinweis auf das Werk von Jorio über die Gesten der Neapolitaner) setzen sämtlich die Wortsprache voraus und sind von deren gedanklicher Systematik vollkommen abhängig, so z. B. die, welche die nordamerikanischen Indianer ausgebildet haben, um sich bei der großen Verschiedenheit und Veränderlichkeit der einzelnen Wortsprachen von Stamm zu Stamm verständigen zu können (Wundt, Völkerpsychologie I, S. 212. Mit dieser Sprache ist es möglich, folgenden komplizierten Satz auszudrücken: „Weiße Soldaten, die von einem Offizier von hohem Range, aber geringer Intelligenz geführt wurden, nahmen die Mescalero-Indianer gefangen"), oder die Mimik der Schauspieler.

alles, was im Weltgeschehen Epoche macht, eine sehr schnelle und gewaltige Ausbildung erfahren. Die gesamte Lichtwelt, in der jedes Ding die Eigenschaften der Lage und Dauer im Raume besitzt, wurde mit allen Spannungen zwischen Ursache und Wirkung, Ding und Eigenschaft, Ding und Ich sehr bald mit zahllosen Namen bezeichnet und damit im Gedächtnis befestigt. Denn was wir heute Gedächtnis nennen, ist die Fähigkeit, *Benanntes* mittelst der Namen für das Verstehen aufzubewahren. Es entsteht über dem Reich der verstandenen Sehdinge ein geistigeres Reich der Benennungen, das mit jenem die logische Eigenschaft teilt, rein extensiv, polar geordnet und vom Kausalprinzip beherrscht zu sein. Alle – sehr viel später entstehenden – Wortgebilde wie Kasus, Pronomina, Präpositionen haben einen kausalen oder lokalen Sinn in bezug auf benannte Einheiten; Adjektiva und auch Verba sind vielfach in Gegensatzpaaren entstanden; es ist oft wie in der von Westermann untersuchten Ewesprache anfangs dasselbe Wort, das tief oder hoch gesprochen wird, um etwa groß und klein, fern und nah, passiv und aktiv zu bezeichnen. Später geht dieser Rest von Gebärdensprache ganz in der Wortform auf, wie es im griechischen μακρός und μικρός und den U-Lauten in ägyptischen Bezeichnungen des Leidens noch deutlich erkennbar ist. Es ist die Form des Denkens in Gegensätzen, die von gegensätzlichen Wortpaaren ausgehend der gesamten anorganischen Logik zugrunde liegt und jedes wissenschaftliche Finden von Wahrheiten zu einer Bewegung in begrifflichen Gegensätzen macht, unter denen der zwischen einer alten Ansicht als Irrtum und einer neuen als Wahrheit immer der vorwaltende ist.

Die zweite große Wendung erfolgt *mit dem Entstehen der Grammatik*. Indem zum Namen der Satz, zum Wortzeichen die Wortverbindung tritt, wird das Nachdenken – das Denken in Wortbeziehungen, nachdem man etwas wahrgenommen hat, wofür es Wortbezeichnungen gibt – für den Charakter des menschlichen Wachseins bestimmend. Es ist eine müßige Frage, ob die Mitteilungssprachen vor dem Auftreten echter Namen schon wirkliche „Sätze" enthielten. Der Satz im *heutigen* Sinne hat sich zwar aus eigenen Bedingungen und mit eigenen Epochen innerhalb dieser Sprachen entwickelt,

aber er setzt dennoch das Dasein der Namen *voraus*. Erst die geistige
Wendung, die mit ihrer Geburt eingetreten ist, macht Sätze als gedankliche Beziehungen möglich. Und zwar müssen wir annehmen,
daß in den sehr entwickelten wortlosen Sprachen, unter fortwähren-
dem Gebrauch, ein Zug nach dem andern in Wortformen umgesetzt und damit einem mehr und mehr geschlossenen Gefüge, der
Urform aller heutigen Sprachen, eingegliedert worden ist. Der
innere Bau aller Wortsprachen beruht also auf viel älteren Strukturen und ist in seiner Weiterbildung von dem Wortschatz und
dessen Schicksalen *nicht* abhängig. Das Umgekehrte ist der Fall.

Denn mit dem Satzbau verwandelt sich die ursprüngliche Gruppe
einzelner *Namen* in ein System von *Worten*, deren Charakter nicht
mehr durch ihre eigene, sondern ihre grammatische Bedeutung bestimmt wird. Der Name tritt als etwas Neues ganz für sich auf. Die
Wortarten aber entstehen als Satzelemente; und nun strömen in un-
übersehbarer Menge die Wachseinsinhalte heran, die bezeichnet, in
dieser Welt von Worten vertreten sein wollen, bis zuletzt „alles" für
das Nachdenken in irgendeiner Weise Wort geworden ist.

Der Satz ist von da an das Entscheidende. Wir sprechen in Sätzen
und nicht in Worten. Beides zu definieren ist unendlich oft versucht
worden und nie gelungen. Nach F. N. Finck ist die Wortbildung
eine zerlegende, die Satzbildung eine zusammenfügende Tätigkeit
des Geistes, und zwar geht die erste der zweiten vorauf. Es zeigt sich,
daß die empfundene Wirklichkeit sehr verschieden verstanden und
die Worte also nach sehr verschiedenen Gesichtspunkten abgegrenzt
werden können.[1] Aber nach der gewöhnlichen Definition ist der
Satz der sprachliche Ausdruck eines *Gedankens*, nach H. Paul ein
Symbol für die Verbindung mehrerer *Vorstellungen* in der Seele des
Sprechenden. Alle diese Bestimmungen widersprechen sich. Es
scheint mir ganz unmöglich, das Wesen des Satzes aus dem Inhalt
zu ermitteln. Tatsache ist lediglich, daß wir die relativ größten
mechanischen Einheiten im Sprachgebrauch Sätze, die relativ kleinsten
Worte nennen. So weit erstreckt sich die Geltung grammatischer
Gesetze. Das fortlaufende Sprechen ist kein Mechanismus mehr und

---

[1] Die Haupttypen des Sprachbaus (1910).

gehorcht nicht Gesetzen, sondern dem *Takt*. Es liegt also schon ein Rassezug in der Art, wie das Mitzuteilende in Sätze gefaßt wird. Sätze sind bei Tacitus und Napoleon nicht dasselbe wie bei Cicero und Nietzsche. Der Engländer teilt den Stoff syntaktisch anders auf als der Deutsche. Nicht Vorstellungen und Gedanken, sondern das Denken, die Art des Lebens, *das Blut* bestimmen in den primitiven, antiken, chinesischen, abendländischen Sprachgemeinschaften die typische Abgrenzung der Satzeinheiten und damit das *mechanische* Verhältnis des Wortes zum Satz. Die Grenze zwischen Grammatik und Syntax sollte dort angesetzt werden, wo das Mechanische der Sprache aufhört und das Organische des Sprechens beginnt: der Sprachgebrauch, die Sitte, die *Physiognomie* der Art eines Menschen, sich auszudrücken. Die andere Grenze liegt dort, wo die mechanische Struktur des Wortes in die organischen Faktoren der Lautbildung und Aussprache übergeht. An der Aussprache des englischen th – einem Rassezug der Landschaft – erkennt man oft noch die Kinder der Eingewanderten. Nur was zwischen beiden liegt, „*die Sprache*", hat System, ist ein technisches Mittel und wird deshalb erfunden, verbessert, gewechselt, abgenützt; Aussprache und Ausdruck haften an der *Rasse*. Wir erkennen eine uns bekannte Person, ohne sie zu sehen, an der Aussprache, ebenso aber den Angehörigen einer fremden Rasse, auch wenn er ein vollkommen richtiges Deutsch spricht. Die großen Lautverschiebungen wie die althochdeutsche in karolingischer und die mittelhochdeutsche in spätgotischer Zeit haben eine landschaftliche Grenze und berühren nur das Sprechen, nicht die innere Form von Satz und Wort.

Die Worte sind, wie gesagt, die relativ kleinsten mechanischen Einheiten im Satz. Nichts ist vielleicht für das Denken einer Menschenart bezeichnender als die Art, wie diese Einheiten gewonnen werden. Für den Bantuneger gehört ein Ding, das er sieht, zunächst einer sehr großen Zahl von Kategorien der Auffassung an. Das Wort dafür besteht also aus einem Kern (Wurzel) mit einer Anzahl einsilbiger Präfixe. Wenn er von einer Frau auf dem Felde spricht, so ist das Wort dafür etwa: Lebendig – Einzahl – Groß – Alt – Weiblich – Draußen – *Mensch*; das sind sieben Silben, aber sie bezeich-

nen einen einzigen, scharfen und uns sehr fremden Akt der Auffassung. Es gibt Sprachen, in denen das Wort beinahe mit dem
Satze zusammenfällt.

Der Schritt für Schritt erfolgende Ersatz von körperlichen oder
klanglichen durch grammatische Gebärden ist also für die Ausbildung des Satzes das Entscheidende, aber er ist nie vollendet worden.
Reine Wortsprachen gibt es nicht. Die Tätigkeit des Sprechens in
Worten, wie sie immer schärfer hervortritt, besteht darin, daß wir
durch Wortklänge Bedeutungsgefühle wecken, die durch den Klang
der Wortverbindungen weitere Beziehungsgefühle wachrufen. Wir
sind durch die Schule des Sprechenlernens geübt, in dieser abkürzen-
den und andeutenden Form sowohl die Lichtdinge und Lichtbe-
ziehungen wie die daraus abgezogenen Denkdinge und Denkbe-
ziehungen zu verstehen. Worte werden nur genannt, nicht defini-
tionsgemäß gebraucht, und der Hörer muß fühlen, was gemeint ist.
Ein anderes Sprechen gibt es nicht und eben deshalb haben Gebärde
und Ton am Verständnis des heutigen Sprechens einen weitaus größeren Anteil, als man gewöhnlich annimmt.

Das letzte große Ereignis in dieser Geschichte, mit welchem die
Bildung der Wortsprache gewissermaßen zum Abschluß gelangt,
ist die Entstehung des Verbums. Sie setzt bereits einen sehr hohen
Grad von Abstraktion voraus, denn Substantiva sind Worte, welche
im Lichtraum *sinnlich* abgegrenzte Dinge – „Unsichtbares" ist ebenfalls abgegrenzt – auch für das Nachdenken herausheben; Verba
bezeichnen aber *Typen* der Veränderung, die nicht gesehen, sondern
aus dem grenzenlosen Bewegtsein der Lichtwelt durch Absehen von
den besonderen Merkmalen des einzelnen Falles festgestellt und als
Begriffe erzeugt werden. „Fallender Stein" ist eine ursprüngliche
Einheit des Eindrucks. Hier wird aber zunächst Bewegung und Bewegtes getrennt und dann „fallen" als eine *Art von Bewegung* aus zahllosen anderen mit unzähligen Übergängen – sinken, schweben,
stürzen, gleiten – abgegrenzt. Den Unterschied „sieht" man nicht;
er wird „erkannt". Substantivische Zeichen kann man sich für manche Tiere vielleicht noch vorstellen, verbale aber nicht. Der Unterschied von Fliehen und Laufen oder Fliegen und Gewehtwerden

geht weit über das Gesehene hinaus und ist nur für ein wortgewohntes Wachsein faßbar. Es liegt ihm etwas Metaphysisches zugrunde. Aber mit dem „Denken in Zeitwörtern" ist nun auch das Leben selbst dem Nachdenken erreichbar geworden. Von dem lebendigen Eindruck auf das Wachsein, dem Werden – das die Gebärdensprache ganz unproblematisch nachahmt und das an sich also unberührt bleibt – wird das Einmalige, also das Leben selbst, unvermerkt abgesondert und der Rest als Wirkung einer Ursache (der Wind weht, es blitzt, der Bauer pflügt) mit lauter extensiven Bestimmungen dem Zeichensystem eingeordnet. Man muß sich ganz in die starren Unterscheidungen von Subjekt und Prädikat, Aktivum und Passivum, Präsens und Perfektum versenken, um zu sehen, wie hier der Verstand die Sinne meistert und das Wirkliche entseelt. Bei Substantiven darf man das Denkding (Vorstellung) als *Abbild* des Sehdinges betrachten, beim Verbum ist aber für etwas Organisches *etwas Anorganisches eingesetzt* worden. Die Tatsache, daß wir leben, nämlich daß wir jetzt eben etwas wahrnehmen, wird zur Dauer *als einer Eigenschaft* des Wahrgenommenen; verbal gedacht: das Wahrgenommene dauert an. Es „ist". So bilden sich endlich die Kategorien des Denkens, abgestuft nach dem, was ihm natürlich ist und was nicht; so erscheint die Zeit als Dimension, das Schicksal als Ursache, das Lebendige als chemischer oder psychischer Mechanismus. So entsteht der Stil des mathematischen, juristischen, dogmatischen Denkens.

Damit ist jener Zwiespalt gegeben, der uns vom Wesen des Menschen unzertrennlich erscheint und der doch nur ein Ausdruck der Beherrschung seines Wachseins durch die Wortsprache ist. Dieses Mittel der Verbindung zwischen Ich und Du hat durch seine Vollkommenheit aus dem tierischen Verstehen des Empfindens ein das Empfinden bevormundendes Denken in Worten gemacht. Grübeln heißt, mit sich selbst in Wortbedeutungen verkehren. Es ist die Tätigkeit, die in jeder anderen Sprachart ganz unmöglich ist und die mit der Vollendung der Wortsprache die Lebensgewohnheiten ganzer Menschenklassen kennzeichnet. Wenn mit der Ablösung einer starren entseelten Sprache vom Sprechen die Wahrheit im Gesprochenen unvereinbar wird, so gilt das in verhängnisvollem Maße vom

Zeichensystem der Worte. Das abgezogene Denken besteht im Gebrauch eines endlichen Wortgefüges, in dessen Schema der unendliche Gehalt des Lebens gepreßt wird. Begriffe töten das Dasein und fälschen das Wachsein. Einst, in der Frühzeit der Sprachgeschichte, als das Verstehen sich noch gegen das Empfinden zu behaupten suchte, war diese Mechanisierung bedeutungslos für das Leben. Jetzt ist der Mensch aus einem Wesen, das zuweilen dachte, ein denkendes Wesen geworden und das Ideal aller Gedankensysteme ist es, das Leben endgültig und vollständig der Herrschaft des Geistes zu unterwerfen. Das geschieht in der Theorie, indem nur Erkanntes als wirklich gilt und das Wirkliche als Schein und Sinnentrug gebrandmarkt wird. Das geschieht in der Praxis, indem die Stimme des Blutes durch allgemein ethische Grundsätze zum Schweigen verwiesen wird.[1]

Beide, Logik wie Ethik, sind Systeme absoluter und ewiger Wahrheiten vor dem Geist und beide sind eben damit Unwahrheiten vor der Geschichte. Im Reich der Gedanken mag das innere Auge noch so unbedingt über das äußere triumphieren; im Reiche der Tatsachen ist der Glaube an ewige Wahrheiten ein kleines und absurdes Schauspiel in einzelnen Menschenköpfen. Ein wahres Gedankensystem kann es gar nicht geben, weil kein Zeichen die Wirklichkeit ersetzt. Tiefe und ehrliche Denker sind immer zu dem Schlusse gelangt, daß alles Erkennen von seiner eigenen Form im voraus bestimmt ist und nie erreichen kann, was man mit dem Wort meint, mit Ausnahme wiederum der Technik, in welcher die Begriffe Mittel und nicht Selbstzweck sind. Und diesem Ignorabimus entspricht die Einsicht aller echten Weisen, daß abstrakte Lebensgrundsätze sich nur als Redensarten einbürgern, unter deren täglichem Gebrauch das Leben so weiterströmt, wie es immer gewesen war. Die Rasse ist letzten Endes stärker als die Sprache, und deshalb besaßen unter allen großen Namen nur die Denker eine Wirkung auf das Leben, die Persönlichkeiten waren und nicht wandelnde Systeme.

[1] Ganz wahr ist allein die Technik, weil die Worte hier nur den Schlüssel zur Wirklichkeit bilden und die Sätze so lange abgeändert werden, bis sie nicht etwa „wahr", sondern wirksam sind. Eine Hypothese erhebt nicht den Anspruch auf Richtigkeit, sondern auf Brauchbarkeit.

12

Die innere Geschichte der Wortsprachen zeigt demnach bis jetzt drei Stufen. Auf der ersten erscheinen innerhalb hochentwickelter, aber wortloser Mitteilungssprachen die ersten Namen als Größen eines neuartigen Verstehens. Die Welt erwacht *als Geheimnis*. Das religiöse Denken beginnt. Auf der zweiten wird nach und nach eine vollständige Mitteilungssprache in grammatische Werte umgesetzt Die Geste wird zum Satz und der Satz verwandelt die Namen in Worte. Der Satz wird zugleich die große Schule des Verstehens gegenüber dem Empfinden, und das immer feinere Bedeutungsgefühl für abstrakte Beziehungen im Satzmechanismus ruft einen überquellenden Reichtum von Flexionen hervor, die sich vor allem an Substantiv und Verb, das Raumwort und das Zeitwort, heften. Es erscheint die Blütezeit der Grammatik, für die man – mit großer Vorsicht – *vielleicht* die zwei Jahrtausende vor Beginn der ägyptischen und babylonischen Kultur ansetzen darf. Die dritte Stufe wird durch einen raschen Flexionsverfall und damit den Ersatz der Grammatik durch die Syntax bezeichnet. Die Durchgeistigung des menschlichen Wachseins ist so weit vorgeschritten, daß es der Versinnlichung durch Flexionen nicht mehr bedarf und sich statt durch eine bunte Wildnis von Wortformen durch kaum merkliche Andeutungen im knappsten Sprachgebrauch (Partikel, Wortstellung, Rhythmus) sicher und frei mitteilen kann. Am Sprechen in Worten ist das Verstehen zur Herrschaft über das Wachsein gelangt; heute ist es im Begriff, sich vom Zwange des sinnlich-sprachlichen Mechanismus zugunsten einer reinen Mechanik des Geistes zu befreien. Nicht die Sinne, die Geister treten in Fühlung.

In diese dritte Stufe der Sprachgeschichte, welche an sich im biologischen Weltbild[1] verläuft und also *dem Menschen als Typus* zugehört, greift nun die Geschichte der hohen Kulturen ein, die mit einer ganz neuen „Sprache der Ferne", der Schrift, und durch die Gewalt ihrer Innerlichkeit dem Schicksal der Wortsprachen eine plötzliche Wendung gibt.

[1] Vgl. Bd. II, S. 588.

Die ägyptische Schriftsprache ist schon um 3000 in rascher grammatischer Zersetzung begriffen, das Sumerische in der *eme-sal* (Weibersprache) genannten Literatursprache ebenfalls; das Schriftchinesisch, das allen Umgangssprachen der chinesischen Welt gegenüber längst eine Sprache für sich bildet, ist schon in den ältesten bekannten Texten so gänzlich flexionslos, daß erst in neuester Zeit festgestellt werden konnte, daß es wirklich einmal eine Flexion besessen hat. Das indogermanische System kennen wir nur im vollsten Verfall. Von den Kasus des Altvedischen – um 1500 – sind in den antiken Sprachen ein Jahrtausend später nur Trümmer erhalten. Seit Alexander dem Großen ist in der hellenistischen Umgangssprache der Dual aus der Deklination und das ganze Passiv aus der Konjugation verschwunden. Die abendländischen Sprachen, obwohl sie von denkbar verschiedenster Herkunft sind, die germanischen aus primitiven, die romanischen aus hochzivilisierten Verhältnissen stammen, verändern sich in gleicher Richtung: die romanischen Kasus sind bis auf einen verschwunden, die englischen mit der Reformation sämtlich. Die deutsche Umgangssprache hat den Genitiv im Anfang des 19. Jahrhunderts endgültig eingebüßt und ist im Begriff, den Dativ aufzugeben. Nur wer einmal den Versuch macht, ein Stück schwerer und bedeutungsreicher Prosa etwa aus Tacitus oder Mommsen in eine sehr alte flexionsreiche Sprache „rückwärts" zu übertragen – unsere gesamte Übersetzungsarbeit erfolgt aus älteren in jüngere Sprachzustände –, wird den Beweis erhalten, daß die Zeichentechnik sich inzwischen in eine Denktechnik verflüchtigt hat, welche der verkürzten, aber mit Bedeutungsgehalt durchsättigten Zeichen gleichsam nur zu Anspielungen bedarf, die ausschließlich ein Eingeweihter der betreffenden Sprachgemeinschaft versteht. Dies ist der Grund, weshalb ein westeuropäischer Mensch vom Verstehen der heiligen chinesischen Bücher unbedingt ausgeschlossen bleibt, aber ebenso von dem Verständnis der Urworte jeder anderen Kultursprache, dem λόγος, der ἀρχή im Griechischen, dem *atman* und *brahman* im Sanskrit, die auf eine Weltanschauung hinweisen, in der man aufgewachsen sein muß, um ihre Zeichen zu begreifen.

Die äußere Sprachgeschichte ist für uns gerade in den wichtigsten Abschnitten so gut wie verloren. Ihre Frühzeit liegt tief im primitiven Zeitalter, und es sei noch einmal darauf hingewiesen,[1] daß wir uns die „Menschheit" hier in Gestalt vereinzelter ganz kleiner Trupps vorzustellen haben, die sich im weiten Raume verlieren. Eine Wandlung der Seele tritt ein, wenn die wechselseitige Fühlung Regel und zuletzt selbstverständlich geworden ist, aber eben deshalb besteht kein Zweifel, daß diese Fühlung mittelst der Sprache zuerst gesucht und dann geregelt oder abgewehrt wird, und daß erst mit dem Eindruck der von Menschen erfüllten Erde das einzelne Wachsein gespannter, geistiger, klüger wird und die Wortsprache emporzwingt, so daß vielleicht die Entstehung der Grammatik mit dem Rassemerkmal der großen Zahl in Verbindung steht.

Seitdem ist kein grammatisches System mehr entstanden; es haben sich nur aus vorhandenen neuartige abgezweigt. Über diese *eigentlichen* Ursprachen, ihren Bau und Klang, wissen wir nichts. Soweit wir zurückblicken können, werden fertig ausgebildete Sprachsysteme als etwas ganz Natürliches von jedermann gebraucht, von jedem Kinde gelernt. Daß es je anders gewesen sein könne, daß einst vielleicht ein tiefer Schauder das Hören solcher seltenen und geheimnisvollen Sprachen begleitet hat – wie es in historischer Zeit mit der Schrift der Fall war und noch ist –, erscheint uns unglaubwürdig. Und doch sollten wir mit der Möglichkeit rechnen, daß Wortsprachen in einer Welt wortloser Mitteilungsweisen einmal Standesvorrecht gewesen sind, ein eifersüchtig behüteter Geheimbesitz. Daß ein Hang dazu vorliegt, zeigen tausend Beispiele, das Französisch als Diplomaten-, das Latein als Gelehrten-, das Sanskrit als Priestersprache. Es gehört zum Stolz rassiger Kreise, miteinander reden zu können, ohne von den andern verstanden zu werden. Eine Sprache für jedermann ist gemein. „Mit einem reden dürfen" ist ein Vorzug oder eine Anmaßung. Noch der Gebrauch der Schriftsprache unter Gebildeten und die Verachtung des Dialekts ist ein Zeugnis echten Bürgerstolzes. Nur wir leben in einer Zivilisation, in welcher die Kinder mit Selbstverständlichkeit das Schreiben wie

[1] Vgl. Bd. II, S. 588.

das Gehen lernen. In allen früheren Kulturen war es eine seltene und nicht jedem zugängliche Kunst. Ich bin überzeugt, daß es mit der Wortsprache einmal nicht anders gewesen ist.

Das Tempo der Sprachgeschichte ist ein ungeheuer geschwindes. Ein Jahrhundert bedeutet da schon viel. Ich erinnere an jene Gebärdensprache der Indianer Nordamerikas, die notwendig wurde, weil die rasche Veränderung der Dialekte eine andere Verständigung zwischen den Stämmen ausschloß. Man vergleiche auch die kürzlich entdeckte Foruminschrift (um 500) mit dem Latein des Plautus (um 200) und dieses mit der Sprache Ciceros. Nimmt man an, daß die ältesten Vedatexte den Sprachzustand von 1200 v. Chr. festgehalten haben, so kann schon der Zustand von 2000 so gänzlich anders gewesen sein, daß ihn kein indogermanischer Forscher mit seiner Methode der Rückschlüsse auch nur von fern vermutet. Aber das Allegro wird zum Lento in dem Augenblick, wo die Schrift, die Sprache der Dauer, eingreift und die Systeme auf ganz verschiedenen Altersstufen festhält und lähmt. Gerade das macht diese Entwicklung so undurchsichtig: wir besitzen nur Reste von Schriftsprachen. Aus der ägyptischen und babylonischen Sprachenwelt gibt es noch Originale von 3000, aber die ältesten indogermanischen Reste sind *Abschriften*, deren Sprachzustand viel jünger ist als ihr Inhalt.

Das alles hat die Schicksale von Grammatik und Wortschatz in ganz verschiedener Weise bestimmt. Die erste haftet am Geist, der zweite an Dingen und Orten. Einer natürlichen inneren Veränderung unterliegen nur grammatische Systeme. Zu den psychologischen Voraussetzungen des Wortgebrauchs gehört es dagegen, daß zwar die Aussprache sich verändert, die innere mechanische Lautstruktur aber desto fester gehalten wird, denn auf ihr beruht das Wesen der Benennung. *Die großen Sprachfamilien sind lediglich grammatische Familien.* Die Worte sind in ihnen gewissermaßen heimatlos und wandern von einer zu anderen. Es ist ein Grundfehler der Sprachforschung, voran der indogermanischen, Grammatik und Wortschatz als Einheit zu behandeln. Alle Fachsprachen, die Jäger-, Soldaten-, Sport-, Seemanns-, Gelehrtensprache, sind in Wirklichkeit *nur Wortbestände*, die innerhalb eines jeden grammatischen

Systems gebraucht werden können. Der halbantike Wortschatz der Chemie, der französische der Diplomatie, der englische des Rennplatzes hat sich in allen modernen Sprachen gleichmäßig eingebürgert. Redet man hier von Fremdworten, so gehören die „Wurzeln" aller alten Sprachen zum weitaus größten Teil dazu. Alle Namen haften an den Sachen, die sie bezeichnen, und teilen deren Geschichte. Im Griechischen sind die Metallnamen fremder Herkunft und ebenso Worte wie ταῦρος, χιτών, οἶνος. In den hethitischen Texten von Boghazköi[1] kommen indische Zahlworte vor, und zwar in Fachausdrücken, die mit der Zucht des Pferdes dorthin gelangt sind. Lateinische Verwaltungsausdrücke sind in Menge in den griechischen Osten,[2] deutsche seit Peter dem Großen in das Russische gedrungen, arabische Worte in die Mathematik, Chemie und Astronomie des Abendlandes. Die Normannen, selbst Germanen, haben das Englische mit französischen Worten überschwemmt. Im Bankwesen der germanischen Sprachgebiete wimmelt es von italienischen Ausdrücken, und in noch viel höherem Grade müssen in primitiver Zeit mit dem Getreidebau, der Viehzucht, den Metallen, den Waffen und überhaupt mit jedem Handwerk, dem Tauschverkehr und allen rechtlichen Beziehungen der Stämme untereinander Massen von Bezeichnungen von einer Sprache zur anderen gewandert sein, ganz wie auch der Bestand an geographischen Namen immer in den Besitz der gerade herrschenden Sprache übergeht, so daß ein großer Teil der griechischen Ortsnamen karisch, der deutschen keltisch ist. Man darf ohne Übertreibung behaupten: je allgemeiner ein indogermanisches Wort verbreitet ist, desto *jünger* ist es, desto wahrscheinlicher ist es Fremdwort. Gerade die altertümlichsten Namen sind streng bewahrter Eigenbesitz. Latein und Griechisch haben nur ganz junge Worte gemeinsam. Oder gehören Telephon, Gas, Automobil zum Wortbestand des „Urvolkes"? Angenommen einmal, daß von den arischen „Urworten" drei Viertel aus dem Ägyptischen oder Babylonischen des 3. Jahrtausends stammten, so würden wir im Sanskrit nach einem Jahrtausend schriftloser Entwicklung nichts

---

[1] Paul Jensen, Sitz. Preuß. Akad. (1919), 367 ff.
[2] L. Hahn, Rom und Romanismus im griech.-röm. Osten (1906).

mehr davon bemerken, denn auch die zahllosen lateinischen Lehn-
worte im Deutschen sind längst völlig unkenntlich geworden. Die
Endung -ette in Henriette ist etruskisch – wie viele „echt arische"
oder „echt semitische" Endungen mögen sonst noch fremd und als
Fremdlinge nur nicht mehr nachweisbar sein? Wie erklärt sich die
auffallende Ähnlichkeit vieler Worte in australischen und indogermanischen Sprachen?

Das indogermanische System ist sicherlich das jüngste und deshalb
das geistigste. Die von ihm abgeleiteten Sprachen beherrschen heute
die Erde, aber ist es um 2000 als grammatische Sonderkonstruktion
überhaupt schon vorhanden gewesen? Bekanntlich wird heute eine
einzige Ausgangsform für das Arische, Semitische und Hamitische
als wahrscheinlich angenommen. Die ältesten indischen Schriftreste
fixieren den Sprachzustand vielleicht von 1200, die ältesten griechischen vielleicht von 700. Aber indische Personen- und Götternamen kommen zugleich mit dem Pferde schon viel früher in
Syrien und Palästina vor,[1] und zwar erscheinen ihre Träger wohl
zunächst als Söldner, dann als Machthaber. Man erinnere sich, wie
die spanischen Feuerwaffen einst auf die Mexikaner gewirkt haben.
Sollten diese Landwikinger – mit dem Pferd verwachsene Menschen, deren schreckenerregenden Eindruck noch die Kentauren-
sage spiegelt – sich um 1600 überall abenteuernd in den nordischen
Ebenen festgesetzt und die Sprache und Götterwelt der indischen
Ritterzeit mitgebracht haben? Zugleich mit dem arischen Standesideal der Rasse und Lebensführung? Nach dem, was oben über Rasse
gesagt worden ist, würde das ohne alle „Wanderungen" eines „Urvolkes" das Rasseideal arisch sprechender Gebiete erklären. Die
ritterlichen Kreuzfahrer haben ihre Staaten im Morgenlande nicht
anders begründet, und zwar an genau derselben Stelle wie 2500
Jahre früher die Helden mit den Mitanni-Namen.[2]

Oder war dies System um 3000 nur ein bedeutungsloser Dialekt
einer Sprache, die verloren ist? Die romanische Sprachfamilie be-

---

[1] Ed. Meyer, Gesch. d. Alt.[2] I, § 455, 465.
[2] [Spengler unterscheidet hier noch nicht die Streitwagen- von den viel späteren
Reitervölkern. Siehe Tabelle I. *H. K.*]

herrschte um 1600 n. Chr. alle Meere. Um 400 v. Chr. besaß die „Ursprache" am Tiber ein Gebiet von 50 Quadratmeilen. Es ist sicher, daß das geographische Bild der grammatischen Familien um 4000 noch ein sehr buntes war. Die semitisch-hamitisch-arische Gruppe – *wenn* sie einmal eine Einheit gewesen ist – hatte damals wohl kaum sehr große Bedeutung. Wir stoßen bei Schritt und Tritt auf die Trümmer alter Sprachfamilien, die sicherlich einst zu sehr verbreiteten Systemen gehörten: das Etruskische, Baskische, Sumerische, Ligurische, die alten kleinasiatischen Sprachen sind darunter. Im Archiv von Boghazköi sind bis jetzt acht neue Sprachen festgestellt worden, die um 1000 im Gebrauch gewesen sind. Bei dem damaligen Tempo der Veränderung kann das Arische um 2000 eine Einheit mit Sprachen gebildet haben, von denen wir es heute nicht erraten würden.

13

Die Schrift ist eine ganz neue Sprachart und bedeutet eine völlige Abänderung der menschlichen Wachseinsbeziehungen, indem sie sie *vom Zwange der Gegenwart befreit*. Bildersprachen, die Gegenstände bezeichnen, sind viel älter, älter wahrscheinlich als alle Worte; hier aber bezeichnet das Bild nicht mehr unmittelbar ein Sehding, sondern zunächst ein Wort, etwas vom Empfinden bereits Abgezogenes. Es ist das erste und einzige Beispiel einer Sprache, welche ein ausgebildetes Denken als vorhanden fordert und nicht mit sich bringt.

Die Schrift setzt also eine vollentwickelte Grammatik voraus, denn die Tätigkeit des Schreibens und Lesens ist unendlich viel abstrakter als die des Sprechens und Hörens. Lesen heißt ein Schriftbild *mit dem Bedeutungsgefühl für die zugehörigen Wortklänge verfolgen*. Die Schrift enthält Zeichen nicht für Dinge, sondern für andere Zeichen. Der grammatische Sinn muß durch augenblickliches Verstehen ergänzt werden.

Das Wort gehört zum Menschen überhaupt; die Schrift gehört ausschließlich zum Kulturmenschen. Sie ist im Gegensatz zur Wortsprache von den politischen und religiösen Schicksalen der Weltge-

schichte nicht nur teilweise, sondern ganz und gar bedingt. Alle
Schriften entstehen in *einzelnen* Kulturen und zählen zu deren tiefsten Symbolen. Aber es fehlt noch durchaus an einer umfassenden
Schriftgeschichte, und zu einer Psychologie der Formen und Form-
verwandlungen ist nicht einmal der Versuch gemacht worden. *Die
Schrift ist das große Symbol der Ferne*, also nicht nur der Weite, sondern auch und vor allem der Dauer, der Zukunft, des Willens zur
Ewigkeit. Sprechen und Hören erfolgt nur in Nähe und Gegenwart;
durch die Schrift redet man aber zu Menschen, die man nie gesehen
hat oder die noch nicht geboren sind, und die Stimme eines Menschen wird noch Jahrhunderte nach seinem Tode gehört. Sie ist eins
der ersten Kennzeichen *historischer* Begabung. Aber eben deshalb ist
nichts für eine Kultur bezeichnender als ihr innerliches Verhältnis
zur Schrift. Wenn wir vom Indogermanischen so wenig wissen, so
liegt das daran, daß die beiden frühesten Kulturen, deren Menschen
sich dieses Systems bedienten, die indische und die antike, infolge
ihrer ahistorischen Veranlagung nicht nur keine eigene Schrift geschaffen, sondern selbst die fremden bis in die Spätzeit hinein abgelehnt haben. In der Tat ist die ganze Kunst der antiken Prosa unmittelbar für das Ohr geschaffen. Man las vor, als ob man redete;
wir reden im Vergleich dazu alle „wie ein Buch" und sind deshalb,
wegen des ewigen Schwankens zwischen Schriftbild und Wortklang, nie zu einem in attischem Sinne ausgebildeten Prosastil
gelangt. Dagegen hat in der arabischen Kultur jede Religion ihre
eigene Schrift entwickelt und auch bei einem Wechsel der Sprache
behalten: die Dauer der heiligen Bücher und Lehren und die Schrift
als Sinnbild der Dauer gehören zusammen. Die ältesten Zeugnisse
der Buchstabenschrift liegen in südarabischen, zweifellos nach Sekten getrennten minäischen und sabäischen Schriftarten vor, die
vielleicht bis ins 10. Jahrhundert v. Chr. hinaufreichen. Die Juden,
Mandäer und Manichäer in Babylonien sprachen Ostaramäisch,
hatten aber sämtlich eigene Schriften. Seit der Abbassidenzeit wird
das Arabische herrschend, aber Christen und Juden schreiben es
weiterhin mit eigener Schrift. Der Islam hat die arabische Schrift
überall unter seinen Anhängern verbreitet, mochten sie semitische,

mongolische, arische oder Negersprachen reden.[1] Mit der Gewohnheit des Schreibens entsteht überall der unvermeidliche Unterschied zwischen Schriftsprache und Umgangssprache. Die Schriftsprache bringt die Symbolik der Dauer auf den eigenen grammatischen Zustand in Anwendung, der nur langsam und widerwillig den Wandlungen der Umgangssprache nachgibt, die mithin stets einen jüngeren Zustand darstellt. Es gibt nicht eine hellenische κοινή, sondern zwei,[2] und der ungeheure Abstand des geschriebenen vom lebendigen Latein in der Kaiserzeit wird durch den Bau der frühromanischen Sprachen hinreichend bezeugt. Je älter eine Zivilisation, desto schroffer ist der Unterschied bis zu jenem Abstand, der heute zwischen dem Schriftchinesischen und dem Kuanchua, der Sprache der nordchinesischen Gebildeten, besteht. Das sind nicht mehr zwei Dialekte, sondern zwei einander ganz fremde Sprachen.

Darin kommt aber bereits die Tatsache zum Ausdruck, daß die Schrift im höchsten Grade Standessache und zwar uraltes Vorrecht des Priestertums ist. Das Bauerntum ist geschichtslos *und also schriftlos*. Es besteht aber auch eine ausgesprochene Abneigung der Rasse gegen die Schrift. Dies scheint mir von höchster Bedeutung für die Graphologie zu sein: je mehr Rasse der Schreiber hat, desto souveräner behandelt er den ornamentalen Bau der Schriftzeichen und ersetzt ihn durch ganz persönliche Liniengebilde. Der Tabumensch allein hat beim Schreiben eine gewisse Achtung vor den Eigenformen der Zeichen und sucht sie unwillkürlich immer wieder hervorzubringen. Es ist der Unterschied des tätigen Menschen, der Geschichte macht, und des Gelehrten, der sie nur aufzeichnet, sie „verewigt". Die Schrift ist in allen Kulturen im Besitz des Priestertums, dem Dichter und Gelehrte zuzurechnen sind. Der Adel verachtet das Schreiben. Er *läßt* schreiben. Diese Tätigkeit hatte von jeher etwas Geistiges und Geistliches. Zeitlose Wahrheiten werden es ganz nicht durch die Rede, sondern erst durch die Schrift. Es ist wieder der Gegensatz von Burg und Dom: Was soll hier dauern –

---

[1] Lidzbarski, Sitz. Berl. Akad. (1916), S. 1218. Reiches Material bei M. Mieses, Die Gesetze der Schriftgeschichte (1919).
[2] P. Kretschmer in Gercke-Norden, Einl. i. d. Altertumswissenschaft I, S. 551.

die Tat oder die Wahrheit? Die Urkunde bewahrt Tatsachen, die heilige Schrift Wahrheiten. Was dort die Chronik und das Archiv, ist hier das Lehrbuch und die Bibliothek. Und deshalb gibt es außer dem Kultbau noch etwas, das nicht mit Ornamenten verziert wird, sondern *Ornament ist*[1] – *das Buch.* Die Kunstgeschichte aller Frühzeiten sollte die Schrift, und zwar die kursive eher noch als die monumentale, an die Spitze stellen. Was gotischer und was magischer Stil ist, erkennt man hier am reinsten. Kein Ornament hat die Innerlichkeit einer Buchstabenform oder Schriftseite. Die Arabeske erscheint nirgends vollendeter als in den Koransprüchen an den Wänden einer Moschee. Und dann die große Kunst der Initialen, die Architektur des Seitenbildes, die Plastik der Einbände! Ein Koran in kufischer Schrift wirkt auf jeder Seite wie ein Wandteppich. Ein gotisches Evangeliar ist wie ein kleiner Dom. Es ist bezeichnend für die antike Kunst, daß sie jeden Gegenstand ergreift und verschönert – mit Ausnahme allein der Schrift und der Schriftrolle. Ein Haß gegen die Dauer liegt darin, die Verachtung gegen eine Technik, die trotz allem mehr als Technik ist. Es gibt weder in Hellas noch in Indien eine Kunst der monumentalen Inschrift wie in Ägypten, und daran, daß ein Blatt mit der Handschrift Platos eine Reliquie war, daß man etwa auf der Akropolis ein kostbares Exemplar der Dramen des Sophokles hätte aufbewahren können, scheint niemand gedacht zu haben.

Indem sich über das Land die Stadt erhebt, zu Adel und Priesterschaft das Bürgertum tritt und der städtische Geist die Herrschaft in Anspruch nimmt, wird die Schrift aus einer Verkünderin adeligen Ruhmes und ewiger Wahrheiten zu einem Mittel des geschäftlichen und wissenschaftlichen Verkehrs. Jenes hatte die indische und antike Kultur abgelehnt, dies ließ sie aus der Fremde zu; als verächtliches, alltägliches Werkzeug dringt langsam die Buchstabenschrift ein. Gleichzeitig und gleichbedeutend mit diesem Ereignis ist in China die Einführung der phonetischen Zeichen um 800 v. Chr. und vor allem im Abendlande die Erfindung des Buchdrucks im 15. Jahrhundert: das Symbol der Dauer und Ferne wird durch die große

[1] Vgl. Bd. II, S. 701.

Zahl bis zum äußersten verstärkt. Endlich haben die Zivilisationen den letzten Schritt getan, um die Schrift in eine zweckmäßige Form zu bringen. Wie erwähnt, war die Erfindung der Buchstabenschrift in der ägyptischen Zivilisation um 2000 eine rein technische Neuerung; im gleichen Sinne hat Li-si, der Kanzler des chinesischen Augustus, 227 die chinesische Einheitsschrift eingeführt und endlich ist unter uns, was wenige in seiner wirklichen Bedeutung erkannt haben, eine neue Schriftart entstanden. Daß die ägyptische Buchstabenschrift keineswegs etwas Letztes und Vollendetes ist, beweist die der Erfindung des Alphabets ebenbürtige der Stenographie, die nicht nur Kurzschrift, sondern *die Überwindung der Buchstabenschrift durch ein neues, äußerst abstraktes Mitteilungsprinzip* ist. Es ist wohl möglich, daß Schriftformen dieser Art in den nächsten Jahrhunderten die Buchstaben völlig verdrängen.

14

Darf heute schon der Versuch gewagt werden, eine Morphologie der Kultursprachen zu schreiben? Gewiß ist, daß die Wissenschaft diese Aufgabe bisher nicht einmal entdeckt hat. Kultursprachen sind Sprachen des *historischen* Menschen. Ihr Schicksal vollzieht sich nicht in biologischen Zeiträumen; es folgt der organischen Entwicklung streng bemessener Lebensläufe. *Kultursprachen sind historische Sprachen.* Das bedeutet einmal: es gibt kein geschichtliches Ereignis und keine politische Institution, die nicht auch durch den Geist der dabei verwendeten Sprache mitbestimmt worden wären und die nicht ihrerseits auf Geist und Form dieser Sprache eingewirkt hätten. Der lateinische Satzbau ist auch eine Folge römischer Schlachten, welche das gesamte Denken des Volkes für die Verwaltung des Eroberten in Anspruch nahmen; die deutsche Prosa trägt in ihrem Mangel an festen Normen noch heute die Spur des 30jährigen Krieges, und die frühchristliche Dogmatik hätte eine andere Gestalt gewonnen, wenn die ältesten Schriften nicht sämtlich griechisch, sondern wie die der Mandäer syrisch abgefaßt worden wären. Das bedeutet aber weiterhin: die Weltgeschichte ist von dem Vorhandensein *der Schrift als des eigentlich historischen Mittels der Verständigung* in einem Grade beherrscht, dessen sich die Forschung noch kaum bewußt ist. Der Staat im höheren Sinne hat den Schriftverkehr zur Voraussetzung; der Stil aller Politik ist durch die jeweilige Bedeutung der Urkunde, des Archivs, der Unterschrift, der Publizistik im politisch-geschichtlichen Denken eines Volkes schlechthin bestimmt; der Kampf um das Recht ist ein Kampf für oder gegen ein geschriebenes Recht; Verfassungen ersetzen die materielle Gewalt durch die Fassung von Paragraphen und erheben das Schriftstück zu einer Waffe. Sprache und Gegenwart, Schrift und Dauer gehören zusammen, aber mündliche Verständigung und praktische Erfahrung, Schrift und theoretisches Denken tun es nicht weniger. Man kann den größten Teil der innerpolitischen Geschichte aller Spätzeiten auf diesen Gegensatz zurückführen. Die ewig wechselnden Tatsachen widerstreben der Schrift, *die Wahrheiten fordern sie* – das ist der welthistorische Gegensatz zweier Parteien, die in irgendeiner Form in den großen Krisen aller Kulturen vorhanden sind. Die eine lebt in der Wirklichkeit, die andere hält ihr eine Schrift entgegen; alle großen Revolutionen setzen eine Literatur voraus.

Die Gruppe der abendländischen Kultursprachen tritt im zehnten Jahrhundert in Erscheinung. Die vorhandenen Sprachkörper, nämlich die germanischen und romanischen Mundarten, das klösterliche Latein einbegriffen, werden aus einheitlichem Geiste zu Schriftsprachen ausgebildet. Es *muß* in der Entwicklung des Deutschen, Englischen, Italienischen, Französischen, Spanischen von 900 bis 1900 einen gemeinsamen Zug geben und ebenso in der Geschichte der hellenischen und italischen Sprachen einschließlich des Etruskischen von 1100 an bis zur Kaiserzeit. Aber was ist hier, unabhängig vom Verbreitungsgebiet der Sprachfamilien und der Rassen, allein durch die *landschaftlichen Grenzen der Kultur* zusammengefaßt? Welche Veränderungen haben das Hellenistische und das Latein seit 300 gemeinsam, und zwar in der Aussprache, im Wortgebrauch, metrisch, grammatisch, stilistisch, welche das Deutsche und Italienische seit 1000, das Italienische und Rumänische aber nicht? Dergleichen ist noch nie planmäßig untersucht worden.

Jede Kultur findet bei ihrem Erwachen *Bauernsprachen* vor, Sprachen des stadtlosen Landes, die „ewig", an den Ereignissen der großen Geschichte kaum beteiligt, als schriftlose Dialekte noch durch Spätzeit und Zivilisation gehen und langsame unbemerkte Verwandlungen erleiden. Darüber erhebt sich nun die Sprache der beiden Urstände als die erste Erscheinung einer Wachseinsbeziehung, die Kultur *hat*, Kultur *ist*. Hier im Kreise von Adel und Priestertum werden Sprachen zu Kultursprachen, und zwar gehört *das Sprechen zur Burg, die Sprache zum Dom*: so scheidet sich an der Schwelle der Entwicklung das Pflanzenhafte vom Tierhaften, das Schicksal der lebendigen von dem der toten, das der organischen von dem der mechanischen Seite der Verständigung. Denn die Totemseite bejaht, die Tabuseite verneint das Blut und die Zeit. Da finden sich überall schon ganz früh die starren Kultsprachen, deren Heiligkeit durch ihre Unveränderlichkeit verbürgt ist, zeitlose, längst abgestorbene oder dem Leben entfremdete und künstlich gelähmte Systeme mit einem streng festgehaltenen Wortschatz, wie er zur Fassung ewiger Wahrheiten Bedingung ist. So ist das Altvedische als religiöse und daneben das Sanskrit als Gelehrtensprache erstarrt. Das Ägyptische des Alten Reiches wurde dauernd als Priestersprache festgehalten, so daß die heiligen Formeln im Neuen Reiche ebensowenig mehr verstanden worden sind wie das *Carmen Saliare* und das Arvalbrüderlied zur Zeit des Augustus.[1] In der Vorzeit der arabischen Kultur sind das Babylonische, Hebräische und Awestische gleichzeitig als Umgangssprachen abgestorben – wahrscheinlich während des zweiten Jahrhunderts v. Chr. – aber eben deshalb wurden sie in den heiligen Schriften der Chaldäer, Juden und Perser dem Aramäischen und dem Pehlewi entgegengestellt. Dieselbe Bedeutung hatte das gotische Latein für die Kirche, das Humanistenlatein für die Gelehrsamkeit des Barock, das Kirchenslawisch in Rußland und wohl auch das Sumerische in Babylon.

Im Gegensatz dazu ist die Pflege des Sprechens an den frühen Höfen und Pfalzen zu Hause. Hier sind die *lebendigen* Kultursprachen ausgebildet worden. Sprechen ist Sprachsitte, Sprachzucht, der gute

---

[1] Deshalb glaube ich auch, daß das Etruskische in den römischen Priesterkollegien noch sehr spät eine bedeutende Rolle gespielt hat.

Ton in Lautbildung und Wendungen, der feine Takt in Wortwahl und Ausdrucksweise. Alles das ist Merkmal der *Rasse*; das lernt man nicht in Klosterzelle und Gelehrtenstube, sondern im vornehmen Umgang und am lebendigen Vorbild. Im adligen Kreise und als Standesmerkmal ist die Sprache Homers[1] und ebenso das Altfranzösische der Kreuzzüge und das Mittelhochdeutsche der Stauferzeit aus ländlichen Gewohnheiten emporgebildet worden. Bezeichnet man die großen Epiker, die Skalden und Troubadours als ihre Schöpfer, so sollte man nicht vergessen, daß sie für diese Aufgabe durch den Standeskreis, in dem sie sich bewegten, *auch sprachlich* erst geschult worden sind. Diese große Tat, mit welcher die Kultur mündig wird, ist die Leistung einer Rasse und nicht die einer Zunft.

Die geistliche Sprachkultur geht auf Begriffe und Schlüsse aus. Sie arbeitet daran, die dialektische Tauglichkeit der Worte und Satzformen bis aufs Äußerste zu steigern: so entsteht ein immer wachsender Unterschied zwischen dem scholastischen und höfischen, dem verstandesmäßigen und gesellschaftlichen Sprachgebrauch, und es gibt über alle Grenzen der Sprachfamilien hinaus etwas Gemeinsames in der Ausdrucksweise Plotins und des Thomas von Aquino, in Veda und Mischna. Hier liegt der Ausgangspunkt jeder reifen Gelehrtensprache, die im Abendland, ob deutsch, englisch oder französisch, noch heute nicht die letzten Spuren ihrer Herkunft aus dem scholastischen Latein abgestreift hat, und also auch der Ursprung aller Methodik der Fachausdrücke und der Satzformen des Schlusses. Bis tief in die Spätzeit hinein pflanzt sich dieser Gegensatz zwischen den Verständigungsweisen der großen Welt und der Wissenschaft fort. Der Schwerpunkt der französischen Sprachgebiete liegt mit Entschiedenheit auf seiten der Rasse, also des Sprechens, am Hofe zu Versailles und in den Pariser Salons. Hier ist der *esprit précieux* der Artusromane fortgepflanzt und zu der das ganze Abendland beherrschenden Konversation, der klassischen Kunst des Sprechens, erhoben worden. Es hat der griechischen Philosophie

[1] Man muß sich gerade deshalb klar machen, daß die erst in der Kolonialzeit schriftlich fixierten Gesänge nur in einer städtischen Literatur- und nicht in der höfischen Umgangssprache vorliegen können, in welcher sie zuerst vorgetragen worden sind.

die größten Schwierigkeiten bereitet, daß auch das Ionisch-Attische durchaus an Tyrannenhöfen und in Symposien ausgebildet worden ist. Es war später fast unmöglich, in der Sprache des Alkibiades über Syllogistik zu reden. Andererseits schwankt die deutsche Prosa, die in der entscheidenden Zeit des Barock überhaupt keinen Mittelpunkt für eine hohe Ausbildung fand, stilistisch noch heute zwischen französischen und lateinischen – höfischen und gelehrten – Wendungen hin und her, je nachdem man sich gut oder genau ausdrücken will; und auch unsere Klassiker haben es dank ihrer sprachlichen Herkunft von Kanzel und Gelehrtenstube und ihrem Aufenthalt als Erzieher in Schlössern und an kleinen Höfen wohl zu einem persönlichen Stil, den man nachahmen kann, aber nicht zur Schöpfung einer für alle verbindlichen, spezifisch deutschen Prosa gebracht.

Zu diesen Standessprachen tritt mit der Stadt die dritte und letzte, die des Bürgertums, die eigentliche Schriftsprache, verständig, zweckmäßig, Prosa im strengsten Sinne des Wortes. Sie schwankt leise zwischen vornehm geselligen und gelehrten Ausdrucksweisen, dort auf immer neue Wendungen und Modeworte bedacht, hier an den vorhandenen Begriffen eigensinnig festhaltend. In ihrem Wesenskern aber ist sie *wirtschaftlicher* Natur. Sie fühlt sich durchaus als Standeskennzeichen gegenüber der geschichtslos-ewigen Redeweise des „Volkes", deren sich Luther und andere zum großen Ärger ihrer feinen Zeitgenossen bedienten. Mit dem endgültigen Siege der Stadt nehmen diese Stadtsprachen auch die der vornehmen Welt und der Wissenschaft in sich auf. Es entsteht in der Oberschicht weltstädtischer Bevölkerungen eine gleichförmige, intelligente, praktische, den Dialekten und der Poesie abgeneigte κοινή, wie sie zur Symbolik jeder Zivilisation gehört, etwas ganz Mechanisches, präzis, kalt und mit einer auf ein Minimum beschränkten Geste. Diese letzten, heimat- und wurzellosen Sprachen können von jedem Händler und Lastträger gelernt werden, das Hellenische in Karthago und am Oxus, das Chinesische auf Java, das Englische in Schanghai, und das „Sprechen" ist für ihr Verständnis bedeutungslos. Fragt man nach ihrem eigentlichen Schöpfer, so ist es nicht der Geist einer Rasse oder einer Religion, sondern lediglich der Geist der Wirtschaft.

III. Urvölker, Kulturvölker, Fellachenvölker

15

Nun endlich ist es möglich, mit äußerster Vorsicht dem Begriffe „Volk" näher zu treten und Ordnung in das Chaos von Völkerformen zu bringen, das die Geschichtsforschung der Gegenwart nur noch gesteigert hat. Es gibt kein zweites Wort, das so oft und zugleich so völlig kritiklos gebraucht worden ist, keines, das der schärfsten Kritik so dringend bedurft hätte. Selbst sehr vorsichtige Historiker setzen, nachdem sie sich um eine theoretische Klärung bis zu einem gewissen Grade bemüht haben, im Verlauf der weiteren Untersuchung Völker, Rasseteile und Sprachgemeinschaften wieder völlig gleich. Finden sie einen Völkernamen, so gilt er ohne weiteres auch als Sprachbezeichnung, entdecken sie eine Inschrift von drei Worten, so haben sie einen Rassezusammenhang festgestellt. Stimmen einige „Wurzeln" überein, so taucht ein Urvolk mit einer Urheimat in der Ferne auf. Das moderne Nationalgefühl hat dies „Denken in Volkseinheiten" nur noch gesteigert.

Aber sind die Hellenen, die Dorer oder die Spartaner ein Volk? Die Kelten, Gallier und Senoner? Waren die Römer ein Volk, was waren dann die Latiner? Und was für eine Einheit ist mit dem Etruskernamen innerhalb der Bevölkerung Italiens etwa um 400 gemeint? Hat man nicht gar ihre „Nationalität" vom Bau ihrer Sprache abhängig gemacht, und ebenso die der Basken und Thraker? Und was für Volksbegriffe liegen den Worten Amerikaner, Schweizer, Juden, Buren zugrunde? Blut, Sprache, Glaube, Staat, Landschaft – was von alledem ist für die Völkerbildung maßgebend? Im allgemeinen werden Sprach- und Blutsverwandtschaft nur auf gelehrtem Wege festgestellt. Der Einzelne ist sich ihrer durchaus nicht bewußt. Indogermane ist nichts weiter als ein wissenschaftlicher und zwar philologischer Begriff. Der Versuch Alexanders des Großen, Griechen und Perser zu verschmelzen, ist völlig gescheitert, und die Stärke des englisch-deutschen Gemeingefühls erleben wir gerade jetzt.

Volk ist aber ein Zusammenhang, dessen man sich *bewußt* ist. Man beachte doch den üblichen Sprachgebrauch. Jeder Mensch bezeichnet die Gemeinschaft, die ihm innerlich am nächsten steht – und er gehört vielen an – mit Pathos als sein „Volk".[1] Er ist dann geneigt, diesen ganz besonderen Begriff, der aus einem persönlichen Erlebnis stammt, auf die verschiedenartigsten Verbände anzuwenden. Für Cäsar waren die Arverner eine *civitas*, für uns sind die Chinesen eine „Nation". Deshalb waren nicht die Griechen, sondern die Athener ein Volk, und nur einzelne von ihnen wie Isokrates haben sich *vor allem* als Hellenen gefühlt. Deshalb kann von zwei Brüdern der eine sich einen Schweizer und der andere mit dem gleichen Recht einen Deutschen nennen. Das sind nicht gelehrte Begriffe, sondern geschichtliche Tatsachen. Volk ist ein Verband von Männern, der sich als Ganzes fühlt. Erlischt das Gefühl, so kann der Name und jede einzelne Familie fortbestehen – das Volk aber hat zu bestehen aufgehört. Die Spartiaten fühlten sich in *diesem* Sinne als Volk, die „Dorer" vielleicht um 1100, um 400 sicherlich *nicht*. Die Kreuzfahrer wurden durch den Schwur von Clermont zu einem echten Volke, die Mormonen durch ihre Vertreibung aus Missouri (1839),[2] die Mamertiner, entlassene Söldner des Agathokles, durch die Notwendigkeit, sich einen Zufluchtsort zu erkämpfen. Ist das volksbildende Prinzip bei den Jakobinern und den Hyksos sehr verschieden gewesen? Wie viele Völker mögen aus einem Häuptlingsgefolge entstanden sein oder aus einer Schar von Flüchtlingen? Ein solcher Verband kann die Rasse wechseln wie die Osmanen, die als Mongolen in Kleinasien erschienen sind, die Sprache wie die sizilischen Normannen, den Namen wie die Achäer oder Danaer. Solange das Gemeingefühl dauert, ist das Volk als solches vorhanden.

Von dem Schicksal der Völker haben wir das der Völker*namen* zu unterscheiden. Sie sind oft das einzige, wovon eine Kunde übrig

---

[1] Das geht so weit, daß die großstädtische Arbeiterschaft sich als *das* Volk bezeichnet und damit das Bürgertum, mit dem sie kein Gemeingefühl verbindet, von diesem Begriffe ausschließt; aber das Bürgertum von 1789 hatte es nicht anders gemacht.

[2] Ed. Meyer, Ursprung und Geschichte der Mormonen (1912), S. 128 ff.

bleibt; aber kann man von einem Namen irgendwie auf die Geschichte, die Abstammung, die Sprache oder auch nur die Identität seiner Träger schließen? Es ist wieder ein Fehler der Forscher, daß sie das Verhältnis zwischen beiden nicht theoretisch, aber praktisch so einfach aufgefaßt haben wie etwa bei heutigen Personennamen. Hat man überhaupt eine Vorstellung von der Zahl der hier vorliegenden Möglichkeiten? Unendlich wichtig ist schon der Akt der Namengebung unter frühen Verbänden. Mit dem Namen hebt sich eine Menschengruppe selbstbewußt mit einer Art sakraler Größe heraus. Aber hier können Kult- und Kriegernamen nebeneinander stehen, andere können im Lande vorgefunden oder ererbt sein, der Stammname kann gegen den eines Helden ausgetauscht werden wie bei den Osmanen und endlich können in unbegrenzter Zahl an allen Grenzen Fremdnamen entstehen, die vielleicht nur einem Teil der Volksgenossen bekannt und geläufig sind. Sind *nur* solche Namen überliefert, so führt beinahe jeder Schluß auf die Träger notwendig zu einem Irrtum. Die zweifellos sakralen Namen der Franken, Alemannen und Sachsen haben die große Menge von Namen aus der Zeit der Varusschlacht abgelöst. Wüßten wir das nicht, so wären wir längst überzeugt, daß hier eine Verdrängung oder Vernichtung älterer Stämme durch neu eindringende stattgefunden hätte. Die Namen Römer und Quiriten, Spartaner und Lakedämonier, Karthager und Punier bestehen nebeneinander – da war die Möglichkeit vorhanden, zwei Völker anzunehmen. In welcher Beziehung die Namen Pelasger, Achäer, Danaer untereinander gestanden haben und welche Tatsachen dem zugrunde liegen, werden wir nie erfahren. Hätten wir nur diese Worte, so würde die Forschung längst einem jeden ein Volk – nebst Sprache und Rassezugehörigkeit – unterlegt haben. Hat man nicht aus der Landschaftsbezeichnung Doris auf den Gang der Dorischen Wanderung schließen wollen? Wie oft mag ein Volk einen Ländernamen eingetauscht und mitgenommen haben? Der Fall liegt bei der heutigen Bezeichnung Preußen vor, aber auch bei den modernen Parsen, Juden und Türken, der umgekehrte in Burgund und der Normandie. Der Name Hellenen entstand um 650; eine Bevölkerungsbewegung ist damit also nicht ver-

knüpft. Lothringen erhielt den Namen eines gänzlich bedeutungslosen Fürsten, und zwar infolge einer Erbteilung und nicht durch ein
eingewandertes Volk. Die Deutschen hießen in Paris 1814 Alle-
mands, 1870 Prussiens, 1914 Boches; zu anderen Zeiten hätte man
drei verschiedene Völker dahinter entdeckt. Die Westeuropäer
heißen im Orient Franken, die Juden Spaniolen – das geht auf historische Umstände zurück; aber was hätte ein Philologe aus den
Worten *allein* geschlossen?

Es ist nicht abzusehen, zu was für Ergebnissen Gelehrte im Jahre
3000 kommen könnten, wenn sie dann noch nach heutigen Methoden mit Namen, Sprachresten und den Begriffen von Urheimat und
Wanderung arbeiten. Die Deutschritter haben im 13. Jahrhundert
die heidnischen Preußen vertrieben. 1870 erscheint dies Volk auf
seiner Wanderung plötzlich vor Paris. Die Römer, von den Goten
bedrängt, sind vom Tiber an die untere Donau ausgewandert. Oder
sollte gar ein Teil nach Polen gelangt sein, wo man auf dem Reichstag lateinisch sprach? Karl der Große schlug die Sachsen an der Weser, die daraufhin in die Gegend von Dresden auswanderten, während die Hannoveraner – dem Dynastienamen nach von ihren
Ursitzen an der Themse kommend – das Land einnahmen. Die
Historiker haben statt der Geschichte von Völkern die von Namen
geschrieben, aber Namen haben ihre eigenen Schicksale und ebensowenig wie diese beweisen die Sprachen, ihre Wanderungen,
Änderungen, Siege und Niederlagen etwas auch nur für das Vorhandensein zugehöriger Völker. Dies ist ein Grundirrtum vor allem
der indogermanischen Forschung. Wenn in historischer Zeit die
Namen Pfalz und Kalabrien gewandert sind, das Hebräische von
Palästina nach Warschau, das Persische vom Tigris nach Indien ver-
schlagen wurde, was läßt sich dann aus der Geschichte des Etrusker-
namens und der angeblich „tyrsenischen" Inschrift von Lemnos
schließen? Oder haben die Franzosen mit den Haitinegern, wie die
gemeinsame Sprache beweist, einst ein Urvolk gebildet? In dem
Gebiet zwischen Budapest und Konstantinopel werden heute zwei
mongolische, eine semitische, zwei antike und drei slawische Sprachen geredet und diese Sprachgemeinschaften fühlen sich sämtlich

als Völker.[1] Wollte man daraus eine Wanderungsgeschichte aufbauen, so würde ein seltsames Produkt verfehlter Methoden die
Folge sein. Das Dorische ist eine Dialektbezeichnung; weiteres wissen wir nicht. Zweifellos haben sich einige Dialekte dieser Gruppe
schnell verbreitet, aber für die Verbreitung oder selbst das Vorhandensein eines zugehörigen Menschenschlages ist das durchaus kein
Beweis.[2]

16

Hier stehen wir vor dem Lieblingsbegriff des modernen Ge-
schichtsdenkens. Trifft ein Historiker heute auf ein Volk, das etwas
geleistet hat, so ist er ihm gewissermaßen die Frage schuldig: von woher kam es? Es gehört zum Anstand eines Volkes, von irgendwoher
gekommen zu sein und eine Urheimat zu haben. Daß es auch dort
zu Hause sein könne, wo man es vorfindet, ist eine fast beleidigende
Annahme. Wandern ist ein beliebtes Sagenmotiv ursprünglicher
Menschheit, aber seine Anwendung in der ernsthaften Forschung ist
nachgerade zu einer Manie geworden. Ob überhaupt die Chinesen
nach China, die Ägypter nach Ägypten eingedrungen sind, danach
wird nicht gefragt; nur das Wann und Woher steht in Frage. Man
würde lieber die Semiten aus Skandinavien und die Arier aus Kanaan
stammen lassen, als auf den Begriff einer Urheimat verzichten.

Nun liegt die Tatsache einer starken Bewegtheit aller frühen Bevölkerungen unzweifelhaft vor. Das Libyerproblem birgt ein solches
Geheimnis. Die Libyer oder ihre Vorfahren sprachen hamitisch,
waren aber körperlich, wie schon die altägyptischen Reliefs beweisen, hochgewachsen, blond und blauäugig und also zweifellos von
nordeuropäischer Herkunft.[3] In Kleinasien sind wenigstens drei

---

[1] In Mazedonien haben Serben, Bulgaren und Griechen im 19. Jahrhundert
christliche Schulen für die türkenfeindliche Bevölkerung gegründet. Wenn in
einem Dorfe zufällig serbisch unterrichtet wurde, so bestand schon die folgende
Generation aus fanatischen Serben. Die heutige Stärke der „Nationen" ist also
lediglich eine Folge der früheren Schulpolitik.
[2] Über die Skepsis Belochs bezüglich der angeblichen Dorischen Wanderung
vgl. seine Griechische Geschichte I, 2, Abschn. VIII.
[3] C. Mehlis, Die Berberfrage (Archiv f. Anthropologie 39, S. 249 ff.), wo auch
über die Verwandtschaft norddeutscher und mauretanischer Keramik und sogar

Wanderschichten seit 1300 gesichert, die vielleicht zu den Angriffen
der nordischen „Seevölker" auf Ägypten in Beziehung stehen, und
Ähnliches ist für die mexikanische Welt nachgewiesen. Aber wir
wissen über das Wesen dieser Bewegungen gar nichts, und von
Wanderungen, wie sie sich der Historiker heute gern vorstellt,
wonach geschlossene Völker wie große Massenkörper die Länder
durchziehen, einander verdrängen und bekämpfen, um sich zuletzt
irgendwo festzusetzen, kann gewiß nicht die Rede sein. Es ist nicht
die Veränderung an sich, sondern diese Vorstellung von ihr, welche
unsere Ansichten vom Wesen der Völker verdorben hat. Völker
im heutigen Sinne wandern nicht und was damals wanderte, bedarf
einer sehr vorsichtigen Bezeichnung und verträgt nicht überall dieselbe. Auch das ewig wiederholte Motiv dieser Wanderzüge ist
platt und des vorigen Jahrhunderts würdig: die materielle Not.
Hunger hätte zu ganz anderen Versuchen geführt und ist sicherlich
der letzte aller Gründe gewesen, der Rassemenschen aus ihrem Neste
trieb – obwohl man es verstehen wird, daß er am häufigsten geltend
gemacht wurde, wenn solche Scharen plötzlich auf ein militärisches
Hindernis stießen. Es ist ohne Zweifel in diesen starken und einfachen Menschen der ursprüngliche mikrokosmische Drang nach
Bewegung im weiten Raume gewesen, der sich aus tiefster Seele als
Abenteuerlust, Wagemut, Schicksalszug, als Hang nach Macht und
Beute erhob, als eine leuchtende Sehnsucht nach Taten, wie wir sie
uns gar nicht mehr vorstellen können, nach fröhlichem Gemetzel
und heldenmütigem Tod; oft wird es heimatlicher Zwist und Flucht
vor der Rache des Stärkeren gewesen sein, aber stets etwas Männ-
liches und Starkes. Und das steckte an. Der war ein Feigling, der
auf seinem Gute sitzen blieb. Oder sind etwa noch die Kreuzzüge,
die Fahrten des Cortez und Pizarro und noch in unseren Zeiten die
Abenteuer der Trapper im wilden Westen der Union durch die
gemeine Not des Lebens veranlaßt worden? Wo in der Geschichte
eine kleine Schar siegreich in weite Gebiete einbricht, da ist es regel-

vieler Fluß- und Bergnamen berichtet wird. Die alten Pyramidenbauten in Westafrika sind einerseits den nordischen Hünengräbern, andererseits den Königsgräbern des Alten Reiches nahe verwandt. (Einige Abbildungen bei L. Frobenius,
Der kleinafrikanische Grabbau, 1916.)

mäßig die Stimme des Blutes, die Sehnsucht nach einem großen Schicksal, das Heldentum echter Rassemenschen, das sie treibt.

Man muß aber auch ein Bild der Lage in den durchstreiften Ländern besitzen. Diese Züge sind beständig etwas anderes geworden, und das hing nicht nur vom Geist der Wanderer ab, sondern mehr und mehr vom Wesen der seßhaften Bevölkerung, die zuletzt in entschiedener Überzahl vorhanden war. Es ist klar, daß in fast menschenleeren Räumen ein einfaches Ausweichen des Schwächeren möglich und Regel ist.

In den Zuständen späterer Dichte handelt es sich aber um ein Heimatloswerden des Schwächeren, der sich verteidigen oder um ein neues Land kämpfen muß. Man drängt sich bereits im Raume. Kein Stamm lebt ohne beständige Fühlung nach allen Seiten und ohne eine mißtrauische Bereitschaft zum Widerstand. Die harte Notwendigkeit des Krieges züchtet Männer. Völker wachsen an Völkern und gegen Völker zu innerer Größe heran. Die Waffe wird zur Waffe gegen Menschen, nicht gegen Tiere. Endlich ist jene Wanderungsform da, von der in historischer Zeit allein die Rede sein kann: streifende Scharen bewegen sich in durchaus bewohntem Gebiete, dessen Bevölkerung als ein wesentlicher Bestandteil des Eroberten seßhaft und erhalten bleibt; die Sieger sind in der Minderzahl und es treten damit ganz neue Lagen ein. Völker von starker innerer Form schichten sich über viel größere, aber formlose Bevölkerungen, und die weitere Verwandlung der Völker, Sprachen, Rassen hängt von sehr verwickelten Einzelheiten ab. Seit den entscheidenden Untersuchungen von Beloch[1] und Delbrück[2] wissen wir, daß alle Wandervölker – und Völker in diesem Sinne waren die Perser des Kyros, die Mamertiner und die Kreuzfahrer ebensogut wie die Ostgoten und die „Seevölker" der ägyptischen Inschriften – im Verhältnis zur Bewohnerschaft der besetzten Gebiete sehr klein waren, wenige tausend Krieger stark und den Eingebornen überlegen allein durch ihre Entschlossenheit, ein Schicksal zu sein und nicht zu erleiden. Nicht bewohnbares, sondern bewohntes Land wird in

---

[1] Die Bevölkerung der griechisch-römischen Welt (1886).
[2] Geschichte der Kriegskunst (zuerst 1900).

Besitz genommen: damit wird das Verhältnis beider Bevölkerungen auch zu einer Standesfrage, die Wanderung zu einem Feldzuge und das Seßhaftwerden zu einer politischen Aktion. Und hier, wo der Erfolg einer kleinen Kriegerschar mit seiner Wirkung: der Ausbreitung von Namen und Sprache der Sieger, aus historischer Ferne allzu leicht als „Völkerwanderung" erscheint, muß die Frage noch einmal gestellt werden: Was alles kann wandern?

Der Name einer Landschaft oder eines Verbandes – es kann auch der eines Helden sein, den das Gefolge trägt –, indem er sich verbreitet, dort erlischt und hier von einer ganz anderen Bevölkerung angenommen oder ihr gegeben wird, indem er vom Lande auf Menschen übergeht und mit ihnen zieht oder umgekehrt; die Sprache der Sieger oder Besiegten – oder auch eine dritte, die beide zu ihrer Verständigung annehmen; die Gefolgschaft eines Häuptlings, die ganze Länder unterwirft und sich durch erbeutete Weiber fortpflanzt, oder ein zufälliger Haufe von Abenteurern verschiedenster Herkunft oder eine Völkerschaft mit Weib und Kind, wie die Philister, die ganz nach germanischer Art um 1200 v. Chr. mit ihren vierspännigen Ochsenwagen längs der phönikischen Küste nach Ägypten zogen.[1] Und deshalb muß noch einmal gefragt werden: Darf man aus dem Schicksal von Sprachen oder Namen auf das von Völkern oder Rassen schließen? Es ist nur eine Antwort möglich: ein entschiedenes Nein.

Unter den „Seevölkern", die Ägypten im 13. Jahrhundert immer wieder angriffen, erscheinen die *Namen* der Danaer und Achäer, aber bei Homer sind beide fast mythische Bezeichnungen; dann der *Name* der Lukka, der später an Lykien haftet, aber dessen Bewohner nennen sich Tramilen; endlich die *Namen* der Etrusker, Sarden und Sikuler, aber daraus folgt *nicht*, daß diese Turscha, das spätere Etruskisch, sprachen, *nichts* für ihren leiblichen Zusammenhang mit den gleichnamigen Bewohnern Italiens; und selbst wenn beides gesichert wäre, nichts für das Recht, von „ein und demselben *Volke*" zu sprechen. Angenommen, die Inschrift von Lemnos wäre etruskisch, und

---

[1] Ramses III., der sie schlug, hat ihren Zug in seinen Reliefs von Medinet Habu abgebildet, W. M. Müller, Asien und Europa, S. 366.

das Etruskische indogermanisch – so würde daraus für die Sprachgeschichte manches, für die Rassegeschichte gar nichts folgen. Rom
ist eine Etruskerstadt. Ist das nicht für die *Seele* des römischen Volkes
gleichgültig? Sind die Römer deshalb Indogermanen, weil sie zufällig einen lateinischen Dialekt sprachen? Die Ethnographen kennen
eine mittelländische und eine Alpenrasse und südlich und nördlich
davon eine auffallende leibliche Verwandtschaft zwischen Nord-
germanen und Libyern, aber die Philologen wissen, daß die Basken
ihrer Sprache wegen der Rest einer „vorindogermanischen" – ibe-
rischen – Bevölkerung sind. Beide Meinungen schließen sich aus.
Waren die Erbauer von Mykene und Tiryns „Hellenen"? Man
könnte ebenso fragen, ob die Ostgoten Deutsche gewesen sind. Ich
gestehe, daß ich solche Fragestellungen nicht begreife.

Für mich ist „Volk" eine *Einheit der Seele*. Alle großen Ereignisse
der Geschichte sind nicht eigentlich von Völkern ausgeführt worden, *sondern haben Völker erst hervorgerufen*. Jede Tat verändert die
Seele des Handelnden. Mag man sich zuerst um einen berühmten
Namen geschart haben, – daß hinter seinem Klange nicht ein Haufe,
sondern ein Volk steht, das ist die Wirkung und nicht die Voraussetzung großer Ereignisse. Erst durch ihre Wanderschicksale sind
Goten und Osmanen geworden, was sie später waren. „Die Amerikaner" sind *nicht* aus Europa eingewandert; der Name des florentinischen Geographen Amerigo Vespucci bezeichnet heute zunächst
einen Erdteil, aber außerdem ein echtes Volk, das durch die seelische
Erschütterung von 1775 und vor allem durch den Sezessionskrieg
von 1861–65 seine Eigenart erhalten hat.

Einen anderen Inhalt des Wortes Volk gibt es nicht. Weder die
Einheit der Sprache noch der leiblichen Abstammung ist entscheidend. Was ein Volk von einer Bevölkerung unterscheidet, es aus
dieser abhebt und wieder in ihr aufgehen läßt, ist stets das innere
Erlebnis des „Wir". Je tiefer dieses Gefühl, desto stärker ist die
Lebenskraft des Verbandes. Es gibt energische, matte, flüchtige,
unverwüstliche Völkerformen. Sie können Sprache, Rasse, Namen
und Land wechseln; solange ihre Seele dauert, eignen sie sich Menschen jeder denkbaren Herkunft innerlich an und formen sie um.

Der römische Name bezeichnet zur Zeit Hannibals ein Volk, zur Zeit Trajans nur noch eine Bevölkerung.

Wenn trotzdem mit vielem Rechte Völker und Rassen zusammengestellt werden, so ist damit nicht der heute übliche Rassebegriff der darwinistischen Zeit gemeint. Man glaube doch nicht, daß je ein Volk durch die bloße Einheit der leiblichen Abstammung zusammengehalten wurde und diese Form auch nur durch zehn Generationen hätte wahren können. Es kann nicht oft genug wiederholt werden, daß diese physiologische Herkunft nur für die Wissenschaft und niemals für das Volksbewußtsein vorhanden ist und daß kein Volk sich je für *dieses* Ideal des „reinen Blutes" begeistert hat. „Rasse haben" ist nichts Stoffliches, sondern etwas Kosmisches und Gerichtetes, gefühlter Einklang eines Schicksals, gleicher Schritt und Gang im historischen Sein. Aus einem Mißverhältnis dieses ganz metaphysischen Taktes entspringt der Rassehaß, der zwischen Franzosen und Deutschen nicht weniger stark ist als zwischen Deutschen und Juden, und aus dem gleichen Pulsschlag andererseits die wirkliche, dem Haß verwandte Liebe zwischen Mann und Weib. Wer keine Rasse hat, der kennt diese gefährliche Liebe nicht. Wenn ein Teil der Menschenmasse, die sich heute indogermanischer Sprachen bedient, einem gewissen Rasseideal sehr nahe steht, so deutet das auf die metaphysische Kraft dieses Ideals, das züchtend wirkte; und nicht auf ein „Urvolk" im gelehrten Geschmack. Es ist doch von höchster Bedeutung, daß dieses Ideal niemals in der gesamten Bevölkerung, sondern vorwiegend in ihrem kriegerischen Element und vor allem dem echten Adel ausgeprägt ist, also unter den Menschen, welche ganz in einer Tatsachenwelt, im Banne geschichtlichen Werdens leben, Schicksalsmenschen, die etwas wollen und wagen, obwohl gerade in früher Zeit die Aufnahme in den Herrenstand einem Stammfremden von äußerem und innerem Range nicht schwer fiel und zumal die Weiber nach ihrer „Rasse" und gewiß nicht ihrer Abstammung gewählt worden sind. Am schwächsten sind die Rassezüge gleich daneben, wie man heute noch beobachten kann, in den echten Priester- und Gelehrtennaturen ausgeprägt,[1]

---

[1] Die eben deshalb den sinnlosen Begriff Geistesadel erfunden haben.

obwohl sie mit den andern vielleicht in engster Blutsverwandtschaft stehen. Ein starkes Seelentum züchtet den Leib wie ein Kunstwerk heran. Die Römer bilden, mitten in dem italischen Wirrwarr
der Stämme und selbst von verschiedenartigster Herkunft, eine
Rasse von der allerstrengsten inneren Einheit, die weder etruskisch
noch latinisch oder allgemein „antik", sondern ganz spezifisch
römisch ist.[1] Wenn man irgendwo die Stärke eines Volkstums vor
Augen sehen kann, so ist es an den Römerbüsten der letzten republikanischen Zeit.

Als Beispiel nenne ich noch die Perser. Es gibt kein stärkeres für die
Irrtümer, welche diese gelehrten Vorstellungen von Volk, Sprache
und Rasse nach sich ziehen mußten. Hier liegt auch der letzte und
vielleicht entscheidende Grund, weshalb der Organismus der arabischen Kultur bis heute nicht erkannt worden ist. Persisch ist eine
arische Sprache, also sind „die Perser" „ein indogermanisches Volk".
Also sind persische Geschichte und Religion ein Thema der „iranischen" Philologie.

Zunächst: Ist das Persische eine dem Indischen gleichgeordnete
Sprache, von einer gemeinsamen Ursprache stammend, *oder nur
ein indischer Dialekt?* 700 Jahre schriftloser, also schnellster Sprach-
entwicklung liegen zwischen dem Altvedischen der indischen Texte
und den Behistun-Inschriften des Darius. Nicht größer ist der Abstand zwischen dem Latein des Tacitus und dem Französischen der
Straßburger Eide (842). Nun kennen wir aber aus der Mitte des 2.
Jahrtausends – also aus vedischer Ritterzeit – durch die Amarnabriefe
und das Archiv von Boghazköi zahlreiche „arische" Personen- und
Götternamen, und zwar in Syrien und Palästina. Indessen Ed. Meyer[2]
bemerkt, daß diese Namen indisch und nicht persisch sind, und dasselbe gilt von den jetzt entdeckten Zahlworten.[3] Von Persern ist
keine Rede, noch weniger von einem „Volk" im Sinne unserer

---

[1] Obwohl gerade in Rom die Freigelassenen, also in der Regel Menschen ganz
fremden Blutes, das Bürgerrecht erhalten und schon der Zensor Appius Claudius (310) Söhne ehemaliger Sklaven in den Senat aufnahm. Einer von ihnen,
Flavius, ist damals sogar kurulischer Ädil geworden.

[2] Die ältesten datierten Zeugnisse der iranischen Sprache, Zeitschr. f. vgl.
Sprachf. 42, S. 26.

[3] Vgl. Bd. II, S. 735.

Historiker. Es waren indische Helden, die nach Westen ritten[1] und mit ihrer kostbaren Waffe, dem Reitpferde, und ihrem Tatendrang allenthalben in der alternden babylonischen Welt eine Macht bedeutet haben.

Seit 600 erscheint mitten in dieser Welt die kleine Landschaft Persis mit einer politisch geeinigten bäuerlich-barbarischen Bevölkerung. Herodot berichtet, daß von ihren Stämmen nur drei eigentlich persischer Nationalität gewesen seien. Hat sich die Sprache jener Ritter in diesem Gebirge erhalten und ist „Perser" *ein Landname,* der auf ein Volkstum überging? Auch die sehr ähnlichen Meder tragen nur den Namen eines Landes, dessen kriegerische Oberschicht sich durch große politische Erfolge als Einheit fühlen gelernt hat. In den assyrischen Urkunden Sargons und seiner Nachfolger (um 700) finden sich neben den nichtarischen Ortsnamen zahlreiche „arische" Personennamen, durchweg von führenden Männern, aber Tiglat Pileser IV. (745–727) nennt das Volk schwarzhaarig.[2] Das „persische Volk" des Kyros und Darius kann sich erst von da an aus Menschen verschiedener Herkunft, aber aus einer starken Einheit des Erlebens heraus gebildet haben. Als die Makedonier aber kaum zwei Jahrhunderte später ihre Herrschaft auflösten – waren da „die Perser" in dieser Form *überhaupt noch vorhanden?* Gab es um 900 in Italien wirklich noch ein langobardisches Volk? Es ist sicher, daß die weithin verbreitete persische Reichssprache und die Verteilung der wenigen tausend erwachsenen Männer aus Persis über den ungeheuren Kreis von militärischen und Verwaltungsaufgaben das Volkstum längst aufgelöst und an seine Stelle als Träger des persischen Namens eine sich als *politische* Einheit fühlende Oberschicht gesetzt hatten, von deren Ahnen nur sehr wenige aus Persis sein konnten. Ja – es gibt nicht einmal ein Land, das man als den Schauplatz der persischen Geschichte bezeichnen kann. Was sich von Darius bis auf Alexander ereignet, hat seinen Ort teils im nördlichen Mesopotamien, also unter einer aramäisch sprechenden Bevölkerung, teils im alten Sinear, jedenfalls nicht in Persis, wo die von Xer-

---

[1] [Vgl. Bd. II, S. 736, Anm. 2. *H. K.*]
[2] Ed. Meyer a. a. O., S. 1 ff.

xes begonnenen Prachtbauten gar nicht fortgesetzt worden sind. Die Parther waren ein mongolischer Stamm, der eine persische Mundart angenommen hatte und inmitten dieser Bevölkerung das persische Nationalgefühl in sich zu verkörpern suchte.

Hier erscheint neben der persischen Sprache und Rasse nun auch die Religion als Problem.[1] Die Forschung hat sie mit jenen zusammengebracht, als ob das selbstverständlich wäre, und also in beständiger Beziehung auf Indien behandelt. Aber die Religion jener Landwikinger war mit der vedischen nicht verwandt, sondern identisch, wie die Götterpaare Mitra-Varuna und Indra-Nasatya der Boghazköi-Texte beweisen. Und innerhalb dieser mitten in der babylonischen Welt aufrecht erhaltenen Religion erscheint nun Zarathustra als Reformator aus dem unteren Volke. Daß er kein Perser war, ist bekannt. Was er schuf – ich hoffe das noch nachzuweisen – war die Überführung der *vedischen* Religion in die Formen *des aramäischen Weltdenkens*, in welchem sich ganz leise schon die magische Religiosität vorbereitet. Die *daevas*, die Götter des altindischen Glaubens, werden zu den Dämonen des semitischen, den *dschins* der Araber. Jahwe und Beelzebub stehen sich nicht anders gegenüber als Ahura Mazda und Ahriman in dieser durch und durch aramäischen, also aus einem sittlich-dualistischen Weltgefühl entsprungenen Bauernreligion. Ed. Meyer hat[2] den Unterschied zwischen indischer und „iranischer" Weltanschauung durchaus richtig gezeichnet, ihn seinem Ursprung nach infolge der falschen Voraussetzungen aber nicht erkannt. *Zarathustra ist ein Weggenosse der israelitischen Propheten*, welche den mosaisch-kananäischen Volksglauben ebenso und gleichzeitig umgewendet haben. Es ist bezeichnend, daß die gesamte Eschatologie ein Gemeinbesitz der persischen und jüdischen Religion ist und daß die Awestatexte zur Partherzeit ursprünglich aramäisch geschrieben und dann erst in Pehlewi übertragen worden sind.[3]

Aber schon in der Partherzeit hat sich bei Persern wie bei Juden jene tiefinnerliche Wandlung vollendet, welche den Begriff der Na-

---

[1] Zum folgenden vgl. Bd. II, Kap. III.
[2] Geschichte des Altertums, I, § 590 f.
[3] Andreas und Wackernagel, Nachrichten der Göttingischen Gesellschaft der Wissenschaften (1911), S. 1 ff.

tion nicht mehr nach der Stammeszugehörigkeit, sondern der Rechtgläubigkeit bestimmt.[1] Ein Jude, der zum Mazdaglauben übertrat,
ist damit Perser geworden; ein Perser, der Christ wurde, gehört dem
nestorianischen „Volke" an. Die sehr starke Bevölkerung des nördlichen Mesopotamiens – des Mutterlandes der arabischen Kultur –
ist teils jüdischer, teils persischer Nation in diesem Sinne, der mit
Rasse nichts und mit Sprache wenig zu tun hat. „Der Ungläubige"
ist schon zur Zeit von Christi Geburt die Bezeichnung für den Nicht-
perser wie für den Nichtjuden.

Diese *neue* Nation ist das „persische Volk" des Sassanidenreiches.
Damit hängt es zusammen, daß Pehlewi und Hebräisch gleichzeitig
aussterben und das Aramäische die Muttersprache beider Gemeinschaften wird. Will man die Bezeichnungen Arier und Semiten verwenden, so waren die Perser zur Zeit der Amarnabriefe Arier, aber
kein „Volk", zur Zeit des Darius ein Volk, aber ohne Rasse, zur
Sassanidenzeit eine Glaubensgemeinschaft, aber von semitischer Abstammung. Es gibt weder ein persisches Urvolk, das sich von einem
arischen abgezweigt hätte, noch eine persische Gesamtgeschichte;
und es läßt sich nicht einmal für die drei Einzelgeschichten, welche
lediglich durch gewisse Sprachbeziehungen zusammenhängen, ein
einheitlicher Schauplatz angeben.

17

Damit ist endlich der Grund zu einer *Morphologie der Völker* gelegt. Sobald man ihr Wesen kennt, entdeckt man auch eine innere
Ordnung im Völkerstrom der Geschichte. Völker sind weder sprachliche noch politische noch zoologische, sondern seelische Einheiten.
Aber gerade auf Grund dieses Gefühls unterscheide ich nun *Völker
vor, innerhalb und nach einer Kultur*. Es ist eine von jeher tief empfundene Tatsache, daß Kulturvölker etwas Bestimmteres sind als andere. Was vorauf geht, nenne ich *Urvölker*. Das sind jene flüchtigen
und verschiedenartigen Verbände, die sich ohne erkennbare Regel
im Wandel der Dinge bilden und lösen, die zuletzt im Vorgefühl

---

[1] Siehe weiter unten.

einer noch ungeborenen Kultur, etwa in vorhomerischer, vorchristlicher und germanischer Zeit, in ganzen Schichten von immer deutlicherem Typus die Bevölkerung in Gruppen zusammenfassen, während deren Menschenschlag sich kaum verändert. Eine solche Schichtenfolge führt von den Kimbern und Teutonen über die Markomannen und Goten zu den Franken, Langobarden und Sachsen. Urvölker sind die Juden und Perser der Seleukidenzeit, die „Seevölker" der mykenischen Zeit, die ägyptischen „Gaue" zur Zeit des Menes. Was einer Kultur folgt, nenne ich *Fellachenvölker* nach ihrem berühmtesten Beispiel, den Ägyptern seit der Römerzeit.

Im 10. Jahrhundert erwacht plötzlich die faustische Seele und offenbart sich in zahllosen Gestalten. Unter diesen, neben Ornament und Architektur, erscheint eine deutlich ausgeprägte Völkerform. Aus den Volksgebilden des Karolingerreiches, den Sachsen, Schwaben, Franken, Westgoten, Langobarden sind plötzlich die Deutschen, Franzosen, Spanier, Italiener entstanden. Die gesamte bisherige Geschichtsforschung hat, ob sie es wußte und beabsichtigte oder nicht, diese Kulturvölker als etwas an sich Vorhandenes und Primäres aufgefaßt und die Kultur selbst als sekundär, als ihr Erzeugnis behandelt. Die Inder, die Griechen, die Römer, die Germanen galten als die schlechthin schöpferischen Einheiten der Geschichte. Die griechische Kultur war das Werk der Hellenen, und diese mußten demnach als solche schon viel früher vorhanden gewesen, also eingewandert sein. Eine andere Vorstellung von Schöpfer und Schöpfung erschien nicht denkbar.

Ich betrachte es als eine entscheidende Entdeckung, daß aus den hier vorgelegten Tatsachen das Umgekehrte folgt. Mit aller Schärfe soll festgestellt werden: die großen Kulturen sind etwas ganz Ursprüngliches und aus den tiefsten Gründen des Seelentums Aufsteigendes. Völker im Banne einer Kultur dagegen sind in ihrer inneren Form, ihrer ganzen Erscheinung nach nicht Urheber, sondern *Werke* dieser Kultur. Diese Gebilde, in welchen das Menschentum wie ein Stoff gefaßt und gestaltet wird, haben Stil und eine Stilgeschichte ganz wie Kunstgattungen und Denkweisen. Das Volk von Athen ist nicht weniger wie der dorische Tempel, der Engländer nicht

weniger wie die moderne Physik ein Symbol. Es gibt Völker apollinischen, faustischen und magischen Stils. „Die Araber" haben die
arabische Kultur *nicht* geschaffen. Die magische Kultur, zur Zeit
Christi beginnend, hat vielmehr als ihre letzte große Völkerschöp-
fung das arabische Volk hervorgebracht, das wie das jüdische und
persische eine Glaubensgemeinschaft, die des Islam, darstellt. Weltgeschichte ist die Geschichte der großen Kulturen. Und Völker sind
nur die sinnbildlichen Formen, in welche zusammengefaßt der
Mensch dieser Kulturen sein Schicksal erfüllt.

In jeder dieser Kulturen, der mexikanischen wie der chinesischen,
der indischen wie der ägyptischen – ob unser Wissen dahin reicht
oder nicht – gibt es *eine Gruppe großer Völker von ein und demselben
Stil*, die am Eingang der Frühzeit entsteht und die, Staaten bildend
und Geschichte tragend, im ganzen Lauf der Entwicklung auch die
ihr zugrunde liegende Form einem Ziel entgegenführt. Sie sind
untereinander höchst verschieden. Es scheint kein stärkerer Gegensatz denkbar als der zwischen Athenern und Spartanern, Deutschen
und Franzosen, Tsin und Tsu, und die gesamte Kriegsgeschichte
kennt den nationalen Haß als das vornehmste Mittel, historische
Entscheidungen einzuleiten, aber sobald ein kultur*fremdes* Volk in
den Gesichtskreis tritt, erwacht allenthalben ein übermächtiges Gefühl der seelischen Verwandtschaft, und der Begriff des Barbaren
als des Menschen, der einer Kultur innerlich *nicht* angehört, ist unter
den ägyptischen Gauvölkern und in der chinesischen Staatenwelt
ebenso scharf ausgeprägt wie in der Antike. Die Energie der Form
ist so stark, daß sie Nachbarvölker ergreift und umprägt – so stehen
die Karthager als Volk halbantiken Stils in der römischen und die Russen als Volk halbabendländischen Stils in unserer Geschichte von der
großen Katharina an bis zum Untergang des petrinischen Zarentums.

Völker im Stil einer Kultur nenne ich *Nationen* und unterscheide
sie schon durch das Wort von den Gebilden vorher und nachher.
Es ist nicht nur ein starkes Gefühl des „Wir", das diese bedeutsamsten aller großen Verbände innerlich zusammenschließt. Der *Nation
liegt eine Idee zugrunde*. Diese Ströme eines Gesamtdaseins besitzen
ein sehr tiefes Verhältnis zum Schicksal, zur Zeit und zur Geschichte,

das in jedem einzelnen Falle anders ist und auch die Beziehung des Volkstums zu Rasse, Sprache, Land, Staat, Religion bestimmt. Wie die Seele altchinesischer und antiker Völker, so unterscheidet sich auch der Stil chinesischer und antiker Geschichte.

Was Urvölker und Fellachenvölker erleben, ist jenes oft genannte zoologische Auf und Nieder, ein planloses Geschehen, bei dem ohne Ziel und ohne bemessene Dauer sich sehr vieles und in einem bedeutenden Sinne zuletzt doch nichts ereignet. Historische Völker, Völker, deren Dasein *Weltgeschichte ist*, sind allein die Nationen. Man verstehe wohl, was das bedeuten will. Die Ostgoten erlitten ein großes Schicksal und hatten – innerlich – doch keine Geschichte. Ihre Schlachten und Siedelungen waren ohne Notwendigkeit und deshalb episodisch. Ihr Ende war bedeutungslos. Was um 1500 in Mykene und Tiryns lebte, war *noch* keine Nation, im minoischen Kreta war man es *nicht mehr*. Tiberius war der letzte Herrscher, der eine römische *Nation* geschichtlich weiter zu führen, sie für die Geschichte zu *retten* suchte, Marc Aurel hat nur noch eine romanische Bevölkerung verteidigt, für die es wohl Begebenheiten, aber keine Geschichte mehr gab. Wieviele Generationen hindurch ein medisches oder achäisches oder Hunnenvolk bestand, in was für Volksverbänden die vorhergehenden und nachfolgenden Geschlechter lebten, ist unbestimmbar und von keiner Regel abhängig. Die Lebensdauer einer Nation aber *ist* bestimmt, und ebenso der Schritt und Takt, in welchem ihre Geschichte sich erfüllt. Die Zahl der Generationen vom Beginn der Dschou-Dynastie bis zur Regierung des Schi Hoang-ti, von den Ereignissen, welche der trojanischen Sage zugrunde liegen, bis auf Augustus, von der Thinitenzeit bis zur 18. Dynastie ist etwa dieselbe. Die Spätzeit der Kulturen, von Solon bis Alexander, von Luther bis Napoleon umfaßt etwa zehn Generationen, nicht mehr. In solchen Abmessungen vollziehen sich die Schicksale echter Kulturvölker und damit die der Weltgeschichte überhaupt. Die Römer, die Araber, die Preußen sind spätgeborene Nationen. Wieviele Generationen der Fabier und Junier hatten zur Zeit von Cannä schon *als Römer* gelebt?

Nationen sind aber auch *die eigentlich städtebauenden Völker*. In den

Burgen sind sie entstanden, mit den Städten reifen sie zur vollen
Höhe ihres Weltbewußtseins und ihrer Bestimmung heran, in den
Weltstädten erlöschen sie. Jedes Stadtbild, das Charakter hat, hat
auch nationalen Charakter. Das ganz rassemäßige Dorf besitzt ihn
noch nicht, die Weltstadt nicht mehr. Man kann sich diesen Wesenszug, der das gesamte öffentliche Dasein einer Nation in eine gewisse
Farbe taucht und noch die geringste Äußerung zum Kennzeichen
erhebt, nicht stark, nicht selbständig, nicht *einsam* genug denken.
Wenn zwischen den Seelen zweier Kulturen eine undurchdringliche
Scheidewand liegt, so daß kein Mensch des Abendlandes hoffen darf,
den Inder oder Chinesen ganz zu verstehen, so gilt das auch, und
zwar im höchsten Grade, von ausgebildeten Nationen. Nationen verstehen sich so wenig wie einzelne Menschen. Jede versteht nur ein
selbstgeschaffenes Bild der andern, und wenige ganz vereinzelte
Kenner dringen tiefer. Den Ägyptern gegenüber mußten alle antiken Völker sich verwandt und als Ganzes fühlen; untereinander
haben sie sich nie begriffen. Gibt es einen schrofferen Gegensatz als
den von athenischem und spartanischem Geiste? Es gibt nicht erst
seit Bacon, Descartes und Leibniz, sondern schon in der Scholastik
eine deutsche, französische und englische Art, philosophisch zu denken, und noch in der modernen Physik und Chemie sind die wissenschaftlichen Methoden, die Auswahl und Art der Experimente und
Hypothesen, ihr gegenseitiges Verhältnis und ihre Bedeutung für
Gang und Ziel der Forschung für jede Nation merklich verschieden.
Deutsche und französische Frömmigkeit, engliche und spanische
Sitte, deutsche und englische Lebensgewohnheiten stehen sich so
fern, daß das Innerste jeder fremden Nation für den Durchschnittsmenschen und damit die öffentliche Meinung der eigenen ein stän-
diges Geheimnis und die Quelle beständiger, folgenschwerer Irrtümer bleibt. In der römischen Kaiserzeit beginnt man sich allenthalben zu verstehen, aber eben deshalb gibt es nichts mehr, was in
antiken Städten zu verstehen sich noch lohnte. Mit dem Sichver-
stehen-können hatte diese Menschheit aufgehört, in Nationen zu
leben; *damit hat sie aufgehört, historisch zu sein.*[1]

[1] Vgl. Bd. II, S. 681 ff.

Gerade der Tiefe dieser Erlebnisse wegen ist es unmöglich, daß ein ganzes Volk *gleichmäßig* ein Kulturvolk, eine Nation ist. In Urvölkern hat jeder einzelne Mann das gleiche Gefühl volksmäßiger Verbundenheit. Das Erwachen einer Nation zum Bewußtsein ihrer selbst erfolgt aber ohne Ausnahme in Stufungen und also vornehmlich in einem einzelnen Stande, dessen Seele die stärkste ist und die der übrigen durch die Macht ihres Erlebens im Banne hält. *Jede Nation wird vor der Geschichte durch eine Minderheit repräsentiert.* Zu Beginn der Frühzeit ist es der erst hier und zwar als die Blüte des Volkstums entstehende Adel,[1] in dessen Kreise der nicht bewußte, aber in seinem kosmischen Takt um so mächtiger gefühlte Nationalcharakter großen Stil erhält. Das „Wir" ist die Ritterschaft, in der ägyptischen Feudalzeit von 2700 so gut wie der indischen und chinesischen von 1200. Die homerischen Helden sind „die" Danaer. Die normannischen Barone sind England. Noch der etwas altfränkische Herzog von Saint Simon pflegte zu sagen „Ganz Frankreich war im Vorzimmer versammelt", und es gab eine Zeit, wo Rom und der Senat wirklich dasselbe waren. Mit den Städten wird das Bürgertum Träger des Nationalen, und zwar, der wachsenden Geistigkeit entsprechend, eines National*bewußtseins*, das es vom Adel empfängt und zur Vollendung führt. Es sind immer und immer wieder einzelne Kreise in zahllosen Abstufungen, die *im Namen* des Volkes leben, fühlen, handeln und zu sterben wissen, aber diese Kreise werden größer; im 18. Jahrhundert ist der abendländische *Begriff* der Nation entstanden, der den Anspruch erhob und unter Umständen energisch verfolgte, von jedem ohne Ausnahme vertreten zu werden. In Wirklichkeit waren, wie man weiß, die Emigranten so gut wie die Jakobiner überzeugt, *das* Volk, *die Repräsentanten* der französischen Nation zu sein. Ein Kulturvolk, das mit „allen" zusammenfällt, gibt es nicht. Nur unter Urvölkern und Fellachenvölkern, nur in einem Völkerdasein ohne Tiefe und ohne historischen Rang ist das möglich. Solange ein Volk Nation ist, das Schicksal einer Nation erfüllt, gibt es in ihm eine Minderheit, die im Namen aller seine Geschichte vertritt und vollzieht.

[1] Vgl. Bd. II, Kap. IV, I.

18

Die antiken Nationen sind, wie es der statisch-euklidischen Seele ihrer Kultur entspricht, denkbar kleinste körperhafte Einheiten. Nicht Hellenen oder Ionier sind Nationen, sondern der Demos jeder einzelnen Stadt, ein Verband erwachsener Männer, der nach oben gegen den Typus des Heros, nach unten gegen den Sklaven rechtlich *und damit national* abgegrenzt ist.[1] Der Synoikismos, jener rätselhafte Vorgang der Frühzeit, bei welchem die Bewohner einer Landschaft ihre Dörfer aufgeben und sich zu einer Stadt vereinigen, ist der Augenblick, wo die zum Selbstbewußtsein gelangte antike Nation sich als solche konstituiert. Es läßt sich noch verfolgen, wie von homerischer Zeit[2] an bis zur Epoche der großen Kolonialgründungen diese Form der Nation sich durchsetzt. Sie entspricht durchaus dem antiken Ursymbol: jedes Volk war ein sichtbarer *und übersehbarer* Körper, ein σῶμα, das den Begriff des geographischen Raumes entschieden verneint.

Es ist für die antike Geschichte gleichgültig, ob die Etrusker in Italien leiblich oder sprachlich mit den Trägern dieses Namens unter den Seevölkern identisch sind, oder was für ein Verhältnis zwischen den vorhomerischen Einheiten der Pelasger oder Danaer und den späteren Trägern des dorischen oder hellenischen Namens bestand. Wenn es um 1100 vielleicht ein dorisches und etruskisches Urvolk gegeben hat, *so gab es doch niemals eine dorische oder etruskische Nation.* In Toskana wie im Peloponnes bestanden nur Stadtstaaten, *nationale Punkte*, die sich in der Kolonialzeit durch Siedlungen *vermehren, aber nicht erweitern konnten.* Die Etruskerkriege der Römer sind stets gegen eine oder mehrere Städte geführt worden und weder die Perser noch die Karthager haben eine andere Art von „Nation" vor sich gehabt. Es ist völlig falsch, in der gewohnten Art, welche heute noch die

---

[1] Vgl. Bd. II, S. 625 f. Der Sklave gehört nicht zur Nation. Die Einstellung von Nichtbürgern in das Heer einer Stadt, die in Zeiten der Not unvermeidlich wurde, ist deshalb auch immer als Erschütterung des nationalen Gedankens empfunden worden.

[2] Schon die Ilias verrät den Hang, sich im Kleinen und Kleinsten als Volk zu fühlen.

des 18. Jahrhunderts ist, „von Griechen und Römern" zu reden. Ein griechisches „Volk" in unserem Sinne ist ein Mißverständnis; die Griechen haben diesen Begriff überhaupt nie gekannt. Der Hellenenname, der um 650 aufkam, bezeichnet kein Volk, sondern den Inbegriff antiker Kulturmenschen, die *Summe* der Nationen,[1] im Gegensatz zum Barbarentum; und die Römer, ein echtes Stadtvolk, haben ihr Reich nicht anders „denken" können als in der Form zahlloser nationaler Punkte, der *civitates*, in welche sie alle Urvölker ihres Imperiums denn auch rechtlich aufgelöst haben. In dem Augenblick, wo das Nationalgefühl in *dieser* Gestalt erlosch, ist es auch mit der antiken Geschichte zu Ende.

Es wird zu den schwierigsten Aufgaben künftiger Geschichtsforschung gehören, in den Ostländern des Mittelmeeres von einer Generation zur andern zu verfolgen, wie in antiker Spätzeit die antiken Nationen unvermerkt verlöschen, während das magische Nationalgefühl sich immer mächtiger durchsetzt.

Eine Nation magischen Stils ist die Gemeinschaft der Bekenner, der Verband aller, welche den rechten Weg zum Heil kennen und durch das *idjma*[2] dieses Glaubens innerlich verbunden sind. Einer antiken Nation gehört man durch den Besitz des Bürgerrechts an, einer magischen durch einen sakramentalen Akt, der jüdischen durch die Beschneidung, der mandäischen oder christlichen durch eine ganz bestimmte Art der Taufe. Was für ein antikes Volk der Bürger einer fremden Stadt, ist für ein magisches der Ungläubige. Mit ihm gibt es keinen Verkehr und keine Ehegemeinschaft, und diese nationale Abgeschlossenheit geht so weit, daß sich in Palästina ein jüdisch-aramäischer und ein christlich-aramäischer Dialekt nebeneinander ausgebildet haben.[3] Wenn eine faustische Nation wohl mit einer gewissen Art von Religiosität, aber nicht mit einem Bekenntnis notwendig verbunden ist, wenn eine antike überhaupt keine aus-

---

[1] Man sollte doch beachten, daß weder Plato noch Aristoteles in ihren politischen Schriften sich das ideale Volk anders als in der Polisform denken können; aber ebenso natürlich ist es, daß die Denker des 18. Jahrhunderts auch „die Alten" als Nationen im Geschmack Shaftesburys und Montesquieus sahen; nur sollten wir darüber hinaus sein.

[2] Vgl. Bd. II, S. 635 f.

[3] F. N. Finck, Die Sprachstämme des Erdkreises (1915), S. 29.

schließlichen Beziehungen zu einzelnen Kulten besitzt, *so fällt die magische Nation mit dem Begriff der Kirche schlechthin zusammen.* Die antike ist mit einer Stadt, die abendländische mit einer Landschaft innerlich verbunden, die arabische kennt weder ein Vaterland noch eine Muttersprache. Ein Ausdruck ihres Weltgefühls ist lediglich die Schrift, deren jede „Nation" gleich nach ihrer Entstehung eine eigene entwickelt. Aber gerade deshalb ist das im vollsten Sinne des Wortes *magische* Nationalgefühl ein so innerliches und festes, daß es auf uns faustische Menschen, welche den Begriff der Heimat vermissen, völlig rätselhaft und unheimlich wirkt. Dieser schweigende und selbstverständliche Zusammenhalt, z. B. noch der heutigen Juden unter ihren abendländischen Wirtsvölkern, ist in das *von Aramäern behandelte* „klassische" römische Recht als Begriff der juristischen Person eingegangen,[1] die nichts anderes bedeuten will als eine magische Gemeinschaft. Das nachexilische Judentum war eine juristische Person, lange bevor ein Mensch diesen Begriff entdeckt hatte.

Die Urvölker, welche dieser Entwicklung voraufgehen, sind vorwiegend Stammesgemeinschaften, darunter seit Beginn des 1. Jahrtausends v. Chr. die südarabischen Minäer, deren Name um 100 v. Chr. verschwindet, die ebenfalls um 1000 als Stammesgruppe auftauchenden, aramäisch sprechenden Chaldäer, welche 625–539 die babylonische Welt regierten, die Israeliten vor dem Exil[2] und die Perser des Cyrus,[3] und diese Form ist so stark im Fühlen der Bevölkerung, daß die seit Alexander sich überall entwickelnden Priesterschaften den Namen verschollener oder fiktiver Stämme erhalten. Bei den Juden und den südarabischen Sabäern heißen sie Leviten, bei Medern und Persern Magier – nach einem ausgestorbenen medischen Stamme –, bei den Anhängern der neubabylonischen Religion nach der inzwischen ebenfalls zerfallenen Stammesgruppe Chaldäer. Aber hier wie in allen anderen Kulturen hat die Energie des nationalen Gemeingefühls die alte Gliederung dieser Urvölker

[1] Wohl gegen Ende des 2. Jahrhunderts n. Chr. Vgl. Bd. II, S. 634 ff.
[2] Eine lose Gruppe edomitischer Stämme, die mit Moabitern, Amalekitern, Ismaeliten u. a. damals eine ziemlich gleichförmige, hebräisch sprechende Bevölkerung bildeten.
[3] Vgl. Bd. II, S. 757.

zuletzt völlig überwunden. Wie im *populus Romanus* ganz zweifellos Volksteile von sehr verschiedener Abstammung enthalten sind und wie die Nation der Franzosen die salischen Franken ebenso aufnahm wie die romanischen und altkeltischen Eingeborenen, so kennt die magische Nation die Abstammung nicht mehr als unterscheidendes Merkmal. Das hat sich sehr langsam durchgesetzt, und unter den Juden der Makkabäerzeit wie unter den ersten Nachfolgern Mohammeds spielt der Stamm noch eine große Rolle, aber bei innerlich ausgereiften Naturvölkern dieser Welt wie den Juden der talmudischen Zeit bedeutet er nichts mehr. Wer dem Glauben angehört, gehört zur Nation; es würde frevelhaft sein, ein anderes Merkmal auch nur anzuerkennen. Der Fürst von Adiabene[1] trat in urchristlicher Zeit mit seinem ganzen Volk zum Judentum über. Damit waren sie der jüdischen *Nation* einverleibt. Dasselbe gilt von dem Adel Armeniens und sogar der kaukasischen Stämme, der damals in großer Zahl jüdisch geworden sein muß, und andererseits von den Beduinen Arabiens bis zum äußersten Süden und darüber hinaus sogar von afrikanischen Stämmen bis zum Tschadsee hin. Ein Zeugnis dafür sind jetzt noch die Falascha, die schwarzen Juden in Abessinien. Das Einheitsgefühl der Nation ist offenbar selbst durch solche Rasseunterschiede nicht erschüttert worden. Es wird versichert, daß Juden unter sich noch heute ganz verschiedene Rassen auf den ersten Blick unterscheiden können und daß man in den osteuropäischen Ghettos „die Stämme" im alttestamentlichen Sinne deutlich erkennt. Aber ein Unterschied der *Nation* ist das nicht. Unter den nichtjüdischen kaukasischen Völkern ist nach v. Eckert[2] der westeuropäische jüdische Typus ganz allgemein verbreitet, nach Weißenberg[3] unter den langköpfigen südarabischen Juden fast gar nicht vorhanden. Die Sabäerköpfe der südarabischen Grabsteinplastik zeigen einen Menschenschlag, den man fast als römisch oder germanisch ansprechen möchte; ihm entstammen die durch Mission mindestens seit Christi Geburt gewonnenen Juden.

---

[1] Südlich von Wansee. Die Hauptstadt ist Arbela, Heimat der Göttin Ischtar.
[2] Arch. f. Anthrop. Bd. 19.
[3] Zeitschr. f. Ethnol. 1919.

Aber diese Auflösung der nach Stämmen gegliederten Urvölker in die magischen Nationen der Perser, Juden, Mandäer, Christen und andere muß ganz allgemein und in gewaltigem Maßstabe vor sich gegangen sein. Ich hatte schon auf die entscheidende Tatsache verwiesen, daß die Perser lange vor Beginn unserer Zeitrechnung lediglich eine religiöse Gemeinschaft darstellen, und es ist gewiß, daß ihre Zahl durch Übertritte zum mazdaischen Glauben sich unendlich vermehrt hat. Die babylonische Religion ist damals verschwunden – ihre Anhänger sind also teils „Juden", teils „Perser" geworden –, aber es gibt eine aus ihr hervorgegangene, ihrem inneren Wesen nach *neue* und der persischen wie jüdischen verwandte Astralreligion, welche den Chaldäernamen trägt und deren Anhänger eine echte, aramäisch redende Nation bilden. Aus dieser aramäischen Bevölkerung chaldäisch-jüdisch-persischer Nation sind sowohl der babylonische Talmud, die Gnosis und die Religion Manis wie in islamischer Zeit, nachdem sie beinahe ganz zur arabischen Nation übergegangen war, der Sufismus und die Schia hervorgegangen.

Von Edessa aus erscheint nun auch die Bevölkerung der antiken Welt als Nation magischen Stils: „die Griechen" des östlichen Sprachgebrauchs; es ist der Inbegriff aller Menschen, welche den synkretistischen Kulten anhängen und durch das *idjma* der spätantiken Religiosität zusammengehalten sind. Man erblickt nicht mehr die hellenistischen Stadtnationen, sondern nur noch *eine* Gemeinde der Gläubigen, der „Mysterienanbeter", die unter dem Namen Helios, Jupiter, Mithras, θεὸς ὕψιστος eine Art Jahwe oder Allah verehren. Griechentum ist im ganzen Osten ein fester *religiöser* Begriff, und er entspricht durchaus der damaligen Wirklichkeit. Das Gefühl der πόλις ist fast erloschen, und eine magische Nation bedarf keines Vaterlandes und keiner Einheit der Abstammung. Schon der Hellenismus des Seleukidenreiches, der in Turkestan und am Indus Proselyten warb, war seiner inneren Form nach dem nachexilischen Judentum und Persertum verwandt. Der Aramäer Porphyrios, Schüler Plotins, hat später den Versuch gemacht, dieses Griechentum als Kultkirche nach dem Vorbilde der christlichen und persischen zu organisieren, und Kaiser Julian hat sie zur Staatskirche erhoben. Das war nicht nur ein religiöser, sondern vor allem auch ein nationaler Akt. Wenn ein Jude dem Sol oder Apollon opferte, so war er Grieche geworden. So tritt Ammonios Sakkas († 242), der Lehrer des Plotin und wahrscheinlich des Origenes, „von den Christen zu den Griechen" über und ebenso Porphyrios, der wie der römische Jurist Ulpian[1] ein Phöniker aus Tyrus war und ursprünglich Malchus hieß.[2] Juristen und Beamte nehmen in diesem Falle lateinische, Philosophen griechische Namen an. Das genügt heute einer von philologischen Gesichtspunkten beherrschten Geschichts- und Religionsforschung, um sie als Römer und Griechen im Sinne antiker Stadtnationen zu behandeln. Wie viele unter den großen Alexandrinern mögen aber Griechen nur im *magischen* Sinne gewesen sein? Waren Plotin und Diophant vielleicht der Geburt nach Juden oder Chaldäer?

Aber ebenso fühlten sich die Christen von Anfang an als Nation magischen Stils und sie sind von den übrigen, Griechen („Heiden") wie Juden, nicht anders aufgefaßt worden. Diese haben ihren Abfall vom Judentum ganz folgerichtig als Hochverrat und jene das werbende Eindringen in die antiken Städte als Eroberung behandelt. Die Christen aber bezeichneten die Andersgläubigen als τὰ ἔϑνη. Als die Monophysiten und Nestorianer sich von den Orthodoxen trennten, waren mit den neuen Kirchen zugleich neue Nationen entstanden. Die Nestorianer werden seit 1450 durch den Mar-Schamun regiert, der zugleich Fürst und Patriarch des Volkes ist und dem Sultan gegenüber genau die Stellung einnimmt, die einst der jüdische Resch Galuta im Perserreich besaß. Man darf dies aus einem ganz bestimmten Weltgefühl stammende und daher mit Selbstverständlichkeit vorhandene Nationalbewußtsein nicht außer acht lassen, wenn man die späteren Christenverfolgungen verstehen will. Der magische Staat ist mit dem Begriff der Rechtgläubigkeit untrennbar verbunden. Kalifat, Nation und Kirche bilden eine innere Einheit. Adiabene trat *als Staat* zum Judentum über, Osrhoëne schon um 200 vom Griechentum zum Christentum, Armenien im 6. Jahr-

---

[1] Digesten 50, 15.
[2] Geffcken, Der Ausg. des griech.-röm. Heident. (1920), S. 57.

hundert von der griechischen zur monophysitischen Kirche. Damit war jedesmal zum Ausdruck gebracht, daß der Staat mit der Gemeinschaft der Rechtgläubigen als juristischer Person identisch sei. Wenn im islamischen Staate Christen, im persischen Nestorianer, im byzantinischen Juden leben, so gehören sie als Ungläubige ihm doch nicht an und sind deshalb ihrer eigenen Gerichtsbarkeit überlassen (S. 635 ff.). Bedrohen sie durch ihre Zahl oder Mission den Fortbestand der Identität von Staat und rechtgläubiger Kirche, so wird ihre Verfolgung zur nationalen Pflicht. Deshalb sind im persischen Reiche zuerst die Orthodoxen („Griechen"), später die Nestorianer verfolgt worden. Diokletian, der als Kalif – *dominus et deus* – die heidnische Kultkirche mit dem Imperium verbunden hatte und sich durchaus als Beherrscher *dieser* Gläubigen fühlte, konnte sich auch der Pflicht nicht entziehen, die zweite Kirche zu unterdrücken. Konstantin wechselte die „wahre" Kirche *und damit zugleich die Nationalität* des Reiches von Byzanz. Von jetzt an geht der Griechenname langsam und ganz unvermerkt auf die christliche Nation über, und zwar auf die, welche der Kaiser als Herrscher der Gläubigen anerkannte und auf den großen Konzilen vertreten ließ. Daher das Ungewisse im geschichtlichen Bilde des byzantinischen Reiches, das um 290 als antikes Imperium organisiert und trotzdem von Anfang an ein magischer Nationalstaat gewesen war, der unmittelbar danach (seit 312) die Nation wechselte, ohne den Namen zu verändern. Unter dem Namen Griechen hat zuerst das Heidentum als Nation die Christen, dann das Christentum als Nation den Islam bekämpft. In der Verteidigung gegen diesen, die „arabische" Nation, hat sich die Nationalität immer schärfer ausgeprägt und so sind die heutigen Griechen ein Gebilde der magischen Kultur, das zuerst durch die christliche Kirche, dann die heilige Sprache dieser Kirche, endlich durch den Namen dieser Kirche entwickelt worden ist. Der Islam hatte aus der Heimat Mohammeds den Arabernamen als Bezeichnung seiner nationalen Einheit mitgebracht. Es ist ein Irrtum, diese „Araber" mit den Beduinenstämmen der Wüste gleichzusetzen. Diese neue Nation mit ihrer leidenschaftlichen und charaktervollen Seele ist durch den *consensus* des neuen Glaubens geschaffen

worden. Sie ist so wenig wie die christliche, jüdische und persische
eine Einheit der Rasse und mit einer Heimat verbunden; sie ist also
auch nicht „ausgewandert" und hat vielmehr ihre ungeheure Ausdehnung durch die Aufnahme des größten Teils der frühmagischen
Nationen in ihren Verband erhalten. Diese Nationen gehen mit dem
Ende des ersten Jahrtausends sämtlich in die Form von Fellachenvölkern über und als solche haben die Christenvölker der Balkan-
halbinsel unter türkischer Herrschaft, die Parsen in Indien und die
Juden in Westeuropa seitdem gelebt.

Die Nationen faustischen Stils treten seit Otto dem Großen in
immer bestimmteren Umrissen hervor und lösen die Urvölker der
Karolingerzeit sehr bald auf.[1] Um das Jahr 1000 bereits empfinden
sich die bedeutenderen Menschen überall als Deutsche, Italiener,
Spanier oder Franzosen, während kaum sechs Generationen früher
ihre Ahnen sich im Grunde ihrer Seele als Franken, Langobarden
oder Westgoten gefühlt hatten.

Der Völkerform dieser Kultur liegt wie der gotischen Architektur
und der Infinitesimalrechnung ein Hang zum Unendlichen zugrunde, und zwar im räumlichen wie im zeitlichen Sinne. Das Nationalgefühl umfaßt einerseits einen geographischen Horizont, der
für eine so frühe Zeit und ihre Verkehrsmittel ungeheuer genannt
werden muß und in keiner anderen Kultur seinesgleichen hat. Das
Vaterland *als Weite*, als ein Gebiet, dessen Grenzen der Einzelne
kaum je erblickt hat und für dessen Schutz zu sterben er doch bereit
ist, kann in seiner symbolischen Tiefe und Mächtigkeit von Menschen fremder Kulturen nie verstanden werden. Die magische Nation besitzt als solche überhaupt keine irdische Heimat; die antike
besitzt sie nur als Punkt, auf dem sie sich zusammendrängt. Daß es
schon in gotischer Zeit wirklich etwas gab, worin sich Menschen
im Etschtal und in den Ordensschlössern Litauens als Glieder *eines*

[1] Ich bin überzeugt, daß die Nationen Chinas, die zu Beginn der Dschouzeit
im Gebiet des mittleren Hoangho in großer Zahl entstanden, ebenso wie die Gau-
völker des ägyptischen Alten Reichs, von denen jedes eine Hauptstadt und eine
besondere Religion besaß und die noch zur Römerzeit förmliche Religionskriege
gegeneinander führten; ihrer inneren Form nach den Völkern des Abendlandes
verwandter gewesen sind als den antiken und arabischen. Indessen ist die Forschung auf solche Fragen noch gar nicht aufmerksam geworden.

Verbandes fühlten, ist im alten China und Ägypten völlig undenkbar und bildet den schroffsten Gegensatz zu Rom und Athen, wo alle Mitglieder des Demos sich gewissermaßen beständig im Auge hatten.

Noch stärker ist das Pathos der-Ferne im *zeitlichen* Sinne. Es hat der Idee des Vaterlandes, die aus dem nationalen Dasein *folgt*, eine zweite vorangestellt, welche die faustischen Nationen überhaupt erst *erzeugt: die dynastische*. Faustische Völker sind historische Völker, Gemeinschaften, die sich nicht durch den Ort oder *consensus*, sondern durch Geschichte verbunden fühlen; und als Sinnbild und Träger des gemeinsamen Schicksals erscheint weithin sichtbar das herrschende Haus. Für den ägyptischen und chinesischen Menschen war die Dynastie ein Symbol von ganz anderer Bedeutung. *Hier* bedeutet sie die Zeit, insofern sie wollend und handelnd ist. Was man gewesen war, was man sein wollte, das erblickte man im Dasein eines einzelnen Geschlechts. Dieser Sinn wurde so tief empfunden, daß die Würdelosigkeit eines Regenten das dynastische Gefühl nicht erschüttern konnte; die Idee, nicht die Person stand in Frage. Und es geschah um der Idee willen, daß Tausende für einen genealogischen Streit mit Überzeugung in den Tod gingen. Antike Geschichte war für das antike Auge eine Kette von Zufällen, die von Augenblick zu Augenblick führte; magische Geschichte war für ihre Menschen die fortschreitende Verwirklichung eines von Gott entworfenen Weltplanes, der sich zwischen Schöpfung und Untergang an den Völkern und durch sie vollzog; faustische Geschichte ist für unsern Blick ein einziges großes Wollen von bewußter Logik, in dessen Vollendung die Nationen durch ihre Herrscher geführt und vertreten werden. Das ist ein Zug der Rasse. Begründen läßt es sich nicht. So hat man es empfunden und deshalb hat sich aus der Gefolgstreue der germanischen Wanderzeit die Lehnstreue der Gotik, die Loyalität des Barock und das nur scheinbar undynastische Nationalgefühl des 19. Jahrhunderts entwickelt. Man täusche sich nicht über Tiefe und Rang dieser Gefühle, wenn man die endlose Reihe der Eidbrüche von Vasallen und Völkern und das ewige Schauspiel höfischer Kriecherei und gemeiner Unterwürfigkeit mustert. Alle großen Symbole sind seelenhaft und können nur in ihren höchsten Formen begriffen werden. Das Privatleben eines Papstes steht zur Idee des Papsttums in keiner Beziehung. Gerade der Abfall Heinrichs des Löwen bezeugt in einer Zeit der Nationenbildung, wie stark ein bedeutender Herrscher das Schicksal „seines" Volkes in sich verkörpert fühlte. Er vertritt es vor der Geschichte und ist ihm unter Umständen das Opfer seiner Ehre schuldig.

Alle Nationen des Abendlandes sind dynastischen Ursprungs. Noch in der romanischen und frühgotischen Baukunst schimmerte die Seele der karolingischen Urvölker durch. Es gibt keine französische und deutsche Gotik, sondern eine salfränkische, rheinfränkische, schwäbische, und ebenso eine westgotische – Südfrankreich und Nordspanien verbindende –, langobardische und sächsische Romanik. Aber darüber breitet sich doch schon die Minderheit von Rassemenschen aus, welche ihre Zugehörigkeit zu einer Nation im Sinne einer großen historischen Sendung empfinden. Von ihnen gehen die Kreuzzüge aus, in denen es wirklich ein deutsches und französisches Rittertum gibt. Es ist das Kennzeichen faustischer Völker, daß sie sich der Richtung ihrer Geschichte bewußt sind. Diese Richtung aber haftet an der Geschlechterfolge. Das Rasseideal ist durchaus *genealogischer* Natur – in dieser Hinsicht ist der Darwinismus mit seinen Vererbungs- und Abstammungslehren beinahe eine Karikatur der gotischen Heraldik –, und die Welt als Geschichte, in deren Bild jeder einzelne lebt, enthält nicht nur den *Stammbaum der einzelnen Familie*, der herrschenden voran, sondern auch den der Völker als Grundform alles Geschehens. Man muß sehr genau zusehen, um zu bemerken, daß den Ägyptern und Chinesen das faustisch-genealogische Prinzip mit den eminent historischen Begriffen der Ebenbürtigkeit und des reinen Blutes ebenso fremd ist wie dem römischen Adel und dem byzantinischen Kaisertum. Dagegen ist weder unser Bauerntum noch das Patriziat der Städte ohne diese Idee denkbar. Der *gelehrte* Begriff Volk, den ich oben zergliedert hatte, stammt wesentlich aus dem genealogischen Empfinden der gotischen Zeit. Der Gedanke eines Stammbaums der Völker hat den Stolz der Italiener, Erben der Römer zu sein, und die Berufung der

Deutschen auf ihre germanischen Vorfahren zur Folge gehabt, und das ist etwas ganz anderes als der antike Glaube an die zeitlose Abkunft von Helden und Göttern. Er hat zuletzt, als seit 1789 die Muttersprache dem dynastischen Prinzip hinzugefügt wurde, die ursprünglich rein wissenschaftliche Phantasie von einem indogermanischen Urvolk zu einer tiefgefühlten Genealogie der „arischen Rasse" ausgestaltet, wobei das Wort Rasse fast eine Bezeichnung für Schicksal geworden ist.

Aber die „Rassen" des Abendlandes sind nicht die Schöpfer der großen Nationen, sondern *ihre Folge*. Sie sind sämtlich zur Karolingerzeit noch nicht vorhanden gewesen. Es ist das Standesideal der Ritterschaft, das in Deutschland wie in England, Frankreich und Spanien in verschiedener Richtung züchtend gewirkt und in weitem Umfange das durchgesetzt hat, was heute innerhalb der einzelnen Nationen als Rasse gefühlt und erlebt wird. Darauf beruhen, wie erwähnt, die *historischen* und deshalb der Antike ganz fremden Begriffe des reinen Blutes und der Ebenbürtigkeit. Weil das Blut des herrschenden Geschlechts das Schicksal, das Dasein der gesamten Nation verkörpert, hat das Staatensystem des Barock eine rein genealogische Struktur und die Mehrzahl der großen Krisen die Form von Erbfolgekriegen angenommen. Noch die Katastrophe Napoleons, welche der Welt für ein Jahrhundert ihre politische Gliederung gab, vollzog sich in der Gestalt, daß ein Abenteurer es wagte, durch sein Blut das der alten Dynastien zu verdrängen, und daß dieser Angriff auf ein Symbol dem Widerstand gegen ihn die historische Weihe gab. Denn alle diese Völker waren *die Folge* dynastischer Schicksale. Daß es ein portugiesisches Volk gibt und damit auch einen portugiesischen Staat Brasilien mitten im spanischen Südamerika, ist die Folge der Heirat des Grafen Heinrich von Burgund (1095). Daß es Schweizer und Holländer gibt, ist die Folge einer Auflehnung gegen das Haus Habsburg. Daß es Lothringen als Namen eines Landes, aber nicht als Volk gibt, ist die Folge der Kinderlosigkeit Lothars II.

Es ist die Kaiseridee, welche eine Anzahl von Urvölkern der karolingischen Zeit zur deutschen Nation verschmolzen hat. Deutschland und Kaisertum sind untrennbare Begriffe. Der Untergang der Staufer bedeutete den Ersatz einer großen Dynastie durch eine Handvoll kleine und kleinster; er hat die deutsche Nation gotischen Stils noch vor dem Beginn des Barock innerlich gebrochen, gerade damals, als in führenden Städten – Paris, Madrid, London, Wien – das Nationalbewußtsein auf eine geistigere Stufe gehoben wurde. Wenn der Dreißigjährige Krieg nicht etwa die Blüte Deutschlands vernichtete, sondern im Gegenteil dadurch, daß er in dieser trostlosen Form überhaupt möglich war, den längst vollzogenen Verfall nur bestätigte und offenbarte, so war das die letzte Folge des Sturzes der Hohenstaufen. Es gibt vielleicht keinen stärkeren Beweis dafür, daß faustische Nationen dynastische Einheiten sind. Aber die Salier und Staufer haben auch aus Romanen, Langobarden und Normannen zum mindesten der Idee nach die italienische Nation geschaffen, die erst über das Kaisertum hinweg an die Römerzeit anknüpfen konnte. Wenn hier auch die fremde Gewalt den Widerstand des Bürgertums hervorrief, der beide Urstände spaltete und den Adel auf die kaiserliche, die Kirche auf die städtische Seite zog; wenn auch in diesem Kampfe zwischen Ghibellinen und Guelfen der Adel früh seine Bedeutung verlor und das Papsttum durch die antidynastischen Städte zur politischen Vormacht emporstieg; wenn auch zuletzt nur ein Gewirr winziger Raubstaaten übrig blieb, deren „Renaissancepolitik" dem überfliegenden weltpolitischen Geiste der kaiserlichen Gotik mit derselben Feindseligkeit gegenübertritt wie Mailand einst dem Willen Barbarossas, so ist doch das Ideal der Una Italia, für welches Dante den Frieden seines Lebens geopfert hat, eine rein dynastische Schöpfung der großen deutschen Kaiser. Die Renaissance hat mit dem geschichtlichen Horizont des städtischen Patriziats die Nation von seiner Erfüllung so weit abgeführt, als es möglich war, und das Land während des ganzen Barock zum Objekt fremder Hausmachtpolitik erniedrigt. Erst die Romantik von 1800 hat das gotische Gefühl wieder erweckt, und zwar in einer Stärke, welche das Gewicht einer politischen Macht besaß.

Das französische Volk ist durch seine Könige aus Franken und Westgoten zur Einheit verschmolzen worden. Es hat 1214 bei Bouvines zum ersten Male gelernt, sich als Ganzes zu fühlen; und noch bedeutsamer ist die Schöpfung des Hauses Habsburg, das aus einer Bevölkerung, die weder Sprache noch Volkstum noch Überlieferung verband, die österreichische Nation entstehen ließ, die ihre Proben – die ersten, auch die letzten – in der Verteidigung Maria Theresias und im Kampfe gegen Napoleon abgelegt hat. Die politische Geschichte der Barockzeit ist im wesentlichen die Geschichte der Häuser Bourbon und Habsburg. Der Aufstieg der Wettiner an Stelle der Welfen ist der Grund, weshalb „Sachsen" um 800 an der Weser und heute an der Saale liegt. Dynastische Ereignisse, zuletzt das Eingreifen Napoleons, haben bewirkt, daß die Hälfte der Bayern an der Geschichte Österreichs teilnahm und daß der bayerische Staat zum größeren Teil aus Franken und Schwaben besteht.

Die späteste Nation des Abendlandes ist die preußische, eine Schöpfung der Hohenzollern, wie die Römer die letzte Schöpfung des antiken Polisgefühls und die Araber die letzte aus einem religiösen *consensus* gewesen sind. Bei Fehrbellin hat sich die junge Nation .legitimiert, bei Roßbach siegte sie für Deutschland. Es war Goethe, der mit seinem unfehlbaren Blick für geschichtliche Epochen die damals entstandene „Minna von Barnhelm" als die erste deutsche Dichtung von spezifisch nationalem Gehalt bezeichnete. Es ist wieder ein sehr tiefes Zeugnis für die dynastische Bestimmtheit abendländischer Nationen, daß Deutschland jetzt mit einem Schlage seine dichterische Sprache wiederfand. Mit dem Zusammenbruch des staufischen Kaisertums war auch die deutsche Literatur gotischen Stils zu Ende gewesen. Was in den folgenden Jahrhunderten, der Großzeit aller westlichen Literaturen, hier und da hervortrat, verdient diesen Namen nicht. Mit dem Siege Friedrichs des Großen beginnt eine neue Dichtung: von Lessing bis Hebbel, das heißt von Roßbach bis Sedan. Wenn damals der Versuch gemacht wurde, den verlornen Zusammenhang durch bewußtes Anknüpfen erst an die Franzosen, dann an Shakespeare, an das Volkslied, endlich durch die Romantiker an die Poesie der Ritterzeit wiederherzustellen, so hat das zum mindesten die einzigartige Erscheinung einer Kunst-

geschichte hervorgerufen, die fast ganz aus genialen Ansätzen besteht, ohne je ein Ziel wirklich erreicht zu haben.

Am Ende des 18. Jahrhunderts vollzieht sich jene merkwürdige
geistige Wendung, durch welche das Nationalbewußtsein sich von
dem dynastischen Prinzip emanzipieren will. Scheinbar ist das in
England schon früher der Fall gewesen; manche werden an die
Magna Charta von 1215 denken; andern wird es nicht verborgen
sein, daß gerade diese Anerkennung der Nation durch ihren Repräsentanten dem dynastischen Gefühl eine ungezwungene Vertiefung und Verfeinerung gegeben hat, von welcher die Völker des
Kontinents weit entfernt blieben. Wenn der moderne Engländer
der konservativste Mensch der Welt ist, ohne es zu scheinen, und
wenn infolgedessen seine Politik so viel von dem Notwendigen
durch nationalen Takt und schweigend statt durch laute Auseinan-
dersetzungen erledigt und deshalb bis jetzt die erfolgreichste gewesen
ist, so beruht das auf der frühen *Emanzipation des dynastischen Gefühls* von dem Ausdruck der monarchischen Gewalt.

Dagegen bedeutet die französische Revolution in dieser Richtung
nur einen Erfolg des Rationalismus. Sie hat weniger die Nation als
den Begriff der Nation befreit. Den abendländischen Rassen ist das
Dynastische ins Blut gedrungen; dem Geist ist es eben deshalb ein
Ärgernis. Denn eine Dynastie repräsentiert die Geschichte, *ist* die
fleischgewordene Geschichte eines Landes, und der Geist ist zeitlos
und ungeschichtlich. Alle Ideen der Revolution sind „ewig" und
„wahr". Allgemeine Menschenrechte, Freiheit und Gleichheit sind
Literatur und Abstraktion, keine Tatsachen. Man mag das alles
republikanisch nennen; gewiß ist, daß es wieder eine Minderheit
war, welche im Namen aller das neue Ideal in die Welt der Tatsachen einzuführen suchte. Sie wurde eine Macht, aber auf Kosten
des Ideals. Sie hat in der Tat nur die gefühlte Anhänglichkeit durch
den überzeugten Patriotismus des 19. Jahrhunderts ersetzt, durch
einen nur in unserer Kultur möglichen zivilisierten Nationalismus,
der selbst in Frankreich und heute noch unbewußt dynastisch ist,
durch den Begriff *des Vaterlandes als dynastischer Einheit*, der zuerst
in der spanischen und preußischen Erhebung gegen Napoleon, dann

in den deutschen und italienischen *dynastischen* Einigungskämpfen
hervortrat. Es beruht auf dem Gegensatz von Rasse und Sprache,
von Blut und Geist, daß man dem Genealogischen nun das ebenfalls
spezifisch abendländische Ideal der Muttersprache entgegenstellt; es
gab in beiden Ländern Schwärmer, welche die einigende Gewalt
der Kaiser- und Königsidee durch die Verbindung von Republik
und Poesie ersetzen zu können glaubten. Es war etwas Rückkehr
– von der Geschichte – zur Natur darin. Die Erbfolgekriege sind
durch Sprachenkämpfe abgelöst worden, in denen eine Nation
Fragmenten einer anderen ihre Sprache und damit ihre Nationalität
aufzuzwingen sucht. Aber niemand wird übersehen, daß auch der
rationalistische Begriff der Nation als Spracheinheit vom dynastischen Gefühl zwar absehen, es aber nicht aufheben kann, sowenig
ein hellenistischer Grieche das Polisbewußtsein oder ein moderner
Jude das nationale *idjma* innerlich überwindet. Die „Muttersprache"
ist bereits ein Produkt dynastischer Geschichte. Ohne die Capetinger
würde es keine französische Sprache geben, sondern eine romanisch-
fränkische im Norden und eine provenzalische im Süden; die italienische Schriftsprache ist ein Verdienst der deutschen Kaiser, vor
allem Friedrichs II. Die modernen Nationen sind zunächst die Bevölkerungen alter dynastischer Gebiete. Trotzdem hat der zweite
Begriff der Nation als schriftsprachlicher Einheit im Laufe des
19. Jahrhunderts die österreichische vernichtet und die amerikanische
vielleicht geschaffen. Es gibt seitdem in allen Ländern zwei Parteien,
welche die Nation in einem entgegengesetzten Sinne vertreten, als
dynastisch-historische und als geistige Einheit – Parteien der Rasse
und der Sprache –, aber diese Erwägungen greifen schon in die Probleme der Politik hinüber (Kap. IV).

19

Im stadtlosen Lande war es der Adel, welcher zuerst die Nation
in einem höheren Sinne vertrat. Das Bauerntum, geschichtslos und
„ewig", war Volk *vor* dem Anbruch der Kultur; es bleibt in sehr

wesentlichen Zügen Urvolk und es überlebt die Form der Nation. „Die Nation" ist wie alle großen Symbole der Kultur innerer Besitz weniger Menschen. Man wird dazu geboren wie zur Kunst und zur Philosophie. Es gibt auch da etwas, das dem Unterschied von Schöpfer, Kenner und Laien entspricht und zwar in einer antiken Polis ebenso wie im jüdischen *consensus* und in einem Volk des Abendlandes. Wenn eine Nation in Begeisterung aufsteht, um für ihre Freiheit und Ehre zu kämpfen, so ist es immer eine Minderheit, welche die Menge im eigentlichsten Sinne des Wortes „begeistert". Das Volk wacht auf – das ist viel mehr als eine Redensart. Das Wachsein des Ganzen tritt wirklich erst jetzt in Erscheinung. Alle diese einzelnen, die gestern noch mit einem Wirgefühl einhergingen, das sich lediglich auf die Familie, den Beruf, vielleicht den Heimatort erstreckte, sind heute plötzlich vor allem Männer ihres Volkes. Ihr Fühlen und Denken, ihr Ich und damit das „Es" in ihnen hat sich bis in die Tiefe umgewandelt: es ist *historisch* geworden. Dann wird auch der geschichtslose Bauer Glied seiner Nation und es bricht für ihn eine Zeit an, in der er Geschichte erlebt und nicht nur vorüberziehen läßt.

Es sind die Weltstädte, in denen neben einer Minderheit, welche Geschichte hat und die Nation in sich erlebt, vertreten fühlt und führen will, eine zweite entsteht: zeitlose, geschichtslose, literarische Menschen, Menschen der Gründe und Ursachen, nicht des Schicksals, welche, dem Blut und dem Dasein innerlich entfremdet, ganz denkendes Wachsein, für den Begriff der Nation keinen „vernünftigen" Inhalt mehr entdecken. Sie gehören ihr wirklich nicht mehr an, denn Kulturvölker sind Formen von Daseinsströmen; Kosmopolitismus ist eine bloße Wachseinsverbindung von „Intelligenzen". Es ist Haß gegen das Schicksal darin, vor allem gegen die Geschichte als Ausdruck des Schicksals. Alles Nationale ist rassehaft bis zu dem Grade, daß es keine Sprache findet und in allem, was Denken fordert, ungeschickt und hilflos bis zum Verhängnis bleibt. *Kosmopolitismus ist Literatur* und bleibt es, sehr stark in den Gründen und sehr schwach in ihrer Verteidigung, nicht mit neuen Gründen sondern mit dem Blute.

Aber eben deshalb kämpft diese geistig weit überlegene Minderheit mit geistigen Waffen und sie darf es, weil Weltstädte reiner Geist, wurzellos und an sich schon zivilisierter Gemeinbesitz sind. Die gebornen Weltbürger und Schwärmer für Weltfrieden und Völkerversöhnung – im China der kämpfenden Reiche, im buddhistischen Indien, im Hellenismus und heute – sind *die geistigen Führer des Fellachentums. Panem et circenses – das ist nur eine andere Formel für Pazifismus.* Ein antinationales Element ist in der Geschichte aller Kulturen stets vorhanden gewesen, ob wir davon Kunde haben oder nicht. Das reine auf sich selbst gestellte Denken war immer lebensfremd und also geschichtsfeindlich, unkriegerisch, rasselos. Es sei an den Humanismus und Klassizismus, an die Sophisten Athens erinnert, an Buddha und Laotse, um von der leidenschaftlichen Verachtung alles nationalen Ehrgeizes durch die großen Verteidiger priesterlicher und philosophischer Weltanschauungen zu schweigen. Diese Fälle mögen noch so verschieden sein, sie gleichen sich darin, daß das Weltgefühl des Rassemäßigen, der politische und deshalb nationale Tatsachensinn – *right or wrong, my country*! –, der Entschluß, Subjekt und nicht Objekt der historischen Entwicklung zu sein – denn etwas Drittes gibt es nicht –, kurz der Wille zur Macht durch eine Neigung überwältigt wird, deren Führer sehr oft Menschen ohne ursprüngliche Triebe, aber desto mehr auf Logik versessen sind, in einer Welt der Wahrheiten, Ideale und Utopien zu Hause, Büchermenschen, welche das Wirkliche durch das Logische, die Gewalt der Tatsachen durch eine abstrakte Gerechtigkeit, das Schicksal durch die Vernunft ersetzen zu können glauben. Es fängt an mit den Menschen der ewigen Angst, die sich aus der Wirklichkeit in Klöster, Denkstuben und geistige Gemeinschaften zurückziehen und die Weltgeschichte für gleichgültig erklären, und endet in jeder Kultur bei den Aposteln des Weltfriedens. Jedes Volk bringt solchen – geschichtlich betrachtet – Abfall hervor. Schon die Köpfe bilden physiognomisch eine Gruppe für sich. Sie nehmen in der „Geschichte des Geistes" einen hohen Rang ein – eine lange Reihe berühmter Namen ist darunter –, vom Standpunkt der wirklichen Geschichte aus betrachtet, sind sie minderwertig.

Das Schicksal einer Nation mitten in den Ereignissen ihrer Welt hängt davon ab, wie weit es der Rasse glückt, diese Erscheinung geschichtlich unwirksam zu machen. Es ist vielleicht heute noch nachzuweisen, daß in der chinesischen Staatenwelt das Reich von Tsin um 250 v. Chr. deshalb den Endsieg erföcht, weil seine Nation allein sich von den Stimmungen des Taoismus frei erhalten hatte. Jedenfalls hat das römische Volk über den Rest der Antike gesiegt, weil es die Fellacheninstinkte des Hellenismus für die Haltung seiner Politik auszuschalten wußte.

Eine Nation ist Menschentum in lebendige Form gebracht. Das praktische Ergebnis weltverbessernder Theorien ist regelmäßig eine *formlose und deshalb geschichtslose* Masse. Alle Weltverbesserer und Weltbürger vertreten Fellachenideale, ob sie es wissen oder nicht. *Ihr Erfolg bedeutet die Abdankung der Nation innerhalb der Geschichte, nicht zugunsten des ewigen Friedens, sondern zugunsten anderer.* Der Weltfriede ist jedesmal ein einseitiger Entschluß. Die *Pax Romana* hat für die späteren Soldatenkaiser und germanischen Heerkönige nur die eine praktische Bedeutung: eine formlose Bevölkerung von hundert Millionen zum Objekt des Machtwillens kleiner Krieger-schwärme zu machen. Dieser Friede kostete die Friedlichen Opfer, gegen welche die der Schlacht von Cannä verschwinden. Die baby-lonische, chinesische, indische und ägyptische Welt gingen aus einer Erobererhand in die andere und bezahlten den Kampf mit ihrem eigenen Blute. Das war ihr – Friede. Als die Mongolen 1401 Meso-potamien eroberten, haben sie aus 100000 Schädeln der Bevölke-rung von Bagdad, die sich nicht gewehrt hatte, ein Siegesdenkmal aufgeschichtet. Allerdings, mit dem Erlöschen der Nationen ist eine Fellachenwelt über die Geschichte geistig erhaben, endgültig zivili-siert, „ewig". Sie kehrt im Reich der Tatsachen in einen natürlichen Zustand zurück, der zwischen langem Dulden und vorübergehen-dem Wüten auf und ab schwankt, ohne daß mit allem Blutvergießen – das durch keinen Weltfrieden je geringer wird – sich etwas ändert. Einst hatten sie für sich geblutet, jetzt müssen sie es für andere und oft genug nur zu deren Unterhaltung – das ist der Unterschied. Ein handfester Führer, der zehntausend Abenteurer versammelt, kann schalten, wie er will. Gesetzt, die ganze Welt wäre ein einziges Imperium, so wäre damit lediglich der Schauplatz für die Heldentaten solcher Eroberer der denkbar größte geworden.

Lever doodt als Sklaav: das ist ein altfriesischer Bauernspruch. Die Umkehrung ist der Wahlspruch jeder späten Zivilisation und jede hat erfahren müssen, wieviel es kostet.

DRITTES KAPITEL

PROBLEME DER ARABISCHEN KULTUR

I. Historische Pseudomorphosen

1

In einer Gesteinsschicht sind Kristalle eines Minerals eingeschlossen. Es entstehen Spalten und Risse; Wasser sickert herab und wäscht allmählich die Kristalle aus, so daß nur ihre Hohlform übrig bleibt. Später treten vulkanische Ereignisse ein, welche das Gebirge sprengen; glühende Massen quellen herein, erstarren und kristallisieren ebenfalls aus. Aber es steht ihnen nicht frei, es in ihrer eigenen Form zu tun; sie müssen die vorhandenen ausfüllen und so entstehen gefälschte Formen, Kristalle, deren innere Struktur dem äußeren Bau widerspricht, eine Gesteinsart in der Erscheinungsweise einer fremden. Dies wird von den Mineralogen Pseudomorphose genannt.

Historische Pseudomorphosen nenne ich Fälle, in welchen eine fremde alte Kultur so mächtig über dem Lande liegt, daß eine junge, die hier zu Hause ist, nicht zu Atem kommt und nicht nur zu keiner Bildung reiner, eigener Ausdrucksformen, sondern nicht einmal zur vollen Entfaltung ihres Selbstbewußtseins gelangt. Alles was aus der Tiefe eines frühen Seelentums emporsteigt, wird in die Hohlformen des fremden Lebens ergossen; junge Gefühle erstarren in ältlichen Werken und statt des Sichaufreckens in eigener Gestaltungskraft wächst nur der Haß gegen die ferne Gewalt zur Riesengröße.

Dies ist der Fall der arabischen Kultur. Ihre Vorgeschichte liegt ganz im Bereiche der uralten babylonischen Zivilisation,[1] die seit zwei Jahrtausenden die Beute wechselnder Eroberer war. Ihre

[1] Vgl. Bd. II, S. 756 ff., 767 ff.

„Merowingerzeit" wird durch die Diktatur der winzigen persischen Stammesgruppe[1] bezeichnet, eines Urvolkes wie die Ostgoten, dessen zweihundertjährige, kaum bestrittene Herrschaft eine unendliche Müdigkeit dieser Fellachenwelt zur Voraussetzung hat. Aber seit 300 v. Chr. geht eine große Erweckung durch die jungen Völker dieser vom Sinai bis zum Zagros aramäisch redenden Welt.[2] Ein neues Verhältnis des Menschen zu Gott, ein völlig neues Weltgefühl durchdringt wie zur Zeit des Trojanischen Krieges und der Sachsenkaiser alle bestehenden Religionen, mögen sie die Namen des Ahura Mazda, Baal oder Jahwe tragen; überall drängt es einer großen Schöpfung zu, aber in eben dem Augenblick und so, daß ein innerer Zusammenhang nicht ganz unmöglich ist – denn die Macht des Persertums beruhte auf seelischen Voraussetzungen, die gerade jetzt verschwanden –, erschienen die Makedonier, von Babylon aus gesehen ein neuer Schwarm von Abenteurern wie alle früheren, und breitete eine dünne Schicht antiker Zivilisation über die Länder bis nach Indien und Turkestan. Die Diadochenreiche hätten zwar unvermerkt Staaten vorarabischen Geistes werden können; das Seleukidenreich, das sich mit dem aramäischen Sprachgebiet geradezu deckte, war es schon um 200. Da aber wurde es seit der Schlacht bei Pydna in seinem westlichen Teile nach und nach dem antiken Imperium eingefügt und also der mächtigen Wirkung eines Geistes unterworfen, dessen Schwerpunkt in weiter Ferne lag. Hier bereitet sich die Pseudomorphose vor.

Die magische Kultur ist geographisch und historisch die mittelste in der Gruppe hoher Kulturen, die einzige, welche sich räumlich und zeitlich fast mit allen andern berührt. Der Aufbau der Gesamtgeschichte in unserem Weltbilde hängt deshalb ganz davon ab, ob man ihre innere Form erkennt, welche durch die äußere gefälscht wird; aber gerade sie ist aus philologischen und theologischen Vorurteilen und mehr noch infolge der Zersplitterung der modernen

[1] Sie machte weniger als ein Hundertstel der Gesamtbevölkerung des Reiches aus.

[2] Es ist zu bemerken, daß das Stammland der babylonischen Kultur, das alte Sinear, in den kommenden Ereignissen keinerlei Bedeutung hat. Für die arabische Kultur kommt nur das Gebiet nördlich, nicht südlich von Babylon in Betracht.

Fachwissenschaft bis jetzt nicht erkannt worden. Die abendländische Forschung ist seit langem nicht nur dem Stoff und der Methode sondern auch dem Denken nach in eine Anzahl von Fachgebieten zerfallen, deren widersinnige Abgrenzung es verhindert hat, daß man die großen Fragen auch nur sah. Wenn irgendwo, so ist das „Fach" für die Probleme der arabischen Welt zum Verhängnis geworden. Die eigentlichen Historiker hielten sich an das Interessengebiet der klassischen Philologie, aber deren Horizont endete an der antiken Sprachgrenze im Osten. Infolgedessen haben sie die tiefe Einheit der Entwicklung diesseits und jenseits dieser seelisch gar nicht vorhandenen Schranke nie bemerkt. Das Ergebnis war die Perspektive Altertum – Mittelalter – Neuzeit, die *durch den griechisch-lateinischen Sprachgebrauch* abgegrenzt und zusammengehalten wird. Axum, Saba und auch das Sassanidenreich waren für den Kenner der alten Sprachen, der sich an „Texte" hielt, nicht erreichbar und deshalb geschichtlich so gut wie nicht vorhanden. Die Literaturforscher, ebenfalls Philologen, verwechselten den Geist der Sprache mit dem der Werke. Was im aramäischen Gebiet griechisch geschrieben oder auch nur erhalten war, wurde einer „spätgriechischen" Literatur einverleibt und daraufhin eine eigene Periode dieser Literatur angesetzt. Die Texte in anderen Sprachen fielen nicht in ihr Fach und wurden deshalb zu anderen Literaturgeschichten künstlich zusammengefaßt. Aber gerade hier lag das stärkste Beispiel dafür vor, daß keine Literaturgeschichte der Welt sich mit einer Sprache deckt.[1] Es gab hier eine geschlossene Gruppe magischer Nationalliteraturen von einheitlichem Geist, aber in *mehreren* Sprachen, darunter auch den antiken. Denn eine Nation magischen Stils hat keine Muttersprache. Es gibt eine talmudische, manichäische, nestorianische, islamische, sogar eine neupythagoräische *National*literatur, aber keine hellenische oder hebräische.

Die Religionsforschung zerlegte das Gebiet in Einzelfächer nach *westeuropäischen* Konfessionen, und für die christliche Theologie ist wieder die „Philologengrenze" im Osten maßgebend gewesen und

---

[1] Dies ist auch für die Literaturen des Abendlandes wichtig: die deutsche ist zum Teil lateinisch, die englische zum Teil französisch geschrieben.

ist es noch. Das Persertum fiel in die Hände der iranischen Philologie. Weil die Awestatexte in einem arischen Dialekt nicht abgefaßt, aber verbreitet wurden, ist dies gewaltige Problem als Nebenaufgabe für Indologen betrachtet worden und verschwand damit völlig aus dem Gesichtskreis der christlichen Theologie. Für die Geschichte des talmudischen Judentums ist endlich, da die hebräische Philologie mit der alttestamentlichen Forschung *ein* Fach bildet, kein weiteres Fach abgegrenzt worden und es wurde deshalb in allen großen Religionsgeschichten, die ich kenne, die jede primitive Negerreligion – weil es eine Völkerkunde als Fach gibt – und jede indische Sekte in Betracht ziehen, vollständig *vergessen*. Das ist die gelehrte Vorbereitung der größten Aufgabe, welche der heutigen Geschichtsforschung gestellt ist.

2

Die römische Welt der Kaiserzeit hat ihre Lage wohl geahnt. Die späten Schriftsteller sind voll von Klagen über die Entvölkerung und geistige Verödung Afrikas, Spaniens, Galliens und vor allem der antiken Stammgebiete, Italiens, und Griechenlands. Ausgenommen von diesem verzweifelten Umblick sind regelmäßig die Provinzen, welche zur magischen Welt gehören. Syrien besonders ist dicht bevölkert und blüht wie das parthische Mesopotamien dem Blute wie der Seele nach prachtvoll auf. Das Übergewicht des jungen Ostens ist jedem fühlbar und mußte endlich auch politisch zum Ausdruck kommen. Die revolutionären Kriege zwischen Marius und Sulla, Cäsar und Pompejus, Antonius und Oktavian sind von hier aus betrachtet ein Stück Vordergrundsgeschichte, hinter welcher immer deutlicher der Versuch einer Emanzipation dieses Ostens von dem geschichtslos werdenden Westen, einer erwachenden von einer Fellachenwelt hervortritt. Die Verlegung der Hauptstadt nach Byzanz war ein großes Symbol. Diokletian hatte Nikomedien gewählt, Cäsar an Alexandria oder Ilion gedacht; Antiochia wäre in jedem Falle richtiger gewesen. Aber dieser Akt vollzog sich drei Jahrhunderte zu spät: es waren die entscheidenden der magischen Frühzeit.

Die Pseudomorphose beginnt mit Actium – *hier hätte Antonius siegen müssen*. Es war *nicht* der Entscheidungskampf zwischen Römertum und Hellenismus, der zum Austrag kam; der ist bei Cannä und Zama ausgefochten worden, von Hannibal, der das tragische Geschick hatte, in Wirklichkeit nicht für sein Land, sondern für das Hellenentum zu kämpfen. Bei Actium stand die ungeborene arabische Kultur gegen die greisenhafte antike Zivilisation. Es handelte sich um apollinischen oder magischen Geist, um *die* Götter oder *den* Gott, um Prinzipat oder Kalifat. Antonius' Sieg hätte die magische Seele befreit; seine Niederlage führte die starre Kaiserzeit über ihre Landschaft herauf. Der Ausgang würde den Folgen der Schlacht von Tours und Poitiers 732 vergleichbar sein, wenn dort die Araber gesiegt und „Frankistan" zu einem Kalifat des Nordostens gemacht hätten. Arabische Sprache, Religion und Gesellschaft wären in einer herrschenden Schicht heimisch geworden, Riesenstädte wie Granada und Kairuan wären an Loire und Rhein entstanden, das gotische Gefühl wäre gezwungen worden, sich in den längst erstarrten Formen von Moschee und Arabeske auszudrücken und statt der deutschen Mystik besäßen wir eine Art von Sufismus. Daß das Entsprechende in der arabischen Welt wirklich geschah, war die Folge davon, daß die syrisch-persische Bevölkerung keinen Karl Martell hervorgebracht hat, der mit Mithridates Brutus und Cassius oder Antonius und über sie hinaus Rom bekämpfte.

Eine zweite Pseudomorphose liegt heute vor unseren Augen: das petrinische Rußland. Die russische Heldensage der Bylinenlieder erreicht ihren Gipfel in dem Kiewschen Sagenkreise vom Fürsten Wladimir (um 1000) und seiner Tafelrunde und dem Volkshelden Ilja von Murom.[1] Der ganze unermeßliche Unterschied zwischen der russischen und der faustischen Seele liegt schon zwischen diesen Gesängen und den „gleichzeitigen" der Artus-, Ermanarich- und Nibelungensagen der Wanderzeit in der Form des Hildebrand- und Walthariliedes. Die russische Merowingerzeit beginnt mit dem Sturz der Tartarenherrschaft durch Iwan III. (1480) und führt über die letzten Ruriks und die ersten Romanows bis auf Peter den Großen

[1] Wollner, Untersuchungen über die Volksepik der Großrussen (1879).

(1689–1725). Sie entspricht genau der Zeit von Chlodwig (481–511) bis zur Schlacht von Testry (687), mit welcher die Karolinger tatsächlich die Herrschaft erhielten. Ich rate jedem, die fränkische Geschichte des Gregor von Tours (bis 591) und daneben die entsprechenden Abschnitte bei dem altväterischen Karamsin zu lesen, vor allem die über Iwan den Schrecklichen, Boris Godunow und Schuiski. Die Ähnlichkeit kann nicht größer sein. Auf diese Moskowiterzeit der großen Bojarengeschlechter und Patriarchen, in der beständig eine altrussische Partei gegen die Freunde westlicher Kultur kämpfte, folgt mit der Gründung von Petersburg (1703) die Pseudomorphose, welche die primitive russische Seele erst in die fremden Formen des hohen Barock, dann der Aufklärung, dann des 19. Jahrhunderts zwang. Peter der Große ist das Verhängnis des Russentums geworden. Man denke sich seinen „Zeitgenossen" Karl den Großen, der planmäßig und mit seiner ganzen Energie das durchsetzt, was Karl Martell durch seinen Sieg soeben verhindert hatte: die Herrschaft des maurisch-byzantinischen Geistes. Es bestand die Möglichkeit, die russische Welt nach Art entweder der Karolinger oder der Seleukiden zu behandeln, altrussisch nämlich oder „westlerisch", und die Romanows haben sich für das letzte entschieden. Die Seleukiden wollten Hellenen, nicht Aramäer um sich sehen.

Der primitive Zarismus von Moskau ist die einzige Form, welche noch heute dem Russentum gemäß ist, aber er ist in Petersburg in die dynastische Form Westeuropas umgefälscht worden. Der Zug nach dem *heiligen* Süden, nach Byzanz und Jerusalem, der tief in allen rechtgläubigen Seelen lag, wurde in eine weltmännische Diplomatie mit dem Blick nach Westen verwandelt. Auf den Brand von Moskau, die großartig symbolische Tat eines Urvolkes, aus welcher der Makkabäerhaß gegen alles Fremde und Fremdgläubige redet, folgt der Einzug Alexanders in Paris, die heilige Allianz und die Stellung im Konzert der westlichen Großmächte. Ein Volkstum, dessen Bestimmung es war, noch auf Generationen hin geschichtslos zu leben, wurde in eine künstliche und unechte Geschichte gezwängt, deren Geist vom Urrussentum gar nicht begriffen werden konnte.

Späte Künste und Wissenschaften wurden hereingetragen, Aufklärung, Sozialethik, weltstädtischer Materialismus, obwohl in dieser Vorzeit Religion die einzige Sprache war, in der man sich und die Welt verstand; in das stadtlose Land mit seinem ursprünglichen Bauerntum nisteten sich Städte fremden Stils wie Geschwüre ein. Sie waren falsch, unnatürlich, unwahrscheinlich bis in ihr Innerstes. „Petersburg ist die abstrakteste und künstlichste Stadt, die es gibt", bemerkt Dostojewski. Er hatte, obwohl er dort geboren war, ein Gefühl, als ob sie sich eines Morgens mit den Sumpfnebeln zugleich auflösen könnte. So, geisterhaft, unglaubwürdig, lagen auch die hellenistischen Prunkstädte überall im aramäischen Bauernland. So hat Jesus sie in seinem Galiläa gesehen. So muß Petrus empfunden haben, als er das kaiserliche Rom erblickte.

Alles was rings umher entstand, ist von dem echten Russentum seitdem als Gift und Lüge empfunden worden. Ein wahrhaft apokalyptischer Haß richtet sich gegen Europa auf. Und „Europa" war alles, was nicht russisch war, auch Rom und Athen, ganz wie für den magischen Menschen damals auch das alte Ägypten und Babylon antik, heidnisch, teuflisch war. „Die erste Bedingung der Befreiung des russischen Volksgefühls ist: von ganzem Herzen und aus voller Seele Petersburg zu hassen", schreibt Aksakow 1863 an Dostojewski. Moskau ist heilig, Petersburg ist der Satan; Peter der Große erscheint in einer verbreiteten Volkslegende als der Antichrist. Genau so redet es aus allen Apokalypsen der aramäischen Pseudomorphose, vom Buche Daniel und Henoch zur Makkabäerzeit bis auf die Offenbarung Johannis, Baruch und den IV. Esra nach der Zerstörung Jerusalems, gegen Antiochus, den Antichrist, gegen Rom, die babylonische Hure, gegen die Städte des Westens mit ihrem Geist und Pomp, gegen die gesamte antike Kultur. Alles was entsteht, ist unwahr und unrein: diese verwöhnte Gesellschaft, die durchgeistigten Künste, die sozialen Stände, der fremde Staat mit seiner zivilisierten Diplomatie, Rechtsprechung und Verwaltung. Es gibt keinen größeren Gegensatz als russischen und abendländischen, jüdisch-christlichen und spätantiken Nihilismus: den Haß gegen das Fremde, das die noch ungeborene Kultur im Mutterschoß des Landes vergiftet, und den Ekel vor der eignen, deren Höhe man endlich satt ist. Tiefstes religiöses Weltgefühl, plötzliche Erleuchtungen, Schauder der Furcht vor dem kommenden Wachsein, metaphysisches Träumen und Sehnen stehen am Anfang, bis zum Schmerz gesteigerte geistige Klarheit am Ende der Geschichte. In diesen beiden Pseudomorphosen mischen sie sich. „Alle grübeln sie jetzt auf den Straßen und Marktplätzen über den Glauben", heißt es bei Dostojewski. Das hätte auch von Jerusalem und Edessa gesagt werden können. Diese jungen Russen vor dem Kriege, schmutzig, bleich, erregt, in Winkeln hockend und immer mit Metaphysik beschäftigt, alles mit den Augen des Glaubens betrachtend, selbst wenn sich das Gespräch dem Anschein nach um Wahlrecht, Chemie oder Frauenstudium bewegte – das sind die Juden und Urchristen der hellenistischen Großstädte, die der Römer mit so viel Spott, Widerwillen und heimlicher Furcht betrachtete. Es gab im zarischen Rußland kein Bürgertum, überhaupt keine echten Stände, sondern nur Bauern und „Herren" wie im Frankenreiche. Die „Gesellschaft" war eine Welt für sich, das Produkt einer westlerischen Literatur, etwas Fremdes und Sündhaftes. Es gab keine russischen Städte. Moskau war eine Pfalz – der Kreml –, um den sich ein riesenhafter Markt ausbreitete. Die Scheinstadt, die sich hineindrängt und herumlagert, und alle die andern auf dem Boden des Mütterchen Rußland, sind des Hofes, der Verwaltung, der Kaufleute wegen da; aber was in ihnen lebt, ist oben eine fleischgewordne Literatur, die „Intelligenz" mit angelesenen Problemen und Konflikten, und in der Tiefe entwurzeltes Bauernvolk mit all der metaphysischen Trauer, Angst und dem Elend, das Dostojewski mit ihm erlebt hat, mit dem beständigen Heimweh nach der weiten Erde und dem bitteren Haß gegen die steinerne greisenhafte Welt, in die der Antichrist sie verlockt hatte. Moskau besaß keine eigene Seele. Die Gesellschaft war von westlichem Geist und das Volk unten führte die Seele des Landes mit sich. Zwischen beiden Welten gab es kein Verstehen, keine Vermittlung, keine Verzeihung. Will man die beiden großen Fürsprecher und Opfer der Pseudomorphose verstehen, so war Dostojewski ein Bauer, Tolstoi ein Mensch der weltstädtischen Gesellschaft. Der eine konnte sich innerlich vom Lande nie befreien, der andere hat es trotz allen verzweifelten Bemühens niemals gefunden.

Tolstoi ist das vergangene, Dostojewski das kommende Rußland. Tolstoi ist mit seinem ganzen Innern dem Westen verbunden. Er ist der große Wortführer des Petrinismus, auch wenn er ihn verneint. Es ist stets eine westliche Verneinung. Auch die Guillotine war eine legitime Tochter von Versailles. Sein mächtiger Haß redet gegen das Europa, von dem er selbst sich nicht befreien kann. Er haßt es in sich, er haßt sich. Er wird damit der Vater des Bolschewismus. Die ganze Ohnmacht dieses Geistes und „*seiner*" Revolution von 1917 spricht aus den nachgelassenen Szenen: „Das Licht leuchtet in der Finsternis". Diesen Haß kennt Dostojewski nicht. Er hat alles Weltliche mit einer ebenso leidenschaftlichen Liebe umfaßt. „Ich habe zwei Vaterländer, Rußland und Europa". Für ihn hat das alles, Petrinismus und Revolution, bereits keine Wirklichkeit mehr. Aus *seiner* Zukunft blickt er wie aus weiter Ferne darüber hin. Seine Seele ist apokalyptisch, sehnsüchtig, verzweifelt, aber dieser Zukunft gewiß. „Ich werde nach Europa fahren", sagt Iwan Karamasoff zu seinem Bruder Aljoscha, „ich weiß es ja, daß ich nur auf einen Friedhof fahre, doch auf den teuersten, allerteuersten Friedhof, das weiß ich auch. Teure Tote liegen dort begraben, jeder Stein über ihnen redet von einem so heißen vergangenen Leben, von so leidenschaftlichem Glauben an die vollbrachten eigenen Taten, an die eigene Wahrheit, an den eigenen Kampf und die eigene Erkenntnis, daß ich, ich weiß es im voraus, zur Erde niederfallen, diese Steine küssen und über ihnen weinen werde." Tolstoi ist durchaus ein großer Verstand, „aufgeklärt" und „sozial gesinnt". Alles was er um sich sieht, nimmt die späte, großstädtische und westliche Form eines Problems an. Dostojewski weiß gar nicht, was Probleme sind. Jener ist ein Ereignis innerhalb der europäischen Zivilisation. Er steht in der Mitte zwischen Peter dem Großen und dem Bolschewismus. Die russische Erde haben sie alle nicht zu Gesicht bekommen. Was sie bekämpfen, wird durch die Form, in der sie es tun, doch wieder anerkannt. Das ist nicht Apokalyptik, sondern geistige Opposition. Sein Haß gegen den Besitz ist nationalökonomischer, sein Haß gegen die Gesellschaft sozialethischer Natur; sein Haß gegen den Staat ist eine politische Theorie. Daher seine gewaltige Wirkung auf den Westen. Er gehört irgendwie zu Marx, Ibsen und Zola. Seine Werke sind nicht Evangelien, sondern späte, geistige Literatur. Dostojewski gehört zu niemand, wenn nicht zu den Aposteln des Urchristentums. Seine „Dämonen" waren in der russischen Intelligenz als konservativ verschrien. Aber Dostojewski sieht diese Konflikte gar nicht. Für ihn ist zwischen konservativ und revolutionär überhaupt kein Unterschied: beides ist westlich. Eine solche Seele sieht über alles Soziale hinweg. Die Dinge dieser Welt erscheinen ihr so unbedeutend, daß sie auf ihre Verbesserung keinen Wert legt. Keine echte Religion will die Welt der Tatsachen verbessern. Dostojewski wie jeder Urrusse bemerkt sie gar nicht; sie leben in einer zweiten, metaphysischen, die jenseits der ersten liegt. Was hat die Qual einer Seele mit dem Kommunismus zu tun? Eine Religion, die bei Sozialproblemen angelangt ist, hat aufgehört, Religion zu sein. Dostojewski aber lebt schon in der Wirklichkeit einer unmittelbar bevorstehenden religiösen Schöpfung. Sein Aljoscha ist dem Verständnis aller literarischen Kritik, auch der russischen, entzogen; sein Christus, den er immer schreiben wollte, wäre ein echtes Evangelium geworden wie jene des Urchristentums, die gänzlich außerhalb aller antiken und jüdischen Literaturformen stehen. Aber Tolstoi ist ein Meister des westlichen Romans – Anna Karenina wird von keinem zweiten auch nur entfernt erreicht –, ganz wie er auch in seinem Bauernkittel ein Mann der Gesellschaft ist.

Anfang und Ende stoßen hier zusammen. Dostojewski ist ein Heiliger, Tolstoi ist nur ein Revolutionär. Von ihm allein, dem echten Nachfolger Peters, geht der Bolschewismus aus: nicht das Gegenteil, sondern die letzte Konsequenz des Petrinismus, die äußerste Herabwürdigung des Metaphysischen durch das Soziale und eben deshalb nur eine neue Form der Pseudomorphose. War die Gründung von Petersburg die erste Tat des Antichrist, so war die Vernichtung der von Petersburg aus gebildeten Gesellschaft durch sich selbst die zweite: so muß das Bauerntum es innerlich empfinden. Denn die Bolschewisten sind nicht das Volk, auch nicht ein Teil

von ihm. Sie sind die tiefste Schicht der „Gesellschaft", fremd, westlerisch wie sie, aber von ihr nicht anerkannt und deshalb vom Haß
der Niedrigen erfüllt. Alles das ist großstädtisch und zivilisiert, das
Sozialpolitische, der Fortschritt, die Intelligenz, die ganze russische
Literatur, die erst romantisch und dann nationalökonomisch für
Freiheiten und Verbesserungen schwärmt. Denn alle ihre „Leser"
gehören zur Gesellschaft. Der echte Russe ist ein Jünger Dostojewskis, obwohl er ihn nicht liest, obwohl *und weil* er überhaupt nicht
lesen kann. Er ist selbst ein Stück Dostojewski. Wären die Bolschewisten, die in Christus ihresgleichen, einen bloßen Sozialrevolutio-
när erblicken, geistig nicht so eng, sie würden in Dostojewski ihren
eigentlichen Feind erkannt haben. Was dieser Revolution ihre
Wucht gab, war nicht der Haß der Intelligenz. Es war das Volk,
das *ohne Haß*, nur aus dem Trieb, sich von einer Krankheit zu heilen,
die westlerische Welt durch ihren Abhub zerstörte und diesen selbst
ihr nachsenden wird; das stadtlose Volk, das sich nach seiner eigenen
Lebensform, seiner eigenen Religion, seiner eigenen künftigen Geschichte sehnt. Das Christentum Tolstois war ein Mißverständnis.
Er sprach von Christus und meinte Marx. Dem Christentum Dostojewskis gehört das nächste Jahrtausend.

3

Außerhalb der Pseudomorphose und um so kräftiger, je geringer
die Macht antiken Geistes im Lande liegt, drängen alle Formen einer
echten Ritterzeit hervor. Scholastik und Mystik, Lehnstreue,
Minnesang, Kreuzzugsbegeisterung – das war alles in den ersten
Jahrhunderten der arabischen Kultur vorhanden, man muß es nur
zu finden wissen. Es gibt auch nach Septimius Severus noch dem
Namen nach Legionen, aber sie sehen im Osten aus wie das Gefolge
eines Herzogs; Beamte werden ernannt, aber eigentlich hat man
einem Grafen ein Lehen übertragen; während der Cäsarentitel im
Westen in die Hände von Häuptlingen fällt, verwandelt sich der
Osten in ein frühes Kalifat, das mit dem Lehnsstaat der reifen
Gotik die erstaunlichste Ähnlichkeit hat. Im Sassanidenreich, im

Hauran, in Südarabien bricht eine echte Ritterzeit an. Ein König von Saba, Schamir Juharisch, lebt wie Roland und König Artus durch seine Heldentaten in der arabischen Sage fort, die ihn durch Persien bis nach China ziehen läßt.[1] Das Reich von Maʿān im ersten vorchristlichen Jahrtausend bestand neben dem israelitischen und läßt sich in seinen Überresten mit Mykene und Tiryns vergleichen; die Spuren reichen tief nach Afrika hinein.[2] Jetzt aber erblüht in ganz Südarabien und selbst im abessinischen Gebirge die Feudal-zeit.[3] In Axum entstehen in frühchristlicher Zeit mächtige Schlösser und die Königsgräber mit den größten Monolithen der Welt.[4] Hinter den Königen steht ein Lehnsadel der Grafen *(kail)* und Statt-halter *(kabir)*, Vasallen von oft zweifelhafter Treue, deren großer Besitz die Hausmacht der Könige mehr und mehr einengt. Die end-losen christlich-jüdischen Kriege zwischen Südarabien und dem Reich von Axum[5] haben ritterlichen Charakter und lösen sich oft in Einzelfehden auf, die von den Baronen von deren Burgen aus ge-führt werden. In Saba herrschen die – später christlichen – Ham-daniden. Hinter ihnen steht das christliche und mit Rom verbündete Reich von Axum, das um 300 vom weißen Nil bis zur Somaliküste und dem persischen Golf reicht und 525 die jüdischen Himjariten stürzt. 542 fand hier der Fürstenkongreß von Marib statt, auf dem Byzanz und Persien durch Gesandte vertreten waren. Noch heute liegen überall im Lande die zahllosen Ruinen mächtiger Schlösser, von denen man in islamischer Zeit sich nur denken konnte, daß sie von Geisterhänden erbaut seien. Die Burg Gomdan war eine Fe-stung von zwanzig Stockwerken.[6]

Im Sassanidenreich herrschte die Ritterschaft der Dinkane, und

---

[1] Schiele, Die Religion in Geschichte und Gegenwart I, 647.

[2] Bent, The sacred City of the Ethiopians (London 1893), S. 134 ff. über die Trümmer von Jeha, deren südarabische Inschriften Glaser in das 7.–5. Jahrh. v. Chr. setzt. D. H. Müller, Burgen und Schlösser Südarabiens (1879).

[3] Grimme, Mohammed, S. 26 ff.

[4] Deutsche Aksum-Expedition (1913), Bd. II.

[5] Von Persien führt eine uralte Völkerstraße über die Meerengen von Ormus und Bab el Mandeb durch Südarabien nach Abessinien und dem Nil. Sie ist ge-schichtlich wichtiger als die nördliche über die Landenge von Suez.

[6] Grimme, S. 43; Abbildung der ungeheuren Ruine von Gomdan S. 81. Vgl. auch die Rekonstruktionen im deutschen Aksumwerk.

der glänzende Hof dieser „Staufenkaiser" des frühen Ostens ist in jedem Betracht für den byzantinischen seit Diokletian vorbildlich geworden. Noch viel später wußten die Abbassiden in ihrer neugegründeten Residenz Bagdad nichts Besseres, als das Sassanidenideal eines höfischen Lebens in großer Form nachzuahmen. In Nordarabien entwickelte sich an den Höfen der Ghassaniden und Lachmiden eine echte Troubadour- und Minnepoesie, und ritterliche Dichter fochten zur Kirchenväterzeit „mit Wort, Lanze und Schwert" ihre Wettkämpfe aus. Darunter war auch ein Jude, Samuel, Burgherr auf Al Ablaq, der um fünf kostbarer Panzer willen eine Belagerung durch den König von El Hira aushielt.[1] Dieser Lyrik gegenüber ist die spätarabische, wie sie seit 800 namentlich in Spanien blühte, nichts als Romantik, die zu jener altarabischen Kunst in ganz demselben Verhältnis steht wie Uhland und Eichendorff zu Walther von der Vogelweide.

Für diese junge Welt der ersten nachchristlichen Jahrhunderte hatten unsere Altertumsforscher und Theologen keinen Blick. Mit den Zuständen des spätrepublikanischen und kaiserlichen Roms beschäftigt, sehen sie hier nur primitive und jedenfalls unbedeutende Verhältnisse. Aber die Partherscharen, die wieder und wieder gegen römische Legionen anritten, waren ritterlich begeisterte Mazdaisten. Es lag Kreuzzugsstimmung über ihren Heeren. So hätte es mit dem Christentum werden können, wenn es nicht ganz der Pseudomorphose verfallen wäre. Die Stimmung war auch hier vorhanden. Tertullian sprach von der *militia Christi* und das Sakrament wurde als Fahneneid bezeichnet. In den späteren Heidenverfolgungen war Christus der Held, für den sein Gefolge zu Felde zog, aber einstweilen gab es statt christlicher Ritter und Grafen römische Legaten und statt der Schlösser und Turniere diesseits der römischen Grenze nur Lager und Hinrichtungen. Aber trotzdem war es ein echter Kreuzzug der Juden und kein eigentlicher Partherkrieg, der 115 unter Trajan losbrach und in dem als Vergeltung für die Zerstörung von Jerusalem die ganze ungläubige – „griechische" – Bevölkerung von Cypern, angeblich 240000 Menschen, niedergemacht wurde.

---

[1] Brockelmann, Gesch. d. arab. Lit., S. 34.

Nisibis ist damals in einer vielbewunderten Belagerung von Juden verteidigt worden. Das kriegerische Adiabene war ein Judenstaat. In allen Parther- und Perserkriegen gegen Rom haben die bäuerlich-ritterlichen Aufgebote der mesopotamischen Juden in der ersten Linie gefochten.

Aber nicht einmal Byzanz hat sich dem Geiste der arabischen Feudalzeit ganz entziehen können, die unter einer Schicht spätantiker Verwaltungsformen namentlich im Innern Kleinasiens zur Entstehung eines echten Lehnswesens führte. Es gab da mächtige Geschlechter, deren Vasallentreue unzuverlässig war und die alle den Ehrgeiz hatten, den byzantinischen Thron in ihren Besitz zu bringen. „Anfänglich an die Hauptstadt gebunden, die nur mit Erlaubnis des Kaisers verlassen werden durfte, saß dieser Adel später auf seinen weitgedehnten Domänen in der Provinz und bildete seit dem 4. Jahrhundert als Provinzaristokratie einen wirklichen Stand, der im Laufe der Zeit für sich eine gewisse Unabhängigkeit von der kaiserlichen Macht beanspruchte."[1]

Das „römische Heer" hat sich im Osten in weniger als zwei Jahrhunderten aus einer modernen Armee in ein Ritterheer zurückverwandelt. Die römische Legion ist durch die Maßnahmen der Severer um 200 verschwunden.[2] Im Westen sanken sie zu Horden herab; im Osten entstand im 4. Jahrhundert ein spätes, aber echtes Rittertum. Den Ausdruck gebraucht schon Mommsen, ohne seine Tragweite zu erkennen.[3] Der junge Adlige erhielt eine sorgfältige Ausbildung im Einzelkampf, zu Pferde, mit Bogen und Lanze. Kaiser Gallienus, der Freund Plotins und Erbauer der Porta Nigra, eine der bedeutendsten und unglücklichsten Erscheinungen aus der Zeit der Soldatenkaiser, bildete um 260 aus Germanen und Mauren eine neue Art von berittener Truppe, seine Gefolgstreuen. Es ist bezeichnend, daß in der Religion des römischen Heeres die alten Stadtgottheiten zurücktreten und unter den Namen des Mars und Herkules die germanischen Götter des persönlichen Heldentums an die

---

[1] Roth, Sozial- und Kulturgesch. d. Byzant. Reiches, S. 15.
[2] Delbrück, Geschichte der Kriegskunst II, S. 222.
[3] Gesammelte Schriften IV, S. 532.

Spitze gelangen.[1] Die *palatini* Dokletians sind nicht ein Ersatz für die von Septimius Severus aufgelösten Prätorianer, sondern ein kleines wohldiszipliniertes Ritterheer, während die *comitatenses*, das große Aufgebot, in *numeri*, „Fähnlein" geordnet werden. Die Taktik ist die einer jeden Frühzeit, welche auf persönliche Tapferkeit stolz ist. Der Angriff erfolgt in der germanischen Form des Gevierthaufens („Eberkopfes"). Unter Justinian ist das der Zeit Karls V. genau entsprechende System der Landsknechte voll ausgebildet, die von Kondottieri[2] in der Art Frundsbergs angeworben werden und unter sich Landsmannschaften bilden. Der Zug des Narses wird von Prokop[3] ganz wie die großen Werbungen Wallensteins beschrieben.

Aber daneben erscheint in diesen frühen Jahrhunderten auch eine prachtvolle Scholastik und Mystik magischen Stils, die an den berühmten Hochschulen des gesamten aramäischen Gebiets zu Hause ist: den persischen von Ktesiphon, Resain, Dschondisabur, den jüdischen von Sura, Nehardea und Pumbadita, denen anderer „Nationen" von Edessa, Nisibis, Kinnesrin. Hier sind die Hauptsitze einer blühenden Astronomie, Philosophie, Chemie und Medizin, aber nach Westen hin wird diese große Erscheinung durch die Pseudomorphose verdorben. Was magischen Ursprungs und Geistes ist, geht zu Alexandria und Beirut in die Formen griechischer Philosophie und römischer Rechtswissenschaft über; es wird in antiken Sprachen niedergeschrieben, in fremde und längst erstarrte Literaturformen gepreßt und durch die greisenhafte Denkweise einer ganz anders angelegten Zivilisation verfälscht. Damals und nicht mit dem Islam beginnt die arabische Wissenschaft. Aber weil unsere Philologen nur das entdeckten, was in spätantiker Fassung in Alexandria und Antiochia erschien, und von dem ungeheuren Reichtum der arabischen Frühzeit und den wirklichen Mittelpunkten ihres Forschens und Schauens nichts ahnten, konnte die absurde Meinung entstehen, „die Araber" seien geistige Epigonen der An-

---

[1] A. v. Domaszewski, Die Religion des römischen Heeres, S. 49.
[2] *buccellarii*, Delbrück II S. 354.
[3] Gotenkrieg IV, 26.

tike gewesen. In Wirklichkeit ist so gut wie alles, was – von Edessa aus gesehen – jenseits der Philologengrenze dem heutigen Auge als Frucht spätantiken Geistes gilt, nichts als der Widerschein früharabischer Innerlichkeit. Damit stehen wir vor der Pseudomorphose der magischen Religion.

4

Die antike Religion lebt in einer ungeheuren Zahl von *Einzelkulten*, die, in dieser Gestalt dem apollinischen Menschen natürlich und selbstverständlich, jedem Fremden in ihrem eigentlichen Wesen so gut wie verschlossen sind. Sobald Kulte von solcher Art entstanden, gab es eine antike Kultur. Sobald sie in später Römerzeit ihr Wesen veränderten, war die Seele dieser Kultur zu Ende. Außerhalb der antiken Landschaft sind sie niemals echt und lebendig gewesen. Das Göttliche ist stets an einen *einzelnen Ort gebunden* und auf ihn beschränkt. Das entspricht dem statischen und euklidischen Weltgefühl. Das Verhalten des Menschen zur Gottheit hat die Form eines ebenfalls ortsgebundenen Kultes, dessen Bedeutung *im Bilde* der rituellen Handlung und nicht in deren dogmatischem Hintersinn liegt. Wie die Bevölkerung in zahllose nationale Punkte, so zerfällt ihre Religion in diese winzigen Kulte, deren jeder von jedem andern vollständig unabhängig ist. *Nicht ihr Umfang, sondern nur ihre Anzahl* kann zunehmen. Es ist die einzige Form des Wachstums innerhalb der antiken Religion und sie schließt jede Mission vollständig aus. Denn diese Kulte übt man aus, aber man gehört ihnen nicht an; es gibt keine antiken „Gemeinden". Wenn spätes Denken in Athen etwas Allgemeineres im Göttlichen und Kultischen annimmt, so ist das nicht Religion, sondern Philosophie, die sich auf das Denken einzelner beschränkt und auf das Empfinden der Nation, nämlich der Polis, nicht im geringsten einwirkt.

Im schärfsten Gegensatz dazu steht die sichtbare Form der magischen Religion, die Kirche, die Gemeinschaft der Rechtgläubigen, die keine Heimat und keine irdische Grenze kennt. Von der magischen Gottheit gilt das Wort Jesu: „Wo zwei oder drei versammelt sind in meinem Namen, da bin ich mitten unter ihnen." Es versteht sich, daß für jeden Gläubigen nur ein Gott der wahre und gute sein kann, die Götter der andern aber falsch und böse sind.[1] Die Beziehung zwischen diesem Gott und dem Menschen ruht nicht im Ausdruck, sondern in der geheimen Kraft, in der Magie gewisser symbolischer Handlungen: damit sie wirksam sind, muß man ihre Form und Bedeutung genau kennen und sie danach ausüben. Die Kenntnis dieser Bedeutung ist ein Besitz der Kirche – sie ist die Kirche selbst als die Gemeinschaft der Kenner – und damit liegt der Schwerpunkt jeder magischen Religion nicht im Kult, sondern in einer Lehre, im *Bekenntnis*.

Solange die Antike sich seelisch aufrecht hielt, bestand die Pseudomorphose darin, daß alle Kirchen des Ostens in Kulte westlichen Stils überführt wurden. Das ist eine wesentliche Seite des Synkretismus. Die persische Religion dringt als Mithraskult ein, die chaldäisch-syrische in den Kulten der Gestirngötter und Baale (Jupiter Dolichenus, Sabazios, Sol Invictus, Atargatis), das Judentum in Gestalt eines Jahwekultes, denn die ägyptischen Gemeinden der Ptolemäerzeit lassen sich nicht anders bezeichnen,[2] und auch das früheste Christentum, wie die Paulinischen Briefe und die römischen Katakomben deutlich erkennen lassen, als Jesuskult. Mögen alle diese Kulte, die etwa seit Hadrian die der echt antiken Stadtgötter völlig in den Hintergrund drängen, noch so laut den Anspruch erheben, eine Offenbarung des einzig wahren Glaubens zu sein – Isis nennt sich *deorum dearumque facies uniformis* –, so tragen sie doch sämtliche Merkmale des antiken Einzelkultes: sie vermehren deren Zahl ins Unendliche; jede Gemeinde steht für sich und ist örtlich begrenzt,

---

[1] Und nicht etwa „nicht vorhanden". Es heißt das magische Weltgefühl mißverstehen, wenn man in die Bezeichnung „der wahre Gott" eine faustisch-dynamische Bedeutung legt. Der Götzendienst, den man bekämpft, setzt die volle Wirklichkeit der Götzen und Dämonen voraus. Die israelitischen Propheten haben nicht daran gedacht, die Baale zu leugnen, und ebenso sind Mithras und Isis für die frühen Christen, Jehovah für den Christen Marcion, Jesus für die Manichäer teuflische, aber höchst reale Mächte. Daß man „an sie nicht glauben" soll, ist ein Ausdruck ohne Sinn für das magische Empfinden; man soll sich nicht an sie wenden. Das ist, nach einer längst geläufigen Bezeichnung, Henotheismus, nicht Monotheismus.

[2] Schürer, Gesch. d. jüd. Volkes im Zeitalter Jesu Christi, III, S. 499. Wendland, Die hellenist.-röm. Kultur, S. 192.

alle diese Tempel, Katakomben, Mithräen, Hauskapellen sind Kultorte, an welche die Gottheit nicht ausdrücklich, aber gefühlsmäßig gebunden ist; aber trotzdem liegt magisches Empfinden in dieser Frömmigkeit. Antike Kulte *übt man aus, und* zwar in beliebiger Zahl, von diesen *gehört man einem einzigen an.* Die Mission ist dort undenkbar, hier ist sie selbstverständlich, und der Sinn religiöser Übungen verschiebt sich deutlich nach der lehrhaften Seite.

Mit dem Hinschwinden der apollinischen und dem Aufblühen der magischen Seele seit dem zweiten Jahrhundert kehrt sich das Verhältnis um. Das Verhängnis der Pseudomorphose bleibt, aber es sind jetzt Kulte des Westens, *die zu einer neuen Kirche des Ostens werden.* Aus der Summe von Einzelkulten entwickelt sich eine Gemeinschaft derer, welche an diese Gottheiten und Übungen glauben, und nach dem Vorgange des Persertums und Judentums entsteht ein neues Griechentum als magische Nation. Aus der sorgfältig festgelegten Form der Einzelhandlung bei Opfern und Mysterien wird ein Art Dogma über den Gesamtsinn dieser Akte. Die Kulte können sich gegenseitig vertreten; man übt sie nicht eigentlich aus, sondern „hängt ihnen an". Und aus *der Gottheit des Ortes* wird, ohne daß jemand sich der Schwere dieser Wandlung bewußt wäre, *die am Orte gegenwärtige Gottheit.*

So sorgfältig der Synkretismus seit Jahrzehnten durchforscht ist, so wenig hat man doch den Grundzug seiner Entwicklung, zuerst die Verwandlung östlicher Kirchen in westliche Kulte und dann mit umgekehrter Tendenz die Entstehung der Kultkirche, erkannt.[1] Aber die Religionsgeschichte der frühchristlichen Jahrhunderte ist anders gar nicht zu verstehen. Der Kampf zwischen Christus und Mithras als Kultgottheiten in Rom erhält jenseits von Antiochia die Form eines Kampfes zwischen der persischen und der christlichen Kirche. Aber der schwerste Krieg, den das Christentum zu führen hatte, nachdem es selbst der Pseudomorphose verfallen und deshalb mit dem Antlitz seiner geistigen Entwicklung nach Westen gerichtet

---

[1] Infolgedessen erscheint er als formloser Mischmasch aller denkbaren Religionen. Nichts ist weniger richtig. Die Formenbildung geht erst von West nach Ost, dann von Ost nach West.

war, galt nicht der wirklichen antiken Religion, die es kaum noch zu Gesicht bekam und deren öffentliche Stadtkulte innerlich längst erstorben und ohne jede Macht über die Gemüter waren, sondern dem Heidentum oder Griechentum *als einer neuen und kraftvollen Kirche*, die aus demselben Geist entstanden war wie es selbst. Es gab zuletzt im Osten des Imperiums nicht *eine* Kultkirche, sondern *zwei*, und wenn die eine nur aus Christusgemeinden bestand, so verehrten die Gemeinden der andern unter tausend Namen mit Bewußtsein ein und dasselbe göttliche Prinzip.

Es ist viel über antike Toleranz geredet worden. Man erkennt das Wesen einer Religion vielleicht am klarsten aus den Grenzen ihrer Toleranz und es gab auch für die alten Stadtkulte solche Grenzen. Daß sie stets in Mehrzahl vorhanden waren und ausgeübt wurden, gehört zu ihrem eigentlichen Sinn und bedurfte deshalb überhaupt keiner Duldung. Aber man setzte von jedem voraus, daß er vor der kultischen Form als solcher Achtung habe. Wer, wie manche Philosophen oder auch Anhänger fremdartiger Religionen, diese Achtung durch Wort oder Tat versagte, lernte auch das Maß antiker Duldung kennen. Etwas ganz anderes liegt den Verfolgungen magischer Kirchen untereinander zugrunde; da ist es die henotheistische Pflicht gegen den wahren Glauben, welche die Anerkennung des falschen verbietet. Antike *Kulte* hätten den Jesuskult unter sich ertragen. Die Kult*kirche* mußte die Jesuskirche angreifen. Alle großen Christenverfolgungen, denen die späteren Heidenverfolgungen genau entsprechen, sind von ihr und nicht vom „römischen" Staate ausgegangen, und sie waren nur insofern politisch, als auch die Kultkirche zugleich Nation und Vaterland war. Man wird bemerken, daß unter der Maske der Kaiserverehrung sich *zwei* religiöse Bräuche verbergen – in den antiken Städten des Westens, Rom an der Spitze, entstand der Einzelkult des *divus* als letzter Ausdruck jenes euklidischen Gefühls, wonach es einen rechtlichen und also auch sakralen Übergang vom *soma* des Bürgers zu dem eines Gottes gab; im Osten wurde daraus ein Bekenntnis zum Kaiser als dem Heiland und Gottmenschen, dem Messias aller Synkretisten, das deren Kirche durch eine höchste nationale Form zusammengefaßt hat. Das Opfer für den Kaiser ist das vornehmste *Sakrament* dieser Kirche; es entspricht durchaus der christlichen Taufe, und man versteht, was die Forderung und Verweigerung dieser Akte in den Zeiten der Verfolgung symbolisch zu bedeuten hatte. *Alle* diese Kirchen besitzen Sakramente: heilige Mahlzeiten wie den Haomatrank der Perser, das Passah der Juden, das Abendmahl der Christen, ähnliche für Attis und Mithras; die Taufriten der Mandäer, der Christen, der Isis- und Kybeleverehrer. Man könnte deshalb die einzelnen Kulte der Heidenkirche fast als Sekten und Orden bezeichnen und würde für das Verständnis ihrer scholastischen Kämpfe untereinander und die gegenseitige Proselytenmacherei damit viel gewonnen haben.

Alle echt antiken Mysterien wie die von Eleusis und die, welche von den Pythagoräern um 500 in unteritalischen Städten begründet worden waren, sind an den Ort gebunden und durch einen sinnbildlichen Vorgang bezeichnet. Innerhalb der Pseudomorphose lösen sie sich vom Orte; sie können überall, wo Eingeweihte beisammen sind, vollzogen werden und haben nun das Ziel der magischen Ekstase und eines asketischen Lebenswandels: aus den Besuchern der Mysterienstätte hat sich ein Orden entwickelt, der sie ausübt. Die Gemeinschaft der Neupythagoräer, um 50 v. Chr. gegründet und den jüdischen Essäern nahe verwandt, ist nichts weniger als eine antike Philosophenschule; sie ist ein echter Mönchsorden und zwar nicht der einzige, der innerhalb des Synkretismus die Ideale der christlichen Eremiten und islamischen Derwische vorwegnimmt. Diese Heidenkirche besitzt ihre Einsiedler, Heiligen, Propheten, Wunderbekehrungen, heiligen Schriften und Offenbarungen.[1] In der Bedeutung des Götterbildes für den Kult vollzieht sich eine sehr merkwürdige und noch kaum untersuchte Wendung. Der größte Nachfolger Plotins, Jamblich, hat endlich um 300 das gewaltige System einer orthodoxen Theologie und priesterlichen Hierarchie mit strengem Ritual für diese Heidenkirche entworfen, und sein Schüler Julian hat sein ganzes Leben daran gesetzt und zuletzt geopfert, um diese Kirche für die Ewigkeit aufzurichten.[2] Er wollte

---

[1] J. Geffcken, Der Ausgang des griech.-röm. Heidentums (1920), S. 197 ff.
[2] Ebenda, S. 131 ff.

sogar Klöster für meditierende Männer und Frauen einrichten und eine Kirchenbuße einführen. Eine mächtige Begeisterung, die sich bis zum Martyrium steigerte und weit über den Tod des Kaisers hinaus andauerte, hat diese gewaltige Arbeit unterstützt. Es gibt Inschriften, die man kaum anders übersetzen kann als: „Es ist nur ein Gott und Julian ist sein Prophet."[1] Zehn Jahre mehr und diese Kirche wäre eine geschichtliche Tatsache von Dauer geworden. Endlich hat das Christentum nicht nur ihre Macht geerbt, sondern in wichtigen Stücken auch Form und Gehalt. Es ist nicht ganz richtig, wenn man sagt, die römische Kirche habe sich den Bau des römischen Reiches angeeignet. Dieser Bau *war* schon eine Kirche. Es gab eine Zeit, wo beide sich berührten. Konstantin der Große war Urheber des Konzils von Nikäa und zugleich Pontifex maximus. Seine Söhne, eifrige Christen, haben ihn zum *divus* erhoben und ihm den vorgeschriebenen Kult gewidmet. Augustin wagte den kühnen Ausspruch, daß die wahre Religion vor dem Erscheinen des Christentums in Gestalt der antiken vorhanden gewesen sei.[2]

5

Wenn man das Judentum von Kyros bis Titus überhaupt verstehen will, muß man sich immer wieder drei Tatsachen ins Gedächtnis rufen, welche die philologisch und theologisch voreingenommene Forschung zwar kennt, aber in ihren Erwägungen nicht mitzählen läßt: die Juden sind eine „Nation ohne Land", ein *consensus*, und zwar in einer Welt *von lauter Nationen gleicher Art.* Jerusalem ist zwar ein Mekka, ein heiliger Mittelpunkt, aber weder die Heimat *noch das geistige Zentrum* des Volkes. Endlich sind die Juden nur so lange eine einzigartige Erscheinung der Weltgeschichte, als man sie von vornherein als solche behandelt.

Gewiß sind die nachexilischen Juden im Gegensatz zu den „Israeliten" vor dem Exil, was wohl zuerst Hugo Winckler erkannt

---

[1] Geffcken, S. 292, Anm 149.

[2] *Res ipsa, quae nunc religio Christiana nuncupatur, erat apud antiquos nec defecit ab initio generis humani, quousque Christus veniret in carnem. Unde vera religio, quae jam erat, coepit appellari Christiana* (Retractiones I, 13).

hat, ein Volk von ganz neuer Art, aber sie sind es nicht allein. Die aramäische Welt begann sich damals in eine ganze Anzahl solcher Völker, darunter Perser und Chaldäer,[1] zu gliedern, die alle in demselben Gebiet und trotzdem in strenger Abgeschlossenheit voneinander lebten und vielleicht schon damals die rein arabische Wohnart des Ghetto aufgebracht haben.

Die ersten Vorverkünder der neuen Seele sind *die prophetischen Religionen*, die mit einer großartigen Innerlichkeit um 700 entstanden und den urwüchsigen Gebräuchen des Volkes und seiner Herrscher entgegentraten. Auch sie sind eine allgemein aramäische Erscheinung. Je mehr ich über Amos, Jesaja, Jeremia und dann über Zarathustra nachdenke, desto verwandter erscheinen sie mir. Was sie zu trennen scheint, ist nicht ihr neuer Glaube, sondern das, was sie bekämpfen: die einen jene wilde alt-israelitische Religion, die in Wirklichkeit ein ganzes Bündel von Religionen ist[2] mit dem Glauben an heilige Steine und Bäume, mit zahllosen Ortsgöttern zu Dan, Bethel, Hebron, Sichem, Beerseba, Gilgal, einem Jahwe (oder Elohim), mit dessen Namen eine Menge ganz verschiedenartiger Numina bezeichnet wird, mit Ahnenkult und Menschenopfern, Derwischtänzen und heiliger Prostitution, untermischt mit undeutlichen Überlieferungen von Moses und Abraham und vielen Bräuchen und Sagen der spätbabylonischen Welt, die in Kanaan längst zu bäuerlichen Formen herabgesunken und erstarrt waren; der andere jenen altvedischen, sicherlich ebenso vergröberten Helden- und Wikingerglauben, der es wohl nötig hatte, durch das immer wiederholte Lob des heiligen Rindes und seiner Zucht an die Wirklichkeit erinnert zu werden. Zarathustra hat um 600, oft im Elend, verfolgt und verkannt gelebt und ist als Greis in einem Kriege gegen die Ungläubigen umgekommen,[3] ein Zeitgenosse des unglücklichen Jeremia, der von seinem Volke seiner Prophezeihungen wegen gehaßt, von seinem König gefangen gesetzt und nach der Katastrophe von den Flüchtlingen nach Ägypten mitgeschleppt und dort er-

---

[1] Auch der Chaldäername bezeichnet vor der Perserzeit eine Stammesgruppe, später eine Religionsgemeinschaft.

[2] A. Bertholet, Kulturgesch. Israels (1919), S. 253 ff.

[3] Nach W. Jackson, Zoroaster (1901).

schlagen wurde. Ich glaube nun, daß diese große Epoche noch eine dritte prophetische Religion hervorgebracht hat.

Es darf die Vermutung gewagt werden, daß auch die „chaldäische" Religion mit ihrem astronomischen Tiefblick und ihrer jeden neuen Betrachter überraschenden Innerlichkeit damals und zwar durch schöpferische Persönlichkeiten vom Range eines Jesaja aus Restgebilden der altbabylonischen Religion entstanden ist.[1] Die Chaldäer waren um 1000 wie die Israeliten eine Gruppe aramäisch redender Stämme im Süden von Sinear. Noch heute wird die Muttersprache Jesu zuweilen chaldäisch genannt. Zur Seleukidenzeit bezeichnet der Name eine verbreitete religiöse Gemeinschaft und im besonderen deren Priester. Die chaldäische Religion ist eine Astralreligion, was die babylonische – vor Hammurabi – *nicht* gewesen ist. Sie stellt die tiefsinnigste Deutung des magischen Weltraumes, die Welthöhle mit dem in ihr waltenden Kismet, dar, die es gibt, und sie ist deshalb bis in die spätesten Zustände der islamischen und jüdischen Spekulation die Grundlage geblieben. Von ihr und nicht von der babylonischen Kultur ist seit dem 7. Jahrhundert eine Astronomie als exakte Wissenschaft – nämlich *als priesterliche Beobachtungstechnik* von erstaunlichem Scharfblick – ausgebildet worden.[2] Sie hat die babylonische Mondwoche durch die Planetenwoche ersetzt. Die volkstümlichste Gestalt der alten Religion war Ischtar gewesen, die Göttin des Lebens und der Fruchtbarkeit. Jetzt ist sie ein Planet. Tammuz, der sterbende und im Frühling wieder auferstehende Vegetationsgott, wird ein Fixstern. Es meldet sich end-

---

[1] Die chaldäische Religion ist wie die talmudische ein Stiefkind der religionsgeschichtlichen Forschung. Alle Aufmerksamkeit richtet sich auf die Religion der babylonischen Kultur, als deren Ausklang sie behandelt wird. Aber diese Einschätzung schließt von vornherein jedes Verständnis aus. Das Material ist ohne grundsätzliche Absonderung in allen Werken über die assyr.-babyl. Religion zerstreut (H. Zimmern, Die Keilinschriften und das alte Testament II; Gunkel, Schöpfung und Chaos: M. Jastrow, C. Bezold usw.), wird aber andrerseits z. B. bei Bousset, Hauptprobleme der Gnosis (1907), als für sich durchforscht vorausgesetzt.

[2] Daß die chaldäische Wissenschaft den babylonischen Versuchen gegenüber etwas ganz Neues ist, hat Bezold klar erkannt: Astronomie, Himmelsschau und Astrallehre bei den Babyloniern (1911), S. 17 ff. Das Ergebnis ist von vereinzelten antiken Gelehrten nach deren Methode weiter behandelt worden, als angewandte Mathematik nämlich, wobei kein Gefühl für Fernen mitsprach.

lich das henotheistische Gefühl. Für den großen Nebukadnezar ist
Marduk der eine und wahre Gott der Barmherzigkeit und Nabu,
der alte Gott von Borsippa, sein Sohn und Sendbote zu den Menschen. Chaldäerkönige haben ein Jahrhundert hindurch (625–539)
die Welt beherrscht, aber sie waren auch die Verkünder der neuen
Religion. Sie selbst haben zu den Tempelbauten Ziegel getragen.
Von Nebukadnezar, dem Zeitgenossen des Jeremia, besitzen wir
noch das Gebet an Marduk bei seiner Thronbesteigung. An Tiefe
und Reinheit steht es neben den besten Stücken israelitischer Pro-
phetendichtung. Die chaldäischen Bußpsalmen, auch in Rhythmus
und innerem Bau den jüdischen eng verwandt, kennen die Schuld,
deren der Mensch sich nicht bewußt ist, und das Leid, das durch
reumütiges Bekennen vor dem zürnenden Gott abgewehrt werden
kann. Es ist dasselbe Vertrauen auf die Barmherzigkeit der Gottheit,
das auch in den Inschriften des Baalstempels von Palmyra einen
wahrhaft christlichen Ausdruck gefunden hat.[1]

Der Kern der prophetischen Lehre ist bereits magisch: Es gibt
einen wahren Gott als Prinzip des Guten, mag es Jahwe, Ahura
mazda oder Marduk-Baal sein; die andern Gottheiten sind ohnmächtig oder böse. An ihn knüpft sich die messianische Hoffnung,
sehr deutlich bei Jesaja, aber mit innerer Notwendigkeit in den folgenden Jahrhunderten überall durchbrechend. Es ist der magische
Grundgedanke; in ihm liegt die Annahme eines welthistorischen
Kampfes zwischen gut und böse, mit der Macht des Bösen über die
mittlere Zeit und dem Endsieg des Guten am Jüngsten Tage. Diese
Moralisierung der Weltgeschichte ist Persern, Chaldäern und Juden
gemeinsam. Aber mit ihr wird auch schon der Begriff des bodenständigen Volkes aufgelöst und die Entstehung magischer Nationen ohne
irdische Heimat und Grenze vorbereitet. Der Begriff des auserwählten Volkes taucht auf,[2] aber es ist begreiflich, daß die Menschen von

---

[1] J. Hehn, Hymnen und Gebete an Marduk (1905).
[2] Chaldäer und Perser brauchten ihn sich nicht zu beweisen; sie hatten durch
ihren Gott die Welt besiegt. Die Juden aber mußten sich an ihre Literatur klammern, die jetzt aus Mangel an einem tatsächlichen zu einem theoretischen Beweis
umgestaltet wurde. Dieser einzigartige Besitz verdankt seinen Ursprung letzten
Endes der beständig drohenden Selbstverachtung.

starker Rasse, die großen Geschlechter voran, solch allzu geistliche Gedanken innerlich ablehnten und dem Prophetentum gegenüber auf den alten kräftigen Stammesglauben verwiesen. Nach den Untersuchungen von Cumont war die Religion der persischen Könige polytheistisch und ohne das Haomasakrament, also nicht ganz diejenige Zarathustras; dasselbe gilt von den meisten israelitischen Königen und aller Wahrscheinlichkeit nach von dem letzten Chaldäer Naboned, der gerade wegen seiner Ablehnung der Mardukreligion von Kyros mit Hilfe des eignen Volkes gestürzt werden konnte. Die Beschneidung und die – chaldäische – Sabbatfeier sind als jüdische Sakramente erst Erwerbungen des Exils.

Aber das babylonische Exil hatte zwischen Juden und Persern doch einen gewaltigen Unterschied geschaffen, nicht in den letzten Wahrheiten des frommen Wachseins, aber in allen Tatsachen des wirklichen Lebens und damit auch in den tiefsten Gefühlen diesem Leben gegenüber. Es waren die Jahwegläubigen, die heimkehren *durften*, und die Anhänger Ahura mazdas, die es ihnen *erlaubten*. Von zwei kleinen Stammesgruppen, die zweihundert Jahre vorher vielleicht die gleiche Zahl von waffenfähigen Männern besaßen, hatte die eine die Welt in Besitz genommen, und während Darius im Norden die Donau überschritt, dehnte seine Macht sich im Süden über Ostarabien bis zur Insel Sokotra an der Somaliküste aus;[1] die andere war ein gänzlich bedeutungsloses Objekt fremder Politik.

Das hat die eine Religion so herrenmäßig, die andere so unterwürfig gemacht. Man lese Jeremia und dann die große Behistuninschrift des Darius – was für ein prachtvoller Stolz des Königs auf seinen siegreichen Gott! Und wie verzweifelt sind die Gründe, mit denen die israelitischen Propheten das Bild ihres Gottes in sich zu retten suchen. Hier, im Exil, wo durch die persischen Siege die Augen aller Juden sich auf die zarathustrische Lehre richteten, geht das rein jüdische Prophetentum (Amos, Hosea, Jesaja, Jeremia) in das *apokalyptische* über (Deuterojesaja, Hesekiel, Sacharja). Alle die neuen Visionen vom Menschensohn, vom Satan, den Erzengeln, den

---

[1] Glaser, Die Abessinier in Arabien und Afrika (1895), S. 124. Gl. ist überzeugt, daß man hier wichtige abess., Pehlewi- und pers. Keilinschriften finden werde.

Sieben Himmeln, dem Jüngsten Gericht sind *persische Fassungen des gemeinsamen Weltgefühls.* Jesaja 41 erscheint Kyros selbst, wie der Messias gefeiert. Hat der große Schöpfer des zweiten Jesaja seine Erleuchtung von einem Zarathustrajünger empfangen? Ist es möglich, daß die Perser selbst die innere Verwandtschaft beider Lehren empfanden und die Juden deshalb in die Heimat entließen? Gewiß ist, daß beide die volkstümlichen Vorstellungen von den letzten Dingen geteilt und den gleichen Haß gegen die Ungläubigen der altbabylonischen und antiken Religion gefühlt und ausgesprochen haben, gegen alle fremden Glaubensweisen überhaupt, nur nicht gegeneinander.

Aber man muß diese „Heimkehr" doch auch einmal von Babylon aus betrachten. Es war die große und rassekräftige Menge, die diesem Gedanken in Wirklichkeit ganz fern stand, ihn nur als Gedanken, als Traum gelten ließ, ohne Zweifel ein tüchtiger Bauern- und Handwerkerschlag mit einem in Bildung begriffenen Landadel, der ruhig in seinen Besitzungen blieb, und zwar *unter einem eigenen Fürsten*, dem Resch galuta, der seine Residenz in Nehardea hatte.[1] Die Heimziehenden sind die Wenigsten, die Hartköpfigen, die Eiferer. Es waren 40000, mit Weib und Kind. Das kann kein Zehntel, nicht einmal ein Zwanzigstel der Gesamtzahl gewesen sein. Wer diese Ansiedler und ihr Schicksal mit dem Judentum überhaupt verwechselt,[2] der vermag in den tieferen Sinn aller folgenden Ereignisse nicht einzudringen. *Die judäische Kleinwelt führte ein geistiges Sonderleben, das von der gesamten Nation geachtet, aber durchaus nicht geteilt wurde.* Im Osten blühte die apokalyptische Literatur, die Erbin der prophetischen, prachtvoll auf. Hier war eine echte Volksdichtung zu Hause, von der ein Meisterwerk, das Buch Hiob, mit seinem islamischen und gar nicht judäischen Geiste[3] übrig geblieben ist,

---

[1] Dieser „König der Verbannung" war eine angesehene und politisch maßgebende Persönlichkeit im persischen Reiche und ist erst durch den Islam beseitigt worden.

[2] Die christliche und die jüdische Theologie tun es beide. Sie unterscheiden sich nur, indem sie die israelitische Literatur, die später in Judäa mit der Richtung auf den Judaismus umgearbeitet worden ist, weiterhin in der Richtung entweder auf die Evangelien oder auf den Talmud deuten.

[3] Aber ein pharisäischer Kopf hat es später doch durch die Einfügung von Kap. 32–37 entstellt.

während viele andere Märchen und Sagen, darunter Judith, Tobit, Achikar, sich als Motive durch alle Literaturen der „arabischen" Welt verbreitet haben. In Judäa gedieh nur das Gesetz; der talmudische Geist erscheint zuerst bei Hesekiel (Kap. 40ff.) und verkörpert sich seit 450 in den Schriftgelehrten (Soferim) mit Esra an der Spitze. Von 300 v. bis 200 n. Chr. haben hier die Tannaim die Tora ausgelegt und also die Mischna entwickelt. Weder das Auftreten Jesu noch die Zerstörung des Tempels haben diese abstrakte Beschäftigung unterbrochen. Jerusalem wurde das Mekka der Strenggläubigen; als Koran wurde ein Gesetzbuch anerkannt, dem nach und nach eine ganze Urgeschichte mit chaldäisch-persischen Motiven, aber in pharisäischer Umgestaltung eingeordnet wurde.[1] Aber in diesem Kreise war kein Platz für eine weltliche Kunst, Poesie und Gelehrsamkeit. Was im Talmud an astronomischem, medizinischem und juristischem Wissen steht, ist ausschließlich mesopotamischer Herkunft.[2] Wahrscheinlich begann dort *schon im Exil* jene chaldäisch-persisch-jüdische Sektenbildung, die zu Beginn der magischen Kultur bis zur Stiftung großer Religionen fortschritt und in der Lehre Manis den Gipfel erreichte. „Das Gesetz und die Propheten" – *das ist beinahe der Unterschied von Judäa und Mesopotamien.* In der späteren persischen und jeder andern magischen Theologie sind beide Richtungen vereinigt, nur hier haben sie sich *örtlich* getrennt. Die Entscheidungen von Jerusalem wurden allenthalben anerkannt; es fragt sich aber, wie weit sie befolgt worden sind. Schon Galiläa war den Pharisäern verdächtig; in Babylonien durfte kein Rabbiner geweiht werden. Von dem großen Gamaliel, dem Lehrer des Paulus, wird gerühmt, daß seine Verordnungen von den Juden „selbst im Auslande" befolgt würden. Wie unabhängig man in Ägypten lebte, beweisen die kürzlich entdeckten Urkunden von Elefantine und Assuan.[3] Um 170 bittet Onias den König um Erlaub-

---

[1] Wenn die Annahme eines chaldäischen Prophetentums neben dem des Jesaja und Zarathustra richtig ist, so ist es diese *junge, innerlich verwandte und gleichzeitige* Astralreligion und nicht die babylonische, welcher die Genesis ihre merkwürdig tiefen Weltschöpfungssagen ebenso verdankt wie der persischen die Visionen vom Weltende.

[2] S. Funk, Die Entstehung des Talmuds (1919), S. 106.

[3] E. Sachau, Aramäische Papyros und Ostraka aus Elefantine (1911).

nis, einen Tempel „nach den Maßen des jerusalemischen" errichten zu dürfen, mit der Begründung, daß die vielen gesetzwidrig
bestehenden Tempel einen ewigen Hader unter den Gemeinden
erregten.

Es ist noch eine zweite Betrachtung nötig. Das Judentum hat sich
wie das Persertum seit der Zeit des Exils aus sehr kleinen Stammesverbänden ins Ungeheure vermehrt und zwar durch Bekehrung
und Übertritte. *Es ist die einzige Form der Eroberung, deren eine
Nation ohne Land fähig ist, und den magischen Religionen deshalb natürlich und selbstverständlich.* Im Norden drang es über den Judenstaat
Adiabene schon früh bis zum Kaukasus vor, im Süden, wahrscheinlich längs des Persischen Golfes, nach Saba; im Westen gab es in
Alexandria, Kyrene und Cypern den Ausschlag. Die Verwaltung
in Ägypten und die Politik des Partherreiches lagen zum großen
Teil in jüdischen Händen.

Aber diese Bewegung geht einzig von Mesopotamien aus. Es ist
apokalyptischer und nicht talmudischer Geist darin. In Jerusalem
erfindet das Gesetz immer neue Schranken gegen die Ungläubigen.
Es genügt nicht, daß man auf Bekehrungen verzichtet. Man darf
nicht einmal einen Heiden unter seinen Vorfahren haben. Ein Pharisäer erlaubt sich, dem allgemein beliebten König Hyrkan (135
bis 106) zuzurufen, er solle das Hohepriesteramt niederlegen, weil
seine Mutter sich einmal in der Gewalt der Ungläubigen befunden
habe.[1] Es ist dieselbe Enge, welche in der christlichen Urgemeinde
Judäas als Widerstand gegen die Heidenmission zum Vorschein
kommt. Im Osten wäre niemand auch nur auf den Gedanken gekommen, hier eine Grenze zu ziehen; es widerspricht dem ganzen
Begriff der magischen Nation. Aber daraus folgt *die geistige Überlegenheit des weiten Ostens*. Mochte das Synedrion in Jerusalem von
unbestrittener religiöser Autorität sein, politisch und damit geschichtlich ist der Resch galuta eine ganz andere Macht. Das übersieht
die christliche wie die jüdische Forschung. Soviel ich weiß, hat niemand die bedeutsame Tatsache beachtet, daß die Verfolgung durch
Antiochus Epiphanes sich überhaupt nicht gegen „das Judentum",

[1] Josephus, Antiqu., 13, 10.

sondern gegen Judäa richtete, und das führt zu einer Einsicht von noch viel größerer Tragweite.

Die Zerstörung Jerusalems traf nur einen sehr kleinen Teil der Nation und *politisch wie geistig bei weitem den unbedeutendsten*. Es ist nicht wahr, daß das jüdische Volk seitdem „in der Zerstreuung" gelebt hätte. Es lebte seit Jahrhunderten und nicht allein, sondern zugleich mit dem persischen und anderen Völkern, in einer Form, die an kein Land gebunden war. Und man mißversteht auch den Eindruck dieses Krieges auf das eigentliche Judentum, das von Judäa wie ein Zubehör betrachtet und behandelt wurde. Man empfand den Sieg der Heiden und den Untergang des Heiligtums in tiefster Seele[1] und hat in dem Kreuzzug von 115 die schwerste Rache genommen, aber das galt dem jüdischen und nicht dem judäischen Ideal. Mit dem „Zionismus" ist es damals wie früher unter Kyros und heute nur einer ganz geringen und geistig beschränkten Minderheit ernst gewesen. Hätte man das Unglück wirklich als „Verlust der Heimat" empfunden, wie wir uns das nach abendländischem Gefühl vorstellen, so wäre die Rückeroberung seit Marc Aurel hundertmal möglich gewesen. Aber sie hätte dem magischen Nationalgefühl widersprochen. Die ideale Form der Nation war die „Synagoge", der reine *consensus* wie die urkatholische „sichtbare Kirche" und wie der Islam; und gerade sie ist durch die Vernichtung von Judäa und dem hier geltenden Stammesgeist *erst ganz verwirklicht worden*.

Der Krieg Vespasians, der sich nur gegen Judäa richtete, war eine Befreiung des Judentums. Denn erstens verschwand damit der Anspruch der Bevölkerung dieses winzigen Gebietes, die eigentliche Nation zu sein, und die Gleichsetzung ihrer kahlen Geistigkeit mit dem Seelenleben des Ganzen. Die gelehrte Forschung, die Scholastik und Mystik der östlichen Hochschulen kam zu ihrem Recht. Der Oberrichter Karna hat, etwa gleichzeitig mit Ulpian und Papinian, an der Hochschule von Nehardea das erste Zivilrecht zusammengestellt.[2] Und zweitens rettete es diese Religion vor den Gefahren

---

[1] Wie etwa die katholische Kirche die Zerstörung des Vatikans empfinden würde.
[2] Vgl. Bd. II, S. 637 f.

der Pseudomorphose, denen das Christentum gleichzeitig erlag. Es hatte seit 200 v. Chr. eine halb hellenistische Judenliteratur gegeben. Der Prediger Salomo (Koheleth) enthält pyrrhonische Stimmungen. Die Weisheit Salomos, das zweite Makkabäerbuch, Theodot, der Aristeasbrief und anderes folgen; es gibt Stücke wie die Spruchsammlung Menanders, bei denen sich überhaupt nicht ermitteln läßt, ob sie griechisch oder jüdisch sein sollte. Es gab um 160 Hohepriester, die aus hellenistischem Geist die jüdische Religion bekämpften, und spätere Herrscher wie Hyrkan und Herodes, die dasselbe mit politischen Mitteln versuchten. Diese Gefahr ist mit dem Jahre 70 sofort und endgültig zu Ende.

Es gab zur Zeit Jesu in Jerusalem drei Richtungen, die man *als allgemein aramäische* betrachten darf: die Pharisäer, Sadduzäer und Essäer. Obwohl die Begriffe und Namen schwanken und die Ansichten der christlichen wie der jüdischen Forschung sehr verschieden sind, darf doch gesagt werden:

Die erste Gesinnung tritt am reinsten im Judaismus, die zweite im Chaldäertum, die dritte im Hellenismus hervor.[1] Essäisch ist die Entstehung des ordensartigen Mithraskultes im östlichen Kleinasien, pharisäisch ist in der Kultkirche das System des Porphyrios. Die Sadduzäer, obwohl sie in Jerusalem selbst als kleiner vornehmer Kreis erscheinen – Josephus vergleicht sie mit den Epikuräern –, sind allgemein aramäisch durch ihre apokalyptischen und eschatologischen Stimmungen, durch das, was in dieser Frühzeit dem Geiste Dostojewskis verwandt ist. Sie und die Pharisäer verhalten sich wie Mystik und Scholastik, wie Johannes und Paulus, wie Bundehesch und Vendidad der Perser. Die Apokalyptik ist volkstümlich und in vielen Zügen seelisches Gemeingut der ganzen aramäischen Welt. Das talmudische und awestische Pharisäertum ist exklusiv und sucht jede andre Religion so schroff als möglich abzusondern. Nicht der Glaube und die Visionen, sondern der strenge Ritus, der gelernt und eingehalten werden muß, ist ihm das Wichtigste, so daß nach seiner

---

[1] Bei Schiele, Die Religion in Geschichte und Gegenwart III, S. 812, werden die beiden letzten mit vertauschten Namen bezeichnet; das ändert aber nichts an der Erscheinung.

Ansicht der Laie aus Unkenntnis des Gesetzes gar nicht fromm sein kann.

Die Essäer erscheinen in Jerusalem als Mönchsorden wie die Neupythagoräer. Sie besaßen geheime Schriften;[1] im weiteren Sinne sind sie die Vertreter der Pseudomorphose und sie verschwinden deshalb mit dem Jahre 70 vollständig aus dem Judentum, während gerade jetzt die christliche Literatur eine rein griechische wurde, nicht zum wenigsten deshalb, weil das hellenisierte westlichste Judentum den nach Osten weichenden Judaismus verließ und allmählich im Christentum aufging.

Aber auch die Apokalyptik, eine Ausdrucksform des stadtlosen und stadtfeindlichen Menschentums, ist innerhalb der Synagoge sehr bald zu Ende, nachdem sie unter dem Eindruck der Katastrophe noch einmal eine wunderbare Blüte erlebt hatte.[2] Als es sich entschieden hatte, daß die Lehre Jesu nicht zu einer Reform des Judentums, sondern zu einer neuen Religion heranwuchs, und um 100 die tägliche Fluchformel gegen die Judenchristen eingeführt wurde, verblieb die Apokalyptik für den kurzen Rest ihres Daseins der jungen Religion.

6

Das Unvergleichliche, womit das junge Christentum sich über alle Religionen dieser reichen Frühzeit hinaushebt, ist die Gestalt Jesu. Es gibt in all den großen Schöpfungen jener Jahre nichts, was sich ihr zur Seite stellen ließe. Wer damals seine Leidensgeschichte las und hörte, wie sie sich kurz vorher begeben hatte: den letzten Zug nach Jerusalem, das letzte bange Abendmahl, die Stunde der Verzweiflung in Gethsemane und den Tod am Kreuz, dem mußten alle Legenden und heiligen Abenteuer von Mithras, Attis und Osiris flach und leer erscheinen.

Hier gibt es keine Philosophie. Seine Aussprüche, von denen manche den Gefährten noch im hohen Alter Wort für Wort im Gedächtnis hafteten, sind die eines Kindes mitten in einer fremden,

---

[1] Bousset, Religion der Juden, S. 532.
[2] Baruch, IV. Esra, die Urschrift der Offenbarung Johannis.

späten und kranken Welt. Es gibt keine sozialen Betrachtungen, keine Probleme, keine Grübelei. Wie eine stille selige Insel ruht das Leben dieser Fischer und Handwerker am See Genezareth mitten in der Zeit des großen Tiberius, fernab von aller Weltgeschichte, ohne irgendeine Ahnung von den Händeln der Wirklichkeit, während rings die hellenistischen Städte leuchten mit ihren Tempeln und Theatern, der feinen westlichen Gesellschaft und den lärmenden Zerstreuungen des Pöbels, den römischen Kohorten und der griechischen Philosophie. Als seine Freunde und Begleiter Greise geworden waren und der Bruder des Hingerichteten dem Kreise in Jerusalem vorstand, sammelte sich aus den Worten und Erzählungen, die überall in den kleinen Gemeinden im Umlauf waren, ein Lebensbild von so ergreifender Innerlichkeit, daß es eine eigene Darstellungsform hervorrief, die weder in der antiken noch in der arabischen Kultur Vorbilder hat: das Evangelium. Das Christentum ist die einzige Religion der Weltgeschichte, in welcher ein Menschenschicksal der unmittelbaren Gegenwart zum Sinnbild und Mittelpunkt der gesamten Schöpfung geworden ist.

Eine ungeheure Erregung, wie die germanische Welt sie um das Jahr 1000 kennenlernte, ging damals durch das ganze aramäische Land. Die magische Seele war erwacht. Was in den prophetischen Religionen wie eine Ahnung lag, was zur Zeit Alexanders in metaphysischen Umrissen hervortrat, das erfüllte sich jetzt. Und diese Erfüllung weckte in unnennbarer Stärke das Urgefühl der Angst. Es gehört zu den letzten Geheimnissen des Menschentums und des freibeweglichen Lebens überhaupt, daß die Geburt des Ich und der Weltangst ein und dasselbe sind. Daß sich vor einem Mikrokosmos ein Makrokosmos auftut, weit, übermächtig, ein Abgrund von fremdem lichtüberstrahlten Sein und Treiben, das läßt das kleine, einsame Selbst scheu in sich zurückweichen. Eine Angst vor dem eigenen Wachsein, wie sie Kinder zuweilen überfällt, lernt kein Erwachsener in den schwärzesten Stunden seines Lebens wieder kennen. Diese Todesangst lag auch über dem Anbruch der neuen Kultur. In dieser Morgenfrühe magischen Weltbewußtseins, das verzagt, ungewiß, dunkel über sich selbst war, fiel ein neuer Blick auf das nahe Ende der Welt. Es ist der erste Gedanke, mit dem bis jetzt jede Kultur zum Bewußtsein ihrer selbst kam. Ein Schauer von Offenbarungen, Wundern, letzten Einblicken in den Urgrund der Dinge überfiel jedes tiefere Gemüt. Man dachte, man lebte nur noch in apokalyptischen Bildern. Die Wirklichkeit wurde zum Schein. Seltsame und grauenvolle Gesichte wurden geheimnisvoll herumerzählt, aus wirren und dunklen Schriften verlesen und sofort, mit unmittelbarer innerer Gewißheit begriffen. Von einer Gemeinschaft zur andern, von Dorf zu Dorf wanderten solche Schriften, von denen sich gar nicht sagen läßt, daß sie einer einzelnen Religion angehören.[1] Sie sind persisch, chaldäisch, jüdisch gefärbt, aber sie haben alles aufgenommen, was damals in den Gemütern umging. Die kanonischen Bücher sind national, die apokalyptischen international im wörtlichen Sinne. Sie sind da, ohne daß jemand sie verfaßt zu haben scheint. Ihr Inhalt verschwimmt und lautet heute so und morgen anders. Sie sind aber auch nichts weniger als „Dichtung".[2] Sie gleichen den furchtbaren Portalgestalten an den romanischen Kathedralen Frankreichs, die ebenfalls keine „Kunst", sondern steingewordene Angst sind. Jeder kannte diese Engel und Dämonen, diese Himmel- und Höllenfahrten göttlicher Wesen, den Urmenschen oder zweiten Adam, den Gesandten Gottes, den Heiland der letzten Tage, den Menschensohn, die Ewige Stadt und das Jüngste Gericht.[3] In den fremden Städten und an den Hochsitzen des strengen persischen

---

[1] So das Naassenerbuch (P. Wendland, Hellenist.-röm. Kultur, S. 177 ff.), die „Mithrasliturgie" (hrsg. von Dieterich), der hermetische Poimandres (hrsg. von Reitzenstein), die Oden Salomons, die Apostelgeschichten des Thomas und Petrus, die Pistis Sophia usw., die ein noch viel primitiveres Schrifttum zwischen 100 v. und 200 n. Chr. voraussetzen.

[2] Ebensowenig wie Dostojewskis „Traum eines lächerlichen Menschen".

[3] Entscheidende Einblicke in diese frühmagische Vorstellungswelt verdanken wir jetzt den Handschriftenfunden von Turfan, die seit 1903 nach Berlin gekommen sind. Damit wird endlich das fälschende, durch die ägyptischen Papyrusfunde noch gesteigerte Übergewicht des westlich-hellenistischen Stoffes aus unserem Wissen und vor allem aus unseren Erwägungen beseitigt und alle bisherigen Ansichten von Grund aus verändert. Jetzt endlich kommt der echte und fast unberührte Osten zur Geltung in all den Apokalypsen, Hymnen, Liturgien, Erbauungsbüchern der Perser, Mandäer, Manichäer und zahlloser Sekten. Das Urchristentum wird damit erst wirklich in den Kreis gerückt, dem es seinen innerlichen Ursprung verdankt. (Vgl. H. Lüders, Sitz. Berl. Akad. 1914, und R. Reitzenstein: Das iranische Erlösungsmysterium, 1921).

und jüdischen Priestertums mochte man die Unterscheidungslehren begrifflich feststellen und um sie streiten, hier unten im Volk gab es fast keine Einzelreligion, sondern eine allgemeine magische Religiosität, die alle Seelen erfüllte, die sich an Einblicke und Bilder jedes denkbaren Ursprungs heftete. Der Jüngste Tag war nahe herangekommen. Man erwartete ihn. Man wußte, daß „er" jetzt erscheinen müsse, von dem in allen Offenbarungen die Rede war. Propheten standen auf. Man schloß sich zu immer neuen Gemeinden und Kreisen zusammen, in der Überzeugung, die angeborene Religion nun besser erkannt oder die wahre gefunden zu haben. In dieser Zeit ungeheuerster, von Jahr zu Jahr wachsender Spannung ist, ganz nahe der Geburt Jesu, neben zahllosen Gemeinschaften und Sekten auch die mandäische Erlösungsreligion entstanden, deren Stifter oder Ursprung wir nicht kennen. Wie es scheint, stand sie trotz ihres Hasses gegen den Judaismus von Jerusalem und ihrer Vorliebe gerade für die persischen Fassungen des Erlösungsgedankens dem volkstümlichen Glauben des syrischen Judentums sehr nahe. Aus ihren wundervollen Schriften tritt jetzt ein Stück nach dem andern zutage. Überall ist „er", der Menschensohn, der in die Tiefe gesandte Erlöser, der selbst erlöst werden muß, das Ziel der Erwartung. Im Johannesbuch spricht der Vater, im Hause der Vollendung hoch aufgerichtet, von Licht umflossen, zu seinem eingeborenen Sohn: Mein Sohn, sei mir ein Bote – gehe in die Welt der Finsternis, in der es keinen Lichtstrahl gibt –; der Sohn ruft empor: Vater der Größe, was habe ich gesündigt, daß du mich in die Tiefe gesandt hast? Und endlich: Ohne Fehler stieg ich empor und nicht war Fehl und Mangel an mir.[1]

Alle Züge der großen prophetischen Religionen und der ganze Schatz tiefster Einsichten und Gestalten, der sich seitdem in der Apokalyptik gesammelt hatte, liegen hier gemeinsam zugrunde Von

[1] Lidzbarski, Das Johannesbuch der Mandäer, Kap. 66. Ferner W. Bousset, Hauptprobleme der Gnosis (1907); Reitzenstein, Das mandäische Buch des Herrn der Größe (1919), eine mit den ältesten Evangelien etwa gleichzeitige Apokalypse. Über die Messiastexte, die Höllenfahrttexte und die Totenlieder: Lidzbarski, Mandäische Liturgien (1920) und das Totenbuch (vor allem das zweite und dritte Buch des linken Genza) bei Reitzenstein, Das iran. Erlösungsmysterium (vor allem S. 43 ff.).

antikem Denken und Fühlen ist in diese Unterwelt des Magischen
nicht ein Hauch gedrungen. Die Anfänge der neuen Religion sind
wohl für immer verschollen. *Eine* geschichtliche Gestalt des Man-
däertums aber tritt mit ergreifender Deutlichkeit hervor, tragisch
in ihrem Wollen und Untergang wie Jesus selbst: es ist Johannes der
Täufer.[1] Dem Judentum kaum noch angehörig und von einem
mächtigen Hasse – er entspricht genau dem urrussischen Hasse gegen
Petersburg – gegen den Geist von Jerusalem erfüllt, predigt er das
Ende der Welt und das Nahen des Barnasha, des Menschensohnes,
*der nicht mehr der verheißene nationale Messias der Juden, sondern der
Bringer des Weltbrandes ist.*[2] Zu ihm ging Jesus und wurde einer seiner
Jünger.[3] Er war dreißig Jahre alt, als die Erweckung über ihn kam.
Die apokalyptische und im besonderen die mandäische Gedankenwelt erfüllte von nun an sein ganzes Bewußtsein. Nur scheinhaft,
fremd und bedeutungslos lag die andere Welt der geschichtlichen
Wirklichkeit um ihn her. Daß „er" jetzt kommen und dieser so unwirklichen Wirklichkeit ein Ende machen werde, war seine große
Gewißheit, und für sie trat er wie sein Meister Johannes als Verkünder auf. Noch jetzt lassen die ältesten ins Neue Testament aufgenom-
menen Evangelien diese Zeit hindurchschimmern, in der er in seinem Bewußtsein nichts war als ein Prophet.[4]

[1] Hierzu Reitzenstein, S. 124 ff., und die dort genannte Literatur.

[2] Im Neuen Testament, das seine endgültige Fassung ganz im Gebiet westlich-
antiken Denkens erhielt, wird die mandäische Religion und die ihr zugehörige
Sekte der Johannisjünger nicht mehr verstanden, wie überhaupt alles Östliche
hier wie versunken erscheint. Es besteht aber außerdem eine fühlbare Feindseligkeit zwischen der damals weitverbreiteten Johannisgemeinde und den Urchristen
(Apostelgesch. Kap. 18–19. Vgl. Dibelius, Die urchristliche Überlieferung von
Johannes dem Täufer). Die Mandäer haben das Christentum später ebenso schroff
abgelehnt wie das Judentum; Jesus war für sie ein falscher Messias; in ihrer
Apokalypse vom Herrn der Größe wird das Erscheinen des Enosh weiterhin verkündet.

[3] Nach Reitzenstein, Das Buch vom Herrn der Größe, S. 65, ist er als Johannes-
jünger in Jerusalem verurteilt worden. Nach Lidzbarski (Mand. Lit. 1920, XVI)
und Zimmern (Ztschr. d. D. Morg. Gesellsch. 1920, S. 429) weist der Ausdruck
Jesus der Nazaräer oder Nasoräer, der später von der christlichen Gemeinde auf
Nazareth bezogen wurde (Matth. 2, 23, mit einem unechten Zitat), auf die Zugehörigkeit zu einem mandäischen Orden hin.

[4] Z. B. Mark. 6 und dazu die große Wendung Mark. 8, 27 ff. Es gibt keine
zweite Religion, aus deren Entstehungszeit Stücke von so treuherziger Bericht-
erstattung erhalten sind.

Aber es gibt einen Augenblick in seinem Leben, wo die Ahnung und dann die hohe Gewißheit über ihn kommt: Du bist es selbst. Es war ein Geheimnis, das er zuerst kaum sich selbst, dann seinen nächsten Freunden und Begleitern eingestand, die nun die selige Botschaft in aller Stille mit ihm teilten, bis sie die Wahrheit endlich durch den verhängnisvollen Zug nach Jerusalem vor aller Welt zu offenbaren wagten. Wenn irgend etwas die vollkommene Reinheit und Ehrlichkeit seiner Gedanken verbürgt, so ist es der Zweifel, ob er sich nicht doch vielleicht täusche, der ihn immer wieder ergriffen hat und von dem seine Jünger später ganz aufrichtig erzählt haben. Da kommt er in seine Heimat. Das Dorf läuft zusammen. Man erkennt den ehemaligen Zimmermann, der seine Arbeit verlassen hat, und ist entrüstet. Die Familie, seine Mutter, die zahlreichen Brüder und Schwestern schämen sich seiner und wollen ihn festnehmen. Da, als er all die bekannten Augen auf sich gerichtet fühlt, wird er verwirrt und die magische Kraft weicht von ihm (Mark. 6). In Gethsemane mischen sich Zweifel an seiner Sendung[1] mitten in die entsetzliche Angst vor dem Kommenden, und noch am Kreuz vernahm man den qualvollen Ruf, daß Gott ihn verlassen habe.

Selbst in diesen letzten Stunden lebt er ganz im Bilde seiner apokalyptischen Welt. Er hat nie eine andere wirklich um sich gesehen. Was den Römern, die unter ihm Wache standen, als Wirklichkeit galt, war ihm ein Gegenstand ratlosen Staunens, ein Trugbild, das sich unversehens in nichts auflösen konnte. Er besaß die reine und unverfälschte Seele des stadtlosen Landes. Das Leben der Städte, der Geist im städtischen Sinne waren ihm gänzlich fremd. Hat er das halbantike Jerusalem, in das er als der Menschensohn einzog, wirklich gesehen und in seinem geschichtlichen Wesen verstanden? Das ist das Ergreifende der letzten Tage, dieser Zusammenstoß von Tatsachen und Wahrheiten, von zwei Welten, die sich nie verstehen werden: daß er gar nicht wußte, was mit ihm geschah.

So ging er in der Fülle des Verkündens durch sein Land, aber dieses Land war Palästina. Er war im antiken Imperium geboren und lebte

---

[1] Ähnlich Mark. 1, 35 ff., wo er noch in der Nacht aufsteht und eine einsame Stelle aufsucht, um sich im Gebet aufzurichten.

unter den Augen des Judaismus von Jerusalem, und sobald seine Seele aus ihrem Schauen und dem Gefühl ihrer Sendung heraus um sich blickte, stieß sie auf die Wirklichkeit des römischen Staates und des Pharisäertums. Der Widerwille gegen dieses starre und eigensüchtige Ideal, den er mit dem ganzen Mandäertum und ohne Zweifel mit dem jüdischen Landvolke des weiten Ostens teilte, geht als erstes und dauerndes Merkmal durch alle seine Reden. Ihm graute vor diesem Wust verstandesmäßiger Formeln, der der einzige Weg zum Heil sein sollte. Dennoch war es nur eine andre Art von Frömmigkeit, die seiner Überzeugung mit rabbinischer Logik das Recht bestritt.

Hier stand nun das Gesetz gegen die Propheten. Als Jesus aber vor Pilatus geführt wurde, *da traten sich die Welt der Tatsachen und die der Wahrheiten unvermittelt und unversöhnlich gegenüber*, in so erschreckender Deutlichkeit und Wucht der Symbolik wie in keiner zweiten Szene der gesamten Weltgeschichte. Der Zwiespalt, der allem freibeweglichen Leben von Anfang an zugrunde liegt, schon damit, daß es *ist*, daß es Dasein *und* Wachsein ist, hat hier die höchste überhaupt denkbare Form menschlicher Tragik angenommen. In der berühmten Frage des römischen Prokurators: Was ist Wahrheit? – das einzige Wort im Neuen Testament, das Rasse hat – *liegt der ganze Sinn der Geschichte*, die Alleingeltung der Tat, der Rang des Staates, des Krieges, des Blutes, die ganze Allmacht des Erfolges und der Stolz auf ein großes Geschick. Darauf hat nicht der Mund, aber das schweigende Gefühl Jesu mit der andern, über alles Religiöse entscheidenden Frage geantwortet: *Was ist Wirklichkeit?* Für Pilatus war sie alles, für ihn selbst nichts. Anders kann echte Religiosität der Geschichte und ihren Mächten niemals gegenüberstehen, anders darf sie das tätige Leben nie einschätzen, und wenn sie es dennoch tut, so hat sie aufgehört, Religion zu sein, und ist selbst dem Geist der Geschichte verfallen.

Mein Reich ist nicht von dieser Welt – das ist das letzte Wort, von dem sich nichts abdeuten läßt und an dem jeder ermessen muß, wohin Geburt und Natur ihn gewiesen haben. Ein Dasein, das sich des Wachseins bedient, oder ein Wachsein, welches das Dasein unterwirft; Takt oder Spannung, Blut oder Geist, Geschichte oder Natur, Politik oder Religion: hier gibt es nur ein Entweder-Oder und keinen ehrlichen Vergleich. Ein Staatsmann kann tief religiös sein, ein Frommer kann für sein Vaterland fallen – aber sie müssen beide wissen, auf welcher Seite sie wirklich stehen. Der geborne Politiker verachtet die weltfremden Betrachtungsweisen des Ideologen und Ethikers mitten in seiner Tatsachenwelt – er hat recht. Für den Gläubigen sind aller Ehrgeiz und Erfolg der geschichtlichen Welt sündhaft und ohne ewigen Wert – er hat auch recht. Ein Herrscher, der die Religion in der Richtung auf politische, praktische Ziele verbessern will, ist ein Tor. Ein Sittenprediger, der Wahrheit, Gerechtigkeit, Frieden, Versöhnung in die Welt der Wirklichkeit bringen will, ist ebenfalls ein Tor. Kein Glaube hat je die Welt verändert und keine Tatsache kann je einen Glauben widerlegen. Es gibt keine Brücke zwischen der gerichteten Zeit und dem zeitlos Ewigen, zwischen dem Gang der Geschichte und dem Bestehen einer göttlichen Weltordnung, in deren Bau „Fügung" das Wort für den höchsten Fall von Kausalität ist. *Das ist der letzte Sinn jenes Augenblicks, in dem Pilatus und Jesus sich gegenüberstanden.* In der einen, der historischen Welt ließ der Römer den Galiläer ans Kreuz schlagen – das war sein Schicksal. In der andern war Rom der Verdammnis verfallen und das Kreuz die Bürgschaft der Erlösung. Das war „Gottes Wille".[1]

Religion ist Metaphysik, nichts anderes: Credo, quia absurdum. Und zwar ist erkannte, bewiesene, für bewiesen gehaltene Metaphysik bloße Philosophie oder Gelehrsamkeit. Hier ist *erlebte* Metaphysik gemeint, das Undenkbare als Gewißheit, das Übernatürliche als Ereignis, das Leben in einer nichtwirklichen, aber wahren Welt. Anders hat Jesus auch nicht einen Augenblick gelebt. Er war kein Sittenprediger. In der Sittenlehre das letzte Ziel der Religion sehen, heißt sie nicht kennen. Das ist neunzehntes Jahrhundert, „Aufklärung", humanes Philistertum. Ihm soziale Absichten zuschreiben, ist eine Lästerung. Seine gelegentlichen Sittensprüche, soweit sie ihm

---

[1] Die Betrachtungsweise dieses Buches ist historisch. Sie erkennt also die entgegengesetzte *als Tatsache* an. Dagegen muß die religiöse Betrachtung mit Notwendigkeit sich selbst *als wahr*, die andere *als falsch* erkennen. Dieser Zwiespalt läßt sich nicht überwinden.

nicht nur zugeschrieben sind, dienen lediglich der Erbauung. Sie enthalten gar keine neue Lehre. Es waren Sprichwörter darunter, wie
sie damals jeder kannte. Seine *Lehre* war einzig die Verkündigung
der letzten Dinge, deren Bilder ihn beständig erfüllten: der Anbruch
des neuen Weltalters, die Herabkunft des himmlischen Gesandten,
das letzte Gericht, ein neuer Himmel und eine neue Erde.[1] Einen
andern Begriff von Religion hat er nie gehabt, und einen andern besitzt überhaupt keine wahrhaft innerliche Zeit. *Religion ist durch und
durch Metaphysik, Jenseitigkeit*, Wachsein inmitten einer Welt, in
welcher das Zeugnis der Sinne nur den Vordergrund aufhellt; Religion ist das Leben in und mit dem Übersinnlichen, und wo die
Kraft zu solchem Wachsein, die Kraft, auch nur daran zu glauben,
fehlt, da ist die wirkliche Religion zu Ende. Mein Reich ist *nicht* von
dieser Welt – nur wer das ganze Gewicht dieser Einsicht ermißt,
kann seine tiefsten Aussprüche begreifen. Erst späte, städtische Zeiten, die solcher Einblicke nicht mehr fähig waren, haben den Rest
von Religiosität auf die Welt des äußeren Lebens bezogen und die
Religion durch humane Gefühle und Stimmungen, die Metaphysik durch Sittenpredigt und Sozialethik ersetzt. In Jesus findet man
das gerade Gegenteil. „Gebt dem Cäsar, was des Cäsars ist" – das
heißt: Fügt euch den Mächten der Tatsachenwelt, duldet, leidet
und fragt nicht, ob sie „gerecht" sind. Wichtig ist nur das Heil der
Seele. „Sehet die Lilien auf dem Felde" – das heißt: Kümmert
euch nicht um Reichtum und Armut. Sie fesseln *beide* die Seele
an die Sorgen dieser Welt. „Man muß Gott dienen oder dem Mammon" – da ist mit dem Mammon die *ganze* Wirklichkeit gemeint.
Es ist flach und feige, die Größe aus dieser Forderung fortzudeuten.

---

[1] Deshalb ist Mark. 13, aus einer noch älteren Schrift übernommen, vielleicht
das echteste Beispiel eines Gesprächs, wie er sie täglich führte. Paulus zitiert
I. Thess. 4, 15–17 ein anderes, das in den Evangelien fehlt. Dahin gehören die
unschätzbaren und von den Forschern – die sich von dem Evangelionton beherrschen lassen – mißachteten Angaben des Papias, der um 140 noch eine Menge
guter mündlicher Überlieferung sammeln konnte. Das Wenige, was von seinem
Werk erhalten ist, genügt, um den apokalyptischen Inhalt der täglichen Gesprä-
che Jesu erkennen zu lassen; Mark. 13 und nicht die „Bergpredigt" gibt den wirklichen Gesprächston. Aber als *seine* Lehre sich in die Lehre *von ihm* verwandelt
hatte, ging auch dieser Stoff aus seinen Reden in den Bericht von seiner Erscheinung hinüber. In diesem einen Punkt ist das Bild der Evangelien notwendig falsch.

Zwischen der Arbeit für den eignen Reichtum und der für die soziale Bequemlichkeit „aller" hätte er überhaupt keinen Unterschied empfunden. Wenn er vor dem Reichtum erschrak und wenn die Urgemeinde in Jerusalem, die ein strenger Orden war und kein Sozialistenklub, den Besitz verwarf, so liegt darin der größte überhaupt denkbare Gegensatz zu aller „sozialen Gesinnung": nicht weil die äußere Lage alles, sondern weil sie nichts ist, nicht aus der Alleinschätzung, sondern aus der unbedingten Verachtung des diesseitigen Behagens gehen solche Überzeugungen hervor. Aber es muß allerdings etwas da sein, dem gegenüber alles irdische Glück zu nichts versinkt. Es ist wieder der Unterschied von Tolstoi und Dostojewski. Tolstoi, der Städter und Westler, hat in Jesus nur einen Sozialethiker erblickt und wie der ganze zivilisierte Westen, der nur verteilen, nicht verzichten kann, das Urchristentum zum Range einer sozialrevolutionären Bewegung herabgezogen, und zwar aus Mangel an metaphysischer Kraft. Dostojewski, der arm war, aber in gewissen Stunden fast ein Heiliger, hat nie an soziale Verbesserungen gedacht – was wäre der Seele damit geholfen, wenn man das Eigentum abschafft?

7

Unter den Freunden und Schülern, die der furchtbare Ausgang des Zuges nach Jerusalem innerlich vernichtet hatte, verbreitete sich nach einigen Tagen die Kunde von seiner Auferstehung und Erscheinung. Was das für solche Seelen und eine solche Zeit bedeutete, können späte Menschen niemals ganz nachempfinden. Damit war die Erwartung der gesamten Apokalyptik jener magischen Frühzeit erfüllt: am Ende des gegenwärtigen Aion der Aufstieg des erlösten Erlösers, des zweiten Adam, des Saoshyant, Enosh oder Barnasha oder wie man „ihn" sonst noch vorstellen und nennen mochte, in das Lichtreich des Vaters. Damit war die verkündete Zukunft und das neue Weltalter, „das Himmelreich", unmittelbare Gegenwart geworden. Man befand sich im entscheidenden Punkt der Heilsgeschichte. Diese Gewißheit hat den Weltblick des kleinen Kreises vollkommen verändert. „Seine" Lehre, wie sie aus seiner milden und edlen Natur geflossen war, sein inneres Gefühl vom Verhältnis zwischen Mensch und Gott und dem Sinn der Zeiten überhaupt, das mit dem einen Wort Liebe erschöpfend bezeichnet war, trat zurück, und die *Lehre von ihm* trat an ihre Stelle. Als der „Auferstandene" wurde ihr Lehrer eine neue Gestalt innerhalb der Apokalyptik selbst, und zwar die wichtigste und abschließende. Aber damit war aus dem Zukunftsbilde ein Erinnerungsbild geworden. Es war etwas ganz Entscheidendes und in der gesamten magischen Gedankenwelt Unerhörtes, dies Eintreten einer selbsterlebten Wirklichkeit in den Kreis der großen Gesichte. Die Juden, darunter der junge Paulus, und die Mandäer, darunter die Jünger des Täufers, haben es leidenschaftlich bestritten. Für sie war er ein falscher Messias, von dem schon die ältesten persischen Texte gesprochen hatten.[1] Für sie sollte „er" auch fernerhin noch kommen; für die kleine Gemeinde war er eben dagewesen. Sie hatten ihn gesehen, mit ihm gelebt. Man muß sich ganz in dies Bewußtsein versetzen, um seine ungeheure Überlegenheit in einer solchen Zeit zu begreifen. Statt eines ungewissen Blickes in die Ferne ein Stück ergreifender Gegenwart, statt der wartenden Angst die befreiende Gewißheit, statt einer Sage ein miterlebtes Menschenschicksal. Es war wirklich eine „frohe Botschaft", die man verkündete.

Aber wem? Schon in den ersten Tagen erhebt sich die Frage, welche über das ganze Schicksal der neuen Offenbarung entschied. Jesus und seine Freunde waren Juden von Geburt, aber sie gehörten nicht zum judäischen Lande. Hier in Jerusalem erwartete man den Messias der alten heiligen Bücher, der allein für das jüdische Volk im ehemaligen Sinne einer Stammesgemeinschaft kommen sollte. Das ganze übrige aramäische Land aber erwartete den Erlöser *der Welt*, den Heiland und Menschensohn aller apokalyptischen Schriften, mochten sie jüdisch, persisch, chaldäisch oder mandäisch abgefaßt sein.[2] Im einen Falle waren Tod und Auferstehung Jesu nur ein

[1] Jesus selbst wußte davon: Matth. 24, 5 u. 11.
[2] Die Bezeichnung Messias (Christus) ist altjüdisch, die Bezeichnungen Herr (κύριος, divus) und Heiland (σωτήρ, Asklepios) waren ostaramäischen Ursprungs. Innerhalb der Pseudomorphose wird Christus *zum Namen* und Heiland *zum Titel* Jesu; Herr und Heiland waren aber schon vorher die Titel des hellenistischen

örtliches Ereignis, im andern bedeuteten sie eine Weltwende. Denn während überall sonst die Juden eine magische Nation ohne Heimat und Einheit der Abstammung geworden waren, hielt man in Jerusalem an der Stammesauffassung fest. Es handelte sich nicht um „Juden-" oder „Heidenmission": der Zwiespalt liegt viel tiefer. Das Wort Mission bedeutet hier durchaus zweierlei. Im Sinne des Judaismus bedurfte es eigentlich keiner Werbung; im Gegenteil, sie widersprach der Messiasidee. Die Begriffe Stamm und Mission schließen sich aus. Die Angehörigen des auserwählten Volkes und im besonderen die Priesterschaft hatten sich lediglich *zu überzeugen*, daß die Verheißung jetzt erfüllt war. Im andern Falle aber lag in der Idee der magischen, auf dem *consensus* beruhenden Nation, daß mit der Auferstehung die volle und endgültige Wahrheit und also mit dem *consensus* über sie *die Grundlage der wahren Nation* gegeben war, die sich nun ausdehnen mußte, bis sie alle älteren, der Idee nach unvollkommenen in sich aufgenommen hatte. „Ein Hirt und eine Herde" – das war die Formel für die neue *Weltnation*. Die Nation des Erlösers war mit der Menschheit identisch. Überblickt man die Vorgeschichte dieser Kultur, so ergibt sich, daß die Streitfrage des Apostelkonzils[1] schon 500 Jahre vorher durch die Tat entschieden war: das nachexilische Judentum mit einziger Ausnahme des in sich abgeschlossenen Kreises von Judäa hatte wie die Perser, die Chaldäer und alle andern im ausgedehntesten Maße unter den Ungläubigen geworben, von Turkestan bis nach Innerafrika, ohne Rücksicht auf Heimat und Abkunft. Darüber stritt man nicht. Es kam dieser Gemeinschaft gar nicht zum Bewußtsein, daß es anders sein könne. Sie selbst war ja bereits das Ergebnis *eines nationalen Daseins, das in Ausdehnung bestand*. Die altjüdischen Texte waren ein sorgfältig behüteter Schatz, und die richtige Auslegung, die Halacha, behielten sich die Rabbiner vor. Die apokalyptische Literatur bildete dazu das äußerste Gegenteil: geschrieben, um schrankenlos alle Gemüter zu wecken, war sie in der Ausdeutung jedem einzelnen anheimgestellt.

Kaiserkults geworden: darin liegt das ganze Schicksal des westlich gerichteten Christentums. (Vgl. jetzt Reitzenstein, Das iran. Erlös.-Myst., S. 132 Anm.).

[1] Apostelgesch. 15; Gal. 2.

Wie seine ältesten Freunde es auffaßten, zeigt die Tatsache, daß sie sich als die Gemeinde der Endzeit in Jerusalem festsetzten und im Tempel verkehrten. Für diese einfachen Leute, darunter seine Brüder, die ihn anfangs durchaus abgelehnt hatten, und die Mutter, die nun an den hingerichteten Sohn glaubte,[1] war die Macht der judäischen Überlieferung noch stärker als der apokalyptische Geist. Ihre Absicht, die Juden zu überzeugen, mißlang, obwohl anfangs sogar Pharisäer übertraten; sie blieben eine der vielen Sekten innerhalb des Judentums und man kann das Ergebnis, das „Bekenntnis des Petrus", wohl so ausdrücken, daß sie selbst das wahre, das Synedrion aber das falsche Judentum vertraten.[2]

Das letzte Schicksal dieses Kreises[3] ist in Vergessenheit geraten unter der Wirkung, welche die neue apokalyptische Lehre in der ganzen Welt magischen Fühlens und Denkens sehr bald hervorrief. Unter den späteren Anhängern Jesu waren viele, die wirklich rein magisch empfanden und von pharisäischem Geiste ganz frei waren. Sie haben lange vor Paulus die Missionsfrage stillschweigend für sich gelöst. Sie konnten gar nicht leben, ohne zu verkünden, und sie haben vom Tigris bis zum Tiber überall kleine Kreise gesammelt, in denen die Jesusgestalt in allen denkbaren Auffassungen mit der Masse schon vorhandener Gesichte und Lehren verschmolz.[4] Hier ergab sich ein zweiter Zwiespalt, der ebenfalls in den Worten Heiden- und Judenmission enthalten ist und der viel wichtiger wurde als jener im voraus entschiedene Streit zwischen Judäa und der Welt:

[1] Apostelgesch. 1, 14; vgl. Mark. 6.

[2] Matthäus vertritt Lukas gegenüber diese Auffassung. Es ist das einzige Evangelium, in dem das Wort Ekklesia vorkommt, und zwar sind damit die *wahren Juden* gemeint gegenüber der Masse, die den Ruf Jesu nicht hören will. Das ist nicht Mission, so wenig als Jesaja Mission getrieben hat. Gemeinde bedeutet hier einen innerjüdischen Orden. (Die Vorschriften 18, 15–20, sind mit einer allgemeinen Ausbreitung ganz unvereinbar.)

[3] Er zerfiel später selbst in Sekten, darunter die Ebioniten und Elkesaiten (mit einem seltsamen heiligen Buch, dem Elxai: Bousset, Hauptprobleme d. Gnosis, S. 154).

[4] In der Apostelgeschichte und in allen Paulusbriefen werden solche Sekten angegriffen; es gab wohl keine spätantike und aramäische Religion oder Philosophie, die nicht eine Art Jesussekte aus sich entstehen sah. Die Gefahr war sicherlich vorhanden, daß die Leidensgeschichte nicht der Kern eines neuen Glaubens, sondern ein integrierender Bestandteil aller schon vorhandenen wurde.

Jesus hatte in Galiläa gelebt. Sollte die Lehre von ihm nach West oder Ost gerichtet sein? Als Jesuskult oder als Erlöserorden? In engster Fühlung mit der persischen oder der synkretistischen Kirche, die damals beide in Bildung begriffen waren?

Darüber hat Paulus entschieden, die erste große Persönlichkeit in der neuen Bewegung, die erste, die sich nicht nur auf Wahrheiten, sondern auch auf Tatsachen verstand. Als junger Rabbiner aus dem Westen und Schüler eines der berühmtesten Tannaim hatte er die Christen als eine innerjüdische Sekte verfolgt. Nach einer Erweckung, wie sie damals oft vorkam, wandte er sich den vielen kleinen Kultgemeinden des Westens zu und schuf aus ihnen eine Kirche *seiner* Prägung. Von hier an haben sich die heidnische und die christliche Kultkirche im Gleichschritt und in engster Wechselwirkung bis zu Jamblich und Athanasius (beide um 330) entwickelt. Im Angesicht dieses großen Ziels hat er für die Jesusgemeinde in Jerusalem eine kaum verhehlte Verachtung. Es gibt im Neuen Testament nichts Peinlicheres als den Anfang des Galaterbriefes: er hat seine Tätigkeit auf eigene Faust unternommen und so gelehrt und aufgebaut, wie es ihn gut dünkte. Endlich, nach vierzehn Jahren, geht er nach Jerusalem, um die alten Gefährten Jesu durch seine geistige Überlegenheit, den Erfolg und die Tatsache seiner Unabhängigkeit von ihnen zu dem Eingeständnis zu zwingen, daß seine Schöpfung die wahre Lehre enthalte. Petrus und die Seinen, allem Tatsächlichen fremd, haben die Tragweite der Besprechung nicht erkannt: von da an war die Urgemeinde überflüssig.

Paulus war Rabbiner dem Geiste und Apokalyptiker dem Gefühl nach. Er erkannte den Judaismus an, aber *als Vorgeschichte*. Infolgedessen gab es von nun an zwei magische Religionen mit derselben heiligen Schrift, nämlich dem Alten Testament. Aber dazu gehörte eine doppelte Halacha, die eine in der Richtung auf den Talmud, durch die Tannaim zu Jerusalem seit 300 v. Chr. entwickelt, die andere durch Paulus begründet und durch die Kirchenväter vollendet, in der Richtung auf das Evangelium. Die ganze Fülle der Apokalyptik aber mit ihrer Erlöserverheißung, die damals umging,[1]

[1] Er hat sie genau gekannt. Viele seiner innerlichsten Anschauungen sind ohne

zog er in die Erlösungs*gewißheit* zusammen, so wie sie *ihm allein* vor Damaskus unmittelbar offenbart worden war. „*Jesus ist der Erlöser und Paulus ist sein Prophet*": das ist der volle Inhalt seiner Verkündigung. Die Ähnlichkeit mit Mohammed kann nicht größer sein. Weder die Art der Erweckung noch das prophetische Selbstbewußtsein noch die Folgerungen daraus für das alleinige Recht und die unbedingte Wahrheit ihrer Auslegung sind verschieden.

Mit Paulus erscheint der *Stadtmensch* und mit ihm die „Intelligenz" in diesem Kreise. Die andern, mochten sie auch Antiochia und Jerusalem kennen, haben doch das Wesen solcher Städte nie begriffen. Sie lebten erdverbunden, ländlich, ganz Seele und Gefühl. Hier erschien ein in den Großstädten antiken Stils gewachsener Geist, der nur in Städten leben konnte, der das bäuerliche Land weder begriff noch achtete. Mit Philo hätte er sich verständigen mögen, mit Petrus nicht. Er hat zuerst das Auferstehungserlebnis *als Problem gesehen*, und das selige Schauen der ländlichen Jünger verwandelte sich in seinem Kopfe in einen Streit geistiger Prinzipien. Wie war das doch anders – das Ringen in Gethsemane und die Stunde von Damaskus: ein Kind und ein Mann, Seelenangst und geistige Entscheidung, Ergebung in den Tod und Entschluß zum Wechsel der Partei. Er hatte in der neuen Judensekte zuerst eine Gefahr für die pharisäische Lehre von Jerusalem gesehen; plötzlich begriff er, daß die Nazarener „recht hatten" – ein Wort, an das man bei Jesus gar nicht denken kann; nun verteidigt er ihre Sache gegen den Judaismus und erhebt sie damit zu einer *geistigen Größe*, während sie bisher das Wissen um ein Erlebnis gewesen war. Eine geistige Größe – aber damit drängt er das Verteidigte ganz unbewußt den andern geistigen Mächten näher, die es damals gab: *den Städten des Westens*. Im Umkreis der reinen Apokalyptik gab es keinen „Geist". Die alten Gefährten konnten ihn gar nicht verstehen. Sie müssen ängstlich und

persische und mandäische Eindrücke nicht denkbar, so Röm. 7, 22–24; I. Kor. 15, 26; Ephes. 5, 6 ff. mit einem Zitat persischen Ursprungs: Reitzenstein, Das iran. Erlös.-Myst. S. 6 u. 133 ff. Aber für eine Vertrautheit mit persisch-mandäischer *Literatur* beweist das nichts. Diese Geschichten waren damals verbreitet wie die Sagen und Volksmärchen früher bei uns. Man hörte als Kind davon erzählen; sie waren das tägliche „Hörensagen". Man wußte gar nicht, wie tief man in ihrem Banne stand.

traurig auf ihn geblickt haben, als er auf sie einredete. Ihr lebendiges Jesusbild – Paulus hatte ihn ja nie gesehen – verblaßte vor diesem grellen Licht der Begriffe und Sätze. Von nun an wurde aus der heiligen Erinnerung ein Schulsystem. Aber Paulus hatte ein ganz richtiges Gefühl für die wahre Heimat seiner Gedanken. Er hat seine Missionsreisen sämtlich nach Westen gerichtet und den Osten überhaupt nicht beachtet. *Er hat das antike Staatsgebiet nie verlassen.* Warum ging er nach Rom, nach Korinth und nicht nach Edessa oder Ktesiphon? *Und warum nur in die Städte und niemals von Dorf zu Dorf?*

Paulus *allein* hat diese Entwicklung der Dinge veranlaßt. Seiner praktischen Energie gegenüber kamen die Gefühle aller andern nicht in Betracht. Damit war über die städtische und westliche Tendenz der jungen Kirche entschieden. Die letzten Heiden wurden später *pagani* genannt, die „Leute auf dem Lande". Es erhob sich eine ungeheure Gefahr, die nur durch die Jugend und urwüchsige Kraft des werdenden Christentums abgewehrt worden ist: das Fellachentum der antiken Weltstädte griff mit beiden Händen danach und die Spuren blieben deutlich zurück. Wie weit entfernt war das doch vom Wesen Jesu, der ganz mit dem Lande und seinen Menschen verbunden gelebt hatte! Er hatte die Pseudomorphose gar nicht bemerkt, in deren Mitte er geboren war, und trug auch nicht den leisesten Zug von ihr in seiner Seele, und nun, ein Menschenalter hernach, als seine Mutter vielleicht noch lebte, war das, was aus seinem Tode aufgewachsen war, schon ein Mittelpunkt für das Formwollen der Pseudomorphose geworden. Die antiken Städte waren bald der einzige Schauplatz der kultischen und dogmatischen Entwicklung. Nach Osten breitete sich die Gemeinschaft nur verstohlen aus, wie um nicht bemerkt zu werden.[1] Um das Jahr 100 gab es schon Christen jenseits des Tigris, aber sie sind samt ihren Überzeugungen für den Gang der kirchlichen Entwicklung so gut wie nicht vorhanden.

Aus der nächsten Umgebung des Paulus ist nun auch die zweite Schöpfung hervorgegangen, welche die Gestalt der neuen Kirche

---

[1] Die frühe Mission im Osten ist kaum untersucht worden und auch schwerlich noch in Einzelheiten festzustellen. Sachau, Chronik von Arbela (1915). Ders., Die Ausbreitung des Christentums in Asien, Abh. Pr. Ak. d. Wiss., (1919). A. v. Harnack, Mission und Ausbreitung des Christentums II, S. 117 ff.

wesentlich bestimmt hat. Daß es Evangelien gibt, ist, so sehr die
Persönlichkeit und Geschichte Jesu eine dichterische Gestaltung forderte, die Tat eines einzelnen, des Markus.[1] Was Paulus und Markus
vorfanden, war eine feste Tradition in den Gemeinden, *das „Evangelium"*, ein fortgesetztes Hörensagen und Weiterberichten, das
durch formlose und unbedeutende Aufzeichnungen in aramäischer
und griechischer Sprache gestützt, aber keineswegs dargestellt wurde.
Daß einmal wichtige Schriften entstehen würden, war gewiß, aber
aus dem Geist des Kreises, der mit Jesus *gelebt* hatte, und dem Geist
des Ostens überhaupt wäre eine kanonische Sammlung seiner Aussprüche, die auf den Konzilien ergänzt, abgeschlossen und mit einem
Kommentar versehen wurde, das Natürliche gewesen und dazu eine
Jesusapokalypse mit der Parusie als Mittelpunkt. Die Ansätze dazu
wurden durch das Evangelium des Markus, das um 65, gleichzeitig
mit den letzten Paulusbriefen und griechisch wie diese geschrieben
ist, gänzlich abgebrochen. Damit ist der Verfasser, der die Bedeutung seines kleinen Werkes gar nicht ahnte, eine der allerwichtigsten
Persönlichkeiten nicht nur des Christentums, sondern der arabischen
Kultur überhaupt geworden. Alle älteren Versuche verschwanden.
Nur Schriften in Evangelienform blieben als Quellen über Jesus
zurück. Das war so selbstverständlich, daß von nun an „Evangelium" aus der Bezeichnung eines Inhalts zu der einer Form wurde.
Das Werk stammt aus dem Wunsch paulinischer, literaturgewohn-
ter Kreise, die nie einen Gefährten Jesu von ihm hatten reden hören.
Es ist ein *apokalyptisches Lebensbild aus der Ferne*; das Erlebnis ist durch
Erzählung ersetzt, so schlicht und aufrichtig, daß man die apokalyptische Tendenz gar nicht bemerkt.[2] Aber sie bildet dennoch die Voraussetzung. Nicht die Worte Jesu, sondern die Lehre von ihm in

---

[1] Die Forscher, die sich viel zu gelehrtenhaft um einen Urmarkus, die Quelle Q,
die Zwölferquelle u. ä. streiten, übersehen das grundsätzlich Neue. *Markus ist das
erste „Buch" des Christentums*, etwas Planvolles und Ganzes. Dergleichen ist nie das
natürliche Ergebnis einer Entwicklung, sondern das Verdienst eines einzelnen
Mannes und es bedeutet gerade hier eine geschichtliche Wendung.

[2] Markus ist eigentlich *das* Evangelium. Nach ihm beginnen die Parteischriften
wie Lukas und Matthäus; der Ton des Berichtes geht in den der Legende über und
endet jenseits des Hebräer- und Johannesevangeliums bei Jesusromanen wie den
Evangelien des Petrus und Jakobus.

der paulinischen Fassung ist der Stoff. Das erste christliche Buch geht aus der Schöpfung des Paulus hervor, aber diese selbst ist ohne das Buch und seine Nachfolger sehr bald nicht mehr zu denken.

Denn jetzt entstand, was Paulus, ein inbrünstiger Scholastiker, nie gewollt, was er aber durch die Richtung seiner Tätigkeit unvermeidlich gemacht hatte, *die Kultkirche christlicher Nation.* Während die synkretistische Glaubensgemeinschaft in dem Maße, wie sie zum Selbstbewußtsein gelangte, die zahllosen alten Stadtkulte und die neuen magischen zusammenzog und diesem Gefüge durch einen höchsten Kult henotheistische Form gab, wurde der Jesuskult der ältesten Westgemeinden so lange zerlegt und bereichert, bis aus ihm eine ganz ähnlich gebaute Masse von Kulten entstanden war.[1] Um die Geburt Jesu, von der die Jünger nichts gewußt haben, bildete sich eine Kindheitsgeschichte. Bei Markus kommt sie noch nicht vor. Zwar sollte schon in der altpersischen Apokalyptik der Saoshyant als Heiland der letzten Tage von einer Jungfrau geboren werden; der neue westliche Mythus aber war von ganz anderer Bedeutung und hatte unermeßliche Folgen. Denn nun erhob sich im Gebiet der Pseudomorphose neben Jesus als dem Sohne und weit über ihn hinaus die Gestalt der Gottesmutter, der Mutter Gottes, ebenfalls ein schlichtes Menschenschicksal von so ergreifender Gewalt, daß es all die tausend Jungfrauen und Mütter des Synkretismus, Isis, Tanit, Kybele, Demeter und alle Mysterien von Geburt und Leiden überragte und zuletzt in sich aufnahm. Nach Irenäus ist sie die Eva einer neuen Menschheit. Origenes verficht ihre dauernde Jungfräulichkeit. Durch die Geburt des Erlösergottes hat eigentlich *sie* die Welt erlöst. Die Theotokos Maria, die Gottesgebärerin, war das große Ärgernis der Christen jenseits der antiken Grenze, und die aus dieser Vorstellung entwickelten Lehrsätze gaben zuletzt den Anlaß für Monophysiten und Nestorianer, sich abzulösen und die reine Jesusreligion wiederherzustellen. Aber als die faustische Kultur erwachte und eines großen Symbols bedurfte, um ihr Urgefühl für

---

[1] Wenn man das Wort katholisch im ältesten Sinne (Ignatius ad Smyrn. 8) anwendet: die Allgemeinde als *Summe* der Kultgemeinden, so sind *beide* Kirchen „katholisch". Im Osten hat das Wort keinen Sinn. Die Nestorianerkirche ist so wenig wie die zoroastrische eine Summe, sondern eine magische Einheit.

die unendliche Zeit, die Geschichte und die Folge der Geschlechter
sinnlich zu fassen, da hat sie *die Mater dolorosa und nicht den leidenden
Erlöser* in die Mitte des germanisch-katholischen Christentums der
Gotik gestellt, und durch ganze Jahrhunderte blühender Innerlichkeit ist diese Frauengestalt der eigentliche Inbegriff faustischen Weltgefühls und das Ziel aller Dichtung, Kunst und Frömmigkeit gewesen. Noch heute nimmt im Kult und in den Gebeten der katholischen Kirche und vor allem im Gefühl der Gläubigen Jesus den
zweiten Platz nach der Madonna ein.[1]

Neben dem Marienkult entstanden die unzähligen Kulte der Heiligen, deren Zahl die der antiken Ortsgottheiten sicherlich aufwog,
und als die heidnische Kirche zuletzt erlosch, konnte die christliche
den ganzen Schatz örtlicher Kulte unter der Form der Heiligenverehrung in sich aufnehmen.

Aber Paulus und Markus haben noch etwas anderes entschieden,
dessen Tragweite gar nicht überschätzt werden kann. Es war die
Folge *seiner* Mission, daß das Griechische die Sprache der Kirche und
ihrer heiligen Schriften, voran des ersten Evangeliums, wurde, wofür
ursprünglich nicht einmal die Wahrscheinlichkeit vorlag. Eine heilige *griechische* Literatur – man bedenke, was das alles einschloß. Die
Jesuskirche wurde von ihrem seelischen Ursprung künstlich abgetrennt und einem fremden, gelehrten angeheftet. Die Fühlung mit
dem Volkstum des aramäischen Mutterlandes ging verloren. Von
da an hatten die beiden Kultkirchen die gleiche Sprache, die gleiche
begriffliche Überlieferung, die gleichen Bücherschätze derselben
Schulen. Die viel ursprünglicheren aramäischen Literaturen des
Ostens, die eigentlich magischen, geschrieben und gedacht in der
Sprache Jesu und seiner Gefährten, waren damit von der Mitwirkung
am Leben der Kirche abgeschnitten. Man konnte sie nicht lesen, man
verfolgte sie nicht mehr, man vergaß sie endlich. Mochten auch die
heiligen Texte der persischen und jüdischen Religion awestisch und
hebräisch abgefaßt sein, so war doch die Sprache ihrer Urheber und
Erklärer, die Sprache der gesamten Apokalyptik, aus welcher die
Lehre Jesu und die Lehre von ihm herangewachsen waren, und end-

[1] Ed. Meyer, Urspr. u. Anfänge d. Christentums (1921), S. 77 ff.

lich die der Gelehrten an allen Hochschulen Mesopotamiens das Aramäische. Das alles entschwand nun aus dem Gesichtskreis und an seine Stelle traten Plato und Aristoteles, die von den Scholastikern beider Kultkirchen in gemeinsamer Arbeit und in gleichem Sinne mißverstanden wurden.

Den letzten Schritt in dieser Richtung wollte der Mann tun, welcher Paulus an organisatorischer Begabung gleich, an geistiger Gestaltungskraft weit überlegen war, der an Sinn für das Mögliche und Tatsächliche aber hinter ihm zurückstand und deshalb mit seinen großartigen Absichten gescheitert ist: Marcion.[1] Er erblickte in der Schöpfung des Paulus mit allen ihren Folgen nur die Unterlage zur Stiftung der eigentlichen Erlöserreligion. Er empfand das Sinnlose der Tatsache, daß Christentum und Judentum, die sich rücksichtslos verwarfen, dieselbe heilige Schrift, nämlich den *jüdischen* Kanon besitzen sollten. Es erscheint uns heute unfaßlich, daß es hundert Jahre lang wirklich so war. Man bedenke, was der heilige Text für jede Art magischer Religiosität bedeutet. Hierin sah er die eigentliche „Verschwörung gegen die Wahrheit" und eine dringende Gefahr für die von Jesus gewollte und nach seiner Ansicht noch nicht verwirklichte Lehre. Paulus, der Prophet, hat das Alte Testament *für erfüllt und abgeschlossen* erklärt; Marcion, der Religionsstifter, erklärt es für *überwunden und abgeschafft*. Er will alles Jüdische bis auf den letzten Rest ausschalten. Er hat sein Leben hindurch nichts bekämpft als das Judentum. Wie jeder echte Religionsstifter und jede im Religiösen schöpferische Zeit, wie Zarathustra, die israelitischen Propheten, wie die homerischen Griechen und die zum Christentum bekehrten Germanen hat er die alten Götter in verworfene Mächte verwandelt.[2] Jehovah ist als der Schöpfergott das „gerechte" *und also das böse*,[3] Jesus als Verleiblichung des Erlösergottes in dieser bö-

---

[1] Etwa 85–155, vergl. A. v. Harnack, Marcion: Das Evangelium vom fremden Gott (1921).

[2] A. v. Harnack a. a. O., S. 136 ff. N. Bonwetsch, Grundr. d. Dogmengesch. (1919), S. 45 f.

[3] Es gehört zu den tiefsten Gedanken der gesamten Religionsgeschichte und wird dem frommen Durchschnittsmenschen immer unverständlich bleiben, daß Marcion das „Gerechte" mit dem Bösen gleichsetzt und in diesem Sinne das Gesetz des Alten Testaments dem Evangelium des Neuen gegenüberstellt.

sen Schöpfung das „fremde", also das gute Prinzip. Das magische und im besonderen persische Grundgefühl ist ganz unverkennbar. Marcion stammte aus Sinope, der alten Hauptstadt des mithridatischen Reiches, dessen Religion schon durch die Namen seiner Könige bezeichnet wird. Hier war einst der Mithraskult entstanden.

Aber zu dieser neuen Lehre gehörte auch eine neue heilige Schrift. Das für die ganze Christenheit bis dahin kanonische „Gesetz und die Propheten" war *die Bibel des Judengottes*, die gerade damals vom Synedrion in Jabna endgültig zusammengestellt worden war. Die Christen hatten also ein teuflisches Buch in Händen. Marcion stellte ihr nun die Bibel des Erlösergottes entgegen und zwar in gleicher Weise aus Schriften geordnet, die bis dahin als bloße Erbauungsbücher ohne kanonisches Ansehen in den Gemeinden umliefen[1]: an die Stelle der Tora setzte er das – *eine und wahre* – Evangelium, das er aus mehreren, nach seiner Überzeugung verdorbenen und verfälschten Einzelevangelien einheitlich aufbaute, an die Stelle der israelitischen Propheten die Briefe des *einzigen Jesuspropheten* Paulus.

Damit wurde Marcion der eigentliche Schöpfer des Neuen Testaments. Aber deshalb muß nun die ihm eng verwandte Gestalt jenes rätselhaften Unbekannten genannt werden, der nicht lange vorher das Evangelium „nach Johannes" geschrieben hatte. Er wollte damit die *eigentlichen* Evangelien weder vermehren noch ersetzen, sondern er hat, anders als Markus, mit vollem Bewußtsein etwas ganz Neues geschaffen, *das erste „heilige Buch"* im christlichen Schrifttum, den Koran der neuen Religion.[2] Das Buch beweist, daß man diese Religion bereits als etwas Fertiges und Dauerndes empfand. Der Jesus ganz erfüllende und noch von Paulus und Markus geteilte Gedanke, daß das Weltende da sei, liegt hinter „Johannes" und Marcion

---

[1] Um 150, vgl. A. v. Harnack a. a. O., S. 32 ff.

[2] Über die Begriffe Koran und Logos s. unten. Es ist wieder wie bei Markus nicht die wichtigste Frage, welches seine Vorlagen gewesen sind, sondern wie der ganz neue Gedanke zu einem solchen Buch, das den Plan Marcions von einer Christenbibel vorwegnimmt und überhaupt erst möglich macht, entstehen konnte. Das Buch setzt eine große geistige Bewegung (im östlichen Kleinasien?) voraus, die von Judenchristen kaum etwas weiß und auch der paulinischen – westlerischen – Gedankenwelt fernsteht, von deren Ort und Art wir aber gar nichts wissen.

weit zurück. Die Apokalyptik ist zu Ende und die Mystik beginnt. Nicht die Lehre Jesu, auch nicht die paulinische von ihm ist der Inhalt, sondern das Geheimnis des Weltalls, der Welthöhle. Von einem Evangelium ist keine Rede; nicht die Gestalt des Erlösers, sondern das Prinzip des Logos ist Sinn und Mitte des Geschehens. Die Kindheitsgeschichte wird wieder verworfen: ein Gott wird nicht geboren; er ist da und wandelt in Menschengestalt auf Erden. Und dieser Gott ist eine Dreiheit: Gott, der Geist Gottes, das Wort Gottes. Dies heilige Buch des frühesten Christentums enthält zum erstenmal das magische Substanzproblem, das die folgenden Jahrhunderte ausschließlich beherrscht und endlich zum Zerfall der Religion in drei Kirchen geführt hat; und zwar steht es, was auf manches hindeutet, der Lösung am nächsten, die der nestorianische Osten als wahr vertreten hat. Es ist trotz oder gerade wegen des griechischen Wortes Logos das „*östlichste*" der Evangelien und dazu kommt, daß es Jesus gar nicht als Bringer der letzten und ganzen Offenbarung gelten läßt. Er ist der zweite Gesandte. Es wird *noch ein anderer* kommen (Joh. 14, 16. 26; 15, 26). Das ist die erstaunliche Lehre, die Jesus selbst verkündet, und das Entscheidende in diesem geheimnisvollen Buche. Hier enthüllt sich der Glaube des magischen Ostens. Wenn der Logos nicht geht, kann der Paraklet[1] nicht kommen (16, 7), aber zwischen beiden liegt der letzte Aion, das Reich Ahrimans (14, 30). Die von paulinischem Geist beherrschte Kirche der Pseudomorphose hat das Johannesevangelium lange bekämpft und erst anerkannt, nachdem die anstößige, dunkel angedeutete Lehre durch eine paulinische Deutung verdeckt worden war. Wie es eigentlich damit stand, lehrt die auf mündliche Tradition hinweisende Bewegung der Montanisten (um 160 in Kleinasien), die in Montanus den erschienenen Paraklet und das Weltende verkündeten. Sie fanden ungeheuren Zulauf. In Karthago bekannte sich Tertullian seit 207 zu ihnen. Um 245 hat Mani, der mit den Strömungen des östlichen Christentums sehr vertraut war,[2] in seiner großen Reli-

---

[1] Vohu mano, der Geist der Wahrheit, in Gestalt des Saoshyant.
[2] Auch Bardesanes und das System der Thomasakten stehen ihm und „Johannes" nahe.

gionsschöpfung den paulinischen, menschlichen Jesus als Dämon
verworfen und den johanneischen Logos als den wahren Jesus anerkannt, sich selbst aber als den Paraklet des Johannes bezeichnet. In
Karthago wurde Augustin Manichäer, und es will viel sagen, daß beide
Bewegungen endlich mit derjenigen Marcions verschmolzen sind.

Kehren wir zu Marcion selbst zurück, so hat er den Gedanken
des „Johannes" durchgeführt und eine Christenbibel geschaffen.
Und nun ging er, fast ein Greis, als die Gemeinden des äußersten
Westens entsetzt vor ihm zurückwichen,[1] daran, eine eigene Erlöser-
kirche von meisterhaftem Aufbau zu gründen.[2] Sie war 150 bis 190
eine Macht und erst im folgenden Jahrhundert gelang es der älteren
Kirche, die Marcioniten zum Range einer Sekte herabzudrücken,
obwohl sie noch viel später im weiten Osten bis nach Turkestan hin
eine große Bedeutung hatten und zuletzt, was für ihr Grundgefühl
sehr bezeichnend ist, mit den Manichäern verschmolzen sind.[3]

Trotzdem ist seine gewaltige Tat, bei welcher er das Beharrungs-
vermögen des Vorhandenen im Vollgefühl seiner Überlegenheit
unterschätzt hatte, nicht fruchtlos gewesen. Er war wie Paulus vor
ihm und Athanasius nach ihm ein Retter des Christentums in einem
Augenblick, wo es zu zerfallen drohte, und es tut der Größe seiner
Gedanken gewiß keinen Eintrag, daß der Zusammenschluß nicht
durch sie, sondern im Widerstand gegen sie erfolgt ist. Die früh-
katholische Kirche, das heißt *die Kirche der Pseudomorphose*, ist in
ihrer großen Form erst um 190 und zwar aus der Notwehr gegen
die Kirche Marcions entstanden, indem sie deren ganze Organisation übernahm. Aber sie hat auch die Bibel Marcions durch eine
andere von genau derselben Anlage ersetzt: Evangelien und Apostel-
briefe, die sie dann mit dem Gesetz und den Propheten zu einer Einheit verband. Und sie hat endlich, nachdem schon durch die Verbindung der beiden Testamente über die Auffassung des Judentums
entschieden war, auch Marcions dritte Schöpfung, seine Erlöserlehre,

---

[1] A. v. Harnack, S. 24. Der Bruch mit der bestehenden Kirche erfolgte 144 in
Rom.

[2] A. v. Harnack 181 ff.

[3] Sie hatten wie jede magische Religion auch eine eigene Schriftart, die der
manichäischen immer ähnlicher geworden ist.

bekämpft, indem sie mit der Ausbildung einer eigenen Theologie auf Grund *seiner* Stellung der Probleme begann.

Aber diese Entwicklung erfolgte ausschließlich auf antikem Boden, und damit war auch die gegen Marcion und seine Ausschaltung des Judaismus aufgerichtete Kirche für das talmudische Judentum, dessen geistiger Schwerpunkt jetzt ganz in Mesopotamien und an dessen Hochschulen lag, lediglich ein Stück hellenistischen Heidentums. Die Zerstörung Jerusalems war ein grenzsetzendes Ereignis, das in der Tatsachenwelt durch keine geistige Macht überwunden werden konnte. Wachsein, Religion und Sprache sind innerlich viel zu nahe verwandt, als daß die vollständige Trennung eines griechischen Sprachgebiets der Pseudomorphose und eines aramäischen der eigentlich arabischen Landschaft nicht seit dem Jahre 70 zwei Sondergebiete magischer Religionsentwicklung geschaffen hätte. Am Westrande der jungen Kultur waren die heidnische Kultkirche, die von Paulus dorthin verwiesene Jesuskirche und das griechisch redende Judentum vom Schlage Philos sprachlich und literarisch so ineinandergedrängt, daß das letzte dem Christentum noch im ersten Jahrhundert anheimfiel und dieses mit dem Griechentum eine *gemeinsame* frühe Philosophie ausbildete. Im aramäischen Sprachgebiet vom Orontes bis zum Tigris aber standen Judentum und Persertum, die jetzt beide im Talmud und Awesta eine strenge Theologie und Scholastik schufen, in enger Wechselwirkung, und beide Theologien haben seit dem 4. Jahrhundert *den stärksten Einfluß auf das der Pseudomorphose widerstrebende Christentum aramäischer Sprache* ausgeübt, bis es sich in Gestalt der nestorianischen Kirche abgelöst hat.

Hier im Osten entwickelte sich der in jedem menschlichen Wachsein angelegte Unterschied von empfindendem Verstehen und sprachlichem Verstehen – also von Auge und Buchstabe – zu rein arabischen Methoden der Mystik und Scholastik. Die apokalyptische Gewißheit, die Gnosis im Sinne des 1. Jahrhunderts, wie sie Jesus verleihen wollte,[1] das ahnende Schauen und Fühlen ist das der

---

[1] Matth. 11, 25 ff., und dazu Ed. Meyer, Urspr. u. Anf. d. Christ., S. 286 ff., wo gerade die alte und östliche, also echte Form der Gnosis beschrieben ist.

israelitischen Propheten, der Gathas, des Sufismus und sie ist noch bei Spinoza, dem polnischen Messias Baalschem[1] und bei Mirza Ali Mohammed, dem schwärmerischen Begründer der Babistensekte (in Teheran hingerichtet 1850), erkennbar. Die andere, die Paradosis, ist die eigentlich talmudische Methode der Worterklärung, wie sie Paulus vollkommen beherrschte[2] und die alle späteren Awestawerke durchdringt und ebenso die nestorianische Dialektik[3] und die ganze Theologie des Islam.

Demgegenüber ist die Pseudomorphose ein völlig einheitliches Gebiet sowohl des magischen gläubigen Hinnehmens (Pistis) als des metaphysischen Innewerdens (Gnosis).[4] Den magischen Glauben westlicher Form haben für die Christen Irenäus und vor allem Tertullian formuliert. Des letzteren berühmtes *Credo quia absurdum* ist der Inbegriff dieser Glaubensgewißheit. Das heidnische Seitenstück bieten Plotin in den Enneaden und Porphyrios besonders in der Schrift „Von der Rückkehr der Seele zu Gott".[5] Aber auch für die großen Scholastiker der Heidenkirche gibt es den Vater (Nus), Sohn und das mittlere Wesen, so wie es schon für Philo den Logos als erstgeborenen Sohn und zweiten Gott gegeben hatte. Die Lehre von der Ekstase, von den Engeln und Dämonen, von den beiden Seelensubstanzen ist ihnen allen geläufig und Plotin wie Origenes, beide Schüler desselben Lehrers, zeigen, wie die Scholastik der Pseudomorphose darin besteht, daß man die magischen Begriffe und Gedanken an der Hand platonischer und aristotelischer Texte durch planmäßiges Andersverstehen entwickelt.

Der eigentliche Kernbegriff des gesamten Denkens der Pseudomorphose ist der Logos,[6] in seiner Anwendung und Entwicklung ihr getreues Sinnbild. Von einer Einwirkung „griechischen" – antiken – Den-

---

[1] Vgl. weiter unten.
[2] Ein drastisches Beispiel Gal. 4, 24–26.
[3] Loofs, Nestoriana (1905), S. 165 ff.
[4] Die beste Entwicklung der den beiden Kirchen gemeinsamen Gedankenmasse gibt Windelband, Geschichte der Philosophie (1900), S. 177 ff., eine Darstellung der Dogmengeschichte der Christenkirche Harnack, Dogmengeschichte (1914); die genau entsprechende „Dogmengeschichte der Heidenkirche" bietet – unbewußt – Geffcken, Der Ausgang des griechisch-römischen Heidentums (1920).
[5] Geffcken, S. 69.
[6] Vgl. den nächsten Abschnitt.

kens kann gar keine Rede sein; es lebte damals kein Mensch, in dessen geistiger Anlage der Logosbegriff Heraklits und der Stoa auch nur von fern Platz gefunden hätte. Aber ebensowenig ist die magische Größe, die gemeint war und die in persischen und chaldäischen Vorstellungen als Geist oder Wort Gottes eine ebenso entscheidende Rolle spielt wie in der jüdischen Lehre als Ruach und Memra, in diesen Theologien, die in Alexandria nebeneinander saßen, zur reinen Entwicklung gekommen. Mit der Logoslehre ist eine antike Formel auf dem Wege über Philo und das Johannesevangelium, dessen unauslöschliche Wirkung auf den Westen auf scholastischem Gebiete liegt, nicht nur ein Element der christlichen Mystik, sondern zuletzt ein *Dogma* geworden.[1] Das war unvermeidlich. Dieses Dogma *beider* Kirchen entspricht als Wissensseite durchaus der Glaubensseite, welche durch die synkretistischen Kulte einerseits, die Marien- und Heiligenkulte andrerseits dargestellt wurde. Gegen beides, Dogma wie Kult, hat sich das Gefühl des Ostens seit dem 4. Jahrhundert erhoben.

Für das Auge aber wiederholt sich die Geschichte dieser Gedanken und Begriffe in der Geschichte der magischen Architektur.[2] *Die Grundform der Pseudomorphose ist die Basilika*; sie war vor den Christen schon den Juden des Westens und den hellenistischen Sekten der Chaldäer bekannt. Wie der Logos des Johannesevangeliums ein magischer Urbegriff in antiker Fassung, so ist die Basilika ein magischer Raum, dessen Innenwände den antiken Außenflächen eines Tempelkörpers gleichen, ein verinnerlichter Kultbau. Die Bauform des reinen Ostens ist der *Kuppelbau*, die *Moschee*, die ohne Zweifel lange vor den ältesten christlichen Kirchen in den Tempeln der Perser und Chaldäer, den Synagogen Mesopotamiens und vielleicht den Tempeln von Saba angelegt war. Die Ausgleichsversuche zwischen West und Ost auf den Konzilen der byzantinischen Zeit endlich werden durch die Mischform der Kuppelbasilika symbolisiert. Denn in diesem Stück kirchlicher Baugeschichte ist auch die große Wandlung zum Ausdruck gekommen, welche mit Athanasius und

[1] A. v. Harnack, Dogmengeschichte, S. 165.
[2] Bd. I, Kap. III.

Konstantin, den letzten großen Rettern des Christentums, eintrat. Der eine schuf das feste westliche Dogma und das Mönchtum, in dessen Hände die erstarrende Lehre allmählich von den Hochschulen hinüberglitt; der andere begründete den Staat der christlichen Nation, auf den der Griechenname endlich überging: die Kuppelbasilika ist das architektonische Symbol dieser Entwicklung.

II. Die magische Seele

8

Die Welt, wie sie sich vor dem magischen Wachsein ausbreitet, besitzt eine Art von Ausgedehntheit, die höhlenhaft genannt werden darf,[1] so schwer es dem Menschen des Abendlandes auch ist, im Vorrat seiner Begriffe auch nur ein Wort ausfindig zu machen, mit dem er den Sinn des magischen „Raumes" wenigstens andeuten könnte. Denn „Raum" bedeutet für das Empfinden beider Kulturen durchaus zweierlei. Die Welt als Höhle ist von der faustischen Welt als Weite mit ihrem leidenschaftlichen Tiefendrang ebenso verschieden wie von der antiken Welt als Inbegriff körperlicher Dinge. Das kopernikanische System, in dem die Erde sich verliert, muß dem arabischen Denken wahnwitzig und frivol erscheinen. Die Kirche des Abendlandes hatte vollkommen recht, wenn sie einer Vorstellung widerstrebte, die mit dem Weltgefühl Jesu unvereinbar war. Und die chaldäische *Höhlenastronomie*, die für Perser und Juden, die Menschen der Pseudomorphose und des Islam etwas ganz Natürliches und Überzeugendes hatte, wurde den wenigen echten Griechen, die sie zur Kenntnis nahmen, nur durch ein Andersverstehen der räumlichen Grundlage zugänglich.

Die mit dem Wachsein identische Spannung zwischen Makrokosmos und Mikrokosmos führt im Weltbild jeder Kultur zu weiteren Gegensätzen von symbolischer Bedeutung. Alles Empfinden oder Verstehen, alles Glauben oder Wissen eines Menschen wird durch

---

[1] Nach einem Ausdruck von L. Frobenius, Paideuma (1920), S. 92.

einen Urgegensatz gestaltet, der sie zwar zu Tätigkeiten des Einzelnen, aber zum Ausdruck der Gesamtheit macht. In der Antike kennen wir den jedes Wachsein beherrschenden Gegensatz von Stoff und Form, im Abendlande den von Kraft und Masse. Aber die Spannung verliert sich dort im Kleinen und Einzelnen und entlädt sich hier in Wirkungszügen. In der Welthöhle verharrt sie schwebend und im Hin und Her eines ungewissen Ringens und erhebt sich damit zu jenem – „semitischen" – Urdualismus, der tausendgestaltig und doch immer derselbe die magische Welt erfüllt. Das Licht durchschimmert die Höhle und wehrt sich gegen die Finsternis (Joh. 1, 5). Beides sind magische Substanzen. Oben und Unten, Himmel und Erde werden zu wesenhaften Mächten, die sich bekämpfen. Aber diese Gegensätze des ursprünglichsten Sinnesempfindens mischen sich mit denen des grübelnden und wertenden Verstehens: Gut und Böse, Gott und Satan. Der Tod ist für den Schöpfer des Johannesevangeliums wie für den strengen Moslim nicht das Ende des Lebens, sondern ein Etwas, eine Kraft neben ihm, und beide streiten um den Besitz des Menschen.

Aber wichtiger als das alles erscheint der Gegensatz von *Geist und Seele* – hebräisch *ruach* und *nephesch*, persisch *ahu* und *urvan*, mandäisch *monuhmed* und *gyan*, griechisch *pneuma* und *psyche* –, der zuerst im Grundgefühl der prophetischen Religionen auftaucht, dann die gesamte Apokalyptik durchsetzt und endlich alle Weltanschauungen der erwachten Kultur bildet und leitet: bei Philo, Paulus und Plotin, bei Gnostikern und Mandäern, bei Augustin und im Awesta, im Islam und in der Kabbala. *Ruach* bedeutet ursprünglich den Wind, *nephesch* den Atem.[1] Die *nephesch* ist immer irgendwie dem Leibe und Irdischen verwandt, dem Unten, dem Bösen, der Finsternis. Ihr Streben ist das „Hinauf". Die *ruach* gehört zum Göttlichen, zum Oben und zum Lichte. Sie bewirkt im Men-

---

[1] Auch die Seelensteine auf den jüdischen, sabäischen und islamischen Gräbern heißen *nephesch*. Sie sind unverkennbar Sinnbilder des „Hinauf". Zu ihnen gehören die ungeheuren Stockwerkstelen in Axum aus dem 1.–3. Jahrh. n. Chr., also der großen Zeit magischer Frühreligionen. Die längst umgestürzte Riesenstele ist der größte Einzelstein, den die Kunstgeschichte überhaupt kennt, größer als alle ägyptischen Obelisken. (Deutsche Aksum-Expedition Bd. 2, S. 28 ff.)

schen, indem sie sich herabsenkt, das Heldentum (Simson), den heiligen Zorn (Elias), die Erleuchtung des Richters, der ein Urteil fällt (Salomo),[1] und alle Arten von Weissagung und Ekstase. Sie wird ausgegossen.[2] Seit Jes. 11, 2 ist Messias die Verkörperung der *ruach*. Nach Philo und der islamischen Theologie zerfallen die Menschen von Geburt in Psychiker und Pneumatiker (die „Auser-wählten" – ein echter Begriff der Welthöhle und des Kismet). Alle Söhne Jakobs sind Pneumatiker. Für Paulus (I. Kor. 15) liegt der Sinn der Auferstehung in dem Gegensatz von einem psychischen und einem pneumatischen Leibe, der sich bei ihm, Philo und in der Baruchapokalypse mit dem Gegensatz von Himmel und Erde, von Licht und Dunkelheit deckt.[3] Der Heiland ist für ihn das himmlische Pneuma.[4] Im Johannesevangelium verschmilzt er als Logos mit dem Lichte; im Neuplatonismus tritt er als Nus oder das All-Eine nach antikem Begriffsgebrauch in Gegensatz zur Physis.[5] Paulus und Philo haben nach „antiker", also westlicher Begriffsteilung Geist und Fleisch mit Gut und Böse gleichgesetzt, Augustin als Manichäer[6] setzt beides mit persisch-östlicher Begriffsverteilung, als von Natur böse, Gott als dem allein Guten entgegen und begründet darauf seine Lehre von der Gnade, die sich in gleicher Gestalt ganz unabhängig von ihm auch im Islam entwickelt hat.

Aber die Seelen in der Tiefe sind etwas Vereinzeltes; das Pneuma ist eins und immer dasselbe. Der Mensch *besitzt* eine Seele, aber am Geiste des Lichts und des Guten *nimmt er nur teil*; das Göttliche läßt sich in ihn herab, es verbindet so alle Einzelnen dort unten mit dem Einen in der Höhe. Dieses Urgefühl, welches das gesamte Glauben und Meinen aller magischen Menschen beherrscht, ist etwas ganz Einziges und trennt nicht nur ihre Weltanschauung, sondern auch jede Art magischer Religiosität im Kern ihres Wesens von jeder

---

[1] Hierauf beruht Idee und Praxis des magischen Rechts, vgl. Bd. II, S. 641f.

[2] Jes. 32, 15; IV. Esra 14, 39; Apostel-Gesch. 2.

[3] Reitzenstein, Das iran. Erlösungsmysterium, S. 108 f.

[4] Bousset, Kyrios Christos, S. 142.

[5] Windelband, Gesch. d. Phil., (1900), S. 189 ff.; Windelband-Bonhöffer, Gesch. d. antiken Phil. (1912), S. 328 f.; Geffcken, Der Ausgang des griech.-röm. Heiden-tums (1920), S. 51 f.

[6] Jodl, Geschichte der Ethik I, S. 58.

andern. Diese Kultur war, wie gezeigt worden ist, ganz eigentlich die der Mitte. Sie hätte von den meisten andern deren Formen und Gedanken entlehnen können; aber daß sie das nicht tat, daß sie trotz allen Aufdrängens und Sichanbietens in diesem Grade Herrin ihrer eigenen inneren Form geblieben ist, beweist die unüberbrückbare Tiefe des Unterschieds. Aus den Schätzen der babylonischen und ägyptischen Religion hat sie kaum einige Namen zugelassen; die antike und indische Kultur oder vielmehr deren zivilisiertes Erbe: Hellenismus und Buddhismus haben ihren Ausdruck verwirrt bis zur Pseudomorphose, aber ihr Wesen nicht einmal berührt. Alle Religionen der magischen Kultur von den Schöpfungen des Jesaja und Zarathustra bis zum Islam bilden eine vollkommene innere Einheit des Weltgefühls, und so wenig im Awestaglauben auch nur ein brahmanischer Zug, im Urchristentum auch nur eine Spur antiken Gefühls zu finden ist, sondern nur Namen, Bilder und äußere Formen, so wenig hat das germanisch-katholische Christentum des Abendlandes auch nur einen Hauch vom Weltgefühl jener Jesusreligion herübernehmen können, als es deren ganzen Bestand an Sätzen und Bräuchen übernahm.

Während der faustische Mensch *ein Ich* ist, eine auf sich selbst verwiesene Macht, die in letzter Instanz über das Unendliche entscheidet, während der apollinische Mensch als ein *soma* unter vielen nur für sich selbst einsteht, ist der magische Mensch mit seinem geistigen Sein nur *Bestandteil eines pneumatischen Wir*, das von oben sich herabsenkend in allen Zugehörigen ein und dasselbe ist. Als Leib und Seele gehört er sich allein; aber etwas anderes, Fremdes und Höheres weilt in ihm und deshalb fühlt er sich mit all seinen Einsichten und Überzeugungen nur als Glied eines *consensus*, der als Ausfluß des Göttlichen den Irrtum, aber auch jede Möglichkeit eines wertsetzenden Ich ausschließt. Wahrheit ist für ihn etwas anderes als für uns. Alle unsre auf *eigenem Einzelurteil* beruhenden Erkenntnismethoden sind für ihn Wahnwitz und Verblendung, und ihre wissenschaftlichen Ergebnisse ein Werk des Bösen, der den Geist verwirrt und über seine Anlagen und Ziele getäuscht hat. Hier liegt das letzte, uns ganz unfaßbare Geheimnis des magischen

Denkens in seiner höhlenhaften Welt: die Unmöglichkeit eines denkenden, glaubenden, wissenden Ich ist die Voraussetzung aller Grundvorstellungen aller dieser Religionen. Während der antike Mensch seinen Göttern gegenübersteht wie ein Körper dem andern, während das faustische, wollende Ich in seiner weiten Welt das allmächtige Ich der ebenfalls faustischen und wollenden Gottheit überall wirken fühlt, ist die magische Gottheit jene ungewisse, rätselhafte Kraft der Höhe, die nach Gutdünken zürnt oder Gnade spendet, sich in das Dunkel herabläßt oder die Seele in das Licht hinaufhebt. An einen eigenen Willen auch nur zu denken, ist sinnlos, denn „Wille" und „Gedanke" im Menschen sind schon Wirkungen der Gottheit auf ihn. Aus diesem unerschütterlichen Urgefühl, das sich durch alle Bekehrungen, Erleuchtungen und Grübeleien nur in seinem Ausdruck, nicht in seiner Art verändern läßt, ist mit Notwendigkeit die Idee des göttlichen Mittlers entsprungen, dessen, der diese Lage aus einer Qual in eine Seligkeit verwandelt, eine Idee, die alle magischen Religionen zusammenfaßt und sie von den Religionen aller andern Kulturen trennt.

Die Logosidee im weitesten Sinne ist, abgezogen aus dem magischen Lichtempfinden der Höhle, dessen genaues Seitenstück im magischen Denken. Sie bedeutet, daß von der unerreichbaren Gottheit sich ihr Geist, ihr „Wort" als Träger des Lichts und Bringer des Guten löst und in Beziehung zum menschlichen Wesen tritt, um es emporzuheben, zu erfüllen, zu erlösen. Dies Unterschiedensein dreier Substanzen, das ihrem Einssein im religiösen Denken nicht widerspricht, ist bereits den prophetischen Religionen bekannt. Ahura mazdas lichtschimmernde Seele ist das Wort (Jascht 13, 31) und sein heiliger Geist *(spenta mainyu)* unterredet sich in einem der ältesten Gathas mit dem bösen Geiste *(angra mainyu,* Jasna 45, 2). Die gleiche Vorstellung durchzieht das ganze altjüdische Schrifttum. Wie der Gedanke bei den Chaldäern in der Trennung von Gott und seinem Wort und in der Gegenüberstellung von Marduk und Nabu ausgebildet ist und dann in der gesamten aramäischen Apokalyptik mit Macht hervorbricht, so ist er dauernd wach und schöpferisch geblieben, ist über Philo und Johannes, Marcion und Mani

in die talmudischen Lehren und von da in die kabbalistischen Bücher
Jezirah und Sohar, in die Konzile und die Schriften der Kirchenväter, in das spätere Awesta und endlich in den Islam eingegangen,
wo Mohammed allmählich zum Logos geworden ist und als der
mystisch gegenwärtige, *lebende* Mohammed der Volksreligion mit
der Christusgestalt verschmilzt.[1] Diese Vorstellung ist dem magischen Menschen so selbstverständlich, daß sie sogar die streng monotheistische Fassung des ursprünglichen Islam durchbrochen hat und
neben Allah als das Wort Gottes (*kalimah*), der heilige Geist (*ruh*)
und das „Licht Mohammeds" erscheint.

Denn für die Volksreligion ist das erste aus der Weltschöpfung
hervorgegangene Licht dasjenige Mohammeds, in Gestalt eines
Pfaus,[2] „aus weißer Perle" erschaffen und von Schleiern umwallt.
Aber der Pfau ist schon bei den Mandäern der Gesandte Gottes und
die Urseele[3] und auf altchristlichen Sarkophagen das Sinnbild der
Unsterblichkeit. Die lichtspendende Perle, die das dunkle Haus des
Leibes erhellt, ist der in den Menschen eingegangene Geist, als Sub-
stanz gedacht, bei den Mandäern wie in der Apostelgeschichte des
Thomas.[4] Die Jezidi[5] verehren den Logos als Pfau und Licht; sie
haben die altpersische Fassung der substanziellen Dreiheit nächst den
Drusen am reinsten bewahrt.

So kehrt der Logosgedanke immer wieder in das Lichtempfinden
zurück, aus dem er durch das magische Verstehen abgezogen worden war. *Die Welt des magischen Menschen ist von einer Märchenstim-
mung erfüllt.*[6] Teufel und böse Geister bedrohen den Menschen,

---

[1] M. Horten, Die religiöse Gedankenwelt des Volkes im heutigen Islam (1917),
S. 381 ff. Von den Schiiten ist der Logosgedanke auf Ali übertragen worden.

[2] Wolff, Muhammedanische Eschatologie 3, 2 ff.

[3] Johannesbuch der Mandäer, Kap. 75.

[4] Usener, Vortr. u. Aufs., S. 217.

[5] Die „Teufelsanbeter" in Armenien: M. Horten, Der neue Orient (1918),
März. Der Name entstand, weil sie den Satan nicht als Wesen anerkannten und
deshalb das Böse durch sehr verwickelte Vorstellungen vom Logos selbst ausgehen
ließen. Dasselbe Problem hat unter dem Eindruck sehr alter persischer Lehren
auch die Juden beschäftigt; man beachte den Unterschied von II. Sam. 24, 1 und
I. Chron. 21, 1.

[6] M. Horten a. a. O. XXI. Das Buch ist die beste Einführung in die wirklich
bestehende Volksreligion des Islam, die von der offiziellen Lehre beträchtlich ab-
weicht.

Engel und Feen schützen ihn. Es gibt Amulette und Talismane, geheimnisvolle Länder, Städte, Gebäude und Wesen, geheime Schriftzeichen, das Siegel Salomos und den Stein der Weisen. Und über alles ergießt sich schimmernd das höhlenhafte Licht, das immer davon bedroht ist, durch eine gespenstische Nacht verschlungen zu werden. Wem diese Bilderpracht wunderlich erscheinen will, der bedenke, daß Jesus in ihr lebte und daß seine Lehren nur aus ihr zu verstehen sind. Die Apokalyptik ist nur eine zu höchster tragischer Gewalt gesteigerte Märchenvision. Schon im Buche Henoch erscheinen der Kristallpalast Gottes, die Edelsteinberge und das Gefängnis der abtrünnigen Sterne. Märchenhaft ist die ganze erschütternde Vorstellungswelt der Mandäer und später die der Gnostiker, der Manichäer, das System des Origenes und die Bilder des persischen Bundehesch; und als die Zeit der großen Visionen vorüber war, gingen diese Vorstellungen in eine Legendendichtung und zahllose religiöse Romane über, von denen wir die christlichen Werke der Kindheitsevangelien Jesu, der Thomasakten und der gegen Paulus gerichteten Pseudo-Clementinen kennen. Es gibt eine Geschichte der von Abraham geprägten 30 Silberlinge des Judas und ein Märchen von der „Schatzhöhle", in der tief unter dem Hügel von Golgatha der Goldschatz des Paradieses und die Gebeine Adams ruhen.[1] Was Dante dichtete, war eben Dichtung; dies alles aber war Wirklichkeit und die einzige Welt, in der man beständig lebte. Ein solches Empfinden liegt Menschen, die mit und in einem dynamischen Weltbilde leben, unerreichbar fern. Wenn man ahnen will, wie fremd das Innenleben Jesu uns allen ist – eine schmerzliche Einsicht für den Christen des Abendlandes, der seine Frömmigkeit gern auch innerlich an ihn anknüpfen möchte – und wie es heute eigentlich nur von einem frommen Moslim nacherlebt werden kann, so versenke man sich in diese Märchenzüge eines Weltbildes, das auch das seinige war. Dann erst wird man erkennen, wie wenig das faustische Christentum aus dem Reichtum der pseudomorphosen Kirche herübergenommen hat, nämlich nichts vom Weltgefühl, wenig von der inneren Form und viel an Begriffen und Gestalten.

[1] Baumstark, Die christl. Literaturen d. Orients I, S. 64.

9

Aus dem Wo folgt das Wann der magischen Seele. Es ist wieder nicht das apollinische Haften an der punktförmigen Gegenwart und ebensowenig das faustische Treiben und Drängen nach einem unendlich fernen Ziel. Hier hat das Dasein einen andern Takt und daraus folgt für das Wachsein ein anderer Sinn der Zeit als Gegenbegriff zum magischen Raume. Das erste, was der Mensch dieser Kultur vom ärmsten Sklaven und Lastträger bis zum Propheten und Kalifen als Kismet über sich fühlt, ist nicht die grenzenlose Flucht der Zeiten, die den verlorenen Augenblick nie wiederkehren läßt, sondern ein Anfang und ein Ende „dieser Tage", die unverrückbar gesetzt sind und zwischen denen das menschliche Dasein eine von allem Ursprung an bestimmte Stelle einnimmt. Nicht nur der Weltraum, auch die Weltzeit ist höhlenhaft, und daraus folgt eine innerliche, echt magische Gewißheit: *daß alles „eine Zeit" hat,* von der Herabkunft des Erlösers an, deren Stunde in alten Texten geschrieben stand, bis zu den kleinsten Verrichtungen des Alltags, bei denen die faustische Eile sinnlos und unverständlich wird. Darauf beruht auch die frühmagische, im besonderen chaldäische Astrologie. Auch sie setzt voraus, daß alles in den Sternen geschrieben steht und daß der wissenschaftlich berechenbare Gang der Planeten auf den Gang der irdischen Dinge schließen lasse.[1] Das antike Orakel antwortete auf die einzige Frage, die apollinische Menschen ängstigen konnte: nach der Gestalt, dem Wie der kommenden Dinge. Die Höhlenfrage ist das Wann. Die ganze Apokalyptik, das Seelenleben Jesu, seine Angst in Gethsemane und die große Bewegung, die von seinem Tode ausgeht, werden unverständlich, wenn man diese Urfrage magischen Daseins und ihre Voraussetzungen nicht begreift.

[1] Vgl. Bd. II, S. 806. Die babylonische Himmelsschau hat zwischen astronomischen und atmosphärischen Elementen nicht deutlich unterschieden und z. B. die Bedeckung des Mondes durch Wolken ebenfalls als „Finsternis" behandelt. Ihren Wahrsagungen diente das jeweilige Himmels*bild nur als Anhalt,* wie andererseits die Leber des Opfertieres. Aber die Chaldäer wollten den *wirklichen* Gang der Gestirne vorausberechnen. Hier setzt die Astrologie also eine echte Astronomie voraus.

Es ist ein untrügliches Kennzeichen für das Schwinden der antiken Seele, daß die Astrologie nach Westen vordringend Schritt für Schritt die Orakel verdrängt. Niemand verrät den Zwischenzustand klarer als Tacitus, dessen verwirrte Weltanschauung seine Geschichtsschreibung ganz und gar beherrscht: Tacitus führt einerseits, als echter Römer, die Macht der alten Stadtgottheiten ein; daneben hat er, als intelligenter Weltstädter, eben diesen Glauben an die Einwirkung der Götter als Aberglauben bezeichnet, endlich aber als Stoiker – und die Stoa war damals eine *magische* Geistesverfassung – von den sieben Planeten gesprochen, die das Los der Sterblichen regieren. So kommt es, daß in den folgenden Jahrhunderten die schicksalhafte Zeit selbst, nämlich die Höhlenzeit, als beiderseitig begrenztes und deshalb dem inneren Auge erfaßbares Etwas in der persischen Mystik als Zrvan über das Licht der Gottheit gestellt wird und den Weltkampf zwischen Gut und Böse regiert. Der Zrvanismus ist 438 bis 475 in Persien Staatsreligion gewesen.

Auf dem Glauben, daß alles in den Sternen geschrieben stehe, beruht es auch im letzten Grunde, wenn die arabische Kultur die der Ären geworden ist, das heißt der Zeitrechnungen von einem Ereignis an, das man als ganz besondere Schickung empfand. Die erste und wichtigste ist die allgemein aramäische, die um 300 mit dem Anwachsen der apokalyptischen Spannung als „Seleukidenära" entstand. Auf sie sind viele andere gefolgt, darunter die sabäische um 115 v. Chr., deren Ausgangspunkt wir nicht näher kennen; die diokletianische; die jüdische Weltschöpfungsära, die 346 n. Chr. vom Synedrion eingeführt wurde[1]; die persische vom Regierungsantritt des letzten Sassaniden Jezdegerd (632) und die der Hedschra, welche in Syrien und Mesopotamien die seleukidische erst abgelöst hat. Was außerhalb dieser Landschaft entstand, ist lediglich praktische Nachahmung, wie die varronische Zählung *ab urbe condita*, die der Marcioniten vom Bruch ihres Meisters mit der Kirche (144) und auch die christliche von der Geburt Jesu an (bald nach 500).

---

[1] B. Cohn, Die Anfangsepoche des jüd. Kalenders, Sitz. Pr. Akad., (1914). Aus einer totalen Sonnenfinsternis wurde damals, natürlich mit Hilfe der chaldäischen Astronomie, das Datum des ersten Schöpfungstages berechnet.

Weltgeschichte ist das Bild der lebendigen Welt, in das der Mensch sich durch seine Geburt, durch Vorfahren und Nachkommen hineinverwebt sieht und das er aus seinem Weltgefühl heraus zu begreifen sucht. Das Geschichtsbild des antiken Menschen drängt sich um das rein Gegenwärtige zusammen. Es enthält ein Sein, kein eigentliches Werden, und als abschließenden Hintergrund den zeitlosen Mythos, rationalisiert als goldenes Zeitalter. Dieses Sein aber war ein buntes Gewimmel von Aufstieg, Niedergang, Glück und Unglück, ein blindes Ungefähr, eine ewige Veränderung, aber in allem Wechsel doch immer dasselbe, ohne Richtung, ohne Ziel, ohne „Zeit". Das Höhlengefühl fordert eine übersehbare Geschichte mit Weltanfang und Weltende, *die zugleich Anfang und Ende der Menschheit sind*, als den Akten einer zaubergewaltigen Gottheit und dazwischen, in die Grenzen der Höhle gebannt und von vorbestimmter Dauer, das Ringen des Lichtes mit der Finsternis, der Engel und Jazatas mit Ahriman, Satan, Iblis, in das der Mensch mit Geist und Seele verwickelt ist. Die gegenwärtige Höhle kann von Gott zertrümmert und durch eine neue Schöpfung ersetzt werden. Die persisch-chaldäischen Vorstellungen und die Apokalyptik gewährten den Blick über eine Reihe solcher Aionen, und Jesus wie seine ganze Zeit erwartete das Ende des bestehenden.[1] Daraus ergibt sich ein historischer Blick über die gegebene Zeit, wie er heute noch dem Menschen des Islam durchaus natürlich ist. „Die Weltanschauung des Volkes zerfällt naturgemäß in die großen Teile: Weltentstehung, Weltentwicklung, Weltuntergang. Für den so tief ethisch empfindenden Moslim ist in der Weltentwicklung das Wesentlichste die Heilsgeschichte und der ethische Lebensweg, die als ‚Menschenleben' zusammengefaßt werden. Dasselbe mündet in den Weltuntergang, der die Sanktion der sittlichen Menschheitsgeschichte enthält."[2]

Für das magische Menschendasein aber ergibt sich aus dem Gefühl von *dieser* Zeit und dem Erblicken *dieses* Raumes eine ganz

---

[1] Die persische Gesamtzeit ist 12000 Jahre. Für die heutigen Parsen ist 1920 das 11550. Jahr.

[2] M. Horten, Die religiöse Gedankenwelt des Volkes im heutigen Islam, S. XXVI.

einzige Art von Frömmigkeit, die ebenfalls höhlenhaft genannt werden darf, eine *willenlose* Ergebung, die das geistige Ich überhaupt nicht kennt und das geistige Wir, das in den beseelten Leib eingegangen ist, als bloßen Widerschein des göttlichen Lichtes empfindet. Das arabische Wort hierfür ist „*islam*", Ergebung, aber „*islam*" war auch die beständige Fühlweise Jesu und die jeder andern Persönlichkeit von religiösem Genie, die in dieser Kultur hervorgetreten ist. Antike Frömmigkeit ist etwas ganz anderes,[1] und wenn man aus der Frömmigkeit der heiligen Teresia, Luthers oder Pascals das Ich fortdenken wollte, das sich gegen das Göttlich-Unendliche behaupten, sich vor ihm beugen oder in ihm erlöschen *will*, so wird nichts übrig bleiben. Das faustische Ursakrament der Buße setzt ein starkes und freies Wollen voraus, das sich selbst überwindet. Aber „islam" ist gerade *die Unmöglichkeit eines Ich als einer freien Macht* dem Göttlichen gegenüber. Jeder Versuch, der Wirkung Gottes mit einer eigenen Absicht oder auch nur Ansicht entgegenzutreten, ist „*masija*", das heißt nicht ein böses Wollen, sondern der Beweis, daß die Mächte der Finsternis und des Bösen Besitz von einem Menschen ergriffen und das Göttliche daraus verdrängt haben. Das magische Wachsein ist der bloße *Schauplatz* eines Kampfes zwischen beiden Mächten und nicht etwa eine Macht für sich. In dieser Art von Weltgeschehen gibt es auch keine einzelnen Ursachen und Wirkungen mehr und vor allem keine das All durchherrschende – dynamische – Kausalverkettung, mithin auch keine *notwendige* Verknüpfung von Schuld und Strafe, keinen *Anspruch* auf Lohn, keine altisraelitische „Gerechtigkeit". Dergleichen sieht die echte Frömmigkeit dieser Kultur tief unter sich. Die Naturgesetze sind nichts für immer Gegebenes, das Gott nur durch ein Wunder aufheben kann, sondern gewissermaßen der Gewohnheitszustand des selbstherrlichen göttlichen Wirkens und ohne innere – logische, faustische – Notwendigkeit. Es gibt in der ganzen Welthöhle nur *eine* Ursache, die allen sichtbaren Wirkungen *unmittelbar* zugrunde

---

[1] Es ist eine große Lücke in unserer Forschung, daß wir eine Reihe von Werken über die antike Religion und besonders ihre Götter und Kulte besitzen, aber keines über antike Religiosität und ihre Geschichte.

liegt, die Gottheit, die selbst keine Gründe für ihre Handlungen
mehr hat. Über solche Gründe auch nur nachzudenken, ist Sünde.

Aus diesem Grundgefühl ergibt sich die rein magische Idee der
Gnade. Sie liegt allen Sakramenten dieser Kultur, vor allem dem
magischen Ursakrament der Taufe zugrunde und bildet den innerlichsten Gegensatz zur Buße im faustischen Sinne. Die Buße setzt
den Willen eines Ich voraus, die Gnade kennt ihn gar nicht. Es war
ein großes Verdienst Augustins, diesen vollkommen islamischen
Gedanken mit unerbittlicher Logik entwickelt zu haben – so eindringlich, daß die faustische Seele seit Pelagius auf jedem Wege
versucht hat, diese für sie an Selbstvernichtung streifende Gewißheit
zu umgehen, und den Ausdruck ihres eigenen Gottbewußtseins
jedesmal in einem tiefen und innigen Mißverstehen augustinischer
Sätze fand. In Wirklichkeit ist Augustin der letzte große Denker
der früharabischen Scholastik und nichts weniger als ein abendländischer Geist.[1] Er war nicht nur zeitweise Manichäer, sondern ist es
in sehr wesentlichen Zügen auch als Christ geblieben; seine Nächst-
verwandten findet man unter den persischen Theologen des jüngeren
Awesta mit ihren Lehren vom Gnadenschatz der Heiligen und der
absoluten Schuld. Für ihn ist Gnade die *substanzielle* Einflößung von
etwas Göttlichem in das menschliche, ebenfalls substanzielle Pneuma.[2] Die Gottheit strahlt es aus, der Mensch empfängt es, aber er-

---

[1] „Er ist in Wahrheit Abschluß und Vollendung der christlichen Antike, ihr
letzter und größter Denker, ihr geistlicher Praktiker und Volkstribun. Von hier
aus muß er zuerst verstanden werden. Was dann spätere Zeiten aus ihm gemacht
haben, ist eine andere Frage. Seinen eigentlichen, antike Kultur, kirchlich-episko-
pale Autorität und innerlichste Mystik zusammenfassenden Geist können sie gar
nicht fortgesetzt haben, da sie, von anderen Verhältnissen umgeben, andere praktische Aufgaben vor sich hatten." (E. Troeltsch, Augustin, die christliche Antike
und das Mittelalter [1915], S. 7.) Seine Macht beruht wie die Tertullians auch darauf, daß seine Schriften nicht ins Lateinische übersetzt, sondern in dieser *heiligen
Sprache* der abendländischen Kirche *gedacht* waren. Eben das schließt beide von
dem Gebiet aramäischen Denkens aus. Vgl. Bd. II, S. 832f.

[2] *Inspiratio bonae voluntatis (De corr. et grat. 3)*. „Guter Wille" und „böser Wille"
sind ganz dualistisch die zwei entgegengesetzten Substanzen. Dagegen ist für
Pelagius Wollen eine *Tätigkeit* ohne moralische Qualität. Erst was man will, hat
die *Eigenschaft*, gut oder böse zu'sein, und die Gnade Gottes besteht in der *possi-
bilitas utriusque partis*, der Freiheit, dieses oder jenes zu wollen. Gregor I. hat die
augustinische Lehre ins Faustische umgedeutet, wenn er lehrte, daß Gott einzelne
Menschen verworfen habe, weil er ihren bösen Willen vorauswußte.

wirbt es nicht. Bei Augustin wie noch bei Spinoza[1] fehlt der Begriff
der Kraft, und das Freiheitsproblem bezieht sich bei beiden *nicht
auf das Ich und seinen Willen*, sondern auf den in einen Menschen
versenkten Teil des allgemeinen Pneuma und dessen Verhältnis zu
dem Übrigen. Das magische Wachsein ist der *Schauplatz* eines Kampf-
fes zwischen den beiden Weltsubstanzen des Lichtes und der Finsternis. Die frühen faustischen Denker wie Duns Scotus und Occam
erblicken im dynamischen Wachsein *selbst einen Kampf* und zwar
der beiden Kräfte des Ich, des Willens und des Verstandes.[2] Und
damit verwandelt sich die Fragestellung Augustins unvermerkt in
eine andere, die er selbst nie begriffen hätte: Sind Wollen und
Denken freie Kräfte oder nicht? Mag man sie beantworten, wie man
will, so ist eins gewiß: Das einzelne Ich hat diesen Kampf *zu führen
und nicht zu dulden*. Die faustische Gnade bezieht sich auf den Erfolg
des Wollens und nicht die Art einer Substanz. „Gott hat geruht“,
heißt es im Westminsterbekenntnis (1646), „gemäß dem unerforsch-
lichen Rat seines eigenen Willens, nach welchem er Erbarmen erweist oder versagt, wem er will, den Rest der Menschheit zu übergehen.“ Die andere Auffassung, daß die Idee der Gnade jeden eigenen Willen und jede Ursache ausschließt mit Ausnahme der einen,
daß es Sünde ist, auch nur zu fragen, warum ein Mensch leidet, ist
in einer der gewaltigsten Dichtungen der Weltgeschichte zum Ausdruck gekommen, die mitten in der arabischen Vorzeit entstanden
ist und an innerer Größe in dieser ganzen Kultur nicht ihresgleichen
hat: das Buch Hiob.[3] Es sind die Freunde Hiobs, die nach einer Schuld

---

[1] Bei Spinoza finden sich alle Elemente der magischen Metaphysik, mag er
auch noch so sehr bemüht sein, die arabisch-jüdische Vorstellungswelt seiner spanischen Lehrmeister, vor allem des Moses Maimonides, durch die abendländische
des frühen Barock zu ersetzen. Der einzelmenschliche Geist ist für ihn kein Ich,
sondern nur ein Modus des einen göttlichen Attributes, der *cogitatio* (= *pneuma*).
Er protestiert gegen Vorstellungen wie „Wille Gottes“. Gott ist *reine Substanz*,
und an Stelle unserer dynamischen Kausalität im All entdeckt er nur die Logik der
göttlichen *cogitatio*. Alles das findet sich auch bei Porphyrios, im Talmud, im
Islam und ist faustischen Denkern wie Leibniz und Goethe so fremd wie möglich (Allgem. Gesch. d. Philos. in Kultur der Gegenwart I, v. S. 484. Windelband).

[2] „Gut“ ist hier also eine Wertschätzung und keine Substanz.

[3] Seine Entstehungszeit entspricht der Karolingerzeit. Ob damals im Abendlande
eine Dichtung von gleichem Range wirklich entstanden ist, wissen wir nicht. Daß

suchen, denn der letzte Sinn alles Leidens in dieser Welthöhle ist ihnen – wie den meisten Menschen dieser und jeder anderen Kultur und also auch den heutigen Lesern und Beurteilern dieses Werkes – aus Mangel an metaphysischer Tiefe unzugänglich. Nur der Held selbst ringt sich zur Vollendung durch, zum reinen *islam*, und er wird damit zu der einzig möglichen tragischen Gestalt, die magisches Fühlen neben den Faust stellen kann.[1]

10

Das Wachsein jeder Kultur gestattet zwei Wege des Innewerdens, je nachdem das schauende Empfinden das kritische Verstehen durchdringt oder umgekehrt. Das magische Schauen ist bei Spinoza als *amor intellectualis* bezeichnet, bei den gleichzeitigen Sufisten Mittelasiens als *mahw* (Auslöschen in Gott). Es kann sich bis zur magischen Ekstase steigern, die Plotin mehrmals und seinem Schüler Porphyrios im hohen Alter einmal zuteil geworden ist. Die andere Seite, die rabbinische Dialektik, erscheint bei Spinoza als geometrische Methode und in der arabisch-jüdischen Spätphilosophie überhaupt als Kalaam. Beides aber beruht auf der Tatsache, daß es ein magisches Einzel-Ich nicht gibt, sondern ein einziges, in allen Erwählten zugleich vorhandenes Pneuma, das zugleich Wahrheit ist. Es kann nicht oft genug betont werden, daß der hieraus folgende Grundbegriff des *idjma* mehr ist als Begriff, daß er ein Erlebnis von erschütternder Gewalt werden kann und daß alle Gemeinschaft magischen Stils auf ihm beruht und damit von der aller anderen Kulturen abgehoben ist. „Die mystische Gemeinde des Islam erstreckt sich vom Diesseits in das Jenseits; sie reicht über das Grab hinaus, indem sie die verstorbenen Muslime früherer Generationen, ja sogar die vorislamischen Gerechten umfaßt. Mit ihnen allen fühlt sich der Muslim zu einer Einheit verbunden. Sie helfen ihm und auch er kann ihre

---

es möglich war, beweisen Schöpfungen wie die Völuspa, Muspilli, der Heliand und die Gedankenwelt des Johannes Scotus.
[1] Der Hinweis auf den Islam ist längst geschehen, so Bertholet, Kulturgesch. Israels, S. 242.

Seligkeit noch durch Zuwendung eigener Verdienste steigern."[1] Ganz dasselbe haben sowohl die Christen wie die Synkretisten der Pseudomorphose mit den Worten *polis* und *civitas* bezeichnet, die einst eine Summe von Körpern bedeuteten und jetzt einen *consensus* der Zugehörigen. Am berühmtesten ist Augustins *civitas dei*, die weder ein antiker Staat ist noch eine abendländische Kirche, sondern genau wie die Mithrasgemeinde, der Islam, der Manichäismus und das Persertum eine Ganzheit von Gläubigen, Seligen und Engeln. Da die Gemeinschaft auf dem *consensus* beruht, so ist sie in geistigen Dingen unfehlbar. „Mein Volk kann niemals in einem Irrtum übereinstimmen" hat Mohammed gesagt, und genau dasselbe setzt Augustin in seinem Gottesstaat voraus. Von einem unfehlbaren päpstlichen Ich oder irgendeiner andern Instanz zur Feststellung dogmatischer Wahrheiten ist bei ihm keine Rede und kann es nicht sein: das würde den magischen Begriff des *consensus* völlig zerstören. Das gilt in dieser Kultur allgemein und nicht nur vom Dogma, sondern auch vom Recht[2] und vom Staate überhaupt: Die islamische Gemeinschaft umfaßt wie die des Porphyrios und Augustin die *ganze* Welthöhle, das Diesseits wie das Jenseits, die Rechtgläubigen wie die guten Engel und Geister, und in dieser Gemeinschaft bildet der Staat nur *eine kleinere Einheit der sichtbaren Seite*, deren Wirksamkeit also durch das Ganze geregelt wird. Eine Trennung von Politik und Religion ist also in der magischen Welt theoretisch unmöglich und widersinnig, während der Kampf zwischen Staat und Kirche auch der Idee nach in der faustischen Kultur notwendig und ohne Ende ist. Weltliches und geistliches Recht sind schlechthin dasselbe. Neben dem Kaiser von Byzanz steht der Patriarch, neben dem Schah der Zarathustrotema, neben dem Resch galuta der Gaon, neben dem Kalifen der Scheich ül Islam, Vorgesetzter zugleich und Untergebener. Mit dem gotischen Verhältnis von Kaiser und Papst hat das nicht die leiseste Verwandtschaft, und auch der Antike war jeder Gedanke daran fremd. In der Schöpfung Diokletians ist zum erstenmal diese magische Einbettung des Staates in die Gemeinschaft der

---

[1] Horten a. a. O., S. XII.
[2] Vgl. Bd. II, S. 634 f.

Gläubigen Wirklichkeit geworden, und Konstantin hat sie ganz durchgeführt. Es war schon gezeigt worden, daß Staat, Kirche und Nation eine geistige Einheit bilden, eben den in der lebenden Menschheit sichtbar hervortretenden Teil des rechtgläubigen *consensus*. Es war deshalb für die Kaiser eine selbstverständliche Pflicht, als Beherrscher der Gläubigen – das ist der Teil der magischen Gemeinschaft, den Gott ihnen anvertraut hat – die Konzile zu leiten, um den *consensus* der Berufenen herbeizuführen.

11

Außer ihm gibt es aber noch ein anderes Offenbarwerden der Wahrheit, das „Wort Gottes" in einem ganz bestimmten rein magischen Sinne, der dem antiken und abendländischen Denken gleich fern liegt und deshalb die Quelle unzähliger Mißverständnisse geworden ist. Das heilige Buch, in dem es sichtbar in Erscheinung getreten, in das es mittels einer heiligen Schrift gebannt worden ist, gehört zum Bestande jeder magischen Religion.[1] In diese Vorstellung sind drei magische Begriffe verwoben, von denen jeder einzelne uns die größten Schwierigkeiten bereitet, während ihr Getrenntsein und gleichzeitiges Einssein unserem religiösen Verständnis unzugänglich bleibt, so gern man sich immer wieder darüber getäuscht hat: *Gott, der Geist Gottes, das Wort Gottes.* Was im Prolog des Johannesevangeliums angedeutet ist: Im Anfang war das Wort und das Wort war bei Gott und Gott war das Wort, das ist lange vorher in den persischen Vorstellungen von *spenta mainyu* – dem heiligen Geist, der von Ahura mazda verschieden und doch mit ihm eins ist, im Gegensatz zum bösen Geiste (*angra mainyu*) – und von Vohu mano[2] und den entsprechenden jüdischen und chaldäischen Begriffen wie etwas ganz Natürliches zum Ausdruck gekommen und bildet

---

[1] Es bedarf kaum der Erwähnung, daß die Bibel in allen Religionen des germanischen Abendlandes in einem ganz anderen Verhältnis zum Glauben steht, nämlich in dem einer *Urkunde* im streng historischen Sinne, gleichviel ob man sie als inspiriert und deshalb jenseits aller Textkritik stehend betrachtet oder nicht. Ähnlich ist das Verhältnis des chinesischen Denkens zu den kanonischen Büchern.

[2] Von Mani mit dem johanneischen Logos gleichgesetzt. Vgl. auch Jascht 13, 31: Ahura mazdas lichtschimmernde Seele ist das Wort.

den Kernpunkt in den Streitigkeiten des vierten und fünften Jahrhunderts um die Substanz Christi. Aber ebenso ist die „Wahrheit" für das magische Denken *eine Substanz*,[1] und Lüge oder Irrtum die zweite. Es ist derselbe wesenhafte Dualismus wie in dem Widerstreit von Licht und Finsternis, Leben und Tod, Gut und Böse. Als Substanz ist die Wahrheit bald mit Gott, bald mit dem Geiste Gottes, bald mit dem Wort identisch. Nur so kann man die ganz substanziell gemeinten Ausdrücke verstehen: „Ich bin die Wahrheit und das Leben" und „Mein Wort ist die Wahrheit". Nur so begreift man auch, mit welchen Augen der religiöse Mensch dieser Kultur das heilige Buch betrachtete: in ihm ist die unsichtbare Wahrheit in eine sichtbare Seinsart eingegangen, ganz ähnlich der Stelle Ev. Joh. 1, 14: „Das Wort ward Fleisch und wohnte unter uns." Nach dem Jasna ist das Awesta vom Himmel herabgesandt worden und im Talmud heißt es, daß Moses die Tora Band für Band von Gott empfangen habe. Eine magische Offenbarung ist ein mystischer Vorgang, in welchem das ewige und unerschaffene Wort der Gottheit – oder *die Gottheit als Wort* – in einen Menschen eingeht, um durch ihn die „offenbare", sinnliche Gestalt von Lauten und vor allem von Buchstaben zu erhalten. *Koran bedeutet „Lesung".* Mohammed hat in einer Vision im Himmel verwahrte Schriftrollen erblickt, die er „im Namen des Herrn" – obwohl er nicht lesen gelernt hat – entziffern konnte.[2] Das ist eine Form der Offenbarung, die in dieser Kultur Regel und in den andern nicht einmal Ausnahme ist,[3] aber sie hat sich erst seit Kyros herangebildet. Die altisraelitischen Propheten und sicherlich auch Zarathustra sehen und hören in der Verzückung Dinge, die sie später verbreiten. Das Deuteronomische Gesetzbuch

---

[1] So wird *aletheia* (Wahrheit) überall im Johannesevangelium und *drug* (Lüge) für Ahriman in der persischen Kosmologie gebraucht. Ahriman erscheint oft wie ein Diener der Drug.

[2] Sure 96, vgl. 80, 11 und 85, 21, wo es in einer anderen Vision heißt „Dies ist ein herrlicher Koran auf einer verwahrten Tafel". Das Beste hierüber hat Ed. Meyer gesagt, Geschichte der Mormonen, S. 70 ff.

[3] Der antike Mensch erhält im Zustande höchster leiblicher Erregung die Kraft, bewußtlos Künftiges zu verkünden. Aber diese Visionen sind sämtlich ganz unliterarisch. Die antiken sibyllinischen Bücher, die mit der späteren christlichen Schrift gleichen Namens gar nichts zu tun haben, wollen nichts sein als eine Sammlung von Orakeln.

ist 621 „im Tempel gefunden worden", das heißt, es soll als Weisheit der Väter gelten. Das erste und zwar sehr bewußte Beispiel eines „Koran" ist das Buch des Hesekiel, das der Autor in einer ausgedachten Vision von Gott empfängt und „verschlingt" (Kap. 3). Hier ist in der denkbar gröbsten Form ausgedrückt, was später dem Begriff und der Gestalt des gesamten apokalyptischen Schrifttums zugrunde liegt. Aber allmählich gehörte eine solche *substanzielle* Form der Empfängnis zu den Bedingungen jedes kanonischen Buches. Aus nachexilischer Zeit stammt die Vorstellung von den Gesetzestafeln, die Moses am Sinai erhält. Später wurde für die ganze Tora, etwa seit der Makkabäerzeit für die meisten Schriften des Alten Testaments ein solcher Ursprung angenommen. Seit dem Konzil von Jabna (um 90 n. Chr.) gilt das ganze Werk als „Eingebung" im buchstäblichen Sinne. Aber ganz dieselbe Entwicklung hat in der persischen Religion stattgefunden bis zur Heiligsprechung des Awesta im 3. Jahrhundert, und der gleiche Begriff der Eingebung erscheint in der zweiten Vision des Hermas, in den Apokalypsen, den chaldäischen, gnostischen und mandäischen Schriften, und er liegt endlich wie etwas ganz Natürliches den Vorstellungen der Neupythagoräer und Neuplatoniker von den Schriften ihrer Meister stillschweigend zugrunde. Kanon ist der technische Ausdruck für die Gesamtheit der Schriften, die von einer Religion als eingegeben betrachtet werden. Als Kanon sind seit 200 n. Chr. die hermetische Sammlung und das Corpus der chaldäischen Orakel entstanden, das letzte ein heiliges Buch der Neuplatoniker, das der „Kirchenvater" Proklos allein neben Platons Timaios gelten ließ.

Die junge Jesusreligion hat ursprünglich wie Jesus selbst die jüdischen Schriften als Kanon anerkannt. Die ersten Evangelien erheben durchaus nicht den Anspruch, „das Wort" der Gottheit in sichtbarer Gestalt zu sein. *Das Johannesevangelium ist die erste christliche Schrift, die mit offenbarer Absicht als Koran gelten will,* und von ihrem unbekannten Schöpfer geht überhaupt erst der Gedanke aus, daß es einen christlichen Koran geben könne und müsse. Die schwere Entscheidung, ob die neue Religion mit der von Jesus geglaubten brechen solle, kleidet sich mit innerer Notwendigkeit in die Frage, ob man die jüdischen Schriften als Inkarnationen der *einen* Wahrheit noch anerkennen dürfe; sie ist von „Johannes" schweigend und von Marcion laut verneint, von den Kirchenvätern aber, was unlogisch war, bejaht worden.

Aus dieser metaphysischen Auffassung vom Wesen des heiligen Buches ergibt sich, daß die Ausdrücke „Gott spricht" und „die Schrift sagt" in einer unserem Denken ganz fremden Weise völlig identisch sind. Es erinnert an manche Märchenzüge in 1001 Nacht, daß Gott selbst in diese Worte und Buchstaben gebannt ist und von dem Berufenen entsiegelt und zum Offenbaren der Wahrheit gezwungen werden kann. Die Auslegung ist wie die Eingebung ein Vorgang von mystischem Hintersinn (Mark. 1, 22). Daher die Ehrfurcht, mit welcher diese kostbaren Handschriften verwahrt werden, ihre so ganz unantike Verzierung mit allen Mitteln der jungen magischen Kunst und die Entstehung immer neuer Schriftarten, die in den Augen ihrer Gebraucher allein die Kraft besitzen, die herabgesandte Wahrheit in sich zu bannen.

Aber ein solcher Koran ist dem Wesen nach unbedingt richtig und deshalb unveränderlich und keiner Verbesserung fähig.[1] Es entwickelt sich deshalb die Gewohnheit der geheimen Interpolationen, um den Text mit den Überzeugungen der Zeit in Einklang zu bringen. Ein Meisterstück dieser Methode sind die Digesten Justinians. Aber außer sämtlichen Schriften der Bibel gilt das zweifellos auch von den Gathas des Awesta und sogar von den damals umlaufenden Schriften des Plato, Aristoteles und andrer Autoritäten der heidnischen Theologie. Viel wichtiger noch ist die in allen magischen Religionen nachweisbare Annahme einer geheimen Offenbarung oder eines geheimen Schriftsinns, die nicht durch Aufzeichnung, sondern durch das Gedächtnis berufener Männer erhalten und mündlich fortgepflanzt werden. Nach jüdischer Anschauung hat Moses am Sinai außer der schriftlichen *noch eine geheime mündliche Tora* empfangen,[2] deren Aufzeichnung untersagt war. „Gott sah

---

[1] Vgl. Bd. II, S. 642.
[2] IV. Esra 14; S. Funk, Die Entstehung des Talmuds, S. 17; Hirschs Kommentar zu Exod. 21, 2.

voraus", heißt es im Talmud, „daß einst eine Zeit kommen werde, in der sich die Heiden der Tora bemächtigen und zu Israel sprechen werden: Auch wir sind Söhne Gottes. Dann wird der Herr sagen: Nur wer meine Geheimnisse kennt, der ist mein Sohn. Und was sind die Geheimnisse Gottes? Die mündliche Lehre." Der Talmud enthält also in seiner allgemein zugänglichen Gestalt nur einen Teil des religiösen Stoffes, und ebenso stand es mit den christlichen Texten der Frühzeit. Es ist oft bemerkt worden,[1] daß Markus von der Versuchung und Auferstehung nur in Andeutungen spricht und daß Johannes auf die Lehre vom Paraklet nur anspielt und die Einsetzung des Abendmahls ganz fortläßt. Der Eingeweihte verstand, was gemeint war, und der Ungläubige sollte es nicht wissen. Später gab es eine wirkliche „Arkandisziplin", wonach die Christen über das Taufbekenntnis, Vaterunser, Abendmahl und anderes Ungläubigen gegenüber Stillschweigen beobachteten. Bei den Chaldäern, Neupythagoräern, Kynikern, Gnostikern und vor allem den Sekten von den altjüdischen bis zu den islamischen hat das einen solchen Umfang angenommen, daß uns ihre Geheimlehren zum großen Teil unbekannt sind. Über das nur im Geist aufbewahrte Wort gab es einen *consensus des Schweigens*, eben weil man des „Wissens" der Zugehörigen sicher war. Wir sind geneigt, gerade von dem Wichtigsten nachdrücklich und deutlich zu reden, und kommen deshalb in Gefahr, magische Lehren mißzuverstehen, weil wir das Ausgesprochene mit dem Vorhandenen und den profanen Wortsinn mit der eigentlichen Bedeutung gleichsetzen. Das gotische Christentum hatte keine Geheimlehre und deshalb ein doppeltes Mißtrauen gegen den Talmud, in dem es mit Recht nur den Vordergrund der jüdischen Lehre sah.

Aber rein magisch ist auch die Kabbala, die aus Zahlen, Buchstabenformen, Punkten und Strichen einen geheimen Sinn erschließt und die so alt sein muß wie das als Substanz herabgesandte Wort überhaupt. Die Geheimlehre von der Schöpfung der Welt aus den zweiundzwanzig Buchstaben des hebräischen Alphabets und die vom Thronwagen in der Vision des Hesekiel sind schon zur Makkabäerzeit nachweisbar. Eng damit verwandt ist die allegorische

---

[1] So Ed. Meyer, Urspr. u. Anf. d. Christ., S. 95.

Auslegung der heiligen Texte. Alle Traktate der Mischna, alle Kirchenväter, alle alexandrinischen Philosophen sind voll davon; in Alexandria hat man den ganzen antiken Mythos und sogar Plato nach dieser Methode behandelt und mit den jüdischen Propheten – Moses heißt dann Musaios – verglichen.

Die einzige streng *wissenschaftliche* Methode, welche ein unveränderlicher Koran für die Fortentwicklung der Meinungen übrig läßt, ist die kommentierende. Da der Theorie nach das „Wort" einer Autorität nicht verbessert werden kann, so kann es nur anders ausgelegt werden. Man würde in Alexandria nie gesagt haben, daß Plato irre, aber man „deutete" ihn. Das geschieht in den streng ausgebildeten Formen der Halacha, und deren schriftliche Festlegung hat die Gestalt eines Kommentars, die alle religiösen, philosophischen und gelehrten Literaturen dieser Kultur vollständig beherrscht. Nach dem Vorgang der Gnostiker haben die Kirchenväter Schriftkommentare zur Bibel verfaßt; zum Awesta entstand sogleich der Pehlewikommentar des Zend, zum jüdischen Kanon die Midrasche, aber auch die „römischen" Juristen um 200 und die „spätantiken" Philosophen, d. h. die Scholastiker der werdenden Kultkirche gingen denselben Weg – die seit Poseidonios immer wieder ausgelegte Apokalypse dieser Kirche war Platos „Timaios". Die Mischna ist ein einziger großer Kommentar zur Tora. Aber als die ältesten Ausleger selbst Autoritäten und ihre Schriften also Korane geworden waren, schrieb man Kommentare zu Kommentaren wie der letzte Platoniker Simplikios im Westen, die Amoräer, welche der Mischna die Gemara hinzufügten, im Osten und in Byzanz die Verfasser der kaiserlichen Konstitutionen zu den Digesten.

Am schärfsten ist diese Methode, welche jeden Ausspruch der Fiktion nach bis zu einer unmittelbaren Eingebung zurückführt, in der talmudischen und islamischen Theologie ausgebildet worden. Eine neue Halacha oder ein Hadith sind nur gültig, wenn sie durch eine ununterbrochene Kette von Gewährsmännern auf Moses oder Mohammed zurückgeführt werden können.[1] Die feierliche Formel

[1] Im Westen sind Plato, Aristoteles und vor allem Pythagoras als Propheten in diesem Sinne behandelt worden. Was bis zu ihnen zurückgeführt werden konnte,

hierfür lautete in Jerusalem: „Es komme über mich! So habe ich es von meinem Lehrer gehört."[1] Im Zend ist die Anführung der Gewährsmännerkette Regel, und Irenäus hat seine Theologie damit gerechtfertigt, daß von ihm eine Kette über Polykarp zur Urgemeinde gehe. In der frühchristlichen Literatur tritt diese halachische Form mit solcher Selbstverständlichkeit auf, daß man sie als solche gar nicht bemerkt hat. Sie erscheint, abgesehen von der beständigen Berufung auf das Gesetz und die Propheten, in den Überschriften der vier Evangelien („*nach* Markus"), die einen Gewährsmann an der Spitze nennen müssen, um für die von ihnen angeführten Worte des Herrn Autorität zu sein.[2] Damit war die Kette bis zu der in Jesus verkörperten Wahrheit hergestellt und man kann sich diese Verbindung im Weltbilde eines Augustin oder Hieronymus nicht realistisch genug denken. Hierauf beruht nun auch die seit Alexander sich allgemein verbreitende Sitte, religiöse und philosophische Schriften mit Namen zu versehen wie Henoch, Salomo, Esra, Hermes, Pythagoras, die als Gewährsmänner und Gefäße göttlicher Wahrheit galten, in denen also einst „das Wort Fleisch" geworden war. Wir besitzen noch eine Anzahl von Apokalypsen mit dem Namen Baruch, der damals mit Zarathustra gleichgesetzt wurde, und wir machen uns kaum eine Vorstellung davon, was an Schriften unter den Namen des Aristoteles und Pythagoras umlief. Die „Theologie des Aristoteles" war eins der einflußreichsten Bücher des Neuplatonismus. Dies ist endlich die metaphysische Voraussetzung für Stil und tieferen Sinn des Zitierens, das bei Kirchenvätern, Rabbinern, „griechischen" Philosophen und „römischen" Juristen in ganz derselben Weise geübt wird und das einerseits das Zitiergesetz Valentinians III.[3] und andrerseits die Abscheidung von Apokryphen

galt als Wahrheit. Deshalb hat man auf ihre Feststellung – oder Erfindung – oft mehr Arbeit verwendet als auf die Geschichte der Lehre selbst.

[1] Fromer, Der Talmud, S. 190.

[2] Wir verwechseln heute Autor und Autorität. Das arabische Denken kennt den Begriff des geistigen Eigentums nicht. Er würde sinnlos und sündhaft sein, denn es ist das *eine* göttliche *pneuma*, das den einzelnen zum Gefäß und Mundstück wählt. Nur insofern ist er „Autor", gleichviel ob er das Empfangene auch selbst niederschreibt oder nicht. „Evangelium nach Markus" bedeutet: Markus *bürgt* für die Wahrheit dieser Botschaft.

[3] Vgl. Bd. II, S. 642.

– ein grundlegender Begriff, der einen *Substanzunterschied* innerhalb des Schriftenbestandes feststellt – aus dem jüdischen und christlichen Kanon zur Folge gehabt hat.

12

Auf Grund solcher Untersuchungen wird es in Zukunft möglich sein, eine Geschichte *der Gruppe magischer Religionen* zu schreiben. Sie bildet eine untrennbare Einheit des Geistes und der Entwicklung, und man glaube nicht, die einzelnen für sich unter Absehen von den übrigen wirklich begreifen zu können. Ihre Entstehung, Entfaltung und innere Festigung umfaßt die Zeit von 0–500. Sie entspricht genau dem abendländischen Aufstieg von der kluniazensischen Bewegung bis zur Reformation. Ein wechselseitiges Geben und Nehmen, ein verwirrend reiches Aufblühen, Reifen, Umbilden, ein Überschichten, Wandern, Einfügen, Abstoßen erfüllt diese Jahrhunderte, ohne daß sich irgendeine Abhängigkeit des einen Systems von dem andern behaupten läßt; nur die Formen und Fassungen werden getauscht; in der Tiefe ruht ein und dasselbe Seelentum, das in allen Sprachen dieser Welt von Religionen stets sich selbst zum Ausdruck bringt.

In dem weiten Bereich altbabylonischen Fellachentums leben junge Völker. Da bereitet sich alles vor. Die erste Ahnung regt sich um 700 in den prophetischen Religionen der Perser, Juden und Chaldäer. Ein Bild der Weltschöpfung von der Art, wie es später an den Anfang der Tora trat, zeichnet sich in klaren Umrissen ab, und damit ist ein Einsatz, eine Richtung, ein Ziel der Sehnsucht gegeben. In weiter Zukunft wird etwas erschaut, unbestimmt und dunkel noch, aber mit der innerlichsten Gewißheit, daß es kommt. Mit dem Blick darauf, mit dem Gefühl einer Sendung lebt man von nun an.

Die zweite Welle erhebt sich steil in den apokalyptischen Strömungen seit 300. Hier erwacht das magische Weltbewußtsein und erbaut sich eine Metaphysik der letzten Dinge in gewaltigen Bildern, denen schon das Ursymbol der kommenden Kultur, die Höhle, zugrunde liegt. Die Vorstellung von den Schrecken des Weltendes, dem jüngsten Gericht, der Auferstehung, von Paradies und Hölle, und damit der große Gedanke einer Heilsgeschichte, in der das Schicksal von Welt und Menschheit eins sind, brechen überall hervor, ohne daß man einem einzelnen Land und Volk die Schöpfung zuschreiben könnte, und kleiden sich in wunderbare Szenen, Gestalten und Namen. Die Messiasgestalt ist mit einem Schlage fertig. Die Versuchung des Heilands durch den Satan wird erzählt.[1] Aber zugleich quillt eine tiefe und sich beständig steigernde Angst auf vor dieser Gewißheit einer unverrückbaren und sehr nahen Grenze des Geschehens, vor dem Augenblick, in dem es nur noch Vergangenheit gibt. Die magische Zeit, die „Stunde", das höhlenhafte Gerichtetsein gibt dem Leben einen neuen Takt und dem Worte Schicksal einen neuen Inhalt. Der Mensch steht plötzlich ganz anders vor der Gottheit da. In der Weihinschrift der großen Basilika von Palmyra, die lange als christlich galt, wird Baal der Gute, Barmherzige, Milde genannt, und dies Gefühl dringt mit der Verehrung des Rahman bis nach Südarabien; es erfüllt die Psalmen der Chaldäer und die Lehre von dem gottgesandten Zarathustra, die an die Stelle seiner Lehre getreten ist; und es bewegt das Judentum der Makkabäerzeit, in der die meisten Psalmen entstanden, und alle die längst vergessenen übrigen Gemeinschaften der antiken und indischen Welt.

Die dritte Erschütterung erfolgt in der Zeit Cäsars und führt zur Geburt der großen Erlösungsreligionen. Damit bricht der helle Tag dieser Kultur an. Was nun folgt, ein oder zwei Jahrhunderte hindurch, ist von einer Höhe des religiösen Erlebens, die nicht überboten, aber auch nicht länger ertragen werden kann. Eine solche an Vernichtung grenzende Spannung haben auch die gotische Seele, die vedische und jede andere nur einmal in ihrer Morgenfrühe kennen gelernt.

Jetzt entsteht der große Mythos im persischen, mandäischen, jüdischen, christlichen Glaubenskreise und in dem der westlichen Pseudomorphose, nicht anders als zur indischen, antiken und abendlän-

[1] Vendidad 19, 1, ist es Zarathustra, der versucht wird.

dischen Ritterzeit. So wenig als in dieser Kultur sich Nation, Staat
und Kirche, göttliches und weltliches Recht trennen können, so
wenig gibt es einen deutlichen Unterschied ritterlichen und religiösen Heldentums. Der Prophet verschmilzt mit dem Streiter, und
die Geschichte eines großen Dulders erhebt sich zum nationalen
Epos. Die Mächte des Lichtes und der Finsternis, fabelhafte Wesen,
Engel und Dämonen, der Satan und die guten Geister ringen miteinander; die ganze Natur ist ein Kampfplatz vom Anfang der Welt
bis zu ihrer Vernichtung. Tief unten in der Menschenwelt ereignen
sich die Abenteuer und Leiden der Verkünder, religiösen Heroen
und heldenmütigen Märtyrer. Jede Nation in dem Sinne, wie er
dieser Kultur angehört, besitzt ihre Heldensage. Im Osten wird aus
dem Leben des persischen Propheten eine epische Dichtung von gewaltigem Umriß. Bei seiner Geburt erschallt das Zarathustra-Lachen
durch alle Himmel, und die ganze Natur antwortet ihm. Im Westen
entsteht zu der immer weiter ausgestalteten Leidensgeschichte Jesu,
dem eigentlichen Epos der christlichen Nation, der Märchenkreis um
seine Kindheit, der zuletzt eine ganze poetische Gattung ausfüllt.
Die Gestalt der Mutter Gottes und die Taten der Apostel werden
wie die Geschichten der abendländischen Kreuzzugshelden zum Mittelpunkt ausgedehnter Romane (Thomasakten, Pseudo-Clementinen), die während des 2. Jahrhunderts überall vom Nil bis zum
Tigris entstehen. In der jüdischen Haggada und in den Targumen
sammelt sich eine Fülle von Märchen um Saul, David, die Patriarchen und die großen Tannaim wie Jehuda und Akiba,[1] und die unerschöpfliche Phantasie dieser Zeit ergreift auch den ganzen ihr erreichbaren Stoff spätantiker Kultlegenden und Stifterromane (Leben
des Pythagoras, Hermes, Apollonios von Tyana).

Mit dem Ende des 2. Jahrhunderts klingt diese Erregung ab. Die
Blüte der epischen Dichtung ist vorüber, und es beginnt die mysti-
sche Durchdringung und dogmatische Zergliederung der religiösen
Stoffe. Die Lehren der neuen Kirche werden in theologische Systeme
gebracht. Das Heldentum weicht der Scholastik, die Dichtung dem
Denken, der Seher und Sucher dem Priester. Die Frühscholastik, die

[1] M. J. bin Gorion, Die Sagen der Juden (1913).

um 200 endet (entsprechend der abendländischen Epoche von 1200), umfaßt die gesamte Gnosis im allerweitesten Sinne, das große Schauen: den Verfasser des Johannesevangeliums, Valentinus, Bar Daisan und Marcion, die Apologeten und ältesten Väter bis auf Irenäus und Tertullian, die letzten Tannaim bis auf den Vollender der Mischna, Rabbi Jehuda, in Alexandria die Neupythagoräer und Hermetiker. Das alles entspricht im Abendlande der Schule von Chartres, Anselm von Canterbury, Joachim von Floris, Bernhard von Clairvaux und Hugo von St. Victor. Die Hochscholastik beginnt mit dem Neuplatonismus, mit Clemens und Origenes, den ersten Amoräern und den Schöpfern des jüngeren Awesta unter Ardeschir (226–241) und Schapur I., vor allem dem mazdaischen Hohepriester Tanvasar. Zugleich beginnt die Ablösung einer höheren Religiosität von der bäuerlichen, noch immer in apokalyptischer Stimmung verweilenden Frömmigkeit des Landes, die sich von da an fast unverändert unter wechselnden Namen bis in das Fellachentum der Türkenzeit erhält, während in der städtischen und geistigeren Oberwelt die persische, jüdische und christliche Gemeinschaft von der des Islam aufgenommen werden.

Langsam vollenden sich nun die großen Kirchen. Es hat sich entschieden – das wichtigste religiöse Ergebnis des 2. Jahrhunderts –, daß aus der Lehre von Jesus keine Umgestaltung des Judentums, sondern eine neue Kirche hervorgeht, die ihre Richtung nach Westen nimmt, während das Judentum, ohne an innerer Kraft eingebüßt zu haben, sich dem Osten zuwendet. Das 3. Jahrhundert gehört den großen Gedankenbauten der Theologie. Man hat sich mit der geschichtlichen Wirklichkeit abgefunden. Das Weltende ist in die Ferne gerückt und es entsteht eine Dogmatik, welche das neue Weltbild erklärt. Der Anbruch der Hochscholastik hat zur Voraussetzung, daß man an die Dauer der zu begründenden Lehren glaubt.

Überblickt man diese Gründungen, so ergibt sich, daß die aramäische Mutterlandschaft ihre Formen nach drei Richtungen hin entwickelt. Im Osten bildet sich aus der zarathustrischen Religion der Achämenidenzeit und den Resten ihrer heiligen Literatur die mazdaische Kirche mit einer strengen Hierarchie und peinlichem

Ritual, mit Sakramenten, Messe und Beichte *(patet)*. Wie erwähnt, ist durch Tanvasar die Sammlung und Ordnung des *neuen* Awesta begonnen worden; unter Schapur I. sind, wie gleichzeitig im Talmud, die profanen Texte medizinischen, juristischen und astronomischen Inhalts hinzugekommen; der Abschluß erfolgte durch den Kirchenfürsten Mahraspand unter Schapur II. (309–379), und es ist für die arabische Kultur selbstverständlich, daß sogleich ein Kommentar in Pehlewisprache, der Zend, hinzukommt. Das neue Awesta ist wie die jüdische und christliche Bibel ein Kanon einzelner Schriften und wir erfahren, daß unter den seitdem verlorenen Nasks (ursprünglich 21) sich ein Evangelium Zarathustras, die Bekehrungsgeschichte des Vischtaspa, eine Genesis, ein Rechtsbuch und ein Geschlechterbuch mit Stammbäumen von der Schöpfung bis zu den Perserkönigen befanden, während bezeichnenderweise der Vendidad, nach Geldner der „Levitikus der Perser", sich vollständig erhalten hat.

Ein neuer Religionsstifter erscheint 242 zur Zeit Schapurs I. in Mani, der unter Verwerfung des „erlöserlosen" Judentums und Griechentums die gesamte Masse magischer Religionen zu einer der gewaltigsten theologischen Schöpfungen aller Zeiten zusammenfaßt, für die er 276 durch die mazdaische Priesterschaft ans Kreuz geschlagen wurde. Durch seinen Vater, der noch in späten Jahren seine Familie verließ und in einen Mandäerorden trat, mit dem ganzen Wissen seiner Zeit ausgerüstet, hat er die Grundgedanken der Chaldäer und Perser mit denen des Johanneischen, östlichen Christentums vereinigt, was vor ihm ohne die Absicht einer Kirchengründung in der christlich-persischen Gnosis des Bar Daisan versucht worden war.[1] Er faßt die mystischen Gestalten des Johanneischen

---

[1] Die dem Johannesevangelium zugrunde liegende Lehre muß er durch mündliche Überlieferung sehr genau gekannt haben. Auch Bar Daisan († 254) und die aus seinem Kreise stammende Apostelgeschichte des Thomas stehen der Paulinischen Lehre ganz fern, was sich bei Mani zu schroffer Feindschaft und zur Bezeichnung des geschichtlichen Jesus als bösem Dämon steigert. Wir erhalten hier einen Einblick in das Wesen des fast unterirdischen östlichen Christentums, das von der griechisch schreibenden Kirche der Pseudomorphose nicht beachtet wurde und deshalb der Kirchengeschichte bis jetzt entgangen ist. Aber aus dem Osten Kleinasiens stammten auch Marcion und Montanus; hier ist das in der Grundlage per-

Logos, den er mit dem persischen Vohu mano gleichsetzt, den Zarathustra der Awestalegende und den Buddha der späten Texte als
göttliche Emanationen auf und verkündet sich selbst als den Paraklet
des Johannesevangeliums und Saoshyant der Perser. Wie wir jetzt
aus den Turfanfunden wissen, unter denen sich auch Teile der bis
dahin völlig verlorenen Schriften Manis befinden, war die Kirchensprache der Mazdaisten, Manichäer und Nestorianer, unabhängig
von den jeweiligen Umgangssprachen, das Pehlewi.

Im Westen entwickeln, und zwar in griechischer Schriftsprache,[1]
die beiden Kultkirchen je eine Theologie, die nicht nur verwandt,
sondern in ausgedehntem Maße identisch ist. Zur Zeit Manis beginnt die theologische Verschmelzung der aramäisch-chaldäischen
Sonnenreligion und des aramäisch-persischen Mithraskultes zu einem
System, dessen erster großer „Kirchenvater" um 300 Jamblich wird,
ein Zeitgenosse des Athanasius, aber auch Diokletians, der 295 den
Mithras zum henotheistischen Reichsgott erhebt. Seine Priester
unterscheiden sich seelisch wenigstens in nichts von den christlichen.
Proklos, ebenfalls ein echter Kirchenvater, empfängt in Träumen
Erleuchtungen über eine schwierige Textstelle und möchte außer
Platos Timaios und dem chaldäischen Orakelbuch, die für ihn kanonisch sind, alle Philosophenschriften vernichtet sehen. Seine Hymnen, Zeugnisse der Zerknirschung eines echten Eremiten, flehen
Helios und andere Helfer um Schutz gegen böse Geister an. Hierokles schreibt ein Moralbrevier für Gläubige der neupythagoräischen
Gemeinschaft, das man genau ansehen muß, um es nicht für christlich zu halten. Der Bischof Synesios wird von einem neuplatonischen zu einem christlichen Kirchenfürsten, ohne daß eine Bekehrung stattgefunden hätte. Er behielt seine Theologie bei und veränderte nur die Namen. Der Neuplatoniker Asklepiades konnte es

sische, aber jüdisch und dann christlich überschichtete Naassenerbuch entstanden,
und weiter östlich, vielleicht im Matthäuskloster bei Mossul, hat um 340 Aphrahat
jene seltsamen Briefe geschrieben, an deren Christentum die westliche Entwicklung von Irenäus bis Athanasius spurlos vorübergegangen ist. Die Geschichte des
nestorianischen Christentums beginnt tatsächlich schon im 2. Jahrhundert.

[1] Denn die lateinischen Schriften z. B. des Tertullian und Augustin sind, soweit
sie nicht übersetzt wurden, damals durchaus wirkungslos geblieben. In Rom selbst
war Griechisch die eigentliche Sprache der Kirche.

unternehmen, ein großes Werk über die Gleichheit aller Theologien zu schreiben. Wir besitzen heidnische so gut wie christliche Evangelien und Heiligenleben. Apollonius hat das Leben des Pythagoras, Marinos das des Proklos, Damaskios das des Isidoros geschrieben: es besteht gar kein Unterschied zwischen diesen Schriften, die mit einem Gebet anfangen und schließen, und christlichen Märtyrerakten. Porphyrios bezeichnet als die vier göttlichen Elemente Glaube, Liebe, Hoffnung und Wahrheit.

Zwischen diesen Kirchen des Westens und Ostens entwickelt sich, von Edessa aus gesehen nach Süden, die talmudische (die „Synagoge") mit aramäischer Schriftsprache. Die Judenchristen (z. B. Ebioniten und Elkesaiten), Mandäer und Chaldäer waren nicht imstande, gegen diese großen Gründungen aufzukommen, wenn man nicht die Kirche Manis als neue Verfassung der chaldäischen Religion betrachtet. Sie sanken zu Sekten herab, die zahllos im Schatten der großen Kirchen dahindämmerten oder in ihren Verbänden aufgingen, wie die letzten Marcioniten und Montanisten im Manichäertum. Es gab um 300 außer der heidnischen, christlichen, persischen, jüdischen und manichäischen Kirche keine magische Religion von Bedeutung mehr.

13

Mit der Hochscholastik beginnt seit 200 auch das Streben, die *sichtbare* und immer strenger gegliederte Gemeinschaft der Gläubigen mit dem Organismus des Staates gleichzusetzen. Das folgt mit Notwendigkeit aus dem Weltgefühl des magischen Menschen und führt zur Verwandlung der Herrscher in Kalifen – Beherrscher vor allem der Gläubigen, nicht eines Gebietes – und damit zur Auffassung der Rechtgläubigkeit als der Voraussetzung wirklicher Staatsangehörigkeit, zur Pflicht der Verfolgung falscher Religionen – der heilige Krieg des Islam ist so alt wie diese Kultur selbst und hat ihre ersten Jahrhunderte vollkommen erfüllt –, zur Stellung der im Staate nur geduldeten Ungläubigen unter eigenes Recht und Verwaltung – denn das göttliche Recht ist Ketzern versagt – und damit zur Wohnweise des Ghetto.

Zuerst ist im Mittelpunkt der aramäischen Landschaft, in Os-rhoëne, das Christentum um 200 Staatsreligion geworden. 226 wurde im Sassanidenreich der Mazdaismus und unter Aurelian († 275) und vor allem Diokletian (295) der durch den Divus-, Sol- und Mithraskult zusammengefaßte Synkretismus im römischen Imperium Staatsreligion. Konstantin geht seit 312, König Trdat von Armenien um 312, König Mirian von Georgien einige Jahre später zum Christentum über. Im Süden muß Saba schon im 3. und Axum im 4. Jahrhundert christlich geworden sein, aber gleichzeitig wird das Himjarenreich jüdisch und Kaiser Julian versucht noch einmal, die Heidenkirche zur Herrschaft zu bringen.

Den Gegensatz dazu bildet, wieder in allen Religionen dieser Kultur, die Ausbreitung des Mönchtums mit seiner radikalen Abwendung von Staat, Geschichte und der Wirklichkeit überhaupt. Der Widerstreit von Dasein und Wachsein, von Politik also und Religion, Geschichte und Natur läßt sich durch die Form der magischen Kirche und ihre Gleichsetzung mit Staat und Nation doch nicht ganz überwinden; die Rasse bricht im Leben dieser geistlichen Schöpfungen doch hervor und überwältigt das Göttliche, eben weil es das Weltliche in sich aufgenommen hat. Aber hier gibt es keinen Kampf zwischen Staat und Kirche wie in der Gotik, und deshalb bricht er *innerhalb* der Nation aus zwischen dem Weltfrommen und dem Asketen. Eine magische Religion wendet sich ausschließlich an den göttlichen Funken, das *pneuma* im Menschen, das er mit der unsichtbaren Gemeinschaft der gläubigen und seligen Geister teilt. Der übrige Mensch gehört dem Bösen und der Finsternis. Das Göttliche – kein Ich, sondern gleichsam ein Gast – soll aber in ihm herrschen und das andere überwinden, unterdrücken, vernichten. In dieser Kultur ist der Asket nicht nur der wahre Priester – der Weltpriester genießt wie im Russentum niemals wirkliche Achtung; meist darf er auch heiraten –, sondern überhaupt der eigentlich Fromme. Außerhalb des Mönchtums ist eine Erfüllung der religiösen Forderungen gar nicht möglich, und deshalb nehmen Büßergemeinschaften, Einsiedlertum und Kloster schon früh einen Rang ein, den sie aus metaphysischen Gründen weder in Indien noch in China erhalten konnten,

vom Abendland ganz zu schweigen, wo die Orden arbeitende und
kämpfende, also dynamische Einheiten sind.[1] Deshalb trennt sich die
Menschheit der arabischen Kultur nicht in „die Welt" und in mönchische Kreise mit genau getrennten Gebieten der Lebensart und den
gleichen Möglichkeiten, die Gebote des Glaubens zu erfüllen. Jeder
Fromme *ist* eine Art Mönch.[2] Zwischen Welt und Kloster besteht
kein Gegensatz, sondern nur ein Unterschied des *Grades*. Magische
Kirchen und Orden sind *gleichartige Gemeinschaften*, die sich nur durch
den Umfang unterscheiden lassen. Die Gemeinschaft des Petrus war
ein Orden, die des Paulus eine Kirche, und die Mithrasreligion ist
für die eine Bezeichnung fast zu groß, für die andre zu klein.

Jede magische Kirche ist selbst ein Orden und nur mit Rücksicht auf
die menschliche Schwachheit werden Stufen und Grade der Askese
nicht gesetzt, sondern erlaubt wie bei den Marcioniten und Manichäern *(electi* und *auditores)*. Und eigentlich ist eine magische Nation nichts anderes als die Summe, *der Orden aller Orden*, die in ihr
immer kleinere und strengere Kreise ziehen bis zum Eremiten, Der-
wisch und Säulenheiligen, an denen nichts Weltliches mehr ist,
deren Wachsein nur noch dem *pneuma* gehört. Sieht man von
den prophetischen Religionen ab, aus und zwischen denen mit der
apokalyptischen Erregung immer zahlreichere ordensartige Gemeinschaften entstanden, so waren es die beiden Kultkirchen des Westens,
deren zahllose Einsiedler, Wanderprediger und Orden sich zuletzt
nur durch den Namen der angerufenen Gottheit unterschieden. Alle
empfehlen sie Fasten, Gebet, Ehelosigkeit und Armut. Es ist sehr
fraglich, welche von beiden Kirchen um 300 asketischer gerichtet
war. Der neuplatonische Mönch Sarapion geht in die Wüste, um
nur noch die Hymnen des Orpheus zu studieren, Damaskios zieht
sich, durch einen Traum bestimmt, in eine ungesunde Höhle zurück,
um beständig zu Kybele zu beten.[3] Die Philosophenschulen sind

---

[1] Der faustische Mönch bezwingt seinen bösen Willen, der magische die böse
Substanz in sich. Dualistisch ist nur das zweite.

[2] Die Reinheits- und Speisegesetze des Talmud und Awesta greifen viel tiefer in
das tägliche Leben ein als etwa die Benediktinerregel.

[3] R. Asmus, Damaskios, Philos. Bibl. 125 (1911). Das christliche Anachore-
tentum ist *jünger* als das heidnische: Reitzenstein, Des Athanasius Werk über das
Leben des Antonius, Sitz. Heid. Akad. (1914), VIII, 12.

nichts als asketische Orden; die Neupythagoräer stehen den jüdischen Essäern nahe; der Mithraskult, ein echter Orden, gestattet nur Männern den Zutritt zu seinen Weihen und Gelübden; Kaiser Julian wollte heidnische Klöster erbauen. Das Mandäertum scheint eine Gruppe von Ordensgemeinschaften verschiedener Strenge gewesen zu sein, unter denen sich die Johannes' des Täufers befand. Das christliche Mönchtum beginnt nicht mit Pachomius (320), der nur das erste Kloster gebaut hat, sondern mit der Urgemeinde in Jerusalem. Das Matthäusevangelium[1] und fast alle Apostelgeschichten sind Zeugnisse einer streng asketischen Gesinnung. Paulus hat es nie gewagt, dem ausdrücklich zu widersprechen. Die persische und nestorianische Kirche haben die mönchischen Ideale weiter entwickelt und der Islam hat sie sich endlich in vollem Umfange zu eigen gemacht. Die orientalische Frömmigkeit wird heute durchaus von den moslemischen Orden und Bruderschaften beherrscht. Die gleiche Entwicklung nahm das Judentum von den Karäern des 8. bis zu den polnischen Chassiden des 18. Jahrhunderts.

Das Christentum, das noch im 2. Jahrhundert nicht viel mehr als ein verbreiteter Orden gewesen war, dessen öffentliche Macht über die Zahl der Mitglieder weit hinausging, wächst etwa seit 250 plötzlich ins Ungeheure. Es ist die Epoche, in welcher die letzten Stadtkulte der Antike verschwinden, *nicht vor der christlichen, sondern vor der neu entstehenden Heidenkirche.* 241 brechen die Akten der Arvalbrüder in Rom ab; 265 erscheinen die letzten Kultinschriften in Olympia. Die Häufung der verschiedensten Priestertümer auf eine Person wird gleichzeitig Sitte,[2] das heißt man empfindet diese Bräuche nur noch als die einer einzigen Religion. Und diese Religion tritt *werbend* auf und verbreitet sich weit über das griechisch-römische Stammgebiet hinaus. Dennoch ist um 300 die christliche Kirche die einzige, welche sich über das ganze arabische Gebiet ausgedehnt hat, aber gerade daraus folgt nun die Notwendigkeit innerer Gegensätze, die nicht mehr auf der geistigen Anlage einzelner Menschen, sondern auf dem Geist der einzelnen Landschaften beruhen und die

---

[1] Bis zu der Forderung 19, 12, die Origenes wörtlich befolgt hat.
[2] Wissowa, Religion und Kultus der Römer, S. 493; Geffcken, S. 4 und 144.

deshalb zum Zerfall des Christentums in mehrere Religionen geführt haben, und zwar für immer.

Der Streit um die Wesenheit Christi ist das Feld, auf dem der Kampf
zum Austrag kommt. Es handelt sich um *Substanzprobleme*, die in
ganz derselben Form und Richtung auch das Denken aller andern
magischen Theologien erfüllen. Die neuplatonische Scholastik, Porphyrios, Jamblich und vor allem Proklos haben solche Fragen in
westlicher Fassung und in enger Fühlung mit der Denkweise des
Philo und selbst des Paulus behandelt. Das Verhältnis zwischen dem
Ur-Einen, Nus, Logos, dem Vater und dem Mittler wird auf das
Substanzielle hin betrachtet. Handelt es sich um Ausstrahlung, Teilung oder Durchdringung? Ist eins im andern enthalten, sind sie
identisch oder schließen sie sich aus? Ist die Trias zugleich Monas?
Im Osten, wo schon die Voraussetzungen des Johannesevangeliums
und der bardesanischen Gnosis eine andere Fassung dieser Probleme
zeigen, hat das Verhältnis Ahura mazdas zum heiligen Geiste (*spenta
mainyu*) und das Wesen des Vohu mano die awestischen „Väter"
beschäftigt, und gerade in der Zeit der entscheidenden Konzile von
Ephesus und Chalcedon bezeichnet der vorübergehende Sieg des
Zrvanismus (438–457) mit dem Vorrang des göttlichen Weltlaufs
(*zrvan* als historische Zeit) über die göttlichen Substanzen den Höhepunkt eines dogmatischen Kampfes. Der Islam hat endlich die ganze
Frage noch einmal aufgenommen und mit Beziehung auf die Wesenheit Mohammeds und des Koran zu lösen versucht. Vorhanden ist das
Problem, seit es ein magisches Menschentum gibt, so gut wie mit
dem faustischen Denken auch schon die spezifisch abendländischen
Willensprobleme an Stelle der Substanzprobleme gegeben sind.
Man braucht nicht nach ihnen zu suchen; sie sind da, sobald das
Denken der Kultur beginnt. Sie sind Grundform dieses Denkens
und dringen in allen Untersuchungen hervor, auch wo man sie nicht
sucht oder gar nicht bemerkt.

Aber auch die drei landschaftlich vorbestimmten christlichen Lösungen des Ostens, Westens und Südens sind von Anfang an vorhanden und schon in den Hauptrichtungen der Gnosis – etwa durch
Bardesanes, Basilides und Valentinus – angelegt. In Edessa treffen

sie zusammen. Hier hallten die Straßen wider vom Kampfgeschrei der Nestorianer gegen die Sieger auf dem Konzil zu Ephesus und später von den εἷς-θεός-Rufen der Monophysiten, die verlangten, daß der Bischof Ibas den Tieren im Zirkus vorgeworfen werde.

Athanasius hatte, und zwar ganz aus dem Geist der Pseudomorphose heraus und seinem heidnischen Zeitgenossen Jamblich in vielem verwandt, die große Frage formuliert. Gegen Arius, der in Christus einen Halbgott – dem Vater nur wesens*ähnlich* – erblickte, behauptete er: Vater und Sohn sind von *derselben* göttlichen Substanz (θεότης), die in Christus ein menschliches *soma* angenommen hat. „Das Wort ward Fleisch." Diese Formel des Westens ist abhängig von anschaulichen Tatsachen der *Kult*kirche, das Verstehen der Worte vom beständigen Erblicken des Bildhaften. Hier im bilderfreundlichen Westen, wo eben jetzt Jamblich sein Buch über die Götterstatuen schrieb, in denen das Göttliche substanziell anwesend ist und Wunder wirkt,[1] ist neben dem abstrakten Verhältnis der Dreieinigkeit das sinnlich-menschliche von Mutter und Sohn stets wirksam, und gerade dieses ist aus den Gedankengängen des Athanasius nicht fortzudenken.

Mit der anerkannten Wesensgleichheit von Vater und Sohn war das eigentliche Problem erst gestellt: das der geschichtlichen Erscheinung des Sohnes selbst, wie sie aus dem magischen Dualismus aufgefaßt werden müsse. In der Welthöhle gab es die göttliche und die weltliche Substanz, im Menschen den Anteil am göttlichen Pneuma und die mit dem „Fleisch" irgendwie verwandte Einzelseele. Wie stand es mit Christus?

Es ist entscheidend, eine Folge der Schlacht bei Actium, daß der Streit in griechischer Sprache und auf dem Boden der Pseudomorphose geführt wurde, ganz im Machtgebiet des „Kalifen" der westlichen Kirche. Schon Konstantin hat das Konzil von Nikäa, wo die Lehre des Athanasius siegte, einberufen und beherrscht. Im aramäisch schreibenden und denkenden Osten verfolgte man diese Ereignisse kaum, wie die Briefe des Aphrahat beweisen. Man stritt

---

[1] Das ist auch die metaphysische Grundlage der bald beginnenden christlichen Bilderverehrung und der Erscheinung wundertätiger Marien- und Heiligenbilder.

nicht über das, was man für sich längst entschieden hatte. Der Bruch
zwischen Ost und West, eine Folge des Konzils von Ephesus (431),
trennte zwei christliche *Nationen*, die der „Perserkirche" und der
„Griechenkirche", aber innerlich bestätigte er nur die ursprüngliche
Verschiedenheit von zwei landschaftlich durchaus getrennten *Denkweisen*. Nestorius und der ganze Osten erblickten in Christus den
zweiten Adam, den göttlichen Gesandten des letzten Aion. Maria
hat *einen Menschen* geboren, in dessen menschlicher und geschaffener
Substanz *(physis)* die göttliche, ungeschaffene *wohnt*. Der Westen sah
in Maria die Mutter *eines Gottes*: die göttliche und die menschliche
Substanz bilden in seinem Leibe (*persona* in antikem Sprachgebrauch)[1]
eine Einheit (von Kyrill als ἕνωσις bezeichnet).[2] Als das Konzil von
Ephesus die „Gottesgebärerin" anerkannt hatte, kam es in der Stadt
der berühmten Diana zu einer wahrhaft antiken Festorgie.[3]

Aber vorher schon hatte der Syrer Apollinaris die „südliche" Fassung verkündet: Im lebenden Christus ist nicht nur eine Person,
sondern auch eine einzige Substanz vorhanden. Die göttliche hat sich
verwandelt, nicht mit einer menschlichen vermischt (keine κρᾶσις,
wie Gregor von Nazianz gegen ihn behauptete); diese monophysitische Auffassung läßt sich, was bezeichnend ist, am besten durch
Begriffe Spinozas: die *eine* Substanz in einem andern Modus, ausdrücken. Die Monophysiten nannten den Christus des Konzils von
Chalcedon (451), wo wieder der Westen seine Fassung durchgesetzt
hatte, das „Götzenbild mit den zwei Gesichtern". Sie fielen nicht

---

[1] Vgl. Bd. II, S. 624 f.

[2] Die Nestorianer protestierten gegen die Maria *theotokos*, die Gottgebärende,
der sie den Christus *theophoros*, den Gott in sich tragenden, entgegenstellten. Darin
kommt sogleich der tiefe Unterschied zwischen einer bilderfreundlichen und bil-
derfeindlichen Religiosität zum Vorschein.

[3] Man beachte die „westlichen" Substanzfragen in Proklos' gleichzeitigen
Schriften, vom doppelten Zeus, der Trias von πατήρ, δύναμις, νόησις, die zugleich νοητόν sind. Zeller, Philosophie der Griechen V, S. 857 ff. Ein wirkliches Ave Maria ist der schöne Hymnus des Proklos an Athene: „ Wenn aber ein
böser Fehl meines Daseins mich in Banden schlägt – ach, ich weiß es ja selbst, wie
ich von vielen unheiligen Taten hin und her geworfen werde, die ich in meiner
Verblendung begangen –, so sei mir gnädig, du Sanftmütige, du Heil der Menschheit, und laß mich nicht furchtbaren Strafen zur Beute am Boden liegen, denn ich
bin und bleibe dein Eigentum" (Hymn. VII, Eudociae Aug. rel. A. Ludwich,
1897).

nur von der Kirche ab; es kam zu erbitterten Aufständen in Palästina und Ägypten; als unter Justinian die persischen Truppen, also
Mazdaisten, bis zum Nil vordrangen, wurden sie von den Monophysiten als Befreier begrüßt.

Der letzte Sinn dieses verzweifelten Kampfes, in dem es sich ein
Jahrhundert lang nicht um gelehrte Begriffe, sondern um die Seele
der Landschaft handelt, die *in ihren Menschen* befreit sein wollte,
war die Zurücknahme der Tat des Paulus. Man muß sich ganz in das
Innerste der beiden neu entstehenden Nationen versetzen und alle
kleinen Züge der bloßen Dogmatik beiseite lassen: dann sieht man,
wie die Richtung des Christentums nach dem griechischen Westen
und seine geistige Verbindung mit der Heidenkirche ihren Gipfel
in der Tatsache erreicht hatte, daß der Herrscher des Westens das
Oberhaupt des Christentums überhaupt geworden war. Für Konstantin war mit Selbstverständlichkeit die paulinische Gründung
innerhalb der Pseudomorphose *das* Christentum; die Judenchristen
petrinischer Richtung waren eine ketzerische Sekte, die Ostchristen
„johanneischer" Art hat er gar nicht bemerkt. Als der Geist der
Pseudomorphose auf den drei entscheidenden Konzilen zu Nikäa,
Ephesus und Chalcedon das Dogma ganz und endgültig nach *seiner*
Veranlagung gefaßt hatte, richtete sich die eigentlich arabische
Welt mit Naturgewalt auf und zog eine Grenze zwischen sich und
ihm. Mit dem Ende der arabischen Frühzeit tritt der endgültige Zerfall des Christentums in drei Religionen ein, die sich symbolisch mit
den Namen Paulus, Petrus und Johannes bezeichnen lassen und von
denen keine mehr die eigentliche und wahre genannt werden darf,
wenn man nicht historischen und theologischen Vorurteilen nachgibt. Sie sind zugleich drei Nationen im Stammgebiet der älteren
griechischen, jüdischen und persischen Nation, und sie bedienen
sich der von diesen entlehnten Kirchensprachen des Griechischen,
Aramäischen und Pehlewi.

14

Die Ostkirche hatte sich seit dem Konzil von Nikäa durch eine
Episkopalverfassung mit dem Katholikos von Ktesiphon an der

Spitze, mit eigenen Konzilen, Liturgie und Recht organisiert; 486 wurde die nestorianische Lehre als bindend angenommen und damit die Verbindung mit Byzanz gelöst. Von da an haben die Mazdaisten, Manichäer und Nestorianer ein gemeinsames Schicksal, das in der bardesanischen Gnosis im Keime angelegt war. In der monophysitischen Südkirche kommt der Geist der Urgemeinde wieder ans Licht und zu weiter Verbreitung; sie steht mit ihrem starren Monotheismus und ihrer Bilderfeindschaft dem talmudischen Judentum am nächsten und ist, was der Kampfruf εἷς θεός[1] schon vorausgedeutet hatte, mit jenem der Ausgangspunkt des Islam geworden. Die Westkirche blieb mit dem Schicksal des römischen Reiches, das heißt der zum Staat gewordenen Kultkirche verbunden. Sie hat allmählich die Bekenner der Heidenkirche in sich aufgenommen. Ihre Bedeutung liegt von nun an nicht mehr in ihr selbst, denn der Islam hat sie fast vernichtet, sondern in dem Zufall, daß die jungen Völker der neuen Kultur des Abendlandes das christliche System *von ihr* als Grundlage einer neuen Schöpfung empfingen,[2] und zwar in der lateinischen Fassung des äußersten Westens, die für die Griechenkirche selbst gar keine Bedeutung besaß. Denn Rom war damals eine Griechenstadt und das Latein weit eher in Afrika und Gallien zu Hause.

Was zum Wesen der magischen Nation gehört, ein Dasein, das in Ausdehnung besteht, war von Anfang an wirksam gewesen. Alle diese Kirchen trieben Mission und zwar nachdrücklich und mit gewaltigem Erfolge. Aber erst in den Jahrhunderten, in welchen das Weltende in die Ferne gerückt war und das Dogma für ein langes Dasein in dieser Welthöhle aufgebaut wurde, in denen die Gruppe der magischen Religionen sich an dem Substanzproblem endgültig klärte, nimmt die Ausdehnung jenes leidenschaftliche Tempo an, das diese Kultur von allen anderen unterscheidet und das in der Ausbreitung des Islam sein eindrucksvollstes und letztes, aber keineswegs einziges Beispiel gefunden hat. Die abendländischen Theologen und

---

[1] Allah il Allah.

[2] Und ebenso das Russentum, das den Schatz bisher verschlossen aufbewahrt hat.

Historiker geben von dieser gewaltigen Tatsache ein vollständig falsches Bild. Mit dem Blick auf die Länder des Mittelmeers gebannt, bemerken sie nur die Westrichtung, die mit ihrem Schema Altertum – Mittelalter – Neuzeit verträglich ist, und auch da beachten sie nur das vermeintlich einheitliche Christentum, das für sie zu einer gewissen Zeit aus der griechischen in eine lateinische Form übergeht, worauf der griechische Rest ihren Blicken entschwindet.

Aber schon vor ihm hatte die Heidenkirche, was in seiner ungeheuren Tragweite nie beachtet und *als Missionsarbeit* überhaupt nicht erkannt wird, den größten Teil der Bevölkerung von Nordafrika, Spanien, Gallien, Britannien und längs der Rhein- und Donaugrenze für die synkretistischen Kulte gewonnen. Von der Druidenreligion, die Cäsar in Gallien angetroffen hatte, war zur Zeit Konstantins wenig mehr vorhanden. Die Angleichung einheimischer Ortsgötter an die Namen der großen – magischen – Gottheiten der Kultkirche, vor allem an Mithras-Sol-Jupiter, hat seit dem 2. Jahrhundert den Charakter einer werbenden Tätigkeit, und dasselbe gilt von der Ausdehnung des späteren Kaiserkultes. Die Mission des Christentums würde hier nicht so erfolgreich gewesen sein, wenn die ihm nahe verwandte andre Kultkirche nicht vorangegangen wäre. Aber diese Mission beschränkte sich durchaus nicht auf Barbaren. Noch im 5. Jahrhundert hat der Missionar Asklepiodot die karische Stadt Aphrodisias vom Christentum zum Heidentum bekehrt.

Die Juden haben, wie schon gezeigt worden ist, eine großartige Mission nach Süden und Osten getrieben. Über Südarabien sind sie bis ins innere Afrika gedrungen, und zwar vielleicht vor oder kurz nach Christi Geburt; im Osten sind sie schon im 2. Jahrhundert in China nachzuweisen. Im Norden trat später das Chazarenreich mit der Hauptstadt Astrachan zum Judentum über. Von dort aus sind Mongolen jüdischer Religion bis ins Innere Deutschlands gedrungen und 955 mit den Ungarn auf dem Lechfeld geschlagen worden. Jüdische Gelehrte der spanisch-maurischen Hochschulen baten um 1000 den Kaiser von Byzanz um Schutz für eine Gesandtschaft, welche die Chazaren befragen sollte, ob sie die Nachkommen der verlornen Stämme Israels seien.

Mazdaisten und Manichäer haben vom Tigris aus beide Imperien, das römische und das chinesische, bis zu den äußersten Grenzen durchzogen. Als Mithraskult gelangte das Persertum bis nach Britannien; die manichäische Religion war um 400 eine Gefahr für das griechische Christentum geworden; manichäische Sekten gab es noch zur Zeit der Kreuzzüge in Südfrankreich; aber beide Religionen waren gleichzeitig in östlicher Richtung längs der chinesischen Mauer, wo die große mehrsprachige Inschrift von Kara Balgassum die Einführung des manichäischen Bekenntnisses im Uigurenreich meldet, bis nach Schantung gelangt. Persische Feuertempel entstehen im Innern Chinas, seit 700 erscheinen in chinesischen astrologischen Schriften persische Ausdrücke.

Die drei christlichen Kirchen sind überall diesen Spuren gefolgt. Als die Westkirche den Frankenkönig Chlodwig bekehrte (496), war die Mission der Ostkirche schon bis nach Ceylon und in die chinesischen Garnisonen am Westende der großen Mauer gelangt, die der Südkirche in das Reich von Axum. Als seit Bonifatius (718) Deutschland bekehrt wurde, waren die nestorianischen Missionare nahe daran, das chinesische Mutterland zu gewinnen. 638 sind sie in Schantung eingewandert. Kaiser Gao-dsung (651–84) ließ in allen Provinzen Kirchen errichten, um 750 wurde im kaiserlichen Palast christlich gepredigt, 781 war nach einer noch erhaltenen Denksäule in Singanfu mit aramäisch-chinesischer Inschrift „ganz China von den Palästen der Eintracht bedeckt". Aber es ist im höchsten Grade bedeutsam, daß die in religiösen Dingen doch erfahrenen Konfuzianer die Nestorianer, Mazdaisten und Manichäer für Anhänger einer einzigen „persischen" Religion gehalten haben,[1] so wie die Bevölkerung der weströmischen Provinzen Mithras und Christus nicht deutlich unterschied.

Den Islam muß man als den Puritanismus der gesamten Gruppe frühmagischer Religionen betrachten, der nur in Form einer neuen Religion aufgetreten ist und zwar im Bereich der Südkirche und des talmudischen Judentums. In dieser tieferen Bedeutung und nicht allein in der Wucht des kriegerischen Ansturms liegt das Geheimnis

[1] Hermann, Chines. Geschichte (1912), S. 77.

seiner märchenhaften Erfolge. Obwohl er aus politischen Gründen
eine erstaunliche Toleranz übte – der letzte große Dogmatiker der
Griechenkirche, Johannes Damascenus, war unter dem Namen Al
Mansor Schatzmeister des Kalifen –, sind Judentum und Mazdaismus und die christlichen Süd- und Ostkirchen sehr rasch und so gut
wie vollständig in ihm verschwunden. Der Katholikos von Seleukia,
Jesujabh III., klagt, daß gleich bei seinem ersten Auftreten Zehntau-
sende von Christen übergegangen seien, und in Nordafrika, der
Heimat Augustins, fiel die gesamte Bevölkerung sofort dem Islam
zu. Mohammed starb 632. 641 schon war das ganze Gebiet der Monophysiten und Nestorianer und also das des Talmud und Awesta in
islamischem Besitz. 717 stand man vor Konstantinopel und auch die
Griechenkirche war in Gefahr, zu verschwinden. Schon 628 hatte
ein Verwandter Mohammeds dem chinesischen Kaiser Tai-dsung
Geschenke überbracht und die Erlaubnis zur Mission erhalten. Seit
700 gibt es in Schantung Moscheen, und 720 wird von Damaskus aus
den längst in Südfrankreich stehenden Arabern der Befehl erteilt,
das Frankenland zu erobern. Zwei Jahrhunderte später, als im Abendland aus den Resten der Westkirche eine neue religiöse Welt entstand, war der Islam im Sudan und auf Java angelangt.

Aber der Islam bedeutet doch nur ein Stück *äußerer* Religionsgeschichte. Die innere Geschichte der magischen Religion ist mit
Justinian ebenso zu Ende wie die der faustischen mit Karl V. und
dem Konzil von Trient. Jeder Blick in irgendein Buch über Religionsgeschichte lehrt, daß ,,das" Christentum *zwei Zeitalter großer
Gedankenbewegung* kennengelernt hat, 0–500 im Orient und 1000–
1500 im Okzident.[1] Aber das sind *zwei Frühzeiten zweier Kulturen*,
und sie umfassen auch die Religionsentwicklung zugehöriger, aber
nichtchristlicher Formen. Justinian hat nicht, wie es immer heißt,
durch die Schließung der Hochschule von Athen (529) der antiken
Philosophie ein Ende gemacht. Dergleichen gab es seit vielen Jahrhunderten nicht mehr. Er hat, vierzig Jahre vor der Geburt Mohammeds, *die Theologie der Heidenkirche* abgeschlossen und ebenso, was

---

[1] Ein drittes, ,,gleichzeitiges", wird in der ersten Hälfte des nächsten Jahrtausends
in der russischen Welt folgen.

man hinzuzufügen vergißt, durch die Schließung der Schulen von Antiochia und Alexandria *auch die christliche*. Die Lehre war fertig, wie sie es im Abendland mit dem Konzil von Trient 1564 und dem Augsburger Bekenntnis 1530 ebenfalls war. Mit der Stadt und dem Geiste ist die religiöse Schöpferkraft zu Ende. Um 500 wird der Talmud abgeschlossen und 529 wurde in Persien die Reformation des Mazdak, die den Wiedertäufern des Abendlandes nicht unähnlich eheliches Leben und weltlichen Besitz verwarf und die von König Kobad I. gegen die Macht der Kirche und der Adelsgeschlechter unterstützt worden war, durch Chosru Nuschirwan blutig unterdrückt und die awestische Lehre damit endgültig festgelegt.

III. Pythagoras, Mohammed, Cromwell

15

Religion nennen wir das Wachsein eines Lebewesens in den Augenblicken, wo es das Dasein überwältigt, beherrscht, verneint, selbst vernichtet.[1] Das rassehafte Leben und der Takt seiner Triebe werden klein und dürftig vor dem Blick in die ausgedehnte, gespannte und lichterfüllte Welt; *die Zeit weicht dem Raume.* Die pflanzenhafte Sehnsucht nach Vollendung erlischt und das tierhafte Urgefühl der Angst vor dem Vollendetsein, dem Richtungslosen, dem Tode bricht hervor. Nicht Hassen und Lieben, sondern Fürchten und Lieben sind die Grundgefühle der Religion. Haß und Furcht unterscheiden sich wie Zeit und Raum, wie Blut und Auge, wie Takt und Spannung, wie Heldenhaftes und Heiliges. Aber ebenso verschieden ist Liebe im rassehaften und Liebe im religiösen Sinne.

Alle Religion ist dem Lichte verwandt. Das Ausgedehnte wird auch religiös als Augenwelt von dem Ich als Lichtmitte aus erfaßt. Gehör und Getast werden dem Gesehenen eingeordnet und das *Unsichtbare*, dessen Wirkungen man sinnlich verspürt, wird zum Inbegriff des Dämonischen. Alles, was wir mit den Worten Gott-

[1] Vgl. Bd. II, S. 557 ff. und Anm. S. 557.

heit, Offenbarung, Erlösung, Fügung bezeichnen, ist irgendwie ein Element der belichteten Wirklichkeit. Der Tod ist für den Menschen etwas, das er sieht und sehend erkennt, und im Hinblick auf den Tod ist die Geburt das *andre* Geheimnis: beide begrenzen für das Auge das gefühlte Kosmische als Leben eines Leibes im Lichtraum.

Es gibt eine tiefe, auch den Tieren bekannte Furcht *vor* dem mikrokosmischen Freisein im Raume, vor dem Raume selbst und seinen Mächten, vor dem Tode, und eine andere Furcht *für* das kosmische Strömen des Daseins, das Leben, die gerichtete Zeit. Die erste weckt eine dunkle Ahnung, daß die Freiheit im Ausgedehnten eine neue und tiefere Art von Abhängigkeit als die pflanzenhafte ist. Sie läßt das Einzelwesen im Gefühl seiner Schwäche die Nähe und Verbindung mit anderen suchen. Die Angst führt zum Sprechen und eine Art von Sprache ist jede Religion. Aus der Angst vor dem Raume erheben sich die Numina *der Welt als Natur* und die *Götterkulte.* Aus der Angst für die Zeit entstehen die Numina *des Lebens,* des Geschlechtes, des Staates mit ihrem Mittelpunkt im *Ahnenkult.* Das ist der Unterschied von *tabu* und *totem,*[1] denn auch das Totemistische erscheint stets in religiöser Form, aus einer heiligen Scheu vor dem, was dem Verstehen selbst entzogen und ewig fremd ist.

Die höhere Religion bedarf der wachen Spannung gegen die Mächte des Blutes und Daseins, die immer in der Tiefe lauern, um ihr uraltes Recht über diese *jüngere* Seite des Lebendigen wieder an sich zu nehmen: „*Wachet* und betet, daß Ihr nicht in Anfechtung fallet." Trotzdem ist Erlösung ein Grundwort jeder Religion und ein ewiger Wunsch für jedes wache Wesen. In diesem allgemeinen, fast vorreligiösen Sinne bedeutet er das Verlangen nach Befreiung von den Ängsten und Qualen des Wachseins, nach *Entspannung der Spannungen* des furchtgebornen Denkens und Grübelns, nach Lösung und Aufhebung des Bewußtseins von der Einsamkeit des Ich im All, der starren Bedingtheit aller Natur und dem Blick auf die unverrückbare Grenze allen Seins, das Alter, den Tod.

Auch der Schlaf erlöst. Der Tod selbst ist der Bruder des Schlafs. Auch der heilige Wein, der Rausch bricht die Strenge der geistigen

---

[1] Vgl. Bd. II, S. 693.

Spannungen und ebenso der Tanz, die dionysische Kunst und jede andere Art von Betäubung und Außersichsein. Das ist ein Entrinnen aus dem Wachsein mit Hilfe des Daseins, des Kosmischen, des „es", *die Flucht aus dem Raume in die Zeit*. Aber höher als das alles steht die eigentlich religiöse Überwindung der Angst *durch das Verstehen selbst*. Die Spannung zwischen Mikrokosmos und Makrokosmos wird zu etwas, das man liebt, in das man sich ganz versenken kann.[1] Dies nennen wir *Glauben* und mit ihm beginnt das menschliche Geistesleben überhaupt.

Es gibt nur kausales Verstehen, ob es hingenommen oder angewandt, ob es vom Empfinden abgezogen ist oder nicht. Es ist gar nicht möglich, Verstandensein und Kausalität zu unterscheiden: beide Worte drücken dasselbe aus. Wo etwas für uns „wirklich" ist, sehen und denken wir es in ursächlicher Form, so wie wir uns selbst und unser Tun als Ur-Sache empfinden und kennen. Dies Ansetzen von Ursachen ist aber nicht nur in der religiösen, sondern in der anorganischen Logik des Menschen überhaupt von Fall zu Fall verschieden. Zu einer Tatsache wird soeben dies und im Augenblick darauf etwas ganz anderes als Ursache gedacht. Jede Art des Denkens hat für jedes ihrer Anwendungsgebiete ein eigenes „System". Im alltäglichen Leben kommt es nie vor, daß derselbe Kausalzusammenhang genau so noch einmal gedacht wird. Noch in der modernen Physik sind Arbeitshypothesen, das heißt Kausalsysteme, nebeneinander im Gebrauch, die sich teilweise ausschließen wie die elektrodynamischen und thermodynamischen Vorstellungen. Dies widerspricht dem Sinn des Denkens nicht, denn man „versteht" bei dauerndem Wachsein stets in Gestalt einzelner Akte, deren jeder seine eigne kausale Einstellung besitzt. Die Ansicht, daß die ganze Welt als Natur in bezug auf ein Wachsein durch eine einzige Kausalverkettung geordnet sei, ist durch unser Denken, das stets nur Einzelzusammenhänge denkt, gar nicht zu vollziehen. Sie bleibt ein Glaube; sie ist sogar *der Glaube* schlechthin, denn auf ihm beruht das religiöse Weltverstehen, das überall, wo es etwas bemerkt, mit

---

[1] „Wer Gott mit inbrünstiger Seele liebt, der verwandelt sich in ihm" (Bernhard von Clairvaux).

Denknotwendigkeit Numina annimmt, flüchtige für Zufallsereig-
nisse, an die es nie wieder denkt, und dauernde, die etwa in Quellen,
Bäumen, Steinen, Hügeln, den Sternen, also an bestimmten Orten
hausen oder wie die Gottheiten des Himmels, des Krieges, der Weisheit überall gegenwärtig sein können. Begrenzt sind sie nur innerhalb jedes einzelnen Denkaktes. Was heute Eigenschaft eines Gottes,
ist morgen selbst ein Gott. Andere sind bald eine Vielheit, bald eine
Person, bald ein unbestimmtes Etwas. Es gibt unsichtbare (Gestalten)
und unbegreifliche (Prinzipien), die dem Begnadeten entweder erscheinen oder begreiflich werden können. Das Schicksal[1] ist in der
Antike (εἱμαρμένη) und in Indien *(rta)* etwas, das als Ur-Sache über
den vorstellbaren Gestaltgöttern steht; das magische Schicksal ist
aber eine *Wirkung* des einzigen und gestaltlosen höchsten Gottes.
Das religiöse Denken geht stets dahin, in der Ursachenfolge Ordnungen des Wertes und Ranges zu unterscheiden bis zu allerhöch-
sten Wesen oder Prinzipien, die allererste „waltende" Ursachen sind.
Fügung ist das Wort für das umfassendste aller auf Wertung beruhenden Kausalsysteme. Wissenschaft ist im Gegensatz dazu ein
Verstehen, das von einem Rangunterschied der Ursachen grundsätzlich absieht: was sie findet, ist nicht Fügung, sondern Gesetz.

Das Verstehen von Ursachen erlöst. Der Glaube an die gefundenen Zusammenhänge bringt die Weltangst zum Weichen. Gott ist
die Zuflucht des Menschen vor dem Schicksal, das sich fühlen, erleben, aber nicht denken, vorstellen, nennen läßt, das versinkt, solange das „kritische" – *scheidende* – furchtgeborne Verstehen Ursachen hinter Ursachen greifbar, d. h. für das äußere oder innere
Auge in optischer Aufreihung feststellt, aber auch nur so lange.
Es ist die verzweifelte Lage des höheren Menschen, daß sein mächtiges Verstehenwollen sich in beständigem Widerspruch zu seinem
Dasein befindet. Es dient dem Leben nicht mehr; herrschen kann es
auch nicht; so bleibt etwas Ungelöstes in allen bedeutenden Lagen.
„Es darf sich einer nur für frei erklären, so fühlt er sich den Augen-

---

[1] Für das religiöse *Denken* ist Schicksal stets eine kausale Größe. Die Erkenntniskritik kennt es deshalb nur als ein unklares Wort für Kausalität. Nur solange man
nicht daran denkt, kennt man es wirklich.

blick als bedingt. Wagt er es, sich für bedingt zu erklären, so fühlt er sich frei." (Goethe)

Einen kausalen Zusammenhang innerhalb der Welt als Natur, von dem wir überzeugt sind, daß er durch weiteres Nachdenken unmöglich verändert werden könne, nennen wir Wahrheit. Wahrheiten „stehen fest" und zwar zeitlos – absolut bedeutet *abgelöst von Schicksal und Geschichte, abgelöst aber auch von den Tatsachen unseres eignen Lebens und Sterbens –*; sie befreien innerlich, trösten und erlösen, denn die unberechenbaren Geschehnisse der Tatsachenwelt werden durch sie entwertet und überwunden. Oder, wie es sich im Geiste spiegelt: „Mag die Menschheit vergehen, die Wahrheit bleibt."

In der Umwelt wird etwas fest-gestellt, d. h. gebannt; der verstehende Mensch hat das Geheimnis in Händen, sei es vor Zeiten einen mächtigen Zauberspruch oder heute eine mathematische Formel. Ein Triumphgefühl begleitet jede Erfahrung im Reiche der Natur, heute noch, durch die über Absichten und Kräfte des Himmelsgottes, der Gewittergeister, der Flurdämonen, oder über die Numina der Naturwissenschaft – Atomkerne, Lichtgeschwindigkeit, Gravitation – oder auch nur über die abgezogenen Numina des mit seinem eigenen Bilde beschäftigten Denkens – den Begriff, die Kategorie, die Vernunft – etwas festgestellt und damit in den Kerker eines unveränderlichen Systems kausaler Beziehungen gebracht wird. Erfahrung in diesem anorganischen, tötenden, festmachenden Sinne, die etwas ganz anderes ist als Lebenserfahrung und Menschenkenntnis, erfolgt aber in doppelter Weise: *als Theorie und als Technik,*[1] religiös gesprochen *als Mythos oder Kultus,* je nachdem der Gläubige die Geheimnisse seiner Umwelt erschließen oder bezwingen will. Beides fordert eine hohe Entwicklung des menschlichen Verstehens. *Beides kann aus dem Fürchten oder dem Lieben geboren sein.* Es gibt einen Mythos der Furcht wie den mosaischen und den primitiven überhaupt und einen der Liebe wie den des Urchristentums und der gotischen Mystik, und ebenso eine Technik der abwehrenden und eine andre der flehenden Beschwörung. Dies ist wohl

[1] Vgl. Bd. II, S. 582.

auch der innerlichste Unterschied von Opfer und Gebet[1]: so trennen sich primitives und höheres Menschentum. Religiosität ist ein Zug der Seele, aber Religion ist ein Talent. „Theorie" fordert die Gabe des Schauens, die nicht alle und wenige in erleuchtender Eindringlichkeit besitzen. Sie ist Weltanschauung im ursprünglichsten Sinne, Anschauung der Welt, ob man nun in ihr das Walten und Weben von Mächten, oder mit städtischem und kälterem Geist, nicht fürchtend oder liebend, sondern *neugierig*, den Schauplatz gesetzmäßiger Kräfte erblickt. Die Geheimnisse von Tabu und Totem werden im Götterglauben und Seelenglauben angeschaut und in der theoretischen Physik und Biologie errechnet. „Technik" setzt die geistige Begabung des Bannens und Beschwörens voraus. Der Theoretiker ist kritischer Seher, der Techniker Priester, der Erfinder Prophet.

Das Mittel aber, in dem die ganze geistige Kraft sich sammelt, ist die durch die Sprache vom Sehen abgezogene *Form* des Wirklichen, deren Quintessenz sich nicht jedem Wachsein erschließt: die *begriffene* Grenze, das *mitteilbare* Gesetz, der Name, die Zahl. Deshalb beruht jede Beschwörung der Gottheit auf der Kenntnis ihres wirklichen Namens, auf der Ausübung der nur dem Wissenden bekannten und zu Gebote stehenden Riten und Sakramente in genau der richtigen Form und unter Gebrauch der richtigen Worte. Das gilt nicht nur vom primitiven Zauberwesen, sondern auch von jeder physikalischen Technik und noch viel mehr von jeder Medizin. Deshalb ist Mathematik etwas Heiliges, das regelmäßig aus religiösen Kreisen hervorgeht – Pythagoras, Descartes, Pascal –, und die Mystik heiliger Zahlen, der 3, 7, 12, ein wesentlicher Zug aller Religion,[2] deshalb das Ornament und seine höchste Form im Kultbau etwas Zahlenhaftes in gefühlter Gestalt. Es sind starre, zwingende Formen, Ausdrucksmotive oder Mitteilungszeichen,[3] durch wel-

---

[1] Beide unterscheiden sich durch die *innere* Form. Ein Opfer, das Sokrates darbringt, ist innerlich ein Gebet. Das antike Opfer ist überhaupt als *Gebet in körperhafter Gestalt* aufzufassen. Das „Stoßgebet" des Verbrechers aber ist in Wirklichkeit ein Opfer, zu dem die Angst ihn drängt.

[2] Darin unterscheidet sich die Philosophie nicht im geringsten vom urwüchsigen Volksglauben. Man denke an Kants Kategorientafel mit ihren 3 × 4 Einheiten, an Hegels Methode, an Jamblichs Triaden.

[3] Vgl. Bd. II, S. 716.

che innerhalb der Welt des Wachseins das Mikrokosmische mit dem Makrokosmos in Verbindung tritt. In der priesterlichen Technik heißen sie Gebote, in der wissenschaftlichen Gesetze. Beide sind Name und Zahl, und der primitive Mensch würde keinen Unterschied finden zwischen der Zauberkraft, mit welcher der Priester seines Dorfes die Dämonen, und der, mit welcher der zivilisierte Techniker seine Maschinen beherrscht.

Das erste und vielleicht das einzige Ergebnis des menschlichen Verstehenwollens ist der *Glaube*. „Ich glaube" ist das große Wort gegen die metaphysische Angst und zugleich ein Bekenntnis der Liebe. Mag das Forschen und Kennenlernen seinen Gipfel in einer plötzlichen Erleuchtung oder einer erfolgreichen Berechnung haben, so wäre doch alles eigene Empfinden und Begreifen ohne Sinn, wenn nicht die innere Gewißheit von „etwas" sich einstellte, das als das Andre und Fremde und zwar genau in der ermittelten Gestalt in der Verkettung von Ursache und Wirkung „ist". Der Mensch als Wesen des sprachgeleiteten Denkens kennt also als seinen höchsten geistigen Besitz den endlich errungenen festen Glauben an dieses der Zeit und dem Schicksal entrückte Etwas, das er schauend abgesondert und durch Name und Zahl gezeichnet hat. Aber was das ist, bleibt zuletzt dennoch dunkel. Wurde die geheime Logik des Alls damit selbst berührt oder nur ein Schattenbild? Das ganze Ringen und Leiden, die ganze Angst des grübelnden Menschen richtet sich auf diesen neuen Zweifel, der Verzweiflung werden kann. Er braucht in seinem geistigen Tiefendrang den Glauben an ein *letztes* Etwas, das sich denkend erreichen, ein Ende des Zertrennens, das keinen Rest von Geheimnis mehr übrig läßt. Die Winkel und Abgründe seiner geschauten Welt müssen sämtlich durchleuchtet sein – nichts anderes kann ihn erlösen.

Hier geht der Glaube über in das aus dem Mißtrauen erwachsene „*Wissen*" oder, was wahrer ist, in den Glauben an ein solches Wissen. Denn diese Form des Verstehens ist durchaus abhängig von jener, später, künstlicher und fragwürdiger. Es kommt hinzu, daß die religiöse Theorie – das gläubige Schauen – zu einer priesterlichen Praxis *führt*, die wissenschaftliche Theorie aber sich umgekehrt durch jene aus der Praxis, dem technischen Wissen des alltäglichen Lebens *ablöst*.[1] Der feste Glaube, der sich aus Erleuchtungen, Offenbarungen, plötzlichen Tiefblicken ergibt, kann kritischer Arbeit entbehren. Das kritische Wissen aber setzt den Glauben voraus, daß seine Methoden genau zu dem führen, was man sucht, nicht zu neuen Bildern, sondern zu „Wirklichem". Aber die Geschichte lehrt, daß der Zweifel am Glauben zum Wissen führt und der Zweifel am Wissen nach einer Zeit des kritischen Optimismus wieder zurück zum Glauben. Je mehr das theoretische Wissen sich vom gläubigen Hinnehmen befreit, desto näher kommt es der Selbstaufhebung. Was übrig bleibt, ist einzig und allein die *technische* Erfahrung.

Der ursprüngliche, dunkle Glaube erkennt überlegene Quellen der Wahrheit an, durch welche Dinge, die eigenes Grübeln nie enträtseln würde, offenbar, also gewissermaßen aufgeschlossen werden: prophetische Worte, Träume, Orakel, heilige Schriften, die Stimme der Gottheit. Der kritische Geist dagegen will, und er glaubt dessen fähig zu sein, alle Einsichten nur sich selbst verdanken. Er mißtraut fremden Wahrheiten nicht nur, er verneint sogar ihre Möglichkeit. Wahrheit ist für ihn nur selbstbewiesenes Wissen. Die reine Kritik schöpft ihre Mittel allein aus sich, aber es ist bald bemerkt worden, daß eben damit das Wesentliche des Ergebnisses schon vorausgesetzt wird. Das *de omnibus dubitandum* ist ein Vorsatz, der sich gar nicht verwirklichen läßt. Man vergißt, daß kritische Tätigkeit auf einer *Methode* beruhen muß, die nur scheinbar ebenfalls auf kritischem Wege gefunden werden kann; in Wirklichkeit folgt sie aus der jeweiligen Anlage des Denkens,[2] so daß also das Ergebnis der Kritik durch die zugrunde liegende Methode bestimmt wird, diese selbst aber durch den Daseinsstrom, der das Wachsein trägt und durchläuft. Der Glaube an ein voraussetzungsloses Wissen kennzeichnet nur die ungeheure Naivität rationalistischer Zeitalter. Eine naturwissenschaftliche Theorie ist nichts als ein geschichtlich voraufgegangenes

---

[1] Vgl. Bd. II, S. 580f.

[2] Und da ist primitives und kultiviertes, dann chinesisches, indisches, antikes, magisches, abendländisches, endlich sogar deutsches, englisches und französisches Denken anders angelegt, und endlich gibt es überhaupt nicht zwei Menschen mit genau der gleichen Methode.

Dogma in anderer Form. Den Vorteil davon hat allein das Leben in Gestalt einer erfolgreichen Technik, zu welcher die Theorie den Schlüssel gibt. Es war schon gesagt worden, daß über den Wert einer Arbeitshypothese nicht die „Richtigkeit", sondern die Brauchbarkeit entscheidet, aber Einsichten von anderer Art, Wahrheiten im optimistischen Sinne, können überhaupt nicht das Ergebnis rein wissenschaftlichen Verstehens sein, das stets schon eine Ansicht voraussetzt, an der es sich kritisch, *zerlegend*, betätigen kann: die Naturwissenschaft des Barock ist eine fortschreitende Zerlegung des religiösen Weltbildes der Gotik.

Was Glaube und Wissen, Furcht und Neugier erzielen, ist nicht Lebenserfahrung, sondern Erkenntnis der Welt als Natur. Die Welt als Geschichte wird durch beides ausdrücklich verneint. Das Geheimnis des Wachseins ist aber ein doppeltes: zwei angstgeschaffene, kausal geordnete Bilder entstehen für das innere Auge: die „Außenwelt" und als ihr Gegenbild die „Innenwelt". In beiden liegen echte Probleme; das Wachsein ist durchaus in seinem eignen Reiche tätig. Das Numen heißt dort Gott, hier Seele. Das kritische Verstehen denkt die Gottheiten des gläubigen Schauens im Verhältnis zu ihrer Welt in mechanische Größen um, ohne doch den Wesenskern zu verändern: Stoff und Form, Licht und Finsternis, Kraft und Masse; und es zergliedert das Seelenbild des ursprünglichen Seelenglaubens in gleicher Weise und mit dem gleichen *vorbestimmten* Ergebnis. Die Physik des Innern heißt systematische Psychologie und sie entdeckt im Menschen als antike Wissenschaft dingartige Seelen*teile* (νοῦς, θυμός, ἐπιθυμία), als magische Seelen*substanzen (ruach, nephesch)*, als faustische Seelen*kräfte* (Denken, Fühlen, Wollen). Es sind die Gebilde, welche das religiöse Nachdenken fürchtend und liebend in den kausalen Beziehungen von Schuld, Sünde, Gnade, Gewissen, Lohn und Strafe weiter verfolgt.

Das Geheimnis des Daseins führt, sobald Glauben und Wissen sich ihm zuwenden, zu einem verhängnisvollen Irrtum. Statt das Kosmische selbst zu erreichen, das völlig außerhalb aller Möglichkeiten des tätigen Wachseins liegt, wird das Bewegtsein des Leibes im Bilde der Augenwelt sinnlich und das von ihm abgezogene Gedankenbild als mechanisch-kausaler Zusammenhang begrifflich zergliedert. Aber das wirkliche Leben *führt* man; man erkennt es nicht. *Wahr ist nur das Zeitlose.* Wahrheiten liegen jenseits der Geschichte und des Lebens; dafür ist das Leben selbst etwas jenseits aller Ursachen, Wirkungen und Wahrheiten. Beides, die Kritik am Wachsein und am Dasein, ist geschichtswidrig und lebensfremd. Aber im ersten Falle entspricht das durchaus der kritischen Absicht und der inneren Logik des Gegenstandes, den man meint, im letzten nicht. Der Unterschied von Glauben und Wissen oder Furcht und Neugier oder Offenbarung und Kritik ist also nicht der letzte. Wissen ist nur eine späte Form des Glaubens. Aber *Glaube und Leben*, Liebe aus der geheimen Furcht vor der Welt und Liebe aus dem geheimen Haß der Geschlechter, die Kenntnis der anorganischen und das Fühlen der organischen Logik, Ursachen und Schicksale – das ist der tiefste aller Gegensätze. Hier entscheidet es sich nicht, was für eine Art zu denken man hat – ob religiös oder kritisch – oder worüber man denkt, sondern ob man ein Denker ist – gleichviel über was – *oder ein Täter.*

In das Gebiet der Tat greift das Wachsein erst dann hinüber, wenn es *Technik* wird. Auch religiöses Wissen ist Macht, und Kausalitäten kann man nicht nur feststellen, sondern auch handhaben. Wer das geheime Verhältnis zwischen Mikrokosmos und Makrokosmos kennt, der beherrscht es auch, sei es ihm offenbart worden oder habe er es den Dingen abgelauscht. Und so ist der echte Tabumensch der Zauberer und Beschwörer. Er zwingt die Gottheit durch Opfer und Gebet; er übt die wahren Riten und Sakramente aus, weil sie Ursachen von unvermeidlichen Wirkungen sind und jedem dienen *müssen*, der sie kennt. Er liest in den Sternen und heiligen Büchern; in seiner geistigen Gewalt liegt zeitlos und allem Zufälligen entrückt das *kausale* Verhältnis von Schuld und Sühne, Reue und Lossprechung, Opfer und Gnade. Durch die Verkettung heiliger Gründe und Folgen ist er selbst ein Gefäß geheimnisvoller Macht geworden und damit ebenfalls eine Ursache neuer Wirkungen, an die man glauben muß, um ihrer teilhaftig zu werden.

Von hier aus versteht man, was die europäisch-amerikanische

Welt der Gegenwart so gut wie ganz vergessen hat, den letzten Sinn der religiösen Ethik, der *Moral*. Sie ist überall dort, wo sie stark und echt ist, ein Verhalten, das durchaus die Bedeutung *ritueller Akte und Übungen* besitzt, ein beständiges *exercitium spirituale*, mit Ignaz von Loyola zu reden, nämlich *vor der Gottheit*, die dadurch besänftigt und beschworen werden soll. „Was soll ich tun, daß ich selig werde?" Dieses „Daß" ist der Schlüssel zum Verständnis aller wirklichen Moral. Ein Wozu und Weshalb liegt in der Tiefe, selbst in jenen feinsten Fällen einiger Philosophen, die eine Moral „um ihrer selbst willen" erdacht haben, also doch auch mit einem tiefgefühlten Wozu, das nur von wenigen ihresgleichen gewürdigt werden kann. *Es gibt nur kausale Moral*, d. h. eine *sittliche Technik* auf dem Hintergrunde einer gläubigen Metaphysik.

Moral ist eine bewußte und planmäßige Kausalität des Sichverhaltens, unter Absehen von allen Besonderheiten des wirklichen Lebens und Charakters, etwas, das ewig und für alle gilt, zeitlos und zeitfeindlich also und eben deshalb „wahr". Auch wenn die Menschheit gar nicht existierte, würde die Moral wahr und gültig sein – so ist die sittlich-anorganische Logik der als System begriffenen Welt wirklich schon ausgesprochen worden. Nie würde man zugeben, daß sie sich geschichtlich entwickeln oder vervollkommnen könne. Der Raum verneint die Zeit: die wahre Moral ist absolut, ewig fertig und stets dieselbe. In ihrer Tiefe liegt immer etwas Lebenverneinendes, ein Enthalten, Entsagen, Entselbsten bis zur Askese, bis zum Tode. Schon die sprachliche Fassung drückt es aus: die religiöse Moral enthält Verbote, nicht Gebote. Das Tabu ist, auch wo es scheinbar bejaht, eine Summe von Verzichten. Sich befreien von der Tatsachenwelt, den Möglichkeiten des Schicksals entfliehen, die Rasse in sich als den beständig lauernden Feind betrachten: dazu bedarf es eines harten Systems, der Lehre und der Übung. Keine Handlung sollte zufällig und triebhaft sein, d. h. dem Blute überlassen bleiben. Sie soll nach Gründen und Folgen bedacht und den Geboten entsprechend „*ausgeführt*" werden. Die äußerste Anspannung des Wachseins ist notwendig, um nicht beständig der Sünde zu verfallen. Zuerst Enthaltsamkeit von allem, was zum Blute gehört:

der Liebe, der Ehe. Liebe und Haß unter Menschen sind kosmisch und böse; die Liebe der Geschlechter ist das äußerste Gegenteil der zeitlosen Liebe und Furcht vor Gott und deshalb die Urschuld, um derentwillen Adam aus dem Paradiese verstoßen wurde und die Erbsünde die Menschheit belastet. Zeugung und Tod begrenzen das Leben des Leibes im Raume. Daß es der Leib ist, macht das eine zur Schuld, das andere zur Strafe. Σῶμα σῆμα – der antike Leib ein Grab! – war das Bekenntnis der orphischen Religion. Aischylos und Pindar haben das Dasein als Schuld begriffen. Als Frevel empfinden es die Heiligen aller Kulturen, um es durch Askese oder die tief mit ihr verwandte Vergeudung im Orgiasmus abzutöten. Böse ist das Wirken innerhalb der Geschichte, die Tat, das Heldentum, die Freude am Kampf, Sieg und Beute. Darin klopft der Takt des kosmischen Daseins und übertönt und verwirrt das geistige Schauen und Denken. Die „Welt" überhaupt, womit die Welt als Geschichte gemeint ist, ist infam. Sie kämpft, statt zu entsagen; sie kennt die Idee des Opfers nicht. Sie meistert die Wahrheit durch Tatsachen. Sie entzieht sich, indem sie Trieben folgt, dem Denken von Ursache und Wirkung. Und deshalb ist es das höchste Opfer, das der geistige Mensch bringen kann, wenn er sie selbst den Mächten der Natur darbringt. *Ein Stück von diesem Opfer ist jede moralische Handlung.* Ein sittlicher Lebenslauf ist eine ununterbrochene Kette solcher Opfer. Vor allem das des Mitleids: da bringt der innerlich Mächtige dem Machtlosen seine Überlegenheit dar. Der Mit-Leidende tötet etwas in sich. Aber man verwechsle das Mitleid im großen religiösen Sinne nicht mit der haltlosen Stimmung des alltäglichen Menschen, der sich nicht beherrschen kann, und vor allem nicht mit dem *Rassegefühl der Ritterlichkeit,* die überhaupt keine Moral der Gründe und Gebote ist, sondern eine vornehme, *selbstverständliche Sitte* aus dem unbewußten Taktgefühl eines hochgezüchteten Lebens heraus. Was man in zivilisierten Zeiten Sozialethik nennt, hat mit Religion gar nichts zu tun und beweist durch sein Vorhandensein nur die Schwäche und Leere der Religiosität, aus der alle Kraft metaphysischer Gewißheit und damit die Voraussetzung einer echten, glaubensstarken und entsagenden Moral verschwunden ist. Man denke

etwa an den Unterschied von Pascal und Mill. Sozialethik ist nichts
als praktische Politik. Sie gehört als sehr spätes Produkt derselben
geschichtlichen Welt an, in der *die Sitte* auf der Höhe aller Frühzeiten
als Edelmut und Ritterlichkeit starker Geschlechter erscheint, gegenüber denen, die es im Leben der Geschichte und des Schicksals
schlecht haben, das was man heute in wohlerzogenen Kreisen, die
Takt und Zucht besitzen, gentlemanlike oder Anstand nennt und
dessen Gegenstück nicht die Sünde ist, sondern die Gemeinheit. Das
ist wieder der Unterschied von Dom und Burg. Diese Gesinnung
fragt nicht nach Geboten und Gründen. Sie fragt überhaupt nicht.
Sie liegt im Blute – eben das bedeutet Takt – und sie fürchtet sich
nicht vor Strafe und Vergeltung, sondern vor Verachtung, im besonderen Selbstverachtung. Sie ist nicht selbstlos, sondern folgt
gerade aus der Fülle eines starken Selbst. Aber das Mitleid hat, gerade weil es ebenfalls innere Größe verlangt, in ganz denselben Frühzeiten seine heiligsten Diener wie Franz von Assisi und Bernhard
von Clairvaux gefunden, die eine Durchgeistigung des Entsagens
besaßen, eine Seligkeit in dem Sich-selbst-darbringen, eine ätherische,
blutlose, zeitlose, geschichtslose Caritas, in welcher die Furcht vor
dem All sich ganz in reine, fleckenlose Liebe verwandelt hat, eine
Höhe der kausalen Moral, deren späte Zeiten überhaupt nicht mehr
fähig sind.

Um sein Blut zu bezwingen, muß man welches haben. Deshalb
gibt es ein Mönchtum großen Stils nur in ritterlichen und kriegerischen Zeiten, und das höchste Symbol für den vollkommenen Sieg
des Raumes über die Zeit ist der zum Asketen gewordene Krieger,
nicht der geborene Träumer und Schwächling, der von Natur ins
Kloster gehört, oder der Gelehrte, der in seiner Stube an einem Mo-
ralsystem baut. Man sei doch kein Heuchler – was heute sich Moral
nennt, die maßvolle Nächstenliebe und die Betätigung anständiger
Gesinnungen oder die Ausübung der Caritas mit dem Hintergedanken der Erwerbung politischer Macht, ist nach dem Maßstabe
der Frühzeit nicht einmal Rittersinn von irgendwelchem Rang.
Noch einmal: eine große Moral gibt es nur im Hinblick auf den Tod,
aus einer das ganze Wachsein erfüllenden Furcht vor metaphysischen

Gründen und Folgen, aus einer Liebe, die das Leben überwindet, aus dem Bewußtsein, unentrinnbar im Banne eines kausalen Systems heiliger Gebote und Zwecke zu stehen, das man als wahr verehrt und dem man ganz angehören oder ganz entsagen muß. Eine beständige Spannung, Selbstbeobachtung, Selbstprüfung begleitet die Ausübung dieser Moral, die eine Kunst ist und neben der die Welt als Geschichte zu nichts versinkt. Man sei Held oder Heiliger. In der Mitte liegt nicht die Weisheit, sondern die Alltäglichkeit.

16

Gäbe es Wahrheiten abgelöst von den Daseinsströmen, so könnte es keine Geschichte der Wahrheit geben. Gäbe es eine einzige, ewig richtige Religion, so wäre Religionsgeschichte eine unmögliche Vorstellung. Aber mag die mikrokosmische Lebensseite eines Einzelwesens noch so mächtig entwickelt sein, sie liegt dem werdenden Leben doch wie eine Haut an, durchschauert vom Takt des Blutes und ein beständiges Zeugnis von den verborgenen Trieben kosmischen Gerichtetseins. Die Rasse beherrscht und formt das gesamte Begreifen. Die Zeit verschlingt den Raum – das ist das Schicksal jedes wachen Augenblicks.

Trotzdem gibt es „ewige Wahrheiten". Jeder Mensch besitzt sie in Menge, insofern er verstehend sich in einer Gedankenwelt befindet, in deren Zusammenhang sie unveränderlich feststehen, nämlich „eben jetzt", im Augenblick des Denkens, nach Grund und Folge, Ursache und Wirkung eisern verklammert. Nichts in dieser Ordnung kann sich verlagern, wie er glaubt, aber *eine* Woge des Lebens hebt sein waches Ich *und* seine Welt. Der Einklang bleibt, aber er hat *als Ganzes, als Tatsache* eine Geschichte. Absolut und relativ verhalten sich wie Querschnitt und Längsschnitt einer Generationenfolge: der zweite sieht vom Raume ab, der erste aber von der Zeit. Wer systematisch denkt, bleibt in der kausalen Ordnung eines Augenblicks. Nur wer physiognomisch die Folge der Einstellungen überblickt, erkennt die beständige Veränderung dessen, was wahr ist.

Alles Vergängliche ist nur ein Gleichnis – das gilt auch von den ewigen Wahrheiten, sobald man ihrer Bahn im Strom der Geschichte folgt, wo sie eingeschlossen im Weltbilde lebender und sterbender Geschlechter weitertreiben. Für jeden Menschen und seines Daseins kurze Spanne ist die *eine* Religion ewig und wahr, die das Schicksal ihm durch Ort und Zeit seiner Geburt bestimmt hat. Mit ihr fühlt er, aus ihr bildet er die Anschauungen und Überzeugungen seiner Tage. An ihren Worten und Formen hält er fest, obwohl er sie beständig anders meint. Ewige Wahrheiten gibt es in der Welt als Natur; in der Welt als Geschichte gibt es ein ewig wechselndes Wahrsein.

Eine *Morphologie der Religionsgeschichte* ist deshalb eine Aufgabe, die nur der faustische Geist sich stellen und nur auf seiner gegenwärtigen Stufe lösen kann. Die Forderung ist gegeben; der Versuch, sich ganz von der eignen Überzeugung abzulösen, um sie alle als gleichmäßig fremd vor sich zu sehen, muß gewagt werden. Wie schwer ist das! Wer es unternimmt, muß die Kraft besitzen, nicht nur scheinbar aus den Wahrheiten seines Weltverstehens herauszutreten, seien sie für ihn auch nur als Summe von Begriffen und Methoden vorhanden, sondern wirklich das eigne System bis auf den letzten Rest physiognomisch zu durchdringen. Und ist es ihm selbst dann überhaupt möglich, in einer einzigen Sprache, die doch in ihrem Bau und Geist die ganze geheime Metaphysik seiner Kultur enthält, mitteilbare Einsichten über die Wahrheiten anders sprechender Menschen zu gewinnen?

Da ist zuerst, über die Jahrtausende des ersten Zeitalters hin,[1] das dumpfe Gefühl primitiver Bevölkerungen, die in eine chaotische Umwelt starren, deren drückende Rätsel ihnen, ohne daß irgend jemand ihrer logisch Herr werden könnte, stets gegenwärtig sind. Selig ist ihnen gegenüber das Tier, das wach ist, aber nicht denkt. Ein Tier ängstigt sich nur vor einzelnen Gefahren, der frühe Mensch zittert vor der ganzen Welt. Dunkel und ungelöst bleibt alles in und außer ihm. Das Alltägliche und das Dämonische sind unentwirrbar und regellos verstrickt. Eine furchtsame und peinliche Religiosität

[1] Vgl. Bd. II, S. 593.

erfüllt den Tag, und um so seltener ist auch nur die Andeutung einer vertrauenden Religion. Denn aus dieser elementaren Form der Weltangst führt kein Weg zur verstehenden Liebe. Jeder Stein, auf den man tritt, jedes Werkzeug, das man zur Hand nimmt, jedes Insekt, das vorüberschwirrt, die Nahrung, das Haus, das Wetter können dämonisch sein, aber man glaubt an die in ihnen lauernden Mächte nur, solange sie schrecken oder solange *man sie braucht*. Es sind ihrer auch so genug. Lieben kann man nur etwas, an dessen *dauerndes* Dasein man glaubt. Liebe setzt das Denken einer Weltordnung voraus, die Festigkeit gewonnen hat. Die abendländische Forschung hat sich viel Mühe gegeben, Einzelbeobachtungen aus allen Weltteilen zu ordnen und zwar nach vermeintlichen Stufen, die vom Seelenglauben oder irgend einem andren Anfang zu ihrem eigenen Glauben „hinaufführen". Leider haben sie das Schema nach den Wertschätzungen einer einzelnen Religion entworfen, und Chinesen oder Griechen würden es ganz anders gemacht haben. Aber eine solche Stufenfolge, die eine allgemeine Entwicklung auf ein Ziel hin voraussetzt, gibt es überhaupt nicht. Die chaotische, aus dem jeweiligen Verstehen des einzelnen Augenblicks geborne und doch sinnvolle Umwelt primitiver Menschen ist stets etwas Gewachsenes und in sich selbst Vollkommenes und Abgeschlossenes, oft von einer jähen und schauerlichen Tiefe metaphysischer Ahnung. Sie enthält immer ein System, und es macht wenig aus, ob es aus dem Schauen der Lichtwelt teilweise abgezogen oder ganz darin verblieben ist. Ein solches Weltbild „schreitet nicht fort" und ebensowenig ist es eine feststehende Summe von Einzelzügen, aus der man ohne Rücksicht auf Zeit, Land und Volk den einen oder andern herausnehmen und vergleichen dürfte, wie es gewöhnlich geschieht. Sie bilden vielmehr *eine Welt von organischen Religionen*, die über die ganze Erde hin eigene und sehr bezeichnende Arten des Entstehens, Reifens, Sichverbreitens und Vergehens und eine vollkommene Eigenart in Aufbau, Stil, Tempo und Dauer besaßen und in ihren letzten Gebieten heute noch besitzen. Die Religionen der hohen Kulturen sind nicht entwickelter, sondern anders. Sie liegen heller und geistiger im Lichte da, sie kennen die verstehende Liebe, sie haben Pro-

bleme und Ideen, strenggeistige Theorien und Techniken, aber die
religiöse Symbolik des gesamten Alltagslebens kennen sie nicht mehr.
Die primitive Religiosität durchdringt alles, die späten Einzelreligio-
nen sind geschlossene Formenwelten für sich.

Um so rätselhafter sind die Vorzeiten der großen Kulturen, durch
und durch primitiv noch, aber mit steigender Deutlichkeit vorweg-
nehmend und in eine bestimmte Richtung weisend. Gerade diese
Zeiten vom Umfang mehrerer Jahrhunderte sollten für sich genau
untersucht und verglichen werden. In welcher Gestalt bereitet sich
da das Kommende vor? Die magische Vorzeit hat, wie wir sahen,
den Typus der prophetischen Religionen hervorgebracht, der zur
Apokalyptik hinüberleitet. Worin ist gerade *diese* Form im Wesen
dieser Kultur tiefer begründet? Oder weshalb ist die mykenische Vorzeit der Antike mit den Vorstellungen tiergestaltiger Gottheiten
ganz und gar erfüllt?[1] Es sind nicht die Götter der Krieger oben im
Megaron der mykenischen Burgen, wo der Seelen- und Ahnenkult
eine großartige, noch heute in den Gräbern bezeugte Pflege findet,
sondern die dort unten, in den Hütten der Bauern geglaubten Mächte. Die großen menschenartigen Götter der apollinischen Religion,
die um 1100 durch eine gewaltige religiöse Erschütterung entstanden
sein müssen, tragen allenthalben noch Züge ihrer dunklen Vergangenheit. Es gibt unter diesen Gestalten kaum eine, die nicht durch
Beinamen, Attribute oder verräterische Verwandlungsmythen jenen
Ursprung verriete. Hera ist für Homer beständig die kuhäugige;
Zeus erscheint als Stier und der Poseidon der thelpusischen Legende

---

[1] Ist das hochzivilisierte Kreta darin als Vorposten ägyptischer Denkweise vorbildlich gewesen (S. 656)? Aber die zahlreichen Orts- und Stammesgötter der
primitiven Thinitenzeit (vor 3000), welche die Numina einzelner Tier*gattungen*
darstellten, hatten doch wohl eine wesentlich andere Bedeutung. Die ägyptische
Gottheit dieser Vorzeit besitzt, je mächtiger sie ist, um so zahlreichere Einzelgei-
ster *(ka)* und Einzelseelen *(bai)*, die überall in den einzelnen Tieren verborgen sind
und lauern, Bastet in den Katzen, Sechmet in den Löwen, Hathor in den Kühen,
Mut in den Geiern – weshalb im Götterbilde der menschengestaltige Ka sich hinter dem Tierkopf gleichsam versteckt – und das älteste Weltbild zu einer Ausgeburt
der entsetzlichsten Angst machen; die Mächte wüten gegen den Menschen selbst
nach dem Tode und können nur durch die schwersten Opfer besänftigt werden.
Die Einigung des Nord- und Südlandes ist damals durch die gemeinsame Verehrung des Horusfalken dargestellt worden, dessen erster Ka im regierenden
Pharao anwesend ist. Vgl. Ed. Meyer, Gesch. d. Alt. I, § 182 ff.

als Roß. Apollon wird der Name für zahllose primitive Numina; er war einmal Wolf (Lykeios) wie der römische Mars, Widder (Karneios), Delphin (Delphinios), Schlange (der pythische Apollon von Delphi). Als Schlange erscheinen Zeus Meilichios auf attischen Grabreliefs, Asklepios, die Erinnyen noch bei Aischylos (Eum. 126). Die auf der Akropolis gehaltene heilige Schlange wurde als Erichthonios gedeutet. In Arkadien sah Pausanias noch das pferdeköpfige Demeterbild im Tempel von Phigalia; die arkadische Artemis-Kallisto erscheint als Bärin, aber auch die Priesterinnen der brauronischen Artemis in Athen hießen *arktoi*. Dionysos, bald Stier bald Bock, und Pan haben immer etwas Tierisches behalten. Psyche ist wie die ägyptische Körperseele *(bai)* der Seelenvogel, und damit beginnen die zahllosen halbtierischen Gebilde, wie die Sirenen und Kentauren, die das frühantike Naturbild ganz und gar erfüllen.

Aber mit welchen Zügen deutet die primitive Religion der *Merowingerzeit* den gewaltigen Aufschwung der Gotik voraus? Daß es scheinbar dieselbe Religion ist, „das" Christentum, beweist nichts gegen den völligen Unterschied in der Tiefe. Denn wir müssen uns darüber klar sein, daß der primitive Charakter einer Religion nicht eigentlich in ihrem Bestande an Lehren und Bräuchen liegt, sondern im Seelentum der Menschen, die sie sich aneignen, die mit ihnen fühlen, sprechen und denken. Der Forscher muß sich mit der Tatsache vertraut machen, daß das magische Christentum, und zwar das der Westkirche, zweimal das Ausdrucksmittel einer primitiven Frömmigkeit geworden ist und damit selbst eine primitive Religion, nämlich 500–900 im keltisch-germanischen Abendland und heute noch im Russentum. Aber wie hat sich die Welt in diesen „bekehrten" Köpfen gespiegelt? Was hat man sich – einige Kleriker von byzantinischer Schulung etwa ausgenommen – bei diesen Zeremonien und Dogmen wirklich gedacht und vorgestellt? Der Bischof Gregor von Tours, der doch immerhin den höchsten geistigen Stand seiner Generation anzeigt, preist einmal das abgeschabte Pulver vom Grabstein eines Heiligen: „O himmlisches Abführmittel, das alle ärztlichen Rezepte übertrifft – das den Unterleib reinigt wie Skammoniensaft – und alle Flecken vom Gewissen ab-

wäscht!" Es ist nicht der Tod Jesu, der ihn als bloßes Verbrechen mit
Zorn erfüllt, sondern seine Auferstehung, die ihm dunkel wie eine
athletische Kraftleistung vorschwebt, was den Messias als großen
Zauberer und damit als wahren Heiland legitimiert. Daß die Leidensgeschichte einen mystischen Sinn hat, ahnt er gar nicht.[1]

In Rußland sind die Beschlüsse der „Hundertkapitelsynode" von
1551 ein Zeugnis allerprimitivster Gläubigkeit. Das Bartscheren und
das falsche Anfassen des Kreuzes erscheinen hier als Todsünde. Die
Dämonen werden dadurch beleidigt. Die „Synode des Antichrist"
von 1667 hat zu der ungeheuren Sektenbewegung des Raskol geführt, weil das Kreuz fortan mit drei statt mit zwei Fingern geschlagen und der Name Jesu Jissus statt Issus gesprochen werden
sollte, wodurch für die Strenggläubigen die Kraft dieser Zaubermittel über die Dämonen verloren ging. Aber diese Wirkung der
Furcht ist doch nicht alles und nicht einmal das Mächtigste. Warum
hat die Merowingerzeit nicht die leisesten Spuren jener glühenden
Inbrunst und Sehnsucht nach dem Untergang im Metaphysischen
aufzuweisen, welche die magische Vorzeit der Apokalyptik und die
ihr so nah verwandte russische im Zeitalter des heiligen Synod
(1721–1917) ausfüllt? Was ist es, das alle die Märtyrersekten der
Raskolniken seit Peter dem Großen zur Ehelosigkeit, Armut und
Pilgerfahrt, zu Selbstverstümmelungen, zu den furchtbarsten Formen der Askese führte und im 17. Jahrhundert Tausende aus religiöser Leidenschaft zu freiwilliger Selbstverbrennung getrieben hat?
Die Lehre der Chlüsten von den „russischen Christussen", deren bis
jetzt sieben gezählt werden, die Duchoborzen mit ihrem Lebens-
buch, das sie als Bibel benützen und das von Jesus mündlich überlieferte Psalmen enthalten soll, die Skopzen mit ihren grausigen Ver-
stümmelungsgeboten, Dinge, ohne die Tolstoi, der Nihilismus und
die politischen Revolutionen gar nicht verständlich[2] sind – warum
erscheint die Frankenzeit dem gegenüber so stumpf und flach? Ist es
richtig, daß nur Aramäer und Russen religiöses Genie besitzen, und

---

[1] Bernoulli, Die Heiligen der Merowinger (1900), eine gute Schilderung dieser
primitiven Religion.

[2] Kattenbusch, Lehrb. d. vgl. Konfessionsk. I (1892), S. 234 ff. N. P. Miljukow,
Skizz. russ. Kulturgesch. (1901) II, S. 104 ff.

was hat man dann von dem kommenden Rußland zu erwarten, jetzt, wo gerade im entscheidenden Jahrhundert das Hemmnis der gelehrten Orthodoxie zerstört worden ist?

17

Primitive Religionen haben etwas Heimatloses wie Wolken und Winde. Die Massenseelen der Urvölker haben sich zufällig und flüchtig zu *einem* Dasein geballt, und zufällig bleibt das Irgendwo der Wachseinsverbindungen aus Angst und Abwehr, die sich darüber breiten. Ob sie bleiben oder wandern, ob sie sich ändern oder nicht, hat mit ihrer innern Bedeutung nichts zu tun.

Eine tiefe Erdverbundenheit trennt die hohen Kulturen von diesem Leben ab. Hier gibt es eine *Mutterlandschaft* aller Ausdrucksgebilde, und wie die Stadt, wie Tempel, Pyramide und Dom dort, wo ihre Idee entstanden ist, auch ihre Geschichte vollenden *müssen*, so ist die große Religion jeder Frühzeit mit allen Wurzeln des Daseins dem Lande verbunden, über dem ihr Weltbild sich erhebt. Mögen die heiligen Bräuche und Sätze später noch so weit getragen werden, ihre innere Entwicklung bleibt trotzdem an den Ort ihrer Geburt gebannt. Es ist ganz unmöglich, daß sich auch nur der leiseste Entwicklungszug antiker Stadtkulte in Gallien fände oder ein dogmatischer Schritt des faustischen Christentums in Amerika getan würde. Was sich vom Lande löst, wird starr und hart.

Wie ein Aufschrei beginnt es jedesmal. Das dumpfe Gefühl von Scheu und Abwehr geht plötzlich in ein reines und inbrünstiges Erwachen über, das von der Mutter Erde aus, ganz pflanzenhaft aufblühend, die Tiefe der Lichtwelt mit *einem* Blick umfaßt und begreift. Wo überhaupt ein Sinn für Selbstbetrachtung lebt, hat man diese Wandlung als innere Wiedergeburt empfunden und begrüßt. In diesem Augenblick, niemals früher und mit der gleichen Macht und Innigkeit niemals wieder, geht es wie ein großes Leuchten durch die auserwählten Geister der Zeit, das alle Furcht in seliger Liebe auflöst und das Unsichtbare plötzlich in metaphysischer Verklärung hervortreten läßt.

Jede Kultur verwirklicht hier ihr Ursymbol. Jede hat ihre Art von Liebe, nennen wir sie himmlisch oder metaphysisch, mit der sie ihre Gottheit schaut, umfaßt, in sich aufnimmt, und die allen andern unerreichbar oder unverständlich bleibt. Mag eine Lichthöhle die Welt überwölben wie vor dem Blick Jesu und seiner Begleiter, mag die kleine Erde in einer sternerfüllten Unendlichkeit verschwinden, wie es Giordano Bruno empfand, mögen die Orphiker den leibhaftigen Gott in sich aufnehmen, mag Plotins Geist mit dem Geiste Gottes in der Ekstase zur Henosis verschmelzen, mag der heilige Bernhard in der Unio mystica mit dem Wirken der unendlichen Gottheit eins werden – der Tiefendrang der Seele ist immer dem Ursymbol dieser einen und keiner andern Kultur unterworfen.

In der fünften Dynastie Ägyptens (2450–2320), welche auf die großen Pyramidenbauer folgt, verblaßt der Kult des Horusfalken, dessen Ka im regierenden Herrscher weilt. Die älteren Ortskulte und selbst die tiefsinnige Thoutreligion von Hermopolis treten zurück. Die Sonnenreligion des Re erscheint. Von seiner Pfalz aus westwärts errichtet jeder König neben seinem Totentempel ein Reheiligtum, jener ein Sinnbild des gerichteten Lebens von der Geburt bis zur Kammer mit dem Sarkophag, dieses eins der großen und ewigen Natur. Zeit und Raum, Dasein und Wachsein, Schicksal und heilige Kausalität stehen in dieser gewaltigen Doppelschöpfung einander gegenüber wie in keiner zweiten Architektur der Welt. Zu beiden führt ein gedeckter Weg empor; der zu Re wird von Reliefs begleitet, welche die Macht des Sonnengottes über die Pflanzen- und Tierwelt und den Wechsel der Jahreszeiten schildern. Kein Götterbild, kein Tempel, nur ein Altar von Alabaster schmückt die mächtige Terrasse, auf die bei Tagesanbruch hoch über dem Land der Pharao aus dem Dunkel tritt, um den großen Gott zu begrüßen, der sich im Osten erhebt.[1]

Diese frühe Innerlichkeit geht immer aus dem stadtlosen Lande hervor, aus den Dörfern, Hütten, Heiligtümern, einsamen Klöstern

---

[1] Borchardt, Reheiligtum des Newoserrê Bd. I (1905). Der Pharao ist nicht mehr Inkarnation der Gottheit und noch nicht, wie in der Theologie des Mittleren Reiches, Sohn des Re; trotz seiner irdischen Größe steht er klein, als Diener vor dem Gotte da.

und Einsiedeleien. Hier bildet sich *die* große Wachseinsgemeinschaft der geistig Erwählten, die von dem großen Daseinsstrome des Helden- und Rittertums innerlich durch eine ganze Welt geschieden ist. Die beiden Urstände, Priestertum und Adel, das Schauen in den Domen und die Taten von den Burgen aus, Askese und Minne, Ekstase und vornehme Sitte, beginnen von hier aus ihre eigene Geschichte. Mag der Kalif auch weltlicher Herrscher der Gläubigen sein, der Pharao in beiden Heiligtümern opfern, der germanische König seine Ahnengruft unter dem Dom begründen, nichts hebt den abgrundtiefen Gegensatz von Raum und Zeit auf, wie er sich hier in den beiden Ständen spiegelt. Religionsgeschichte und politische Geschichte, Geschichte der Wahrheiten und der Tatsachen stehen sich unvereinbar gegenüber. In den Domen und Burgen beginnt es, um sich in den stets wachsenden Städten als Gegensatz von Wissenschaft und Wirtschaft fortzusetzen und in den letzten Stufen der Geschichtlichkeit im Ringen von Geist und Gewalt zu enden.

Aber beide Geschichten bewegen sich ganz auf der *Höhe* des Menschlichen. Das Bauerntum bleibt geschichtslos in der Tiefe. Es begreift die Staaten so wenig wie die Dogmen. Aus der mächtigen Frühreligion heiliger Kreise entwickeln sich in den frühen Städten Scholastik und Mystik, in dem wachsenden Gewirr von Gassen und Plätzen Reformation, Philosophie und weltliche Gelehrsamkeit, in den Steinmassen der späten Großstädte Aufklärung und Irreligion. Der Bauernglaube draußen ist „ewig" und immer derselbe. Der ägyptische Bauer verstand nichts von jenem Re. Er hörte den Namen und verehrte weiterhin, während ein gewaltiges Stück Religionsgeschichte in den Städten vorüberging, seine Tiergötter aus der Thinitenzeit, die mit dem Fellachenglauben der 26. Dynastie wieder zur Herrschaft kamen. Der italische Bauer betete zur Zeit des Augustus, wie er es lange vor Homer getan hatte, und er tut es heute noch. Namen und Sätze ganzer Religionen, die aufblühten und starben, sind aus den Städten zu ihm gedrungen und haben den Klang seiner Worte verändert. Der Sinn blieb ewig derselbe. Der französische Bauer lebt noch in seiner Merowingerzeit: ob Freya oder Maria, ob Druiden oder Dominikaner, Rom oder Genf: nichts berührt das Innerste seines Glaubens.

Aber auch in den Städten bleibt eine Schicht nach der andern geschichtlich zurück. Es gibt über der primitiven Religion des Landes noch eine Volksreligion der kleinen Leute im Untergrund der Städte und in der Provinz. Je höher eine Kultur steigt, im Mittleren Reich, in der Brahmanazeit, zur Zeit der Vorsokratiker, der Vorkonfuzianer und des Barock, desto enger wird der Kreis derer, denen die letzten Wahrheiten ihrer Zeit wirklicher Besitz sind und nicht nur Name und Schall. Wie viele Menschen gab es, die Sokrates, Augustin und Pascal damals begriffen haben? Die Pyramide der Menschen spitzt sich auch im Religiösen rasch und immer rascher zu, um mit dem Ende der Kultur vollendet zu sein und von da an langsam zu zerfallen.

Um 3000 beginnen in Ägypten und Babylon die Lebensläufe zweier großer Religionen. In Ägypten wird in der ,,Reformationszeit" am Ausgang des Alten Reiches der solare Monotheismus als Religion der Priester und Gebildeten fest begründet. Alle alten Götter und Göttinnen – die das Bauerntum und die kleinen Leute in ihrer ursprünglichen Bedeutung weiterhin verehrten – sind nun Inkarnationen oder Diener des einen Re. Auch die Sonderreligion von Hermopolis wird mit ihrer Kosmologie dem großen System eingeordnet, und eine theologische Abhandlung bringt selbst den Ptah von Memphis als das abstrakte Urprinzip der Schöpfung mit dem Dogma in Einklang.[1] Es ist wie unter Justinian und Karl V.: der städtische Geist hat die Herrschaft über die Seele des Landes ergriffen; die Gestaltungskraft der Frühzeit ist zu Ende; die Lehre ist innerlich fertig und wird von nun an durch vernunftgemäße Betrachtung eher abgebaut als verfeinert. Die Philosophie beginnt. Dogmatisch bedeutet das Mittlere Reich so wenig wie das Barock.

Seit 1500 setzen drei neue Religionsgeschichten ein, zuerst die vedische im Pendschab, dann die urchinesische am Hoangho, zuletzt die antike im Norden des Ägäischen Meeres. So deutlich das Weltbild des antiken Menschen mit seinem Ursymbol des stoff-

[1] Erman, Ein Denkmal memphitischer Theologie, Ber. Berl. Ak. (1911), S. 916 ff.

lichen Einzelkörpers vor uns steht, so schwer ist es, Einzelheiten der
großen antiken Frühreligion auch nur zu ahnen. Die Schuld tragen
die homerischen Gesänge, welche die Erkenntnis eher verhindern
als unterstützen. Das neue und dieser Kultur allein vorbehaltene Ideal
der Gottheit war der menschengestaltige Leib im Lichte, der Heros
als Mittler von Mensch und Gott – das wenigstens bezeugt die Ilias.
Mochte dieser Leib apollinisch verklärt oder dionysisch in alle Lüfte
verstreut werden, er war in jedem Falle die Grundform allen Seins.
Das *soma* als Ideal des Ausgedehnten, der Kosmos als Summe dieser
Einzelkörper, das „Sein", das „Eine" als das Ausgedehnte an sich,
der Logos als dessen Ordnung im Licht – das alles trat damals in
großen Gesichten vor das Auge priesterlicher Menschen hin, und
zwar mit der vollen Gewalt einer neuen Religion.

Aber die homerische Dichtung ist reine Standespoesie. Von den
beiden Welten des Adels und Priestertums, des Tabu und Totem,
des Heldentums und der Heiligkeit lebt hier nur die eine. Sie versteht die andere nicht nur nicht, sie verachtet sie sogar. Wie in der
Edda ist es höchster Ruhm der Unsterblichen, die adlige Sitte zu
kennen. Wenn den Denkern der antiken Barockzeit von Xenophanes bis Plato diese Götterszenen frech und flach erschienen, so hatten sie recht; es sind dieselben Gefühle, aus welchen Theologie und
Philosophie des späteren Abendlandes die germanische Heldensage
betrachtet haben, aber auch die Dichtungen von Gottfried von
Straßburg, Wolfram und Walther. Wenn die homerischen Epen
nicht verschollen sind wie die von Karl dem Großen gesammelten
Heldensänge, so ist das nur eine Folge davon, daß ein ausgebildeter
antiker Priesterstand nicht vorhanden war und die spätere Geistigkeit der Städte also von einer ritterlichen und nicht einer religiösen
Literatur beherrscht worden ist. Die ursprünglichen Lehren dieser
Religion, die sich aus Widerspruch gegen Homer an den vielleicht
noch älteren Namen Orpheus knüpften, sind niemals aufgezeichnet
worden.

Gleichwohl waren sie einmal da und wer weiß, was alles sich hinter den Gestalten des Kalchas und Teiresias verbirgt. Eine mächtige
Erschütterung muß auch am Anfang dieser Kultur stehen, vom

Ägäischen Meere bis nach Etrurien hin, aber man wird in der Ilias von ihr so wenig finden, wie im Nibelungen- und Rolandslied von der Mystik und Inbrunst des Joachim von Floris, des heiligen Franz, der Kreuzzüge oder von der inneren Glut des „*Dies irae*" jenes Thomas von Celano, das an einem Minnehof des 13. Jahrhunderts vielleicht Gelächter erregt hätte. Es müssen große Persönlichkeiten gewesen sein, welche damals den neuen Weltblick in eine mythisch-metaphysische Form brachten, aber wir wissen nichts von ihnen und nur die fröhliche, helle, leichte Seite davon ist in den Gesang der Ritterhallen eingegangen. War der „Trojanische Krieg" eine Fehde oder auch ein Kreuzzug? Was bedeutet Helena? Auch die Eroberung Jerusalems ist geistlich *und* weltlich aufgefaßt worden.

In der homerischen Adelsdichtung blieben Dionysos und Demeter als priesterliche Götter unbeachtet.[1] Aber auch bei Hesiod, dem Hirten von Askra, der aus seinem Volksglauben heraus schwärmt und grübelt, kann man so wenig wie bei dem Schuster Jakob Böhme die reinen Ideen der großen Frühzeit finden wollen. Das ist die zweite Schwierigkeit. *Auch die große Frühreligion war Standesbesitz* und dem breiten Volke weder erreichbar noch verständlich; auch die Mystik der frühesten Gotik ist auf enge Kreise von Auserwählten beschränkt, durch das Latein und die Schwere der Begriffe und Bilder versiegelt und weder dem Bauerntum noch dem Adel seinem Vorhandensein nach überhaupt deutlich bekannt. Deshalb sind auch die Ausgrabungen zwar für die antiken Landkulte wesentlich, aber von jener Frühreligion lehren sie nichts, so wenig wir aus einer Dorfkapelle über Abaelard und Bonaventura lernen können.

Aber Aischylos und Pindar standen allerdings im Banne einer großen priesterlichen Tradition, vor ihnen die Pythagoräer, die den Demeterkult in die Mitte stellten und damit verrieten, wo der Kern jener Mythologie zu suchen ist, noch früher die Mysterien von Eleusis und die orphische Reformation des 7. Jahrhunderts und endlich die Fragmente des Pherekydes und Epimenides, der *letzten – nicht der ersten! –* Dogmatiker einer uralten Theologie. Hesiod und Solon

---

[1] Weil sie auch dem ewigen Bauerntum angehörten, haben sie die olympischen Gestalten überlebt.

kennen die Idee des Erbfrevels, der an Kindern und Kindeskindern gerächt wird, und die ebenfalls apollinische Lehre von der Hybris. Plato aber schildert als Orphiker und Gegner einer homerischen Lebensauffassung im Phaidon sehr alte Lehren von der Hölle und vom Totengericht. Wir kennen die erschütternde Formel der Orphik, das Nein der Mysterien gegenüber dem Ja der Agone, das ganz ohne Zweifel schon um 1100 entstanden ist, und zwar als Protest des Wachseins gegen das Dasein: *soma sema* – dieser blühende antike Leib ein Grab! Hier *fühlt* er sich nicht mehr in Zucht, Kraft und Bewegung; er *erkennt* sich und er erschrickt vor dem, was er begreift. Hier beginnt die antike Askese, die durch strengste Riten und Sühnungen, selbst durch den freiwilligen Tod die Befreiung von diesem euklidischen Körperdasein sucht. Man versteht die vorsokratischen Philosophen gründlich falsch, wenn sie gegen Homer reden: sie taten das nicht als Aufklärer, sondern als Asketen, weil sie, die „Zeitgenossen" des Descartes und Leibniz, in der strengen Überlieferung der großen alten orphischen Religion herangewachsen waren, die in diesen halbklösterlichen Denkerschulen im Schatten altberühmter Heiligtümer ebenso treu bewahrt worden ist wie die gotische Scholastik an den ganz geistlichen Universitäten des Barock. Vom Selbstmord des Empedokles führt der Weg vorwärts zu dem der römischen Stoiker und rückwärts zu „Orpheus".

Aus diesen letzten Spuren erhebt sich nun doch ein leuchtender Umriß der antiken Frühreligion. Wie alle gotische Inbrunst sich auf die Himmelskönigin Maria richtete, die Jungfrau und Mutter, so entstand damals ein Kranz von Mythen, Bildern und Gestalten um Demeter, die Gebärende, um Gaia und Persephone, und um Dionysos, den Zeugenden: chthonische und phallische Kulte und Feste und Mysterien von Geburt und Sterben. Auch das war antik und leibhaft-gegenwärtig gedacht. Die apollinische Religion betete den Leib an, die orphische verwarf ihn, die der Demeter feierte die Augenblicke seiner Entstehung: Zeugung und Geburt. Es gab eine das Geheimnis des Lebens scheu verehrende Mystik in Lehren, Symbolen und Spielen, aber gleich daneben den Orgiasmus, denn die Vergeudung des Leibes ist der Askese ebenso tief verwandt wie die heilige Prostitution dem Zölibat; sie verneinen beide die Zeit. Es ist die Umkehrung des apollinischen „Zurück" vor der Hybris. Der Abstand wird nicht geachtet, sondern aufgehoben. Wer das in sich erlebt hat, ist „aus einem Sterblichen ein Gott geworden". Es muß damals große Heilige und Seher gegeben haben, die über die Gestalten des Heraklit und Empedokles ebensoweit hinausragten wie diese über die kynischen und stoischen Wanderredner. Dergleichen geschieht nicht ohne Name und Person. Es gab, als überall die Sänge von Achilles und Odysseus erschollen, eine große, strenge Lehre an den berühmten Kultstätten, eine Mystik und Scholastik mit ausgebildetem Schulwesen und mündlicher Geheimtradition wie in Indien. Aber alles das ist versunken und die Trümmer der Spätzeit beweisen kaum noch, daß es einmal da war.

Läßt man die Ritterpoesie und die Volkskulte ganz beiseite, so ist es heute noch möglich, von dieser – der – antiken Religion etwas mehr festzustellen. Aber dann muß auch der dritte Fehler vermieden werden: die Gegenüberstellung von „römischer" und „griechischer" Religion. Einen solchen Gegensatz gibt es nicht.

Rom ist nur *eine* unter zahllosen antiken Städten der großen Kolonisationszeit, von Etruskern gebaut und unter der etruskischen Dynastie des 6. Jahrhunderts religiös erneuert; es ist wohl möglich, daß die kapitolinische Göttergruppe Jupiter, Juno, Minerva, die damals an Stelle der uralten Dreiheit Jupiter, Mars, Quirinus der „Religion des Numa" trat, irgendwie mit dem Familienkult der Tarquinier zusammenhängt, wobei die Stadtgöttin Minerva ganz unverkennbar der Athena Polias nachgebildet ist.[1] Man darf die Kulte dieser einen Stadt nur mit denen *einzelner* griechisch sprechenden Städte auf gleicher Altersstufe vergleichen, etwa Spartas oder Thebens, die nicht im geringsten farbenreicher gewesen sind. Das wenige, was sich da als allgemein hellenisch herausstellt, wird auch

---

[1] Wissowa, Religion und Kultus der Römer, S. 41. Von der etruskischen Religion mit ihrer gewaltigen Bedeutung für ganz Italien und damit die volle Hälfte der frühantiken Landschaft gilt dasselbe, was oben über die talmudische bemerkt worden ist (S. 786f.). Sie liegt außerhalb der beiden „klassischen" Philologien und wird deshalb gegenüber der achäischen und dorischen Religion, mit denen sie eine Einheit des Geistes und der Entwicklung bildet, wie ihre Gräber, Tempel und Mythen beweisen, vollständig vernachlässigt.

allgemein italisch sein. Und was die Behauptung betrifft, daß die „römische" Religion im Unterschiede von derjenigen griechischer Stadtstaaten den Mythos nicht gekannt habe – woher wissen wir das? Wir würden von der großen Göttersage der Frühzeit überhaupt nichts wissen, wenn wir auf den Festkalender und die öffentlichen Kulte griechischer Einzelstädte angewiesen wären, so wenig wie die Akten des Konzils von Ephesus von der Frömmigkeit Jesu, oder eine Kirchenordnung der Reformation etwas von der franziskanischen Mystik ahnen lassen. Menelaos und Helena waren für den lakonischen Staatskult Baumgötter, nichts weiter. Der antike Mythos stammt aus einer Zeit, wo es die Polis mit ihren Festen und sakralen Satzungen noch gar nicht gab, Athen so wenig wie Rom. Er hat mit ihren religiösen Aufgaben und Absichten, die sehr verstandesmäßig sind, überhaupt nichts zu tun. Mythos und Kultus berühren sich in der Antike noch weniger als anderswo. Und er ist auch gar keine Schöpfung des ganzen hellenischen Kulturgebietes, nicht „griechisch", sondern ebenso wie die Kindheitsgeschichte Jesu und die Gralssage in hochbewegten Kreisen engumgrenzter Gebiete entstanden, die Vorstellung vom Olymp z. B. in Thessalien; von da aus wurde er Gemeinbesitz *aller* Gebildeten von Cypern bis nach Etrurien hin und also auch in Rom. Die etruskische Malerei setzt ihn als allbekannt voraus, und mithin haben ihn die Tarquinier und ihr Hof ebenfalls gekannt. Man mag mit dem Ausdruck: an diesen Mythos „glauben", jede Vorstellung verbinden, die man will; sie wird von dem Römer der Königszeit ebenso gelten wie von den Einwohnern Tegeas oder Korkyras.

Die beiden ganz verschiedenen Bilder, welche die heutige Wissenschaft zustande gebracht hat, sind das Ergebnis nicht der Tatsachen, sondern *der Methode*, die hier (Mommsen) vom Festkalender und den Staatskulten, dort von der Dichtung ausgeht. Man braucht nur die „lateinische" Methode, die zum Bilde Wissowas geführt hat, auf die griechischen Städte anzuwenden, um ein ganz ähnliches zu erhalten (etwa in Nilssons „Griechischen Festen").

Bedenkt man das, so erscheint die antike Religion durchaus als innere Einheit. Die gewaltige, frühlinghafte Götterlegende des elften

Jahrhunderts, die mit ihren seligen und todtraurigen Stimmungen an Gethsemane, an Balders Tod, an Franziskus erinnert, ist durch und durch „Theorie", nämlich Schauen, ein Weltbild vor dem innern Auge, und zwar aus dem gemeinsamen inbrünstigen Wachwerden erlesener Kreise fern von der Ritterwelt.[1] Die viel späteren Stadtreligionen aber sind durchaus *Technik*, Kultus, und stellen also nur eine, und zwar eine ganz andere Seite der Frömmigkeit dar. Sie stehen dem großen Mythos ebenso fern wie dem Volksglauben; sie beschäftigen sich weder mit Metaphysik noch mit Ethik, sondern nur mit der Vollziehung sakralrechtlicher Handlungen; und endlich stammt die Auswahl der Kulte in den einzelnen Städten sehr oft und im Gegensatz zum Mythos nicht aus einer einheitlichen Weltanschauung, sondern aus den zufälligen Ahnen- und Familienkulten großer Geschlechter, die ganz wie in gotischer Zeit ihren Heiligen zum Schutzherrn der Stadt gemacht haben und sich dessen Feste und Verehrung vorbehielten. So waren die Luperkalien in Rom zu Ehren des Flurgottes Faunus Vorrecht der Quinctier und Fabier.

Die chinesische Religion, deren große „gotische" Zeit um 1300 bis 1000 liegt und den Aufstieg der Dschou-Dynastie umfaßt, will mit äußerster Vorsicht behandelt sein. Angesichts der flachen Tiefe und pedantischen Schwärmerei der chinesischen Denker vom Schlage des Konfuzius und Laotse, die alle im *ancien régime* dieser Staatenwelt geboren waren, scheint es sehr gewagt, auf eine Mystik und Legende großen Stils am Anfang überhaupt schließen zu wollen, aber sie muß einmal dagewesen sein. Allerdings, von diesen übervernünftigen Großstädtern erfahren wir darüber nichts, so wenig wie von Homer über Kalchas, aber aus einem andern Grunde. Was wüßten wir von der gotischen Frömmigkeit, wenn alle ihr Schriften der Zensur von Puritanern und Rationalisten wie Locke, Rous-

---

[1] Es ist ganz gleichgültig, ob Dionysos aus Thrakien, Apollon aus Kleinasien, Aphrodite aus Phönikien „entlehnt" sind; daß aus vielen tausend fremdartigen Motiven diese wenigen ausgewählt, so umgefühlt und zu dieser prachtvollen Einheit verbunden wurden, bedeutet eine vollkommene Neuschöpfung, ebenso wie der Marienkult der Gotik, obwohl damals der gesamte Formbestand aus dem Osten übernommen wurde.

seau und Wolff verfallen wären! Und doch betrachtet man dies kon-
fuzianische *Ende* chinesischer Innerlichkeit als deren Anfang, wenn
nicht gar der Synkretismus der Hanzeit als *die* chinesische Religion
bezeichnet wird![1]

Wir wissen jetzt, daß es entgegen der allgemeinen Annahme ein
mächtiges altchinesisches Priestertum gab,[2] daß im Text des Schu-
king Reste der alten Heldensänge und Göttermythen rationalistisch
verarbeitet und so erhalten geblieben sind; ebenso würden das
Dschou-li, Ngi-li und Schi-king noch sehr vieles offenbaren, sobald
man sie mit der Überzeugung prüft, daß hier viel Tieferes vorliegen
muß, als Konfuzius und seinesgleichen begreifen konnten. Wir hören
von chthonischen und phallischen Kulten der früheren Dschouzeit,
von einem heiligen Orgiasmus, wobei der Götterdienst von eksta-
tischen Massentänzen begleitet war, von mimischen Darstellungen
und Wechselreden zwischen dem Gott und der Priesterin, woraus
sich vielleicht ganz wie in Griechenland das chinesische Drama entwickelt hat.[3] Und wir ahnen endlich, weshalb der überquellende
Reichtum frühchinesischer Göttergestalten und Mythen von einer
Kaisermythologie verschlungen werden mußte. Denn nicht nur alle
Sagenkaiser, sondern auch die meisten Gestalten der Hia- und
Schang-Dynastie vor 1400 sind trotz aller Jahreszahlen und Chroniken
nichts als in Geschichte verwandelte Natur. Die Ansätze dazu liegen
tief in den Möglichkeiten jeder jungen Kultur. Der Ahnenkult versucht immer, sich der Naturdämonen zu bemächtigen. Alle homerischen Helden und ebenso Minos, Theseus, Romulus sind aus Göttern zu Königen geworden. Im Heliand war Christus im Begriff, es
zu werden. Maria ist die gekrönte Königin des Himmels. Es ist die
höchste, ganz unbewußte Art, in der Rassemenschen etwas verehren
können: was groß ist, muß von Rasse sein, mächtig, herrschend,
Ahnherr ganzer Geschlechter. Ein starkes Priestertum weiß diese

---

[1] In de Groot, Universismus (1918), wo tatsächlich die Systeme der Taoisten,
Konfuzianer und Buddhisten mit Selbstverständlichkeit als *die* Religionen Chinas
behandelt werden. Das ist, als wollte man die antike Religion von Caracalla an
datieren.

[2] Conrady in Wassiljew, Die Erschließung Chinas (1909), S. 232; B. Schindler,
Das Priestertum im alten China I (1919).

[3] Conrady, China, S. 516.

Mythologie der Zeit sehr bald zu vernichten, aber in der Antike hat sie sich halb und in China ganz durchgesetzt, genau im Verhältnis zum Hinschwinden des priesterlichen Elements. Die alten Götter sind jetzt Kaiser, Prinzen, Minister und Gefolgsleute; Naturereignisse sind Herrschertaten und Völkerstürme soziale Unternehmungen geworden. Es hätte den Konfuzianern gar nichts erwünschter kommen können: da hatten sie den Mythos, der sozialethische Tendenzen in unabsehbarer Menge aufnehmen konnte; sie brauchten die Spuren des ursprünglichen Naturmythos nur zu tilgen.

Vor dem chinesischen Wachsein waren Himmel und Erde Hälften des Makrokosmos, ohne Gegensatz und jede ein Spiegelbild der andern. Der magische Dualismus fehlt dem Bilde ebenso wie die faustische Einheit der wirkenden Kraft. Das Werden erscheint in der ungezwungenen Wechselwirkung zweier Prinzipien, des *yang* und *yin*, die eher periodisch als polar gedacht sind. Dementsprechend gibt es zwei Seelen im Menschen: die *kwei* entspricht dem *yin*, dem Irdischen, Dunklen, Kalten; sie verwest mit dem Leibe; die *sen* ist die höhere, lichte und bleibende.[1] Aber von beiden Seelenarten gibt es außerhalb des Menschen noch unzählige Mengen. Geisterscharen erfüllen Luft, Wasser und Erde; alles ist von *kweis* und *sens* bevölkert und bewegt. Das Leben der Natur und das menschliche Leben bestehen ganz eigentlich aus dem Spiel solcher Einheiten. Klugheit, Glück, Kraft und Tugend hängen von ihrem Verhältnis ab. Askese und Orgiasmus, die Rittersitte des *hiao*, die dem Vornehmen befiehlt, den Frevel an einem Ahnen noch nach Jahrhunderten an den Nachkommen zu rächen und eine Niederlage nicht zu überleben,[2] und die vernunftgemäße Moral des *jen*, die nach dem Urteil des Rationalismus aus dem Wissen folgt, gehen sämtlich aus der Vorstellung von den Kräften und Möglichkeiten der *kwei* und *sen* hervor.

Alles das wird in dem Urwort *tao* zusammengefaßt. Der Kampf zwischen dem *yang* und *yin* im Menschen ist das *tao* seines Lebens;

---

[1] Diese Vorstellung ist wesentlich verschieden von der ägyptischen Zweiheit des geistigen *ka* und des Seelenvogels *bai* und noch viel mehr von den beiden magischen Seelensubstanzen.

[2] O. Franke, Studien zur Gesch. des Konfuzianischen Dogmas (1920), S. 202.

das Weben der Geisterscharen draußen ist das *tao* der Natur. Die Welt besitzt *tao*, insofern sie Takt, Rhythmus und Periodizität hat. Sie besitzt *li*, Spannung, insofern man sie erkennt und fertige Verhältnisse zur ferneren Anwendung daraus abzieht. Zeit, Schicksal, Richtung, Rasse, Geschichte, alles das mit dem großen Weltblick der ersten Dschouzeit angeschaut, liegt in diesem einen Wort. Der Weg des Pharao durch den dunklen Gang zu seinem Heiligtum ist ihm verwandt, das faustische Pathos der dritten Dimension ist es auch: aber *tao* ist doch von dem Gedanken der technischen Überwindung der Natur weit entfernt. Der chinesische Park vermeidet die energische Perspektive. Er legt Horizont hinter Horizont und lädt zum Wandeln ein, statt auf ein Ziel zu weisen. Der chinesische „Dom" der Frühzeit, das Pi-yung, hat mit seinen Pfaden, die durch Tore, Gebüsche, über Treppen, geschwungene Brücken und Plätze führen, niemals den unerbittlichen Zug Ägyptens und den Tiefendrang der Gotik.

Als Alexander am Indus erschien, war die Frömmigkeit dieser drei Kulturen längst in die geschichtslosen Formen eines breiten Taoismus, Buddhismus und Stoizismus zerflossen. Aber wenig später erhebt sich dann die Gruppe der magischen Religionen im Gebiet zwischen der Antike und Indien, und etwa zur selben Zeit muß die Religionsgeschichte der Maya und Inka begonnen haben, die für uns hoffnungslos verloren ist. Ein Jahrtausend danach, als auch hier alles innerlich vollendet war, erscheint auf dem so wenig verheißenden Boden des Frankenreichs gänzlich überraschend und in steilem Aufstieg das germanisch-katholische Christentum. Es ist hier wie überall: Ob der ganze Schatz von Namen und Bräuchen aus dem Osten kam, ob tausend Einzelzüge aus uraltem germanischen und keltischen Fühlen stammen, die gotische Religion ist etwas so unerhört Neues, und in ihren letzten Tiefen allen nicht zugehörigen Menschen so vollkommen unbegreiflich, daß die Herstellung von Zusammenhängen an der geschichtlichen Oberfläche ein Spiel ohne alle Bedeutung bleibt.

Die mythische Welt, die sich nun rings um diese junge Seele aufbaut, ein Ganzes von Kraft, Wille und Richtung, unter dem Ursym-

bol des Unendlichen gesehen, ein riesenhaftes Wirken fernhin, Abgründe des Entsetzens und der Seligkeit, die sich plötzlich auftun –,
das war den Auserwählten dieser frühen Religiosität etwas ganz
Natürliches, so daß sie gar nicht den Abstand fanden, um es als Einheit zu „erkennen". Sie lebten darin. Vor uns aber, die durch dreißig
Generationen von den Ahnen getrennt sind, steht diese Welt so
fremd und übermächtig da, daß wir immer nur einzelne Seiten zu
begreifen suchen und damit das Ganze und Unteilbare mißverstehen.

Die väterliche Gottheit empfand man als die Kraft selbst, das
ewige, große und allgegenwärtige Wirken, die heilige Kausalität,
die für irdische Augen kaum eine greifbare Gestalt gewinnen konnte.
Aber die ganze Sehnsucht der jungen Rasse, das ganze Verlangen
dieses mächtig strömenden Blutes, sich in Demut vor dem *Sinn des
Blutes* zu beugen, fand ihren Ausdruck in der Gestalt der Jungfrau
und Mutter Maria, deren Krönung im Himmel eins der frühesten
Motive gotischer Kunst geworden ist, eine Lichtgestalt in Weiß,
Blau und Gold inmitten der himmlischen Heerscharen. Sie beugt
sich über das neugeborne Kind; sie fühlt das Schwert im Herzen; sie
steht zu Füßen des Kreuzes und hält den Leichnam des toten Sohnes.
Seit der Jahrtausendwende haben Petrus Damiani und Bernhard von
Clairvaux ihren Kult ausgebildet; das Ave Maria und der englische
Gruß entstanden und später bei den Dominikanern der Rosenkranz.
Zahllose Legenden umgaben sie und ihre Gestalt. Sie hütet den Gnadenschatz der Kirche, sie ist die große Fürbitterin. Im Kreise der
Franziskaner entstand das Fest ihrer Heimsuchung, bei den englischen Benediktinern noch vor 1100 das der unbefleckten Empfäng-
nis, das sie ganz aus der sterblichen Menschheit in die Lichtwelt
emporhob.

Aber diese Welt der Reinheit, des Lichts und der geistigen
Schönheit wäre undenkbar gewesen ohne das Gegenbild, das davon
nicht zu trennen ist und zu den Höhepunkten der Gotik gehört, eine
ihrer unergründlichsten Schöpfungen, die man heute stets vergißt –
vergessen *will*. Während sie dort oben thront, lächelnd in ihrer
Schönheit und Milde, liegt eine andere Welt im Hintergrunde: über-

all in der Natur und in der Menschheit webt es, brütet Unheil, bohrt, zerstört, verführt: das Reich des Teufels. Es durchdringt die ganze Schöpfung; es liegt überall auf der Lauer. Ein Heer von Kobolden, Nachtfahrenden, Hexen, Werwölfen ist ringsum da, und zwar in menschlicher Gestalt. Niemand weiß von dem Nächsten, ob er sich nicht den Unholden verschrieben hat. Niemand weiß von einem kaum erblühten Kinde, ob es nicht schon eine Teufelsbuhle ist. Eine entsetzliche Angst, wie vielleicht nur noch in ägyptischer Frühzeit, lastet auf den Menschen, die jeden Augenblick in den Abgrund stürzen können. Es gab eine schwarze Magie, Teufelsmessen und Hexensabbate, nächtliche Feste auf Berghöhen, Zaubertränke und Besprechungen. Der Höllenfürst mit seinen Verwandten – Mutter und Großmutter, denn da er das Sakrament der Ehe durch sein Dasein verhöhnt, darf er Weib und Kind nicht haben –, mit den gefallenen Engeln und unheimlichen Gesellen ist eine der großartigsten Schöpfungen der gesamten Religionsgeschichte, im germanischen Loki kaum vorgedeutet. Ihre grotesken Gestalten mit Hörnern, Klauen und Pferdehuf waren in den Mysterienspielen des 11. Jahrhunderts schon ganz ausgebildet, erfüllen allenthalben die künstlerische Phantasie und sind aus der gotischen Malerei bis auf Dürer und Grünewald nicht wegzudenken. Der Teufel ist schlau, bösartig, schadenfroh und wird doch von den Mächten des Lichtes zuletzt geprellt. Er und seine Brut sind launig, tolpatschig, erfinderisch und von ungeheuerlicher Phantastik, die Verkörperung des Höllengelächters gegenüber dem verklärten Lächeln der Himmelskönigin, aber auch des faustischen Welthumors gegenüber dem Jammer zerknirschter Sünder.

Man kann sich die Wucht und Eindringlichkeit dieses Bildes nicht groß, den Glauben daran nicht tief genug denken. Marienmythos und Teufelsmythos haben sich zusammen ausgebildet und keiner ist ohne den andern möglich. Der Unglaube an beide ist Todsünde. Es gibt einen Marienkult der Gebete und einen Teufelskult der Beschwörungen und Exorzismen. Der Mensch wandelt beständig über einem Abgrund, der unter dünner Decke liegt. Das Leben in dieser Welt ist ein beständiger verzweifelter Kampf mit dem Teufel, in dem jeder einzelne als Glied der streitenden Kirche dreinschlagen, sich wehren, sich als Ritter erproben muß. Von droben schaut die triumphierende Kirche der Engel und Heiligen in ihrer Glorie zu. In diesem Ringen wirkt die himmlische Gnade wie ein Schild. Maria ist die Beschützerin, in deren Schoß man flüchten kann, und die Richterin, die den Kampfpreis erteilt. Beide Welten haben ihre Legende, ihre Kunst, ihre Scholastik und Mystik. Auch der Teufel kann Wunder tun. Was in keiner andern Frühreligion erscheint, ist die sinnbildliche Farbe. Zur Madonna gehören das Weiß und Blau, zum Teufel das Schwarz, Schwefelgelb und Rot. Die Heiligen und Engel schweben im Äther, aber die Teufel springen und hinken und die Hexen sausen durch die Nacht. Erst beide zusammen, Licht und Nacht, Liebe und Angst, füllen die gotische Kunst mit ihrer unbeschreiblichen Innerlichkeit. Das ist nichts weniger als „künstlerische" Phantasie. Jeder Mensch wußte die Welt bevölkert mit Scharen von Engeln und Teufeln. Die lichtumgebenen Engel des Fra Angelico und der frührheinischen Meister und die Fratzengesichter an den Portalen der großen Dome erfüllten wirklich die Luft. Man sah sie, man fühlte überall ihre Anwesenheit. Wir wissen heute gar nicht mehr, was ein Mythos ist, nämlich nicht ein ästhetisch bequemes Sichvorstellen, sondern ein Stück leibhaftigster Wirklichkeit, das ganze Wachsein durchwühlend und das Dasein bis ins Innerste erschütternd. Diese Wesen sind ringsumher beständig da. Man erblickte sie, ohne sie zu sehen. Man glaubte an sie mit dem Glauben, der den Gedanken an Beweise als Lästerung empfindet. Was wir heute Mythos nennen, unsere literaturgesättigte Schwärmerei für gotische Farbigkeit, ist nichts als Alexandrinismus. Damals „genoß" man ihn nicht; der Tod stand dahinter.[1]

Denn der Teufel bemächtigte sich der menschlichen Seele und verführte sie zu Ketzertum, Buhlschaft und Zauberei. Der Krieg gegen ihn wurde auf Erden mit Feuer und Schwert und zwar gegen die Menschen geführt, die sich ihm ergeben hatten. Es ist sehr be-

---

[1] Es war in der Antike ganz ebenso. Die homerischen Gestalten waren für den hellenistisch Gebildeten nichts als Literatur, Vorstellung, künstlerisches Motiv und schon für die Zeit Platos nicht viel mehr. Aber um 1100 brach ein Mensch vor der furchtbaren Wirklichkeit der Demeter und des Dionysos zusammen.

quem, das aus diesen Jahrhunderten fortzudenken, aber ohne diese furchtbare Wirklichkeit bleibt von der ganzen Gotik nichts als Romantik übrig. Mit den liebeglühenden Hymnen an Maria stieg der Qualm unzähliger Scheiterhaufen empor. Neben den Domen erhoben sich Galgen und Rad. Damals lebte jeder in dem Bewußtsein einer ungeheuren Gefahr, nicht vor dem Henker, sondern vor der Hölle. Ungezählte Tausende von Hexen waren überzeugt, es zu sein. Sie haben sich selbst angezeigt, um ihre Entsühnung gebeten, aus reinster Wahrheitsliebe ihre nächtlichen Fahrten und Teufelspakte gebeichtet. Inquisitoren haben unter Tränen, aus Mitleid mit den Gefallenen die Folter verhängt, um ihre Seele zu retten. Das ist der gotische Mythos, aus dem die Kreuzzüge, die Dome, die innigste Malerei und die Mystik hervorgegangen sind. In seinem Schatten erblühte jenes gotische Glücksgefühl, dessen Tiefe wir uns nicht einmal mehr vorstellen können.

Der Karolingerzeit war das alles noch fremd. Karl der Große hat im ersten sächsischen Kapitular (787) den urgermanischen Glauben an Werwölfe und Nachtfahrende *(strigae)* unter Strafe gestellt, und noch um 1020 wird er als Irrglaube im Dekret des Burkard von Worms verdammt, das aber nur noch in abgeschwächter Gestalt um 1140 in das *decretum Gratiani*[1] überging. Cäsarius von Heisterbach war bereits mit der ganzen Teufelslegende vertraut; in der *Legenda Aurea* ist sie ebenso wirklich und wirksam wie die Marienlegende. 1233, als man die Dome von Mainz und Speyer einwölbte, erschien die Bulle *Vox in Rama*, durch welche der Teufels- und Hexenglaube kanonisch geworden ist. Es war nicht lange nach dem „Sonnengesang" des heiligen Franz, und während die Franziskaner im inbrünstigen Gebet vor Maria knieten und ihren Kult ausbreiteten, rüsteten die Dominikaner sich zum Kampf gegen den Teufel durch die Inquisition. Gerade weil in der einen Gestalt die himmlische Liebe ihren Mittelpunkt gefunden hatte, wurde die irdische dem Teufel verwandt. Das Weib ist die Sünde – so empfanden es die großen Asketen, wie sie es in der Antike, in China und Indien empfunden hatten. Der Teufel herrscht nur durch das Weib; die Hexe

[1] Vgl. Bd. II, S. 647.

ist die Verbreiterin der Todsünden. Thomas von Aquino hat die
unheimliche Lehre vom Incubus und Succubus entwickelt. Innige
Mystiker wie Bonaventura, Albertus Magnus, Duns Scotus haben
die Metaphysik des Teuflischen vollkommen ausgebildet.

Die Renaissance hat den starken Glauben der Gotik zur beständigen
Voraussetzung des Weltgefühls. Wenn Vasari von Cimabue und
Giotto rühmt, daß sie zuerst wieder der Natur als Lehrmeisterin
folgten, so war es eben diese gotische Natur, die von englischen und
teuflischen Scharen rings durchgeistert war und wie eine ewige
Drohung im Lichte dalag. Nachahmung der Natur war die Nachahmung ihrer Seele, nicht ihrer Oberfläche. Man lasse doch endlich
das Märchen von einer Erneuerung des „Altertums" fallen. Renaissance, *rinascita*, bedeutete damals den *gotischen* Aufschwung von
1000 an,[1] das neue *faustische Welt*gefühl, das neue Selbsterlebnis des
Ich im *Unendlichen*. Mochten einige Geister gelegentlich für die
Antike schwärmen, wie man sie sich dachte; das war ein Geschmack,
nicht mehr. Der antike Mythos war ein Unterhaltungsstoff, ein
allegorisches Spiel; durch seinen dünnen Schleier hindurch sah man
den wirklichen, den gotischen, nicht minder scharf. Als Savonarola
auftrat, verschwand das antike Getändel sofort von der Oberfläche
des florentinischen Lebens. Sie haben alle für die Kirche geschaffen
und zwar mit Überzeugung; Raffael war der innigste aller Madon-
nenmaler; ein fester Glaube an das Teufelswesen und an die Erlösung von ihm durch die Heiligen liegt dieser ganzen Kunst und
Schriftstellerei zugrunde, und alle ohne Ausnahme, Maler, Architek-
ten, Humanisten, mochten sie die Namen Cicero, Virgil, Venus,
Apollo täglich im Munde führen, haben die Hexenbrände allenthalben als etwas ganz Natürliches betrachtet und Amulette gegen den
Teufel getragen. Die Schriften des Marsilius Ficinus sind voll von
gelehrten Betrachtungen über Teufel und Hexen, Francesco della
Mirandola hat in elegantem Latein den Dialog „Die Hexe" geschrieben, um die feinen Köpfe seines Kreises vor der Gefahr zu
warnen.[2] Als Lionardo an der Heiligen Anna Selbdritt arbeitete, auf

---

[1] Burdach „Reformation, Renaissance, Humanismus" (1918).
[2] Bezold, Hist. Zeitschr. 45, S. 208.

der Höhe der Renaissance, wurde in Rom in bestem Humanistenlatein der Hexenhammer geschrieben (1487). Der große Mythos der Renaissance war *dieser*, und ohne ihn versteht man die prachtvolle, echt gotische Stärke dieser antigotischen Bewegung nicht. Menschen, die den Teufel nicht um sich spürten, hätten weder die Göttliche Komödie noch die Fresken in Orvieto noch die Decke der Sixtina schaffen können.

Erst auf dem gewaltigen Hintergrunde dieses Mythos erwuchs der faustischen Seele ein Gefühl von dem, was sie war. Ein Ich im Unendlichen verloren; ganz und gar Kraft, aber in einer Unendlichkeit größerer Kräfte ohnmächtig; ganz und gar Wille, aber voller Angst für seine Freiheit. Das Problem der Willensfreiheit ist nie tiefer, nie qualvoller durchdacht worden. Andere Kulturen haben es gar nicht gekannt. Aber eben weil die magische Ergebung hier ganz unmöglich war, weil es kein „es" war, kein Teil eines allgemeinen Geistes, der dachte, sondern ein einzelnes, kämpfendes Ich, das sich zu behaupten suchte, wurde jede Grenze der Freiheit als eine Kette empfunden, die man durch das Leben schleppte, und dieses selbst als ein lebendiger Tod. Wenn es aber so war – warum? *wofür*?

Aus dieser Einsicht erhob sich ein ungeheures Schuldbewußtsein, das wie eine einzige verzweifelte Klage durch diese Jahrhunderte geht. Die Dome richten sich immer bittender zum Himmel auf, die gotischen Gewölbe werden wie ein Händefalten; kaum schimmert aus hohen Fenstern ein tröstliches Licht in die Nacht der langen Kirchenschiffe. Die atembeklemmenden Parallelfolgen des Kirchengesangs, die lateinischen Hymnen sprechen von wundgescheuerten Knien und von Geißelhieben in nächtlicher Zelle. Für den magischen Menschen war die Welthöhle eng und der Himmel nah gewesen; hier war er unendlich fern; keine Hand schien aus diesen Räumen herabzureichen, und um das verlorene Ich lagerte sich höhnend die Teufelswelt. Deshalb wurde es die große Sehnsucht der Mystik, entbildet zu werden von der Kreatur, wie Heinrich Seuse sagte, sein selbst und aller Dinge ledig zu werden (Meister Eckart), das Lassen der Ichheit (Theologie-deutsch). Daneben erhob sich ein endloses Grübeln und Sichhalten an Begriffe, die immer feiner und feiner zerspalten wurden, um das Warum zu erfahren, und endlich der allgemeine Schrei nach Gnade, nicht der magischen, die als Substanz herabkam, sondern der faustischen, die den Willen losband.

Frei wollen zu dürfen ist im tiefsten Grunde das einzige Geschenk, das die faustische Seele vom Himmel erfleht. Die sieben Sakramente der Gotik, von Petrus Lombardus als Einheit empfunden, 1215 auf dem Lateranskonzil zum Dogma erhoben, von Thomas von Aquino mystisch begründet, haben nur diesen Sinn. Sie begleiten die einzelne Seele von der Geburt bis zum Tode und schirmen sie vor den teuflischen Mächten, die sich in den Willen einzunisten suchen. Denn sich dem Teufel verschreiben, heißt ihm *seinen Willen* ausliefern. Die streitende Kirche auf Erden ist die sichtbare Gemeinschaft derer, die durch den Genuß der Sakramente begnadet sind, wollen zu können. Diese Gewißheit des Freiseins erscheint verbürgt im Altarsakrament, das nun von Grund aus umgedacht wird. Das Wunder der Heiligen Wandlung, das sich in den Händen des Priesters täglich vollzieht, die geweihte Hostie im Hochaltar des Domes, in welcher der Gläubige die Anwesenheit dessen spürte, der sich einst geopfert hatte, um den Seinen *die Freiheit des Wollens* zu gewähren – das schuf ein Aufatmen, wie wir es uns heute gar nicht mehr vorstellen können und für das zum Danke 1264 das Hauptfest der katholischen Kirche, Fronleichnam, gestiftet worden ist.

Aber weit darüber hinaus greift das eigentlich faustische *Ursakrament der Buße*. Es ist mit dem Marien- und dem Teufelsmythos die dritte große Schöpfung der Gotik, aber es gibt beiden erst Tiefe und Bedeutung; es deckt die letzten Geheimnisse der Seele dieser Kultur auf und stellt sie damit abseits von allen andern. Mit dem magischen Ursakrament der Taufe wurde der Mensch dem großen *consensus* einverleibt; das *eine* große „Es" des göttlichen Geistes nahm auch in ihm seinen Sitz und für alles, was geschah, folgte daraus die Pflicht der Ergebung. In der faustischen Buße aber liegt die *Idee der Persönlichkeit*. Es ist nicht richtig, daß die Renaissance sie entdeckt[1] habe. Sie hat ihr nur eine glänzende und flache Fassung ge-

---

[1] Oder gar wiederentdeckt. Der antike Mensch ist als durchseelter Leib eine unter vielen voneinander ganz unabhängigen Einheiten. Der faustische Mensch ist

geben, so daß jeder sie plötzlich bemerken konnte. Geboren wurde
sie mit der Gotik; sie ist ihr innerstes Eigentum; sie ist mit dem gotischen Geiste eins und dasselbe. Denn diese Buße vollbringt jeder nur
für sich allein. Er allein kann sein Gewissen erforschen. Er allein
steht reuig vor dem Unendlichen da; er allein muß in der Beichte
seine persönliche Vergangenheit verstehen und in Worte fassen, und
auch die Lossprechung, die Befreiung seines Ich zu neuem verant-
wortlichen Tun erfolgt für ihn allein. Die Taufe ist ganz unpersönlich. Man empfängt sie, weil man *ein* Mensch, nicht weil man *dieser*
Mensch ist. Die Idee der Buße aber setzt voraus, daß jede Tat ihren
einzigartigen Wert erst durch den erhält, der sie tut. Das ist es, was
die abendländische Tragödie von der antiken, chinesischen und indischen unterscheidet, was unser Strafrecht immer deutlicher auf
den Täter und nicht die Tat gerichtet hat, was alle sittlichen Grundbegriffe aus dem individuellen Tun und nicht aus der typischen Haltung ableitet. Faustische Verantwortung statt magischer Ergebung,
der einzelne Wille statt des *consensus*, die Entlastung statt der Resi-
gnation: es ist der Unterschied zwischen dem aktivsten und dem
passivsten aller Sakramente und leitet wieder zum Unterschied der
Welthöhle von der Dynamik des Unendlichen zurück. Die Taufe
wird vollzogen, die Buße vollzieht jeder einzelne in sich selbst. Aber
die gewissenhafte Erforschung der eignen Vergangenheit ist zugleich
das früheste Zeugnis und die große Schule *für den historischen Sinn*
des faustischen Menschen. Es gibt keine zweite Kultur, in welcher
das eigne Leben dem Lebenden Zug um Zug und pflichtgemäß so
bedeutend war, weil er dafür in Worten Rechenschaft abzulegen
hatte. Wenn Geschichtsforschung und Lebensbeschreibung den
Geist des Abendlandes von Anfang an auszeichnen; wenn beide im
tiefsten Grunde Selbstprüfung und Beichte sind, und das Dasein
mit einer Bewußtheit und bewußten Beziehung auf einen geschichtlichen Hintergrund geführt wird, wie man es anderswo niemals auch
nur für möglich und erträglich gehalten hätte; wenn wir zuerst die
Geschichte aus dem Aspekt von Jahrtausenden zu betrachten ge-

---

ein Mittelpunkt im All und umfaßt mit seiner Seele *das Ganze*. Persönlichkeit
(Individualität) bedeutet aber nicht etwas einzelnes, sondern einziges.

wöhnt sind, nicht rhapsodisch und ausschmückend wie in der Antike und in China, sondern *richtend* – mit der fast sakramentalen Formel im Untergrunde: *tout comprendre, c'est tout pardonner* – so liegt der Ursprung davon in diesem Sakrament der gotischen Kirche, in dieser beständigen Entlastung des Ich durch *historische* Prüfung und Rechtfertigung. Jede Beichte ist eine Selbstbiographie. Diese eigentliche Befreiung des Willens ist uns so notwendig, daß die versagte Lossprechung zur Verzweiflung, ja zur Vernichtung führt. Nur wer die Seligkeit einer solchen innern Freisprechung ahnt, begreift den alten Namen des *sacramentum resurgentium*, des Sakraments der Wiedererstandenen.[1]

Wird die Seele in dieser schwersten Entscheidung auf sich selbst verwiesen, so bleibt etwas Ungelöstes wie eine ewige Wolke über ihr. Keine Einrichtung einer zweiten Religion hat vielleicht so viel Glück in die Welt gebracht. Die ganze Inbrunst und himmlische Liebe der Gotik ruhte auf der Gewißheit der vollen Erlösung durch die dem Priester verliehene Kraft. Die Ungewißheit, die sich aus dem Verfall dieses Sakraments ergab, ließ mit der tiefen gotischen Lebensfreude auch die Marienwelt des Lichtes verblassen und die Teufelswelt blieb in ihrer düsteren Allgegenwart allein zurück. An die Stelle der nie mehr zu erreichenden Seligkeit trat der protestantische und vor allem puritanische *Heroismus*, der auch ohne Hoffnung auf verlorenem Posten weiterkämpft. „Die Ohrenbeichte hätte dem Menschen nie sollen genommen werden", hat Goethe einmal bemerkt. Ein schwerer Ernst breitete sich über die Länder, in denen sie abgestorben war. Die Sitte, die Tracht, die Kunst, das Denken nahmen die nächtliche Farbe des einzigen Mythos an, der übrigblieb. Es gibt nichts Sonnenärmeres als die Lehre Kants. „Jedermann sein

---

[1] Deshalb hat das Sakrament dem abendländischen Priester eine ungeheure Machtstellung verliehen. Er empfängt die persönliche Beichte, er spricht persönlich im Namen des Unendlichen los. Ohne ihn ist das Leben nicht zu ertragen. – Der Gedanke der Beicht*pflicht*, die 1215 endgültig festgesetzt wurde, stammt wie die ersten Bußbücher (Pönitentiale) aus England. Eben dort ist der Gedanke der unbefleckten Empfängnis entstanden, und auch die *Idee* des Papsttums zu einer Zeit, wo es in Rom selbst noch als bloße Macht- und Rangfrage behandelt wurde. Es beweist die Unabhängigkeit des gotischen vom magischen Christentum, daß die entscheidenden Ideen an der entferntesten Stelle, jenseits des Frankenreiches, aufgewachsen sind.

eigener Priester": zu dieser Überzeugung mochte man sich durch-
kämpfen, soweit sie Pflichten, nie soweit sie Rechte enthielt. Mit
der innigen Gewißheit der Lossprechung beichtet niemand sich
selbst. Deshalb hat das ewig nagende Bedürfnis, die Seele dennoch
von ihrer Vergangenheit richtend zu entlasten, alle höheren Formen
der Mitteilung umgestaltet und in protestantischen Ländern die
Musik, die Malerei, die Dichtung, den Brief, das Denkerbuch aus
Mitteln der Darstellung zu solchen der Selbstanklage, Beichte und
schrankenlosen Konfession gemacht. Auch im katholischen Gebiet,
vor allem in Paris, begann mit dem Zweifel am Bußsakrament die
Kunst als Psychologie. Der Blick in die Welt verschwand vor dem
endlosen Wühlen im eigenen Innern. Statt des Unendlichen wurde
die Mit- und Nachwelt der Menschen als Priester und Richter angerufen. Persönliche Kunst in dem Sinne, wie er Goethe von Dante,
Rembrandt von Michelangelo unterscheidet, ist ein Ersatz für das
Sakrament der Buße, aber damit befindet sich diese Kultur schon
mitten in ihrer Spätzeit.[1]

---

[1] Den unermeßlichen Unterschied der faustischen und der russischen Seele verraten einige Wortklänge. Das russische Wort für Himmel ist *njébo*, eine Verneinung *(n)*. Der Mensch des Abendlandes blickt hinauf, der Russe blickt zum
Horizont ins Weite. Man muß den Tiefendrang beider also dahin unterscheiden,
daß er dort die Leidenschaft des Vordringens nach allen Seiten in den unendlichen
Raum ist, hier ein Sichentäußern, bis das „Es" im Menschen mit der endlosen
Ebene eins geworden ist. So versteht der Russe die Worte Mensch und Bruder:
er sieht auch das Menschentum als Ebene. Der Gedanke, daß ein Russe Astronom
ist? Er sieht die Sterne gar nicht; er sieht nur den Horizont. Statt Himmelsdom
sagt er Himmelsabhang. Es ist das, was mit der Ebene irgendwo in der Ferne den
Horizont bildet. Das kopernikanische System ist seelisch für ihn etwas Lächerli-
ches, mag es mathematisch sein, was es will.
   „Schicksal" klingt wie eine Fanfare, „*ssudjbá*" knickt ein. Es gibt kein Ich unter
diesem niedrigen Himmel. „*Alle sind an allem schuldig*", das „Es" am „Es" in dieser
endlos gedehnten Ebene – das ist das metaphysische Grundgefühl aller Schöpfungen Dostojewskis. Deshalb muß Iwan Karamasoff sich den Mörder nennen, obwohl ein anderer den Mord begangen hat. Der Verbrecher ist der *Unglückliche* –
das ist die vollkommenste Verneinung faustischer persönlicher Verantwortlich-
keit. Russische Mystik besitzt nichts von jener hinaufschwebenden Inbrunst der
Gotik, Rembrandts, Beethovens, die bis zum himmelstürmenden Jubel anwachsen kann. Gott ist hier nicht die azurne Tiefe dort oben. Die mystische russische
Liebe ist die der Ebene, die zu den Brüdern unter gleichem Drucke, immer längs
der Erde – längs der Erde; die zu den armen gequälten Tieren, die auf ihr wandern,
zu den Pflanzen, niemals zu den Vögeln, Wolken und Sternen. Das russische
wolja, unser Wille, bedeutet vor allem Nicht-müssen, Freisein – nicht *für*, sondern
von etwas, vor allem von der Verpflichtung zu persönlicher Tat. Willensfreiheit

18

Reformation bedeutet in allen Kulturen dasselbe: Rückführung der Religion zur Reinheit ihrer ursprünglichen Idee, wie sie in den großen Jahrhunderten am Anfang in Erscheinung getreten war. Diese Bewegung fehlt in keiner Kultur, ob wir davon wissen wie in Ägypten oder nicht wie in China. Sie bedeutet auch, daß die Stadt und damit der bürgerliche Geist sich von der Seele des Landes allmählich befreien, ihrer Allmacht entgegentreten und das Fühlen und Denken der stadtlosen Urstände in bezug auf sich selbst nachprüfen. Daß diese Bewegung in der magischen und faustischen Kultur zur Abspaltung neuer Religionen geführt hat, ist Schicksal und liegt nicht in ihrem Begriff. Es ist bekannt, wie wenig unter Karl V. gefehlt hat, daß Luther der Reformator der Gesamtkirche wurde.

Denn Luther war wie alle Reformatoren in allen Kulturen nicht der erste, sondern *der letzte einer mächtigen Reihe*, die von den großen Asketen des freien Landes zu städtischen Geistlichen hinüberleitet. Reformation ist *Gotik*, ihre Vollendung und ihr Testament. Luthers Choral: „Ein feste Burg" gehört *nicht* zur geistlichen Lyrik des Barock. In ihm dröhnt noch das prachtvolle Latein des *Dies irae*. Es ist das letzte gewaltige Teufelslied der streitenden Kirche: „Und wenn die Welt voll Teufel wär". Er, wie alle Reformatoren, die seit 1000 aufstanden, bekämpfte die Kirche nicht, weil sie zu anspruchsvoll, sondern weil sie es zu wenig war. Der große Strom geht von Cluny über Arnold von Brescia, der die Rückkehr der Kirche zu apostolischer Armut forderte und 1155 verbrannt wurde, Joachim von Floris, der zuerst das Wort *reformare* gebraucht, die Spiritualen des Franziskanerordens, Jacopone da Todi, den Revolutionär und Dichter des Stabat Mater, der durch den Tod seines jungen Weibes vom Ritter zum Asketen wurde und Bonifaz VIII. stürzen wollte, weil er die Kirche nicht streng genug verwaltete,

---

erscheint als der Zustand, in dem kein anderes „Es" befiehlt und man sich also der Laune hingeben kann. Geist, *esprit*, *spirit* ist ↗, das russische *duch* ist ↘→. Was für ein Christentum wird aus diesem Weltgefühl einst hervorgehen?

über Wiclif, Hus, Savonarola zu Luther, Karlstadt, Zwingli, Calvin
und – Loyola. Sie wollen alle das Christentum der Gotik innerlich
vollenden, nicht überwinden. Und ganz ebenso steht es mit Marcion,
Athanasius, den Monophysiten und Nestorianern, die auf den Konzilen von Ephesus und Chalcedon die Lehre reinigen und zu ihrem
Ursprung zurückführen wollen.[1] Aber auch die antiken Orphiker
des 7. Jahrhunderts waren die letzten und nicht die ersten einer
Reihe, die schon vor 1000 begonnen haben muß und ebenso wie die
Vollendung der Re-Religion mit dem Ausgang des Alten Reiches
– der ägyptischen Gotik – einen Abschluß und keinen Neubeginn
bedeutet. Ganz ebenso gibt es eine reformatorische Vollendung der
vedischen Religion etwa im 10. Jahrhundert, worauf die brahmanische Spätzeit einsetzt, und es muß im 9. Jahrhundert eine entsprechende Epoche in der Religionsgeschichte Chinas gegeben
haben.

Wie weit die Reformationen der einzelnen Kulturen sich auch
sonst unterscheiden mögen, sie wollen alle den Glauben, der sich
allzuweit in die Welt als Geschichte – die „Zeitlichkeit" – verirrt
hat, in das Reich der Natur, des reinen Wachseins und des reinen,
zeitlosen, kausal durchherrschten Raumes zurückführen, aus der
Welt der Wirtschaft („Reichtum") in die der Wissenschaft („Armut"), aus patrizisch-ritterlichen Kreisen, denen auch Renaissance
und Humanismus angehören, in die geistlich-asketischen und endlich, was ebenso wichtig als unmöglich war, aus dem politischen
Ehrgeiz der Rassemenschen im Priesterkleid in den Bereich der
heiligen Kausalität, die nicht von dieser Welt ist.

Man teilte damals im Abendland – und die Lage war in den andern Kulturen die gleiche – das *corpus christianum* der Bevölkerung
in die drei Stände des *status politicus, ecclesiasticus* und *oeconomicus*
(Bürgertum) ein, aber da man von der Stadt und nicht mehr von
Pfalz und Dorf aus dachte, so gehörten zum ersten Stande Beamte
und Richter, zum zweiten die Gelehrten, und der Bauer wurde

---

[1] Und wie eine abgetrennte Reformationskirche notwendig die Stammkirche
umwandelt, so gab es auch *eine magische Gegenreformation.* Im *decretum Gelasii* (um
500 in Rom) wurden sogar Clemens Alexandrinus, Tertullian, Lactanz, auf der
Synode von 543 in Byzanz Origenes für Ketzer erklärt.

vergessen. Von hier aus begreift sich der Gegensatz von Renaissance und Reformation, der ein *Standesgegensatz* ist und kein Unterschied im Weltgefühl wie der von Renaissance und Gotik. Höfischer Geschmack und klösterlicher Geist sind in die Stadt verpflanzt worden und stehen sich hier gegenüber: in Florenz die Medici und Savonarola, im Hellas des 8. und 7. Jahrhunderts die vornehmen Geschlechter der Polis, in deren Kreisen die homerischen Gesänge nun endlich aufgezeichnet wurden, und die letzten, jetzt ebenfalls schreibenden Orphiker. Die Renaissancekünstler und Humanisten sind die legitimen Nachfolger der Troubadours und Minnesänger, und es führt eine Linie wie von Arnold von Brescia zu Luther, so von Bertran de Born und Peire Cardenal über Petrarca zu Ariost. Die Burg ist zum Stadthause und der Ritter zum Patrizier geworden. Die ganze Bewegung haftet an Palästen, soweit sie Höfe sind; sie beschränkt sich auf die Ausdrucksgebiete, die für eine vornehme Gesellschaft in Betracht kamen; sie war heiter wie Homer, weil sie höfisch war – Probleme sind schlechter Geschmack; Dante und Michelangelo haben wohl gefühlt, daß sie nicht dazu gehörten – und sie dringt über die Alpen an die Höfe des Nordens vor, nicht weil sie Weltanschauung, sondern weil sie ein neuer Geschmack war. In der „nordischen Renaissance" der Handels- und Residenzstädte hat der feine Ton des italienischen Patriziats lediglich den des französischen Rittertums abgelöst.

Aber auch die letzten Reformatoren wie Savonarola und Luther waren *städtische* Mönche. Das unterscheidet sie bis ins Innerste von Joachim und Bernhard. Ihre städtische und geistige Askese leitet von der Einsiedelei stiller Täler zur Gelehrtenstube des Barock hinüber. Das mystische Erlebnis Luthers, aus dem seine Lehre von der Rechtfertigung hervorging, ist nicht das des heiligen Bernhard, der Wälder und Hügel um sich und Wolken und Sterne über sich sah, sondern das eines Mannes, der durch kleine Fenster auf Gassen, Hauswände und Giebel hinausblickt. Die weite, gotterfüllte Natur liegt fern, jenseits der Stadtmauer. Drinnen haust der vom Lande abgelöste freie Geist. Innerhalb des städtischen, steinumgebenen Wachseins haben sich Empfinden und Verstehen feindselig gesondert, und die städtische Mystik der letzten Reformatoren ist durchaus die des reinen Verstehens, nicht des Auges, eine Verklärung der Begriffe, welche die farbigen Gestalten des frühen Mythos verblassen läßt.

Aber eben deshalb ist sie in ihrer wirklichen Tiefe die Sache der Wenigsten. Nichts ist von der sinnlichen Fülle geblieben, die einst auch dem Ärmsten einen Halt bot. Die gewaltige Tat Luthers ist eine rein geistige Entscheidung. Er war nicht umsonst auch der letzte große Scholastiker aus der Schule Occams.[1] Er hat die faustische Persönlichkeit vollkommen befreit; zwischen ihr und dem Unendlichen verschwindet die vermittelnde Person des Priesters. Sie ist jetzt ganz allein, ganz auf sich selbst gestellt, ihr eigener Priester und Richter. Aber das Volk konnte den befreienden Zug darin nur empfinden, nicht verstehen. Es hat, und zwar mit Begeisterung, das Zerbrechen sichtbarer Pflichten begrüßt; daß sie durch noch strengere, rein geistige Pflichten ersetzt wurden, begriff es nicht mehr. Franz von Assisi hat viel gegeben und wenig genommen, die städtischen Reformatoren nahmen viel und gaben den meisten zu wenig zurück.

Die heilige Kausalität des Bußsakraments ersetzte Luther durch das mystische Erlebnis der inneren Lossprechung „allein durch den Glauben". Darin kommt er Bernhard von Clairvaux sehr nahe: das ganze Leben eine Buße, nämlich eine ununterbrochene geistige Askese gegenüber der sichtbaren im äußeren Werke. Die innere Lossprechung haben beide als göttliches Wunder verstanden: indem der Mensch sich verwandelt, verwandelt er auch Gott. Was aber keine rein geistige Mystik ersetzen kann, ist das Du draußen, in der freien Natur. Sie haben beide ermahnt: Du mußt auch glauben, daß Gott dir vergeben hat; aber für jenen wurde der Glaube durch die Macht des Priesters zum Wissen erhoben, für diesen sank er zum Zweifel, zur Verzweiflung herab. Dies kleine, aus dem Kosmischen abgelöste, in ein Einzeldasein verschlagene Ich, allein in der schreckhaftesten Bedeutung, bedurfte der Nähe eines mächtigen Du, und um so mehr, je schwächer der Geist war. Darin liegt die letzte Bedeutung des abendländischen Priesters, der seit 1215 durch das

---

[1] Boehmer, Luther im Lichte der neueren Forschung (1918), S. 54 ff.

Sakrament der Priesterweihe und den *character indelebilis* aus der
übrigen Menschheit herausgehoben war: eine Hand, mit der auch
der Ärmste Gott ergreifen konnte. Diese *sichtbare Verbindung* mit
dem Unendlichen hat der Protestantismus zerstört. Starke Geister
eroberten es sich zurück, den Schwachen ging es langsam verloren.
Bernhard, dem für sich das innere Wunder gelang, wollte doch den
andern den milderen Weg nicht nehmen, gerade für seine lichte
Seele war die Marienwelt überall in der lebendigen Natur das ewige
Nahe und Hilfsbereite. Luther, der nur sich, nicht die Menschen
gekannt hat, setzte an die Stelle der wirklichen Schwäche den geforderten Heroismus. Für ihn war das Leben ein verzweifelter
Kampf gegen den Teufel, und den forderte er von jedem. Und jeder
stand in diesem Kampf allein.

Die Reformation hat die ganze lichte und tröstende Seite des gotischen Mythos beseitigt: den Marienkult, die Heiligenverehrung,
die Reliquien, die Bilder, die Wallfahrten, das Meßopfer. Der
Teufels- und Hexenmythos blieb, denn er war die Verkörperung
und Ursache der inneren Qual, die nun erst zu ihrer letzten Größe
heranwuchs. Die Taufe war wenigstens für Luther ein Exorzismus,
das eigentliche Sakrament der Teufelsbannung. Es entstand eine
große, rein protestantische Teufelsliteratur.[1] Von dem Farbenreichtum der Gotik blieb das Schwarz, von ihren Künsten die Musik und
zwar die Orgelmusik zurück. Aber an Stelle der mythischen Lichtwelt, deren hilfreiche Nähe der Volksglaube doch nicht entbehren
konnte, tauchte nun aus längst verschollener Tiefe ein Stück des
altgermanischen Mythos wieder auf. Es geschah so heimlich, daß
es in seiner wahren Bedeutung noch gar nicht erkannt worden ist.
Man sagt zu wenig, wenn man von Volkssage und Volksbrauch
redet: es war ein echter Mythos und ein echter Kultus, der in dem
festen Glauben an Zwerge, Kobolde, Nixen, Hausgeister, schweifende Seelen, und in den mit heiliger Scheu geübten Riten, Opferhandlungen und Bannungen steckt. In Deutschland wenigstens trat
die Sage unbemerkt wieder an Stelle des Marienmythos. Maria hieß
nun Frau Holde und wo einst ein Heiliger gestanden hatte, erschien

---

[1] M. Osborn, Die Teufelsliteratur des 16. Jahrhunderts (1893).

jetzt der getreue Eckart. Im englischen Volk entstand etwas, das dort längst als Bibelfetischismus bezeichnet worden ist.

Was Luther fehlte, ein ewiges Verhängnis für Deutschland, war der Blick für Tatsachen und die Kraft der praktischen Organisation. Er hat weder seine Lehre in ein klares System gebracht noch die große Bewegung geleitet und ihr ein bestimmtes Ziel gesetzt. Beides leistete allein sein großer Nachfolger Calvin. Während die lutherische Bewegung im mittleren Europa führerlos weitertrieb, betrachtete er seine Herrschaft in Genf als den Ausgangspunkt einer planmäßigen Unterwerfung der Welt unter das rücksichtslos zu Ende gedachte System des Protestantismus. Deshalb wurde er und er allein eine Weltmacht. Deshalb war es der Entscheidungskampf zwischen den Geistern Calvins und Loyolas, der seit dem Untergang der spanischen Armada die Weltpolitik im Staatensystem des Barock und den Kampf um die Herrschaft der Meere völlig beherrscht hat. Während Reformation und Gegenreformation in Mitteleuropa um eine kleine Reichsstadt oder ein paar elende Schweizerkantone rangen, fielen in Kanada, an der Gangesmündung, am Kap, am Mississippi Entscheidungen zwischen Frankreich, Spanien, England und den Niederlanden, in denen überall diese beiden großen Organisatoren der Spätreligion des Abendlandes sich gegenüberstanden.

19

Die geistige Gestaltungskraft der Spätzeit beginnt nicht mit, sondern nach der Reformation. Ihre eigentlichste Schöpfung ist die freie Wissenschaft. Die Gelehrsamkeit war noch für Luther durchaus *ancilla theologiae* gewesen. Calvin ließ den freigeistigen Arzt Servet verbrennen. Das Denken der ägyptischen, vedischen und orphischen Frühzeit empfand seine Bestimmung so, daß Kritik den Glauben zu bestätigen hatte. Gelang es nicht, so war das kritische Verfahren falsch. Wissen war gerechtfertigter, nicht widerlegter Glaube.

Jetzt aber ist die kritische Kraft des städtischen Geistes so groß geworden, daß sie nicht mehr bestätigt, sondern prüft. Der Bestand an Glaubenswahrheiten, und zwar mit dem Verstand, nicht mit dem Herzen aufgenommen, wird das erste bloße Objekt zerlegender Geistestätigkeit. Das unterscheidet die Scholastik der Frühzeit von der wirklichen Philosophie des Barock und also auch neuplatonisches und islamisches, vedisches und brahmanisches, orphisches und vorsokratisches Denken. Die – man möchte sagen profane – Kausalität des Menschenlebens, der Umwelt, des Erkennens wird Problem. Die ägyptische Philosophie des Mittleren Reiches hat in *diesem* Sinne den Wert des Lebens abgemessen; vielleicht war ihr die chinesische – vorkonfuzianische – Spätphilosophie (etwa 800–500 v. Chr.) nahe verwandt, von der nur das dem Kuan-tse († 645) zugeschriebene Buch einen dunklen Begriff gibt. Ganz geringe Spuren deuten darauf hin, daß erkenntnistheoretische und biologische Probleme im Mittelpunkt dieser echten und einzigen, ganz verschwundenen Philosophie Chinas gestanden haben.

Innerhalb der Barockphilosophie steht die abendländische Naturwissenschaft ganz für sich. Etwas Ähnliches besitzt keine andere Kultur. Sicherlich war sie von Anfang an nicht die Magd der Theologie, sondern *Dienerin des technischen Willens zur Macht und nur deshalb* mathematisch und experimentell gerichtet und von Grund aus *praktische* Mechanik. Da sie durch und durch zuerst Technik ist und dann Theorie, so muß sie so alt sein wie der faustische Mensch überhaupt. Technische Arbeiten von einer erstaunlichen Energie der Kombination erscheinen schon um 1000. Schon im 13. Jahrhundert hat Robert Grosseteste den Raum als Funktion des Lichtes behandelt, Petrus Peregrinus 1289 die bis auf Gilbert (1600) herab beste, experimentell begründete Abhandlung über den Magnetismus geschrieben, und beider Schüler Roger Bacon eine naturwissenschaftliche Erkenntnistheorie als Grundlage für seine technischen Versuche entwickelt. Aber die Kühnheit im Entdecken dynamischer Zusammenhänge geht noch viel weiter. Das kopernikanische System ist in einer Handschrift von·1322 angedeutet und einige Jahrzehnte darauf von den Schülern Occams zu Paris, Buridan, Albert von Sachsen und Nicolas von Oresme, in Verbindung mit der vorweggenommenen Mechanik Galileis mathematisch entwickelt worden.[1] Man täusche sich nicht über die letzten Triebe, die all diesen Entdeckungen zugrunde liegen: das reine Schauen hätte des Experiments nicht bedurft, aber das faustische Symbol der Maschine, das schon im 12. Jahrhundert zu mechanischen Konstruktionen trieb und das Perpetuum mobile zum Prometheusgedanken des abendländischen Geistes gemacht hat, konnte es nicht entbehren. *Die Arbeitshypothese ist immer das erste*, gerade das, was für keine andre Kultur einen Sinn hatte. Man muß sich durchaus mit der erstaunlichen Tatsache vertraut machen, daß der Gedanke, jede Kenntnis von natürlichen Zusammenhängen sofort praktisch auszubeuten, den Menschen durchaus fernliegt mit Ausnahme der faustischen und derer, die wie die Japaner, Juden und Russen heute unter dem geistigen Zauber ihrer Zivilisation stehen. Daß unser Weltbild dynamisch angelegt ist, enthält schon den Begriff der Arbeitshypothese. Erst das zweite ist für jene grübelnden Mönche die Theorie, das wirkliche „Schauen", und ganz unvermerkt, wie diese aus der technischen Leidenschaft entstanden war, leitete sie nun hinüber zu der echt faustischen Auffassung Gottes als des großen Maschinenmeisters, der alles konnte, was sie selbst in ihrer Ohnmacht nur zu wollen wagten. Unvermerkt wird die Welt Gottes von einem Jahrhundert zum andern dem Perpetuum mobile ähnlicher. Und als, ebenfalls ganz unvermerkt, vor dem immer mehr durch Experiment und technische Erfahrung geübten Blick auf die Natur der gotische Mythos schattenhaft wurde, entstanden aus den Begriffen mönchischer Arbeitshypothesen seit Galilei jene kritisch abgeklärten *numina* der modernen Naturwissenschaft, die Stoß- und Fernkräfte, die Gravitation, die Lichtgeschwindigkeit, endlich „die" Elektrizität, die im elektrodynamischen Weltbilde durch Einverleibung der übrigen Energieformen eine Art von physikalischem Monotheismus heraufgeführt hat. Es sind die Begriffe, welche den Formeln unterlegt werden, um ihnen mythische Anschaulichkeit zu verleihen. Die Zahlen selbst sind Technik, Hebel und Schrauben, abgelauschtes Weltgeheimnis. Das antike und jedes andre Naturdenken brauchte

[1] M. Baumgartner, Gesch. der Philos. des Mittelalters (1915), S. 425 ff., 571 ff., 620 ff.

keine Zahlen, weil es keine Macht erstrebte. Die *reine* Mathematik des Pythagoras und Plato steht zu den Naturansichten des Demokrit und Aristoteles in gar keiner Beziehung.

Wie in der Antike Prometheus' Trotz gegen die Götter als Hybris, so ist vom Barock die Maschine als teuflisch empfunden worden. Der Höllengeist hatte dem Menschen das Geheimnis verraten, sich des Weltmechanismus zu bemächtigen und selbst den Gott zu spielen. Deshalb herrscht bei allen rein priesterlichen Naturen, die ganz im Reiche des Geistes leben und nichts von „dieser Welt" erwarten, vor allem bei den idealistischen Philosophen, den Klassizisten, den Humanisten, bei Kant, selbst bei Nietzsche, ein feindseliges Schweigen über die Technik.

Jede späte Philosophie enthält den kritischen Protest gegen das unkritische Schauen der Frühzeit. Aber diese Kritik eines seiner Überlegenheit sicheren Geistes trifft auch den Glauben selbst und ruft die einzige große Schöpfung im Religiösen hervor, die Eigentum der Spätzeit ist und zwar jeder: den Puritanismus.

Er erscheint im Heere Cromwells und seiner eisernen, bibelfesten, psalmensingend in die Schlacht ziehenden Independenten, im Kreise der Pythagoräer, die im bittren Ernst ihrer Pflichtenlehre das fröhliche Sybaris zerstörten und ihm für immer den Makel einer sittenlosen Stadt anhängten, im Heere der ersten Kalifen, das nicht nur Staaten, sondern auch die Seelen unterwarf. Miltons Verlorenes Paradies, manche Suren des Koran, das wenige, was sich über pythagoräische Lehren feststellen läßt – das ist alles eins: Begeisterung eines nüchternen Geistes, kalte Glut, trockne Mystik, pedantische Ekstase. Aber noch einmal lodert doch eine wilde Frömmigkeit darin auf. Was die zur unbedingten Herrschaft über die Seele des Landes gelangte große Stadt an transzendenter Inbrunst aufbringen kann, das ist hier gesammelt, wie mit der Angst, daß es künstlich und vorübergehend ist, und deshalb ungeduldig, ohne Verzeihung, ohne Barmherzigkeit. Dem Puritanismus nicht nur des Abendlandes sondern aller Kulturen fehlt das Lächeln, das die Religion aller Frühzeiten verklärt hatte, die Augenblicke tiefer Lebensfreude, der Humor. Nichts von der stillen Glückseligkeit, die in magischer Früh-

zeit in den Kindheitsgeschichten Jesu oder bei Gregor von Nazianz
so oft aufleuchtet, findet sich in den Suren des Koran, nichts von der
versonnenen Heiterkeit der Gesänge des heiligen Franz bei Milton.
Ein tödlicher Ernst ruht über den jansenistischen Geistern von Port
Royal und den Versammlungen der schwarzgekleideten Rundköp-
fe, die das *old merry England* Shakespeares, *auch* ein Sybaris, in wenigen Jahren vernichtet haben. Der Kampf gegen den Teufel, dessen
leibhafte Nähe sie alle fühlten, wurde erst jetzt mit einer finstren
Erbitterung geführt. Im 17. Jahrhundert sind mehr als eine Million
Hexen verbrannt worden und nicht nur im protestantischen Norden
und katholischen Süden, sondern auch in Amerika und Indien.
Freudlos und gallig ist die Pflichtenlehre des Islam *(fikh)* mit ihrer
harten Verständigkeit so gut wie die des Westminsterkatechismus
(1643) und die Ethik der Jansenisten (Jansens „Augustinus" 1640) –
denn auch im Reiche Loyolas gab es mit innerer Notwendigkeit
eine puritanische Bewegung. Religion ist erlebte Metaphysik, aber
sowohl die Gemeinschaft der Heiligen, wie die Independenten sich
nannten, als die Pythagoräer, als die Umgebung Mohammeds erlebten
sie nicht mit den Sinnen, sondern zuerst als Begriff. Parshva, der um
600 v. Chr. am Ganges die Sekte der „Entfesselten" gründete, lehrte
wie die andern Puritaner seiner Zeit, daß nicht Opfer und Riten,
sondern allein die Erkenntnis der Identität von *atman* und *brahman*
zur Erlösung führe. Ein zügelloser und doch trockener allegorischer
Geist ist in aller puritanischen Dichtung an die Stelle gotischer
Visionen getreten. Der Begriff ist die wahre und einzige Macht im
Wachsein dieser Asketen. Um Begriffe und nicht wie Meister Eckart
um Gestalten ringt Pascal. Man verbrennt Hexen, weil sie bewiesen
sind, und nicht, weil man sie nachts in den Lüften sieht; die protestantischen Juristen wenden den Hexenhammer der Dominikaner an,
weil er auf Begriffen errichtet ist. Die Madonnen der frühen Gotik
waren den Betenden erschienen, die Madonnen Berninis hat niemand gesehen. Sie sind vorhanden, weil sie bewiesen sind, und man
begeistert sich für diese Art von Existenz. Cromwells großer Staatssekretär Milton verkleidet Begriffe in Gestalten und Bunyan hat
einen ganzen Begriffsmythos in eine ethisch-allegorische Handlung

gebracht. Ein Schritt weiter und man steht vor Kant, aus dessen Begriffsethik zuletzt der Teufel als Begriff in Gestalt des Radikal-Bösen herauswuchs.

Man muß sich vom Oberflächenbilde der Geschichte befreien und ganz über die künstlichen Grenzen hinwegsetzen können, welche die Methodik abendländischer Einzelwissenschaften gezogen hat, um zu sehen, daß Pythagoras, Mohammed und Cromwell in drei Kulturen ein und dieselbe Bewegung verkörpern.

Pythagoras war kein Philosoph. Nach allen Aussagen der vorsokratischen Denker war er ein Heiliger, Prophet und Stifter eines fanatisch-religiösen Bundes, der seine Wahrheiten mit allen politischen und militärischen Mitteln der Umgebung aufzwang. In der Zerstörung von Sybaris durch Kroton, die sicherlich nur als Höhepunkt eines wilden Religionskrieges in der geschichtlichen Erinnerung haften blieb, entlud sich derselbe Haß, der auch in Karl I. von England und seinen fröhlichen Kavalieren nicht nur eine Irrlehre, sondern auch die weltliche Gesinnung ausrotten wollte. Ein gereinigter und begrifflich befestigter Mythos mit einer rigorosen Sittenlehre verlieh den Auserwählten des Pythagoräerbundes die Überzeugung, vor allen andern zum Heil zu gelangen. Die in Thurioi und Petelia gefundenen Goldtäfelchen, welche den Leichen der Geweihten in die Hand gegeben wurden, enthielten die Versicherung des Gottes: Seliger und Gebenedeiter, du wirst nicht mehr ein Sterblicher, sondern ein Gott sein. Es ist dieselbe Überzeugung, die der Koran all denen verlieh, die im heiligen Kriege gegen die Ungläubigen fochten – „das Mönchtum des Islam ist der Religionskrieg" lautet ein Hadith des Propheten – und mit welcher Cromwells ‚Eisenseiten' die „Philister und Amalekiter" des königlichen Heeres bei Marston Moor und Naseby zersprengten.

Der Islam ist so wenig eine Wüstenreligion wie der Glaube Zwinglis eine Religion des Hochgebirges. Es ist ein Zufall, daß die puritanische Bewegung, für welche die magische Welt reif geworden war, von einem Manne aus Mekka und weder von einem Monophysiten noch Juden ausging. Denn im nördlichen Arabien lagen die christlichen Staaten der Ghassaniden und Lachmiden, und im sabäischen Süden wurden christlich-jüdische Religionskriege geführt, an denen die Staatenwelt von Axum bis zum Sassanidenreich beteiligt war. Auf dem Fürstenkongreß von Marib[1] wird kaum ein Heide erschienen sein, und bald darauf kam Südarabien unter persische, also mazdaische Verwaltung. Mekka war eine kleine Insel altarabischen Heidentums mitten in einer Welt von Juden und Christen, ein kleiner Rest, der längst von den Gedanken der großen magischen Religionen durchsetzt war. Das wenige, was von diesem Heidentum in den Koran eindrang, ist durch den Kommentar der Sunna und ihren syrisch-mesopotamischen Geist später forterklärt worden. Der Islam ist eine neue Religion fast nur in dem Sinne, wie das Luthertum eine solche war. In Wirklichkeit setzt er die großen Frühreligionen fort. Und ebensowenig ist seine Ausbreitung, wie immer noch geglaubt wird, eine Völkerwanderung, die von der arabischen Halbinsel ausgeht, sondern vielmehr ein Ansturm begeisterter Bekenner, der lawinengleich die Christen, Juden und Mazdaisten mit sich reißt und als fanatische Moslime alsbald an der Spitze führt. Es waren Berber aus der Heimat Augustins, die Spanien eroberten, und Perser aus dem Irak, die zum Oxus vordrangen. Die Feinde von gestern wurden die Vorkämpfer von morgen. Die meisten „Araber", die 717 zum ersten Male Byzanz angriffen, sind als Christen geboren worden. Um 650 erlischt mit einem Schlage die byzantinische Literatur,[2] ohne daß der tiefere Sinn davon bis jetzt bemerkt worden wäre: diese Literatur setzt sich in der arabischen fort; die Seele der magischen Kultur fand endlich im Islam ihren wahren Ausdruck. Damit ist diese Kultur wirklich „arabisch" und endgültig von der Pseudomorphose erlöst worden. Der vom Islam geführte, von Monophysiten und Juden längst vorbereitete Bildersturm fährt auch über Byzanz hin, wo der Syrer Leo III. (717–41) diese puritanische Bewegung islamisch-christlicher Sekten, der Paulikianer (um 650) und späteren Bogomilen, zur Herrschaft brachte.

Die großen Gestalten der Umgebung Mohammeds wie Abu Bekr und Omar sind durchaus den puritanischen Führern der englischen

---

[1] 542 n. Chr., vgl. Bd. II, S. 795.
[2] Krumbacher, Byzant. Literaturgesch., S. 12.

Revolution wie John Pym und Hampdon verwandt, und diese
Ähnlichkeit der Gesinnung und Haltung würde noch größer sein,
wüßten wir mehr von den Hanifen, den arabischen Puritanern vor
und neben Mohammed. Sie besaßen alle das Bewußtsein einer großen
Sendung, das sie Leben und Besitz verachten ließ; sie hatten alle aus
der Prädestination für sich die Bürgschaft gewonnen, die Auserwählten Gottes zu sein. Der großartig alttestamentliche Schwung in den
Parlamenten und Heerlagern der Independenten, der noch im 19.
Jahrhundert in vielen englischen Familien den Glauben zurückge-
lassen hatte, daß die Engländer Nachkommen der zehn Stämme
Israels seien, ein Volk von Heiligen, dem die Lenkung der Welt be-
stimmt sei, hat auch die Auswanderung nach Amerika beherrscht,
die mit den Pilgervätern von 1620 ihren Anfang nahm; er hat das
geschaffen, was man heute die amerikanische Religion nennen darf,
und das herangezüchtet, was der Engländer noch jetzt an politischer
Unbedenklichkeit besitzt, die ganz religiös auf der Gewißheit der
Prädestination gegründet ist. Selbst die Pythagoräer haben – etwas
Unerhörtes in der antiken Religionsgeschichte – die politische
Macht zu religiösen Zwecken in die Hand genommen und den Puritanismus von Polis zu Polis durchzusetzen versucht. Überall sonst
gab es Einzelkulte in Einzelstaaten, von denen jeder den andern in
seinen religiösen Übungen unbeachtet ließ; nur hier findet sich eine
Gemeinschaft von Heiligen, deren praktische Energie über die alten
Orphiker ebensoweit hinausgeht wie die independentische Kampf-
begeisterung über die der Reformationskriege.

Aber im Puritanismus liegt schon der Rationalismus verborgen,
der nach einigen Generationen der Begeisterung überall hervorbricht und die Herrschaft an sich nimmt. Es ist der Schritt von
Cromwell zu Hume. Nicht die Stadt überhaupt, auch nicht die
große Stadt, sondern einzelne wenige Städte sind nun Schauplatz
der Geistesgeschichte geworden, das sokratische Athen, das Bagdad
der Abbassiden, das London und Paris des 18. Jahrhunderts. Aufklärung ist das Wort für diese Zeit, die Sonne bricht hervor – aber
was ist es, was da am Himmel des kritischen Bewußtseins abzieht?

Rationalismus bedeutet den Glauben *allein* an die Ergebnisse des kritischen Verstehens, also an den „Verstand". Wenn in einer Frühzeit das *credo quia absurdum* ausgesprochen wurde, so lag darin die Gewißheit, daß Begreifliches und Unbegreifliches erst *zusammen* die Welt bilden, die Natur, die Giotto malte, in welche die Mystiker sich versenkten, in welche der Verstand nur so tief dringen kann, als die Gottheit es gestattet. Jetzt entsteht aus einem stillen Ärger der Begriff des Irrationalen; es ist das, was durch seine Unbegreiflichkeit bereits entwertet ist. Man kann es als Aberglauben offen oder als Metaphysik heimlich verachten; Wert besitzt nur das kritisch gesicherte Verstehen. Und Geheimnisse sind nichts als Beweise von Unwissenheit. Die neue *geheimnislose* Religion heißt in ihren höchsten Möglichkeiten Weisheit, σοφία; ihr Priester ist der Philosoph und ihr Anhänger der Gebildete. Nur für den Ungebildeten ist die alte Religion unentbehrlich, meint Aristoteles,[1] und das ist durchaus die Meinung von Konfuzius und Gotamo Buddha, Lessing und Voltaire. Man kehrt zur Natur zurück, von aller Kultur, aber es ist keine erlebte, sondern eine bewiesene, aus dem Verstand geborene und ihm allein zugängliche Natur, die für das Bauerntum gar nicht vorhanden ist, und man wird von ihr nicht erschüttert, sondern in eine empfindsame Stimmung versetzt. Natürliche Religion, Vernunftreligion, Deismus, das ist alles nicht erlebte Metaphysik, sondern begriffene Mechanik, das, was Konfuzius „Gesetze des Himmels" und der Hellenismus Tyche nennt. Einst war Philosophie die Dienerin der jenseitigsten Religiosität, jetzt kommt die Empfindung auf, Philosophie müsse Wissenschaft sein, nämlich Erkenntniskritik, Wertkritik. Zwar fühlt man, daß sie auch jetzt nichts ist als abgeschwächte Dogmatik, Glaube an ein Wissen, das reines Wissen sein *möchte*. Man spinnt Systeme aus scheinbar gesicherten Anfängen heraus, aber man sagt zuletzt doch nur statt Gott Kraft und statt Ewigkeit Erhaltung der Energie. Allem antiken Rationalismus liegt der Olymp, allem abendländischen die Lehre von den Sakramenten zugrunde. Deshalb schwankt diese Philosophie hin und her zwischen Religion und Fachwissenschaft und wird in jedem Falle anders de-

[1] Met. XI, 8 p. 1074 b 1.

finiert, je nachdem der Urheber noch etwas vom Priester und Seher in sich hat oder reiner Fachmann und Techniker des Denkens ist.

„Weltanschauung" ist der eigentliche Ausdruck für ein aufgeklärtes Wachsein, das unter Leitung des kritischen Verstehens sich in einer götterlosen Lichtwelt umsieht und die Sinne Lügen straft, sobald sie etwas empfinden, was der „gesunde Menschenverstand" nicht anerkennt. Was einst Mythos war, das Wirklichste des Wirklichen, unterliegt jetzt der Methode des Euhemerismus, die nach jenem Gelehrten ihren Namen trägt, welcher um 300 v. Chr. die antiken Gottheiten für Menschen erklärte, die sich einst verdient gemacht hatten. In irgendeiner Form erscheint dies Verfahren in jeder aufgeklärten Zeit. Es ist euhemeristisch, wenn die Hölle als das böse Gewissen, der Teufel als die böse Lust und Gott als die Schönheit der Natur gedeutet werden. Dahin gehört es auch, wenn auf attischen Grabsteinen um 400 an Stelle der Stadtgöttin Athene eine Göttin Demos angerufen wird – was andrerseits der jakobinischen Göttin Vernunft sehr nahe kommt –, wenn Sokrates von seinem Daimonion und andre Denker dieser Zeit vom Νοῦς statt von Zeus sprechen. Konfuzius sagt „Himmel" statt Schang-ti, das heißt, er glaubt nur an Naturgesetze. Ein ungeheuerlicher Akt des Euhemerismus ist die „Sammlung" und „Ordnung" der kanonischen Schriften Chinas durch die Konfuzianer, die in Wirklichkeit eine Vernichtung fast aller alten religiösen Werke und die rationalistische Verfälschung des Restes bedeutete. Wäre es möglich gewesen, so hätten die Aufklärer des 18. Jahrhunderts sich ebenso um das Erbe der Gotik verdient gemacht.[1] Konfuzius gehört durchaus in das „18. Jahrhundert" Chinas. Laotse, der ihn verachtet, steht inmitten des Taoismus, einer Bewegung, die nacheinander protestantische, puritanische und pietistische Züge zum Vorschein gebracht hat, und beide verbreiten zuletzt eine praktische Weltstimmung auf dem Hintergrunde einer ganz mechanistischen Weltanschauung. Das Wort Tao hat seine Grundbedeutung im Verlauf der chinesischen Spätzeit ebenso be-

---

[1] Kalifen wie Al Maimun (813–33) und die letzten Ommaijaden wären mit etwas Ähnlichem für den Islam durchaus einverstanden gewesen. Es gab damals in Bagdad einen Klub, in dem Christen, Juden, Moslime und Atheisten debattierten und die Berufung auf Bibel und Koran nicht gestattet war.

ständig verändert, und zwar in mechanistischer Richtung, wie „Logos" in der antiken Geistesgeschichte von Heraklit bis Poseidonios und „Kraft" von Galilei bis zur Gegenwart. Was einst Mythos und Kultus großen Stils gewesen war, heißt in dieser Religion der Gebildeten *Natur* und *Tugend*, aber Natur ist ein vernünftiger Mechanismus und *Tugend ist Wissen*: darüber sind Konfuzius, Buddha, Sokrates und Rousseau einer Meinung. Von Gebet und Betrachtungen über das Leben nach dem Tode hielt Konfuzius wenig, von Offenbarungen gar nichts. Wer sich viel mit Opfern und Kulten beschäftigt, ist ungebildet und unvernünftig. Gotamo Buddha und sein Zeitgenosse Mahavira, der Stifter des Jainismus, die beide aus der Staatenwelt am unteren Ganges, östlich vom alten brahmanischen Kulturgebiet stammten, haben bekanntlich weder den Gottesbegriff noch einen Mythos und Kultus anerkannt. Von der wahren Lehre Buddhas ist wenig mehr festzustellen. Alles erscheint in die Farbe der späteren Fellachenreligion seines Namens getaucht. Aber einer der zweifellos echten Gedanken über das „ursachmäßige Entstehen" ist die Ableitung des Leidens *aus dem Nichtwissen*, nämlich der „vier edlen Wahrheiten". Das ist echter Rationalismus. Nirwana ist bei ihm eine rein geistige Ablösung und entspricht durchaus der Autarkeia und Eudaimonia der Stoiker. Es ist der Zustand des verstehenden Wachseins, für welchen das Dasein nicht mehr vorhanden ist.

Für den Gebildeten solcher Zeiten ist der Weise das große Ideal. Der Weise kehrt aus Vernunftgründen zur Natur zurück, nach Ferney oder Ermenonville, in attische Gärten oder indische Wälder; es ist die geistigste Art, Großstädter zu sein. Der Weise ist der Mensch der rechten Mitte. Seine Askese besteht in einer maßvollen Geringschätzung der Welt zugunsten der Meditation. Die Weisheit der Aufklärung wird nie die Bequemlichkeit stören. Moral auf dem Hintergrunde des großen Mythos war immer ein Opfer, ein Kult, bis zur härtesten Askese, bis zum Tode. Tugend auf dem Hintergrunde der Weisheit ist eine Art von heimlichem Genuß, ein feinster, geistigster Egoismus, und damit wird aus dem Sittenlehrer jenseits der echten Religion ein Philister. Buddha, Konfuzius, Rousseau sind

Erzphilister bei aller Erhabenheit ihrer Gedankengänge, und nichts kann über die Pedanterie der sokratischen Lebensweisheit hinweghelfen.

Zu dieser, man möchte sagen Scholastik des gesunden Menschenverstandes gehört mit innerer Notwendigkeit eine rationalistische Mystik der Gebildeten. Die Aufklärung des Abendlandes ist englischen Ursprungs und das Ergebnis des Puritanismus: von Locke geht der gesamte Rationalismus des Festlands aus. Gegen ihn vor allem lehnen sich in Deutschland die Pietisten auf (seit 1700 die Herrnhuter Brüdergemeinde, Spener und Francke, in Württemberg Oetinger), in England die Methodisten (1738 Wesley von Herrnhut aus „erweckt"). Es ist wieder der Unterschied von Luther und Calvin, daß diese sich alsbald zu einer Weltbewegung organisierten und jene sich in mitteleuropäischen Konventikeln verloren. Die Pietisten des Islam finden sich im *Sufismus*, der nicht „persischen", sondern allgemein aramäischen Ursprungs ist und sich im 8. Jahrhundert von Syrien aus über die ganze arabische Welt verbreitet. Pietisten oder Methodisten sind die indischen Laien, die kurz vor Buddha die Erlösung vom Kreislauf des Lebens *(sansara)* durch Versenkung in die Gleichheit von *brahman* und *atman* lehrten, aber auch Laotse und seine Anhänger, und trotz ihres Rationalismus die kynischen Bettelmönche und Wanderprediger und die stoischen Erzieher, Hausgeistlichen und Beichtväter des frühen Hellenismus.[1] Es sind Steigerungen möglich bis zur rationalistischen Vision, deren klassisches Beispiel Swedenborg ist, die bei den Stoikern und Sufis eine ganze religiöse Phantasiewelt hervorgebracht hat und die Umbildung des Buddhismus zum Mahayana vorbereitet. Die Entwicklung des Buddhismus und Taoismus in ihrer ursprünglichen Bedeutung ist der methodistischen in Amerika sehr ähnlich, und es ist kein Zufall, daß beide am unteren Ganges und südlich des Jangtsekiang, also in den jungen Siedlungsgebieten beider Kulturen zur vollen Blüte gelangt sind.

---

[1] Gercke-Norden, Einl. in die Altertumswiss. II, S. 210.

20

Zwei Jahrhunderte nach dem Puritanismus steht die mechanistische Weltauffassung auf ihrem Gipfel. Sie ist die wirkliche Religion der Zeit. Auch wer jetzt noch überzeugt ist, im alten Sinne religiös zu sein, „an Gott zu glauben", täuscht sich nur über die Welt, in der sich sein Wachsein spiegelt. Religiöse Wahrheiten sind in seinem Verstehen immer mechanistische Wahrheiten, und meist ist es nur die Gewohnheit der Worte, welche die wissenschaftlich gesehene Natur mythisch überfärbt. Kultur ist immer gleichbedeutend mit religiöser Gestaltungskraft. Jede große Kultur beginnt mit einem gewaltigen Thema, das sich aus dem stadtlosen Lande erhebt, in den Städten mit ihren Künsten und Denkweisen vielstimmig durchgeführt wird und in den Weltstädten im Finale des Materialismus ausklingt. Aber selbst die letzten Akkorde halten streng die Tonart des Ganzen fest. Es gibt einen chinesischen, indischen, antiken, arabischen, abendländischen Materialismus, der in jedem einzelnen Falle nichts ist als die ursprüngliche mythische Gestaltenfülle, unter Abziehung alles Erlebten und Erschauten mechanistisch gefaßt.

Yang-dschu hat in diesem Sinne den konfuzianischen Rationalismus zu Ende gedacht. Das System des Lokayata setzt die dem Gotamo Buddha, Mahavira und den übrigen Pietisten ihrer Zeit gemeinsame Verachtung der entseelten Welt ebenso fort, wie diese Verachtung den Atheismus der Sankhyalehre. Sokrates ist so gut der Erbe der Sophisten wie der Ahnherr der kynischen Wanderprediger und der pyrrhonischen Skepsis. Es ist stets die Überlegenheit des mit dem Irrationalen endgültig fertig gewordenen Weltstadtgeistes, der mit Verachtung auf jedes Wachsein herabsieht, das noch Geheimnisse kennt und anerkennt. Gotische Menschen schauderten auf Schritt und Tritt vor dem Unergründlichen zurück, das in den Wahrheiten der Lehre nur noch ehrfurchtgebietender vor sie hintrat. Aber selbst der moderne Katholik empfindet diese Lehre nur als System, das alle Welträtsel gelöst hat. Das Wunder erscheint ihm gleichsam als physikalisches Ereignis höherer Ordnung, und ein englischer Bischof glaubt an die Möglichkeit, die elektrische Kraft und die Kraft des Gebets aus einem einheitlichen Natursystem ableiten zu können. Es ist der Glaube allein an Kraft und Stoff, auch wenn man die Worte Gott und Welt oder Vorsehung und Mensch gebraucht.

Ganz für sich steht wieder der faustische Materialismus im engeren Sinne, in dem die technische Weltanschauung ihre Vollendung erreicht hat. Die ganze Welt als dynamisches System, exakt, mathematisch angelegt, experimentell bis in die letzten Ursachen aufzuschließen und in Zahlen zu fassen, so daß der Mensch sie beherrschen kann: das unterscheidet diese Rückkehr zur Natur von jeder andern. Wissen ist Tugend – das glaubten auch Konfuzius, Buddha und Sokrates. Wissen ist Macht – das hat nur innerhalb der europäisch-amerikanischen Zivilisation einen Sinn. Diese Rückkehr zur Natur bedeutet die Ausschaltung aller Mächte, die zwischen der praktischen Intelligenz und der Natur stehen. Überall sonst hat sich der Materialismus begnügt, scheinbar einfache Einheiten anschaulich oder begrifflich festzustellen, deren kausales Spiel alles ohne jeden Rest von Geheimnis erklärt, und das Übernatürliche auf Unwissenheit zurückzuführen. Aber der große Verstandesmythos von Energie und Masse ist außerdem eine ungeheure *Arbeitshypothese*. Er zeichnet das Naturbild so, daß man es *gebrauchen* kann. Das Schicksalhafte wird als Evolution, Entwicklung, Fortschritt mechanisiert und mitten in das System gestellt, der Wille ist ein Eiweißprozeß, und alle diese Lehren, nenne man sie Monismus, Darwinismus, Positivismus, erheben sich damit zu einer Zweckmäßigkeitsmoral, die dem amerikanischen Geschäftsmann und englischen Politiker ebenso einleuchtet wie dem deutschen Fortschrittsphilister, und die im letzten Grunde nichts ist als eine intellektuelle Karikatur der Rechtfertigung durch den Glauben.

Der Materialismus würde nicht vollständig sein ohne das Bedürfnis, die geistige Spannung hin und wieder loszuwerden, sich in mythische Stimmungen fallen zu lassen, irgend etwas Kultisches zu betreiben, um zur innern Entlastung den Reiz des Irrationalen, des Wesensfremden, des Absonderlichen, wenn es sein muß, auch des Albernen zu genießen. Was in der Zeit etwa des Meng-tse (372–

289) und der ersten buddhistischen Brüdergemeinden noch jetzt deutlich hervortritt, gehört in ganz derselben Bedeutung auch zu den wichtigsten Zügen des Hellenismus. Um 312 wurde in Alexandria von dichtenden Gelehrten in der Art des Kallimachos der Sarapiskult erfunden und mit einer ausgeklügelten Legende versehen. Der Isiskult im republikanischen Rom war etwas, das man mit dem nachmaligen Kult der Kaiserzeit und mit der sehr ernsten Isisreligion Ägyptens nicht verwechseln darf, nämlich ein religiöser Zeitvertreib der guten Gesellschaft, der den Anlaß teils zu öffentlichem Spott gab, teils zu Skandalen und zur Schließung des Kultgebäudes, die 59–48 viermal angeordnet wurde. Die chaldäische Astrologie war damals eine *Mode*, gleich weit entfernt von dem echt antiken Orakelglauben und dem magischen Glauben an die Macht der Stunde. Es war „Entspannung"; man machte sich und anderen etwas vor, und dazu kamen die zahllosen Scharlatane und Schwindelpropheten, die alle Städte durchzogen und mit wichtigtuenden Bräuchen den Halbgebildeten eine religiöse Erneuerung einzureden suchten. Dem entspricht in der heutigen europäisch-amerikanischen Welt der okkultistische und theosophische Schwindel, die amerikanische Christian Science, der verlogene Salonbuddhismus, das religiöse Kunstgewerbe, das in Deutschland mehr noch als in England mit gotischen, spätantiken und taoistischen Stimmungen in Kreisen und Kulten betrieben wird. Es ist überall das bloße Spiel mit Mythen, an die man nicht glaubt, und der bloße Geschmack an Kulten, mit denen man die innere Öde ausfüllen möchte. Der wirkliche Glaube ist noch immer der an Atome und Zahlen, aber es bedarf des gebildeten Hokuspokus, um auf die Länge ertragen zu werden. Der Materialismus ist flach und ehrlich, das Spielen mit Religion ist flach und unehrlich; aber damit, daß es überhaupt möglich ist, verweist es schon auf ein neues und echtes Suchen, das sich leise im zivilisierten Wachsein meldet und zuletzt deutlich an den Tag tritt.

Was nun folgt, nenne ich die *zweite Religiosität*. Sie erscheint in allen Zivilisationen, sobald diese zur vollen Ausbildung gelangt sind und langsam in den geschichtslosen Zustand hinübergehen, für den Zeiträume keine Bedeutung mehr haben. Daraus ergibt sich, daß

die abendländische Welt von dieser Stufe noch um viele Generationen entfernt ist. Die zweite Religiosität ist das notwendige Gegenstück zum Cäsarismus, der endgültigen *politischen* Verfassung später
Zivilisationen. Sie wird demnach in der Antike etwa von Augustus
an sichtbar, in China etwa mit Schi Hoang-ti. Beiden Erscheinungen fehlt die schöpferische Urkraft der frühen Kultur. Ihre Größe
liegt dort in der tiefen Frömmigkeit, welche das ganze Wachsein
ausfüllt – Herodot nannte die Ägypter die frömmsten Menschen der
Welt, und denselben Eindruck machen China, Indien und der Islam
auf den heutigen Westeuropäer – und hier in der fessellosen Gewalt
ungeheuerster Tatsachen, aber die Schöpfungen dieser Frömmigkeit
sind ebensowenig etwas Ursprüngliches wie die Form des römischen
Imperiums. Es wird nichts aufgebaut, es entfaltet sich keine Idee,
sondern es ist, als zöge ein Nebel vom Lande ab und die alten Formen träten erst ungewiß, dann immer klarer wieder hervor. Die
zweite Religiosität enthält, nur anders erlebt und ausgedrückt, wieder den Bestand der ersten, echten und frühen. Zuerst verliert sich
der Rationalismus, dann kommen die Gestalten der Frühzeit zum
Vorschein, zuletzt ist es die ganze Welt der primitiven Religion, die
vor den großen Formen des Frühglaubens zurückgewichen war und
nun in einem volkstümlichen Synkretismus, der auf dieser Stufe keiner Kultur fehlt, mächtig wieder hervordringt.

Jede Aufklärung schreitet von einem schrankenlosen Verstandesoptimismus, der stets mit dem Typus des Großstadtmenschen verbunden ist, zur unbedingten Skepsis fort. Das souveräne Wachsein,
das durch Gemäuer und Menschenwerk rings von der lebendigen
Natur und von der Erde unter sich abgeschnitten ist, erkennt nichts
an außer sich. Es übt Kritik an seiner vorgestellten, vom alltäglichen
Sinneserleben abgezogenen Welt, und zwar so lange, bis es das
Letzte und Feinste gefunden hat, die Form der Form – sich selbst,
also nichts. Damit sind die Möglichkeiten der Physik als des kritischen Weltverstehens erschöpft und der Hunger nach Metaphysik
meldet sich wieder. Aber es ist nicht der religiöse Zeitvertreib gebildeter und literaturgesättigter Kreise und überhaupt nicht der Geist,
aus dem die zweite Religiosität hervorgeht, sondern ein ganz unbe-

merkter und von selbst entstehender naiver Glaube der Massen an irgendwelche mythische Beschaffenheit des Wirklichen, für die alle Beweisgründe ein Spiel mit Worten, etwas Dürftiges und Langweiliges zu sein beginnen, und zugleich ein naives Herzensbedürfnis, dem Mythos mit einem Kultus demütig zu antworten. Die Formen beider können weder vorausgesehen noch willkürlich gewählt werden. Sie erscheinen von selbst, und wir sind weit von ihnen entfernt.[1] Aber die Meinungen von Comte und Spencer, der Materialismus, Monismus und Darwinismus, die im 19. Jahrhundert die Leidenschaft der besten Geister geweckt hatten, sind heute doch schon die Weltanschauung der Provinz geworden.

Die antike Philosophie hatte um 250 v. Chr. ihre Gründe erschöpft. Das „Wissen" ist von nun an nicht mehr ein beständig durchgeprüfter und vergrößerter Besitz, sondern der zur Gewohnheit gewordene Glaube daran, der durch altgewohnte Methoden immer wieder Überzeugungskraft erhält. Zur Zeit des Sokrates gab es den Rationalismus als Religion der Gebildeten. Darüber stand die gelehrte Philosophie, darunter der „Aberglaube" der Massen. Jetzt entwickelt sich die Philosophie zu einer geistigen, der Synkretismus des Volkes zu einer handgreiflichen Religiosität von ganz derselben Tendenz, und zwar dringen Mythenglaube und Frömmigkeit hinauf, nicht hinab. Die Philosophie hat viel zu empfangen und wenig zu geben. Die Stoa war vom Materialismus der Sophisten und Kyniker ausgegangen und hatte den gesamten Mythos allegorisch erklärt, aber schon von Kleanthes († 232) stammt das Tischgebet an Zeus,[2] eins der schönsten Stücke der antiken zweiten Religiosität. Zur Zeit von Sulla gab es einen durch und durch religiösen Stoizismus höherer Kreise und einen synkretistischen Volksglauben, der phrygische, syrische, ägyptische Kulte und zahllose antike, damals fast vergessene Mysterien verband, und das entspricht genau der Entwicklung der aufgeklärten Weisheit Buddhas zum Hinayana der

---

[1] Wenn aber heute schon etwas diese Formen ahnen läßt, die selbstverständlich zu gewissen Elementen des gotischen Christentums zurückleiten, so ist es nicht der Literatengeschmack an spätindischer und spätchinesischer Spekulation, sondern z. B. der Adventismus und ähnliche Sekten.

[2] Joh. v. Arnim, Stoic. vet. fragm. 537.

Gelehrten und Mahayana der Menge, und dem Verhältnis des lehrhaften Konfuzianismus zum Taoismus, der sehr bald das Gefäß des
chinesischen Synkretismus geworden ist.

Gleichzeitig mit dem „Positivisten" Meng-tse (372–289) beginnt
plötzlich eine mächtige Bewegung von Alchymie, Astrologie und
Okkultismus. Es ist längst eine berühmte Streitfrage, ob hier etwas
Neues erscheint oder der frühchinesische Mythensinn wieder durchbricht, aber die Antwort kann durch einen Blick auf den Hellenismus gegeben werden. Dieser Synkretismus tritt „gleichzeitig" in
der Antike, in Indien, in China, im volkstümlichen Islam auf. Er
setzt sich überall an rationalistische Lehren an – die Stoa, Laotse,
Buddha – und durchsetzt sie mit bäuerlichen, frühzeitlichen und
exotischen Motiven jeder denkbaren Art. Der antike Synkretismus,
der von dem der späteren magischen Pseudomorphose wohl zu
unterscheiden ist,[1] holte sich seit 200 v. Chr. Motive aus der Orphik,
aus Ägypten, aus Syrien; der chinesische hat 67 n. Chr. den indischen Buddhismus in der volkstümlichen Form des Mahayana eingeführt, wobei die heiligen Schriften als Zaubermittel und die
Buddhafiguren als Fetische für kräftiger galten, weil sie fremd waren.
Die ursprüngliche Lehre des Laotse verschwindet sehr rasch. Zu Beginn der Hanzeit (um 200 v. Chr.) werden die Scharen der *sen* aus
moralischen Vorstellungen zu gütigen Wesen. Die Wind-, Wolken-,
Donner-, Regengötter kommen wieder. Massenhafte Kulte bürgern
sich ein, durch welche die bösen Geister mit Hilfe der Götter aus-
getrieben werden. Damals enstand, und zwar sicherlich aus einem
Grundbegriff der vorkonfuzianischen Philosophie, der Mythos von
Panku, dem Urprinzip, von dem die Reihe der mythischen Kaiser
abstammt. Eine ähnliche Entwicklung nahm bekanntlich der Logosbegriff.[2]

Die von Buddha gelehrte Theorie und Praxis der Lebensführung
war aus Weltmüdigkeit und intellektuellem Ekel hervorgegangen

---

[1] Vgl. Bd. II, S. 801.
[2] Das Lü-shi Tschun-tsiu des Lüpu-wei (237 v. Chr., chinesische Augustuszeit)
ist das erste Denkmal des Synkretismus, dessen Niederschlag das während der Hanzeit entstandene Ritualwerk Li-ki ist (B. Schindler, Das Priestertum im alten
China I, S. 93).

und stand zu religiösen Fragen in gar keiner Beziehung, aber schon zu Beginn der indischen „Kaiserzeit" um 250 v. Chr. war er selbst ein sitzendes Götterbild geworden, und an Stelle der nur dem Gelehrten verständlichen Nirwanatheorie traten mehr und mehr handfeste Lehren von Himmel, Hölle und Erlösung, die zum Teil vielleicht ebenfalls der Fremde, nämlich der persischen Apokalyptik entlehnt sind. Schon zu Asokas Zeit gab es achtzehn buddhistische Sekten. Der Erlösungsglaube des Mahayana hat in dem Dichter und Gelehrten Asvaghosa (um 50 v. Chr.) den ersten großen Verkünder und in Nagarjuna (um 150 n. Chr.) den eigentlichen Vollender gefunden. Aber daneben wanderte die ganze Masse urindischer Mythen wieder zurück. Die Vischnu- und die Shivareligion waren um 300 v. Chr. schon deutlich ausgebildet, und zwar in synkretistischer Form, so daß die Krishna- und die Ramalegende nun auf Vischnu übertragen werden. Dasselbe Schauspiel bietet sich im ägyptischen Neuen Reiche, wo der Amon von Theben den Mittelpunkt eines mächtigen Synkretismus bildet, und im Arabertum der Abbassidenzeit, wo die Volksreligion mit ihren Vorstellungen von Vorhölle, Hölle, Weltgericht, der himmlischen Kaaba, dem Logos-Mohammed, den Feen, Heiligen und Gespenstern den ursprünglichen Islam ganz in den Hintergrund drängt.[1]

Es gibt in diesen Zeiten noch einige hohe Geister wie den Erzieher Neros, Seneca, und sein Ebenbild Psellos,[2] den Philosophen, Prinzenerzieher und Politiker im cäsarischen Byzanz, wie den Stoiker Marc Aurel und den Buddhisten Asoka, die selbst Cäsaren gewesen sind,[3] und endlich den Pharao Amenophis IV., dessen tiefsinniger Versuch einer Religionsgründung von der mächtigen Priesterschaft des Amon als Ketzerei aufgefaßt und vereitelt worden ist, eine Gefahr, die sicherlich auch Asoka von den Brahmanen gedroht hat.

---

[1] M. Horten, Die religiöse Gedankenwelt des Volkes im heutigen Islam (1917).
[2] 1018–78, vgl. Dieterich, Byzant. Charakterköpfe (1909), S. 63.
[3] Sie haben sich beide erst im Alter und nach langen und schweren Kriegen in eine milde, müde Frömmigkeit versenkt, sind aber bestimmteren Religionen ferngeblieben. Dogmatisch betrachtet war Asoka kein Buddhist; er hat diese Strömungen nur verstanden und in Schutz genommen (Hillebrandt, Altindien S. 143).

Aber gerade der Cäsarismus hat im chinesischen wie im römischen Imperium einen Kaiserkult ins Leben gerufen und damit den Synkretismus zusammengefaßt. Es ist ein absurder Gedanke, die chinesische Verehrung des lebenden Kaisers sei ein Stück alter Religion gewesen. Kaiser hat es während der ganzen Dauer der chinesischen Kultur überhaupt nicht gegeben. Die Herrscher der Staaten hießen Wang, König, und Meng-tse schrieb kaum hundert Jahre vor dem Endsieg des chinesischen Augustus ganz im Sinne des 19. Jahrhunderts den Satz: „Das Volk ist das wichtigste im Land; danach kommen die nützlichen Götter des Bodens und Getreides; am wenigsten wichtig ist der Herrscher." Die Mythologie von den Urkaisern ist ohne Zweifel erst von Konfuzius und seiner Zeit, und zwar in rationalistischer Absicht in eine staatsrechtliche und sozialethische Fassung gebracht worden; diesem Mythos hat dann der erste Cäsar Titel und Kultbegriff entnommen. Die Erhebung von Menschen zu Göttern ist die Rückkehr zur Frühzeit, wo man Götter zu Helden machte wie gerade die Urkaiser und die Helden Homers, und sie ist ein bezeichnender Zug fast aller Religionen dieser zweiten Stufe. Konfuzius selbst wurde 57 n. Chr. zum Gott mit offiziellem Kult erhoben. Buddha war es damals längst. Al Ghazali (um 1050), der die „zweite Religiosität" der islamischen Welt vollenden half, ist für den Volksglauben ein göttliches Wesen und einer der beliebtesten Heiligen und Nothelfer geworden. In der Antike gab es in den Philosophenschulen einen Kult des Plato und Epikur, und die Abstammung Alexanders von Herakles und Cäsars von Venus leitet deutlich zum Kult des Divus hinüber, in dem uralte orphische Vorstellungen und Geschlechterkulte ebenso wieder auftauchen wie im chinesischen Kult des Hoang-ti ein Stück der ältesten Mythologie.

Mit diesen beiden Kaiserkulten beginnen aber schon die Versuche, die zweite Religiosität in feste Organisationen zu bringen, die man Gemeinden, Sekten, Orden, Kirchen nennen mag, die aber stets starre Wiederholungen lebendiger Formen der Frühzeit sind und sich zu diesen verhalten wie die Kaste zum Stand.

Etwas davon enthielt schon die Reform des Augustus mit ihrer künstlichen Wiederbelebung längst erstorbener Stadtkulte, wie der

Bräuche der Arvalbrüder, aber erst die hellenistischen Mysterien-
religionen und selbst noch der Mithraskult, soweit er nicht der magischen Religiosität zugerechnet werden muß, sind solche Gemeinschaften, deren Weiterbildung dann durch den Untergang der Antike abgebrochen worden ist; ihnen entspricht der theokratische
Staat, den die ägyptischen Priesterkönige von Theben im 11. Jahrhundert v. Chr. aufrichteten, und die Taokirchen der Hanzeit, vor
allem die von Tschang-lu begründete, welche 184 n. Chr. den
furchtbaren, an religiöse Provinzaufstände der römischen Kaiserzeit
erinnernden Aufstand der gelben Turbane hervorrief, der weite Gebiete verwüstete und den Sturz der Han-Dynastie herbeigeführt hat.[1]
Und diese asketischen Kirchen des Taoismus finden mit ihrer Starrheit und wilden Mythologie ihr vollkommenes Seitenstück in den
spätbyzantinischen Mönchsstaaten, wie dem Kloster Studion und
dem 1100 begründeten reichsunmittelbaren Klosterverband des
Athos, der so buddhistisch als möglich wirkt.

Aus dieser zweiten Religiosität gehen endlich die *Fellachenreli-
gionen* hervor, in denen der Gegensatz von weltstädtischer und pro-
vinzialer Frömmigkeit ebenso wieder verschwunden ist wie der von
primitiver und hoher Kultur. Was das bedeutet, lehrt der Begriff
des Fellachenvolkes.[2] Die Religion ist völlig geschichtslos geworden;
wo einst Jahrzehnte eine Epoche bedeuteten, haben jetzt Jahrhunderte keine Bedeutung mehr, und das Auf und Nieder oberflächlicher Veränderungen beweist nur, daß die innere Gestalt endgültig
und fertig ist. Es ist ganz gleichgültig, ob um 1200 in China eine Abart der konfuzianischen Staatslehre als Dschufuzianismus erscheint,
wann sie erscheint und ob sie Erfolg hat oder nicht, ob in Indien der
längst zu einer polytheistischen Volksreligion gewordene Buddhismus vor dem Neubrahmanismus verschwindet, dessen größter Theo-
loge Sankara um 800 lebte, und wann dieser endlich in die hindui-
stische Lehre von Brahma, Vischnu und Shiva übergeht. Es gibt
stets eine kleine Zahl äußerst geistiger, überlegener, absolut „ferti-
ger" Menschen, wie die Brahmanen Indiens, die Mandarinen Chinas

---

[1] J. J. de Groot, Universismus (1918), S. 134.
[2] Vgl. Bd. II, S. 760.

und die ägyptischen Priester, die Herodot in Erstaunen setzten. Aber die Fellachenreligion selbst ist wieder durch und durch primitiv wie die ägyptischen Tierkulte der 26. Dynastie, die aus Buddhismus, Taoismus und Konfuzianismus gebildete Staatsreligion Chinas, wie der Islam des heutigen Orients und vielleicht doch auch die Religion der Azteken, wie sie Cortez antraf, die sich von der durchgeistigten Mayareligion schon weit entfernt haben muß.

21

Eine Fellachenreligion ist auch das Judentum etwa seit Jehuda ben Halevi, der wie sein islamischer Lehrmeister Al Ghazali[1] die wissenschaftliche Philosophie mit unbedingter Skepsis betrachtet und sie im ,,Kuzari" (1140) nur noch als Dienerin der gläubigen Theologie gelten läßt. Das entspricht durchaus der Wendung von der mittleren zur jüngeren Stoa der Kaiserzeit und dem Erlöschen der chinesischen Spekulation unter der westlichen Han-Dynastie. Noch bezeichnender ist Moses Maimonides, der um 1175 den gesamten Lehrstoff des Judentums als etwas Fertiges und Starres in einem großen Werk vom Schlage des chinesischen Li-ki zusammengetragen hat, ohne die geringste Rücksicht darauf, ob das Einzelne noch Sinn hatte oder nicht.[2] Weder in dieser noch in einer andern Zeit ist das Judentum etwas Einzigartiges in der Religionsgeschichte, aber von der Lage aus betrachtet, welche die abendländische Kultur auf ihrem eigenen Boden dafür geschaffen hat, erscheint es so. Und ebensowenig ist die Tatsache, daß der jüdische Name immer wieder etwas anderes bezeichnet, ohne daß seine Träger es bemerken, etwas für sich Stehendes, denn sie wiederholt sich Schritt für Schritt im Persertum.

In ihrer ,,Merowingerzeit" (etwa 500 –0) entwickeln sich beide aus Stammesverbänden zu Nationen magischen Stils, ohne Land, ohne Einheit der Abstammung und schon damals mit der Wohn-

[1] Vgl. Bd. II, S. 946.
[2] Fromer, Der Talmud, S. 217. Die ,,rote Kuh" und das Salbungsritual der jüdischen Könige werden darin mit demselben Ernst behandelt wie die wichtigsten Bestimmungen des Privatrechts.

weise des Ghetto, die bis auf die Parsen in Bombay und die Juden in Brooklyn dieselbe geblieben ist.

In der Frühzeit (etwa 0–500) wird dieser landlose *consensus* von Spanien aus bis nach Schantung verbreitet. Es war die jüdische Ritterzeit und die „gotische" Blütezeit religiöser Gestaltungskraft: die späte Apokalyptik, die Mischna und das Urchristentum, das erst seit Trajan und Hadrian abgestoßen wurde, sind Schöpfungen dieser Nation. Es ist bekannt, daß die Juden damals Bauern, Handwerker und Kleinstädter waren. Die großen Geldgeschäfte führten Ägypter, Griechen, Römer, also „alte" Menschen.

Um 500 beginnt das jüdische Barock, das dem abendländischen Betrachter sehr einseitig im Bilde der spanischen Glanzzeit zu erscheinen pflegt. Der jüdische *consensus* tritt wie der persische, islamische und byzantanische in ein städtisches und geistiges Wachsein und beherrscht von nun an die Formen der städtischen Wirtschaft und Wissenschaft. Tarragona, Toledo und Granada sind vorwiegend jüdische Großstädte. Juden bilden einen wesentlichen Teil der vornehmen maurischen Gesellschaft. Ihre vollendeten Formen, ihren *esprit*, ihre Ritterlichkeit hat der gotische Kreuzzugsadel bewundert und nachzuahmen versucht; aber auch die Diplomatie, Kriegführung und Verwaltung der maurischen Staaten ist ohne die jüdische Aristokratie, welche hinter der islamischen an Rasse nicht zurückstand, gar nicht zu denken. Es gab, wie einst in Arabien einen jüdischen Minnesang, so jetzt eine hohe Literatur und eine aufgeklärte Wissenschaft. Als Alfons X. von Kastilien um 1250 unter Leitung des Rabbiners Isaak ben Said Hassan durch jüdische, islamische und christliche Gelehrte ein neues Planetenwerk ausarbeiten ließ,[1] war das immer noch eine Leistung nicht des faustischen, sondern des magischen Weltdenkens. Erst seit Nicolaus Cusanus wurde es umgekehrt. Aber in Spanien und Marokko lag doch nur ein sehr kleiner Teil des jüdischen *consensus* und dieser selbst hatte nicht nur einen weltlichen, sondern vor allem auch einen geistlichen Sinn. Es gab auch in ihm eine puritanische Bewegung, die den Talmud verwarf und zur reinen Tora zurückkehren wollte. Die Gemeinschaft der

[1] Strunz, Gesch. der Naturwiss. im Mittelalter, S. 89.

Karäer ist nach manchen Vorläufern um 760 im nördlichen Syrien entstanden, eben dort, von wo ein Jahrhundert vorher die bilderstürmenden christlichen Paulikianer und etwas später der islamische Sufismus ausgingen, drei magische Richtungen, deren innere Verwandtschaft niemand verkennen wird. Die Karäer wurden wie die Puritaner jeder andern Kultur von der Orthodoxie wie von der Aufklärung bekämpft. Die rabbinischen Gegenschriften entstanden von Cordova und Fes bis nach Südarabien und Persien hin. Aber damals entstand auch, ein Produkt des „jüdischen Sufismus" und zuweilen an Swedenborg erinnernd, das Hauptwerk der rationalistischen Mystik, das Buch Jezirah, dessen kabbalistische Grundvorstellungen sich mit der byzantinischen Bildersymbolik und dem gleichzeitigen Zauberwesen des griechischen „Christentums zweiter Ordnung" ebenso berühren wie mit der Volksreligion des Islam.

Eine ganz neue Lage wird um die Jahrtausendwende durch den Zufall geschaffen, daß der westlichste Teil des *consensus* sich plötzlich im Bereiche der jungen abendländischen Kultur befindet. Die Juden waren wie die Parsen, Byzantiner und Moslime zivilisiert und weltstädtisch geworden; die germanisch-romanische Welt lebte im stadtlosen Lande, und kaum hatten sich um Klöster und Märkte Ansiedlungen, noch auf Generationen hin ohne eigene Seele gebildet. Die einen waren fast schon Fellachen, die anderen fast noch Urvolk. Der Jude begriff die gotische Innerlichkeit, die Burg, den Dom, der Christ die überlegene, fast zynische Intelligenz und das fertig ausgebildete „Gelddenken" nicht. Man haßte und verachtete sich, noch kaum aus dem Bewußtsein eines Rasseunterschiedes, sondern aus Mangel an „Gleichzeitigkeit". Der jüdische *consensus* baute in die Flecken und Landstädte überall seine großstädtischen – proletarischen – Ghettos ein. Die Judengasse ist der gotischen Stadt um tausend Jahre voraus. Genau so lagen zur Zeit Jesu die Römerstädte zwischen den Dörfern am See Genezareth.

Aber diese jungen Nationen waren außerdem mit dem Boden und der Idee des Vaterlandes fest verbunden; der landlose *consensus*, dessen Zusammenhalt für seine Mitglieder keine Absicht und Organisation, sondern ein ganz unbewußter, ganz metaphysischer Trieb war, ein Ausdruck des unmittelbarsten magischen Weltgefühls, trat ihnen als etwas Unheimliches und völlig Unverständliches entgegen. Damals entstand die Sage vom ewigen Juden. Es war schon viel, wenn ein schottischer Mönch in ein lombardisches Kloster kam, und das starke Heimatgefühl nahm er dahin mit; aber wenn ein Rabbiner aus Mainz, wo sich um 1000 die bedeutendste Talmudschule des Abendlandes befand, oder Salerno nach Kairo, Basra oder Merw kam, so war er in jedem Ghetto zu Hause. In diesem schweigenden Zusammenhalt lag die Idee der magischen Nation[1]; er war Staat, Kirche und Volk zugleich, ganz wie im damaligen Griechentum, Parsentum und Islam – was man im Abendland nicht wußte. Spinoza und Uriel Acosta sind aus diesem *Staat*, der sein eigenes Recht und sein von den Christen gar nicht bemerktes öffentliches Leben hatte und auf die umgebende Welt der Wirtsvölker wie auf eine Art von Ausland herabsah, durch einen wirklichen Hochverratsprozeß ausgewiesen worden, ein Vorgang, dessen tieferen Sinn diese Wirtsvölker überhaupt nicht verstehen konnten; und der bedeutendste Denker der östlichen Chassiden, Senior Salman, ist 1799 von der rabbinischen Gegenpartei der Petersburger Regierung wie einem fremden Staate ausgeliefert worden.

Das Judentum des westeuropäischen Kreises hatte die noch im maurischen Spanien vorhandene Beziehung zum Lande vollständig verloren. Es gibt keine Bauern mehr. Das kleinste Ghetto ist ein wenn auch noch so armseliges Stück Großstadt, und seine Bewohner zerfallen wie die des erstarrten Indien und China in Kasten – die Rabbiner sind die Brahmanen und Mandarinen des Ghetto – und die Masse der Kuli mit einer zivilisierten, kalten, weit überlegenen Intelligenz und einem rücksichtslosen Geschäftssinn. Aber das ist wieder nur für einen engen Geschichtshorizont eine einzigartige Erscheinung. *Alle magischen Nationen* befinden sich seit den Kreuzzügen auf dieser Stufe. Die Parsen besitzen in Indien genau dieselbe geschäftliche Macht wie die Juden in der europäisch-amerikanischen Welt und die Armenier und Griechen in Südosteuropa. Die Erscheinung wiederholt sich in jeder anderen Zivilisation, sobald sie in jün-

[1] Vgl. Bd. II, S. 766f.

gere Zustände eindringt: die Chinesen in Kalifornien – sie sind der
eigentliche Gegenstand des westamerikanischen „Antisemitismus" –
und in Java und Singapur, der indische Händler in Ostafrika, *aber
auch der Römer in der früharabischen Welt*, wo die Lage gerade umgekehrt war. Die „Juden" dieser Zeit waren die Römer, und in dem
apokalyptischen Haß der Aramäer gegen sie liegt auch etwas dem
westeuropäischen Antisemitismus ganz Verwandtes. Es war ein echter Pogrom, als im Jahre 88 auf einen Wink von Mithridates hin an
einem Tage 100 000 römische Geschäftsleute von der erbitterten
Bevölkerung Kleinasiens ermordet wurden.

Zu diesen Gegensätzen tritt der der Rasse, welcher in demselben
Maße aus Verachtung in Haß übergeht, als die abendländische Kultur sich selbst der Zivilisation nähert und der „Altersunterschied" mit
seinem Ausdruck in der Lebenshaltung und Vorherrschaft der Intelligenz geringfügiger wird. Aber er hat mit den törichten, der
Sprachwissenschaft entnommenen Schlagworten Arier und Semit
gar nichts zu tun. Die „arischen" Perser und Armenier sind für uns
von den Juden gar nicht zu unterscheiden, und schon in Südeuropa
und auf dem Balkan ist ein körperlicher Unterschied zwischen
christlichen und jüdischen Einwohnern kaum vorhanden. Die jüdische Nation ist wie jede andre der arabischen Kultur das Ergebnis
einer ungeheuren *Mission* und bis in die Zeit der Kreuzzüge hinein
durch massenhafte Zu- und Austritte beständig verändert worden.[1]
Ein Teil der Ostjuden stimmt körperlich mit den christlichen Bewohnern des Kaukasus, ein andrer mit den südrussischen Tartaren,
ein großer Teil der westlichen mit den nordafrikanischen Mauren
überein. Es ist vielmehr der Gegensatz zwischen *dem Rasseideal der
gotischen Frühzeit*, das züchtend gewirkt hat, und dem Typus des
sephardischen Juden, der sich erst in den Ghettos des Abendlandes,
und zwar ebenfalls durch seelische Zucht unter sehr harten äußeren
Bedingungen ausgebildet hat, zweifellos in dem wirksamen Banne
der Landschaft und der Wirtsvölker und in der metaphysischen Verteidigung gegen sie, namentlich seit dieser Teil der Nation durch
Verlust der arabischen Sprache eine Welt für sich geworden ist.

[1] Vgl. Bd. II, S. 877. Zum Folgenden Bd. II, S. 707.

Dies Gefühl eines tiefen Andersseins tritt auf beiden Seiten um so mächtiger hervor, je mehr Rasse der Einzelne hat. Nur der Mangel an Rasse bei geistigen Menschen, Philosophen, Doktrinären, Utopisten bewirkt es, daß sie diesen abgrundtiefen, metaphysischen Haß nicht verstehen, in welchem der verschiedene Takt zweier Daseinsströme wie eine unerträgliche Dissonanz zum Vorschein kommt, einen Haß, der für beide tragisch werden kann und der auch die indische Kultur durch den Gegensatz des Inders von Rasse und des Tschudra beherrscht hat. Während der Gotik ist dieser Gegensatz tief religiös und richtet sich vor allem gegen den *consensus* als Religion; erst mit Beginn der abendländischen Zivilisation ist er materialistisch geworden und richtet sich gegen die plötzlich vergleichbar gewordene geistige und geschäftliche Seite.

Am tiefsten trennend und erbitternd hat aber die Tatsache gewirkt, welche in ihrer vollen Tragik am wenigsten begriffen worden ist: während der abendländische Mensch von den Tagen der Sachsenkaiser bis zur Gegenwart Geschichte im allerbedeutendsten Sinne durchlebt, und zwar mit einer Bewußtheit, die in keiner andern Kultur ihresgleichen findet, hat der jüdische *consensus* aufgehört Geschichte zu haben.[1] Seine Probleme waren gelöst, seine innere Form abgeschlossen und unveränderlich geworden; Jahrhunderte hatten für ihn wie für den Islam, die griechische Kirche und die Parsen keine Bedeutung mehr, und deshalb kann, wer innerlich diesem *consensus* verbunden ist, die Leidenschaft gar nicht begreifen, mit welcher faustische Menschen die in wenig Jahren zusammengedrängten Entscheidungen ihrer Geschichte, ihres Schicksals durchleben, wie es zu Beginn der Kreuzzüge, in der Reformation, der französischen Revolution, den Freiheitskriegen und an allen Wendepunkten im Dasein der Einzelvölker der Fall war. Das alles liegt für ihn um dreißig Generationen zurück. Geschichte größten Stils strömt draußen vorüber, Epoche folgt auf Epoche, der Mensch ist mit jedem Jahrhundert von Grund aus ein andrer, im Ghetto steht alles still und auch in der Seele des einzelnen. Aber selbst wenn er sich als Angehörigen seines Wirtsvolkes betrachtet und an dessen Ge-

---

[1] Vgl. Bd. II, S. 613.

schick teilnimmt, wie es 1914 in vielen Ländern der Fall war, so erlebt er es in Wirklichkeit doch nicht als *sein* Geschick, sondern er
nimmt dafür Partei, er beurteilt es als interessierter Zuschauer, und
gerade der letzte Sinn dessen, worum gekämpft wird, muß ihm stets
verschlossen bleiben. Es gab im Dreißigjährigen Kriege einen jüdischen Reitergeneral – er liegt auf dem alten Judenfriedhof in Prag
begraben –, aber was waren die Gedanken Luthers und Loyolas für
ihn? Was haben die den Juden nahe verwandten Byzantiner von den
Kreuzzügen verstanden? Das gehört zu den tragischen Notwendigkeiten der höheren Geschichte, die aus den Lebensläufen von Einzelkulturen besteht, und hat sich oft wiederholt. Die Römer, damals
ein altes Volk, hätten nie begreifen können, was für die Juden in
dem Prozeß Jesu und beim Aufstand des Bar Kochba auf dem Spiele
stand, und die europäisch-amerikanische Welt hat in den fellachenhaften Revolutionen der Türkei (1908) und Chinas (1911) ihre vollkommene Verständnislosigkeit für das bewiesen, was dort vorging.
Da ihr das ganz anders angelegte Denken und Innenleben und also
auch der Staatsgedanke und die Idee der Souveränität – dort des
Kalifen, hier des Tien-tse – verschlossen blieben, so hat sie den
Gang der Dinge nicht beurteilen und auch nicht vorausberechnen
können. Der Mensch einer fremden Kultur kann Zuschauer sein und
also beschreibender Historiker des Vergangenen, aber niemals Politiker, d. h. ein Mann, der die Zukunft in sich wirken fühlt. Besitzt
er nicht die materielle Macht, um in der Form seiner eigenen Kultur
handeln und die der fremden mißachten oder lenken zu können, wie
es allerdings die Römer im jungen Osten und Disraeli in England
durften, so steht er den Ereignissen hilflos gegenüber. Der Römer
und Grieche dachte immer die Lebensbedingungen seiner Polis in
die fremden Ereignisse hinein, der moderne Europäer blickt überall durch die Begriffe Verfassung, Parlament, Demokratie hindurch
auf fremde Schicksale, obwohl die Anwendung solcher Vorstellungen auf andere Kulturen lächerlich und sinnlos ist, und der Angehörige des jüdischen *consensus* verfolgt die Geschichte der Gegenwart, die nichts ist als die der über alle Erdteile und Meere verbreiteten faustischen Zivilisation, mit dem Grundgefühl des magischen

Menschen, selbst wenn er von dem abendländischen Charakter seines Denkens fest überzeugt ist.

Da jeder magische *consensus* landfremd und geographisch unbegrenzt ist, so sieht er unwillkürlich in allen Kämpfen um die *faustischen* Ideen des Vaterlandes, der Muttersprache, des Herrscherhauses, der Monarchie, der Verfassung eine Rückkehr von Formen, die ihm innerlich durchaus fremd und deshalb lästig und sinnlos, zu denen, welche seiner Natur gemäß sind; und aus dem Wort international, das ihn begeistern kann, hört er eben *das Wesen des landlosen und grenzenlosen consensus* heraus, ob es sich nun um Sozialismus, Pazifismus oder Kapitalismus handelt. Wenn für die europäisch-amerikanische Demokratie die Verfassungskämpfe und Revolutionen eine Entwicklung zum zivilisierten Ideal bedeuten, so sind sie für ihn – was ihm so gut wie nie zum Bewußtsein kommt – der Abbau alles dessen, was anders ist als er. Selbst wenn die Macht des *consensus* in ihm erschüttert ist und das Leben seines Wirtsvolkes eine äußere Anziehung bis zu wirklichem Patriotismus auf ihn übt, so ist seine Partei doch immer diejenige, deren Ziele *dem Wesen der magischen Nation* am vergleichbarsten sind. Deshalb ist er in Deutschland Demokrat und in England – wie der Parse in Indien – Imperialist. Genau dasselbe Mißverständnis liegt vor, wenn der Westeuropäer die Jungtürken und Reformchinesen für Geistesverwandte, nämlich für „konstitutionell" hält. Der innerlich zugehörige Mensch bejaht im letzten Grunde doch selbst dort, wo er zerstört; der innerlich fremde verneint, selbst wo er aufbauen möchte. Was die abendländische Kultur in ihren Kolonialgebieten durch Reformen eigenen Stils vernichtet hat, ist nicht auszudenken, und ebenso vernichtend wirkt das Judentum, wo es auch eingreift. Das Gefühl von der Notwendigkeit dieses wechselseitigen Mißverstehens führt zu dem furchtbaren, tief ins Blut gedrungenen Haß, der sich an sinnbildliche Merkmale wie Rasse, Lebenshaltung, Beruf, Sprache heftet, und beide Teile, so oft diese Lage bisher eingetreten ist, verzehrt, verdorben und zu blutigen Ausbrüchen getrieben hat.[1]

---

[1] Dahin gehören außer dem Befehl des Mithridates das Gemetzel auf Cypern (Bd. II, S. 796 f.), der Seapoyaufstand in Indien, der Boxeraufstand in China und

Das gilt vor allem auch für die Religiosität der faustischen Welt, die sich von einer fremden Metaphysik in ihrer Mitte bedroht, gehaßt, untergraben fühlt. Was ist seit den Reformen Hugos von Cluny, dem heiligen Bernhard, dem Lateranskonzil von 1215 über Luther, Calvin und den Puritanismus bis zur Aufklärung durch unser Wachsein gegangen, während es für die jüdische Religion längst keine Geschichte mehr gab! Innerhalb des westeuropäischen *consensus* hat 1565 Josef Karo im Schulchan Aruch denselben Stoff noch einmal und anders zusammengefaßt wie ehemals Maimonides, aber es hätte auch 1400 oder 1800 geschehen oder ganz unterbleiben können. Mit der Starrheit des heutigen Islam und des byzantinischen Christentums seit den Kreuzzügen, aber auch des späten Chinesentums und des Ägyptizismus bleibt alles formelhaft und gleich, die Speiseverbote, die Schaufäden an den Kleidern, die Gebetsriemen, die Denkzettel und die talmudische Kasuistik, die genau in dieser Form seit Jahrhunderten auch in Bombay am Vendidad und in Kairo am Koran geübt wird. Und ebenso ist die jüdische Mystik, die *reiner Sufismus* ist, seit den Kreuzzügen dieselbe geblieben, ganz wie die islamische, und sie hat in den letzten Jahrhunderten noch drei Heilige im Sinne des morgenländischen Sufismus hervorgebracht, die man als solche nur erkennt, wenn man durch den Anflug abendländischer Denkformen hindurchzusehen vermag. *Spinoza* ist mit seinem Denken in Substanzen, statt in Kräften und seinem durch und durch magischen Dualismus durchaus den letzten Nachzüglern der islamischen Philosophie vergleichbar wie Murtada und Schirazi. Er bedient sich der ganzen Begriffssprache des ihn umgebenden abendländischen Barock und hat sich in dessen Vorstellungsweise bis zur vollkommenen Selbsttäuschung hineingelebt, aber die Herkunft von Maimonides und Avicenna und die talmudische Methode „*more geometrico*" bleiben von allem, was über die Oberfläche seiner Seele hinwegging, ganz unberührt. In dem Baalschem, dem Stifter der Chassidensekte, der um 1698 in Wolhynien geboren wurde, ist ein echter Messias aufgestanden, der lehrend und Wunder vollbringend

das bolschewistische Wüten der Juden, Letten und anderer Fremdvölker gegen das zarische Russentum.

durch die Welt der polnischen Ghettos wanderte und für den nur
das Urchristentum als Vergleich herangezogen werden kann;[1] diese
aus uralten Strömungen magischer, kabbalistischer Mystik hervorgegangene Bewegung, welche den größten Teil der Ostjuden ergriffen hat, ohne Zweifel etwas Gewaltiges in der Religionsgeschichte der arabischen Kultur, ist mitten unter einem andersarti-
gen Menschentum verlaufen und doch von diesem so gut wie nicht
bemerkt worden. Der friedliche Kampf des Baalschem gegen die
damaligen Pharisäer des Talmud und für einen innerweltlichen Gott,
seine christusartige Gestalt, die reiche Legende, die sehr bald um
seine Person und die seiner Jünger gesponnen worden ist, das ist alles
von rein magischem Geiste und uns abendländischen Menschen im
letzten Grunde so fremd wie das Urchristentum selbst. Die Gedankengänge der chassidischen Schriften sind dem Nichtjuden so gut
wie unverständlich, aber auch der Ritus. In der Erregung der Andacht geraten die einen in Verzückung, andere beginnen wie die
Derwische des Islam zu tanzen.[2] Die ursprüngliche Lehre des Baalschem hat einer der Apostel zum Zaddikismus weiter entwickelt,
und auch dieser Glaube an Heilige (Zaddiks), die nacheinander von
Gott herabgesandt werden und durch ihre bloße Nähe Erlösung
bringen, erinnert wieder an den islamischen Mahdismus und noch
viel mehr an die schiitische Lehre von den Imamen, in denen das
,,Licht des Propheten" Herberge genommen hat. Ein andrer Jünger,
Salomon Maimon, von dem es eine merkwürdige Selbstbiographie
gibt, ging von dem Baalschem zu Kant, dessen abstrakte Denkart
auf talmudische Geister immer eine ungeheure Anziehungskraft ausgeübt hat. Der dritte ist Otto *Weininger*, dessen moralischer Dualismus eine rein magische Konzeption und dessen Tod in einem magisch durchlebten Seelenkampf zwischen Gut und Böse einer der
erhabensten Augenblicke spätester Religiosität ist.[3] Etwas Verwandtes können Russen erleben, aber weder der antike noch der faustische Mensch ist dessen fähig.

[1] P. Levertoff, Die religiöse Denkweise der Chassidim (1918), S. 128 ff.;
M. Buber, Die Legende des Baalschem, 1907.

[2] Levertoff, S. 136.

[3] O. Weininger, Taschenbuch (1919), vor allem S. 19 ff.

Mit der Aufklärung des 18. Jahrhunderts wird auch die abendländische Kultur großstädtisch und intellektuell und damit plötzlich
der Intelligenz des *consensus* zugänglich. Und dieses Versetztsein
mitten in eine Epoche, die für den innerlich längst abgestorbenen
Daseinsstrom des sephardischen Judentums einer fernen Vergangenheit angehört, aber doch in ihm ein verwandtes Gefühl erwecken
mußte, *soweit sie kritisch und verneinend war*, hat in verhängnisvoller
Weise verführerisch gewirkt, den geschichtlich fertigen und jeder
organischen Entwicklung unfähigen Zusammenhalt in die große
Bewegung der Wirtsvölker hineingezogen, ihn erschüttert, gelok-
kert und bis in die Tiefe hinein zersetzt und vergiftet. Denn für den
faustischen Geist war die Aufklärung ein Schritt vorwärts auf der
eigenen Bahn, über Trümmer hin, gewiß, aber doch im letzten
Grund bejahend; für das Judentum ist sie Zerstörung und nichts
andres, Abbau von etwas Fremdem, das es nicht begreift. Sehr oft
bietet sich dann ein Schauspiel, das auch der Parse in Indien, der
Chinese und Japaner in einer christlichen Umgebung und der moderne Amerikaner in China geben: Aufklärung bis zum Zynismus
und schroffster Atheismus gegenüber der fremden Religion, während die fellachenhaften Bräuche der eignen davon ganz unberührt
bleiben. Es gibt jüdische Sozialisten, die nach außen, und zwar mit
Überzeugung jede Art von Religion bekämpfen, für sich aber die
Speiseverbote und das Ritual der Gebetsriemen und Denkzettel
ängstlich beobachten. Häufiger ist der wirkliche innere Zerfall mit
dem *consensus*, soweit er ein Zusammenhang des Glaubens ist, ein
Schauspiel wie das jener indischen Studenten, die eine englische Uni-
versitätsbildung mit Locke und Mill erhalten haben und nun mit
der gleichen zynischen Verachtung auf indische wie auf abendländische Überzeugungen herabsehen und an ihrer innern Zersetzung
endlich selbst zugrunde gehen müssen. Seit der napoleonischen Zeit
hat sich der altzivilisierte *consensus* mit der neuzivilisierten abendländischen „Gesellschaft" der Städte unter deren Widerspruch vermischt, und ihre wirtschaftlichen und wissenschaftlichen Methoden
mit der Überlegenheit des Alters in Gebrauch genommen. Ganz dasselbe hat einige Generationen später die japanische, ebenfalls sehr

alte Intelligenz getan, vielleicht mit noch größerem Erfolge. Ein andres Beispiel sind die Karthager, Nachzügler der babylonischen Zivilisation, die schon von der etruskisch-dorischen Stufe der antiken Kultur angezogen wurden und endlich dem Hellenismus ganz erlegen sind,[1] in allem Religiösen und Künstlerischen starr und fertig, aber geschäftlich den Griechen und Römern weit voraus, und ihnen deshalb bis zum äußersten verhaßt.

Nicht weil die Metaphysik beider Kulturen sich näher gekommen wäre – das ist ganz unmöglich –, sondern weil sie in den wurzellosen Intelligenzen der Oberschicht auf beiden Seiten keine Rolle mehr spielt, ist diese magische Nation in Gefahr, mit dem Ghetto und der Religion selbst zu verschwinden. Sie hat alle Arten von innerlichem Zusammenhalt verloren und ist lediglich als Zusammenhalt in praktischen Fragen übriggeblieben. Aber der Vorsprung, den das uralte geschäftliche Denken dieser magischen Nation besaß, wird geringer; dem Amerikaner gegenüber ist er kaum noch vorhanden, und damit verschwindet das letzte starke Mittel, den mit dem Lande zerfallenen *consensus* aufrecht zu erhalten. In dem Augenblick, wo die zivilisierten Methoden der europäisch-amerikanischen Weltstädte zur vollen Reife gelangt sein werden, ist wenigstens innerhalb dieser Welt – die russische bildet ein Problem für sich – das Schicksal des Judentums erfüllt.

Der Islam hat *Boden* unter sich. Er hat den persischen, jüdischen, nestorianischen und monophysitischen *consensus* so gut wie ganz in sich aufgenommen.[2] Der Rest der byzantinischen Nation, die heutigen Griechen, sitzen auch auf eignem Land. Der Rest der Parsen in Indien wohnt innerhalb der starren Formen einer noch älteren, noch fellachenhafteren Zivilisation und ist dadurch in seinem Bestande gesichert. Aber der westeuropäisch-amerikanische Teil des jüdischen *consensus*, der die übrigen Teile meist an sich gezogen und an sein Schicksal gebunden hat, ist nun in das Getriebe einer jungen Zivilisation geraten, ohne Zusammenhang mit irgend einem Stück

---

[1] Ihr Schiffswesen war zur Römerzeit eher antik als phönikisch, ihr Staat war als Polis organisiert, und unter den Gebildeten wie Hannibal war das Griechische allgemein verbreitet.

[2] Vgl. Bd. II, S. 880f.

Land, nachdem er sich Jahrhunderte hindurch ghettomäßig abgeschlossen und so gerettet hatte. Damit ist er zersprengt und geht der
völligen Auflösung entgegen. Aber das ist ein Schicksal nicht innerhalb der faustischen, sondern der magischen Kultur.

VIERTES KAPITEL

DER STAAT

I. Das Problem der Stände: Adel und Priestertum

1

Ein unergründliches Geheimnis der kosmischen Flutungen[1], die wir Leben nennen, ist ihre Sonderung in zwei Geschlechter. Schon in den erdverbundenen Daseinsströmen der Pflanzenwelt strebt es auseinander, wie das Sinnbild der Blüte zeigt: etwas das dieses Dasein *ist*, und etwas, das es aufrecht erhält. Tiere sind frei, kleine Welten inmitten einer großen; Kosmisches, als Mikrokosmos abgeschlossen und dem Makrokosmos gegenübergestellt. Hier steigert sich, und zwar im Verlauf der Tiergeschichte mit immer größerer Entschiedenheit, das Zweierlei der Richtungen zu zweierlei Wesen, männlichen und weiblichen.

Das Weibliche steht dem Kosmischen näher. Es ist der Erde tiefer verbunden und unmittelbar einbezogen in die großen Kreisläufe der Natur. Das Männliche ist freier, tierhafter, beweglicher auch im Empfinden und Verstehen, wacher und gespannter.

Der Mann *erlebt* das Schicksal und *begreift* die Kausalität, die Logik des Gewordnen nach Ursache und Wirkung. Das Weib aber *ist* Schicksal, *ist* Zeit, *ist* die organische Logik des Werdens selbst. Eben deshalb bleibt das Kausalprinzip ihm ewig fremd. So oft sich der Mensch das Schicksal faßlich zu machen sucht, er hat immer den Eindruck von etwas Weiblichem empfangen, von Moiren, Parzen und Nornen. Der höchste Gott ist nie das Schicksal selbst, sondern er vertritt oder beherrscht es – wie der Mann das Weib. Das Weib ist in ursprünglichen Zeiten auch die Seherin, nicht weil es die Zu-

[1] Vgl. Bd. II, S. 557 und Anm. S. 557.

kunft kennt, sondern weil es sie *ist*. Der Priester deutet nur, das Weib aber ist Orakel. Die Zeit selbst redet aus ihm.

Der Mann *macht* Geschichte, das Weib *ist* Geschichte. In geheimnisvoller Weise enthüllt sich hier ein doppelter Sinn alles lebendigen Geschehens: es ist kosmisches Dahinströmen an sich, und dann doch wieder die Reihenfolge der Mikrokosmen selbst, die das Strömen in sich faßt, schützt und erhält. Diese „zweite" Geschichte ist die eigentlich männliche, die politische und soziale; sie ist bewußter, freier, bewegter. Sie reicht tief in die Anfänge der Tierwelt zurück und empfängt in den Lebensläufen der hohen Kulturen ihre höchste sinnbildliche und welthistorische Gestalt. Weiblich ist die erste, die ewige, mütterliche, pflanzenhafte – die Pflanze selbst hat immer etwas Weibliches –, *die kulturlose Geschichte der Folge von Generationen*, die sich nie ändert, die durch das Dasein aller Tier- und Menschenarten, durch alle kurzlebigen Einzelkulturen gleichmäßig und still hindurchgeht. Blickt man zurück, so ist sie gleichbedeutend mit dem Leben selbst. Auch sie hat ihre Kämpfe und ihre Tragik. Das Weib erringt seinen Sieg im Wochenbett. Bei den Azteken, den Römern der mexikanischen Kultur, wurde die gebärende Frau als tapferer Krieger begrüßt und die an der Geburt gestorbene unter denselben Formeln bestattet wie die in der Schlacht gefallenen Helden. Des Weibes ewige Politik ist die Eroberung des Mannes, durch den sie Mutter von Kindern, durch den sie also Geschichte, Schicksal, Zukunft sein kann. Ihre tiefe Klugheit und Kriegslist richtet sich stets auf den Vater ihres Sohnes. Der Mann aber, der mit dem Schwergewicht seines Wesens der andern Geschichte angehört, will *seinen* Sohn haben als Erben, als Träger seines Blutes und seiner geschichtlichen Tradition.

Hier kämpfen in Mann und Weib *die beiden Arten von Geschichte* um die Macht. Das Weib ist stark und ganz, was es ist, und es erlebt den Mann und die Söhne nur in bezug auf sich und seine Bestimmung. Im Wesen des Mannes liegt etwas Zwiespältiges. Er ist dies und noch etwas andres, was das Weib weder begreift noch anerkennt und als Raub und Gewalt an seinem Heiligsten empfindet. Das ist der geheime Urkrieg der Geschlechter, der ewig dauert, seit es

Geschlechter gibt, schweigend, erbittert, ohne Versöhnung, ohne Gnade. Es gibt auch da Politik, Schlachten, Bündnisse, Vertrag und Verrat. Die Rassegefühle von Haß und Liebe, die beide aus den Tiefen der Weltsehnsucht, aus dem Urgefühl der Richtung stammen, herrschen zwischen den Geschlechtern unheimlicher noch als in der andern Geschichte zwischen Mann und Mann. Es gibt Liebeslyrik und Kriegslyrik, Liebestänze und Waffentänze und zwei Arten der Tragödie – Othello und Macbeth –, aber bis an die Abgründe von Klytämnestras und Kriemhilds Rache reicht nichts in der politischen Welt.

Deshalb verachtet das Weib diese andre Geschichte, die Politik des Mannes, die sie nie versteht, von der sie nur weiß, daß sie ihr die Söhne raubt. Was ist ihr eine siegreiche Schlacht, die den Sieg in tausend Wochenbetten vernichtet? Die Geschichte des Mannes opfert die des Weibes sich auf, und es gibt ein weibliches Heldentum, das die Söhne mit Stolz zum Opfer bringt – Katharina Sforza auf den Wällen von Imola –, aber trotzdem ist es die ewige, geheime, bis in die Anfänge der Tierwelt zurückreichende Politik des Weibes, den Mann von ihr abzuziehen, um ihn ganz in die eigne, pflanzenhafte der Geschlechterfolgen einzuspinnen, das heißt in sich selbst. Und trotzdem erfolgt alles in der andern Geschichte nur, um diese ewige Geschichte des Zeugens und Sterbens zu schützen und zu erhalten, man mag es ausdrücken wie man will, für Haus und Herd, für Weib und Kind, für das Geschlecht, das Volk, die Zukunft. Der Kampf zwischen Mann und Mann geschieht stets um des Blutes, um des Weibes willen. *Das Weib als Zeit ist das, wofür es Staatengeschichte gibt.*

Das Weib von Rasse fühlt das, auch wenn sie es nicht weiß. Sie ist das Schicksal, sie spielt das Schicksal. Es beginnt mit dem Kampfe zwischen den Männern um ihren Besitz – Helena; die Carmentragödie; Katharina II., Napoleon und Désirée Clary, die Bernadotte zuletzt auf die feindliche Seite zog –, der schon die Geschichte ganzer Tiergattungen ausfüllt, und endet mit ihrer Macht als Mutter, Gattin, Geliebte über das Schicksal von Reichen: die Hallgerd der Njalssaga; die Frankenkönigin Brunhilde; Marozia, die den päpstlichen Stuhl an Männer ihrer Wahl vergibt. Der Mann steigt in *seiner* Geschichte empor, bis er die Zukunft eines Landes in Händen hält – dann kommt ein Weib und zwingt ihn auf die Knie. Mögen darüber Völker und Staaten zugrunde gehen, sie hat in *ihrer* Geschichte gesiegt. Der politische Ehrgeiz des Weibes von Rasse hat im letzten Grunde nie ein anderes Ziel.[1]

Geschichte besitzt demnach einen heiligen Doppelsinn. Sie ist kosmisch oder politisch. Sie *ist* das Dasein oder *bewahrt* das Dasein. Es gibt zwei Arten von Schicksal, zweierlei Krieg, zweierlei Tragik: *öffentliche und private*. Nichts kann diesen Gegensatz aus der Welt schaffen. Er ist von Anfang an im Wesen des tierischen Mikrokosmos begründet, der zugleich etwas Kosmisches ist. Er tritt in allen bedeutenden Lagen in Gestalt eines Konflikts der Pflichten hervor, der nur für den Mann, nicht für das Weib vorhanden ist, und er wird im Verlauf der hohen Kulturen nicht überwunden, sondern beständig vertieft. Es gibt ein öffentliches und ein Privatleben, öffentliches und privates Recht, Gemeinde- und Hauskulte. Als *Stand* ist das Dasein „in Form" *für* die eine, als *Stamm* ist es in Fluß *als* die andere Geschichte. Das ist der altgermanische Unterschied der „Schwertseite" und „Spindelhälfte" einer Blutsverwandtschaft. Seinen höchsten Ausdruck findet dieser Doppelsinn der gerichteten Zeit in den Ideen *des Staats und der Familie*.

Die Gliederung der Familie ist in lebendigem, was die Gestalt des Hauses in totem Stoff ist.[2] Ein Wandel in Aufbau und Bedeutung des Familiendaseins, und der Grundriß des Hauses wird anders. Der antiken Wohnweise entsprach die Agnatenfamilie antiken Stils, die in hellenischen Stadtrechten noch schärfer ausgeprägt war wie in dem jüngeren römischen.[3] Sie ist ganz auf den gegenwärtigen Stand, das euklidische Jetzt und Hier gestellt, ebenso wie die als Summe

---

[1] Erst das Weib ohne Rasse, das Kinder nicht haben kann oder will, das nicht mehr Geschichte *ist*, möchte die Geschichte der Männer *machen*, nachmachen. Und umgekehrt hat es einen tiefen Grund, wenn man die antipolitische Gesinnung von Denkern, Doktrinären und Menschheitsschwärmern als altweiberhaft bezeichnet. Sie wollen die andere Geschichte, die des Weibes, nachmachen, obwohl sie es nicht – können.

[2] Vgl. Bd. II, S. 698.

[3] Mitteis, Reichsrecht und Volksrecht (1891), S. 63.

gegenwärtig vorhandener Körper aufgefaßte Polis. Blutsverwandtschaft ist also für sie weder notwendig noch ausreichend; sie hört
auf mit der Grenze der *patria potestas*, des „Hauses". Die Mutter ist
an sich mit ihren leiblichen Kindern agnatisch *nicht* verwandt; nur
insofern sie der *patria potestas* des lebenden Gatten untersteht, ist sie
die agnatische Schwester ihrer Kinder.[1] Dem *consensus* dagegen entspricht die magische Kognatenfamilie (hebräisch Mischpacha), die
durch väterliche *und* mütterliche Blutsgemeinschaft weithin dargestellt und einen „Geist" besitzt, einen *consensus* im Kleinen, aber kein
bestimmtes Oberhaupt.[2] Es ist für das Erlöschen der antiken und die
Entfaltung der magischen Seele bezeichnend, daß das „römische"
Recht der Kaiserzeit von der Agnation allmählich zur Kognation
übergeht. Noch einige Novellen Justinians (118, 127) schaffen eine
Neuregelung des Erbrechts infolge des Sieges der magischen Fami-
lienidee.

Auf der andern Seite erblicken wir Massen von Einzelwesen, die
werdend und vergehend, aber Geschichte *machend* dahinströmen.
Je reiner, tiefer, stärker, selbstverständlicher der gemeinsame Takt
dieser Geschlechterfolgen, desto mehr „Blut", desto mehr Rasse
haben sie. Aus der Unendlichkeit aller heben sich beseelte Einheiten
ab,[3] Scharen, die sich im gleichen Wellenschlag des Daseins als
Ganzes fühlen, nicht geistige Gemeinschaften wie Orden, Künstlergilden und Gelehrtenschulen, die durch gleiche Wahrheiten verbunden sind, sondern Blutverbände mitten im kämpfenden Leben.

Es sind Daseinsströme „*in Form*", um einen Sportausdruck zu gebrauchen, der in die Tiefe dringt. In Form ist ein Feld von Renn-
pferden, das sicher in den Gelenken mit feinem Schwung über die
Hürde geht und sich dann wieder im gleichen Takt der Hufe über
die Ebene bewegt. In Form sind Ringer, Fechter und Ballspieler,

---

[1] Sohm, Institutionen (1911), S. 614.

[2] Auf diesem Prinzip beruht der Dynastiebegriff der arabischen Welt (der Ommaijaden, Komnenen, Sassaniden), der uns schwer begreiflich ist. Wenn ein Usurpator den Thron erobert hat, so vermählt er sich mit irgend einem weiblichen
Mitgliede aus der Blutsgemeinschaft und setzt so die Dynastie fort. Von einer
gesetzlichen Erbfolge ist der Idee nach nicht die Rede. Vgl. auch J. Wellhausen,
Ein Gemeinwesen ohne Obrigkeit (1900).

[3] Vgl. Bd. II, S. 577.

denen das Gewagteste leicht und selbstverständlich von der Hand
geht. In Form ist eine Kunstepoche, für welche die Tradition Natur
ist wie der Kontrapunkt für Bach. In Form ist eine Armee, wie sie
Napoleon bei Austerlitz und Moltke bei Sedan hatten. So gut wie
alles, was in der Weltgeschichte geleistet worden ist, im Krieg und
in jener Fortsetzung des Krieges durch geistige Mittel, die wir Politik nennen, alle erfolgreiche Diplomatie, Taktik, Strategie, sei es die
von Staaten, Ständen oder Parteien, rührt von lebendigen Einheiten
her, die sich in Form befanden.

Das Wort für die rassemäßige Art von Erziehung ist *Zucht, Züch-
tung*, im Unterschied von Bildung, die durch die Gleichheit des
Gelernten oder Geglaubten Wachseinsgemeinschaften begründet.
Zur Bildung gehören Bücher, zur Zucht gehört der stetige Takt und
Einklang der Umgebung, in die man sich hineinfühlt, hinein*lebt*:
Klostererziehung und Pagenerziehung der frühen Gotik. Alle guten
Formen einer Gesellschaft, jedes Zeremoniell ist versinnlichter Takt
einer Art von Dasein. Um sie zu beherrschen, muß man Takt *haben*.
Deshalb gewöhnen sich Frauen, weil sie triebhafter und dem Kos-
mischen näher sind, schneller an die Formen einer neuen Umgebung.
Frauen aus der Tiefe bewegen sich nach ein paar Jahren mit voller
Sicherheit in einer vornehmen Welt, aber sie sinken ebenso schnell
wieder herab. Der Mann ändert sich schwerer, weil er wacher ist.
Der Proletarier wird nie ganz Aristokrat, der Aristokrat nie ganz
Proletarier. Erst die Söhne haben den Takt der neuen Umgebung.

Je tiefer die Form, desto strenger und abweisender ist sie. Dem
nicht Zugehörigen erscheint sie als Sklaverei; der Zugehörige beherrscht sie mit vollkommener Freiheit und Leichtigkeit. Der Fürst
von Ligne war ebenso wie Mozart Herr, nicht Sklave der Form; und
das gilt von *jedem* geborenen Aristokraten, Staatsmann und Heerführer.

Deshalb gibt es in allen hohen Kulturen ein *Bauerntum*, das Rasse
überhaupt und also gewissermaßen Natur ist, und eine *Gesellschaft*,
die in anspruchsvoller Weise „in Form" ist, als Gruppe von Klassen
oder Ständen und ohne Zweifel künstlicher und vergänglicher. Aber
die Geschichte dieser Klassen und Stände ist *Weltgeschichte in höchster*

Potenz. Erst im Hinblick auf sie erscheint das Bauerntum als geschichtslos. Die gesamte Geschichte großen Stils von sechs Jahrtausenden hat sich in den Lebensläufen der hohen Kulturen vollzogen, nur weil diese Kulturen selbst ihren schöpferischen Mittelpunkt *in Ständen* haben, die Zucht besitzen, in Vollendung gezüchtet worden sind. Eine Kultur ist Seelentum, das in sinnbildlichen Formen zum Ausdruck gelangt, aber diese Formen sind lebendig und in Entwicklung begriffen, auch die der Kunst, deren wir uns erst durch ihre Abziehung von der Kunst*geschichte* bewußt geworden sind; sie liegen im gesteigerten Dasein von Einzelnen und Kreisen, eben in dem, was soeben „Dasein in Form" genannt worden ist und durch diese Höhe des Geformtseins erst die Kultur repräsentiert.

Das ist etwas Großes und Einziges innerhalb der organischen Welt. Es ist der einzige Punkt, wo der Mensch sich über die Mächte der Natur erhebt und selbst Schöpfer wird. Noch als Rasse ist er Schöpfung der Natur; da *wird* er gezüchtet; als Stand aber züchtet er sich selbst, ganz wie die edlen Tier- und Pflanzenrassen, mit denen er sich umgeben hat; und eben das ist im höchsten und letzten Sinne Kultur. Kultur und Klasse sind Wechselbegriffe; sie entstehen als Einheit, sie vergehen als Einheit. Die Züchtung erlesener Wein-, Obst- und Blumenarten, die Züchtung von Pferden reinen Blutes *ist* Kultur, und in genau demselben Sinne entsteht erlesene menschliche Kultur als Ausdruck eines Daseins, das sich selbst in große Form gebracht hat.

Aber eben deshalb gibt es in jeder Kultur ein starkes Gefühl dafür, ob jemand dazu gehört oder nicht. Der antike Begriff des Barbaren, der arabische des Ungläubigen – des Amhaarez oder Giaur –, der indische des Tschudra mögen noch so verschieden gedacht sein, sie drücken zunächst weder Haß noch Verachtung aus, sondern stellen eine Verschiedenheit im Takt des Daseins fest, die eine unüberschreitbare Grenze in allen tiefen Dingen zieht. Diese ganz klare und eindeutige Tatsache ist durch den indischen Begriff der „vierten Kaste" verdunkelt worden, die es in Wirklichkeit, wie wir heute wissen, nie gegeben hat.[1] Das Gesetzbuch des Manu mit seinen be-

---

[1] R. Fick, Die soziale Gliederung im nordöstlichen Indien zu Buddhas Zeit (1897), S. 201. K. Hillebrandt, Alt-Indien (1899), S. 82.

rühmten Bestimmungen über die Behandlung des Tschudra entstammt dem ausgebildeten Fellachentum Indiens und zeichnet ohne
Rücksicht auf die rechtlich vorhandene oder auch nur erreichbare
Wirklichkeit das dünkelhafte Brahmanenideal durch seinen Gegensatz, wie es mit dem Begriff des arbeitenden Banausen in der spätantiken Philosophie nicht viel anders gewesen ist. Das hat für uns
dort zum Mißverstehen der Kaste als einer spezifisch indischen Erscheinung, hier zu einer grundfalschen Meinung von der Stellung
des antiken Menschen zur Arbeit geführt.

Es handelt sich in allen Fällen um den *Rest*, der für das innere
Leben der Kultur und ihre Symbolik nicht in Betracht kommt und
von dem bei jeder bedeutungsvollen Einteilung von vornherein
abgesehen wird, etwa das, was man heute in Ostasien *outcast* nennt.
In dem gotischen Begriff des *corpus christianum* ist ausgesprochen,
daß der jüdische Konsensus *nicht* dazu gehört. Innerhalb der arabischen Kultur ist im Bereiche der jüdischen, persischen, christlichen
und vor allem islamischen Nation der Andersgläubige nur geduldet
und im übrigen mit Verachtung seiner eigenen Verwaltung und
Rechtsprechung überlassen. In der Antike sind „*outcast*" nicht nur
Barbaren, sondern in gewissem Sinne auch die Sklaven, vor allem
aber Reste der Urbevölkerung wie die Penesten in Thessalien und
die Heloten in Sparta, deren Behandlung durch ihre Herren wieder
an die Haltung der Normannen im angelsächsischen England und
der Ordensritter im slawischen Osten erinnert. Im Gesetzbuch des
Manu erscheinen als Namen von Tschudraklassen alte Völkernamen
des „Kolonialgebiets" am unteren Ganges, darunter Magadha – danach könnte Buddha so gut wie der Cäsar Asoka, dessen Großvater
Tschandragupta von niedrigster Herkunft war, ein Tschudra gewesen sein – andre sind Namen von Berufen und das erinnert daran,
daß auch im Abendland und anderswo gewisse Berufe *outcast* waren,
so die Bettler – bei Homer ein Stand! –, Schmiede, Sänger und die
berufsmäßig Erwerbslosen, die in frühgotischer Zeit durch die
Caritas der Kirche und die Wohltätigkeit frommer Laien in Massen
förmlich gezüchtet worden sind.

Aber endlich ist Kaste überhaupt ein Wort, das weniger gebraucht als mißbraucht worden ist. Kasten haben im Ägypten des Alten und Mittleren Reiches ebensowenig bestanden wie im vorbuddhistischen Indien und in China vor der Hanzeit. Erst in sehr späten Zuständen tauchen sie auf, dann aber auch in allen Kulturen. Von der 21. Dynastie an (um 1100) befindet sich Ägypten bald in den Händen der thebanischen Priester-, bald der libyschen Kriegerkaste, und die Erstarrung ist dann beständig fortgeschritten bis zu den Tagen Herodots, der den Zustand seiner Zeit ebenso falsch als spezifisch ägyptisch betrachtet hat, wie wir heute den indischen. *Stand und Kaste unterscheiden sich wie früheste Kultur und späteste Zivilisation.* In der Heraufkunft der Urstände Adel und Priestertum entfaltet sich die Kultur, in den Kasten drückt sich das endgültige Fellachentum aus. Der Stand ist das Lebendigste von allem, Kultur in Vollendung begriffen, „geprägte Form, die lebend sich entwickelt"; die Kaste ist das absolute Fertigsein, die Zeit der Vollendung als unbedingte Vergangenheit.

Die großen Stände sind aber auch etwas ganz andres als die *Berufsgruppen* etwa der Handwerker, Beamten, Künstler, die durch technische Tradition und den Geist ihrer Arbeit zunftmäßig zusammengehalten werden: nämlich *Symbole in Fleisch und Blut,* deren gesamtes Sein nach Erscheinung, Haltung und Denkart sinnbildliche Bedeutung besitzt. Und zwar ist innerhalb jeder Kultur das Bauerntum ein reines Stück Natur und Wachstum und also *unpersönlicher* Ausdruck, Adel und Priestertum aber das Ergebnis einer hohen Zucht oder Bildung und also Ausdruck einer *ganz persönlichen Kultur,* die nicht nur den Barbaren, den Tschudra, sondern nun auch alle andern dem Stand nicht Zugehörigen *als Rest,* vom Adel aus gesehen als „Volk", vom Priester aus als Laientum durch die Höhe der Form abweist. Und dieser *Stil der Persönlichkeit* ist es, der im Fellachentum versteinert und zum Typus einer Kaste wird, die nun unverändert durch alle Jahrhunderte fortbesteht. Wenn innerhalb der lebendigen Kultur sich Rasse und Stand als das unpersönliche und persönliche gegenüberstehen, so in Fellachenzeiten *die Masse und die Kaste,* der Kuli und der Brahmane oder Mandarin als *das Formlose und das Förmliche.* Die lebendige Form ist zur Formel ge-

worden, die ebenfalls Stil besitzt, aber stilvolle Starrheit, den versteinerten Stil der Kaste, etwas von höchster Feinheit, Würde und
Durchgeistigung, den im Werden begriffenen Menschen einer Kultur sich unendlich überlegen fühlend – wir machen uns kaum eine
Vorstellung davon, aus welcher Höhe ein Mandarin oder Brahmane
auf europäisches Denken und Tun herabblickt, und wie gründlich
die ägyptischen Priester ihre Besucher wie Pythagoras und Plato
verachtet haben müssen – aber unbewegt durch alle Zeiten schrei-
tend mit der byzantinischen Erhabenheit einer Seele, die alle Rätsel
und Probleme längst hinter sich hat.

2

In karolingischer Vorzeit unterschied man Knechte, Freie und
Edle. Das ist ein primitiver Rangunterschied auf Grund bloßer Tatsachen des äußeren Lebens. In frühgotischer Zeit heißt es in Frei-
danks Bescheidenheit:

> Got hât driu leben geschaffen,
> Gebûre, Ritter, phaffen.

Das sind Standesunterschiede einer hohen, eben erwachenden Kultur. Und zwar stehen „Stola und Schwert" dem Pfluge gegenüber
als die Stände im anspruchsvollsten Sinne dem Übrigen, dem Nichtstand, dem was ebenfalls Tatsache ist, aber ohne tiefere Bedeutung.
Der innere, gefühlte Abstand ist so schicksalhaft und gewaltig, daß
kein Verstehen hinüberführt. Haß quillt aus den Dörfern empor,
Verachtung strahlt von den Burgen zurück. Weder Besitz noch
Macht noch Beruf haben diesen Abgrund zwischen den „Leben"
aufgerichtet. Er läßt sich logisch überhaupt nicht begründen. Er ist
metaphysischer Natur.

Später erscheint mit der Stadt, aber jünger als diese, *das Bürgertum*, der „dritte Stand". Auch der Bürger sieht jetzt verächtlich auf
das Land herab, das dumpf, unverändert, Geschichte duldend um
ihn liegt, dem gegenüber er sich wacher und freier und deshalb fort-
geschrittener auf dem Wege der Kultur empfindet. Er verachtet
auch die Urstände, „Junker und Pfaffen", als etwas, das geistig

unter ihm und geschichtlich hinter ihm liegt. Aber den beiden Urständen gegenüber ist der Bürger wie der Bauer ein Rest, ein Nichtstand. Der Bauer zählt im Denken der „Privilegierten" kaum noch mit. Der Bürger zählt, aber als Gegensatz und Hintergrund. Er ist das, woran die andern sich ihrer jenseits alles Praktischen liegenden Bedeutung bewußt werden. Wenn das in allen Kulturen in genau derselben Form der Fall ist und der Gang der Geschichte sich überall in und mit den Gegensätzen dieser Gruppen vollzieht, so daß triebhafte Bauernkriege die Frühzeit, geistig begründete Bürgerkriege die Spätzeit durchsetzen – mag die Symbolik der einzelnen Kulturen sonst noch so verschieden sein –, so muß der Sinn dieser Tatsache in den letzten Gründen des Lebens selbst gesucht werden.

Es ist eine *Idee*, welche den beiden Urständen *und ihnen allein* zugrunde liegt. Sie gibt ihnen das mächtige Gefühl eines von Gott verliehenen und deshalb aller Kritik enthobenen Ranges, welche Selbstachtung und Selbstbewußtsein, aber auch die härteste Selbstzucht, unter Umständen selbst den Tod zur Pflicht macht und beiden die geschichtliche Überlegenheit, den Zauber der Seele verleiht, der Macht nicht voraussetzt, sondern erzeugt. Menschen, welche diesen Ständen innerlich und nicht nur dem Namen nach angehören, sind wirklich etwas andres als der Rest; ihr Leben ist im Gegensatz zum bäuerlichen und bürgerlichen durch und durch von einer sinnbildlichen Würde getragen. Es ist nicht da, um geführt zu werden, sondern um Bedeutung zu haben. Es sind die beiden Seiten alles frei beweglichen Lebens, die in diesen Ständen zum Ausdruck gelangen, *von denen der eine ganz Dasein, der andre ganz Wachsein ist.*

Jeder Adel ist ein lebendiges Symbol *der Zeit*, jede Priesterschaft eins *des Raumes.* Schicksal und heilige Kausalität, Geschichte und Natur, das Wann und das Wo, Rasse und Sprache, Geschlechtsleben und Sinnenleben: das alles kommt darin zum höchstmöglichen Ausdruck. Der Adel lebt in einer Welt von Tatsachen, der Priester in einer Welt von Wahrheiten; jener ist Kenner, dieser Erkenner, jener Täter, dieser Denker. Aristokratisches Weltgefühl ist durch und durch Takt, priesterliches verläuft durchaus in Spannungen. Zwischen den Zeiten Karls des Großen und Konrads II. hat sich im Strome des Daseins etwas herausgebildet, das man nicht erklären kann, sondern fühlen muß, um den Anbruch einer neuen Kultur zu verstehen. Edle und Geistliche gab es längst, Adel und Priestertum im großen Sinne und mit der vollen Wucht sinnbildlicher Bedeutsamkeit gibt es erst jetzt und nicht für lange Zeit.[1] Die Gewalt dieser Symbolik ist so groß, daß zunächst jeder andre Unterschied nach Landschaften, Völkern und Sprachen dagegen zurücktritt. Die gotische Geistlichkeit bildet durch alle Länder hin, von Irland bis nach Kalabrien, eine einzige große Gemeinschaft; die frühantike Ritterschaft vor Troja und die frühgotische vor Jerusalem wirken wie *eine* große Familie. Die altägyptischen Gaue und die Lehnsstaaten der ersten Dschouzeit erscheinen den Ständen gegenüber *deshalb* als matte Gebilde, ganz wie das Burgund und Lothringen der Stauferzeit. Kosmopolitisches gibt es am Anfang und am Ende einer Kultur, aber dort, weil die sinnbildliche Gewalt der ständischen Formen noch über die der Nationen hinausragt, hier weil die formlose Masse unter sie herabsinkt.

Beide Stände schließen sich der Idee nach aus. Der Urgegensatz von Kosmischem und Mikrokosmischem, der alle frei im Raum beweglichen Wesen durchdringt, liegt auch ihrem Doppeldasein zugrunde. Jeder ist nur durch den andern möglich und notwendig. In der homerischen Welt herrscht feindliches Schweigen über die orphische, und jene wird für diese, wie die vorsokratischen Denker bezeugen, ein Gegenstand des Zorns und der Verachtung. In gotischer Zeit sind die reformatorischen Geister den Renaissancenaturen in heiliger Begeisterung in den Weg getreten, Staat und Kirche sind nie zu einem Ausgleich gekommen, und dieser Gegensatz hat sich in dem Kampf zwischen Kaisertum und Papsttum

---

[1] Die Leichtigkeit, mit welcher in Rußland die vier sogenannten Stände der petrinischen Zeit – Adel, Kaufleute, Kleinbürger, Bauern – durch den Bolschewismus ausgelöscht worden sind, beweist, daß sie bloße Nachahmung und Verwaltungspraxis waren, aber ohne alle Symbolik, die sich durch Gewalt nicht ersticken läßt. Sie entsprechen den äußeren Rang- und Besitzunterschieden im Westgoten- und Frankenreich und in mykenischer Zeit, wie sie in den ältesten Teilen der Ilias noch durchschimmern. Erst in Zukunft werden sich echter Adel und Priestertum russischen Stils herausbilden.

zu einer Höhe gesteigert, die nur dem faustischen Menschen möglich war.

Und zwar ist der Adel *der eigentliche Stand*, der Inbegriff von Blut und Rasse, ein Daseinsstrom in denkbar vollendeter Form. Adel ist eben damit höheres Bauerntum. Noch um 1250 galt weithin im Abendlande der Spruch: „Wer morgens ackert, reitet nachmittags zum Turnier", und die Sitte, daß Ritter Bauerntöchter freiten. Die Burg ist im Gegensatz zum Dom auf dem Wege über den ländlichen Edelsitz etwa der Frankenzeit aus dem Bauernhause herangewachsen. In den isländischen Sagas werden Bauernhöfe wie Burgen belagert und erstürmt. Adel und Bauerntum sind ganz pflanzenhaft und triebhaft, tief im Stammlande wurzelnd, im Stammbaum sich fortpflanzend, züchtend und gezüchtet. Im Vergleich dazu ist das Priestertum der eigentliche *Gegen-Stand*, der Stand des Verneinens, die Nichtrasse, die Unabhängigkeit vom Boden, das freie, zeitlose, geschichtslose Wachsein. In jedem Bauerndorf von der Steinzeit bis zu den Höhepunkten der Kultur, in jedem Bauerngeschlecht spielt sich Weltgeschichte im Kleinen ab. Es sind statt der Völker Familien, statt der Länder Höfe, aber die letzte Bedeutung dessen, um das hier wie dort gekämpft wird, ist dieselbe: die Erhaltung des Blutes, die Geschlechterfolge, das Kosmische, das Weib, die Macht. Macbeth und König Lear hätten auch als Dorftragödien erdacht werden können; das ist ein Beweis von echter Tragik. In allen Kulturen erscheinen Adel und Bauerntum in der Form von *Geschlechtern*, und das Wort dafür berührt sich in allen Sprachen mit der Bezeichnung der beiden Geschlechter, durch die das Leben sich fortpflanzt, Geschichte hat und Geschichte macht. Und da das Weib Geschichte *ist*, so bestimmt sich der innere Rang von Bauern- und Adelsgeschlechtern danach, wieviel Rasse ihre Frauen haben, bis zu welchem Grade sie Schicksal *sind*. Deshalb liegt ein tiefer Sinn in der Tatsache, daß Weltgeschichte, je echter und rassehafter sie ist, um so mehr den Strom des öffentlichen Lebens in das Privatleben großer Einzelgeschlechter hinüberleitet und ihm einordnet. Eben darauf beruht das dynastische Prinzip, aber auch der Begriff der welthistorischen Persönlichkeit. Die Schicksale ganzer Staaten werden von dem zu

ungeheuren Dimensionen gesteigerten Privatschicksal Weniger ab-
hängig. Die Geschichte Athens im 5. Jahrhundert ist zum großen
Teil die der Alkmäoniden, die Geschichte Roms die von einigen
Geschlechtern von der Art der Fabier und Claudier. Die Staatengeschichte des Barock ist im Umriß identisch mit den Wirkungen
der habsburgischen und bourbonischen Familienpolitik, und ihre
Krisen haben die Form von Heiraten und Erbfolgekriegen. Die
Geschichte von Napoleons zweiter Ehe umfaßt auch den Brand von
Moskau und die Schlacht bei Leipzig. Die Geschichte des Papsttums
ist bis ins 18. Jahrhundert hinein die Geschichte einiger Adelsgeschlechter, welche die Tiara erstrebten, um einen fürstlichen Fami-
lienbesitz zu gründen. Aber das gilt auch von byzantinischen Würdenträgern und von englischen Premierministern, wie die Familiengeschichte der Cecils zeigt, und sogar noch von sehr vielen Führern
großer Revolutionen.

Alles das wird vom Priestertum verneint und also auch von der
Philosophie, soweit sie Priestertum ist. Der Stand des reinen Wachseins und der ewigen Wahrheiten richtet sich gegen die Zeit, die
Rasse, das Geschlecht in jedem Sinne. Der Mann als Bauer oder
Ritter ist dem Weibe als dem Schicksal zu-, der Mann als Priester
ist ihm abgewandt. Der Adel ist stets in Gefahr, das öffentliche Leben im Privatleben verschwinden zu lassen, indem er den breiten
Daseinsstrom in das Bett des kleineren seiner Ahnen und Enkel
leitet. Der echte Priester erkennt das Privatleben, das Geschlecht,
das „Haus" der Idee nach überhaupt nicht an. Für den Menschen
von Rasse ist erst der Tod ohne Erben der wahre und furchtbare
Tod, was die isländischen Sagas so gut wie der chinesische Ahnenkult lehren. Wer in Söhnen und Enkeln fortlebt, stirbt nicht ganz.
Aber für den wahren Priester gilt das *media vita in morte sumus*: sein
Erbe ist geistig und verwirft den Sinn des Weibes. Die überall wiederkehrenden Erscheinungsformen dieses zweiten Standes sind die
Ehelosigkeit, das Kloster, die Bekämpfung des Geschlechtlichen bis
zur Selbstentmannung, die Verachtung des Muttertums, die sich im
Orgiasmus und der heiligen Prostitution ausspricht und in der begrifflichen Herabwürdigung des Geschlechtslebens bis zu jener un-

flätigen Definition der Ehe durch Kant.[1] Für die gesamte Antike gilt das Gesetz, daß im heiligen Tempelbezirk, dem *temenos*, niemand geboren werden und sterben darf. Das Zeitlose darf mit der Zeit nicht in Berührung kommen. Es ist möglich, daß ein Priester die großen Augenblicke von Zeugung und Geburt begrifflich anerkennt und durch Sakramente ehrt, aber erleben darf er sie nicht.

Denn der Adel *ist* etwas, das Priestertum *bedeutet* etwas. Auch damit erscheint es als das Gegenteil von allem, was Schicksal, Rasse, Stand ist. Auch die Burg mit ihren Gemächern, Türmen, Wällen und Gräben redet von einem mächtig strömenden Sein; der Dom mit Wölbung, Pfeilern und Chor aber ist durch und durch Bedeutung, nämlich Ornament; und jede alte Priesterschaft hat sich zu einer wundervoll schweren und prächtigen Art von Haltung entwickelt, in welcher jeder Zug von Miene und Tonfall bis zu Tracht und Gang Ornament ist, und das Privatleben, auch das Innenleben als wesenlos verschwindet, während gerade im Gegenteil eine reife Aristokratie, wie die französische des 18. Jahrhunderts, ein vollendetes Leben zur Schau stellt. Wenn gotisches Denken aus der Idee des Priesters den *character indelebilis* entwickelte, wonach die Idee unzerstörbar und in ihrer Würde von der Lebensführung ihres Trägers in der Welt als Geschichte gänzlich unabhängig ist, so gilt das unausgesprochen von jedem Priestertum und also auch von aller Philosophie im Sinne der Schulen. Hat ein Priester Rasse, so führt er ein äußeres Dasein wie jeder Bauer, Ritter oder Fürst. Die Päpste und Kardinäle der gotischen Zeit waren Lehnsfürsten, Heerführer, Jagdfreunde, Liebhaber und trieben Familienpolitik. Unter den Brahmanen des vorbuddhistischen „Barock" gab es Großgrundbesitzer, gepflegte Abbés, Hofleute, Verschwender, Feinschmecker,[2] aber gerade die Frühzeit hat im Priestertum die Idee von der Person zu unterscheiden gewußt, was dem Wesen des Adels gänzlich widerspricht, und erst die Aufklärung beurteilte den Priester nach seinem

---

[1] Wonach sie ein Vertrag auf den wechselseitigen Besitz zweier Personen ist, der durch den wechselseitigen Gebrauch der Geschlechtseigentümlichkeiten verwirklicht wird.

[2] Oldenberg, Die Lehre der Upanishaden (1915), S. 5.

Privatleben, nicht weil ihre Augen schärfer sahen, sondern weil ihr die Idee abhanden gekommen war.

Der Adlige ist *der Mensch als Geschichte*, der Priester *der Mensch als Natur*. Geschichte großen Stils ist immer Ausdruck und Nachwirkung des Daseins einer adligen Gemeinschaft gewesen, und der innere Rang der Ereignisse bestimmt sich nach dem Takt in diesem Daseinsstrom. Das ist der Grund, weshalb die Schlacht von Cannä viel und die Schlachten spätrömischer Kaiser gar nichts bedeuten. Der Anbruch einer Frühzeit sieht regelmäßig auch die Geburt eines Uradels – der Fürst wird als *primus inter pares* empfunden und mit Mißtrauen betrachtet, denn eine starke Rasse hat den großen Einzelnen nicht nötig; er stellt ihren Wert sogar in Frage, und deshalb sind Vasallenkriege die vornehmste Form, in der frühzeitliche Geschichte sich vollzieht – und dieser Adel hat fortan das Schicksal der Kultur in Händen. Hier wird in schweigender und deshalb um so nachdrücklicherer Gestaltungskraft das Dasein in Form gebracht, der Takt im Blute herangebildet und gefestigt und zwar *für alle Zukunft*. Denn was für jede Frühzeit dieser schöpferische Aufstieg zur lebendigen Form, das ist für jede Spätzeit *die Macht der Tradition*, nämlich die alte und feste Zucht, der sicher gewordene Takt von solcher Stärke, daß er das Absterben der alten Geschlechter überdauert und unaufhörlich neue Menschen und Daseinsströme aus der Tiefe in seinen Bann zieht. Es kann gar nicht bezweifelt werden, daß alle Geschichte später Zeitalter nach Form, Takt und Tempo schon in den ersten Generationen und zwar unwiderruflich angelegt ist. Ihre Erfolge sind genau so groß wie die Macht der im Blute liegenden Tradition. Es ist in der Politik wie in jeder großen und reifen Kunst: Erfolge setzen voraus, daß das Dasein vollkommen in Form ist, daß der große Schatz uralter Erfahrungen Instinkt und Trieb geworden ist und ebenso unbewußt als selbstverständlich. Eine andere Art von Meisterschaft gibt es nicht; der große Einzelne ist nur dadurch Herr der Zukunft und mehr als ein Zwischenfall, daß er in dieser Form und aus ihr heraus wirkt oder wirkend gemacht wird, Schicksal ist oder Schicksal hat. Das unterscheidet notwendige und überflüssige Kunst und also auch *historisch notwendige und über-*

flüssige Politik. Mögen dann noch so viel Männer aus dem Volk – das ist hier der Inbegriff der Traditionslosen – in die leitende Schicht gelangen, mögen sie endlich sogar allein übrig sein, sie selbst sind ahnungslos besessen von dem großen Schwung der Tradition, die ihre geistige und praktische Haltung formt, ihre Methoden regelt und die nichts ist als der Takt längst erstorbener Geschlechterfolgen.

Zivilisation aber – wirkliche Rückkehr zur Natur – ist das Erlöschen des Adels nicht als Stamm, was von geringer Bedeutung wäre, sondern als lebendiger Tradition, und der Ersatz des schicksalhaften Taktes durch kausale Intelligenz. Der Adel ist dann nur noch Prädikat; aber zivilisierte Geschichte ist eben damit Oberflächengeschichte, auf zerstreute und nahe Zwecke gerichtet und also formlos im Kosmischen geworden, vom Zufall der großen Einzelnen abhängig, ohne innere Sicherheit, ohne Linie, ohne Sinn. Mit dem Cäsarismus kehrt die Geschichte wieder ins Geschichtslose zurück, in den primitiven Takt der Urzeit und zu den ebenso endlosen als bedeutungslosen Kämpfen um die materielle Macht, welche die Zeit der römischen Soldatenkaiser des 3. Jahrhunderts und der ihnen entsprechenden „sechzehn Staaten" Chinas (265 bis 420) von den Ereignissen im Wildbestand eines Waldes nur noch unwesentlich unterscheidet.

3

Und daraus folgt, daß echte Geschichte *nicht* „Kulturgeschichte" in dem antipolitischen Sinne ist, wie er unter Philosophen und Doktrinären jeder beginnenden Zivilisation und also gerade heute wieder beliebt wird, sondern ganz im Gegenteil Rassegeschichte, Kriegsgeschichte, diplomatische Geschichte, das Schicksal von Daseinsströmen in Gestalt von Mann und Weib, Geschlecht, Volk, Stand, Staat, die sich im Wellenschlag der großen Tatsachen verteidigen und gegenseitig überwältigen wollen. *Politik im höchsten Sinne ist Leben, und Leben ist Politik.* Jeder Mensch, er mag wollen oder nicht, ist Glied dieses kämpfenden Geschehens, als Subjekt oder Objekt; etwas drittes gibt es nicht. Das Reich des Geistes ist *nicht* von dieser Welt, gewiß, aber es setzt sie voraus, wie das Wachsein

das Dasein voraussetzt; es ist nur möglich als ein beständiges Nein-
sagen zur Wirklichkeit, die eben und trotzdem *da* ist. Die Rasse kann
der Sprache entbehren, aber schon das Sprechen der Sprache ist
Rasseausdruck,[1] und ebenso ist alles, was in der Geistes*geschichte*
erfolgt – daß es eine solche Geschichte überhaupt gibt, beweist
schon die Macht des Blutes über das Empfinden und Verstehen –,
alle Religionen, alle Künste, alle Gedanken, weil sie tätiges Wachsein
in Form sind, mit allen ihren Entwicklungen, ihrer ganzen Symbolik,
ihrer ganzen Leidenschaft Ausdruck auch noch des Blutes, das diese
Formen im Wachsein ganzer Geschlechterfolgen durchströmt. Ein
Held braucht von dieser zweiten Welt gar nichts zu ahnen; er ist
Leben durch und durch, aber ein Heiliger kann nur durch die strengste Askese das Leben in sich niederzwingen, um mit seinem Geist
allein zu sein – und die Kraft dazu ist doch wieder das Leben selbst.
Der Held verachtet den Tod, und der Heilige verachtet das Leben,
aber da dem Heroismus der großen Asketen und Märtyrer gegenüber
die Frömmigkeit der meisten von der Art ist, von welcher es in der
Bibel heißt: „Weil Du weder kalt noch warm bist, will ich Dich
ausspeien aus meinem Munde", so entdeckt man, daß selbst Größe
im Religiösen Rasse voraussetzt, ein starkes Leben, an dem es etwas
zu überwinden gibt – der Rest ist bloße Philosophie.

Aber deshalb ist auch Adel im welthistorischen Sinne unendlich
viel mehr, als bequeme Spätzeiten gelten lassen, nämlich nicht eine
Summe von Titeln, Rechten und Zeremonien, sondern ein innerer
Besitz, der schwer zu erwerben und schwer zu halten ist und der,
wenn man ihn begreift, schon das Opfer eines ganzen Lebens wert
erscheint. Ein altes Geschlecht bedeutet nicht einfach eine Reihe von
Vorfahren – Ahnen haben wir alle –, sondern von Vorfahren, die
durch ganze Geschlechterfolgen auf den Höhen der Geschichte lebten und Schicksal nicht nur hatten, sondern auch waren, in deren
Blut durch jahrhundertelange Erfahrung die Form des Geschehens
bis zur Vollendung gezüchtet worden ist. Da Geschichte im großen
Sinne mit einer Kultur beginnt, so ist es bloße Spielerei, wenn etwa
die Colonna ihr Geschlecht bis in die Römerzeit zurückverfolgen.

[1] Vgl. Bd. II, S. 704.

Aber es hat einen Sinn, wenn es im späten Byzanz für vornehm galt, vom Stamme des großen Konstantin entsprossen zu sein, und heute in den Vereinigten Staaten, seine Familie bis zu einem der 1620 mit der „Mayflower" Eingewanderten zurückzuführen. In Wirklichkeit beginnt der antike Adel mit der trojanischen Zeit, nicht mit Mykene, und der abendländische mit der Gotik und nicht mit den Franken und Goten, in England mit den Normannen und nicht mit den Sachsen. Erst von da an gibt es Geschichte und also kann es erst von da an statt der Edlen und Helden einen Uradel von sinnbildlichem Range geben. Was am Anfang als kosmischer Takt bezeichnet worden war,[1] erhält in ihm seine Vollendung. Denn alles, was wir in reifen Zeiten diplomatischen und gesellschaftlichen Takt nennen, und dazu gehören der strategische und der geschäftliche Blick, das Auge des Sammlers kostbarer Dinge und das Feingefühl des Menschenkenners, überhaupt alles was man nicht lernt, sondern *hat*, was bei den übrigen den ohnmächtigen Neid des Nichtmitkönnens weckt und was als Form den Gang der Ereignisse leitet, ist nichts als ein Einzelfall jener kosmischen und traumhaften Sicherheit, die in den Wendungen eines Vogelschwarms und den beherrschten Bewegungen edler Pferde sichtbar zum Ausdruck gelangt.

Den Priester *umgibt* die Welt als Natur; er vertieft ihr Bild, indem er es *durchdenkt*. Der Adel *lebt* in der Welt als Geschichte und vertieft sie, indem er ihr Bild *verändert*. Beides entwickelt sich zur großen Tradition, aber die eine ist das Ergebnis von *Bildung*, die andere das von *Zucht*. Dies ist ein grundlegender Unterschied zwischen beiden Ständen, weshalb nur der eine wirklicher Stand *ist* und der andere durch den aufs äußerste getriebenen Gegensatz dazu als Stand *erscheint*. Zucht, Züchtung erstreckt sich auf das Blut und geht von den Vätern zu den Söhnen weiter. Bildung aber setzt Begabung voraus, und deshalb ist ein echtes und starkes Priestertum stets eine Sammlung von Einzelbegabungen — eine Wachseinsgemeinschaft — ohne Rücksicht auf Herkunft im Rassesinne und auch darin eine Verneinung von Zeit und Geschichte. Geistesverwandt und blutsverwandt — man vertiefe sich in den Unterschied dieser Worte.

[1] Vgl. Bd. II, S. 559.

Erbliches Priestertum ist ein Widerspruch in sich selbst. Im vedischen Indien liegt ihm die Tatsache zugrunde, daß es einen zweiten Adel gibt, der die priesterlichen Rechte den Begabungen aus seiner Mitte vorbehält; das Zölibat macht aber anderswo selbst dieser Grenz-überschreitung ein Ende. Der „Priester im Menschen" – mag dieser Mensch von Adel sein oder nicht – bedeutet einen Mittelpunkt der heiligen Kausalität im Weltraume. Die priesterliche Kraft selbst ist kausaler Natur, von höherer Ursache bewirkt und als Ursache weiterhin wirkend. Der Priester ist *der Mittler* im zeitlos Ausgedehn-ten, das zwischen dem Wachsein des Laien und dem letzten Geheim-nis ausgespannt ist, und damit ist das Priestertum aller Kulturen seiner Bedeutung nach durch deren Ursymbol bestimmt. Die antike Seele verneint den Raum und bedarf also des Mittlers nicht; deshalb schwand der antike Priesterstand schon in den Anfängen hin. Der faustische Mensch steht dem Unendlichen gegenüber und nichts schützt ihn vor der drückenden Gewalt dieses Aspekts; deshalb hat das gotische Priestertum sich bis zur Idee des Paptsttums ge-steigert.

Zwei Anschauungen der Welt, zwei Arten, wie das Blut in den Adern fließt und das Denken ins tägliche Sein und Tun verflochten wird – es sind endlich mit jeder hohen Kultur zwei Moralen ent-standen, von denen jede auf die andere herabblickt: adlige Sitte und geistliche Askese, die sich wechselseitig als weltlich oder sklavisch verwerfen. Es war gezeigt worden,[1] wie die eine aus der Burg, die zweite aus Kloster und Dom hervorgeht, die eine aus dem vollen Dasein mitten im Strom der Geschichte, die andere abseits davon aus einem reinen Wachsein inmitten einer gotterfüllten Natur. Späte Zeiten machen sich keine Vorstellung mehr von der Gewalt dieser ursprünglichen Eindrücke. Das weltliche und geistliche Standes-gefühl sind im Aufstieg begriffen und prägen sich ein *sittliches Standesideal*, das nur dem Zugehörigen und diesem nur durch eine lange und strenge Schule erreichbar ist. Der *große* Daseinsstrom *fühlt* sich als Einheit gegenüber dem Rest, in dem das Blut träge und ohne Takt dahinfließt; die *große* Wachseinsgemeinschaft *weiß* sich

[1] Vgl. Bd. II, S. 890.

als Einheit gegenüber dem Rest der Nichteingeweihten. Das ist die Heldenschar und die Gemeinschaft der Heiligen.

Es wird immer das große Verdienst Nietzsches bleiben, als erster das Doppelwesen aller Moral erkannt zu haben.[1] Er hat mit seinen Begriffen Herren- und Sklavenmoral die Tatsachen nicht richtig gezeichnet und „das Christentum" viel zu eindeutig auf die eine Seite gestellt, aber *das* liegt klar und stark all seinen Betrachtungen zugrunde: *gut und schlecht sind adlige, gut und böse priesterliche Unterscheidungen.* Gut und schlecht, die Totembegriffe schon der primitiven Männerbünde und Sippen, bezeichnen nicht Gesinnungen, sondern Menschen und zwar nach der Ganzheit ihres lebendigen Seins. Die Guten sind die Mächtigen, Reichen, Glücklichen. Gut bedeutet stark, tapfer, von edler Rasse, und zwar im Sprachgebrauch aller Frühzeiten. Schlecht, feil, elend, gemein im ursprünglichen Sinne sind die Machtlosen, Besitzlosen, Unglücklichen, Feigen, Geringen, die Söhne Niemands, wie man im alten Ägypten sagte. Gut und böse, die Tabubegriffe, werten den Menschen hinsichtlich seines Empfindens und Verstehens, also seiner *wachen* Gesinnung und *bewußten* Handlungen. Gegen die Liebessitte im Rassesinne verstoßen ist gemein; gegen das Kirchengebot der Liebe fehlen ist böse. Die vornehme Sitte ist das ganz unbewußte Ergebnis einer langen und beständigen Zucht. Man lernt sie im Umgang und nicht aus Büchern. Sie ist gefühlter Takt und nicht Begriff. Die andre Moral aber ist Satzung, nach Grund und Folge durchaus gegliedert und also lernbar und Ausdruck einer *Überzeugung.*

Die eine ist durch und durch geschichtlich und erkennt alle Rangunterschiede und Vorrechte als tatsächlich und gegeben an. Ehre ist immer Standesehre; eine Ehre der ganzen Menschheit gibt es nicht. Der Zweikampf steht dem Unfreien nicht zu. Jeder Mensch hat, sei er Beduine, Samurai oder Korse, Bauer, Arbeiter, Richter oder Räuber, seine eigenen, verpflichtenden Begriffe von Ehre, Treue, Tapferkeit, Rache, die auf keine andre Art von Leben anwendbar sind. Jedes Leben *hat* Sitte; anders ist es gar nicht zu denken. Schon die Kinder haben sie, wenn sie spielen. Sie wissen sofort und von

[1] Jenseits von Gut und Böse, § 260.

selbst, was sich schickt. Niemand hat diese Regeln gegeben, aber sie sind da. Sie entstehen ganz unbewußt aus dem „Wir", das sich durch den einheitlichen Takt des Kreises gebildet hat. Auch im Hinblick darauf ist jedes Dasein „in Form". Jede Menge, die sich aus irgendeinem Anlaß auf der Straße zusammenballt, hat im Augenblick auch ihre Sitte; wer sie nicht als selbstverständlich in sich trägt – „befolgen" ist schon viel zu verstandesmäßig –, der ist schlecht, gemein, er gehört nicht dazu. Ungebildete und Kinder besitzen eine erstaunliche Feinfühligkeit dafür. Kinder haben aber auch den Katechismus zu lernen. Da erfahren sie von gut und böse, die gesetzt sind und nichts weniger als selbstverständlich. Sitte ist nicht, was *wahr* ist, sondern was *da* ist. Sie ist gewachsen, angeboren, erfühlt, von organischer Logik. Moral ist im Gegensatz dazu niemals Wirklichkeit – sonst wäre alle Welt heilig – sondern eine ewige Forderung, die über dem Bewußtsein hängt und zwar der Idee nach über dem aller Menschen, unabhängig von allen Unterschieden des wirklichen Lebens und der Geschichte. Deshalb ist jede Moral verneinend, jede Sitte bejahend. *Ehrlos* ist hier das Schlimmste, *sündlos* dort das Höchste.

Der Grundbegriff aller lebendigen Sitte ist die Ehre. Alles andere, Treue, Demut, Tapferkeit, Ritterlichkeit, Selbstbeherrschung, Entschlossenheit liegen darin. Und Ehre ist Sache des Blutes, nicht des Verstandes. Man überlegt nicht – sonst ist man schon ehrlos. Die Ehre verlieren, heißt für das Leben, die Zeit, die Geschichte vernichtet sein. Die Ehre des Standes, der Familie, des Mannes und Weibes, des Volkes und Vaterlandes, die Ehre des Bauern, Soldaten, selbst des Banditen: Ehre bedeutet, daß das Leben in einer Person etwas wert ist, historischen Rang, Abstand, Adel besitzt. Sie gehört zur gerichteten Zeit wie die Sünde zum zeitlosen Raume. Ehre im Leibe haben, heißt beinahe soviel wie Rasse haben. Das Gegenteil sind die Thersitesnaturen, die Kotseelen, der Pöbel: „Tritt mich, aber laß mich leben." Eine Beleidigung hinnehmen, eine Niederlage vergessen, vor dem Feinde winseln –, das ist alles Zeichen wertlos und überflüssig gewordenen Lebens und also etwas ganz anderes als priesterliche Moral, die sich nicht an das wenn auch noch so verächtlich gewordene Leben klammert, sondern vom Leben und damit der Ehre überhaupt absieht. Es war schon gesagt worden: jede moralische Handlung ist im tiefsten Grunde ein Stück Askese und Abtötung des Daseins. Und eben damit steht sie außerhalb des Lebens und der geschichtlichen Welt.

4

Hier muß etwas vorweggenommen werden, was der Weltgeschichte namentlich in den Spätzeiten der großen Kulturen und der beginnenden Zivilisation erst ihren Farbenreichtum und die sinnbildliche Tiefe der Ereignisse gibt. Die Urstände Adel und Priestertum sind der *reinste* Ausdruck der beiden Lebensseiten, aber nicht der *einzige*. Schon ganz früh, und im primitiven Zeitalter vielfach vorgedeutet, brechen noch andere Daseinsströme und Wachseinsverbindungen hervor, in denen die Symbolik von Zeit und Raum zu lebendigem Ausdruck gelangt und die erst zusammen mit jenen die ganze Fülle dessen ausmachen, was wir *soziale Gliederung oder Gesellschaft* nennen.

Das Priestertum ist mikrokosmisch und tierhaft, der Adel kosmisch und pflanzenhaft; daher seine tiefe Verbundenheit mit dem Lande. Er ist selbst eine Pflanze, fest in der Erde wurzelnd, bodenständig und auch darin ein gesteigertes Bauerntum. Aus dieser Art von kosmischer Verbundenheit ist die *Idee des Eigentums* hervorgegangen, die dem frei im Raume beweglichen Mikrokosmos als solchem ganz fremd ist. Eigentum ist ein Urgefühl, kein Begriff, und es gehört zur Zeit, zur Geschichte und zum Schicksal und nicht zu Raum und Kausalität. Begründen läßt es sich nicht, aber es ist da.[1] Das „Haben" beginnt *mit der Pflanze* und setzt sich in der Geschichte des höheren Menschen genau so weit fort, als er Pflanzenhaftes, als er Rasse in sich hat. Deshalb ist Eigentum im eigentlichsten Sinne immer *Grundeigentum*, und der Trieb, Erworbenes in Grund und Boden zu verwandeln, immer das Zeugnis für Menschen von gutem

---

[1] Umgekehrt läßt es sich widerlegen, und das ist in der chinesischen, antiken, indischen und abendländischen Philosophie oft genug geschehen, aber man schafft es damit nicht ab.

Schlage. Die Pflanze *besitzt* den Boden, in dem sie wurzelt. Er ist ihr Eigentum,[1] das sie mit Verzweiflung ihr ganzes Dasein hindurch verteidigt, gegen fremde Keime, gegen übermächtige Nachbarpflanzen, gegen die ganze Natur. So verteidigt ein Vogel das Nest, in dem er brütet. Die erbittertsten Kämpfe um das Eigentum werden nicht in den Spätzeiten der großen Kulturen und zwischen reich und arm um bewegliches Gut geführt, sondern hier, in den Anfängen der Pflanzenwelt. Wer mitten in einem Walde fühlt, wie der schweigende Kampf um den Boden rings um ihn vor sich geht, Tag und Nacht, ohne Gnade, den erfaßt ein Grauen vor der Tiefe dieses Triebes, der mit dem Leben beinahe eins ist. Hier gibt es jahrelanges, zähes, erbittertes Ringen, aussichtslosen Widerstand des Schwachen gegen den Mächtigen, der so lange dauert, bis auch der Sieger gebrochen ist, Tragödien, wie sie sich nur im ursprünglichsten Menschentum wiederholen, wenn ein altes Bauerngeschlecht von der Scholle, *aus dem Nest* getrieben oder eine Familie von adligem Stamm durch das Geld in des Wortes eigentlichster Bedeutung entwurzelt wird.[2] Die weithin sichtbaren Kämpfe in den späten Städten haben eine ganz andere Bedeutung, denn hier, im Kommunismus jeder Art, handelt es sich nicht um das Erlebnis, sondern den Begriff des Eigentums als eines rein materiellen Mittels. Verneinung des Eigentums ist nie ein Rassetrieb – ganz im Gegenteil –, sondern der doktrinäre Protest des rein geistigen, städtischen, entwurzelten, das Pflanzenhafte verleugnenden Wachseins von Heiligen, Philosophen und Idealisten. Der mönchische Einsiedler wie der wissenschaftliche Sozialist, heiße er Moh-ti, Zenon oder Marx, ver-

---

[1] Jünger und von viel geringerer sinnbildlicher Kraft ist der Besitz von *beweglichen* Sachen, Nahrung, Geräten, Waffen, der auch im Tierreich weit verbreitet ist. Dagegen ist das Nest eines Vogels pflanzenhaftes Eigentum.

[2] Eigentum in diesem bedeutendsten Sinne, Verwachsensein mit etwas, gibt es also weniger in bezug auf eine einzelne Person als auf die Geschlechterfolge, der sie angehört. Das kommt in jedem Streit innerhalb einer Bauernfamilie oder auch eines Fürstenhauses mit Gewalt zum Durchbruch; der jeweilige Herr hat den Besitz nur im Namen des Geschlechts. Daher die Angst vor dem Tode, wenn der Erbe fehlt. *Auch das Eigentum ist ein Zeitsymbol* und deshalb tief mit der Ehe verwandt, die ein festes pflanzenhaftes Verwachsensein und Sichbesitzen zweier Menschen ist, das sich zuletzt selbst in der zunehmenden Ähnlichkeit der Züge spiegelt.

werfen es aus demselben Grunde; die Menschen von Rasse verteidigen es aus demselben Gefühl. Auch hier stehen sich Tatsachen
und Wahrheiten gegenüber. Eigentum ist Diebstahl; das ist in denkbar materialistischer Form der alte Gedanke: Was hülfe es dem Menschen, wenn er die ganze Welt gewönne und nähme doch Schaden
an seiner Seele? Der Priester gibt mit dem Eigentum etwas Gefährliches und Fremdes, der Adel sich selbst auf.

Von hier aus entwickelt sich nun ein doppeltes Eigentumsgefühl:
Haben als Macht und Haben als Beute. Beides liegt im ursprünglichen
Rassemenschen unvermittelt nebeneinander. Jeder Beduine und
Wikinger will beides zugleich. Der Seeheld ist stets auch Seeräuber;
jeder Krieg geht auch um Besitz und zwar vor allem den Besitz von
Land; nur ein Schritt ist nötig und der Ritter wird zum Raubritter,
der Abenteurer zum Eroberer und König, wie der Normanne Rurik
in Rußland und mancher achäische und etruskische Pirat in homerischer Zeit. In aller Heldendichtung findet sich neben der starken und
natürlichen Lust am Kampf, an der Macht, am Weibe, und den un-
gezügelten Ausbrüchen von Glück, Schmerz, Zorn und Liebe die
mächtige Freude am „Haben". Als Odysseus in seiner Heimat lan-
det, zählt er zuerst die Schätze im Boot, und als in der isländischen
Saga die Bauern Hjalmar und Ölvarod sehen, daß der andere keine
Güter im Schiff hat, lassen sie sofort vom Zweikampf ab: ein Tor,
wer aus Übermut und um die Ehre kämpft. Im indischen Heldenepos
bedeutet kampflustig soviel wie viehlüstern, und die „kolonisieren-
den" Griechen des 10. Jahrhunderts waren zunächst Räuber wie die
Normannen. Auf dem Meere ist ein fremdes Schiff ohne weiteres
gute Prise. Aber aus den Fehden südarabischer und persischer Ritter
von 200 n. Chr. und den *guerres privées* der provenzalischen Barone
von 1200, die nicht viel mehr waren als Viehdiebstähle, entwickelt
sich mit dem Ende der Feudalzeit der große Krieg mit dem Ziel der
Eroberung von Land und Leuten. Alles das bringt die hohe adlige
Kultur zuletzt in Zucht und Form, während es Priester und Philosophen verachten.

Diese Urtriebe treten mit steigender Kultur weit auseinander und
geraten unter sich in Kampf. *Die Geschichte davon ist beinahe die*

Weltgeschichte. Aus dem Machtgefühl stammen *Eroberung, Politik und Recht*, aus dem Beutegefühl stammen *Handel, Wirtschaft und Geld*. Recht ist das Eigentum des Mächtigen. Sein Recht ist das Recht aller. Geld ist die stärkste Waffe des Erwerbenden. Mit ihm unterwirft er sich die Welt. Die Wirtschaft will einen Staat, der schwach ist und ihr dient; die Politik fordert die Einordnung des wirtschaftlichen Lebens in den Machtbereich des Staates: Adam Smith und Friedrich List, Kapitalismus und Sozialismus. Es gibt in allen Kulturen am Anfang einen Kriegs- und einen Kaufmannsadel, dann einen Grund- und Geldadel, zuletzt eine militärische und wirtschaftliche Kriegführung und einen ununterbrochenen Kampf des Geldes mit dem Rechte.

Auf der anderen Seite trennen sich *Priestertum und Gelehrsamkeit*. Sie sind beide nicht auf das Tatsächliche, sondern auf das Wahre gerichtet, beide zur Tabuseite des Lebens und zum Raume gehörig. Die Furcht vor dem Tode ist nicht nur der Ursprung aller Religion sondern auch aller Philosophie und Naturwissenschaft. Aber der heiligen wird nun die profane Kausalität entgegengestellt. *Profan* ist der neue Gegenbegriff zum Religiösen, das die Gelehrsamkeit nur als Dienerin geduldet hatte. Profan ist die gesamte späte Kritik, ihr Geist, ihre Methode und ihr Ziel. Auch die späte Theologie macht davon keine Ausnahme; aber trotzdem bewegt sich die Gelehrsamkeit aller Kulturen durchaus in den Formen des voraufgegangenen Priestertums und beweist damit, daß sie nur aus dem Widerspruch erwachsen und von dem Urbild in allem und jedem abhängig ist und bleibt. Die antike Wissenschaft lebt deshalb in Kultgemeinden orphischen Stils wie die milesische Schule, der Pythagoräerbund, die Ärzteschulen von Kroton und Kos, die attischen Schulen der Akademie, des Peripatos und der Stoa, deren Schulhäupter insgesamt zum Typus des Opferpriesters und Sehers gehören, bis zu den römischen Rechtsschulen der Sabinianer und Proculianer. Arabisch ist auch in der Wissenschaft das heilige Buch, der Kanon wie der naturwissenschaftliche des Ptolemäos (Almagest), der medizinische des Ibn Sina, das philosophische Korpus des „Aristoteles" mit vielen unechten Stücken, und dazu wieder meist ungeschriebene Zitier-

gesetze und -methoden,[1] der Kommentar als Form des Gedanken-
fortschritts, die Hochschulen als Klosteranlagen (Medressen), welche
den Lehrern und Hörern eine Zelle, Kost und Kleidung gewährten,
und die gelehrten Richtungen als Bruderschaften. Die Gelehrten-
welt des Abendlandes besitzt durchaus die Gestalt der katholischen
Kirche, besonders in den protestantischen Gebieten. Den Übergang
von den gelehrten Orden der gotischen Zeit zu den ordensartigen
Schulen des 19. Jahrhunderts, wie die Hegel-, Kant- und historische
Rechtsschule, aber auch manche englischen Colleges, bilden die
Mauriner und Bollandisten Frankreichs, die seit 1650 die historischen
Hilfswissenschaften beherrscht und zum Teil begründet haben. Es
gibt in allen Fachwissenschaften, Medizin und Kathederphilosophie
einbegriffen, eine ausgebildete Hierarchie mit Schulpäpsten, Graden,
Würden – der Doktor als die Priesterweihe –, Sakramenten und
Konzilen. Der Laienbegriff wird schroff aufrecht erhalten und das
allgemeine Priestertum der Gläubigen in Gestalt der populären
Wissenschaft wie der darwinistischen leidenschaftlich bekämpft. Die
Gelehrtensprache war ursprünglich das Latein; heute haben sich
überall Fachsprachen ausgebildet, die z. B. auf dem Gebiete der
Radioaktivität oder im Obligationenrecht nur noch dem verständ-
lich sind, der die höheren Weihen empfangen hat. Es gibt Sekten-
stifter wie manche Jünger Kants und Hegels, eine Mission unter
Ungläubigen wie die der Monisten, Ketzer wie Schopenhauer und
Nietzsche, den großen Bann und als Index eine Übereinkunft des
Schweigens. Es gibt ewige Wahrheiten wie die Teilung der Rechts-
objekte in Personen und Sachen, und Dogmen wie das von Energie
und Masse und die Vererbungstheorie, einen Ritus des Zitierens
rechtgläubiger Schriften und eine Art von wissenschaftlicher Selig-
sprechung.[2]

Dazu kommt, daß der Typus des abendländischen Gelehrten, der
um die Mitte des 19. Jahrhunderts seinen Höhepunkt erreichte
– gleichzeitig mit dem Tiefpunkt des Priestertypus –, auch die Ge-

---

[1] Vgl. Bd. II, S. 861.
[2] Nach dem Tode sind die Irrlehrer ausgeschlossen von der ewigen Seligkeit des
Lehrbuchs und in das Fegefeuer der Anmerkungen verwiesen, von wannen sie
auf die Fürbitte der Gläubigen geläutert aufsteigen in das Paradies der Paragraphen.

lehrtenstube als Zelle eines profanen Mönchtums und die unbewußten Gelübde dieses Mönchtums zu hoher Vollendung gebracht hat:
Armut in Gestalt einer ehrlichen Geringschätzung von Wohlleben
und Besitz, in Verbindung mit der ungeheuchelten Verachtung des
kaufmännischen Berufes und jeder Verwertung wissenschaftlicher
Ergebnisse zum Gelderwerb, Keuschheit bis zur Entwicklung eines
Gelehrtenzölibats, dessen Vorbild und Gipfel Kant ist, Gehorsam
bis zur Aufopferung für den Standpunkt der Schule. Dazu kommt
endlich eine Art von Weltfremdheit, welche der profane Nachhall
der gotischen Weltflucht ist und zur Geringschätzung fast des gesamten öffentlichen Lebens und aller Formen der guten Gesellschaft
geführt hat: wenig Zucht und viel zuviel Bildung. Was für den
Adel auch noch in seinen späten Verzweigungen, für den Richter,
Gutsbesitzer und Offizier die naturwüchsige Freude an der Fortdauer des Stammes, an Besitz und Ehre ist, das scheint ihm gering
gegenüber dem Besitz eines reinen Gelehrtengewissens und der
Fortdauer einer Methode oder Einsicht fern von allen Händeln der
Welt. Daß der Gelehrte heute aufgehört hat, weltfremd zu sein,
und die Wissenschaft oft mit großem Verständnis in den Dienst der
Technik und des Geldverdienens stellt, ist ein Zeichen dafür, daß
der reine Typus im Abstieg begriffen ist, und daß also die große Zeit
des Verstandesoptimismus, dessen lebendiger Ausdruck er ist, bereits
der Vergangenheit angehört.

Aus alledem ergibt sich ein natürlicher Aufbau der Stände, der in
seiner Entwicklung und Wirkung das Grundgerüst im Lebenslauf
einer jeden Kultur bildet. Kein Entschluß hat ihn geschaffen und
kann ihn abändern; Revolutionen ändern ihn nur, wenn sie Formen
der Entwicklung und nicht Ergebnis eines privaten Willens sind: er
kommt dem handelnden und denkenden Menschen in seiner letzten
kosmischen Bedeutung gar nicht zum Bewußtsein, weil er zu tief
im menschlichen Dasein liegt und also selbstverständlich ist; nur
dem Oberflächenbild werden die Schlagworte und Anlässe entnommen, um die man in jener Seite der Geschichte kämpft, die von
der Theorie als sozial abgetrennt wird und sich in Wirklichkeit doch
gar nicht trennen läßt. *Adel und Priestertum* erwachsen zuerst aus

dem freien Lande und stellen die reine Symbolik von Dasein und Wachsein, Zeit und Raum dar: aus den Seiten des Beutemachens und Grübelns entwickelt sich dann ein doppelter Typus von geringerer Symbolik, der in städtischen Spätzeiten in Gestalt von *Wirtschaft und Wissenschaft* zur Vormacht aufsteigt. In diesen beiden Daseinsströmen sind rücksichtslos und traditionsfeindlich die Ideen von Schicksal und Kausalität zu Ende gedacht; es entstehen Mächte, die eine Todfeindschaft von den Standesidealen des Heldentums und der Heiligkeit trennt: *das Geld und der Geist*. Sie verhalten sich beide zu jenen wie die Seele der Stadt zu der des Landes. Eigentum heißt von nun an Reichtum und Weltanschauung Wissen: entheiligtes Schicksal und profane Kausalität. Aber auch Wissenschaft und Adel sind ein Widerspruch. Der Adel beweist und forscht nicht, sondern *ist*. Es ist bürgerlich-unvornehm, das *de omnibus dubitandum*, aber es widerspricht andrerseits auch dem Grundgefühl des Priestertums, das die Kritik in eine dienende Rolle verweist. Weiterhin stößt die reine Wirtschaft hier auf eine asketische Moral, die den Geldgewinn verwirft, so wie ihn der echte auf seinem Boden sitzende Adel verachtet. Selbst der alte Kaufmannsadel ist vielfach zugrunde gegangen, z. B. in den Hansestädten und in Venedig und Genua, weil er die unbedenklichen Formen des großstädtischen Geschäfts aus Tradition nicht mitmachen wollte oder konnte. Und endlich stehen Wirtschaft und Wissenschaft selbst sich feindlich gegenüber und wiederholen in dem Kampfe zwischen Geldgewinn und Erkenntnis, zwischen *Kontor und Gelehrtenstube*, geschäftlichem und doktrinärem Liberalismus die alte große Gegnerschaft von Handeln und Schauen, Burg und Dom. In irgendeiner Gestalt wiederholt sich diese Gliederung im Aufbau jeder Kultur und macht damit eine vergleichende Morphologie auch im Sozialen möglich.

Ganz außerhalb der echten Standesordnung stehen überall die *Berufsklassen* der Handwerker, Beamten, Künstler und Arbeiter, die z. B. in den Gilden der Schmiede (China), Schreiber (Ägypten) und Sänger (Antike) bis in die Urzeit zurückreichen und zuweilen infolge der beruflichen, bis zur Aufhebung des Conubiums gehenden Absonderung zu wirklichen Volksstämmen geworden sind wie die

Falascha Abessiniens[1] und mehrere der im Gesetzbuch des Manu aufgezählten Tschudraklassen. Ihre Sonderung beruht auf bloßen technischen Fertigkeiten und also nicht auf der Symbolik von Zeit und Raum; ihre Tradition beschränkt sich ebenfalls auf Technik und nicht auf eine *eigne* Sitte oder Moral, wie sie in Wirtschaft und Wissenschaft durchaus vorhanden ist. Weil sie sich vom Adel ableiten, sind Offiziere und Richter Stände, die Beamten ein Beruf; weil vom Priestertum abgeleitet, ist der Gelehrte ein Stand, der Künstler ein Beruf. Ehrgefühl und Gewissen haften dort am Stande, hier an der Leistung. Es ist etwas Symbolisches, mag es auch noch so schwach sein, in der Gesamtheit der ersten, was den letzten fehlt. Infolgedessen haftet ihnen etwas Fremdes, Regelloses, oft etwas Verächtliches an; man denke an den Scharfrichter, Schauspieler und fahrenden Sänger oder die antike Einschätzung des bildenden Künstlers. Ihre Klassen und Gilden sondern sich von der Gesellschaft ab oder suchen den Schutz der andern Stände – oder einzelner Patrone und Mäzene –, aber einfügen können sie sich ihnen nicht, was in den Zunftkriegen der alten Städte und den gesellschaftsfeindlichen Trieben und Gewohnheiten jeder Art von Künstlerschaft zum Ausdruck kommt.

5

Eine Geschichte der Stände, die von den Berufsklassen grundsätzlich abzusehen hat, ist also eine Darstellung des Metaphysischen im höheren Menschentum, soweit es sich in Arten von dahinströmendem Leben zu großer Symbolik erhebt, Arten, in und an denen die Geschichte der Kulturen sich vollzieht.

Schon der scharf ausgeprägte Typus des Bauern am Anfang ist etwas Neues. Zur Karolingerzeit und im zarischen Rußland des „Mir"[2] gab es Freie und Knechte, die Landbau trieben, aber keine

---

[1] Schwarze Juden, die durchweg Schmiede sind.

[2] Der ganz primitive Mir ist entgegen den Behauptungen sozialistischer und panslawistischer Schwärmer erst seit 1600 entstanden und seit 1861 aufgehoben worden. Hier ist der Boden *Gemeindeland*, und die Dorfbewohner werden nach Möglichkeit festgehalten, um durch dessen Bestellung den Steuerertrag aufbringen zu können.

Bauernschaft. Erst aus dem Gefühl eines tiefen Andersseins gegenüber den beiden symbolischen „Leben" – wenn wir uns des Freidank erinnern – ist dieses Leben Stand geworden, *Nährstand* in der vollen Bedeutung des Wortes, nämlich die Wurzel der großen Pflanze Kultur, die ihre Fasern tief in den mütterlichen Boden gesenkt hat und dumpf und emsig alle Säfte an sich zieht und nach oben sendet, wo Stamm und Wipfel in das Licht der Historie ragen. Er dient dem großen Leben nicht nur durch die Nahrung, die er dem Boden abgewinnt, sondern auch mit jenem andern Ertrag der Mutter Erde, seinem eigenen Blut, das aus den Dörfern jahrhundertelang in die hohen Stände strömt, dort ihre Formen empfängt und ihr Leben aufrecht erhält. Der ständische Ausdruck dafür ist die *Hörigkeit* – mögen ihre Anlässe im Oberflächenbild der Geschichte sein, welche sie wollen –, die sich 1000–1400 im Abendlande und „gleichzeitig" in allen andern Kulturen entwickelt hat. Das spartanische Helotentum gehört ebenso dahin wie die altrömische Klientel, aus welcher seit 471 die *ländliche* Plebs, also ein freier Bauernstand hervorgegangen ist.[1] Erstaunlich ist die Macht dieses Strebens nach sinnbildlicher Form in der Pseudomorphose des „spätrömischen" Ostens, wo die von Augustus begründete Kastenordnung des Prinzipats mit ihrer Unterscheidung von senatorischem und ritterlichem Beamtentum sich rückwärts entwickelt, bis sie um 300 überall dort, wo magisches Weltgefühl die Herrschaft führt, auf dem frühgotischen Stande von 1300 und damit auf dem des Sassanidenreichs[2] angelangt ist. Aus der Beamtenschaft einer hochzivilisierten Verwaltung entwickelt sich ein kleiner Adel, die Dekurionen, Dorfritter und Stadtpatrizier, die dem Herrn für alle Abgaben mit Leib und Vermögen haftbar sind – ein durch Rückbildung entstandenes Lehnswesen – und deren Stellung allmählich erblich wird, ganz wie unter der 5. ägyptischen Dynastie, wie in den ersten Jahrhunderten der Dschou, wo schon I-wang (934–909) die Eroberungen den Vasallen überlassen mußte, die Grafen und Vögte ihrer Wahl einsetzten, und wie während der Kreuzzüge. Ebenso wird der Offiziers-

---

[1] Siehe weiter unten.
[2] Brentano, Byzant. Volkswirtschaft (1917), S. 15.

und Soldatenstand erblich – die Lehnspflicht der Heeresfolge –, was alles Diokletian dann gesetzlich festgelegt hat. Der Einzelne wird dem Stande fest eingegliedert *(corpori adnexus)*, und das Prinzip wird als Zunftzwang wie in gotischer und frühägyptischer Zeit auf alle Gewerbe ausgedehnt. Vor allem aber entsteht mit innerer Notwendigkeit aus der spätantiken Latifundienwirtschaft mit Sklaven[1] das Kolonat erblicher Kleinpächter, während die Gutsbezirke Verwaltungssprengel werden und der Gutsherr die Abgaben zu erheben und das Soldatenkontingent zu stellen hat.[2] Zwischen 250 und 300 wird der Kolone gesetzlich an die Scholle gefesselt, *glebae adscriptus*; *damit ist der ständische Unterschied von Feudalherrn und Hörigen erreicht.*[3]

Adel und Priestertum sind als Möglichkeiten mit jeder neuen Kultur gegeben. Die scheinbaren Ausnahmen beruhen lediglich auf einem Mangel an greifbarer Überlieferung. Wir wissen heute, daß ein wirklicher Priesterstand im alten China vorhanden war,[4] und für die Anfänge orphischer Religiosität im 11. Jahrhundert v. Chr. ist die Annahme eines Priestertums als Stand, der auch durch die epischen Gestalten des Kalchas und Teiresias angedeutet wird, selbstverständlich. Ebenso setzt die Entwicklung des ägyptischen Lehnsstaates einen Uradel schon für die 3. Dynastie voraus.[5] Aber in welcher Form und Stärke diese Stände sich verwirklichen und dann in die folgende Geschichte eingreifen, sie schaffen, tragen und sogar durch ihre eigenen Schicksale darstellen, das hängt von dem Ursymbol ab, das jeder Kultur und ihrer gesamten Formensprache zugrunde liegt.

Der Adel, ganz Pflanze, geht überall vom Lande als dem Ureigentum aus, mit dem er fest verwachsen ist. Er besitzt überall die Grundform des *Geschlechts*, in dem auch die „andere" Geschichte, die des Weibes, zum Ausdruck kommt, und stellt sich durch den Willen

---

[1] Der antike Sklave verschwindet in diesen Jahrhunderten ganz von selbst, eins der deutlichsten Zeichen für das Erlöschen des antiken Welt- und also auchWirtschaftsgefühls.

[2] Belisar stellte aus seiner eigenen Herrschaft 7000 Reiter für den Gotenkrieg. Das hätten unter Karl V. nur sehr wenige deutsche Fürsten vermocht.

[3] Pöhlmann, Röm. Kaiserzeit (Pflugk-Harttungs Weltgesch. I), S. 600 f.

[4] Vgl. Bd. II, S. 909.

[5] Trotz Ed. Meyer, Gesch. d. Altertums I, § 243.

zur Dauer, nämlich des Blutes, als das große Sinnbild von Zeit und Geschichte dar. Es wird sich zeigen, daß das frühe, auf persönlichem Vertrauen beruhende hohe Beamtentum des Vasallenstaates überall, in China und Ägypten so gut wie in der Antike und im Abendland, vom Marschalk (chinesisch *sse-ma*), Kämmerer *(chen)* und Truchseß *(ta-tsai)* bis zum Vogt *(nan)* und Grafen *(peh)*,[1] zuerst lehnsartige Hofämter und Würden schafft, dann die erbliche Verbindung mit dem Boden sucht und so endlich zum Ursprung adliger Geschlechter wird.

Der faustische Wille zum Unendlichen kommt in dem *genealogischen Prinzip* zum Ausdruck, das, so sonderbar es klingt, dieser Kultur allein angehört, hier aber auch alle historischen Gebilde, vor allem die Staaten selbst bis ins Innerste durchdringt und gestaltet. Der historische Sinn, der über Jahrhunderte hinweg das Schicksal des eignen Blutes kennen und das Wann und Woher bis zu den Urahnen *urkundlich* belegt sehen will, die sorgfältige Gliederung des Stammbaums, die den gegenwärtigen Besitz und seine Erbfolge vom Schicksal einer Ehe abhängig machen kann, die vielleicht ein halbes Jahrtausend vorher geschlossen worden ist, die Begriffe *des reinen Blutes*, der Ebenbürtigkeit, der Mißheirat, das alles ist Wille zur Richtung in die zeitliche Ferne, wie sie vielleicht nur noch im ägyptischen Adel zu einer verwandten, aber sehr viel schwächeren Form gelangt ist.

Dagegen ist der Adel antiken Stils durchaus auf den augenblicklichen Stand des agnatischen Geschlechts gerichtet, und dann auf einen *mythischen Stammbaum*, der nicht den geringsten historischen Sinn verrät, sondern lediglich das um die historische Wahrscheinlichkeit ganz unbekümmerte Bedürfnis nach einem prunkvollen Hintergrund für das Jetzt und Hier der Lebenden. Daher die sonst ganz unerklärliche Naivität, mit welcher der Einzelne hinter seinem Großvater gleich Theseus und Herakles erblickt und sich einen

---

[1] Die chinesischen Rangstufen bei Schindler, Das Priestertum im alten China, S. 61 f., die ihnen genau entsprechenden ägyptischen bei Ed. Meyer, Gesch. des Altertums I, § 222, die byzantinischen in der Notitia dignitatum, zum Teil vom Sassanidenhof stammend. In der antiken Polis deuten einige uralte Beamtentitel auf Hofämter (Kolakreten, Prytanen, Konsuln). Siehe weiter unten.

phantastischen Stammbaum zimmert, womöglich mehr als einen wie Alexander, und die Leichtigkeit, mit welcher römische Familien angebliche Ahnen in die ältere Konsulnliste hineinfälschen konnten. Bei den Begräbnissen der römischen Nobilität wurden die Wachsmasken großer Vorfahren im Leichenzug einhergetragen, aber es kam nur auf Zahl und Klang der berühmten Namen an, nicht im geringsten auf den genealogischen Zusammenhang mit der Gegenwart. Dieser Zug geht durch den gesamten antiken Adel, der wie der gotische auch dem inneren Bau und Geiste nach eine Einheit bildet von Etrurien bis nach Kleinasien hin. Auf ihm beruht die Macht, die noch zu Beginn der Spätzeit die ordensartigen Geschlechterverbände durch alle Städte hindurch besaßen, jene Phylen, Phratrien und Tribus, die einen rein gegenwärtigen Bestand und Zusammenhang in sakraler Form pflegten wie die drei dorischen, die vier ionischen Phylen und die drei etruskischen Tribus, die im ältesten Rom als Tities, Ramnes und Luceres erscheinen. In den Veden haben die „Väter"- und „Mütter"seelen nur für drei nähere und drei fernere Generationen Anspruch auf den Seelenkult,[1] dann verfallen sie der Vergangenheit, und weiter zurück reichte auch der antike Seelenkult nirgends: das ist der äußerste Gegensatz zum Ahnenkult der Chinesen und Ägypter, welcher der Idee nach niemals endet und damit das Geschlecht selbst über den leiblichen Tod hinaus in bestimmten Ordnungen aufrecht erhält. In China lebt heute noch ein Herzog Kung als Nachkomme des Konfuzius und ebenso ein Nachkomme des Laotse, des Tschang-lu und anderer. Von einem weitverzweigten Stammbaum ist nicht die Rede; die Linie, das *tao* des Wesens wird fortgeführt, augenscheinlich auch durch Adoption, die den Adoptierten durch Verpflichtung zum Ahnenkult dem Geschlecht seelisch einverleibt, oder durch andere Mittel.

Eine unbändige Lebenslust durchströmte die blühenden Jahrhunderte dieses eigentlichsten Standes, der durch und durch Richtung, Schicksal und Rasse ist. Das Weib, weil es Geschichte *ist*, und der Kampf, weil er Geschichte *macht*, stehen unbedingt im Mittelpunkte seines Denkens und Treibens. Der nordischen Skaldenpoesie

[1] Hardy, Indische Religionsgeschichte, S. 26.

und dem südlichen Minnesang entsprechen die alten Liebeslieder im Schi-king aus chinesischer Ritterzeit,[1] die im Pi-yung vorgetragen wurden, der Stätte adliger Zucht, des *hiao*; und ebenso gehört das feierliche öffentliche Bogenschießen ganz im Geiste der frühantiken Agone und der gotischen wie der persisch-byzantinischen Turniere zu dieser *homerischen* Seite des chinesischen Lebens.

Dem gegenüber steht die *orphische*, die durch den Stil des Priestertums das Raumerlebnis einer Kultur ausdrückt. Es entspricht der euklidischen Art der antiken Ausgedehntheit, die keines Vermittlers bedarf, um mit den nahen leibhaften Göttern Verkehr zu pflegen, wenn das Priestertum hier von den Anfängen eines Standes zu einer Summe städtischer Ämter herabsinkt. Es entspricht dem *tao* der Chinesen, daß es statt des erblichen Priestertums am Anfang später nur noch die Berufsklassen der Beter, Schriftkundigen und Orakelpriester gibt, welche die Kulthandlungen der Behörden und Familienhäupter mit den vorgeschriebenen Riten begleiten. Es entspricht dem sich in maßlose Weiten verlierenden Weltgefühl des Inders, daß der Priesterstand dort ein zweiter Adel wird, der sich mit ungeheurer Macht und in das gesamte Leben eingreifend zwischen das Volk und seine wüste Götterwelt lagert; und es ist endlich ein Ausdruck des Höhlengefühls, wenn der eigentliche Priester magischen Stils der Mönch und Einsiedler ist, und zwar mit steigendem Nachdruck, während die Weltpriesterschaft an sinnbildlicher Bedeutung mehr und mehr verliert.

Dagegen erhebt sich nun das faustische Priestertum, das noch um 900 ohne jede tiefere Bedeutung und Würde gewesen war, in steilem Aufstieg zu jener ungeheuren Mittlerrolle, die sich der Idee nach zwischen die gesamte Menschheit und die mit dem vollen Pathos der dritten Dimension ausgespannte Weite des Makrokosmos stellt, die aus der Geschichte durch das Zölibat, aus der Zeit durch den *character indelebilis* ausgeschlossen ist und im Papsttum gipfelt, das das größte überhaupt denkbare Symbol des heiligen dynamischen Raumes darstellt und in der protestantischen Idee des allgemeinen

---

[1] M. Granet, Coutumes matrimoniales de la Chine antique, T'oung Pao (1912), S. 517 ff.

Priestertums der Gläubigen nicht aufgehoben, sondern nur von einem Punkt und einer Person in die Brust jedes einzelnen Gläubigen verlegt worden ist.

Der in jedem Mikrokosmos vorhandene Widerspruch zwischen Dasein und Wachsein treibt mit innerer Notwendigkeit auch die beiden Stände gegeneinander. Die Zeit will den Raum, der Raum die Zeit sich einordnen. Geistliche und weltliche Macht sind Größen von so verschiedener Ordnung und Tendenz, daß eine Versöhnung oder auch nur Verständigung unmöglich erscheint. Aber in allen andern Kulturen ist dieser Kampf nicht zu welthistorischem Ausbruch gekommen: in China war dem Adel um des *tao*, in Indien dem Priestertum um des endlos verschwimmenden Raumes willen die Vorherrschaft gesichert; innerhalb der arabischen Kultur ist die Einordnung des sichtbar weltlichen Zusammenhangs der Rechtgläubigen in den großen geistigen *consensus* mit dem magischen Weltgefühl unmittelbar gegeben und damit also auch die Einheit von weltlichem und geistlichem Staat, Recht, Herrschertum. Das hat die Reibungen beider Stände nicht verhindert und im Sassanidenreich zu blutigen Fehden zwischen dem Adel der Dinkane und der Magierpartei und zu Mordtaten selbst an einzelnen Herrschern geführt, in Byzanz das ganze 5. Jahrhundert mit Kämpfen zwischen Kaisergewalt und Geistlichkeit ausgefüllt, die überall im Hintergrunde der monophysitischen und nestorianischen Streitigkeiten stehen,[1] aber das grundsätzliche Verhältnis stand dabei *nicht* in Frage.

In der Antike, die das Unendliche in jedem Sinne von sich wies, waren die Zeit auf die Gegenwart, das Ausgedehnte auf den greifbaren Einzelkörper zurückgeführt, und die Stände von großer Symbolik mithin so bedeutungslos geworden, daß sie gegenüber dem Stadtstaat, der das antike Ursymbol in denkbar stärkster Form zum Ausdruck bringt, als selbständige Mächte nicht in Betracht kamen. Dagegen läßt die Geschichte des ägyptischen Menschentums, in dem ein gewaltiger Tiefendrang mit gleicher Kraft in die zeitliche und räumliche Ferne strebt, das Ringen beider Stände und ihrer Symbolik bis in das ausgebildete Fellachentum hinein beständig erkennen.

---

[1] Ein Beispiel ist das Leben des Johannes Chrysostomus.

Denn der Übergang von der vierten zur fünften Dynastie ist auch mit einem deutlichen Triumph des priesterlichen über das ritterliche Weltgefühl verbunden; der Pharao wird vom Leibe und Träger zum Diener der höchsten Gottheit, und das Heiligtum des Re überwindet an architektonischer wie an sinnbildlicher Wucht den Totentempel des Herrschers. Das Neue Reich sieht gleich nach den ersten großen Cäsaren die politische Allmacht der Amonspriesterschaft von Theben und dagegen wieder die Umwälzung des Ketzerkönigs Amenophis IV., die doch auch eine sehr fühlbare politische Seite hat, bis die Geschichte der ägyptischen Welt nach endlosem Ringen zwischen Krieger- und Priesterkaste mit der Fremdherrschaft zu Ende geht.

Dieser Kampf zweier gleich mächtiger Symbole ist in der faustischen Kultur mit verwandtem Geist, aber noch viel größerer Leidenschaft geführt worden und läßt zwischen Staat und Kirche von der frühesten Gotik an den Frieden nur als Waffenstillstand möglich erscheinen. In diesem Kampf kommt die Bedingtheit des Wachseins zum Ausdruck, das vom Dasein unabhängig sein möchte und doch nicht kann. Die Sinne bedürfen des Blutes, das Blut aber nicht der Sinne. Der Krieg gehört in die Welt der Zeit und Geschichte – *geistig ist nur der Streit mit Gründen, die Disputation* –, eine *kämpfende* Kirche begibt sich aus dem Reich der Wahrheiten in das der Tatsachen, aus dem Reich Jesu in das des Pilatus; sie wird ein Element innerhalb der Rassengeschichte und unterliegt durchaus der Gestaltungskraft der *politischen* Seite des Lebens; sie kämpft mit Schwert und Geschütz, mit Gift und Dolch, mit Bestechung und Verrat, mit allen Mitteln des jeweiligen Parteikampfes von der Feudalzeit bis zur modernen Demokratie; sie opfert Glaubenssätze gegen weltliche Vorteile und verbündet sich mit Ketzern und Heiden gegen rechtgläubige Mächte. Das Papsttum *als Idee* besitzt eine Geschichte für sich, aber unabhängig davon waren die Päpste des 6. und 7. Jahrhunderts byzantinische Statthalter syrischer und griechischer Herkunft, dann mächtige Landbesitzer mit Scharen höriger Bauern; endlich wurde das Patrimonium Petri zu Beginn der Gotik eine Art Herzogtum im Besitz der großen Adelsgeschlechter der Campagna, die abwechselnd Päpste stellten, voran die Colonna, Orsini, Savelli, Frangipani, bis das allgemein abendländische Lehnswesen auch hier herrschend wurde und der Stuhl Petri innerhalb der Familien römischer Barone zur Verleihung kam, so daß der neue Papst wie jeder deutsche und französische König die Rechte seiner Vasallen zu bestätigen hatte. Die Grafen von Tusculum ernannten 1032 einen zwölfjährigen Knaben zum Papst. Achthundert Burgtürme erhoben sich damals im Stadtgebiet zwischen und auf den antiken Ruinen. Im Jahre 1045 hatten sich drei Päpste im Vatikan, Lateran und in Santa Maria Maggiore verschanzt und wurden von ihrer adligen Gefolgschaft verteidigt.

Dazu tritt nun die Stadt mit ihrer Seele, die sich von der Seele des Landes erst löst, dann sich ihr gleichstellt, endlich sie zu unterdrücken und auszulöschen sucht. Aber diese Entwicklung vollzieht sich in *Arten des Lebens* und gehört also auch der Ständegeschichte an. Kaum ist das Stadt*leben* als solches aufgetaucht und in der Bewohnerschaft dieser kleinen Siedlungen ein Gemeingeist erwachsen, der das eigne Leben als etwas anderes empfindet als das Leben draußen, da beginnt der Zauber *persönlicher Freiheit* zu wirken und immer neue Daseinsströme in die Mauern zu ziehen. Es gibt da eine Art Leidenschaft, Städter zu sein und Stadtleben auszubreiten. Aus ihr und nicht aus materiellen Anlässen geht das Fieber der antiken Gründungszeit hervor, die uns in ihren letzten Ausläufern noch erkennbar ist und da nicht ganz richtig als Kolonisation bezeichnet wird. Es ist die zeugende Begeisterung des Menschen der Stadt, die seit dem 10. Jahrhundert in der Antike und „gleichzeitig" in den anderen Kulturen immer neue Geschlechterfolgen in den Bann eines neuen Lebens zwingt, mit dem zum erstenmal inmitten der Menschengeschichte die *Idee der Freiheit* erscheint. Sie ist nicht politischen und noch viel weniger abstrakten Ursprungs, sondern sie bringt die Tatsache zum Ausdruck, daß innerhalb der Stadtmauern das pflanzenhafte Verbundensein mit dem Lande ein Ende hat und die das ganze Landleben durchsetzenden Bindungen zerrissen sind. Ihr Wesen hat deshalb immer etwas Verneinendes. Sie löst, erlöst, verteidigt; frei ist man immer *von* etwas. Die Stadt ist der Ausdruck *dieser* Freiheit; städtischer Geist ist freigewordnes Verstehen, und alles was in Spätzeiten unter dem Namen Freiheit an geistigen, sozialen und nationalen Bewegungen hervorbricht, leitet seinen Ursprung zu dieser einen *Urtatsache des Freiseins vom Lande* zurück.

Aber die Stadt ist älter als der „Bürger". Sie zieht zunächst die Berufsklassen an, die außerhalb der symbolischen Ständeordnung stehen und hier die Form von Zünften erhalten, dann aber die Urstände selbst, die wie der Kleinadel ihre Burgen und wie die Franziskaner ihre Klöster in das Weichbild verlegen, ohne daß damit innerlich viel geändert wäre. Nicht nur das päpstliche Rom, alle italienischen Städte dieser Zeit sind mit den Festungstürmen der Geschlechter erfüllt, von denen aus die Fehden in den Straßen ausgefochten werden. Auf einem bekannten Gemälde von Siena aus dem 14. Jahrhundert ragen sie wie Fabrikschlote rings um den Markt empor, und der florentinische Palast der Renaissance ist nicht nur durch das prachtvolle Leben in ihm ein Nachfolger der provenzalischen Edelhöfe, sondern mit seiner Rustikafassade auch ein Abkomme der gotischen Burg, welche die deutsche und französische Ritterschaft noch für lange Zeit auf den Bergen baute. Erst langsam sondert sich ein neues Leben ab. 1250–1450 haben sich im ganzen Abendland die eingewanderten Geschlechter den Zünften gegenüber zum Patriziat zusammengeschlossen und eben damit auch geistig vom Landadel gelöst; genau dasselbe war im frühen China, Ägypten und im byzantinischen Reiche der Fall, und erst von hier aus sind die ältesten antiken Städtebünde wie der etruskische, vielleicht noch der latinische, und die sakrale Verbindung der kolonialen Tochterstädte mit der Mutterstadt zu verstehen: nicht die Polis als solche, sondern das Patriziat der Phylen und Phratrien in ihnen ist Träger der Ereignisse. *Die ursprüngliche Polis ist mit dem Adel identisch*, wie es in Rom bis 471 und in Sparta und den etruskischen Städten dauernd der Fall war; von ihm geht der Synoikismus und die Bildung des Stadtstaates aus, aber auch in den andern Kulturen ist der Unterschied von Land- und Stadtadel zunächst ganz ohne Bedeutung gegenüber dem starken und tiefen zwischen dem Adel überhaupt und dem Rest.

Das Bürgertum entsteht erst aus dem grundsätzlichen Widerspruch zwischen Stadt und Land, der die „Geschlechter und Zünfte",
so schroff sie sich sonst bekämpfen, dem Uradel und dem Lehnsstaat
überhaupt, auch dem Lehnswesen der Kirche gegenüber sich als Einheit fühlen läßt. Der Begriff des *dritten Standes*, des ‚tiers', um das berühmte Wort der französischen Revolution zu gebrauchen, ist eine
Einheit *lediglich des Widerspruchs* und inhaltlich also gar nicht zu bestimmen, ohne eigene Sitte und Symbolik, denn die vornehme bürgerliche Gesellschaft artet dem Adel und die städtische Frömmigkeit
dem frühen Priestertum nach; und der Gedanke, daß das Leben
nicht einem praktischen Zweck, sondern vor allem mit seiner ganzen Haltung dem Ausdruck der Symbolik von Zeit und Raum zu
dienen habe und allein dadurch einen hohen Rang in Anspruch nehmen dürfe, reizt gerade die städtische Vernunft zu erbittertem
Widerspruch. Diese Vernunft, zu deren Domäne die gesamte politische Literatur der Spätzeit gehört, nimmt eine neue Gruppierung
der Stände von der Stadt aus vor, die zunächst Theorie ist, aber
durch die Allmacht des Rationalismus endlich Praxis, sogar die blu-
tige Praxis von Revolutionen wird. Adel und Priestertum erscheinen, soweit sie noch da sind, mit einer gewissen Betonung als pri-
vilegierte Stände, womit stillschweigend ausgedrückt wird, daß ihr
Anspruch auf verbriefte Vorrechte auf Grund ihres geschichtlichen
Ranges vor dem zeitlosen Vernunft- oder Naturrecht veraltet und
sinnlos ist. Sie haben jetzt ihren Mittelpunkt in *Hauptstädten* – ein
wichtiger Begriff der Spätzeit – und entwickeln erst jetzt die aristokratischen Formen zu jener ehrfurchtgebietenden Vornehmheit, wie
sie z. B. aus den Bildnissen von Reynolds und Lawrence spricht.
Ihnen treten die geistigen Mächte der zur Herrschaft gelangten
Stadt, *Wirtschaft und Wissenschaft*, entgegen, die zusammen mit der
Masse der Handwerker, Beamten und Arbeiter sich als Partei füh-
len, uneinig in sich selbst, aber einig stets, sobald der Kampf der
Freiheit, also der städtischen Unverbundenheit gegen die großen
Symbole der alten Zeit und die aus ihnen fließenden Rechte beginnt.
Sie alle sind Bestandteile des dritten Standes, der nicht nach dem
Range, sondern nach Köpfen zählt, in allen Spätzeiten aller Kulturen

irgendwie „liberal", nämlich frei von den innerlichen Mächten nichtstädtischen Lebens, die Wirtschaft frei für den Gelderwerb, die Wissenschaft frei in der Kritik, wobei in allen großen Entscheidungen der Geist in Büchern und Versammlungen das Wort führt – Demokratie – und das Geld den Vorteil zieht – Plutokratie – und das Ende nie der Sieg der Ideen ist, sondern der des Kapitals. Aber das ist wieder der Gegensatz von Wahrheiten und Tatsachen, so wie er sich aus dem Stadtleben entwickelt.

Und aus Protest gegen die uralten Symbole des erdverbundenen Lebens stellt die Stadt nun dem Geburtsadel die Begriffe des Geldadels und des Geistesadels entgegen: der eine kein lauter Anspruch, aber eine um so wirksamere Tatsache, der andre eine Wahrheit, aber weiter nichts und für das Auge ein zweifelhaftes Schauspiel. In jeder Spätzeit entwickelt sich zum Uradel – Kreuzzugsadel ist ein gewichtiges Wort –, in dem ein Stück gewaltiger Geschichte Form und Takt geworden ist und der an den großen Höfen vielfach innerlich zugrunde geht, ein echter Nachwuchs. So entsteht im 4. Jahrhundert durch das Eindringen großer plebejischer Geschlechter als *conscripti* in den römischen Staat der *patres* die Nobilität als grundbesitzender Amtsadel innerhalb des Senatorenstandes. Im päpstlichen Rom bildet sich in ganz ähnlicher Weise der Nepotenadel; es gab um 1650 kaum fünfzig Familien von mehr als dreihundertjährigem Stammbaum. In den Südstaaten der Union entwickelt sich seit dem späten Barock jene Pflanzeraristokratie, die im Sezessionskriege von 1861–65 von den Geldmächten des Nordens vernichtet wurde. Der alte Kaufmannsadel im Stile der Fugger, Welser, Medici und der großen Häuser von Venedig und Genua, dem fast das gesamte Patriziat der hellenischen Koloniestädte von 800 an zuzurechnen ist, hat immer etwas Aristokratisches gehabt, Rasse, Tradition, gute Sitte und den natürlichen Trieb, durch Grunderwerb die Verbindung mit dem Boden wiederherzustellen (obwohl das alte Stammhaus in der Stadt kein übel Ersatz war). Aber der neue Geldadel der Händler und Spekulanten dringt mit seinem schnell erworbenen Geschmack an vornehmen Formen zuletzt auch in den Geburtsadel ein – in Rom als *equites* seit dem 1. Punischen Kriege, in Frankreich un-

ter Ludwig XIV.[1] –, erschüttert und verdirbt ihn, während der
Geistesadel der Aufklärung ihn mit Hohn überschüttet. Die Kon-
fuzianer haben den altchinesischen Begriff des *shi* von der adligen
Sitte zur geistigen Tugend herabgezogen und das Pi-yung aus einer
Stätte ritterlicher Kampfspiele zur „geistigen Ringschule", zum
Gymnasium gemacht, ganz im Sinne des 18. Jahrhunderts.

Mit dem Ausgang der Spätzeit jeder Kultur kommt auch die
Ständegeschichte zu mehr oder weniger gewaltsamem Abschluß. Es
ist der Sieg des bloßen Lebenwollens in wurzelloser Freiheit über die
großen bindenden Kultursymbole, welche das jetzt ganz von der
Stadt beherrschte Menschentum weder versteht noch erträgt. Aus
dem Geldwesen verschwindet jeder Sinn für die bodenständigen,
unbeweglichen Werte, aus der wissenschaftlichen Kritik jeder Rest
von Pietät. Ein Sieg über sinnbildliche Ordnungen ist zum Teil auch
die Bauernbefreiung; der Bauer wird dem Druck der Hörigkeit ent-
hoben, aber der Macht des Geldes ausgeliefert, das nun den Boden
zur beweglichen Ware macht; sie erfolgt bei uns im 18. Jahrhundert, in Byzanz um 740 durch den Nomos Georgikos, den Gesetzgeber Leos III.,[2] womit der Kolonat langsam verschwindet, in Rom
im Zusammenhang mit der Begründung der Plebs im Jahre 471. In
Sparta hat damals Pausanias die Helotenbefreiung vergeblich ange-
strebt.

Die Plebs ist *der verfassungsmäßig als Einheit anerkannte ‚tiers'*, der
durch unverletzliche Tribunen, nicht Beamte, sondern Vertrauensmänner, vertreten wird. Man hat den Vorgang von 471,[3] der auch
die altadligen etruskischen drei Geschlechtertribus durch vier städtische Tribus (Bezirke) ersetzt hat, was manches Weitere erraten
läßt, als reine Bauernbefreiung angesehen[4] oder auch als Organisation der Kaufmannschaft.[5] Aber die Plebs ist als dritter Stand, als

---

[1] Die Memoiren des Herzogs von Saint Simon zeigen diese Entwicklung sehr
anschaulich.

[2] Vgl. Bd. II, S. 644.

[3] Das entspricht unserm 17. Jahrhundert.

[4] K. J. Neumann, Die Grundherrschaft der römischen Republik (1900); Ed.
Meyer, Kl. Schriften, S. 351 ff.

[5] A. Rosenberg, Studien zur Entstehung der Plebs, Herm. XLVIII, 1913,
S. 359 ff.

Rest, nur negativ zu bestimmen: alles was *nicht* Grundadel oder Inhaber der großen Priesterämter ist, gehört dazu. Das Bild ist ebenso
bunt wie das des *tiers* von 1789. Nur der Protest hält sie zusammen.
Es gab Kaufleute, Handwerker, Lohnarbeiter, Schreiber darunter.
Das Geschlecht der Claudier enthielt patrizische *und* plebejische,
also grundherrliche und großbäuerliche Familien (wie die Claudii
Marcelli). Innerhalb des Stadtstaates ist die Plebs, was in einem
abendländischen Staate des Barock *Bauern und Bürger zusammen* sind,
wenn sie gegen fürstliche Allgewalt in einer Ständeversammlung
protestieren. Außerhalb der Politik, nämlich gesellschaftlich, ist die
Plebs im Unterschied von Adel und Priestertum überhaupt nicht
vorhanden, sondern zerfällt sofort in die Sonderberufe von ganz
verschiedenen Interessen. Sie ist *Partei* und vertritt als solche die
Freiheit im städtischen Sinne. Das wird noch deutlicher durch den
Erfolg, den der Grundadel gleich darauf errungen hat, indem er
sechzehn ländliche, nach Geschlechtern benannte Tribus, in denen
er das unbedingte Übergewicht besaß, den vier städtischen hinzu-
fügte, die das eigentliche Bürgertum, Geld und Geist, vertreten. Erst
in dem großen Ständekampf während der Samnitenkriege, zur Zeit
Alexanders, der ganz der französischen Revolution entspricht und
287 mit der Lex Hortensia endete, wurde der Standesbegriff rechtlich aufgehoben und die Geschichte der ständischen Symbolik abgeschlossen. *Die Plebs wird zum Populus Romanus* in demselben Sinne,
wie sich 1789 der *tiers* als Nation konstituierte. Was in allen Kulturen
von da an unter dem Bilde sozialer Kämpfe vor sich geht, ist etwas
grundsätzlich anderes.

Der Adel aller Frühzeiten war *der* Stand im ursprünglichsten Sinne
gewesen, die fleischgewordene Geschichte, die Rasse in höchster
Potenz. Das Priestertum trat als Gegen-Stand neben ihn, überall
Nein sagend, wo der Adel bejahte, und damit die andere Seite des
Lebens durch ein großes Sinnbild zur Schau stellend.

Der dritte Stand, innerlich ohne alle Einheit, wie wir sahen, war
der Nichtstand, der Protest in ständischer Form gegen das Stände-
wesen, und zwar nicht gegen diese oder jene, sondern gegen die sinnbildliche Form des Lebens überhaupt. Er verwirft alle Unterschiede,

die von der Vernunft und durch den Nutzen nicht gerechtfertigt sind, aber trotzdem „bedeutet" er selbst etwas, und zwar mit voller Deutlichkeit: er ist *das städtische Leben als Stand* dem ländlichen entgegengesetzt; er ist *die Freiheit als Stand* gegenüber der Verbundenheit. Aber er ist von sich selbst aus betrachtet keineswegs der Rest, wie es von den Urständen aus erscheint. Das Bürgertum hat Grenzen; es gehört zur Kultur; es umfaßt im besten Sinne alle ihre Zugehörigen, und zwar unter der Bezeichnung Volk, *populus, demos*, wobei Adel und Priestertum, Geld und Geist, Handwerk und Lohnarbeit als Einzelbestandteile ihm eingeordnet werden.

Diesen Begriff findet die Zivilisation vor und vernichtet ihn durch den Begriff des vierten Standes, der *Masse*, der die Kultur mit ihren gewachsenen Formen grundsätzlich ablehnt. Es ist das absolut Formlose, das jede Art von Form, alle Rangunterschiede, den geordneten Besitz, das geordnete Wissen mit Haß verfolgt. Es ist das neue Nomadentum der Weltstädte,[1] für das die Sklaven und Barbaren in der Antike, der Tschudra in Indien, alles was Mensch ist, gleichmäßig ein flutendes Etwas bilden, das mit seinem Ursprung gänzlich zerfallen ist, seine Vergangenheit nicht anerkennt und eine Zukunft nicht besitzt. Damit wird der vierte Stand zum Ausdruck der Geschichte, die ins Geschichtslose übergeht. Die Masse ist das Ende, das radikale Nichts.

II. Staat und Geschichte

6

Innerhalb der Welt als Geschichte, in die wir lebend verwoben sind, so daß unser Empfinden und Verstehen beständig dem Fühlen gehorcht, erscheinen die kosmischen Flutungen als das, was wir Wirklichkeit, wirkliches Leben nennen, Daseinsströme in leiblicher Gestalt. Man kann sie, die das Merkmal der Richtung tragen, verschieden erfassen: hinsichtlich der *Bewegung* oder des *Bewegten*. Jenes heißt Geschichte, dieses Geschlecht, Stamm, Stand, Volk, aber eins

---

[1] Vgl. Bd. II, S. 676 ff.

ist nur durch das andre möglich und vorhanden. Geschichte gibt es nur von etwas. Meinen wir die Geschichte der großen Kulturen, so ist Nation das Bewegte. Staat, *status* heißt Zustand. Den Eindruck des Staates erhält man, wenn man von einem in bewegter Form dahinströmenden Dasein die Form für sich ins Auge faßt, als etwas in zeitlosem Beharren Ausgedehntes, und von der Richtung, dem Schicksal ganz absieht. Der Staat ist die Geschichte als stillstehend, Geschichte der Staat als fließend gedacht. Der wirkliche Staat ist die Physiognomie einer geschichtlichen Daseinseinheit; nur der ausgedachte Staat der Theoretiker ist ein System.

Eine Bewegung *hat Form*, das Bewegte *ist in Form* oder, um wieder einen Sportausdruck von Bedeutung anzuwenden: ein vollendet Bewegtes befindet sich in vollkommener *Verfassung*. Das gilt von einem Rennpferde oder Ringer ebenso wie von einem Heer oder Volk. Die vom Lebensstrom eines Volkes abgezogene Form ist dessen Verfassung in bezug auf das Ringen in und mit der Geschichte. Verstandesmäßig abziehen aber läßt sie sich nur zum kleinsten Teile. Keine wirkliche Verfassung, für sich betrachtet und als System zu Papier gebracht, ist vollständig. Das Ungeschriebene, Unbeschreibliche, Gewohnte, Gefühlte, Selbstverständliche überwiegt in dem Grade – was Theoretiker nie begreifen werden –, daß eine Staatsbeschreibung oder Verfassungsurkunde nicht einmal ein Schattenbild von dem geben, was der lebendigen Wirklichkeit eines Staates als wesentliche Form zugrunde liegt, so daß eine Daseinseinheit für die Geschichte verdorben wird, wenn man ihre Bewegung einer geschriebenen Verfassung ernstlich unterwirft.

Das Einzelgeschlecht ist die kleinste, das Volk die größte Einheit im Strom der Geschichte.[1] Und zwar unterliegen Urvölker einer Bewegung, die im höheren Sinne geschichtslos ist, langatmig oder stürmisch, aber ohne organischen Zug, ohne tiefere Bedeutung. Immerhin sind Urvölker durch und durch bewegt bis zu dem Grade, daß sie dem flüchtigen Betrachter gänzlich formlos erscheinen; Fellachenvölker dagegen sind starre Objekte einer von außen kommenden Bewegung, die ohne Sinn und in zufälligen Stößen sich an ihnen

[1] Vgl. Bd. II, S. 746 ff.

übt. Zu jenen gehört der „*status*" der mykenischen, der Thinitenzeit, der chinesischen Schang-Dynastie etwa bis zur Übersiedlung nach Yin (1400), das Frankenreich Karls des Großen, das Westgotenreich Eurichs und das petrinische Rußland, staatliche Formen von oft großartiger Leistungsfähigkeit, aber noch ohne Symbolik, ohne Notwendigkeit; zu diesen das römische, chinesische und die andern Imperien, deren Form keinerlei Ausdrucksgehalt mehr besitzt.

Dazwischen aber liegt die Geschichte der hohen Kulturen. Ein Volk im Stile einer Kultur, ein historisches Volk also heißt Nation.[1] Eine Nation besitzt, insofern sie lebt und kämpft, einen Staat nicht nur als Bewegungszustand, sondern vor allem *als Idee*. Mag der Staat im einfachsten Sinne so alt sein wie das frei im Raum bewegliche Leben überhaupt, so daß Schwärme und Herden selbst sehr einfacher Tiergattungen in irgendeiner „Verfassung" sind, die bei Ameisen, Bienen, manchen Fischen, Wandervögeln und Bibern eine erstaunliche Vollkommenheit erreicht: der Staat großen Stils ist nur so alt wie die Urstände Adel und Priestertum, nicht älter: sie entstehen *mit* einer Kultur, sie vergehen mit ihr, ihre Schicksale sind in hohem Maße identisch. Kultur ist das Dasein von Nationen in staatlicher Form.

Ein Volk ist *als* Staat, eine Geschlecht *als* Familie „in Form". Das ist, wie wir sahen, der Unterschied von politischer und kosmischer Geschichte, öffentlichem und privatem Leben, *res publica* und *res privata*. Und zwar sind *beide* Symbole der Sorge. Das Weib *ist* Weltgeschichte. Es sorgt durch Empfängnis und Geburt für die Dauer des Blutes. Die Mutter, das Kind an der Brust, ist das große Sinnbild kosmischen Lebens. Nach dieser Seite hin ist das Leben von Mann und Weib „in Form" als Ehe. Der Mann aber *macht* die Geschichte, die ein nie endender Kampf um die Erhaltung jenes andern Lebens ist. Zur mütterlichen tritt die väterliche Sorge. Der Mann, die Waffe in der Hand, ist das andre große Sinnbild des Willens zur Dauer. Ein Volk „in Verfassung" ist ursprünglich eine Kriegerschaft, die tiefinnerlich gefühlte Gemeinschaft der Wehrfähigen. Staat ist eine Männersache, ist Sorge um die Erhaltung des Ganzen, auch um jene

[1] Vgl. Bd. II, S. 761 ff.

seelische Selbsterhaltung, die man als Ehre und Selbstachtung bezeichnet, ist Vereitelung von Angriffen, Voraussicht von Gefahren und vor allem der eigne Angriff, der jedem im Aufstieg begriffenen Leben natürlich und selbstverständlich ist.

Wäre alles Leben *ein* gleichförmiger Daseinsstrom, so würden wir die Worte Volk, Staat, Krieg, Politik, Verfassung nicht kennen. Aber das ewige und gewaltige *Verschiedensein* des Lebens, das durch die Gestaltungskraft der Kulturen bis aufs Äußerste gesteigert wird, ist eine Tatsache, die mit all ihren Folgen geschichtlich schlechthin gegeben ist. Pflanzenleben gibt es nur in bezug auf tierisches; die beiden Urstände bedingen sich gegenseitig; *ebenso ist ein Volk nur wirklich in bezug auf andre Völker,* und diese Wirklichkeit besteht in natürlichen und unaufhebbaren Gegensätzen, in Angriff und Abwehr, Feindschaft und Krieg. Der Krieg ist der Schöpfer aller großen Dinge. Alles Bedeutende im Strom des Lebens ist durch Sieg und Niederlage entstanden.

Ein Volk gestaltet Geschichte, soweit es sich in Verfassung befindet. Es erlebt eine innere Geschichte, die es in diesen Zustand versetzt, in dem allein es schöpferisch *wird,* und eine äußere Geschichte, die in Schöpfung *besteht.* Die Völker als Staaten sind deshalb die eigentlichen Mächte alles menschlichen Geschehens. Es gibt in der Welt als Geschichte nichts über ihnen. Sie *sind* das Schicksal.

Res publica, das öffentliche Leben, die „Schwertseite" menschlicher Daseinsströme, ist in Wirklichkeit unsichtbar. Der Fremde sieht nur die Menschen, nicht ihren innern Zusammenhang. Dieser ruht vielmehr tief im Strome des Lebens und wird dort mehr gefühlt als verstanden. Ebenso *sehen* wir in Wirklichkeit nicht die Familie, sondern nur einige Menschen, deren Zusammenhalt in einem ganz bestimmten Sinne wir aus innerer Erfahrung kennen und begreifen. Aber es gibt für jedes dieser Gebilde einen Kreis von Zugehörigen, die durch gleiche Verfassung des äußeren und inneren Seins zur Lebenseinheit verbunden sind. Diese Form, in welcher das Dasein dahinströmt, heißt *Sitte,* wenn sie unwillkürlich aus dessen Takt und Gang entsteht und dann erst ins Bewußtsein tritt, *Recht,* wenn sie *mit Absicht gesetzt* und zur *Anerkennung* gebracht wird.

Recht ist die *gewollte* Form des Daseins, gleichviel ob sie gefühlsmäßig und triebhaft anerkannt – ungeschriebenes Recht, Gewohnheitsrecht, *equity* – oder durch Nachdenken abgezogen, vertieft und
in ein System gebracht worden ist – *Gesetz*. Das sind zweierlei
Rechtstatsachen von zeithafter Symbolik, zwei Arten von Sorge,
Vorsorge, Fürsorge, aber schon aus dem Gradunterschied der Bewußtheit in ihnen ergibt sich, daß im ganzen Verlauf wirklicher Geschichte sich zwei Rechte feindlich gegenüberstehen müssen: das
Recht der Väter, der Tradition, das verbriefte, ererbte, gewachsene,
bewährte Recht, das heilig ist, weil es von je war, aus Erfahrung des
Blutes stammend und deshalb den Erfolg verbürgend, und das er-
dachte, entworfene Vernunft-, Natur- und allgemeine Menschenrecht, aus Nachdenken hervorgegangen und deshalb der Mathematik
verwandt, vielleicht nicht erfolgreich, aber „gerecht“. In ihnen beiden reift der Gegensatz von Landleben und Stadtleben, Lebenserfahrung und gelehrter Erfahrung bis zu jener revolutionären Höhe der
Erbitterung, wo man sich ein Recht nimmt, das nicht gegeben wird,
und eins zertrümmert, das nicht weichen will.

Ein Recht, das von einer Gemeinschaft gesetzt ist, bedeutet eine
Pflicht für jeden Zugehörigen, aber es ist kein Beweis für dessen
Macht. Vielmehr ist es eine Schicksalsfrage, wer es setzt und für wen
es gesetzt *wird*. Es gibt Subjekte und Objekte der Recht*setzung*, obwohl ein jeder Objekt der Recht*geltung* ist, und zwar gilt das ohne
Unterschied vom inneren Recht der Familien, Zünfte, Stände und
Staaten. Für den Staat als das höchste in der geschichtlichen Wirklichkeit vorhandene Rechtssubjekt tritt aber noch ein Außenrecht
hinzu, das er dem Fremden feindlich auferlegt. Zu jenem gehört das
bürgerliche Recht, zu diesem der Friedensvertrag. In jedem Falle
aber ist das Recht des Stärkeren auch das des Schwächeren. Recht
haben ist ein Ausdruck von Macht. Das ist eine geschichtliche Tatsache, die jeder Augenblick bestätigt, aber sie wird im Reiche der
Wahrheit – das *nicht* von dieser Welt ist – nicht anerkannt. Unver-
söhnt stehen sich auch in der Auffassung des Rechts Dasein und
Wachsein, Schicksal und Kausalität gegenüber. Zur priesterlichen
und ideologischen Moral von gut und böse gehört der *moralische*

Unterschied von Recht und Unrecht; zur Rassemoral von gut und schlecht gehört der *Rangunterschied von Gebern und Empfängern des Rechts.* Ein abstraktes Ideal von Gerechtigkeit geht durch die Köpfe und Schriften aller Menschen, deren Geist edel und stark und deren Blut schwach ist, durch alle Religionen, durch alle Philosophien, aber die Tatsachenwelt der Geschichte kennt nur den *Erfolg,* der das Recht des Stärkeren zum Recht aller macht. Sie geht erbarmungslos über die Ideale hin, und wenn je ein Mensch oder Volk auf die Macht der Stunde verzichtet hat, um gerecht zu sein, so war ihm wohl der theoretische Ruhm in jener zweiten Welt der Gedanken und Wahrheiten gewiß, aber auch der Augenblick, wo er einer andern Lebensmacht erlag, die sich besser auf Wirklichkeiten verstand als er.

Solange eine geschichtliche Macht den ihr ein- und untergeordneten Einheiten so überlegen ist wie der Staat und Stand sehr oft den Familien und Berufsklassen oder das Familienhaupt den Kindern, ist ein gerechtes Recht *zwischen* den Schwächeren aus der allmächtigen Hand des Unbeteiligten möglich. Aber Stände fühlen selten und Staaten so gut wie nie eine Macht von diesem Range über sich, und zwischen ihnen gilt also mit unmittelbarer Gewalt das Recht des Stärkeren, wie es sich in einseitig festgesetzten Verträgen und mehr noch in deren Auslegung und Innehaltung durch den Sieger zeigt. Das unterscheidet *Innen- und Außenrechte* der geschichtlichen Lebenseinheiten. In jenen kommt der Wille eines Schiedsrichters zur Geltung, unparteiisch und gerecht zu sein, obwohl man sich sehr über den Grad von Unparteilichkeit täuscht, die selbst in den besten Gesetzbüchern der Geschichte wirksam gewesen ist, auch in jenen, die sich bürgerlich nennen und damit schon andeuten, daß *ein Stand* sie kraft seiner Übermacht für alle geschaffen hat.[1] Innenrechte sind das Ergebnis eines streng logisch-kausalen, auf Wahrheit gerichteten Denkens, aber eben deshalb bleibt ihre Geltung jederzeit abhängig von der materiellen Macht ihres Urhebers, sei er Stand oder Staat. Eine Revolution vernichtet mit dieser Macht sofort auch die Macht

---

[1] Deshalb verwerfen sie die Rechte von Adel und Geistlichkeit und verteidigen die von Geld und Geist, mit einer ausgesprochenen Parteinahme für den beweglichen gegenüber dem unbeweglichen Besitz.

der Gesetze. Sie bleiben wahr, aber sie sind nicht mehr wirklich. Außenrechte wie alle Friedensverträge aber sind dem Wesen nach nie wahr und stets wirklich – wirklich oft im erschreckenden Sinne – und erheben gar nicht den Anspruch, gerecht zu sein. Es genügt, daß sie wirksam sind. Aus ihnen spricht das *Leben*, das keine kausale und moralische Logik besitzt, aber eine um so folgerichtigere organische. Es will *selbst* Geltung besitzen; es fühlt mit innerlicher Gewißheit, was es dazu braucht, und im Hinblick darauf weiß es, was *ihm* recht ist und für andere deshalb recht zu sein hat. Diese Logik erscheint in jeder Familie, namentlich in den alten rasseechten Bauerngeschlechtern, sobald die Autorität erschüttert ist und ein anderer als das Oberhaupt bestimmen will, „was ist". Sie erscheint in jedem Staate, sobald eine einzelne Partei die Lage beherrscht. Jede Feudalzeit ist erfüllt von dem Kampf zwischen Lehnsherrn und Vasallen um das „Recht auf das Recht". Dieser Kampf endet in der Antike fast überall mit dem unbedingten Sieg des ersten Standes, der dem Königtum die Gesetzgebung entzieht und es selbst zum Objekt der eigenen Rechtsetzung macht, wie Ursprung und Bedeutung der Archonten in Athen und der Ephoren in Sparta mit Sicherheit beweisen, auf abendländischem Boden aber *vorübergehend* auch in Frankreich mit der Einsetzung der Generalstände (1302) und *für immer* in England, wo die normannischen Barone und der hohe Klerus 1215 die Magna Charta erzwangen, aus welcher die tatsächliche Souveränität des Parlaments hervorgegangen ist. Aus diesem Grunde ist das alte normannische Standesrecht hier dauernd in Geltung geblieben. Dagegen war es die Verteidigung der schwachen kaiserlichen Gewalt in Deutschland gegen die Ansprüche der großen Lehnsträger, die das justinianische römische Recht als das Recht einer unbedingten Zentralgewalt gegen die frühdeutschen Landrechte zu Hilfe rief.[1]

Die Verfassung Drakons, die πάτριος πολιτεία der Oligarchen, wurde ebenso wie das streng patrizische Zwölftafelrecht vom Adel

---

[1] Vgl. Bd. II, S. 645 ff. Der entsprechende Versuch der absolutistisch gesinnten Stuarts, das römische Recht in England einzuführen, ist vor allem durch den puritanischen Juristen Coke († 1643) vereitelt worden, wieder ein Beweis dafür, daß der Geist eines Rechts immer Parteigeist ist.

gegeben,[1] schon tief in der antiken Spätzeit mit den voll entwickelten Mächten der Stadt und des Geldes, aber gegen sie gerichtet und
deshalb sehr bald durch ein Recht des dritten Standes, der „andern"
verdrängt – das des Solon und der Tribunen –, das nicht weniger
Standesrecht war. Der Kampf zwischen den beiden Urständen um
das Recht der Rechtsetzung hat die ganze Geschichte des Abendlandes erfüllt von dem frühgotischen Streit um den Vorrang des
weltlichen oder des kanonischen Rechts bis zu dem noch heute nicht
abgeschlossenen um die Zivilehe.[2] Die Verfassungskämpfe seit dem
Ende des 18. Jahrhunderts bedeuten doch auch, daß der dritte Stand,
der nach jener berühmten Bemerkung von Sieyès im Jahre 1789
„nichts war, aber alles sein konnte", die Gesetzgebung im Namen
aller an sich brachte und sie in genau demselben Sinne zu einer bürgerlichen gemacht hat, wie die der Gotik eine adlige gewesen war.
Am unverhülltesten tritt, wie gesagt, das Recht als Ausdruck der
Macht in den zwischenstaatlichen Rechtssetzungen hervor, in Frie-
densverträgen und in jenem Völkerrecht, von dem schon Mirabeau
meinte, daß es das Recht der Mächtigen sei, dessen Innehaltung dem
Machtlosen auferlegt werde. In Rechten von dieser Art wird ein
großer Teil der welthistorischen Entscheidungen festgelegt. Sie sind
die Verfassung, in welcher die kämpfende Geschichte fortschreitet,
solange sie nicht zu der ursprünglichen Form des Kampfes mit Waffen zurückkehrt, dessen geistige Fortsetzung jeder geltende Vertrag
in seinen beabsichtigten Wirkungen ist. Ist die Politik ein Krieg mit
anderen Mitteln, so ist das „Recht auf das Recht" die Beute der siegreichen Partei.

7

Es ist demnach klar, daß auf den Höhen der Geschichte zwei
große Lebensformen um den Vorrang kämpfen, Stand und Staat,
beides Daseinsströme von großer innerer Form und sinnbildlicher
Kraft, beide entschlossen, ihr eigenes Schicksal zum Schicksal des

---

[1] Vgl. Bd. II, S. 631 f.
[2] Vor allem auf dem Gebiet der Ehescheidung, für welche die staatliche und die
kirchliche Auffassung unvermittelt nebeneinander gelten.

Ganzen zu machen. Das ist, wenn man es aus der Tiefe versteht und die alltägliche Auffassung von Volk, Wirtschaft, Gesellschaft und Politik ganz beiseite läßt, der Sinn des Gegensatzes von *sozialer und politischer Geschichtsleitung*. Erst mit dem Anbruch einer großen Kultur trennen sich soziale und politische Ideen, und zwar zuerst in der Erscheinung des ausgehenden Lehnsstaates, wo Herr und Vasall die soziale, Herrscher und Nation die politische Seite darstellen. Aber sowohl die frühen Sozialmächte: Adel und Priestertum, als die späten: Geld und Geist, und die in den heranwachsenden Städten zu einer gewaltigen Macht aufsteigenden Berufsgruppen der Handwerker, Beamten und Arbeiter wollen jeder für sich den Staatsgedanken dem eignen Standesideal oder häufiger dem Standesinteresse unterordnen, und so erhebt sich, von der nationalen Gesamtheit angefangen bis in das Bewußtsein jedes Einzelnen hinein, ein Kampf um die Grenzen und Ansprüche beider, dessen Ausgang im äußersten Falle die eine Größe vollkommen zum Werkzeug der andern macht.[1]

In jedem Falle aber ist der Staat die Form, welche die *äußere* Lage bestimmt, so daß die geschichtlichen Beziehungen zwischen Völkern *stets politischer und nicht sozialer Natur* sind. Innenpolitisch ist die Lage dagegen derart von ständischen Gegensätzen beherrscht, daß hier die soziale und politische Taktik auf den ersten Blick untrennbar er-

---

[1] Das sind die Formen des ohnmächtigen, englischen „Nachtwächterstaates" und des allmächtigen, preußischen „Kasernenstaates", wie sie von Gegnern spöttisch und verständnislos genannt worden sind. Ähnlich gedachte Bezeichnungen finden sich auch in chinesischen und griechischen Staatstheorien: O. Franke, Studien zur Geschichte des konfuzianischen Dogmas (1920), S. 211 ff.; R. v. Pöhlmann, Geschichte der sozialen Frage und des Sozialismus in der antiken Welt (1912). Dagegen gehört der politische Geschmack z. B. Wilhelm v. Humboldts, der als Klassizist dem Staate das Individuum gegenüberstellt, überhaupt nicht in die politische, sondern in die Literaturgeschichte. Denn hier wird nicht die Lebensfähigkeit des Staates innerhalb der wirklich vorhandenen Staatenwelt ins Auge gefaßt, sondern das Privatdasein für sich ohne Rücksicht darauf, ob ein solches Ideal angesichts der vernachlässigten äußeren Lage auch nur einen Augenblick bestehen könnte. Es ist ein Grundfehler der Ideologen, daß sie gegenüber dem Privatleben und dem ganz darauf bezogenen Innenbau eines Staates von dessen äußerer Machtstellung, die in Wirklichkeit die Freiheit der inneren Gestaltung ganz und gar bedingt, völlig absehen. Der Unterschied der französischen und deutschen Revolution z. B. besteht darin, daß die eine von Anfang an die äußere Lage und *damit* die innere beherrscht hat, die andre nicht. Damit war diese von vornherein eine Farce.

scheinen und beide Begriffe im Denken von Menschen, die ihr eigenes, etwa bürgerliches Standesideal mit der geschichtlichen Wirklichkeit gleichsetzen und deshalb nicht außenpolitisch denken können, sogar identisch sind. Im Außenkampfe sucht ein Staat Bündnisse mit anderen Staaten; im Innenkampf ist er stets auf ein Bündnis mit Ständen angewiesen, so daß die antike Tyrannis des 6. Jahrhunderts auf dem Zusammenschluß des Staatsgedankens mit den Interessen des dritten Standes gegenüber der urständischen Oligarchie beruhte, und die französische Revolution in dem Augenblick unvermeidlich wurde, wo der *tiers*, also Geist und Geld, die für ihn eintretende Krone im Stich ließ und zu den beiden ersten Ständen überging (seit der ersten Notabelnversammlung von 1787). Daher wird mit einem sehr richtigen Gefühl zwischen Staaten- und Klassengeschichte,[1] politischer („horizontaler") und sozialer („vertikaler") Geschichte, Krieg und Revolution unterschieden, aber es ist ein großer Irrtum moderner Doktrinäre, den Geist der Innengeschichte für den der Geschichte überhaupt zu halten. *Weltgeschichte ist Staatengeschichte* und wird es immer sein. Die innere Verfassung einer Nation hat immer und überall den Zweck, für den äußeren Kampf, sei er militärischer, diplomatischer oder wirtschaftlicher Art, „*in Verfassung" zu sein*. Wer sie als Selbstzweck und Ideal an sich behandelt, richtet mit seiner Tätigkeit nur den Körper der Nation zugrunde. Aber andrerseits gehört es zum innerpolitischen Takt einer herrschenden Schicht, gehöre sie dem ersten oder vierten Stande an, die ständischen Gegensätze so zu behandeln, daß die Kräfte und Gedanken der Nation nicht im Parteikampf festgelegt werden und der Landesverrat nicht als *ultima ratio* erscheint.

Und da ist es deutlich, daß *der Staat und der erste Stand* als Lebensformen bis in die Wurzel hinein verwandt sind, nicht nur mit ihrer Symbolik von Zeit und Sorge, ihrer *gemeinsamen* Beziehung zur Rasse, zu den Tatsachen der Geschlechterfolge, zur Familie und damit zu den Urtrieben allen Bauerntums, auf das jeder Staat und jeder Adel von Dauer sich letzten Endes stützen, nicht nur in ihrer Be-

---

[1] Die durchaus nicht mit Wirtschaftsgeschichte im Sinne des historischen Materialismus identisch ist. Darüber im nächsten Kapitel.

ziehung zum Boden, zum Stammsitz, Erbgut oder Vaterland, das in seiner Bedeutung für die Nationen magischen Stils nur deshalb zurücktritt, weil die Rechtgläubigkeit ihr vornehmster Zusammenhalt ist, sondern vor allem in der großen Praxis inmitten aller Tatsachen der geschichtlichen Welt, in der *gewachsenen* Einheit des Taktes und der Triebe, in der Diplomatie, der Menschenkenntnis, der Kunst des Befehlens, im Männerwillen nach Erhaltung und Erweiterung der Macht, der in Urzeiten Adel und Volk aus ein und derselben Heeresversammlung hervorgehen läßt, und endlich in dem Sinn für Ehre und Tapferkeit, so daß bis in die letzten Zeiten hinein der Staat am festesten steht, in dem der Adel oder die von ihm geschaffene Tradition ganz in den Dienst der allgemeinen Sache gestellt ist, wie es in Sparta den Athenern, in Rom den Karthagern, im chinesischen Staate Tsin dem taoistisch gestimmten Tsu gegenüber der Fall war.

Der Unterschied ist, daß der ständisch geschlossene Adel wie *jeder* Stand den Rest der Nation nur in bezug auf sich selbst erlebt und nur in diesem Sinne Macht ausüben will, der Staat aber der Idee nach die Sorge für alle ist und erst insofern auch die für den Adel. Aber ein echter und alter Adel stellt sich *dem Staate gleich* und sorgt für alle wie für ein Eigentum. Das gehört zu seinen vornehmsten und am tiefsten in sein Bewußtsein gedrungenen Pflichten. Er fühlt sogar ein angebornes *Vorrecht* auf diese Pflicht und betrachtet den Dienst in Heer und Verwaltung als seinen eigentlichen Beruf.

Ganz anders ist der Unterschied zwischen dem Staatsgedanken und der Idee der übrigen Stände, die sämtlich dem Staat als solche innerlich fernstehen und von ihrem Leben aus ein Staatsideal prägen, das nicht aus dem Geist der tatsächlichen Geschichte und ihrer politischen Mächte erwachsen ist und eben deshalb gern mit Betonung als sozial bezeichnet wird. Und zwar ist die Kampflage der Frühzeit die, daß dem Staat als geschichtliche Tatsache schlechthin die kirchliche Gemeinschaft zur Verwirklichung *religiöser* Ideale gegenübertritt, während die Spätzeit noch das *geschäftliche* Ideal des freien Wirtschaftslebens und die *utopischen* Ideale der Träumer und

Schwärmer hinzufügt, in denen irgendwelche Abstraktionen verwirklicht werden sollen.

Aber in der geschichtlichen Wirklichkeit gibt es keine Ideale; es
gibt nur Tatsachen. Es gibt keine Wahrheiten; es gibt nur Tatsachen.
Es gibt keine Gründe, keine Gerechtigkeit, keinen Ausgleich, kein
Endziel; es gibt nur Tatsachen – wer das nicht begreift, der schreibe
Bücher der Politik, aber er *mache* keine Politik. In der wirklichen
Welt gibt es keine nach Idealen aufgebauten, sondern nur *gewach-
sene* Staaten, die nichts sind als lebendige Völker in Form. Allerdings:
„geprägte Form, die lebend sich entwickelt", aber geprägt vom
Blut und Takt eines *Daseins,* ganz triebhaft und ungewollt; und ent-
wickelt entweder von staatsmännischen Begabungen in der im
Blute liegenden Richtung, oder von Idealisten in der Richtung ihrer
Überzeugungen, *das heißt ins Nichts.*

Die Schicksalsfrage für wirklich vorhandene und nicht in den
Köpfen entworfene Staaten ist aber nicht die ihrer idealen Aufgabe
und Gliederung, sondern die ihrer *innern Autorität,* die auf die Dauer
nicht durch materielle Mittel aufrechterhalten wird, sondern durch
das Vertrauen selbst der Gegner auf ihre Leistungsfähigkeit. Die entscheidenden Probleme liegen *nicht* in der Ausarbeitung von Verfassungen, sondern in der Organisation einer gut arbeitenden Regierung; nicht in der Verteilung politischer Rechte nach „gerechten"
Grundsätzen, die in der Regel nichts sind als die Vorstellung, welche
ein Stand sich von seinen berechtigten Ansprüchen macht, sondern
im arbeitenden Takt des Ganzen – arbeiten wieder im Sportsinne
verstanden: die Arbeit der Muskeln und Sehnen im gestreckten
Galopp eines Pferdes, das sich dem Ziel nähert – in jenem Takt, der
starke Begabungen von selbst in seinen Bann zieht; und endlich
nicht in einer weltfremden Moral, sondern in der Beständigkeit,
Sicherheit und Überlegenheit der politischen Führung. Je selbstverständlicher das alles ist, je weniger man darüber redet oder gar strei-
tet, desto vollkommener ist ein Staat, desto höher ist der Rang, die
geschichtliche Leistungsfähigkeit und damit das Schicksal einer Nation. Staatshoheit, Souveränität ist ein Lebenssymbol erster Ordnung. Sie unterscheidet *Subjekte und Objekte* der politischen Ereig-

nisse nicht nur in der innern, sondern, was sehr viel wichtiger ist, in der äußeren Geschichte. Die Stärke der Führung, die in der klaren Scheidung beider Faktoren zum Ausdruck kommt, ist das unzweideutige Kennzeichen der Lebenskraft einer politischen Einheit, und zwar bis zu dem Grade, daß die Erschütterung der bestehenden Autorität etwa durch die Anhänger eines entgegengesetzten Verfassungsideals so gut wie immer nicht etwa diese Anhängerschaft zum Subjekt der innern, sondern die ganze Nation zum Objekt einer fremden Politik macht, und zwar sehr oft für immer.

Aus diesem Grunde ist in jedem gesunden Staat der Buchstabe der geschriebenen Verfassung von geringer Bedeutung gegenüber dem Brauch der lebendigen „Verfassung" im Sportsinne, die sich aus Erfahrungen der Zeit, der Lage und vor allem aus den Rasseeigenschaften der Nation ganz von selbst und unbemerkt entwickelt hat. Je kräftiger diese *natürliche* Form des Staatskörpers herausgebildet ist, desto sicherer arbeitet er in jeder unvorhergesehenen Lage, wobei es zuletzt ganz gleichgültig wird, ob der tatsächliche Führer den Titel König, Minister, Parteiführer oder überhaupt kein bestimmbares Verhältnis zum Staate besitzt, wie Cecil Rhodes in Südafrika. Die römische Nobilität, welche die Politik im Zeitalter der drei Punischen Kriege beherrscht hat, war staatsrechtlich gar nicht vorhanden. In jedem Falle aber ist der Staat auf eine Minderheit von staatsmännischem Instinkt angewiesen, welche den Rest der Nation im Kampf der Geschichte repräsentiert.

Deshalb muß die Tatsache unzweideutig ausgesprochen werden: es gibt *nur* Standesstaaten, Staaten, in denen ein einzelner Stand *regiert*. Man verwechsle das nicht mit dem Ständestaat, dem der einzelne nur vermöge seiner Zugehörigkeit zu einem Stande *angehört*. Das letzte ist der Fall in der älteren Polis, in den Normannenstaaten von England und Sizilien, aber auch in dem Frankreich der Verfassung von 1791 und in Sowjetrußland. Das erste bringt dagegen die allgemeine geschichtliche Erfahrung zum Ausdruck, daß es stets eine einzige soziale Schicht ist, von welcher, gleichviel ob verfassungsmäßig oder nicht, die politische Führung ausgeht. Es ist immer eine entschiedene Minderheit, welche die welthistorische Tendenz eines Staates vertritt, und innerhalb dieser wieder eine mehr oder weniger geschlossene Minderheit, welche die Leitung kraft ihrer Fähigkeiten tatsächlich, und oft genug im Widerspruch mit dem Geist der Verfassung in Händen hat. Und wenn man von revolutionären Zwischenzeiten und von cäsarischen Zuständen absieht, die als Ausnahme die Regel bestätigen, wo Einzelne und zufällige Gruppen die Macht lediglich mit materiellen Mitteln und oft ohne jede Begabung behaupten – so ist es die Minderheit *innerhalb eines Standes*, welche durch Tradition regiert, weitaus am meisten innerhalb des Adels, der als Gentry den parlamentarischen Stil Englands, als Nobilität die römische Politik im Zeitalter der Punischen Kriege, als Kaufmannsaristokratie die Diplomatie Venedigs, als jesuitisch geschulter Barockadel[1] die Diplomatie der römischen Kurie ausgebildet hat. Daneben erscheint die politische Begabung einer geschlossenen Minderheit im Priesterstand, eben in der römischen Kirche, aber auch in Ägypten und Indien und noch viel mehr in Byzanz und im Sassanidenreich; sehr selten dagegen im dritten Stand, der keine Lebenseinheit bildet, etwa in einer kaufmännisch gebildeten Schicht in der römischen Plebs des dritten Jahrhunderts, in juristisch gebildeten Kreisen in Frankreich seit 1789, hier und in allen anderen Fällen durch einen geschlossenen Kreis von gleichartiger praktischer Begabung gesichert, der sich beständig ergänzt und in seiner Mitte die volle Summe ungeschriebener politischer Tradition und Erfahrung bewahrt.

Das ist die Organisation *wirklicher* Staaten im Unterschied von den auf dem Papier und in den Köpfen von Schulfuchsern entstandenen. Es gibt keinen besten, wahren, gerechten Staat, der entworfen und irgendwann einmal verwirklicht werden könnte. Jeder in der Geschichte auftauchende Staat ist nur einmal da und ändert sich unbemerkt mit jedem Augenblick, auch unter der Kruste einer noch so starren gesetzlich festgelegten Verfassung. Deshalb bedeuten Worte wie Republik, Absolutismus, Demokratie in jedem einzelnen

[1] Denn die hohen Kirchenwürden sind in diesen Jahrhunderten ausschließlich an den Adel Europas vergeben worden, der die politischen Eigenschaften seines Blutes in ihren Dienst stellte. Aus dieser *kirchlichen* Schule sind dann wieder Staatsmänner wie Richelieu, Mazarin und Talleyrand hervorgegangen.

Falle etwas anderes und werden zur Phrase, sobald man sie als feststehende Begriffe anwendet, wie es unter Philosophen und Ideologen Regel ist. Eine Staatengeschichte ist Physiognomik und nicht
Systematik. Sie hat nicht zu zeigen, wie „die Menschheit" allmählich zur Eroberung ihrer ewigen Rechte, zu Freiheit und Gleichheit
und der Entwicklung des weisesten und gerechtesten Staates fortschreitet, sondern die in der Tatsachenwelt wirklich vorhandenen
politischen Einheiten zu beschreiben, wie sie aufblühen, reifen und
welken, ohne je etwas anderes zu sein als wirkliches Leben in Form.
In diesem Sinne sei sie hier versucht.

8

Die Geschichte großen Stils beginnt in jeder Kultur mit dem
Lehnsstaat, der nicht Staat im kommenden Sinne ist, sondern die
Ordnung des Gesamtlebens in bezug auf einen *Stand*. Das edelste
Gewächs des Bodens, die Rasse im stolzesten Sinne, baut sich da eine
Rangordnung auf, von der einfachen Ritterschaft bis zum *primus
inter pares*, dem Lehnsherrn unter seinen Pairs. Das geschieht gleichzeitig mit der Architektur der großen Dome und Pyramiden: hier
der Stein, dort das Blut zum Sinnbild erhoben, hier die *Bedeutung*,
dort das *Sein*. Der Gedanke des Feudalwesens, der alle Frühzeiten beherrscht hat, ist der Übergang aus dem urzeitlichen, rein praktischen
und tatsächlichen Verhältnis des Machthabers zu den Gehorchenden
– mögen sie ihn gewählt haben oder von ihm unterworfen sein –
in das *privatrechtliche* und eben dadurch tiefsymbolische des Lehnsherrn zu den Vasallen. Dieses beruht durchaus auf der adligen Sitte,
auf Ehre und Gefolgstreue, und beschwört die härtesten Konflikte
herauf zwischen der Anhänglichkeit an den Herrn und der an das
eigne Geschlecht. Der Abfall Heinrichs des Löwen ist ein tragisches
Beispiel dafür.

Der „Staat" existiert hier nur vermöge der Grenzen des Lehns-
verbandes und erweitert sein Gebiet durch den Eintritt fremder Vasallen in diesen. Der ursprünglich persönliche und zeitlich begrenzte
Dienst und Auftrag des Herrschers wird sehr bald dauerndes Leben,

das bei einem Heimfall wieder verliehen werden *muß* – schon um das Jahr 1000 gilt im Abendland der Grundsatz „kein Land ohne Herrn" – und endlich zum Erblehen wird, in Deutschland durch das Lehnsgesetz Konrads II. vom 28. Mai 1037. Damit sind die ehemals unmittelbaren Untertanen des Herrschers mediatisiert – sie sind nur noch als Untertanen eines Vasallen auch die seinen. Allein die starke gesellschaftliche Bindung des Standes sichert den Zusammenhalt, der auch unter diesen Bedingungen Staat heißt.

Die Begriffe von Macht und Beute erscheinen hier in klassischer Verbindung. Als 1066 die normannische Ritterschaft unter Herzog Wilhelm England eroberte, wurde der gesamte Grund und Boden Eigentum des Königs und Lehen und ist es dem Namen nach noch heute. Das ist die echte Wikingerfreude am „Haben", und die Sorge des heimkehrenden Odysseus, der zuerst seine Schätze zählt. Aus diesem Beutesinn kluger Eroberer ist das vielbewunderte Rechnungswesen und Beamtentum der Frühkulturen ganz plötzlich entstanden. Diese Beamten sind von den Inhabern der großen Vertrauensämter, die aus persönlicher Sendung hervorgehen,[1] wohl zu unterscheiden – *Clerici*, Schreiber, nicht Ministerialen oder Minister, was ebenfalls Diener heißt, aber jetzt im stolzen Sinne den Diener des Herrn bedeutet. Die rein rechnende und schreibende Beamtenschaft ist ein Ausdruck der Sorge und entwickelt sich also in genau demselben Maße wie das dynastische Prinzip. Sie hat deshalb in Ägypten gleich zu Anfang des Alten Reiches eine erstaunliche Ausbildung erfahren.[2] Der im Dschou-li beschriebene frühchinesische Beamtenstaat ist so umfangreich und kompliziert, daß die Echtheit des Buches daraufhin bezweifelt worden ist,[3] aber er entspricht dem Geist und der Bestimmung nach vollkommen dem diokletianischen, der eine feudale Ständeordnung aus den Formen eines ungeheuren Steuerwesens hat entstehen lassen.[4] In der frühen Antike fehlt er mit Betonung. *Carpe diem* ist der Wahlspruch der antiken

[1] Vgl. Bd. II, S. 993.
[2] Ed. Meyer, Gesch. d. Alt. I, § 244.
[3] Auch von der chinesischen Kritik. Dagegen Schindler, Das Priestertum im alten China I, S. 61 ff.; Conrady, China, S. 533.
[4] Vgl. Bd. II, S. 991 f.

Finanzwirtschaft bis in ihre letzten Tage. Die *Sorglosigkeit*, die Autarkeia der Stoiker ist auch auf diesem Gebiet zum Prinzip erhoben. Gerade die besten Rechner machen darin keine Ausnahme, wie Eubulos, der um 350 in Athen auf Überschüsse hin wirtschaftete, um sie dann unter die Bürgerschaft zu verteilen.

Den äußersten Gegensatz dazu bilden die rechnenden Wikinger des frühen Abendlandes, die in der Finanzverwaltung ihrer Normannenstaaten den Grund zu der faustischen, heute über die ganze Welt verbreiteten Art von Geldwirtschaft gelegt haben. Von dem schachbrettartig ausgelegten Tisch in der Rechnungskammer Roberts des Teufels von der Normandie (1028–35) stammen der Name des englischen Schatzamtes (Exchequer) und das Wort Scheck. Ebenso sind hier die Worte Konto, Kontrolle, Quittung, Rekord[1] entstanden. Von hier aus wird England 1066 als Beute unter rücksichtsloser Knechtung der Angelsachsen organisiert und ebenso der Normannenstaat Siziliens, den Friedrich II. von Hohenstaufen schon vorfand und in den Konstitutionen von Melfi (1231), seinem persönlichsten Werke, nicht geschaffen, sondern durch Methoden der arabischen, also einer hochzivilisierten Geldwirtschaft, nur bis zur Meisterschaft vervollkommnet hat. Von hier aus sind dann die finanztechnischen Methoden und Bezeichnungen in die lombardische Kaufmannschaft und von da in alle Handelsstädte und Verwaltungen des Abendlandes gedrungen.

Aber Aufschwung und Abbau des Lehnswesens liegen dicht nebeneinander. Inmitten der blühenden Vollkraft der Urstände regen sich die künftigen Nationen und damit die eigentliche Staatsidee. Der Gegensatz zwischen adliger und geistlicher Gewalt und zwischen der Krone und ihren Vasallen wird immer wieder durch den von deutschem und französischem Volkstum (schon unter Otto dem Großen) unterbrochen, oder von deutschem und italienischem, der die Stände in Guelfen und Ghibellinen zerriß und das deutsche Kaisertum vernichtete, und von englischem und französischem, der zur englischen Herrschaft über Westfrankreich geführt hat. Indessen

---

[1] *Compotus, contrarotulus* (die zur Prüfung aufbewahrte Gegenrolle), *quittancia, recordatum.*

tritt das weit zurück hinter den großen Entscheidungen innerhalb des Lehnsstaates selbst, der den Begriff der Nation nicht kennt. England war in 60215 Lehen zerlegt worden, die in dem noch heute zuweilen nachgeschlagenen Domesday Book von 1084 verzeichnet wurden, und die straff organisierte Zentralgewalt ließ sich auch von den Untervasallen der Pairs den Treueid schwören, aber trotzdem wurde schon 1215 die Magna Charta durchgesetzt, welche die tatsächliche Gewalt vom König auf das Parlament der Vasallen überträgt – die Großen und die Kirche im Oberhaus, die Vertreter der Gentry und der Patrizier im Unterhaus vereinigt –, das von nun an Träger der *nationalen* Entwicklung geworden ist. In Frankreich erzwangen die Barone in Verbindung mit dem Klerus und den Städten 1302 die Berufung der Generalstände; durch das Generalprivilegium von Saragossa 1283 wurde Aragonien fast eine von den Cortes regierte Adelsrepublik, und in Deutschland machte einige Jahrzehnte vorher eine Gruppe großer Vasallen als Kurfürsten das Königtum von ihrer Wahl abhängig.

Den gewaltigsten Ausdruck nicht nur in der abendländischen Kultur, sondern in allen Kulturen überhaupt hat der Lehnsgedanke in dem Kampf zwischen Kaisertum und Papsttum gefunden, dem als letztes Ziel die Verwandlung der ganzen Welt in einen ungeheuren Lehnsverband vorschwebte, und beide Mächte haben sich mit dem Ideal so tief verschwistert, daß sie mit dem Verfall des Lehnswesens zugleich von ihrer Höhe jäh herabstürzten.

Die Idee eines Herrschers, dessen Machtbereich die ganze geschichtliche Welt, dessen Schicksal das der ganzen Menschheit ist, trat bis jetzt dreimal in Erscheinung, zuerst in der Auffassung des Pharao als des Horus,[1] dann in der gewaltigen chinesischen Vorstellung vom Herrscher der Mitte, dessen Reich *tien-hia* ist, alles unter dem Himmel Liegende,[2] endlich in frühgotischer Zeit,

---

[1] Vgl. Bd. II, S. 900.

[2] „Für den Herrscher der Mitte gibt es kein Ausland" (Kung-yang). „Der Himmel spricht nicht; er läßt durch einen Menschen seine Gedanken verkünden" (Tung Tschung-schu). Seine Verfehlungen wirken durch den ganzen Kosmos hindurch und führen zu Erschütterungen in der Natur (O. Franke, Zur Geschichte des konfuzianischen Dogmas, 1920, S.212ff., 244f.). Dem antiken und indischen Staatsdenken liegt dieser mystisch-universale Zug gänzlich fern.

als Otto d. Gr. 962 aus einem tiefen mystischen Gefühl und Sehnen nach geschichtlicher und räumlicher Unendlichkeit, das damals
durch alle Welt ging, den Gedanken eines Heiligen Römischen Reiches Deutscher Nation empfing. Aber vorher schon hatte Papst Nikolaus I. (860), noch ganz in augustinischen, also magischen Gedanken befangen, von einem päpstlichen Gottesstaat geträumt, der über
den Fürsten dieser Welt stehen sollte, und seit 1059 ging Gregor VII.
mit der vollen Urgewalt seiner faustischen Natur daran, eine päpstliche Weltherrschaft in den Formen eines universalen Lehnsverban-
des mit Königen als Vasallen zu verwirklichen. Das Papsttum selbst
bildete zwar nach innen den kleinen Lehnsstaat der Campagna,
deren Adelsgeschlechter die Wahl beherrschten und die sehr bald
auch das 1059 mit der Papstwahl betraute Kardinalskollegium in
eine Art Adelsoligarchie verwandelten. Nach außen aber hat Gregor VII. die Lehnshoheit über die Normannenstaaten in England
und Sizilien *erreicht*, die beide mit seiner Unterstützung begründet
wurden, und die Kaiserkrone vergab er wirklich, wie vorher Otto
der Große die Tiara. Aber dem Staufen Heinrich VI. gelang wenige
Jahre später das Gegenteil; selbst Richard Löwenherz leistete ihm
den Vasalleneid für England, und das allgemeine Kaisertum war der
Verwirklichung nahe, als der größte aller Päpste, Innocenz III. (1198
bis 1216), die Lehnshoheit der Welt für kurze Zeit zur Tatsache
machte. England wurde 1213 päpstliches Lehen, Aragonien, Leon,
Portugal, Dänemark, Polen, Ungarn, Armenien, das eben begründete lateinische Kaisertum in Byzanz folgten, aber mit seinem Tode
begann der Zerfall innerhalb der Kirche selbst, und zwar mit dem
Streben der großen geistlichen Würdenträger, den durch die In-
vestitur *auch zu ihrem* Lehnsherrn gewordenen Papst durch eine
Standesvertretung zu beschränken.[1] Der Gedanke, daß ein allgemeines Konzil über dem Papst stehe, ist nicht religiösen Ursprungs, sondern zunächst aus dem Lehnsprinzip hervorgegangen. Seine Tendenz entspricht genau dem, was die englischen Großen durch die

---

[1] Es darf nicht vergessen werden, daß der ungeheure Grundbesitz der Kirche
Erblehen der Bistümer und Erzbistümer geworden war, die gar nicht daran dachten, dem Papst als Lehnsherrn Eingriffe zu gestatten.

Magna Charta erreicht hatten. Auf den Konzilen von Konstanz (seit 1414) und Basel (seit 1431) ist zum letzten Male der Versuch gemacht worden, die Kirche nach ihrer weltlichen Seite hin in einen Lehnsverband der Geistlichkeit zu verwandeln, wodurch eine Kardinalsoligarchie Vertreterin des gesamten abendländischen Klerus an Stelle des römischen Adels geworden wäre. Aber der Lehnsgedanke war damals längst vor dem des Staates zurückgetreten, und so trugen die römischen Barone, die den Wahlkampf auf den engsten Kreis der Umgebung Roms beschränkten und eben damit dem Gewählten die unumschränkte Macht nach außen im Organismus der Kirche sicherten, den Sieg davon, nachdem das Kaisertum schon vorher ganz wie das ägyptische und chinesische ein ehrwürdiger Schatten geworden war.

Im Vergleich zu der ungeheuren Dynamik dieser Entscheidungen baut sich das antike Lehnswesen ganz langsam, statisch, fast geräuschlos ab, so daß es beinahe nur aus den Spuren dieses Überganges erkennbar wird. Im homerischen Epos, wie es heute vorliegt, hat jeder Ort seinen Basileus, der doch sicherlich einst Lehnsträger war, denn in der Gestalt Agamemnons scheint noch ein Zustand durch, in welchem ein Herrscher über weite Gebiete mit dem Gefolge seiner Pairs zu Felde zog. Aber hier erfolgt die Auflösung der Lehnsgewalt im Zusammenhang mit der Ausbildung des Stadtstaates, des politischen Punktes. Das hat zur Folge, daß die höfischen Erbämter, die *archai* und *timai* wie die Prytanen, Archonten, vielleicht der urrömische Prätor,[1] sämtlich städtischer Natur sind, und die großen Geschlechter also nicht einzeln in ihren Grafschaften heranwachsen wie in Ägypten, China und im Abendland, sondern in engster Fühlung innerhalb der Stadt, wo sie die Rechte des König-

---

[1] Nach dem Sturz der Tyrannis um 500 führen die beiden Regenten des römischen Patriziats die Titel Prätor oder Judex, aber eben deshalb scheint es mir wahrscheinlich, daß sie über die Tyrannis und die ihr vorausliegende Zeit einer Oligarchie bis in das echte Königtum hinaufragen und als Hofämter denselben Ursprung haben wie der Herzog (*prae-itor*, Heerwart, in Athen Polemarch) und Graf (Dinggraf, Erbrichter, in Athen Archon). Die Bezeichnung Konsul (seit 366) ist sprachlich ganz archaisch und bedeutet also keine Neuschöpfung sondern die Wiederbelebung eines Titels (Rat des Königs?), der vielleicht aus oligarchischen Stimmungen lange verpönt gewesen war.

tums eins nach dem andern in ihren Besitz bringen, bis das Herrscher-
haus allein übrig behält, was man ihm mit Rücksicht auf die Götter
nicht nehmen konnte: den Titel, den es bei Opferhandlungen führt.
So ist der *rex sacrorum* entstanden. In den jüngeren Teilen des Epos
(seit 800) sind es die Adligen, welche den König zur Sitzung laden,
ihn sogar absetzen. Die Odyssee kennt das Königtum eigentlich nur
noch, weil es zur Sage gehört. In der wirklichen Handlung ist Ithaka
eine von Oligarchen beherrschte Stadt.[1] Die Spartiaten sind ebenso
wie das in den Kuriatkomitien tagende römische Patriziat aus einem
Lehnsverhältnis hervorgegangen.[2] In den Phiditien erscheint noch
ein Rest der früheren offenen Hoftafel, aber die Macht der Könige
ist bis zur Schattenwürde des Opferkönigs in Rom (und Athen) und
der spartanischen Könige gesunken, die von den Ephoren jederzeit
ins Gefängnis geworfen und abgesetzt werden können. Die Gleichartigkeit dieser Zustände zwingt zu der Annahme, daß in Rom der
tarquinischen Tyrannis von 500 eine Zeit oligarchischer Übermacht
voraufgegangen ist, und das wird durch die zweifellos echte Überlieferung vom Interrex bestätigt, den der Adelsrat des Senats aus
seiner Mitte bestellte, bis es ihm beliebte, wieder einen König zu
wählen.

Es gab hier wie überall eine Zeit, in welcher das Lehnswesen im
Zerfall begriffen, der heraufkommende Staat aber noch nicht voll-
endet, die Nation noch nicht in Form war. Das ist die furchtbare
Krise, welche überall als Interregnum in Erscheinung tritt und die
Grenze *zwischen Lehnsverband und Ständestaat* bildet. In Ägypten war
um die Mitte der fünften Dynastie das Lehnswesen voll entwickelt.
Gerade der Pharao Asosi gab Stück um Stück des Hausgutes an die
Vasallen preis, und dazu kamen die reichen geistlichen Lehen, die
ganz wie in gotischer Zeit abgabenfrei blieben und allmählich bleibendes Eigentum der großen Tempel wurden.[3] Mit der fünften Dy-

---

[1] Beloch, Griechische Geschichte I, 1, S. 214 ff.

[2] Die Spartiaten brachten in der besten Zeit des 6. Jahrhunderts etwa 4000 wehr-
fähige Männer auf gegenüber einer Gesamtbevölkerung von fast 300000 Heloten
und Periöken (Ed. Meyer, Gesch. d. Alt. III, § 264); etwa ebenso stark werden auch
die römischen Geschlechter damals der Klientel und den Latinern gegenüber gewesen sein.

[3] Ed. Meyer, Geschichte des Altert. I, § 264.

nastie (um 2320) ist die „Stauferzeit" zu Ende. Unter der Schatten-
herrschaft der kurzlebigen sechsten Dynastie werden die Fürsten
(rpati) und Grafen *(hetio)* selbständig; die hohen Ämter sind sämtlich erblich geworden und in den Grabinschriften tritt der Stolz
auf alten Adel mehr und mehr hervor. Was späte ägyptische Historiker unter einer angeblichen 7. und 8. Dynastie versteckt haben,[1]
ist ein halbes Jahrhundert voller Anarchie und regelloser Kämpfe
der Fürsten um ihre Gebiete oder den Pharaonentitel. In China
wurde schon I-wang (934–909) von seinen Vasallen verpflichtet,
alles eroberte Land als Lehen zu vergeben, und zwar an Untervasallen ihrer Wahl. 842 wurde Li-wang gezwungen, mit dem
Thronfolger zu fliehen, worauf die Reichsverwaltung durch zwei
Einzelfürsten fortgeführt wurde. Mit diesem Interregnum beginnt
der Niedergang des Hauses der Dschou und das Sinken des Kaiser-
namens zu einem ehrwürdigen, aber bedeutungslosen Titel. Das ist
das Seitenstück zur kaiserlosen Zeit in Deutschland, die 1254 beginnt
und unter Wenzel um 1400 zum Tiefpunkt der Kaisergewalt überhaupt führt, gleichzeitig mit dem Renaissancestil der Condottieri
und Stadttyrannen und dem vollen Verfall der päpstlichen Gewalt.
Nach dem Tode Bonifaz' VIII., der 1302 in der Bulle *Unam sanctam*
noch einmal die Lehnsgewalt des Papstes vertreten hatte und daraufhin von den Vertretern Frankreichs verhaftet worden war, erlebte
das Papsttum ein Jahrhundert in Verbannung, Anarchie und Ohnmacht, während im folgenden der normannische Adel Englands in
den Kämpfen der Häuser Lancaster und York um den Thron größtenteils zugrunde ging.

9

Diese Erschütterung bedeutet *den Sieg des Staates über den Stand.*
Dem Lehnswesen lag das Gefühl zugrunde, daß Alle um eines
„Lebens" willen da seien, das mit Bedeutung geführt wurde. Die
Geschichte erschöpfte sich in den Schicksalen adligen Blutes. Jetzt
bricht ein Gefühl hervor, daß es *noch etwas* gibt, dem auch der Adel
untersteht und zwar in Gemeinschaft mit allem andren, sei es Stand

---

[1] Ed. Meyer, Geschichte des Altert. I, § 267 f.

oder Beruf, etwas Ungreifbares, eine Idee. Die unbeschränkte privatrechtliche Auffassung der Ereignisse geht in eine staatsrechtliche über. Mag dieser Staat noch so sehr Adelsstaat sein, und das ist er fast ohne Ausnahme, mag sich äußerlich im Übergang vom Lehnsverband zum Ständestaat noch so wenig ändern, mag der Gedanke, daß es außerhalb der Urstände nicht nur Pflichten, sondern auch Rechte gibt, noch so unbekannt sein – das Gefühl ist *doch* anders geworden, und das Bewußtsein, daß das Leben auf den Höhen der Geschichte da sei, um gelebt zu werden, ist dem andern gewichen, daß es eine *Aufgabe* enthält. Der Abstand wird sehr deutlich, wenn man die Politik Rainalds von Dassel († 1167), eines der größten deutschen Staatsmänner aller Zeiten, mit der Kaiser Karls IV. († 1378) vergleicht, und damit den entsprechenden Übergang von der antiken *themis* der Ritterzeit zur *dike* der werdenden Polis.[1] *Themis* enthält nur einen Rechts*anspruch*, *dike* auch eine *Aufgabe*.

Der urwüchsige Staatsgedanke ist immer, mit einer bis tief in die Tierwelt hineinragenden Selbstverständlichkeit, mit dem Begriff des Einzelherrschers verbunden. Das ist ein Zustand, der sich für jede beseelte Menge in allen entscheidenden Lagen ganz von selbst einstellt, wie es jede öffentliche Zusammenrottung und jeder Augenblick einer plötzlichen Gefahr aufs neue beweisen.[2] Solche Mengen sind gefühlte Einheiten, aber blind. „In Form" sind sie für die andrängenden Ereignisse nur in der Hand eines Führers, der plötzlich aus ihrer Mitte entsteht und eben aus der Einheit des Fühlens mit einem Schlage ihr Kopf wird und unbedingten Gehorsam findet. Das wiederholt sich in der Bildung der großen Lebenseinheiten, die wir Völker und Staaten nennen, nur langsamer und bedeutsamer, und es wird in den hohen Kulturen nur um eines großen Symbols willen und künstlich zuweilen durch andere Arten, in Form zu sein, ersetzt, aber so, daß unter der Maske dieser Formen doch tatsächlich so gut wie immer eine Einzelherrschaft besteht, und sei es die eines königlichen Ratgebers oder Parteiführers, und daß in jeder revolutionären Erschütterung der Urzustand wieder zurückkehrt.

---

[1] V. Ehrenberg, Die Rechtsidee im früheren Griechentum (1921), S. 65 ff.
[2] Vgl. Bd. II, S. 577.

Mit dieser kosmischen Tatsache ist einer der innerlichsten Züge alles gerichteten Lebens verbunden, der *Erbwille*, der sich in jeder starken Rasse mit Naturgewalt meldet und selbst den Führer des Augenblicks oft ganz unbewußt zwingt, seinen Rang für die Dauer seines persönlichen Daseins oder darüber hinaus für das in seinen Kindern und Enkeln fortströmende Blut zu behaupten. Der gleiche, tiefe, durch und durch pflanzenhafte Zug beseelt jede wahre Gefolgschaft, die in der Dauer des führenden Blutes auch die eigne verbürgt und sinnbildlich vertreten sieht. Gerade in Revolutionen tritt dieses Urgefühl voll und stark und im Widerspruch mit allen Grundsätzen hervor; deshalb sah das Frankreich von 1800 in Napoleon und der Erblichkeit seiner Stellung die eigentliche Vollendung der Revolution. Theoretiker, die wie Rousseau und Marx von begrifflichen Idealen statt von den Tatsachen des Blutes ausgehen, haben diese ungeheure Macht innerhalb der geschichtlichen Welt nicht bemerkt und ihre Wirkungen deshalb als verwerflich und reaktionär bezeichnet; aber sie sind da und zwar mit einer so nachdrücklichen Gewalt, daß auch die Symbolik der hohen Kulturen sie nur künstlich und vorübergehend überwinden kann, wie es der Übergang antiker Wahlämter in den Besitz einzelner Familien und der Nepotismus der Barockpäpste beweisen. Hinter der Tatsache, daß die Führung sehr oft frei vergeben wird, und hinter dem Spruch, daß dem Tüchtigsten der erste Platz gehöre, verbirgt sich so gut wie immer die Rivalität der Mächtigen, die eine Erbfolge nicht grundsätzlich, aber tatsächlich verhindern, weil jeder sie insgeheim für sein Geschlecht in Anspruch nimmt. Auf diesem Zustand schöpferisch gewordener Eifersucht beruhen die Regierungsformen der antiken Oligarchie.

Beides zusammen ergibt den Begriff der *Dynastie*. Er ist so tief im Kosmischen begründet und so eng mit allen Tatsachen des geschichtlichen Lebens verflochten, daß die Staatsgedanken aller einzelnen Kulturen *Abwandlungen dieses einen Prinzips* sind, von dem leidenschaftlichen Ja der faustischen bis zum entschiedenen Nein der antiken Seele. Das Reifen der Staatsidee einer Kultur aber heftet sich schon an die heranwachsende Stadt. Nationen, historische Völ-

ker sind städtebauende Völker.[1] Die *Residenz* wird statt der Burg
und Pfalz der Mittelpunkt großer Geschichte, und in ihr geht das
Gefühl des Ausübens von Macht – der *themis* – in das des *Regierens* – der *dike* – über. Hier wird der Lehnsverband innerlich durch
die Nation überwunden, gerade auch im Bewußtsein des ersten
Standes selbst, und hier erhebt sich die bloße Tatsache des Herrschertums zum Symbol der *Souveränität*.

Und so wird mit dem Sinken des Lehnswesens die faustische Geschichte dynastische Geschichte. Von kleinen Mittelpunkten, wo
Fürstengeschlechter sitzen – „angestammt" sind, wie der erdhafte,
an Pflanze und Eigentum gemahnende Ausdruck lautet –, geht die
Bildung von Nationen aus, die streng ständisch gegliedert sind, aber
so, daß der Staat das Dasein des Standes bedingt. Das schon im
Lehnsadel und in den Bauerngeschlechtern waltende genealogische
Prinzip, der Ausdruck des Weitengefühls und des Willens zur Geschichte, ist so stark geworden, daß die Entstehung von Nationen
über die mächtigen Bindungen von Sprache und Landschaft hinaus
vom Schicksal regierender Häuser abhängig wird; Erbfolgeord-
nungen wie das salische Gesetz, Urkundenbücher, in denen man die
Geschichte des Blutes nachlas, Heiraten und Todesfälle trennen
oder verschmelzen das Blut ganzer Bevölkerungen.[2] Weil es nicht
zur Bildung einer lothringischen und burgundischen Dynastie kam,
sind auch die beiden im Keim schon angelegten Nationen nicht zur
Entwicklung gekommen. Das Verhängnis über dem Hohenstaufen-
geschlecht hat in Deutschland und Italien die Kaiserkrone und *mit ihr*
die einheitliche deutsche und italienische Nation zu einer tiefen
Sehnsucht durch Jahrhunderte hin gemacht, während das Haus
Habsburg nicht eine deutsche, sondern eine österreichische Nation
hat entstehen lassen.

Ganz anders gestaltet sich das dynastische Prinzip aus dem Höh-
lengefühl der arabischen Welt. Der antike Prinzeps, der legitime
Nachfolger der Tyrannen und Tribunen, ist die Verkörperung des
Demos. Wie Janus die Tür, Vesta der Herd, so ist der Cäsar das Volk.

---

[1] Vgl. Bd. II, S. 762f.
[2] Vgl. Bd. II, S. 774ff.

Es ist die letzte Schöpfung orphischer Religiosität. Magisch ist demgegenüber der Dominus et Deus, der Schah, der des himmlischen
Feuers teilhaftig geworden ist (des *hvareno* im mazdaistischen Sassanidenreich und danach der Strahlenkrone, der Aureole im heidnischen und christlichen Byzanz), das ihn umstrahlt und ihn *pius
felix* und *invictus* macht: dies die offiziellen Titel seit Commodus.[1]
Im dritten Jahrhundert hat sich in Byzanz im Typus des Herrschers
derselbe Übergang vollzogen wie in der Rückbildung des augusti-
schen Beamtenstaates zum diokletianischen Lehnsstaat. „Die Neuschöpfung, welche Aurelian und Probus begonnen, Diokletian und
Konstantin auf den Trümmern ausgeführt haben, steht dem Altertum und dem Prinzipat bereits ungefähr ebenso fern wie das Reich
Karls des Großen."[2] Der magische Herrscher regiert den sichtbaren
Teil des allgemeinen *consensus* der Rechtgläubigen, der Kirche, Staat
und Nation zugleich ist,[3] wie es Augustin in seinem Gottesstaat beschrieben hat; der abendländische Herrscher ist von Gottes Gnaden
Monarch innerhalb der *geschichtlichen* Welt; sein Volk ist ihm untertan, weil Gott es ihm verliehen hat. In Sachen des Glaubens aber ist
er selbst Untertan, nämlich entweder der des irdischen Stellvertreters
Gottes oder der seines Gewissens. Das ist die Trennung von Staatsgewalt und Kirchengewalt, der große faustische Konflikt zwischen
Zeit und Raum. Als im Jahre 800 der Papst den Kaiser krönte, *wählte*
er sich einen neuen Gebieter, um selbst zu wachsen. Der Kaiser in
Byzanz war nach magischem Weltgefühl sein Herr auch im Geistigen; der im Frankenland war in religiösen Dingen sein *Diener*,
in weltlichen – vielleicht – sein Arm. Das Papsttum konnte als Idee
nur durch die Trennung vom Kalifat entstehen, denn im Kalifen
ist der Papst *enthalten*.

Die Wahl des magischen Herrschers kann aber eben deshalb nicht
durch ein genealogisches Erbfolgegesetz festgelegt sein; sie erfolgt

[1] F. Cumont, Mysterien der Mithra (1910), S. 74 ff. Die Sassanidenregierung,
die um 300 vom Lehnswesen zum Ständestaat überging, ist in jeder Beziehung das
Vorbild von Byzanz geworden, im Zeremoniell, im ritterlichen Kriegswesen, in
der Verwaltung und vor allem im Typus des Herrschers. Vgl. auch A. Christensen, L'empire des Sassanides, le peuple, l'état, la cour (Kopenhagen 1907).
[2] Ed. Meyer, Kl. Schriften, S. 146.
[3] Vgl. Bd. II, S. 854 f.

aus dem *consensus* der herrschenden Blutsgemeinschaft, aus dem der heilige Geist spricht und den Erkorenen bezeichnet. Als Theodosius 450 starb, reichte eine Verwandte, die Nonne Pulcheria, dem greisen Senator Markianos formell die Hand, um durch die Aufnahme dieses Staatsmannes in den Familienverband ihm den Thron und damit der „Dynastie" die Fortdauer zu sichern,[1] und das ist wie zahlreiche verwandte Akte auch im Sassaniden- und Abbassidenhause wie ein höherer Wink betrachtet worden.

In China war der mit dem Lehnswesen fest verbundene Kaisergedanke der frühesten Dschouzeit schnell ein Traum geworden, in dem sich bald und zwar mit steigender Deutlichkeit auch die ganze Vorwelt in Gestalt von drei Dynastien und einer Reihe noch älterer Sagenkaiser spiegelte.[2] Für die Dynastien des nun heranwachsenden Staatensystems aber, in dem der Titel Wang, König, zuletzt ganz allgemein üblich wird, bildeten sich strenge Thronfolgeordnungen heraus, und die der Frühzeit ganz fremde Legitimität wird eine Macht,[3] die in dem Aussterben einzelner Linien, in Adoptionen und Mißheiraten wie im abendländischen Barock Anlässe zu zahllosen Erbfolgekriegen findet.[4] Ein Legitimitätsprinzip liegt sicherlich auch der seltsamen Tatsache zugrunde, daß die Herrscher der 12. Dynastie Ägyptens, mit welcher die Spätzeit endet, ihre Söhne schon zu Lebzeiten krönen lassen[5]; die innere Verwandtschaft dieser drei dyna-

---

[1] Krumbacher, Byz. Literaturgesch., S. 918.

[2] Auf die Ausgestaltung dieses Bildes wirft die Tatsache ein helles Licht, daß die Nachkommen der angeblich gestürzten Dynastien Hia und Schang in den Staaten Ki und Sung während der ganzen Dschouzeit herrschten (Schindler, Das Priestertum im alten China I, S. 39). Das beweist erstens, daß das Bild des Kaisertums auf eine frühere und vielleicht sogar gleichzeitige Machtstellung *dieser* Staaten zurückgespiegelt worden ist, vor allem aber, daß Dynastie auch hier nicht die uns geläufige Größe ist, sondern einen ganz anderen Familienbegriff voraussetzt. Damit vergleichbar ist die Fiktion, daß der deutsche König, der stets auf fränkischem Boden gewählt und in der Grabkapelle Karls des Großen gekrönt wird, als „Franke" gilt, woraus unter andern Umständen sich die Vorstellung einer Frankendynastie von Karl bis Konradin hätte entwickeln können (K. v. Amira, Germ. Recht, bei Herm. Paul, Grundriß III, S. 147 Anm.). Seit der konfuzianischen Aufklärung ist dieses Bild dann zur Grundlage einer Staatstheorie gemacht und noch später von den Cäsaren benützt worden, vgl. Bd. II, S. 946f.

[3] O. Franke, Stud. z. Gesch. d. Konf. Dogmas, S. 247, 251.

[4] Ein bezeichnendes Beispiel ist die als gesetzwidrig bestrittene Personalunion der Staaten Ki und Tseng bei Franke, S. 251.

[5] Ed. Meyer, Gesch. d. Alt. I, § 281.

stischen Ideen ist wieder ein Beweis für die Verwandtschaft des Daseins in diesen Kulturen überhaupt.

Es bedarf eines tiefen Eindringens in die politische Formensprache der frühen Antike, um zu erkennen, daß die Entwicklung der Dinge hier ganz dieselbe ist und nicht nur den Übergang vom Lehnsverband zum Ständestaat, sondern sogar das dynastische Prinzip enthält. Aber das antike Dasein hat zu allem, was es zeitlich und räumlich in die Ferne zog, Nein gesagt und auch in der Tatsachenwelt der Geschichte sich rings mit Schöpfungen umstellt, denen etwas Defensives anhaftet. Indessen setzt doch all diese Enge und Kürze das voraus, wogegen sie aufrecht erhalten werden soll. Die dionysische Vergeudung und die orphische Verneinung des antiken Leibes enthält gerade in der *Form* dieses Protestes das apollinische Ideal des vollkommenen leiblichen Seins.

Die Einzelherrschaft und der Erbwille waren im frühesten Königtum unzweideutig gegeben,[1] aber schon um 800 fragwürdig geworden, wie die Rolle des Telemach in den älteren Teilen der Odyssee zeigt. Der Königstitel wird oft auch von großen Vasallen und den Angesehensten des Adels geführt. In Sparta und Lykien sind es zwei, in der Phäakenstadt des Epos und in manchen wirklichen Städten noch mehr. Dann kommt die Abspaltung der Ämter und Würden. Endlich wird das Königtum selbst ein Amt, das der Adel vergibt, erst vielleicht innerhalb der alten Königsfamilie wie in Sparta, wo die Ephoren als Vertreter des ersten Standes an keine Wahlordnung gebunden sind, und in Korinth, wo das Königsgeschlecht der Bakchiaden um 750 die Erblichkeit aufhebt und aus seiner Mitte jedesmal einen Prytanen mit Königsrang bestellt. Die großen Ämter, die zunächst ebenfalls erblich waren, werden lebenslänglich, dann auf Frist, endlich auf ein Jahr beschränkt und zwar so, daß bei einer Mehrzahl von Inhabern auch noch ein regelmäßiger Wechsel der Führung eintrat, was bekanntlich den Verlust der Schlacht von Cannä veranlaßt hat. Diese Jahresämter, von der etruskischen Jah-

---

[1] G. Busolt, Griechische Staatskunde (1920), S. 319 ff. Wenn U. v. Wilamowitz (Staat und Gesellschaft der Griechen, 1910, S. 53) das patriarchalische Königtum bestreitet, so verkennt er den gewaltigen Abstand des in der Odyssee angedeuteten Zustandes des achten Jahrhunderts von dem des zehnten.

resdiktatur[1] bis zum dorischen Ephorat, das auch in Herakleia und Messene vorkommt, sind mit dem Wesen der Polis fest verbunden und erreichen ihre volle Ausbildung um 650 gerade dann, als im abendländischen Ständestaat gegen Ende des 15. Jahrhunderts die dynastische Erbgewalt durch Kaiser Maximilian I. und seine Heiratspolitik – den Wahlansprüchen der Kurfürsten gegenüber –, durch Ferdinand von Aragonien, Heinrich VII. Tudor und Ludwig XI. von Frankreich gesichert war.[2]

Aber durch die zunehmende Beschränkung auf das Jetzt und Hier war gleichzeitig das Priestertum aus den Ansätzen zu einem Stande eine bloße Summe staatlicher Ämter geworden; die Residenz des homerischen Königtums, statt den Mittelpunkt eines nach allen Seiten ins Weite strebenden Staatswesens zu bilden, zieht ihren Bannkreis zusammen, bis Staat und Stadt identisch sind. Aber damit fallen auch Adel und Patriziat zusammen, und da die Vertretung der frühen Städte auch in gotischer Zeit, im englischen Unterhaus wie in den französischen Generalständen ausschließlich eine solche der Patrizier ist, so stellt sich der mächtige antike Ständestaat *nicht der Idee, aber den Tatsachen nach* als reiner, königloser Adelsstaat dar. Diese streng apollinische Form der werdenden Polis heißt *Oligarchie*.

Und so stehen am Ausgang beider Frühzeiten das faustisch- genealogische und das apollinisch-oligarchische Prinzip nebeneinander, zwei Arten von staatlichem Recht, von *dike*, die eine von unermeßlichem Weitengefühl getragen, mit einer urkundlichen Tradition tief in die Vergangenheit zurückreichend und mit dem gleichen Willen zur Dauer auf die entlegenste Zukunft bedacht, in der Gegen-

---

[1] A. Rosenberg, Der Staat der alten Italiker (1913), S. 75 f.

[2] *Ständische* Parteien waren auch die beiden großen Genossenschaften in Byzanz, die ganz falsch als „Zirkusparteien" bezeichnet werden. Diese in *Syrien* entstandenen Blauen und Grünen nannten sich Demoi und hatten ihre Vorstände. Der Zirkus war wie 1789 das Palais Royal nur der Ort der öffentlichen Kundgebungen, und hinter diesen stand die Ständeversammlung des Senats. Als Anastasius I. 520 die monophysitische Richtung zur Geltung brachte, sangen die Grünen dort tagelang orthodoxe Hymnen und zwangen den Kaiser zur öffentlichen Abbitte. Das abendländische Seitenstück dazu bilden die Pariser Parteien unter den „drei Heinrichen" (1580), die Guelfen und Ghibellinen in dem Florenz Savonarolas und vor allem die aufständischen Faktionen in Rom unter Papst Eugen IV. Die Niederschlagung des Nikaaufstandes 532 durch Justinian endet dann auch mit der Begründung des staatlichen Absolutismus gegenüber den Ständen.

wart aber auf die politische Wirkung im weiten Raume, durch planvolle dynastische Heiraten und durch jene echt faustische, dynamische, kontrapunktische Politik der Ferne, die wir *Diplomatie* nennen; die andre ganz körperhaft und statuenhaft und sich durch die Politik der Autarkeia auf die strengste Nähe und Gegenwart beschränkend, überall da schroff ablehnend, wo das abendländische Dasein bejaht.

Der dynastische wie der Stadtstaat setzen die Stadt selbst *voraus*, aber während die westeuropäischen Regierungssitze oft bei weitem nicht die größten Orte des Landes sind, sondern Mittelpunkte eines Kraftfeldes politischer Spannungen, in dem jedes Ereignis an noch so entfernter Stelle mit einem fühlbaren Zittern das Ganze durchläuft, drängt sich in der Antike das Leben immer enger zusammen und gelangt so zu der grotesken Erscheinung des Synoikismos. Es ist der Gipfel des euklidischen Formwollens innerhalb der politischen Welt. Man kann sich den Staat nicht denken, solange nicht die Nation auf einem Haufen, *als ein Leib* ganz körperlich zusammensitzt; man will ihn *sehen*, sogar übersehen, und während die faustische Tendenz dahin geht, die Zahl der dynastischen Mittelpunkte immer mehr zu verringern, und schon Maximilian I. eine genealogisch gesicherte Universalmonarchie seines Hauses in der Ferne auftauchen sah, zerfällt die antike Welt in zahllose solcher winzigen Punkte, die, sobald sie vorhanden sind, in das für antike Menschen beinahe denknotwendige Verhältnis der wechselseitigen Vernichtung als des reinsten Ausdrucks der Autarkeia eintreten.[1]

Der Synoikismos und damit die Begründung der eigentlichen Polis ist *ausschließlich ein Werk des Adels*, der für sich allein den antiken Ständestaat darstellte und diesen also durch Zusammenziehung von Landadel und Patriziat in Form brachte, wobei die Berufsklassen ohnehin am Orte waren und der Bauer im Ständesinne nicht mitzählte. Durch die Sammlung der adligen Macht an einem Punkte ist das Königtum der Lehnszeit gebrochen worden.

---

[1] Daraus ergibt sich ein doppelter Siedlungsbegriff. Während z. B. die preußischen Könige Ansiedler in ihr *Land* riefen wie die Salzburger Protestanten und die französischen Refugiés, hat Gelon von Syrakus um 480 die Bevölkerung ganzer Städte zwangsweise nach Syrakus geführt, das damit plötzlich die erste Großstadt der Antike wurde.

Auf Grund dieser Einblicke darf der Versuch gewagt werden, die Urgeschichte Roms unter allem Vorbehalt zu zeichnen. Der römische Synoikismos, eine örtliche Zusammenfassung verbreiteter adliger Geschlechter, ist identisch mit der „Gründung" Roms, einem etruskischen Unternehmen wahrscheinlich am Anfang des 7. Jahrhunderts,[1] während schon lange vorher zwei Ansiedlungen auf dem Palatin und Quirinal gegenüber der Königsburg des Capitols bestanden hatten. Zur ersten gehört die uralte Göttin Diva Rumina[2] und das etruskische Geschlecht der Ruma,[3] zur zweiten der Gott Quirinus pater. Von daher stammen der Doppelname Römer und Quiriten und die doppelten Priestertümer der Salier und Luperci, die an den beiden Hügeln haften. Da die drei Geschlechtertribus der Ramnes, Tities und Luceres sich sicherlich durch *alle* estruskischen Orte zogen,[4] so müssen sie hier wie dort vorhanden gewesen sein, und daraus erklären sich nach vollzogenem Synoikismos die Sechszahl der Reiterzenturien, der Kriegstribunen und der hochadligen Vestalinnen, aber andrerseits auch die *beiden* Prätoren oder Konsuln, die dem Königtum schon früh als Vertreter des Adels zur Seite gestellt wurden und ihm allmählich jeden Einfluß entzogen. Schon um 600 muß die Verfassung Roms eine starke Oligarchie der Patres mit einem Schattenkönigtum[5] an der Spitze gewesen sein, aber daraus folgt wieder, daß die alte Annahme einer Vertreibung der Könige und die moderne eines langsamen Abbaus der Königsgewalt nebeneinander zu Recht bestehen, denn die eine bezieht sich auf den Sturz der tarquinischen Tyrannis, die um die Mitte des 6. Jahrhunderts wie damals überall gegen die Oligarchie aufgerichtet worden war, in Athen durch Peisistratos, die andere auf die langsame Auflösung der Lehnsgewalt des, man darf auch hier sagen homerischen Königtums *vor* der „Gründung" durch den Ständestaat der Polis,

---

[1] Aus dieser Zeit stammen die in Gräbern am Esquilin gefundenen griechischen Lekythen.

[2] Wissowa, Religion der Römer, S. 242.

[3] W. Schulze, Zur Geschichte lateinischer Eigennamen, S 379 ff., 580 f.

[4] Vgl. Bd. II, S. 994.

[5] Das kommt auch in dem Verhältnis des Pontifex maximus zum Rex sacrorum zum Ausdruck. Dieser gehört mit den drei großen Flamines zum Königtum; die Pontifices und die Vestalinnen gehören zum Adel.

eine Krise, die hier vielleicht durch das Hervortreten der Prätoren ebenso bezeichnet wurde wie anderswo durch das der Archonten und Ephoren.

Diese Polis ist streng adlig wie der abendländische Ständestaat (dieser einschließlich des höheren Klerus und der Städtevertreter). Der Rest der Zugehörigen ist schlechthin Objekt – der politischen Sorge, hier also der *Sorglosigkeit*. Denn *Carpe diem* ist der Wahlspruch gerade auch dieser Oligarchie, wie die Lieder des Theognis und des Kreters Hybrias laut genug verkünden; in der Finanzwirtschaft, die bis in die spätesten Zeiten der Antike mehr oder weniger gesetzloser Raub geblieben ist, um die Mittel für den Augenblick zu beschaffen, von dem organisierten Piratentum des Polykrates seinen eigenen Untertanen gegenüber bis zu den Proskriptionen der römischen Triumvirn; in der Rechtssetzung bis zu der mit beispielloser Konsequenz auf den Augenblick gerichteten Ediktalgesetzgebung des einjährigen römischen Prätors;[1] endlich in der sich immer mehr verbreitenden Sitte, gerade die wichtigsten Heeres-, Rechts- und Verwaltungsämter durch das Los zu besetzen – eine Art Huldigung an Tyche, die Göttin des Augenblicks.

Ausnahmen von dieser Art, politisch in Form zu sein und entsprechend zu fühlen und zu denken, gibt es nicht. Die Etrusker sind von ihr ebenso beherrscht wie die Dorer und Makedonier.[2] Wenn Alexander und seine Nachfolger den Osten weithin mit hellenistischen Städten bedeckten, so geschah es ganz unbewußt auch deshalb, weil sie sich eine andere Form der politischen Organisation nicht vorstellen konnten. Antiochia sollte Syrien sein und Alexandria Ägypten. Und in der Tat war Ägypten unter den Ptolemäern wie später unter den Cäsaren nicht rechtlich, aber tatsächlich eine Polis in ungeheurem Maßstabe; das längst fellachenhafte und wieder stadtlose Land lag mit seiner uralten Verwaltungstechnik als Feldmark vor den Toren.[3] Das römische Imperium ist nichts als der letzte und größte Stadtstaat der Antike auf Grund eines riesenhaften Synoi-

---

[1] Vgl. Bd. II, S. 628 ff.

[2] Vgl. Bd. II, S. 765 f.

[3] Das ist deutlich zu ersehen aus Wilcken, Grundzüge der Papyruskunde (1912), S. 1 ff.

kismos. Der Redner Aristides konnte unter Marc Aurel mit vollem Recht sagen (in seiner Rede auf Rom): „Rom hat diese Welt im Namen *einer Stadt* zusammengefaßt. Wo man auch in ihr geboren sein mag, man wohnt doch in ihrer Mitte." Aber auch die unterworfene Bevölkerung, wandernde Wüstenstämme und die Bewohner kleiner Alpentäler, werden als *civitates* konstituiert. Livius denkt durchaus in den Formen des Stadtstaates, und für Tacitus ist die Provinzialgeschichte überhaupt nicht vorhanden. Pompejus war im Jahre 49 verloren, als er vor Cäsar zurückwich und das militärisch bedeutungslose Rom preisgab, um sich im Osten eine Operationsbasis zu schaffen. In den Augen der herrschenden Gesellschaft hatte er damit den Staat preisgegeben. Rom war ihnen alles.[1]

Diese Stadtstaaten sind der Idee nach nicht erweiterungsfähig; ihre Zahl kann wachsen, nicht ihr Umfang. Es ist nicht richtig, wenn man den Übergang der römischen Klientel in die stimmberechtigte Plebs und die Schaffung der ländlichen Tribus als Durchbrechung des Polisgedankens auffaßt. Es ist hier wie in Attika: Das gesamte Leben des Staates, der *res publica* bleibt nach wie vor auf einen Punkt beschränkt und dieser ist die Agora, das römische Forum. Mag das Bürgerrecht an noch so viele Fernwohnende verliehen sein, zur Zeit Hannibals weithin in Italien und später in der ganzen Welt, zur Ausübung der politischen Seite dieses Rechts ist die *persönliche Gegenwart* auf dem Forum erforderlich. Damit ist die große Mehrzahl der Bürger nicht gesetzlich, aber tatsächlich ohne Einfluß auf die politischen Geschäfte.[2] Das Bürgerrecht bedeutet also für sie lediglich die Dienstpflicht und den Genuß des städtischen Privatrechts.[3] Aber

---

[1] Ed. Meyer, Cäsars Monarchie (1918), S. 308.

[2] Plutarch und Appian beschreiben die Menschenmasse, die auf allen Straßen Italiens zur Abstimmung über die Gesetze des Ti. Gracchus nach Rom wandert. Aber daraus geht hervor, daß dergleichen noch nie dagewesen war, und gleich nach seinem Gewaltschritt gegen Oktavius sieht Gracchus den Untergang vor Augen, weil die Menge wieder nach Hause geströmt und nicht zum zweiten Male zusammenzubringen ist. Zur Zeit Ciceros bestanden die Komitien oft nur in der Besprechung einiger Politiker, ohne daß sonst jemand teilnahm; aber nie ist einem Römer der Gedanke gekommen, die Abstimmung an den Wohnort der einzelnen zu verlegen, auch nicht den für ihr Bürgerrecht kämpfenden Italikern (90 v. Chr.), so stark war das Gefühl der Polis.

[3] In den abendländischen Dynastiestaaten gilt das Privatrecht für deren *Gebiet* und also für alle darin Anwesenden ohne Rücksicht auf ihre Staatsangehörigkeit.

selbst für die nach Rom kommenden Bürger ist die politische Macht durch einen zweiten, *künstlichen Synoikismos* beschränkt, der sich erst nach und infolge der Bauernbefreiung vollzogen hat – sicherlich ganz unbewußt –, um die Idee der Polis streng aufrecht zu erhalten: die Neubürger werden ohne Rücksicht auf ihre Zahl in ganz wenige Tribus eingeschrieben, nach der *lex Julia* in acht, und sind in den Komitien deshalb stets in der Minderheit gegenüber der alten Bürgerschaft.

Denn diese Bürgerschaft wird durchaus als *ein* Leib empfunden, als *soma*. Wer nicht dazu gehört, ist rechtlos, *hostis*. Die Götter und Heroen stehen oberhalb, der Sklave, der nach Aristoteles kaum ein Mensch zu nennen ist, unterhalb dieser Gesamtheit von Personen.[1] Der einzelne aber ist ζῷον πολιτικόν in einem Sinne, der uns aus dem Weitengefühl Denkenden und Lebenden als Inbegriff von Sklaverei erscheinen würde; er existiert *nur* vermöge seiner Zugehörigkeit zu einer einzelnen Polis. Infolge dieses euklidischen Gefühls war zuerst der Adel als festgeschlossenes *soma* mit der Polis gleichbedeutend, bis zu dem Grade, daß noch im Zwölftafelrecht die Ehe zwischen Patriziern und Plebejern verboten war und in Sparta die Ephoren nach alter Sitte bei ihrem Amtsantritt eine Kriegserklärung gegen die Heloten erließen. Das Verhältnis kehrt sich um, ohne seinen Sinn zu verändern, sobald infolge einer Revolution der Demos gleichbedeutend mit den *Nicht*adligen wird. Und wie nach innen, so ist nach außen das politische *soma* die Grundlage aller Ereignisse durch die ganze antike Geschichte hindurch. Zu Hunderten lagen diese kleinen Staaten auf der Lauer, jeder nach Möglichkeit politisch und wirtschaftlich in sich abgeschlossen, bissig, auf den geringsten Anlaß losfahrend, um einen Kampf zu beginnen, dessen Ziel nicht die Ausdehnung des eignen Staates ist, sondern die Vernichtung des fremden: die Stadt wird zerstört, die Bürgerschaft getötet oder in die Sklaverei verkauft, genau wie eine Revolution

Im Stadtstaat aber ist die Geltung des Privatrechts für den einzelnen erst eine Folge des Bürgerrechts. Die *civitas* bedeutet deshalb unendlich viel mehr als die moderne Staatsangehörigkeit, denn ohne sie ist der Mensch rechtlos und als Person nicht vorhanden.

[1] Vgl. Bd. II, S. 624 f.

damit endet, daß die Unterliegenden erschlagen oder vertrieben werden und ihre Habe der siegreichen Partei zufällt. Der natürliche zwischenstaatliche Zustand ist in der abendländischen Welt ein dichtes Netz diplomatischer Beziehungen, die durch Kriege unterbrochen werden können. Das antike Völkerrecht setzt aber den Krieg als normalen Zustand voraus, der durch Friedensverträge zeitweise unterbrochen wird. Eine Kriegserklärung stellt hier also die natürliche politische Lage wieder her; erst so lassen sich die 40- und 50-jährigen Friedensverträge, *spondai*, wie der berühmte des Nikias von 421 erklären, die lediglich eine vorübergehende Sicherheit gewährleisten sollen.

Diese beiden Staatsformen und damit die zugehörigen Stile der Politik sind mit dem Ausgang der Frühzeit gesichert. Der Staatsgedanke hat über den Lehnsverband gesiegt, aber vertreten wird er doch durch die Stände und nur als ihre Summe ist die Nation politisch vorhanden.

10

Eine entscheidende Wendung vollzieht sich mit dem Beginn der Spätzeit, dort wo Stadt und Land sich im Gleichgewicht befinden und die eigentlichen Mächte der Stadt, Geld und Geist, so stark geworden sind, daß sie sich als Nichtstand den Urständen gewachsen fühlen. Es ist der Augenblick, wo der Staatsgedanke sich endgültig über die Stände erhebt, um sie durch den Begriff der Nation zu *ersetzen*.

Der Staat hatte sein Recht erkämpft auf dem Wege vom Lehnsverband zum Ständestaat. In diesem sind die Stände nur noch vermöge des Staates vorhanden, nicht umgekehrt. Aber es lag doch so, daß die Regierung der regierten Nation nur derart gegenübertrat, als und soweit diese ständisch gegliedert war. Der Nation zugehörig waren alle, den Ständen aber eine Auswahl, und nur diese kam politisch in Betracht.

Je mehr sich aber der Staat seiner reinen Form nähert, je *absoluter* er wird, abgelöst nämlich von jedem andern Formideal, desto mehr gewinnt der Begriff der Nation dem des Standes gegenüber an Gewicht, und es kommt der Augenblick, wo die Nation *als solche* regiert wird und die Stände nur noch gesellschaftliche Unterschiede bezeichnen. Gegen diese Entwicklung, die zu den Notwendigkeiten der Kultur gehört und unvermeidlich und unwiderruflich ist, erheben sich noch einmal die frühen Mächte, Adel und Priestertum. Für sie steht *alles* auf dem Spiel, das Heldenhafte und Heilige, das alte Recht, der Rang, das Blut, und von ihnen aus betrachtet – gegen was?

Dieser Kampf der Urstände gegen die Staatsgewalt besitzt im Abendlande die Gestalt der *Fronde;* in der Antike, wo keine Dynastie die Zukunft vertritt und der Adel politisch allein da ist, *bildet* sich etwas Dynastisches, das den Staatsgedanken verkörpert und, gestützt auf den nichtständischen Teil der Nation, diesen selbst erst zu einer Macht erhebt. Das ist die Mission der *Tyrannis.*

In dieser *Wendung vom Ständestaat zum absoluten Staat,* der alles nur in bezug auf sich gelten läßt, haben die Dynastien des Abendlandes und ebenso diejenigen Ägyptens und Chinas den Nichtstand, das „*Volk*", zu Hilfe gerufen und damit *als politische Größe anerkannt.* Darin liegt die Bedeutung des Kampfes gegen die Fronde, und die Mächte der großen Stadt konnten für sich zunächst nur einen Vorteil darin erblicken. Der Herrscher steht hier im Namen des *Staates,* der Sorge für *alle,* und er bekämpft den Adel, weil dieser den *Stand* als politische Größe aufrecht erhalten will.

In der Polis aber, wo der Staat ausschließlich in der Form lag und in keinem Oberhaupt erblich verkörpert war, erhob sich aus dem Bedürfnis, den Nichtstand für den Staatsgedanken einzusetzen, die Tyrannis, in welcher eine Familie oder Faktion des Adels selbst die dynastische Rolle übernahm, ohne welche eine Aktion des dritten Standes unmöglich gewesen wäre. Spätantike Historiker haben den Sinn dieses Vorgangs nicht mehr erkannt und sich an Äußerlichkeiten des Privatlebens gehalten. In Wahrheit ist die Tyrannis *der Staat,* und sie wird von der Oligarchie im Namen des Standes bekämpft. Deshalb stützt sie sich auf Bauern und Bürger; in Athen waren das um 580 die Parteien der Diakrier und Paralier. Deshalb hat sie die dionysischen und orphischen Kulte zum Nachteil der apollinischen

unterstützt; in Attika förderte Peisistratos den Dionysoskult unter
den Bauern,[1] in Sikyon verbot um dieselbe Zeit Kleisthenes den
Vortràg der homerischen Gesänge;[2] in Rom wurde sicherlich noch
unter den Tarquiniern die Götterdreiheit Demeter (Ceres), Dionysos und Kore[3] eingeführt. Ihr Tempel wurde 483 durch Sp. Cassius
geweiht, der gleich danach bei einem Versuch, die Tyrannis wieder
aufzurichten, umkam. Dieser Cerestempel war das Heiligtum der
Plebs und seine Vorsteher, die Ädilen, deren Vertrauensmänner, bevor es Tribunen gab.[4] Die Tyrannen waren wie die Fürsten des
abendländischen Barock in einem großen Sinne liberal, wie es unter
der späteren Herrschaft des dritten Standes gar nicht mehr möglich
ist. Aber damals kam auch in der Antike das Wort in Umlauf, daß
das Geld den Mann macht, χρήματ' ἀνήρ.[5] Die Tyrannis des sechsten Jahrhunderts hat den Polisgedanken zu Ende geführt und den
staatsrechtlichen Begriff des *Bürgers*, des Politen, des Civis geschaffen, deren Summe ohne Rücksicht auf den Stand das *soma* des Stadtstaates bildet. Als die Oligarchie dann doch wieder siegte, und zwar
infolge des antiken Hanges zur Gegenwart, der in der Tyrannis die
Neigung zur Dauer fürchtete und haßte, war der Begriff des Bürgers fest vorhanden, und der Nichtpatrizier hatte gelernt, sich dem
Rest gegenüber als Stand zu fühlen. Er war eine politische Partei geworden – das Wort Demokratie im spezifisch antiken Sinne bekommt jetzt einen bedeutungsschweren Inhalt – und er geht daran,
nicht mehr dem Staat zu Hilfe zu kommen, sondern wie vorher der
Adel *der Staat zu sein.* Er beginnt zu zählen – das Geld wie die Köpfe,
denn sowohl der Geldzensus wie das allgemeine Wahlrecht sind
bürgerliche Waffen; der Adel zählt nicht, sondern wertet; er stimmt
nach Ständen. Wie der absolute Staat aus der Fronde und ersten
Tyrannis hervorgegangen war, so geht er mit der Französischen

---

[1] Gercke-Norden, Einl. i. d. Alt.-Wiss. II, S. 202.

[2] Busolt, Griech. Geschichte II, S. 346 ff.

[3] Vgl. Bd. II, S. 906. Die Fronde und Tyrannis ist mit dem Puritanismus ebenso
tief verwandt – dieselbe Epoche, in der politischen statt der religiösen Welt er-
scheinend – wie die Reformation mit dem Ständestaat, der Rationalismus mit der
bürgerlichen Revolution und die „zweite Religiosität" mit dem Cäsarismus.

[4] G. Wissowa, Religion d. Römer, S. 297 ff.

[5] Beloch, Griech. Geschichte I, 1, S. 354.

Revolution und der zweiten Tyrannis zu Ende. In diesem zweiten Kampfe, der schon Verteidigung ist, tritt die Dynastie auf die Seite der Urstände zurück, um den Staatsgedanken gegen eine neue Standesherrschaft, die bürgerliche, zu schützen.

Zwischen Fronde und Revolution liegt auch die Geschichte des Mittleren Reiches in Ägypten. Hier hat die 12. Dynastie (1990 bis 1790), voran Amenemhet I. und Sesostris I., in schweren Kämpfen gegen die Barone den absoluten Staat begründet. Der erste Herrscher ist, wie ein berühmtes Gedicht dieser Zeit meldet, nur mit Mühe einer Verschwörung am Hofe entgangen. Daß nach seinem zunächst geheimgehaltenen Tode ein Aufruhr drohte, verrät die Lebensbeschreibung des Sinuhet;[1] der dritte wurde von Palastbeamten ermordet. Aus den Inschriften im Familiengrabe der Grafen Chnemhotep erfahren wir,[2] daß die Städte reich und fast unabhängig geworden waren und Kriege untereinander führten. Sicherlich sind sie damals nicht kleiner gewesen als die antiken Städte zur Zeit der Perserkriege. Auf sie und auf eine Anzahl treugebliebener Großer hat die Dynastie sich gestützt.[3] Sesostris III. (1876–1842) konnte den Feudaladel endlich ganz aufheben. Es gab von da an nur noch einen Hofadel und einen einheitlichen, mustergültig geordneten Beamtenstaat,[4] aber schon jetzt erheben sich Klagen im Tone des Herzogs von Saint Simon, daß die Vornehmen ins Elend geraten und die „Söhne Niemands" zu Rang und Ansehen kommen.[5] Die Demokratie beginnt und die große soziale Revolution der Hyksoszeit bereitet sich vor.

Dem entspricht in China die Zeit der Ming-dschu (oder Pa, 685 bis 591). Es sind Protektoren fürstlicher Herkunft, die eine rechtlich nicht begründete, aber tatsächliche Macht über diese ganze, in wüste Anarchie versunkene Staatenwelt ausüben, Fürstenkongresse berufen, um die Ordnung herzustellen und gewisse politische Grund-

---

[1] Ed. Meyer, Gesch. d. Alt. I, § 281.
[2] Ebenda, § 280 ff.
[3] Über die Sicherung der Thronfolge vgl. Bd. II, S. 1030.
[4] Ed. Meyer, § 286.
[5] Ebenda, § 283. A. Erman, Die Mahnworte eines ägyptischen Propheten, Sitz. Preuß. Ak. (1919), S. 804 ff.

sätze zur Anerkennung zu bringen, sogar den gänzlich bedeutungslosen „Herrscher der Mitte" aus dem Hause Dschou vorladen. Der
erste war Hoang von Tsi († 645), der den Fürstentag von 659 berief
und von dem Konfuzius schrieb, daß er China vor dem Rückfall in
die Barbarei gerettet habe. Die Bezeichnung Ming-dschu ist später
wie der Tyrannenname ein Schimpfwort geworden, weil man in
ihrer Erscheinung nur noch die Macht ohne Recht bemerken wollte,
aber diese großen Diplomaten sind ganz ohne Zweifel ein Element,
das sich voller Sorge um den Staat und die geschichtliche Zukunft
gegen die alten Stände richtet und dabei auf die jungen stützt, auf
Geist und Geld. Eine hohe Kultur spricht aus dem Wenigen, was
bis jetzt aus chinesischen Quellen über sie bekannt geworden ist.
Einige waren Schriftsteller, andere haben Philosophen zu Ministern
berufen. Es ist gleichgültig, ob man an Richelieu oder Wallenstein
oder Periander denkt – jedenfalls tritt mit ihnen zuerst „das Volk"
als politische Größe auf.[1] Das ist echte Barockgesinnung und Diplomatie von hohem Rang. Der absolute Staat hat sich der Idee nach
dem Ständestaat gegenüber durchgesetzt.

Eben darin liegt die enge Verwandtschaft mit der abendländischen
Zeit der Fronde. Hier hat die Krone in Frankreich seit 1614 keine
Generalstände mehr berufen, nachdem diese sich den vereinigten
Gewalten von Staat und Bürgertum überlegen gezeigt hatten. In
England versuchte Karl I. seit 1628 ebenfalls ohne Parlament zu
regieren. In Deutschland kommt der Dreißigjährige Krieg, der doch
auch, ganz abgesehen von seiner religiösen Bedeutung, die Entscheidung zwischen Kaisergewalt und der *großen* kurfürstlichen
Fronde einerseits und zwischen den Einzelfürsten und der *kleinen*
Fronde ihrer Landstände andrerseits herbeiführen sollte, dadurch
zum Ausbruch, daß 1618 die böhmischen Stände das Haus Habsburg
absetzten und ihre Macht daraufhin 1620 durch ein furchtbares
Strafgericht vernichtet wurde. Aber der Mittelpunkt der Weltpolitik lag damals in *Spanien*, wo mit der gesellschaftlichen Kultur überhaupt auch der diplomatische Stil des Barock entstanden ist, näm-

---

[1] S. Plath, Verfassung und Verwaltung Chinas, Abh. Münch. Ak. (1864), S. 97.
O. Franke, Stud. z. Gesch. d. Konf. Dogmas, S. 255 ff.

lich im Kabinett Philipps II., und wo das dynastische Prinzip, in dem sich der absolute Staat den Cortes gegenüber verkörperte, seine gewaltigste Ausbildung erfahren hat, und zwar im Kampfe gegen das Haus Bourbon. Der Versuch, auch England genealogisch dem spanischen System einzugliedern, war unter Philipp II. gescheitert, weil der schon angekündigte Erbe aus seiner Ehe mit Maria von England ausblieb. Jetzt, unter Philipp IV., taucht noch einmal der Gedanke einer alle Ozeane beherrschenden Universalmonarchie auf, nicht mehr jenes mystische Kaisertum der frühen Gotik, das Heilige Römische Reich Deutscher Nation, sondern das greifbare Ideal der Weltherrschaft des Hauses Habsburg, die sich von Madrid aus auf den realen Besitz von Indien und Amerika und auf die schon fühlbar hervortretende Macht des Geldes stützen sollte. Damals haben es die Stuarts versucht, ihre gefährdete Stellung durch die Ehe des Thronfolgers mit einer spanischen Infantin zu verstärken, aber man zog in Madrid zuletzt die Verbindung mit der eigenen Seitenlinie in Wien vor, und so wandte sich Jakob I. – ebenfalls vergeblich – an die Gegenpartei der Bourbonen mit dem Vorschlag eines Ehebündnisses. Der Mißerfolg dieser Familienpolitik hat mehr als alles andre dazu beigetragen, die puritanische Bewegung mit der englischen Fronde zu einer großen Revolution zu verbinden.

In diesen großen Entscheidungen treten wie im „gleichzeitigen" China die Inhaber der Throne selbst ganz in den Hintergrund vor einzelnen Staatsmännern, in deren Hand Jahrzehnte hindurch das Schicksal der abendländischen Welt liegt. Graf Olivarez in Madrid und der spanische Gesandte in Wien Oñate waren damals die mächtigsten Persönlichkeiten in Europa; ihnen standen als Verteidiger des Reichsgedankens Wallenstein und des absoluten Staatsgedankens in Frankreich Richelieu gegenüber, und später sind in Frankreich Mazarin, in England Cromwell, in Holland Oldenbarneveldt, in Schweden Oxenstierna gefolgt. Erst mit dem Großen Kurfürsten erscheint wieder ein Monarch von staatsmännischer Bedeutung.

Wallenstein knüpft unbewußt dort an, wo die Hohenstaufen aufgehört hatten. Nach dem Tode Friedrichs II. (1250) war die Gewalt der Reichsstände eine unbedingte geworden und gegen diese, für

einen absoluten Kaiserstaat, trat er während seines ersten Komman-
dos ein. Wäre er ein größerer Diplomat, klarer, vor allem entschlossener gewesen – er fürchtete sich vor Entscheidungen –, hätte er wie
Richelieu die Notwendigkeit erkannt, vor allem die Person des
Monarchen unter seinen Einfluß zu bringen, so wäre mit dem
Reichsfürstentum vielleicht aufgeräumt worden. Er sah in diesen
Fürsten Rebellen, die abgesetzt und deren Land konfisziert werden
müßte, und auf dem Gipfel seiner Macht, Ende 1629, als er Deutschland militärisch fest in der Hand hatte, ließ er im Gespräch verlau-
ten, der Kaiser müsse Herr im Reiche sein wie die Könige von Frankreich und Spanien. Sein Heer, das „sich selbst ernährte" und auch
durch seine Stärke von den Ständen unabhängig blieb, war zum
ersten Male in Deutschland eine Kaiserarmee von europäischer Bedeutung; neben ihm kam das von Tilly geführte Heer der Fronde,
denn das war die Liga, nicht in Betracht. Als Wallenstein 1628 vor
Stralsund lag, um den Gedanken einer habsburgischen Seemacht in
der Ostsee zu verwirklichen, von wo aus das bourbonische System
im Rücken gefaßt werden konnte – während gleichzeitig Richelieu
mit besserem Erfolg La Rochelle belagerte –, waren Feindseligkeiten
zwischen der Liga und ihm kaum noch zu vermeiden. Auf dem
Reichstag zu Regensburg 1630 war er abwesend, weil, wie er sagte,
sein Quartier demnächst in Paris sein werde. Es war der schwerste
politische Fehler seines Lebens, denn hier siegte die Fronde der Kurfürsten über den Kaiser durch die Drohung, Ludwig XIII. an seine
Stelle zu setzen, und erzwang die Abdankung des Generals. Damit
hatte die Zentralgewalt in Deutschland, ohne die Tragweite des
Schrittes zu erkennen, ihr Heer aus der Hand gegeben. Von nun an
unterstützte Richelieu die große Fronde in Deutschland, um hier die
spanische Stellung zu erschüttern, während auf deren Seite Olivarez
und der wieder zum Kommando gelangte Wallenstein sich mit der
Ständepartei in Frankreich verbündeten, die daraufhin unter der
Königin-Mutter und Gaston von Orléans zum Angriff überging.
Aber die kaiserliche Gewalt hatte den großen Augenblick versäumt.
In beiden Fällen behielt der Kardinal die Oberhand. Er ließ 1632 den
letzten Montmorency hinrichten und brachte die katholischen Kur-

fürsten Deutschlands in ein offenes Bündnis mit Frankreich. Von da an trat Wallenstein, der in seinen Endzielen unsicher wurde, mehr und mehr dem spanischen Gedanken entgegen, den er von dem Reichsgedanken trennen zu können glaubte, und näherte sich (wie in Frankreich der Marschall Turenne) damit von selbst den Ständen. *Es ist die entscheidende Wendung in der späteren deutschen Geschichte.* Erst mit diesem Abfall ist der absolute Kaiserstaat unmöglich geworden. Wallensteins Ermordung 1634 änderte daran nichts mehr, denn man fand für ihn keinen Ersatz.

Und eben jetzt wären die Umstände noch einmal günstig gewesen, denn 1640 brach in Spanien, Frankreich und England der Entscheidungskampf zwischen Staatsgewalt und Ständen aus. Gegen Olivarez erhoben sich die Cortes in fast allen Provinzen. Portugal und damit Indien und Afrika gingen für immer verloren; Neapel und Katalonien konnten erst nach Jahren wieder unterworfen werden. In England muß – ganz wie im Dreißigjährigen Kriege – der Verfassungskampf zwischen dem Königtum und der im Unterhaus herrschenden Gentry von der religiösen Seite der Revolution sorgfältig getrennt werden, so tief die beiden Tendenzen sich auch durchdringen. Aber der wachsende Widerstand, den Cromwell gerade in der Unterklasse gefunden hat und der ihn ganz gegen seinen Willen in eine Militärdiktatur hineintrieb, und dann die Volkstümlichkeit des zurückkehrenden Königtums beweisen, in welchem Grade der Sturz der Dynastie über alle Zwistigkeiten in religiösen Dingen hinaus durch ständische Interessen bewirkt war.

Als Karl I. hingerichtet wurde, kam es auch in Paris zum Aufstand, der die königliche Familie zur Flucht zwang. Man baute Barrikaden und rief die Republik aus (1649). Wäre der Kardinal von Retz Cromwell ähnlicher gewesen, so war ein Sieg der Ständepartei über Mazarin wohl möglich. Aber der Ausgang dieser großen abendländischen Krise ist durchaus vom Gewicht und Schicksal weniger Persönlichkeiten bestimmt und gestaltete sich deshalb so, daß in England *allein* die im Parlament vertretene Fronde den Staat und das Königtum ihrer Führung unterwarf und diesen Zustand in der „glorreichen Revolution" von 1688 dauernd begründet hat, so daß heute noch wesentliche Teile des alten Normannenstaates zu Recht bestehen. In Frankreich und Spanien siegte das Königtum unbedingt. In Deutschland wurde im Westfälischen Frieden für die große Fronde der Reichsfürsten gegen den Kaiser das englische, für die kleine Fronde den Landesfürsten gegenüber das französische Verhältnis durchgesetzt. Im Reich regieren die Stände, in deren Gebieten aber die Dynastie. Von da an war das Kaisertum wie das englische Königtum ein Name, umgeben mit Resten des spanischen Prunks aus dem frühen Barock; die Einzelfürsten und ebenso die führenden Familien der englischen Aristokratie erlagen dem Vorbild von Paris, und ihr Absolutismus kleinen Formats ist der Träger des Stils von Versailles geworden, politisch wie sozial. Damit war zugleich der Sieg des Hauses Bourbon über das Haus Habsburg entschieden, was schon im Pyrenäenfrieden von 1659 vor aller Welt zum Ausdruck kam.

Mit dieser Epoche war der im Dasein jeder Kultur als Möglichkeit angelegte Staat verwirklicht und eine Höhe des politischen Geformtseins erreicht, die nicht mehr überboten, aber auch nicht lange aufrecht erhalten werden konnte. Ein leiser herbstlicher Zug geht schon durch die Zeit, als Friedrich der Große in Sanssouci Tafel hielt. Es sind die Jahre, in welchen auch die großen Sonderkünste ihre letzte, zarteste, geistigste Reife erlangen, neben den Rednern der athenischen Agora Zeuxis und Praxiteles, neben dem Filigran der Kabinettsdiplomatie die Musik von Bach und Mozart.

Diese Kabinettspolitik ist selbst eine hohe Kunst geworden, ein artistischer Genuß für den, der seine Finger darin hatte, wundervoll in ihrer Feinheit und Eleganz, höflich, raffiniert, unheimlich in die Ferne wirkend, wo jetzt schon Rußland, die nordamerikanischen Kolonien, selbst die indischen Staaten angesetzt werden, um an ganz anderen Punkten der Erde durch das bloße Gewicht einer überraschenden Kombination Entscheidungen herbeizuführen. Es ist ein Spiel in strengen Regeln mit eröffneten Briefen und geheimen Vertrauten, mit Allianzen und Kongressen innerhalb eines Systems von Regierungen, das damals schon mit tiefbedeutendem Ausdruck das Konzert der Mächte genannt worden ist, voller *noblesse* und *esprit*, um die Worte der Zeit zu gebrauchen, eine Art, die Geschichte in Form zu halten, wie sie nie und nirgends sonst auch nur denkbar ist.

In der abendländischen Welt, deren Einflußgebiet jetzt schon mit der Erdoberfläche beinahe gleichbedeutend war, umfaßt die Zeit des absoluten Staates kaum eineinhalb Jahrhunderte, von 1660, wo im Pyrenäenfrieden das Haus Bourbon über Habsburg triumphiert und die Stuarts nach England zurückkehren, bis zu den Koalitionskriegen gegen die französische Revolution, in denen London über Paris siegt, oder dem Wiener Kongreß, auf welchem die alte Diplomatie des Blutes, nicht des Geldes, der Welt zum letzten Male ein großes Schauspiel gab. Das entspricht dem Zeitalter des Perikles in der Mitte zwischen erster und zweiter Tyrannis, und dem *tschun-tsiu*, „Frühling und Herbst", wie die Chinesen die Zeit zwischen den Protektoren und den „Kämpfenden Staaten" nennen.

In dieser letzten Zeit vornehmer Politik in den Formen eines Herkommens, das Abstand besitzt, werden die Höhepunkte dadurch bezeichnet, daß die beiden habsburgischen Linien rasch nacheinander aussterben, und die diplomatischen wie die kriegerischen Ereignisse sich 1710 um die spanische, 1760 um die österreichische Erbfolge drängen.[1] Es ist der Höhepunkt auch des genealogischen Prinzips. *Bella gerant alii, tu felix Austria nube* – das war in der Tat eine Fortsetzung des Krieges mit anderen Mitteln. Das Wort ist einst mit Beziehung auf Maximilian I. geprägt worden, aber das Prinzip erlangt erst jetzt seine höchste Wirkung. Die Kriege der Fronde gehen

---

[1] Der fünfzigjährige Abstand dieser kritischen Punkte, der sich in dem klaren geschichtlichen Aufbau des Barock besonders deutlich abhebt und auch in der Folge der drei Punischen Kriege erkennbar wird, deutet wieder darauf hin, daß die kosmischen Flutungen in Gestalt des menschlichen Lebens an der Oberfläche eines kleinen Gestirns nichts irgendwie für sich Bestehendes sind, sondern mit dem unendlichen Bewegtsein des Alls in tiefem Einklang stehen. In einem kleinen merkwürdigen Buch: R. Mewes, Die Kriegs- und Geistesperioden im Völkerleben und Verkündigung des nächsten Weltkrieges (1896) ist die Verwandtschaft dieser Kriegsperioden mit Perioden der Witterung, der Sonnenflecken und gewisser Planetenkonstellationen festgestellt und daraufhin ein großer Krieg für 1910–1920 angesetzt worden. Aber diese und zahllose ähnliche Zusammenhänge, die in den Bereich unsrer Sinne treten (vgl. Bd. II, S. 559 f.), bergen ein Geheimnis, das wir zu ehren haben und nicht durch kausale Erklärungen oder mystische Gedankengespinste antasten sollten.

in Erbfolgekriege über, die im Kabinett beschlossen und mit kleinen Heeren kavaliermäßig und nach strengen Regeln ausgefochten werden. Es handelt sich um die Erbschaft der halben Welt, welche durch die habsburgische Heiratspolitik des frühen Barock zusammengekommen war. Der Staat ist noch immer fest in Form; der Adel ist loyal, Dienst- und Hofadel geworden; er führt die Kriege der Krone und organisiert die Verwaltung. Neben dem Frankreich Ludwigs XIV. entsteht in Preußen ein Meisterstück staatlicher Organisation. Der Weg vom Kampfe des Großen Kurfürsten mit seinen Ständen (1660) bis zum Tode Friedrichs des Großen, der Mirabeau 1786, drei Jahre vor dem Bastillesturm noch empfangen hat, ist genau derselbe und hat zur Schöpfung eines Staates geführt, der wie der französische in jedem Punkt das Gegenteil der englischen Gestaltung der Dinge ist.

Denn es steht anders im Reich und in England, wo die Fronde siegreich war und die Nation nicht absolut, sondern ständisch regiert wurde. Aber es besteht der gewaltige Unterschied, daß hier das Inseldasein den größten Teil der staatlichen Vorsorge ersetzte und der herrschende erste Stand, die Peers im Oberhaus wie die Gentry, die Größe Englands als selbstverständliches Ziel ihren Handlungen zugrunde legten, während im Reich die Oberschicht der Landesfürsten – mit dem Reichstag in Regensburg als Oberhaus – bestrebt war, die von ihnen beherrschten zufälligen Fragmente der Nation zu „Völkern" zu erziehen und deren zerstreute „Vaterländer" so schroff als möglich gegeneinander abzugrenzen. An Stelle des Welthorizonts, der zur Zeit der Gotik vorhanden war, wurde hier ein Provinzhorizont in Tun und Denken gezüchtet. Die Idee der Nation selbst verfiel dem Reich der Träume, jener *andern* Welt nicht der Rasse, sondern der Sprache, nicht des Schicksals, sondern der Kausalität. Es entstand die Vorstellung und endlich die Tatsache des Volkes der Dichter und Denker, das sich eine Republik im Wolkenreiche der Verse und Begriffe gründete und zuletzt zu dem Glauben kam, daß Politik in idealem Schreiben, Lesen und Reden und nicht in Tat und Entschluß bestehe, so daß man sie noch heute mit dem Ausdruck von Gefühlen und Gesinnungen verwechselt.

In England war in der Tat mit dem Sieg der Gentry und der *Declaration of rights* von 1689 der Staat abgeschafft. Das Parlament hat damals Wilhelm von Oranien als König eingesetzt und später Georg I. und Georg II. an der Abdankung verhindert, und zwar im Standesinteresse. Das noch unter den Tudors ganz geläufige Wort *state* kommt außer Gebrauch, so daß man Ludwigs XIV.: „*L'état c'est moi*" und Friedrichs des Großen: „Ich bin der erste Diener meines Staates" heute nicht mehr ins Englische übersetzen kann. Dagegen bürgert sich *society* ein als Ausdruck dafür, daß die Nation ständisch, nicht staatlich in Form ist, ein Wort, das mit bezeichnendem Mißverständnis von Rousseau und überhaupt von den Rationalisten des Festlandes übernommen wird, um dem Haß des *dritten* Standes gegen die Autorität zu dienen.[1] Aber die Autorität ist in England als *government* sehr nachdrücklich ausgeprägt und sie wird *verstanden*. Ihr Mittelpunkt liegt seit Georg I. in dem verfassungsmäßig gar nicht vorhandenen Kabinett als dem regierenden Ausschuß der gerade herrschenden Adelsfaktion. Der Absolutismus ist vorhanden, aber er ist der einer Standesvertretung. Der Begriff der Majestätsbeleidigung wird auf das Parlament übertragen, wie die Unverletzlichkeit der römischen Könige auf die Tribunen. Auch das genealogische Prinzip ist da, aber es kommt in den Familienbeziehungen innerhalb des hohen Adels zum Ausdruck, welche auf die parlamentarische Lage einwirken. Im Familieninteresse der Cecils hat 1902 Salisbury seinen Neffen Balfour an Stelle Chamberlains als Nachfolger vorgeschlagen. Die Adelsfaktionen der Tories und Whigs sondern sich immer deutlicher, und zwar sehr oft innerhalb derselben Familie, nach dem Überwiegen des Macht- oder des Beutestandpunktes, nach der höheren Wertschätzung von Grundbesitz also und von Geld,[2] was noch im 18. Jahrhundert innerhalb des höheren Bürgertums die Begriffe *respectable* und *fashionable* entstehen läßt, als zwei entgegengesetzte Auffassungen des Gentleman.

---

[1] Hierzu und zum Folgenden „Preußentum und Sozialismus", S. 31 ff.

[2] *Landed* und *funded interest* (J. Hatschek, Engl. Verfassungsgeschichte [1913], S. 589 ff.). R. Walpole, der Organisator der Whigpartei (seit 1714), pflegte sich und den Staatssekretär Townshend als „die Firma" zu bezeichnen, die mit verschiedenen Inhabern bis 1760 unumschränkt regiert hat.

Die staatliche Sorge für alle ist unbedingt durch das Standesinteresse ersetzt, für das der einzelne Freiheit in Anspruch nimmt – das ist englische Freiheit –, aber das Inseldasein und der Aufbau der *society* haben Verhältnisse geschaffen, in welchen zuletzt jeder, *der dazu gehört* – ein wichtiger Begriff in einer Standesdiktatur –, sein Interesse in dem einer der beiden Adelsparteien vertreten findet.

Diese aus dem historischen Gefühl des abendländischen Menschen entspringende Beständigkeit der letzten, tiefsten und reifsten Form ist der Antike versagt. Die Tyrannis verschwindet. Die strenge Oligarchie verschwindet. Der Demos, den die Politik des 6. Jahrhunderts als Summe aller einer Polis zugehörigen Menschen geschaffen hatte, bricht in Adel und Nichtadel in ungeregelten Stößen hervor und beginnt einen Kampf, *in* den Staaten und *zwischen* den Staaten, in dem beide Parteien den Gegner auszurotten suchen, um nicht ausgerottet zu werden. Als Sybaris noch im Zeitalter der Tyrannis 511 von den Pythagoräern vernichtet wurde, wirkte das erste Ereignis dieser Art erschütternd auf die ganze antike Welt. Selbst im fernen Milet legte man Trauer an. Jetzt wird die Vertilgung einer Polis oder Partei so gewöhnlich, daß sich feste Sitten und Methoden ausbilden, entsprechend dem Schema der abendländischen Friedensschlüsse des späten Barock: ob man die Bewohner tötet oder als Sklaven verkauft, ob man die Häuser dem Erdboden gleichmacht oder als Beute austeilt. Der Wille zum Absolutismus ist da, und zwar seit den Perserkriegen überall, in Rom und Sparta so gut wie in Athen, aber die *gewollte* Enge der Polis, des politischen Punktes, und die *gewollte* Kurzfristigkeit ihrer Ämter und Ziele machen eine geordnete Entscheidung darüber unmöglich, wer „der Staat sein soll".[1] Jener Meisterschaft der mit Tradition gesättigten abendländischen Kabinettsdiplomatie tritt hier ein Dilettantismus entgegen, der nicht im zufälligen Mangel an Persönlichkeiten begründet ist – die waren vorhanden –, sondern allein in der politischen Form. Der Weg dieser Form von der ersten zur zweiten Tyrannis ist unverkennbar und entspricht ganz der Entwicklung in allen Spätzeiten, aber der spezifisch antike Stil ist die Unordnung,

[1] R. v. Pöhlmann, Griech. Geschichte (1914), S. 223–245.

der Zufall, wie es in diesem am Augenblick haftenden Leben nicht anders sein kann.

Das wichtigste Beispiel dafür ist die Entwicklung Roms während des 5. Jahrhunderts, die bis jetzt auch deshalb so umstritten geblieben ist, weil man in ihr eine Beständigkeit suchte, die hier wie in allen antiken Staaten gar nicht vorhanden sein kann. Es kommt dazu, daß man diese Entwicklung wie etwas ganz Primitives behandelt, während in Wirklichkeit die Stadt der Tarquinier schon sehr fortgeschrittene Zustände besessen haben muß und das primitive Rom viel weiter zurückliegt. Die Verhältnisse des 5. Jahrhunderts sind klein gegenüber der Zeit Cäsars, aber nicht altertümlich. Allein da die schriftliche Überlieferung mangelhaft war – wie überall außer in Athen –, so hat der literarische Geschmack seit den Punischen Kriegen die Lücken mit Dichtung ausgefüllt, und zwar, wie das in der Zeit des Hellenismus nicht anders zu erwarten ist, mit idyllischer Altertümelei; man denke an Cincinnatus. Die moderne Forschung glaubt nichts mehr von diesen Geschichten, aber sie steht unter dem Eindruck des Geschmacks, in dem sie erfunden sind, und verwechselt ihn mit den Zeitumständen, um so mehr, als griechische und römische Geschichte wie zwei getrennte Welten behandelt werden und man nach schlechter Gewohnheit den Anfang der Geschichte mit dem Anfang der gesicherten Kunde von ihr gleichsetzt. Aber die Zustände von 500 v. Chr. sind nichts weniger als homerisch. Rom war unter den Tarquiniern, wie der Umfang der Mauern beweist, neben Capua die größte Stadt Italiens und größer als das themistokleische Athen.[1] Eine Stadt, mit der Karthago Handelsver-

---

[1] Ed. Meyer, Gesch. d. Alt. V, § 809. Wenn das Latein erst ganz spät, nach Alexander dem Großen, Literatursprache wird, so folgt daraus nur, daß unter den Tarquiniern der Gebrauch des Griechischen und Etruskischen allgemein üblich war, was sich für eine Stadt von dieser Größe und Lage, die mit Karthago in Beziehungen steht, mit Kyme gemeinsam Krieg führt und das Schatzhaus von Massalia in Delphi benützt, deren Maß- und Gewichtsordnung dorisch, deren Kriegswesen sizilisch ist, und in der es eine große Fremdenkolonie gab, von selbst versteht. Livius (IX, 36) bemerkt nach alten Angaben, daß gegen 300 noch die römischen Knaben ebenso in etruskischer Bildung erzogen wurden, wie später in griechischer. Die uralte Form Ulixes für Odysseus beweist, daß die homerische Heldensage hier nicht nur bekannt, sondern volkstümlich war (vgl. Bd. II, S. 909). Die Sätze des Zwölftafelrechts (um 450) stimmen mit den etwa gleichaltrigen des

träge schließt, ist keine Bauerngemeinde. Aber daraus folgt, daß die Bevölkerung der vier städtischen Tribus von 471 sehr stark und vielleicht größer gewesen ist als die der sechzehn räumlich unbedeutenden Landtribus zusammen.

Der große Erfolg des Grundadels, der im Sturz der sicherlich sehr volkstümlichen Tyrannis und in der Aufrichtung einer unumschränkten Senatsherrschaft lag, ist durch eine Gruppe gewaltsamer Ereignisse um 471 wieder vernichtet worden: den Ersatz der Geschlechtertribus durch die vier großen Stadtbezirke, deren Vertretung durch Tribunen, die sakrosankt sind, also ein Königsrecht besitzen, das keinem einzigen der adligen Verwaltungsämter zukommt, endlich die Befreiung der kleinen Bauernschaft aus der Klientel des Adels.

Das Tribunat ist die glücklichste Schöpfung dieser Zeit und damit der antiken Polis überhaupt. Es ist *die Tyrannis zum integrierenden Bestandteil der Verfassung erhoben* und zwar *neben* den oligarchischen Ämtern, die sämtlich fortbestehen. Aber damit ist auch die soziale Revolution in *gesetzmäßige Formen* geleitet, und während sie sich überall sonst in wilden Stößen entlud, ist sie hier zu einem Kampf auf dem Forum geworden, der sich im allgemeinen in den Grenzen von Redestreit und Abstimmung hielt. Man brauchte keinen Tyrannen auszurufen, denn er war da. Der Tribun besitzt Hoheitsrechte, kein Amtsrecht, und er konnte vermöge seiner Unverletzlichkeit revolutionäre Akte vollziehen, die in jeder andern Polis ohne Straßenkämpfe nicht denkbar waren. Diese Schöpfung ist ein Zufall, aber kein anderer hat den Aufstieg Roms in gleichem Grade unterstützt. Hier allein hat sich der Übergang von der ersten zur zweiten Tyrannis und die fernere Entwicklung noch über Zama hinaus ohne Katastrophen vollzogen, wenn auch nicht ohne Erschütterung. Der Tribun leitet von den Tarquiniern zu den Cäsaren hinüber. Mit der lex Hortensia von 287 wird er allmächtig: *Es ist die zweite Tyrannis in verfassungsmäßiger Form.* Im 2. Jahrhundert haben

---

Rechts von Gortyn auf Kreta nicht nur inhaltlich, sondern auch stilistisch so genau überein, daß den römischen Patriziern, welche sich damit befaßten, das Juristengriechisch ganz geläufig gewesen sein muß.

die Tribunen Konsuln und Censoren verhaften lassen. Die Gracchen waren Tribunen, Cäsar übernahm das beständige Tribunat, und im Prinzipat des Augustus ist diese Würde der wesentliche Bestandteil, der einzige, der ihm Hoheitsrechte verleiht.

Die Krise von 471 war allgemein antik und richtete sich gegen die Oligarchie, die auch jetzt noch innerhalb des von der Tyrannis geschaffenen Demos, der Gesamtheit aller Zugehörigen, den Ausschlag geben wollte. Es ist nicht mehr die Oligarchie als Stand gegenüber dem Nichtstand wie zur Zeit Hesiods, sondern *als Partei gegenüber einer zweiten* und zwar innerhalb des absoluten Staates, der schlechthin gegeben war. In Athen erfolgte 487 der Sturz der Archonten und die Übertragung ihrer Rechte an das Strategenkollegium.[1] 461 wurde der dem Senat entsprechende Areopag gestürzt. Auf Sizilien, das mit Rom in engem Verkehr stand, siegte die Demokratie 471 in Akragas, 465 in Syrakus, 461 in Rhegion und Messana. In Sparta haben die Könige Kleomenes (488) und Pausanias (470) vergeblich versucht, die Heloten, römisch gesprochen die Klientel, zu befreien und damit dem Königtum selbst den oligarchischen Ephoren gegenüber die Bedeutung des römischen Tribunats zu geben. Hier fehlt wirklich, was die Forschung in Rom nur übersieht, die Bevölkerung einer Verkehrsstadt, die solchen Bewegungen die Führung und die Wucht gibt, und daran ist endlich auch der große Helotenaufstand von 464 gescheitert, nach welchem vielleicht die römische Legende von einer Auswanderung der Plebs auf den heiligen Berg erfunden worden ist.

In einer Polis fallen Landadel und städtisches Patriziat zusammen – das ist, wir wir sahen, der Zweck des Synoikismos –, Bürger und Bauern aber nicht. Diese sind im Kampf gegen die Oligarchie *eine einzige* Partei, die demokratische nämlich, abgesehen davon aber sind es *zwei*. Das kommt in der nächsten Krise zum Ausdruck, in welcher das römische Patriziat um 450 seine Macht *als Partei* wieder herzustellen versucht. Denn so hat man die Einsetzung von

---

[1] Diese Maßregel – eine Usurpation der Verwaltung durch das Volksheer – entspricht der Einsetzung von Konsulartribunen in Rom durch die Militärunruhen von 438.

Dezemvirn zu verstehen, mit welcher das Tribunat fortfiel; das Zwölftafelrecht, in welchem der eben erst zum politischen Dasein gelangten Plebs *conubium* und *commercium* versagt wurden, und vor allem die Schaffung der kleinen Landtribus, in denen der Einfluß der alten Geschlechter nicht rechtlich, aber tatsächlich vorherrschte, und die in den Tributkomitien, die jetzt neben die früheren Zenturiatkomitien traten, die unbedingte Stimmenmehrheit besaßen: 16 gegen 4. Damit war die Bürgerschaft durch das Bauerntum entrechtet, und das war sicherlich ein Schachzug der patrizischen Partei, welche die von ihr geteilte Abneigung des Landes gegen die Geldwirtschaft der Stadt in einem gemeinsamen Schlage wirksam machte.

Die Gegenwirkung erfolgte rasch und ist in der Zehnzahl von Tribunen erkennbar, welche nach dem Rücktritt der Dezemvirn erscheinen,[1] aber von diesem Ereignis sind der Tyrannisversuch des Sp. Maelius (439), die Einsetzung von Konsulartribunen durch das Heer an Stelle der Zivilbeamten (438) und die lex Canuleja (445), welche das Verbot des Conubiums zwischen Patriziern und Plebejern wieder aufhob, nicht zu trennen.

Daß es damals in Rom Faktionen unter Patriziern wie Plebejern gegeben hat, welche den Grundzug der römischen Polis, das Gegenüber von Senat und Tribunat antasten und je nachdem eine der beiden Größen beseitigen wollten, kann gar nicht zweifelhaft sein, aber diese Form war so glücklich geraten, daß sie nie ernsthaft in Frage gestellt worden ist. Mit der vom Heere durchgesetzten Zulassung der Plebs zum höchsten Staatsamt (399) nahm der Kampf eine ganz andere Richtung. Man kann das 5. Jahrhundert innerpolitisch als das des Ringens um die gesetzmäßige Tyrannis bezeichnen; von da an ist die polare Ordnung anerkannt und die Parteien kämpfen nicht mehr um die Aufhebung, sondern um die Eroberung der großen Ämter. Das ist der Inhalt der Revolution zur Zeit der Samnitenkriege. Mit dem Jahre 287 hat die Plebs den Zutritt zu *allen* Ämtern

---

[1] Nach B. Niese. Daß das Dezemvirat zunächst als vorübergehendes Amt gedacht war, darin hat die moderne Forschung wohl recht; es fragt sich aber, welche Absichten die hinter ihm stehende Partei mit der Neuordnung der Ämter verband, und *darüber* muß es zu einer Krise gekommen sein.

erlangt, und die von ihr genehmigten Anträge der Tribunen erhalten ohne weiteres Gesetzeskraft; andrerseits ist es von da an dem Senat praktisch immer möglich, wenigstens einen der Tribunen, etwa durch Bestechung, zur Interzession zu veranlassen und damit die Macht der Institution aufzuheben. In dem *Ringen zweier Kompetenzen* hat sich das juristische Feingefühl der Römer entwickelt. Während anderswo die Entscheidungen mit Fäusten und Knütteln üblich wurden – der technische Ausdruck dafür ist Cheirokratie –, gewöhnte man sich in der klassischen Zeit des römischen Staatsrechts, dem 4. Jahrhundert, an den Wettstreit der Begriffe und Interpretationen, in welchem die leiseste Unterscheidung im gesetzlichen Wortlaut den Ausschlag geben konnte.

Aber mit diesem Gleichgewicht von Senat und Tribunat stand Rom in der Antike ganz allein. Überall sonst gab es nicht ein Mehr oder Weniger, sondern ein Entweder-Oder, nämlich zwischen Oligarchie und Ochlokratie. Die absolute Polis und die mit ihr identische Nation waren gegeben, aber von inneren Formen stand nichts fest. Der Sieg einer Partei führte zur Beseitigung auch aller Institutionen der andern, und man gewöhnte sich daran, nichts für so ehrwürdig oder zweckmäßig zu halten, daß es über dem Kampf des Tages stünde. Sparta war, wenn man so sagen darf, in senatorischer, Athen in tribunizischer Form, und die Alternative war zu Beginn des Peloponnesischen Krieges (431) derart zur festen Meinung geworden, daß es andre als radikale Lösungen nicht mehr gab.

Damit war die Zukunft Roms gesichert. Es war der einzige Staat, in dem die politische Leidenschaft sich gegen Personen, nicht mehr gegen Institutionen richtete, der einzige, welcher fest in Form war – *senatus populusque Romanus, das heißt Senat und Tribunat,* ist die eherne Form, die keine Partei mehr angreift – während alle andern durch die Grenzen ihrer Machtentfaltung innerhalb der antiken Staatenwelt aufs neue beweisen, daß Innenpolitik lediglich da ist, um Außenpolitik möglich zu machen.

11

An diesem Punkte, wo die Kultur im Begriff ist, Zivilisation zu werden, greift der Nichtstand entscheidend in die Ereignisse ein und zwar zum ersten Male als selbständige Macht. Unter der Tyrannis und Fronde hatte der Staat ihn gegen die eigentlichen Stände zu Hilfe gerufen, und er hatte sich erst damit als Macht fühlen gelernt. Jetzt verwendet er diese Macht *für sich* und zwar als Stand der Freiheit gegen den Rest, und er sieht im absoluten Staate, in der Krone, in den starken Institutionen die natürlichen Verbündeten der Urstände und die eigentlichen und letzten Vertreter der sinnbildlichen Tradition. Das ist der Unterschied zwischen erster und zweiter Tyrannis, zwischen Fronde und bürgerlicher Revolution, zwischen Cromwell und Robespierre.

Der Staat mit seinen großen Forderungen an jeden einzelnen wird von der städtischen Vernunft als Last empfunden, genau wie man eben jetzt die großen Formen der Barockkünste als Last zu empfinden beginnt und klassisch oder romantisch, das heißt schwächlich in der Form oder formlos wird; die deutsche Literatur seit 1770 ist eine einzige Revolution starker Einzelpersönlichkeiten gegen die strenge Poesie; das „in Form sein für etwas" der ganzen Nation wirkt unerträglich, weil es der Einzelne innerlich selbst nicht mehr ist. Das gilt von der Sitte, das gilt in den Künsten und im Gedankenbau, das gilt vor allem in der Politik. Das Kennzeichen jeder bürgerlichen Revolution, als deren Ort ausschließlich die große Stadt erscheint, ist der Mangel an Verständnis für die alten Symbole, an deren Platz jetzt handgreifliche Interessen treten, und sei es auch nur der Wunsch begeisterter Denker und Weltverbesserer, ihre Begriffe verwirklicht zu sehen. Wert hat nur noch, was sich vor der Vernunft rechtfertigen läßt; aber ohne die Höhe einer Form, die durch und durch symbolisch und eben deshalb in metaphysischer Weise wirksam ist, verliert das nationale Leben die Kraft, sich inmitten der geschichtlichen Daseinsströme zu behaupten. Man verfolge die verzweifelten Versuche der französischen Regierung, das Land in Form zu halten, die unter dem beschränkten Ludwig XVI. von einer ganz kleinen Zahl fähiger und vorausblickender Männer unternommen wurden, nachdem die äußere Lage sich durch den Tod von Vergennes sehr ernst gestaltet hatte (1787). Mit dem Tode dieses Diplomaten scheidet Frankreich auf Jahre aus den politischen Kombinationen Europas aus; gleichzeitig bleibt die großartige Reform, velche die Krone trotz aller Widerstände durchgeführt hatte, vor allem die allgemeine Verwaltungsreform dieses Jahres auf der Grundlage freiester Selbstverwaltung, vollkommen unwirksam, weil für die Stände angesichts der Nachgiebigkeit des Staates plötzlich die Machtfrage in den Vordergrund rückte.[1] Ein europäischer Krieg nahte wie ein Jahrhundert vorher und nachher mit unerbittlicher Notwendigkeit, der dann in Form der Revolutionskriege zur Entwicklung gekommen ist, aber niemand beachtete mehr die äußere Lage. Der Adel als Stand hat selten, das Bürgertum als Stand aber nie außenpolitisch und weltgeschichtlich gedacht: ob der Staat in einer neuen Form sich unter den andern Staaten überhaupt noch halten kann, danach fragt man nicht; ob er die „Rechte" sichert, ist alles.

Aber das Bürgertum, der Stand der städtischen „Freiheit", so stark auch sein Standesgefühl auf mehrere Generationen hin blieb, in Westeuropa noch über die Märzrevolution hinaus, war durchaus nicht immer Herr seiner Handlungen. Denn zunächst trat in jeder kritischen Lage der Umstand hervor, daß diese Einheit *negativ* und nur in Momenten des Widerstandes gegen irgendetwas andres wirklich vorhanden war – dritter Stand und Opposition sind beinahe identisch –, daß aber überall da, wo etwas Eignes aufgebaut werden sollte, die Interessen der einzelnen Gruppen weit auseinandergingen. Frei sein von etwas – das wollten alle; aber der Geist wollte den

---

[1] A. Wahl, Vorgeschichte der französischen Revolution Bd. II (1907), die einzige Darstellung von weltgeschichtlichen Gesichtspunkten. Alle Franzosen, auch die modernsten wie Aulard und Sorel, sehen die Dinge von irgendeinem Parteistandpunkt aus an. Es ist materialistischer Unsinn von wirtschaftlichen Ursachen dieser Revolution zu reden. Die Lage war selbst unter den Bauern – von denen die Erregung gar nicht ausging – besser als in den meisten andern Ländern Europas. Die Katastrophe beginnt vielmehr unter den *Gebildeten*, und zwar *aller* Stände, im hohen Adel und Klerus noch etwas früher als im höheren Bürgertum, weil der Verlauf der ersten Notabelnversammlung (1787) die Möglichkeit enthüllt hatte, die Regierungsform nach Standeswünschen radikal umzugestalten.

Staat als Verwirklichung der „Gerechtigkeit" gegenüber der Gewalt geschichtlicher Tatsachen oder der allgemeinen Menschenrechte oder der kritischen Freiheit gegenüber der herrschenden Religion; das Geld wollte freie Bahn für den geschäftlichen Erfolg. Es gab sehr viele, die Ruhe und Verzicht auf geschichtliche Größe verlangten oder Achtung vor mancher Tradition und ihren Verkörperungen, von denen sie – leiblich oder seelisch – lebten. Aber dazu kam von hier an ein Element, das in den Kämpfen der Fronde und also der englischen Revolution und der ersten Tyrannis noch gar nicht vorhanden war, nun aber eine Macht darstellte: das was man in allen Zivilisationen eindeutig als Hefe, Mob oder Pöbel bezeichnet. In den großen Städten, die jetzt allein entscheiden – das flache Land kann höchstens zu vollzogenen Ereignissen Stellung nehmen, wie das ganze 19. Jahrhundert beweist[1] –, sammelt sich eine Masse wurzelloser Bevölkerungsteile an, die außerhalb jeder gesellschaftlichen Bindung stehen. Sie fühlen sich weder einem Stande zugehörig noch einer Berufsklasse – im innersten Herzen auch nicht der wirklichen Arbeiterklasse, obwohl sie zur Arbeit gezwungen sind; dem Instinkt nach gehören Glieder aller Stände und Klassen dazu, entwurzeltes Bauernvolk, Literaten, ruinierte Geschäftsleute, vor allem aus der Bahn geratener Adel, wie die Zeit Catilinas mit erschreckender Deutlichkeit gezeigt hat. Ihre Macht übersteigt bei weitem ihre Zahl, denn sie sind immer am Platze, immer in der Nähe der großen Entscheidungen, zu allem bereit und ohne jede Achtung vor irgend etwas Geordnetem und sei es selbst die Ordnung innerhalb einer Revolutionspartei. Sie erst geben den Ereignissen die vernichtende Gewalt, welche die französische von der englischen Revolution und die zweite von der ersten Tyrannis unterscheidet. Das Bürgertum wehrt sich mit wahrer Angst gegen diese Menge, von der es sich unterschieden sehen will – einem dieser Abwehrakte, dem 13. Vendémiaire, verdankt Napoleon seinen Aufstieg –, aber die Grenze läßt sich im Gedränge der Tatsachen nicht ziehen,

---

[1] Selbst die sehr provinziale Märzrevolution in Deutschland war eine rein städtische Angelegenheit und spielte sich deshalb unter einem verschwindend kleinen Teil der Bevölkerung ab.

und überall, wo das Bürgertum seine im Verhältnis zur Zahl geringe Stoßkraft gegen die älteren Ordnungen ansetzt, gering, weil die innere Einheit in jedem Augenblick auf dem Spiele steht, hat sich diese Masse in seine Reihen und an die Spitze gedrängt, die Erfolge zum weitaus größten Teil erst entschieden und die gewonnene Stellung sehr oft für sich zu behaupten gewußt, und zwar häufig mit der ideellen Unterstützung durch die Gebildeten, welche das Begriffliche daran fesselte, oder der materiellen durch die Mächte des Geldes, welche die Gefahr von sich auf Adel und Priestertum ablenkten.

Aber diese Epoche hat auch noch die Bedeutung, daß zum erstenmal die abstrakten Wahrheiten in den Bereich der Tatsachen einzugreifen suchen. Die Hauptstädte sind so groß geworden und der städtische Mensch so überlegen in seinem Einfluß auf das Wachsein der gesamten Kultur – *dieser Einfluß heißt öffentliche Meinung* –, daß die Mächte des Blutes und der im Blut liegenden Tradition in ihrer bis dahin unangreifbaren Stellung erschüttert werden. Denn man bedenke, daß gerade der Barockstaat und die absolute Polis in der letzten Vollendung ihrer Form durch und durch lebendiger Ausdruck einer *Rasse* sind und die Geschichte, so wie sie sich in dieser Form vollzieht, den vollkommenen Takt dieser Rasse besitzt. Wenn es hier eine Staatstheorie gibt, so ist sie aus den Tatsachen abgezogen und beugt sich vor deren Größe. Die Idee des Staates hatte endlich das Blut der ersten Stände gebändigt und ganz, ohne Rest, in ihren Dienst gestellt. Absolut – das bedeutet, daß der große Daseinsstrom *als Einheit* in Form ist, *eine* Art von Takt und Instinkt besitzt, möge er als diplomatischer oder strategischer Takt, als vornehme Sitte oder als erlesener Geschmack an Künsten und Gedanken in Erscheinung treten.

Im Widerspruch zu dieser großen Tatsache breitet sich nun der Rationalismus aus, jene *Wachseinsgemeinschaft der Gebildeten*,[1] deren Religion in Kritik besteht und deren Numina nicht Gottheiten sind, sondern Begriffe. Jetzt gewinnen Bücher und allgemeine Theorien Einfluß áuf die Politik, im China des Laotse

[1] Vgl. Bd. II, S. 669, 935 f.

wie im sophistischen Athen und zur Zeit Montesquieus, und die von ihnen gestaltete öffentliche Meinung tritt als politische Größe von ganz neuer Art der Diplomatie in den Weg. Es würde eine sinnlose Annahme sein, daß Peisistratos oder Richelieu oder selbst Cromwell ihre Entschlüsse unter der Einwirkung abstrakter Systeme gefaßt hätten, aber seit dem Sieg der Aufklärung ist das der Fall.

Allerdings ist die geschichtliche Rolle der großen zivilisierten Begriffe sehr verschieden von der Beschaffenheit, die sie innerhalb der gelehrten Ideologien selbst besitzen. Die Wirkung einer Wahrheit ist immer ganz anders als ihre Tendenz. In der Tatsachenwelt sind Wahrheiten nur *Mittel*, insofern sie die Geister beherrschen und damit die Handlungen bestimmen. Nicht ob sie tief, richtig oder auch nur logisch sind, sondern ob sie wirksam sind, entscheidet über ihren geschichtlichen Rang. Ob man sie mißversteht oder überhaupt nicht zu verstehen vermag, ist vollkommen gleichgültig. Das liegt in der Bezeichnung *Schlagwort*. Was für die großen Frühreligionen einige zum Erlebnis gewordene Symbole sind, wie das Heilige Grab für die Kreuzfahrer oder die Substanz Christi für die Zeit des Konzils von Nikäa, das sind zwei oder drei begeisternde Wortklänge für jede zivilisierte Revolution. Allein die Schlagworte sind Tatsachen; der Rest aller philosophischen oder sozialethischen Systeme kommt für die Geschichte nicht in Betracht. Aber als solche sind sie für etwa zwei Jahrhunderte Mächte ersten Ranges und erweisen sich stärker als der Takt des Blutes, der innerhalb der steinernen Welt ausgebreiteter Städte matt zu werden beginnt.

Aber – der kritische Geist ist nur *eine* der beiden Tendenzen, die sich aus der ungeordneten Masse des Nichtstandes herausheben. Neben den abstrakten Begriffen erscheint das abstrakte, von den Urwerten des Landes abgelöste Geld, neben der Denkerstube das Kontor als politische Macht. Beide sind innerlich verwandt und untrennbar. Es ist der frühe Gegensatz von Priestertum und Adel, der mit ungeminderter Schärfe innerhalb des Bürgertums in städtischer Fassung fortbesteht.[1] Und zwar erweist sich das Geld als reine

[1] Vgl. Bd. II, S. 990 f., 1002 f.

Tatsache den idealen Wahrheiten unbedingt überlegen, die wie gesagt nur als Schlagworte, als Mittel für die Tatsachenwelt vorhanden sind. Versteht man unter Demokratie die Form, welche der dritte Stand als solcher dem gesamten öffentlichen Leben zu geben wünscht, so muß hinzugefügt werden, daß Demokratie und Plutokratie gleichbedeutend sind. Sie verhalten sich wie der Wunsch zur Wirklichkeit, wie Theorie zur Praxis, wie die Erkenntnis zum Erfolg. Es ist das Tragikomische an dem verzweifelten Kampf, den Weltverbesserer und Freiheitslehrer auch gegen die Wirkung des Geldes führen, daß sie es eben damit unterstützen. Zu den Standesidealen des Nichtstandes gehört sowohl die Achtung vor der großen Zahl, wie sie in den Begriffen der Gleichheit aller, der angebornen Rechte und weiterhin im Prinzip des allgemeinen Wahlrechts zum Ausdruck kommt, als auch die Freiheit der öffentlichen Meinung, vor allem die Pressefreiheit. Das sind Ideale, aber in Wirklichkeit gehört zur Freiheit der öffentlichen Meinung die Bearbeitung dieser Meinung, die Geld kostet, zur Pressefreiheit der Besitz der Presse, der eine Geldfrage ist, und zum Wahlrecht die Wahlagitation, die von den Wünschen des Geldgebers abhängig bleibt. Die Vertreter der Ideen erblicken nur die eine Seite, die Vertreter des Geldes arbeiten mit der andern. Alle Begriffe des Liberalismus und Sozialismus sind erst durch Geld in Bewegung gesetzt worden und zwar im Interesse des Geldes. Die Volksbewegung des Ti. Gracchus ist durch die Partei der großen Geldleute, der *equites*, erst möglich gemacht worden und war zu Ende, sobald diese den für sie vorteilhaften Teil der Gesetze gesichert sah und sich zurückzog. Cäsar und Crassus haben die catilinarische Bewegung finanziert und statt gegen den Besitz gegen die Senatspartei gerichtet. In England stellten angesehene Politiker schon um 1700 fest, ,,daß man an der Börse mit Wahlen wie mit Wertpapieren handle und daß der Preis einer Stimme ebenso wohl bekannt sei wie der eines Morgens Land.''[1] Als die Kunde von Waterloo nach Paris kam, stieg dort der Kurs der französischen Rente: die Jakobiner hatten die alten Bindungen des Blutes zerstört und damit das Geld emanzipiert; jetzt trat es hervor und ergriff

[1] J. Hatschek, Engl. Verfassungsgesch., S. 588.

die Herrschaft über das Land.[1] Es gibt keine proletarische, nicht einmal eine kommunistische Bewegung, die nicht, ohne daß es den Idealisten unter ihren Führern irgend zum Bewußtsein käme, im Interesse des Geldes wirkte, in welcher Richtung das Geld es will und solange es will.[2] Der Geist denkt, das Geld lenkt: so ist es die Ordnung aller ausgehenden Kulturen, seit die große Stadt Herr über den Rest geworden ist. Und zuletzt ist das nicht einmal ein Unrecht gegen den Geist. Er hat damit doch gesiegt, im Reich der Wahrheiten nämlich, dem der Bücher und Ideale, das nicht von dieser Welt ist. Seine Begriffe sind der beginnenden Zivilisation heilig geworden. Aber das Geld siegt eben durch sie in *seinem* Reich, das *nur* von dieser Welt ist.

Innerhalb der abendländischen Staatenwelt haben beide Seiten der bürgerlichen Standespolitik, die ideale wie die reale, ihre hohe Schule in England durchgemacht. Hier allein war es möglich, daß der dritte Stand nicht gegen einen absoluten Staat vorzugehen brauchte, um ihn zu zerstören und auf den Trümmern seine eigne Herrschaft aufzurichten, sondern in die starke Form des ersten Standes hineinwuchs, wo er eine ausgebildete Interessenpolitik vorfand und als deren Methode eine Taktik von altem Herkommen, die er für seine eignen Zwecke nicht vollkommener wünschen konnte. Hier ist der echte und gar nicht nachzuahmende Parlamentarismus zu Hause, der ein Inseldasein statt des Staates und die Gewohnheiten des ersten statt des dritten Standes voraussetzt und außerdem den Umstand, daß diese Form noch im blühenden Barock gewachsen ist, also Musik in sich hat. Der parlamentarische Stil ist völlig identisch mit dem der Kabinettsdiplomatie[3]; auf dieser *antidemokratischen* Herkunft beruht das Geheimnis seiner Erfolge.

Aber ebenso sind die rationalistischen Schlagworte sämtlich auf

---

[1] Aber selbst während der Schreckenszeit befand sich mitten in Paris die Anstalt des Dr. Belhomme, in der Angehörige des höchsten Adels tafelten und tanzten und außer aller Gefahr waren, solange sie den Jakobinern zahlen konnten (G. Lenôtre, Das revolutionäre Paris, S. 409).

[2] Die große Bewegung, welche sich der Schlagworte von Marx bedient, hat das Unternehmertum nicht von den Arbeitern, sondern beide von der Börse abhängig gemacht.

[3] Die beiden Parteien leiten ihre Tradition und Sitte bis 1680 zurück.

englischem Boden entstanden und zwar in enger Fühlung mit den Grundsätzen der Manchesterlehre: Hume war der Lehrer von Adam Smith. *Liberty* bedeutet mit Selbstverständlichkeit geistige *und* geschäftliche Freiheit. In England ist der Gegensatz von Tatsachenpolitik und Schwärmerei für abstrakte Wahrheiten ebenso unmöglich, wie er im Frankreich Ludwigs XVI. unvermeidlich war. Später konnte Edmund Burke gegen Mirabeau betonen: „Wir verlangen unsere Freiheiten nicht als Menschenrechte, sondern als Rechte von Engländern." Frankreich hat die revolutionären Ideen ohne jeden Rest von England erhalten, wie es den Stil des absoluten Königtums von Spanien empfing; es hat beiden eine glänzende und unwiderstehliche Fassung gegeben, die weit über das Festland hin vorbildlich blieb, aber auf die praktische Verwendung verstand es sich nicht. Die Ausnützung der bürgerlichen Schlagworte[1] für den politischen Erfolg setzt den Kennerblick einer vornehmen Klasse für die geistige Verfassung der Schicht voraus, die jetzt zur Herrschaft kommen wollte, ohne herrschen zu können, und ist deshalb in England ausgebildet worden; aber ebenso die rücksichtslose Anwendung des Geldes in der Politik, nicht jene Bestechung einzelner Persönlichkeiten von Rang, wie sie dem spanischen und venezianischen Stil geläufig war, sondern die Bearbeitung der demokratischen Mächte selbst. Hier sind während des 18. Jahrhunderts erst die Parlamentswahlen und dann die Entschließungen des Unterhauses planmäßig durch Geld geleitet worden,[2] und hier hat man mit dem Ideal der Pressefreiheit zugleich auch die Tatsache entdeckt, daß die Presse dem dient, der sie besitzt. Sie verbreitet nicht, sondern sie erzeugt die „freie Meinung".

[1] Die moralisch-politische Aufklärung ist auch in England ein Produkt des dritten Standes (Priestley, Paley, Paine, Godwin) und weiß deshalb mit dem vornehmen Geschmack Shaftesburys nichts anzufangen.

[2] Der Schatzkanzler Pelham, Nachfolger Walpoles, ließ durch seinen Sekretär am Ende jeder Session den Mitgliedern des Unterhauses 500–800 Pfund in die Hände drücken, je nach dem Wert ihrer der Regierung, d. h. der Whigpartei, geleisteten Dienste. Der Parteiagent Dodington schrieb 1741 über seine parlamentarische Tätigkeit: „Ich war nie bei einer Debatte anwesend, wenn ich es vermeiden, und nie bei einer Abstimmung abwesend, die ich mitmachen konnte. Ich hörte manche Gründe, die mich überzeugten, aber nie einen, der meine Abstimmung beeinflußt hat."

Beides *zusammen* ist liberal, frei nämlich von den Hemmungen des erdverbundenen Lebens, seien es Rechte, Formen oder Gefühle, der Geist frei für jede Art von Kritik, das Geld frei für jede Art von Geschäft. Beides ist aber auch rücksichtslos auf die Herrschaft eines *Standes* gerichtet, der die Hoheit des Staates über sich nicht anerkennt. Geist und Geld, anorganisch wie sie sind, wollen den Staat nicht als gewachsene Form von großer Symbolik, die Achtung fordert, sondern als Einrichtung, die einem Zweck dient. Darin liegt der Unterschied von den Mächten der Fronde, die nur die gotische Art, lebendig in Form zu sein, gegen die des Barock, das Lehnswesen gegen den Absolutismus verteidigt haben, und die jetzt, in die Verteidigung gedrängt, von diesem kaum noch zu unterscheiden sind. Allein in England hat die Fronde nicht nur den Staat in offenem Kampf, sondern auch den dritten Stand durch innere Überlegenheit entwaffnet und deshalb die einzige Art von demokratischem In-Form-Sein erreicht, die nicht entworfen oder nachgeahmt, sondern herangereift ist, Ausdruck einer alten Rasse und eines ungebrochenen und sicheren Taktes, der mit jedem neuen, durch die Zeit gegebenen Mittel fertig zu werden weiß. Deshalb hat das englische Parlament die Erbfolgekriege der absoluten Staaten mitgeführt, aber als Wirtschaftskriege mit geschäftlichem Endziel.

Das Mißtrauen gegen die hohe Form ist in dem innerlich formlosen Nichtstand so groß, daß er immer und überall bereit gewesen ist, seine Freiheit – *von* aller Form – durch eine Diktatur zu retten, die regellos und deshalb allem Gewachsenen feind ist, aber gerade durch das Mechanisierende ihrer Wirksamkeit dem Geschmack von Geist und Geld entgegenkommt; man denke an den Aufbau der französischen Staatsmaschine, den Robespierre begonnen und Napoleon vollendet hat. Die Diktatur im Interesse eines Standesideals haben Rousseau, Saint Simon, Rodbertus und Lassalle ebenso gewünscht, wie die antiken Ideologen des 4. Jahrhunderts, Xenophon in der Kyropädie und Isokrates im Nikokles.[1]

[1] Daß ein solches Ideal des persönlichen Regiments hier tatsächlich die Diktatur im Interesse bürgerlicher und aufgeklärter Ideale bedeutet, ergibt sich aus dem Gegensatz zum strengen Staatsideal der Polis, an welcher nach Isokrates der Fluch des Nichtsterbenkönnens haftet.

In dem bekannten Satze Robespierres: „Die Regierung der Revolution ist der Despotismus der Freiheit gegen die Tyrannei" kommt
aber auch die tiefe Furcht zum Ausdruck, die jede Menge befällt,
welche sich im Angesicht ernster Ereignisse nicht sicher in Form
fühlt. Eine in ihrer Disziplin erschütterte Truppe räumt den Führern
des Zufalls und Augenblicks freiwillig eine Macht ein, die der legitimen Führung weder dem Umfang noch dem Wesen nach erreichbar ist und als legitim auch gar nicht ertragen werden könnte. Aber
das, ins Große übertragen, ist die Lage zu Beginn jeder Zivilisation.
Nichts ist für das Sinken der politischen Form bezeichnender als *die
Heraufkunft formloser Gewalten*, die man nach ihrem berühmtesten
Fall als *Napoleonismus* bezeichnen kann. Wie vollständig war noch
das Dasein Richelieus und Wallensteins in das unerschütterliche
Herkommen ihrer Zeit gebunden! Wie formvoll ist die englische
Revolution gerade unter der Decke äußerer Unordnung! Hier steht
es umgekehrt. Die Fronde kämpft *um* die Form, der absolute Staat
in ihr, das Bürgertum *gegen* sie. Nicht daß eine verjährte Ordnung
zertrümmert wird, ist neu. Das haben Cromwell und die Häupter
der ersten Tyrannis auch getan. Sondern daß hinter den Ruinen der
sichtbaren keine unsichtbare Form mehr steht, daß Robespierre und
Bonaparte nichts um sich und in sich finden, was die *selbstverständliche* Grundlage jeder Neugestaltung bleibt, daß statt einer Regierung
der großen Tradition und Erfahrung ein Zufallsregiment unvermeidlich wird, dessen Zukunft nicht mehr durch die Eigenschaften einer
langsam herangezüchteten Minderheit gesichert ist, sondern ganz
davon abhängt, ob sich gerade ein Nachfolger von Bedeutung findet – das kennzeichnet diese Zeitwende und gibt den Staaten, die
sich eine Tradition länger als andere zu erhalten wissen, auf Generationen hin ihre ungeheure Überlegenheit.

Die erste Tyrannis hatte mit Hilfe des Nichtadels die Polis voll-
endet; der Nichtadel hat sie mit Hilfe der zweiten Tyrannis zerstört.
Mit der bürgerlichen Revolution des vierten Jahrhunderts geht sie als
Idee zugrunde, mochte sie als Einrichtung, als Gewohnheit, als
Werkzeug der jeweiligen Gewalt auch fortbestehen. Der antike
Mensch hat niemals aufgehört, in ihrer Form politisch zu denken

und zu leben, aber ein mit heiliger Scheu verehrtes Sinnbild war sie für die Menge nicht mehr, so wenig wie die abendländische Monarchie von Gottes Gnaden, seit Napoleon nahe daran gewesen war, „seine Dynastie zur ältesten von Europa zu machen".

Auch in dieser Revolution gibt es wie immer in der Antike nur örtliche und augenblickliche Lösungen, nichts wie der prachtvolle Bogen, in dem die französische Revolution mit dem Bastillesturm aufsteigt und bei Waterloo endet; und die Szenen sind um so grauenvoller, als das euklidische Grundgefühl dieser Kultur nur ganz körperhafte Zusammenstöße der Parteien und statt der funktionalen Einordnung der unterlegenen in die siegreiche nur deren Ausrottung möglich erscheinen läßt. In Korkyra (427) und Argos (370) wurden die Besitzenden in Masse erschlagen, in Leontinoi (422) trieben diese die Unterklasse aus der Stadt und wirtschafteten mit Sklaven, bis sie aus Furcht vor einer Rückkehr die Stadt überhaupt preisgaben und nach Syrakus übersiedelten. Die Flüchtlinge aus Hunderten solcher Revolutionen überschwemmten alle antiken Städte, füllten die Söldnerheere der zweiten Tyrannis und machten die Landstraßen und Meere unsicher. Unter den Friedensgeboten der Diadochen und später der Römer erscheint beständig die Wiederaufnahme der vertriebenen Volksteile. Aber die zweite Tyrannis stützte sich selbst auf Akte dieser Art. Dionysios I. (405 bis 367) sicherte sich die Herrschaft über Syrakus, dessen vornehme Gesellschaft vor und neben der attischen der Mittelpunkt reifster hellenischer Kultur war – hier hat Aischylos um 470 seine Persertrilogie aufgeführt –, durch Massenhinrichtung der Gebildeten und Beschlagnahme aller Vermögen. Er hat dann die Einwohnerschaft ganz neu aufgebaut, oben durch Verleihung des großen Besitzes an seine Anhänger, unten durch Massenaufnahme von Sklaven, unter welche – wie anderswo – die Frauen und Töchter der ausgerotteten Oberschicht verteilt wurden, in den Bürgerstand.[1]

---

[1] Diodor XIV, 7. Das Schauspiel wiederholt sich 317, als Agathokles, ein ehemaliger Töpfer, seine Söldnerbanden und den Mob über die neue Oberschicht herfallen ließ. Nach dem Gemetzel trat „das Volk" der „gereinigten Stadt" zusammen und übertrug dem „Retter der wahren und echten Freiheit" die Diktatur: Diodor XIX, 6 ff. Über die ganze Bewegung: Busolt, Griech. Staatskunde, S. 396 ff., und Pöhlmann, Gesch. d. soz. Frage I, S. 416 ff.

Es ist wieder für die Antike bezeichnend, daß der Typus dieser Revolutionen nur eine Vergrößerung ihrer Zahl, nicht ihres Umfangs gestattet. Sie treten in Masse auf, aber jede entwickelt sich vollkommen für sich und an einem Punkte, und nur die Gleichzeitigkeit aller gibt ihnen den Charakter einer Gesamterscheinung, die Epoche macht. Dasselbe gilt vom Napoleonismus, mit dem sich zum erstenmal ein formloses Regiment über das Gefüge des Stadtstaates erhebt, ohne sich innerlich ganz von ihm befreien zu können. Er stützt sich auf das Heer, das sich gegenüber der außer Form geratenen Nation als selbständige politische Größe zu fühlen beginnt. Das ist auch der kurze Weg von Robespierre zu Bonaparte; mit dem Sturz der Jakobiner geht das Schwergewicht von der Zivilverwaltung auf die ehrgeizigen Generale über. Wie tief dieser neue Geist in alle Staaten des Abendlandes eingedrungen war, zeigt neben der Laufbahn Bernadottes und Wellingtons die Geschichte des Aufrufs „An mein Volk" von 1813; hier wurde von militärischer Seite die Fortdauer der preußischen Dynastie in Frage gestellt, falls der König sich nicht zum Bruch mit Napoleon entschließe.

Die zweite Tyrannis kündigt sich denn auch an mit der die innere Form der Polis aufhebenden Stellung, welche Alkibiades und Lysander gegen Ende des Peloponnesischen Krieges im Heer ihrer Stadt einnahmen. Der erste übte seit 411, obwohl verbannt und also ohne Amt und gegen den Willen der Heimat, die tatsächliche Herrschaft über die athenische Flotte aus; der zweite, der nicht einmal Spartiat war, fühlte sich im Kommando eines ihm persönlich ergebenen Heeres vollkommen unabhängig. Im Jahre 408 hatte sich der Kampf zweier Mächte in den zweier Männer um die Herrschaft über die ägäische Staatenwelt entwickelt.[1] Bald darauf hat Dionysios von Syrakus dem antiken Krieg durch die Ausbildung der ersten großen Berufsarmee – er hat auch die Kriegsmaschinen und Geschütze eingeführt[2] – eine neue, auch für die Diadochen und Römer vorbildliche Form gegeben. Von nun an ist der Geist des Heeres eine politische Macht für sich, und es wird eine sehr ernste Frage, bis zu wel-

---

[1] Ed. Meyer, Gesch. d. Alt. IV, § 626, 630.
[2] H. Delbrück, Geschichte der Kriegskunst (1908) I, S. 142.

chem Grade der Staat Herr oder Werkzeug der Soldaten ist. Daß die Regierung Roms 390–367[1] ausschließlich von einem Militärausschuß geführt wurde,[2] verrät eine Sonderpolitik des Heeres deutlich genug. Es ist bekannt, daß Alexander, der Romantiker der zweiten Tyrannis, in zunehmende Abhängigkeit vom Willen seiner Soldaten und Generale geriet, die nicht nur den Rückzug aus Indien erzwangen, sondern auch mit Selbstverständlichkeit über seinen Nachlaß verfügt haben.

Das gehört zum Wesen des Napoleonismus, und ebenso die Ausdehnung der *persönlichen* Herrschaft über Gebiete, deren Einheit weder nationaler, noch rechtlicher, sondern lediglich militärischer und verwaltungstechnischer Natur ist. Aber gerade diese Ausdehnung ist mit dem Wesen der Polis unvereinbar. Der antike Staat ist der einzige, der keiner organischen Erweiterung fähig ist, und die Eroberungen der zweiten Tyrannis führen deshalb zu einem *Nebeneinander* von zwei politischen Einheiten, der Polis und dem unterworfenen Gebiet, deren Zusammenhang zufällig und immer gefährdet bleibt. So entsteht das merkwürdige und in seiner tieferen Bedeutung noch gar nicht erkannte Bild der hellenistisch-römischen Welt: ein Kreis von *Randgebieten* und mitten darin das Gewimmel der winzigen Poleis, mit denen der Begriff des eigentlichen Staates, der *res publica*, ausschließlich verbunden bleibt. In dieser Mitte, und zwar für jede dieser Herrschaften in einem einzigen Punkt, befindet sich *der* Schauplatz aller wirklichen Politik. Der *orbis terrarum* – ein sehr bezeichnender Ausdruck – ist lediglich ihr Mittel oder Objekt. Die römischen Begriffe des *imperium*, der diktatorischen Amtsgewalt jenseits des Stadtgrabens, die mit dem Überschreiten des *pomerium* sofort erlischt, und der *provincia* als Gegensatz zur *res publica*, entspre-

---

[1] Das Todesjahr des Dionysios, was vielleicht kein Zufall ist.

[2] 3 bis 6 *tribuni militares consulari potestate* statt der Konsuln. Gerade damals muß durch die Einführung des Soldes und der langen Dienstzeit innerhalb der Legionen ein Stamm wirklicher Berufssoldaten entstanden sein, welche die Wahl der Centurionen in der Hand hatten und den Geist der Truppe bestimmten. Es ist ganz falsch, jetzt noch vom Bauernaufgebot zu reden, ganz abgesehen davon, daß die vier großen Stadttribus einen erheblichen Teil der Mannschaft lieferten, deren Einfluß noch über die Zahl hinausging. Selbst die altertümelnde Schilderung des Livius und anderer läßt deutlich erkennen, welchen Einfluß die stehenden Verbände auf den Kampf der Parteien ausgeübt haben.

chen einem allgemein antiken Grundgefühl, das nur den Körper der Stadt als Staat und politisches Subjekt und in bezug auf ihn ein „draußen" als Objekt kennt. Dionysios hat das festungsartig ausgebaute Syrakus „mit einem Trümmerfeld von Staaten umgeben" und sein Machtgebiet von hier aus über Unteritalien und die dalmatische Küste bis in die nördliche Adria ausgedehnt, wo er Ancona und Atria an der Pomündung besaß. Den umgekehrten Plan führte Philipp von Makedonien nach dem Vorbilde seines Lehrmeisters, des 370 ermordeten Jason von Pherä, aus: den Schwerpunkt in das Randgebiet, das heißt praktisch in das Heer zu verlegen und von da aus eine Vorherrschaft über die hellenische Staatenwelt auszuüben. So wurde Makedonien bis zur Donau ausgedehnt, und nach dem Tode Alexanders traten das Seleukiden- und das Ptolemäerreich hinzu, die je von einer Polis aus – Antiochia und Alexandria – regiert wurden und zwar vermittels der vorgefundenen einheimischen Verwaltung, die immer noch besser war als irgendeine antike. Rom selbst hat gleichzeitig (etwa 326–265) sein mittelitalisches Reich wie *einen Randstaat* ausgebaut und nach allen Seiten durch ein System von Kolonien, Bundesgenossen und Gemeinden latinischen Rechts befestigt. Dann haben seit 237 Hamilkar Barkas für das längst in antiken Formen lebende Karthago das spanische Reich, C. Flaminius seit 225 für Rom die Po-Ebene und endlich Cäsar sein gallisches Reich erobert. Auf dieser Unterlage beruhen zuerst die napoleonischen Kämpfe der Diadochen im Osten, dann die westlichen zwischen Scipio und Hannibal, die ebenfalls beide den Schranken der Polis entwachsen waren, und endlich die cäsarischen der Triumvirn, die sich auf die Summe *aller* Randgebiete und ihre Mittel stützten, um „in Rom der erste zu sein".

12

In Rom hat die starke und glückliche Form des Staates, wie sie um 340 erreicht war, die soziale Revolution in verfassungsmäßigen Grenzen gehalten. Eine napoleonische Erscheinung wie der Censor von 310, Appius Claudius, Erbauer der ersten Wasserleitung und der Via Appia, der in Rom fast wie ein Tyrann herrschte, ist sehr bald

mit seinem Versuch gescheitert, die Bauernschaft durch die großstädtische Masse auszuschalten und damit die Politik in eine einseitig
athenische Richtung zu lenken. Denn das war der Zweck jener Aufnahme von Sklavensöhnen in den Senat, der neuen Centurienord-
nung nach Geld statt nach Grundbesitz[1] und der Verteilung der
Freigelassenen und Besitzlosen über alle Tribus, wo sie die selten zur
Stadt kommenden Landleute überstimmen sollten und jederzeit
konnten. Schon die nächsten Censoren haben diese Leute ohne
Grundbesitz wieder in die vier großen Stadttribus überschrieben.
Der Nichtstand selbst, der durch eine Minderheit angesehener Geschlechter gut geführt wurde, sah das Ziel, wie schon erwähnt, nicht
mehr in der Zerstörung, sondern der Eroberung des senatorischen
Verwaltungsorganismus. Er hat endlich den Zugang zu allen Ämtern erzwungen, durch die lex Ogulnia von 300 sogar zu den politisch wichtigen Priestertümern der Pontifices und Auguren und
durch den Aufstand von 287 die Rechtsgültigkeit der Plebiszite
auch ohne Genehmigung des Senats.

Das praktische Ergebnis dieser Freiheitsbewegung war gerade das
Gegenteil von dem, was Ideologen – die es in Rom nicht gab – erwartet hätten. Der große Erfolg nahm dem Protest des Nichtstandes
das Ziel und damit diesem selbst, der abgesehen von der Opposition
politisch ein Nichts war, die treibende Kraft. Seit 287 war die Staatsform da, um mit ihr politisch zu arbeiten, und zwar in einer Welt,
in der nur noch die großen Randstaaten Rom, Karthago, Makedonien, Syrien, Ägypten ernsthaft zählten; sie hatte aufgehört, als
Objekt von „Volksrechten" in Gefahr zu sein, und eben darauf beruht der Aufstieg des Volkes, das allein in Form geblieben war.

Einerseits hatte sich innerhalb der formlosen und durch die Massenaufnahme von Freigelassenen in ihren Rassetrieben längst er-
schütterten Plebs[2] eine durch große praktische Fähigkeiten, Rang

---

[1] Die nach K. J. Neumann auf den großen Censor zurückgeht.

[2] Nach römischem Recht erhält der freigelassene Sklave ohne weiteres das
Bürgerrecht mit geringen Einschränkungen; da das Sklavenmaterial dem ganzen
Mittelmeergebiet und vor allem dem Osten entstammte, so sammelte sich in
den vier Stadttribus eine ungeheure wurzellose Masse an, die allen Tendenzen des
altrömischen Blutes fern stand und diese rasch zerstört hat, als es ihr seit der gracchischen Bewegung gelungen war, die große Zahl zur Geltung zu bringen.

und Reichtum ausgezeichnete Oberschicht gebildet, die sich mit einer entsprechenden innerhalb des Patriziats zusammenschloß. So entsteht im engsten Kreise eine starke Rasse von vornehmen Lebensgewohnheiten und weitem politischen Horizont, in deren Mitte sich der ganze Schatz von Erfahrungen der Regierung, Heerführung und Diplomatie sammelt und vererbt, welche die Leitung des Staates als **ihren** einzigen standesgemäßen Beruf und als ihr überkommenes Vorrecht betrachtet und den Nachwuchs allein auf die Kunst des Befehlens hin und im Bann einer maßlos stolzen Tradition heranzüchtet. Ihr verfassungsmäßiges Werkzeug findet diese staatsrechtlich nicht vorhandene Nobilität im Senat, der ursprünglich die Interessenvertretung der Patrizier, also des „homerischen" Adels gewesen war, in dem seit Mitte des vierten Jahrhunderts aber die ehemaligen Konsuln – Herrscher und Heerführer zugleich – als lebenslängliche Mitglieder einen geschlossenen Kreis großer Begabungen bilden, der die Versammlung und durch sie den Staat beherrscht. Schon dem Gesandten des Pyrrhus, Kineas, erschien der Senat wie ein Rat von Königen (279), und endlich kommen die Titel *princeps* und *clarissimus* auf für eine kleine Gruppe von Führern in ihm, die nach Rang, Macht und Auftreten den Herrschern der Diadochenreiche vollkommen ebenbürtig waren.[1] Es entsteht eine Regierung, wie sie kein Großstaat in irgendeiner andern Kultur jemals besessen hat, und eine Tradition, die höchstens unter ganz anders gearteten Bedingungen in Venedig und in der päpstlichen Kurie während des Barock ihresgleichen findet. Es gibt hier keine

---

[1] Die Nobilität entwickelt sich seit dem Ende des 4. Jahrhunderts zu einem geschlossenen Kreise der Familien, welche Konsuln unter ihren Vorfahren hatten oder gehabt haben wollten. Je strenger auf diese Bedingung gehalten wurde, desto häufiger werden die Fälschungen der älteren Konsulnliste, um die im Aufstieg begriffenen Familien von starker Rasse und Begabung zu „legitimieren". Der erste ganz revolutionäre Höhepunkt dieser Fälschungen liegt in der Epoche des Appius Claudius, wo der kurulische Ädil Cn. Flavius, Sohn eines Sklaven, die Liste ordnete – damals wurden auch die Beinamen römischer Könige nach plebejischen Geschlechtern erfunden –, der zweite in der Zeit der Schlacht von Pydna (168), als die Herrschaft der Nobilität cäsarische Formen anzunehmen begann. (E. Kornemann, Der Priesterkodex in der Regia, 1912, S. 56 ff.) Von den 200 Konsulaten 232–133 entfallen 159 auf 26 Familien, und von da an, wo die Rasse verbraucht war und man deshalb um so peinlicher auf die Form als solche hielt, wird der *homo novus* – wie Cato und Cicero – eine seltene Erscheinung.

Theorie, woran Athen zugrunde ging, keinen Provinzialismus, durch den Sparta zuletzt verächtlich wurde, nur eine Praxis großen Stils. Wenn das Römertum eine ganz einzige, wundervolle Erscheinung innerhalb der Weltgeschichte ist, so verdankt es das nicht dem „römischen Volk", das an sich ebenso ein Rohstoff ohne Form war wie jedes andere, sondern dieser Klasse, die es in Form brachte und mit oder gegen seinen Willen hielt, so daß dieser Daseinsstrom, der noch um 350 kaum eine mittelitalische Bedeutung hatte, allmählich die gesamte antike Geschichte in sein Bett gefaßt und ihre letzte große Zeit zu einer *römischen* gemacht hat.

Die Vollendung seines politischen Taktes beweist dieser kleine Kreis, der keinerlei öffentliches Recht besaß, in der Handhabung der von der Revolution geschaffenen demokratischen Formen, die wie überall das wert waren, was man aus ihnen machte. Gerade was in ihnen gefährlich werden konnte, sobald man daran rührte, das Nebeneinander zweier sich ausschließender Gewalten, ist mit vollkommener Meisterschaft und *schweigend* so behandelt worden, daß die höhere Erfahrung stets den Ausschlag gab und das Volk stets überzeugt blieb, die Entscheidung selbst und in seinem Sinne herbeigeführt zu haben. *Volkstümlich und doch von höchstem geschichtlichen Erfolg*, das ist das Geheimnis dieser Politik und die einzige Möglichkeit der Politik überhaupt in allen solchen Zeiten, eine Kunst, in welcher das römische Regiment bis jetzt unerreicht geblieben ist.

Aber auf der andern Seite war das Ergebnis der Revolution trotz alledem *die Emanzipation des Geldes*, das von nun an in den Zenturiatkomitien herrschte. Was hier sich *populus* nannte, wird mehr und mehr ein Werkzeug in der Hand der großen Vermögen, und es bedurfte der ganzen taktischen Überlegenheit der regierenden Kreise, um in der *plebs* ein Gegengewicht aufrechtzuerhalten und in ihren einunddreißig ländlichen Tribus wirklich eine Vertretung des bäuerlichen Grundbesitzes unter Leitung der adligen Geschlechter bereit zu haben, von welcher die großstädtische Masse ausgeschlossen blieb. Daher die energische Art, mit welcher die Anordnungen des Appius Claudius wieder beseitigt worden sind. Das natürliche Bünd-

nis zwischen Hochfinanz und Masse, wie es sich später unter den
Gracchen und dann unter Marius verwirklichte, um die Tradition
des Blutes zu zerstören, und wie es unter anderm auch den deutschen
Umsturz von 1918 vorbereitet hat, ist auf viele Generationen hin
unmöglich gemacht worden. Bürgertum und Bauerntum, Geld und
Grundbesitz hielten sich in gesonderten Organen das Gleichgewicht
und wurden durch den in der Nobilität verkörperten Staatsgedanken
zusammengefaßt und wirksam gemacht, bis deren innere Form zer-
fiel und beide Tendenzen feindselig auseinandertraten. Der erste
Punische Krieg war ein Handelskrieg und gegen die Interessen der
Landwirtschaft gerichtet, weshalb der Konsul Appius Claudius, ein
Nachkomme des großen Zensors, die Entscheidung 264 den Zenturiatkomitien vorlegte. Die Eroberung der Poebene seit 225 dagegen lag im Interesse der Bauernschaft und wurde durch den Tribun
C. Flaminius, die erste wirklich cäsarische Erscheinung Roms, den
Erbauer der Via Flaminia und des Circus Flaminius, in den Tributkomitien durchgesetzt. Aber gerade weil er in Verfolgung dieser
Politik als Zensor von 220 den Senatoren Geldgeschäfte verbot und
gleichzeitig die altadligen Rittercenturien der Plebs zugänglich
machte, was in Wirklichkeit nur dem neuen Geldadel aus der Zeit
des ersten Punischen Krieges zugute kam, ist er ganz gegen seinen
Willen der Schöpfer einer *als Stand organisierten Hochfinanz* geworden, eben der *equites*, welche ein Jahrhundert später der großen Zeit
der Nobilität ein Ende gemacht haben. Von da an – seit dem Siege
über Hannibal, gegen den Flaminius fiel – wird das Geld auch für
die Regierung das letzte Mittel, um ihre Politik fortzusetzen, die
letzte wirkliche Staatspolitik, die es in der Antike gab.

Als die Scipionen und ihr Kreis aufgehört hatten, die leitende
Macht zu sein, gab es nur noch eine Privatpolitik von Einzelnen, die
rücksichtslos ihr Interesse verfolgten und für die der *orbis terrarum*
eine willenlose Beute war. Wenn Polybios, der jenem Kreis angehörte, in Flaminius einen Demagogen und den Urheber des ganzen Un-
glücks der Gracchenzeit sah, so irrte er sich vollkommen in dessen
Absichten, aber nicht in der Wirkung. Flaminius hat ebenso wie der
ältere Cato, der mit dem blinden Eifer des Bauernführers den großen

Scipio um seiner Weltpolitik willen stürzte, das Gegenteil von dem
erreicht, was er wollte. An Stelle des führenden Blutes trat das Geld,
und das Geld hat in weniger als drei Generationen den Bauernstand
vernichtet.

Wenn es inmitten der antiken Völkerschicksale ein unwahrschein-
licher Glücksfall war, daß Rom als der einzige Stadtstaat die soziale
Revolution in fester Verfassung überstand, so war es im Abendlande
mit seinen auf die Ewigkeit gegründeten genealogischen Formen fast
ein Wunder, daß doch an einem Ort eine gewaltsame Revolution
zum Ausbruch kam, in Paris. Nicht die Stärke, sondern die Schwäche
des französischen Absolutismus ist es gewesen, welche hier die englischen Ideen in Verbindung mit der Dynamik des Geldes zu einer
Explosion führte, die den Schlagworten der Aufklärung eine lebendige Gestalt gab, die Tugend mit dem Schrecken, die Freiheit mit
der Despotie verband und noch in den kleinen Bränden von 1830
und 1848 und in der sozialistischen Katastrophensehnsucht nach-
wirkte.[1] In England selbst, wo der Adel absoluter herrschte als irgend jemand in Frankreich, hat zwar ein kleiner Kreis um Fox und
Sheridan die Ideen der französischen Revolution – sie waren sämtlich englischer Herkunft – begrüßt; man sprach von allgemeinem

---

[1] Und selbst in Frankreich, wo der Richterstand in den Parlaments die Regierung offen verhöhnte, sogar ungestraft königliche Verfügungen von den Mauern
reißen und eigne *arrêts* an ihre Stelle kleben ließ (R. Holtzmann, Franz. Verfassungsgeschichte [1910], S. 353), wo „befohlen, aber nicht gehorcht, Gesetze gemacht, aber nicht ausgeführt wurden" (A. Wahl, Vorgesch. d. franz. Revolution I, S. 29 und überall), wo die Hochfinanz Turgot und jeden andern stürzen
konnte, der ihr mit seinen Reformplänen unbequem wurde, wo die gebildete
Welt, Prinzen, Adlige, hohe Geistliche und Militärs an der Spitze, der Anglo-
manie verfallen war und jeder Art von Opposition Beifall klatschte, selbst dort
wäre nichts geschehen, hätte nicht eine plötzliche Reihe von Zwischenfällen zu-
sammengewirkt: die zur Mode gewordne Beteiligung von Offizieren an dem
Kampf amerikanischer Republikaner gegen das englische Königtum, die diplomatische Niederlage in Holland (27. Oktober 1787) mitten in der großartigen
Reformtätigkeit der Regierung, und der fortgesetzte Ministerwechsel unter dem
Druck unverantwortlicher Kreise. Im britischen Reich war der Abfall der amerikanischen Kolonien die Folge der Versuche hochtorystischer Kreise, im Einverständnis mit Georg III., aber selbstverständlich im eignen Interesse die Königsgewalt zu stärken. Diese Partei besaß in den Kolonien eine starke Anhängerschaft
von Royalisten, namentlich im Süden, die auf englischer Seite kämpfend die
Schlacht von Canden entschieden hat und nach dem Sieg der Rebellen zum größten Teil in das königstreu gebliebene Kanada ausgewandert ist.

Stimmrecht und Parlamentsreform.[1] Aber das genügte, um beide Parteien unter Führung eines Whig, des jüngeren Pitt, zu den schärfsten Maßregeln zu veranlassen, die alle Versuche vereitelt haben, das Adelsregiment zugunsten des dritten Standes auch nur anzurühren. Der englische Adel hat den zwanzigjährigen Krieg gegen Frankreich entfesselt und alle Monarchen Europas in Bewegung gesetzt, um endlich bei Waterloo nicht dem Kaisertum, sondern der Revolution ein Ende zu machen, die es gewagt hatte, die Privatansichten englischer Denker ganz naiv in die praktische Politik einzuführen und damit dem gänzlich formlosen *tiers* eine Stellung zu geben, deren Folgen man nicht in den Pariser Salons, aber um so besser im englischen Unterhause voraussah.[2]

Was man hier Opposition nannte, war die Haltung der einen Adelspartei, solange die andre die Regierung führte. Sie bedeutete hier nicht, wie überall auf dem Festland, berufsmäßige Kritik an einer Arbeit, die zu leisten der Beruf anderer war, sondern den praktischen Versuch, die Regierungstätigkeit in eine Form zu zwingen, die man jeden Augenblick bereit und fähig war, selbst aufzunehmen. Aber diese Opposition wurde sofort unter völliger Unkenntnis ihrer gesellschaftlichen Voraussetzungen vorbildlich für das, was die Gebildeten in Frankreich und anderswo erstrebten, eine Standesherrschaft des *tiers* unter den Augen der Dynastie, über deren fernere Stellung man sich immerhin nicht ganz klar war. Die Einrichtungen Englands wurden seit Montesquieu mit einem begeisterten Mißverständnis gepriesen, obwohl all diese Staaten keine Inseln waren und deshalb die wesentlichste Voraussetzung der englischen Entwicklung nicht besaßen. Nur in einem Punkte war England wirk-

---

[1] 1793 wurden 306 Mitglieder des Unterhauses von insgesamt 160 Personen gewählt. Der Wahlkreis des alten Pitt, Old Sarum, bestand aus einem Pachthause, das zwei Abgeordnete entsandte.

[2] Seit 1832 hat der englische Adel dann selbst durch eine Reihe von vorsichtigen Reformen das Bürgertum zur *Mitarbeit* herangezogen, aber unter seiner beständigen Leitung und vor allem im Rahmen seiner Tradition, in welche die jungen Talente hineinwuchsen. Die Demokratie verwirklichte sich so, daß die Regierung streng in Form blieb, und zwar in der alten aristokratischen, es aber jedem (seiner Meinung nach) freistand, Politik zu machen. Dieser Übergang mitten in einer bauernlosen und von Geschäftsinteressen beherrschten Gesellschaft ist die größte innerpolitische Leistung des 19. Jahrhunderts.

lich ein Vorbild. Als das Bürgertum daranging, den absoluten Staat wieder in einen Ständestaat zu verwandeln, fand es drüben ein Gebilde, das nie etwas andres gewesen war. Allerdings war es der Adel allein, der regierte, aber zum wenigsten war es nicht die Krone.

Das Ergebnis der Epoche und die Grundform der Festlandstaaten zu Beginn der Zivilisation ist die „konstitutionelle Monarchie", als deren äußerste Möglichkeit die Republik erscheint, so wie wir heute das Wort verstehen. Denn man muß sich endlich von dem Geschwätz der Doktrinäre befreien, die in zeitlosen und also wirklichkeitsfremden Begriffen denken und für welche „die Republik" eine Form an sich ist. So wenig England eine Konstitution im festländischen Sinne besitzt, so wenig hat das republikanische Ideal des 19. Jahrhunderts irgend etwas mit der antiken *res publica* oder auch nur mit Venedig und den Schweizer Urkantonen zu tun. Was *wir* so nennen, ist eine *Negation*, die das Verneinte mit innerer Notwendigkeit als beständig möglich voraussetzt. Es ist die Nichtmonarchie in Formen, die der Monarchie entlehnt sind. Das genealogische Gefühl ist im abendländischen Menschen so ungeheuer stark und straft sein Bewußtsein bis zu dem Grade Lügen, daß die Dynastie die gesamte politische Haltung bestimmt, auch wenn sie gar nicht mehr da ist. In ihr verkörpert sich das Historische, und unhistorisch können wir nicht leben. Es ist ein großer Unterschied, ob der antike Mensch das dynastische Prinzip aus dem Grundgefühl seines Seins heraus überhaupt nicht kennt oder ob es der abendländische Gebildete seit der Aufklärung und für die Dauer von etwa zwei Jahrhunderten aus abstrakten Gründen in sich niederzukämpfen sucht. Dies Gefühl ist der geheime Feind aller entworfenen und nicht gewachsenen Verfassungen, die im letzten Grunde nichts als Abwehrmaßregeln und aus Furcht und Mißtrauen geboren sind. Der Freiheitsbegriff der Stadt – frei sein *von* etwas – verengt sich bis zu einer lediglich antidynastischen Bedeutung; die republikanische Begeisterung lebt nur von diesem Gefühl.

Zum Wesen einer solchen Verneinung gehört unvermeidlich ein Vorwiegen der Theorie. Während die Dynastie und die ihr innerlich nahestehende Diplomatie die alte Tradition, den Takt bewahren,

haben in den Verfassungen Systeme, Bücher und Begriffe ein Übergewicht, wie es in England, wo der Regierungsform nichts Verneinendes und Defensives anhaftet, ganz undenkbar ist. Nicht umsonst ist die faustische Kultur die des Schreibens und Lesens. Das gedruckte Buch ist ein Sinnbild der zeitlichen, die Presse außerdem ein
Sinnbild der räumlichen Unendlichkeit. Gegenüber der ungeheuren
Macht und Tyrannei dieser Symbole erscheint selbst die chinesische
Zivilisation beinahe schriftlos. In den Verfassungen wird die Literatur gegen die Kenntnis der Menschen und Dinge, die Sprache gegen
die Rasse, das abstrakte Recht gegen die erfolgreiche Tradition angesetzt, ohne Rücksicht darauf, ob die Nation mitten im Strom der Ereignisse noch arbeitsfähig und in Form bleibt. Mirabeau hat ganz
allein und vergeblich gegen eine Versammlung gekämpft, welche
„die Politik mit einem Roman verwechselte". Nicht nur die drei
doktrinärsten Verfassungen des Zeitalters, die französische von 1791,
die deutschen von 1848 und 1919, sondern so gut wie alle wollen das
große Schicksal der Tatsachenwelt nicht sehen und glauben es damit
widerlegt zu haben. Statt des Unvorhergesehenen, des Zufalls der
starken Persönlichkeiten und Umstände soll die Kausalität herrschen,
zeitlos, gerecht, immer derselbe verständige Zusammenhang von
Ursache und Wirkung. Es ist bezeichnend, daß kein Verfassungstext
das Geld als politische Größe kennt. Sie enthalten sämtlich reine
Theorie.

Dieser Zwiespalt im Wesen der konstitutionellen Monarchie läßt
sich nicht aufheben. Hier stehen Wirkliches und Gedachtes, Arbeit
und Kritik schroff gegeneinander, und die wechselseitige Reibung
ist das, was dem Gebildeten vom Durchschnitt als innere Politik
erscheint. Nur in England – wenn man von Preußen-Deutschland
und von Österreich absieht, wo anfangs eine Verfassung zwar vorhanden, aber der politischen Tradition gegenüber nicht sehr ein-
flußreich war – erhielten sich Regierungsgewohnheiten aus einem
Guß. Hier behauptete sich die Rasse gegenüber dem Prinzip. Man
ahnte, daß wirkliche, das heißt ausschließlich auf den geschichtlichen
Erfolg gerichtete Politik auf Zucht und nicht auf Bildung beruhe.
Das war kein aristokratisches Vorurteil, sondern eine kosmische

Tatsache, die in den Erfahrungen englischer Vollblutzüchter viel deutlicher hervortritt als in sämtlichen Philosophiesystemen der Welt. Bildung kann die Zucht verfeinern, aber nicht ersetzen. Und so werden die hohe englische Gesellschaft, die Schule von Eton, das Balliol College in Oxford die Stätten, wo Politiker gezüchtet werden mit einer Folgerichtigkeit, die nur in der Züchtung des preußischen Offizierskorps ihresgleichen hatte, Kenner nämlich, die den geheimen Takt der Dinge beherrschen, auch den stillen Gang der Meinungen und Ideale, und die deshalb seit 1832 den ganzen Strom der bürgerlich-revolutionären Grundsätze über das von ihnen gelenkte Dasein hingehen ließen ohne die Gefahr, den Zügel aus der Hand zu verlieren. Sie besaßen das *training*, die Biegsamkeit und Beherrschtheit eines menschlichen Leibes, der, das jagende Pferd unter sich, den Sieg heran*fühlt*. Man ließ die großen Grundsätze die Masse bewegen, weil man wußte, daß es das Geld war, mit dem man die großen Grundsätze bewegen konnte, und man fand statt der brutalen Methoden des 18. Jahrhunderts feinere und nicht weniger wirksame, von denen die Drohung mit den Kosten einer Neuwahl die einfachste ist. Die doktrinären Verfassungen des Festlands sahen nur die eine Seite der Tatsache Demokratie. Hier, wo man keine Verfassung hatte, sondern in Verfassung war, übersah man sie ganz.

Ein dunkles Gefühl davon ist auf dem Festland nie verschwunden. Für den absoluten Barockstaat gab es eine klare Form; für die konstitutionelle Monarchie gab es nur schwankende Kompromisse, und die konservative und liberale Partei unterscheiden sich nicht wie in England – seit Canning – nach längst erprobten Regierungsmethoden, die sie abwechselnd zur Anwendung brachten, sondern nach der Richtung, in welcher sie die Verfassung abzuändern wünschten, nämlich nach der Tradition oder der Theorie hin. Sollte die Dynastie dem Parlament dienen oder umgekehrt? Das war die Streitfrage, über welcher man den außenpolitischen Endzweck vergaß. Die „spanische" und die – mißverstandene – „englische" Seite der Verfassung wuchsen nicht zusammen und konnten es nicht, so daß während des 19. Jahrhunderts der diplomatische Außendienst und die parlamentarische Tätigkeit sich nach zwei ganz verschiedenen

Seiten hin entwickelten, sich dem Grundgefühl und der Methode
nach vollkommen fremd wurden und einander gründlich verachteten. Das Leben rieb sich wund in einer Form, die es nicht aus sich
selbst entwickelt hatte. Frankreich verfiel seit dem Thermidor einer
Herrschaft der Börse, gemildert durch gelegentliche Aufrichtung
einer Militärdiktatur: 1800, 1851, 1871, 1918. In der Schöpfung Bismarcks, die in den Grundzügen dynastischer Natur war, mit einem
entschieden untergeordneten parlamentarischen Bestandteil, wurde
die innere Reibung so stark, daß sie die gesamte politische Energie
und zuletzt, seit 1916, den Organismus selbst verbraucht hat. Das
Heer hatte seine eigne Geschichte und eine große Tradition von
Friedrich Wilhelm I. an, ebenso die Verwaltung. Hier liegt der Ursprung des Sozialismus als einer Art, politisch in Form zu sein, die
der englischen streng entgegengesetzt ist,[1] aber ebenso wie diese der
vollkommene Ausdruck einer starken Rasse. Der Offizier und der
Beamte wurden in Vollendung gezüchtet, aber die Aufgabe, den
entsprechenden politischen Typus zu züchten, wurde nicht erkannt.
Die hohe Politik wurde „verwaltet", die niedere war hoffnungsloses
Gezänk. So wurden Heer und Verwaltung endlich Selbstzweck, seit
mit Bismarck der Mann gegangen war, für den sie Mittel sein konnten auch ohne die Mitarbeit eines Stammes von Politikern, den nur
eine Tradition erzeugt. Als mit dem Ausgang des Weltkriegs der
Oberbau verschwand, blieben die nur zur Opposition erzogenen
Parteien allein übrig und brachten die Regierungstätigkeit plötzlich auf ein Niveau herab, das unter zivilisierten Staaten bis jetzt
unbekannt war.

Aber der Parlamentarismus ist heute in vollem Verfall begriffen.
Er war *eine Fortsetzung der bürgerlichen Revolution mit andern Mitteln*,
die Revolution des dritten Standes von 1789, in gesetzmäßige Form
gebracht und mit ihrer Gegnerin, der Dynastie, zur Regierungs-
einheit verbunden. In der Tat ist jeder moderne Wahlkampf ein mit
dem Stimmzettel und allen Mitteln der Aufreizung durch Rede und
Schrift geführter Bürgerkrieg und jeder große Parteiführer eine
Art bürgerlicher Napoleon. Diese auf Dauer berechnete Form, die

[1] Preußentum und Sozialismus, S. 40 ff.

ausschließlich der abendländischen Kultur angehört und in jeder andern sinnlos und unmöglich wäre, enthüllt wieder den Hang zum Unendlichen, die historische Voraussicht[1] und Vorsorge und den Willen, *die ferne Zukunft zu ordnen* und zwar nach bürgerlichen Grundsätzen der Gegenwart.

Trotzdem ist der Parlamentarismus kein Gipfel wie die absolute Polis und der Barockstaat, sondern ein kurzer Übergang, nämlich von der Spätzeit mit ihren gewachsenen Formen zum Zeitalter der großen Einzelnen inmitten einer formlos gewordenen Welt. Er enthält einen Rest guten Barockstils wie die Häuser und Möbel aus der ersten Hälfte des 19. Jahrhunderts. Die parlamentarische Sitte ist englisches Rokoko, aber nicht mehr selbstverständlich und im Blute liegend, sondern oberflächlich nachgeahmt und Sache des guten Willens. Nur in den kurzen Zeiten anfänglicher Begeisterung besitzt sie einen Schein von Tiefe und Dauer und nur deshalb, weil man eben gesiegt hatte und aus Achtung vor dem eignen Stand die guten Manieren der Besiegten sich zur Pflicht machte. Die Form zu wahren, auch wo sie dem Vorteil widerspricht: auf dieser Übereinkunft beruht die *Möglichkeit* des Parlamentarismus. *Dadurch, daß er erreicht ist, ist er eigentlich schon überwunden.* Der Nichtstand zerfällt wieder in natürliche Interessengruppen; das Pathos des leidenden und siegreichen Widerstandes ist zu Ende. Und sobald die Form nicht mehr die Anziehungskraft eines jungen Ideals besitzt, für das man auf die Barrikaden geht, erscheinen die außerparlamentarischen Mittel, um trotz der Abstimmung und ohne sie das Ziel zu erreichen: darunter das Geld, der wirtschaftliche Druck, vor allem der Streik. Weder die großstädtische Masse noch der starke Einzelne haben wahre Achtung vor dieser Form ohne Tiefe und Vergangenheit, und sobald man entdeckt, daß sie *nur* Form ist, ist sie auch schon Maske und Schatten geworden. Mit dem Anfang des 20. Jahrhunderts nähert sich der Parlamentarismus, auch der englische, mit schnellen Schritten der Rolle, die er selbst dem Königtum bereitet hat. Er wird ein

---

[1] Die Entstehung des römischen Tribunats ist ein blinder Zufall, dessen glückliche Folgen niemand ahnte. Dagegen sind die abendländischen Verfassungen wohl durchdacht und in ihren Wirkungen genau berechnet worden, gleichviel ob die Rechnung falsch war oder nicht.

eindrucksvolles Schauspiel für die Menge der Gläubigen, während
der Schwerpunkt der großen Politik, wie er rechtlich von der Krone
zur Volksvertretung hinüberging, nun aus dieser in Privatkreise
und den Willen von Privatpersonen verlegt wird. Der Weltkrieg
hat diese Entwicklung beinahe abgeschlossen. Von der Herrschaft
Lloyd Georges führt kein Weg zum alten Parlamentarismus zurück
und ebensowenig von dem Napoleonismus der französischen Militärpartei. Und für Amerika, das bis jetzt für sich dalag und eher ein
Gebiet als ein Staat war, ist mit dem Eintritt in die Weltpolitik das
einer Theorie von Montesquieu entstammende Nebeneinander von
Präsidentschaft und Kongreß unhaltbar geworden und wird in Zeiten wirklicher Gefahr formlosen Gewalten Platz machen, wie sie
Südamerika und Mexiko längst kennen gelernt haben.

13

Damit ist der Eintritt in das Zeitalter der Riesenkämpfe vollzogen,
in dem wir uns heute befinden. Es ist *der Übergang vom Napoleonismus zum Cäsarismus*, eine allgemeine Entwicklungsstufe vom Um·
fang wenigstens zweier Jahrhunderte, die in allen Kulturen nachzuweisen ist. Die Chinesen nennen sie *tschan-kuo*,[1] Zeit der kämpfenden Staaten (480–230, antik etwa 300–50). Am Anfang werden
sieben Großmächte gezählt, die erst planlos, dann mit immer klare-
rem Blick für das unvermeidliche Endergebnis in diese dichte Folge
von ungeheuren Kriegen und Revolutionen eintreten. Ein Jahrhundert später sind es noch fünf. 441 wird der Herrscher der Dschou-
Dynastie zum Staatspensionär des „östlichen Herzogs", und damit
verschwindet der Rest von Land, den er besaß, aus der ferneren
Geschichte. Gleichzeitig beginnt der rasche Aufstieg des Römer-

---

[1] Aus den wenigen westeuropäischen Werken, die sich mit Fragen der altchinesischen Geschichte befassen, geht hervor, daß in der chinesischen Literatur
sehr viel Material über diese der Gegenwart genau entsprechende Zeit mit ihren
zahllosen Parallelen vorhanden ist, aber es fehlt an jeder politisch ernst zu neh-
menden Behandlung. Z. folg. Hübotter, Aus den Plänen der kämpfenden Reiche
(1912); Piton, *The six great chancellors of Tsin*, China Rev. XIII, S. 102, 255, 365;
XIV, S. 3; Ed. Chavannes, *Mem. hist. de Se-ma-tsien*, 1895 ff.; Pfizmair, Sitz.
Wien. Ak. XLIII (1863) (Tsin), XLIV (Tsu); A. Tschepe, *Histoire du royaume de
Ou* (1896), *de Tchou* (1903).

staates Tsin im unphilosophischen Nordwesten,[1] der seinen Einfluß nach West und Süd über Tibet und Yünnan ausdehnt und die übrige Staatenwelt in weitem Bogen umklammert. Den Mittelpunkt der Gegnerschaft bildet das Königreich Tsu im taoistischen Süden,[2] von wo aus die chinesische Zivilisation langsam in die damals noch wenig bekannten Länder jenseits des großen Stromes dringt. Das ist in der Tat ein Gegensatz wie der zwischen Römertum und Hellenismus: dort der harte und klare Wille zur Macht, hier der Hang zur Träumerei und Weltverbesserung. 368–320 (antik etwa Zeit des Zweiten Punischen Krieges) steigert sich der Kampf zu einem ununterbrochenen Ringen der gesamten chinesischen Welt, mit Massenheeren, die bis zur äußersten Anspannung der Bevölkerungszahl aufgebracht werden. „Die Verbündeten, deren Länder zehnmal so groß waren als die von Tsin, wälzten umsonst eine Million Menschen heran. Tsin hatte immer noch Reserven in Bereitschaft. Von Anfang bis zu Ende fiel eine Million Mann", schreibt Se-ma-tsien. Su-tsin, zuerst Kanzler von Tsin, der dann als Anhänger der Völkerbundsidee *(hohtsung)* zu den Gegnern überging, brachte zwei große Koalitionen zustande (333 und 321), die an innerer Uneinigkeit mit den ersten Schlachten zusammenbrachen. Sein großer Gegner, der Kanzler Dschang-yi, ein entschiedener Imperialist, war 311 nahe daran, die chinesische Staatenwelt zu freiwilliger Unterwerfung zu bringen, als ein Thronwechsel seine Kombination vereitelte. 294 beginnen die Feldzüge des Pe-ki.[3] Unter dem Eindruck seiner Siege nimmt der König von Tsin 288 den mystischen Kaisertitel der Sagenzeit an,[4] was den Anspruch auf Weltherrschaft zum Ausdruck bringt und von dem Herrscher von Tsi im Osten[5] sofort nachgeahmt wird.

[1] Heute etwa Provinz Schensi.

[2] Am mittleren Jangtsekiang.

[3] Biographie 13 des Se-ma-tsien. Soweit man nach den übersetzten Berichten urteilen darf, erscheint Pe-ki durch die Vorbereitung und Anlage seiner Feldzüge, die Kühnheit der Operationen, durch welche er den Gegner auf das Gelände drängt, wo er ihn schlagen kann, und die neuartige Durchführung der einzelnen Schlachten als eins der größten militärischen Genies aller Zeiten, das wohl eine sachkundige Behandlung verdiente. Aus dieser Zeit stammt auch das einflußreiche Werk des Sun-tse über den Krieg: Giles, *Sun-tse on the art of war* (1910).

[4] Vgl. Bd. II, S. 946.

[5] Heute etwa Schantung und Petschili.

Damit beginnt ein zweites Maximum der Entscheidungskämpfe. Die
Zahl der selbständigen Staaten wird immer kleiner. 255 verschwindet auch der Heimatstaat des Konfuzius, Lu, und 249 findet die
Dschou-Dynastie ihr Ende. 246 wird der gewaltige Wang-dscheng
als 13jähriger Knabe Kaiser von Tsin und führt mit Unterstützung
seines Kanzlers Lui-schi, des chinesischen Mäcenas,[1] den Endkampf
durch, in dem der letzte Gegner, das Reich von Tsu, 241 den letzten Angriff wagt. 221 hat er als tatsächlicher Alleinherrscher den
Titel Schi (Augustus) angenommen. Das ist der Anfang der chinesischen Kaiserzeit.

Kein Zeitalter zeigt so deutlich wie das der kämpfenden Staaten
die weltgeschichtliche Alternative: *große Form oder große Einzel-
gewalten*. In demselben Grade wie die Nationen aufhören, politisch
in Verfassung zu sein, wachsen die Möglichkeiten für den energischen Privatmann, der politisch schöpferisch sein, der um jeden
Preis Macht besitzen will und durch die Wucht seiner Erscheinung
das Schicksal ganzer Völker und Kulturen wird. Die Ereignisse sind
der Form nach voraussetzungslos geworden. An Stelle der gesicherten Tradition, die des Genies entbehren kann, weil sie selbst kosmische Kraft in höchster Potenz ist, tritt nun der Zufall großer Tatsachenmenschen; der Zufall ihres Aufstiegs führt ein schwaches
Volk wie das makedonische über Nacht an die Spitze der Ereignisse
und der Zufall ihres Todes kann die Welt aus persönlich gefestigter
Ordnung unvermittelt in das Chaos stürzen, wie die Ermordung
Cäsars beweist.

Das hat sich früher schon in den kritischen Übergangszeiten offenbart. Die Epoche der Fronde, der Ming-dschu, der ersten Tyrannis,
wo man nicht in Form war, sondern um die Form kämpfte, hat
jedesmal eine Reihe großer Gestalten heraufgeführt, die über alle
Schranken eines Amtes hinauswuchsen. Die Wende von der Kultur
zur Zivilisation tut es noch einmal im Napoleonismus. Mit diesem
aber, der das Zeitalter der unbedingten geschichtlichen Formlosig-
keit einleitet, bricht die eigentliche Blütezeit der großen Einzelnen
an, die für uns mit dem Weltkrieg fast auf ihren Höhepunkt gelangt

[1] Piton, Lü-pu-weih, China Rev. XIII, S. 365 ff.

ist. In der Antike geschah das mit Hannibal, der im Namen des Hellenismus, dem er innerlich angehörte, den Kampf gegen Rom eröffnet hat, aber zugrunde ging, weil der hellenistische Osten, ganz antik, den Sinn der Stunde zu spät oder gar nicht begriff. Mit seinem Untergang beginnt jene stolze Reihe, die von den beiden Scipionen über Aemilius Paulus, Flaminius, die Catonen, die Gracchen, über Marius und Sulla zu Pompejus, Cäsar und Augustus führt. Ihnen entspricht jene Folge von Staatsmännern und Feldherrn im China der kämpfenden Staaten, die sich wie dort um Rom, so hier um Tsin sammeln. Bei der Verständnislosigkeit, mit welcher die politische Seite der chinesischen Geschichte behandelt zu werden pflegt, hat man sie als Sophisten bezeichnet.[1] Sie waren es auch, aber in dem Sinne, wie die vornehmen Römer der gleichen Zeit Stoiker waren, nachdem sie im griechischen Osten philosophischen und rhetorischen Unterricht empfangen hatten. Sie waren alle geschulte Redner und haben alle gelegentlich über Philosophie geschrieben, Cäsar und Brutus so gut wie Cato und Cicero, aber nicht als Berufsphilosophen, sondern auf Grund einer vornehmen Sitte und aus ihrem *otium cum dignitate* heraus. Abgesehen davon waren sie Meister der Tatsachen, auf dem Schlachtfelde wie in der hohen Politik, und genau dasselbe gilt von den Staatskanzlern Dschang-yi und Su-tsin,[2] dem gefürchteten Diplomaten Fan-sui, der den General Pe-ki gestürzt hat, dem Gesetzgeber von Tsin Wei-yang, dem Mäcenas des ersten Kaisers Lui-schi, und andern.

[1] Wenn der Ausdruck in den chinesischen Texten annähernd so töricht gemeint sein sollte, wie er von den Übersetzern verstanden worden ist, so beweist das nur, daß das Verständnis für politische Probleme in der chinesischen Kaiserzeit ebenso schnell dahinschwand wie in der römischen – weil man selbst keine Probleme mehr erlebte. Der vielbewunderte Se-ma-tsien ist im Grunde doch nur ein Kompilator etwa vom Range Plutarchs, dem er auch zeitlich entspricht. Der Höhepunkt geschichtlichen Verstehens, *der ein gleichwertiges Erleben voraussetzt*, muß in der Zeit der kämpfenden Staaten selbst gelegen haben, wie er für uns mit dem 19. Jahrhundert beginnt.

[2] Beide waren wie die meisten führenden Staatsmänner der Zeit Hörer des Kwei-ku-tse gewesen, der durch seine Menschenkenntnis, den tiefen Blick für das geschichtlich Mögliche und seine Beherrschung der damaligen diplomatischen Technik – der „Kunst des Senkrechten und Wagerechten" – als eine der einflußreichsten Persönlichkeiten des Zeitalters erscheint. Eine ähnliche Bedeutung hatte nach ihm der eben erwähnte Denker und Kriegstheoretiker Sun-tse, unter anderm Erzieher des Kanzlers Li-si.

Die Kultur hatte alle Kräfte in strenge Form gebunden. Jetzt sind sie entfesselt und „die Natur", das heißt das Kosmische, bricht unvermittelt hervor. Die Wendung vom absoluten Staat zur – kämpfenden – Völkergemeinschaft jeder beginnenden Zivilisation mag für Idealisten und Ideologen bedeuten, was sie will; in der Tatsachenwelt bedeutet sie den Übergang vom Regieren im Stil und Takt einer strengen Tradition zu dem *sic volo, sic jubeo* des schrankenlosen persönlichen Regiments. Das Maximum von sinnbildlicher, *über*persönlicher Form fällt mit dem Gipfel der Spätzeiten zusammen, in China um 600, in der Antike um 450, für uns um 1700; das Minimum liegt in der Antike unter Sulla und Pompejus und wird für uns im nächsten Jahrhundert erreicht und vielleicht schon durchschritten sein. Die großen zwischenstaatlichen Kämpfe sind überall mit innerstaatlichen durchsetzt, Revolutionen von einer furchtbaren Art, aber sie dienen – ob sie es wissen und wollen oder nicht – ohne Ausnahme außerstaatlichen und zuletzt rein persönlichen Machtfragen; was sie selbst theoretisch erstreben, ist geschichtlich bedeutungslos, und wir brauchen nicht zu wissen, unter welchen Schlagworten die chinesischen und arabischen Revolutionen dieser Epoche ausbrachen oder ob sie ohne dergleichen geführt worden sind. Keine der zahllosen Revolutionen dieses Zeitalters, die mehr und mehr blinde Ausbrüche entwurzelter großstädtischer Massen werden, haben je ein Ziel erreicht oder auch nur erreichen können. Eine *geschichtliche Tatsache* bleibt nur der beschleunigte Abbau uralter Formen, der für cäsarische Gewalten freie Bahn schafft.

Aber dasselbe gilt auch von den Kriegen, in denen die Heere und ihre Taktik mehr und mehr Schöpfungen nicht mehr der Epoche, sondern unumschränkter Einzelführer werden, die oft genug ihr Genie erst spät und durch Zufall entdeckt haben. Um 300 gibt es *römische* Heere, seit 100 gibt es nur noch Heere des Marius, Sulla, Cäsar, und Oktavian wurde von seinem Heere, dem der Veteranen Cäsars, mehr geführt als daß er es führte. Aber damit nehmen die Methoden der Kriegführung, ihre Mittel und Ziele ganz andere, naturalistische, erschreckende Formen an. Es sind nicht mehr wie im 18. Jahrhundert Duelle in ritterlichen Formen wie ein Zweikampf im Park von Trianon, bei denen es feste Regeln dafür gibt, wann jemand seine Kräfte für erschöpft erklärt, was als das Höchstmaß aufzubringender Streitkräfte gilt und welche Bedingungen der Sieger als Kavalier stellen darf. Es sind Ringkämpfe wütender Menschen mit allen Mitteln, mit Fäusten und Zähnen, die bis zum körperlichen Zusammenbruch des einen und zur schrankenlosen Ausnutzung des Erfolgs durch den andern geführt werden. Das erste große Beispiel dieser Rückkehr zur Natur geben die Heere der Revolution und Napoleons, welche an die Stelle kunstvollen Manövrierens mit kleinen Truppenkörpern den Sturmangriff von Massen ohne Rücksicht auf die Verluste setzen und damit die ganze feine Strategie des Rokoko in Trümmer schlagen. Die Muskelkraft eines ganzen Volkes auf den Schlachtfeldern anzusetzen, wie es durch die Anwendung der allgemeinen Wehrpflicht geschieht, ist ein Gedanke, welcher dem Zeitalter Friedrichs des Großen gänzlich fern lag.

Und ebenso ist in allen Kulturen die Technik des Krieges der des Handwerks zögernd gefolgt, bis sie zu Beginn einer jeden Zivilisation plötzlich die Führung übernimmt, alle mechanischen Möglichkeiten rücksichtslos in ihren Dienst stellt und ganz neue Gebiete durch das militärische Bedürfnis überhaupt erst erschließt, damit aber auch das persönliche Heldentum des Rassemenschen, das adlige Ethos und den feinen Geist der Spätzeit in weitem Umfange ausschaltet. Innerhalb der Antike, wo das Wesen der Polis Massenheere unmöglich machte – im Verhältnis zur Kleinheit aller antiken Formen, auch der taktischen, sind die Zahlen von Cannä, Philippi und Actium ganz ungeheuer –, hat die zweite Tyrannis die mechanische Technik eingeführt, und zwar durch Dionys von Syrakus gleich in großartigem Maßstab.[1] Erst jetzt werden Belagerungen möglich wie die von Rhodos (305), Syrakus (213), Karthago (146) und Alesia (52), an denen sich zugleich die steigende Bedeutung der Schnelligkeit selbst für die antike Kriegführung erkennen läßt; und aus demselben

---

[1] Das heißt im Vergleich zu der ganz geringfügigen sonstigen Technik der Antike, während sie gegenüber etwa der assyrischen und chinesischen nicht gerade bedeutend erscheint.

Grunde wirkt eine römische Legion, deren Aufbau ja erst eine Schöpfung der hellenistischen Zivilisation ist, wie eine Maschine gegenüber den athenischen und spartanischen Aufgeboten des 5. Jahrhunderts. Dem entspricht es, wenn im „gleichzeitigen" China seit 474 Eisen für die Hieb- und Stichwaffen verarbeitet wird, seit 450 die leichte Reiterei nach mongolischem Vorbild den schweren Kriegswagen verdrängt und der Festungskampf plötzlich einen gewaltigen Aufschwung nimmt.[1] Die Grundneigung des zivilisierten Menschen zur Schnelligkeit, Beweglichkeit und Massenwirkung hat sich endlich in der westeuropäisch-amerikanischen Welt mit dem faustischen Willen zur Herrschaft über die Natur verbunden und zu dynamischen Methoden geführt, die noch Friedrich der Große für wahnwitzig erklärt haben würde, die aber in der Nachbarschaft unserer Verkehrs- und Industrietechnik etwas ganz Natürliches haben. Napoleon machte die Artillerie beritten und also schnell beweglich, wie er auch das Massenheer der Revolution in ein System schnell zu verschiebender Einzelkörper aufgelöst hat, und er hat schon bei Wagram und an der Moskwa ihre rein physikalische Wirkung bis zum wirklichen Schnell- und Trommelfeuer gesteigert. Die zweite Stufe bringt, was sehr bezeichnend ist, der amerikanische Bürgerkrieg von 1861–65, der auch hinsichtlich der Truppenstärke zum erstenmal die Größenordnung der napoleonischen Zeit bei weitem überschritten hat,[2] und in dem zuerst für die Verschiebung großer Truppenmassen die Eisenbahn, für den Nachrichtendienst der elektrische Telegraph, für die Blockade eine monatelang auf hoher See gehaltene Dampferflotte erprobt und das Panzerschiff, der Torpedo, die gezogenen Schußwaffen und die ganz großen Geschütze von außerordentlicher Tragweite erfunden wurden.[3] Die dritte Stufe

---

[1] Das Buch des Sozialisten Moh-ti aus dieser Zeit handelt im ersten Teil von der allgemeinen Menschenliebe, im zweiten von der Festungsartillerie, ein seltsamer Beleg zum Gegensatz von Wahrheiten und Tatsachen: Forke in der Ost - asiat. Ztschr. VIII (Hirthnummer).

[2] Mehr als 1½ Millionen Mann auf kaum 20 Millionen Einwohner der Nordstaaten.

[3] Zu den ganz neuen Aufgaben gehörte auch der Schnellbau von Bahnen und Brücken; die für die schwersten Militärzüge bestimmte Chattanoogabrücke von 240 m Länge und 30 m Höhe wurde in 4½ Tagen gebaut.

bezeichnet nach dem Vorspiel des russisch-japanischen Krieges[1] der Weltkrieg, der die Luft- und Unterseewaffen in seinen Dienst stellte, das Tempo der Erfindungen zu einer neuen Waffe erhob, und mit dem vielleicht der Umfang, aber durchaus noch nicht die Intensität der verwendeten Mittel den Höhepunkt erreicht hat. Aber dem Aufwand an Kraft entspricht denn auch allenthalben in diesem Zeitalter die Härte der Entscheidungen. Gleich am Eingang der chinesischen Periode *tschan-kuo* steht die vollständige Vernichtung des Staates Wu (472), die unter den ritterlichen Sitten der voraufgegangenen Periode *tschun-tsiu* nicht möglich gewesen wäre; Napoleon überschritt schon im Frieden von Campo Formio bei weitem die Konvenienz des 18. Jahrhunderts und begründete seit Austerlitz eine Gewohnheit der Ausnützung von kriegerischen Erfolgen, für die es andere als materielle Schranken überhaupt nicht mehr gab. Den letzten noch möglichen Schritt vollzieht der Typus des Versailler Friedens, der gar keinen Abschluß mehr enthalten will, sondern die Möglichkeit offen läßt, aus jeder Neugestaltung der Lage heraus neue Bedingungen zu stellen. Dieselbe Entwicklung zeigt die Folge der drei Punischen Kriege. Der Gedanke, eine der führenden Großmächte von der Erdoberfläche zu vertilgen, wie er durch Catos ganz nüchtern gemeintes *Carthaginem esse delendam* jedem geläufig geworden war, ist dem Sieger von Zama nicht in den Sinn gekommen und würde trotz der wilden Gewohnheiten der antiken Polis dem Lysander, als er Athen bezwungen hatte, wie ein Frevel an allen Göttern erschienen sein.

Die Zeit der kämpfenden Staaten beginnt für die Antike mit der Schlacht bei Ipsus (301), durch welche die Dreizahl der östlichen Großmächte festgelegt wurde, und dem römischen Sieg von Sentinum (295) über Etrusker und Samniten, der im Westen neben Karthago noch eine mittelitalische Großmacht schuf. Das antike Haften an der Nähe und Gegenwart hat dann aber bewirkt, daß Rom, ohne beobachtet zu werden, durch das Abenteuer mit Pyrrhus den italischen Süden, durch den ersten Krieg mit Karthago das Meer,

---

[1] Das moderne Japan gehört ebenso zur abendländischen Zivilisation wie das „moderne" Karthago von 300 v. Chr. zur antiken.

durch C. Flaminius den keltischen Norden gewann, und daß selbst
Hannibal noch unverstanden blieb, vielleicht der einzige Mensch
seiner Zeit, die Römer nicht ausgenommen, der den Gang der Entwicklung deutlich voraussah. *Bei Żama* und nicht erst bei Magnesia
und Pydna sind auch die hellenistischen Ostmächte besiegt worden.
Es war ganz umsonst, wenn der große Scipio mit wahrer Angst vor
dem Schicksal, dem eine mit den Aufgaben der Weltherrschaft be-
lastete Polis entgegenging, von nun an jede Eroberung zu vermeiden
suchte. Es war umsonst, wenn seine Umgebung gegen den Willen
aller Kreise den makedonischen Krieg durchsetzte, nur um den Osten
dann gefahrlos sich selbst überlassen zu können. Der Imperialismus
ist ein so notwendiges Ergebnis jeder Zivilisation, daß er ein Volk
im Nacken packt und in die Herrenrolle stößt, wenn es sie zu spielen
sich weigert. Das römische Reich ist *nicht* erobert worden. Der *orbis
terrarum* hat sich in diese Form hineingedrängt und die Römer gezwungen, ihr den Namen zu geben. Das ist ganz antik. Während die
chinesischen Staaten auch noch den letzten Rest ihrer Selbständigkeit in erbitterten Kriegen verteidigt haben, ging Rom seit 146 nur
deshalb an die Verwandlung der östlichen Ländermasse in Provinzen, weil es ein anderes Mittel gegen die Anarchie nicht mehr gab.
Und auch das hatte zur Folge, daß die innere Form Roms, die letzte,
die noch aufrecht geblieben war, sich unter dieser Belastung in den
gracchischen Unruhen auflöste. Es ist ohne Beispiel, daß hier der
Endkampf um das Imperium überhaupt nicht mehr zwischen Staaten stattfindet, sondern zwischen den Parteien einer Stadt; aber die
Form der Polis ließ einen andern Ausweg gar nicht zu. Was einst
Sparta und Athen gewesen war, heißt jetzt Optimaten- und Popu-
larpartei. In der gracchischen Revolution, der 134 schon der erste
Sklavenkrieg voraufging, wurde der jüngere Scipio heimlich ermordet und C. Gracchus öffentlich erschlagen: das sind der erste Prinzeps und der erste Tribun als die politischen Mittelpunkte einer formlos gewordenen Welt. Wenn die stadtrömische Masse 104 zum
erstenmal ein Imperium in gesetzloser und tumultuarischer Weise
einem Privatmann – Marius – übertrug, so ist die tiefere Bedeutung
dieses Schauspiels der Annahme des mythischen Kaisertitels durch

Tsin 288 vergleichbar: der unvermeidliche Ausgang des Zeitalters, der Cäsarismus, zeichnet sich plötzlich am Horizont.

Der Erbe des Tribunen ist Marius, der wie jener den Mob mit der Hochfinanz verbindet und 87 den alten Adel in Masse hinmordet; der Erbe des Prinzeps war Sulla, der 82 den Stand der großen Geldleute durch seine Proskriptionen vernichtet hat. Von nun an vollziehen sich die letzten Entscheidungen schnell, wie in China seit dem Auftreten des Wang-dscheng. Der Prinzeps Pompejus und der Tribun Cäsar – Tribun nicht dem Amte, aber der Haltung nach – vertreten noch Parteien, aber sie haben auch schon in Lucca zusammen mit Crassus zum ersten Male die Welt unter sich verteilt. Als bei Philippi die Erben gegen die Mörder Cäsars kämpften, waren es nur noch Gruppen; bei Actium waren es nur noch Einzelpersonen: damit ist auch auf diesem Wege der Cäsarismus erreicht.

Der entsprechenden Entwicklung innerhalb der arabischen Welt liegt statt der körperhaften Polis der magische *consensus* als die Form zugrunde, in welcher und durch welche die Tatsachen sich vollziehen, und die eine Trennung politischer und religiöser Tendenzen bis zu dem Grade ausschließt, daß selbst der städtische, bürgerliche Drang nach Freiheit, mit dessen Ausbrüchen das Zeitalter der kämpfenden Staaten auch hier beginnt, in orthodoxer Verkleidung erscheint und deshalb bis jetzt kaum bemerkt worden ist.[1] Es ist das Loswollen vom Kalifat, das einst von den Sassaniden und nach deren Vorbild von Diokletian in den Formen des Feudalstaates begründet worden war. Es hatte seit Justinian und Chosru Nuschirwan den Ansturm der Fronde zu bestehen, in dem neben den Häuptern der griechischen und der mazdaischen Kirche der persisch-mazdaische Adel vor allem des Irak, der griechische vor allem Kleinasiens und der nach beiden Religionen gespaltene armenische Hochadel voranstehen. Der im 7. Jahrhundert schon fast erreichte Absolutismus ist dann durch den Ansturm des in seinen *politischen* An-

---

[1] Für die politisch-soziale Geschichte der arabischen Welt fehlt es ebenso an jeder tiefer dringenden Untersuchung wie für die chinesische. Nur die bis jetzt für antik gehaltene Entwicklung des Westrandes bis auf Diokletian macht eine Ausnahme.

fängen streng aristokratischen Islams plötzlich gestürzt worden.
Denn von dieser Seite aus betrachtet bilden die wenig zahlreichen
Arabergeschlechter,[1] die allenthalben die Führung in der Hand behalten, in den eroberten Ländern sehr bald einen neuen Hochadel
von starker Rasse und ungeheurem Selbstgefühl, der die islamische
Dynastie auf den Rang der „gleichzeitigen" englischen herabdrückt.
Der Bürgerkrieg zwischen Othman und Ali (656–61) ist der Ausdruck einer echten Fronde und bewegt sich ausschließlich um die
Interessen zweier Sippen und ihres Anhangs. Die islamischen Tories
und Whigs des 8. Jahrhunderts machen wie die englischen des 18.
die große Politik *allein*, und ihre Koterien und Familienzwiste sind
für die Geschichte der Zeit wichtiger als alle Ereignisse im regierenden Hause der Ommaijaden (661–750).

Aber mit dem Sturz dieser heitren und aufgeklärten Dynastie, die
in Damaskus, also im westaramäischen – und monophysitischen –
Syrien residiert hatte, wird der natürliche Schwerpunkt der arabischen Kultur wieder bemerkbar: das ostaramäische Gebiet, einst
Stützpunkt der Sassaniden, jetzt der Abbassiden, das, gleichviel ob
von persischer oder arabischer Bildung, mazdaischer, nestorianischer
oder islamischer Religion, immer ein und dieselbe große Linie der
Entwicklung zum Ausdruck bringt und für Syrien wie für Byzanz
immer vorbildlich geblieben ist. Von Kufa geht die Bewegung aus,
welche zum Untergang der Ommaijaden und ihres *ancien régime*
führt, und sie hat, was in seiner ganzen Tragweite bis jetzt noch nie
erkannt worden ist, den *Charakter einer sozialen, gegen die Urstände
und die vornehme Tradition überhaupt gerichteten Revolution*.[2] Sie beginnt unter den Mavali, dem kleinen Bürgertum im Osten, und
wendet sich mit erbitterter Feindschaft gegen das Arabertum, nicht
insofern es Verfechter des Islam, sondern insofern es ein neuer Adel
war. Die eben bekehrten Mavali, fast sämtlich frühere Mazdaisten,
nahmen den Islam ernster als die Araber selbst, die außerdem noch

---

[1] Es sind einige tausend, die im Gefolge der ersten Eroberer sich von Tunis bis
nach Turkestan verbreiten und überall sofort einen in sich geschlossenen Stand
in der Umgebung der neuen Machthaber bilden; von einer „arabischen Völkerwanderung" kann gar keine Rede sein.
[2] J. Wellhausen, Das arabische Reich und sein Sturz (1902), S. 309 ff.

ein Standesideal vertraten. Schon im Heere Alis hatten sich die ganz
demokratischen und puritanischen Charidschiten abgesondert. In
ihren Kreisen erscheint jetzt zum erstenmal die Verbindung von
fanatischem Sektenwesen und Jakobinertum. Hier ist damals nicht
nur die schiitische Richtung entstanden, sondern auch der früheste
Ansatz zur kommunistischen Churramija, die sich bis auf Mazdak[1]
zurückleiten läßt und später die ungeheuren Aufstände unter Babak
hervorrief. Die Abbassiden waren den Aufständischen in Kufa durchaus nicht willkommen; sie verdankten es nur ihrem großen diplomatischen Geschick, wenn sie als Offiziere überhaupt zugelassen
wurden und endlich – fast wie Napoleon – die Erbschaft der über
den ganzen Osten verbreiteten Revolution antreten konnten. Nach
dem Siege haben sie Bagdad erbaut, ein neu erstandenes Ktesiphon
und das Denkmal der Niederlage des feudalen Arabertums; und
diese erste Weltstadt der jungen Zivilisation wird 800–1050 der
Schauplatz jener Ereignisse, welche vom Napoleonismus zum Cäsarismus führen, *vom Kalifat zum Sultanat*, denn das ist in Bagdad
wie in Byzanz der magische Typus der formlosen Gewalten, die
endlich auch hier allein noch möglich sind.

Man mache sich also klar, daß Demokratie auch in der arabischen
Welt ein Standesideal, und zwar von Stadtmenschen und ein Ausdruck ihres Freiseinwollens von den alten Bindungen des Landes,
sei es Wüste oder Ackerboden, ist. Das Nein gegenüber der Ka-
lifentradition verkleidet sich in sehr viele Formen und kann des Frei-
denkertums und der Verfassung in unserem Sinne ganz entbehren.
Magischer Geist und magisches Geld sind in anderer Weise „frei“. Das
byzantinische Mönchtum ist liberal bis zum Aufruhr, und zwar nicht
nur gegen Hof und Adel, sondern auch gegen die hohen geistlichen
Gewalten, die sich, der gotischen Hierarchie entsprechend, schon
vor dem Konzil von Nikäa herausgebildet hatten. Der *consensus*
der Rechtgläubigen, das „Volk“ im verwegensten Sinne, ist von
Gott – Rousseau würde gesagt haben von der Natur – *gleich* gewollt
und frei von allen Mächten des Blutes. Die berühmte Szene, in
welcher der Abt Theodor von Studion dem Kaiser Leo V. den Ge-

[1] Vgl. Bd. II, S. 880.

horsam kündigte (813), hat die Bedeutung eines Bastillesturms in magischen Formen.[1] Bald danach beginnt der Aufstand der sehr frommen und in sozialen Dingen ganz radikalen Paulikianer,[2] die jenseits des Taurus einen eigenen Staat aufrichteten, Kleinasien brandschatzten, ein kaiserliches Aufgebot nach dem andern schlugen und erst 874 niedergeworfen werden konnten. Das entspricht der kommunistisch-religiösen Bewegung der Churramija östlich des Tigris bis nach Merw hin, deren Führer Babak erst nach 20jährigem Kampf (817–837) unterlag,[3] und jener andern der Karmaten im Westen (890–904), deren Verbindungen von Arabien aus durch alle syrischen Städte reichten und den Aufruhr bis zur persischen Küste verpflanzten. Aber daneben gab es noch ganz andere Verkleidungen für den politischen Parteikampf. Wenn wir hören, daß die byzantinische Armee bilderfeindlich war und der Militärpartei deshalb eine bilderfreundliche Mönchspartei gegenüberstand, so erscheint die Leidenschaft im Jahrhundert des Bildersturms (740 – 840) plötzlich in einem ganz neuen Licht und wir verstehen, daß das Ende der Krise (843), die endgültige Niederlage der Bilderfeinde *und zugleich* der freikirchlichen Mönchspolitik, die Bedeutung einer Restauration im Sinne von 1815 hatte.[4] Und endlich fällt in diese Zeit der furchtbare Sklavenaufstand im Irak, dem Kerngebiet der Abbassiden, der plötzliches Licht auf eine ganze Reihe von andern sozialen Erschütterungen wirft, von denen die landläufigen Historiker nichts erzählen. Ali, der Spartakus des Islam, gründete 869 südlich von Bagdad mit den entlaufenen Massen einen wirklichen Negerstaat, erbaute sich eine Residenz, Muchtara, und dehnte seine Macht tief nach Arabien und Persien hinein aus, wo ganze Stämme sich mit ihm verbündeten. 871 wurde Basra, die erste Hafenstadt der islamischen Welt mit beinahe einer Million Einwohnern, genommen, ausge-

---

[1] K. Dieterich, Byz. Charakterköpfe, S. 54: „Da du eine Antwort von uns haben willst, so vernimm sie denn: Paulus hat gesagt: Einige setzte Gott ein in der Kirche zu Aposteln, andere zu Propheten; von Kaisern aber hat er nichts gesagt. — Wir werden *nicht* folgen, auch wenn ein Engel uns befiehlt, viel weniger denn dir!"

[2] Vgl. Bd. II, S. 950.

[3] Huart, Gesch. der Araber (1914), I, S. 299.

[4] Krumbacher, Byz. Lit.-Gesch., S. 969.

mordet und niedergebrannt; erst 883 ist dieser Sklavenstaat vernichtet worden.

So wird die sassanidisch-byzantinische Staatsform langsam ausgehöhlt, und an die Stelle uralter Traditionen der hohen Beamtenschaft und des Hofadels tritt die voraussetzungslose, ganz persönliche Gewalt zufälliger Begabungen: *das Sultanat*. Denn das ist die spezifische arabische Form, die in Byzanz und Bagdad gleichzeitig erscheint und von den napoleonischen Anfängen um 800 bis zum vollendeten Cäsarismus der seldschuckischen Türken seit 1050 fortschreitet. Diese Form ist rein magisch; sie gehört nur dieser Kultur an und ist ohne die tiefsten Voraussetzungen ihrer Seele nicht zu verstehen. Das Kalifat, ein Inbegriff politischen, um nicht zu sagen kosmischen Taktes und Stils, wird nicht aufgehoben, denn der Kalif ist heilig als der durch den *consensus* der Berufenen erkannte Vertreter Gottes; aber es wird ihm alle Macht entzogen, welche mit dem Begriff des Cäsarismus verbunden ist, genau wie Pompejus und Augustus tatsächlich und Sulla und Cäsar auch dem Namen nach diese Macht von den alten Verfassungsformen Roms abgezogen haben. Es bleibt dem Kalifen zuletzt ebensoviel von seiner Gewalt wie dem Senat und den Komitien etwa unter Tiberius. Die ganze Fülle hohen Geformtseins in Recht, Tracht und Sitte war einst Symbol gewesen. Jetzt ist sie Kostüm geworden, und zwar das des formlosen, rein tatsächlichen Regiments.

So steht neben Michael III. (842–67) Bardas, neben Konstantin VII. (912–59) der zum Mitkaiser ernannte Romanos.[1] Im Jahre 867 stürzt der frühere Stallknecht Basileios, eine napoleonische Erscheinung, den Bardas und gründet die Säbeldynastie der Armenier (bis 1081), in der meist Generale statt Kaiser regieren, Gewaltmenschen wie Romanos, Nikephoros und Bardas Phokas. Der größte unter ihnen ist Johann Tzimiskes (969–76), armenisch Kiur Zan. In Bagdad haben die *Türken* die Rolle der Armenier gespielt. Einem ihrer Führer hat der Kalif Al Watik 842 zuerst den Sultanstitel verliehen. Seit 862 üben die türkischen Prätorianer die Vormundschaft über

---

[1] Z. folg. Krumbacher, S. 969–90; C. Neumann, Die Weltstellung des byzantinischen Reiches vor den Kreuzzügen (1894), S. 21 ff.

den Herrscher aus, und 945 wird der abbassidische Kalif durch Achmed, den Begründer der Sultansdynastie der Bujiden, in aller Form auf die geistliche Würde beschränkt. Von da an erhebt sich in beiden Weltstädten ein rücksichtsloser Kampf der mächtigen Provinzgeschlechter um die höchste Gewalt. Wenn auf der christlichen Seite vor allem Basileios II. gegen die großen Latifundienbesitzer vorgeht, so hat das nicht im geringsten die Bedeutung einer sozialen Gesetzgebung. Es ist ein Akt der Verteidigung des augenblicklichen Gewalthabers gegen die möglichen Erben und deshalb am nächsten den Proskriptionen Sullas und der Triumvirn verwandt. Den Dukas, Phokas und Skleros gehörte halb Kleinasien; der Kanzler Basileios, der mit seinem fabelhaften Vermögen eine Armee bezahlen konnte,[1] ist längst mit Crassus verglichen worden. Aber die eigentliche Kaiserzeit beginnt erst mit den seldschukischen Türken.[2] Ihr Führer Togrulbek nahm 1043 den Irak, 1049 Armenien und zwang 1055 den Kalifen, ihm das erbliche Sultanat zu übertragen. Sein Sohn Alp Arslan eroberte Syrien und durch die Schlacht von Mantzikert 1071 das östliche Kleinasien. Der Rest von Byzanz ist von da an ohne alle Bedeutung für das weitere Schicksal des türkisch-arabischen Imperiums.

Und dieses Zeitalter ist es, das sich in Ägypten hinter dem Namen der Hyksoszeit verbirgt. Zwischen der 12. und 18. Dynastie liegen zwei Jahrhunderte,[3] welche mit dem Zusammenbruch des unter Sesostris III.[4] auf den Gipfel gelangten *ancien régime* beginnen und an deren Ende die Kaiserzeit des Neuen Reiches steht. Schon die Zählung der Dynastien läßt eine Katastrophe erkennen. In den Königslisten erscheinen die Namen dicht nach- und nebeneinander,

---

[1] Krumbacher S. 993.

[2] Auch der geniale Maniakes, der von dem Heer in Sizilien zum Kaiser ausgerufen wurde und 1043 auf dem Marsch gegen Byzanz fiel, soll ein Türke gewesen sein.

[3] 1790–1550. Z. folg. Ed. Meyer, Gesch. d. Alt. I, § 298 ff. Weill, *La fin du moyen empire égyptien* (1918). Daß Ed. Meyers Ansatz richtig ist gegenüber dem von Petrie (1670 Jahre), ist durch die Stärke der Fundschichten und das Tempo der Stilentwicklung, auch der minoischen, längst bewiesen, und wird hier auch durch den Vergleich mit den entsprechenden Abschnitten der andern Kulturen bestätigt.

[4] Vgl. Bd. II, S. 1041.

Usurpatoren dunkelster Herkunft, Generale, Leute mit seltsamen Titeln, manchmal nur einige Tage regierend. Ägypten zerfällt in eine Anzahl ephemerer Völker und Herrschaftsgebiete. Gleich mit dem ersten König der 13. Dynastie brechen die Nilhöheangaben in Semne ab, mit seinem Nachfolger die Urkunden in Kahun. Es ist die Zeit, aus welcher der Leidener Papyrus ein Bild der großen sozialen Revolution entwirft.[1] Auf den Sturz der Regierung und den Sieg der Masse folgen die Aufstände im Heer und der Aufstieg ehrgeiziger Soldaten. Hier taucht, seit 1680 etwa, der Name der „Verruchten", der Hyksos[2] auf, mit dem die Historiker des Neuen Reiches, die den Sinn der Epoche nicht mehr begriffen oder begreifen wollten, die Schmach dieser Jahre zugedeckt haben. Diese Hyksos haben ganz ohne Zweifel die Rolle der Armenier in Byzanz gespielt, und nicht anders wäre das Schicksal der Kimbern und Teutonen geworden wenn sie über Marius und seine aus der großstädtischen Hefe ergänzten Legionen gesiegt, mit ihren stets erneuerten Massen die Heere

---

[1] Erman, Mahnworte eines ägyptischen Propheten, Sitz. Preuß. Akademie (1919), S. 804 ff.: „Die hohen Beamten sind abgetan, das Land ist des Königtums beraubt von wenigen Wahnsinnigen, und die Räte des alten Staates machen den Emporkömmlingen den Hof; die Verwaltung hat aufgehört, die Akten sind vernichtet, alle sozialen Unterschiede aufgehoben, die Gerichte in die Hand des Pöbels gefallen. Die vornehmen Stände hungern und gehen in Lumpen; man schlägt ihre Kinder an die Mauer und reißt die Mumien aus den Gräbern; die Geringen werden reich und prahlen in den Palästen mit ihren Herden und Schiffen, die sie den rechtmäßigen Besitzern fortgenommen haben; ehemalige Sklavinnen führen das große Wort und die Fremden machen sich breit. Raub und Mord herrschen, die Städte werden verwüstet, die öffentlichen Bauten niedergebrannt. Die Ernten gehen zurück, niemand denkt mehr an Reinlichkeit, die Geburten werden selten; ‚ach hätte es doch ein Ende mit den Menschen!'" Das ist das Bild einer großstädtischen, späten Revolution gleich den hellenistischen (Bd. II, S. 1065f.) und denen von 1789 und 1871 in Paris. Es sind die weltstädtischen Massen, willenlose Werkzeuge des Ehrgeizes ihrer Führer, die jeden Rest von Ordnung zu Boden schlagen, die das Chaos in der Außenwelt sehen wollen, weil sie es in sich selbst haben. Ob diese zynischen und hoffnungslosen Versuche von Landfremden herrühren wie den Hyksos oder Türken oder von Sklaven wie denen des Spartakus und Ali, ob man die Aufteilung des Besitzes fordert wie in Syrakus oder ein Buch vor sich herträgt wie das von Marx – das alles ist Oberfläche. Es ist ganz gleichgültig, welche Schlagworte in den Wind schallen, während die Türen und Schädel eingeschlagen werden. Vernichtung ist der wahre und einzige Trieb und Cäsarismus das einzige Ergebnis. Die Weltstadt, der landverzehrende Dämon, hat ihre entwurzelten und zukunftslosen Menschen in Bewegung gesetzt; sie sterben, indem sie vernichten.

[2] Der Papyrus sagt „das Bogenvolk von draußen". Das sind die barbarischen Soldtruppen, zu denen die eigene junge Mannschaft übergegangen ist.

der Triumvirn gefüllt und ihre Führer zuletzt vielleicht an deren Stelle gesetzt hätten. Was Landfremde damals wagen durften, zeigt das Beispiel Jugurthas. Es ist ganz gleichgültig, welcher Herkunft und Zusammensetzung sie waren, ob Leibwachen, aufständische Sklaven, Jakobiner oder ganz fremde Stämme. Was sie für die ägyptische Welt ein Jahrhundert lang gewesen sind, darauf kommt es an. Im östlichen Delta haben sie zuletzt einen Staat begründet und eine Residenz, Auaris, gebaut.[1] Einer ihrer Führer, Chian, der sich statt des Pharaonentitels die ganz revolutionären Namen „Umarmer der Länder" und „Fürst der jungen Mannschaft" gab – ebenso revolutionär wie „*consul sine collega*" und „*dictator perpetuus*" in cäsarischer Zeit –, ein Mann vielleicht wie Johann Tzimiskes, gebot über ganz Ägypten und trug seinen Namen bis nach Kreta und an den Euphrat. Aber nach ihm beginnt der Kampf aller Gaue um das Imperium und aus ihm geht mit Amosis die Dynastie von Theben als Sieger hervor.

Für uns hat das Zeitalter der kämpfenden Staaten mit Napoleon und der Gewaltsamkeit seiner Maßregeln begonnen. In seinem Kopf ist zuerst der Gedanke einer militärischen und zugleich volkstümlichen Weltherrschaft wirksam geworden, etwas ganz anderes als das Reich Karls V. und das englische Kolonialreich noch zu seiner Zeit. Wenn das 19. Jahrhundert an großen Kriegen – und Revolutionen – arm gewesen ist und die schwersten Krisen auf Kongressen diplomatisch überwunden hat, so beruht das gerade auf einer beständigen so ungeheuren Bereitschaft zum Kriege, daß die Furcht vor den Folgen in letzter Stunde immer wieder zur Vertagung der endgültigen Entscheidung und zum Ersatz des Krieges durch politische Schachzüge geführt hat. Denn dieses Jahrhundert ist das der stehenden Riesenheere und der allgemeinen Wehrpflicht. Wir sind

[1] Ein Blick auf den Negerstaat im Irak und die „gleichzeitigen" Versuche des Spartakus, Sertorius, Sextus Pompejus genügt, um die Zahl der Möglichkeiten zu ahnen. Weill nimmt an: 1785–65 Zerfall des Reiches; ein Usurpator (General). 1765–1675 viele kleine Machthaber, im Delta ganz unabhängig. 1675–33 Kämpfe um die Einheit, vor allem der Fürsten von Theben mit ihrem stets wachsenden Gefolge abhängiger Herrscher, darunter der Hyksos. 1633 Sieg der Hyksos und Niederlage der Thebaner. 1591–71 Endsieg der Thebaner. [Siehe Tabelle I, Bd. I, S. 70. *H. K.*]

ihm noch zu nahe, um das Schauerliche dieses Anblicks und das Beispiellose innerhalb der gesamten Weltgeschichte zu empfinden. Seit Napoleon stehen beständig Hunderttausende, zuletzt Millionen marschbereit, liegen gewaltige Flotten, die alle zehn Jahre erneuert werden, in den Häfen. Es ist ein Krieg ohne Krieg, ein Krieg des Überbietens mit Rüstungen und Schlagfertigkeit, ein Krieg der Zahlen, des Tempos, der Technik, und die Diplomaten verhandeln nicht von Hof zu Hof, sondern von Hauptquartier zu Hauptquartier. Je länger die Entladung verzögert wird, desto ungeheuerlicher werden die Mittel, desto unerträglicher wächst die Spannung. Das ist die faustische, die dynamische Form der kämpfenden Staaten in ihrem ersten Jahrhundert, aber sie ist mit der Entladung des Weltkriegs zu Ende. Denn durch das Aufgebot dieser vier Jahre ist das der französischen Revolution entstammende, in dieser Form durch und durch revolutionäre Prinzip der allgemeinen Wehrpflicht samt den aus ihr entwickelten taktischen Mitteln überwunden.[1] An Stelle der stehenden Heere werden von nun an allmählich Berufsheere freiwilliger und kriegsbegeisterter Soldaten treten, an Stelle der Millionen wieder die Hunderttausende, aber eben damit wird dieses zweite Jahrhundert wirklich das der kämpfenden Staaten sein. Das bloße Dasein dieser Heere ist kein Ersatz des Krieges. Sie sind für den Krieg da und sie wollen ihn. In zwei Generationen werden sie es sein, deren Wille stärker ist als der aller Ruhebedürftigen. In diesen Kriegen um das Erbe der ganzen Welt werden Kontinente angesetzt, Indien, China, Südafrika, Rußland, der Islam aufgeboten, neue Techniken und Taktiken gegeneinander ausgespielt werden. Die großen weltstädtischen Machtmittelpunkte werden über die kleineren Staaten, ihr Gebiet, ihre Wirtschaft und Menschen nach Gutdünken verfügen; das alles ist nur noch Provinz, Objekt, Mittel zum Zweck; sein Schicksal ist ohne Bedeutung für den großen Gang der Dinge. Wir haben in wenigen Jahren gelernt, Ereignisse kaum noch zu beachten, die vor dem Kriege die Welt hätten erstarren lassen. Wer denkt heute ernsthaft an die Millionen, die in Rußland zugrunde gehen?

---

[1] Sie mag als begeisternde Idee festgehalten werden; in die Wirklichkeit umgesetzt wird sie nie wieder.

Daß zwischen diesen Katastrophen voller Blut und Entsetzen immer wieder der Ruf nach Völkerversöhnung und Frieden auf Erden erschallt, ist in dem Grade notwendig, als Hintergrund und Widerhall eines großartigen Geschehens, daß man es auch dort noch annehmen muß, wo nichts davon überliefert ist wie im Ägypten der Hyksoszeit, in Bagdad und Byzanz. Man mag den Wunsch einschätzen, wie man will, aber man sollte den Mut haben, die Dinge zu sehen, wie sie sind. Das zeichnet den Menschen von Rasse aus, durch dessen Dasein *allein* es Geschichte gibt. Das Leben ist hart, wenn es groß sein soll. Es läßt *nur* die Wahl zwischen Sieg und Niederlage, nicht zwischen Krieg und Frieden, und die Opfer des Sieges gehören zum Siege. Denn es ist nichts als Literatur, geschriebene, gedachte, gelebte Literatur, die hier anklagend und eifernd neben den Ereignissen einhergeht. Es sind bloße Wahrheiten, die sich im Gedränge der Tatsachen verlieren. Die Geschichte hat nie geruht, von diesen Vorschlägen Kenntnis zu nehmen. In der chinesischen Welt hat Hiang-sui schon 535 v. Chr. eine Friedensliga zu stiften versucht. Zur Zeit der kämpfenden Staaten wird dem Imperialismus *(lienheng)* vor allem in den südlichen Ländern am Jangtse die Völkerbundsidee *(hohtsung)*[1] entgegengesetzt; sie war von Anfang an zum Tode verurteilt wie alles Halbe, das dem Ganzen in den Weg tritt, und verschwand schon vor dem Endsieg des Nordens. Aber beide wandten sich gegen den antipolitischen Geschmack der Taoisten, die in diesen furchtbaren Jahrhunderten eine geistige Selbstentwaffnung vornahmen und sich damit zum bloßen Material herabsetzten, das in den großen Entscheidungen von andern und für andre verbraucht wurde. Auch die römische Politik, so fern dem antiken Geiste sonst das Vorausdenken liegt, hat noch einmal versucht, die Welt in ein System gleichgeordneter Mächte zu bringen, das fernere Kriege zwecklos machen sollte: damals, als sie nach der Niederlage Hannibals auf die Einverleibung des Ostens verzichtete. Das Ergebnis war so trostlos, daß die Partei des jüngeren Scipio zum entschiedenen Imperialismus überging, um dem Chaos ein Ende zu machen, obwohl ihr Führer mit klarem Blick das Schicksal seiner

[1] Vgl. die Bd. II, S. 1081 genannte Arbeit von Piton.

Stadt voraussah, welche die antike Unfähigkeit, irgend etwas zu organisieren, im höchsten Grade besaß. Aber der Weg von Alexander zu Cäsar ist eindeutig und unvermeidlich, und die stärkste Nation jeder Kultur hat ihn gehen müssen, ob sie es wollte und wußte oder nicht.

Vor der Härte dieser Tatsachen gibt es keine Ausflucht. Die Friedenskonferenz im Haag von 1907 war das Vorspiel zum Weltkrieg, die in Washington von 1921 wird das Vorspiel neuer Kriege sein. Die Geschichte dieser Zeit ist nicht mehr ein geistreiches Spiel in guten Formen um ein Mehr oder Weniger, aus dem man sich jederzeit zurückziehen kann. Standhalten oder untergehen – ein drittes gibt es nicht. Die einzige Moral, welche die Logik der Dinge uns heute gestattet, ist die eines Bergsteigers auf steilem Grat. Ein Augenblick der Schwäche, und alles ist zu Ende. Aber alle „Philosophie" ist heute nichts als ein innerliches Abdanken und Sichgehenlassen und die feige Hoffnung, durch Mystik den Tatsachen zu entschlüpfen. Sie war zur Römerzeit nichts anderes. Tacitus erzählt,[1] wie der berühmte Musonius Rufus durch Vorträge über die Güter des Friedens und die Übel des Krieges auf die Legionen, die im Jahre 70 vor den Toren Roms standen, einzuwirken versuchte und ihren Schlägen kaum entging. Der Heerführer Avidius Cassius nannte den Kaiser Marc Aurel ein philosophisches altes Weib.

Was den Nationen des 20. Jahrhunderts an alter und großer Tradition erhalten bleibt, an historischem Geformtsein, an Erfahrung, die ins Blut gedrungen ist, erhebt sich damit zu einer Macht ohne gleichen. Die *schöpferische* Pietät oder, um es tiefer zu fassen, ein uralter Takt aus ferner Frühzeit, der im Wollen gestaltend weiterwirkt, haftet für uns nur an Formen, die älter sind als Napoleon und die Revolution,[2] die gewachsen und nicht entworfen sind. Jeder noch so bescheidene Rest davon, der sich im Dasein irgendeiner geschlossenen Minderheit erhält, wird bald genug zu unermeßlichem Werte steigen und geschichtliche Wirkungen hervorbringen, die

---

[1] Hist. III, 81.

[2] Dazu gehört also auch die amerikanische Verfassung, und dies allein erklärt die merkwürdige Ehrfurcht, welche der Amerikaner für sie empfindet, auch wo er ihre Unzulänglichkeit klar erkennt.

im Augenblick noch niemand für möglich hält. Die Traditionen einer alten Monarchie, eines alten Adels, einer alten vornehmen Gesellschaft, soweit sie noch gesund genug sind, um die Politik als Geschäft oder um einer Abstraktion willen von sich fernzuhalten, soweit sie Ehre, Entsagung, Disziplin, das echte Gefühl einer großen Sendung besitzen, *Rasseeigenschaften* also, Zucht, Sinn für Pflichten und Opfer, können zu einem Mittelpunkt werden, der den Daseinsstrom eines ganzen Volkes zusammenhält, es diese Zeit überdauern und die Küste der Zukunft erreichen läßt. In Verfassung sein ist alles. Es handelt sich um die schwerste Zeit, welche die Geschichte einer hohen Kultur kennt. Die letzte Rasse in Form, die letzte lebendige Tradition, der letzte Führer, der beides hinter sich hat, gehen als Sieger durchs Ziel.

14

Cäsarismus nenne ich die Regierungsart, welche trotz aller staatsrechtlichen Formulierung in ihrem inneren Wesen wieder gänzlich formlos ist. Es ist gleichgültig, ob Augustus in Rom, Hoang-ti in China, Amosis in Ägypten, Alp Arslan in Bagdad ihre Stellung mit altertümlichen Bezeichnungen umkleiden. Der Geist dieser alten Formen ist tot.[1] Und deshalb sind alle Institutionen, sie mögen noch so peinlich aufrecht erhalten werden, von nun an ohne Sinn und Gewicht. Bedeutung hat nur die ganz persönliche Gewalt, welche der Cäsar oder an seiner Stelle irgend jemand durch seine Fähigkeiten ausübt. Es ist die Heimkehr aus einer formvollendeten Welt ins Primitive, ins Kosmisch-Geschichtslose. Biologische Zeiträume nehmen wieder den Platz historischer Epochen ein.[2]

Am Anfang, dort, wo die Zivilisation sich zur vollen Blüte entfaltet – heute – steht das Wunder der Weltstadt, das große steinerne Sinnbild des Formlosen, ungeheuer, prachtvoll, im Übermut sich dehnend. Sie zieht die Daseinsströme des ohnmächtigen Landes in sich hinein, Menschenmassen, die wie Dünen aus einer in die andre

---

[1] Cäsar hat das klar erkannt: *Nihil esse rem publicam, appellationem modo sine corpore ac specie* (Sueton, Cäs. 77).

[2] Vgl. Bd. II, S. 613 f.

verweht werden, wie loser Sand zwischen den Steinen verrieseln. Hier feiern Geist und Geld ihre höchsten und letzten Siege. Es ist das Künstlichste und Feinste, was in der Lichtwelt des menschlichen Auges erscheint, etwas Unheimliches und Unwahrscheinliches, das fast schon jenseits der Möglichkeiten kosmischer Gestaltung steht.

Dann aber treten die ideenlosen Tatsachen wieder nackt und riesenhaft hervor. Der ewig-kosmische Takt hat die geistigen Spannungen einiger Jahrhunderte endgültig überwunden. In Gestalt der Demokratie hatte das Geld triumphiert. Es gab eine Zeit, wo es allein oder fast allein Politik machte. Aber sobald es die alten Ordnungen der Kultur zerstört hat, taucht aus dem Chaos eine neue, übermächtige, bis in den Urgrund alles Werdens hinabreichende Größe empor: die Menschen von cäsarischem Schlage. An ihnen geht die Allmacht des Geldes zugrunde. *Die Kaiserzeit bedeutet, und zwar in jeder Kultur, das Ende der Politik von Geist und Geld.* Die Mächte des Blutes, die urwüchsigen Triebe alles Lebens, die ungebrochne körperliche Kraft treten ihre alte Herrschaft wieder an. Die Rasse bricht rein und unwiderstehlich hervor: der Erfolg des Stärksten und der Rest als Beute. Sie ergreift das Weltregiment, und das Reich der Bücher und Probleme erstarrt oder versinkt in Vergessenheit. Von nun an werden Heldenschicksale im Stil der Vorzeit wieder möglich, die nicht durch Kausalitäten für das Bewußtsein verschleiert sind. Es gibt keinen inneren Unterschied mehr zwischen dem Leben des Septimius Severus und Gallienus oder dem Alarichs und Odoakers. Ramses, Trajan, Wu-ti gehören in das gleichförmige Auf und Nieder geschichtsloser Zeiträume.

Seit dem Anbruch der Kaiserzeit gibt es keine politischen Probleme mehr. Man findet sich ab mit den Lagen und Gewalten, die vorhanden sind. Ströme von Blut hatten zur Zeit der kämpfenden Staaten das Pflaster aller Weltstädte gerötet, um die großen Wahrheiten der Demokratie in Wirklichkeit zu verwandeln und Rechte zu erkämpfen, ohne die das Leben nicht wert schien, gelebt zu werden. Jetzt *sind* diese Rechte erobert, aber die Enkel sind selbst durch Strafen nicht mehr zu bewegen, von ihnen Gebrauch zu machen. Hundert Jahre später, und sogar die Historiker verstehen die alten

Streitfragen nicht mehr. Schon zur Zeit Cäsars beteiligte sich die anständige Bevölkerung kaum noch an den Wahlen.[1] Es hat dem großen Tiberius das Leben verbittert, daß die fähigsten Männer seiner Zeit sich von aller Politik zurückhielten, und Nero konnte auch durch Drohungen die Ritter nicht mehr zwingen, zur Ausübung ihrer Rechte nach Rom zu kommen. Das ist das Ende der großen Politik, die einst ein Ersatz des Krieges durch geistigere Mittel gewesen war und nun dem Kriege in seiner ursprünglichsten Gestalt wieder Platz macht.

Es heißt deshalb den Sinn der Zeit vollständig verkennen, wenn Mommsen[2] eine tiefsinnige Zergliederung der von Augustus geschaffenen „Dyarchie" mit ihrer Gewaltenteilung zwischen Prinzeps und Senat vornimmt. Ein Jahrhundert vorher wäre diese Verfassung etwas Wirkliches gewesen, eben deshalb aber auch keinem · der damaligen Gewaltmenschen in den Sinn gekommen. Jetzt bedeutet sie nichts als den Versuch einer schwachen Persönlichkeit, sich über unwiderrufliche Tatsachen durch bloße Formen hinwegzutäuschen. Cäsar sah die Dinge, wie sie waren, und richtete seine Herrschaft ohne Sentimentalität nach praktischen Gesichtspunkten ein. Die Gesetzgebung seiner letzten Monate beschäftigte sich ausschließlich mit Übergangsbestimmungen, von denen keine einzige für die Dauer gedacht war. Eben das hat man immer übersehen. Er war ein viel zu tiefer Kenner der Dinge, um in diesem Augenblick, dicht vor dem Partherfeldzug, die Entwicklung vorauswissen und endgültige Formen für sie festsetzen zu wollen. Augustus aber war wie vor ihm Pompejus nicht der Herr seines Anhangs, sondern durchaus von ihm und dessen Anschauungen abhängig. Die Form des Prinzipats ist gar nicht seine Erfindung, sondern die doktrinäre Durchführung eines veralteten Parteiideals, das ein anderer Schwäch-

---

[1] Cicero weist in der Rede für Sestius darauf hin, daß bei den Plebisziten von jeder Tribus fünf Leute da seien, die noch dazu in der Wirklichkeit einer andern angehörten. Aber diese fünf waren auch nur da, um sich von den Machthabern kaufen zu lassen. Und kaum fünfzig Jahre vorher waren die Italiker in Masse für eben dieses Wahlrecht gefallen.

[2] Und merkwürdigerweise auch Ed. Meyer in seinem Meisterwerk „Cäsars Monarchie", der einzigen Arbeit von staatsmännischem Range über diese Zeit (und vorher schon in dem Aufsatz über Kaiser Augustus, Kl. Schr. S. 441 ff.).

ling, Cicero, entworfen hatte.[1] Als Augustus am 13. Januar 27 in
einer ehrlich gemeinten, aber eben deshalb um so sinnloseren Szene
dem „Senat und Volk von Rom" die Staatsgewalt zurückgab, behielt er das Tribunat für sich, und das war in der Tat das einzige
Stück politischer Wirklichkeit, das damals zum Vorschein kam. Der
Tribun war der legitime Nachfolger des Tyrannen,[2] und schon C.
Gracchus hatte 122 dem Titel einen Inhalt gegeben, der nicht mehr
durch die gesetzmäßigen Schranken eines Amtes, sondern nur noch
durch die persönlichen Talente des Inhabers begrenzt wurde. Von
ihm führt eine gerade Linie über Marius und Cäsar zu dem jungen
Nero, als er den politischen Absichten seiner Mutter Agrippina entgegentrat. Dagegen war der Prinzeps[3] von nun an ein Kostüm, ein
Rang, vielleicht eine gesellschaftliche, sicherlich aber nicht mehr eine
politische Tatsache. Gerade dieser Begriff war in der Theorie Ciceros mit einem verklärenden Schimmer umgeben und *schon von ihm*
mit dem des Divus verbunden worden.[4] Dagegen ist die „Mitarbeit" von Senat und Volk eine altertümliche Zeremonie, in der nicht
mehr Leben enthalten war als in den ebenfalls von Augustus wieder
hergestellten Bräuchen der Arvalbrüder. Aus den großen Parteien
der Gracchenzeit waren längst Gefolgschaften geworden, Cäsarianer
und Pompejaner, und endlich war auf der einen Seite die formlose
Allgewalt geblieben, „die Tatsache" im brutalsten Sinne, „der
Cäsar" oder wer ihn unter seinen Einfluß zu bringen vermochte,
und auf der andern Seite das Häuflein beschränkter Ideologen, die
ihr Mißvergnügen hinter einer Philosophie verbargen und von da
aus mit Verschwörungen ihrem Ideal aufzuhelfen suchten. Es waren
in Rom die Stoiker, in China die Konfuzianer. Erst jetzt versteht
man die berühmte „große Bücherverbrennung", die der chinesische
Augustus 212 v. Chr. anordnete und die in den Köpfen später Literaten den Schein einer ungeheuerlichen Barbarei angenommen hat.
Aber Cäsar war den stoischen Schwärmern für ein unmöglich ge-

---

[1] *De re publica* vom Jahre 54, eine für Pompejus bestimmte Denkschrift.
[2] Vgl. Bd. II, S. 1052.
[3] Vgl. Bd. II, S. 1071.
[4] Im Somnium Scipionis VI, 26, wo der ein Gott genannt wird, der den Staat
so regiert, *quam hunc mundum ille princeps deus.*

wordenes Ideal zum Opfer gefallen[1]; dem Divuskult wurde in stoischen Kreisen ein Cato- und Brutuskult entgegengestellt; die Philosophen im Senat (damals nur noch eine Art von Adelsklub) wurden nicht müde, den Untergang der „Freiheit" zu beklagen und Verschwörungen wie die pisonische von 65 anzustiften, was beim Tode Neros beinahe die Zustände der Zeit Sullas wieder heraufbeschworen hätte. Deshalb ließ Nero den Stoiker Paetus Thrasea, und Vespasian den Helvidius Priscus hinrichten, und deshalb wurde das Geschichtswerk des Cremutius Cordus, in dem Brutus als der letzte Römer gepriesen worden war, überall in Rom eingesammelt und verbrannt. Es war ein Akt der Notwehr des Staates gegenüber einer blinden Ideologie, wie wir ähnliche von Cromwell und Robespierre kennen, und in genau derselben Lage befanden sich die chinesischen Cäsaren gegenüber der Schule des Konfuzius, die einst ihr Ideal einer Staatsordnung herausgearbeitet hatte und nun die Wirklichkeit nicht zu ertragen verstand. Die große Bücherverbrennung war nichts als die Zerstörung eines Teils der politisch-philosophischen Literatur und die Aufhebung der Lehrbetriebe und geheimen Organisationen.[2] Diese Abwehr hat in beiden Imperien ein Jahrhundert gedauert; dann war selbst die Erinnerung an parteipolitische Leidenschaften geschwunden, und die beiden Philosophien – des Zenon und des Konfuzius – wurden die herrschende Weltstimmung der reifen Kaiserzeit.[3] Die Welt aber ist nun der Schauplatz tragischer *Familiengeschichten*, welche die Staatengeschichte ablösen, wie sie das julisch-claudische Haus und das des Schi Hoang-ti (schon 206 vor Chr.) vernichtet haben und wie sie aus den Schicksalen der ägyptischen Herrscherin Hatschepsut und ihrer Brüder (1501–1447) düster auf-

---

[1] Es war vollkommen richtig, wenn Brutus neben der Leiche den Namen Ciceros ausrief und Antonius diesen als intellektuellen Urheber der Tat bezeichnete. Die „Freiheit" bedeutete aber nichts als die Oligarchie einiger Familien, denn die Menge war ihrer Rechte längst müde geworden. Daß neben dem Geist das Geld hinter der Tat stand, die großen Vermögen Roms, die im Cäsarismus das Ende ihrer Allmacht heraufkommen sahen, war selbstverständlich.

[2] Dagegen wurde der Taoismus unterstützt, weil er die Abkehr von aller Politik predigte. „Laßt wohlbeleibte Männer um mich sein", sagt Cäsar bei Shakespeare.

[3] Das hat Tacitus nicht mehr verstanden. Er haßt diese ersten Cäsaren, weil sie mit allen denkbaren Mitteln sich gegen eine schleichende Opposition wehrten – in *seinen* Kreisen –, die seit Trajan eben nicht mehr vorhanden war.

leuchten. Es ist der letzte Schritt zum Definitiven. Mit dem Welt
frieden – *dem Frieden der hohen Politik* – tritt die „Schwertseite"[1] de
Daseins zurück und die „Spindelhälfte" herrscht wieder; es gibt nu
noch *Privat*geschichte, private Schicksale, privaten Ehrgeiz, von der
kümmerlichen Nöten des Fellachen angefangen bis zu den wüster
Fehden der Cäsaren um den *Privatbesitz der Welt.* Die Kriege im
Zeitalter des Weltfriedens sind Privatkriege, furchtbarer als alle
Staatenkriege, weil sie formlos sind.

Denn der Weltfriede – der oft schon dagewesen ist – enthält den
privaten Verzicht der ungeheuren Mehrzahl auf den Krieg, damit
aber auch die uneingestandene Bereitschaft, die Beute der andern
zu werden, die *nicht* verzichten. Es beginnt mit dem staatenzerstö-
renden Wunsch einer allgemeinen Versöhnung und endet damit,
daß niemand die Hand rührt, sobald das Unglück nur den Nachbar
trifft. Schon unter Marc Aurel dachte jede Stadt und jeder Land-
strich nur an sich, und die Tätigkeit des Herrschers war eine Privatsache neben den andern. Den Fernwohnenden waren er, seine
Truppen und Ziele ebenso gleichgültig wie die Absichten der feindlichen germanischen Heerhaufen. Auf dieser *seelischen* Voraussetzung entfaltet sich ein zweites Wikingertum. Das „In Form sein"
geht von den Nationen auf die Scharen und Gefolgschaften von
Abenteurern über, mögen sie Cäsaren, abtrünnige Heerführer oder
Barbarenkönige heißen, für welche die Bevölkerung zuletzt nichts
als ein Bestandteil der Landschaft ist. Es besteht eine tiefe Verwandtschaft zwischen den Helden der mykenischen Vorzeit und den römischen Soldatenkaisern, zwischen Menes vielleicht und Ramses II.
Für die germanische Welt werden die Geister Alarichs und Theoderichs wieder erwachen, wovon die Erscheinung Cecil Rhodes' eine
erste Ahnung gibt; und die stammfremden Henker der russischen
Vorzeit von Dschingiskhan bis Trotzki, zwischen denen die Episode
des petrinischen Zarentums liegt, sind doch nicht allzu verschieden
von manchen Prätendenten der romanischen Republiken Mittel-
amerikas, deren Privatkämpfe dort die formvolle Zeit des spanischen Barock längst abgelöst haben.

[1] Vgl. Bd. II, S. 964.

Mit dem geformten Staat hat auch die hohe Geschichte sich schlafen gelegt. Der Mensch wird wieder Pflanze, an der Scholle haftend, dumpf und dauernd. Das zeitlose Dorf, der „ewige" Bauer[1] treten hervor, Kinder zeugend und Korn in die Mutter Erde versenkend, ein emsiges, genügsames Gewimmel, über das der Sturm der Soldatenkaiser hinbraust. Mitten im Lande liegen die alten Weltstädte, leere Gehäuse einer erloschenen Seele, in die sich geschichtslose Menschheit langsam einnistet. Man lebt von der Hand in den Mund, mit einem kleinen, sparsamen Glück, und duldet. Massen werden zertreten in den Kämpfen der Eroberer um Macht und Beute dieser Welt, aber die Überlebenden füllen mit primitiver Fruchtbarkeit die Lücken und dulden weiter. Und während man in den Höhen siegt und unterliegt in ewigem Wechsel, betet man in der Tiefe, betet mit jener mächtigen Frömmigkeit der zweiten Religiosität, die alle Zweifel für immer überwunden hat.[2] Da, in den Seelen, ist der Weltfriede Wirklichkeit geworden, der Friede Gottes, die Seligkeit greiser Mönche und Einsiedler, und da allein. Er hat jene Tiefe im Ertragen von Leid geweckt, welche der historische Mensch in dem Jahrtausend seiner Entfaltung nicht kennen lernt. Erst mit dem Ende der großen Geschichte tritt das heilige, stille Wachsein wieder hervor. Es ist ein Schauspiel, das in seiner Zwecklosigkeit erhaben ist, zwecklos und erhaben wie der Gang der Gestirne, die Drehung der Erde, der Wechsel von Land und Meer, von Eis und Urwäldern auf ihr. Man mag es bewundern oder beweinen – aber es ist da.

III. Philosophie der Politik

15

Über den Begriff der Politik haben wir mehr nachgedacht, als für uns gut war. Um so weniger verstanden wir uns auf die Beobachtung wirklicher Politik. Die großen Staatsmänner pflegen unmittel-

---

[1] Vgl. Bd. II, S. 660, 990f.
[2] Vgl. Bd. II, S. 941f.

bar zu handeln und zwar aus einem sichern Sinn für die Tatsachen heraus. Das ist für sie so selbstverständlich, daß die Möglichkeit, über allgemeine Grundbegriffe dieses Handelns nachzudenken, ihnen gar nicht in den Sinn kommt, gesetzt, daß es solche Begriffe überhaupt gibt. Sie wußten von jeher, was sie zu tun hatten. Eine Theorie darüber entsprach weder ihrer Begabung noch ihrem Geschmack. Denker von Beruf aber, die ihren Blick auf die von Menschen geschaffenen Tatsachen lenkten, standen diesem Handeln innerlich so fern, daß sie sich in Abstraktionen vergrübelten, am liebsten in mythische Gebilde wie Gerechtigkeit, Tugend, Freiheit, und danach dem historischen Geschehen der Vergangenheit und vor allem der Zukunft das Maß anlegten. Darüber vergaßen sie zuletzt den Rang bloßer Begriffe und kamen zu der Überzeugung, daß Politik da sei, um den Lauf der Welt nach einem idealischen Rezept zu gestalten. Da dergleichen nie und nirgends geschah, so erschien ihnen das politische Tun dem abstrakten Denken gegenüber so gering, daß sie sich in ihren Büchern darum stritten, ob es ein „Genie der Tat" überhaupt gebe.

Demgegenüber wird hier der Versuch gemacht, statt eines ideologischen Systems eine *Physiognomik* der Politik zu schaffen, wie sie im Ablauf der gesamten Geschichte wirklich gemacht worden ist, und nicht wie sie hätte gemacht werden sollen. In den letzten Sinn großer Tatsachen eindringen, sie „sehen", das symbolisch Bedeutsame in ihnen erfühlen und umschreiben, war die Aufgabe. Die Entwürfe von Weltverbesserern haben mit der geschichtlichen Wirklichkeit nichts zu tun.[1]

Die menschlichen Daseinsströme nennen wir Geschichte, sobald wir sie als Bewegung,–Geschlecht, Stand, Volk, Nation, sobald wir sie als etwas Bewegtes ins Auge fassen. Politik ist die Art und Wei-

---

[1] „Reiche vergehen, ein guter Vers bleibt", meinte W. v. Humboldt auf dem Schlachtfeld von Waterloo. Aber die Persönlichkeit Napoleons hat die Geschichte der nächsten Jahrhunderte im voraus geformt. Die guten Verse – er hätte doch einmal einen Bauern am Wege nach ihnen fragen sollen. Sie bleiben – für den Literaturunterricht. Plato ist ewig – für Philologen. Aber Napoleon beherrscht *uns alle* innerlich, unsere Staaten und Heere, unsere öffentliche Meinung, unser ganzes politisches Sein, und um so mehr, je weniger es uns zum Bewußtsein kommt.

se, in der dieses strömende Dasein sich behauptet, *wächst*, über andere Lebensströme triumphiert. *Das ganze Leben ist Politik*, in jedem triebhaften Zuge, bis ins innerste Mark.[1] Was wir heute gern als Lebensenergie (Vitalität) bezeichnen, jenes „es" in uns, das vorwärts und aufwärts will um jeden Preis, der blinde, kosmische, sehnsüchtige Drang nach Geltung und Macht, der pflanzenhaft und rassehaft mit der Erde, der „Heimat" verbunden bleibt, das Gerichtetsein und Wirkenmüssen ist es, was überall unter höheren Menschen als politisches Leben die großen Entscheidungen sucht und suchen muß, um ein Schicksal entweder zu sein oder zu erleiden. Denn man wächst *oder stirbt ab*. Es gibt keine dritte Möglichkeit.

Deshalb ist der Adel als Ausdruck einer starken Rasse der eigentlich politische Stand, und Zucht, nicht Bildung die eigentlich politische Art der Erziehung. Jeder große Politiker, eine Kraftmitte im Strom des Geschehens, hat etwas Adliges in seinem Sichberufenfühlen und innerlich Gebundensein. Dagegen ist alles Mikrokosmische, aller „Geist" unpolitisch, und deshalb besitzt alle Programmpolitik und Ideologie etwas Priesterliches. Die besten Diplomaten sind die Kinder, wenn sie spielen oder etwas haben wollen. Da bricht das im Einzelwesen gebundene kosmische „es" sich unmittelbar und mit nachtwandlerischer Sicherheit Bahn. Sie lernen nicht, sie verlernen diese Meisterschaft der ersten Jahre mit dem Wachwerden der Jugend. Eben deshalb ist unter Männern der Staatsmann etwas so Seltenes.

Diese Daseinsströme im Bereich einer hohen Kultur, in und zwischen denen allein es große Politik gibt, sind nur in Mehrzahl möglich. Ein Volk ist wirklich nur in bezug auf andere Völker.[2] Aber das natürliche, rassehafte Verhältnis zwischen ihnen ist eben deshalb der Krieg. Das ist eine Tatsache, die durch Wahrheiten nicht verändert wird. Der Krieg ist die Urpolitik *alles* Lebendigen und zwar bis zu dem Grade, daß Kampf und Leben in der Tiefe eins sind und mit dem Kämpfenwollen auch das Sein erlischt. Altgermanische Worte dafür wie *orrusta* und *orlog* bedeuten Ernst und Schicksal im Gegen-

---

[1] Vgl. Bd. II, S. 977.
[2] Vgl. Bd. II, S. 1007.

satz zu Scherz und Spiel; das ist eine Steigerung, nichts dem Wesen nach Verschiedenes. Und wenn alle hohe Politik der Ersatz des Schwertes durch geistigere Waffen sein will und der Ehrgeiz des Staatsmannes auf der Höhe aller Kulturen dahin geht, den Krieg fast nicht mehr nötig zu haben, so bleibt doch die Urverwandtschaft zwischen Diplomatie und Kriegskunst bestehen: der Charakter des Kampfes, dieselbe Taktik, dieselbe Kriegslist, die Notwendigkeit materieller Kräfte im Hintergrund, um den Operationen Gewicht zu geben; und auch das Ziel bleibt das gleiche: das Wachstum der eignen Lebenseinheit – Stand oder Nation – auf Kosten der andern. Und jeder Versuch, dies rassemäßige Element auszuschalten, führt nur zu seiner Verlegung auf ein andres Gebiet: statt zwischen Parteien zwischen Landschaften, oder wenn auch da der Wille zum Wachstum erlischt, zwischen den Gefolgschaften von Abenteurern, denen sich der Rest der Bevölkerung freiwillig fügt.

In jedem Kriege zwischen Lebensmächten handelt es sich darum, wer das Ganze regiert. Es ist stets ein Leben, nie ein System, Gesetz oder Programm, das im Strom des Geschehens den Takt angibt.[1] Das Aktionszentrum, die handelnde Mitte einer Menge sein,[2] die innere Form der eignen Person zur Form ganzer Völker und Zeitalter erheben, das Kommando der Geschichte haben, um das eigne Volk oder Geschlecht und seine Ziele an die Spitze der Ereignisse zu führen, das ist der kaum bewußte und unwiderstehliche Trieb in jedem Einzelwesen von historischem Beruf. Es gibt nur *persönliche* Geschichte und deshalb nur *persönliche* Politik. Der Kampf nicht von Grundsätzen, sondern von Menschen, nicht von Idealen, sondern von Rassezügen um die ausübende Macht ist das erste und letzte, und auch die Revolutionen bilden keine Ausnahme, denn „Souveränität des Volkes" ist nichts als ein Wort dafür, daß die herrschende Gewalt den Titel Volksführer statt König angenommen hat. Die Methode des Regierens verändert sich damit kaum, die Lage der Regierten gar nicht. Und selbst der Weltfriede, so oft er schon da

---

[1] Das bedeutet der englische Grundsatz *men not measures*, und damit ist eigentlich das Geheimnis aller erfolgreichen Politik gegeben.

[2] Vgl. Bd. II, S. 577, 1008.

war, ist nichts gewesen als die Sklaverei einer ganzen Menschheit unter dem Regiment einer kleinen Zahl zum Herrschen entschlossener Kraftnaturen.

Zum Begriff der ausübenden Gewalt gehört, daß eine Lebenseinheit – schon unter Tieren – in Subjekte und Objekte der Regierung zerfällt. Das ist so selbstverständlich, daß diese innere Struktur jeder Masseneinheit selbst in den schwersten Krisen wie der von 1789 auch nicht einen Augenblick verloren geht. Nur der Inhaber verschwindet, nicht das Amt, und wenn wirklich ein Volk im Strom der Ereignisse jede Führung verliert und regellos dahintreibt, so bedeutet das nur, daß seine Führung nach auswärts verlegt, daß es *als Ganzes* Objekt geworden ist.

Politisch begabte Völker gibt es nicht. Es gibt nur Völker, die fest in der Hand einer regierenden Minderheit sind und die sich deshalb gut in Verfassung fühlen. Die Engländer sind als Volk ebenso urteilslos, eng und unpraktisch in politischen Dingen wie irgendeine andre Nation, aber sie besitzen eine *Tradition des Vertrauens*, bei allem Geschmack an öffentlichen Debatten. Der Unterschied besteht lediglich darin, daß der Engländer Objekt einer Regierung von sehr alten und erfolgreichen Gewohnheiten ist, der er zustimmt, weil er den Vorteil davon aus Erfahrung kennt. Von dieser Zustimmung, die nach außen als Verständnis erscheint, ist es nur ein Schritt zur Überzeugung, daß diese Regierung von seinem Willen abhängt, obwohl es umgekehrt *sie* ist, die ihm diese Ansicht aus technischen Gründen immer wieder einhämmert. Die regierende Klasse in England hat ihre Ziele und Methoden ganz unabhängig vom „Volk" entwickelt, und sie arbeitet mit – in – einer ungeschriebenen Verfassung, deren im Gebrauch entstandenen völlig untheoretische Feinheiten dem Nichteingeweihten ebenso undurchsichtig wie unverständlich sind. Aber der Mut einer Truppe hängt vom Vertrauen auf die Führung ab; Vertrauen, das heißt unwillkürlich Verzicht auf Kritik. Der Offizier ist es, der Feiglinge zu Helden oder Helden zu Feiglingen macht. Das gilt von Heeren, Völkern, Ständen wie von Parteien. *Politische Begabung einer Menge ist nichts als Vertrauen auf die Führung.* Aber sie will erworben werden; sie will langsam reifen,

durch Erfolge bewährt und zur Tradition geworden sein. Mangel
an Führereigenschaften in der herrschenden Schicht ist es, was als
mangelndes Gefühl der Sicherheit bei den Beherrschten zum Vorschein kommt, und zwar in jener Art von instinktloser, sich ein-
mischender Kritik, die durch ihr bloßes Vorhandensein ein Volk
außer Form geraten läßt.

16

Wie man Politik *macht*? – Der geborene Staatsmann ist vor allem
Kenner, Kenner der Menschen, Lagen, Dinge. Er hat den „Blick",
der ohne Zögern, unbestechlich den Kreis des Möglichen umfaßt.
Der Pferdekenner prüft mit *einem* Blick die Haltung des Tieres und
weiß, welche Aussichten es im Rennen besitzt. Der Spieler wirft
einen Blick auf den Gegner und kennt den nächsten Zug. Das Richtige tun, ohne es zu „wissen", die sichere Hand, die den Zügel
unmerklich kürzer faßt oder fallen läßt – es ist das Gegenteil von
der Begabung des theoretischen Menschen. Der geheime Takt alles
Werdens ist in ihm und in den geschichtlichen Dingen ein und derselbe. Sie ahnen einander; sie sind für einander da. Der Tatsachenmensch kommt nie in Gefahr, Gefühls- und Programmpolitik zu
treiben. Er glaubt nicht an die großen Worte. Er hat die Frage des
Pilatus beständig auf den Lippen. Wahrheiten – der geborne Staatsmann steht jenseits von wahr und falsch. Er verwechselt die Logik
der Ereignisse nicht mit der Logik der Systeme. „Wahrheiten" –
oder „Irrtümer", was hier dasselbe ist – kommen für ihn nur als
geistige Strömungen in Betracht, hinsichtlich ihrer *Wirkung*, deren
Stärke, Dauer und Richtung er überblickt und für das Schicksal der
von ihm gelenkten Macht in seine Rechnung stellt. Er hat Überzeugungen, die ihm teuer sind, gewiß, aber als Privatmann; kein
Politiker von Rang hat sich, solange er handelte, von ihnen abhängig
gefühlt. „Der Handelnde ist immer gewissenlos; es hat niemand
Gewissen, als der Betrachtende" (Goethe). Das gilt von Sulla und
Robespierre so gut wie von Bismarck und Pitt. Die großen Päpste
und englischen Parteiführer haben, solange sie die Dinge zu mei-

stern hatten, keine andern Grundsätze befolgt als die Eroberer und Empörer aller Zeiten. Man leite aus den *Handlungen* Innocenz' III., der die Kirche beinahe zur Weltherrschaft geführt hat, die Grundregeln ab und man erhält einen Katechismus des Erfolges, der das äußerste Gegenteil aller religiösen Moral darstellt, ohne den es aber keine Kirche, keine englischen Kolonien, keine amerikanischen Vermögen, keine siegreiche Revolution und endlich weder einen Staat, noch eine Partei, noch überhaupt ein Volk in erträglicher Lage geben würde. Das *Leben*, nicht der Einzelne ist gewissenlos.

Deshalb gilt es die Zeit verstehen, *für die* man geboren ist. Wer ihre geheimsten Mächte nicht ahnt und begreift, wer nicht in sich selbst etwas Verwandtes fühlt, das ihn vorwärts drängt auf einer Bahn, die sich mit Begriffen nicht umschreiben läßt, wer an die Oberfläche, die öffentliche Meinung, die großen Worte und Ideale des Tages glaubt, ist ihren Ereignissen nicht gewachsen. Sie haben ihn, nicht er sie in der Gewalt. Nicht zurückblicken und den Maßstab aus der Vergangenheit holen! Noch weniger zur Seite auf irgendein System! Es gibt in Zeiten wie der heutigen oder der des Gracchus zwei Arten von verhängnisvollem Idealismus, den reaktionären und den demokratischen. Der eine glaubt an die Umkehrbarkeit der Geschichte, der zweite an ein Ziel in ihr. Aber für den notwendigen Mißerfolg, mit dem beide die Nation belasten, über deren Schicksal sie Macht besitzen, ist es gleichgültig, ob man sie einer Erinnerung opfert oder einem Begriff. Der echte Staatsmann ist die Geschichte in Person, ihr Gerichtetsein als Einzelwille, ihre organische Logik als Charakter.

Der Staatsmann von Rang sollte aber auch Erzieher in einem großen Sinne sein, nicht Vertreter einer Moral oder Doktrin, sondern vorbildlich in seinem Tun.[1] Es ist eine bekannte Tatsache, daß keine neue Religion den Stil des Daseins je verändert hat. Sie durchdrang das Wachsein, den *geistigen* Menschen, sie warf neues Licht auf eine jenseitige Welt, sie schuf unermeßliches Glück durch die Kraft des Sichbescheidens, des Entsagens und des Duldens bis zum Tode; über die Mächte des Lebens besaß sie keine Gewalt. Schöp-

[1] Vgl. Bd. II, S. 980.

ferisch im Lebendigen, nicht bildend, sondern züchtend, den Typus ganzer Stände und Völker verwandelnd wirkt nur die große Persönlichkeit, das „es", die Rasse in ihr, die in ihr gebundene kosmische Kraft. Nicht *die* Wahrheit, *das* Gute, *das* Erhabene, sondern *der* Römer, *der* Puritaner, *der* Preuße ist eine Tatsache. Ehrgefühl, Pflichtgefühl, Disziplin, Entschlossenheit – das lernt man nicht aus Büchern. Es wird im strömenden Dasein *geweckt* durch ein lebendiges Vorbild. Deshalb war Friedrich Wilhelm I. einer der größten Erzieher aller Zeiten, dessen persönliche rassebildende Haltung aus der Folge von Generationen nicht wieder verschwindet. Es unterscheidet den echten Staatsmann von dem Nurpolitiker, dem Spieler aus Freude am Spiel, dem Glücksjäger auf den Höhen der Geschichte, dem Habgierigen und Rangsüchtigen, dem Schulmeister eines Ideals, daß er Opfer fordern darf und sie erhält, weil sein Gefühl, für die Zeit und Nation notwendig zu sein, von Tausenden geteilt wird, sie bis ins Innerste umgestaltet und zu Taten befähigt, denen sie sonst nicht gewachsen wären.[1]

Das Höchste aber ist nicht handeln sondern *befehlen können*. Erst damit wächst der Einzelne über sich selbst hinaus und wird zum Mittelpunkt einer tätigen *Welt*. Es gibt eine Art des Befehlens, die das Gehorchen zu einer stolzen, freien und vornehmen Gewohnheit macht und die z. B. Napoleon *nicht* besaß. Ein Rest von subalterner Gesinnung hat ihn verhindert, Männer und nicht Zubehöre einer Registratur zu erziehen, durch Persönlichkeiten und nicht durch Verordnungen zu herrschen; und weil er sich auf diesen feinsten Takt des Befehlens nicht verstand und deshalb alles wirklich Entscheidende selbst zu tun hatte, ist er am Mißverhältnis zwischen den Aufgaben seiner Stellung und den Grenzen menschlicher Leistungsfähigkeit langsam zugrunde gegangen. Wer aber diese höchste und letzte Gabe vollkommensten Menschentums besitzt wie Cäsar oder Friedrich der Große, der empfängt am Abend einer Schlacht, wenn

---

[1] Das gilt endlich auch von den Kirchen, die etwas ganz anderes sind als Religionen, nämlich Elemente der Tatsachenwelt und deshalb im Charakter ihrer Führung politisch und nicht religiös. Nicht die christliche Predigt, der christliche Märtyrer hat die Welt erobert, und daß er die Kraft dazu besaß, verdankt er nicht der Lehre, sondern dem Vorbild des Mannes am Kreuz.

die Operationen dem gewollten Ende zueilen und mit dem Sieg der
Feldzug sich entscheidet, oder in einer Stunde, wo mit der letzten
Unterschrift eine Epoche der Geschichte beschlossen wird, ein wunderbares Gefühl von Macht, das dem Wahrheitsmenschen für immer
verschlossen bleibt. Es gibt Augenblicke, und sie bezeichnen die
Höhepunkte kosmischer Strömungen, in denen ein Einzelner sich
mit dem Schicksal und der Weltmitte identisch weiß und seine Persönlichkeit beinahe als Hülle empfindet, in welche die Geschichte
der Zukunft sich zu kleiden im Begriff ist.

Die erste Aufgabe ist: selbst etwas zu machen; die zweite, un-
scheinbarer, aber schwerer und größer in ihrer Fernwirkung: *eine
Tradition zu schaffen*, andere dahin zu bringen, daß sie das eigne
Werk fortsetzen, dessen Takt und Geist; einen Strom einheitlicher
Tätigkeit zu entfesseln, der des ersten Führers nicht mehr bedarf,
um in Form zu bleiben. Damit wächst der Staatsmann zu etwas empor, das die Antike wohl als Gottheit bezeichnet hätte. Er wird zum
Schöpfer eines neuen Lebens, zum *geistigen* Ahnherrn einer jungen
Rasse. Er selbst als Wesen entschwindet nach wenig Jahren aus diesem Strom. Aber eine von ihm ins Dasein gerufene Minderheit, ein
anderes Wesen von seltsamster Art, tritt an seine Stelle, und zwar
für unabsehbare Zeit. Dies kosmische Etwas, diese Seele einer herrschenden Schicht kann ein Einzelner erzeugen und als Erbe hinterlassen, und das ist es, was in aller Geschichte die Wirkungen von
Dauer hervorgebracht hat. Der große Staatsmann ist selten. Ob er
kommt, ob er zur Geltung kommt, zu früh, zu spät – das alles ist
Zufall. Die großen Einzelnen zerstören oft mehr, als sie aufgebaut
haben – durch die Lücke, die ihr Tod im Strom des Geschehens
läßt. Aber eine Tradition schaffen, heißt den Zufall ausschalten. Eine
Tradition züchtet einen hohen Durchschnitt, mit dem die Zukunft
sicher rechnen darf, keinen Cäsar, aber einen Senat, keinen Napoleon, aber ein unvergleichliches Offizierkorps. Eine starke Tradition
zieht von allen Seiten die Talente an und erzielt mit kleinen Begabungen große Erfolge. Das beweisen die Malerschulen in Italien und
Holland nicht weniger wie das preußische Heer und die Diplomatie
der römischen Kurie. Es war eine große Schwäche Bismarcks im

Vergleich zu Friedrich Wilhelm I., daß er zwar zu handeln, aber keine Tradition zu bilden verstand, daß er neben dem Offizierkorps Moltkes keine entsprechende Rasse von Politikern schuf, die sich mit seinem Staat und dessen neuen Aufgaben identisch fühlte, die fortgesetzt bedeutende Menschen von unten aufnahm und ihrem Takt des Handelns für immer einverleibte. Geschieht das nicht, so bleibt statt einer regierenden Schicht aus einem Guß eine Sammlung von Köpfen, die dem Unvorhergesehenen hilflos gegenübersteht. Glückt es aber, *so entsteht ein „souveränes" Volk* in dem einzigen Sinne, der eines Volkes würdig und in der Tatsachenwelt möglich ist: eine sich selbst ergänzende hochgezüchtete Minderheit mit sicherer, in langer Erfahrung gereifter Tradition, die jede Begabung in ihren Bann zieht und ausnützt und sich eben deshalb mit dem von ihr regierten Rest der Nation in Einklang befindet. Eine solche Minderheit wird langsam zur echten Rasse, selbst wenn sie einmal Partei gewesen war, und sie entscheidet mit der Sicherheit des Blutes, nicht des Verstandes. Eben deshalb aber geschieht in ihr alles „von selbst"; sie bedarf des Genies nicht mehr. Das bedeutet, wenn man so sagen darf, den Ersatz *des großen Politikers durch die große Politik*.

Aber was ist Politik? – Die Kunst des Möglichen; das ist ein altes Wort und mit ihm ist beinahe alles gesagt. Der Gärtner kann eine Pflanze aus dem Samen ziehen oder ihren Stamm veredeln. Er kann die in ihr verborgenen Anlagen, ihren Wuchs und ihre Tracht, ihre Blüten und Früchte zur Entfaltung bringen oder verkümmern lassen. Von seinem Blick für das Mögliche und also Notwendige hängt ihre Vollkommenheit, ihre Kraft, ihr ganzes Schicksal ab. Aber die Grundgestalt und Richtung ihres Daseins, dessen Stufen, Geschwindigkeit und Dauer, das „Gesetz, nach dem sie angetreten", stehen *nicht* in seiner Gewalt. Sie muß es erfüllen oder sie verdirbt, und dasselbe gilt von der ungeheuren Pflanze „Kultur" und den in ihre politische Formenwelt gebannten Daseinsströmen menschlicher Geschlechter. Der große Staatsmann ist der Gärtner eines Volkes.

Jeder Handelnde ist in eine Zeit und für eine Zeit geboren. Damit ist der Umkreis des *für ihn* Erreichbaren bestimmt. Für die Großväter und Enkel ist etwas anderes gegeben und also Ziel und Aufgabe. Der Kreis verengt sich weiter durch die Schranken seiner Persönlichkeit und durch die Eigenschaften seines Volkes, der Lage und der Menschen, mit denen er arbeiten muß. Es kennzeichnet den Politiker von Rang, daß er selten Opfer zu bringen hat, weil er sich über diese Grenzen täuschte, daß er aber auch nichts, was sich verwirklichen ließe, übersicht. Dahin gehört – gerade unter Deutschen kann das nicht oft genug wiederholt werden –, daß er das, was sein sollte, nie mit dem verwechselt, was sein *wird*. Die Grundformen des Staates und des politischen Lebens, die Richtung und der Stand ihrer Entwicklung sind mit einer Zeit gegeben und unabänderlich. Alle politischen Erfolge werden mit ihnen, nicht an ihnen erzielt. Die Anbeter politischer Ideale allerdings schaffen aus dem Nichts. Sie sind – in ihren Köpfen – erstaunlich frei; aber ihre Gedankenbauten aus den luftigen Begriffen Weisheit, Gerechtigkeit, Freiheit, Gleichheit sind schließlich ewig dieselben, und sie fangen immer wieder von vorn an. Dem Meister der Tatsachen genügt es, das für ihn schlechthin Vorhandene unmerklich zu lenken. Das erscheint wenig, und doch beginnt erst hier die Freiheit in einem großen Sinne. Auf die *kleinen* Züge, den letzten vorsichtigsten Druck auf das Steuerruder, das Feingefühl für die zartesten Schwankungen der Völker- und Einzelseelen kommt es an. Staatskunst ist der klare Blick für die großen Linien, die unverrückbar gezogen sind, *und* die sichere Hand für das *Einmalige*, das *Persönliche*, das in ihrem Rahmen aus einem nahenden Verhängnis einen entscheidenden Erfolg machen kann. Das Geheimnis aller Siege liegt in der Organisation des Unscheinbaren. Wer sich darauf versteht, kann als Vertreter des Besiegten den Sieger beherrschen wie Talleyrand in Wien. Cäsar, dessen Lage damals fast verzweifelt war, hat in Lucca die Macht des Pompejus unvermerkt seinen Zielen dienstbar gemacht und damit untergraben; aber es gibt eine gefährliche Grenze des Möglichen, welche der vollendete Takt der großen Barockdiplomaten kaum je verletzt hat, während es Vorrecht des Ideologen ist, beständig darüber zu stolpern. Es gibt Wendungen in der Geschichte, von denen der Kenner sich eine Zeitlang treiben läßt, um die Herrschaft nicht zu verlieren. Jede Lage besitzt ihr Maß von Elastizität, über das man sich nicht im geringsten täuschen darf. Eine zum Ausbruch gekommene Revolution beweist immer einen Mangel an politischem Takt bei den Regierenden *und* ihren Gegnern.

Das Notwendige soll man *rechtzeitig* tun, solange es nämlich ein Geschenk ist, mit dem die regierende Macht sich das Vertrauen sichert, und nicht als ein Opfer gebracht werden muß, das eine Schwäche offenbart und Verachtung weckt. Politische Formen sind lebendige Formen, die sich unerbittlich in einer bestimmten Richtung verändern. Man hört auf „in Form" zu sein, wenn man diesen Gang hemmen oder in Richtung eines Ideals ablenken will. Die römische Nobilität besaß den Takt dafür, die spartanische nicht. Im Zeitalter der aufsteigenden Demokratie ist immer wieder der verhängnisvolle Augenblick erreicht worden, in Frankreich vor 1789, in Deutschland vor 1918, wo es zu spät war, mit einer notwendigen Reform ein freies Geschenk zu machen, und man sie also mit rücksichtsloser Energie hätte verweigern müssen, weil sie nunmehr *als Opfer* die Auflösung herbeizog. Wer aber das erste nicht rechtzeitig sieht, wird die zweite Notwendigkeit noch sicherer verkennen. Auch der Gang nach Canossa kann zu früh oder zu spät angetreten werden; darin liegt die Entscheidung für ganze Völker, ob man künftig ein Schicksal für andere ist oder von andern erleidet. Aber die absteigende Demokratie wiederholt den gleichen Fehler, halten zu wollen, was das Ideal von gestern war. Es ist die Gefahr des 20. Jahrhunderts. Auf jedem Pfade zum Cäsarismus findet sich ein Cato.

Der Einfluß, den selbst ein Staatsmann von ungewöhnlich starker Stellung auf die politischen *Methoden* besitzt, ist sehr gering, und es gehört zum Range des Staatsmannes, daß er sich darüber nicht täuscht. Seine Aufgabe ist es, mit und in der vorliegenden geschichtlichen Form zu arbeiten; nur der Theoretiker begeistert sich daran, idealere Formen zu erfinden. Zum politischen „in Form sein" gehört aber die unbedingte *Beherrschung der modernsten Mittel*. Hier gibt es keine Wahl. Die Mittel und Methoden sind durch die Zeit gegeben und gehören zur inneren Form einer Zeit. Wer sich in ihnen vergreift, wer seinem Geschmack und Gefühl Macht über seinen Takt gestattet, verliert die Tatsachen aus der Hand. Die Gefahr einer

Aristokratie ist es, konservativ in den Mitteln zu sein; die Gefahr der Demokratie ist die Verwechslung der Formel mit der Form. Die Mittel der Gegenwart sind noch auf Jahre hinaus die parlamentarischen: Wahlen und Presse. Man kann über sie denken, wie man will, sie verehren oder verachten, aber man muß sie *beherrschen*. Bach und Mozart *beherrschten* die musikalischen Mittel ihrer Zeit. Das ist das Kennzeichen jeder Art von Meisterschaft. Mit der Staatskunst steht es nicht anders. Aber die allgemein sichtbare Außenform ist allerdings nicht die, auf welche es ankommt, sondern nur deren Verkleidung. Deshalb läßt sie sich ändern, ohne daß am Wesen des Geschehens etwas geändert wird, auf Begriffe und in Verfassungstexte bringen, ohne die Wirklichkeit auch nur zu berühren, und der Ehrgeiz aller Revolutionäre erschöpft sich darin, sich in dieses Spiel von Rechten, Grundsätzen und Freiheiten an der geschichtlichen Oberfläche zu mischen. Der Staatsmann weiß, daß die Ausdehnung eines Wahlrechts ganz unwesentlich ist gegenüber der athenischen oder römischen, jakobinischen, amerikanischen und nun auch deutschen Technik, Wahlen *zu machen*. Wie die englische Verfassung lautet, ist gleichgültig gegenüber der Tatsache, daß ihre Anwendung von einer kleinen Schicht vornehmer Familien beherrscht wird, so daß Eduard VII. ein Minister seines Ministeriums war. Und was die moderne Presse betrifft, so mag der Schwärmer zufrieden sein, wenn sie verfassungsmäßig „frei" ist; der Kenner fragt nur danach, wem sie zur Verfügung steht.

Politik ist endlich die Form, in der die Geschichte einer Nation innerhalb einer Mehrzahl von Nationen vollzogen wird. Die große Kunst ist, die eigene innerlich in Form zu halten für die Ereignisse draußen. Das ist nicht nur für Völker, Staaten und Stände, sondern für lebendige Einheiten jeder Art bis zu den einfachsten Tierschwärmen und bis zum einzelnen Körper hinab das natürliche Verhältnis von Innen- und Außenpolitik, *von denen die erste ausschließlich für die zweite da ist, nicht umgekehrt*. Der echte Demokrat pflegt jene als Selbstzweck zu behandeln, der Durchschnittsdiplomat denkt nur an diese. Aber eben deshalb hängen die Einzelerfolge beider in der Luft. Der politische Meister zeigt sich ohne Zweifel am sichtbarsten in der

Taktik innerer Reformen, in seiner wirtschaftlichen und sozialen Tätigkeit, in dem Geschick, die öffentliche Form des Ganzen, die „Rechte und Freiheiten" mit dem Zeitgeschmack in Einklang *und zugleich* leistungsfähig zu halten, in der Erziehung von Gefühlen, ohne die es nicht möglich ist, daß ein Volk in Verfassung bleibt: Vertrauen, Achtung vor der Führung, Machtbewußtsein, Zufriedenheit und, wenn es notwendig wird, Begeisterung. Aber das alles erhält seinen Wert erst im Hinblick auf die Grundtatsache der höheren Geschichte, daß ein Volk nicht allein in der Welt ist und daß über seine Zukunft durch das Kräfteverhältnis zu andern Völkern und Mächten entschieden wird und nicht durch die bloße Ordnung in sich selbst. Und da der Blick des gewöhnlichen Menschen so weit nicht reicht, ist es die regierende Minderheit, welche ihn für den Rest besitzen muß, jene Minderheit, in welcher der Staatsmann erst das Werkzeug findet, mit dem er seine Absichten ausführen kann.[1]

17

Für die frühe Politik aller Kulturen sind die leitenden Mächte fest gegeben. Das gesamte Dasein ist streng in patriarchalischer und sinnbildlicher Form; die Bindungen des mütterlichen Landes sind so stark, der Lehnsverband und auch noch der Ständestaat sind für das in sie gebannte Leben etwas so Selbstverständliches, daß die Politik der homerischen und gotischen Zeit sich darauf beschränkt, im Rahmen der schlechthin gegebenen Form zu handeln. Diese Formen ändern sich gewissermaßen von selbst. Daß das eine *Aufgabe* der Politik sei, kommt niemand deutlich zum Bewußtsein, selbst wenn ein Königtum gestürzt oder ein Adel untertänig wird. Es gibt nur Standespolitik, kaiserliche, päpstliche, Vasallenpolitik. Das Blut, die Rasse, spricht aus triebhaften, halbbewußten Unternehmungen,

---

[1] Es sollte eigentlich kaum betont werden müssen, daß das nicht die Grundsätze einer aristokratischen Regierung sind, sondern die des Regierens überhaupt. Kein begabter Massenführer, weder Kleon noch Robespierre noch Lenin hat sein Amt anders behandelt. Wer sich wirklich als Beauftragter der Menge fühlt statt als Regent von solchen, die nicht wissen, was sie wollen, würde keinen Tag lang Herr im Hause sein. Die Frage ist nur, ob gerade die großen Volksführer ihre Stellung für sich oder für die andern verwalten, und darüber ließe sich manches sagen.

denn auch der Priester, soweit er Politik betreibt, handelt hier als Mensch von Rasse. Die „Probleme" des Staates sind noch nicht erwacht. Das Herrschertum und die Urstände, die ganze frühe Formenwelt überhaupt ist gottgegeben, und nur unter ihrer *Voraussetzung* bekämpfen sich organische Minderheiten, *Faktionen*. Zum Wesen der Faktion gehört, daß ihr der Gedanke, die Ordnung der Dinge könne planmäßig geändert werden, gar nicht zugänglich ist. Sie will innerhalb dieser Ordnung einen Rang erkämpfen, Macht und Besitz, wie alles Wachsende in einer wachsenden Welt. Es sind Gruppen, in denen Verwandtschaft der Häuser, Ehre, Treue, Bündnisse von fast mystischer Innerlichkeit eine Rolle spielen und abstrakte Ideen ganz ausgeschlossen bleiben. So sind die Faktionen in homerischer und gotischer Zeit, Telemach und die Freier in Ithaka, die Blauen und Grünen unter Justinian, die Welfen und Waiblinger, die Häuser Lancaster und York, die Protestanten,[1] die Hugenotten und auch noch die treibenden Mächte der Fronde und der ersten Tyrannis. Das Buch von Macchiavelli ruht ganz auf diesem Geist.

Die Wendung tritt ein, sobald mit der großen Stadt der Nichtstand, das Bürgertum die Führung übernimmt.[2] Jetzt ist es im Gegenteil die politische *Form*, die zum Gegenstand des Kampfes, zum Problem erhoben wird. Bis dahin war sie gereift, jetzt soll sie geschaffen werden. Die Politik wird wach, nicht nur begriffen, sondern auch auf Begriffe gebracht. Gegen Blut und Tradition erheben sich die Mächte des Geistes und Geldes. An Stelle des Organischen tritt das Organisierte, *an Stelle des Standes die Partei*. Eine Partei ist kein Rassegewächs, sondern eine Sammlung von Köpfen und deshalb an Geist den alten Ständen ebenso überlegen, wie sie an Instinkt ärmer ist als sie. Sie ist der Todfeind aller gewachsenen ständischen Gliederung, deren bloßes Vorhandensein ihrem Wesen widerspricht. Eben deshalb ist der Begriff der Partei immer mit dem unbedingt *verneinenden*, auflösenden, gesellschaftlich einebnenden der *Gleichheit* verbunden. Nicht Standesideale, sondern nur noch Berufsinteressen

---

[1] Urspr. eine Vereinigung von neunzehn Fürsten und freien Städten (1529).
[2] Vgl. Bd. II, S. 1000f., 1056.

werden anerkannt.[1] Aber auch mit dem ebenso verneinenden der Freiheit:[2] *Parteien sind eine rein städtische Erscheinung.* Mit der völligen Befreiung der Stadt vom Lande weicht die Standespolitik überall der Parteipolitik, ob wir davon Kenntnis haben oder nicht, in Ägypten mit dem Ende des Mittleren Reiches, in China mit den kämpfenden Staaten, in Bagdad und Byzanz mit der Abbassidenzeit. In den Hauptstädten des Abendlandes bilden sich die Parteien parlamentarischen Stils, in den Stadtstaaten der Antike die Parteien des Forums, und Parteien magischen Stils kennen wir in den Mavali und den Mönchen des Theodor von Studion.[3]

Immer aber ist es der *Nicht*stand, die Einheit des Protestes gegen das Wesen des Standes überhaupt, dessen führende Minderheit – „Bildung und Besitz" – als Partei auftritt, mit einem Programm, einem nicht gefühlten, sondern definierten Ziel und der Ablehnung alles dessen, was sich verstandesmäßig nicht erfassen läßt. *Es gibt deshalb im Grunde nur eine Partei*, die des Bürgertums, die liberale, und sie ist sich dieses Ranges auch bewußt. Sie setzt sich dem „Volke" gleich. Ihre Gegner, die echten Stände vor allem, „Junker und Pfaffen", sind Feinde und Verräter „*des Volkes*", die eigne Meinung ist die „*Stimme des Volkes*", die diesem mit allen Mitteln parteipolitischer Bearbeitung, der Rede des Forums, der Presse des Abendlandes eingeimpft wird, um dann vertreten zu werden.

Die *Urstände* sind Adel und Priestertum. Die *Urpartei* ist die des Geldes und Geistes, die liberale, die der großen Stadt. Hier liegt die tiefe Berechtigung der Begriffe Aristokratie und Demokratie, und zwar für *alle* Kulturen. Aristokratisch ist die Verachtung des Geistes der Städte, demokratisch die Verachtung des Bauern, der Haß gegen das Land.[4] Es ist der Unterschied von Standespolitik und Parteipoli-

---

[1] Deshalb nimmt auf dem Boden der bürgerlichen Gleichheit sofort der Geldbesitz die Stelle des genealogischen Ranges ein.

[2] Vgl. Bd. II, S. 998f.

[3] Vgl. Bd. II, S. 1092, und Wellhausen, Die relig.-polit. Oppositionsparteien im alten Islam (1901).

[4] Für die Demokratie in England und Amerika ist es wesentlich, daß das Bauerntum dort abgestorben und hier nicht vorhanden gewesen ist. Der „Farmer" ist seelisch Vorstädter und betreibt praktisch die Landwirtschaft als Industrie. Statt der Dörfer gibt es nur Fragmente von Großstädten.

tik, von Standes*bewußtsein* und Partei*gesinnung*, von Rasse und Geist, Wachstum und Konstruktion. Aristokratisch ist die vollendete Kultur, demokratisch die beginnende weltstädtische Zivilisation, bis der Gegensatz im Cäsarismus aufgehoben wird. So gewiß der Adel *der* Stand ist, und der *tiers* es niemals dahin bringt, in dieser Weise wirklich in Form zu sein, so gewiß mißlingt es dem Adel, als Partei sich nicht zu organisieren, aber zu fühlen.

Aber der Verzicht darauf steht ihm nicht frei. Alle modernen Verfassungen verleugnen die Stände und sind auf die Partei als die selbstverständliche Grundform der Politik hin angelegt. Das 19. Jahrhundert, und also auch das vorchristliche dritte, ist die Glanzzeit der Parteipolitik. Ihr demokratischer Zug erzwingt die Bildung von *Gegenparteien*, und während einst – noch im 18. Jahrhundert! – der *tiers* sich nach dem Vorbild des Adels als Stand konstituierte, so entsteht jetzt nach dem Vorbild der liberalen das *Abwehrgebilde* der konservativen Partei,[1] durchaus von deren Formen beherrscht, verbürgerlicht, ohne bürgerlich zu sein, und auf eine Taktik verwiesen, deren Mittel und Methoden ausschließlich durch den Liberalismus bestimmt sind. Sie haben nur die Wahl, diese Mittel besser zu handhaben als der Gegner[2] oder zu unterliegen, aber es ist tief im Wesen eines Standes begründet, daß er diese Lage nicht begreift und nicht den Feind, sondern die Form bekämpfen will: ein Appell an die äußersten Mittel, der zu Beginn jeder Zivilisation die Innenpolitik ganzer Staaten verheert und sie dem äußeren Gegner wehrlos überliefert. Der Zwang jeder Partei, der Erscheinung nach bürgerlich zu sein, erhebt sich zur Karikatur, sobald sich unterhalb der städtischen Schichten von Bildung und Besitz auch noch der Rest als Partei organisiert. Der Marxismus z. B., der Theorie nach eine Verneinung des Bürgertums, ist als Partei nach Haltung und Führung spießbürgerlich durch und durch. Es besteht ein fortwährender Konflikt zwischen dem Wollen, das notwendig aus dem Rahmen der Parteipoli-

---

[1] Und überall da, wo zwischen den beiden Urständen auch ein *politischer* Gegensatz besteht wie in Ägypten, Indien und im Abendland, noch eine klerikale, d. h. nicht etwa die Religion, sondern die Kirche, nicht die Gläubigen, sondern die Priesterschaft als Partei.

[2] Und ihr stärkerer Gehalt an Rasse gibt ihnen alle Aussicht dazu.

tik und damit jeder Verfassung heraustritt – beides ist ausschließlich liberal – und ehrlicherweise nur als Bürgerkrieg bezeichnet werden kann, und dem Auftreten, das man sich schuldig zu sein glaubt und das man jedenfalls haben muß, um in dieser Zeit irgendeinen dauernden Erfolg zu erzielen. Aber das Auftreten einer Adelspartei in einem Parlament ist innerlich ebenso unecht wie das einer proletarischen. Nur das Bürgertum ist hier zu Hause.

In Rom haben Patrizier und Plebejer von der Einsetzung der Tribunen 471 bis zur Anerkennung ihrer gesetzgeberischen Vollmacht in der Revolution von 287[1] im wesentlichen als Stände gekämpft. Von da an besitzt dieser Gegensatz nur noch genealogische Bedeutung, und es entwickeln sich Parteien, die man sehr wohl als liberal und konservativ bezeichnen kann: der auf dem Forum tonangebende Populus[2] und die Nobilität mit ihrem Stützpunkt im Senat. Dieser hat sich um 287 aus einem Familienrat der alten Geschlechter in einen Staatsrat der Verwaltungsaristokratie verwandelt. Dem Populus stehen die nach dem Besitz abgestuften Zenturiatkomitien und die Gruppe der großen Geldleute, der *equites*, nahe, der Nobilität die in den Tributkomitien einflußreiche Bauernschaft. Man denke dort an die Gracchen und Marius, hier an C. Flaminius; und man braucht nur schärfer hinzusehen, um die ganz veränderte Stellung der Konsuln und Tribunen zu bemerken. Sie sind nicht mehr die ernannten Vertrauensmänner des ersten und dritten Standes, deren Haltung damit bestimmt ist, sondern sie vertreten und wechseln die Partei. Es gibt „liberale" Konsuln wie den älteren Cato und „konservative" Tribunen wie Octavius, den Gegner des Ti. Gracchus. Beide Parteien stellen für die Wahlen ihre Kandidaten auf und suchen sie mit allen Mitteln demagogischer Bearbeitung durchzubringen, und wenn das Geld bei den Wahlen keinen Erfolg gehabt hat, so gelingt es ihm bei den Gewählten immer besser.

---

[1] Vgl. Bd. II, S. 1070f.

[2] *Plebs* entspricht dem *tiers* – Bürger und Bauern – des 18., *populus* der großstädtischen „Masse" des 19. Jahrhunderts. Der Unterschied kommt in der Haltung gegenüber den freigelassenen Sklaven meist nichtitalischer Herkunft zum Ausdruck, welche die Plebs als Stand in möglichst wenige Tribus zurückzudrängen sucht, während sie im Populus als einer Partei bald die ausschlaggebende Rolle spielten.

In England haben Tories und Whigs zu Beginn des 19. Jahrhunderts sich selbst als Parteien konstituiert, der Form nach verbürgerlicht und dem Wortlaut nach beide das liberale Programm angenommen, wodurch die öffentliche Meinung wie immer vollkommen überzeugt und zufriedengestellt war.[1] Durch diese meisterhaft und rechtzeitig vollzogene Schwenkung ist es überhaupt nicht zur Bildung einer standesfeindlichen Partei gekommen wie in dem Frankreich von 1789. Die Mitglieder des Unterhauses wurden aus Sendboten der herrschenden Schicht zu Volksvertretern, die von ihr weiterhin finanziell abhängig waren; die Führung blieb in derselben Hand und der Parteigegensatz, für den sich seit 1830 die Worte liberal und konservativ wie von selbst einstellten, beruhte auf einem Mehr oder Weniger, nicht auf einem Entweder-Oder. Es sind dieselben Jahre, in denen die literarische Freiheitsstimmung des „Jungen Deutschland" in eine Parteigesinnung überging, und wo in Amerika unter Präsident Jackson sich der republikanischen Partei gegenüber die demokratische organisierte und der Grundsatz, daß Wahlen ein Geschäft und sämtliche Staatsämter die Beute des Siegers seien, in aller Form anerkannt wurde.[2]

Aber die Form der regierenden Minderheit entwickelt sich *vom Stand über die Partei hinaus unaufhaltsam weiter zur Gefolgschaft von Einzelnen*. Das Ende der Demokratie und ihr Übergang zum Cäsarismus äußert sich deshalb darin, daß nicht etwa die Partei des dritten Standes, der Liberalismus verschwindet, sondern die Partei als Form überhaupt. Die Gesinnung, das volkstümliche Ziel, die abstrakten Ideale aller echten Parteipolitik lösen sich auf, und an ihre Stelle tritt die *Privat*politik, der ungehemmte Machtwille weniger

---

[1] Vgl. Bd. II, S. 1075.

[2] In aller Stille ging gleichzeitig die katholische Kirche von der Standes- zur Parteipolitik über, und zwar mit einer strategischen Sicherheit, die nicht genug bewundert werden kann. Im 18. Jahrhundert war sie, was den Stil ihrer Diplomatie, die Vergebung der großen Stellen und den Geist ihrer höheren Kreise betrifft, durchaus aristokratisch gewesen. Man denke an den Typus des Abbé und an die Kirchenfürsten, welche Minister und Gesandte wurden wie der junge Kardinal Rohan. Jetzt tritt, ganz „liberal", an Stelle der Abkunft die Gesinnung, an Stelle des Geschmacks die Arbeitskraft, und die großen Mittel der Demokratie, die Presse, die Wahlen, das Geld, werden mit einem Geschick gehandhabt, das der eigentliche Liberalismus selten erreicht und nirgends übertroffen hat.

Rassemenschen. Ein Stand hat Instinkte, eine Partei hat ein Programm, eine Gefolgschaft hat einen Herrn: das ist der Weg von Patriziat und Plebs über Optimaten und Popularen zu den Pompejanern und Cäsarianern. Das Zeitalter der echten Parteiherrschaft umfaßt kaum zwei Jahrhunderte und ist für uns seit dem Weltkrieg bereits in vollem Niedergang begriffen. Daß die gesamte Masse der Wählerschaft aus einem gemeinsamen Antrieb heraus Männer entsendet, die ihre Sache führen sollen, wie es in allen Verfassungen ganz naiv gemeint ist, war nur im ersten Anlauf möglich und setzt voraus, daß nicht einmal die Ansätze zur Organisation bestimmter Gruppen vorhanden sind. So war es 1789 in Frankreich, 1848 in Deutschland. Mit dem Dasein einer Versammlung ist aber sofort die Bildung taktischer Einheiten verbunden, deren Zusammenhalt auf dem Willen beruht, die einmal errungene herrschende Stellung zu *behaupten*, und die sich nicht im geringsten mehr als Sprachrohr ihrer Wähler betrachten, sondern umgekehrt diese mit allen Mitteln der Agitation sich gefügig machen, um sie für ihre Zwecke einzusetzen. Eine Richtung im Volk, die sich organisiert hat, ist damit bereits das *Werkzeug* der Organisation geworden und sie schreitet unaufhaltsam auf diesem Wege weiter, bis auch die Organisation das Werkzeug der Führer geworden ist. Der Wille zur Macht ist stärker als alle Theorie. Am Anfang entsteht die Führung und der Apparat des Programms wegen; dann werden sie von den Inhabern um der Macht und Beute willen verteidigt, wie es heute schon ganz allgemein der Fall ist, wo in allen Ländern Tausende von der Partei und den von ihr vergebenen Ämtern und Geschäften leben, und endlich verschwindet das Programm aus der Erinnerung und die Organisation arbeitet für sich allein.

Beim älteren Scipio und Qu. Flaminius ist noch von Freunden die Rede, die sie in den Krieg begleiten, aber der jüngere Scipio hat sich eine *cohors amicorum* gebildet, wohl das erste Beispiel eines organisierten Gefolges, das dann auch vor Gericht und bei den Wahlen arbeitet.[1] Ebenso entwickelt sich das ursprünglich ganz patriarcha-

---

[1] Zum folg.: M. Gelzer, Die Nobilität der römischen Republik (1912), S. 43 ff. A. Rosenberg, Untersuch. zur röm. Centurienverfassung (1911), S. 62 ff.

lische und aristokratische Treuverhältnis des Patrons zu seinen Klienten zu einer Interessengemeinschaft auf sehr materieller Grundlage, und schon vor Cäsar gibt es schriftliche Verträge zwischen Kandidaten und Wählern mit genauer Festsetzung von Zahlung und Gegenleistung. Auf der anderen Seite bilden sich, ganz wie im heutigen Amerika,[1] die Klubs und Wahlvereine der Tribulen, welche die Masse der Wähler des Bezirks beherrschen oder verscheuchen, um mit den großen Führern, den Vorläufern der Cäsaren, von Macht zu Macht über das Wahlgeschäft zu verhandeln. Das ist nicht ein Scheitern, sondern der Sinn und das notwendige Endergebnis der Demokratie, und die Klage weltfremder Idealisten über diese Zerstörung ihrer Hoffnungen kennzeichnet nur deren Blindheit für das unerbittliche Zweierlei von Wahrheiten und Tatsachen und die innere Verbundenheit von Geist und Geld.

Die politisch-soziale *Theorie* ist nur eine, aber eine notwendige Unterlage der Parteipolitik. Die stolze Reihe von Rousseau bis Marx hat ihr Seitenstück in der antiken von den Sophisten bis zu Plato und Zenon. In China sind die Grundzüge der entsprechenden Lehren aus der konfuzianischen und taoistischen Literatur noch zu ermitteln; es genügt, den Namen des Sozialisten Moh-ti zu nennen. In der byzantinischen und arabischen Literatur der Abbassidenzeit, wo der Radikalismus stets in strenggläubiger Fassung auftritt, nehmen sie einen breiten Raum ein und wirken als treibende Kräfte in allen Krisen des 9. Jahrhunderts; in Indien und Ägypten wird ihr Vorhandensein durch den Geist der Ereignisse zur Zeit Buddhas und der Hyksos bewiesen. Einer literarischen Fassung bedürfen sie nicht; ebenso wirksam ist die mündliche Verbreitung, die Predigt und Propaganda in Sekten und Bünden, wie sie am Ausgang puritanischer Strömungen, also im Islam und im englisch-amerikanischen Christentum ganz allgemein ist.

---

[1] Allbekannt ist Tammany Hall in New York, aber die Verhältnisse nähern sich diesem Zustand in allen von Parteien regierten Ländern. Der amerikanische „Caucus", der die Staatsämter unter seine Mitglieder verteilt und deren Namen dann der Wählermasse aufzwingt, ist als *National Liberal Federation* von Chamberlain in England eingeführt worden und seit 1919 auch in Deutschland in rascher Entwicklung begriffen.

Ob diese Lehren „wahr" oder „falsch" sind, ist für die Welt der
politischen Geschichte – das muß immer wieder betont werden –
eine Frage ohne Sinn. Die „Widerlegung" etwa des Marxismus gehört in den Bereich akademischer Erörterungen oder öffentlicher
Debatten, wo jeder recht hat und die andern immer unrecht. Ob
sie *wirksam* sind, – seit wann und für wie lange der Glaube, die Wirklichkeit nach einem Gedankensystem verbessern zu können, überhaupt eine Macht ist, mit der die Politik zu rechnen hat, darauf
kommt es an. Wir befinden uns in einer Zeit grenzenlosen Vertrauens auf die Allmacht der Vernunft. Die großen allgemeinen Begriffe Freiheit, Recht, Menschheit, Fortschritt sind heilig. Die großen
Theorien sind Evangelien. Ihre Überzeugungskraft beruht nicht auf
Gründen, denn die Masse einer Partei besitzt weder die kritische
Energie noch die Distanz, um sie ernsthaft zu prüfen, sondern auf
der sakramentalen Weihe ihrer Schlagworte. Allerdings beschränkt
sich dieser Zauber auf die Bevölkerung der großen Städte und das
Zeitalter des Rationalismus, dieser „Religion der Gebildeten".[1] Auf
das Bauerntum wirkt er gar nicht und auf die städtischen Massen
nur für gewisse Zeit, da aber mit der Gewalt einer neuen Offenbarung. Man wird bekehrt, man hängt mit Inbrunst an Worten und
ihren Verkündern; man wird zum Märtyrer auf Barrikaden, auf den
Schlachtfeldern, am Galgen; vor den Blicken öffnet sich ein politisches und soziales Jenseits, und die nüchterne Kritik erscheint niedrig und profan und ist des Todes würdig.

Aber damit sind Schriften wie der *Contrat social* und das kommunistische Manifest Machtmittel ersten Ranges in der Hand von
Gewaltmenschen, die innerhalb des Parteilebens emporgekommen
sind und die Überzeugung der beherrschten Masse zu bilden und
benützen wissen.[2]

Indessen, diese abstrakten Ideale besitzen eine Macht, die sich kaum
über zwei Jahrhunderte – die der Parteipolitik – erstreckt. Sie werden zuletzt nicht etwa widerlegt sondern langweilig. Rousseau ist
es längst und Marx wird es in kurzem sein. Man gibt endlich nicht

---

[1] Vgl. Bd. II, S. 935 f.
[2] Vgl. Bd. II, S. 577.

diese oder jene Theorie auf, sondern den Glauben an Theorien überhaupt und damit den schwärmerischen Optimismus des 18. Jahrhunderts, unzulängliche Tatsachen durch Anwendung von Begriffen
verbessern zu können. Als Plato, Aristoteles und ihre Zeitgenossen
die antiken Verfassungsarten definierten und mischten, um die wei-
seste und schönste zu erhalten, hörte alle Welt zu, und gerade Plato hat mit seinem Versuch, Syrakus nach einem ideologischen Rezept umzugestalten, diese Stadt zugrunde gerichtet.[1] Es scheint mir
ebenso sicher, daß die südlichen Staaten Chinas durch philosophische Experimente gleicher Art außer Form gebracht und damit dem
Imperialismus von Tsin ausgeliefert worden sind.[2] Die jakobinischen
Fanatiker der Freiheit und Gleichheit haben Frankreich seit dem
Direktorium für immer der wechselnden Herrschaft von Armee
und Börse ausgeliefert, und jeder sozialistische Aufruhr bricht dem
Kapitalismus neue Bahnen. Aber als Cicero sein Buch vom Staate
für Pompejus und Sallust seine beiden Mahnschriften an Cäsar
schrieb, achtete niemand mehr darauf. Bei Ti. Gracchus wird man
vielleicht noch einen Einfluß jenes stoischen Schwärmers Blossius entdecken, der später Selbstmord beging, nachdem er auch Aristoneikos
von Pergamon ins Verderben geführt hatte,[3] aber im letzten vorchristlichen Jahrhundert sind die Theorien ein verbrauchtes Schul-
thema geworden und es handelt sich von da an um die Macht allein.

Niemand sollte sich darüber täuschen, daß das Zeitalter der Theorie auch für uns zu Ende geht. Die großen Systeme des Liberalismus
und Sozialismus sind sämtlich zwischen 1750 und 1850 entstanden.
Das von Marx ist heute schon fast ein Jahrhundert alt und ist das
letzte geblieben. Innerlich bedeutet es mit seiner materialistischen
Geschichtsauffassung die äußerste Konsequenz des Rationalismus

---

[1] Über die Geschichte dieses tragischen Experiments vgl. Ed. Meyer, Gesch. d.
Alt. V, § 987 ff.

[2] Bd. II, S. 1082. Die „Pläne der kämpfenden Staaten", das *tschun-tsiu fan lu* und
die Biographien bei Se-ma-tsien sind voll von Beispielen einer schulmeisterlichen
Einmischung der „Weisheit" in die Politik.

[3] Über dessen aus Sklaven und Tagelöhnern gebildeten „Sonnenstaat" vgl.
Pauly-Wissowa, Real-Enc. 2, 961. Ebenso stand der revolutionäre König Kleomenes III. von Sparta (235) unter dem Einfluß des Stoikers Sphairos. Man begreift,
weshalb der römische Senat wiederholt die „Philosophen und Rhetoren", d. h.
Geschäftspolitiker, Phantasten und Wühler auswies.

und demnach einen Abschluß. Aber wie der Glaube an Rousseaus Menschenrechte etwa mit 1848, so hat der Glaube an ihn mit dem Weltkrieg seine Kraft verloren. Wer die Hingabe bis zum Tode, die Rousseaus Gedanken in der französischen Revolution gefunden haben, mit der Haltung der Sozialisten von 1918 vergleicht, die eine Überzeugung, welche sie nicht mehr besaßen, vor ihrer Anhängerschaft und in ihr aufrecht erhalten mußten, nicht um der Idee, sondern um der Macht willen, die davon abhängig war, der sieht auch den ferneren Weg vorgezeichnet, auf dem endlich jedes Programm fallen wird, weil es dem Kampf um die Gewalt nur noch im Wege steht. Der Glaube daran hatte die Großväter *ausgezeichnet*; für die Enkel ist er ein Beweis von Provinzialismus. An seiner Stelle keimt heute schon aus Seelennot und Gewissensqual eine neue resignierte Frömmigkeit empor, die es aufgibt, ein neues Diesseits zu begründen, die statt der grellen Begriffe das Geheimnis sucht und es in den Tiefen der zweiten Religiosität[1] auch endlich finden wird.

18

Dies ist die eine, die sprachliche Seite der großen Tatsache Demokratie. Es bleibt übrig, die andere und entscheidende zu betrachten, die der Rasse.[2] Die Demokratie würde in den Köpfen und auf dem Papier geblieben sein, wenn unter ihren Verfechtern nicht echte Herrennaturen gewesen wären, für die das Volk nichts als Objekt und die Ideale nichts als Mittel waren, so wenig sie sich dessen oft bewußt geworden sind. Alle, auch die unbedenklichsten Methoden der Demagogie, die innerlich ganz dasselbe ist wie die Diplomatie des *ancien régime*, nur statt auf Fürsten und Gesandte auf Massen, statt auf erlesene Geister auf wüste Meinungen, Stimmungen, Willensausbrüche hin angelegt, ein Orchester von Blechinstrumenten statt alter Kammermusik, sind von ehrlichen, aber praktischen Demokraten ausgebildet worden, und die Parteien der Tradition haben sie erst von ihnen gelernt.

[1] Vgl. Bd. II, S. 941 f.
[2] Vgl. Bd. II, S. 689.

Aber es kennzeichnet allerdings den Weg der Demokratie, daß die Urheber volkstümlicher Verfassungen niemals die tatsächliche Wirkung ihrer Entwürfe geahnt haben, weder der Schöpfer der „servianischen" Verfassung in Rom noch die Nationalversammlung in Paris. Da alle diese Formen nicht gewachsen sind wie das Lehnswesen, sondern ausgedacht, und zwar nicht auf Grund einer tiefen Kenntnis der Menschen und Dinge sondern abstrakter Vorstellungen von Recht und Gerechtigkeit, so klafft ein Abgrund zwischen dem Geist der Gesetze und den praktischen Gewohnheiten, die sich unter ihrem Druck in der Stille herausbilden, um sie dem Takt des wirklichen Lebens anzupassen oder fernzuhalten. Erst die Erfahrung hat gelehrt und erst am Ende der ganzen Entwicklung, daß Rechte des Volkes und Einfluß des Volkes zweierlei sind. Je allgemeiner das Wahlrecht, desto *geringer* wird die Macht einer Wählerschaft.

In den Anfängen einer Demokratie gehört dem Geiste das Feld allein. Es gibt nichts Edleres und Reineres als die Nachtsitzung des 4. August 1789 und den Schwur im Ballhause oder die Gesinnung in der Frankfurter Paulskirche, wo man mit der Macht in Händen so lange über allgemeine Wahrheiten beriet, bis die Mächte der Wirklichkeit sich gesammelt hatten und die Träumer beiseite schoben. Bald genug indessen meldet sich die andere Größe jeder Demokratie und mahnt an die Tatsache, daß man von verfassungsmäßigen Rechten nur Gebrauch machen kann, wenn man Geld hat.[1] Daß ein Wahlrecht annähernd leistet, was der Idealist sich dabei denkt, setzt voraus, daß es keine organisierte Führerschaft gibt, die in *ihrem* Interesse und im Maßstabe des verfügbaren Geldes auf die Wähler einwirkt. Sobald sie da ist, hat die Wahl nur noch die Bedeutung einer Zensur, welche die Menge den einzelnen Organisationen erteilt, auf deren Gestaltung sie zuletzt nicht den geringsten Einfluß mehr besitzt. Und ebenso bleibt das ideale Grundrecht abend-

---

[1] Die frühe Demokratie, die der hoffnungsvollen Verfassungsentwürfe, die für uns etwa bis zu Lincoln, Bismarck und Gladstone reicht, muß diese Erfahrung *machen*; die späte, für uns die des reifen Parlamentarismus, geht von ihr aus. Da haben sich Wahrheiten und Tatsachen in Gestalt von Parteiideal und Parteikasse endgültig getrennt. Der echte Parlamentarier fühlt sich eben durch das Geld von der Abhängigkeit befreit, die in der naiven Auffassung des Wählers vom Gewählten enthalten ist.

ländischer Verfassungen, das der Masse, ihre Vertreter frei zu bestimmen, bloße Theorie, denn jede entwickelte Organisation ergänzt
sich in Wirklichkeit selbst.[1] Endlich erwacht ein Gefühl davon, daß
das allgemeine Wahlrecht überhaupt kein wirkliches Recht enthält,
nicht einmal das der Wahl zwischen den Parteien, weil die auf seinem
Boden erwachsenen Machtgebilde durch das Geld alle geistigen
Mittel der Rede und Schrift beherrschen und damit die Meinung
des Einzelnen *über* die Parteien nach Belieben lenken, während sie
andrerseits durch ihre Verfügung über Ämter, Einfluß und Gesetze
einen Stamm unbedingter Anhänger züchten, eben den „Caucus",
der den Rest ausschaltet und ihn zu einer Wahlmüdigkeit führt, die
endlich selbst in den großen Krisen nicht mehr überwunden werden kann.

Scheinbar besteht ein gewaltiger Unterschied zwischen der abendländischen, parlamentarischen Demokratie und denen der ägyptischen, chinesischen, arabischen Zivilisation, welchen der Gedanke
allgemeiner Volkswahlen ganz fremd ist. Aber für uns ist in diesem
Zeitalter die Masse *als Wählerschaft* „in Form", in genau demselben
Sinne, wie sie es vorher als Untertanenverband gewesen war, *als
Objekt nämlich für ein Subjekt*, und wie sie es in Bagdad und Byzanz
als Sekte oder Mönchtum und anderswo als regierendes Heer, Geheimbund oder Sonderstaat im Staate ist. Die Freiheit ist wie immer
lediglich *negativ*.[2] Sie besteht in der Ablehnung der Tradition: der
Dynastie, der Oligarchie, des Kalifats; aber die ausübende Macht
geht von diesen sofort und ungeschmälert an neue Gewalten über,
an Parteihäupter, Diktatoren, Prätendenten, Propheten und ihren
Anhang, und ihnen gegenüber bleibt die Menge weiterhin *bedingungslos Objekt*.[3] „Selbstbestimmungsrecht des Volkes" ist eine höfliche Redensart; tatsächlich hat mit jedem allgemeinen – anorganischen – Wahlrecht sehr bald der ursprüngliche Sinn des Wählens

---

[1] Vgl. Bd. II, S. 1126.
[2] Vgl. Bd. II, S. 998.
[3] Wenn sie sich trotzdem befreit *fühlt*, so beweist das wiederum die tiefe Unverträglichkeit zwischen großstädtischem Geist und gewachsener Tradition, während zwischen seiner Tätigkeit und dem Regiertwerden durch das Geld eine innere
Beziehung besteht.

überhaupt aufgehört. Je gründlicher die gewachsenen Gliederungen der Stände und Berufe politisch ausgelöscht werden, desto formloser, desto hilfloser wird die Wählermasse, desto unbedingter ist sie den neuen Gewalten ausgeliefert, den Parteileitungen, welche der Menge mit allen Mitteln geistigen Zwanges ihren Willen diktieren, den Kampf um die Herrschaft unter sich ausfechten, mit Methoden, von denen die Menge zuletzt weder etwas sieht noch versteht, und welche die öffentliche Meinung lediglich als selbstgeschmiedete Waffe gegeneinander erheben. Aber eben deshalb treibt ein unwiderstehlicher Zug jede Demokratie auf diesem Wege weiter, der sie zu ihrer Aufhebung durch sich selbst führt.[1]

Die Grundrechte eines antiken Volkes *(demos, populus)* erstrecken sich auf die Besetzung der hohen Staatsämter und die Rechtsprechung.[2] Dafür war man „in Form" auf dem Forum, ganz euklidisch, als körperhaft gegenwärtige Masse an einem Punkt versammelt, und hier war man Objekt einer Bearbeitung antiken Stils, nämlich mit körperlichen, nahen, sinnlichen Mitteln, mit einer Rhetorik, die unmittelbar auf jedes Ohr *und Auge* wirkte, und die mit ihren uns zum Teil widerlichen und kaum zu ertragenden Mitteln, einstudierten Tränen, zerrissenen Gewändern,[3] mit schamlosem Lob der Anwesenden, wahnwitzigen Lügen über den Gegner, einem festen Bestand glänzender Wendungen und wohlklingender Kadenzen

---

[1] Die deutsche Verfassung von 1919, also schon an der Schwelle der *absteigenden* Demokratie entstanden, enthält in aller Naivität eine Diktatur der Parteimaschinen, die sich selbst alle Rechte übertragen haben und niemandem ernsthaft verantwortlich sind. Die berüchtigte Verhältniswahl und die Reichsliste sichern ihnen die Selbstergänzung. Statt der Rechte des „Volkes", wie sie die Verfassung von 1848 der Idee nach enthielt, gibt es nur solche der Parteien, was harmlos klingt, aber den Cäsarismus der Organisationen in sich schließt. In diesem Sinne ist sie allerdings die fortgeschrittenste Verfassung des Zeitalters; sie läßt das Ende bereits erkennen; einige ganz kleine Änderungen, und sie verleiht Einzelnen die unumschränkte Gewalt.

[2] Dagegen ist die Gesetzgebung mit einem Amt verbunden. Auch wo die Annahme oder Verwerfung der Form nach einer Versammlung zusteht, kann das Gesetz nur durch einen Beamten, etwa den Tribun, eingebracht werden. Rechtswünsche der Menge, meist durch die Machthaber suggerierte, äußern sich also im Ausfall von Beamtenwahlen, wie die Gracchenzeit lehrt.

[3] Noch der 50jährige Cäsar mußte seinen Soldaten am Rubikon diese Komödie vorspielen, weil sie daran gewöhnt waren, wenn man etwas von ihnen wollte. Es entspricht etwa dem „Brustton der Überzeugung" in heutigen Versammlungen.

ausschließlich an dieser Stelle und zu diesem Zweck entstanden ist; mit Spielen und Geschenken, mit Drohungen und Schlägen, vor allem aber mit Geld. Wir kennen die Anfänge aus dem Athen von 400,[1] das Ende in erschreckendem Maßstabe aus dem Rom Cäsars und Ciceros. Es ist wie überall: die Wahlen sind aus der Ernennung von Standesvertretern zum Kampf zwischen Parteikandidaten geworden. Aber damit ist die Arena gegeben, in der das Geld angreift und zwar seit Zama mit ungeheurer Steigerung der Dimensionen. „Je größer der Reichtum wurde, der sich in den Händen einzelner konzentrieren konnte, desto mehr gestaltete sich der Kampf um die politische Macht zu einer Geldfrage."[2] Damit ist alles gesagt. Aber es ist in einem tieferen Sinne trotzdem falsch, von Korruption zu reden. Es ist nicht die Ausartung der Sitte, es ist die Sitte selbst, die der reifen Demokratie, welche mit schicksalhafter Notwendigkeit solche Formen annimmt. Der Censor Appius Claudius (310), ohne Zweifel ein echter Hellenist und Verfassungsideologe (wie nur irgend jemand aus dem Kreise der Madame Roland), hat bei seinen Reformen sicherlich stets an Wahlrechte und nicht an die Kunst, Wahlen zu machen, gedacht, aber jene Rechte bereiten dieser Kunst nur den Weg. Die Rasse kommt erst in dieser zum Vorschein und setzt sich sehr bald vollkommen durch. Innerhalb einer Diktatur des Geldes kann aber die Arbeit des Geldes nicht als Verfall bezeichnet werden.

Die römische Ämterlaufbahn forderte, seit sie sich in der Form von Volkswahlen vollzog, ein Kapital, das den angehenden Politiker zum Schuldner seiner ganzen Umgebung machte. Vor allem die Ädilität, wo man durch öffentliche Spiele die Vorgänger überbieten mußte, um später die Stimmen der Zuschauer zu haben. Sulla fiel bei der ersten Bewerbung um die Prätur durch, weil er nicht Ädil gewesen war. Dann das glänzende Gefolge, mit dem man sich täglich auf dem Forum zu zeigen hatte, um der müßigen Menge zu schmeicheln. Ein Gesetz verbot das Geleit gegen Bezahlung, aber

---

[1] Aber der Typus Kleon ist selbstverständlich damals in Sparta und in Rom zur Zeit der Konsulartribunen (Bd. II, S. 1068 Anm.) ebenso vorhanden gewesen.

[2] Gelzer, Nobilität, S. 94. Das Buch enthält neben Ed. Meyers „Cäsar" den besten Überblick über die römische demokratische Methode.

die Verpflichtung von Vornehmen durch Darlehen, Empfehlung zu
Ämtern und Geschäften und Verteidigung vor Gericht, die diese
wiederum zu Begleitung und zu täglichen Morgenbesuchen ver-
pflichtete, war teurer. Pompejus war Patron der halben Welt, von
den picenischen Bauern an bis zu den Königen im Orient; er vertrat
und beschützte alles; das war sein politisches Kapital, das er gegen
die zinslosen Darlehen des Crassus und die „Vergoldung"[1] aller
Ehrgeizigen durch den Eroberer Galliens einsetzen konnte. Man
läßt den Wählern bezirksweise Frühstücke servieren,[2] Freiplätze
für die Gladiatorenspiele anweisen oder auch wie Milo unmittelbar
Geld ins Haus senden. Cicero nennt das „die Sitten der Väter achten". Das Wahlkapital nahm amerikanische Dimensionen an und
betrug zuweilen Hunderte von Millionen Sesterzen. Bei den Wahlen von 54 stieg der Zinsfuß von 4 auf 8%, weil der größte Teil der
ungeheuren Bargeldmasse, die in Rom vorhanden war, in der Agitation festgelegt wurde. Cäsar hatte als Ädil so viel ausgegeben, daß
Crassus für 20 Millionen bürgen mußte, damit die Gläubiger ihm
die Abreise in die Provinz gestatteten, und bei der Wahl zum
Pontifex maximus hatte er seinen Kredit noch einmal so über-
spannt, daß sein Gegner Catulus ihm Geld für den Rücktritt bieten
konnte, weil er im Fall einer Niederlage verloren war. Aber die
auch deshalb unternommene Eroberung und Ausbeutung Galliens
machte ihn zum reichsten Mann der Welt; hier ist eigentlich Phar-
salus schon gewonnen worden.[3] Denn Cäsar hat diese Milliarden
um der *Macht* willen erobert, wie Cecil Rhodes, und nicht aus Freude am Reichtum, wie Verres und im Grunde auch Crassus, ein

---

[1] *Inaurari*, zu welchem Zweck Cicero seinen Freund Trebatius an Cäsar emp-
fahl.

[2] *Tributim ad prandium vocare*, Cicero pro Murena 72.

[3] Es handelt sich um Milliarden von Sesterzen, die seitdem durch seine Hände
gingen. Die Weihgeschenke der gallischen Tempel, die er in Italien ausbieten ließ,
riefen einen Sturz des Goldwertes hervor. Vom König Ptolemäus erpreßten er
und Pompejus für die Anerkennung 144 (und Gabinius noch einmal 240) Millionen. Der Konsul Aemilius Paulus (50) wurde mit 36, Curio mit 60 Millionen er-
kauft. Man kann daraus auf die vielbeneideten Vermögen seiner näheren Umgebung schließen. Bei dem Triumph von 46 erhielt jeder der weit über hunderttausend Soldaten je 24000 Sesterzen, die Offiziere noch ganz andere Summen.
Trotzdem reichte der Staatsschatz nach seinem Tode aus, um die Stellung des
Antonius zu sichern.

großer Geldmann mit politischem Nebenberuf. Er begriff, daß auf dem Boden einer Demokratie die verfassungsmäßigen Rechte ohne Geld nichts, mit Geld alles bedeuten. Als Pompejus noch davon träumte, er könne Legionen aus der Erde stampfen, hatte sie Cäsar durch sein Geld längst zur Wirklichkeit verdichtet. Er hatte diese Methoden vorgefunden; er beherrschte sie, aber er identifizierte sich nicht mit ihnen. Man muß sich klar machen, daß sich etwa seit 150 die um Grundsätze versammelten Parteien zu persönlichen Gefolgschaften auflösen um Männer, die ein privatpolitisches Ziel hatten und sich auf die Waffen ihrer Zeit verstanden.

Dazu gehört neben dem Geld auch der Einfluß auf die Gerichte. Da die antiken Volksversammlungen nur abstimmen, nicht beraten, so ist der Prozeß vor den Rostra *eine Form des Parteikampfes* und die eigentliche Schule *politischer* Beredsamkeit. Der junge Politiker begann seine Laufbahn, indem er eine große Persönlichkeit anklagte und womöglich vernichtete,[1] wie der 19jährige Crassus den berühmten Papirius Carbo, den Freund der Gracchen, der später zu den Optimaten übergegangen war. Cato wurde aus diesem Grunde 44mal angeklagt und immer freigesprochen. Die Rechtsfrage tritt dabei ganz zurück.[2] Die Parteistellung der Richter, die Zahl der Patrone und der Umfang des Gefolges ist ausschlaggebend, und die Zahl der Zeugen ist eigentlich nur da, um die politische und finanzielle Macht des Klägers ins Licht zu rücken. Ciceros ganze Beredsamkeit gegen Verres will die Richter unter der Maske eines prachtvollen sittlichen Pathos überzeugen, daß seine Verurteilung in ihrem *Standes*interesse liegt. Nach allgemein antiker Auffassung ist es

[1] Gelzer, S. 68.

[2] Es handelt sich meist um Erpressung und Bestechung. Da das damals mit Politik identisch war, Richter wie Ankläger ganz dasselbe getan hatten und jeder das wußte, so bestand die Kunst darin, unter den Formen einer gutgespielten sittlichen Leidenschaft eine Parteirede zu halten, deren eigentlichen Zweck nur der Eingeweihte begriff. Das entspricht ganz dem modernen parlamentarischen Brauch. Das „Volk" würde sehr erstaunt sein, wenn es nach wilden Reden in der Sitzung (für den Pressebericht) die Parteigegner miteinander plaudern sähe. Es sei auch an die Fälle erinnert, in denen eine Partei sich leidenschaftlich für einen Antrag einsetzt, nachdem sie durch Übereinkunft mit den Gegnern die Nichtannahme gesichert hat. In Rom kam es auch gar nicht auf das Urteil an; es genügte, wenn der Angeklagte vorher freiwillig die Stadt verließ und damit aus dem Parteikampf und der Ämterbewerbung ausschied.

selbstverständlich, daß der Sitz im Gericht den Privatinteressen und denen der Partei zu dienen hat. Demokratische Ankläger in Athen pflegten am Schluß ihrer Rede die Geschwornen aus dem Volke darauf aufmerksam zu machen, daß sie durch Freisprechung des reichen Angeklagten um ihre Prozeßgebühren kämen.[1] Die gewaltige Macht des Senats beruht zum großen Teil darauf, daß er durch die Besetzung aller Gerichte das Schicksal jedes Bürgers in Händen hatte; danach kann man die Tragweite des gracchischen Gesetzes von 122 ermessen, das die Gerichte dem Ritterstand übertrug und die Nobilität, das heißt die hohen Beamten, damit der Finanzwelt auslieferte.[2] Sulla hat im Jahre 83 zugleich mit den Proskriptionen der großen Geldleute auch die Gerichte wieder dem Senat zurückgegeben, *als politische Waffe*, wie sich versteht, und der Endkampf der Machthaber findet auch in dem beständigen Wechsel der Richterauswahl ihren Ausdruck.

Aber während die Antike, an der Spitze das Forum von Rom, die Volksmasse zu einem sichtbaren und dichten Körper zusammenzog, um ihn zu zwingen, von seinen Rechten den Gebrauch zu machen, den man wollte, schuf „gleichzeitig" die europäisch-amerikanische Politik *durch die Presse* ein Kraftfeld von geistigen und Geldspannungen über die ganze Erde hin, in das jeder einzelne eingeordnet ist, ohne daß es ihm zum Bewußtsein kommt, so daß er denken, wollen und handeln muß, wie es irgendwo in der Ferne eine herrschende Persönlichkeit für zweckmäßig hält. Das ist Dynamik gegen Statik, faustisches gegen apollinisches Weltgefühl, das Pathos der dritten Dimension gegen die reine, sinnliche Gegenwart. Man spricht nicht von Mann zu Mann; die Presse und in Verbindung mit ihr der elektrische Nachrichtendienst halten das Wachsein ganzer Völker und Kontinente unter dem betäubenden Trommelfeuer von Sätzen, Schlagworten, Standpunkten, Szenen, Gefühlen, Tag für Tag, Jahr für Jahr, so daß jedes Ich zur bloßen Funktion eines ungeheuren geistigen Etwas wird. Das Geld nimmt seinen politischen Weg nicht

---

[1] R. v. Pöhlmann, Griech. Geschichte (1914), S. 236 f.

[2] So konnte Rutilius Rufus in dem berüchtigten Prozeß von 93 verurteilt werden, weil er als Statthalter gegen die Erpressungen der Pachtgesellschaften pflichtgemäß vorgegangen war.

als Metall aus einer Hand in die andre. Es verwandelt sich nicht in Spiele und Wein. Es wird in Kraft umgesetzt und bestimmt durch seine Menge die Intensität dieser Bearbeitung.

Schießpulver und Buchdruck gehören zusammen, beide in der hohen Gotik erfunden, beide aus germanischem technischen Denken heraus, als die *beiden* großen Mittel faustischer Ferntaktik. Die Reformation sah zu Beginn der Spätzeit die ersten Flugschriften *und* Feldgeschütze, die französische Revolution zu Beginn der Zivilisation den ersten Broschürensturm vom Herbst 1788 *und* bei Valmy das erste Massenfeuer einer Artillerie. Aber damit erhebt sich das in Masse hergestellte und über endlose Flächen verbreitete gedruckte Wort zu einer unheimlichen Waffe in den Händen dessen, der sie zu führen weiß. In Frankreich handelte es sich 1788 noch um einen ursprünglichen Ausdruck privater Überzeugungen, aber in England war man schon dabei, den *Ein*druck auf die Leser planmäßig zu erzeugen. Der von London aus mit Artikeln, Flugblättern und unechten Memoiren auf französischem Boden gegen Napoleon geführte Krieg ist das erste große Beispiel. Die vereinzelten Blätter der Aufklärungszeit verwandeln sich in „die Presse", wie man mit bezeichnender Anonymität[1] sagt. Der *Pressefeldzug* entsteht als die Fortsetzung – oder Vorbereitung – des Krieges mit andern Mitteln, und seine Strategie der Vorpostengefechte, Scheinmanöver, Überfälle, Sturmangriffe wird während des 19. Jahrhunderts bis zu dem Grade durchgebildet, daß ein Krieg schon verloren sein kann, bevor der erste Schuß fällt – weil die Presse ihn inzwischen gewonnen hat.

Heute leben wir so widerstandslos unter der Wirkung dieser geistigen Artillerie, daß kaum jemand den inneren Abstand gewinnt, um sich das Ungeheuerliche dieses Schauspiels klarzumachen. Der Wille zur Macht in rein demokratischer Verkleidung hat sein Meisterstück damit vollendet, daß dem Freiheitsgefühl der Objekte mit der vollkommensten Knechtung, die es je gegeben hat, sogar noch geschmeichelt wird. Der liberale Bürgersinn ist *stolz* auf die Abschaffung der Zensur, der letzten Schranke, während der Diktator der Presse – Northcliffe! – die Sklavenschar seiner Leser unter der

---

[1] Und wie im Anklang an „die Artillerie".

Peitsche seiner Leitartikel, Telegramme und Illustrationen hält. *Die Demokratie hat das Buch aus dem Geistesleben der Volksmassen vollständig durch die Zeitung verdrängt.* Die Bücherwelt mit ihrem Reichtum an Gesichtspunkten, die das Denken zur Auswahl und Kritik nötigte, ist nur noch für enge Kreise ein wirklicher Besitz. Das Volk liest die *eine,* „seine" Zeitung, die in Millionen Exemplaren täglich in alle Häuser dringt, die Geister vom frühen Morgen an in ihren Bann zieht, durch ihre Anlage die Bücher in Vergessenheit bringt, und, wenn eins oder das andre doch einmal in den Gesichtskreis tritt, seine Wirkung durch eine vorweggenommene Kritik ausschaltet.

Was ist Wahrheit? Für die Menge das, was man ständig liest und hört. Mag ein armer Tropf irgendwo sitzen und Gründe sammeln, um „die Wahrheit" festzustellen – es bleibt *seine* Wahrheit. Die andre, die öffentliche des Augenblicks, auf die es in der Tatsachenwelt der Wirkungen und Erfolge allein ankommt, ist heute ein Produkt der Presse. Was sie will, ist wahr. Ihre Befehlshaber erzeugen, verwandeln, vertauschen Wahrheiten. Drei Wochen Pressearbeit, und alle Welt hat die Wahrheit erkannt.[1] Ihre Gründe sind so lange unwiderleglich, als Geld vorhanden ist, um sie ununterbrochen zu wiederholen. Auch die antike Rhetorik war auf den Eindruck und nicht den Inhalt berechnet – Shakespeare hat in der Leichenrede des Antonius glänzend gezeigt, worauf es ankam – aber sie beschränkte sich auf die Anwesenden und den Augenblick. Die Dynamik der Presse will *dauernde* Wirkungen. Sie muß die Geister *dauernd* unter Druck halten. Ihre Gründe sind widerlegt, sobald die größere Geldmacht sich bei den Gegengründen befindet und sie noch häufiger vor aller Ohren und Augen bringt. In demselben Augenblick dreht sich die Magnetnadel der öffentlichen Meinung nach

---

[1] Das stärkste Beispiel wird für künftige Geschlechter die Frage der „Schuld" am Weltkrieg sein, das heißt die Frage, wer durch Beherrschung der Presse und Kabel aller Erdteile die Macht besitzt, für die Weltmeinung diejenige Wahrheit herzustellen, die er für seine politischen Zwecke braucht, und sie solange zu halten, als er sie braucht. Eine ganz andre Frage, die nur in Deutschland noch nicht mit der ersten verwechselt wird, ist die rein wissenschaftliche, wer ein Interesse daran besaß, ein Ereignis gerade im Sommer 1914 eintreten zu lassen, über das es damals schon eine ganze Literatur gab.

dem stärkeren Pol. Jedermann überzeugt sich sofort von der neuen Wahrheit. Man ist plötzlich aus einem Irrtum erwacht.

Mit der politischen Presse hängt das Bedürfnis nach allgemeiner Schulbildung zusammen, das der Antike durchaus fehlt. Es ist ein ganz unbewußter Drang darin, die Massen als Objekte der Partei-politik dem Machtmittel der Zeitung zuzuführen. Dem Idealisten der frühen Demokratie erschien das als Aufklärung ohne Hinter-gedanken, und heute noch gibt es hier und da Schwachköpfe, die sich am Gedanken der Pressefreiheit begeistern, aber gerade damit haben die kommenden Cäsaren der Weltpresse freie Bahn. Wer lesen gelernt hat, verfällt ihrer Macht, und aus der erträumten Selbst-bestimmung wird die späte Demokratie zu einem radikalen Be-stimmt*werden* der Völker durch die Gewalten, denen das gedruckte Wort gehorcht.

Man bekämpft sich heute, indem man sich diese Waffe entreißt. In den naiven Anfängen der Zeitungsmacht wurde sie durch Zen-surverbote geschädigt, mit denen die Vertreter der Tradition sich wehrten, und das Bürgertum schrie auf, die Freiheit des Geistes sei in Gefahr. Jetzt zieht die Menge ruhig ihres Wegs; sie hat diese Freiheit endgültig erobert, aber im Hintergrunde bekämpfen sich ungesehen die neuen Mächte, indem sie die Presse kaufen. Ohne daß der Leser es merkt, wechselt die Zeitung und damit er selbst den Gebieter.[1] Das Geld triumphiert auch hier und zwingt die freien Geister in seinen Dienst. Kein Tierbändiger hat seine Meute besser in der Gewalt. Man läßt das Volk als Lesermasse los, und es stürmt durch die Straßen, wirft sich auf das bezeichnete Ziel, droht und schlägt Fenster ein. Ein Wink an den Pressestab und es wird still und geht nach Hause. Die Presse ist heute eine Armee mit sorgfältig organisierten Waffengattungen, mit Journalisten als Offizieren,

---

[1] In Vorbereitung des Weltkrieges wurde die Presse ganzer Länder finanziell unter das Kommando von London und Paris gebracht, und damit die zugehörigen Völker in eine strenge geistige Sklaverei. Je demokratischer die innere Form einer Nation, desto leichter und vollständiger erliegt sie dieser Gefahr. Das ist der Stil des 20. Jahrhunderts. Ein Demokrat vom alten Schlage würde heute nicht Freiheit *für* die Presse, sondern *von* der Presse fordern, aber inzwischen haben die Führer sich in „Angekommene" verwandelt, die ihre Stellung gegenüber der Masse sichern müssen.

Lesern als Soldaten. Aber es ist hier wie in jeder Armee: der Soldat gehorcht blind, und die Wechsel in Kriegsziel und Operationsplan vollziehen sich ohne seine Kenntnis. Der Leser weiß nichts von dem, was man mit ihm vor hat, und soll es auch nicht, und er soll auch nicht wissen, welch eine Rolle er damit spielt. Eine furchtbarere Satire auf die Gedankenfreiheit gibt es nicht. Einst durfte man nicht wagen, frei zu denken; jetzt darf man es, aber man kann es nicht mehr. Man will nur noch denken, was man wollen soll, und eben das empfindet man als seine Freiheit.

Und die andere Seite dieser späten Freiheit: es ist jedem erlaubt zu sagen, was er will; aber es steht der Presse frei, davon Kenntnis zu nehmen oder nicht. Sie kann jede „Wahrheit" zum Tode verurteilen, indem sie ihre Vermittlung an die Welt nicht übernimmt, eine furchtbare Zensur des Schweigens, die um so allmächtiger ist, als die Sklavenmasse der Zeitungsleser ihr Vorhandensein gar nicht bemerkt.[1] Hier taucht, wie überall in den Geburtswehen des Cäsarismus, ein Stück versunkener Frühzeit auf.[2] Der Bogen des Geschehens ist im Begriff, sich zu schließen. Wie in den Bauten von Beton und Stahl noch einmal der Ausdruckswille der ersten Gotik hervorbricht, aber nun kalt, beherrscht, zivilisiert, so meldet sich hier der eiserne Machtwille der gotischen Kirche über die Geister – als „Freiheit der Demokratie". Die Zeit des „Buches" wird durch die gotische Predigt und die moderne Zeitung eingefaßt. Bücher sind ein persönlicher *Ausdruck*, Predigt und Zeitung gehorchen einem unpersönlichen *Zweck*. Die Jahre der Scholastik bieten in der Weltgeschichte das einzige Beispiel einer geistigen Zucht, die über alle Länder hin keine Schrift, keine Rede, keinen Gedanken hervortreten ließ, die der *gewollten* Einheit widersprachen. Das ist geistige Dynamik. Antike, indische, chinesische Menschen würden entsetzt auf dies Schauspiel geblickt haben. Aber gerade das kehrt als *notwendiges* Ergebnis des europäisch-amerikanischen Liberalismus wieder, so wie es Robespierre meinte: „Der Despotismus der Freiheit gegen die Tyrannei". An Stelle der Scheiterhaufen tritt das große Schweigen.

[1] Die Bücherverbrennung der Chinesen (Bd. II, S. 1104) ist harmlos dagegen.
[2] Vgl. Bd. II, S. 1106.

Die Diktatur der Parteihäupter stützt sich auf die Diktatur der Presse. Man sucht durch das Geld Leserscharen und ganze Völker der feindlichen Hörigkeit zu entreißen und unter die eigne Gedankenzucht zu bringen. Hier erfahren sie nur noch, was sie wissen *sollen*, und ein höherer Wille gestaltet das Bild ihrer Welt. Man braucht nicht mehr, wie die Fürsten des Barock, die Untertanen zum Waffendienst zu verpflichten. Man peitscht ihre Geister auf, durch Artikel, Telegramme, Bilder – Northcliffe! – bis sie Waffen *fordern* und ihre Führer zu einem Kampfe zwingen, zu dem diese gezwungen sein *wollten*.

Das ist das Ende der Demokratie. Wenn in der Welt der Wahrheiten der *Beweis* alles entscheidet, so in der Tatsachenwelt der *Erfolg*. Erfolg, das bedeutet den Triumph eines Daseinsstromes über die andern. Das Leben *hat* sich durchgesetzt; die Träume der Weltverbesserer sind Werkzeuge von *Herren*naturen geworden. In der späten Demokratie bricht die *Rasse* hervor und knechtet die Ideale oder wirft sie mit Gelächter in den Abgrund. So war es im ägyptischen Theben, in Rom, in China, aber in keiner zweiten Zivilisation erhielt der Wille zur Macht eine so unerbittliche Form. Das Denken und dadurch das Handeln der Masse wird unter eisernem Druck gehalten. Deshalb und nur deshalb ist man Leser und Wähler, also in zweifacher Sklaverei, während die Parteien zu gehorsamen Gefolgschaften von Wenigen werden, über welche der Cäsarismus schon seine ersten Schatten wirft. Wie das englische Königtum im 19. Jahrhundert, so werden die Parlamente im 20. langsam ein feierliches und leeres Schauspiel. Wie dort Szepter und Krone, so werden hier die Volksrechte mit großem Zeremoniell vor der Menge einhergetragen und um so peinlicher geachtet, je weniger sie bedeuten. Das ist der Grund, weshalb der *kluge* Augustus keine Gelegenheit versäumt hat, die altgeheiligten Bräuche römischer Freiheit zu betonen. Aber die Macht verlagert sich heute schon aus den Parlamenten in private Kreise, und ebenso sinken die Wahlen unaufhaltsam zu einer Komödie herab, für uns wie für Rom. Das Geld organisiert den Vorgang im Interesse derer, die es besitzen,[1] und die

---

[1] Hier liegt das Geheimnis, weshalb alle radikalen, also *armen* Parteien notwendig die Werkzeuge der Geldmächte, in Rom der equites, heute der Börse werden.

Wahlhandlung wird ein verabredetes Spiel, das als Selbstbestimmung des Volkes inszeniert ist. Und wenn eine Wahl ursprünglich eine *Revolution in legitimen Formen war*,[1] so hat sich diese Form erschöpft und man „wählt" sein Schicksal wieder mit den ursprünglichen Mitteln blutiger Gewalt, wenn die Politik des Geldes unerträglich wird.

Durch das Geld vernichtet die Demokratie sich selbst, nachdem das Geld den Geist vernichtet hat. Aber eben *weil* alle Träume verflogen sind, daß die Wirklichkeit sich jemals durch die Gedanken irgendeines Zenon oder Marx verbessern ließe, und man gelernt hat, daß im Reiche der Wirklichkeit ein Machtwille *nur durch einen andern* gestürzt werden kann – das ist die große Erfahrung im Zeitalter der kämpfenden Staaten –, erwacht endlich eine tiefe Sehnsucht nach allem, was noch von alten, edlen Traditionen lebt. Man ist der Geldwirtschaft müde bis zum Ekel. Man hofft auf eine Erlösung irgendwoher, auf einen echten Ton von Ehre und Ritterlichkeit, von innerem Adel, von Entsagung und Pflicht. Und nun bricht die Zeit an, wo in der Tiefe die formvollen Mächte des Blutes wieder erwachen, die durch den Rationalismus der großen Städte verdrängt worden sind. Alles was sich an dynamischer Tradition, an altem Adel für die Zukunft aufgespart hat, an vornehmer, über das Geld erhabener Sitte, alles was in sich stark genug ist, um nach dem Worte Friedrichs des Großen *Diener* des Staates zu sein in harter, entsagungsvoller, sorgender Arbeit, gerade im Besitz einer schrankenlosen Gewalt, alles was ich dem Kapitalismus gegenüber als Sozialismus bezeichnet hatte,[2] alles das wird plötzlich zum Sammelpunkt ungeheurer Lebenskräfte. Der Cäsarismus *wächst* auf dem Boden der Demokratie, aber seine Wurzeln reichen tief in die Untergründe des Blutes und der Tradition hinab. Seine Gewalt verdankt der antike Cäsar dem Tribunat, seine Würde und damit

---

Theoretisch greifen sie das Kapital an, praktisch aber nicht die Börse, sondern in deren Interesse die Tradition. Das war zur Zeit der Gracchen ebenso wie heute, und zwar in allen Ländern. Die Hälfte der Massenführer ist durch Geld, Ämter, Beteiligung an Geschäften zu erkaufen und mit ihnen die ganze Partei.

[1] Vgl. Bd. II, S. 1079f.

[2] Preußentum und Sozialismus S. 41 f.

seine Dauer aber besitzt er als Prinzeps. Auch hier erwacht die Seele der frühen Gotik noch einmal: Der Geist der Ritterorden überwindet das beutelustige Wikingertum. Mögen die Machthaber der Zukunft, da die große politische Form der Kultur unwiderruflich zerfallen ist, die Welt als Privatbesitz beherrschen, so enthält diese formlose und grenzenlose Macht doch eine *Aufgabe*, die der unermüdlichen Sorge um diese Welt, die das Gegenteil aller Interessen im Zeitalter der Geldherrschaft ist und die ein hohes Ehrgefühl und Pflichtbewußtsein fordert. Aber eben deshalb erhebt sich nun der Endkampf zwischen Demokratie und Cäsarismus, zwischen den führenden Mächten einer diktatorischen Geldwirtschaft und dem *rein politischen* Ordnungswillen der Cäsaren. Um das zu verstehen, diesen Endkampf zwischen *Wirtschaft und Politik*, in welchem die Politik ihr Reich *zurück*erobert, bedarf es eines Blickes auf die Physiognomie der Wirtschaftsgeschichte.

FÜNFTES KAPITEL

DIE FORMENWELT DES WIRTSCHAFTSLEBENS

I. Das Geld

1

Der Standpunkt, von dem aus die Wirtschaftsgeschichte der hohen Kulturen verstanden werden kann, darf auf dem Boden der Wirtschaft selbst nicht gesucht werden. Wirtschaftliches Denken und Handeln ist eine *Seite* des Lebens, die in falsche Beleuchtung rückt, sobald man sie als eine selbständige *Art* von Leben betrachtet. Am allerwenigsten findet man ihn auf dem Boden der heutigen Weltwirtschaft, die seit 150 Jahren einen phantastischen, gefährlichen, zuletzt fast verzweifelten Aufstieg genommen hat, der ausschließlich abendländisch und dynamisch ist und nichts weniger als allgemein menschlich.

Was wir heute Nationalökonomie nennen, ist aufgebaut aus lauter spezifisch englischen Voraussetzungen. Die allen andern Kulturen ganz unbekannte Maschinenindustrie steht in der Mitte, als ob das selbstverständlich wäre, und beherrscht durchaus die Begriffsbildung und die Ableitung sogenannter Gesetze, ohne daß man sich dessen bewußt wird. Das Kreditgeld in der besonderen Gestalt, welche sich aus dem englischen Verhältnis von Welthandel und Exportindustrie in einem bauernlosen Lande ergeben hat, dient als Unterlage von Definitionen der Worte Kapital, Wert, Preis, Vermögen, die dann ohne weiteres auf andere Kulturstufen und Lebenskreise angewandt werden. Die Insellage Englands hat in allen ökonomischen Theorien die Auffassung der Politik und ihrer Beziehung zur Wirtschaft bestimmt. Die Schöpfer dieses Wirtschafts*bildes* sind David Hume[1]

---

[1] *Political discourses*, 1752.

und Adam Smith.[1] Was seitdem über sie hinaus und gegen sie geschrieben worden ist, setzt immer die kritische Anlage und Methode ihrer Systeme unbewußt voraus. Das gilt von Carey und List so gut wie von Fourier und Lassalle. Und was den größten Gegner von Adam Smith, Marx betrifft, so macht es wenig aus, ob man, ganz in der Vorstellungswelt des englischen Kapitalismus befangen, laut gegen ihn protestiert: man erkennt ihn eben damit an und will nur durch eine andre Art von Verrechnung dessen Objekten den Vorteil der Subjekte zuwenden.

Es handelt sich von Smith bis Marx um die bloße Selbstanalyse des wirtschaftlichen Denkens einer einzigen Kultur und zwar auf einer einzigen Stufe. Sie ist rationalistisch durch und durch und geht also vom *Stoff* aus und seinen Bedingungen, Nöten und Reizen, statt von der *Seele* der Geschlechter, Stände, Völker und ihrer Gestaltungskraft. Sie betrachtet den Menschen als Zubehör der Lage und weiß nichts von der großen Persönlichkeit und dem geschichtsbildenden Willen Einzelner und ganzer Scharen, der in den wirtschaftlichen Tatsachen Mittel und nicht Zwecke sieht. Sie hält das Wirtschaftsleben für etwas, das man ohne Rest aus sichtbaren Ursachen und Wirkungen erklären kann, das ganz mechanisch angelegt und völlig in sich abgeschlossen ist, und das endlich zu den ebenfalls für sich gedachten Kreisen der Politik und Religion in einem irgendwie kausalen Verhältnis steht. Weil diese Betrachtungsweise systematisch und nicht geschichtlich ist, so glaubt sie an die zeitlose Gültigkeit ihrer Begriffe und Regeln und hat den Ehrgeiz, die allein richtige Methode „der" Wirtschaftsführung aufstellen zu wollen. Deshalb hat sie überall, wo ihre Wahrheiten mit den Tatsachen zusammentrafen, ein vollkommenes Fiasko erlebt, wie es mit den Voraussagen für den Ausbruch des Weltkriegs durch bürgerliche[2] und mit der Einrichtung der Sowjetwirtschaft durch proletarische Theoretiker der Fall war.

Es gibt also noch keine Nationalökonomie, insofern man darunter

---

[1] Der berühmte „*Inquiry*", 1776.
[2] Die gelehrte Auffassung war allgemein, daß die wirtschaftlichen Folgen der Mobilmachung den Abbruch des Krieges in einigen Wochen erzwingen würden.

eine Morphologie der Wirtschafts*seite* des Lebens versteht und zwar des Lebens der hohen Kulturen mit ihrer nach Stufe, Tempo und Dauer gleichartigen Ausbildung eines wirtschaftlichen *Stils*. Denn die Wirtschaft besitzt kein System sondern eine Physiognomie. Um das Geheimnis ihrer inneren Form, ihrer *Seele* zu ergründen, bedarf es des physiognomischen Taktes. Um in ihr Erfolg zu haben, muß man Kenner sein, so wie man Menschenkenner und Pferdekenner ist, und braucht kein „Wissen", so wenig der Reiter etwas von der Zoologie zu „wissen" braucht. Aber diese Kennerschaft kann geweckt werden und zwar durch einen mitfühlenden Blick auf die Geschichte, der eine Ahnung von den geheimen Rassetrieben gibt, die auch in wirtschaftlich tätigen Wesen am Werke sind, um die äußere Lage – den ökonomischen „Stoff", die *Not* – nach dem eignen Innern sinnbildlich zu gestalten. *Jedes Wirtschaftsleben ist Ausdruck eines Seelenlebens.*

Das ist eine neue, eine deutsche Wirtschaftsauffassung, jenseits von Kapitalismus *und* Sozialismus, die beide aus der nüchtern bürgerlichen Verständigkeit des 18. Jahrhunderts hervorgegangen sind und die nichts sein wollten als eine stoffliche Analyse – und daraufhin eine Konstruktion – der wirtschaftlichen Oberfläche. Was bis jetzt gelehrt worden ist, bereitet nur vor. Das Wirtschaftsdenken steht wie das Rechtsdenken noch vor seiner eigentlichen Entfaltung,[1] die heute wie in hellenistisch-römischer Zeit erst dort einsetzt, wo Kunst und Philosophie unwiderruflich Vergangenheit geworden sind.

Der folgende Versuch will nichts sein als ein flüchtiger Blick auf die hier vorhandenen Möglichkeiten.

Wirtschaft und Politik sind Seiten des *einen* lebendig dahinströmenden Daseins, nicht des Wachseins, des Geistes.[2] In beiden offenbart sich der Takt kosmischer Flutungen, die in Geschlechterfolgen von Einzelwesen eingefangen sind. Sie *haben* nicht etwa, sondern sie *sind* Geschichte. Die nichtumkehrbare Zeit, das Wann regiert in ihnen. Sie gehören beide zur Rasse und nicht zur Sprache mit ihren

[1] Vgl. Bd. II, S. 652.
[2] Vgl. Bd. II, S. 557, 971.

raumhaft-kausalen Spannungen wie Religion und Wissenschaft; sie richten sich beide auf Tatsachen und nicht auf Wahrheiten. Es gibt politische und wirtschaftliche *Schicksale*, so wie es in allen religiösen und wissenschaftlichen Lehren einen zeitlosen *Zusammenhang von Ursache und Wirkung* gibt.

Das Leben besitzt also eine politische *und* eine wirtschaftliche Art, für die Geschichte „in Form" zu sein. Sie überlagern, stützen oder bekämpfen sich, aber die politische ist unbedingt die erste. Das Leben will sich erhalten *und* durchsetzen oder vielmehr, es will sich stärker machen, *um* sich durchzusetzen. In wirtschaftlicher Verfassung befinden sich die Daseinsströme nur für sich selbst, in politischer für ihr Verhältnis zu den andern. Daran ändert sich nichts von den einfachsten einzelligen Pflanzen bis zu den Schwärmen und Völkern der höchsten frei im Raume beweglichen Wesen. Sich ernähren und sich bekämpfen: den Rangunterschied beider Lebensseiten läßt ihr Verhältnis zum Tode erkennen. Es gibt keinen tieferen Gegensatz als den von *Hungertod* und *Heldentod*. Wirtschaftlich wird das Leben bedroht, entwürdigt, *erniedrigt* durch den Hunger im weitesten Sinne; auch die Unmöglichkeit, seine Kräfte zur vollen Entwicklung zu bringen, gehört dazu, die Enge im Lebensraum, die Dunkelheit, der Druck, nicht nur die unmittelbare Gefahr. Ganze Völker haben durch die zehrende Kümmerlichkeit ihrer Lebenshaltung die Spannkraft der Rasse verloren. Hier stirbt man *an* etwas, nicht *für* etwas. Die Politik opfert Menschen für ein Ziel; sie fallen für eine Idee; die Wirtschaft läßt sie nur verderben. *Der Krieg ist der Schöpfer, der Hunger der Vernichter aller großen Dinge.* Dort wird das Leben durch den Tod gehoben, oft bis zu jener unwiderstehlichen Kraft, deren bloßes Vorhandensein schon den Sieg bedeutet; hier weckt der Hunger jene häßliche, gemeine, ganz unmetaphysische Art von Lebensangst, unter welcher die höhere Formenwelt einer Kultur jäh zusammenbricht und der nackte Daseinskampf menschlicher Bestien beginnt.

Es war schon die Rede von dem Doppelsinn aller Geschichte, wie er im Gegensatz von Mann und Weib zutage tritt.[1] Es gibt eine

[1] Vgl. Bd. II, S. 962ff.

private Geschichte, die als Zeugungsfolge der Generationen das „Leben im Raume" *darstellt*, und eine öffentliche, die es als politisches In-Form-sein *verteidigt und sichert*: die „Spindelhälfte" und die „Schwertseite" des Daseins. Sie finden ihren Ausdruck in den Ideen der Familie und des Staates, aber auch in der Urgestalt des Hauses,[1] in dem die guten Geister des Ehebetts – der Genius und die Juno jeder altrömischen Wohnstätte – von der Tür, dem Janus, geschützt werden. Der *privaten* Geschichte des Geschlechts tritt nun die Wirtschaft zur Seite. Von der Dauer eines blühenden Lebens kann seine Kraft, vom Geheimnis der Zeugung und Empfängnis die Ernährung nicht getrennt werden. Am reinsten erscheint der Zusammenhang im Dasein rassestarker Bauerngeschlechter, die gesund und fruchtbar in ihrer Scholle wurzeln. Und wie im Bilde des Leibes das Geschlechtsorgan mit dem des Kreislaufs verbunden ist,[2] so bildet die Mitte des Hauses im *andern* Sinne der heilige Herd, die Vesta.

Eben deshalb bedeutet Wirtschaftsgeschichte etwas ganz anderes als politische Geschichte. Hier stehen die großen einmaligen Schicksale im Vordergrund, die sich zwar in den bindenden Formen der Epoche vollziehen, aber jede für sich streng persönlich sind. Dort handelt es sich wie in der Geschichte der Familie um den Entwicklungsgang der Formen*sprache*, und alles Einmalige und Persönliche ist ein wenig bedeutendes Privatschicksal. Nur die Grundform von Millionen Fällen kommt in Betracht. Aber die Wirtschaft ist doch nur die Unterlage alles irgendwie sinnvollen Daseins. Es kommt nicht eigentlich darauf an, *daß* man in Verfassung, gut genährt und fruchtbar ist, als Einzelner oder als Volk, sondern wofür man es ist, und je höher der Mensch geschichtlich steigt, desto weiter überragt sein politisches und religiöses Wollen an Innerlichkeit der Symbolik und Gewalt des Ausdrucks alles, was das Wirtschaftsleben als solches an Form und Tiefe besitzt. Erst wenn mit der Heraufkunft einer Zivilisation die Ebbe der gesamten Formenwelt beginnt, treten die Umrisse der bloßen Lebenshaltung nackt und aufdringlich hervor:

[1] Vgl. Bd. II, S. 660, 698.
[2] Vgl. Bd. II, S. 560.

das ist denn die Zeit, wo der platte Spruch von „Hunger und Liebe" als den Triebkräften des Daseins aufhört, schamlos zu sein, wo nicht das Starkwerden für eine Aufgabe, sondern das Glück der Meisten, Behagen und Bequemlichkeit, „*panem et circenses*" den Sinn des Lebens bilden und an Stelle der großen Politik die Wirtschaftspolitik als Selbstzweck tritt.

Weil die Wirtschaft zur Rasseseite des Lebens gehört, so besitzt sie wie die Politik eine Sitte und keine Moral,[1] denn das unterscheidet Adel und Priestertum, Tatsachen und Wahrheiten. Jede Berufsklasse hat wie jeder Stand ein *selbstverständliches* Gefühl nicht für Gut und Böse, sondern für Gut und Schlecht. Wer es nicht besitzt, ist unehrenhaft und gemein. Denn die Ehre steht auch hier im Mittelpunkt und trennt das Fein*gefühl* für das, was sich schickt, das Takt*gefühl* wirtschaftlich tätiger Menschen von der religiösen Welt*betrachtung* und ihrem Grundbegriff der Sünde. Es gibt eine sehr bestimmte Berufsehre unter Kaufleuten, Handwerkern, Bauern, mit feinen und doch nicht weniger bestimmten Abstufungen für den Ladenbesitzer, Exportkaufmann, Bankier, Unternehmer, für Bergleute, Matrosen, Ingenieure, sogar, wie jeder weiß, für Räuber und Bettler, insofern sie sich als Berufsgenossen fühlen. Niemand hat diese Sitten gesetzt oder aufgeschrieben, aber sie sind da; sie sind wie alle Standessitten überall und zu allen Zeiten anders und jedesmal nur innerhalb des Kreises der Zugehörigen verbindlich. Neben den adligen Tugenden der Treue, Tapferkeit, Ritterlichkeit, Kameradschaft, die keiner Berufsgenossenschaft fremd sind, erscheinen scharf ausgeprägte Anschauungen über den ethischen Wert des Fleißes, des Erfolges, der Arbeit und ein erstaunliches Distanzgefühl. Dergleichen *hat* man, ohne viel darum zu wissen – erst der Verstoß bringt die Sitte zum Bewußtsein –, im Gegensatz zu religiösen Geboten, die zeitlos und allgemeingültig sind, aber als nie verwirklichte Ideale, und die man lernen muß, um sie zu wissen und befolgen zu können.

Die religiös-asketischen Grundbegriffe wie „selbstlos" und „sündlos" sind innerhalb des Wirtschaftslebens ohne Sinn. Für den wahren

---

[1] Vgl. Bd. II, S. 981 f.

Heiligen ist die Wirtschaft überhaupt Sünde,[1] nicht nur das Zins-
nehmen und die Freude am Reichtum oder der Neid der Armen
darauf. Das Wort von den Lilien auf dem Felde ist für tief religiöse
– und philosophische – Naturen unbedingt wahr. Sie stehen mit
dem ganzen Schwergewicht ihres Wesens außerhalb der Wirtschaft
und Politik und aller andern Tatsachen „dieser Welt". Das lehrt die
Zeit Jesu ebenso wie die des heiligen Bernhard und das Grundgefühl
im heutigen Russentum, und ebenso die Lebensführung eines Diogenes oder Kant. Deshalb wählt man freiwillige Armut und Wanderschaft oder flüchtet sich in Mönchszellen und Gelehrtenstuben.
Wirtschaftlich betätigt sich *nie* eine Religion oder Philosophie sondern immer nur der politische Organismus einer *Kirche* oder der
soziale einer theoretisierenden Genossenschaft. Es ist immer ein
Kompromiß mit „dieser Welt" und ein Zeichen des Willens zur
Macht.[2]

2

Was man das Wirtschaftsleben einer Pflanze nennen darf, vollzieht sich an und in ihr, ohne daß sie selbst etwas andres wäre als
der Schauplatz und willenlose Gegenstand eines Naturvorgangs.[3]
Dies pflanzenhafte, traumhafte Element liegt unverändert der

[1] „*Negotium* (damit ist jede Art von Erwerbstätigkeit gemeint; das Geschäft
heißt *commercium*) negat otium neque quaerit veram quietem, quae est deus", heißt es im
Decretum Gratiani (vgl. Bd. II, S. 647).
[2] Die Frage des Pilatus stellt auch das Verhältnis von Wirtschaft und Wissenschaft fest. Der religiöse Mensch wird vergebens, den Katechismus in der Hand,
das Treiben seiner politischen Umwelt zu bessern suchen. Sie geht ruhig ihres
Weges und überläßt ihn seinen Gedanken. Der Heilige hat nur die Wahl, sich anzupassen – dann wird er Kirchenpolitiker und gewissenlos – oder sich aus der Welt
zu flüchten, in die Einsiedelei, selbst ins Jenseits. Aber dasselbe wiederholt sich,
nicht ohne Komik, innerhalb der städtischen Geistigkeit. Hier möchte der Philosoph, der ein ethisch-soziales System errichtet hat, das voll von abstrakter Tugend
ist und allein richtig, wie sich versteht, das Wirtschaftsleben darüber aufklären,
wie es sich zu verhalten und wohin es zu streben habe. Es ist immer das gleiche
Schauspiel, sei das System liberal, anarchistisch oder sozialistisch und stamme es
von Plato, Proudhon oder Marx. Aber auch die Wirtschaft geht unbekümmert
weiter und überläßt dem Denker die Wahl, sich zurückzuziehen und seinen Jammer über diese Welt auf dem Papier auszuströmen, oder in sie als Wirtschafts-
politiker einzutreten, wo er sich entweder lächerlich macht oder alsbald seine
Theorie zum Teufel schickt, um sich einen führenden Platz zu erkämpfen.
[3] Vgl. Bd. II, S. 557.

„Wirtschaft" auch noch des menschlichen Leibes zugrunde, wo es in Gestalt der Kreislauforgane sein fremdartiges und willenloses Dasein führt. Mit dem frei im Raum beweglichen Leibe des Tieres aber tritt zum Dasein das Wachsein, das verstehende Empfinden und damit der Zwang, für die Erhaltung des Lebens selbständig zu sorgen. Hier beginnt die Lebens*angst* und führt zu einem Tasten, Wittern, Spähen, Horchen mit immer schärferen Sinnen und daraufhin zu Bewegungen im Raume, zum Suchen, Sammeln, Verfolgen, Überlisten, Rauben, das sich bei manchen Arten wie den Bibern, Ameisen, Bienen, vielen Vögeln und Raubtieren bis zu den Anfängen einer wirtschaftlichen Technik steigert, welche Überlegung, das heißt eine gewisse Ablösung des Verstehens vom Empfinden voraussetzt. Der Mensch ist eigentlich Mensch in dem Grade, als sich sein Verstehen vom Empfinden befreit hat und als Denken in die Beziehungen zwischen Mikrokosmos und Makrokosmos schöpferisch eingreift.[1] Ganz tierhaft ist noch die Frauenlist dem Manne gegenüber und jene Bauernschlauheit im Erobern kleiner Vorteile, die sich beide von der Schlauheit des Fuchses in nichts unterscheiden und mit *einem* verstehenden Blick das ganze Geheimnis ihres Opfers durchdringen; aber darüber erhebt sich nun das Wirtschafts*denken*, das den Acker bestellt, das Vieh zähmt, die Dinge verwandelt, veredelt, tauscht und tausend Mittel und Methoden erfindet, um die Lebenshaltung zu erhöhen und die Abhängigkeit von der Umwelt in eine Herrschaft über sie zu verwandeln. Dies ist die Unterlage aller Kulturen. Die Rasse bedient sich eines Wirtschaftsdenkens, das so mächtig werden kann, daß es sich von seinen Zwecken löst, abstrakte Theorien aufbaut und sich in utopische Weiten verliert.

Alles höhere Wirtschaftsleben entwickelt sich an und über einem Bauerntum. Nur das Bauerntum selbst setzt nichts andres voraus.[2] Es ist gewissermaßen die Rasse an sich, pflanzenhaft und geschichts-

---

[1] Vgl. Bd. II, S. 561.

[2] Es ist mit den Wanderscharen von Jägern und Viehzüchtern ganz ebenso, aber die wirtschaftliche Grundlage der hohen Kulturen bildet immer eine Menschenart, die fest am Boden haftet und die höheren Wirtschaftsformen ernährt und trägt.

los,[1] ganz für sich erzeugend und verbrauchend, mit einem Blick auf die Welt, vor dem sich alles andre Wirtschaftswesen beiläufig und verächtlich ausnimmt. Dieser *erzeugenden* tritt nun eine *erobernde* Art von Wirtschaft entgegen, die sich der ersten als eines Objekts bedient, sich von ihr nähren läßt, sie tributpflichtig macht oder beraubt. Politik und Handel sind in den Anfängen durchaus untrennbar, beide herrenmäßig, persönlich, kriegerisch, mit einem Hunger nach Macht und Beute, der einen ganz andern Blick auf die Welt mit sich führt – nicht aus einem Winkel auf sie hinaus sondern auf ihr Gewimmel herab –, wie er sich in der Wahl des Löwen, Bären, Geiers, Falken zu Wappentieren deutlich genug ausspricht. Der Urkrieg ist immer auch Raubkrieg, der Urhandel mit Plünderung und Piraterie aufs engste verwandt. Die isländischen Sagas erzählen, wie die Wikinger oft mit der Bevölkerung einen Marktfrieden von zwei Wochen verabreden, um Handel zu treiben, worauf man zu den Waffen greift und das Beutemachen beginnt.

Politik und Handel in entwickelter Form – die Kunst, durch geistige Überlegenheit Sacherfolge über den Gegner zu erzielen – sind beide ein Ersatz des Krieges durch andere Mittel. Jede Art Diplomatie ist geschäftlicher, jedes Geschäft diplomatischer Natur, und beide beruhen auf eindringender Menschenkenntnis und physiognomischem Takt. Der Unternehmungsgeist großer Seefahrer, wie wir sie unter den Phönikern, Etruskern, Normannen, Venezianern, Hanseaten finden, kluger Bankherren wie die Fugger und Medici, mächtiger Geldleute wie Crassus und die Minen- und Trustmagnaten unserer Tage erfordert die strategische Begabung von *Feldherrn*, wenn die Operationen glücken sollen. Der Stolz auf das Stammhaus, das väterliche Erbe, die Familientradition bilden sich hier wie dort in gleicher Weise heraus; die „großen Vermögen" sind wie Königreiche und haben ihre Geschichte;[2] und Polykrates, Solon, Lorenzo de'Medici, Jürgen Wullenweber sind durchaus nicht die einzigen

---

[1] Vgl. Bd. II, S. 966.
[2] Undershaft in Shaws „Major Barbara" ist eine echte Herrschergestalt in diesem Reiche.

Beispiele von politischem Ehrgeiz, der sich aus kaufmännischem entwickelt hat.

Aber der echte Fürst und Staatsmann will herrschen, der echte Geschäftsmann will nur reich sein; hier trennt sich die erobernde Wirtschaft als Mittel und als Zweck.[1] Man kann die Beute um der Macht und die Macht um der Beute willen suchen. Auch der große Herrscher wie Hoang-ti, Tiberius oder Friedrich II. will „reich an Land und Leuten" sein, aber mit dem Bewußtsein einer vornehmen Verpflichtung. Man nimmt mit gutem Gewissen und als etwas Selbstverständliches die Schätze der ganzen Welt in Anspruch und kann ein Leben in strahlendem Glanz und selbst in Verschwendung führen, wenn man sich zugleich als Träger einer Sendung fühlt wie Napoleon, Cecil Rhodes und auch der römische Senat des 3. Jahrhunderts, und deshalb den Begriff des Privatbesitzes in bezug auf sich selbst kaum kennt.

Wer auf bloße Wirtschaftsvorteile aus ist wie zur Römerzeit die Karthager und heute in noch viel höherem Grade die Amerikaner, der vermag auch nicht rein politisch zu denken. Er wird bei den Entscheidungen der hohen Politik immer ausgenützt und betrogen sein, wie das Beispiel Wilsons zeigt, zumal wenn der Mangel an staatsmännischem Instinkt durch moralische Stimmungen ersetzt ist. Deshalb häufen die großen Wirtschaftsverbände der Gegenwart wie Unternehmertum und Arbeiterschaft einen politischen Mißerfolg auf den andern, wenn sie nicht einen echten Politiker als Führer finden, der – sich ihrer bedient. Wirtschaftliches und politisches Denken sind bei hoher Übereinstimmung der Form in der Richtung und damit in allen taktischen Einzelheiten grundverschieden. Große geschäftliche Erfolge[2] wecken ein schrankenloses Gefühl von *öffentlicher* Macht. Man wird diesen Unterton im Worte „Kapital" nicht verkennen. Aber nur bei einzelnen ändert sich damit

---

[1] Bd. II, S. 985. Als Mittel von Regierungen heißt sie *Finanzwirtschaft*. Die ganze Nation ist hier Objekt einer Tributerhebung in Gestalt von Steuern und Zöllen, deren Verwendung nicht etwa ihre Lebenshaltung bequemer gestalten, sondern ihre geschichtliche Lage sichern und ihre Macht erhöhen soll.

[2] Im weitesten Sinne, wozu auch der Aufstieg von Arbeitern, Journalisten, Gelehrten zu einer führenden Stellung gehört.

Farbe und Richtung ihres Wollens und ihr Maßstab für die Lagen und Dinge. Erst wenn man wirklich aufgehört hat, sein Unternehmen als Privatsache zu empfinden und als dessen Ziel die bloße Anhäufung von Besitz, besteht die Möglichkeit, aus einem Unternehmer ein Staatsmann zu werden. Das war der Fall von Cecil Rhodes. Aber umgekehrt besteht für Menschen der politischen Welt die Gefahr, daß ihr Wollen und Denken von geschichtlichen Aufgaben zur bloßen Sorge für die private Lebenshaltung herabsinkt. Dann wird aus dem Adel ein Raubrittertum; es erscheinen die bekannten Fürsten, Minister, Volksmänner und Revolutionshelden, deren Eifer sich in einem Schlaraffenleben und dem Sammeln gewaltiger Reichtümer erschöpft – zwischen Versailles und dem Jakobinerklub, Unternehmern und Arbeiterführern, russischen Gouverneuren und Bolschewisten besteht da kaum ein Unterschied –, und in der reifgewordenen Demokratie ist die Politik der „Arrivierten" nicht nur mit Geschäft, sondern mit den schmutzigsten Arten großstädtischer Spekulationsgeschäfte identisch.

Gerade darin aber offenbart sich der geheime Gang einer hohen Kultur. Am Anfang erscheinen die Urstände Adel und Priestertum mit ihrer Symbolik von Zeit und Raum. Damit haben, in einer wohlgeordneten Gesellschaft,[1] das politische Leben wie das religiöse Erleben ihren festen Platz, ihre berufenen Träger und ihre für Tatsachen wie für Wahrheiten schlechthin gegebenen Ziele, und in der Tiefe bewegt sich das Wirtschaftsleben in einer unbewußten sicheren Bahn. Der Strom des Daseins verfängt sich im steinernen Gehäuse der Stadt und von hier aus übernehmen Geld und Geist die geschichtliche Führung. Das Heldenhafte und Heilige mit der sinnbildlichen Wucht ihrer frühen Erscheinung werden selten und ziehen sich in enge Kreise zurück. Eine kühle bürgerliche Klarheit tritt an ihre Stelle. Im Grunde erfordern ein Systemabschluß und ein Geschäftsabschluß ein und dieselbe Art von fachmännischer Intelligenz. Durch den symbolischen Rang kaum noch getrennt, dringen politisches und wirtschaftliches Leben, religiöse und wissenschaftliche Erkenntnis aufeinander ein, berühren und mischen sich. Der Strom

---

[1] Vgl. Bd. II, S. 966f.

des Daseins verliert die strenge und reiche Form im Treiben der großen Städte. Elementare Wirtschaftszüge treten an die Oberfläche und treiben mit den Resten formvoller Politik ihr Spiel, wie gleichzeitig die souveräne Wissenschaft die Religion unter ihre Objekte aufnimmt. Über ein Leben von wirtschaftspolitischem Selbstgenügen breitet sich eine kritisch-erbauliche Weltstimmung. Aber aus ihm treten endlich an Stelle der zerfallenen Stände einzelne Lebensläufe von echt politischer und religiöser Gewalt hervor, die für das Ganze zum Schicksal werden.

Daraus ergibt sich die Morphologie der Wirtschaftsgeschichte. Es gibt eine *Urwirtschaft* „des" Menschen, die ebenso wie die der Pflanze und des Tiers ihre Form in biologischen Zeiträumen[1] verändert. Sie beherrscht das primitive Zeitalter vollkommen und bewegt sich zwischen und in den hohen Kulturen ohne erkennbare Regel unendlich langsam und verworren fort. Tiere und Pflanzen werden herangezogen und durch Zähmung, Züchtung, Veredlung, Aussaat umgeschaffen, das Feuer und die Metalle ausgenützt, die Eigenschaften der unlebendigen Natur durch technische Verfahren in den Dienst der Lebenshaltung gestellt. Alles das ist durchdrungen von politisch-religiöser Sitte und Bedeutung, ohne daß *totem* und *tabu*, Hunger, Seelenangst, Geschlechtsliebe, Kunst, Krieg, Opferbrauch, Glaube und Erfahrung deutlich zu trennen wären.

Etwas ganz anderes nach Begriff und Entwicklung ist die strenggeformte und in Tempo und Dauer scharf begrenzte *Wirtschaftsgeschichte der hohen Kulturen*, von denen jede einzelne einen eignen Wirtschaftsstil besitzt. Zum Lehnswesen gehört die Wirtschaft des stadtlosen Landes. Mit dem von Städten aus regierten Staat erscheint die Stadtwirtschaft des Geldes, die sich mit dem Anbruch jeder Zivilisation zur Diktatur des Geldes erhebt, gleichzeitig mit dem Sieg der weltstädtischen Demokratie. Jede Kultur besitzt ihre selbständig entwickelte Formenwelt. Das körperhafte Geld apollinischen Stils – die geprägte Münze – steht dem faustisch-dynamischen Beziehungsgelde – der Buchung von Krediteinheiten – ebenso fern wie die Polis dem Staate Karls V. Aber das wirtschaftliche Leben

[1] Vgl. Bd. II, S. 591.

bildet sich ganz wie das gesellschaftliche zu einer Pyramide aus.[1] Im
dörflichen Untergrunde hält sich eine völlig primitive, kaum von
der Kultur berührte Lage. Die späte Stadtwirtschaft, bereits das Tun
einer entschiedenen Minderheit, sieht beständig auf eine frühzeitliche
Landwirtschaft herab, die rings umher ihr Wesen weiter treibt und
voll Argwohn und Haß auf den durchgeistigten Stil innerhalb der
Mauern blickt. Zuletzt führt die Weltstadt eine – zivilisierte – Weltwirtschaft herauf, die von ganz engen Kreisen weniger Mittelpunkte
ausstrahlt und den Rest als Provinzwirtschaft sich unterwirft, während in entlegenen Landschaften oft noch durchaus die primitive
– „patriarchalische" – Sitte herrscht. Mit dem Wachstum der Städte
wird die Lebenshaltung immer künstlicher, feiner, verwickelter. Der
Großstadtarbeiter im cäsarischen Rom, im Bagdad Harun al Ra-
schids und im heutigen Berlin empfindet vieles als selbstverständlich,
was dem reichen Bauern fern im Lande als wahnwitziger Luxus
erscheint, aber dieses Selbstverständliche ist schwer zu erreichen und
schwer zu behaupten; das Arbeitsquantum aller Kulturen wächst in
ungeheurem Maße, und so entwickelt sich am Anfang jeder Zivilisation eine Intensität des Wirtschaftslebens, die in ihrer Spannung
übertrieben und stets gefährdet ist und nirgends lange aufrecht erhalten werden kann. Zuletzt bildet sich ein starrer und dauerhafter
Zustand heraus mit einem seltsamen Gemisch raffiniert durchgeistigter und ganz primitiver Züge, wie ihn die Griechen in Ägypten
und wir im heutigen Indien und China kennen lernen, wenn er nicht
vor dem unterirdischen Nachdrängen einer jungen Kultur dahinschwindet wie der antike zur Zeit Diokletians.

Dieser Wirtschaftsbewegung gegenüber sind die Menschen als
Wirtschafts*klasse* in Form, wie sie es der Weltgeschichte gegenüber
als politischer *Stand* sind. Jeder einzelne hat eine wirtschaftliche
Stellung *innerhalb der ökonomischen Gliederung* so, wie er irgend einen
Rang innerhalb der *Gesellschaft* einnimmt. Beide Arten von Zugehörigkeit nehmen gleichzeitig sein Fühlen, Denken und Sichverhalten in Anspruch. Ein Leben will da sein und darüber hinaus
noch etwas bedeuten; und die Verwirrung unserer Begriffe ist end-

[1] Vgl. Bd. II, S. 902.

lich noch dadurch gesteigert worden, daß politische Parteien, heute
wie in hellenistischer Zeit, gewisse wirtschaftliche Gruppen, deren
Lebenshaltung sie glücklicher gestalten wollten, durch Erhebung in
einen politischen Stand gewissermaßen adelten, wie es Marx mit
der Klasse der Fabrikarbeiter getan hat.

Denn der erste und echte Stand ist der Adel. Von ihm leitet sich
der Offizier und Richter ab und alles, was zu den hohen Regierungs-
und Verwaltungsämtern gehört. Es sind standesartige Gebilde, die
etwas *bedeuten*. Ebenso gehört zum Priestertum die Gelehrten-
schaft[1] mit einer sehr ausgeprägten Art von ständischer Abgeschlossenheit. Aber mit Burg und Dom ist die große Symbolik zu Ende.
Der *tiers* ist bereits der Nichtstand, der Rest, eine bunte und viel-
fältige Sammlung, die als solche wenig bedeutet außer in Augenblicken des politischen Protestes, und die sich deshalb Bedeutung
gibt, indem sie Partei ergreift. Man fühlt sich, nicht als Bürger, sondern weil man „liberal" ist, und also eine große Sache zwar nicht
durch seine Person *repräsentiert*, aber ihr durch seine Überzeugung
angehört. Infolge der Schwäche dieses gesellschaftlichen Geformtseins
tritt das wirtschaftliche in „bürgerlichen" Berufen, Gilden und Verbänden um so sichtbarer hervor. In den Städten wenigstens ist ein
Mensch zuerst durch das bezeichnet, wovon er lebt.

Wirtschaftlich ist das erste und ursprünglich fast das einzige das
Bauerntum,[2] die schlechthin *erzeugende* Art von Leben, die jede
andre erst möglich macht. Auch die Urstände gründen ihre Lebenshaltung in früher Zeit durchaus auf Jagd, Viehhaltung und Acker-
besitz, und noch für Adel und Geistlichkeit der Spätzeiten ist es die
einzig vornehme Möglichkeit, „begütert" zu sein. Ihr steht die
vermittelnde, erbeutende Lebensart des Handels[3] gegenüber, im Ver-

---

[1] Einschließlich der Ärzte, die in Urzeiten von Priestern und Zauberern nicht
zu trennen sind.

[2] Hirten, Fischer und Jäger gehören dazu. Außerdem besteht eine seltsame und
sehr tiefe Beziehung zum Bergbau, wie die Verwandtschaft der alten Sagen und
Bräuche lehrt. Die Metalle werden dem Schacht nicht anders abgelockt wie das
Korn der Erde und das Wild dem Forst. Aber für den Bergmann sind die Metalle
auch etwas, das *lebt* und *wächst*.

[3] Von der urzeitlichen Seefahrt bis zum weltstädtischen Börsengeschäft. Aller
Verkehr auf Flüssen, Straßen, Bahnen gehört dazu.

hältnis zur kleinen Zahl von gewaltiger Macht und schon ganz früh unentbehrlich, ein feiner Parasitismus, vollkommen unproduktiv und deshalb landfremd und schweifend, „frei", auch seelisch unbeschwert von Sitten und Bräuchen der Erde, ein Leben, das von anderem Leben sich nährt. Dazwischen wächst nun eine dritte Art von Wirtschaft heran, die *verarbeitende der Technik* in zahllosen Handwerken, Gewerben und Berufen, welche ein Nachdenken über die Natur zur schöpferischen Anwendung bringen und deren Ehre und Gewissen an der Leistung haftet.[1] Ihre älteste, bis in die Urzeit zurückreichende Zunft und zugleich ihr Urbild mit einer Fülle dunkler Sagen, Bräuche und Anschauungen sind die Schmiede, die infolge ihrer stolzen Absonderung vom Bauerntum und der um sie verbreiteten Scheu, die zwischen Achtung und Ächtung wechselt, oft zu wirklichen Volksstämmen eigner Rasse geworden sind wie die Falascha in Abessinien.[2]

Im erzeugenden, verarbeitenden und vermittelnden Wirtschaftswesen gibt es wie in allem, was zur Politik und überhaupt zum Leben gehört, *Subjekte und Objekte der Leitung* und also ganze Gruppen, die anordnen, entscheiden, organisieren, erfinden, und andere, denen lediglich die Ausführung zusteht. Der Rangunterschied kann schroff oder kaum fühlbar,[3] der Aufstieg unmöglich oder selbstverständlich, die Würde der Tätigkeit fast dieselbe mit langsamen Übergängen oder ganz verschieden sein. Tradition und Gesetz, Begabung und Besitz, Volkszahl, Kulturstufe und Wirtschaftslage beherrschen den Gegensatz, aber er ist da und zwar mit dem Leben selbst gegeben *und unabänderlich.* Trotzdem gibt es *wirtschaftlich keine „Arbeiter-*

---

[1] Vgl. Bd. II, S. 989. Auch die Maschinenindustrie gehört hierher mit dem rein abendländischen Typus des Erfinders und Ingenieurs, und praktisch ein großer Teil der modernen Landwirtschaft, z. B. in Amerika.

[2] Auch heute noch wird die Hütten- und Metallindustrie als irgendwie vornehmer empfunden wie etwa die chemische und elektrische. Sie hat den ältesten Adel der Technik, und ein Rest von kultischem Geheimnis liegt über ihr.

[3] Bis zur Hörigkeit und Sklaverei, obwohl gerade die Sklaverei sehr oft, z. B. im heutigen Orient und in Rom bei den *vernae,* wirtschaftlich nichts als eine Form des aufgezwungenen Arbeitsvertrages ist und abgesehen davon kaum fühlbar wird. Der freie Angestellte lebt oft in viel härterer Abhängigkeit und geringerer Achtung, und das formelle Kündigungsrecht ist in vielen Fällen praktisch ganz bedeutungslos.

klasse"; das ist eine Erfindung von Theoretikern, welche die Lage
der Fabrikarbeiter in England, einem fast bauernlosen Industrielande,
gerade in einer Übergangszeit vor Augen hatten und das Schema
auf alle Kulturen zu allen Zeiten ausdehnten, bis es von Politikern
zum Mittel von Parteigründungen erhoben wurde. In Wirklichkeit
gibt es eine unabsehbare Zahl von Tätigkeiten rein dienender Art
in Werkstatt und Kontor, Schreibstube und Schiffsraum, auf Landstraßen, in Schächten und in Wiese und Feld. Diesem Rechnen,
Tragen, Laufen, Hämmern, Nähen, Aufpassen fehlt oft genug, was
dem Leben über seine bloße Erhaltung hinaus Würde und Reiz gibt,
wie es mit den standesgemäßen Aufgaben des Offiziers und Gelehrten oder den persönlichen Erfolgen des Ingenieurs, Verwalters
und Kaufmanns der Fall ist, aber unter sich ist das alles ganz und
gar nicht vergleichbar. Geist und Schwere der Arbeit, ihr Ort in
Dorf oder Großstadt, Umfang und Gespanntheit des Betriebes lassen den Bauernknecht, Bankbeamten, Heizer und Schneidergesellen
in ganz verschiedenen Welten der Wirtschaft leben und erst, ich
wiederhole es, die Parteipolitik sehr später Zustände hat sie durch
Schlagworte in eine Verbindung des Protestes gesetzt, um sich ihrer
Masse zu bedienen. Dagegen ist der antike Sklave ein staatsrechtli-
cher Begriff, nämlich für den politischen Körper der antiken Polis
nicht vorhanden,[1] während er wirtschaftlich Bauer, Handwerker,
selbst Direktor und Großkaufmann mit gewaltigem Vermögen
(peculium), mit Palästen und Villen und einer Schar von Unter-
gebenen, auch „freien", sein kann. Was er abgesehen davon in
spätrömischer Zeit *noch* ist, wird sich weiter unten zeigen.

3

Mit dem Anbruch jeder Frühzeit beginnt ein Wirtschaftsleben in
fester Form.[2] Die Bevölkerung lebt durchaus bäuerlich im freien

[1] Vgl. Bd. II, S. 625.

[2] Wir kennen es aus den ägyptischen und gotischen Anfängen genau, in China
und der Antike in großen Zügen; und was die *wirtschaftliche Pseudomorphose* der
arabischen Kultur betrifft (S. 784 ff., 991), so erfolgt seit Hadrian ein innerer Abbau der hochzivilisierten antiken Geldwirtschaft bis zu einem frühzeitlichen Güter-

Lande. Das Erlebnis der Stadt ist für sie nicht vorhanden. Was sich vom Dorfe, von Burg, Pfalz, Kloster, Tempelbezirk abhebt, ist nicht eine Stadt, sondern ein *Markt*, ein bloßer Treffpunkt bäuerlicher Interessen, der gleichzeitig und selbstverständlich eine gewisse religiöse und politische Bedeutung besitzt, ohne daß von einem Sonderleben die Rede sein kann. Die Einwohner, auch wenn sie Handwerker oder Kaufleute sind, *empfinden* doch als Bauern und werden irgendwie auch als solche tätig sein.

Was sich von einem Leben absondert, in dem jeder erzeugt und verbraucht, sind *Güter*, und Güterumlauf ist das Wort für jeden frühzeitlichen Verkehr, mag das Einzelne aus weiter Ferne herankommen oder nur innerhalb des Dorfes oder selbst des Hofes wandern. Ein Gut ist, was mit leisen Fäden seines Wesens, seiner *Seele* an dem Leben haftet, das es hervorgebracht hat oder braucht. Ein Bauer treibt „seine" Kuh zu Markte, eine Frau bewahrt „ihren" Schmuck in der Truhe. Man ist „begütert", und das Wort *Be-sitz* führt bis in den pflanzenhaften Ursprung des Eigentums zurück, mit dem gerade dieses eine und kein anderes Dasein wurzelhaft verwachsen ist.[1] Tausch ist in dieser Zeit ein Vorgang, durch den Güter aus einem Lebenskreise in einen andern übergehen. Sie werden *vom Leben* gewertet, nach einem gleitenden, *gefühlten* Maße des Augenblicks. Es gibt weder einen Wertbegriff noch ein allgemein messendes Gut. Auch Gold und Münzen sind nichts als Güter, deren seltene und unzerstörbare Art sie wertvoll macht.[2]

In den Takt und Gang dieses Güterumlaufs greift der Händler nur als *Mittler* ein.[3] Auf dem Markt stoßen die erobernde und die er-

umlauf, der unter Diokletian erreicht ist, worauf im Osten der eigentlich magische Anstieg sichtbar wird.

[1] Vgl. Bd. II, S. 983f.

[2] Weder die Kupferstücke der italischen Villanovagräber aus frühhomerischer Zeit (Willers, Gesch. der römischen Kupferprägung, S. 18) noch die frühchinesischen Bronzemünzen in Gestalt von Frauengewändern (pu), Beilen, Ringen und Messern (*tsien*, Conrady, China, S. 504) sind Geld, sondern deutlich genug als Symbole von Gütern bezeichnet; und auch die Münzen, welche die Regierungen der frühgotischen Zeit in Nachahmung der Antike als Hoheitszeichen schlagen ließen, treten in das Wirtschaftsleben nur als Güter ein: ein Stück Gold ist soviel wert wie eine Kuh, nicht umgekehrt.

[3] Deshalb geht er so oft nicht aus dem fest in sich geschlossenen Landleben hervor, sondern erscheint in ihm als Fremder, gleichgültig und voraussetzungslos. Da

zeugende Wirtschaft zusammen, aber selbst dort, wo Flotten lan-
den und Karawanen eintreffen, entwickelt sich der Handel nur als
Organ des ländlichen Verkehrs.[1] Es ist die „ewige" Form der Wirtschaft, die sich heute noch mit der ganz urzeitlichen Figur des Hau-
sierers in stadtarmen Landschaften hält, selbst in abgelegenen
Vorstadtgassen, wo sich kleine Umlaufkreise bilden, und im Pri-
vathaushalt von Gelehrten, Beamten und überhaupt von Menschen,
die dem großstädtischen Wirtschaftsleben nicht tätig eingegliedert
sind.

Eine ganz andere Art von Leben erwacht mit der Seele der Stadt.[2]
Sobald der Markt zur Stadt geworden ist, gibt es nicht mehr bloße
Schwerpunkte des Güterstroms, der durch eine rein bäuerliche
Landschaft geht, sondern eine zweite Welt innerhalb der Mauern,
für die das schlechthin erzeugende Leben „da draußen" nichts ist
als Mittel und Objekt, und aus der heraus ein anderer Strom zu
kreisen beginnt. Das ist das Entscheidende: der echte Städter ist
nicht erzeugend im ursprünglich erdhaften Sinne. Ihm fehlt die
innere Verbundenheit mit dem Boden wie mit dem Gut, das durch
seine Hände geht. Er lebt nicht mit ihm, sondern er betrachtet es
von außen und nur in bezug auf seinen Lebensunterhalt.

Damit wird das Gut zur Ware, der Tausch zum Umsatz, und an
Stelle *des Denkens in Gütern tritt das Denken in Geld.*

Damit wird ein rein ausgedehntes Etwas, eine Form der Grenzsetzung, von den sichtbaren Wirtschaftsdingen abgezogen, ganz wie

ist die Rolle der Phöniker in der frühesten Antike, der Römer im Osten zur
Zeit des Mithridates, der Juden und daneben der Byzantiner, Perser, Armenier im
gotischen Abendland, der Araber im Sudan, der Inder in Ostafrika, der Westeuropäer im heutigen Rußland.
[1] Und deshalb in sehr geringem Umfange. Weil der Fremdhandel damals aben-
teuerlich ist und die Phantasie beschäftigt, pflegt man ihn maßlos zu überschätzen.
Die „großen" Kaufherren Venedigs und der Hanse waren um 1300 den angese-
heneren Handwerksmeistern kaum ebenbürtig. Die Umsätze selbst der Medici und
Fugger entsprachen um 1400 etwa denen eines Ladengeschäfts in einer heutigen
Kleinstadt. Die größten Handelsschiffe, an denen in der Regel eine Gruppe von
Kaufleuten beteiligt war, standen hinter den Flußkähnen der Gegenwart weit
zurück und machten jährlich vielleicht *eine* größere Fahrt. Die berühmte englische
Wollausfuhr, ein Hauptgegenstand des hansischen Handels, umfaßte um 1270
jährlich kaum die Ladung von zwei heutigen Güterzügen (Sombart, Der moderne
Kapitalismus I, S. 280 ff.).
[2] Vgl. S. 661 f.

das mathematische Denken von der mechanisch aufgefaßten Umwelt etwas abzieht, und das Abstraktum Geld entspricht durchaus dem Abstraktum Zahl.[1] Beides ist vollkommen anorganisch. Das Wirtschaftsbild wird ausschließlich auf Quantitäten zurückgeführt, unter Absehen von der Qualität, die gerade das wesentliche Merkmal des Gutes bildet. Für den frühzeitlichen Bauern ist „seine" Kuh zuerst gerade dieses eine Wesen und dann erst Tauschgut; für den Wirtschaftsblick eines echten Städters gibt es nur einen abstrakten Geldwert in der zufälligen Gestalt einer Kuh, der jederzeit in die Gestalt etwa einer Banknote umgesetzt werden kann. Ebenso erblickt der echte Techniker in einem berühmten Wasserfall nicht ein einzigartiges Naturschauspiel, sondern ein reines Quantum unverwerteter Energie.

Es ist ein Fehler aller modernen Geldtheorien, daß sie von den Wertzeichen oder sogar vom Stoff der Zahlungsmittel statt von der Form des wirtschaftlichen Denkens ausgehen.[2] Aber Geld ist wie Zahl und Recht *eine Kategorie des Denkens.* Es gibt ein Gelddenken so wie es ein juristisches, mathematisches, technisches Denken der Umwelt gibt. Von dem Sinnenerlebnis eines Hauses wird ganz Verschiedenes abgezogen, je nachdem man es als Händler, Richter oder Ingenieur im Geiste prüft und in bezug auf eine Bilanz, einen Rechtsstreit oder eine Einsturzgefahr hin wertet. Am nächsten aber steht dem Denken in Geld die Mathematik. Geschäftlich denken heißt rechnen. Der Geldwert ist ein Zahlenwert, der an einer Rechnungseinheit gemessen wird.[3] Diesen exakten „Wert an sich" hat, wie die Zahl an sich, erst das Denken des Städters, des wurzellosen Menschen hervorgebracht. Für den Bauern gibt es nur flüchtige, gefühlte Worte in bezug auf ihn, die er im Tausch von Fall zu Fall

[1] Zum folgenden vgl. Bd. II, Kap. I.

[2] Mark und Dollar sind so wenig „Geld" wie Meter und Gramm Kräfte sind. Geld*stücke* sind Sachwerte. Nur weil wir die antike Physik nicht kannten, haben wir Gravitation und Gewichtsstück nicht verwechselt, wie wir es auf Grund der antiken Mathematik mit Zahl und Größe und infolge der Nachahmung antiker Münzen mit Geld und Geldstück getan haben und noch tun.

[3] Deshalb könnte man umgekehrt das metrische (cm-g) System eine Währung nennen, und in der Tat gehen sämtliche Geldmaße von physikalischen Gewichtssätzen aus.

geltend macht. Was er nicht braucht oder besitzen will, hat für ihn „keinen Wert". Erst im Wirtschaftsbilde des echten Städters gibt es objektive Werte und Wertarten, die als Elemente des Denkens unabhängig von seinem privaten Bedarf bestehen und der Idee nach allgemeingültig sind, obwohl in Wirklichkeit jeder einzelne sein eignes Wertsystem und seine eigne Fülle der verschiedensten Wertarten besitzt und von ihnen aus die geltenden Wertansätze (Preise) des Marktes als teuer oder billig empfindet.[1]

Während der frühe Mensch Güter *vergleicht* und nicht nur mit dem Verstande, *berechnet* der späte den Wert der Ware, und zwar nach einem starren qualitätslosen Maß. Jetzt wird nicht mehr das Geld an der Kuh, sondern die Kuh am Gelde gemessen und das Ergebnis durch eine abstrakte Zahl, den Preis, ausgedrückt. Ob und in welcher Weise dieses Wertmaß in einem *Wertzeichen* sinnbildlichen Ausdruck findet – so wie das geschriebene, gesprochene, vorgestellte Zahlzeichen Sinnbild einer Zahlenart ist –, das hängt vom Wirtschaftsstil der einzelnen Kulturen ab, die jedesmal eine andere Art von Geld hervorbringen. Diese Geldart ist vorhanden nur infolge des Vorhandenseins einer städtischen Bevölkerung, die in ihr wirtschaftlich denkt, und sie bestimmt weiterhin, ob das Wertzeichen zugleich als Zahlungsmittel dient wie die antike Münze aus Edelmetall und *vielleicht* die babylonischen Silbergewichte. Dagegen ist der ägyptische *deben*, das nach Pfunden abgewogene Rohkupfer, ein Tauschmaß, aber weder Zeichen noch Zahlungsmittel, die abendländische und die „gleichzeitige" chinesische Banknote[2] ein Mittel, aber kein Maß, und über die Rolle, welche Münzen aus Edelmetall in *unserer* Art von Wirtschaft spielen, pflegen wir uns vollkommen zu täuschen: sie sind eine in Nachahmung der antiken Sitte herge-

---

[1] Ebenso sind alle Werttheorien, obwohl sie objektiv sein sollen, aus einem subjektiven Prinzip entwickelt, und es kann auch gar nicht anders sein. Die von Marx z. B. definiert „den" Wert so, wie es das Interesse des Handarbeiters fordert, so daß die Leistung des Erfinders und Organisators als wertlos erscheint. Aber es wäre verfehlt, sie als falsch zu bezeichnen. All diese Lehren sind richtig für ihre Anhänger und falsch für ihre Gegner, und ob man Anhänger oder Gegner *wird*, entscheiden nicht die Gründe, sondern das Leben.

[2] Jene in sehr bescheidenem Maße seit Ende des 18. Jahrhunderts durch die Bank von England eingeführt, diese zur Zeit der kämpfenden Staaten.

stellte *Ware* und besitzen deshalb, am Buchwert des Kreditgeldes gemessen, einen Kurs.

Aus dieser Art von Denken heraus wird der mit dem Leben und dem Boden verbundene *Besitz* zum *Vermögen*, das dem Wesen nach beweglich und qualitativ unbestimmt ist: es *besteht* nicht in Gütern, sondern es wird in solchen „*angelegt*". An sich betrachtet ist es ein rein zahlenmäßiges Quantum von Geldwert.[1]

Als Sitz dieses Denkens wird die Stadt zum Geldmarkt (Geldplatz) und Wertmittelpunkt, und ein Strom von Geldwerten beginnt den Güterstrom zu durchdringen, zu durchgeistigen und zu beherrschen. *Aber damit erhebt sich der Händler vom Organ zum Herrn des Wirtschaftslebens.* Denken in Geld ist immer irgendwie kaufmännisches, „*geschäftliches*" Denken. Es setzt die erzeugende Wirtschaft des Landes voraus und ist deshalb zunächst immer erobernd, denn es gibt nichts Drittes. Die Worte Erwerb, Gewinn, Spekulation deuten auf einen Vorteil, welcher den zum Verbraucher wandernden Dingen unterwegs abgelistet wird, auf *intellektuelle Beute*, und sind deshalb auf das frühe Bauerntum nicht anwendbar. Man muß sich ganz in den Geist und Wirtschaftsblick des echten Städters versetzen. Er arbeitet nicht für den Bedarf, sondern für den Verkauf, „für Geld".

Die geschäftliche Auffassung durchdringt allmählich jede Art von Tätigkeit. Mit dem Güterverkehr innerlich verbunden war der ländliche Mensch Geber und Nehmer zugleich; auch der Händler auf dem frühen Markte macht kaum eine Ausnahme. Mit dem Geldverkehr erscheint zwischen Erzeuger und Verbraucher wie zwischen zwei getrennten Welten „*der Dritte*", dessen Denken das Geschäftsleben alsbald beherrscht. Er zwingt den ersten zum Angebot, den zweiten zur Nachfrage an ihn; er erhebt die Vermittlung zum Monopol und dann zur Hauptsache im Wirtschaftsleben, und zwingt die beiden andern, in *seinem* Interesse in Form zu sein, die Ware nach *seiner* Berechnung herzustellen und unter dem Druck *seiner* Angebote abzunehmen.

---

[1] Die „Höhe" des Vermögens, was man mit dem „Umfang" eines Güterbesitzes vergleiche.

Wer dieses Denken beherrscht, ist Meister des Geldes.[1] Die Entwicklung geht in allen Kulturen diesen Weg. Lysias stellt in seiner Rede gegen die Getreidehändler fest, daß die Spekulanten im Piräus manchmal das Gerücht verbreiteten, eine Getreideflotte sei gescheitert oder ein Krieg ausgebrochen, um eine einträgliche Panik hervorzurufen. In hellenistisch-römischer Zeit war es eine verbreitete Sitte, auf Verabredung den Anbau zu beschränken oder die Einfuhr stocken zu lassen, um die Preise hinaufzutreiben. In Ägypten machte das dem abendländischen Bankverkehr vollkommen ebenbürtige Girowesen des Neuen Reiches[2] Getreidecorner amerikanischen Stils möglich. Kleomenes, der Finanzverwalter Alexanders des Großen für Ägypten, konnte durch Buchkäufe den gesamten Getreidevorrat in seine Hand bringen, was eine Hungersnot weithin in Griechenland hervorrief und ungeheuren Gewinn abwarf. Wer wirtschaftlich anders denkt, sinkt damit zum bloßen Objekt großstädtischer Geldwirkungen herab. Dieser Stil ergreift bald das Wachsein der gesamten Stadtbevölkerung und damit aller, welche für die Lenkung der Wirtschaftsgeschichte ernsthaft in Betracht kommen. Bauer und Bürger bedeutet nicht nur den Unterschied von Land und Stadt, sondern auch den von Gut und Geld. Die prunkvolle Kultur der homerischen und provenzalischen Fürstenhöfe ist etwas, das mit dem Menschen gewachsen und verwachsen ist wie heute noch vielfach das Leben auf den Landsitzen alter Familien; die feinere Kultur des Bürgertums, der „Komfort", ist etwas von außen Kommendes, das *bezahlt* werden kann.[3] Alle hochentwickelte Wirtschaft ist Stadtwirtschaft. Die Weltwirtschaft, diejenige aller Zivilisationen, sollte man Weltstadtwirtschaft nennen. Die Schicksale auch der Wirtschaft entscheiden sich nur noch an wenigen Punkten, den Geldplätzen,[4]

---

[1] Bis zu den modernen Piraten des Geldmarktes, welche die Vermittlung vermitteln und mit der Ware „Geld" ein Glücksspiel treiben, wie es Zola in seinem berühmten Roman beschrieben hat.

[2] Preisigke, Girowesen im griechischen Ägypten (1910); die damaligen Verkehrsformen standen schon unter der 18. Dynastie auf gleicher Höhe.

[3] Es steht mit dem bürgerlichen Ideal der Freiheit nicht anders. In der Theorie und also auch in Verfassungen mag man *grundsätzlich* frei sein. Im wirklichen Privatleben der Städte ist man unabhängig nur durch das Geld.

[4] Die man auch in den übrigen Kulturen Börsenplätze nennen kann, wenn man unter Börse das *Denkorgan* einer vollendeten Geldwirtschaft versteht.

in Babylon, Theben, Rom, in Byzanz und Bagdad, in London, New York, Berlin und Paris. Der Rest ist Provinzwirtschaft, die ihre Kreise dürftig im Kleinen zieht, ohne sich des vollen Umfangs ihrer Abhängigkeit bewußt zu sein. Geld ist zuletzt die Form von geistiger Energie, in welcher der Herrscherwille, die politische, soziale, technische, gedankliche Gestaltungskraft, die Sehnsucht nach einem Leben von großem Zuschnitt zusammengefaßt sind. Shaw hat vollkommen recht: „Die allgemeine Achtung vor dem Gelde ist die einzige hoffnungsvolle Tatsache in unserer Zivilisation ... Geld und Leben sind unzertrennlich ... Geld *ist* das Leben.“[1] Zivilisation bezeichnet also die Stufe einer Kultur, auf welcher Tradition und Persönlichkeit ihre unmittelbare Geltung verloren haben und jede Idee zunächst in Geld umgedacht werden muß, um verwirklicht zu werden. Am Anfang war man begütert, weil man mächtig war. Jetzt ist man mächtig, weil man Geld hat. Erst das Geld erhebt den Geist auf den Thron. Demokratie ist die vollendete Gleichsetzung von Geld und politischer Macht.

Es geht ein Verzweiflungskampf durch die Wirtschaftsgeschichte jeder Kultur, den die im Boden wurzelnde Tradition einer Rasse, ihre *Seele*, gegen den Geist des Geldes führt. Die Bauernkriege zu Beginn einer Spätzeit – in der Antike 700–500, bei uns 1450–1650, in Ägypten am Ausgang des Alten Reiches – sind die erste Auflehnung des Blutes gegen das Geld, das von den mächtig werdenden Städten her seine Hand nach dem Boden ausstreckt.[2] Die Warnung des Freiherrn vom Stein: „Wer den Boden mobilisiert, löst ihn in Staub auf“, deutet auf eine Gefahr *jeder* Kultur; kann das Geld den Besitz nicht angreifen, so dringt es in das bäuerliche und adlige Denken selbst ein; der ererbte, mit dem Geschlecht verwachsene Besitz erscheint dann als Vermögen, das in Grund und Boden nur angelegt und an und für sich beweglich ist.[3] Das Geld erstrebt die Mobilisierung *aller* Dinge. Weltwirtschaft ist die zur Tatsache gewordene Wirtschaft in abstrakten, vom Boden völlig fortgedachten, verflüs-

[1] Vorwort zu „Major Barbara“.
[2] Vgl. Bd. II, S. 984.
[3] Der „Farmer“ ist der Mensch, den nur noch *praktische* Beziehung mit einem Stück Land verbindet.

sigten Werten.[1] Das antike Gelddenken hat seit den Tagen Hannibals ganze Städte in Münze, ganze Völkerschaften in Sklaven verwandelt und damit in Geld, das sich von allen Seiten nach Rom bewegt, um dort als Macht zu wirken. Das faustische Gelddenken „erschließt" ganze Kontinente, die Wasserkräfte riesenhafter Strom-
gebiete, die Muskelkraft der Bevölkerung weiter Landschaften, Koh-
lenlager, Urwälder, Naturgesetze und wandelt sie in finanzielle
Energie um, die irgendwo in Gestalt der Presse, der Wahlen, der
Budgets und Heere angesetzt wird, um Herrscherpläne zu verwirklichen. Immer neue Werte werden aus dem geschäftlich noch indif-
ferenten Weltbestand abgezogen, „des Goldes schlummernde Geister", wie John Gabriel Borkmann sagt; was die Dinge abgesehen
davon noch sind, kommt wirtschaftlich nicht in Betracht.

4

Jede Kultur besitzt, wie ihre eigne Art in Geld zu denken, so auch
ihr eignes Symbol des Geldes, durch das sie ihr Prinzip der Wertung im Wirtschaftsbilde sichtbar zum Ausdruck bringt. Dies Etwas,
eine Versinnlichung des Gedachten, steht den für Ohr und Auge
gesprochenen, geschriebenen, gezeichneten Ziffern, Figuren und an-

---

[1] Die zunehmende Intensität dieses Denkens erscheint im Wirtschaftsbilde *als
Wachstum der vorhandenen Geldmasse*, die als etwas ganz abstraktes und eingebil-
detes mit dem sichtbaren Vorrat von Gold als einer Ware gar nichts zu tun hat.
Die „Versteifung des Geldmarktes" z. B. ist ein rein geistiger Vorgang, der sich
in den Köpfen einer ganz kleinen Zahl von Menschen abspielt. Die steigende Energie des Gelddenkens erweckt deshalb in allen Kulturen das Gefühl, daß der „Geldwert sinkt", in gewaltigem Maße z. B. von Solon bis Alexander, nämlich im Verhältnis zur Rechnungseinheit. In Wirklichkeit sind die geschäftlichen Wertein-
heiten etwas Künstliches geworden und mit den erlebten Urwerten der bäuerlichen Wirtschaft gar nicht mehr vergleichbar. Es ist zuletzt gleichgültig, mit was
für Zahlen beim attischen Bundesschatz auf Delos (454), bei den karthagischen
Friedensschlüssen (241, 201) und dann bei der Beute des Pompejus (64) gerechnet
wird und ob wir in einigen Jahrzehnten von den um 1850 noch unbekannten und
uns heute ganz geläufigen Milliarden zu Billionen übergehen werden. Es fehlt an
jedem Maßstab, um etwa den Wert eines Talents in den Jahren 430 und 30 zu vergleichen, denn das Gold wie das Vieh und Getreide haben nicht nur ihren Ziffern-
wert, sondern auch ihre Bedeutung innerhalb der vorschreitenden Stadtwirtschaft
fortgesetzt verändert. Es bleibt nur die Tatsache, daß die Geldmenge, welche mit
dem Bestand an Wertzeichen und Zahlungsmitteln nicht verwechselt werden darf,
ein *alter ego* des Denkens ist.

dern Symbolen der Mathematik an Bedeutung völlig gleich, ein
tiefes und reiches Gebiet, das noch fast unerforscht daliegt. Nicht
einmal die Grundfragen sind richtig gestellt worden. Es ist deshalb
heute noch ganz unmöglich, die Geldidee zu umschreiben, welche
dem ägyptischen Naturalien- und Geldgiroverkehr, dem babylonischen Bankwesen, der chinesischen Buchführung und dem Kapitalismus der Juden, Parsen, Griechen, Araber seit Harun al Raschid
zugrunde liegt. Möglich ist nur eine Gegenüberstellung des apollinischen und faustischen Geldes, des *Geldes als Größe* und des *Geldes
als Funktion*.[1]

Dem antiken Menschen erscheint auch wirtschaftlich die Umwelt
als Summe von Körpern, die ihren Ort wechseln, wandern, sich
drängen, stoßen, vernichten, so wie es Demokrit von der Natur beschreibt. Der Mensch ist Körper unter Körpern. Die Polis ist als
Summe davon ein Körper höherer Ordnung. Der gesamte Lebens-
bedarf besteht aus körperlichen Größen. Also stellt auch ein Körper
das Geld dar, so wie eine Apollostatue die Gottheit darstellt. Um
650 ist, gleichzeitig mit dem Steinkörper des dorischen Tempels und
der allseitig frei durchgebildeten Statue auch die *Münze* entstanden,
ein Metallgewicht von schön geprägter Form. Der *Wert als Größe*
war längst vorhanden und ist so alt wie diese Kultur überhaupt. Bei
Homer wird unter Talent eine kleine Menge goldener Geräte und
Schmucksachen von bestimmtem Gesamtgewicht verstanden. Auf
dem Schilde des Achill sind „zwei Talente" abgebildet, und noch
zur Römerzeit war die Gewichtsangabe auf Silber- und Goldgefäßen
allgemein üblich.[2]

Die Erfindung des klassisch geformten Geldkörpers aber ist so
außerordentlich, daß wir seine tiefe, rein antike Bedeutung noch gar
nicht begriffen haben. Wir halten ihn für eine jener berühmten
„Errungenschaften der Menschheit". Allenthalben werden seitdem
Münzen geprägt, so wie überall Statuen auf Straßen und Plätzen
herumstehen. So weit reicht unsere Macht. Wir können die Gestalt
nachahmen, aber ihr die gleiche wirtschaftliche Bedeutung geben

---

[1] Zum folgenden vgl. Bd. I, Kap. I.
[2] Friedländer, Röm. Sittengesch. IV (1921), S. 301.

können wir nicht. Die Münze *als Geld* ist eine rein antike Erscheinung und nur in einer ganz euklidisch gedachten Umgebung möglich; hier hat sie aber auch das gesamte Wirtschaftsleben gestaltend
beherrscht. Begriffe wie Einkommen, Vermögen, Schuld, Kapital
bedeuten in antiken Städten etwas ganz anderes als bei uns, weil
nicht wirtschaftliche Energie damit gemeint ist, die von einem
Punkte ausstrahlt, sondern eine Summe von Wertgegenständen, die
sich in einer Hand befinden. Vermögen ist immer ein beweglicher
Barvorrat, der durch Addition und Subtraktion von Wertsachen verändert wird und mit Grundbesitz gar nichts zu tun hat. Beide sind
im antiken Denken völlig getrennt. Kredit besteht im Leihen von
Bargeld in der Erwartung, daß es als solches wieder zurückgegeben
werden kann. Catilina war arm, weil er trotz seiner großen Güter[1]
niemand fand, der ihm zu politischen Zwecken Bargeld anvertraute,
und die ungeheuren Schulden römischer Politiker[2] haben nicht einen
entsprechenden Grundbesitz zur Unterlage, sondern die bestimmte
Aussicht auf eine Provinz, deren bewegliche Sachwerte ausgebeutet
werden konnten.[3] Erst das Denken in *körperlichem* Geld macht eine
Reihe von Erscheinungen begreiflich: die Massenhinrichtung von
Reichen unter der zweiten Tyrannis und die römischen Proskriptionen, um einen größeren Teil der umlaufenden Bargeldmasse in die
Hand zu bekommen, das Einschmelzen der delphischen Tempel-
schätze durch die Phoker im Heiligen Kriege, der Kunstschätze von
Korinth durch Mummius, der letzten römischen Weihgeschenke
durch Cäsar, der griechischen durch Sulla, der kleinasiatischen durch
Brutus und Cassius, ohne Rücksicht auf den Kunstwert, weil man

---

[1] Sallust, Catilina 35, 3.

[2] Vgl. Bd. II, S. 1134.

[3] Wie schwer es dem antiken Menschen war, sich den Umsatz einer körperlich
nicht allseitig abgegrenzten Sache wie Grund und Boden in körperliches Geld vorzustellen, zeigen die Steinpfähle (ὅροι) auf griechischen Grundstücken, welche die
Hypothek *darstellen* sollten, und der römische Kauf *per aes et libram*, wobei gegen
eine Münze eine Erdscholle vor Zeugen überreicht wurde. Einen wirklichen Gü-
terhandel hat es infolgedessen nie gegeben, und ebensowenig etwas wie Tages-
preise für Ackerland. Ein regelmäßiges Verhältnis zwischen Bodenwert und Geldwert ist im antiken Denken ebenso unmöglich wie ein solches zwischen Kunstwert und Geldwert. Geistige, also unkörperliche Erzeugnisse wie Dramen oder
Fresken besaßen wirtschaftlich überhaupt keinen Wert. Über den antiken Rechts-
begriff der Sache vgl. Bd. II, S. 653.

die edlen Stoffe, Metalle und Elfenbein, brauchte.[1] Was bei den Triumphen an Statuen und Gefäßen aufgeführt wurde, war in den Augen der Zuschauer bares Geld, und Mommsen konnte den Versuch machen,[2] den Ort der Varusschlacht nach Münzfunden zu bestimmen, weil der römische Veteran sein ganzes Vermögen in Edelmetall auf dem Körper trug. Antiker Reichtum ist kein Guthaben, sondern ein Geldhaufen; ein antiker Geldplatz ist nicht Mittelpunkt des Kredits wie die heutigen Börsenplätze und das ägyptische Theben, sondern eine Stadt, in welcher sich ein erheblicher Teil des Bargeldbestandes der Welt gesammelt hat. Man darf annehmen, daß zur Zeit Cäsars weit über die Hälfte des antiken Goldes sich jederzeit in Rom befand.

Aber als diese Welt in das Zeitalter der unbedingten Geldherrschaft getreten war, etwa seit Hannibal, reichte die natürlich begrenzte Masse von Edelmetall und stofflich wertvollen Kunstwerken innerhalb ihres Machtgebietes nicht mehr aus, um den Bedarf an Barmitteln zu decken, und es entstand ein wahrer Heißhunger nach neuen geldfähigen Körpern. Da fiel der Blick auf den Sklaven, der eine andere Art von Körper, aber nicht Person sondern Sache war[3] und deshalb als Geld gedacht werden konnte. Erst von da an wird der antike Sklave etwas Einzigartiges in der gesamten Wirtschaftsgeschichte. Die Eigenschaften der Münze haben sich auf lebendige Objekte ausgedehnt, und damit tritt neben den Metallbestand der durch die Plünderungen von Statthaltern und Steuerpächtern wirtschaftlich „erschlossenen" Gebiete deren Menschenbestand. Es entwickelt sich eine bizarre Art von Doppelwährung. Der Sklave hat einen Kurs, was vom Grund und Boden *nicht* gilt. Er dient zur Anhäufung großer Barvermögen, und erst infolge davon erscheinen

[1] Schon zur Zeit des Augustus kann von den antiken Kunstwerken aus Edelmetall und Bronze nicht viel übrig gewesen sein. Selbst der gebildete Athener dachte viel zu unhistorisch, um eine Statue aus Gold und Elfenbein nur deshalb zu schonen, weil sie von Phidias war. Man erinnere sich, daß an dessen berühmter Athenefigur die Goldteile abnehmbar angefertigt waren und von Zeit zu Zeit nachgewogen wurden. Die wirtschaftliche Verwendung war also von vornherein ins Auge gefaßt.
[2] Ges. Schriften IV, 200 ff.
[3] Vgl. Bd. II, S. 625.

jene ungeheuren Sklavenmassen der Römerzeit, die aus einem andern Bedarf gar nicht zu erklären sind. Solange man nur soviel Sklaven hielt, als man gewerblich brauchte, war ihre Zahl gering und aus Kriegsbeute und Schuldknechtschaft leicht zu decken.[1] Erst im 6. Jahrhundert hat Chios mit der Einfuhr gekaufter Sklaven (Argyroneten) den Anfang gemacht. Ihr Unterschied gegen die viel zahlreicheren Lohnarbeiter war zunächst politisch-rechtlicher und nicht wirtschaftlicher Natur. Da die antike Wirtschaft statisch und nicht dynamisch ist und die planmäßige Erschließung von Energiequellen nicht kennt, so waren die Sklaven der Römerzeit nicht da, um ausgebeutet zu werden, sondern sie wurden beschäftigt, so gut es ging, um in möglichst großer Zahl gehalten werden zu können. Man bevorzugte Prunksklaven, die sich auf irgend etwas verstanden, weil sie bei gleichem Unterhalt einen höheren Wert darstellten; man vermietete sie, wie man bares Geld auslieh; man ließ sie Geschäfte auf eigene Rechnung treiben, so daß sie reich werden konnten;[2] man unterbot mit ihnen die freie Arbeit, alles nur, um wenigstens die Erhaltungskosten dieses Kapitals zu decken.[3] Die Mehrzahl konnte gar nicht voll beschäftigt werden. Sie erfüllten ihren Zweck, indem sie einfach da waren, als ein Geldvorrat, den man zur Hand hatte und dessen Umfang nicht an die natürlichen Grenzen der damals vorhandenen Goldmenge gebunden war. Und damit stieg allerdings der Sklavenbedarf ins Ungemessene und führte über Kriege, die nur der Sklavenbeute wegen unternommen wurden, hinaus zu Sklavenjagden von Privatunternehmern längs allen Küsten des Mittelmeeres, die von Rom geduldet wurden, und

---

[1] Der Glaube, daß die Sklaven selbst in Athen oder Ägina jemals auch nur ein Drittel der Bevölkerung ausgemacht hätten, ist vollkommen sinnlos. Die Revolutionen seit 400 (Bd. II, S. 1066) setzen im Gegenteil eine gewaltige Überzahl der freien Armen voraus.

[2] Vgl. Bd. II, S. 1160.

[3] Das ist der Gegensatz zur Negersklaverei unserer Barockzeit, die eine *Vorstufe der Maschinenindustrie* darstellt: eine Organisation von „lebendiger" Energie, bei welcher man vom Menschen endlich zur Kohle überging, und das erste erst dann als unmoralisch empfand, als das zweite eingebürgert war. Von dieser Seite betrachtet, bedeutet der Sieg des Nordens im amerikanischen Bürgerkrieg (1865) den wirtschaftlichen Sieg der konzentrierten Energie der Kohle über die einfache Energie der Muskeln.

zu einer neuen Art, Vermögen zu machen, indem man als Statthalter die Bevölkerung ganzer Landstriche aussog und dann in die Schuldknechtschaft verkaufte. Auf dem Markt von Delos sollen an einem Tage zehntausend Sklaven verkauft worden sein. Als Cäsar nach Britannien ging, wurde die Enttäuschung in Rom über die Goldarmut des Volkes durch die Aussichten auf reiche Sklavenbeute aufgewogen. Für antikes Denken war es ein und dieselbe Operation, wenn etwa bei der Zerstörung von Korinth die Statuen ausgemünzt und die Einwohner auf den Sklavenmarkt gebracht wurden: in beiden Fällen hatte man körperliche Gegenstände in Geld verwandelt.

Den äußersten Gegensatz dazu bildet das Symbol des faustischen Geldes, des Geldes als Funktion, als Kraft, dessen Wert in seiner Wirkung, nicht in seinem bloßen Dasein liegt. Der neue Stil dieses Wirtschaftsdenkens erscheint schon in der Art, wie die Normannen um 1000 ihre Beute an Land und Leuten zu *einer wirtschaftlichen Macht organisierten*.[1] Man vergleiche den reinen Buchwert im Rechnungswesen ihrer Herzöge, aus dem die Worte Scheck, Konto und Kontrolle stammen,[2] mit den gleichzeitigen „Talenten Goldes" der Ilias, und man erhält gleich am Anfang den Begriff des modernen Kredits, der aus dem Vertrauen auf die Kraft und Dauer einer Wirtschaftsführung hervorgeht und mit der Idee unseres Geldes beinahe identisch ist. Diese durch Roger II. auf das sizilische Normannenreich übertragene Finanzmethode hat der Hohenstaufe Friedrich II. um 1230 zu einem gewaltigen System ausgebaut, das in seiner Dynamik weit über das Vorbild hinausging und ihn „zur ersten Kapitalkraft der Welt"[3] machte. Und während diese Verschwisterung von mathematischer Denkkraft und königlichem Machtwillen von der Normandie nach Frankreich eindrang und 1066 auf das erbeutete England in großartigem Maßstab angewandt wurde – der englische

---

[1] Vgl. Bd. II, S. 1019f. Die Verwandtschaft mit der ägyptischen Verwaltung des Alten Reiches und der chinesischen der frühesten Dschouzeit ist unverkennbar.

[2] Die *clerici* in diesen Rechnungskammern sind das Urbild der modernen Bankbeamten (engl. *clerk*).

[3] Hampe, Deutsche Kaisergesch., S. 246. Leonardo Pisano, dessen *Liber Abaci* (1202) für das kaufmännische Rechnen weit über die Renaissance hinaus maßgebend war, und der außer dem arabischen Ziffernsystem auch die negativen Zahlen als Debitum eingeführt hat, wurde von dem großen Hohenstaufen gefördert.

Boden ist heute noch dem Namen nach königliche Domäne –, wurde sie in Sizilien von den italienischen Städterepubliken nach-geahmt, deren regierende Patrizier sie bald vom Gemeindehaushalt auf ihre eigenen Handelsbücher und damit auf das kaufmännische Denken und Rechnen der ganzen abendländischen Welt übertrugen. Wenig später wurde die sizilische Praxis auch vom Deutschritter-orden und der aragonischen Dynastie übernommen, worauf sich vielleicht das mustergültige Rechnungswesen Spaniens unter Phi-lipp II. und Preußens unter Friedrich Wilhelm I. zurückführen läßt.

Entscheidend aber wurde, „gleichzeitig" mit der Erfindung der antiken Münze um 650, die der doppelten Buchführung durch Fra Luca Pacioli (1494). „Es ist eine der schönsten Erfindungen des menschlichen Geistes", heißt es in Goethes Wilhelm Meister. In der Tat darf sich ihr Urheber seinen Zeitgenossen Kolumbus und Ko-pernikus ohne Scheu zur Seite stellen. Den Normannen verdanken wir die Kontenrechnung, den Lombarden diese Buchführung. Es sind die germanischen Stämme, welche die *beiden* verheißungsvoll-sten Rechtswerke der frühen Gotik geschaffen haben[1] und von deren Sehnsucht nach fernen Meeren die *beiden* Entdeckungen Amerikas ihren Anstoß erhielten. „Die doppelte Buchhaltung ist aus dem-selben Geiste geboren wie die Systeme Galileis und Newtons. . . . Mit denselben Mitteln wie diese ordnet sie die Erscheinungen zu einem kunstvollen System, und man kann sie als den ersten auf dem Grundsatz des mechanischen Denkens aufgebauten Kosmos bezeich-nen. Die doppelte Buchhaltung erschließt uns den Kosmos der wirt-schaftlichen Welt nach derselben Methode wie später die großen Naturforscher den Kosmos der Sternenwelt. . . . Die doppelte Buch-haltung ruht auf dem folgerichtig durchgeführten Grundgedanken, alle Erscheinungen nur als Quantitäten zu erfassen."[2]

Die doppelte Buchführung ist eine reine Analysis des Wertraums, be-zogen auf ein Koordinatensystem, dessen Anfangspunkt „die Firma" ist. Die antike Münze hatte nur ein arithmetisches Rechnen mit Wert-*größen* gestattet. Wiederum stehen sich Pythagoras und Descartes

---

[1] Vgl. Bd. II, S. 645f.
[2] Sombart, Der moderne Kapitalismus II, S. 119.

gegenüber. Man darf von der Integration eines Unternehmens sprechen, und die graphische Kurve ist in der Wirtschaft wie der Wissenschaft das gleiche optische Hilfsmittel. Die antike Wirtschaftswelt
gliedert sich wie der Kosmos Demokrits nach *Stoff und Form*. Ein
Stoff in der Form der Münze ist Träger der wirtschaftlichen Bewegung und drängt die Bedarfsgrößen von gleichem Wertquantum an
den Ort ihrer Verwendung. *Unsere* Wirtschaftswelt gliedert sich
nach *Kraft und Masse*. Ein Kraftfeld von Geldspannungen liegt im
Raume und erteilt jedem Objekt, unter Absehen von dessen besonderer Art, einen positiven oder negativen Wirkungswert,[1] der durch
einen Bucheintrag dargestellt wird. „*Quod non est in libris, non est in
mundo.*" Aber das Sinnbild des hier gedachten funktionalen Geldes,
das was *allein* mit der antiken Münze verglichen werden darf, ist
nicht der Buchvermerk und auch nicht der Wechsel, Scheck oder
die Banknote, *sondern der Akt, durch welchen die Funktion schriftlich
vollzogen wird* und als dessen bloßes *geschichtliches Zeugnis* das Wert-
papier im weitesten Sinne zu gelten hat.

Aber daneben hat das Abendland in starrer Bewunderung der Antike Münzen geprägt, nicht nur als Hoheitszeichen, sondern in dem
Glauben, daß das bewiesenes Geld sei, dem Wirtschaftsdenken wirklich entsprechendes Geld. Ganz ebenso ist schon in gotischer Zeit
das römische Recht übernommen worden mit seiner Gleichsetzung
von Sache und körperlicher Größe, und die euklidische Mathematik,
die auf dem Begriff der Zahl als Größe aufgebaut war. So kam es,
daß die Entwicklung dieser drei geistigen Formenwelten sich nicht
wie die der faustischen Musik in rein aufblühender Entfaltung vollzog, sondern in Gestalt *einer fortschreitenden Emanzipation vom Größenbegriff*. Die Mathematik ist bereits mit dem Ausgang des Barock
zum Ziele gelangt.[2] Die Rechtswissenschaft hat ihre eigentliche Aufgabe bis jetzt noch nicht einmal erkannt,[3] aber sie ist diesem Jahr-

---

[1] Eng verwandt mit unserm Bilde vom Wesen der Elektrizität ist der Vorgang
des Clearing, bei dem der positive oder negative Geldstand mehrerer Firmen
(Spannungszentren) untereinander durch einen reinen Denkakt ausgeglichen und
der wahre Stand durch eine Buchung versinnbildlicht wird. Vgl. Bd. I, Kap. VI.

[2] Bd. I, Kap. I.

[3] Vgl. Bd. II, S. 655.

hundert gestellt, und zwar fordert sie, was für den römischen Juristen selbstverständlich war, die innere Kongruenz von Wirtschaftsdenken und Rechtsdenken und die gleiche Vertrautheit mit beiden. Der durch die Münze symbolisierte Geldbegriff deckt sich vollkommen mit dem Geist des antiken Sachenrechts; für uns ist das nicht im entferntesten der Fall. Unser gesamtes Leben ist dynamisch angelegt, nicht statisch und stoisch; deshalb sind Kräfte, Leistungen, Beziehungen, Fähigkeiten – Organisationstalent, Erfindergeist, Kredit, Ideen, Methoden, Energiequellen – das Wesentliche, und nicht das bloße Dasein körperlicher Sachen. Das „römische" Sachdenken unsrer Juristen ist deshalb ebenso lebensfremd wie eine Geldtheorie, die bewußt oder unbewußt vom Geldstück ausgeht. Der gewaltige Münzbestand, der in Nachahmung der Antike bis zum Ausbruch des Weltkriegs stets vermehrt worden ist, hat sich zwar eine Rolle abseits vom Wege geschaffen, aber mit der inneren Form der modernen Wirtschaft, ihren Aufgaben und Zielen hat er *nichts* zu tun, und sollte er infolge des Krieges endgültig aus dem Verkehr verschwinden, so würde damit nichts verändert sein.[1]

Unglücklicherweise entstand die moderne Nationalökonomie im Zeitalter des Klassizismus, wo nicht nur Statuen, Vasen und steife Dramen als die allein wahre Kunst galten, sondern auch schön geprägte Münzen als das allein wahre Geld. Was Wedgwood seit 1768

---

[1] Der Kredit eines Landes beruht in unsrer Kultur auf seiner wirtschaftlichen Leistungsfähigkeit und deren politischer Organisation, welche den Finanzoperationen und Buchungen den Charakter wirklicher Geldschöpfungen gibt, und nicht auf einer irgendwo eingelagerten Goldmenge. Erst der antikisierende Aberglaube erhebt die Goldreserve zum wirklichen Kreditmesser, weil ihre Höhe nun nicht mehr vom Wollen, sondern vom Können abhängt. Die umlaufenden Münzen aber sind eine *Ware*, die im Verhältnis zum Landeskredit einen Kurs besitzt – je schlechter der Kredit, desto höher steht das Gold, bis zu dem Punkte, wo es unbezahlbar wird und aus dem Verkehr verschwindet, so daß man es nur noch gegen *andere* Waren erhalten kann; das Gold wird also wie jede Ware an der buchmäßigen Rechnungseinheit gemessen, nicht umgekehrt, wie es das Wort Goldwährung andeutet – und bei kleinen Zahlungen als Mittel dient, wie gelegentlich die Briefmarke auch. In Ägypten, dessen Gelddenken dem abendländischen erstaunlich ähnlich ist, hat es auch im Neuen Reiche nichts der Münze irgendwie Ähnliches gegeben. Die schriftliche Überweisung genügte vollkommen, und von 650 an bis zur Hellenisierung durch die Gründung von Alexandria wurden die ins Land kommenden antiken Münzen in der Regel zerhackt und als Ware nach Gewicht verrechnet.

mit seinen zartgetönten Reliefs und Tassen, das erstrebte im Grunde Adam Smith eben damals mit seiner Werttheorie: die reine Gegenwart greifbarer Größen. Denn es entspricht durchaus der Verwechslung von Geld und Geldstück, wenn der Wert einer Sache an der Größe einer Arbeitsmenge gemessen wird. Da ist „Arbeit" nicht mehr ein *Wirken* innerhalb einer Welt von Wirkungen, *das Arbeiten*, das dem inneren Range, der Intensität und der Tragweite nach unendlich verschieden ist, in immer weiteren Kreisen fortwirkt und wie ein elektrisches Kraftfeld gemessen, aber nicht abgegrenzt werden kann, sondern das ganz stofflich vorgestellte *Resultat davon*, *das Gearbeitete*, ein greifbares Etwas, an dem nichts bemerkenswert erscheint als eben der Umfang.

Aber die Wirtschaft der europäisch-amerikanischen Zivilisation ist ganz im Gegenteil auf einer Arbeit aufgebaut, die einzig durch ihren inneren Rang gekennzeichnet ist, mehr als jemals in China und Ägypten, um von der Antike zu schweigen. Wir leben nicht umsonst in einer Welt wirtschaftlicher Dynamik: die Arbeit der Einzelnen wird nicht euklidisch addiert, sondern steht in funktionaler Beziehung zueinander. Die lediglich *ausführende* Arbeit, von der Marx allein Kenntnis nimmt, ist nichts als die Funktion einer erfindenden, anordnenden, organisierenden Arbeit, die der andern erst Sinn, relativen Wert und die Möglichkeiten gibt, überhaupt getan zu werden. Die ganze Weltwirtschaft seit Erfindung der Dampfmaschine ist die Schöpfung einer ganz kleinen Zahl überlegener Köpfe, ohne deren hochwertige Arbeit alles andere nicht da wäre, aber diese Leistung ist schöpferisches Denken und kein „Quantum",[1] und ihr Gegenwert besteht also auch nicht in einer Anzahl von Geldstücken, sondern sie *ist* Geld, faustisches Geld nämlich, das nicht geprägt, sondern *als Wirkungszentrum gedacht* wird aus einem Leben heraus, dessen innerer Rang den Gedanken zur Bedeutung einer Tatsache erhebt. *Denken in Geld erzeugt Geld:* das ist das Geheimnis der Weltwirtschaft. Wenn ein Organisator großen Stils eine Million auf ein Papier schreibt, so ist sie da, denn seine Persönlichkeit als Wirtschaftszentrum bürgt für eine entsprechende Er-

---

[1] Und für unser Sachenrecht also bis jetzt nicht vorhanden.

höhung der Wirtschaftsenergie seines Gebietes. Das und nichts anderes bedeutet für uns das Wort Kredit. Aber alle Goldstücke der Welt würden nicht ausreichen, der Tätigkeit des Handarbeiters einen Sinn und damit Geldwert zu geben, wenn mit der berühmten „Expropriation der Expropriateure" die überlegenen Fähigkeiten aus ihren Schöpfungen beseitigt und diese damit entseelt, willenlos, zu leeren Gehäusen würden. Darin ist Marx Klassizist wie Adam Smith und ein echtes Produkt des römischen Rechtsdenkens: er sieht nur die fertige Größe, nicht die Funktion. Er möchte die Produktionsmittel von denen trennen, deren Geist durch Erfindung von Methoden, Organisation von leistungsfähigen Betrieben, Eroberung von Absatzgebieten aus einem Haufen Stahl und Mauerwerk erst eine Fabrik macht, und die ausbleiben, wenn ihre Kraft keinen Spielraum findet.[1]

Wer eine Theorie der modernen Arbeit geben will, der denke an diesen Grundzug alles Lebens; es gibt Subjekte und Objekte jeder Art von Lebensführung, und der Unterschied ist um so ausgeprägter, je bedeutender, je formvoller das Leben ist. Jeder Strom von Dasein besteht aus einer Minderheit von Führern und einer gewaltigen Mehrheit von Geführten, *jede Art von Wirtschaft also aus Führerarbeit und ausführender Arbeit.* Aus der Froschperspektive von Marx und den sozialethischen Ideologen überhaupt wird nur die letzte, kleine, massenhafte sichtbar, aber sie ist nur vermöge der ersten da, und der Geist dieser Welt von Arbeit kann nur von den höchsten Möglichkeiten aus erfaßt werden. Der Erfinder der Dampfmaschine ist maßgebend, nicht der Heizer. Auf das *Denken* kommt es an.

Und ebenso gibt es Subjekte und Objekte des Denkens in Geld: solche, die es kraft ihrer Persönlichkeit erzeugen und lenken, und solche, die von ihm erhalten werden. Das Geld faustischen Stils ist die aus der Wirtschaftsdynamik faustischen Stils abgezogene *Kraft,* und es gehört zum Schicksal des Einzelnen – zur Wirtschaftsseite

---

[1] Gesetzt den Fall, daß Arbeiter die Führung der Werke übernehmen, so würde damit nichts geändert. Entweder sie können nichts: dann geht alles zugrunde; oder sie können etwas: dann werden sie innerlich selbst Unternehmer und denken nur noch an die Behauptung ihrer Macht. Keine Theorie schafft diese Tatsache aus der Welt; so *ist* das Leben.

seines Lebensschicksals –, ob er durch den inneren Rang seiner Persönlichkeit einen Teil dieser Kraft darstellt oder ihr gegenüber nichts als Masse ist.

5

Das Wort Kapital bezeichnet den Mittelpunkt dieses Denkens, nicht den Inbegriff dieser Werte, sondern das, was sie als solche *in Bewegung hält*. Kapitalismus gibt es erst mit dem weltstädtischen Dasein einer Zivilisation, und er beschränkt sich auf den ganz kleinen Kreis derer, welche dies Dasein durch ihre Person und Intelligenz darstellen. Der Gegensatz dazu ist Provinzwirtschaft. Erst die unbedingte Herrschaft der Geldmünze über das antike Leben, auch dessen politische Seite, erzeugt das statische Kapital, die ἀφορμή, den „Ausgangspunkt", der durch sein Vorhandensein immer neue Massen von Dingen mit einer Art von Magnetismus an sich zieht. Erst die Herrschaft der Buchwerte, deren abstraktes System durch die doppelte Buchführung von der Persönlichkeit gleichsam abgelöst ist und mit eigener innerer Dynamik fortarbeitet, hat das moderne Kapital hervorgebracht, dessen Kraftfeld die Erde umspannt.[1]

Unter der Einwirkung des antiken Kapitals nimmt das Wirtschaftsleben die Form eines Goldstroms an, der von den Provinzen nach Rom und zurück fließt und der immer neue Gebiete sucht, deren Bestände an verarbeitetem Gold noch nicht „erschlossen" sind. Brutus und Cassius führten das Gold der kleinasiatischen Tempel in langen Maultierkolonnen auf das Schlachtfeld von Philippi – man begreift, was für eine Wirtschaftsoperation die Plünderung eines Lagers nach der Schlacht sein konnte –, und schon C. Gracchus wies darauf hin, daß die mit Wein gefüllten Amphoren, die von Rom in die Provinzen gingen, mit Gold gefüllt zurückkehrten. Die-

---

[1] Erst seit 1770 also werden die Banken als Kreditmittelpunkte eine wirtschaftliche Macht, die auf dem Wiener Kongreß zum erstenmal in die Politik eingreift. Bis dahin besorgte der Bankier vorwiegend Wechselgeschäfte. Die chinesischen und selbst die ägyptischen Banken haben eine andere Bedeutung, und die antiken Banken auch im cäsarischen Rom sollte man besser *Kassen* nennen. Sie sammelten Steuererträge in Bargeld ein und liehen Bargeld gegen Wiedererstattung aus; so werden die Tempel mit ihrem Metallvorrat an Weihgeschenken zu „Banken". Der Tempel von Delos lieh jahrhundertelang zu 10% aus.

ser Zug nach dem Goldbesitz fremder Völker entspricht durchaus
dem heutigen Zug zur Kohle, die im tieferen Sinn keine „Sache",
sondern ein Schatz von Energie ist.

Es entspricht aber auch dem antiken Hang zur Nähe und Gegenwart, wenn zum Ideal der Polis das *Wirtschaftsideal der Autarkeia* tritt.
Der politischen Atomisierung der antiken Welt sollte die wirtschaftliche entsprechen. Jede dieser winzigen Lebenseinheiten wollte einen
eignen und ganz in sich geschlossenen Wirtschaftsstrom haben, der
unabhängig von allen andern, und zwar *in Sehweite*, kreiste. Den
äußersten Gegensatz dazu bildet der abendländische Begriff der
Firma, ein ganz unpersönlich und unkörperlich gedachtes Kraftzen-
trum, dessen Wirkung nach allen Seiten ins Unendliche ausstrahlt
und das der „Inhaber" durch seine Fähigkeit, in Geld zu denken,
nicht darstellt, sondern wie einen kleinen Kosmos *besitzt* und *leitet*,
das heißt in seiner Gewalt hat. Diese Zweiheit von Firma und Inhaber wäre dem antiken Denken gänzlich unvorstellbar gewesen.[1]

˙ Deshalb bedeuten die abendländische und die antike Kultur ein
Maximum und Minimum von *Organisation*, die dem antiken Menschen selbst als Begriff vollkommen gefehlt hat. Seine Finanzwirtschaft ist das zur Regel erhobene Provisorium: da werden reiche
Bürger in Athen und Rom mit der Ausrüstung von Kriegsschiffen
belastet; die politische Macht des römischen Ädils und seine Schulden beruhen darauf, daß er Spiele, Straßen und Gebäude nicht nur
ausführt, sondern auch bezahlt, und sich später allerdings durch die
Plünderung seiner Provinz wieder bezahlt machen durfte. An Ein-
nahmequellen dachte man erst, wenn man sie brauchte, und man
nahm sie ohne jedes Vorausdenken so in Anspruch, wie es der
augenblickliche Bedarf forderte, auch wenn sie dadurch zerstört
werden mußten. Plünderung der eignen Tempelschätze, Seeraub an
Schiffen der eignen Stadt, Konfiskation von Vermögen der eignen
Mitbürger waren alltägliche Finanzmethoden. Waren Überschüsse
vorhanden, so wurden sie an die Bürger verteilt, ein Verfahren, dem

---

[1] Der Begriff der Firma war schon in spätgotischer Zeit als *ratio* oder *negotiatio*
ausgebildet und läßt sich durch kein Wort einer antiken Sprache wiedergeben.
Negotium bezeichnet für den Römer einen konkreten Vorgang („ein Geschäft
machen", nicht „haben").

z. B. Eubulos in Athen seinen Ruf verdankte.[1] Es gab weder einen
Etat noch etwas wie Wirtschaftspolitik. Die „Bewirtschaftung" der
römischen Provinzen war ein öffentlicher und privater Raubbau, der
von Senatoren und Geldleuten betrieben wurde ohne Rücksicht darauf, ob und wie die abgeführten Werte wieder ergänzt werden konnten. Der antike Mensch hat nie an eine planmäßige Steigerung des
Wirtschaftslebens gedacht, nur an das augenblickliche Ergebnis, das
erreichbare Quantum von barem Geld. Ohne das alte Ägypten wäre
das kaiserliche Rom verloren gewesen: hier lag zum Glück eine
Zivilisation, die seit einem Jahrtausend an *nichts* gedacht hatte als an
die Organisation ihrer Wirtschaft. Der Römer verstand weder diesen Lebensstil noch konnte er ihn nachahmen,[2] aber der Zufall, daß
hier eine unerschöpfliche Quelle von Geld für den floß, welcher die
politische Macht über diese Fellachenwelt besaß, hat die Erhebung
der Proskriptionen zu einer *Sitte* unnötig gemacht. Die letzte dieser
Finanzoperationen in Gestalt einer Schlächterei war die vom Jahre
43, kurze Zeit vor der Einverleibung Ägyptens.[3] Die Goldmasse,
welche Brutus und Cassius damals aus Asien heranführten und die
ein Heer und damit die Weltherrschaft bedeutete, machte die Ächtung der 2000 reichsten Bewohner Italiens nötig, deren Köpfe um
der ausgesetzten Belohnung willen in Säcken auf das Forum ge-
schleppt wurden. Man war nicht mehr in der Lage, die eignen Verwandten, Kinder und Greise, Leute, die sich nie mit Politik befaßt
hatten, zu schonen, wenn sie einen Schatz an barem Gelde besaßen.
Das Ergebnis wäre zu gering geworden.

Aber mit dem Hinschwinden des antiken Weltgefühls in der frühen Kaiserzeit erlischt auch diese Art des Denkens in Geld. *Die Geld-
münzen werden wieder zu Gütern*, weil der Mensch wieder bäuerlich
lebt,[4] und so erklärt sich das ungeheure Abströmen des Goldes seit

---

[1] Pöhlmann, Griech. Gesch. (1914), S. 216 f.
[2] Gercke-Norden, Einl. in die Altertumswissensch. III, S. 291.
[3] Kromayer in Hartmanns Röm. Gesch., S. 150.
[4] Die Juden dieser Zeit waren die Römer (Bd. II, S. 951 f.). Dagegen sind die
Juden damals Bauern, Handwerker, kleine Gewerbetreibende (Parván, Die Nationalität der Kaufleute im röm. Kaiserreich, 1909; ebenso Mommsen, Röm. Gesch.
V, S. 471), d. h. sie üben die Berufe aus, welche in gotischer Zeit das *Objekt* ihrer
Handelsgeschäfte geworden wären. In derselben Lage befinden sich heute „Euro-

Hadrian in den fernen Osten, für das man bis jetzt keine Erklärung fand. Das Wirtschaftsleben in Gestalt eines Goldstroms war unter dem Heraufdringen einer jungen Kultur erloschen, und deshalb hat auch der Sklave aufgehört, Geld zu sein. Dem Abfluß des Goldes geht jene massenhafte Freilassung der Sklaven zur Seite, die durch keins der zahlreichen kaiserlichen Gesetze seit Augustus aufzuhalten war, und unter Diokletian, dessen berühmter Maximaltarif sich überhaupt nicht mehr auf eine Geldwirtschaft bezieht, sondern *eine Tauschordnung für Güter* darstellt, ist der Typus des antiken Sklaven nicht mehr vorhanden.

pa" gegenüber die Russen, deren ganz mystisches Innenleben das Denken in Geld *als Sünde* empfindet. (Der Pilger in Gorkis Nachtasyl und die ganze Gedankenwelt Tolstois, vgl. S. 792, 898.) Hier liegen heute in Syrien zur Zeit Jesu zwei Wirtschaftswelten übereinander (S. 788 ff.), eine obere, fremde, zivilisierte, die von Westen eingedrungen ist und zu der als Hefe der ganz abendländische und un-russische Bolschewismus der ersten Jahre gehört, und eine stadtlose, nur unter Gütern lebende in der Tiefe, die nicht rechnet, sondern ihren unmittelbaren Bedarf eintauschen möchte. Man muß die Schlagworte der Oberfläche als eine Stimme auffassen, aus welcher der ganz mit seiner Seele beschäftigte einfache Russe den Willen Gottes heraushört. Der Marxismus unter Russen beruht auf einem inbrünstigen Mißverständnis. Man hat das höhere Wirtschaftsleben des Petrinismus ertragen, aber weder geschaffen noch anerkannt. Der Russe bekämpft das Kapital nicht, sondern er *begreift* es nicht. Wer Dostojewski zu lesen versteht, wird hier eine junge Menschheit ahnen, für die es *noch gar kein Geld gibt*, nur Güter in bezug auf ein Leben, dessen Gewicht *nicht* auf der Wirtschaftsseite liegt. Die „Angst vor dem Mehrwert", die vor dem Kriege manchen bis zum Selbstmord getrieben hat, ist eine unverstandene literarische Verkleidung der Tatsache, daß der Gelderwerb durch Geld für das stadtlose Güterdenken ein Frevel ist, aus der werdenden russischen Religion heraus gedacht eine *Sünde*. So wie heute die Städte des Zarentums verfallen und der Mensch in ihnen wieder wie im Dorfe lebt, unter der Kruste des städtisch denkenden, rasch hinschwindenden Bolschewismus, so hat er sich von der westlichen Wirtschaft befreit. Der apokalyptische Haß – der auch das einfache Judentum zur Zeit Jesu gegen Rom beherrschte – richtete sich nicht nur gegen Petersburg als Stadt, als Sitz einer politischen Macht westlichen Stils, sondern auch als Mitte eines Denkens in westlichem Geld, was das ganze Leben vergiftet und in eine falsche Bahn gelenkt hat. Das Russentum der Tiefe läßt heute eine noch priesterlose, auf dem *Johannesevangelium* aufgebaute dritte Art des Christentums entstehen, die der magischen unendlich viel näher steht als der faustischen, die deshalb auf einer neuen Symbolik der *Taufe* beruht und, weit entfernt von Rom und Wittenberg, in einer Vorahnung künftiger Kreuzzüge über Byzanz hinweg nach Jerusalem blickt. Damit *allein* beschäftigt, wird es sich die Wirtschaft des Westens wieder gefallen lassen, wie der Urchrist die römische, der gotische Christ die jüdische, aber es beteiligt sich innerlich nicht mehr an ihr. (Hierzu Bd. II, S. 788 ff., 835, 898, 921 Anm. 1.)

II. Die Maschine

6

Die Technik ist so alt wie das frei im Raume bewegliche Leben überhaupt. Nur die Pflanze ist, so wie wir die Natur sehen, der bloße Schauplatz technischer Vorgänge. Das Tier hat, da es sich bewegt, auch eine Technik der Bewegung, um sich zu erhalten und sich zu wehren.

Die ursprüngliche Beziehung zwischen einem wachen Mikrokosmos und seinem Makrokosmos – der „Natur" – besteht in einem Abtasten durch die Sinne,[1] das sich vom bloßen *Eindruck* der Sinne zum *Urteil* der Sinne erhebt und damit schon kritisch („scheidend") oder, was dasselbe ist, *kausal zerlegend wirkt*. Das Festgestellte[2] wird zu einem möglichst vollständigen System ursprünglichster Erfahrungen – „Kennzeichen" – ergänzt,[3] eine unwillkürliche Methode, durch die man sich in seiner Welt zu Hause fühlt, die bei vielen Tieren zu einer erstaunlichen Fülle von Erfahrungen geführt hat und über die kein menschliches Naturwissen hinausführt. Aber ursprüngliches Wachsein ist immer *tätiges* Wachsein, fernab von aller bloßen „Theorie", und so ist es die kleine Technik des Alltags, an welcher diese Erfahrungen ohne Absicht erworben werden, und zwar an Dingen, *insofern sie tot sind*.[4] Das ist der Unterschied von Kultus und Mythos,[5] denn auf dieser Stufe gibt es keine Grenze zwischen Religion und Profanem. Alles Wachsein *ist* Religion.

Die entscheidende Wendung in der Geschichte des höheren Lebens erfolgt, wenn das Fest-stellen der Natur – um sich danach zu richten – in ein Fest-machen übergeht, durch das sie *absichtlich verändert* wird. Damit wird die Technik gewissermaßen souverän, und

---

[1] Vgl. Bd. II, S. 561.
[2] Vgl. Bd. II, S. 565.
[3] Vgl. Bd. II, S. 583.
[4] Vgl. Bd. II, S. 582.
[5] Vgl. Bd. II, S. 884.

die triebhafte Urerfahrung geht in ein *Urwissen* über, dessen man sich deutlich „bewußt" ist. Das Denken hat sich vom Empfinden emanzipiert. Erst die *Wortsprache* hat diese Epoche heraufgeführt. Durch die Ablösung der Sprache vom Sprechen[1] ist für die Mitteilungssprachen ein Schatz von Zeichen entstanden, die mehr sind als Kennzeichen, nämlich mit einem Bedeutungsgefühl verbundene *Namen*, mit denen der Mensch das Geheimnis der Numina, seien es Gottheiten oder Naturkräfte, in seiner Gewalt hat, und *Zahlen* (Formeln, Gesetze einfachster Art), durch welche die innere Form des Wirklichen vom Zufällig-Sinnlichen abgezogen wird.[2]

Damit entsteht aus dem System von Kennzeichen eine Theorie, ein *Bild*, das sich auf den Höhen zivilisierter Technik ebenso wie in ihren primitiven Anfängen aus der Technik des Tages *ablöst*, als ein Stück untätigen Wachseins, nicht umgekehrt sie hervorgebracht hat.[3] Man „weiß", was man will, aber es muß vieles geschehen sein, um das Wissen zu haben, und man täusche sich nicht über den Charakter dieses „Wissens". Durch die zahlenmäßige Erfahrung kann der Mensch mit dem Geheimnis schalten, aber er hat es nicht enthüllt. Das Bild des modernen Zauberers: eine Schalttafel mit ihren Hebeln und Bezeichnungen, an welcher der Arbeiter durch einen Fingerdruck gewaltige Wirkungen ins Dasein ruft, ohne von ihrem Wesen eine Ahnung zu haben, ist das Symbol der menschlichen Technik überhaupt. Das Bild der Lichtwelt um uns, so wie wir es kritisch, zerlegend, *als* Theorie, *als* Bild entwickelt haben, ist nichts als eine solche Tafel, auf der gewisse Dinge so bezeichnet sind, daß auf eine Berührung hin gewisse Wirkungen mit Sicherheit erfolgen. Das Geheimnis bleibt nicht weniger drückend.[4] Aber durch diese Technik greift das Wachsein doch gewaltsam in die Tatsachenwelt; das

---

[1] Vgl. Bd. II, S. 717.
[2] Vgl. Bd. II, S. 883f.
[3] Vgl. Bd. II, S. 886f.
[4] Die „Richtigkeit" physikalischer Kenntnisse, d. h. ihre bis zum Augenblick durch keine Erscheinung widerlegte Anwendbarkeit *als* „*Deutung*", ist ganz unabhängig von ihrem technischen Werte. Eine sicherlich falsche und in sich widerspruchsvolle Theorie kann für die Praxis wertvoller sein als eine „richtige" und tiefe, und die Physik hütet sich längst, die Worte falsch und richtig im populären Sinne überhaupt auf ihre Bilder statt auf die bloßen Formeln anzuwenden.

Leben *bedient* sich des Denkens wie eines Zauberschlüssels, und auf
der Höhe mancher Zivilisation, in deren großen Städten, erscheint
endlich der Augenblick, wo technische Kritik es müde ist, dem
Leben zu dienen, und sich zu seinem Tyrannen aufwirft. Eine Orgie
dieses entfesselten Denkens von wahrhaft tragischen Maßen erlebt
die abendländische Kultur eben jetzt.

Man hat den Gang der Natur belauscht und sich Zeichen gemerkt.
Man beginnt sie nachzuahmen durch Mittel und Methoden, welche
die Gesetze kosmischen Taktes sich zunutze machen. Der Mensch
wagt es, die Gottheit zu spielen und man begreift, daß die frühesten
Verfertiger und Kenner dieser künstlichen Dinge – denn hier ist
Kunst als Gegenbegriff von Natur entstanden –, vor allem die Hüter
der Schmiedekunst von den andern als etwas ganz Seltsames betrachtet, scheu verehrt oder verabscheut wurden. Es gab einen
immer wachsenden Schatz solcher Erfindungen, die oft gemacht,
wieder vergessen, nachgeahmt, gemieden, verbessert wurden und
die endlich doch für ganze Erdteile einen Bestand von *selbstverständlichen* Mitteln ergaben, Feuer, Metallbehandlung, Werkzeuge, Waffen, Pflug und Boot, Hausbau, Tierzucht und Getreidesaat. Vor
allem sind es die Metalle, an deren Ort ein unheimlich mystischer
Zug den primitiven Menschen lockt. Uralte Handelsbahnen ziehen
sich nach geheim gehaltenen Erzlagern durch das Leben des besie-
delten Landes und über durchruderte Meere hin, auf denen dann
später Kulte und Ornamente wandern; sagenhafte Namen wie Zinn-
inseln und Goldland haften in der Phantasie. Der Urhandel ist Me-
tallhandel: so dringt in die erzeugende und verarbeitende Wirtschaft
eine dritte, fremde und abenteuerliche, frei durch die Länder schweifende ein.

Auf dieser Grundlage erhebt sich nun die Technik der hohen Kulturen, in deren Rang, Farbe und Leidenschaft sich die ganze Seele
dieser großen Wesen ausspricht. Es versteht sich fast von selbst, daß
der antike Mensch, euklidisch wie er sich in seiner Umwelt fühlt,
schon dem Gedanken der Technik feindselig gegenübersteht. Meint
man mit antiker Technik etwas, das sich mit entschiedenem Streben
über die allverbreiteten Fertigkeiten der mykenischen Zeit erhebt,

so gibt es keine antike Technik.[1] Diese Trieren sind vergrößerte Ru-
derboote, die Katapulte und Onager ersetzen Arme und Fäuste und
können sich mit den assyrischen und chinesischen Kriegsmaschinen
nicht messen, und was Heron und andere seines Schlages betrifft, so
sind Einfälle keine Erfindungen. Es fehlt das innere Gewicht, das
Schicksalvolle des Augenblicks, die tiefe Notwendigkeit. Man spielt
hier und da mit Kenntnissen – warum auch nicht –, die wohl aus
dem Osten stammten, aber niemand achtet darauf, und niemand
denkt vor allem daran, sie ernstlich in die Lebensgestaltung einzuführen.

Etwas ganz anderes ist die faustische Technik, die mit dem vollen
Pathos der dritten Dimension, und zwar von den frühesten Tagen
der Gotik an auf die Natur eindringt, um sie zu *beherrschen*. Hier und
nur hier ist die Verbindung von Einsicht und Verwertung selbstverständlich.[2] Die Theorie ist von Anfang an *Arbeitshypothese*.[3] Der antike Grübler „schaut" wie die Gottheit des Aristoteles, der arabische
sucht als Alchimist nach dem Zaubermittel, dem Stein der Weisen,
mit dem man die Schätze der Natur *mühelos* in seinen Besitz bringt,[4]
der abendländische will die Welt nach seinem Willen *lenken*.

Der faustische Erfinder und Entdecker ist etwas Einziges. Die Urgewalt seines Wollens, die Leuchtkraft seiner Visionen, die stählerne
Energie seines praktischen Nachdenkens müssen jedem, der aus fremden Kulturen herüberblickt, unheimlich und unverständlich sein,
aber sie liegen uns allen im Blute. Unsre ganze Kultur hat eine Ent-
deckerseele. Ent-decken, das was man *nicht* sieht, in die Lichtwelt des

---

[1] Was Diels, „Antike Technik", zusammengetragen hat, ist ein umfangreiches
Nichts. Zieht man ab, was noch der babylonischen Zivilisation angehört wie die
Sonnen- und Wasseruhren, oder schon der arabischen Frühzeit wie die Chemie
und die Wunderuhr von Gaza, oder was in jeder andren Kultur durch seine bloße
Anführung beleidigen würde wie die Arten der Türverschlüsse, so bleibt kein
Rest.

[2] Die chinesische Kultur hat fast alle abendländischen Erfindungen auch gemacht – darunter Kompaß, Fernrohr, Buchdruck, Schießpulver, Papier, Porzellan –, aber der Chinese schmeichelt der Natur etwas ab, er vergewaltigt sie
nicht. Er empfindet wohl den Vorteil seines Wissens und macht Gebrauch davon,
aber er stürzt sich nicht darauf, um es auszubeuten.

[3] Vgl. Bd. II, S. 929.

[4] Es ist derselbe Geist, der den Geschäftsbegriff der Juden, Parsen, Armenier,
Griechen, Araber von dem der abendländischen Völker unterscheidet.

inneren Auges ziehen, um sich seiner zu bemächtigen, das war vom
ersten Tage an ihre hartnäckigste Leidenschaft. Alle ihre großen Erfindungen sind in der Tiefe langsam gereift, durch vorwegnehmende
Geister verkündigt und versucht worden, um mit der Notwendigkeit eines Schicksals endlich hervorzubrechen. Sie waren alle schon
dem seligen Grübeln frühgotischer Mönche ganz nahegerückt.[1]
Wenn irgendwo, so offenbart sich hier der religiöse Ursprung alles
technischen Denkens.[2] Diese inbrünstigen Erfinder in ihren Kloster-
zellen, die unter Beten und Fasten Gott sein Geheimnis *abrangen*,
empfanden das als einen Gottes*dienst*. Hier ist die Gestalt Fausts entstanden, das große Sinnbild einer echten Erfinderkultur. Die *scientia
experimentalis*, wie zuerst Roger Bacon die Naturforschung definiert
hatte, die *gewaltsame* Befragung der Natur mit Hebeln und Schrauben beginnt, was als Ergebnis in den mit Fabrikschloten und Förder-
türmen übersäten Ebenen der Gegenwart vor unsern Augen liegt.
Aber für sie alle bestand auch die eigentlich faustische Gefahr, daß
der Teufel seine Hand im Spiele hatte,[3] um sie im Geist auf jenen
Berg zu führen, wo er ihnen alle Macht der Erde versprach. Das bedeutet der Traum jener seltsamen Dominikaner wie Petrus Peregrinus vom *perpetuum mobile*, mit dem Gott seine Allmacht entrissen
gewesen wäre. Sie erlagen diesem Ehrgeiz immer wieder; sie zwangen der Gottheit ihr Geheimnis ab, um selber Gott zu sein. Sie be-
lauschten die Gesetze des kosmischen Taktes, um sie zu vergewalti-
gen, und sie schufen so die *Idee der Maschine* als eines kleinen Kosmos,
der nur noch dem Willen des Menschen gehorcht. Aber damit überschritten sie jene feine Grenze, wo für die anbetende Frömmigkeit
der andern die Sünde begann, und daran gingen sie zugrunde, von
Bacon bis Giordano Bruno. Die Maschine ist des Teufels: so hat der
echte Glaube immer wieder empfunden.

Eine Leidenschaft im Erfinden zeigt schon die gotische Architektur – die man mit der gewollten Formenarmut der dorischen ver-

---

[1] Vgl. Bd. II, S. 928. Albertus Magnus lebte in der Sage als der große Zauberer
fort. Roger Bacon hat über Dampfmaschine, Dampfschiff und Flugzeug nachgedacht. (F. Strunz, Die Gesch. der Naturwiss. im Mittelalter (1910), S. 88).

[2] Vgl. Bd. II, S. 884.

[3] Vgl. Bd. II, S. 912f.

gleiche – und unsre gesamte Musik. Es erscheinen der Buchdruck
und die Fernwaffe.[1] Auf Kolumbus und Kopernikus folgen das Fernrohr, das Mikroskop, die chemischen Elemente und endlich die ungeheure Summe der technischen Verfahren des frühen Barock.

Dann aber folgt zugleich mit dem Rationalismus die Erfindung
der *Dampfmaschine*, die alles umstürzt und das Wirtschaftsbild von
Grund aus verwandelt. Bis dahin hatte die Natur Dienste geleistet,
jetzt wird sie *als Sklavin* ins Joch gespannt und ihre Arbeit wie zum
Hohn nach Pferdestärken bemessen. Man ging von der Muskelkraft
des Negers, die in organisierten Betrieben angesetzt wurde, zu den
organischen Reserven der Erdrinde über, wo die Lebenskraft von
Jahrtausenden als Kohle aufgespeichert liegt, und richtet heute den
Blick auf die anorganische Natur, deren Wasserkräfte schon zur
Unterstützung der Kohle herangezogen sind. Mit den Millionen
und Milliarden Pferdekräften steigt die Bevölkerungszahl in einem
Grade, wie keine andre Kultur es je für möglich gehalten hätte. Dieses Wachstum ist ein *Produkt der Maschine*, die bedient und gelenkt
sein will und dafür die Kräfte jedes Einzelnen verhundertfacht. Um
der Maschine willen wird das Menschenleben kostbar. *Arbeit* wird
das große Wort des ethischen Nachdenkens. Es verliert im 18. Jahrhundert in allen Sprachen seine geringschätzige Bedeutung. Die
Maschine arbeitet und zwingt den Menschen zur Mitarbeit. Die
ganze Kultur ist in einen Grad von Tätigkeit geraten, unter dem die
Erde bebt.

Was sich nun im Laufe kaum eines Jahrhunderts entfaltet, ist ein
Schauspiel von solcher Größe, daß den Menschen einer künftigen
Kultur mit andrer Seele und andern Leidenschaften das Gefühl über-
kommen muß, als sei damals die Natur ins Wanken geraten. Auch
sonst ist die Politik über Städte und Völker hinweggeschritten;
menschliche Wirtschaft hat tief in die Schicksale der Tier- und
Pflanzenwelt eingegriffen, aber das rührt nur an das Leben und verwischt sich wieder. Diese Technik aber wird die Spur ihrer Tage

---

[1] Das griechische Feuer will nur erschrecken und zünden; hier aber wird die
Spannkraft der Explosionsgase in Bewegungsenergie umgesetzt. Wer das ernsthaft vergleicht, der versteht den Geist abendländischer Technik nicht.

hinterlassen, wenn alles andere verschollen und versunken ist. Diese
faustische Leidenschaft hat das Bild der Erdoberfläche verändert.

Es ist das hinaus- und hinaufdrängende und eben deshalb der Gotik
tief verwandte Lebensgefühl, wie es in der Kindheit der Dampfmaschine durch die Monologe des Goetheschen Faust zum Ausdruck gelangte. Die trunkene Seele will Raum und Zeit überfliegen.
Eine unnennbare Sehnsucht lockt in grenzenlose Fernen. Man
möchte sich von der Erde lösen, im Unendlichen aufgehen, die
Bande des Körpers verlassen und im Weltraum unter Sternen kreisen. Was am Anfang die glühend hinaufschwebende Inbrunst des
heiligen Bernhard suchte, was Grünewald und Rembrandt in ihren
Hintergründen und Beethoven in den erdfernen Klängen seiner
letzten Quartette ersannen, das kehrt nun wieder in dem durchgeistigten Rausch dieser dichten Folge von Erfindungen. Deshalb
entsteht dieser phantastische Verkehr, der Erdteile in wenigen Tagen
kreuzt, der mit schwimmenden Städten über Ozeane setzt, Gebirge
durchbohrt, in unterirdischen Labyrinthen rast, von der alten, in
ihren Möglichkeiten längst erschöpften Dampfmaschine zur Gas-
kraftmaschine übergeht und von Straßen und Schienen sich endlich
zum Flug in die Lüfte erhebt; deshalb wird das gesprochene Wort
in einem Augenblick über alle Meere gesandt; deshalb bricht dieser
Ehrgeiz der Rekorde und Dimensionen hervor, die Riesenhallen
für Riesenmaschinen, ungeheure Schiffe und Brückenspannungen,
wahnwitzige Bauten bis in die Wolken hinauf, fabelhafte Kräfte,
die auf einen Punkt zusammengedrängt sind und dort der Hand
eines Kindes gehorchen, stampfende, zitternde, dröhnende Werke
aus Stahl und Glas, in denen sich der winzige Mensch als unumschränkter Herr bewegt und endlich die Natur unter sich fühlt.

Und diese Maschinen werden in ihrer Gestalt immer mehr ent-
menschlicht, immer asketischer, mystischer, esoterischer. Sie um-
spinnen die Erde mit einem unendlichen Gewebe feiner Kräfte,
Ströme und Spannungen. Ihr Körper wird immer geistiger, immer
verschwiegener. Diese Räder, Walzen und Hebel reden nicht mehr.
Alles, was entscheidend ist, zieht sich ins Innere zurück. Man hat
die Maschine als teuflisch empfunden, und mit Recht. Sie bedeutet

in den Augen eines Gläubigen die Absetzung Gottes. Sie liefert die
heilige Kausalität dem Menschen aus und sie wird schweigend, unwiderstehlich, mit einer Art von vorausschauender Allwissenheit
von ihm in Bewegung gesetzt.

7

Niemals hat sich ein Mikrokosmos dem Makrokosmos überlegener
gefühlt. Hier gibt es kleine Lebewesen, die durch ihre geistige Kraft
das Unlebendige von sich abhängig gemacht haben. Nichts scheint
diesem Triumph zu gleichen, der nur *einer* Kultur geglückt ist und
vielleicht nur für eine kleine Zahl von Jahrhunderten.

Aber gerade damit ist der faustische Mensch *zum Sklaven seiner
Schöpfung* geworden. Seine Zahl und die Anlage seiner Lebenshaltung werden durch die Maschine auf eine Bahn gedrängt, auf der
es keinen Stillstand und keinen Schritt rückwärts gibt. Der Bauer,
der Handwerker, selbst der Kaufmann erscheinen plötzlich unwesentlich gegenüber den drei Gestalten, *welche sich die Maschine auf
dem Weg ihrer Entwicklung herangezüchtet hat: dem Unternehmer, dem
Ingenieur, dem Fabrikarbeiter.* Aus einem ganz kleinen Zweige des
Handwerks, der verarbeitenden Wirtschaft, ist *in dieser einen Kultur
und keiner andern* der mächtige Baum aufgewachsen, welcher über
alle sonstigen Berufe seinen Schatten wirft: *die Wirtschaftswelt der
Maschinenindustrie.*[1] Sie zwingt den Unternehmer wie den Fabrik-

[1] Marx hat ganz recht: es ist eine, und zwar die stolzeste Schöpfung des *Bürgertums*, aber er, der ganz im Banne des Schemas Altertum – Mittelalter – Neuzeit
denkt, hat nicht bemerkt, daß es nur das Bürgertum einer einzigen Kultur ist,
von dem das *Schicksal der Maschine abhängt.* Solange es die Erde beherrscht, versucht jeder Nichteuropäer das Geheimnis dieser furchtbaren Waffe zu ergründen,
aber innerlich lehnt er sie trotzdem ab, der Japaner und Inder wie der Russe und
Araber. Es ist tief im Wesen der magischen Seele begründet, daß der Jude als
Unternehmer und Ingenieur der eigentlichen Schöpfung von Maschinen aus dem
Wege geht und sich auf die geschäftliche Seite ihrer Herstellung legt. Aber ebenso
blickt der Russe mit Furcht und Haß auf diese Tyrannei der Räder, Drähte und
Schienen, und wenn er sich heute und morgen auch der Notwendigkeit fügt, so
wird er einst *das alles aus seiner Erinnerung und seiner Umgebung streichen* und eine
ganz andere Welt um sich errichten, in der es nichts von dieser teuflischen Technik mehr gibt.

arbeiter zum Gehorsam. *Beide* sind Sklaven, nicht Herren der Maschine, die ihre teuflische geheime Macht erst jetzt entfaltet. Aber
wenn die sozialistische Theorie der Gegenwart nur die Leistung des
letzten hat sehen wollen und für sie allein das Wort Arbeit in Anspruch nahm, so ist diese doch nur durch die souveräne und entscheidende Leistung des ersten möglich. Das berühmte Wort von
dem starken Arm, der alle Räder stillstehen läßt, ist falsch gedacht.
Anhalten – ja, aber dazu braucht man nicht Arbeiter zu sein. In
Bewegung halten – nein. Der Organisator und Verwalter bildet den
Mittelpunkt in diesem künstlichen und komplizierten Reich der
Maschine. Der Gedanke hält es zusammen, nicht die Hand. Aber
gerade deshalb ist *eine* Gestalt noch wichtiger, um diesen stets gefähr-
deten Bau zu erhalten, als die ganze Energie unternehmender Her-
renmenschen, die Städte aus dem Boden wachsen lassen und das
Bild der Landschaft verändern, eine Gestalt, die man im politischen
Streit zu vergessen pflegt: der *Ingenieur*, der wissende Priester der
Maschine. Nicht nur die Höhe, das *Dasein* der Industrie hängt vom
Dasein von hunderttausend begabten, streng geschulten Köpfen ab,
welche die Technik beherrschen und immer weiter entwickeln. Der
Ingenieur ist in aller Stille ihr eigentlicher Herr und ihr Schicksal.
Sein Denken ist als Möglichkeit, was die Maschine als Wirklich-
keit ist. Man hat, ganz materialistisch, die Erschöpfung der Kohlen-
lager gefürchtet. Aber solange es technische Pfadfinder von Rang
gibt, gibt es keine Gefahren dieser Art. Erst wenn der Nachwuchs
dieser Armee ausbleibt, deren Gedankenarbeit mit der Arbeit der
Maschine eine innere Einheit bildet, muß die Industrie trotz Unternehmertum und Arbeiterschaft erlöschen. Gesetzt den Fall, daß das
Heil der Seele den Begabtesten künftiger Generationen näher liegt
als alle Macht in dieser Welt, daß unter dem Eindruck der Metaphysik und Mystik, die heute den Rationalismus ablösen, das wachsende Gefühl für den *Satanismus* der Maschine gerade die Auslese
des Geistes ergreift, auf die es ankommt – es ist der Schritt von
Roger Bacon zu Bernhard von Clairvaux –, so wird nichts das Ende
dieses großen Schauspiels aufhalten, das ein Spiel der Geister ist, bei
dem die Hände nur helfen dürfen.

Die abendländische Industrie hat die alten Handelsbahnen der übrigen Kulturen verlagert. Die Ströme des Wirtschaftslebens bewegen sich nach den Sitzen der „Königin Kohle" und den großen Rohstoffgebieten hin; die Natur wird erschöpft, der Erdball dem faustischen Denken in Energien geopfert. Die *arbeitende* Erde ist der faustische Aspekt; in ihrem Anblick stirbt der Faust des zweiten Teils, in dem die unternehmende Arbeit ihre höchste Verklärung erfahren hat. Nichts ist dem ruhend gesättigten Sein der antiken Kaiserzeit mehr entgegengesetzt. Der Ingenieur ist es, der dem römischen Rechtsdenken am fernsten steht, und er wird es durchsetzen, daß *seine* Wirtschaft ihr eignes Recht erhält, in dem Kräfte und Leistungen die Stelle von Person und Sache einnehmen.

8

Aber ebenso titanisch ist nun der Ansturm des Geldes auf diese geistige Macht. Auch die Industrie ist noch erdverbunden wie das Bauerntum. Sie hat ihren Standort und ihre dem Boden entströmenden Quellen der Stoffe. Nur die Hochfinanz ist *ganz* frei, ganz ungreifbar. Die Banken und damit die Börsen haben sich seit 1789 am Kreditbedürfnis der ins Ungeheure wachsenden Industrie zur eigenen Macht entwickelt und sie wollen, wie das Geld in *allen* Zivilisationen, die *einzige* Macht sein. Das uralte Ringen zwischen erzeugender und erobernder Wirtschaft erhebt sich zu einem schweigenden Riesenkampf der Geister, der auf dem Boden der Weltstädte ausgefochten wird. Es ist der Verzweiflungskampf des technischen Denkens um seine Freiheit gegenüber dem Denken in Geld.[1]

---

[1] Dies gewaltige Ringen einer sehr kleinen Zahl stahlharter Rassemenschen von ungeheurem Verstand, wovon der einfache Städter weder etwas sieht noch versteht, läßt von fern betrachtet, welthistorisch also, den bloßen Interessenkampf zwischen Unternehmertum und Arbeitersozialismus zur flachen Bedeutungslosigkeit herabsinken. Die Arbeiterbewegung ist, was ihre Führer aus ihr *machen*, und der Haß gegen die Inhaber der industriellen Führerarbeit hat sie längst in den Dienst der Börse gestellt. Der praktische Kommunismus mit seinem „Klassenkampf", einer heute längst veralteten und unecht gewordenen Phrase, ist nichts als ein zuverlässiger Diener des Großkapitals, das ihn wohl zu benützen weiß.

Die Diktatur des Geldes schreitet vor und nähert sich einem natürlichen Höhepunkt, in der faustischen wie in jeder andern Zivilisation.
Und nun geschieht etwas, das nur begreifen kann, wer in das Wesen
des Geldes eingedrungen ist. Wäre es etwas Greifbares, so wäre sein
Dasein ewig; da es eine Form des Denkens ist, *so erlischt es, sobald es
die Wirtschaftswelt zu Ende gedacht hat*, und zwar aus Mangel an Stoff.
Es drang in das Leben des bäuerlichen Landes ein und setzte den Boden in Bewegung; es hat jede Art von Handwerk geschäftlich umgedacht; es dringt heute siegreich auf die Industrie ein, um die erzeugende Arbeit von Unternehmern, Ingenieuren und Ausführenden
gleichmäßig zu seiner Beute zu machen. Die Maschine mit ihrer
menschlichen Gefolgschaft, die eigentliche Herrin des Jahrhunderts,
ist in Gefahr, einer stärkeren Macht zu verfallen. Aber damit steht
das Geld am Ende seiner Erfolge, und der letzte Kampf beginnt, in
welchem die Zivilisation ihre abschließende Form erhält: der zwischen *Geld und Blut*.

Die Heraufkunft des Cäsarismus bricht die Diktatur des Geldes
und ihrer politischen Waffe, der Demokratie. Nach einem langen
Triumph der weltstädtischen Wirtschaft und ihrer Interessen über
die politische Gestaltungskraft erweist sich die politische Seite des
Lebens doch als stärker. Das Schwert siegt über das Geld, der Herren-
wille unterwirft sich wieder den Willen zur Beute. Nennt man jene
Mächte des Geldes Kapitalismus,[1] und Sozialismus den Willen, über
alle Klasseninteressen hinaus eine mächtige politisch-wirtschaftliche
Ordnung ins Leben zu rufen, ein System der *vornehmen* Sorge und
Pflicht, die das Ganze für den Entscheidungskampf der Geschichte
in fester Form hält, so ist das zugleich ein Ringen zwischen *Geld und
Recht*.[2] Die *privaten* Mächte der Wirtschaft wollen freie Bahn für
ihre Eroberung großer Vermögen. Keine Gesetzgebung soll ihnen
im Wege stehen. Sie wollen die Gesetze machen, in ihrem Interesse,
und sie bedienen sich dazu ihres selbstgeschaffenen Werkzeugs, der
Demokratie, der bezahlten Partei. Das Recht bedarf, um diesen

---

[1] Zu dem die Interessenpolitik der Arbeiterparteien auch gehört, denn sie wollen die Geldwerte nicht überwinden, sondern besitzen.

[2] Vgl. Bd. II, S. 983.

Ansturm abzuwehren, einer vornehmen Tradition, des Ehrgeizes starker Geschlechter, der nicht im Anhäufen von Reichtümern sondern in den Aufgaben echten Herrschertums jenseits aller Geldvorteile Befriedigung findet. *Eine Macht läßt sich nur durch eine andere stürzen*, nicht durch ein Prinzip, und es gibt dem Geld gegenüber keine andere. Das Geld wird nur vom Blut überwältigt und aufgehoben. Das *Leben* ist das erste und letzte, das kosmische Dahinströmen in mikrokosmischer Form. Es ist *die* Tatsache innerhalb der Welt als Geschichte. Vor dem unwiderstehlichen Takt der Geschlechterfolgen schwindet zuletzt alles hin, was das Wachsein in seinen Geisteswelten aufgebaut hat. Es handelt sich in der Geschichte um das Leben und immer nur um das Leben, die Rasse, den Triumph des Willens zur Macht, und nicht um den Sieg von Wahrheiten, Erfindungen oder Geld. *Die Weltgeschichte ist das Weltgericht*: sie hat immer dem stärkeren, volleren, seiner selbst gewisseren Leben Recht gegeben, Recht nämlich auf das Dasein, gleichviel ob es vor dem Wachsein recht war, und sie hat immer die Wahrheit und Gerechtigkeit der Macht, der Rasse geopfert und die Menschen und Völker zum Tode verurteilt, denen die Wahrheit wichtiger war als Taten, und Gerechtigkeit wesentlicher als Macht. So schließt das Schauspiel einer hohen Kultur, diese ganze wundervolle Welt von Gottheiten, Künsten, Gedanken, Schlachten, Städten, wieder mit den Urtatsachen des ewigen Blutes, das mit den ewig kreisenden kosmischen Fluten ein und dasselbe ist. Das helle, gestaltenreiche Wachsein taucht wieder in den schweigenden Dienst des Daseins hinab, wie es die chinesische und römische Kaiserzeit lehren; die Zeit siegt über den Raum, und die Zeit ist es, deren unerbittlicher Gang den flüchtigen Zufall Kultur auf diesem Planeten in den Zufall Mensch einbettet, eine Form, in welcher der Zufall Leben eine Zeitlang dahinströmt, während in der Lichtwelt unserer Augen sich dahinter die strömenden Horizonte der Erdgeschichte und Sterngeschichte auftun.

Für uns aber, die ein Schicksal in diese Kultur und diesen Augenblick ihres Werdens gestellt hat, in welchem das Geld seine letzten Siege feiert und sein Erbe, der Cäsarismus, leise und unaufhaltsam naht, ist damit in einem eng umschriebenen Kreise die Richtung des Wollens und Müssens gegeben, ohne das es sich nicht zu leben lohnt. Wir haben nicht die Freiheit, dies oder jenes zu erreichen, aber die, das Notwendige zu tun oder nichts. Und eine Aufgabe, welche die Notwendigkeit der Geschichte gestellt hat, *wird* gelöst, *mit* dem einzelnen oder gegen ihn.

Ducunt fata volentem, nolentem trahunt.

REGISTER 1

Personen und Sachen

Abaco, dall' 363
Abaelard 442, 904
Abbassiden 675, 796, 934, 1030, 1091 f.
Abbassidenzeit 98, 738, 945, 1122, 1127
Abbé, Typ des 1125[2]
Abel 116
Abendmahl 803, 859
Abraham 805, 846
Absolutismus 1038 f., 1046 ff., 1090
Abu Bekr 933
Abu Hanifa 644
Achäer 747 f., 753
Achämenidenzeit 637, 685
Achikar 810
Achilles 263
Achmed, Bujide 1095
Actium, Schlacht v. 584, 603, 615, 638, 643, 788, 873, 1086, 1090
Adam 846, 874, 891
Adam de la Hâle 295
Addison 329
Adel 515, 668, 739, 743, 755, 764, 779 f., 901, 903, 969 ff., 978 ff., 988 ff., 992 ff., 999 ff., 1006, 1012, 1014, 1017, 1039 f., 1060, 1074, 1109, 1122, 1150, 1155, 1158; antiker 1023 f., 1033 ff., 1053; preußischer 578, 706
Adelsfaktionen 1049 f., 1121
Adiabene 768, 770, 797, 811
Adrianopel, Schlacht v. 602
Adventismus 943[1]
Ädilität 1040, 1134, 1180

Ägina 291, 315, 1172[1]
Ägypten, Altes Reich 179, 242, 601, 663, 743, 750, 772[1], 900 ff., 923, 969, 1019, 1167, 1173[1]; Mittl. Reich 601, 663 f., 900[1], 928, 969, 1041, 1122; Neues Reich 615, 672, 682, 743, 945, 997, 1095 f., 1166, 1176[1]
Ägyptizismus 143, 379
Aelius Paetus 633
Aemilius Paulus 1084, 1135[3]
Ära 13[1], 848 f.
Afrika 593, 787. 876 f., 1045
Agamemnon 169, 410, 412, 1023
Agathokles 747, 1066[1]
Agis III. 632
Agnatenfamilie 964
Agon 905, 995
Agora 406, 422, 433, 1036, 1046
ahistorisch und historisch 10 ff., 14, 18 f., 130, 170, 183[3], 190 f.
Ahmes (Rechenbuch) 78
Ahnenkult 176, 881, 896, 909 f., 974, 994
Ahriman 758, 849, 856[1]
Ahura mazda 758, 807 f., 844, 855, 872
Aias 170, 408, 412, 445
Aion 823, 835, 849, 874
Aischines 345
Aischylos 19, 37 f., 110, 169, 267, 343, 400, 406, 410, 453, 454, 891, 897, 904, 1066
Akanthus 279
Akiba 864
Akkad 601

Aksakow 22[1], 790
Aksum s. Axum
Akt 330 ff.; abendl. 345 ff.
Alarich 602, 1102
Alba 193
Albani 318
Albert von Sachsen 488, 928
Alberti, L. B. 310
Albertus Magnus 916, 1187[1]
Alchwarizmi 98
Alchymie 235, 390, 489 ff., 523
Alemannen 748
Alembert, J. L. d' 89, 99, 105, 164, 531
aletheia 856[1]
Alexander I., Zar 196, 789
Alexander d. Gr. 4, 11, 52, 151, 180, 188, 194, 195, 445, 465, 522, 577, 625, 638, 657, 732, 746, 757, 762, 767, 815, 861, 911, 946, 1003, 1035, 1068 f., 1100
Alexandria 46, 97, 99[1], 108, 151, 174, 379, 458, 608, 672, 674, 704, 798, 811, 860, 941, 1035, 1069, 1176[1]
Alexandrinismus 14, 450, 684, 720, 914
Alfarabi 232, 391
Alfons X., König 949
Algebra 96, 98, 101, 235, 491, 552
„Allgemeingültigkeit" 80
Al Ghazali 946, 948
Ali, Kalif 845[1], 1091 f.
Ali (Sklavenaufstand) 1093, 1096[1]
Alkabi 232
Alkamenes 106, 365
Alkibiades 5, 146, 191, 404, 448, 529, 745, 1067
Alkindi 391
Alkman 288
Al Maimun 936[1]

Al Mansor 879
Alp Arslan 1095, 1101
Alsidschzi 98
Altertum–Mittelalter–Neuzeit 21 ff., 29 f., 37, 173[1], 287, 465, 610, 612, 618, 786 ff., 877
Altes Testament 639, 642, 827, 833, 836, 857
Al Watik 1094
Amenemhet I. 1041
Amenemhet III. 17, 145, 335
Amenophis IV. 676[2], 682, 945, 997
Amerika 675, 696, 779, 899, 979, 1081, 1087, 1127
Amerikaner 746, 754
Amerikanismus Japans 615[1]
Amhaarez 637, 967
Amida 271
Amiens, Friede v. 196; Kathedrale 334, 342
Ammonios Sakkas 770
Amon 945, 997
Amoräer 639, 860, 865
Amos 805, 808
Amosis 380, 1097, 1101
Anachoreten 870[3]
Analogie 4 ff., 149 (s. a. Homologie)
Analysis 59, 82 ff., 89, 93, 95, 100, 241, 298, 367, 469, 547, 553
Ananke 169, 190, 400
Anastasius I, Kaiser 1032[2]
Anaxagoras 397, 494, 503, 505, 529
Anaximander 86, 421
Anekdote als Geschichte 190 f.
angra mainyu 844, 855
Angst (Weltangst) 215, 564, 663, 715, 854 f.
Anna Komnena 659

Anschauen und *Angeschautes* („Form der Anschauung") 127, 129 f., 137, 163, 219 ff.

Anselm v. Canterbury 865

Antigone 170, 248, 343, 408

antihistorisch 128, 130[1]

Antiochus IV. Epiphanes 790, 811

Antisemitismus 952

Antisthenes 456, 462

Antonello da Messina 305

Antonius, Marcus 638, 643, 668, 787 f., 1105[1], 1135[2]

ἄπειρον 86

Aphrahat 867, 873

Aphrodisias, Tempel 272; Stadt 877

Apokalyptik 24, 516, 642, 790, 792, 808 f., 813 f., 816 f., 823 ff., 827 f., 832, 841 f., 844 ff., 847 ff., 857, 860 ff., 896, 898, 945, 949

Apokryphen 861

Apollinaris 874

Apollinische Religion 896, 905, 1039 f.

Apollodor (Maler) 49, 364, 417[1]

Apollodor v. Damaskus 273

Apologeten 639, 865

Apollon 240, 409, 897, 908[1]

Apollonios (Mathematiker) 93, 99, 124

Apollonios v. Tyana 864, 868

Apostelgeschichten 516, 635[2], 816[1], 826[4], 842[2], 845, 871

Appian 1036[2]

Appius Claudius 14, 756[1], 1069, 1071[1], 1072 f., 1134

Arabeske 98, 168, 274 ff., 279 ff., 516, 740, 788

Aramäer 85, 635, 639, 758, 767, 786, 789, 898, 952

aramäische Sprache 605, 738, 743, 758 f., 837, 868, 875

Arbeit (abendl. Begriff) 454, 464, 532, 1177 f., 1188 ff.

Arbeiterklasse 1159 f., 1190 f.

Arbeitshypothese (abendl. Begriff) 129, 180, 489, 531, 882, 888, 929, 940, 1186

ἀρχή 86, 213, 228, 232, 490, 494, 501, 511

Archäologie 4, 173

archaischer Stil der Kulturen 77

Archimedes 79, 93 f., 99, 105, 114, 124, 150 f., 305, 468, 483, 486, 494, 535, 548 f., 576, 633

Architektur 167 f., 254, 296, 698 ff.; ägyptische 241 ff., 252, 260 ff.; antike 236 f., 263 f., 288 f.; des Barock 118 f., 401; chinesische 244 f.; Ende der 365 f.; des Fensters 257 f., 303; frühe 252 f., 256 f., 266, 289 f.; gotische 236 ff., 253, 261, 288 f., 302 f.; magische 236, 268 ff., 271 ff., 288 f., 839; der Renaissance 118, 302 f., 355; russische 259 f.

Archontat 1010, 1023, 1035, 1053

Archytas 90, 106, 113, 124, 151, 469

Ardeschir 865

Ariost 924

Aristarch 12, 92, 181

Aristeasbrief 813

Aristides 1036

Aristoneikos v. Pergamon 1129

Aristophanes 41, 411[3], 629

Aristoteles 12, 13[1], 20, 31, 37, 63, 68[1], 132 f., 153, 161, 163, 177, 185, 207, 232, 263, 331, 364, 388, 400, 405[1], 406, 410, 412, 415, 448, 450 f., 453, 462, 468 f., 470, 494, 499, 503, 526, 529, 542, 548, 621 f., 647, 650, 766[1],

833, 858, 860[1], 861, 930, 935, 986, 1037, 1129, 1186

Arithmetik 7[1], 100, 102, 111, 163, 220

Arius 873

Armenien 768, 770, 845[5], 951, 1094 f., 1163[3], 1186[4]

Arnald v. Villanova 491[2]

Arnold v. Brescia 922 ff.

Artussage 744, 788, 795

Arvalbrüder 743, 871, 947, 1104

Askese 437, 890

Asklepiades 867

Asklepiodot 877

Asklepios 824[2], 897

Asoka 449, 683, 945, 968

Asosi 1024

Astralreligion 769, 806, 810[1]

Astrologie 173, 235, 847, 941

Astronomie 12, 93, 424 ff., 588, 806, 847[1], 949

Asvaghosa 945

Ataraxia 119 f., 263, 356, 389, 400, 412, 414, 437, 443, 450, 463, 654

Atelierbraun 324 ff., 370 ff.

Athanasius 827, 836, 839, 866[1], 867, 870[3], 873, 923

Atheismus 399[1], 525 ff., 936 ff., 958

Athene 240, 343, 409, 412, 874[3], 906, 936, 1171[1]

Athos, Kloster 947

atman 213, 388, 732, 931, 938

Atomtheorie 204[1], 492 ff., 495, 511, 540

Atomzerfall 546

Atridenfluch 192

Attar 273

Attis 803, 814

Auaris 1097

Auferstehung 176[2], 623, 823 f., 828

Auge, Darstellung 423; Lichtwelt 562 ff.

Augustinus 26, 162, 183, 388, 442, 517, 623 f., 804, 836, 841 f., 850 f., 854, 861, 867[1], 879, 902, 1029

Augustus 13, 38[1], 42, 47 f., 97, 151, 182, 380, 523, 592, 600, 616, 634, 682, 762, 942, 946, 991, 1029, 1053, 1084, 1094, 1101, 1103 f., 1142, 1171[1] (s. a. Oktavian)

Aulard 1057[1]

Aurelian 523, 869, 1029

Ausdehnung und *Ausgedehntes* 51, 74, 76, 86, 106, 109, 120 ff., 143, 214 ff., 218, 226 f., 336, 383, 482, 563

Ausdruck (morpholog.) 136, 142, 210, 216 ff.

Ausdruckssprache 691 ff., 695, 716; der Kunst 245 ff., 695 f.

Auslegung (mag. Kultur) 858

Außenwelt, Geburt der 106 f., 225 ff.

Austerlitz, Schlacht 197, 966, 1088

Autarkeia 937, 1020, 1033, 1180

Autorität (im Staat) 1015 f., 1049; Autorität der Überlieferung (mag. Kultur) 641, 861[2]

Ave Maria 874[3], 912

Avicenna 488, 956

Avidius Cassius 1100

Awesta 390, 392, 504, 605, 639, 758, 787, 837 f., 841, 845, 851, 856 f., 858, 860, 865 ff., 870[2], 872, 878 f.

Axum 22, 271[1], 287, 605, 786, 795, 841[1], 933

Azteken 609, 612, 633, 948, 962

Baader 392
Baal 516, 523, 785, 800[1], 863
Baalbek 271[4], 272, 303
Baalschem 838, 956 f.
Babak 1092 f.
Babisten 838
Babylon 663, 666, 672, 785, 809
Bach 37, 84, 106, 151, 183, 283 ff.,
   297, 314, 316, 358, 363 ff.,
   375 f., 415, 420, 454, 507, 538,
   695, 718, 966, 1046, 1119
Bachofen 38, 241
Backsteingotik 695
Bacon, Fr. 31, 464, 468, 487, 763
Bacon, Roger 133, 503, 928, 1187,
   1191
Bähr 366
Bagdad 99, 107, 151, 321, 391,
   608, 657, 668, 672, 674 f., 782,
   796, 934, 1092 ff., 1099, 1101,
   1122, 1132, 1157, 1167
bai 896[1], 910[1]
Bajä 666
Bakchiaden 1031
Balliol College 1078
Bamberg 288
Banken 1179[1]
Banknote 1164
Bantusprache 727
Bardas 1094
Bardas Phokas 1094
Bardesanes (Bar Daisan) 835[2],
   865 f., 866[1], 872
Bar Kochba 954
barnasha 395[2], 818, 823
Bartolus 647 f.
Baruch 790, 814[2], 842, 861
Baruch (Buch) 814[2], 842
Basel, Konzil 623, 1023
Basileios I. 1094
Basileios II. 1095
Basileios, Kanzler 1095

Basilides 872
Basilika 214, 236, 258, 271 ff.,
   274[1], 288, 839
Basiliuskathedrale 659
Basken 737, 746, 754
Basra 321, 391, 1093
„Bastillesturm" der mag. Kultur
   1093
Baudelaire 48, 312, 371, 376
Bauerntum 45, 452, 660 ff., 668 ff.,
   679, 699, 739, 779 f., 901, 904,
   935, 966 ff., 973, 990 f., 1002,
   1013, 1107, 1128, 1149, 1152,
   1158
Baugedanken (Gegs. Bautechnik)
   251
Bauhüttentradition 168, 249, 695
Baxter 696
Bayle, P. 195, 570
Bayreuth 374, 450, 466
Beamtentum (ägypt., antik., chi-
   nes., normann.) 993, 1019,
   1023, 1031 f.
Beatrice 235
Beelzebub 399, 758
Beethoven 110, 124, 127, 157,
   183, 238, 283, 298, 302, 314,
   325 f., 337, 365, 371 f., 375,
   415, 526, 921[1], 1189
Begriff 110, 132 f., 137, 160, 381 ff.
Beichte 171, 333, 337, 349, 866,
   919 f.
Beirut 798
Bekenntnisreligion 799 f.
Belisar 643, 992[2]
Bellini 348, 350
Benares 133, 665
Benediktiner 663, 870[2], 912
Bentham 195, 471
Berber 750[3], 933
Berengar von Tours 238
Bergbau 1158[2]

Berkeley 537

Berlin 45, 666, 676, 1157, 1167

Bernadotte 963, 1067

Bernhard von Chartres 622

Bernhard von Clairvaux 865, 882[1], 892, 900, 912, 924 ff., 956, 1151, 1189, 1191

Bernini 119, 254, 282[1], 316, 931

Bernward, Bischof 144, 266

Berry, Herzog von 309

Bertran de Born 924

Beruf, Berufsklasse 969, 989 f., 999, 1012, 1150, 1157 f.

Beschneidung und Taufe 766, 808

Besitz 1165 (s. a. Eigentum, Vermögen)

Bestattung, Mumie, Verbrennung 17 f., 94, 175 f., 215 f., 237, 250

Bettelorden 444

Bevölkerungsdichte 594, 681 ff., 1188

Bewässerungskunst 16[2]

*Bewegungs*problem 162[1], 203, 211, 246, 367, 389, 482 ff., 490, 497, 500 f., 510, 533, 535 ff., 539, 573 f., 728

Bibel 855[1], 858, 860 (s. a. Altes Testament und Buch, heiliges)

Bildersturm 241, 334 f., 523, 1093

Bildnis (Akt oder Portrait) 330 ff., 340 f., 345 f.

Bildraum 306 f., 308 f., 312, 319 f., 358 f., 366 ff., 371 f., 424

Bildung und *Zucht* (s. d.) 966, 979, 1077 f., 1109 (s. a. Gebildete)

Binchois 296

Biographie (abendl. Begriff) 11, 18, 136, 183, 337 f., 404 f., 408, 588, 919 f.

Bismarck 51[1], 189, 445, 585, 660, 1079, 1112, 1115, 1131[1]

Bizet 327

Blackstone 649

Blau (Fernfarbe) 317 ff.

Blossius 1129

Blumenbach 705 f., 709

Blut 560 f., 973, 993

Blutkreislauf 356 f., 560

Boccaccio 343[2]

Bodinus 649

Böcklin 347[2], 373 f.

Böhme, Jakob 904

Boghazköi 735 f., 737, 756 ff.

Bogumilen 933

Bohr, Niels 493, 540 f.

Bojaren 789

Bollandisten 987

Bolschewismus 792 ff., 972[1], 1155, 1181[4]

Boltzmann 486[1]

Bonaventura 904, 916

Bonifatius 30[1], 461, 619, 878

Bonifaz VIII. 922, 1025

Borgia 350

Boris Godunow 789

Borkmann, John Gabriel 480, 1168

Boscovich 401, 534

Botticelli 305, 348 f.

Boucher 347

Bourbonen 5, 777, 974, 1043

Boxeraufstand 955[1]

Boyle 491

Bracton 645

brahman 732, 931, 938 (s. a. *atman*)

Brahmanen 604, 945, 947, 951, 968, 975

Bramante 236

Brasilien 775

Braun s. Atelierbraun

Brentano, Clemens 730

Bruckner 287, 327, 373

Brunellesco 310, 352[1], 401

Brutus 6, 14, 42, 174, 788, 1084, 1105, 1170, 1179, 1181

Buch, heiliges 834, 836, 855 ff.; Ornamentik 253³, 740; Symbolik 649 f.

Buchdruck (Fernschrift) 357, 740, 1186², 1188 (s. a. Entdeckungen)

Buchführung, doppelte 101¹, 151, 1174, 1179

Buch, L. v. 590

Buckle 477

Buddha 110, 114², 255, 435, 439, 449 f., 456 f., 600, 620, 681, 781, 867, 935–46, 968

Buddhismus 15, 44, 150, 451, 459, 462 f., 466, 526, 592, 620, 678, 682, 781, 843, 867, 909¹, 911, 941, 947 f.

Bücherverbrennung, chines. 1104

Bühnenbild 413 ff.

Bürgerrecht, antikes 766, 1036 f., 1040

Bürgertum (Nichtstand, *tiers*) 668 ff., 970, 999 f., 1056 ff., 1060 ff., 1121 ff.

Bujiden 1095

Bulgaren 750¹

Bumerang 78

Bundehesch 813, 846

Bunyan 931

Burckhardt, J. 38 f., 302

Buren 746

Burg und Dom 250 f., 295 f., 515, 701, 743, 892, 901, 924, 975, 980, 1158

Burgunder 634

Buridan 488, 928

Burkard von Worms 915

Burke 1063

Buße 215, 438, 850 f., 918 ff., 925 (s. a. Taufe)

Buxtehude 284

Bylinen 788

Byron 149

Byzantinismus 143

Byzanz 98, 241, 258, 267, 282¹, 335, 606, 622, 657, 659, 672, 771, 787 ff., 797, 854, 860, 876, 923¹, 933, 945, 979, 996, 1002, 1017, 1022, 1029 f., 1091 ff., 1122, 1132, 1167, 1181⁴

Cabeo 534

Cäsar 4, 6, 11, 14, 23, 50, 150, 174, 180, 191, 199, 307, 445, 516, 577, 581, 583, 616, 638, 668, 747, 781, 877, 946, 1036, 1053, 1061, 1069, 1083 ff., 1103 f., 1105¹, 1134, 1170 f., 1173

Cäsarismus 50, 549, 942, 945, 977, 1052, 1081 ff., 1090, 1094, 1101 ff., 1104, 1105¹ ⁺ ³, 1118, 1123, 1125 ff., 1141, 1143 f., 1193 (s. a. Imperialismus)

Cäsarius von Heisterbach 915

Calderon 337, 993

Caligula 174

Calvin 181, 183², 184, 444, 506, 623, 923, 927, 938, 956

Cangrande 348

Cannä 50, 762, 782, 788, 976, 1031, 1086

Canning 195¹, 1078

Capetinger 602, 779

Caracalla 273, 431, 524, 636, 909¹

Cardanus 102

Carey 1146

Carissimi 297, 363

Carmen 963

carpe diem 179, 404, 458, 1019, 1035

Carstens 275

Cassius, Sp. 788, 1040, 1170, 1179, 1181

Catilina 38, 583, 1058, 1170

Cato 42, 46, 1071¹, 1073, 1084, 1088, 1105, 1118, 1124, 1136

Cauchy 99, 105, 116 f., 124, 539

Caucus 1127¹, 1132

Cecil 974, 1049

Cella 235, 272

Cervantes 193, 408 f.

Ceylon 878

Cézanne 372, 376 f.

Chacmultun 608

Chäronea 49, 197, 603

Chalcedon 271, 322, 643, 872, 874 f., 923

Chaldäer 85, 602, 743, 767, 805¹, 806 f., 813, 825, 839, 847¹, 859, 862 f., 868

Champutun 608

Chaos 86, (s. a. Kosmos)

Charakter 331, 402, 404, 409; Charakterdrama 170, 183³, 406, 410 f.

Chardin 372

Chares 375

Charidschiten 1092

Charondas 629

Chartres, Kathedrale 288, 304, 333; Schule v. 865

Chassiden 871, 951, 956 f.

Chazaren 877

Chemie, magisch 490 f.; modern 551

Cheops 260³

Chephren 243¹, 252, 260³, 262

Cheramyes 290³

Chian 616, 1097

Chichen Itza 608

Chinesische Mauer 603 f.

Chinesische Schrift 604

Chinesischer Weltfriede 603

Chippendale 195²

Chlodwig 788, 878

Chlüsten 898

Chor, antiker 415 f.

Chosru Nuschirwan 262, 880, 1090

Chrestien von Troyes 277¹

Christentum, geschichtl. 438, 461, 623 f., 813, 815, 828 ff., 871; magisches 97, 623 f.; faustisches 437 f., 623 f., 911 ff.; russisches 898, 921¹, 1181⁴

Christenverfolgung 802

Christian science 941

Christologie 872

Chronologie 10, 12, 13¹, 131, 175, 199 f., 544, 579 f. (s. a. Zahl)

Chrysippos 46, 229, 458

Churramija 1092 f.

Cicero 5, 42, 583, 631¹, 654, 694, 727, 916, 1036², 1071¹, 1084, 1103¹, 1104, 1129

Cimabue 247, 307, 349, 916

Cimarosa 375

Cincinnatus 1051

civitas 766, 1036³; *civitas dei* 854

Clarke 195

Claudier 974, 1003

Clearing 1175¹

Clemens Alexandrinus 865, 923¹

Clodius 616

Cluniazenser 663, 922

Code civil 646, 650

Codex Justinianeus 630

Coke 649, 1010¹

Colleoni 348

Colonna 978, 998

Commodus 602, 1029

Comte 33, 471, 479, 943

Concerto grosso 297, 363

consensus (idjma) 26, 390, 395, 623, 635 f., 642, 766, 769, 771, 777 ff., 804, 812, 825, 843, 853, 859, 918, 949–59, 965, 968, 1029, 1090, 1092

Constable 325, 370

constitutio Antonina 431, 636
Copan 608
Corelli 292, 298, 326[1], 343[2], 363
Corneille 414
Corot 318, 347, 368 f., 372, 375
Corpus juris 637, 644 ff., 648, 650
Cortes (span.) 1021, 1043, 1045
Cortez, H. 683, 751, 948
Couperin 311, 326[1], 363
Courbet 371 ff.
Cousin 471
Coyzevox 299, 316
Cranach, Lukas 346
Crassus 47, 583, 1061, 1090, 1095, 1135 f., 1153
Cremutius Cordus 1105
Cromwell 59, 195, 276, 585, 603, 930 ff., 1043, 1045, 1056, 1060, 1065, 1105
Cujacius 647
Curtius Rufus 5
Cuvier 589 f.
Cuyp 369
Cypern, Gemetzel 796, 811, 955[1]
Cyrenaiker (Philosophenschule) 63

daevas 758
Daimonion 936
Damaskios 868, 870
Damaskus 276, 665, 879, 1091
Dampfmaschine 1177 f., 1187[1], 1188
Danaer 697, 747 f., 753, 764 f.
Daniel (Buch) 24, 790
Dante 18, 26, 33, 75, 110, 128, 150, 157, 185, 208, 235, 295, 301, 314, 333, 349 ff., 353 f., 409, 421, 453 f., 507, 776, 846, 917, 921, 924
Danton 194
Darius 756 ff., 808

Darwin 63 f., 140[1], 142, 183[2], 203 f., 284, 447, 474 ff., 480, 589 ff.
Darwinismus 31[1], 48, 140[1], 157, 203 f., 319, 474 ff., 591 f., 704, 774, 940, 943
Daseinsströme 690, 1007, 1011, 1108 f., 1148, 1155
Dasein und *Wachsein* 72 f., 214, 563, 567, 571 f., 573 f., 580, 677 f., 690, 692 f., 971 ff., 989, 1008, 1152 (s. a. Wachsein)
Dauer des Organischen 54 f., 82, 147 f.; geschichtslose 615; mathemat. im Raum 224; u. Tempo d. Wirtschaftsgeschichte 1156 (s. a. Habitus, Tempo, Lebensdauer)
Daumier 347[2], 374
David, König 864
David (Maler) 275
Decretum Gelasii 923[1]
Decretum Gratiani 647, 915, 1151
Dedekind 104, 122
Deismus 89, 530, 935
Dekurionen (Diokletianzeit) 991
Delacroix 370, 372 f.
Della Porta 401
Demeter 113, 177, 411, 813, 897, 904 f., 1040
Demetrios von Alopeke 170, 345
Demokratie 669, 1017 f., 1061, 1075[2], 1092, 1102, 1122 f., 1130 ff., 1167
Demokrit 155, 229, 390, 397, 426, 493 f., 499, 502 ff., 621, 634, 930, 1169, 1175
Demos 361, 765, 773, 936, 1028, 1032[2], 1037, 1050, 1053
Demosthenes 345
Denken und Leben 566 ff., 573 ff., 724; individ. Anlage 887; und Sein 496 f.

Desargues 101
Descartes 45, 58, 82, 89, 93, 100 ff., 119, 123 f., 127, 164, 241, 297, 392, 401¹, 469, 496, 533, 569, 763, 885, 905, 1174
Desprez, Josquin 296
Deuterojesaja 808
Deuteronomion 645, 856
Deutschritter 446, 461, 749, 1174
Dezemvirat 631 f., 1054
Diadochen 196, 785, 1066 f., 1069
Diagoras 526¹, 529
Diakrier 1039
Diatribe 460 f.
Diderot 695
„Dies irae" 238, 303, 904, 922
Differentialrechnung 8, 20, 59, 102, 105 f., 114, 117, 305, 362
Digesten 638², 640 ff., 770¹, 858, 860
dike 1026 f., 1032
Diktatur 1164 f.
Dimension, dritte 218, 222 f., 311, 400, 487
Dinkane 795, 996
Dinzenhofer 365
Diodor 627¹, 676, 1066¹
Diogenes 263, 400, 443, 454, 457, 1151
Diokletian 97, 194, 275, 522 f., 600, 640¹, 647, 672, 771, 787, 796, 798, 854, 867, 869, 992, 1029, 1090, 1157, 1160², 1182
Dionysios I. von Syrakus 1066 f., 1086
Dionysos 411, 897, 904 f., 908¹, 914¹, 1040
Dionysoskult, dion. Bewegung 301, 416, 494, 1031, 1039 f.
Diophant 85, 96 ff., 491, 770
Diplomatie 1033, 1109
Disraeli 954

Distanz 117, 398, 494 f. (s. a. Esoterik)
Dogma, Dogmatik (Gegs. Kultur) 89, 235, 487, 516, 528, 531, 901 f.
Dom 150, 230, 239, 516, 657, 663, 701, 743, 899, 1018 (s. a. Burg)
Domesday book 1021
Dominikaner 26, 437, 663, 912, 915, 931, 1187
Donatello 285, 290¹, 308, 338, 348 f.
Donellus 647
Don Juan 18¹, 354¹, 413
Don Quijote 18¹, 136, 190, 407, 416
Dorf (Gegs. Stadt, Weltstadt) 1161 (s. a. Markt)
Dorische Wanderung 697, 748, 750
Dostojewski 22¹, 395, 446, 790 ff., 813, 816², 823, 921¹, 1181⁴
Drakon 629 ff., 643, 647, 1010
Drama 170 f., 263, 330, 406 ff., 415 ff., 478; chines. 909
Dreißigj. Krieg 606, 776, 1042, 1045
Drittes Reich (Weltalter) 26, 465, 545 (s. a. Ära)
Droem 238¹, 312
drug 856¹
Druidenreligion 877, 902
Drusen 845
Dschang-yi 52, 1082, 1084
Dschingiskhan 1106
dschins 758
Dschondisabur b. Susa 85, 798
Dschou 174, 179, 253, 602, 615, 663, 762, 772¹, 908 ff., 972, 991, 1025, 1081 ff., 1173¹
Dschou-li 179, 909, 1019
Dschufuzianismus 947
Dschwang-dsi 63

Dualismus, magischer 25, 390 ff., 840 ff., 856, 957
Duchoborzen 898
Dühring 480
Dürer 139, 317, 324, 346, 360, 913
Dufay 296, 304
Duns Scotus 97, 852, 916
Dunstaple 296
Dynamik (abendl. Begriff) 20, 120, 397, 404, 489, 499, 531, 549, 553, (s. a. Statistik)
Dynastie 773 ff., 778, 964 f., 1027 f., 1075 f.; antike 1031; chines. 1030; mag. 965[2], 1028 f.

Ebioniten 826[3], 868
Eckart, Meister 247, 277, 432, 527, 917, 931
Edda 132, 240, 514, 903
Edessa 85, 271, 488, 605, 769, 798, 829, 868, 872
Edfu 379
Ediktalgesetzgebung 628, 632, 1035
Eherecht 636, 648, 1011
Ehre 981 f., 1014, 1114, 1150
Eichendorff 372, 796
Eigentum 654, 660, 651, 983, 989, 1161
Eignes und *Fremdes* 71 f., 158, 561
Einheiten, drei (Drama) 283, 414
Einsamkeit 238 f.
Einstein s. Relativitätstheorie
Einwirkung der Kulturen 39 ff., 90 f., 286 ff., 617 ff., 621 f.
Ekloga des Kaisers Leo 644
Eleatenproblem, inneres 389, 500
Elektra 408
Elektrizität und abendl. Weltbild 929
Elektronentheorie 493

Element, chem. 490 ff., 551
Eleusis, Mysterien 411[1], 416, 528, 578, 803, 904
El Hira 796
Elkesaiten 368, 826[3]
Empedokles 420, 490, 492, 494, 905 f.
Empfinden 71 f., 91, 294, 560
Empfinden und *Verstehen* 561 f., 565 ff., 729 f., 1152
Energie, Formen der 398, 537, 539, 543
Engels 471 ff., 479 ff.
Englische Politik 1043, 1045, 1048 ff., 1061 ff., 1074 f., 1077 f., 1125
Englischer Gruß 912
Enosh 818[2], 823
Entdecker, Entdeckungen (abendl. Begriff) 356 f., 429 f., 1186[2]
Entelechie 20, 475, 499
Entropie 542 ff.
Entspannung (Gegs. Spiel) 678
Entvölkerung 679 f.
Entwicklungsbegriff 183 f., 474 ff., 589 ff.
Epaminondas 14
Ephesus, Konzil 271, 322, 873 ff., 907, 923
Ephorenamt 632, 1010, 1024, 1031 f., 1035, 1053
Epiktet 442, 449
Epikur 263, 435, 443, 454, 456, 469, 471, 946
Epikuräer 63, 403, 435, 448, 614, 813
Epimenides 904
Episches Zeitalter 513 (s. a. Mythos)
Epoche (Gegs. Episode) 4, 35, 147 f., 189 f., 193 f., 286, 409, 436, 592 f., 615, 670, 1101

equites (Geldadel) 1001, 1073, 1137, 1142[1]
Eratosthenes 94, 549
Erfahrung 505 f., 887
Erfinder 1159[1] (s. a. Entdecker)
Erfindungen 1176, 1186 f.
Erkennen 160, 510, 571 f., 730 (s. a. Erleben und Erkennen, Stil des Erkennens)
Erkenntnis *(a priori)* 80
Erkenntnisproblem 386 f., 468 f., 485 f., 568 f.
Erleben und *Erkennen* 75, 108, 127, 180 f., 210 f.
Erlösungsreligion 465, 575, 827, 836, 863, 881
Ermanarich 788
Eroica 257
Eschatologie 758, 844 f.
Esoterik und Popularität 116 f., 313, 419 ff.
Esra 790, 810, 861
IV. Esra 790, 814[2], 842[2], 858[2]
Essäer 803, 813 f., 871
Eton 1078
Etrusker 237, 273[2], 285, 317[1], 344, 429, 630[1], 697, 700, 736 f., 746, 749, 753, 765, 906, 994, 999, 1002, 1031 f., 1035, 1088
Eubulos 1020, 1181
Eucharistie 319
Eudoxos 90, 93 f., 94[1], 106, 124
Eugen IV., Papst 1032[2]
Euhemerismus und Mythos 936
Euklid 58, 87 f., 90, 92, 97, 99, 101, 110, 113, 115, 117 f., 120, 124, 228[1], 407, 420, 650
„euklidisch" 89, 168, 172, 183[3], 190, 241, 330 ff., 1037, 1170
Euler 105, 117, 124, 164, 221, 298
Euripides 49, 149, 287, 409

Evangelien 504, 516, 809[2], 815, 822[1], 830, 834, 836, 857 f., 861
Exekias 718
Exhaustionsmethode 93
Exil, der Juden 767, 804 f., 808 ff.
Expansion 51 f., 195, 432 f.
Experiment, naturwiss. 138, 490, 503 ff.
Expositio und *Lombarda* 646

Fabier 762, 908, 974
Faktion (Gegs. Stand, Partei) 1032[2], 1039, 1120 ff.
Falascha 768, 990, 1159
Familie 964 f., 1006, 1149
Familienbildnisse 341
Familienkulte 908
Fan-sui 1084
Faraday 134, 484, 536 f.
Farbensymbolik 317 ff., 914
Farmer 1122[4], 1167[3]
Fassade 214, 289 f., 666
Fatum 169, 187, 190
Faust 18[1], 38, 136, 149, 239, 241, 354[1], 413, 452, 465, 1192
Fehrbellin 777
*Fellachen*religion 947 ff.
Fellachentum 681, 760, 762, 772, 781, 969, 1005 f.
Ferdinand von Aragonien 1032
Fermat 93, 100 f., 103 f., 124, 297
Ferne, zeitliche und räumliche 134 f., 311 f., 368, 394
Fernfarben 317
Fernkräfte 535 f.
Fernrohr 425, 586, 1186[2], 1188
Fernverkehr 428 f.
Fernwaffen 357, 428, 1085 ff., 1188
fetwa 639
Feudalzeit 991 ff., 1018 ff.
Feuerbach (Maler) 347[2]
Feuerbach (Philosoph) 33, 479

Fichte 404, 465, 469, 474, 481

Filippino Lippi 305

Finanzwirtschaft 1153 ff.; antike 1019 f., 1179 ff.; normannische 1020

Firma (abendl. Begriff) 1174 f., 1180

Fischer von Erlach 366

Flachrelief 260

flach und *tief* 129

Flamines 1034[5] (s. a. *Pontifex, rex sacrorum*)

Flaminius, C. 50, 52, 632, 1069, 1073, 1084, 1089, 1124

Flaminius, Qu. 1126

Fleury, Kardinal 5, 446

Florenz 23, 46, 249, 292, 296, 300[2], 605, 665, 924, 1032[2]

Flugversuche 357

Fontainebleau (Park) 311

„Forderung des Tages" 404[1]

Form, organische, innere 29, 44 f., 80, 128, 131

*Formen*sprache 17, 36, 39, 43, 51, 70, 79, 82, 107, 133 f., 248 f., 458 f.

Formgebung 109, 375

formlos und *förmlich* (Gegs. Form) 969

Fortschritt 437, 450, 463, 475

Forum 667, 1072, 1122, 1134, 1137

Fouquet 311

Fourier 1146

Fox 1074

Fra Angelico 285, 296, 352, 914

Fra Bartolommeo 359

Fragonard 299

Fra Luca Pacioli 1174

France, A. 630

Francesco della Mirandola 916

Francke, A. H. 938

Frangipani 998

Franken 748, 760, 768, 772, 776, 879, 920[1], 972[1], 979, 1006, 1029

Frankistan 606, 657, 788

Franz I. 193, 311

Franziskaner 26, 322, 410[2], 437, 663, 912, 915, 922, 999

Franz von Assisi 442, 444, 507, 514, 892, 904, 908, 915, 925, 931

Freiburg, Münster 277

Freidank 970, 991

Freiheitskriege 578, 953

Freiheit und Notwendigkeit 55, 375; und Verbundenheit 557 f., 998 f., 1000 ff.; polit. Begriff 1050 f., 1057 f. 1063 f., 1092 f., 1105, 1122, 1132 f., 1140 f., 1166[3] (s. a. Willensfreiheit)

Freilichtmalerei 325 f., 370 ff.

Fremdes s. Eignes

Frescobaldi 297

Freskomalerei 257, 290, 306, 317, 341, 353, 357, 361 ff. (s. a. Malerei, Ölmalerei)

Fresnel 540

Friedensverträge 1010, 1088, 1099 f.

Friedrich der Gr. 5, 23, 148[2], 186[1], 196[1], 454, 609, 685, 777, 1046, 1048, 1086 f., 1114, 1143

Friedrich II. von Hohenstaufen 255, 446, 779, 1020, 1043, 1154, 1173

Friedrich, K. D. 372

Friedrich Wilhelm I. 180, 443, 1079, 1114, 1174

Fronde 151, 1039 ff., 1042 f., 1056, 1064 f., 1083, 1090 f., 1121; ägypt. 1041; deutsche 1042, 1043 f.; franz. 1042; engl. 1042 f., 1048 f.

Fronleichnam 918

Frühkunst der Kulturen 236 f.

Frundsberg 798
Fühlen, Gefühl 71 f., 224, 560
Fürchten und *Lieben* 249, 880, 884
Führerarbeit und ausführende Arbeit 1159 f., 1177 f.
Fuge 297 f., 363
Fugger 1001, 1153, 1162[1]
Funktion (Gegs. Größe) 20, 101 ff., 115, 118[1], 363, 388 f., 504, 535
Funktionentheorie 105

Gabrieli 292, 326
Gaia 113, 905
Gajus 634
Galba 616
Galiläa 810, 827
Galilei 10, 21, 77, 111, 134, 150, 235, 305, 390, 392, 398, 454, 492, 494, 500, 531, 534 f., 538, 544, 928 f., 937, 1174
Gallien 682, 787, 876
Gallienus 273, 797, 1102
Gamaliel 810
Gandarakunst 610
Gao-dsung 878
Gaon 854
Gartenkunst 310 ff.; chines. 245
Gaston von Orléans 1044
Gathas 838, 844, 858
Gaugamela 197
Gauß 79, 83, 99, 105, 116, 120, 124, 151, 221 f., 228[1], 421, 469, 539, 548
Gaza 273, 1186[1]
Gebet und Opfer 825, 889
,,Gebildete" (Religion) 460, 526, 935 f., 1059 f., 1128
Geburtenbeschränkung 680
Gedächtnis, historisches 11, 138 f., 173, 579 ff., 725
,,Gegenreformation" (mag. Kultur) 923[1]

Gegenstand und Kausalität 157 f.
Gegenwart und Werden 73
Geheimlehren (mag. Kultur) 859
Geige 298, 326[1]
,,Geistesadel" 1001 f. (s. a. Geldadel)
Geist, städtischer 663 f., 669 ff.
Geist und Ausdehnung s. d.
Geist und Seele (mag. Kultur) 387, 390, 841 f.
Gelb 317 f., 325
Geld 46, 48, 670 ff., 989, 1001 ff., 1060 f., 1072 f., 1078, 1102, 1134, 1139, 1142 f., 1156, 1162 ff., 1167, 1181, 1192 f.; abendl. 1173 ff.; antikes 1168 ff.
,,Geldadel" s. Geistesadel
Geld und Geist 989, 1012, 1038, 1042, 1060 f., 1102, 1121, 1127, 1155
Geld und Güter 1162 f.
Gelehrsamkeit und Priestertum 986
Gelnhausen 701
Gelon 1033[1]
Gemara 639, 860
Gemeinde, relig. 271, 799
Genealogie 176, 774, 779, 973 f., 992 f., 1028 f.
generalis invocatio 520
Generalstände 1010, 1021, 1032, 1042
Generation 147 f. (s. a. Lebensdauer)
genius 178, 1149
Gentry 1017, 1021, 1045, 1048
Geometrie 7[1], 20, 82, 91, 100 f., 111, 118, 162 ff., 220[1]; nichteuklidische 114, 120 f., 221, 228[1]
geometrischer Stil der Frühzeiten 77 f., 237, 658
Georg I. 1049
Georg II. 1049

Georg III. 1074[1]
George, Stefan 312
Gerbert, Abt 19[2]
Germanen 581, 616, 623, 636, 644, 687, 735, 760, 797, 833
Germigny des Près, Kirche 259
Gernrode 253
Geschichte (Gegs. Geschichtslosigkeit) 610 ff., 977 f., 1107, 1108 (s. a. Anekdote)
Geschichte als Bild der Vergangenheit 127 ff., 138 f., 199; als gegenw.Geschehen 127 ff., 1004 ff.; und Mythos 14, 19
Geschichte der Landschaft 600[1]; der Philosophie 64, 467 ff., 472 f., 479 ff.
Geschichte haben, sein, machen 686 f., 961 ff., 973 f., 976 f., 994, 1147
geschichtslos 613 f., 780 ff., 967, 977, 1102, 1152 f.
Geschichtswissenschaft und -betrachtung 12 ff., 33 f., 39, 128 f., 132, 136 f., 151 f., 197 ff. 610 ff., 919; antike 12 ff., 173; kopernikan. Betrachtung (Gegs. ptolemäische) 24, 126
Gesellschaft 966 f., 983, 1012, 1155
Gesetz (Naturgesetz) 7, 109, 127, 130 f., 484 f., 502 f., 539, 885 f. (s. a. Notwendigkcit)
Gesetz und *Gestalt* 130 ff. (s. a. Naturgesetz)
Geste und Haltung 263, 405 f.
Gestirngötter, chald.-syrisch 517 f.; unantik 191 f., 800
Gethsemane 517, 814, 819, 828, 847
Gewissensfreiheit 528 (s. a. Toleranz)
Gewordenes (Gegs. Werden) 68, 71 ff., 106, 108, 127 ff., 131, 155 f., 223, 544, 573

Ghassaniden 279, 796, 932
Ghetto 707, 768, 805, 868, 949 ff.
Ghibellinen 776, 1020, 1032[2]
Ghiberti 290[1], 304, 308
Ghirlandajo 305
Giaur 967
Gilbert 928
Giordano Bruno 75, 92, 128, 177, 421, 426, 537, 583, 900, 1187
Giorgione 308 f., 325 f., 347, 371
Giotto 247, 275, 285, 303, 306, 352, 507, 916, 935
Girowesen, ägypt. 1166
Gladstone 1131[1]
Glasmalerei (Gegs. Freskomalerei), abendl. 257, 278, 306 (s. a. Freskomalerei, Malerei)
Glauben und *Wissen* 882 ff., 886 ff., 925
Gleichheit 1121 f. (s. a. Freiheit)
,,*Gleichzeitigkeit*'' 151 f., 457
Gluck 106, 124, 230, 282[1], 331, 365, 415
Gnade 183, 623, 851 f.
Gnosis 391, 641, 769, 817[1], 837 f., 865 f., 872, 876
Gnostiker 278, 321, 390, 859 f.
Godwin 1063[1]
Goethe 11, 15, 18, 27, 28[1], 29, 35, 38[1], 41, 51[1 2], 59 f., 68[1], 71, 75, 83, 95, 106, 118[1], 127–33, 136, 139 ff., 143, 148 f., 152, 160 f., 163, 170, 181 f., 185, 189 f., 191, 195, 201, 203 ff., 207, 240, 265, 288, 305, 318 f., 324, 331, 349, 353, 360 f., 368, 382, 404, 409, 412, 416, 450, 452 f., 454, 456, 468[4], 475 f., 498, 507, 532, 537, 545, 561, 588, 590, 591[1], 622, 681, 684, 720[1], 777, 852[1], 920 f., 1189. Zitate: 27, 28[1], 35, 68[1], 83, 95, 118[1], 127, 131, 131[1], 139,

141, 144, 160, 182, 204, 206, 239, 498, 530, 720[1], 883 f., 920, 1112, 1174
Görres 392
Götterdämmerung 547
Gold, Währung 1176[1], 1179
Goldgrund 258, 306, 309, 320 ff.
Golgatha 517
Golo 413
Gomdan, Burg 795
Gorgias 267
Gorki 1181[4]
Gortyn 629, 1051[1]
Goslar 701
Goten 578, 643, 659, 697, 749, 754
Gottesbegriff 76, 108 f.; antik., mag., abendl. 240; abendl. 501, 507 f., 912 (s. a. Atheismus, Henotheismus, Monotheismus, Deismus)
Gottesgebärerin 831, 874
Gottfried von Bouillon 659
Gottfried von Straßburg 903
Goujon 316
Goya 337, 347[2], 372, 376
Grab, Grabtempel 175, 214 f.
Gracchus, C. und Ti. 38, 180, 603, 612, 616, 1036[2], 1053, 1061, 1073, 1084, 1089, 1104, 1124, 1179
Gral 239, 277, 514, 907
Grammatik 725 ff., 731 f.
Granada 147, 280, 672, 788, 949
Granit als künstler. Material 16
Graphologie 739
Graßmann 95
Gratian 647
Greco 310
Gregor I. 851[2]
Gregor VII. 256, 432, 445, 585, 1022
Gregor von Nazianz 874, 931

Gregor von Tours 789, 897
Grenzwert 117 f.
Gretchen 178
Griechenkirche 874, 876, 879, 950
Große Kurfürst, d. 1043, 1048
Grosseteste 928
Großstadt 526, 670, 1056 (s. a. Weltstadt)
Grote 40
Grotius 650
Grün (Fernfarbe) 317 ff., 347, 371
Grünewald 310, 319, 324, 351, 371, 913
Gruppentheorie 122, 220[1]
Guardi 268, 284
Guelfen 445, 776 f., 1020, 1032[2], 1121
Guercino 318, 323
Guéricault 374
Güterumlauf 1160[2], 1161, 1181 (s. a. Tausch)
Guido von Arezzo 294
Gurnia 657, 663
Gustav Adolf 188
gut und böse, gut und schlecht 981, 1008 f., 1150

Habitus 146 f. (s. a. Dauer, Tempo)
Habsburg 5, 432, 606, 775, 777, 974, 1028, 1042, 1046 f.
Hadith 639, 860, 932
Hadrian 5, 144[2], 273[2], 293, 632, 800, 949, 1160[2], 1182
Haeckel 325, 511[1]
Händel 298, 326[1], 343[2], 363 ff., 415
Haggada 864
Hagia Triada 658
Halacha 639, 825, 827, 860 f.
Hallenhof, arab. 303
Hallgerd (Njalssaga) 963
Hals, Frans 323, 363, 372

„Haltung", antik, statisch 405 ff., 442 f. (s. a. Geste)

Hamdaniden 795

Hamilkar 1069

Hamlet 18, 149, 186, 239, 409, 416

Hammurabi 107, 645[2], 806

Hampdon 934

Handel 1153, 1158 f., 1161 f., 1185

Han-Dynastie 126, 144[2], 604, 615, 675, 685, 909, 944, 947, 969

Hanifen 934

Hannibal 14, 47, 50, 151, 188, 255, 445, 600[1], 788, 959[1], 1069, 1073, 1084, 1089, 1099

Hanse 428, 684, 989, 1153

Haoma 803, 808

Hardenberg 196[1]

Harun al Raschid 53, 1157, 1169

Hassen und Lieben 249, 880

Hatschepsut 1105

Hauptstadt 667 f., 1000 f., 1058 f.

Hauran 272, 273[1], 795

Haus (als Rasseausdruck) 698 f.

Hausierer 1162

Haydn 105, 124, 268, 298, 326[1], 337, 364 f., 375 f., 458, 526

Hebbel 33, 63, 137, 168, 187, 203 f., 373, 449, 466, 471, 475, 478 ff., 481, 526[1], 777

Hebräerevangelium 830

Hedschra 848

Hegel 26, 30, 456, 468[4], 469, 471, 480, 611, 649, 987, 885[2]

Heidenkirche 803 f., 832, 837, 868, 871, 876, 879

Heidentum 461, 637, 802, 829, 838, 877, 933

Heiland 816, 824[2], 831, 842, 863, 898

Heiligenkult 803, 832, 839, 926

Heiligenlegende 514

Heilsarmee 444

Heimarmene 190, 410, 883

Heimat 46, 113, 430 f.

Heinrich der Löwe 445, 774, 1018

Heinrich IV. 446, 601

Heinrich VI. 255, 1022

Heinrich VII., Tudor 1032

Heinrich von Burgund 775

Heldensage 514 f. (s. a. Volkssage)

Helden und Heilige 978

Heliand 515, 852[3], 909

Helios 518, 769, 867

Hellenismus 46, 592, 608, 626, 633, 681, 700, 769, 781, 813, 843, 935, 938, 941, 959, 1051, 1082

Helmholtz 87, 482, 493[1], 494, 548

Heloten 968, 991, 1002, 1024[2], 1037, 1053

Helvidius Priscus 1105

Henoch 790, 846, 861

Henosis 900

Henotheismus 800[1], 802, 807, 867

Heraklit 22[1], 146, 343[2], 403, 421, 437, 455, 468[2], 527, 621, 839, 906, 937

Herbart 471

Herder 26

Herkules 797

Hermas 857

Hermes Trismegistos 491

Hermetiker 857, 865

Herodes 47, 813

Herodot 11, 13[1], 190, 615, 674, 757, 942, 948, 969

Heron 42, 429, 1186

Heros 625, 765

Herren- und Sklavenmoral 446 f., 477 f.

Herrnhuter 444, 938

Herrscher der Mitte (China) 1021², 1042

Hertz 484, 501, 533, 536, 540

Hesekiel 808, 857, 859

Hesiod 442, 904, 1053

Hexen 913 ff., 926, 931

Hexenhammer 917, 931

Hia-Dynastie 601¹, 602, 909, 1030²

Hiang-sui 1099

hiao 910, 995

Hieroglyphen 622, 685

Hierokles 867

Hieron 146

Hieronymus 861

Hildebrandslied 788

Hildesheim 144, 253

Himjariten 605, 795, 869

Hinayana 943

Hiob 809, 852

Hipparch 12, 425

Hippodamos 674

Hoangho 244³, 262, 602 f., 772¹, 902

Hoang-ti, Schi 151, 592, 600, 603, 762, 942, 946, 1101, 1105, 1154

Hoang von Tsi 1042

Hobbema 318, 372

Hobbes 58 f.

Hochschulen, magische: Ktesiphon, Resain, Dschondisabur, Sura, Nehardea, ⁻Pumbadita, Edessa, Nisibis, Kinnesrin 798

*Höhlen*gefühl 236¹, 840, 847, 862 f. (s. a. Welthöhle)

Hölderlin 38¹, 312, 337, 360, 432, 695

Hörigkeit 991, 1002

Hoffmann, E. T. A. 354¹, 365, 408

Hogarth 195², 363, 692

Hohenstaufen 182, 276, 396, 776

Hohenzollern 777

hohtsung 52, 600, 1082, 1099

Holbein 324, 337

Holzbau (als Symbol) 16¹

Home 329¹

Homer⁻ 18¹, 22¹, 239, 293, 302, 343², ⁻389, 400, 421, 445, 744, 753, 903 ff., 1023, 1032, 1040

Homologie 149, 151 (s. a. Analogie)

Horaz 146, 518

Horizont 222, 308 f., 311 f., 336, 394; biolog. 588; geograph. 429

Horn, Prof. 30

Horoskop (Gegs. Orakel) 191

Horusfalke 396¹, 900, 1021

Hosea 808

Houdon 316

Hsiuen-tsiang 683

Hucbald 294

Hugenotten 445, 1121

Hugo von Cluny 956

Hugo von St. Victor 865

Huguccio 647²

Humboldt, A. v. 548

Humboldt, W. v. 481, 694¹, 1012¹, 1108¹

Hume 468, 934, 1063, 1145

Hunac Ceel 609

Hundertkapitelsynode 898

Hunger und Liebe 202 f.; und Krieg 751, 1148

Hunnen 604, 687, 711

Hus, Joh. 583, 923

Huxley, J. S. 705 f.

hvareno 1029

Hybrias 1035

Hygiene 462

Hyksos 150, 194, 255, 600, 603, 616, 634¹, 658, 747, 1041, 1095 f., 1127

Hypothese 131, 730[1] (s. a. Theorie)
Hypsikles 85
Hyrkan 811, 813

Ibas 873
Ibn al Haitam 486
Ibn Sina 986
Ibsen 27, 33 f., 45[1], 48 f., 63, 203 f., 441 f., 450, 456, 461, 466, 478 ff., 680, 793, 1168
„Ich", Geburt des 80, 106 f., 567, 815; und „Du" 691; abendl. und mag. 843, 850, 852; in abendl. Sprachen 335, 385
Idee eines Daseins 153
idjma s. *consensus*
ikonische Bildnisse 339, 344
Ilja von Murom 259[3], 788
Imame 957
Imitation s. Ornament
Imperativ, moral. 403 f., 436
Imperialismus 44, 51 ff., 432 ff., 1089, 1099
Impressionismus 236, 356, 366 ff., 370 ff.
Improvisation, musikal. 251, 296
Independenten 930, 934
Indianer 696; Sprache 724[1], 734
„Indogermanen" 746, 754
Indra-Nasatya 758
Infinitesimalrechnung 80, 88, 95, 114, 298, 305, 309, 361, 531, 541
„*In Form sein*" 965 ff., 976, 1004 ff., 1015, 1026, 1056, 1059, 1064, 1077, 1106, 1118, 1132
Ingenieur 1190 f.
Inka 686, 911
Innenraum, arch. 230, 289
Innocenz III. 184, 256, 432, 444, 1022, 1113
Inquisition 915
Inspiration 72

Instrumentalmusik 8, 84, 150, 230, 292 f., 315, 362, 516
Integralrechnung 93 f., 102, 114, 116
Intelligenz 527, 677 f.
„*Interregnum*", morpholog. 1024 f.
Interrex 1024
Intuition 68[1], 75
Ipsus 50, 1088
Irak 1090, 1093
Irenäus 813, 838, 861, 865, 866[1]
Irnerius 646 f., 651
Irreligion 46, 62, 371, 458 f., 527, 901
Isaak ben Said Hassan 949
Ischtar 768[1], 806
Isidoros 868
Isis 145, 178, 275, 516, 522 f., 529, 672, 800 ff., 831, 941
Isiskult (in Rom) 145, 275, 516, 522, 529, 678, 941
Isländ. Sagas 973 f., 985, 1153
Islam 151, 271, 276, 592, 605, 612, 623, 635[3], 641 ff., 649, 668, 738, 761, 771, 798, 812, 841, 845, 850, 852[1], 853 f., 865, 871 f., 876, 878 f., 931 ff., 938, 1091, 1098, 1127
Isokrates 747, 1064
Israeliten 650, 716[2], 767, 804, 859, 877, 934
Italiker 1032[1], 1036[2], 1103[1]
Ithaka 1024, 1121
Iwan III., der Schreckliche 788 f.
I-wang 601, 991, 1025

Jabna, Konzil 834, 857
Jackson (Präsident) 1125
Jacopone da Todi 922
Jahn (Turnvater) 49[1]
Jahwe 399, 517, 758, 769, 785, 800[1], 833

Jainismus 937
Jakob I. 1043.
Jakobiner 4, 194, 578, 747, 764, 1061, 1067, 1092, 1097, 1129, 1155
Jamblich 281, 803, 827, 867, 872 f., 885²
Jansen 184, 455, 931
Jansenisten 89, 401¹, 455, 931
Janus 660, 673, 1028, 1149
Jason von Pherä 1069
Java 685, 745, 879, 952
Jazata 849
Jeha 795²
Jehuda 864 f., 948
jen 910
Jena, Schlacht 195
Jeremia 805, 807 f.
Jerusalem 258, 606, 635, 789 f., 804, 810, 813, 823 ff., 861, 871, 904, 972, 1181⁴
Jesaja 805 ff., 808 f., 826², 842 f.
Jesubocht 644
Jesuiten 401¹, 435, 663
„Jesuitenstil" (Architektur) 401, 531
Jesujabh III. 879
Jesus 183, 215, 438, 442, 461, 716², 790, 799, 814 ff., 864, 898, 954, 997
Jesusreligion 802, 826 f., 831 f., 843, 857 f.
Jesusromane 830²
Jezdegerd 848
Jezidi 845
Jezirah 845, 950
Joachim von Floris 26 f., 295, 333, 403, 410², 465, 585, 865, 904, 922
Johannes, Apostel 790, 813, 834 ff., 841, 844, 858 f., 875
Johannesbuch der Mandäer 817

Joh. Chrysostomus 996¹
Joh. Damascenus 879
Johannes der Täufer 818, 871
Johannesevangelium 390, 830², 834 ff., 839, 841 f., 855, 857, 865, 866¹, 872, 1181⁴
Joh. Scotus 852³
Johann Tzimiskes 1094, 1097
Journalismus 48, 461 (s. a. Diatribe)
Judaismus 809², 813, 825, 827, 837
Judas 846
Juden, Judentum 176, 271, 585, 605, 636 ff., 696, 704, 738, 743, 746 ff., 758 f., 762, 767 f., 770, 787, 796, 804–14, 837, 840, 863, 865 f., 875, 877, 933, 948 ff., 958, 990¹, 1161³, 1169, 1181⁴
Juden im Abendland 707, 767, 772, 929, 948 f., 950 ff.
Jüngstes Gericht 585, 809, 816 f.
Jugurtha 1097
Julian Apostata 676², 769, 803 f., 869, 871
Julien Sorel 136, 409
Julius II., Papst 348
Juristen, „klassische" 634, 638 f.
Justinian 110, 145, 216, 262, 267 f., 273, 601, 630, 638¹, 640 ff., 652, 798, 859, 875, 879, 902, 965, 1032², 1090, 1121

Ka 16, 344, 387, 896¹, 900, 910¹
Kabbala 391, 642, 841, 859, 950
Kabinettspolitik 192 f., 235, 420, 494, 1046, 1062
kabir 795
Kadi, Praetor 641
„Kämpfende Staaten" s. Zeit der
kail 795
Kairuan 788
Kaiserforen 61, 275, 279
Kaiserkult, röm., chines. 521, 524,

529, 636, 802, 877, 909, 946 ff., 1104 f.

Kaisertum 603, 775 f., 1021, 1030[2]

Kalaam 392, 853

Kalchas 237, 903, 992

Kalender 12 ff., 15, 173 f., 601[1], 608, 848[1] (s. a. Zeitrechnung)

Kalidasa 380

Kalifat 97, 235, 522, 770 f., 854, 868, 901, 930, 954, 1029, 1090, 1092, 1094

„Kalifat" (Pseudomorphose) 97, 275, 522, 636, 770 f., 794, 873

kalimah 845

Kallimachos 941

Kalokagathie 445, 448

Kamasutram 678

Kanada 610, 645, 927, 1074[1]

Kanaudj 672

Kanon (jur.) 647

Kanon, kanonische Bücher (relig.) 642, 692, 855[1], 857, 986

Kanon des Polyklet 230

Kant 7[1], 9, 26, 31 f., 37, 59, 63, 68[1], 69, 75, 77, 80, 86 f., 91, 97 f., 106, 120, 127, 130[1], 132 f., 153 ff., 156 f., 158, 161–64, 185 f., 197, 207, 219–21, 224, 226, 228, 232, 244, 314, 367, 381, 393 f., 397 f., 404, 432, 439 f., 446, 453 f., 463, 468–76, 481, 485, 497, 505, 530–532, 550, 589, 720, 885[2], 920, 930, 932, 975, 987 f., 1151

Kantate 297, 363

Kapazität und Intensität 230, 398, 401, 546

Kapitäl, ion., korinth. 254, 264

Kapital 192, 1154 f., 1179 ff.

Kapitalismus 614, 650, 955, 986, 1129, 1143, 1145 ff., 1169, 1179, 1193

Kara Balgassum, Inschrift 878

Karäer 871, 950

Karamsin 789

Karl d. Große 4, 53, 98, 586[1], 657, 749, 789, 903, 915, 972, 1000, 1029

Karl I. von England 924, 1042, 1045

Karl IV. 1026

Karl V. 193, 196, 268, 276, 601, 643, 798, 879, 902, 922, 992[2], 1097

Karl XII. von Schweden 5

Karl Martell 788 f.

Karlstadt 923

Karmaten 1093

Karna 812

Karneades 504

Karo, Josef 956

Karolinger, Karolingerzeit 252, 259, 280, 342, 602, 663, 772, 774, 789, 852[3], 970, 990

Karthago 50, 276, 685, 745, 761, 765, 959, 1014, 1069, 1086, 1088, 1154

Kaste (Gegs. Stand) 968 ff.

Katakomben, frühchristl.-mag. 145, 175, 274[1], 289

Kategorien d. Denkens 31 f., 163, 884

kategorischer Imperativ (Kant) 453, 458, 463 f.

Katharina II. von Rußland 761, 963

Katharina Sforza 963

Katharina von Siena 303

Katharsis 263, 413, 443

Kathederphilosophie 58 f., 468[4], 472, 479

Kaufmannsadel 989

Kausalität (Gegs. Schicksal) 9 f., 35, 39, 69, 76, 80, 127 ff., 135,

142, 150¹, 152 ff., 184 f., 197,
202, 216, 224, 249, 286, 386,
485, 500 ff., 544, 572, 582, 617,
684, 693, 882, 961, 989, 1148
Kegelschnitte 20
Kelvin, Lord 540
Kenner 49, 314, 419 (s. a. Esoterik)
Kepler 95, 191, 425, 454, 535
Kierkegaard 720
Kiew, Sagenkreis 788
Kimbern 760, 1096
Kinderbildnisse 341
Kindheitsgeschichte Jesu 831, 835,
846, 864, 907, 931
Kinnesrin, Hochschule 798
Kirche (mag. Begriff) 767, 799 ff.,
870 (s. a. Heidenkirche, Kultkirche, synkretist. Kirche)
Kirchensprache 379, 743, 832, 875
Kirchenväter 390, 457¹, 639, 827,
845, 857 f., 860 f., 867
Kirchhoff 497
Kishi, Kirche 260¹
Kismet 169, 392, 806, 842, 847
Klassizismus und Romantik 254,
1056
Kleanthes 943
Kleidung als Ausdrucksmittel 716 f.
Klein, Felix 123
Kleist 373, 408
Kleisthenes 45, 1040
Kleomenes, König v. Sparta 632,
1053
Kleomenes III., König v. Sparta
632, 1129³
Kleomenes, Finanzverw. v. Alexander d. Gr. 1166
Kleon 38, 180, 1120¹, 1134¹
Klientel 991, 1024², 1036, 1052 f.
Kloster, mag. 869 f.; abendl. 404¹
Klytämnestra 18¹, 343, 963

Knossos 289¹, 328, 377, 656 ff.,
663
Kobad I., König v. Persien 880
Kognatenfamilie 965
Kohle und Industrie 1188, 1191 f.
Koine, κοινή 685, 739, 744 f.
Kokoschnik 259
Koloß v. Rhodos 375
Kolumbus 192, 196, 356 f., 368,
396, 430, 439, 486, 1174, 1188
Kommentare z. religiös. Büchern
(mag.) 259 f.
Kommunismus 793, 984, 1192¹
Kompaß 428, 586, 1186²
Königtum, antikes 1024, 1030 ff.
Konfuzianismus 878, 909 ff., 936,
948, 1002, 1030², 1104, 1127
Konfuzius 33, 58 ff., 457, 908 f.,
935–40, 946, 994, 1042
Konrad II., dtsch. Kaiser 255, 972,
1019
Konrad III., König 1019
Konservative (als Partei) 1123,
1125
Konstantin d. Gr. 273, 379, 516,
522, 524, 635 f., 638², 659, 771,
804, 840, 855, 869, 873, 875,
877, 979, 1029
Konstantin VII., Kaiser 1094
Konstanz, Konzil 623, 1023
Konstitutionelle Monarchie 1076 f.
Konstruktion, math. 115 f.
Konsul, röm. 1023¹, 1034, 1071,
1124
Konsulartribunen 1053¹, 1068²,
1134¹
Kontrapunkt 257, 283¹, 295, 300,
302, 304, 718, 966
Konzil (mag. und abendl. Begriff)
623, 1023
Koordinaten 85, 99 f., 118, 121,
295, 358, 488

kopernikanisches System der Geschichtsbetrachtung 24
Kopernikus 92, 181, 368, 396, 425 f., 433, 486, 1174, 1188; kopernikan. System 24, 92 f., 126, 181, 425 f., 840, 921[1], 928
Koran 639, 740, 810, 834, 856, 860, 872, 930, 936[1], 956
Kosmisches und Mikrokosmos 558 ff., 573, 580, 708, 972, 1147
Kosmopolitismus 46, 780 f., 972
Kosmos (Gegs. Chaos) 12, 86, 88, 101, 110, 229, 388, 400, 405, 426
Kossäer 602, 614
Kraftbegriff 388, 392, 400, 483, 500 f., 531 ff., 852
Kraft und Masse 168, 230, 355, 401, 511 f., 533 f. 841, 1178 f.
Kredit 8, 1170, 1173, 1176[1], 1178
Kreislauforgane (Gegs. Unterscheidungsorgane) 560 ff.
Kreisler (E. T. A. Hoffmann) 354[1], 365
Kreiszahl 101
Kreml 791
Kreon 169
Kresilas 344
Kreta 16[2], 45, 255, 289[1], 656 ff., 663, 672, 700[1], 710, 762, 896[1], 1051[1], 1097
Kreuzzüge, Kreuzfahrer 13[1], 19[1], 256, 457[1], 586, 599, 665, 687, 744, 747, 751 f., 774, 904, 915, 953, 1060
Kreuzzugsstimmung, mag. 796; russ. 1181[4]
Krieg 1006 f., 1097, 1109 f., 1153; Berufsheer 1067, 1097 f.; Privatkriege 1105 f.; Krieg und Hunger 1148
Kriegführung und -technik 523 f., 986, 1085 ff.

Krieg, heiliger, des Islam 868
Kriemhild 343, 963
Kroton 932
Ktesiphon 85, 97, 276, 605, 638, 640, 875, 798, 875, 1092
Kuanchua 739
Kuan-tse 58, 928
Künste, Auswahl 146, 286 f.; Einteilung (Kunstgattung) 284, 361 ff.
Künstler als geschichtl. Typ 265, 267, 990
Kufa 1091
Kulte, antike 89, 516, 799, 902 ff.; mag. 799 ff.
Kultkirche, mag. 635 f., 801 ff., 827, 831, 837, 867, 870, 877
Kultur (Hochkultur) 29, 74, 97, 135 f., 140 ff., 189 f., 208, 233, 578, 596–99, 718; primitive 593 ff.
Kulturen, abendl. 772 ff., 911 ff., 1018 ff., 1042 ff., 1062 ff., 1074 ff.; ägypt. 16 ff., 241 ff., 601 ff., 658, 900 ff., 1019, 1024 ff., 1030, 1041, 1095 ff. (s. a. Ägypten); antike 37 f. 87 f., 263 f., 602 f., 624 ff., 765 ff., 902 ff., 946, 1023 ff., 1029, 1031 ff., 1034 ff., 1039 ff., 1050 ff., 1065 ff., 1088 ff., 1102 ff., 1124, 1126 f., 1133 ff.; arab. s. mag.; babylon. 585 f., 595 f., 601 f., 605 f., 731, 806 f., 959, 1186[1]; chines. 262, 599 f., 602 ff., 908 ff., 936 ff., 942, 944 ff., 1030, 1041 f., 1081 ff., 1186[2]; indische 15, 174, 602, 944 f.; magische 97, 268 ff., 605 f., 634 ff., 766 f., 784 ff., 932 ff., 1028 ff., 1090 ff.; mexikanische 606 f.; s. a. die Tabelle I–III nach S. 70

Kultursprachen 74, 385, 685, 731 f., 741

Kulturvölker 759 ff. (s. a. Volk)

Kultus und Mythos 516 f., 884 f.

Kung-yang 1021[1]

Kunstform und „Gehalt" 166 ff.

Kunstgeschichte 265 ff., 295, 698 f., 701

Kunstgewerbe 254 f., 377 f., 658 (s. a. Stil)

Kunst und Tageszeit 416 ff.

Kuppelbasilika 272, 516, 838

Kuppelbau 235 f., 258, 273 ff., 307, 838

ku-tsi 19

„Kuzari" 948 (s. a. Jehuda)

Kwei-ku-tse 1084[2]

Kyaxares 5

Kybele 522, 803, 831, 870

Kyniker 435, 462, 859, 943

Kyrill, Patriarch 874

Kyros 24, 513, 585, 602, 752, 757, 767, 804, 808 f., 812, 856

Labna 608

Lachmiden 796, 932

Lactanz 923[1]

Lagrange 89, 105, 124, 162, 221, 533, 538

Lamarck 589

Lancaster 1025, 1121

Landflucht 67

Land- und Stadtwirtschaft 1156 f., 1162, 1166

Lanfranc 238

Langobarden 602, 646, 697, 757, 760, 772, 776

Laokoongruppe 169, 213, 353, 389

Laotse 52, 58, 681, 781, 908, 936 ff., 944, 994, 1059

Laplace 105, 124, 151, 533, 538, 589

Laren 660, 674

La Rochelle 1044

Lassalle 1064, 1146

Lateranisches Konzil 669, 918, 956

Lavoisier 492, 551

Lear (Shakespeare) 169 f., 186, 408, 412, 418, 973

Leben 55 f., 73, 152 ff., 581, 977, 1109, 1113, 1147, 1193 f.

Lebensabschnitt 147 f. (s. a. Epoche)

Lebensdauer und Habitus 69, 147 f.; der Elemente 546[1], 551

Lebenserfahrung und Menschenkenntnis 134, 153, 208, 386

Lebenslauf der Kultur 3, 598

Leben und Denken 469, 566 ff., 573 f.

Lechfeld, Schlacht 877

Legenda aurea 514, 915

Lehnsstaat 991 ff., 1018–25, 1028, 1031, 1120, 1156; ägypt. 1024; antiker 1023 f.

Leibl 315, 325, 340, 345, 347, 372 ff.

Leibniz 58 f., 76, 89, 93, 95, 102, 105, 111, 114, 124, 142, 164, 298, 305, 325, 362, 367, 421, 468[4], 469, 481, 493 f., 506, 533, 535, 537 f., 541, 550, 590, 763, 852[1], 905

Leidener Papyrus (ägypt. Revolution) 1096

Leipzig, Schlacht 49, 189, 195

Lenbach 380

Lenin 1020[1]

Lenôtre (Gartenkünstler) 311

Leo III., Kaiser 335, 644, 933, 1002

Leo V., Kaiser 1092

Leo X., Papst 305

Leochares 124

Leonardo Pisano 1173[3]

Maria Theresia 777

Marib, Kongreß 795, 933

Marienkult 178, 516, 832, 839, 905, 908[1], 913, 926

Marinos 868

Marius 38, 50, 787, 1073, 1084 f., 1089, 1096, 1104, 1124

Markianos 1030

Markomannen 760

Markt (Gegs. Stadt, Weltstadt) 661 f., 683 f., 1160 f.

Markus 818[4], 822[1], 826[1], 830 ff., 858 f., 861

Marmor (abendl. und antik) 291, 353

Marokko 274[1], 606, 949

Marozia 963

Mars 797, 897, 906

Mar-Schamun 770

Marsilius Ficinus 622, 916

Martini 303

Marwitz, v. d. 196[1]

Marx 63, 180, 184, 188, 204, 450, 456, 471 ff., 477, 480, 794, 984, 1027, 1062[2], 1096[1], 1123, 1128, 1143, 1146, 1151[2], 1158, 1164[1], 1177 f., 1190[1]

Marxismus 1123, 1128; und Russentum 1181[4]

Masaccio 306, 357, 368

Maschine 929 f., 1183 ff., 1191

Maschinenindustrie 450, 477, 1145, 1172[3], 1190 f.

masija 850

Maske, antik 407, 415

Maß und Messen 85 f., 88, 482

Massenseele 577 ff.

Masse und Kaste (Gegs. Volk, Stand) 46, 969 f., 1003 f., 1057 f., 1072 f., 1080, 1132

Mater dolorosa 342, 831

Materialismus 455 f., 473 f., 939 ff.;

historischer 134, 158, 199[1], 202, 1013[1]

Mathematik 9 f., 20, 35, 75 f., 82, 84 f., 86 f., 90, 135, 469, 484, 551 f., 885; ägypt. 78; arab. 96 ff.; des Barock 105 f.; indische 114[2]

Mathematik und Philosophie 469 f.

Mauriner 987

Maurya-Dynastie 604, 675

Mavali 1091, 1122

Maximilian I., Kaiser 646, 1032 f., 1047

Maxwell 540

Maya 144[2], 182, 253, 607 ff., 673, 683 f., 911, 948

Mayer, J. R. 484, 505, 531, 537

Mazarin 446, 1017[1], 1043, 1045

Mazdaische Kirche 866, 1090

Mazdaismus 273, 294, 605, 637, 759, 785, 796, 867, 869, 876, 878, 1091

Mazdak 880, 1092

Mechanik und Bewegung 162, 482, 487, 499 ff., 530

Mechanismus des Naturbildes (Gegs. Organismus) 75, 133 f., 197 f., 386 f.

Medea 343

Meder 602, 757, 767

Medici 302, 350, 924, 1001, 1153, 1162[1]

Medressen 987

Meister Wilhelm 336

Mekka 932

Memling 304, 348, 350

Memphis 663

Menander 813

Menes 760, 1106

Mengenlehre 114, 121[1], 551

Meng-tse 63, 940, 944, 946

Menschenkenntnis 34, 134, 197,

208, 386, 584, 611, 1014, 1112, 1147 (s. a. Physiognomik, Takt)

Menschheit 28, 31

Menzel 347, 368, 373 ff.

Merowinger 897

„Merowingerzeit" (Stadium der Hochkultur) 601, 785, 788, 897, 948

Messias 585, 605 f., 802, 809, 817, 824, 842, 863, 898, 956

Messina, Antonello da 305

Metaphysik, Ende der abendl. 470 f.

Methodisten 938

Michael Kohlhaas 1094

Michael III. 1094

Michelangelo 118, 167, 236 f., 267, 285, 287, 290[1], 296, 301, 307, 312, 316, 336, 338, 348 ff., 355 ff., 362, 401, 421, 534, 917, 921, 924

Michelozzo 534

Michelson 541

Midrasche 860

Mikrokosmos (Gegs. Makrokosmos) 558, 560, 563, 574, 660, 714, 962, 972, 1152, 1190 (s. a. Kosmisches)

Mill, J. St. 471, 480, 537, 893, 958

Milton 930 f.

Minäer 738, 767

Minerva 906

Minderheit, regierende 764, 780, 1016 f., 1116

Minerva medica 273

Ming-dschu 603, 1041 f.

Ming-ti 604

Minkowski 162[1], 541

minoische Kultur s. Kreta, Knossos

Mir 990

Mirabeau 195, 1011, 1048, 1063, 1077

Mirian von Georgien 869

Mirza Ali Mohammed 838

Mischna 605, 639 f., 744, 810, 860, 865, 949

Mischpacha 965

Mission, frühchristl. 438[2], 461, 800 f., 811, 825 f., 877 ff., 952

Mithräen 270, 289

Mithras, Mithraskult 145, 275, 281, 294, 516, 522 f., 636, 769, 800 f., 803, 813, 816[1], 834, 854, 867, 869 f., 871, 878, 947

Mithridates 788, 952, 955[1], 1161[3]

Mitleid 443, 446, 891

Mitra-Varuna 758

Mitteilungssprache 691 ff., 716

Mittelalter 30, 41 (s. a. Altertum)

Mittleres Reich, Ägypten 601, 663 f., 900[1], 928, 969, 1041, 1122

Möbelformen (als Rasseausdruck) 699

Mögliches und Wirkliches 73, 95, 153

Mönchtum 404[1], 437, 803, 840, 869 f., 892

Mörike 372

Mohammed 54, 182, 194, 438[1], 578, 612, 771, 795[3], 828, 845, 856, 860, 872, 931 f., 945

Moh-ti 63, 984, 1087[1], 1127

Moiren 961

Moissac, Dom 257

Moltke 966, 1116

Mommsen 15, 39, 600, 616, 650, 695, 797, 907, 1103, 1171

Monadentheorie 493, 533

Mondlichtzivilisation 685

Monet 372

Mongolen 747, 758, 782, 877

Monismus 205, 940, 943, 987

Monophysiten 491, 612, 637, 643, 770 f., 813, 873 f., 879, 923, 933, 1032[2]

Monotheismus 399, 522 f., 800[1], 876, 902

Montanisten 835, 868

Montanus 835, 866[1]

Montesquieu 766[1], 1060, 1075, 1081

Monteverdi 292, 297, 323, 363

Montezuma 717

Moral 403 f., 434 f., 437 ff., 443 ff., 452 f., 890 ff.

Mormonen 747

Morphologie, Wesen und Methode 8 f., 35 ff., 57 ff., 63 f., 66 f., 70, 129, 135, 140 f., 205 f.

Morphologie der Erkenntnisformen 81; Kultursprachen 741 ff.; Kunstgeschichte 265 ff.; mathemat. Operationen 116; Philosophie 63 f., 467 ff.; Religionsgeschichte 894 ff.; der Völker 759 ff.; der Wirtschaftsgeschichte 1156 ff.; der exakten Wissenschaften 549 ff.; der Weltgeschichte 135

Morphologie der Geschichte 6, 57, 63 f., 135, 140 f.

Morpholog. Verwandtschaft 8, 66

Mosaik 97, 235, 258, 277 f., 320

Moschee 235, 270 ff., 334 f., 610, 657, 740, 788, 839

Moses 639, 645, 805, 856 ff., 860

Moses Maimonides s. d.

Moskau 583, 659, 665, 789 ff., 974

Motette 296

Mozart 62, 106, 124, 145, 217, 268, 314, 326[1], 365, 375 f., 451, 966, 1046, 1119

M'schatta 280

Münze 151, 1156, 1161, 1163[2], 1164, 1168 ff., 1175 ff., 1181

Mütter (Faust II) 95

Mufti 639

Murillo 363

Murtada 398, 956

Museum 177

Musik 565; abendl. 292 ff.; antike 293; arab. 294; chines. 293; der Gotik 295 ff.; der Renaissance 305; des Barock 292, 296 ff.; Ende der 56, 287 f., 373; absolute 364 f.; und Malerei 283; als bildende Kunst 282 ff.

Musikinstrumente 84, 296 f., 364 f.

Musonius Rufus 1100

Muspilli 515, 547, 852[3]

Mutation (Gegs. Entwicklung) 591[1]

Muttertum 178, 341 ff., 680 f., 1006 (s. a. Isis, Demeter, Madonna, Marienkult, Gretchen)

Mykene 16[1], 19, 173, 176, 252, 656 ff., 700, 754, 762, 795, 1006

Myron 284, 291, 338, 363

Mystik 295, 468, 642, 794, 798, 813, 835, 837, 848, 901, 904, 914, 917, 921[1], 925, 935, 950, 1191

Mythos 512, 518, 884; abendl. 513 ff., 913 ff.; antiker 18, 191, 513, 907; magisch-arab. 516, 863; *physikal.* 399, 507 (s. a. Euhemerismus, Kultus, Geschichte)

Naassenerbuch 816[1], 866[1]

Naboned 808

Nabu 807, 844

Nach-denken 214

Nachfühlen 35

Nachrichtendienst 1137

Nagarjuna 945

Nahua 608 f.

Namen 76, 108 f., 148², 161, 510 f., 723 ff., 885

Namenzauber 109¹, 510

Napoleon 4, 23, 51², 52, 59 f., 65, 148², 151, 182, 186 ff., 191, 194 ff., 199, 396, 432, 445, 450, 465, 576 f., 602, 606, 643, 646, 666, 695, 727, 762, 775, 777 ff., 963, 966, 974, 1027, 1058, 1064, 1086 ff., 1097 f., 1114 f., 1138, 1154

Napoleonismus 1065, 1081

Nardini 298

Narses 643, 798

Nasoräer, Nazaräer 818³

Nation (allg. Morphologie) 688, 761–80, 1006, 1020, 1027 f., 1038 f., 1048; antik 765, 769; magischen Stils 636, 766–70, 801, 825, 950 f., 955

Nationalbewußtsein 775 ff.

Nationalökonomie 180, 741, 1145 f., 1176 f.

Nationalversammlung 1131

„Natur" (Gegs. Welt als Geschichte) 9 f., 77, 131 f., 138, 156, 185, 219, 579 ff.; antik und mag. 489

Natur, lebendige (Goethe) 35, 68¹, 75, 128

Natur und Geschichte 68, 73, 77, 127, 138, 206

„Naturalismus" 46

Naturerkenntnis (Gegs. Menschenkenntnis) 134, 136 f., 502 f., 511, 545, 551 ff., 884 ff., 1183 f.

Naturgesetz 127, 134, 502 ff.

Naturwissenschaft 200 f., 487 f., 884, 928 ff.

Nazzâm 321

Nebukadnezar 807

Negerstaat (Sklavenaufstand) 1093 f., 1096¹

Nehardea 798, 809, 812

Nemesis 169

nephesch 388, 399, 841, 888

Nero 174, 616, 717, 945, 1103 ff.

Nerva 681 f.

Nervaforum 255, 279

Nestorianer 271, 273, 294, 432, 491, 637, 643, 759, 770, 813, 837 f., 860¹, 867, 873 f., 874², 876, 878 f., 923

Nestorius 874

Neubrahmanismus 947

Neues Testament 639, 642, 818, 827, 834

Neumann, B. 366

Neuplatonismus 97, 321, 390, 842, 857, 861, 865

Neupythagoräer 321, 504, 803, 814, 857, 859, 865, 871

Newton 20¹, 29, 75, 95, 102, 105, 109, 124, 127, 134, 155, 162 ff., 206, 298, 305, 362, 367, 398, 454, 469, 491 f., 500 f., 504, 530 ff., 533 ff., 536 ff., 594 f., 1174

New York 45, 673, 685, 1127¹, 1167

Ngi-li 909

Nibelungen 478 f., 514, 788, 904

Nichtstand (Gegs. Stand, Stände) 1053, 1061, 1064, 1070, 1122

Nichtumkehrbarkeit 107, 127, 155 f., 170, 223, 543 f., 676, 1147

Nicolaus Cusanus 93, 95, 305, 949

Nietzsche 15, 32 ff., 34, 38 f., 41 fl., 49, 62 f., 68, 120, 126, 150, 206, 234, 246, 312, 317, 326, 332, 374, 377, 393, 401¹, 403, 422, 432, 435 f., 441 f., 443, 445 f., 448 ff., 456, 462, 465 f., 468⁴,

469 f., 472–81, 495, 527, 569, 695, 727, 930, 981, 987

Nihilismus 450, 456 f., 790, 898

Nikaaufstand 1032[2]

Nikäa, Konzil 282[1], 322, 804, 873, 875, 1060, 1092

Nikephoros 1094

Nikias 1038

Nikolaus I., Papst 1022

Nildelta (kulturell) 658

Nirwana 15, 454, 458, 463, 937, 945

Nisibis 271, 797 f.

Nobilität, römische 1001, 1016 f., 1071, 1118, 1124

nomos 630 f.

Nomos Georgikos 1002

Nora 33, 45[1], 480, 681

Normannen 253, 255, 645, 670, 697, 706, 735, 747, 776, 968, 979, 985, 1153, 1173

Nornen 961

Northcliffe 1138, 1142

Notitia dignitatum 993[1]

Notwendigkeit (organ. und kausal) 9, 36, 55 f., 63 f., 80 f., 127, 154, 502 ff. (s. a. Freiheit)

Nürnberg 46, 288, 665

Nützlichkeitskult 202 f.

Null als Zahl 89, 231

Numa 237

numen 211, 382, 510, 515, 518, 522 ff., 528, 723 f., 883 ff., 929

νοῦς 398 ff., 838, 842, 872, 888, 936

Oberhaus (engl. Parlament) 1021

Objekt politischen Geschehens 1015 f., 1111, 1132

Occam 852, 925, 928

Ockeghem 296, 314

Odoaker 682, 1102

Odyssee 1024, 1031

Odysseus 263, 445, 906

Ödipus 169 f., 187, 190 f., 235, 408, 410, 412

Öffentliche Meinung 1059, 1133

Ölmalerei 299, 304, 308, 315, 319, 322 ff., 341, 345 ff., 357, 362 f. (s. a. Malerei)

Österreich 777, 1077

Oetinger 938

Offenbarung s. Auslegung

Offenbarung Joh. 790, 814[2]

Oken 392

Okkultismus 941, 944

Oktavian 787, 1085 (s. a. Augustus)

Oktavius 1036[2]

Oldach 347[2]

Oldenbarneveldt 1043

Oldendorp 649

Oligarchie 614, 631, 1010, 1023[1], 1032 ff., 1039 f., 1050, 1055, 1105[1], 1132

Olivarez 1043, 1045

Olymp 239, 515, 518, 907, 935

Olympiadenrechnung 13[1], 173

Omar 933

Ommaijaden 150, 268, 936[1], 965[2], 1091

Oñate 1043

Onias 810

Oper 297, 363

Operation (mathem.) 116

Opfer und Gebet 239, 891, 802 f., 885, 889, 891

Ophelia 342

Opposition (engl. Parlament) 1075

Optimaten 1089, 1126

Orakel 173, 191, 847 f.

Oratorium 297

Orchester 84, 297, 326[1]

Orchomenos 176, 700[1]

Orden (relig.) 437, 803, 869 ff., 987

Ordensritter 968

Oresme, Nicolas v. 90, 99 f., 295, 358, 488, 928

Organismus (organ. Einheit im geschichtl. Bild) 12, 28 f., 35 f., 43, 55, 64, 66 f., 75, 140

Orgel 84, 509

Orgiasmus, orgiast. Kulte 301, 905

Origenes 278, 391, 444, 770, 813, 838, 846, 865, 871[1], 923[1]

Orlando di Lasso 296, 415

Ornament und *Imitation* 246 ff., 252 ff., 274, 294 f., 369

Orphiker 900, 905, 924

Orphische Religion 684, 891, 900, 904 f., 923, 944, 992, 995, 1029, 1039

orrusta und *orlog* (Ernst und Schicksal, germ.) 1109

Orsini 998

os intermaxillare (Goethe) 141, 205

Osmanen 747 f., 754

Osrhoëne 605, 770, 869, 898

Ossian 312

Ostgoten 586[1], 643, 706, 752, 762, 785

Othello 190, 407 f., 963

Othman 1091

Otto I., d. Gr. 19[2], 41

Owen 149

Oxenstierna 1043

Oxford, College 645, 1078

Pachelbel 284

Pacher 324

Pachomius 871

Pästum 303, 406

Paetus Thrasea 1105

Paine 1063[1]

Paionios 336, 365

palatini 798

Paläontologie 591

Palenque 608

Palermo 274, 280

Palestrina 130, 283, 296, 314, 315, 351, 355, 415, 507

Paley 1063[1]

Palladio 41, 534

Palma Vecchio 326

Palmyra 271[4], 605, 863

Panamakanal 59

Pandekten 644 f., 647, 649, 651

panem et circenses 46, 464, 781, 1150

Panku 944

Pantheon (Bau) 97, 269, 273, 458

Panzerschiff 1087

Papias 822[1]

Papinian 639, 642, 812

Papsttum 776, 980, 995 ff., 1021

Paracelsus 491

Paradosis 838

Paraklet 835, 859, 867

Paralier 1039

Parallelenaxiom 114, 120, 228[1]

Park 195[2], 310 f., 397

Parlamentarismus 1010, 1049, 1062 ff., 1074[1], 1075, 1078 ff., 1122, 1131[1], 1132

Parmenides 45, 58, 127, 496

Parsen 748, 849[1], 949 f., 953, 1169, 1086[4]

Parshva 931

Parsifal (Wagner) 149, 362, 374

Partei (Gegs. Stand, Gefolgschaft) 1053, 1121 ff., 1125 ff., 1132 ff.

Parteien, Ende der 1125 f.

Parteipolitik der kath. Kirche 1125[2]

Parteipolitik, Stimmenfang 1134 f.

Parther 143, 758, 796, 811

Parwati 178

Parzen 961

Parzival 58, 89, 94, 101, 124, 164, 184, 401[1], 403, 444, 505 f., 850, 885, 902, 931
Passah 803
Pataliputra 672, 683
Patina 327 f.
Patriarchen (byzant.) 854
Patrimonium Petri 997
Patriziat 923 f., 999 ff., 1023[1], 1032, 1053, 1071, 1126 (s. a. Plebs)
Paulikianer 335, 933, 950, 1093
Paulinisches Christentum 827 ff., 870, 875
Paulus (Apostel) 25[1], 321, 391, 438[1], 455, 461, 520, 624, 810, 813, 822[1], 824, 826–37, 841 f., 846, 870 ff., 875, 892, 1093[1]
Paulus (Jurist) 639
Paulusbriefe 826[4], 830
Pausanias (gr. Schriftsteller) 173, 897
Pausanias, König 632, 1002, 1053
Pazifismus 781, 955
Pehlewi 743, 758 f., 808[1], 860, 866 f., 875
Peire Cardenal 924
Peisistratos 145, 1034, 1040, 1060
Pe-ki 1082, 1084
Pelagius 851
Pelasger 697, 748, 765
Pelham 1063[2]
Peloponnesischer Krieg 529, 668, 1055, 1067
Penaten 660, 674
Penesten 968
Periander 1042
Perikles 12, 20, 79, 150, 176, 180, 268, 307, 326[1], 344, 403 f., 445, 1047
Periodizität und *Polarität* 4, 11, 25, 43, 148, 559

Periöken 1024[2]
Peripetie 263, 411 f., 448, 465
Peripteros 214, 256[1], 272, 289
perpetuum mobile 929, 1187
Persephone 178, 905
Perser 585, 602, 605 f., 614, 622, 637, 645, 711, 743, 746, 752, 756 ff., 760, 767 ff., 795 f., 803 f., 807[1], 824, 862, 866 ff., 880, 933, 950, 952, 1093, 1161[3]
Perserkirche, pers. Religion 636, 758 f., 769, 800, 801, 810, 832, 868, 871, 874, 878, (s. a. Mazdaismus)
Persönlichkeit (abendl. Begriff) 331, 402, 405, 918, 1114
Person, juristische (mag. Kultur) 634 ff., 767
Person und Sache (antiker Begriff) 112, 624 f., 651, 654, 1175 f.
Perspektive 83, 91, 219[1], 221, 306 f., 314 f., 318, 320 ff., 324, 362, 397, 400, 418, 424, 547
Pertinax 682
Perugino 322, 349, 358 f.
Pescenius Niger 616
Pessimismus (19. Jh.) 470, 475
Peter d. Gr. 22[1], 735, 788 f., 898
Petrarca 4, 19, 40, 149, 295, 328, 352, 924
Petrinismus 789 ff., 972[1], 1181[4]
Petronius 41
Petrus Damiani 912
Petrus Lombardus 918
Petrus Peregrinus 928, 1187
Pflanze und *Tier* 557 ff., 570, 660, 961 f., 1151 f. 1156, 1183; und Rasse 690, 696, 707 f.; und Beweglichkeit 714 f.; und Eigentum 983 f., (s. a. Freiheit und Verbundenheit, Kosmisches, Mikrokosmos)

Pflanzensäule, ägypt. 16[1], 262
Phallus 177, 235, 318, 342, 905
Pharisäer 813, 820, 826, 957
Pherekydes 904
Phidias 31, 62, 106, 124, 173[1], 267, 290, 302, 314, 338, 339[1], 342, 364 f., 458, 665, 1171[1]
Phiditien 1024
Philipp II. 147, 193, 196, 268, 414, 1043, 1174
Philipp IV. 1043
Philipp de Vitry 295[1]
Philipp von Makedonien 151, 1069
Philippi 1086, 1090, 1179
Philo 321, 442, 828, 837 ff., 841 f., 844, 872
Philoktet 170, 408, 416
Philosophie, antik 943; ägypt. 928; indisch 16, 615; gotisch 393; des Barock 928; des 19. Jh. 472 ff., 479 ff.; Goethes 68[1], 128 f., 141, 205; und Morphologie 57 ff.; morpholog. Epochen der Philos. 63 f., 207 ff., 468 ff. (s. a. Mathematik)
Phiops 260[3], 338
Phlogistontheorie Stahls 156, 491
Phöniker 88, 639, 770, 908[1], 1153, 1161[3]
Phratrien, Phylen 994, 999
Phrynichos 411
Physik 105, 156, 482 f., 486 f., 531, 538 ff.; Denkmethode der Physik 9, 204 f.
Physiognomik (Gegs. Systematik) 64, 69, 135 ff., 142, 155, 208 f., 286, 545, 549, 590, 703, 707 f., 727, 1108, 1147
Piero della Francesca 306, 310, 368
Pigalle 316
Pilatus 569, 820 f., 997, 1112, 1151[2]

Pilatusfrage 569, 820 f., 997, 1112, 1151[2]
Pindar 458, 891, 904
Pinselstrich 322 f.
Piombo, Seb. del 348
Pisano, Giov. 275, 304, 308, 336
Pistis sophia 816[1]
Pistis und Gnosis 838
Pitt 1075, 1112
Pittakos 630
Pi-yung 911, 995, 1002
Pizarro 751
Planck 493, 540, 541[1]
Plastik, absolute 364 f.; antike 150, 289 f., 331 ff., 354 f., 363 ff.; gotische 298, 303; der Renaissance 304 ff., 350 f., 352 ff.; des Barock 298 f., 315 f.
Plato 12, 18, 20, 31, 37, 38[1], 58, 63, 68[1], 76, 89 ff., 94 f., 97, 114, 124, 127, 133, 149, 161, 172[2], 173[1], 192, 207, 226, 343[2], 388, 397, 453, 468[4], 469, 506, 577, 621 ff., 740, 766[1], 833, 857 f., 860, 867, 903, 905, 914[1], 930, 946, 970, 1129, 1151[2]
Plebejer, Plebs 636[2], 991, 1002 ff., 1017, 1036, 1040, 1053 f., 1079 f., 1124[2]
Plinius 273[1], 345, 369, 549, 682
Plotin 75, 97, 110, 128, 150, 275, 278, 321, 391, 442, 491, 504, 744, 769 f., 797, 803, 838, 841, 853, 900
Plutarch 18, 391, 404, 1036[2], 1084[1]
Plutokratie 1001, 1061
pneuma und psyche 229, 391, 399, 423, 623 f., 635, 841, 851 f., 861, 869 f., 897
Pönitentiale 920[1]
Pöppelmann 366
Pogrom 952

Poimandres 816[1]
point de vue 311, 547
Polis 192, 429, 625, 766[1], 769, 777, 854, 965, 999, 1023, 1032 f., 1065 f., 1068 f., 1169
politeia 630 f.
Politik 976 ff., 1015, 1107 ff., 1116; innere und äußere 1119; persönliche 193, 1110; des Forums 1133 ff.; des Geldes 1131 f.
Politik, Theorie in der 1059 ff., 1076 f., 1127 ff.
Politik und Religion 699
Politik und Wirtschaft 1146
Pollaiulo 305 f.
Polybios 13, 680, 683, 1073
Polygnot 151, 192, 235, 285, 306, 315, 317, 363
Polykarp 861
Polyklet 37, 106, 151, 230, 290, 291, 298, 329, 333[1], 338, 363 ff., 375, 380, 412[1]
Polykrates 1035, 1153
Polyphonie 257, 294 ff., 299, 308
Polytheismus, antiker 517 f., 520, 522
Pompejus 50, 579, 616, 672, 787, 1036, 1084 f., 1090, 1103, 1117, 1129, 1135 f., 1168[1]
Pontifex maximus 804, 1034[5], 1070, 1135
Pope 329
Popularen 1089, 1126
Popularität s. Esoterik
populus Romanus 768, 1003, 1072, 1124[2] (s. a. Plebs)
Porphyrios 27[1], 488, 769 f., 813, 838, 852[1], 853 f., 868, 872
Portrait 16, 18, 136, 330 ff., 337 ff., 344 ff., 369; antikes 339, 344 f., 369, 380, 408; chines. 332; mag.-arab. 280, 333, 335; ägypt. 16

Portugiesen 775
Porzellan 298, 1186[2]
Poseidonios 390, 549, 860, 937
Positivismus 940, 944
Potentialtheorie Faradays 536
Potenz (mathematisch) 90, 99, 102
Poussin 284, 318, 363, 375
Prädestination 153, 184 f., 934
Prämonstratenser 663
Präraffaeliten 695
Prätor, Rechtsprechung 625 ff., 632, 641, 651; Entstehung des Amtes 1023, 1034 f.
Praxiteles 124, 291, 338, 343, 364 f., 379, 1046
Presse 667, 1061, 1063, 1119, 1136[2], 1137 ff., 1168
Priene 674
Priestertum, und Adel 515, 668, 739, 743, 901, 903, 925, 969 ff., 982, 986, 992, 995 f., 1003, 1006, 1012, 1039, 1060, 1122 f., 1150, 1155; und Gelehrsamkeit 986 ff., 1158; chines. 909, 995; faust. 995, 997; ind. 995; mag. 995
Priesterweihe, abendl. 648, 926
Priestley 1063[1]
Prinz von Homburg 170
Prinzipat 616, 1028, 1089 f., 1103 f., 1144
Privatrecht 633, 650, 1036
Probus 1029
Proculianer 634, 986
Proklos 442, 857, 867 f., 872, 874[3]
Prokop 268, 798
Propheten, proph. Religion (israel., pers., chaldäisch) 758, 800, 805, 808, 815, 817, 820, 833, 838, 841, 844, 856, 860 f., 870, 896

Proportion und Funktion 115; und Perspektive 362

Proskriptionen, röm. 1090, 1137, 1170, 1181

Protagoras 397, 421, 455, 468, 503, 529, 748

Protestantismus 151, 926 f., 1121

Proudhon 479, 1151[2]

provincia 1068 f.

Provinz 44 ff., 193, 672 f., 1036

Prozeß, physikal. 490, 500, 542; auf Geschichte übertragen 203

Prytanenamt 1023, 1031

Psellos 945

Pseudo-Clementinen 846, 864

Pseudomorphose 240, 271 ff., 784 ff., 800 ff., 814, 824[2], 829, 835 ff., 843, 933, 1160[2]

Psychologie (als Gegenphysik) 163, 381 ff., 409, 888

Ptah 663, 902

Ptolemäer 244[3], 602[1], 800, 1035, 1069, 1135[3]

ptolemäisches System der Geschichtsbetrachtung 24

Ptolemäus, Astronom und Geograph 549, 986; ptolemäisches System 24, 93, 126

Puget 316

Pulcheria 1030

Pumbadita, Hochschule 488, 798

Punische Kriege 148[2], 150, 429, 521, 581, 1001, 1016 f., 1047[1], 1073, 1082, 1088

Punktmenge 121[1]

Purcell 363

Puritanismus 151, 612, 878, 908, 930 ff., 938, 950, 956, 1040[3], 1043

Puvis de Chavannes 371[1]

Pygmalionsage 353, 354[1]

Pylon, ägypt. 289[1], 335, 622

Pym 934

Pyramiden 150, 175, 242, 592, 622, 750[3], 1018

Pyrenäenfrieden 1046 f.

Pyrrhus 50, 1071, 1088

Pythagoräer 84, 89, 95, 112, 124, 803, 904, 930, 986, 1050

Pythagoras 22[1], 54, 58 f., 77 f., 82, 86 f., 95, 101, 123, 151, 425, 468[4], 469, 506, 860[1], 861, 868, 885, 930, 932, 970, 1174

Quadratur des Kreises 111, 116

Quantentheorie 493, 540

Quantitäten, richtungslos 134

Quercia, della 308

Quesney 537

Quirinus 906, 1034

Rabbiner 639, 810, 825 f., 861, 951

Rabelais 332[1]

Radierung 360, 374

Räume, mehrdimensionale 120 f.

Raffael 146, 178, 284, 292, 296, 306, 314, 317, 337, 342, 348, 351, 356 ff., 534, 916

rah 845

Rahman 863

Rainald von Dassel 1026

Ramalegende 945

Ramses II. und III. 54, 61, 379, 428, 700, 753[1], 1102, 1106

Ranke, L. v. 5, 30, 129, 611

Raskol, Raskolniken 898

Rasse 689 ff., 698 ff., 703 ff., 708 ff., 727, 730, 754 f., 973, 978, 1013, 1059, 1110, 1142, 1147, 1152

Rasseschönheit 706

„Rasseselbstmord" 683

Rationalismus 670, 908, 935 ff., 942, 1040[3], 1049, 1059, 1062, 1074, 1129, 1143, 1188, 1191 *ratio scripta* 647

Raubritter 1155

Raum 7[1], 78, 92, 109, 113, 120 f., 162 ff., 214 f., 217 f., 223 ff., 235, 396 f., 511; in der Kunst 78, 230, 234 f., 395 f. (s. a. Zeit)

Ravenna 98, 258, 267, 273, 280, 659

Rayski 347[2]

Recht 986, 1026; und Macht 630, 1011; und Wirtschaft 630, 650 ff., 1175; und Sitte 1008; und Geld 1193 f.; ägypt. 634[1]; babylon. 645; chines. 634[1]; antik. 624 ff., 632 ff.; arab.-mag. 634 ff., 639 ff., 642; german. 644 ff.; abendl. 644 ff., 647 f.

Rechtswissenschaft, röm. 626, 633; abendl. 651 f.

Reformation 45, 150, 607, 665, 732, 862, 880, 901, 922 ff., 953, 1040[3], 1138

Reformchinesen 955

Reger 720

Relativitätstheorie 162[1], 540 f., 550

Relief, ägypt. 243; antik. 236

Religion, allg. 458 ff., 571, 724, 815, 821 ff., 854, 880 ff., 893, 1113, 1183

Religion, abendl. 911 ff.; ägypt. 896[1], 900, 902; antik. 89, 517 ff., 527 ff., 625, 799 ff., 896 ff., 902 ff., 1039 f.; arab.-mag. 799 ff., 841 ff., 862, 868 f.; assyr.-babylon. 769, 806, 810; chines. 625, 908 ff.; etrusk. 906[1]; Fellachenrel. 937, 947 ff.; primitiv. 894 ff.; röm. 517 ff.; russ. 898, 921[1], 1181[4]

Religionsgeschichte (Morphologie) 894 ff.

„Religiosität, zweite" 145, 488,

530, 548, 941 ff., 946, 1040[3], 1107, 1130

Rembrandt 31, 110, 127, 139, 151, 170, 183, 235, 238, 241, 284 ff., 292, 302, 309, 314, 316, 319, 325 ff., 337, 339 f., 345, 347 f., 358, 360, 363, 368 ff., 372 ff., 380, 382, 409, 665, 921, 1189

Renaissance 150, 290 f., 296, 300 ff., 348–53, 355, 357–60, 608, 621, 776, 916 ff., 918, 924, 999; math. 97; jur. 646; karoling. 657; rass. 697, 706[1], 711

Renoir 376

Republik der Gegenwart 1076

Re-Religion 900 ff., 923, 997

Resain 798

Resch galuta 640, 770, 809, 811, 854

responsa 639

Retz, Kardinal 1045

Revolution, bürgerl. 742, 1056 ff., 1096[1], 1118; ägypt. 1095 ff.; antik. 1065 ff.; arab. 1090 ff.; deutsch 577, 1058[1], 1118, 1131; engl. 1058, 1074 f., 1125; franz. 193, 577, 683, 778, 953, 1000, 1012[2], 1013, 1040 f., 1047, 1057[1], 1058, 1074, 1086, 1118, 1125, 1131, 1138

Retzius 709

rex sacrorum 1024, 1034[5]

Rhetorik 48, 1133, 1136, 1139

rhetrai 630 f.

Rhodes, Cecil 5, 51 ff., 445, 447, 1016, 1106, 1135, 1154 f.

Richard III. 413

Richard Löwenherz 1022

Richelieu 446, 603, 1017[1], 1042 ff., 1060, 1065

Richter 625 ff., 651 f.

richtig und *falsch* 128 ff., 156

Richtung (Gegs. Ausdehnung) 73, 76, 107 f., 134, 153, 158 f., 199, 211, 223, 249, 563 (s. a. Takt, Spannung, Schicksal)

Riemann 83, 94, 99, 120, 124, 164, 407, 539

Riemenschneider 346

Rigveda 150

Ritterzeit, arab. 794 ff.

Robert der Teufel 1020

Robespierre 182, 194, 579, 1056, 1064 ff., 1105, 1112, 1120[1], 1141

Rodbertus 1064

Rodin 316

Römer 612, 625, 819 f., 848, 954, 959, 1084, 1161[3]

Römertum 36, 44, 49 f., 61, 755

Römisches Imperium 643, 869, 878, 946, 1006, 1035, 1089

Röm. Recht 624 ff., 645, 649, 767, 798, 1175

Roger II. 1173

Rokoko 279, 298 f., 365 f., 664, 695, 703, 1080, 1086

Roland, Madame 1134

Rolandslied 514 f., 904

Romanos 1094

Romanow 788 f.

Romantik, Romantiker 38, 145, 325, 354[1], 372 ff., 392, 720, 776, 1056

Roosevelt 683

Rore, de 304, 324, 326

Rosenkranz 912

Rosselino 348

Rossini 343[2], 377

Rot 317 f., 325

Rottmann 372

Rousseau 46, 184, 188, 195, 196[1], 267, 371, 446, 451, 463, 466, 473, 527, 577, 908, 937, 1027, 1049, 1064, 1092, 1127 f.

ruach 387, 399, 839, 841 f., 888

Rubens 269, 327, 332[1], 346 f., 356, 372 f., 380, 534

Ruinen 328 f.

Rundbogen und Säule 278 f., 304, 307, 352

Runen 16[2]

Runge 372

Rurik 788, 985

Russentum 22[1], 31, 394 f., 610, 659, 704, 761, 788 ff., 898 f., 921[1], 929, 957, 972[1], 990, 1006, 1181[4], 1190[1]

Rutherford 492, 541

Rutilius Rufus 1137[2]

Ruysdael 318, 363

Saba, Sabäer 30[1], 271[1], 272[2], 287, 637, 738, 767 f., 786, 795, 811, 839, 848, 869

Sabazios 800

Sabbatfeier 808

Sabinianer 634, 986

Sacharja 808

Sachenrecht 625, 650 ff.

Sachsen 748 f., 760

Sachsenspiegel 626, 629, 635, 646

Sadduzäer 813

Säule 16[1], 214, 256, 262, 264, 277, 290[3]; dorische 11, 235, 395 (s. a. Rundbogen)

Säulenheilige 870

Sahu-rê 243[1], 260[3], 262

Saint Simon, Graf (Sozialist) 1064

Saint Simon, Herzog 764, 1002[1]

Sakramente 235, 438, 648, 803, 851, 866, 918 ff., 935

Salier 432, 776, 1034

Salomo 813, 816[1], 842, 861

Salomon Maimon 957

Salomonischer Tempel 659

Samarra 674, 675[1], 683

Sammler (abendl. Typ) 19

Samuel von El Hira 796

Sandzahl (Archimedes) 93

Sangallo 352

Sankara 947

Sankhyalehre 451[1], 455, 939

sansara 938

Saoshyant 823, 831, 835[1], 867

Sarapion 870

Sarapiskult 522, 941

Sarden 753

Sargon 601, 757

Sarkophag 176

Sassaniden 848, 965[2], 993[1], 1029 f., 1090

Sassanidenreich 98, 275, 600, 605, 637, 759, 786, 794 f., 869, 933, 991, 996, 1017

Satz 206, 723, 725, 731

Savelli 998

Savonarola 301, 421, 444, 623, 916, 922 ff., 1032[2]

Scaevola, M. (Jurist) 633

Scarlatti 282[1]

Schachtgräber 176

Schadow 695

Schädelform 696, 705, 709 f.

Schah (mag. Herrschertyp) 1029

Schamir Juharisch 795

Schang-Dynastie 601[1], 602 f., 909, 1006, 1030[2]

Schapur I. 865 f.

Schapur II. 866

Scharnhorst 196[1]

Scheich ül Islam 854

Schelling 392, 469, 474, 622

Schi 603, 1083 (s. a. Hoang-ti)

Schicksal (Gegs. Kausalität) 9, 35, 69, 152 f., 199, 206, 211, 248, 500, 544, 546, 574, 684, 693, 883, 961, 989, 1148 (s. a. Richtung, Zeit)

Schicksalsidee, antik und abendl. 152 f., 169 f., 185 ff., 190 f.

Schicksalstragödie, antik 192

Schicksal und *Zufall* 128, 181 ff., 194

Schießpulver 357, 428, 1186[2]

Schi Hoang-ti s. Hoang-ti

Schiiten 769, 845[1], 957, 1092

Schi-king 909, 995

Schinkel 695

Schirazi 956

Schlagworte, polit. 1060 f., 1128, 1137

Schliemann 19

Schlüter 316, 366

Schmiede (Zunft) 1159

schön und häßlich 249

Scholastik 295, 387, 468, 618, 647, 652, 763, 794, 798, 813, 837, 860, 901, 905, 914, 925, 928, 938, 1141; arab. 798, 837, 851, 864

Schongauer 324

Schopenhauer 9, 32 f., 39, 63, 91, 164, 393, 436, 449, 453 f., 469, 471, 473, 475, 479, 987

Schrift 16[2], 608, 685, 692, 714, 737 ff., 740 ff., 748 f.; chines. 604; mag. 738, 855; Ornamentik 250[1], 253[3], 740

Schriftsprache 732, 739, 742, 745

Schütz, Heinr. 283, 363, 415, 508, 695

Schuiski 789

Schu-king 909

Schulchan Aruch 956

Schule, allg. 718 f.; antik (philosoph., ärztl.) 986 f.

Schwabenspiegel 646

Scipionen 48, 180, 255, 577, 1069, 1073 f., 1084, 1089, 1099, 1104[4], 1126

Scott, Sir Walter 129

Sedan 49, 777, 966

Seelenkörper und Seelenraum, antik und abendl. 386 ff.; Seelenteile, antik, Seelensubstanz, mag., Seelenkräfte, abendl. 389 f., 888 f.

Seelensteine 841[1]

Seele und Welt 72, 211 f.; Seele als Idee eines Daseins 153; der Kultur 74; Seelenbild 382 ff., 386 f., 389 f.; ägypt. 241, 910[1]; chines. 910; antik-apollin. 155, 234, 240 f., 388 ff., 888; mag.-arab. 390, 888; abendl.-faust. 234, 238 f., 335; russ. 394 (s. a. Stil, Geist)

„Seevölker" 682, 687, 710, 751 ff., 760, 765

Segelschiffahrt 428

Sehnsucht s. Weltangst

Sekten 1127

Selene 192[1]

Seleukiden 252[1], 760, 769, 789, 806, 848, 1069

Seleukos 92

Se-ma-tsien 1082, 1084[1], 1129[2]

Semper 284

Senat, röm. 631, 634, 1052 ff., 1070 f., 1103 ff., 1124, 1137

Seneca 18[1], 46, 213, 406, 945

Senior Salman 951

Sensualismus 451[1], 455, 473

Septimius Severus 523, 602, 616, 659, 794, 798, 1102

Serben 750[1]

Serenos 85

Sertorius 1097[1]

Servet 927

Sesostris I. 110, 267, 1041

Sesostris III. 267, 1041, 1095

Sethos I. 614

Seuse, Heinr. 917

Sextus Pompejus 1097[1]

Sexualprobleme 202 f.

Sezessionskrieg, amerik. 673, 754, 1001, 1087, 1172[3]

Sforza 350

sfumato (Lionardo) 307, 356

Shaftesbury 195, 766[1], 1063[1]

Shakespeare 183[3], 186, 188, 191, 204, 263, 283, 330, 373, 409, 413, 415 f., 418, 443, 454, 508, 777, 931, 1105[2], 1139

Shaw, Bernard 48, 441, 447, 454, 462, 470, 472, 474–81, 680, 1153[2], 1167[1]

Sheridan 1074

Shiva 945, 947

sibyllin. Bücher 856[3]

Siebenjähr. Krieg 585

Sieyès 1011

Signorelli 285, 309, 312, 346, 348, 356, 543, 917

Sikuler 753

Simone Martini 303

Simplikios 860

Sinuhet 1041

Sitte und Moral 434[1], 702, 890 ff., 981 f., 1007, 1150

Situationsdrama (Gegs. Charakterdrama) 170

Skalden 514, 744, 994

Skeptizismus 63, 552, 939, 952, 948

Sklaven, Sklaverei 49, 625 f., 654, 756[1], 765, 992[1], 1070[2], 1089, 1124[2], 1129[3], 1159[3], 1160, 1168, 1171 ff., 1184

Sklavenaufstand im Irak 1093 f., 1096[1]

Skopas 338, 346, 365

Skopzen 898

Sluter 336

Smith, Adam 537, 986, 1146

Soferim 810

Sohar 845

Sokrates 18, 46, 443, 448, 450, 451[1], 464, 527, 529, 885[1], 902, 936 f., 939 f., 943

Sol 145, 522, 770, 800, 869

Soldatenkaiser 602, 977

Solon 17, 627[1], 629, 643, 648, 762, 904, 1011

soma 112, 169, 174, 225, 235, 289 f., 330, 409, 624 f., 765, 843 f., 891, 1037

Sonate 297, 363

Sonnengesang des hl. Franz 915

Sophisten 451[1], 577, 939, 943, 1084, 1127

Sophokles 11, 33, 146, 169, 183[3], 344, 378, 406 f., 412, 425, 442, 522, 685, 740

Sophrosyne 263, 352[1], 389, 400

Sorel 1057[1]

Sorge (ägypt., abendl. Urgefühl) 16, 177 ff., 341, 442, 1006 f.

Sowjetrußland 1016, 1146

Sozialdrama 203

Sozialismus, ethischer 180, 435, 442, 448 f., 455 ff., 462–66, 471, 476; polit. 614, 650, 955, 986, 1079, 1129, 1143, 1147, 1193

Spannung 73, 495, 559, 840 f. (s. a. Takt)

Spartakus 1093, 1096[1]

Spartiaten 747, 1024, 1067

Spencer 938

spenta mainyu 844, 855, 872

Sphairos 1129

Spinoza 391, 533, 838, 852 f., 874, 951, 956

Spitzweg 325

Sport 49 f., 678

Sprache 385[1], 689 ff., 712 ff., 722 f., 730 ff., 741 ff., 1051[1] (s. a. Kultursprachen, Wortsprache)

Sprache und *Sprechen* 248, 691, 694 ff., 704 ff., 717, 742 ff.

Staat 174, 179, 1005 ff., 1025 f.

Staatsmann 1107 ff., 1112 ff., 1118 ff., 1155

Staat und Kirche 854

Stabat mater 303, 922

Stadt, symbol. Anlage 250, 312, 451, 660 f., 672 ff.

Stadt, Wesen der 660 ff., 673 f., 675 ff., 762 f., 998 ff., 1032, 1035, 1038, 1121, 1157, 1162 (s. a. Dorf, Markt, Weltstadt)

Stadtmensch 45, 661, 670, 677 ff., 998 ff., 1008

Ständestaat 1026, 1031, 1034, 1038, 1120

Stände und Staat 988 ff., 1006, 1009 ff., 1011–19, 1025 ff., 1038 f., 1055 (s. a. Urstände, Adel, Priestertum, Bauerntum, Bürgertum)

Stahl 491

Stamitz 230, 298, 365

Stand 964, 966 ff., 990, 1120 ff., 1157 f. (s. a. Faktion, Nichtstand, Partei)

Standesideale (Gegs. Berufsinteresse) 980, 1121

Statik, physikal. 20, 105, 489, 499

Statik und *Dynamik*, antik und abendl. 234 f., 389, 404, 533 f.

Statistik 131, 544

Statue 78, 229, 236, 289 ff., 332 f., 338 f.

Stein, Frhr. v. 1167

Steinbau (als Symbol) 16, 241 ff., 251, 673

Stendhal 373, 409

Stenographie 741

Stiertafel, ägypt. 259

Stifel 232[1]

Stil 146, 258 ff., 284, 595; und Geschmack 658, 702; und Kunstgewerbe 378; Stilgeschichte 258 ff., 664 ff., 684, 702

Stil der Seele 79, 146, 265; des Erkennens 81, 83, 163, 392, 400, 467 f., 495 f.; der Geschichte 188, 191 f.; der Mathematik 83; der Moral 437, 439 ff.; der Wirtschaft 1146, 1156 f.

Stirner 441, 471

Stoa 442, 449, 454, 458, 461, 839, 848, 943 f., 948, 986

Stoff und Form 230, 355, 841, 1175

Stoizismus 44, 46, 49, 63, 150, 180, 403, 443, 449 ff., 455 ff., 463, 466, 471, 526, 614, 911, 937, 1020, 1084, 1104, 1129[3]

Storm 408

Straßenbild, Symbolik des 312

Strindberg 33, 45[1], 48, 441, 450, 480

Stuart 1010[1], 1043, 1047

Suezkanal 59 f., 429

Sufismus 297, 769, 788, 838, 853, 938, 950, 956

Suhrawardi 321

Suite 363

Sulla 181, 616, 787, 943, 1084 f., 1090, 1095, 1105, 1112, 1134, 1137, 1170

Sultanat 1092, 1094

Sumer 601

Sumerer 711, 737

Sunga-Dynastie 604

Sunna 933

Sun-tse 1082[3], 1084[2]

Sura 798

Su-tsin 1082, 1084

Swedenborg 938, 950

Sylvester II., Papst s. Gerbert

Symbol 4, 16[1], 19, 47, 57, 64, 69, 75 f., 76, 83, 109, 122, 136, 148, 153, 186, 211, 225, 248 f., 251, 331, 369, 430, 484, 486, 512, 774 f., 1077

Symbolik, universelle 43, 64, 70, 113, 210 ff., 331

Synagoge 270 f., 274[1], 812, 814, 868

Synedrion 811, 826, 834, 848

Synesios 867

Synkretismus 271, 636, 769, 800ff., 831, 837 f., 854, 869, 877, 909, 944

synkretist. Kirche 635 f., 801, 827

„Synode des Antichrist" (Rußland, 1667) 898

Synoikismos 675, 765, 999, 1033 ff., 1053

syrisch-röm. Rechtsbuch 629, 638, 644

System, systematisch 135 f., 155 ff., 163 f., 207, 498 f., 545, 693 (s. a. Physiognomik)

Szenenwechsel 418

Tabu 109 f., 161, 167, 693 ff., 699 701, 716, 885, 903, 981, 986, 1156 (s. a. Totem)

Tacitus 13, 15, 173, 612, 631, 727, 847, 1036, 1105[3]

Tai-dsung 879

Takt, kosmischer 147, 559, 577, 727, 892, 966, 976 f., 979, 1014, 1059, 1115, 1147; physiognom. 152, 246, 611, 712; und Spannung 563, 575, 677, 692 f., 971

Talleyrand 267, 583, 1017[1], 1117

Talmud 390, 392, 504, 605, 637,

640, 643, 769, 809[1], 810, 827, 837, 852[1], 856, 858[2], 859, 866, 870[2], 879 f., 906[1], 949, 951, 956

Tammany Hall 1127[1]

Tannaim 639 f., 810, 827, 864 f.

Tanvasar 865 f.

Tanz 247

tao 19, 244, 910 f., 936, 994 ff.

Taoismus 782, 909[1], 911, 936 ff., 944, 947 f., 1082, 1099, 1105[2], 1127

Targum 864

Tarquinier 14, 632, 906, 1024, 1034, 1040, 1051 f.

Tartaren 788, 952

Tartini 298, 354[1]

Tasso (Goethe) 170, 416

Tat, Tätigkeit 402, 404[1], 436

Tatsachenmenschen 132, 447, 575, 1112

Tatsachenphilosophie (der Spätzeit) 49

Tatsachen und Wahrheiten 185, 485 f., 569, 742, 820 f., 884, 1001, 1008 f., 1014 f., 1060, 1109, 1184

Taufe 215, 637, 648, 766, 803, 859, 861, 918 f., 926, 1181[4] (s. a. Buße, Gnade)

Tausch 670, 1161 ff., 1182

Technik 606, 730, 885, 928, 1086; des Krieges 1086 ff. (s. a. Theorie; vgl. Maschine, Ingenieur)

Teiresias 237, 903, 992

Telegraph 1087

Telemach 1031, 1121

Teleologie 157

temenos 237[3], 975

Tempel 229, 899

templum 237

Tempo und Dauer 147 f., 976 (s. a. Habitus)

Tenochtitlan 607, 609, 666, 673 f.

Teresia, Heilige 444, 850

Terpander 288

Tertullian 639, 796, 835, 838, 851[1], 865, 867[1], 923[1]

Teufel, Teufelskult 240, 399, 845[5], 912 ff., 926, 931

Teufelsliteratur, protestant. 926

Teutonen 760, 1096

Teocalli 606

Tezcuco 633, 673

Thales 468, 487

Thaletas 288

Theben 668, 672

themis 1026 f.

Themistokles 11, 38, 146, 191, 445

Theoderich 602, 659, 1106

Theodor von Studion 1092, 1122

Theodosius 647, 1030

Theodot 813

Theognis 1035

Theokrit 458, 720

Theorie, naturwiss. 131, 482 ff., 489, 491, 507, 519 (s. a. Arbeitshypothese)

Theorie und Technik 507 f., 543 f., 884 ff., 928, 1159, 1183 f.

Theotokos 178, 342, 813, 874[2]

Thermodynamik 486[1], 493, 542

Thersites 982

Theseus 909, 993

thesmoi 630

Thespis 411, 416

Thiniten 252[1], 762, 896[1], 901, 1006

Thoma, Hans 372

Thomas (Apostelgeschichte) 866

Thomas von Aquino 26, 184, 394, 506, 744, 916, 918

Thomas von Celano 904

Thomasakten 835[2], 846, 864, 866[1]

Thorwaldsen 316
Thoutreligion 900
Thukydides 12 f., 173, 581
Thurioi 674, 932
Thutmes 249[1]
Thutmosis 19, 126
Tiberius 146, 182, 529, 762, 815, 1094, 1103, 1154
Tiefenerlebnis 218 f., 221, 233, 386, 495 f., 511, 724
tief und flach 129, 1184[4]
tien-hia 1021
Tien-tse 954
Tiepolo 363, 375
Tiergötter 896 f.
tiers 1000, 1002 f., 1013, 1075, 1123, 1158 (s. a. Bürgertum)
Tiglat Pileser 757
Tilly 1044
Tintoretto 269, 308
Tippo Sahib 196
Tirans 176, 700, 754, 762, 795
Tirso da Molina 414
Titel (Götter) 523
Titus 804
Tizian 145, 284, 292, 299, 312 f., 315, 323, 326 f., 347, 352, 360, 368
Tlaskalaner 612
Tod 160, 165, 574 f., 974, 1148; und Gewordenes 73; und Zahl 94; und Raum 214, 241, 880 f., 986; und Moral 892 f.
Töne 284
Togrulbek 1095
Toleranz 437, 527 ff., 802
Tolstoi 22[1], 33, 215, 395, 791 ff., 823, 898, 1181[4]
τὸμῂὄν 86, 227, 256
Topinard 705
Tora 639, 810, 834, 856 ff., 862, 949; geheime 858

Torics 1049, 1074[1], 1091, 1125
Torpedo 1087
Torso 329
Totem und Tabu 167, 693 ff., 699, 701, 885, 903, 981, 1156 (s. a. Tabu)
Totenbuch 817[1]
Tours und Poitiers 788
Townshend 1049[2]
Tracht als Symbol 211
Tradition 976 f., 1008, 1014, 1017, 1056, 1076 f., 1101, 1115 f., 1121, 1132[3]
Tragik 170, 183[3], 186 f., 407 f., 415, 561
Tragödie, griech. und abendl. 264, 406 ff., 411 ff., 415 f.; des Seneca 18[1], 406
Trajan 54, 273, 279, 523, 604, 634, 682, 796, 949, 1102
Tramilen 753
Transformation 115, 123
Trdat 869
Tribonian 642
Tribunat 631, 634, 1002, 1011, 1040, 1049, 1052 ff., 1080[1], 1089 f., 1104, 1124, 1133[2], 1143
Tribus 994, 1002 f., 1036 f., 1052, 1070, 1072, 1103[1], 1124[2]
Tridentiner Konzil 193, 319, 444, 879 f.
Tripertita des Aelius Paetus 633
Tristan 18[1], 239; Oper 283, 362, 374, 409, 509
Triumvirn 1035, 1069, 1095
Trojanischer Krieg 13[1], 585, 668, 904, 972
Trotzki 1106
Troubadour 144, 718, 744, 796, 924
Tschandragupta 968
Tschang-lu 947, 994

tschan-kuo 1081, 1088
Tscharvakalehre 681
Tschudra 953, 967 f., 990, 1004
tschun-tsiu 1047, 1088
Tseng 1030[4]
Tsin 52, 600, 603, 761, 782, 1014, 1081[1], 1082 f., 1090, 1129
Tsu 761, 1014
Tudor 649, 1032, 1049
Türken 606, 710, 748, 954, 1094 f.
Tugend als Wissen 937
Tung Tschung-schu 1021[2]
Turfanfunde 816[3], 867
Turenne 1045
Turgot 537, 1074[1]
Turscha s. Etrusker
Tyche 169, 190, 935, 1035
Tyrannis 151, 614, 631[1], 1013, 1023[1], 1039 ff., 1050, 1052 f., 1054, 1065, 1083, 1121
Tyrannis, Zweite 1047, 1052, 1056, 1058, 1065 f., 1086, 1170

Udjein 672
Übermensch (Nietzsche) 476
Uhde 371[1]
Uhland 796
Uhr 19 f., 172, 174 f., 547, 1186[1]; ägypt., babylon. 20, 172, 175, 1186[1]; griech. 20, 172[2]; ind. 174; deutsch 19[1], 175, 547; Räder-, Taschen-, Turmuhr 19[1], 175; Sonnen-, Wasseruhren 20, 172, 172[2], 175, 175[1]
Uiguren 878
Ulema 639
Ulpian 639, 770, 812
Umwelt 80, 131 (s. a. Makrokosmos)
Unam sanctam (Bulle von Bonifaz VIII.) 1025
Undershaft (Shaw) 478, 1153[2]

Unfehlbarkeit des Papstes 623; des mag. consensus 854
Unfruchtbarkeit 679 ff., 683
Ungläubige (mag. Kultur) 637, 759, 771, 809, 811, 825, 859, 932, 967
Unio mystica 900
Unsterblichkeit 176[2], 394, 624
Unterhaus (engl.) 1021, 1032, 1125
Unternehmer 1150, 1153 f., 1190
Unterscheidungsorgane 560
Uran-Atome 546
Urchristen(tum) 457[1], 793, 816[3], 823, 827, 957
Urgefühle 107 f.
Uriel Acosta 951
„Urmarkus" 830[1]
Urpflanze Goethes 141
Urphänomen 131[1], 140 f., 150[1], 152, 158, 185, 315
Ursache haben (Gegs. Vergangenheit) 198
Urstände 668, 901, 969 ff. 1020, 1122, 1123[1], 1155, 1158 (s. a. Stände, Stand)
Ursymbol 226 ff., 233 f., 331, 361, 900, 992; ägypt. (Weg) 242 ff., 255; antik (Einzelkörper) 228 ff., 256; magisch (Welthöhle) 847 f.; abendl. (unendl. Raum) 227 ff., 255 f., 310; russ. (Ebene) 259, 394 f.
Urvölker 759, 762 (s. a. Volk)
Urworte 153, 382, 692, 732, 735
Uxmal 608, 673

Valentinian 642, 861
Valentinus 865, 872
Valmy (Schlacht) 35, 197, 1138
Vandalen 697
van der Weyden, Rogier 305

van Dyck 323
van Eyck 348, 395
van Gent, Justus 305
van Goyen 285, 369, 373
Varro 14, 506, 848
Varus 603, 682, 748, 1171
Vasari 247, 916
Vasco da Gama 430
Veda 734, 744, 923, 994
Vedanta 449, 453
Vegetarismus 462
Vektor 397; Vektoranalysis 162; Vektorenrechnung 122
Velasquez 193, 292, 323, 347, 363, 372, 458
Vellejus Paterculus 265
Vendémiaire, dreizehnter 1058
Vendidad 813, 866, 956
Verbrennungstheorie (Lavoisier) 492
Verbum 728 f.
Verfassung, in Verf. sein 1005, 1015 ff., 1034, 1076 f., 1119, 1123 f., 1133[1]
Vergänglichkeit 216 ff.
Vergangenheit 73, 198 f., 214 f., 248, 499 f.
Vergennes 1057
Vergleich, histor. 4 ff., 35, 75 (s. a. Homologie, Gleichzeitigkeit)
Verismus 345
Verkehr 1158[3], 1189
Verlaine 312
Vermeer 285, 325, 327, 363
Vermögen und Besitz 1165, 1167
Vernunft und Verstand 570 f., 935 f.
Veronese, Paolo 310, 326
Verrocchio 288, 304, 306, 348
Versailler Frieden 1088
Verstehen 565 f., 881 ff.
Vespasian 676, 812

Vespucci, Amerigo 754
Vesta 660, 673, 1028, 1149
Vestalinnen 1034
Viadana 297
Vieta 97
Vignola 118, 193, 254, 401, 531, 534
Villanovagräber 1161[2]
Vindex 616
Violett 318
Vischer, Peter 288
Vischnu 945, 947
Vitruv 264
Völkerbund 52, 1082, 1099
Völkernamen 747 f.
Völkerrecht 626, 1011
Völkerstraßen 795[5]
Völkerwanderungen 142 ff., 144[2], 749 ff.
Völuspa 238, 514, 547, 952[3]
Vohu mano 835[1], 855, 867, 872
Volk (Urvolk, Kulturvolk, Fellachenvolk) 688, 746 ff., 754 ff., 759 ff., 767, 1006 f., 1108 f.
Volkssage 514 ff., 926
Vollendung 73, 141, 160
Voltaire 89, 186[1], 195, 577, 935
Vorkonfuzianische Philosophie 902
Vorsokratiker 58, 227, 902, 905
Vries, de 591[1]

Wachsein (Gegs. Dasein) 214 f., 223, 563, 567, 572, 579, 618 f., 715 f., 923
Wachseinsverbindungen 689 f., 715 f.
Wagner, Richard 48 f., 67, 130, 149 f., 286 f., 287, 315, 362, 368, 374 ff., 420, 449, 456, 458, 466, 475 f., 478, 480 f., 549
Wahlrecht 1061, 1103[1], 1119, 1143

Wahrheit (Gegs.Tatsache) 569 ff., 720, 730, 884, 893 f., 1139

Wald und Dom 508

Walhall 238 ff., 515 f., 518

Wallenstein 150, 191, 585, 603, 798, 1042 ff., 1065

Walpole 1049[2]

Walther von der Vogelweide 416, 796, 903

Wang (Titel-König) 946, 1030

Wang-dscheng (Hoang-ti) 603, 1083, 1090

Wang-hü 52

Ware (Gegs. Gut) 1162, 1164, 1176[1]

Washington (Stadt) 151, 675

Wasmann 347[2], 372

Watteau 145, 195[2], 268, 283, 299, 318, 326[1], 327, 363, 373

Wehrpflicht, allg. 1086, 1098

Weib und Geschichte 179, 341, 912, 961 ff., 1148 f.

Weierstraß 83, 165

Weininger 480, 957

Weißenberg 768

Wei-yang 1084

Wellington 1067

Welser 1001

Welt als *Geschichte* (Gegs. Natur) 7, 10, 34 f., 153, 383, 498, 579 ff., 1004 f., 1194

Weltangst 108 f., 127, 160, 215, 574, 723, 880, 1152

Weltangst und Weltsehnsucht 107 ff., 154, 815

Weltanschauung 74, 153, 216 f., 225 f., 575, 849, 936

Weltausstellung 61

Weltbild s. Welt als Geschichte, Weltgeschichte, „Natur", lebendige Natur

Weltblick 26, 36

Weltende 25, 545, 547, 865

Weltfrieden 782, 1106, 1110

Weltgefühl 92, 213, 225, 526; mag. 24, 585 f.

Weltgeschichte 3, 20 ff., 34 f., 97, 126, 139, 465, 661, 667, 1194; faust.-abendl. 586 f.; mag. 24, 585 f., 849; kopernikan. Betrachtung 24, 126

Welthaftigkeit 212

Welthöhle (mag.) 92 f., 225, 270, 526, 835, 840 ff., 854

Weltkrieg 36, 65, 67, 148[2], 151, 589, 669, 1079, 1098, 1126, 1130, 1139[1], 1146, 1176

Weltliteratur 684

Weltmonarchie 432

Weltraum, unendl. 110

Weltschöpfungssagen 810[1], 859

Weltstadt 37, 44 f., 146, 451, 659, 666 f., 672 ff., 763, 780, 1101 (s. a. Provinz)

Welt(stadt)wirtschaft 1157, 1166

Weltsystem des Aristarch 92 f., 181; des Kopernikus 92 f., 126, 181, 425 f., 921[1]; des Ptolemäus 93, 126

Wenzel II., König 1025

Wert, wirtschaftl. 1161, 1163, 1167 f.

Werther 18, 136, 149, 190, 354[1], 407, 416

Wertpapiere 1175

Wesley 938

Westgoten 602, 643, 760, 772, 776, 972, 1006

Westminsterkatechismus 852, 931

Whigs 1049, 1063[2], 1075, 1091, 1125

Wiclif 923

Wiedertäufer 880

Wiener Kongreß 193, 1047, 1179[1]
Wikinger 586, 687, 428, 1020, 1106, 1144, 1153
Wilhelm von England 1019
Wilhelm von Oranien 1049
Willaert 304, 326
Wille 384 f., 393 ff., 398 ff., 402, 409, 436, 463 f., 475 f., 532, 921[1]
Willensfreiheit 183 f., 850 ff., 917 f., 921[1]
Wille zur Macht 120
Wilson 1154
Winckelmann 38[1], 265, 339[1]
Winkelfunktionen 101
„Wir" 754, 843, 982
Wirklichkeit 122, 127, 212, 230
Wirtschaft 989, 1000, 1145 ff., 1150 f.; erobernde 1153, 1156; erzeugende 1153, 1158, 1185; russische 1181[4]; verarbeitende s. Technik
Wirtschaftsgeschichte 1145 ff., 1156
Wirtschaftsorganisation 1180 f.
Wissen 160 f., 224, 486, 569 ff., 583, 886 f.
Wissenschaft 486, 670, 927 ff., 989, 1000; Zukunft der abendl. 547 ff.
Wladimir 788
Wolfram von Eschenbach 185, 239, 277[1], 314, 409, 416, 509, 903
Wolkenmalerei, abendl. 309 f.
Wollen und Denken 76, 165 f., 282[1], 385, 394, 721 ff.
„Wort Gottes" 855 ff.
Wortsprache 109, 565 f., 712 ff., 721 ff., 725 ff., 731 ff., 737, 1184
Wu 1088
Wullenweber 1153
Wu-ti 604, 1102

Xenophanes 903
Xenophon 1064
Xerxes 757 f.

Yang-dschu 63, 939
Yang und *yin* 910
Yankee 696
Yoga 453
York s. Lancaster

Zaddikismus 957
Zahl, Wesen 75 ff., 164, 483 f., 552, 885, 1184; indische 89, 231; antike 20, 77, 84 ff., 89 f.; arab.-mag. 96, 98; abendl. 86 ff., 90, 99, 100 ff., 103 ff., 117 f.; chronolog. (Gegs. mathem.) 7, 76, 131, 164, 199, 546[1]; imaginäre und komplexe 105 f.; irrationale 87 f., 104; natürliche 87; negative 89
Zahlenkontinuum 104
Zahlkörper 105
Zaleukos 629
Zama 50, 788, 1089
Zarathustra 435, 758 f., 805 ff., 808 f., 833, 843, 856, 861, 863, 866 f.
Zarathustrotema 854
Zarismus und Russentum 789
Zarlino 297, 362
Zeit, Begriff und Wesen 73, 87, 158 ff., 215, 223 f., 500; physikal. 496 f., 500, 712; antike Verneinung der Zeit 11 f.; magische 847 ff.
Zeit der kämpfenden Staaten (China) 150, 600, 603, 616, 634[1], 781, 1047, 1081 ff., 1088, 1122, 1129[2], 1143, 1164[2]
Zeit der Protektoren (China) 603, 1041

Zeitrechnung 7[1], 13[1], 164, 173, 586; mag. Kultur 848 ff.; mexikan. 608

Zeit und Raum 7[1], 108, 155 ff., 159, 165, 207, 223 ff., 336, 386, 501, 693, 880 f., 971, 996, 1155

Zend 860 f., 866

Zenodoros 85

Zenon 443, 453, 456, 469, 984, 1127, 1143

Zesen 410[2]

Zeus 400, 409, 874[3], 896, 936, 943

Zeuxis 268, 313[1], 364, 417[1], 1046

Zionismus 812

Zisterzienser 461

Zitiergesetz Valentinians III. 642, 861

Zivilisation (Gegs. Kultur) 43 f., 143 f., 450 ff., 458 f., 598[1], 677 f., 977, 1167 (s. a. Irreligion, Skeptizismus, Expansion, Imperialismus, Kapitalismus, Cäsarismus, Weltstadt, Masse, Kaste, Entvölkerung)

Zölibat 906, 980, 995

Zola 461, 793, 1166[1]

Zucht (Gegs. Bildung) 966, 979, 1078, 1109

Zufall und Schicksal 128, 181, 184 ff., 189 ff., 193 f.

Zufall und Ursache 185, 201

Zukunft und Richtung 73, 134, 185, 199, 215, 336, 394, 499

Zweckmäßigkeit in der Geschichte 198 f., 202

Zwingli 923, 932

Zwölftafelrecht 629 ff., 1010, 1037, 1051[1], 1054

Zrvanismus 848, 872

Altmann, W., 273[2], 699[1]
Amira, K. v. 1030[2]
Andreas, F. C. 758[3]
Arnim, J. v. 943[2]
Asmus, R. 870[3]

Baumgartner, M. 929[1]
Baumstark, A. 846[1]
Baxter, J. H. 696
Beloch, J. 629[1]
Bent, J. Th. 795[2]
Bernoulli, C. A. 898[1]
Berthelot, M. 489[1]
Bertholet, A. 645[1], 716[2], 805[2], 853[1]
Bezold, C. 806[1+2], 916[2]
Boas, F. 696
Boer, T. J. de 391[1]
Boehmer, H. 925[1]
Bonwetsch, N. 833[2]
Borchardt, L. 243[1+2], 601[1]
Born, M. 204[1], 493[2]
Bossert, H. Th. 289[1], 658[1]
Bousset, W. 806[1], 814[1], 817[1], 826[3], 842[4]
Brentano, L. 991[2]
Brockelmann, C. 796[1]
Buber, M. 957[1]
Bulle, H. 700[1]
Burdach, K. 26[2], 249[2], 916[1]
Busolt, G. 630[2], 1031[1], 1040[2], 1066[1]

Chavannes, E. 1081[1]
Christensen, A. 1029[1]
Cohn, B. 848[1]
Collinet 638[2]
Conrady, H. 909[2+3], 1019[3], 1161[2]

Conze, A. 337[1]
Creizenach, W. 406[2]
Cumont, F. 808, 1029[1]
Curtius, R. 243[1]

Dehio, G. 257[2], 280[1], 659[1], 663[1], 698[2]
Delbrück, B. 724[1]
Delbrück, H. 752[2], 797[2], 1067[2]
Déonna, W. 290[2]
Dibelius, M. 818[2]
Diels, H. 172[1+2], 1186[1]
Dieterich, A. 411[1], 816[1]
Dieterich, K. 659[2], 945[2], 1093[1]
Diez, E. 272[2]
Domaszewski, A. v. 798[1]
Duhem, P. 488[3]
Dvořák, M. 253[2], 257[1]

Eckert, v. 768[2]
Ehrenberg, V. 1026[1]
Einstein, A. 298[1]
Eisler, R. 685[1]
Eliasberg, A. 260[2]
Erman, A. 902[1]

Fajans, K. 546[1]
Fick, R. 967[1]
Fimmen, D. 658[3]
Finck, F. N. 726[1], 766[3]
Fischer, O. 244[3]
Forke, A. 1087[1]
Franke, O. 910[2], 1012[1], 1021[2], 1030[3+4], 1042[1]
Frankl, P. 259[2]
Frauberger, H. 272[1]
Friedländer, L. 676[1], 1169[2]

Frobenius, L. 236[1], 428[1], 593[2], 750[3], 840[1]
Fromer, J. 639[2], 861[1], 948[2]
Funk, S. 810[2], 858[2]

Geffcken, J. 281[1], 770[2], 803[1+2], 838[4+5], 842[5], 871[2]
Geldner, K. J. 866
Gelzer, M. 1126[1], 1134[2], 1136[1]
Gercke-Norden 739[2], 938[1], 1040[1], 1181[2]
Glaser, C. 245[1+2], 795[2], 808[1]
Goldziher, J. 504[1]
Gorion, M. J. bin 864[1]
Gothein, M. 245[1]
Goetz, W. 647[3]
Grabar, J. 260[2]
Granet, M. 995[1]
Grimme, H. 795[3+6]
Groot, J. J. M. de 909[1], 947[1]
Gunkel, H. 806[1]

Haendke, B. 305[1]
Hahn, L. 735[2]
Hampe, K. 1173[3]
Hardy, E. 994[1]
Harnack, A. v. 829[1], 833[1+2], 834[1], 836[1+2], 838[4], 839[1]
Hatschek, J. 1049[2], 1061[1]
Hehn, J. 807[1]
Heiberg, J. L. 94[1]
Hermann, H. 878[1]
Herzfeld, E. 675[1]
Hillebrandt, K. 945[3], 967[1]
Hinneberg 391[2]
Hirsch, E. 858[2]
Hirzel, R. 169[1], 405[1], 624[1]
Hölscher, W. 243[1]
Holtzmann, R. 1074[1]
Horten, M. 635[3], 642[2], 845[1+5+6], 849[2], 854[1], 945[1]

Huart, C. 1093[3]
Hübotter, F. 1081[1]

Jackson, W. 805[3]
Jastrow, M. 806[1]
Jensen, P. 735[1]
Jespersen, O. 721[1]
Jodl, Fr. 842[6]
Jorio, A. 724[1]

Kattenbusch, F. 898[2]
Kluge, Fr. 335[1]
Kohl, H. 271[4]
Koldewey, R. 264[1]
Kornemann, E. 1071[1]
Kretschmer, P. 739[2]
Kromayer, J. 1181[3]
Krumbacher, K. 644[2], 933[2], 1030[1], 1093[4], 1094[1], 1095[1]

Lambert 631[1]
Lenard, F. 483[1]
Lenel, O. 77[2+5], 638[1], 647[1]
Lenotre, G. 1062[1]
Levertoff, P. 957[1+2]
Lidzbarski, M. 739[1], 817[1], 818[3]
Loofs, F. 838[3]
Ludwich, A. 874[3]
Lüders, H. 816[3]
Luschan, F. v. 710

Mayr, R. v. 626[1], 633[4], 636[1], 640[2], 642[2]
Mehlis, C. 750[3]
Mewes, R. 1047[1]
Meyer, Ed. 13[1], 243[1], 602[1], 611[1], 616[1], 663[2], 681[1], 683[2], 736[1], 747[2], 756[2], 757[2], 758[2], 832[1], 837[1], 856[2], 859[1], 896[1], 992[5], 993[1], 1002[4], 1019[2], 1024[2+3], 1029[2], 1030[5], 1036[1], 1041[1+2],

1051[1], 1067[1], 1095[3], 1103[2], 1129[1], 1134[2]
Mieses, M. 739[1]
Mljukow, N. P. 898[2]
Mitteis, L. 638[2], 640[1], 964[3]
Mogk, E. 515[2]
Müller, D. H. 795[2]
Müller, Fr. 705 f.
Müller-Deecke, K. Otfr. 237[3]
Müller, W. M. 753[1]

Neumann, C. 1094[1]
Neumann, K. J. 14, 1002[4], 1070[1]
Niese, B. 14, 1054[1]
Nilsson, M. P. 907
Noack, F. 700[1]
Norden, E. 249[3]

Oldenberg, H. 975[2]
Osborn, M. 926[1]

Pais, E. 631[1]
Parván, V. 1181[4]
Paul, H. 723, 726, 1030[2]
Petrie, F. 1095[3]
Pfizmair, A. 1081[1]
Piton, Ch. 1081[1], 1083[1], 1099[1]
Plath, J. H. 1042[1]
Pöhlmann, R. v. 471, 676[3], 992[3], 1012[1], 1050[1], 1066[1], 1137[1], 1181[1]
Preisigke, G. 1166[2]
Puchstein 264[1]

Ranke, J. 709 f., 710[1]
Reitzenstein, R. 816[3], 817[1], 818[1+3], 824[2], 827[1], 842[3], 870[3]
Riegl, A. 270[2], 279[1]
Rosenberg, A. 1002[5], 1032[1], 1126[1]
Rosthorn, A. v. 683[1]
Rostowzew, M. 310[1]
Roth, K. 797[1]

Sachau, E. 644[3], 810[3], 829[1]
Salis, A. v. 291[2], 658[1]
Schäfer, H. 244[1], 259[1]
Schiele 795[1], 813[1]
Schindler, B. 909[2], 944[2], 993[1], 1019[3], 1030[2]
Schmarsow, A. 305[1]
Schürer, E. 800[2]
Schulze, W. 1034[3]
Schwarz, P. 675[1]
Sethe, K. 685[1]
Smith, E. 710
Sohm, R. 633[1+4], 635[1], 646[1], 647[4], 652[1], 965[1]
Sombart, W. 1162[1], 1174[2]
Spence, L. 608[1]
Spinden, H. J. 608[1]
Strunz, F. 93[1], 488[2], 489[2], 949[1], 1187[1]
Strzygowski, J. 236, 270[3], 271
Svoboda, C. M. 310[1]

Troeltsch, E. 851[1]
Tschepe, P. A. 1081[1]

Usener, H. 845[4]

Vries, H. de 591[1]

Wackernagel, J. 758[3]
Wahl, A. 1057[1], 1074[1]
Wassiljew, W. 909[2]
Watzinger, K. 271[4]
Weill, R. 1095[3]
Weißenberg 768[3]
Wellhausen, J. 965[2], 1091[2], 1122[3]
Wendland, P. 460[1], 800[2], 816[1]
Wenger, L. 626[1], 628[1], 644[1]
Westermann, D. 725
Wiedemann, E. 488[2]
Wilamowitz-Möllendorff, U. v. 1031[1]

Wilcken, U. 1035[3]
Willers, H. 1161[2]
Winckler, H. 804
Windelband, W. 24[2], 391[2], 838[4], 842[5], 852[1]
Wissowa, G. 237[3], 520[1], 524[1], 871[2], 906[1], 907, 1034[2], 1040[4]
Woermann 290[3]

Wolff, Fr. 845[2]
Wollner, W. 788[1]
Worringer, W. 248[1], 253[1]
Wulff, O. 272[3], 280[2]
Wundt, Wilh. 721, 724[1]

Zeller, E. 874[3]
Zimmern, H. 806[1], 818[3]

Oswald Spengler

Der Mensch und die Technik

Beitrag zu einer Philosophie des Lebens.
57.–58. Tausend. 1971. VII, 62 Seiten.
Broschiert

Spengler heute

Sechs Essays. Mit einem Vorwort
von Hermann Lübbe.
Herausgegeben von Peter Christian Ludz.
1980. XI, 198 Seiten. Broschiert

Detlef Felken

Oswald Spengler

Konservativer Denker zwischen Kaiserreich und Diktatur.
1988. 304 Seiten.
12 Abbildungen. Broschiert

„Felkens Buch ist eine klar konzipierte und vorzüglich geschriebene ,intellektuelle Biographie', die Spenglers Leben und Werk gleichermaßen bedenkt und beide im real- und ideengeschichtlichen Kontext erörtert. Felken geht chronologisch vor, unterrichtet gründlich über die einzelnen Phasen von Spenglers Leben und bietet, an den entsprechenden Punkten, äußerst prägnante Darstellungen seiner Werke."

Rheinischer Merkur

VERLAG C.H.BECK MÜNCHEN